미시경제학 ^{9th} Edition

MICROECONOMICS AND BEHAVIOR

MICROECONOMICS AND BEHAVIOR, Ninth Edition

1 2 3 4 5 6 7 8 9 10 MHE-KOREA 20 16

Original: MICROECONOMICS AND BEHAVIOR, 9/e
By ROBERT H. FRANK
ISBN 978-0-07-802169-5

Korean ISBN   **979-11-321-0090-4   93320**

Printed in Korea

미시경제학 9th Edition MICROECONOMICS AND BEHAVIOR

발 행 일: 2016년 1월 13일 초판발행
저   자: ROBERT H. FRANK
역   자: 홍인기, 박창수
발 행 처: 맥그로힐에듀케이션코리아 유한회사
발 행 인: 신디존스(CINDY JONES)
등록번호: 제 2013-000122호(2012.12.28)
주   소: 서울시 마포구 동교로 18길 38, 2-3층
          (서교동, 지우빌딩)
전   화: (02)325-2351

I S B N: 979-11-321-0090-4

판 매 처: 박영사
문   의: (02) 733-6771
가   격: 36,000원

- 잘못된 책은 바꾸어 드립니다.
- 이 책은 맥그로힐에듀케이션코리아 유한회사가 한국어판에 대한 출판, 판매의 독점계약
  에 의해 발행한 것이므로 내용, 사진, 그림 등의 전부나 일부의 무단 복제 및 무단 전사를
  금합니다.
- 역자와의 합의하에 인지는 생략합니다.

로버트 프랭크(Robert H. Frank)는 코넬대학교 존슨 경영 대학원의 경영학과 헨리에타 존슨 루이스 석좌교수이자 경제학과 교수이다. 그는 『뉴욕 타임즈』에 매달 "경제학적 시각"이라는 칼럼을 쓰고 있기도 하다. 프랭크 교수는 조지아 공대를 졸업한 뒤, 평화 봉사단의 일원으로 네팔 농촌에서 2년간 수학과 과학을 가르쳤다. 캘리포니아 버클리 대학교에서 통계학 석사학위와 경제학 박사학위를 받은 뒤, 코넬대학교 경제학과에서 교수 생활을 시작했다. 미국 민간항공위원회 수석연구원, 행동과학고등연구센터 연구위원, 소르본느 대학교의 사회과학연구원 미국문명 교수, 뉴욕 스턴 경영대학원 피터−샬롯 숀펠드 방문연구원을 역임했다. 그의 주된 연구주제는 경제적 사회적 행태에서의 경쟁과 협조로, 이와 관련하여 《승자독식사회(*The Winner-Take-All Society*, 공저)》, 《이코노믹 씽킹(*The Economic Naturalist*)》, 《사치 열병(*Luxury Fever*)》, 《부자 아빠의 몰락(*Falling Behind*)》, 《경쟁의 종말(*The Darwin Economy*)》, 《*Choosing the Right Fond*》, 《*What Price the Moral High Ground?*》 등의 저서를 집필하였다. 또한 미국 연방준비이사회 의장을 역임한 동료 경제학자 벤 버냉키와 함께 《버냉키 프랭크 경제학(*Principles of Economics*)》(4판, 맥그로힐)을 공저하였다. 그의 여러 책들은 22개국 언어로 번역되었으며, 특히 《승자독식사회》는 『뉴욕타임즈』 올해의 주목할 만한 도서와 『비즈니스 위크』 1995년 10대 최고 경영서에 선정되었고, 『샌프란시스코 리뷰 오브 북스』에서 수여하는 비평가 추천상을 받았다. 또한 《사치 열병》은 나이트−리들러 1999년 최고의 책들 목록에 선정되었다. 프랭크 교수는 미국 동부경제학회의 회장을 역임하였고, 2004년 레온티에프 상과 메릴 스칼라 프로그램 탁월한 교육자 상을 수상하였다. 코넬대학교 존슨 경영대학원에서는 2004, 2010, 2012년 세 차례나 러셀 우수 강의자 상을 받았고, 2005년에는 애플 우수강의자 상을 받았다.

저자 서문

내가 《미시경제학》을 쓰면서 세운 목표는 학생들이 흥미롭게 여기며 쉽게 이해할 수 있으면서도 지적인 도전의식을 느끼도록 하는 미시경제학 교재를 집필하자는 것이었다. 미시경제학 대학교재 시장에서는 저마다 다양한 특성을 강조하는 다양한 교재들이 많이 나와 있다. 그러는 과정에서 어떤 교재는 학생들의 이해를 돕기 위해 이론적인 엄격함을 희생하기도 한다. 그런 교재로 미시경제학을 공부하는 학생들이 잠시 행복해 할 수는 있겠지만, 정작 고학년 과정에서 전공과목을 수강하면서 문제가 발생한다. 또 다른 교재들은 이론적인 엄격함을 고수하다가 학생들이 접근하기 어려워하는 결과를 낳는다. 이 경우 이론적인 엄격함은 그저 빼곡한 수학에 불과하게 된다. 그 결과 많은 학부 학생들은 미시경제학을 이해하기 어려운 과목이라고 믿게 되고, 설령 수학적인 최적화 문제를 깔끔하게 풀어낼 줄 알게 되더라도 일상생활에서 마주하는 문제들과의 연관성을 놓치고 만다. 나는 대학교재가 이론적인 엄밀함과 쉬운 접근성을 모두 갖춰야 한다고 오랫동안 믿어왔다. 그리고 여러 나라에서 많은 강의자들이 《미시경제학》을 미시경제학 교재로 채택했음을 볼 때, 나의 이러한 믿음에 동의하는 이들이 분명히 많이 있음을 확인할 수 있다.

나는 직관적 통찰과 기술적인 도구들은 서로 보완관계를 이룬다는 확신을 갖고 이 책을 썼다. 기술적인 도구들만을 배운 학생들은 경제학이라는 학문에 대해서 진정한 애정을 갖지 못한다. 게다가 우리 경제학자들이 "경제학자처럼 생각하기"라고 부르는 특유의 사고방식(mindset)을 습득하지도 못한다. 그에 비해서, 경제학적인 직관을 계발하는 데 성공한 학생들은 이에 자극을 받아 기술적인 도구들에 관해서 좀 더 깊게 생각하게 되며, 기술적인 내용을 실제 문제에 적용하는 작업도 흥미진진하게 여기게 된다. 그리고 무엇보다도 가장 중요한 점은, 이들이야말로 경제학을 진정 좋아하게 된다는 것이다.

《미시경제학》에서는 인내심을 갖고 세부적인 사항까지 놓치지 않으면서 핵심적인 분석도구들을 차근차근 발전시켜 나간다. 그와 동시에 이러한 도구들을 다양한 실제 예들 속에 깊이 새겨놓음으로써 경제학적 사고방식이 얼마나 강력하고도 유연하게 현실에 적용될 수 있는지 배우도록 돕는다.

생활 속의 행태경제학

대학에서 40년 이상 경제학을 가르치면서 나는 학생들을 "생활 속의 행태경제학자"(Economic Naturalist)로 훈련시키는 것이야말로 직관적 통찰을 계발하는 데 최선의 길임을 깨닫게 되었다. 생물학을 공부하면 생명의 세부적인 면들이 얼마나 경이로운지 이전에는 결코 알지 못했을 것들을 깨닫게 된다. 이와 마찬가지로 미시경제학을 공부함으로써 학생들은 평범한 일상생활에서의 세부적인 사항들을 새로운 시각으로 바라볼 수 있다. 교재 전반에 걸쳐 나는 일상생활에서 우리가 경험하는 다양한 예들과 응용사례들을 통해 직관적 통찰을 계발할 수 있도록 했다. 《미시경제학》을 공부함으로써 학생들은 암묵적이거나 명시적인 비용-편익 계산이 인간이 지금껏 성취해 낸 풍경의 다양한 모습들에 어떻게 투영되어 있는지 알게 된다.

내가 경험했던 사건을 예로 들어 보겠다. 내가 강의 자료를 대학의 교내 서버에 올리자 경제학과의 행정 담당자는 매우 기뻐했지만, 내가 겸임으로 있는 경영대의 부학장은 오히려 불쾌해했다. 도대체 왜 그럴까 하고 궁금해 하는 사람이야말로 생활 속의 행태경제학자라고 할 수 있다. 새 학기가 시작되고 일주일쯤 지났을 무렵, 나는 부학장으로부터 앞으로는 강의 자료를 인쇄하여 학생들에게 무료로 나눠주라는 긴급 서한을 받았다. 하지만 경제학과의 행정 담당자로부터는 그런 얘기가 전혀 나오지 않았다. 왜 그래야 하는지 묻자, 경영대 부학장은 학생들이 내 강의 자료를 다운로드 받아서 경영대 컴퓨터실의 장당 인쇄비용이 5센트가 드는 프린터를 통해서 인쇄를 한다고 대답했다. 그런데 같은 강의 자료를 학교의 복사센터에서 복사하는 경우 장당 1.25센트밖에 들지 않는다는 것이었다. 부학장 입장에서는 비용을 절감하기 위해서 충분히 그런 요구를 할 만하다는 생각이 들었다. 그런데 왜 경제학과의 행정 담당자는 같은 문제로 나를 귀찮게 하지 않은 것일까? (강의 자료를 복사해서 나눠주기를 원하느냐고 내가 묻자, 그는 "절대로 그러지 마세요!"라고 대답했다.)

내 행동에 대한 반응이 이렇게 달랐던 이유를 나는 곧 알게 되었다. 경제학과와 경영대의 매우 다른 문화 때문은 전혀 아니었다. 그 이유는 작지만 중요한 경제적 인센티브의 차이 때문이었다. 경영대에서는 컴퓨터실의 프린터를 통해서 인쇄를 하는 비용과 복사센터에서 복사하는 비용을 모두 지불한다. 그러나 경제학과에서는 학과에 비치된 복사기를 이용해서 복사하는 경우에만 학과 예산으로 비용을 지불한다. 그런데 경제학과 학생들이 내 강의 자료를 학교 홈페이지에서 다운로드 받아서 캠퍼스 곳곳에 설치된 컴퓨터실에서 인쇄를 하는 경우, 그 비용은 해당 컴퓨터실이 있는 단과대학에서 비용을 부담하게 된다. 경제학과 입장에서는 이 경우 인쇄비용은 공짜인 셈이다.

매학기 나는 학생들에게 생활 속의 행태경제학자가 되기 위한 노력을 짧은 보고서 두 편으로 작성하여 제출하게 하는데, 이 과제야말로 이들이 생활 속의 행태경제학자로 거듭나는 데 가장 유용한 과제라고 할 수 있다. 학생들이 지켜야 할 사항은 미시경제학 원칙들을 사용하여 현실에서 관찰한 현상에 대한 답변을 내놓아야 한다는 것뿐이다. 지난 수년간 학생들은 다음과 같은 질문들을 던졌다. 왜 드라이브인 ATM에는 맹인용 브라유식 점자들이 찍혀 있을까? 왜 여성 슈퍼모델들은 동급의 남성 모델들보다 더 많은 돈을 벌까? 왜 신부들은 웨딩드레스에 엄청난 돈을 지출하는데, 신랑들은 저렴한 비용으로 턱시도를 대여해 입을까? (신랑들이야말로 다양한 행사에서 턱시도를 입을 일이 많지만, 신부들은 웨딩드레스를 다시 입을 일이 평생 거의 없지 않은가?) 왜 유아용 안전 카시트는 자동차에서는 사용이 의무화되어 있는데, 비행기에서는 의무화되어 있지 않은가? 왜 항공사들은 막판에 항공권을 구입하는 승객들에게 가장 높은 가격을 받는데, 브로드웨이 극장들은 정반대로 가격을 받는 것일까?

이러한 과제가 특히 좋은 이유는 대부분의 학생들이 즐거운 마음으로 보고서를 작성한다는 점뿐만이 아니라 그렇게 보고서를 작성하는 과정에서 생활 속의 행태경제학자로 인생을 살게 된다는 점이다.

문제풀이에 대한 강조

대부분의 경제학자들은 가격이론을 배우기 위해 문제를 풀어보는 것이 가장 중요하다는 점에 동의한다. 《미시경제학》은 한 장이 끝날 때마다 일련의 예들과 개념 확인 문제들을 통해서 현재 시중에서 구할 수 있는 그 어떤 미시경제학 교재들보다 훨씬 더 확실하게 미시경제학을 이해할 수 있다. 이러한 예들과 개념 확인 문제들은 대부분 우리가 일상에서 쉽게 접하는 상황에서 가져온 것들이며, 학생들은 이렇게 친근한 예들을 접할 때 더욱 확실하게 몰입하기 때문에, 문제풀이 연습은 훨씬 큰 효과를 발휘하게 된다. 충분한 기초 작업이 없는 상태에서는 학생들이 문제를 어떻게 해결해야 할지 거의 이해하지 못한 채 연습문제에 맞닥뜨리게 될 뿐이다.

주제의 중요성과 난이도에 걸맞은 학습량

《미시경제학》을 집필하면서 내가 삼았던 원칙은 주제의 중요성과 난이도에 맞춰 분량이 정해져야 한다는 점이었다. 가장 기본적인 합리적 선택모형은 미시경제학 강의 전체의 기초요소이므로, 모형의 도출 과정과 의미를 훨씬 더 자세히 설명했다. 또한 수요이론에서는 탄력성과 그 응용사례들을 설명하기 위해서 충분한 노력을 기울였다. 생산이론에서 평균비용과 한계비용의 차이를 설명하는 데에도 더 많은 노력과 분량을 할애했다.

어떤 주제들이 학습하기에 가장 어려운지를 알아내기 위해서 나는 합리적 선택 모형이 주장하는 의사결정에서 지켜야 할 원칙들에서 체계적으로 벗어나는 바를 연구하는 행태경제학 분야에서의 연구들을 활용했다. 예를 들어, 합리적인 사람이라면 매몰비용을 무시해야 한다고 합리적 선택 모형에서는 주장하지만, 실제로는 많은 이들이 매몰비용 때문에 의사결정을 그르친다. (고가의 명품 구두가 너무 작아서 발이 아픈 경우, 구두를 선물로 받은 사람보다 400만 원을 주고 직접 구입한 사람은 참고 신을 가능성이 더 높다.) 특히 소비자행동을 다루는 여러 장들에서 나는 비합리적인 의사결정을 내릴 가능성이 높은 상황들에 학생들이 주의를 기울이도록 강조하였다. 학생들의 시간과 노력도 희소한 자원이므로, 가격이론을 학습함으로써 가장 큰 도움을 얻을 수 있는 현안들에 집중하는 것이 훨씬 더 합리적일 것이기 때문이다.

비합리적 선택의 예들을 논의하면 합리적 선택 모형을 학습하는 것만으로도 힘들어하는 학생들을 오히려 혼란스럽게 하는 것이 아니냐고 반론을 제기할 수도 있을 것이다. 이는 분명 이치에 맞는 질문이지만, 내 경험상 그 반대라고 할 수 있다. 비합리적 선택에 관한 예들은 전통적인 이론이 주장하는 규범적인 메시지를 오히려 강화하기 때문이다. 비합리적 선택의 예들을 공부한 학생들은 기본이 되는 이론적 원칙들을 더 깊게 이해한다. 게다가 학생들은 많은 소비자들이 저지르는 판단상의 착오들을 꿰뚫어 볼 줄 안다는 자부심도 얻는 것 같다. 인지적인 한계가 소비자들의 행동에 어떻게 영향을 미치는지 학습할 수 있도록, 《미시경제학》에서는 이 주제를 완전히 독립된 장에서 다룬다. 이 책의 1판이 출간된 1990년에는 경제학과의 많은 강의자들이 행태경제학이라는 떠오르는 연구 분야에 관해서 미심쩍어 했다. 그러나 캘리포니아 버클리 대학교의 경제학자 매튜 라빈(Matthew Rabin)이 마흔 살 미만의 가장 탁월한 미국 경제학자에게 전미경제학회에서 수여하는 존 베이츠 클라크 상을 2000년에 수상하면서, 그리고 대니얼 카너먼(Daniel Kahneman)이 2002년 노벨경제학상을 수상하면서 명확해진 바와 같이, 행태적인 접근법은 이제 미시경제학의 일부분으로 굳건하게 자리 잡았다.

자기이익에 대한 폭넓은 개념 정리

《미시경제학》을 집필하면서 내가 세운 또 다른 목표는 개별 경제주체의 선택 문제를 다루는 모형들 속에 좀 더 폭넓은 선호의 개념을 통합하는 것이었다. 거의 모든 미시경제학 교재들에서는 도입부에서부터 합리적 선택 모형이 사람들의 선호를 주어진 것으로 받아들인다고 밝힌다. 사람들은 이타주의자일 수도 있고, 사디스트일 수도 있으며, 마조히스트일 수도 있다. 또한 순전히 자신의 물질적 이익을 위해서만 행동하는 사람들일 수도 있다. 이렇게 선호의 다양성을 살짝 언급한 뒤, 대부분의 교재들에서는 인간의 다양한 동기들을 무시한 채 철저한 자기이익을 기반으로 모든 논의를 전개해 나간다. 왜 그런지는 분명하다. 이런 식으로 인간의 동기를 묘사함으로써 경제학 연구는 수백 년간 눈부신 발전을 이룩할 수 있었기 때문이다. 예를 들어, 물질적 자기기익을 통해 우리는 왜 포드 자동차 회사가 휘발유 가격 폭등 시기에 3,400킬로그램에 달하는 대형 SUV 차량 익스커전의 생산을 중단했는지 설명할 수 있다. 또한 아파트 가구마다 계량기가 따로 달려 있는 경우, 왜 사람들이 실내온도를 더 낮게 맞춰 놓는지 설명할 수 있다.

그러나 학생들조차도 잘 알고 있겠지만, 호모 이코노미쿠스(Homo economicus)라는 서툰 묘사로 그려낸 우리 인간의 모습은 우리가 이미 알고 있는 진정한 인간의 모습과 크게 어긋난다. 사람들은 대가를 바라지 않고 오히려 비용을 들이면서 대통령 선거에서 투표한다. 사람들은 공영 텔레비전 방송사와 민간 자선단체에 익명으로 기부를 한다. 백혈병으로 고통 받는 낯선 이에게 사람들은 기꺼이 자신의 골수를 나눠준다. 사람들은 엄청난 고통과 물질적 비용을 감수하고라도 정의가 실현되는 모습을 보고 싶어 한다. 설령 불의로 인한 결과를 완전히 되돌릴 수 없는 경우라도 정의가 실현되는 모습을 갈구한다. 위험을 무릅쓰고 불타는 건물과 얼음처럼 차가운 강물에 뛰어 들어 타인의 목숨을 구한다. 병사들은 동료들을 보호하기 위해 안전핀이 뽑힌 수류탄 위로 몸을 던진다. 거의 모든 교재에서 그토록 강조하는 철두철미하게 자기이익에만 기반을 둔 이론의 렌즈를 통해서 보면, 우리 인간의 이러한 행동은 사각형 궤도를 도는 행성처럼 낯설게 보인다. 게다가 경제학을 공부하는 많은 학생들은 경제학에서 강조하는 자기이익 모형에 대해 거북하다는 반응을 보인다. 너무나 편협하고 악의적으로 느껴지기 때문이다.

《미시경제학》에서는 다양한 맥락에서 자기이익의 동기가 중요하다는 점에 대해서 완전히 동의한다. 하지만 사회적 경제적 거래에서 이기적이지 않은 동기들도 중요한 역할을 한다는 점을 강조한다. 12장에서는 기초적인 게임이론을 사용하여, 철저하게 기회주의적으로 행동하는 이들에 비해서 비이기적 동기에 따라 행동하는 사람들이 경쟁력 차원에서 오히려 우위를 보이는 상황들을 제시한다. 예를 들어, 협조적인 성향을 보이는 사람들은 죄수의 딜레마 상황이나 기타 서약과 관련된 문제들을 순전히 이기적인 사람들이 풀 수 없는 방식으로 해결하는 경우가 많다.

인간의 본성에 관해 우리가 어떤 식으로 이론적 모형을 세우는지는 분명 중요하지만, 그렇다고 해서 다른 사람들이 어떻게 행동할 것인지에 대한 우리의 기대와 예상을 그러한 이론 모형들에 맞출 필요는 없다. 경제학은 인간 행동의 자기이익 모형에 기반을 둔 사회과학인 것도 맞다. 하지만 자기이익 모형으로 인해서 우리가 다른 사람들에 대해서 기대하는 바가, 그리고 자기 자신의 행동에 대해서 기대하는 바가 달라져야 하는가? 코넬대학교의 심리학자 탐 킬로비치(Tom Gilovich)와 데니스 리건(Dennis Regan)은 나와 함께 이 문제를 연구했다. 우리는 사회적으로 딜레마에 빠진 상황에서 경제학자들이 다른 사람들보다 기회주의적으로 행동할 가능성이 더 높다는 점을 알아냈다.[1]

예를 들어, 대학이나 연구소에서 활동하는 경제학자들은 다른 학문 연구자들에 비해서 민간 자선단체에 돈을 전혀 기부하지 않을 가능성이 두 배 이상 높았다. 한 가지 실험을 통해서, 우리는 경제학과 학생들이 일회성 죄수의 딜레마 게임을 낯선 이들과 수행하는 경우, 타 전공 학생들에 비해서 자백을 선택할 가능성이 두 배 이상 높다는 점도 밝혀냈다.

이러한 차이는 경제학을 공부하는 사람들이 애초부터 기회주의적인 성향을 띠고 있기 때문에 나타난 현상이 아니었다. 예를 들어, 경제학과 학생들과 타 전공 학생들 사이에서 나타나는 죄수의 딜레마 게임에서 자백을 선택하는 비율은 경제학을 더 오래 공부한 학생들에게서 더 크게 나타났다. 설문조사 결과에 따르면, 미시경제학 강의를 처음 수강하는 신입생은 학기말에 다른 사람들이 기회주의적으로 행동할 것이라고 기대하는 비율이 학기초에 비해서 더 높아졌다.

그러므로 철저한 자기이익 동기만을 강조하는 추세에 대해서 우리가 우려를 표명하는

---

1. R. H. Frank, T. D. Gilovich, and D. T. Regan, "Does Studying Economics Inhibit Cooperation?" *Journal of Economics Perspectives*, Spring 1993.

것이 괜한 걱정은 아니다. 경제학자들은 교육을 통해서 우리 학생들이 타인과 협조하는 행동 성향을 약화시키고 있는지도 모른다. 경제학 모형의 내적 논리는 단 한 번도 그토록 편협하게 자기이익을 추구하는 행동을 예측했던 적이 없다는 점에서, 이는 얄궂은 결과가 아닐 수 없다.

더 나은 미시경제학 교육을 위해 추가한 사항들

대부분의 중급 미시경제학 교재들과 달리,《미시경제학》에는 예나 응용사례를 상자글로 처리하지 않는다. 진행 중인 설명이나 논의의 맥락을 따라가는 도중에 갑자기 상자글이 등장하면 학생들은 맥락을 놓치는 경향이 있다. 그 대신《미시경제학》에서는 예와 응용사례를 본문 중에 통합시켰다. 또한 학생들이 자신의 경험에 비추어 공감할 수 있도록 현실적인 예와 응용사례를 골라 실었다.

각 장의 내용 미리보기와 요약은 이 책의 또 다른 혁신적인 특징들이다. 각 장의 처음에는 흥미로운 일화를 제시하여 본문에서 학생들이 배우고 답을 찾게 될 내용의 핵심을 담은 문제나 질문을 던진다. 시작이 절반이지만, 첫 시작에 어려움을 겪는 학생들에게 특히 이러한 도입부는 큰 도움이 되는 것으로 나타났다. 또한 각 장의 끝에 등장하는 요약도 대부분의 다른 교재들에서는 본문에서 다룬 주제를 간략하게 열거하는 수준에 그치는 데 비해서,《미시경제학》에서는 본문에서 다룬 내용을 종합하여 서술식으로 제시한다.

각 장 말미에는 쉬운 수준부터 고난이도에 이르는 다양한 연습문제들이 제시되어 있다. 이 문제들은 학생들이 중요한 개념을 정확하게 그리고 제대로 이해하고 있는지 확인하기 위해서 실제로 강의 현장에서 검증한 문제들이다.

본문 중에 등장하는 개념 확인에 대한 정답은 각 장의 맨 마지막에 제시되어 있다. 복습 문제들은 개념 확인 문제들을 다양하게 변형하고 확장한 것이다. 복습 문제를 통해 학생들은 자신감을 갖고 문제 해결에 접근할 수 있을 것이다. 복습 문제들에 대한 상세한 해답은 강의자 매뉴얼에 포함되어 있다.

안타깝게도 경제학원론 강의를 수강한 학생들은 시간이 흐른 뒤 배운 내용을 거의 기억하지 못한다는 증거가 있다. 예를 들어, 강의를 듣고 6개월이 지나면 학생들은 경제학원론 강의를 한 번도 듣지 않은 학생들과 비교했을 때 경제학 지식이 대동소이하다.《이코노믹 씽킹》에서 나는 이렇게 지지부진한 성과는 대개 경제학원론 강의에서 너무 많은 개념들을 한꺼번에 학생들에게 전달하려 애쓰기 때문이라고 주장한 바 있다. 학기말이 될 무렵, 학생들 머리 속에는 이 모든 것들이 그저 흐릿한 흔적에 불과하게 되기 때문이다. 경제학에서 가장 많이 활용되는 근본적인 원칙들 몇 가지를 반복하여 응용하도록 훈련시키는 것이 훨씬 더 효과적이라고 나는 믿는다.

중급 미시경제학 강의도 마찬가지로 효과가 없는지에 대해서 확실하게 평가한 연구는 아직 없다. 그러나 1980년대에 경제학 박사과정 1년차 학생들에게 미시경제학을 가르치면서, 학부에서 경제학을 공부했음에도 불구하고 경제학적인 통찰력을 계발하지 못한 학생들이 너무 많다는 사실에 나는 깜짝 놀랐다. 중급 미시경제학에서 핵심 개념들을 반복적으로 응용하는 데 더욱 집중할 필요가 있다는 확신이 1991년 이 책의 1판을 집필하게 된 이유들 중 하나였다. 지금까지 9판에 이르기까지 이 책을 발전적으로 수정해 오는 과정에서 나는 이 원칙을 지키고자 노력해 왔다. 페이지 여백에 간략하게 몇 가지 중요한 개념이나 통찰을 작게 표기한 것도 이를 위해서다.

제9판에서의 수정 사항

이번 제9판에서는 각 장마다 맨 앞에서 주요 개념들을 학습목표라는 목록으로 제시하여 학생들이 해당 장을 학습하면서 완벽히 습득해야 할 내용을 미리 알 수 있도록 했다. 각 장 말미에 제시된 요약, 복습문제, 연습문제, 개념 확인을 위한 연습문제에는 모두 내용에 상응하는 개별 학습목표 번호를 함께 제시하였다.

시간에 따라 달라지는 수치가 포함된 예들을 업데이트하는 것은 물론이거니와, 본문 전체를 관통하는 좀 더 간결하고 통일된 디자인으로 책을 꾸미는 작업도 병행했다. 과거에는 예와 연습문제로 나누었던 부분을 제9판에서는 개념 확인으로 더욱 간명하게 통일하여 사용이 쉽도록 바꾸었다. 책 전체에 걸쳐 최신 자료로 업데이트도 수행하였다.

예전 판본에서 제7장과 8장에 담겼던 내용은 제9판에서는 7장의 "표준적인 합리적 선택 모형들로부터의 (유감스러운 그리고 유감스럽지 않은) 이탈"로 합쳐졌다. 7장의 목적은 학생들로 하여금 빠르게 성장하고 있는 행태경제학 분야의 두 가지 중요한 연구 경향을 접하게 하고, 전통적인 합리적 선택 모형들이 제대로 설명하지 못하는 경제주체들의 행태에 대한 예측을 두루 살펴보도록 하는 데 있다. 이를 위해서 전통적으로 가정해 온 자기이익 동기 이외의 다양한 동기들에 의거해 행동할 때 합리적 선택 모형이 예측에 실패하는 경우들을 먼저 살펴본 뒤, 체계적인 인지적 오류들로 인해서 사람들이 비합리적으로 의사결정을 하는 경우들을 공부할 것이다.

또한 제9판에서는 게임이론과 불완전경쟁 모형들을 훨씬 광범위하게 다룬다. 예전 판본에서는 이 주제들을 한 개의 장에서 모두 다루었다. 하지만 제9판에서는 12장에서 전략적 행동에 대한 게임 이론적 접근을 함께 다루고, 13장에서 과점과 독점적 경쟁을 따로 다룬다.

마지막으로 바뀐 점은 일반균형이론을 제9판에서는 독립적인 장으로 분리시켜 다루고 있다는 것이다.

감사의 글

대학교재 시장의 추세에 아랑곳하지 않고 이 책을 내는 데 필요한 모든 일들을 해결해 준 맥그로힐의 여러 편집자들에게 나는 깊은 감사를 드리는 동시에 이들의 노고에 칭찬을 더하고 싶다. 특히 이 책의 제1판 편집자였던 스캇 스트래트포드는 아주 오래 전에 경제학 분야가 어떻게 발전해 나갈 것인지 꿰뚫어 보았다. 스캇의 후임들인, 더글라스 라이너, 미셸 애니첵, 그리고 크리스티나 쿠벨리스는 이 책의 출간 과정 전체를 세심하게 조율해 주었다. 이들의 열정적인 지원에 깊이 감사드린다.

또한 나는 이 책의 출간 과정에서 아낌없이 관심과 조언을 준 여러 감수자들에게도 감사한다. 그들의 통찰과 비판 덕에 일일이 헤아릴 수 없을 만큼 많은 곳에서 개선을 이뤄낼 수 있었다. 감수자들의 영향이 담긴 최종본 교재에 나만큼이나 이들도 만족하기를 바란다.

Charles H. Anderton, *College of the Holy Cross*

Samiran Banerjee, *Emory University*

Charles L. Baum, *Middle Tennessee State University*

Gary Biglasier, *University of North Carolina at Chapel Hill*

James Bradfield, *Hamilton College*

David Brat, *Randolph-Macon College*

Miki Brunyer, *College of Saint Benedict & Saint John's University*

Don Bumpass, *Sam Houston State University*

James Cardon, *Brigham Young University*

Bogachan Celen, *Columbia University*

Anoshua Chaudhuri, *San Francisco State University*

Dennis Coates, *University of Maryland, Baltimore County*

Tony Cookson, *Montana State University*

Kevin Cotter, *Wayne State University*

Ardeshir J. Dalal, *Missouri State University*

Roger Frantz, *San Diego State University*

Beth Freeborn, *College of William and Mary*

Eric Furstenberg, *University of Virginia*

Keith J. Gamble, *DePaul University*

Seth Gershenson, *Michigan State University*

Rae Jean B. Goodman, *U.S. Naval Academy*

Darrin Gulla, *University of Kentucky*

Elif Hafair, *Carnegie Mellon University*

Denise Hare, *Reed College*

Joseph Hughes, *Rutgers University*

Hsiang-Chih Hwang, *Brandeis University & Wellesley College*

Geoffrey A. Jehle, *Vassar College & Columbia University*

Christopher K. Johnson, *University of North Florida*

David R. Kamerschen, *University of Georgia*

Sandra K. Klein, *University of Missouri*

Bill D. Kosteas, *Cleveland State University*

Tom K. Lee, *California State University, Northridge*

Xu Lin, *Wayne State University*

David McAdams, *Massachusetts Institute of Technology*

Robert McComb, *Texas Tech University*

Stephen Morris, *Princeton University*

Anne van den Nouweland, *University of Oregon*

Martin Pereyra, *University of Missouri*

C. Barry Pfitzner, *Randolph-Macon College*

Neil Raymon, *University of Missouri at Columbia*

Brian Roberson, *Miami University*

Howard N. Ross, *Baruch College*

John F. Schnell, *University of Alabama at Huntsville*

Nina Sidvena, *University of Washington*

Todd Sorensen, *University of California, Riverside*

Christy Spivey, *University of Texas at Arlington*

Houston H. Stokes, *University of Illinois at Chicago*

John S. Thompson, *Purdue University*

Regina Trevino, *University of California Irvine*

이 책에 대한 비평이나 개선할 점은 언제든지 알려주기 바란다.

로버트 H. 프랭크

역자 소개

박창수는 숭실대학교 경제학과를 졸업한 후 미국 볼더 소재 콜로라도 대학교에서 국제경제학과 경제발전론 전공으로 경제학 박사학위를 취득하였다. 한국에너지경제연구원에서 책임연구원으로 그리고 경북대학교 경제학과에서 전임강사로 재직했으며, 현재는 숭실대학교 경제학과 교수이다.

홍인기는 고려대학교 경제학과 및 동 대학원에서 공부한 뒤 한국개발연구원에서 주임연구원으로 일했고, 미국 어스틴 소재 텍사스 대학교에서 재정학과 환경경제학 전공으로 경제학 박사학위를 취득하였다. 국회예산정책처에서 경제분석관으로 근무했으며, 현재는 대구대학교 경제학과 교수이다.

역자 서문

로버트 H. 프랭크 교수는 경제학 연구자들 사이에서만 유명한 인물이 아니다. 일반 독자들을 위한 경제서적을 여럿 출간하였고, 세계적인 일간지에 경제 칼럼을 기고하고 있다. 그로 인해 많은 일반인들이 경제적 의사결정의 기본을 이해하게 되었고, 소수의 전공자들만이 공유하던 경제학적 사고의 한계를 뛰어넘으려는 다양한 노력들에 관해서도 알게 되었다.

하지만 최첨단을 달리는 전문적인 경제학 연구 결과들을 일반인들에게 쉽게 풀어 해설하는 일과 미시경제학 강의 교재에 이러한 내용을 엄밀하면서도 체계적으로 녹여내는 일은 완전히 다른 작업이다. 《미시경제학》은 바로 그 결과물이다. 경제학의 핵심을 이루는 미시경제학의 주요 개념들을 학습자를 위해 엄밀하게 다루는 동시에, 미시경제학이라는 견고한 논리적 구조물 안에 행태경제학의 새로운 통찰력을 녹여낸 훌륭한 대학 교재이다. 특히 정보의 경제학과 불확실한 상황에서의 선택(6장), 표준적인 합리적 선택 모형으로부터의 이탈(7장), 그리고 전략적 행동에 대한 게임 이론적 접근(12장) 부분은 경제학의 핵심인 합리적 의사결정에 관한 논의가 수정과 확장을 통해 발전한 끝에 얼마나 광범위하게 적용될 수 있는지를 고스란히 보여준다.

편협한 이기심을 무기 삼아 물질적 이득을 추구하는 이들의 훈련용 교재로 미시경제학을 신봉하는 사람들이 제법 많다. 효율성이 전부인 양, 시장이 무소불위인 양, 자기이익의 추구야말로 불변의 인간 본성인 양 떠들어대는 이들 때문에, 경제학은 많은 이들에게 피도 눈물도 없는 계산적 학문이라는 억울한 비난을 자주 받는다. 하지만 경제학은 우리의 윤리적, 감성적, 인지적 조건과 한계를 받아들이면서 거기에서부터 조금이라도 더 나은 의사결정을 꿈꾸는 학문이다. 지난 30년간 경제학도로 살아오면서 머리로 깨우치고 가슴으로 느껴왔던 점을 미시경제학 교과서에서 느끼고 배울 수 있으니, 요즘 경제학도들은 얼마나 좋을까!

《미시경제학》의 바로 이러한 장점 때문에 역자들은 수년 전부터 이 책이 개정될 때마다 구입하여 강의에 참고했고, 또 한국어 번역이 결정되자 역자로 참여하게 되었다. 경제학의 기초를 다지려는 학생들과 일반 학습자들이 이 책을 통해 폭넓은 전망과 균형 잡힌 시각을 갖춘 경제학도로 성장하고, 조금이라도 더 나은 의사결정자로 거듭날 수 있다면, 역자들은 더 바랄 것이 없겠다.

끝으로 자꾸 지연되는 번역에도 불구하고 초인적인 인내를 발휘하면서 편집과 영업을 책임져 주신 한국 맥그로힐에듀케이션 담당자분들께 감사드린다. 그리고 교정 과정에서 학생 입장에서 번역 원고를 꼼꼼히 읽고 개선할 점을 지적해 준 석사과정의 오유진 학생에게도 감사한다.

박창수 · 홍인기

간략 차례

차례

PART 2 소비자 행동 이론 67

PART 4 요소시장 545

PART ONE

서론

INTRODUCTION

첫 두 개의 장(章)에서 우리는 경제학을 처음 배우기 시작했을 때 공부했던 내용을 개관한다. 제1장에서는 비용-편익 분석의 원칙들을 실생활에서 자주 마주치는 다양한 선택 문제에 적용한다. 이를 통해서 "경제학자처럼 생각하는 것"이 어떤 의미인지 직관적인 느낌을 얻을 수 있을 것이다.

제2장에서는 기초적인 수요 공급 분석을 통해서 시장에서 거래되는 상품의 가격과 거래량을 설명한다. 아무런 규제를 받지 않는 시장들이 언제나 우리가 바라는 결과를 가져오는 것은 아니지만, 대개의 경우 최선의 결과를 가져온다는 것을 배우게 될 것이다. 이와는 대조적으로 정부가 가격이나 거래량을 통제하여 빈곤층을 도우려는 노력은 의도하지 않았던 부작용을 불러일으킬 가능성이 높다. 빈곤층을 도우려면 이들의 소득을 증가시키는 정책을 펴는 것이 더 나은 길임을 알게 될 것이다.

CHAPTER 1

경제학자처럼 생각하기
Thinking Like an Economist

미시경제학의 주된 관심사는 희소성 조건에 놓인 사람들이 어떻게 선택하는지를 연구하는 데 있다. 미시경제학이 희소성하의 선택 문제를 연구하는 분야라는 말을 들으면, 많은 사람들은 산업화된 여러 선진국들에서는 희소성 문제가 더 이상 그리 중요하지 않다고들 대답한다. 물질적인 희소성은 대부분 과거의 일이 되었기 때문이다.

그러나 이러한 반응은 희소성이라는 개념을 너무 협소하게 해석하는 데서 나오는 것이다. 왜냐하면 중요 자원들이 부족한 경우는 언제나 발생하기 때문이다. 세계적인 선박 재벌이었던 아리스토텔레스 오나시스(Aristotle Onassis, 1905~75)의 재산은 말년에 이르러 수십 억 달러에 달했다. 얼마나 돈이 많았는지, 세공한 고래 상아를 요트의 바 의자 밑에 놓는 발판으로 쓸 정도로 호화로운 생활을 즐겼다. 그러나 세계적인 갑부였던 그조차도 보통 사람들이라면 평생 겪을 걱정도 하지 않는 극심한 희소성 문제에 빠져들게 되었다. 오나시스는 진행성 신경질환인 중증 근무력증을 앓고 있었던 것이다. 그에게 있어서 가장 희소했던 자원은 돈이 아니었다. 그에게는 시간과 에너지와 일상생활을 영위하는 데 필요한 기본적인 신체기능이 희소했던 것이다.

시간은 불치병에 시달리는 오나시스 같은 사람뿐만 아니라 인간 그 누구에게나 희소한 자원이다. 예를 들어, 어떤 영화를 볼까 결정할 때 우리를 속박하는 제약은 8달러의 관람료가 아니라 시간이다. 자유롭게 시간을 쓸 수 있는 저녁이 한 달에 며칠밖에 되지 않는 상황에서, 특정 영화를 골라내어 관람한다는 것은 다른 영화를 볼 기회를 포기하거나 친구들과의 저녁모임을 포기해야 하는 일이 된다.

시간과 돈만이 중요한 희소자원들은 아니다. 친구가 초대한 뷔페식당에 갔을 때에도 여러분은 경제적 선택의 문제에 직면하게 된다. 접시를 어떻게 채울지 결정해야 하기 때문이다. 설령 부자가 아니더라도 뷔페식당인 만큼 먹고 싶은 대로 먹을 수 있으므로 돈은 문제가 아니다. 시간도 장애가 될 수 없다. 친구들과 어울려 오후 내내 식사를 즐기기로 했으니까. 여기서 중요한 희소자원은 여러분의 위(胃) 용량이 된다. 좋아하는 음식이 눈앞 한가득 진열되어 있고, 무엇을 얼마나 먹을지 여러분은 결정해야 한다. 와플 한 조각을 더 먹으면 등심구이 한 조각을 더 먹을 수 없게 된다. 눈앞에서 돈이 오가지 않는다고 해도 여러분이 뷔

학습목표

1 비용–편익의 원칙을 설명할 수 있으며, 이를 적용할 수 있다.

2 경제모형의 쓸모와 한계를 설명할 수 있다.

3 의사결정을 내릴 때 빠지기 쉬운 네 가지 함정들을 설명할 수 있다.

4 숫자로 주어진 비용과 편익에 관한 정보를 그래프로 표현할 수 있다.

5 아담 스미스의 "보이지 않는 손" 이론을 설명할 수 있다.

6 기본적인 경제 원칙들을 사용해서 우리가 일상생활에서 마주치는 여러 가지 행동 방식들을 설명할 수 있다.

7 실증적인 이론과 규범적인 이론의 차이를 설명할 수 있다.

8 미시경제학과 거시경제학의 차이를 설명할 수 있다.

"아, 여기 괜찮기는 하지. 하지만 예산에 아무런 제약이 없다니, 왠지 좀 거북해서 말이야."

페식당에서 직면한 선택의 문제는 여전히 경제적인 문제인 것이다.

모든 선택에는 희소성이라는 중차대한 요소가 연관되어 있다. 가장 흔한 희소성의 문제는 대개 돈과 관련되어 있지만, 항상 그런 것은 아니다. 희소성에 대치하는 것이야말로 우리 인간이 처한 현실의 본질이다. 오히려 희소성의 문제가 없다면, 우리의 삶에서 긴장감을 찾아볼 수 없을 것이다. 무한한 수명과 끝없는 물질적 자원을 가진 사람에게는 그 어떤 결정도 중요하지 않게 될 것이기 때문이다. 오늘 잘못된 결정을 내렸어도, 내일 새 출발을 할 수 있다면 무슨 문제가 되겠는가?

이번 장에서 우리는 미시경제이론의 기본 원칙들을 고찰하고, 경제학자라면 그 원칙들을 희소성이 연루된 다양한 선택 문제들에 어떻게 적용할지 공부한다. 좀 더 엄밀한 이론은 나중에 다룰 것이다. 지금 당장은 "경제학자처럼 생각하기"(thinking like an economist)로 알려진 독특한 사고방식이 직관적으로 어떤 것인지 감을 얻는 일이 가장 중요하다. 그리고 직관적인 느낌을 얻는 데 가장 좋은 방법은 우리의 실제 경험과 유사한 다양한 사례들을 통해 그 원칙들을 적용하는 법을 연습해 보는 일이다.

1.1 의사결정을 위한 비용—편익 접근법 _____

어떤 활동에서 얻는 편익이 비용을 초과한다면, 그 활동을 하라!

경제학자들이 연구하는 대부분의 선택 문제들은 다음과 같은 질문으로 바꿀 수 있다.

나는 x라는 활동을 해야 할까?

선택의 기로에 선 영화 관람객에게는 "x라는 활동"은 "오늘밤 카사블랑카 관람"이 될 것이다. 뷔페식당에 간 사람에게는 "와플 한 조각 더 먹기"가 될 것이다. 경제학자들은 이러한 질문들에 답하고자, 그 활동을 함으로써 얻는 편익과 소요되는 비용을 비교한다. 그때 사용되는 규칙은 순진무구할 정도로 단순하다. 만약 $C(x)$가 어떤 활동 x를 하는 데 들어가는 비용을 의미하고 $B(x)$는 편익을 뜻한다면, 비용—편익 규칙은 다음과 같다.

만약 $B(x) > C(x)$라면, x를 하라! 그렇지 않으면 하지 말라!

이 규칙을 적용하기 위해서, 우리는 무엇보다 먼저 비용과 편익이 무엇인지 정의하고 크기를 측정해야 한다. 이 경우 금전적인 가치가 유용한 공통분모가 될 것이다. 설령 그 활동이 돈과는 직접적인 관련이 없더라도 말이다. 우리는 $B(x)$를 여러분이 x라는 활동을 하고자 기꺼이 지불할 의향이 있는 최대 화폐액으로 정의한다. 때때로 $B(x)$는 가상적인 금액이 될 것이다. 꼭 돈을 직접 주고받지 않더라도, 그래야만 한다고 할 때 여러분이 지불할 의향이 있는 금액이라는 식으로 말이다. 또한 $C(x)$는 x라는 활동을 하기 위해 여러분이 포기해야만 하는 모든 자원의 가치로 정의하자. 여기서도 $C(x)$에 꼭 돈을 주고받을 필요는 없다.

대부분의 의사결정에서 몇몇 종류의 편익이나 비용은 금전적 가치를 측정하기 어려울 것이다. 이렇게 화폐금액을 측정하기 어려운 경우, 어떻게 비용—편익 분석을 할 것인지 알아보기 위해 다음과 같은 간단한 의사결정의 예를 생각해보자.

비용과 편익을 비교하는 법 **예 1.1**

스테레오의 소리를 줄여야만 할까?

여러분은 편안한 의자에 앉아 스테레오를 켜놓고 음악 CD를 듣는 중이다. 그런데 다음에 흘러나올 CD의 두 곡은 여러분이 싫어하는 곡들이다. 다양한 선곡 기능과 리모컨이 달린 스테레오를 가지고 있었다면, 진즉에 두 곡이 연주되지 않도록 프로그래밍을 했거나, 아니면 리모컨으로 건너뛰기 기능을 사용했을 것이다. 하지만 지금 음악을 듣고 있는 스테레오에는 선곡 기능도 없고 리모컨도 없다. 그러니 여러분은 자리에서 일어나 건너뛰기 기능을 사용하여 노래 두 곡을 듣지 않고 지나가거나 아니면 그냥 앉은 채로 노래 두 곡의 연주가 끝나기를 기다려야만 한다.

두 곡을 건너뜀으로써 여러분이 얻는 편익은 듣기 싫은 노래를 듣지 않아도 된다는 것이다. 물론 그러기 위해서는 비용이 들어가는데, 귀찮지만 의자에서 일어나 스테레오까지 가야 한다. 만약 지금 상태가 편안한데 음악은 그저 약간 듣기 싫은 정도에 그친다면, 여러분은 그냥 의자에 편안하게 앉은 채 움직이지 않을 것이다. 하지만 의자에 방금 앉은 상황이고 음악이 정말로 듣기 싫다면, 여러분은 자리에서 벌떡 일어날 가능성이 높다.

이처럼 간단한 결정이라도 비용과 편익을 금전으로 환산할 수 있다. 먼저 의자에서 일어나는 데 따르는 비용을 생각해보자. 만약 여러분이 의자에서 일어나도록 하는 데 누군가가 1센트를 준다고 가정하자. 그리고 여러분은 1센트라는 금전 이외에는 의자에서 일어날 그 어떤 이유도 없다고 하자. 여러분이라면 그 제안을 받아들이겠는가? 대부분의 사람들은 받아들이지 않을 것이다. 하지만 여러분에게 1,000달러를 준다면, 당장 일어날 것이다. 이렇게 1센트에서 1,000달러 사이의 어딘가에 여러분의 **유보가격**(reservation price)이 있다. 여기서 유보가격은 여러분을 의자에서 일으켜 세우는 데 필요한 최소 금액이 된다.

유보가격의 경계가 어디인지 알아보기 위해 10센트에서 시작하여 자신에게 주는 보상 액수를 조금씩 올려가면서 편안한 의자에서 일어날 가치가 있기 바로 직전까지의 금액이 되도록 경매에 부치는 일을 상상해보자. 그 금액이 얼마인지는 물론 상황에 따라 다르다. 여러분이 이미 부자라면, 가난한 경우에 비해서 유보가격은 더 높은 금액이 될 것이다. 부자일수록 특정한 돈의

활동 x에 대한 유보가격
여러분으로 하여금 x라는 활동을 하도록 하거나 또는 하지 않도록 하거나 아무런 차이가 나지 않게 (즉 무차별하게) 만들어 주는 가격

스테레오의 소리를 줄이려고 귀찮지만 자리에서 일어날 가치가 있는가?

액수가 상대적으로 덜 중요해지기 때문이다. 여러분이 그날따라 기운이 펄펄 넘친다면, 피곤한 날일 때보다 유보가격은 더 낮아질 것이다. 이런 식으로 여러분이 처한 상황에 따라 유보가격은 변하게 된다. 좀 더 깊은 논의를 위해서, 여러분을 의자에서 일어나게 만드는 유보가격이 1달러라고 가정하자. 누군가 다른 사람을 시켜 노래 두 곡을 건너뛰도록 스테레오를 조정하려면 그 사람에게 얼마나 지불해야 하는지 사고실험을 할 수도 있다. 유보가격은 노래 두 곡을 건너뜀으로써 얻게 되는 편익이다. 여기에서는 이 금액이 0.75달러라고 해보자.

　　우리의 의사결정 규칙을 식으로 표현하자면, x = "노래 두 곡을 건너뛰도록 스테레오를 조정한다"일 것이고, 이때 $B(x) = 0.75$달러 $< C(x) = 1$달러가 되어 편익보다 비용이 크므로 여러분은 그냥 의자에 앉아 있어야 한다. 좋아하지 않는 노래 두 곡을 그냥 듣는 것이 굳이 의자에서 일어나 수동으로 노래 건너뛰기 기능을 사용하는 것보다 덜 괴롭기 때문이다. 만약 앞의 식에서 부등호가 반대방향으로 나와 편익이 비용보다 더 크다면, 여러분은 자리에서 일어나 노래 건너뛰기 기능을 사용하게 될 것이다. 만약 $B(x) = C(x)$라면, 여러분은 두 가지 선택들 사이에서 무차별한 셈이다.

1.2 경제이론의 역할

실제로 스테레오의 트랙 건너뛰기 기능을 사용하느냐 마느냐를 놓고 비용과 편익을 따지는 사람이 있다는 이야기는 좀 황당하게 들린다. 경제학자들은 사람들이 어떻게 행동하는지에 대해 이렇게 비현실적인 가정들을 한다고 줄곧 비판받아 왔다. 경제학을 공부하지 않은 사람들은 의자에서 일어나지 않으려고 얼마나 지불할까를 고민하는 사람이 있다는 생각 자체가 우스꽝스럽다고 여긴다.

이러한 비판에는 두 가지 방식으로 답변할 수 있을 것이다. 첫째, 경제학자는 사람들이 비용과 편익 계산을 이런 식으로 드러내놓고 한다고는 가정하지 않는다. 오히려 많은 경제학자들은 사람들이 **마치 그러한 계산을 하는 것처럼 행동한다**고 가정함으로써 우리가 유용한 예측을 할 수 있다고 주장한다. 이러한 주장은 노벨경제학상 수상자인 밀턴 프리드먼이 프로 당구선수들이 사용하는 기술들을 비유로 들어 설득력 있게 주장한 바 있다.[1] 프로 당구선수들이 뉴턴의 고전역학 법칙들을 고려한다고 가정할 때 우리는 선수들이 경기에서 공을 어떻게 공략하는지를 굉장히 잘 예측할 수 있다. 물론 프로 당구선수들 중에서 물리학 전공자는 거의 없을 것이고, "입사각은 반사각과 같다"는 물리법칙을 아는 사람은 극히 드물 것이다. 게다가 "탄성충돌"과 "각운동량"이 무엇인지 아는 선수들도 거의 없을 것이다. 그럼에도 불구하고 프로 당구선수들이 물리법칙들에 따라 경기를 풀어나가지 않는다면 애당초 프로 선수가 되지도 못했을 것이라고 프리드먼은 주장했다. 프로 당구선수의 경기운용방식을 설명하는 이론에서 이들이 물리법칙을 잘 안다고 가정하는 것은 분명히 비현실적인 가정이다. 하지만 우리는 주요 가정이 얼마나 정확한지에 따라 그 이론의 타당성을 판단하지 말고 행동을 얼마나 잘 설명하고 예측하는지에 따라 판단해야 한다고 프리드먼은 주장했다. 그의 설명을 따른다면 프로 당구선수들이 물리법칙에 능통한 것처럼 경기를 운용한다는 가정이 설령 비현실적일지라도 이들의 경기운영방식을 설명하고 예측하는 이론은 멋지게 제 몫을 해내고 있는 셈이다.

당구선수들처럼, 우리 역시 주어진 환경에 대처하는 기술들을 개발해야만 한다. 프리드먼을 포함해서 많은 경제학자들은 우리 인간이 합리적 의사결정의 규칙들을 따른다고 가정함으로써 우리의 행동을 더 잘 이해할 수 있는 통찰력을 얻을 수 있다고 믿는다. 시행착오를 거쳐 우리는 이러한 규칙들을 흡수하여 제 것으로 만든다. 마치 당구선수들이 연습을 통해 물리법칙들을 흡수하여 제 것으로 만드는 것처럼.

경제학자들이 비현실적인 가정을 한다는 비판에 대한 두 번째 대응 방식은 이러한 비판에 순순히 동의하는 것이다. 실제로 우리 인간의 행동은 경제모형들이 예측하는 것과는 다른 경우가 잦다. 경제학자 리처드 세일러의 말을 빌자면, 우리는 프로 당구선수들이라기보다는 당구 초보자들처럼 행동하는 경우가 많다.[2] 쿠션을 제대로 감안하지 못하고 공에 적당한 회

© Jay Directo/Getty Images

프로 당구 세계챔피언 코리 듀얼(Corey Deuel)은 뉴턴의 고전역학 법칙들을 알지 못하겠지만, 경기하는 모습을 지켜보면 그가 물리법칙들에 대해 깊이 이해하고 있음을 알 수 있다.

사람들은 항상 경제모형들이 예측하는 대로 행동하지는 않는다. 그러나 우리는 경제모형들을 통해 사람들이 중요한 목적을 어떻게 달성하는지에 대한 유익한 통찰을 얻을 수 있다.

1. Milton Friedman, "The Methodology of Positive Economics," *Essays in Positive Economics*, Chicago: University of Chicago Press, 1953.

2. [역주] 리처드 세일러(Richard Thaler)는 시카고 대학교의 유명한 행태경제학자로, 국내에도 「승자의 저주: 경제현상의 패러독스와 행동경제학」, 「넛지: 똑똑한 선택을 이끄는 힘」 등이 번역 출간되었다.

전을 어떻게 걸어야 하는지도 모른 채 우왕좌왕하느라 다음 번 공격에 유리하도록 공을 배치한다는 생각은 꿈도 꾸지 못한다. 이런 응답이 그럴듯하다는 것은 상당히 많은 증거들을 통해서도 입증되어 왔다.

그러나 경제모형들이 현실을 잘 묘사한다는 차원에서는 좋은 성과를 내지 못한다고 해도 우리의 의사결정에 유용한 지침이 될 수 있다는 점은 분명하다. 우리가 어떻게 행동하는지를 경제모형들이 항상 제대로 예측하는 것은 아니더라도, 우리의 목적을 어떻게 좀 더 효율적으로 달성할 것인지에 대해서는 유익한 통찰력을 줄 수 있는 것이다. 초보 당구선수들이 아직 당구 경기와 관련된 물리법칙들에 통달하지 못했을지라도, 실력 향상을 위해서 이 법칙들을 지침으로 삼을 수는 있는 것 아니겠는가! 경제모형들은 보통의 소비자가 내리는 결정이나 비즈니스와 관련된 의사결정에서 이와 유사한 역할을 한다고 볼 수 있다. 사실 이러한 지침으로서의 역할 하나만으로도 우리는 경제학을 공부할 충분한 이유가 있는 것이다.

1.3 의사결정할 때 우리가 쉽게 빠지는 함정들

경제학자들이 하는 일이란 것이 결국은 편익이 비용보다 큰 경우 그리고 오직 그럴 때에만 행동을 취해야 한다는 원칙을 여기저기 응용하는 것 아니냐는 비판을 듣는다면 상당히 많은 경제학들이 어떻게 반박할까 난처해한다. 박사학위까지 받은 사람이 그렇게 단순한 일을 하느라 온종일 바쁠 수는 없지 않은가! 하지만 이는 겉으로 보이는 모습에 속는 짓이다. 경제학을 공부하는 사람들은 비용과 편익을 측정하는 일이 과학인 동시에 기술이라는 점을 금세 눈치챈다. 어떤 종류의 비용이나 편익은 교묘하게 숨어 있어 파악하기가 매우 어렵다. 명백하고 쉽게 파악할 수 있어 보이는 비용이나 편익도, 좀 더 면밀하게 조사하면 그렇지 않은 경우가 허다하다.

경제학을 공부함으로써 우리는 정말 중요한 비용과 편익을 어떻게 식별해내는지 배운다. 이 책의 중요 목표들 중 한 가지는 여러분이 더 나은 의사결정자가 되도록 가르치는 것이다. 이를 위해서 첫걸음은 의사결정에서 우리가 쉽게 빠지는 함정들을 꼼꼼하게 살펴보는 작업이다. 관련된 경제학적 원칙들은 간단할 뿐만 아니라 지극히 상식적으로 보이지만, 그럼에도 불구하고 많은 이들이 의사결정 시에 이러한 원칙들을 무시한다.

함정 1 : 암묵적 비용을 무시하는 행동

행동에 수반되는 기회비용
어떤 행동을 하기 위해서 포기해야만 하는 모든 것들의 가치

우리는 명시적으로 드러나지 않는 비용은 무시하고 아예 존재하지 않는 것처럼 행동하는 경향이 있다. x라는 활동을 하는 것이 y라는 활동을 하지 못하는 것을 의미한다면, y라는 활동이 여러분에게 주는 가치는 (여러분이 y라는 활동을 정말로 한다면) x라는 활동의 **기회비용**(opportunity cost)이다. 이렇게 잃어버린 기회의 가치를 무시하는 경향 때문에 우리는 바람직하지 않은 결정을 자주 하게 된다. 여기서 우리가 얻을 수 있는 교훈이 있다면, 우리는 "내가 x를 해야만 할까?"라는 질문을 "x를 할까, 아니면 y를 할까?"라는 질문으로 바꿔서 자문하는 것이 매우 유익할 것이라는 점이다. 이렇게 질문을 바꿔 던지면, 우리는 y라는 활동을 x라는 활동에 대한 가장 큰 가치를 지닌 대안으로 쉽게 인지할 수 있다. 아래 예 1.2는 이 점을 잘 보여준다.

암묵적 비용 예 1.2

스키장에 놀러 갈까, 아니면 교수님을 도와 조교 일을 해야 할까?

학교에서 멀지 않은 곳에 스키장이 있다고 하자. 경험상 여러분은 스키장에서 노는 것이 자신에게 60달러 정도의 가치를 선사한다는 것을 알고 있다. 스키장 입장료는 40달러로, 여기에는 교통비, 리프트 사용료, 장비 대여료가 모두 포함되어 있다. 하지만 이 40달러가 스키장에 놀러 갈 때 드는 비용의 전부는 아니다. 여러분은 스키장에 놀러 감으로써 포기하게 될 가장 매력적인 대안의 가치 역시 고려해야 한다. 그 최선의 대안이라는 것이 교수님의 연구를 돕는 조교 일이라고 하자. 조교 일을 하면 하루에 45달러를 벌 수 있다. 게다가 여러분은 무급이라도 기꺼이 하고 싶을 만큼 그 일을 재미있게 여긴다. 이제 여러분이 던질 질문은 "스키장에 놀러 갈까, 아니면 조교 일을 해야 힐까?"가 된다.

스키장에 놀러 가는 비용에는 명시적으로 드러난 스키장 유흥비 40달러만이 아니라 그로 인해 포기해야만 하는 수입 45달러라는 기회비용까지 포함된다. 때문에 총비용은 85달러로, 스키장에 놀러 가서 얻는 편익인 60달러를 초과한다. 즉 $C(x) > B(x)$이므로, 여러분은 학교에 남아 조교 일을 해야만 한다. 포기해야만 하는 수입을 기회비용으로 제대로 감안하지 않는다면, 스키장에 놀러 가는 어리석은 결정을 내리는 셈이다.

여기서 한 가지 주목해야 할 점은 무급이라도 기꺼이 조교 일을 하겠다고 여기는 대목이다. 이는 조교 일을 함으로써 겪는 심리적인 비용이 없다는 것을 뜻한다. 조교 일이 귀찮고 괴로운 일이라서 피하고 싶은 것이 아닌 셈이다. 물론 모든 일이 그렇지는 않을 것이다. 조교 일 대신에 교내 식당에서 설거지를 하고, 똑같은 수입인 45달러를 번다고 생각해 보자. 하지만 설거지는 재미도 없고 힘든 일이기에 30달러를 내고서라도 피하고 싶은 일에 해당한다고 하자. 식당 사장님께 얘기만 하면 무급으로 하루를 쉬고 놀러갈 수 있다면, 여러분은 스키장에 놀러 가야 할까? 한 번 생각해 보자.

비용과 편익은 동전의 앞뒷면 예 1.3

스키장에 놀러 갈까, 아니면 교내 식당에서 설거지를 해야 할까?

이 문제는 두 가지 방식으로 생각해 볼 수 있다. 첫째는 설거지를 하지 않아도 된다는 것이 스키장에 놀러 감으로써 얻는 편익에 해당한다고 보는 것이다. 일당이 30달러에 미치지 못한다면 죽어도 설거지를 하지 않을 것이므로, 설거지 일을 피할 수 있음으로써 얻는 편익은 바로 30달러에 해당한다. 그러므로 스키장에 놀러 가면 설거지를 하지 않아도 된다는 간접적인 편익이 발생한다. 이 간접적인 편익 30달러를 스키장에 놀러 감으로써 얻는 직접적인 편익 60달러에 더하면, 총편익은 90달러가 된다. 즉 $B(x) = 90$달러이다. 문제를 이런 식으로 접근하면, $C(x)$는 전과 똑같이 스키장 유흥비 40달러와 일을 하지 않아서 발생하는 수입의 손실 45달러를 더한 값인 85달러가 된다. 그 결과, $B(x) > C(x)$이므로, 여러분은 스키장에 놀러 가야 한다.

둘째는 설거지 일에서 겪는 불편을 일당에서 빼주는 방식이다. 이 경우 일당 45달러에서 즐겁지 않은 설거지 일의 가치 30달러를 빼준 15달러만이 일을 하지 않아서 발생하는 기회비용이 된다. 그렇다면 여러분의 비용은 $C(x)$ = 40달러 + 15달러 = 55달러가 되고, 이는 스키장에 놀러 가서 얻는 편익 60달러보다 작다. 즉 $C(x) < B(x)$이다. 그래서 여러분은 스키장에 놀러가야 한다는 똑같은 결론에 이르게 된다.

　설거지 일의 불쾌함이 주는 금적적인 가치를 둘 중 어떤 방식으로 다룬다고 해도 결론은 마찬가지이다. 하지만 정말 중요한 것은 둘 중 한 가지 방식으로만 계산해서 결정을 내려야 한다는 점이다. 이중으로 계산하면 안 된다.

　예 1.3을 통해서 명확해졌듯이, 비용과 편익은 동전의 앞뒷면과 같다(reciprocal). 비용이 들지 않는다는 것은 편익을 얻는다는 것과 같다. 마찬가지로 생각해서, 편익을 얻지 못한다는 것은 비용이 발생한다는 것과 같다.

　듣고 보면 당연한 것 같지만, 실상 이를 놓치는 경우가 흔하다. 실제로 이런 경우가 있었다. 몇 년 전 박사과정 유학생 한 명이 학위를 받고 귀국하게 되었다. 그 학생의 고국에서는 자동차 수입 시 차량 가격의 50퍼센트에 달하는 고율 관세를 부과하는데, 유학생이나 상사 주재원 등이 귀국하는 경우에는 특별히 무관세로 자동차를 한 대 사서 들어갈 수 있게 허가해 주는 제도가 있었다. 그 학생의 장인은 사위에게 돈을 주면서 2만 달러짜리 신차를 사서 오라고 했다. 하지만 정작 그 학생은 자기 돈으로 신차를 사서 귀국할 계획이었다. 고국에서는 50퍼센트의 관세를 내고 들여온 수입차를 3만 달러에 판매하고 있기에, 개인적으로 무관세로 차를 사서 귀국하여 2만 8천 달러를 받고 팔면 8천 달러의 이익을 남길 수 있을 것으로 생각했기 때문이다. 그런데 차를 사달라는 장인의 부탁을 들어주게 되면, 무려 8천 달러에 달하는 기회비용이 그 학생에게 발생하게 된다. 이토록 큰 이익을 놓친다는 것은 그만큼 큰 손실이나 마찬가지가 아닌가! 하지만 그 학생은 결국 장인어른의 부탁을 들어주었다. 개인적으로 이익을 남기는 것보다 가족과 좋은 관계를 유지하는 것이 훨씬 더 중요하다고 여겼기 때문이다. 비용편익 원칙이 명확하게 보여주듯이, 지금 당장 금전적인 이익을 얻는 것이 언제나 최선의 결정은 아닌 것이다.

예 1.4	기회비용

고교 졸업 후 곧바로 대학에 가야 할까, 나중에 가야 할까?

대학에서 공부할 때 발생하는 비용은 등록금, 수업료, 기숙사비, 식비, 책값만이 아니다. 대학 재학 중에 포기해야만 하는 수입을 기회비용으로 산정해야 한다. 수입은 대개 경험이 늘어남에 따라 올라간다. 그러므로 대학에 다니면서 포기해야 하는 수입은 경험이나 경력이 많은 사람일수록 더 커진다. 하지만 고교를 갓 졸업한 학생에게 이러한 기회비용은 별로 크지 않다.

　편익 측면에서 볼 때, 대학에서 공부하여 얻을 수 있는 큰 이득은 졸업 후 고졸자에 비해서 훨씬 더 많이 얻는 임금이다. 한 살이라도 어린 나이에 대학을 졸업할수록 평생에 걸쳐 높은 임금을 받는 기간은 늘어난다. 대학 진학에서 얻을 수 있는 또 다른 편익은 일을 하지 않아도 되기 때문에 발생하는 편익이다. 일반적으로 교육수준이 높을수록 불쾌한 일을 맡을 가능성이 낮아지고 또 그만큼 즐거운 일을 맡게 될 가능성은 높아진다. 고교 졸업 후 곧바로 대학에 가게 되면 저학력자에게 주로 주어지는 불쾌한 일을 하지 않아도 된다. 그래서 대부분의 사람들은 먼저 대학에서 공부하고 나중에 일을 시작한다. 그러므로 쉰 살 중년이 아니라 스무 살 창창한 나이에 대학에서 공부하는 것이 훨씬 설득력이 있다.

하지만 고교를 막 졸업한 학생이 성숙하지 못한 면이 많다면 대학에서 공부함으로써 얻을 수 있는 편익을 제대로 얻지 못하는 경우도 있다. 그 경우에는 대학에 진학하기 전에 한두 해 정도 일을 한 뒤 대학 공부를 하는 것이 더 나을 수도 있다.

예 1.4는 어떻게 이론을 평가해야 하는지에 대한 프리드먼의 주장과 잘 맞아 떨어진다. 고교 졸업반 학생들은 대학에 언제 갈지를 결정할 때 기회비용을 감안한 복잡하고 현학적인 계산을 하지 않는다. 그냥 동급생들이 그렇게 하니까 고교 졸업생들 대부분은 졸업 후 곧바로 대학에 진학한다. 세상일이란 것이 원래 그러니까.

왜 대부분의 학생들은 고교 졸업 후 곧바로 대학에 진학할까?

하지만 이쯤에서 우리는 도대체 왜 세상일이란 것이 그렇게 돌아가야 하는지 의문을 품게 된다. 관습은 하늘에서 그냥 뚝 떨어진 것이 아니다. 서로 다른 사회에서는 수 세기에 걸쳐 이와 같은 문제들을 놓고 실험을 해왔다고 할 수 있다. 인간의 일생에서 배우는 시기와 일하는 시기를 조정하여 훨씬 더 나은 결과를 가져올 수 있다면, 어떤 사회에서는 분명히 오래 전에 기존의 방식을 바꿨을 것이다. 우리가 현재 어떤 관습을 그대로 유지하고 있다면, 그것은 아마도 그 관습이 효율적이기 때문일 것이다. 포기한 수입의 기회비용 따위를 명시적으로 계산하지는 않겠지만, 그럼에도 불구하고 사람들은 마치 기회비용을 계산한 듯이 행동한다.[3]

기회비용이라는 간단한 개념은 사실 미시경제학에서 가장 중요한 개념으로 손꼽힌다. 기회비용의 개념을 현실적인 문제에 적용하는 기술을 제대로 익혀 활용하려면, 어떤 행동을 추구하면서 포기하게 되는 가장 가치가 높은 대안을 정확하게 인식해야 한다.

함정 2 : 매몰비용을 무시하는 행동

실제로는 매우 중요함에도 불구하고 우리는 기회비용을 제대로 고려하지 않는다. 이와는 반대로 정작 중요하지 않은데도 비용에 포함시키는 지출이 있다. 일단 결정을 내리는 순간부터 되찾을 수 없게 되는 비용인 매몰비용(*sunk costs*)이 바로 거기에 속한다. 기회비용과는 달리 우리는 매몰비용을 무시해야 한다. 매몰비용을 무시하지 않는 것이 바로

---

3. 그렇다고 해서 모든 종류의 관습이 효율성을 증진한다고 주장하는 것은 아니다. 예를 들어 상황이 바뀌어서 과거에는 사회 전체적인 효율성을 높이는 데 일조하던 관습이 더 이상 매력이 없어질 수도 있다. 시간이 흐르면, 관습도 바뀔 것이다. 하지만 많은 습관과 관습이 일단 사회에 정착되면 잘 바뀌지 않고 계속 유지된다.

의사결정의 두 번째 함정이다. 매몰비용을 무시해야 한다는 원칙은 다음의 예에서 명확하게 알 수 있다.

| 예 1.5 | **매몰비용 (1부)** |

대구까지 직접 차를 몰고 갈까, 아니면 비행기를 타야 할까?

여러분이 250킬로미터 떨어진 대구까지 여행을 갈 계획이라고 하자. 비용이 얼마나 드는지가 중요할 뿐, 여러분은 직접 운전을 하는 것과 비행기를 타는 것에 대해서 아무런 차이를 느끼지 않는다고 하자. 직접 운전을 하는 경우 얼마나 돈이 들지 알아보려고 렌터카 회사에 전화를 했더니 다음과 같이 1만 킬로미터 운전에 소요되는 비용의 평균적인 추정치를 알려주었다.

> 어떤 비용이 이미 발생했고 되찾을 수 없다면, 그 이후 우리가 내리는 모든 결정에 대해서 그 비용은 아무런 연관성도 없게 된다.

보험료	100만
이자	200만
연료비 및 윤활유 교체비용	100만
유지수선비	100만
합계	500만

이 자료를 이용해서 계산을 해보니 렌터카를 1킬로미터 주행할 때 비용이 500원 발생하는 것으로 나타났다. 이를 250킬로미터에 대해서 적용하면, 대구까지 직접 운전을 해서 가는 비용은 12만 5천원이 된다. 그런데 대구까지의 항공요금은 10만 원이다. 그래서 여러분은 그냥 비행기를 타고 가기로 결정한다.

이런 방식으로 결정하는 경우, 여러분은 매몰비용의 함정에 빠지는 셈이다. 보험료와 이자 지급액은 여러분이 차량을 대여하여 얼마나 운행하는지와 상관없이 정해져 있다. 둘 다 매몰비용에 해당하고, 여러분이 대구까지 운전해서 가는지 또는 가지 않는지 상관없이 발생하는 비용이다. 위의 표에서 제시된 비용들 중에서 연료비 및 윤활유 교체비용과 유지수선비만이 차량 운행거리에 따라 변하는 비용 항목들이다. 1만 킬로미터 운행 시 200만 원이 소요되므로, 1킬로미터당 200원이다. 그러므로 대구까지 250킬로미터를 운전하는 경우 5만 원이면 된다. 이는 항공요금 10만 원보다 적으므로, 여러분은 직접 운전해서 대구에 가야 한다.[4]

예 1.5에서는 여러분이 대구까지 어떤 방식으로 가는지가 전혀 중요하지 않다는 가정을 했다. 그러나 여러분이 직접 운전을 하는 것보다 비행기를 타고 가는 쪽을 선호한다면, 이를 비용편익 계산에 당연히 고려해야 한다. 예를 들어 직접 운전하느라 피곤한 점을 금전적으로 환산하여 6만 원의 비용으로 계상(計上)한다면, 운전의 실제 비용은 5만 원이 아니라 11만 원이 될 것이고, 비행기를 타고 대구로 가는 것이 더 낫게 된다.

---

4. 여기에서는 차량을 대여해서 대구까지 운전하는 경우를 예로 들어 설명하였지만, 자신이 보유한 차량을 운행하여 여행을 떠나는 경우에도 본문의 설명은 그대로 적용된다. 이때 매몰비용에는 자동차세와 차량등록비와 같이 차량의 운행 여부와 무관하게 이미 발생한 비용항목들이 포함될 것이다.

아래에 지시한 연습문제를 통해 매몰비용이라는 중요한 분석 개념을 확실히 이해하는지 확인하기 바란다. 새로운 개념과 이론을 배울 때마다 곧바로 연습문제를 풀면, 더욱 효과적으로 미시경제학에 정통하게 될 것이다.

개념 확인 1.1

피곤하게 직접 운전하는 일을 피하는 데 드는 비용이 20,000원이라고 하자. 또한 여러분의 운전 행태에 비추어 보았을 때, 200킬로미터 운행할 때마다 평균 1회 꼴로 28,000원짜리 교통범칙금을 지불한다고 하자. 그렇다면 예 1.5에 대한 여러분의 답변은 어떻게 바뀔까?

개념 확인과 같이 교재 본문에 등장하는 연습문제에 대한 해답은 각 장의 말미에 제시되어 있다. 너무 당연한 말이겠지만, 해답을 먼저 보지 않고 연습문제를 스스로 풀어보려고 노력하는 것이 내용을 이해하고 개념을 익히는 데 확실한 도움이 될 것이다.

매몰비용 (2부) | **예 1.6**

피자 실험 이야기

학교 근처에 5달러만 지불하면 무제한으로 먹을 수 있는 피자 가게가 있다고 하자. 음식점에 들어갈 때 선불로 돈을 내면 주문하는 대로 가게 직원이 계속 피자를 가져다준다. 동료 교수 한 명이 이를 이용하여 다음과 같은 실험을 한 적이 있다. 조교 한 명이 가게 직원으로 위장했다.[5] 조교는 가게 안의 탁자들 중 절반을 무작위로 골라 해당 탁자에 앉은 손님들에게 피자를 주문하기 전 5달러를 되돌려 주었다. 하지만 나머지 절반의 탁자에 앉은 손님들에게는 돈을 돌려주지 않았다. 그리고 조교는 손님들마다 피자를 몇 조각이나 먹는지 조심스럽게 세어 나갔다. 여러분이 보기에 두 부류의 손님들은 피자를 얼마나 먹었을까? 어느 한 쪽이 피자를 더 많이 먹었을까? 얼마나 더 많이 먹었을까?

두 집단에 속한 손님들은 다음과 같은 질문에 직면한 셈이다. "피자 한 조각을 더 먹어야 하나?" 여기서 x를 피자 한 조각을 더 먹는 행동이라고 표기하자. 두 집단 모두 $C(x)$는 정확히 0이다. 왜냐하면 5달러를 환불받지 못한 집단에 속하는 손님들일지라도 피자를 더 먹기 위해서 추가적으로 돈을 낼 필요가 없기 때문이다. 환불받는 손님들을 철저하게 무작위로 선택했으므로, 어느 특정 집단에 속한 손님들이 특별히 피자를 더 많이 먹거나 더 적게 먹는 사람들이라고 믿을 이유가 없다. 모든 손님들에게 있어서 피자를 먹는 결정 규칙은 피자를 한 조각 더 먹을 때 얻는 추가적인 즐거움이 더 이상 없어질 때까지 계속 먹는다는 것이다. 그러므로 $B(x)$는 두 집단 모두 똑같다. $B(x)$가 0이 될 때까지 피자를 먹어야 한다.

이러한 논리를 따라가면, 두 집단은 평균적으로 같은 양의 피자를 먹어야 한다. 5달러라는 요금은 매몰비용이므로 손님들이 먹는 피자의 양에는 아무런 영향을 미치지 않아야 한다. 하지만 현실에서는 환불을 받지 못한 집단의 손님들이 피자를 훨씬 더 많이 먹었다.

지불한 돈이 아까워 음식을 더 먹는 행동은 현명한 의사결정 전략이라고 할 수 없다.

---

5. 이 실험에 대해서 더 자세한 사항을 알고 싶다면, 다음 학술논문을 보기 바란다. Richard Thaler, "Toward a Positive Theory of Consumer Choice", *Journal of Economic Behavior and Organization* 1, 1980.

비용편익을 고려하는 결정 원칙이 위의 실험에 대한 이론적 예측과는 반대로 나타났지만, 그럼에도 불구하고 합리적인 의사결정이 어떠해야 하는지에 대한 교훈은 여전히 타당하다. 두 집단은 논리적으로 같은 방식으로 행동했어야만 한다. 두 집단 사이의 유일한 차이는 결국 환불을 받은 집단에 속한 손님들의 경우 환불을 받지 못한 손님들에 비해서 생애소득(lifetime income)이 고작 5달러만큼 더 늘어났다는 것뿐이다. 그럼에도 불구하고 환불을 받지 못한 집단의 손님들은 마치 "본전을 찾으려는 것처럼" 행동했다. 영리하게 굴려다가 오히려 과식만 한 셈이다.[6]

그렇다면 "본전을 찾으려는 것처럼" 행동하는 것이 잘못인가? 전혀 그렇지 않다. 그러한 동기가 식당에 들어가기 전부터 이미 작동하고 있었다면 말이다. 본전을 찾겠다는 동기로 다른 면에서는 똑같지만 음식 값이 더 많이 드는 경쟁식당에 가지 않고 특정 식당에 가는 것은 너무나 자연스러운 일이다. 그러나 일단 점심식사 가격이 결정된 상황이라면, 본전을 찾으려는 식의 동기는 포기해야만 한다. 피자를 한 조각 더 먹음으로써 얻는 만족감은 지금 여러분이 얼마나 배가 고프고 그래서 피자를 얼마나 먹고 싶은지에 의해서만 결정되어야지 이미 지불한 점심 값이 얼마인지에 따라 변해서는 안 되는 것이다. 그럼에도 불구하고 사람들은 본전이 아깝다는 방식으로 행동한다. 어쩌면 우리는 상황에 따라 완벽하고 유연하게 의사결정을 내리는 존재가 아닌지도 모른다. 특정 맥락에서 그럴듯한 의사결정을 상황이 완전히 달라졌는데도 여전히 고수하는 것도 그 때문일 수 있다.

개념 확인 1.2

창수는 야외 공연장에서 열리는 재즈 밴드 공연 표를 라디오 방송국에서 상품으로 얻었다. 인기는 똑같은 공연에 가고자 18달러를 내고 표를 샀다. 공연 당일 갑자기 폭풍이 몰아쳤다. 창수와 인기의 선호는 똑같다고 하자. 통상적인 비용–편익 계산을 바탕으로 두 사람이 각자 의사결정을 하는 경우, 누가 공연에 참석할 가능성이 더 높은가?

함정 3 : 비용과 편익을 절대 금액이 아니라 비율로 계산하기

차를 타고 여행을 할 때면, 아이들은 부모에게 내내 이런 질문을 해댄다. "아빠, 다 왔어요?" 목적지에 10킬로미터 근처까지 왔다면, 이럴 때 어떻게 대답해야 할까? 우리는 이 가족이 떠난 여행의 상황과 맥락을 알지 못하는 상황에서 쉽게 대답할 수 없다. 여정이 300킬로미터에 달하는 긴 여행이었다면, 아이의 질문에 대한 답변은 아마도 "응, 거의 다 왔단다"가 될 것이다. 하지만 겨우 12킬로미터만 운전해서 가면 되는 길이라면, "아니야, 아직 한참 더 가야 해"가 맞는 답일 것이다.

맥락에 따른 단서는 일상생활에서 우리가 경험하는 다양한 상황에서 중요한 역할을 한

---

6. "본전을 찾으려는 것처럼" 행동했다는 사실에 대한 또 다른 설명도 가능하다. 5달러라는 금액이 학생들이 지출하는 식사비로는 **단기적으로** 상당한 금액일 수 있다. 환불을 받은 집단에 속한 학생들은 환불 덕에 5달러가 생긴 셈이니, 환불받기 전에는 먹을 수 없었던 디저트를 먹기 위해서 피자를 좀 덜 먹었을 수도 있지 않은가. 이러한 설명이 맞는지 확인하기 위해서 실험자는 환불을 받지 못한 집단의 학생들에게 당일 아침에 5달러에 해당하는 현금을 미리 나눠준 뒤 나중에 이들이 환불받은 집단의 학생들과 같은 양의 피자를 먹는지 관찰할 수도 있을 것이다.

다. 전체 여정에서 현재 남은 거리를 비율로 환산하여 얼마나 더 가야 하는지에 대한 대답을 "응" 또는 "아니"라고 결정하는 것은 자연스럽고도 유용한 방식이다. 그래서인지 우리는 대부분 비용과 편익을 비교할 때 이렇게 비율로 환산하여 생각하는 습성이 있다. 하지만 다음의 두 가지 간단한 예에서 알 수 있듯이, 이런 식으로 의사결정을 내리면 문제가 생긴다.

비용과 편익 비교하기 (1부) 예 1.7

2만 원짜리 알람시계가 달린 라디오를 *I*만 원에 사기 위해서 대형 마트까지 운전해 가야 할까?

여러분이 학교 근처 가게에서 알람시계가 달린 라디오를 2만 원을 지불하고 사려는데, 친구가 근처 대형 마트에서 같은 제품을 1만 원에 팔고 있다고 알려주었다. 마트까지는 15분 정도 운전을 해서 가야 한다. 여러분은 어디에서 라디오를 사겠는가? (라디오가 고장이 나는 경우, 어디에서 샀는가와 무관하게 수리 센터로 보내야 한다고 하자.)

비용과 편익 비교하기 (2부) 예 1.8

100만 원짜리 텔레비전 세트를 *I*만 원 싸게 사기 위해서 시내까지 운전해 가야 할까?

여러분이 학교 근처 가게에서 101만 원짜리 텔레비전 세트를 사려는데, 친구가 근처 대형 마트에서 같은 제품을 100만 원에 팔고 있다고 알려주었다. 마트까지는 15분 정도 운전을 해서 가야 한다. 여러분은 어디에서 텔레비전 세트를 사겠는가? (텔레비전 세트도 고장이 나면, 어디에서 샀는가와 무관하게 수리 센터로 보내야 한다고 하자.)

두 가지 예에는 정답이 딱 하나만 있지는 않다. 마트까지 운전해서 가서 얻는 편익이 운전하는 데 따르는 비용을 넘어서는지 먼저 알아야 한다. 사람들은 대부분 라디오를 사러 운전해서 가는 것은 그럴 만한 가치가 있다고 대답하는 반면에, 텔레비전 세트를 사러 가지는 않겠다고 대답한다. 왜 그런 결정을 내렸는지 물어보면, 라디오의 경우에는 50퍼센트의 할인을 받을 수 있지만 텔레비전 세트는 겨우 1퍼센트의 할인밖에 받지 못하기 때문이라고 대답한다.

그러나 여기서 할인 폭이 몇 퍼센트인지는 의사결정을 내리는 데 있어서 타당한 고려 사항이 아니다. 두 경우 모두 마트까지 운전을 해서 가면 1만 원의 할인을 받을 수 있다. 마트까지 운전해서 가는 데 드는 비용은 얼마나 될까? 어떤 사람은 5,000원 정도만 할인을 받을 수 있어도 마트까지 운전해서 가겠다고 하겠지만, 또 다른 사람은 5만 원 이상 깎아주지 않으면 운전해서 갈 필요가 없다고 여길 수도 있다. 하지만 개인에 따라 운전을 해서 마트에 가는 비용이 제각각 다르더라도, 동일 인물에게는 두 상품을 사러 운전해 가는 비용이 똑같아야만 한다. 그렇다면 위의 질문들에 대한 여러분의 대답 역시 두 경우에 같아야만 한다. 예를 들어, 여러분이 8,000원 할인을 받을 수 있다. 이에 기꺼이 운전해서 가는 사람이라면, 여러분은 라디오와 텔레비전 두 경우 모두 마트까지 운전해서 가야 한다. 하지만 여러분의 유보가격이 12,000원이라면 라디오와 텔레비전을 모두 학교 근처 가게에서 사야 한다.

> 비용과 편익을 비교할 때에는, 언제나 절대 금액끼리 비교하라. 비율로 환산해서 비교하지 말라.

비용편익 계산을 할 때는, 비용과 편익을 모두 절대 금액으로 표시해야만 한다. 비율로 환산해서 비교하는 것은 위에서 제시한 예에서 볼 수 있듯이 현명한 방식이 아니다.

개념 확인 1.3

여러분은 다음 달에 예정된 두 번의 여행에서 오직 한 차례만 요금 할인을 받을 수 있는 쿠폰을 가지고 있다. 베이징까지 가는 항공료 정상가격 200달러에서 100달러를 할인받거나, 뉴욕까지 가는 항공료 2,400 달러에서 120달러를 할인받을 수 있다. 여러분은 어느 여행에서 쿠폰을 사용해야 하는가?

함정 4 : 평균과 한계 개념을 구별하지 못할 때

지금까지 우리는 특정 행동을 할 것인가 말 것인가를 놓고 의사결정을 어떻게 내려야 하는지 살펴보았다. 그러나 우리는 어떤 일을 할까 말까를 결정하는 경우가 아니라 얼마나 해야 할까를 자주 고민하게 된다. 이렇게 좀 더 복잡한 경우에도 우리는 질문을 바꿔 던짐으로써 비용–편익의 원칙을 적용할 수 있다. "*x*라는 활동을 해야만 할까?"라는 질문 대신에, "지금 내가 하고 있는 행동 *x*를 얼마나 더 많이 해야 할까?"라고 묻는 것이다.

한계비용
어떤 활동을 한 단위 더 추가적으로 실행에 옮길 때 발생하는 총비용의 증가분

한계편익
어떤 활동을 한 단위 더 추가적으로 실행에 옮길 때 발생하는 총편익의 증가분

이러한 질문에 대답하기 위해서, 우리는 추가적인(*additional*) 활동 단위에 대한 비용과 편익을 서로 비교해야 한다. 활동을 추가적으로 한 단위 더 할 때 발생하는 비용을 그 활동에 수반되는 **한계비용**(marginal cost)이라고 부르고, 추가적인 활동이 주는 편익은 **한계편익**(marginal benefit)이라고 부른다.

비용편익의 원칙에 따르면, 우리는 어떤 행동이 주는 한계편익이 한계비용보다 큰 상황인 한, 그 행동의 수준을 증가시켜야 한다. 그러나 예 1.9에서 알 수 있듯이, 사람들은 종종 이 원칙을 제대로 적용하지 못한다.

예 1.9 | **한계비용과 한계편익 대 평균비용과 평균편익**

창수는 배 한 척을 더 띄워야 할까?

창수는 고깃배 세 척으로 구성된 작은 선단을 운영하고 있다. 매일 조업을 나가면 배 임대료에 어부의 임금까지 포함해서 총 300만 원의 비용이 든다. 배 한 척에 평균 100만 원씩 드는 셈이다. 그가 잡은 생선을 팔아 하루에 벌어들이는 총수입 또는 총편익은 600만 원으로 배 한 척에 평균 200만 원에 달한다. 배 한 척당 비용이 편익보다 적으므로, 창수는 배를 한 척 더 띄워야겠다고 마음먹었다. 그는 현명하게 결정한 것일까?

평균비용
*n*개의 단위로 이루어진 어떤 활동을 수행할 때 발생하는 평균비용은 총비용을 *n*으로 나눈 값

평균편익
*n*개의 단위로 이루어진 어떤 활동을 수행할 때 발생하는 평균편익은 총편익을 *n*으로 나눈 값

이 질문에 대답하기 위해서 우리는 배 한 척을 띄울 때 발생하는 한계비용을 한계편익과 비교해야만 한다. 하지만 위에서 우리에게 주어진 정보는 배 한 척을 띄울 때 발생하는 **평균비용**(average cost)과 **평균편익**(average benefit), 즉 총비용을 배 세 척으로 나누고 총편익도 역시 배 세 척으로 나눈 값을 알 수 있을 뿐이다. 배 한 척을 띄울 때 발생하는 평균편익과 평균비용을 안다고 해서 배 한 척을 추가로 더 띄워야 할까를 결정하는 일에 도움이 되지는 않는다. 지금까지 세 척의 배를 띄워서 얻은 평균편익이 또 한 척의 배를 띄워서 얻는 한계편익과 같을지도 모르지만, 더 높거나 낮을 수도 있기 때문이다. 같은 논리가 평균비용과 한계비용에 대해서도 마찬가지로 적용된다.

이해를 돕기 위해서 선원을 고용하여 배 한 척을 띄우는 데 들어가는 한계비용이 하루에 100만 원으로 고정되어 있다고 가정하자. 그렇다면 창수는 어획량에서 얻는 하루 수입이 최소한 100만 원 이상이 늘어날 경우에만 추가로 네 번째 배를 띄워야 한다. 현재 평균수입이 배 한 척당 200만 원이라는 사실만으로는 네 번째 배를 띄울 때 얻을 수 있는 한계편익이 얼마인지를 알

표 1.1

총비용은 띄운 배가 몇 척이냐에 따라 어떻게 달라지는가?

배(척)	총편익(만 원/일)	평균편익(만 원/척)
0	0	0
1	300	300
2	480	240
3	600	200
4	640	160

수 없다.

예를 들어, 실제로 띄운 배의 수와 하루 총수입이 표 1.1에서처럼 주어져 있다고 하자. 하루에 세 척의 배를 띄워서 창수는 배 한 척당 평균 200만 원을 벌어들이고 있다. 만약 창수가 네 번째 배를 띄운다면, 한계비용이 100만 원이라고 우리가 계속 가정하는 경우 **평균수입**은 배 한 척에 하루 160만 원으로 내려갈 것이다. 하지만 둘째 열에 제시된 네 척의 배에서 얻는 총수입 금액은 세 척의 배를 띄워서 얻는 총수입보다 겨우 40만 원 많을 뿐이다. 이는 네 번째 배를 띄워서 얻을 수 있는 한계수입이 겨우 40만 원에 불과함을 뜻한다. 이는 네 번째 배를 띄울 때 소요되는 한계비용 100만 원에 미치지 못하므로, 네 번째 배를 띄울 필요가 없게 된다.

아래 예 1.10에는 이 경우 어떻게 비용편익의 원칙을 정확하게 적용해야 하는지가 제시되어 있다.

비용편익 원칙 적용하기   예 1.10

창수는 몇 척의 배를 띄워야 할까?

선원을 태우고 배 한 척을 띄우는 데 들어가는 한계비용은 하루에 100만 원이라고 다시 한 번 가정하자. 만약 생선을 팔아 얻는 하루 총수입이 표 1.1에서 보여준 것처럼 몇 척의 배를 띄우는지에 따라 달라진다면, 창수는 이제 몇 척의 배를 띄워야 할까?

배를 추가로 한 척 더 띄움으로써 얻는 한계편익이 한계비용보다 같거나 크다면, 창수는 배를 띄워야 한다. 한계비용이 배 한 척당 100만 원으로 고정되어 있으므로, 창수는 한계편익이 최소한 100만 원인 경우 계속 배를 추가로 띄워야 한다.

총편익에서 한계편익을 계산해내는 방식을 표 1.1의 두 번째 열에 적용하면, 표 1.2의 세 번째 열과 같이 한계편익의 값을 계산할 수 있다. (한계편익은 우리가 배를 한 척 추가로 띄울 때 나오는 총편익의 변화를 의미하므로, 한계편익 숫자를 두 개의 총편익 숫자들 중간에 위치하도록 줄을 조정하였다.) 예를 들어, 배를 한 척에서 두 척으로 늘리는 경우 얻는 한계편익은 180만 원으로, 이는 두 척의 배를 띄워 얻는 총편익 480만 원에서 한 척의 배를 띄워 얻는 총편익 300만 원을 빼준 수치이다.

표 1.2

한계편익은 띄운 배가 몇 척이냐에 따라 어떻게 달라지는가?

배(척)	총편익(만 원/일)	한계편익(만 원/척)
0	0	
		300
1	300	
		180
2	480	
		120
3	600	
		40
4	640	

배 한 척당 100만 원의 한계비용을 표 1.2의 셋째 열에 제시된 한계편익 수치들과 비교해 보자. 그러면 우리는 처음 세 척의 배를 띄우는 경우에는 비용–편익 검사를 통과하지만, 네 번째 배를 띄우면 더 이상 비용–편익 검사를 통과할 수 없다는 것을 알 수 있다. 그러므로 창수는 배를 세 척만 띄워야 한다.

개념 확인 1.4

배를 한 척 더 띄울 때 소요되는 한계비용이 100만 원이 아니라 150만 원이라고 하자. 이 경우 창수는 몇 척의 배를 띄워야 하는가?

비용편익 원칙을 통해 우리는 한계비용과 한계편익의 개념, 즉 어떤 활동의 증가분(increment)에 해당하는 측정치를 이용해서 그 활동을 얼마나 많이 해야 하는지를 결정하는 데 적절한 정보로 삼을 수 있다. 그럼에도 불구하고 많은 사람들은 이러한 결정을 내릴 때 여전히 평균비용과 평균편익을 서로 비교한다. 예 1.9에서 명확하게 알 수 있듯이, 특정 활동을 수행할 때 현재 얻고 있는 평균편익이 평균비용보다 훨씬 크다고 하더라도 그 사실만으로 그 활동을 더 많이 해야 한다는 근거로 삼을 수는 없다.

1.4 그래프를 통해 한계비용과 한계편익을 이해하기

앞에서 다룬 예들은 사실 특정한 수준에서만 일어날 수 있는 활동들에 관한 의사결정과 관련된 것들이었다. 배를 아예 띄우지 않거나, 한 척을 띄우거나, 두 척을 띄우거나 하는 식으로 말이다. 하지만 세상에는 연속적으로 변화하는 활동들도 많다. 예를 들어, 휘발유 같은 경우에는 소비자들이 원하는 양만큼 살 수 있다. 이렇게 연속적으로 변화하는 활동의 경우에 한계편익과 한계비용을 그래프로 그려서 비교하는 것이 아주 편리하다.

한계편익과 한계비용을 그래프로 그려 비교하기 | 예 1.11

경리는 인기와 매달 몇 분이나 통화를 해야 할까?

경리는 남자친구 인기에게 장거리 전화를 걸 때 1분당 4센트의 요금을 지불하는 계약을 통신사와 맺었다. (1분에 미치지 못하는 통화의 경우에는 비례적으로 요금을 지불하므로, 30초짜리 통화의 경우에는 2센트를 내면 된다.) 인기와 추가적인 1분을 더 통화함으로써 얻는 가치는 경리의 지불의사(willingness to pay)로 측정할 수 있고, 이를 그래프로 표시하면 그림 1.1의 *MB*곡선이 된다. 경리는 인기와 매달 몇 분이나 통화를 해야 할까?

우하향하는 *MB*곡선은 경리가 인기와 통화한 총 통화량이 많으면 많을수록 1분 더 추가로 통화할 때 얻는 가치가 작아진다는 점을 보여준다. (3장에서 공부하겠지만, 우리가 어떤 상품을 더 많이 보유할수록 그 상품을 한 단위 더 가지는 데 두는 가치는 점점 더 작아진다.) 그림에서 *MC*곡선은 추가적으로 1분 더 통화할 때 드는 비용으로, 여기서는 분당 4센트로 고정된 것으로 가정하고 있다. 최적 통화량은 이 두 곡선이 교차하는 지점의 통화량이다. 그림에서는 월 400분이 된다. 만약 경리가 이보다 적게 인기와 통화한다면, 추가적인 통화시간에서 얻을 수 있는 한계편익이 한계비용을 초과하므로 경리는 더 오래 통화해야 한다. 그러나 두 사람이 한 달에 400분 이상 통화한다면, 이보다 덜 통화함으로써 경리가 절약하게 되는 비용이 통화를 줄임으로써 포기해야 하는 편익보다 커지므로 경리는 통화 시간을 줄여야 한다.

개념 확인 1.5

만약 경리의 한계편익곡선이 그림 1.1과 같은 상황에서, 장거리 통화요금이 분당 2센트로 낮아진다면, 그녀는 인기와 얼마나 오랜 시간 동안 통화해야 하는가?

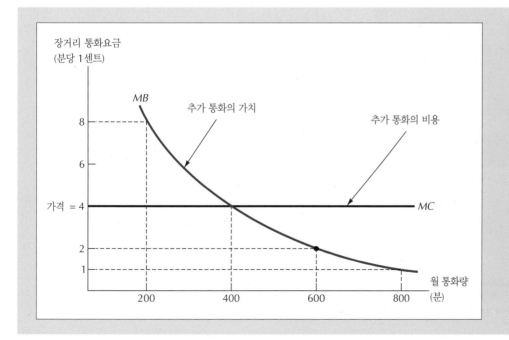

그림 1.1

최적 통화량

연속적으로 변화하는 활동의 최적 수준은 그 활동에서 얻는 한계편익이 한계비용과 정확하게 같아지는 양이다.

1.5 보이지 않는 손 _____

경제분석을 통해 우리가 얻을 수 있는 가장 중요한 통찰은 개인이 자신의 이익을 추구하는 행동이 더 넓은 의미에서의 **사회 목표들과 조화**를 이루는 것은 물론이고, 실제로 사회 목표들을 달성하기 위해서라도 개인의 이익을 추구해야만 한다는 것이다. 자신의 행동이 어떤 영향을 미칠지 전혀 알지 못하는 상황에서, 자신의 이익을 추구하는 소비자들은 때때로 아담 스미스 (Adam Smith)가 "보이지 않는 손"(*invisible hand*)이라고 부른 힘에 의해 조종되는 것처럼 행동함으로써 더 큰 사회적 선(善)을 달성하게 된다. **국부론**(*The Wealth of Nations*)에서 아마도 가장 널리 인용되는 대목에서, 스미스는 이렇게 적었다.

> 우리가 저녁 식사를 즐길 수 있는 것은 정육점 주인이나 양조업자나 빵 굽는 자의 자비심 때문이 아니라 바로 그들이 자기 자신의 이익을 추구하기 때문이다. 우리는 그들의 박애정신에 호소하는 것이 아니라 그들의 자기애에 호소하며, 그들에게 우리의 궁핍함을 호소하는 것이 아니라 그들의 이익에 호소한다.

스미스는 경쟁이야말로 판매자들이 더 좋은 상품과 이를 더 싸게 생산할 수 있는 방법을 개발하도록 촉진한다는 사실을 간파했다. 온갖 시도에서 가장 먼저 성공하는 이는 경쟁자들보다 일시적이나마 더 큰 이윤을 얻었다. 경쟁자들이 새로운 상품과 생산 방법을 모방하게 되면서 상품 가격은 불가피하게 하락 압력에 노출된다. 간단하게 말해서 스미스의 통찰은 판매자들이 자신의 이익을 늘리는 일에 몰두하지만 궁극적으로는 소비자들이 혜택을 받는다는 점이다.

현대 경제학자들은 아담 스미스가 오직 이기적인 동기만이 중요하다고 믿지는 않았다는 점을 가끔 망각하곤 한다. 예를 들어, 스미스는 국부론보다 먼저 발표한 **도덕 감정론**(*The Theory of Moral Sentiments*)에서 우리가 타인에게 느끼는 깊은 동정심에 대해 다음과 같이 감동적으로 적었다.

인간이 아무리 이기적(利己的: selfish)인 존재라 하더라도, 그 천성에는 분명히 이와 상반되는 몇 가지가 존재한다. 이 천성으로 인해 인간은 타인의 운명에 관심을 가지게 되며, 단지 그것을 바라보는 즐거움밖에는 아무것도 얻을 수 없다고 하더라도 타인의 행복을 필요로 한다. 연민(憐憫: pity)과 동정심(同情心: compassion)이 이런 종류의 천성에 속한다. 이것은 타인의 고통을 보거나 또는 그것을 아주 생생하게 느낄 때 우리가 느끼게 되는 종류의 감정이다. 우리가 타인의 슬픔을 보고 흔히 슬픔을 느끼게 되는 것은 그것을 증명하기 위해 예를 들 필요조차 없는 명백한 사실이다. 왜냐하면 이런 감정은, 인간의 본성 중의 기타 모든 원시적인 감정들과 마찬가지로, 결코

아담 스미스(1723~1790). 스미스의 현대 추종자들은 그의 논리를 자주 지나치게 단순화하는 경향이 있다.

도덕적이고 인자한 사람에게만 있는 것은 아니기 때문이다. 비록 이런 사람들이 이러한 감정을 가장 예민하게 느낀다는 것은 사실이지만, 무도한 폭도(暴徒)와 가장 냉혹한 범죄자들에게도 이러한 동정심이 전혀 없는 것은 아니다.[7]

게다가 아담 스미스는 고삐 풀린 것처럼 자신의 이익만을 추구하다 보면 오히려 사회적 선에서 멀어질 수도 있다는 점을 잘 인식하고 있었다. 아래에서 제시하는 예를 통해서 알 수 있듯이, 당사자의 의사결정이 타인에게 큰 비용이나 편익을 유발할 때 보이지 않는 손이라는 장치는 붕괴하고 만다.

그래프로 한계편익과 한계비용 개념 응용하기 **예 1.12**

정원에서 나온 쓰레기를 그냥 태워야 할까? 아니면 숲에다 버려야 할까?

정원에서 나온 풀이나 낙엽을 숲까지 옮기는 비용은 2만 원이지만 그냥 뒷마당에서 태우는 데에는 오직 1,000원밖에 들지 않는다고 하자. 만약 집주인이 자기 자신에게 발생하는 비용만을 신경 쓴다면, 그(녀)는 정원 쓰레기를 태우고 말 것이다. 하지만 이렇게 쓰레기를 태우는 경우 심각한 **외부 비용**(external cost)이 발생하여, 쓰레기를 어떻게 처리할 것인지에 대한 결정과 무관한 사람들에게 비용을 발생시키게 된다. 쓰레기를 태울 때 나오는 연기 때문에 발생하는 피해가 바로 외부 비용이다. 쓰레기를 태운 사람은 집주인인데도 피해는 바람 부는 아래쪽에 사는 사람들에게 발생하게 된다. 연기로 인한 피해액을 25,000원이라고 하자. 마을의 복지를 생각하면 정원 쓰레기를 자기 집 마당에서 태우지 말고 숲으로 가져가서 버려야 한다. 하지만 자기 이익에 충실한 집주인의 입장에서는 그냥 태우는 것이 최선으로 여겨질 것이다.[8]

외부 비용
어떤 활동에 직접 관련되지 않은 사람들에게 발생하는 비용

외부 비용과 편익의 존재 때문에 개인의 결정권을 제한하는 법률이 자주 제정된다. (외부 비용과 편익에 대해서는 16장에서 공부할 예정이다.) 예를 들어, 대부분의 지자체들에서는 지자체 경계 안에서 낙엽을 태우는 일을 금지하고 있다.[9] 이러한 법률들을 통해 개인들은 공동체 전체가 겪는 일을 좀 더 자기 자신의 일처럼 느끼게 만들 수 있다. 무허가 야외 소각을 금지하는 법률이 있는 상황이라면, 낙엽을 태우려는 마음을 먹은 사람이라도 법을 어겼을 때 받을 벌칙과 낙엽을 숲으로 가져다 버리는 비용을 놓고 저울질하게 될 것이다. 이 경우 사람들은 대부분 차라리 낙엽을 숲에다 버리는 길이 오히려 비용이 적게 든다고 생각한다.

---

7. [역주] 이 대목은 「도덕감정론」 1부 1장 "동감(同感)에 관하여"(박세일 번역, 비봉출판사 2009) 해당 번역 부분을 인용하였다.

8. 물론 집주인이 바람 부는 방향에 사는 주민들과 자주 어울리는 사이라면, 그래서 주민들과 앞으로도 사이좋게 지내고 싶다면, 집주인은 자기 이익을 위해서라도 정원 쓰레기를 숲까지 가져가 버릴지도 모른다. 하지만 바람 부는 아래쪽에 사는 주민들이 익명의 타인이라면, 이러한 동기는 큰 힘을 발휘하지 못할 것이다.

9. [역주] 함부로 쓰레기를 태우는 경우, 불완전연소로 인해 인간과 자연에 유해한 오염물질들이 다량 발생한다.

1.6 여러분의 자녀가 호모 *이코노미쿠스*와 결혼하기를 바라는가? ___

의무를 비롯한 여러 비이기적 동기의 중요성에 대해서 많은 경제학자들과 행동 과학자들은 상당히 회의적인 태도를 취한다. 이기적 행동이 물질적 이득과 결합하게 되면 다른 종류의 동기들을 완전히 위압하게 되어 꼼꼼하게 살필 필요조차 없이 비이기적 동기들을 무시해도 괜찮을 정도이기 때문이다.

자기 이익(self-interest) 또는 사리사욕은 인간이 느끼는 동기들 중에서 가장 중요한 동기이다. 하지만 유일무이하게 중요한 동기는 아니다.

이러한 견해를 염두에 두고, 전형적인 의사결정자를 자기 이익 모형에서는 호모 이코노미쿠스(*Homo economicus*) 또는 "경제인(economic man)"이라고 부른다. 호모 이코노미쿠스는 사람들이 투표를 하거나 길거리에서 주운 지갑을 안에 든 현금에 손대지 않고 주인에게 돌려주게 만드는 종류의 감정을 느끼지 않는다. 그와 정반대로 호모 이코노미쿠스가 가장 관심을 두는 것은 자신에게 돌아오는 물질적인 편익과 비용이다. 그(녀)는 자선단체나 적십자사에 기부를 하지도 않고, 이득이 생길 경우에만 약속을 지키며, 규제당국이 환경법규를 제대로 감시 감독하지 않으면 자동차 촉매 컨버터를 떼어내어 연료비를 줄이려 든다.

당연히 이런 식의 자기 이익 모형에서 오로지 "나 먼저"(me-first)인 모습으로 묘사되는 이미지에 대부분의 사람들은 들어맞지 않는다. 사람들은 백혈병으로 고통받는 낯선 이들에게 척수를 기부한다. 정의가 집행되는 모습을 보기 위해서, 심지어 처음에 저지른 잘못을 완전히 되돌릴 수 없더라도 기꺼이 큰 고통과 손해를 감수한다. 자신을 위험에 빠뜨리는 줄 알면서도 불타는 건물들과 얼음장처럼 차가운 강물에 뛰어들어 사람을 구해낸다. 군인들은 동료 병사들을 구하고자 폭발 직전의 수류탄 위로 몸을 던지기도 한다.

분명 이기적인 동기는 중요하다. 예를 들어, 살인사건을 조사하는 형사는 "피살자의 죽음으로 이득을 얻는 사람은 누구인가?"라고 가장 먼저 묻는다. 경제학자가 정부의 규제를 연구할 때, 그(녀)는 그러한 규제로 인해서 누구의 소득이 증가하는지 살펴본다. 국회의원이 새로운 정부 지출사업을 제안할 때, 정치학자들은 그(녀)의 지역구에서 가장 큰 혜택을 받는 집단이 누구인지 알아내려 한다.

미시경제학을 공부함으로써 우리는 특정 상황에서 이기적인 동기로 인해 발생하는 다양한 행동들을 이해하고자 한다. 하지만 그 과정에서 우리가 꼭 기억해야 할 사항은 자기 이익을 추구하는 방식만이 유일하게 옳은 방식이라고 주장할 의도는 전혀 없다는 점이다. 오히려 이와는 반대로 우리가 사회적인 존재로서 필요로 하는 것들을 추구하는 데 있어서 호모 이코노미쿠스가 얼마나 어울리지 않는지를 교재 뒤편에서 더 자세하게 살펴볼 것이다.

여기에서 아이러니가 드러나는데, 철저하게 자기 이익에 따라 행동하는 사람이 되는 순간 오히려 우리는 어느 정도 사회적인 외톨이가 되는 꼴을 피할 수 없게 되고, 이로 인해 우리의 영혼뿐만 아니라 금전적인 상황도 나빠진다는 것이다. 오로지 물질적인 측면만을 보더라도, 성공적인 삶이란 신뢰에 기초한 협조와 상호관계에서만 가능하기 때문이다. 제정신인 사람이라면 그 누가 호모 이코노미쿠스를 신뢰하겠는가? 우리는 교재 뒤편에서 이타적인 동기를 지닌 사람들이 어떻게 물질적인 보상을 얻게 되는지 구체적인 예들을 통해 더 자세하게 살펴볼 것이다. 하지만 지금 당장은 자기 이익 모형이 (매우 중요하기는 하지만) 오로지 인간 행동의 한 가지 측면만을 잘 포착해낼 뿐이라는 점을 염두에 두기 바란다.

1.7 생활 속의 경제행태

생물학을 공부하면 사람들은 그 전에는 모르고 지나치던 생명의 다양한 세부 요소들을 관찰하고 또 경이롭게 여기게 된다. 박물학자에게는 조용한 숲을 산책하는 일이 모험을 떠나는 것과 다를 바 없다. 미시경제학을 공부하는 것도 비슷하다. 우리는 "생활 속의 경제행태학자"(economic naturalist)가 되어, 일상적인 삶의 지루한 세부사항을 새로운 시각에서 바라볼 수 있게 된다. 인간이 구축한 환경의 모든 특성들이 한데 뭉쳐 떠도는 덩어리로 다가오는 것이 아니라 비용−편익의 계산이 내재된 결과물로 모습을 드러낸다. 아래에 제시하는 여러 예들을 통해 생활 속의 행태 경제를 좀 더 자세하게 살펴보자.

생활 속의 경제행태 1.1

왜 비행기 음식은 맛이 없을까?

아무도 비행기에서 제공하는 음식을 좋아하지 않는다. 지상에서 그런 음식을 손님에게 내놓는 식당이 있다면 아마 금세 망해서 문을 닫고 말 것이다. 비행기 음식에 대해 불평을 늘어놓을 때, 우리는 비행기 음식이 지상에서 맛보는 식당 음식들 만큼 맛있어야 한다는 너무나 당연한 생각을 한다. 하지만 여기서 잠깐 생각해 보자. 왜 비행기 음식이 지상의 고급 식당 음식처럼 맛있어야만 하는가? 비용편익의 측면에서 보면, 항공사는 편익이 비용보다 크다면 그리고 오직 그런 경우에만 제공하는 음식의 질을 개선할 것이다. 더 나은 음식에서 얻는 편익은 승객들이 기꺼이 지불하고자 하는 금액, 즉 더 높은 가격이라는 측정치로 판단할 수 있을 것이다. 항공요금에 1만 원을 더 지불한다면 지상의 고급 식당에서 먹을 수 있는 수준의 음식을 제공받을 수 있다고 하자. 이 경우 대부분의 사람들은 1만 원을 기꺼이 지불할 가능성이 높다. 하지만 문제는 겨우 1만 원을 더 받아 그 정도 수준의 음식을 지상 1만 2천 미터 상공에서 비좁은 주방에서 분초를 다투는 짧은 시간 안에 준비해 제공하는 일은 매우 어려운 일이라는 점이다. 물론 불가능하지는 않다. 비행기에서 스무 개 정도의 좌석을 떼어내고, 현대식 최첨단 주방을 설치하며, 직원을 추가로 고용하고, 식재료에 아낌없이 돈을 쓰는 등, 다양한 노력을 기울이면 이뤄낼 수도 있을 것이다. 하지만 이 경우 추가적으로 지불해야 하는 요금은 승객 1인당 1만 원이 아니라 10만 원쯤 될 것이다. 우리는 항공사에서 제공하는 기내식의 질이 형편없다고 불평하지만, 그렇다고 10만 원이나 되는 추가 요금을 기꺼이 부담하겠다는 사람

말풍선: 빵가루를 입혀 튀겨낸 송아지 고기 커틀릿을 드릴까요, 아니면 채소 말이 요리를 드릴까요?

항공사 식당

2001 © Mick Stevens/The New Yorker Collection/www.cartoonbank.com

은 거의 없을 것이다. 사실 최근 여러 항공사들은 운영비를 줄이기 위해 비행 중 제공하던 기내식 서비스를 아예 없애거나 돈을 내는 승객에게만 제공하기 시작했다. 슬프게도 기내식은 영영 맛없는 채 남아 있을 운명인가 보다.

"이왕 하려면 제대로 해야지"라는 격언에 우리는 대부분 고개를 끄덕인다. 자신이 맡은 바를 제대로 해내는 장인의 품격이야말로 요즘 세상에서 찾기 힘든 모습이 아닌가! 하지만 생활 속의 경제행태 1.1의 예에서 알 수 있듯이, 이 격언을 표현 그대로 해석하는 경우, 무슨

테니스 세계 챔피언이 되기 위해 투자한 막대한 시간과 노력을 생각하면, 테니스 세계 챔피언인 동시에 최고의 피아노 연주가가 될 가능성은 매우 낮을 것이다.

뜻인지 이해할 수 없게 되고 만다. 무엇인가를 잘하기 위해서는 시간과 노력과 비용을 들여야 한다. 하지만 시간과 노력과 비용은 모두 희소한 자원이다. 이를 특정 활동에 쏟아 부으면 다른 활동에는 사용할 수 없다. 우리가 하는 수많은 일들 중에서 한 가지의 질을 높이기 위해 우리는 다른 일들의 질을 줄일 수밖에 없는 셈이다. (기회비용의 개념이 여기서 한 번 더 등장했다.) 결국 모든 영리한 결정은 이러한 교환 상충관계(trade-off)를 염두에 두고 이루어져야만 한다.

우리가 살아가면서 겪는 모든 일들이 결국 이러한 타협의 소산이라고 해도 과언이 아닐 것이다. 노박 조코비치(Novak Djokovic)에게 있어서 테니스 세계 챔피언으로 경기를 하는 것은 콘서트 피아니스트가 될 수 없다는 것을 의미한다. 하지만 직업적인 전문 피아니스트가 될 수 없다고 해서 여가 시간에 피아노를 연주하며 즐겨서도 안 된다는 것은 전혀 아니다. 그저 자신이 테니스 분야에서 이룩한 성과보다 더 낮은 수준에서 만족해야만 한다는 뜻이다.

생활 속의 경제행태 1.2

왜 수동변속 차량에는 대부분 6단 변속기가 장착되어 있는데, 자동변속 차량에는 대부분 4단 변속기가 장착되어 있는 것일까?

자동차 변속기가 더 많은 단계로 나뉘어 있으면, 연비는 좋아진다. 추가적인 기어들이 1940년대 팔리던 차량들에 있었던 "오버드라이브"(overdrive) 역할을 해서, 낮은 엔진 속도로 고속 주행을 할 수 있게 된다. 현재 생산되는 수동변속 차량의 경우에는 대개 5단이나 6단 변속기가 달려 있지만, 자동변속 차량에는 3단이나 4단 변속기가 달려 있다. 연비가 좋을수록 소비자들이 좋아한다면, 왜 자동차 회사들은 자동변속 차량의 변속기를 더 좋은 5단이나 6단짜리로 바꾸지 않는 것일까?

그 이유는 소비자들이 차량을 선택할 때 고려하는 사항이 연비만이 아니라는 사실 때문이다. 우리는 차량 가격에도 매우 민감하게 반응한다. 자동 변속기는 수동 변속기보다 더 복잡하고, 그래서 추가로 기어를 한두 개 더 장착하려면 수동 변속기의 성능을 업그레이드할 때보다 비용도 훨씬 많이 든다. 만약 자동차 제조사들이 "편익이 비용을 초과할 때에만 기어를 추가하라"는 규칙을 따른다면, 자동변속 차량에는 수동변속 차량보다 장착된 기어의 수가 더 적게 될 것이다.

생활 속의 경제행태 1.2에 제시된 논리를 통해, 왜 많은 수동 변속기가 50년 전에는 겨우 3단짜리였는데(자동 변속기는 당시 겨우 2단짜리였다.) 요즘에는 6단까지 장착하는지도 이해할 수 있다. 기어를 추가함으로써 얻는 편익은 연비 절감이다. 그러므로 추가된 기어의 편익은 화폐단위로 생각할 때 절감되는 연료비와 직접적으로 관련이 있다. 휘발유 가격이 다른 상품들 가격에 비해서 지난 50년간 훨씬 비싸졌기 때문에, 예전보다 변속기에 더 많은 기어가 달려 나오는 것이다.

1.8 실증적인 질문과 규범적인 질문

미국의 태평양 연안 북서부 지역에서는, 벌목회사들이 주택 건설에 필요한 목재를 건설업자들에게 공급하기 위해서 얼마 남지 않은 삼나무 자연 숲을 베어내고 있다. 이 나무들은 자연 상태에서 자라나 2천 년 이상의 수령을 자랑하는 국가적인 보물로, 한 번 베어내면 다시 볼 수 없게 된다. 그러나 벌목회사가 볼 때 이 나무들은 지난 수천 년의 세월을 기념하는 존재일 때보다 목재일 때 더 큰 가치를 지닌다. 얼마 남지 않은 삼나무 자연 숲을 보존해야 하는지는 결국 **규범적인 질문**이다. 규범적인 질문은 우리가 소중하게 여기는 가치와 관련되어 있고, 어떤 행동이어야만 하는지 또는 어떤 행동을 해야만 하는지를 묻는다. 하지만 경제적인 분석만으로는 그러한 질문에 대답할 수 없다. 자연과 유산을 소중히 여기는 사회라면 그렇지 않은 사회와는 다른 방식으로 삼나무 자연 숲의 운명을 결정할 것이다. 서로 다른 두 사회에 속한 구성원들이 삼나무 자연 숲과 관련된 경제적인 사실과 이론들에 대해서는 이론의 여지없이 한마음 한뜻으로 동의할지라도 말이다. 경제적 분석은 **실증적인 질문**들에 대한 답변을 추구할 때 훨씬 더 견실한 모습을 보여준다. 실증적인 질문이란 특정 정책이나 제도적 장치들의 결과가 무엇인지를 묻는 것이다. 삼나무 자연 숲을 베지 못하게 한다면, 목재 가격은 어떻게 변할까? 목재 부족에 따라 어떤 대체 건축재들이 개발될 가능성이 높은가? 그러기 위해서 소요되는 비용은 얼마일까? 벌목 및 주택 시장의 고용 상황은 어떤 영향을 받을까? 이러한 질문들이 바로 실증적인 경제적 질문들이며, 이에 대한 대답은 규범적인 질문에 대한 우리의 고민과 밀접하게 연결되어 있기도 하다.

규범적인 질문
최선의 결과를 얻기 위해서 정책이나 제도적인 장치들을 어떻게 해야 하는지에 대한 질문

실증적인 질문
특정 정책이나 제도적인 장치들이 어떤 결과를 만들어내는가에 대한 질문

1.9 미시경제학과 거시경제학

1장에서 우리는 개별 의사결정자들이 직면한 현안들에 초점을 맞췄다. 앞으로는 경제모형들을 이용하여 개인들이 모인 집단의 문제를 생각해 볼 것이다. 예를 들어, 모든 구매자들을 한 집단으로 그리고 모든 판매자들을 또 다른 집단으로 묶어, 이들이 시장에서 어떻게 의사결정을 하고 그 결과는 어떻게 되는지를 살펴볼 것이다. 개별 경제주체의 선택과 개인들이 모여 이룬 집단의 의사결정이 미시경제학의 연구 대상이 된다. 그에 비해서 거시경제학은 더 넓은 범위로 시장들을 모두 합쳐서 연구한다. 예를 들어, 국가 전체적인 실업률, 전반적인 물가 수준, 그리고 국가 경제의 총생산액 등을 설명하고자 한다.

경제학자들은 전체 경제보다는 개별 시장들에서 벌어지는 일들을 예측하고 설명하는 데 능숙하다. 유명 경제학자들이 신문 지상에서 또는 방송에서 서로 다른 의견을 개진하는 모습을 보일 때의 현안은 미시경제학이 아니라 거시경제학의 주제일 때가 많다. 경제학자들이 여전히 거시경제적 문제들을 해결하는 데 있어서 많은 어려움을 겪고 있기는 하지만, 거시경제 분석이 중요하다는 점은 두말할 필요가 없다. 경기침체와 인플레이션 등과 같은 문제로 수백, 수천만 명의 삶이 영향을 받지 않는가!

점점 더 많은 경제학자들이 전체 경제를 구성하는 개별 시장들을 더욱 주의 깊게 분석하는 일이야말로 거시경제학 연구를 진전시키는 데 중요한 열쇠가 될 것으로 믿고 있다. 그 결과 미시경제학과 거시경제학 사이의 구분은 최근 들어 점차 흐려지고 있는 상황이다. 경제학과 대학원 과정에서도 미시경제학과 거시경제학 분야 모두에서 미시경제 분석의 비중이 점차 높아지고 있는 추세이다.

■ 요약 ■

- 미시경제학은 희소성하에서 선택 문제를 연구하는 분야이다. 희소성은 어디에나 존재한다. 심지어 물질적인 자원이 풍부한 곳에서도 희소성은 존재한다. 우리가 목표를 달성하기 위해 필요한 시간, 에너지, 그리고 그 밖의 많은 것들에는 언제나 심대한 제약이 존재하기 때문이다.

- 경제학자의 임무 대부분은 "내가 x라는 활동을 해야 할까?"라는 질문에 대한 답을 찾으려는 노력으로 이루어진다. 이러한 질문에 대해 대답하는 방식은 놀랄 만큼 간단하다. x라는 행동을 할 때 유발되는 비용이 편익보다 작은 경우 그리고 바로 그럴 경우에만 하라. 비용이 발생하지 않는다는 것은 그 자체로 편익이 발생한다는 것과 같다. (학습목표 1)

- 비용편익 모형은 사람들이 매일매일 내리는 선택과 결정의 문제를 다룰 때 사람들이 어떻게 행동하는지 제대로 예측하지 못하는 경우도 때때로 있다. 비용편익 분석의 기술은 연관되어 있는 비용과 편익을 상술하고 측정하는 능력에 달려 있지만, 실제로 우리는 그러한 의사결정 기술을 제대로 갖추고 있는 경우가 드물다. 매몰비용과 같은 어떤 비용은 의사결정할 때 매우 중요하게 여겨지지만 실제로는 중요하지 않다. 하지만 암묵비용과 같은 비용은 때때로 무시되는 경우가 많지만 실제로는 매우 중요하다. 편익을 측정하는 작업도 쉽지는 않다. 우리가 의사결정을 내릴 때 자주 빠지는 가장 흔한 함정들을 잘 파악해 놓으면 더 나은 의사결정자가 될 수 있다는 것은 이미 경험적으로 잘 밝혀진 사실이다. (학습목표 2, 3)

- 어떤 행동을 실행에 옮겨야 할지 말아야 할지가 아니라 어느 수준까지 해야 하는지를 물을 때에는 한계 분석을 통해 한계편익과 한계비용의 중요성을 잘 고려해야 한다. 한계편익이 한계비용보다 큰 경우에는 언제나 그 활동을 더 많이 해야 한다. (학습목표 1)

- 합리적 선택의 원칙은 상품이 거래되는 공식적인 시장에서만 적용되는 원칙이 아니다. 우리의 일상생활에서는 매순간 암묵적이거나 명시적인 비용편익 계산이 끝없이 이루어지고 있다. 그 원칙을 잘 이해한다면 현실 세계를 새로운 시각에서 바라볼 수 있게 될 것이다. 그때 우리 눈앞에 드러나는 진실이 언제나 즐거운 것은 아닐지라도, 최소한 우리의 통찰력을 자극하는 원천이 될 것은 분명하다. (학습목표 6)

■ 복습문제 ■

1. 여러분이 오늘 저녁에 소설을 한 편 읽는다고 하자. 이에 대한 여러분의 기회비용은 무엇인가? (학습목표 3)

2. 기숙사 룸메이트는 학기 중에 자퇴를 할까 고민 중이다. 학기가 이미 상당 기간 진행되어 등록금을 환불받는 것은 불가능하다. 자퇴 결정을 할 때 그는 등록금을 환불받지 못한다는 점을 고려해야 하는가? (학습목표 3)

3. 외부 비용 또는 외부 편익에 해당하는 활동들을 세 가지 들어보라. (학습목표 5)

4. 왜 쉰 살에 대학에 다님으로써 발생하는 기회비용은 스무 살 때의 기회비용보다 더 큰가? (학습목표 6)

5. 의사결정 시 우리가 매몰비용을 고려하지 말아야 하는 이유는 무엇인가? (학습목표 3)

6. 비용과 편익의 개념을 명시적으로 생각하지 않는 사람들의 행태를 연구할 때에도 비용편익 모형이 어떻게 유용하겠는가? (학습목표 2)

■ 연습문제 ■

1. 창수는 여름 동안 알바를 한다. 매일 일을 하기는 하지만, 원한다면 언제든지 하루를 쉴 수 있다. 그의 친구 인기는 화요일에 놀이동산에 가서 놀자고 한다. 입장료는 한 사람당 15,000원이고, 놀이동산까지 차를 몰고 갈 계획이기에 휘발유 값과 주차료까지 감안하면 5,000원이 추가로 필요하다. 창수는 놀이동산을 너무 좋아하기 때문에, 놀이동산에서 하루를 보내는

것으로 45,000원 만큼의 즐거움을 느낀다. 하지만 창수는 지금 하고 있는 일도 너무 재미있기 때문에 오히려 매일 10,000원을 내고 일을 할 의향까지 있다. (학습목표 1)

    a. 창수가 일을 해서 10,000원을 번다면, 그는 놀이공원에 가야 할까?
    b. 창수가 일을 해서 15,000원을 번다면, 그는 놀이공원에 가야 할까?
    c. 창수가 일을 해서 20,000원을 번다면, 그는 놀이공원에 가야 할까?

2. 유진은 버섯 농사를 짓는다. 그녀는 저축해 놓은 현금을 모조리 투자하여 헛간 뒤쪽에 쓸모 없이 버려진 땅을 개간하여 버섯을 더 많이 키우기로 했다. 버섯은 재배 첫해에 크기가 두 배로 자라나고, 그때 수확하여 1킬로그램당 고정된 가격에 판매할 수 있다. 친구 소영은 유진에게 200만 원을 빌려 달라면서 1년 뒤 갚겠다고 한다. 친구 소영은 유진에게 이자를 얼마나 지불해야 유진이 돈을 빌려주거나 또는 빌려주지 않거나 아무 차이가 나지 않도록 할 수 있을까? (학습목표 3)

3. 대한대학교에서는 학생들이 한 학기에 50만 원만 내면 교내 식당에서 원하는 대로 식사를 할 수 있도록 한다. 학생들은 한 학기에 1인당 평균 250킬로그램의 음식을 먹는다. 민국대학교에서는 학생들이 한 학기에 50만 원을 내면 식권을 주는데, 학생들은 식권을 이용해서 한 학기당 총 250킬로그램까지 음식을 먹을 수 있다. 학생이 250킬로그램 이상의 음식을 먹으면 추가 비용을 부담해야 한다. 하지만 이보다 적게 먹는다면 학기 말에 그만큼 환불을 해준다. 학생들이 합리적이라면, 어느 대학의 평균 음식섭취량이 더 많을까? (학습목표 3)

4. 여러분은 해남 땅끝 마을까지 왕복 1,000킬로미터의 여행을 계획 중이다. 비용 문제만 아니라면, 여러분은 직접 운전을 해서 가거나 아니면 버스를 타고 가거나 아무런 차이를 느끼지 못한다. 버스요금은 26만 원이다. 여러분은 1년에 10,000킬로미터를 운전하는데, 이때 발생하는 운행비용은 다음과 같다. 여러분은 직접 운전을 해서 가야 할까, 아니면 버스를 타야 할까? (학습목표 3)

보험료	100만
이자	200만
연료비 · 엔진오일	120만
타이어	20만
자동차 관련 세금	5만
유지 · 관리 비용	110만
합계	555만

5. 경리와 인기는 결혼기념일을 자축하기 위해 최근 연회장을 빌렸다. 총 50명을 초대하여 모두 참석하기로 약속했다. 출장연회 회사에서는 1인당 음식 값으로 5만 원과 음료 값으로 2만 원을 받는다. 하루 저녁 악단을 부르는 데 300만 원이 든다. 경리와 인기는 10명을 더 초대할까 고민 중이다. 10명을 더 초대하는 경우, 손님을 한 명 더 초대할 때 늘어나는 비용은 얼마인가? (학습목표 3)

6. 여러분은 친구에게 100만 원을 대출해 줬고, 1년 뒤 그 친구는 여러분에게 100만 원짜리 수표를 주었다. 여러분의 은행이 저축액에 대해서 연간 6퍼센트의 이자율을 적용한다면, 친구에게 100만 원을 빌려줌으로써 여러분에게 발생하는 기회비용은 얼마인가? (학습목표 3)

7. 창수와 인기는 고양시에 산다. 오후 2시, 창수는 동네 표 판매 대행업소에 찾아가 3만 원을 주고 그날 저녁 50킬로미터 떨어진 잠실야구장에서 열리는 야구경기 표를 한 장 샀다. 인기 역시 같은 야구경기를 관람할 계획이지만, 굳이 예매를 하지 않더라도 경기장에 도착해서 좋은 좌석 표를 현장에서 살 수 있다는 것을 안다. 오후 4시, 갑자기 예상하지 못했던 폭풍우가 몰아 닥쳤고, 이제 고양시에서 잠실야구장까지 운전해서 가는 일은 큰 고역이 되고 말았다. 창수와 인기의 취향이 서로 똑같고 두 사람 모두 합리적이라면, 야구경기를 관람할 가능성이 더 높은 사람은 둘 중 누구일까? 그 이유는 무엇인가? 야구경기를 포기할 가능성이 더 높은 사람은 둘 중 누구일까? 그 이유는 무엇인가? (학습목표 3)

8. 민간 항공기에 장착할 수 있는 일기예보 레이더 장비는 두 가지가 있다. 하나는 "최첨단" 장비이고 다른 하나는 훨씬 저렴하지만 성능은 그보다 좋지 않다. 항공안전본부에서는 모든 민간 항공기에 대해서 최첨단 레이더 장비를 장착해야 하는지 알기 위해서 여러분에게 자문을 구했다. 신중한 조사 뒤, 여러분은 고가의 최첨단 레이더 장비는 승객을 200명 이상 태우는 민간 항공기에만 장착하면 된다고 자문했다. 그런데 항공안전본부의 한 간부가 모든 민간 항공기에 현재 구할 수 있는 최첨단 레이더 장비를 장착해야 하는 것 아니냐며 반대를 했다. 여러분은 자신의 자문 결과가 정당함을 어떻게 입증하겠는가? (학습목표 1)

9. 단체 관광단 한 팀이 버스를 전세 내어 강릉에 놀러 가기로 했다. 운전기사의 일당은 10만 원이고, 버스 대여료는 50만 원, 고속도로 통행료는 75,000원이 든다. 운전기사에게 주는 일당은 선불로 지급했기 때문에 되돌려 받을 수 없지만, 버스 대여료는 일주일 전까지 취소하면 위약금을 5만 원만 내면 된다. 참가비가 1인당 18,000원이라면, 얼마나 많은 사람들이 참가해야 강릉 여행을 취소할 필요가 없게 될까? (학습목표 1)

10. 여러분이 거주하는 도시에서는 쓰레기 수거를 위해 일주일에 6,000원씩 고정요금을 징수한다. 그 대신 여러분은 원하는 만큼 쓰레기를 내다버릴 수 있다. 보통 가정에서는 일주일에 평균적으로 쓰레기통 세 개 분량의 쓰레기를 내놓는다.

 그런데 시 당국에서는 쓰레기 수거 방식을 바꿔, 쓰레기통에 "표(tag)"를 붙여야만 수거를 하겠다고 발표했다. 표는 한 장에 2,000원이다.

 쓰레기통에 표를 붙이는 방식을 도입함으로써 쓰레기 수거 총량에는 어떤 변화가 발생할 것인가? (학습목표 1)

11. 컴퓨터에 사용되는 기억장치인 RAM을 늘리는 데 1기가바이트당 8,000원이 든다고 하자. 여러분의 지불의사액으로 측정한 RAM 추가 장착의 편익은 첫 1기가바이트를 늘릴 때에는 32,000원이고, 그 다음부터는 1기가바이트를 추가로 장착할 때마다 편익이 그 절반으로 계속 낮아진다고 하자. 이 경우의 한계비용과 한계편익을 그래프로 표시하라. 여러분은 RAM을 몇 기가바이트 구입해야 할까? (학습목표 4)

12. 위의 문제 11번에서 RAM 비용이 기가바이트당 4,000원으로 하락했다고 하자. 이제 여러분은 몇 기가바이트의 RAM을 구입해야 할까? 또한 RAM을 1기가바이트 추가 장착할 때 여러분이 얻는 편익이 첫 기가바이트에서는 144,000원이고, 그 이후에는 1기가바이트씩 더 장착할 때마다 편익이 절반으로 계속 줄어든다고 하자. 이렇게 RAM 가격은 하락하고 편익은 늘어나는 경우, 여러분은 몇 기가바이트의 RAM을 구입해야 할까? (학습목표 4)

13.* 소영은 로큰롤 공연 표를 4만 원 주고 한 장 샀다. 그런데 공연 당일 외국 생활을 마치고 귀국한 친구를 위한 환영파티가 열리게 되었고 소영도 초대를 받았다. 두 행사에 모두 참석하는 것은 불가능하다. 소영이 로큰롤 공연 표를 구입하기 전에 파티가 열린다는 사실을 알았다면, 그녀는 당연히 친구를 위한 환영파티에 참석하기로 결정했을 것이다. 다음 진술은 참인가, 거짓인가? "소영이 합리적이라면, 그녀는 어쨌거나 환영파티에 갈 것이다." 설명하라. (학습목표 3)

14.* 어제 여러분은 예기치 않게 윤종신의 공연 표를 공짜로 얻었다. 공연은 4월 1일 열릴 예정이다. 공연 표의 시장가격은 75,000원이지만, 좌석이 별로 좋지 않아서인지 인터넷을 통해 팔아봐야 50,000원을 받을 수 있을 뿐이다. 그런데 오늘 여러분은 4월 1일 2NE1의 공연이 열리며, 표를 75,000원에 아직 구할 수 있다는 사실을 알게 되었다. 윤종신의 표를 공짜로 얻기 전에 2NE1의 공연이 열린다는 사실을 먼저 알았더라면 여러분은 당연히 2NE1의 공연 표를 구입했을 것이다. 다음 진술은 참인가, 거짓인가? "여러분의 선호에 관한 정보를 종합해 판단하건대, 여러분이 효용 극대화를 추구하는 합리적인 경제주체라면 여러분은 2NE1의 공연에 가야 한다." 설명하라. (학습목표 3)

15.* 여러분은 최근 고민에 빠졌다. (a) 경제학 교수가 되어 연봉 6,000만 원을 받을 것인지, (b) 사파리 공원의 팀장이 되어 연봉 5,000만 원을 받고 일할 것인지. 심사숙고한 끝에 여러분은 사파리 공원 팀장직을 맡기로 결정했지만, 그렇게 결정을 내리는 데 정말 고민이 깊었다. '딱 1,000원만 더 줬으면, 경제학 교수를 선택했을 텐데'라고 여러분은 친구에게 심정을 털어 놓았다.

　　그런데 어느 날 여러분의 매부가 찾아와서는 사업을 함께 하자고 제안했다. 매부가 제시한 조건은 다음과 같다.

- 여러분은 지금 직장인 사파리공원을 그만두고 전일제 정규직으로 매부의 회사에서 근무해야 한다.
- 여러분은 매부에게 1억 원을 무이자로 빌려줘야 하고, 회사를 그만두는 시점에서 전액 되돌려받는다. (여러분에게는 현재 사용할 있는 은행 잔고가 1억 원 이상 있다.)
- 매부의 회사에서는 여러분에게 연봉 7,000만 원을 제공할 것이며, 그 밖의 보너스는 없다.

현재 시중의 연간 이자율은 10퍼센트이다. 연봉에 관한 사항은 차치하고라도, 여러분은 매부 회사에서 일하는 것이 경제학 교수가 되는 것만큼은 즐거울 것이라고 느낀다. 문제를 단순화하기 위해서, 매부의 회사에서 약속한 연봉을 지급하는 데에는 아무런 불확실성이 없으며, 그 회사에 투자한 1억 원에 대해서도 떼일 염려가 없다고 가정하자. 그렇다면 여러분이 매부의 회사에 입사할 가치가 없으려면 회사에서 지급하는 연봉이 얼마까지 낮아져야 할까? 또한 매부의 회사에 입사할 가치가 있도록 하는 연봉 수준은 얼마나 높아야 할까? (학습목표 1, 3)

16.* 여러분은 얼마 전 소나타를 2,000만 원 주고 구입했다. 아무리 신차라도 소나타를 개인적으로 파는 경우 1,500만 원을 받을 수 있을 뿐이다. 그런데 여러분은 최근에 평상시에는 2,500만 원에 판매하는 도요타 캠리를 특별 할인가격인 2,000만 원에 판매한다는 사실을 알게 되었다. 같은 가격이라면 캠리를 살 수 있다는 사실을 진즉에 알았다면, 여러분은 주저하지 않고 캠리를 선택했을 것이다. 다음 진술은 참인가, 거짓인가? "여러분의 선호에 대한 정보를 종합하여 판단하건대, 여러분이 효용 극대화를 추구하는 합리적인 경제주체라면 여러분은 소나타를 팔아 캠리를 사는 일은 절대로 하면 안 된다." 설명하라. (학습목표 1, 3)

* 표시가 된 문제들은 난이도가 높은 문제들이다.

▪ 개념 확인 해답 ▪

1.1 차를 몰고 다니면서 매 200킬로미터 주행할 때마다 평균적으로 28,000원짜리 교통범칙금을 내는 사람은 평균적으로 250킬로미터 주행 시 교통 범칙금을 35,000원 내는 꼴이다. 여기에 운전을 하면서 겪는 고생을 20,000원으로 환산하고, 연료비와 엔진 오일 교체 등에 드는 비용 50,000원을 더하면, 총비용은 105,000원이 된다. 이는 항공요금 100,000원보다 크므로, 대구까지 직접 운전해서 가지 말고 비행기를 타고 가는 편이 낫다. (학습목표 1)

1.2 인기가 지불한 18달러의 공연 표는 그가 콘서트에 참석할지 말지를 결정해야만 하는 순간에는 이미 매몰비용이 되었다. 그러므로 창수와 인기 모두 비용과 편익은 동일하다. 공연을 볼 때 얻는 편익이 폭풍우를 뚫고 공연에 참석하는 비용보다 크다면, 두 사람 모두 공연에 가야 한다. 그렇시 않다면 누 사람 모두 그냥 집에 머물러야 한다. (학습목표 3)

1.3 여러분은 뉴욕행 비행기 표를 사는 데 쿠폰을 사용해야 한다. 왜냐하면 100달러를 절약하는 것보다 120달러를 절약하는 것이 더 큰 가치가 있기 때문이다. (학습목표 1, 3)

1.4 정답은 배 두 척이다. 표 1.2를 보면, 한계비용이 150만 원인 경우, 두 번째 배를 띄울 때 얻는 편익(즉, 한계편익 = 180만 원)이 더 크다. 하지만 세 번째 배를 띄울 때 얻는 편익은 한계비용보다 작다. (학습목표 1, 3)

1.5 통화요금이 분낭 2센트일 때, 경리는 한 달에 600분 통화를 해야 한다. (학습목표 4)

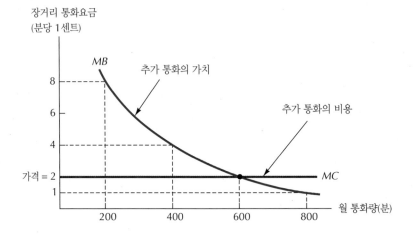

CHAPTER 2

수요와 공급
Supply and Demand

1979년 4월 중동에서 대규모 원유 공급 중지사태가 벌어졌고, 이로 인해 휘발유 가격이 천정부지로 치솟았다. 가격이 더 오르지 못하도록 미국의 카터 행정부는 복잡한 방식으로 연료 배분과 가격 통제를 실행했다. 그 결과 여러 도시지역 시장들에서는 운전자들이 규제가격에서 사려는 휘발유 양보다 훨씬 적은 양이 공급되었고, 주유소들마다 휘발유를 사려는 차들이 수백 미터씩 늘어섰다.

줄 선 사람들 간에 자리다툼이 많이 벌어졌고, 주먹다짐을 벌이거나 고함을 지르며 싸우는 일도 숱하게 발생했다. 새치기를 하다가 충격으로 살해당한 사람도 생겼다. 여름 휴가철이 지나면서 휘발유를 사겠다고 늘어선 긴 줄이 점점 짧아지고 나서야 긴장감은 약해지기 시작했다.

카터 행정부가 휘발유 배분과 가격 통제를 통해 달성하고자 노력했던 임무를 우리는 대개 시장에 맡긴다. 휘발유 부족의 경험은 꼭 그 당시 미국이 아니더라도 정부가 비슷한 방식으로 개입하는 경우 흔히 벌어지는 현상이다. 가격을 통제하고 물량을 배급하려는 정부의 정책들은 대개 혼란과 다툼을 불러일으킨다. 물론 아무런 구속도 받지 않는 상황에서도 시장은 우리가 좋아하지 않는 결과를 자아낼 수 있다. 그러나 가용한 공급량을 유연하고 효율적으로 배분하는 데 시장이 실패하는 경우는 거의 없다.

2.1 2장 미리보기

2장에서 우리는 왜 시장이 대개의 경우 부드럽게 잘 작동하는지 그리고 자원을 배분하고자 개입하는 경우 왜 자주 문제가 발생하는지 살펴볼 것이다. 앞부분에서 우리는 기본적인 수요 공급 분석을 공부할 것이다. 먼저 우리는 수요와 공급 분석을 말로 쉽게 설명해 볼 것이다. 그 다음에 우리는 구매자와 판매자의 특성들이 주어진 상황에서 아무런 규제도 받지 않는 경쟁 시장에서 어떻게 최선의 결과가 도출되는지를 공부할 것이다. 균형가격과 균형거래량이 아닌 다른 가격과 거래량 조합에서는 일부 구매자들이나 판매자들의 처지와 상황이 더 나빠지기 때문에 최선이 될 수 없다.

학습목표

1 수요와 공급곡선을 이용하여 구매자와 판매자의 행태를 개괄적으로 설명할 수 있다.

2 시장 균형이 왜 구매자와 판매자를 모두 만족시키는 가격과 수량의 조합인지 설명할 수 있다.

3 수요와 공급곡선이 움직일 때 균형가격과 균형거래량이 어떻게 달라지는지 설명할 수 있다.

4 시장이 균형 상태에 있지 않은 경우, 거래를 통해 다른 이들에게 피해를 주지 않으면서 어떤 이의 상태를 더 낮게 만들 수 있는지 설명할 수 있다.

5 가격을 균형 수준보다 높거나 낮게 유지하려는 시도가 왜 부정적인 부작용을 불러일으키는지 설명할 수 있으며, 가격의 배급 및 배분 기능을 설명할 수 있다.

6 수요와 공급의 결정 요인들이 무엇인지 열거할 수 있다.

7 수요와 공급곡선을 방정식으로 표현할 때, 연립방정식의 해를 풀어 균형가격과 균형거래량을 찾아낼 수 있다.

가격을 균형수준 밑에서 묶어두면 부작용이 발생하여 값비싼 대가를 치르기 마련이다.

　이렇게 매력적인 특징에도 불구하고 시장이 만들어낸 결과가 사회적으로 볼 때 바람직하지 못하다는 평가를 받을 수도 있다. 빈곤층의 복지를 우려하기에 모든 사회에서는 다양한 방식으로 시장에 개입해 왔다. 예를 들어, 균형 수준보다 높거나 낮은 수준에 가격을 묶어두는 법을 제정한다. 이러한 법규들은 거의 언제나 (의도하지는 않았겠지만) 해로운 결과를 자아낸다.

　일반적으로 빈곤 문제에 대한 더욱 효율적인 해법은 빈곤층의 소득을 직접 끌어 올리는 것이다. 새로운 법을 제정한다고 해서 수요와 공급의 법칙이 무력화되지는 않는다. 하지만 법규를 통해 수요와 공급곡선의 모양과 위치를 결정짓는 근본적인 요인들을 변화시킬 수는 있다.

　끝으로 우리는 수요와 공급 분석을 통해서 어떻게 세금이 균형가격과 거래량에 영향을 미치는지를 알아볼 것이다. 특히 납세 의무를 짊어진 쪽이 세금을 주로 낸다는 신화를 깨뜨리고, 수요 측인가 공급 측인가와 상관없이 세금을 회피하기 더 힘든 쪽이 세 부담을 짊어지게 된다는 점을 수요와 공급 분석을 사용하여 분석할 것이다.

2.2 수요곡선과 공급곡선

시장의 성과를 분석할 때 우리가 사용하는 기본적인 도구는 수요 공급 분석이다. 수요 공급 분석에 대해서는 여러분 대부분이 이미 익숙할 것이다. 우선 시장이 무엇인지에 대해 다음과 같이 실용적인 정의를 내리도록 하자.

　시장의 정의 : 시장은 재화와 서비스의 구매자들과 판매자들로 구성된다.

어떤 시장은 단일한 장소와 시간대에만 열린다. 예를 들어, 골동품 경매장에는 참가 구매자들과 판매자들이 (또는 이들의 대리인들이) 같은 장소에 모인다. 하지만 어떤 시장은 매우 넓은 지역에 걸쳐 형성되기도 하고, 또 어떤 시장에서는 참가자들 대부분이 아예 서로 만나거나 얼굴을 본 적도 없는 경우도 있다. 증권거래소나 이베이(eBay)를 떠올려 보기 바란다.

때때로 시장을 어떻게 정의해야 하는지는 관찰자의 편견에 따라 달라지기도 한다. 예를 들어, 공정거래법에 따르면 두 개의 기업이 인수 및 합병을 통해 하나로 합칠 때 시장점유율이 일정 정도를 넘어서면 안 된다. 따라서 공정거래위원회에서는 되도록 시장의 범위를 좁게 잡아서 인수 및 합병으로 인한 시장점유율이 높게 나오도록 한다. 그와 반대로 인수 및 합병을 원하는 기업은 시장을 훨씬 넓게 정의하여 시장점유율이 낮게 나오도록 한다. 미국에서 네슬레(Nestlé)를 인수하기를 원했던 스투퍼즈(Soutffer's Corporation)는 두 기업이 "데워 먹는 냉동 식사"를 만드는 산업에 속한다고 법정에서 주장했다. 그러자 법무부에서는 두 회사가 "고급 민속 음식"을 만드는 산업에 속한다고 주장했다. 이 경우에서 드러나듯이, 일반적으로 시장에 대한 최고의 정의는 자신의 목적에 가장 잘 부합하는 정의인 셈이다.

최근 경제학자들은 상품의 아주 미묘한 차이라도 어떤 소비자들에게는 굉장히 큰 차이로 여겨진다는 점을 더 중요하게 여기기 시작했다. 그래서 상품과 시장을 점점 더 좁게 정의하는 방향으로 분석을 하게 되었다. 별로 다를 것 없는 두 상품이라도 시간이나 장소에 따라 완전히 다른 상품으로 분류되기도 한다. 예를 들어, 청명한 날의 우산은 폭우가 쏟아지는 날의 우산과 완전히 다른 상품이 되는 셈이다. 그리고 두 가지 우산에 대해서 시장도 매우 다르게 움직인다. (뉴욕 맨해튼에서는 싸구려 우산이 맑은 날에는 5달러에 팔리지만 비가 오는 날에는 10달러에 팔린다고 한다.)

논의를 좀 더 확실히 하기 위해서, 2015년 1월 30일 경북 영덕군의 1 kg짜리 대게에 대한 시장을 예로 들어보자. 우리는 이 시장에서 대게의 가격과 거래량을 설명하고자 한다. 우선 대게 구매자들이 (다른 요인들은 모두 고정된 상태에서) 다양한 가격대에서 대게를 얼마나 사기를 원하는지 간단한 수학적 관계로 표시한 기본적인 수요곡선(*demand curve*)을 생각해 보자. 예를 들어, 그림 2.1에서 DD로 표시된 곡선은 1 kg짜리 대게 한 마리가 8,000원이라면 수요량은 4,000개일 것이고, 가격이 2만 원이라면 수요량은 1,000개일 것임을 보여준다.

화성에서 온 방문자에게 대게 한 마리 값이 8,000원이라고 말해 준다면, 그는 이 가격이 비싼 것인지 아닌지 알 수가 없을 것이다. 100년 전 8,000원이라면 대게 한 마리가 아니라 대게잡이 어선을 한 척 살 수도 있었을 테니까. 하지만 2015년에는 대게가 한 마리에 8,000원이라면 엄청나게 싸다고 할 수 있다. 따로 설명하지 않는 한 수요곡선의 수직축에 적힌 가격은 **실질가격**(real price)을 의미한다. 즉 다른 모든 재화와 서비스의 가격들을 고려하여 표시된 가격이다. 그러므로 그림 2.1의 수직축에 적힌 가격들은 모두 2015년 1월 30일자 가격으로, 구매자들은 이 가격이 비싼지 아닌지를 철저하게 같은 날 다른 모든 재화와 서비스의 가격들에 비추어 판단하게 된다.

위의 논의에서는 수요곡선을 소비자들이 여러 가격대에서 구매하기를 원하는 상품의

상품의 실질가격
다른 모든 재화와 서비스의 가격들과의 관계에서 결정된 해당 상품의 가격

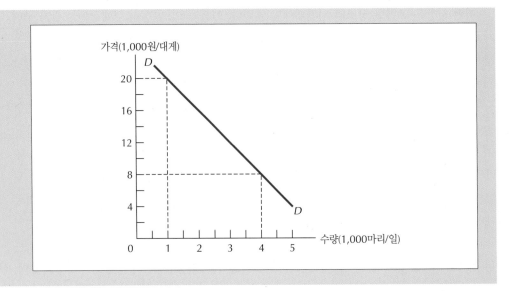

그림 2.1

영덕 대게에 대한 2015년 1월 30일의 수요곡선

수요곡선은 구매자들이 다양한 가격대에서 사기를 원하는 상품의 양을 말해준다. 수요곡선의 주요 특성은 우하향하는 모습을 보인다는 점이다. 가격이 하락하면, 수요량은 늘어난다. 이러한 특성을 수요의 법칙이라고 부른다.

양이 얼마인지를 나타내는 일종의 표(schedule)로 묘사했다. 이를 수요곡선의 **수평적 해석** (*horizontal interpretation*)이라고 한다. 이러한 해석에 따르면, 수요곡선의 수직축에 적힌 가격에서 시작하여 그에 대응하는 수평축의 수요량을 알아내면 된다. 예를 들어, 대게가 2만 원이라면, 그림 2.1의 수요곡선에 따르면 수요량은 하루에 1,000마리가 된다.

수요곡선을 해석하는 두 번째 방식은 수평축에 적힌 수량에서 시작해서 수직축에 적힌 구매자의 한계 유보 가격(marginal reservation price)을 알아내는 것이다. 대게가 하루에 4,000마리 팔린다면, 그림 2.1의 수요곡선을 통해 우리는 구매자의 한계 유보 가격이 대게 한 마리에 8,000원임을 알 수 있다. 수요곡선을 이렇게 읽는 방식을 **수직적 해석**(*vertical interpretation*)이라고 한다.

그림 2.1에서는 수요곡선이 직선으로 제시되어 있다. 하지만 수요곡선이 늘 직선일 필요는 없다. 수요곡선에서 가장 중요한 성질은 우하향한다는 점이다. 해당 상품의 가격이 하락하면 수요량은 상승한다. 이 성질을 흔히 **수요의 법칙**(law of demand)이라고 부른다. 4장에서 살펴보겠지만, 이론적으로는 우상향하는 수요곡선도 가능하다. 하지만 실제로 그런 경우는 한 번도 목격된 바 없다. 수요곡선의 기울기가 마이너스라는 점은 가격이 오를 때 사람들이 어떻게 반응하는지에 대해 우리가 직관적으로 알고 있는 바와 모든 면에서 확실히 맞아 떨어진다.

수요의 법칙

어떤 상품의 가격이 내려갈 때, 사람들이 더 많은 양을 수요한다는 경험적인 관측

4장에서 좀 더 자세히 살펴보겠지만, 가격이 올라갈 때 수요량이 줄어드는 데에는 보통 두 가지 서로 다른 이유가 있다. 첫째는 가격이 오르면 사람들이 유사한 대체재로 바꾼다는 것이다. 그래서 대게가 더 비싸지면 어떤 소비자들은 홍게를 먹을 것이고, 또 다른 소비자들은 아예 쇠고기나 닭고기를 먹을 것이다. 둘째는 사람들이 가격이 오르기 전과 같은 양을 살 수 없게 된다는 것이다. 아쉽지만 우리의 소득은 정해져 있기 때문이다. 가격이 오르면, 다른 상품을 덜 사지 않는 한 대게를 예전에 사던 양만큼 살 수 없게 된다.

어떤 상품에 대한 수요곡선은 해당 상품에 대해서 구매자가 내리는 다양한 비용편익 계

산을 요약한 것이다. 이에 대해서는 다음 장에서 더 자세히 살펴볼 것이다. 개별 소비자는 "이 상품을 사야 할까?"(그리고 구매를 결정했다면, "얼마나 사야 할까?")라는 문제를 마주하게 된다. 이를 계산할 때 고려해야 할 비용은 곧 상품의 가격이다. (그리고 이는 대게 대신 살 수 있는 다른 상품이기도 하다.) 그리고 편익은 해당 상품에서 얻는 만족이다. 수요표 (demand schedule)의 기울기가 마이너스라는 것은 상품 가격이 오를 때 비용편익 기준이 충족되어 그 상품을 사려는 구매자들의 수가 점점 더 줄어들 것이라는 점을 말해 준다.

시장에 참가하는 판매자의 경우, 이에 상응하는 분석 도구는 공급표(supply schedule)가 된다. 대게 시장의 예를 다시 사용하면, 가상적인 공급표는 그림 2.2에 *SS*로 표시한 곡선이다. 여기서도 공급표가 직선으로 그려져 있지만, 실제로 공급표가 늘 직선으로 나타나는 것은 아니다. 공급표에서 정말 중요한 것은 우상향하는 모습을 보인다는 점이다. 즉 상품 가격이 상승하면 공급량은 늘어난다. 이러한 특성을 **공급의 법칙**(law of supply)이라고 한다. 공급자가 기꺼이 상품을 판매하려면, 판매가격이 해당 상품을 만들거나 취득하는 데 들어간 한계비용을 충당해줘야만 한다. 9장에서 살펴보겠지만, 상품을 한 단위 더 생산하는 데 들어가는 비용은 생산량이 많아질수록 (특히 단기에서) 대개 상승한다. 이 경우, 여전히 수지타산을 맞추면서 생산량을 늘리려면 가격도 더 올라가야 한다.

대게 시장을 예로 들면 그 이유는 명백하다. 공급자들은 해안에서 가장 가까운 곳에서 대게를 먼저 잡기 시작한다. 대게를 더 많이 잡으려면 점차 깊은 바다로 더 나가야 한다. 더 많은 대게를 수확하면 할수록 더 멀리까지 배를 띄워야 하므로, 비용은 더 커진다.

공급곡선이 우상향하도록 만드는 또 다른 요인은 어부들도 대체 행위를 한다는 점이다. 대게 가격이 상승하면, 오징어를 잡던 어부들이 대게잡이에 나설 것이다.

수요곡선의 경우와 마찬가지로, 공급곡선도 수평적으로 또는 수직적으로 해석할 수 있다. 공급곡선을 수평적으로 해석하면, 특정 가격에서 시작해서 오른쪽으로 수평선을 그어 공급곡선에 도달한 다음, 해당 가격에서 공급자들이 기꺼이 공급하려는 수량을 찾으면 된

공급의 법칙

어떤 상품의 가격이 올라갈 때, 기업들은 해당 상품을 더 많이 판매하기 위해 공급량을 늘린다는 경험적인 관측

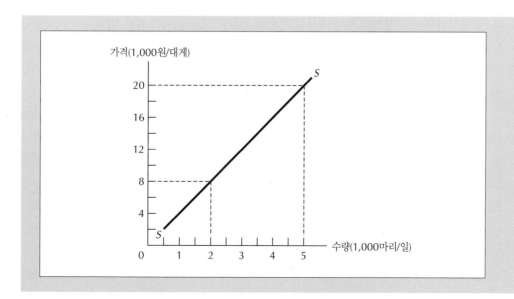

그림 2.2

영덕 대게에 대한 2015년 1월 30일의 공급곡선

공급표가 우상향하는 모습을 보인다는 것은 생산자들이 단기에서 생산량을 늘릴 때 비용이 오르는 경향이 있다는 점을 말해 준다.

다. 예를 들어, 대게 가격이 8,000원이라면 그림 2.2에서 판매자들은 하루에 2,000마리의 대게를 팔고자 한다는 의미가 된다.

공급곡선을 수직적으로 해석하면, 특정 수량에서 시작해서 수직으로 올라가 공급곡선에 도달한 다음에 해당 수량에 대응하는 수직축의 한계비용을 찾아내면 된다. 예를 들어, 그림 2.2에서 판매자들이 하루에 5,000마리의 대게를 판매한다면, 추가적인 판매자가 공급하는 추가적인 대게의 기회비용은 2만 원이 된다. 만약 5,001번째 대게를 2만 원보다 싸게 팔 수 있는 사람이 있다면, 당연히 그렇게 할 인센티브가 있을 것이다. 하지만 그렇다면 2만 원이라는 가격대에서 영덕 대게의 공급량은 애당초 5,000마리가 아니라 그 이상이 되었을 것이다. 이와 비슷한 논리로, 대게 공급량이 하루에 2,000마리라면, 대게를 추가로 한 마리 더 공급할 때의 한계비용은 8천 원이어야 한다.

공급표를 공급자들이 만족스럽게 여기는 가격-공급량 조합 세트로 생각할 수도 있다. 여기서 "만족스럽게"라는 용어는 기술적인 의미로 해석해야 하는데, 공급표 상의 모든 점들은 **공급자들에게 가격이 주어진 상황에서 공급자들이 상품을 팔기를 원하는 수량**을 뜻한다. 물론 공급자들은 자신들이 공급하는 수량에 대해서 더 높은 가격을 받을 수 있다면 행복할 것이다. 그러나 가격이 주어진 상황에서 공급자들은 공급표 상에서 그 가격에 상응하는 수량보다 더 팔거나 덜 팔도록 강요당하는 경우를 좋아하지 않을 것이다. 예를 들어, 만약 그림 2.2에서 대게 가격이 8천 원이라면, 공급자들은 하루에 2,000마리보다 더 많이 팔거나 더 적게 파는 것을 만족스럽게 여기지 않을 것이다.

수요표의 경우에도 이와 동일하게 설명하면 된다. 수요표란 구매자들이 만족스럽게 여기는 가격-수요량 조합 세트인 셈이다. 가격이 주어져 있다면, 구매자들은 해당 가격에 상응하는 수요표 상의 수요량보다 더 많이 사거나 더 적게 사고 싶지 않을 것이기 때문이다.

2.3 균형거래량과 균형가격 _____

수요표와 공급표를 얻으면, 이제 우리는 대게에 대한 **균형거래량**과 **균형가격**을 알아낼 수 있다. 균형거래량과 균형가격은 구매자들과 판매자들이 모두 만족스럽게 여기는 가격-수량의 조합이다. 다르게 표현하면, 수요표와 공급표가 교차하는 가격-수량 조합이라고 할 수 있다. 그림 2.3에는 가격 12,000원에 총 3,000마리의 대게가 거래될 때 대게 시장의 균형이 이루어지는 것으로 나타나 있다.

우리가 그림 2.3의 균형이 아닌 다른 가격-수량 조합 상황에 놓인다면, 구매자나 판매자는 (또는 양쪽 모두) 불만스러울 것이다. 만약 가격이 어떤 이유에서인지는 모르지만 균형 수준인 12,000원보다 높다면, 판매자들은 어려움에 봉착하게 된다. 예를 들어, 가격이 16,000원인 경우 구매자들은 2,000마리의 대게만을 구입하겠지만, 판매자들은 4,000마리의 대게를 팔고 싶어할 것이다. (그림 2.4를 보라.) 구매자들은 16,000원이라는 가격이 만족스러울지 몰라도, 판매자들은 그렇지 않을 것이다. 이렇게 가격이 균형값을 초과하는 상황에서는 소위 **초과 공급**(excess supply)이 발생한다. 이를 잉여(*surplus*)라고 부르기도 한다. 그림 2.4에서는 가격이 16,000원일 때, 대게에 대한 초과 공급이 2,000마리로 나타

초과 공급
공급량이 수요량을 초과하는 양

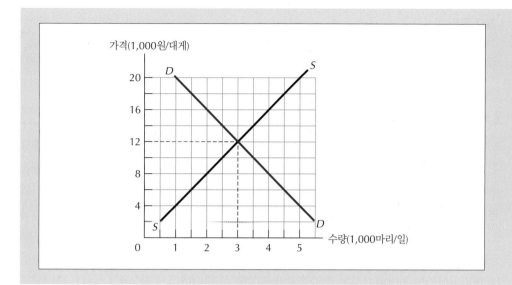

그림 2.3

영덕 대게 시장의 균형

수요곡선과 공급곡선이 교차하는 지점은 시장의 모든 참가자들이 "만족스러워 하는" 가격−수량 조합이다. 바로 그 가격에서 구매자들은 자신들이 원하는 수량을 구입하고, 판매자들은 자신들이 원하는 수량을 판매한다.

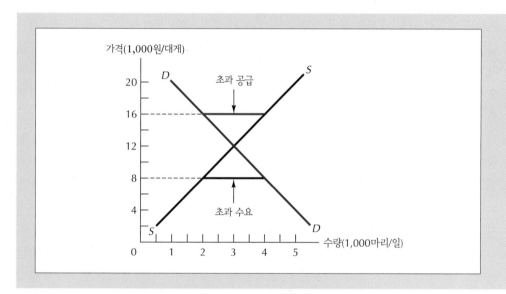

그림 2.4

초과 공급과 초과 수요

가격이 균형 수준을 넘어서면 초과 공급 또는 잉여(surplus)가 발생한다. 가격이 균형 수준에 미치지 못하면 초과 수요 또는 부족(shortage)이 발생한다.

난다.

이와는 반대로, 시장가격이 균형가격 12,000원보다 낮은 경우, 이번에는 구매자들이 불만스러워 할 것이다. 예를 들어, 가격이 8,000원이라면 구매자들은 4,000마리의 대게를 사고 싶어 하겠지만, 판매자들은 오직 2,000마리의 대게만을 팔고자 할 것이다. 이렇게 가격이 균형값보다 낮은 상황에서는 소위 **초과 수요**(excess demand) 또는 부족(*shortage*)이 발생한다. 대게 시장에서 가격이 8,000원인 경우, 대게에 대한 2,000마리의 초과 수요가 발생한다. 시장 균형가격이 12,000원인 경우에는 초과 수요와 초과 공급이 모두 정확하게 0이다.

초과 수요

수요량이 공급량을 초과하는 양

2.4 균형으로의 조정

가격이 균형가격과 다르면, 시장에서의 거래행위는 제한될 수밖에 없다. 시장가격이 균형보다 높으면 구매자들이 구입량을 줄이고, 시장가격이 균형보다 낮으면 판매자들이 판매량을 줄이기 때문이다. 균형가격이 아닌 가격에서는 시장 참가자들 중 어느 한 쪽이 만족스러워하지 않게 된다. 예를 들어, 균형가격보다 높은 가격에서는 판매자들은 팔고 싶은 수량만큼 팔지 못하게 된다. 불만스러운 판매자들은 이제 가격을 낮춰 받기 시작할 것이다. 상품이 해산물이라면 상황은 더욱 급하다. 팔지 않으면 상해서 버려야 하니까. 대게 한 마리에 가격이 16,000원이라면 2,000마리는 팔리겠지만 또 다른 2,000마리가 재고로 남는다. 판매자는 경쟁자들이 16,000원이라는 가격을 고수하고 있는 상황에서 자신이 책정하는 가격을 약간이라도 낮춰서 남는 대게를 모두 팔겠다는 (너무나 그럴듯한) 생각을 할 것이다. 구매자들 입장에서는 어떤 판매자가 15,950원에 대게를 파는데 16,000원짜리 대게를 살 이유가 없다. 만약 모든 판매자들이 가격을 15,950원으로 내린다면, 또 재고가 남게 된다. 판매자들 중에서 하나라도 재고를 팔지 못하는 불만스러운 상황에 놓여 있다면 가격을 낮추려는 압력은 계속 작동할 것이고, 결국 가격은 균형값까지 떨어질 것이다.

가격이 12,000원 아래에 책정된다면, 이번에는 구매자들이 불만에 빠지게 된다. 이 상황에서 판매자들은 가격을 올려도 팔고 싶은 만큼 팔 수 있다는 점을 눈치 챌 것이다. 가격을 올리려는 압력은 결국 가격이 균형값에 도달할 때까지 계속될 것이다. 다르게 표현하면, 소비자들은 자신들의 수요를 충족하겠다는 마음에서 서로가 상대보다 더 높은 값을 부르기 시작할 것이다.

이렇게 균형에 도달하는 과정은 놀랍게도 그 누가 미리 계획을 짜거나 지시를 내리지 않는데도 일어난다. 소비자들과 생산자들이 균형을 향해 움직이는 실제 방식은 엄청나게 복잡하다. 예를 들어, 사업을 확장하려는 공급자들은 머리가 어지러울 만큼 방대한 설비와 장비 목록을 놓고 고민해야 한다. 구매자들도 마찬가지다. 구매 결정을 할 때 문자 그대로 수백만 개의 상품들 중에서 결정을 해야 한다. 그럼에도 불구하고 균형을 향한 조정은 초과 공급이나 초과 수요에 직면한 상황에서 자기이익을 우선시하는 개인들이 자연스럽게 이에 반응하는 과정에서 어느 정도 자동적으로 이루어지게 된다.

2.5 균형과 복지

기호(嗜好), 능력, 지식, 소득 등과 같은 구매자들과 판매자들의 속성들이 주어져 있다면, 시장에 나타나는 균형은 몇 가지 매력적인 성질을 가지게 된다. 그 어떤 재분배(reallocation)일지라도 최소한 한 사람 이상의 지위(position)에 악영향을 미치지 않는 한 어느 한 사람의 지위를 개선하지 못하기 때문이다. 그러나 만약 가격과 수량이 균형값에서 벗어난다면, 자원의 재분배를 통해 타인에게 아무런 해를 끼치지 않으면서 최소한 한 명 이상을 더 나은 상태로 만드는 것이 가능하다.

다시 한 번 대게 시장을 이용해서 설명해 보자. 시장가격이 8,000원이라서 2,000마리의 대게만이 공급된다고 가정하자. 그림 2.5에서 수요곡선을 수직적으로 해석하면, 오직 2,000마리의 대게만이 공급되는 경우 구매자들은 16,000원을 기꺼이 지불하고자 할 것이다. 마찬가지로 공급곡선을 수평적으로 해석하면, 하루에 2,000마리의 대게가 공급될 때 대게를 추가로 한 마리 더 공급하는 경우의 한계비용은 8,000원이 된다. 마지막으로 잡힌 대게에 대해서 구매자가 기꺼이 지불할 의향이 있는 가치가 16,000원인데 시장에 공급된 마지막 대게를 잡는 데 소요된 추가적인 비용이 겨우 8,000원에 불과하다면, 이제 거래 당사자들 사이에는 흥정을 할 여지가 생긴다.

예를 들어, 현재 상황이 불만스러운 구매자가 공급자에게 10,000원을 지불하고 대게를 사고자 한다고 가정하자. 이 경우 공급자는 당연히 이 가격에 대게를 한 마리 추가적으로 팔 것이다. (왜냐하면, 대게 2,000마리에서 한 마리를 더 수확하는 데 들어가는 추가적인 비용은 8,000원이기 때문이다.) 거래가 성사된다면 구매자의 지위는 6,000원 만큼 향상된다. (대게 한 마리에 16,000원의 가치를 두는 사람이 10,000원만을 지불했으니, 그 차이만큼 이득을 본 셈이기 때문이다.) 거래를 통해서 판매자의 지위도 2,000원 만큼 향상된다. (대게를 추가로 한 마리 더 공급하는 데 들어가는 비용이 8,000원인데 구매자에게 10,000원을 받고 팔 수 있기 때문이다.) 이 거래를 통해서 손해를 본 사람은 아무도 없다. (추가로 잡혀 팔려나간 대게를 제외하고 말이다!) 이 거래로 인해 시장 참가자들은 도합 8,000원 만큼의 추가적인 혜택을 얻게 되었다. (구매자는 6,000원, 판매자는 2,000원.) 시장가격보다 낮은 가격에서 어떤 일이 벌어질 것인지에 대해서는 비슷한 논리로 설명할 수 있다. 만약 시장가격이 균형가격과 다르다면, 거래를 통해서 그 누구에게도 손해를 입히지 않고 다른 누군

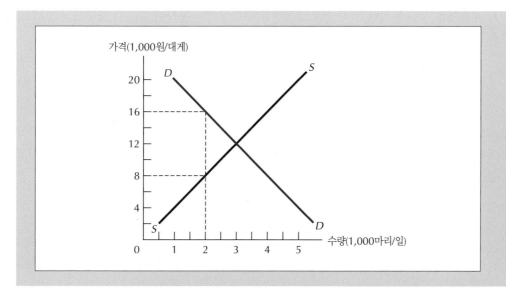

그림 2.5

대게 시장에서 더 많은 혜택을 얻을 수 있는 기회

시장에서의 거래량이 균형거래량보다 적은 (또는 많은) 경우, 자원을 재분배하여 타인들에게 손해를 끼치지 않으면서 누군가에게 더 큰 혜택을 주는 것이 가능하다. 여기에서는 불만스러운 구매자가 추가적인 대게 한 마리에 대해서 판매자에게 10,000원을 지불함으로써 양쪽 모두 더 나은 처지에 도달할 수 있다.

가에게 이득을 얻게 만드는 것이 가능하다.

시장가격이 균형가격보다 높았다면 어떻게 될까? 예를 들어, 가격이 16,000원이라 구매자들의 대게 수요량이 2,000마리인 경우에는 어떤 일이 벌어질까? (다시 한 번 그림 2.5를 보기 바란다.) 이제 불만스러운 판매자는 구매자에게 양쪽 모두 이득을 얻을 수 있는 제안을 할 것이다. 예를 들어, 판매자가 추가적인 대게 한 마리를 14,000원에 시장에 내놓는 경우를 생각해 보자. 구매자는 대게 한 마리에 대해서 16,000원에 해당하는 가치를 두고 있으므로, 그 대게를 구입하고 2,000원 만큼 혜택을 얻을 것이다. 그리고 대게 한 마리를 추가적으로 수확하는 비용은 8,000원에 불과하므로, 판매자는 이 거래를 통해서 6,000원의 혜택을 추가로 얻을 수 있다. 다시 한 번, 이 거래를 통해 아무도 손해를 보지 않으면서 양쪽이 총 8,000원 만큼의 이득을 얻게 된다.

그러므로 시장에서 가격이 균형가격보다 낮게 시작하든 높게 시작하든 상관없이 호혜적인 거래가 발생하게 될 것이다. 시장체계가 복지 측면에서 어떤 특성을 갖는지에 대해서는 교재 뒤쪽에서 더 자세히 살펴볼 것이다.[1] 하지만 지금 당장은 구매자와 판매자의 초기 특성(attributes)과 부존자원(endowments)이 주어진 상황에서, 균형가격과 균형거래량에서 우리가 시장에서 얻을 수 있는 최선의 결과가 나타난다는 점을 지적하는 것으로 충분할 것이다.

2.6 자유시장과 빈곤의 문제

시장 균형이 효율적(efficient)이라는 사실이 모든 평가 기준에서 언제나 바람직한 (desirable) 결과를 산출한다는 것을 의미하지는 않는다. 예를 들어, 모든 시장들이 완벽하게 균형 상태에 있더라도 많은 사람들이 삶을 유지하는 데 필요한 최소한의 상품을 구입할 소득이 충분하지 않을 수도 있다. 시장 균형이 효율적이라는 주장이 빈곤은 괴롭고 심지어 고통스러운 것임을 뒤집을 수는 없다. 효율성은 단지 빈곤층의 저소득 수준이 주어진 상황에서 자유로운 교환을 통해 이들이 그 상황에서 최선의 결과를 얻을 수 있음을 뜻할 뿐이다. 시장의 효율성을 믿는 동시에, 가난으로 고통받는 사람들에게 공적인 도움을 제공하는 것이 바람직한 일이라고 믿는 것은 충분히 가능하다.

빈곤층의 복지를 걱정하기 때문에 대부분의 사회에서는 연료 가격 통제 등을 통해 공적으로 개입을 한다. 하지만 가격 통제의 예에서 이미 배웠듯이, 이러한 개입이 종종 의도하지 않았던 해로운 결과를 자아낸다는 점이 문제이다. 실제로 공적 개입은 좋은 결과를 가져오기보다는 해악을 끼치는 경우가 더 많다. 앞으로 이와 관련된 내용을 더 자세하게 공부하겠지만, 시장 기구가 어떻게 작동하는지 더욱 철저하게 이해함으로써 우리는 현재 벌어지고 있는 값비싼 실수들을 미연에 방지할 수 있을 것이다.

---

1. [역주] 기존에는 welfare를 후생(厚生)이라는 일본식 한자어로 번역하는 경우가 많았으나, 본 교재에서는 "복지"(福祉)로 번역하였다.

대안적인 자원분배 방식 예 2.1

탑승 양보에 대한 보상

초과 예약된 항공권이라는 상황을 경매(auction) 방식이 아니라 선착순을 통해 해결하는 방식이 효율성 및 분배와 관련하여 어떤 의미를 가질까?

민간 항공사들은 자주 항공기 좌석보다 예약을 더 많이 받곤 한다. 많은 사람들이 예약만 해놓고 실제로 나타나지 않는 경우가 많기 때문에, 대개의 경우 초과 예약은 아무런 문제가 되지 않는다. 하지만 때때로 문제가 터진다. 예를 들어, 비행기 좌석은 150석에 불과한데 예약자 160명이 나타나는 상황이 발생하곤 한다. 1970년대 말까지 항공사들은 이렇게 초과 예약된 항공편의 경우 선착순으로 탑승시켰다.

하지만 선착순 방식은 정말 중요한 일로 목저지에 제시간에 도착해야만 하는 승객들의 이해관계를 충분히 고려해주지 못하는 문제가 있다. 그래서 이 문제를 해결하고자 미국에서 민간항공산업을 규제하는 민간항공위원회(CAB: Civil Aeronautics Board)에서는 간단한 규제안을 내놓았다. 탑승 좌석보다 더 많은 예약자들이 나타난 경우, 항공사는 현금 또는 무료 항공권과 같은 실물로 보상을 받고 자발적으로 좌석을 포기할 사람을 찾도록 한 것이다. 이때 항공사에서는 좌석 수와 탑승객 수가 같아질 때까지 보상의 규모를 조금씩 계속 늘리게 된다.

CAB가 내놓은 아이디어의 특징은 탑승객들이 스스로 자신의 여행계획이 얼마나 시급한지를 결정하도록 한다는 데 있다. 정말 중요한 회의에 참석해야만 하는 사람들은 자원하지 않으면 된다. 그렇지 않은 사람들은 수백만 원에 달하는 하와이행 무료 왕복권을 받는 대신 몇 시간을 더 기다리겠다고 자원하면 된다. 선착순으로 누가 탑승할지를 결정하는 방식보다 CAB가 제안한 방식은 승객들 모두에게 더 만족스러운 결과를 가져올 것이라고 여겨졌다.

일견 정말 그런 것처럼 보였다. 하지만 소비자운동 단체 하나가 곧바로 CAB의 제안에 반대를 하고 나섰다. 저소득 승객들에게 공정하지 못한 처사라는 주장이었다. 경매 방식을 통해 자발적으로 탑승을 포기할 사람을 찾는 방식은 거의 언제나 가장 가난한 예약자들이 당장의 탑승을 포기하고 다음 번 비행기를 타도록 만든다는 것이 그들의 논리였다.

경매를 통해 예약이 초과된 비행기 좌석을 배분하는 것이 선착순으로 배분하는 방식보다 왜 더 나은가?

가난한 사람이라면 두둑한 현금으로 보상을 받고 자원해서 탑승을 포기할 가능성이 높기는 할 것이다. 그러나 자발적으로 탑승을 연기함으로써 그 사람은 기다려도 좋을 만큼 현금 보상액이 가치가 있다는 것을 보여준 셈이 된다. 물론 가난한 사람들의 소득이 더 많아져서 순전히 돈이 없다는 이유로 자신의 비행기 좌석을 자발적으로 포기하지 않는 세상이 도래한다면 정말 더 바랄나위가 없을 것이다. 하지만 CAB의 제안에 반대를 하고 나선 소비자운동 단체는 빈곤층에게 더 많은 소득을 주자고 제안한 것이 아니었다. 모자라는 좌석의 가치와는 무관하게 초과 예약한 승객들끼리 충돌을 빚는 옛날 방식을 항공 산업이 고수하기를 원한 것이다.

자발적으로 기다렸다가 다음 항공기에 탑승함으로써 추가로 얻을 수 있는 현금 보상을 받지 못하도록 하는 조치가 어떻게 가난한 사람들의 이익을 대변할 수 있는 것인지 알쏭달쏭할 뿐이다. 결국 CAB는 제안했던 대로 탑승 거부에 대한 보상(denied-boarding-compensation) 제도를 도입했고, 항공 탑승객들은 소득의 많고 적음에 관계없이 모두가 혜택을 보게 되었다.

시장 제도를 비판하는 많은 사람들은 재화와 서비스에 대해서 사람들이 기꺼이 얼마나 지불하고자 하는지 물어보는 방식으로 자원을 분배하는 방식이 공정하지 않은 처사라는 불만을 제기한다. 그들의 주장은 이런 방식이 빈곤층의 이익을 가볍게 여기는 처사라는 것이다. 하지만 예 2.1에서 명확히 알 수 있듯이, 다른 자원배분 방식들이야말로 심각한 모순을 자아낸다. 앞서 사용했던 대게 시장을 다시 생각해보자. 대게 시장의 균형가격인 12,000원이 가난한 사람들이 저녁식사로 대게를 맛볼 기회를 박탈할 것이라는 점을 우리가 걱정을 한다고 가정하자. 그리고 이 점이 마음에 걸린 나머지 우리가 가난한 사람들에게 정기적으로 대게를 무료로 나눠주는 제도를 실행한다고 하자. 이런 제도가 가난한 사람들을 불쌍히 여기는 사람들 눈에는 명백히 더 나은 방식으로 보일까?

이에 대한 대답은 예 2.1에서 드러난 것처럼, 같은 비용으로 우리가 더 나은 결과를 달성할 수 있다는 것이다. 가난한 사람이 대게 가격이 너무 비싸서 사지 않을 때, 심지어 부자인 사람일지라도 대게 가격이 너무 비싸서 사지 않을 때, 사실 그(녀)는 대게가 아니라 다른 데 돈을 쓰겠다고 말하는 것과 마찬가지이다. 우리가 대게를 한 마리 무료로 준다면, 그(녀)는 어떻게 행동할까? 이상적인 세상이라면, 그(녀)는 균형가격 12,000원을 지불하고 대게를 사고자 하는 이에게 당장 팔아치울 것이다. 왜냐하면 자기 돈 12,000원을 기꺼이 지불하고 대게를 사먹었을 그 누군가 대신에 우리가 그 대게를 가난한 사람에게 공짜로 나눠주었기 때문이다. 대게를 무료로 받은 가난한 사람이 대게를 다른 사람에게 판다면 두 사람 모두 더 나은 결과를 달성하게 된다. 구매자의 경우에는 손에 넣지 못했을 대게를 구하게 되었으니 좋고, 판매자는 스스로 12,000원의 값어치가 안 된다고 여기는 대게 대신에 현금 12,000원을 수중에 넣었으니 좋고.

나중에 좀 더 자세하게 공부하겠지만, 이 경우 발생하는 실질적인 어려움이 있다면 그것은 우리가 가상적으로 논의 중인 가난한 사람이 대게를 살 구매자를 찾는 일이 쉽지 않을 것이라는 점이다. 결국 그(녀)는 대게를 그냥 자신이 먹어치워야 할 것이다. 물론 그(녀)는 대게를 맛있게 먹을 것이다. 대게를 먹기보다 12,000원을 손에 쥐는 것이 더 좋을 것이라고 여기겠지만 말이다.

휘발유 가격 통제의 경우에도 문제는 똑같다. 가격 통제를 실행한 데에는 급상승한 휘발유 가격에서 빈곤층을 보호할 필요가 있다는 거짓 없는 마음이 깔려 있었다. 그러나 그로 인한 결과는 부유층에게도 빈곤층에게도 도움이 되지 않는 일련의 행태를 이끌어내는 데 그치고 말았다.

시장 제도를 비판하는 이들의 주장에도 불구하고, 사람들은 소득 중 얼마를 휘발유에 지출할까 결정할 때 가격에 민감하게 반응한다. 예를 들어, 휘발유 가격이 리터당 1,500원이라면 별다른 생각 없이 차량을 운행할 사람들도 만약 가격이 1리터에 5,000원으로 치솟는다면 출퇴근에 카풀을 이용하거나 연비가 뛰어난 차량을 구입할 것이다. 서울-부산 여행에 차를 직접 운전할 것인지도 휘발유 가격에 따라 확실히 달라질 것이다.

휘발유가 공급 부족 상태인지 여부와 무관하게, 부유층이건 빈곤층이건 휘발유를 자신이 가장 중요하게 생각하는 활동에 사용하는 것이야말로 모든 이들의 공통된 관심사이다. 이 점을 제대로 고려하지 않은 정책은 원치 않는 비용을 발생시키며, 그 비용은 휘발유가 부족할 때 특히 더 크게 발생한다. 균형가격보다 싸게 휘발유를 파는 짓이 바로 그러한 정책이라고 할 수 있다. 이런 정책은 사람들로 하여금 휘발유를 비효율적으로 사용하게 부추길 뿐이다.

임대료 인상 제한 정책

일설에 따르면, 도시를 파괴하는 가장 확실한 방법은 (핵폭탄을 터뜨리는 것 이외에) 임대료 인상을 제한하는 법을 통과시키는 것이라고들 한다. 그러한 법은, 유사한 많은 법들과 마찬가지로, 저소득층 시민의 복지를 진실로 걱정하는 의도에서 도입된다. 하지만 그로 인한 경제적 결과는 아무리 의도하지 않았다고 해도 간과할 수 없을 만큼 치명적이다.

수요곡선과 공급곡선을 사용한 기초적인 분석만으로도 이러한 정책이 야기하는 골치 아픈 결과의 특성을 명확히 알 수 있다. 그림 2.6에는 가상적인 도심 아파트 시장의 수요표와 공급표가 그려져 있다. 이 시장에서 균형 임대료는 1개월에 60만 원이 될 것이고, 그 가격하에서 임대되는 아파트는 모두 6만 채가 될 것이다. 그러나 시 의회에서 월세를 R_c = 40만 원으로 (그래서 시장청산 가격보다 20만 원이나 저렴한 수준에) 묶어두는 조례를 통과시켰다고 하자. 여기에서 R_c는 월세에 대한 **가격 상한제**(price ceiling)라고 한다. 월세가 40만 원이라면, 수요자들은 8만 채의 아파트를 임차(賃借)하고 싶어 하겠지만 공급자들은 4만 채의 아파트만을 임대(賃貸)하고자 할 것이다. 그 결과, 아파트에 대한 초과 수요는 4만 채가 된다. 월세 상한제 때문에 월세가 40만 원으로 계속 고정되어 있다면, 도심 인구가 늘어나고 인플레이션으로 화폐 가치가 떨어짐에 따라 초과 수요는 계속 증가할 것이다.

임대 아파트 시장이 아무런 규제를 받지 않는다면, 월세는 즉각적으로 빠르게 상승할 것이다. 그러나 임대료 상한제 때문에 월세는 40만 원 이상으로 상승할 수 없다. 하지만 초과 수요로 인한 압력은 다른 방식으로 나타나게 될 것이다. 우선 아파트 소유주들은 임대 아파트를 관리하는 데 돈을 덜 쓰게 될 것이다. 임대시장에 나온 아파트 한 채마다 입주하겠다는 사람들이 줄을 서는 마당에, 변기가 막히고 벽지가 썩고 난방에 문제가 있다는 등의 불만에 집주인들이 신속하게 대응할 일이 어디 있겠는가!

임대료 인상을 제한하는 아파트는 그렇지 않은 아파트에 비해서 왜 관리가 더 엉망인 것일까?

가격 상한제

특정 상품의 가격이 일정 수준을 초과하여 오르지 못하도록 법적으로 정하는 제도

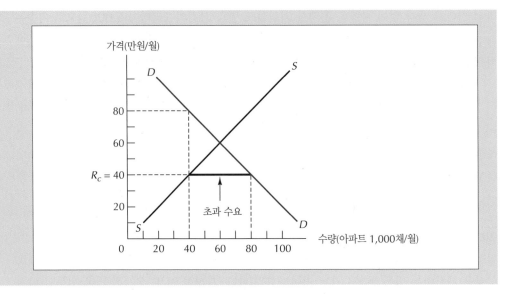

그림 2.6

임대료 상한

월세 상한이 40만 원인 경우, 아파트 4만 채에 달하는 초과 수요가 존재하게 된다.

문제는 거기에서 그치지 않을 것이다. 매달 시장에서 구할 수 있는 임대 아파트가 겨우 4만 채에 불과하다면, 그림 2.6에서 볼 수 있듯이 임차인들은 아파트를 얻으려고 80만 원이라도 낼 의향이 있을 것이다. (수요곡선을 수직적으로 해석해 보기 바란다.) 이러한 압력은 시장에서 합법적으로든 불법적으로든 어떻게 해서든지 해결되게 마련이다. 예를 들어, 뉴욕 시에서는 "중개료" 또는 "수수료"를 수백만 원씩 지불해야 하는 경우가 드물지 않다. 시장청산 가격에 아파트를 임대할 수 없는 소유주들은 아파트를 콘도나 공동주택으로 바꿔서 자산 가격을 시장에서 제대로 결정되는 경제적 가치에 훨씬 가깝게 파는 방식을 선택하기도 한다.

가격이 아닌 다양한 방식을 통해 소유주들이 아파트의 실질적인 가격을 올리지 않는다고 하더라도, 자원배분의 심각한 오류가 발생하게 된다. 자녀들이 장성하여 모두 독립한 미망인이 침실이 7개나 되는 아파트에 계속 거주하는 일이 심심치 않게 발생하는데, 임대료 상한제 대상이 아닌 작은 아파트를 얻어 이사하는 것보다 그냥 대형 평수에 머물러 사는 것이 훨씬 저렴하기 때문이다. 만약에 그 미망인이 자신에게 너무 큰 아파트를 대가족인 가정에게 넘긴다면 관련된 모든 이들이 더 나은 결과를 얻게 되리라. 그러나 임대료 상한제가 작동하는 한, 그 미망인이 그렇게 할 경제적 인센티브는 전혀 없다.

예 2.2   **초과 수요**

임대료 인상 제한법을 강화한 덕분에 월세가 20만 원으로 낮춰졌다고 하자. 이때 초과 수요는 얼마인가? 월세가 40만 원으로 제한되어 있었을 때와 비교할 때 초과 수요는 얼마나 달라졌는가?

월세가 20만 원이라면, 수요자들의 임대 수요량은 매월 아파트 10만 채가 되겠지만, 공급자들이 기꺼이 공급하고자 하는 물량은 2만 채에 불과하게 된다. 그러므로 8만 채에 달하는 초과 수요가 존재한다. 월세 상한이 40만 원인 경우보다 초과 수요가 4만 채나 더 늘어난다.

앞에서 논의한 문제들에 대응하고자, 임차인이 바뀔 때 집주인이 월세를 올릴 수 있도록 임대료 상한 정책을 수정하는 경우도 있었다. 이 경우 여러 문제들이 줄어들거나 약화되는 것은 사실이지만, 그렇다고 자원분배의 비효율성 문제가 사라지지는 않는다. 게다가 새로운 문제들이 발생할 수도 있다. 예를 들어, 기존 임차인이 나가줘야 새로운 임차인에게 더 높은 월세를 받을 수 있다는 것을 집주인이 안다면 집주인은 수단과 방법을 가리지 않고 어떻게 해서든지 기존 임차인을 쫓아내려고 할 것이다.

값싼 휘발유나 월세 상한이 걸린 임대 아파트나 무료 영덕 대게를 제공하는 것보다 훨씬 더 효과적으로 가난한 사람들을 돕는 길이 있다. 이들에게 추가적인 소득을 제공한 뒤 이를 어떻게 지출할지 스스로 결정하게 하는 것이다. 18장에서 우리는 가난한 사람들에게 추가적인 구매력을 제공하는 일과 관련된 실제적인 어려움에 대해서 공부할 것이다. 여러 어려움들이 있지만 아주 간략하게 말해서 가장 중요한 문제는 스스로 경제적 어려움을 헤쳐 나갈 수 있는 사람들이 아니라 진정 도움이 필요한 사람들에게 현금이 제대로 전달되도록 하는 일이다. 하지만 우리는 경제학적인 논증을 통해서 이러한 어려움을 어떻게 극복할 것인지에 대해서도 앞으로 공부할 것이다. 사실 간단하고도 쉬운 해답은 없다. 하지만 가격을 균형 수준 밑으로 유지하려는 정책들로 인해 야기된 막대한 손실을 고려할 때, 우리는 이러한 현안들을 진지하게 숙고해야만 할 것이다.

빈곤 문제의 핵심은 결국 가난한 사람들에게 돈이 너무 없다는 점이다. 가난한 사람이 구매하는 상품들의 가격을 인위적으로 통제하는 것보다 이들에게 추가적인 소득을 이전함으로써 더 큰 도움을 줄 수 있다.

국회의원들은 법의 제정과 개정을 통해 시장에서 나타나는 결과에 영향을 미치는 요인들에 큰 영향을 미칠 수 있다. 하지만 이들도 수요와 공급의 법칙을 뒤집을 수는 없다.

〈사진 자료〉 대한민국 국회, 제19대 국회홍보리플렛(국문2014.12)

가격 유지 정책

임대료 인상 제한 정책은 가격 상한제의 일종으로 균형 수준보다 임대료가 더 올라가지 못하도록 한다. 하지만 다양한 농산품에 대해서 정부는 가격 상한이 아니라 하한(price floors)을 두어 왔다. 이를 **가격 유지제**(*price supports*) 또는 **가격 하한제**(price floors)라고 부른다. 시장에서 결정되는 균형가격보다 높은 수준으로 가격을 유지하려는 정책이다. 가격 상한제에서는 정부가 특정 가격을 정하고 그 이상으로 시장가격이 오르지 못하도록 법으로 규정하면 되지만, 가격 하한제에서는 가격 수준을 유지하기 위해서 정부가 시장에서 실질적인 구매자 역할을 해야만 한다.

예를 들어 그림 2.7에는 쌀 시장에서 가격 하한을 P_s로 설정하는 경우를 보여주고 있다. P_s는 시장의 균형가격보다 더 높기 때문에, 연간 20만 톤에 달하는 쌀의 초과 공급이 발생한다. 쌀 가격을 톤당 $P_s = 40$만 원으로 유지하기 위해서, 정부는 매년 쌀 20만 톤을 수매해야 한다. 그러지 않으면 농부들은 쌀 가격을 낮추려는 강력한 인센티브에 직면하게 될 것이다.

농산물에 대해 가격 하한제를 실시하는 중요한 목적은 농부들에게 충분한 소득을 보장하기 위해서이다. 그러나 이는 실상 비용이 많이 들 뿐만 아니라 비효율적인 정책 수단이라는 것이 밝혀졌다. 한 가지 문제는 정부가 수매한 잉여분을 어떻게 처분해야 하는지이다. 정부가 사들인 농산물 초과 공급분은 소중한 노동과 자본, 비료와 기타 여러 투입물들을 사용해서 생산해 낸 것이다. 하지만 따로 구매자가 없이 정부가 수매하였으니 그냥 창고에서 묵히다가 썩어 버리게 되는 경우가 허다하다. 또한 정부가 수매하는 농산물 중에서는 대규모 영농기업들이 생산한 작물도 있다. 하지만 대규모 영농기업들의 수입까지 정부가 책임을 져야 할 필요가 있을까? 실제로 정작 형편이 어려운 농부들에게 지불되는 금액보다 훨씬 더 큰 금액이 번창하는 영농기업들의 수중에 들어간다. 또한 가격 유지제는 모든 국민들이 농산물에 더 비싼 가격을 지불하도록 만든다. 게다가 농산물 가격이 균형가격보다 높아지면서, 농산물을 원료로 하는 다른 상품들의 가격도 덩달아 오르게 된다. (이 점에 대해서는 예 2.3을

가격 하한제

특정 상품의 가격이 일정 수준 미만으로 하락하지 못하도록 법적으로 정하는 제도로, 정부는 가격 하한에서 해당 상품을 수매(收買)하여 가격 수준을 유지한다.

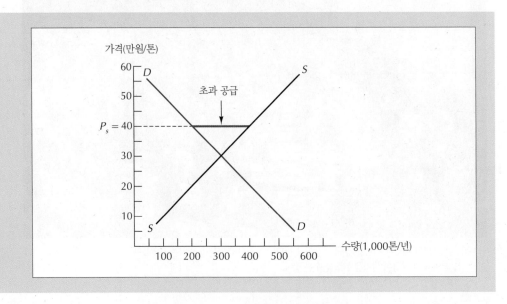

그림 2.7

쌀 시장에서의 가격 유지 정책

가격 유지제가 제대로 작동하게 하려면, 시장청산 가격보다 가격을 높게 책정·유지해야만 한다. 이로 인해 시장에서는 초과 공급이 생기고, 정부는 이를 수매해야 한다.

보기 바란다.) 사회적으로 소규모 농부들에게 보조금을 지불하고자 한다면, 농산물에 대한 가격 유지 정책이 아니라 효율적이고도 직접적으로 도울 수 있는 다른 방법들이 여럿 있다.

가격의 배급 및 배분 기능

가격은 두 가지로 중요하면서도 독특한 기능을 한다. 첫째, 가격은 기존의 상품들의 공급량을 배급(ration)하는 역할을 한다. 희소성은 경제적 삶의 보편적 특성이다. 사람들은 가격이 낮을수록 거의 모든 것들을 더 많이 원하는 경향이 있다. 균형가격은 이렇게 과도한 요구를 줄여 상품에 대해서 가장 큰 가치를 두는 사용자들에게 희소한 공급량이 배급되도록 한다. 이를 **가격의 배급 기능**(rationaling function of price)이라고 한다. 이 기능은 이미 생산되어 가용한 상품들을 분배하는 단기적인 역할에 초점을 맞춘다.

가격의 두 번째 역할은 일종의 신호로 작용하여 생산에 사용되는 자원을 경제 내 여러 부문들로 움직이도록 만드는 것이다. 초과 수요가 있는 산업에서는 기업들이 생산비용 이상으로 가격을 책정할 수 있다. 이는 곧 초과 이윤을 얻는다는 것을 의미하고, 이윤을 많이 남기는 산업에는 생산을 늘리기 위해 더 많은 자원이 투입된다. 하지만 정반대의 경우도 발생한다. 초과 공급으로 손실을 입는 산업에서는 자원이 빠져 나가게 된다. 이를 **가격의 배분 기능**(allocative function of price)이라고 하며, 아담 스미스의 보이지 않는 손이 바로 이 기능을 뜻한다. 이 기능은 초과 공급 상황을 겪는 산업들로부터 초과 수요에 직면한 산업들로 자원이 이동하도록 만드는 데 초점을 맞추기 때문에, 가격의 장기적인 기능에 해당한다.

임대료 인상을 제한하는 정책은 가격 기구의 두 가지 기능을 모두 파괴하는 셈이다. 사람들이 임대 아파트에 두는 가치와 무관하게 아파트를 분배하는 방식을 사용하게 함으로써 가격의 배급 기능을 무력화한다. 임차인들이 진정 바라는 바는 뒷전으로 밀려난다. 운이 좋거나 연줄이 좋은 사람들만이 임대 아파트를 얻게 된다. 월세를 인위적으로 낮게 유지하면 가격의 배분 기능도 약화되어 추가로 아파트를 건설하려는 투자자들에게 잘못된 신호를 준다. 임대료 인상을 제한함으로써 아파트 건설사들의 수익은 다른 곳에 돈을 투자하여 얻는 수익보다 적게 된다. 여러 지역사회에서 저소득층에게 더 많은 임대 아파트를 제공하려는 시급한 정책이 오히려 저소득층이 임대 아파트를 구하기 어려워지는 잔인한 아이러니로 나타나는 셈이다. 차라리 저소득층에게 돈을 준다면 시장 기구를 통해서 당초 목적을 더 잘 달성할 수 있을 것이다.

가격의 배급 기능
이미 생산된 상품의 공급량이 해당 상품에 가장 높은 가치를 부여하는 사용자에게 가도록 가격이 지시하는 과정

가격의 배분 기능
상품 가격이 비용에 못 미치는 부문에서 가격이 비용을 초과하는 부문으로 상품 생산에 사용되는 자원이 이동하도록 가격이 신호 역할을 하는 과정

2.7 수요와 공급의 결정 요인들

수요 · 공급 분석은 공공정책에 대한 다양한 질문들에 규범적인 통찰력을 제공할 뿐만 아니라 현상을 설명하는 목적으로도 훌륭하게 기능한다. 가장 중요한 점은 시장의 상황이 변함에 따라 균형가격과 균형거래량이 어떻게 변하는지를 예측할 수 있게 해준다는 것이다. 공급곡선과 수요곡선이 교차하여 균형가격과 균형거래량이 결정되므로, 이 두 곡선을 움직이게 만드는 요인들은 예측 가능한 방식으로 균형값을 변화시킨다. 우리는 앞으로 계속 시장수요곡선의 형태와 위치를 결정하는 요인들에 대해서 자세하게 공부할 것이다. 하지만 지금이 자리에서는 직관적으로 명백한 몇 가지 요인들을 먼저 살펴보기로 하자.

수요의 결정 요인들

소득

대부분의 상품들에 대해서 주어진 특정 가격에서의 수요량은 소득이 증가함에 따라 늘어난다. 이러한 성질을 지닌 상품들을 **정상재**(*normal goods*)라고 부른다. 소위 **열등재**(*inferior goods*)는 예외이다. (예를 들어, 지방 함량이 높은 간 쇠고기.) 열등재의 경우에는 소득이 증가할 때 수요량이 오히려 줄어든다. 소득이 증가하면 기존에 소비하던 상품 대신 더 좋은 품질의 대체재(지방이 적은 간 쇠고기)로 수요를 바꾸기 때문이다.

기호

기호(嗜好)는 사람마다 다르고, 시간이 흐름에 따라 또 달라진다. 서구 사회에서는 푹신한 소파에 앉는 것이 문화적으로 정착된 기호인데 비해서, 여러 동양 사회에서는 양반다리를 하고 바닥에 앉는 것을 더 선호한다. 그러므로 안락의자에 대한 수요는 동양보다 서양에서 더 클 것이다. 이와 마찬가지로 치마의 공그른 선이 무릎 위 어느 정도까지 올라가는지는 시대에 따라 크게 변화해 왔다.

대체재와 보완재의 가격

어떤 이들에게 베이컨과 달걀은 아침마다 어느 하나라도 빠뜨릴 수 없는 식사거리이다. 베이컨 가격이 갑자기 크게 오른다면, 이들은 베이컨 수요량뿐만이 아니라 베이컨과 함께 먹는 달걀에 대한 수요도 줄일 것이다. 이러한 상품들을 **보완재**(*complements*)라고 한다. 어느 한 상품의 가격이 상승하면, 다른 상품에 대한 수요가 줄어드는 것이다. 커피와 녹차처럼 밀접하게 연관되어 있는 **대체재**(*substitutes*)의 경우에는, 어느 한 상품의 가격이 상승하는 경우 다른 상품에 대한 수요가 증가하는 경향이 있다.

기대

미래 소득과 가격 수준에 대한 기대에 따라 현재의 구입 결정이 달라지기도 한다. 예를 들어, 미래에 높은 소득을 얻을 것으로 예상하는 사람이라면 그렇지 않은 사람에 비해서 현재 더 많이 소비할 가능성이 높다. (높은 미래의 기대소득하에서는 저축할 필요가 줄어들기 때문이다.) 마찬가지로 가까운 장래에 가격이 오를 것이라고 예상한다면 해당 상품의 현재 구매가 크게 늘어날 것이다.

인구

일반적으로 특정 상품에 대한 잠재적인 고객의 수가 늘어날수록 해당 상품을 사는 사람들의 수는 늘어난다. 그래서 인구가 계속 증가하는 도시들에서는 매년 주택 수요가 증가하는 반면, 인구가 줄어드는 도시에서는 주택 수요가 내려가는 것이다.

그림 2.8에는 수요곡선을 움직이는 여러 요인들을 보여준다. 이 요인들에 대해서는 4장과 9장에서 더 자세히 공부하게 될 것이다.

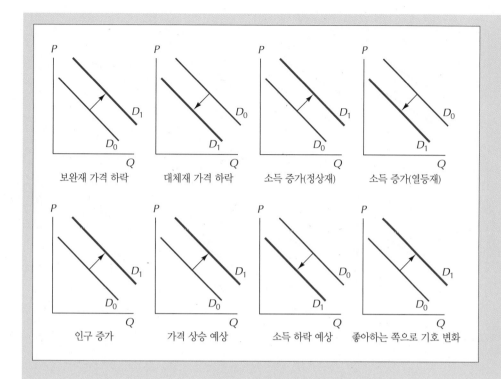

그림 2.8

수요곡선을 이동시키는 요인들

대체재와 보완재의 가격, 소득, 인구, 미래 가격 및 소득 변화에 대한 기대, 기호는 특정 상품에 대한 현재 수요곡선의 위치에 영향을 미친다.

공급의 결정 요인들

기술

공급자들이 특정 가격에서 기꺼이 공급하고자 하는 수량은 기본적으로 이들의 생산비용에 달려 있다. 그리고 이들의 생산비용은 기술과 밀접하게 연관되어 있다. 예를 들어, 대게를 더 효율적으로 잡을 수 있는 그물이 발명된다면 대게잡이 비용이 줄어들 것이고, 이는 공급곡선의 우측 이동으로 나타날 것이다.

요소 가격

공급자의 비용은 생산에 필요한 요소들, 예를 들어, 노동, 자본, 기타 등에 지불하는 돈에 의해서 결정된다. 만약 대게잡이 어선의 가격이 상승한다면, 또는 대게잡이 어부들의 임금이 오른다면, 대게에 대한 공급곡선은 왼쪽으로 이동할 것이다.

공급자의 수

특정 상품을 공급할 수 있는 기업들이 많으면 많을수록, 주어진 가격하에서의 공급량은 늘어날 것이다. 예를 들어, 개인용 컴퓨터를 생산하는 기업들이 많아질수록 공급곡선은 오른쪽으로 이동하게 된다.

기대

공급자들도 현재 생산 결정을 내릴 때 가격이 미래에 어떻게 변할까를 고려한다. 예를 들어, 축산업자들이 온갖 가축과 관련된 질병이 창궐하여 육류 가격이 미래에 크게 오를 것으로 예상한다면, 이들은 이미 성숙한 가축들을 되도록 높은 값에 팔기 위해서 도축 시기를 되도

그림 2.9

공급곡선을 이동시키는 요인들

기술, 투입재의 가격, 기업의 수, 미래 가격에 대한 기대, 그리고 날씨는 모두 상품에 대한 공급곡선의 위치를 바꾼다.

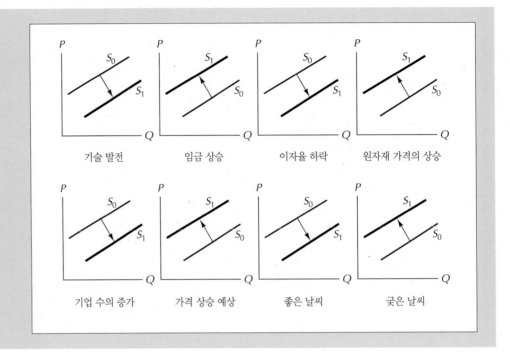

록 비울 것이나.[2,3]

날씨

농산물과 같은 특별한 상품의 경우에는 자연이 공급곡선에 상당한 영향을 미칠 수 있다. 예를 들어, 가뭄이 계속되면 공급곡선은 왼쪽으로 이동할 것이다.

아래 그림 2.9에는 공급곡선을 이동시키는 요인들의 영향이 제시되어 있다.

물론 위에서 제시한 수요곡선과 공급곡선을 이동시키는 요인들이 전부는 아니다. 이외에도 다양한 요인들이 수요 및 공급곡선을 이동시킬 수 있다.

수요의 변화와 수요량의 변화

경제학자들이 수요의 변화(*change in demand*)라는 표현을 사용할 때는 수요곡선 전체가 움직이는 것을 의미한다. 그러므로 구매자들의 평균 소득수준이 변화할 때는 수요곡선이 이동하게 되고 이를 수요의 변화라고 표현한다. 하지만 우리가 **수요량의 변화**(*change in the quantity demanded*)라고 말할 때에는 수요곡선 위에서의 움직임을 뜻한다. 예를 들어, 어떤 상품의 가격이 내려가면, 이로 인해 수요량이 늘어나게 되며, 수요가 늘어나지는 않는다.

---

2. 공급은 다양한 가격하에서 판매를 위해 제공된 수량을 의미하며, 현재의 생산을 뜻하지는 않을 수도 있다는 점을 잊지 말기 바란다. 현재 생산을 하더라도 창고에 재고로 보관하는 경우, 공급으로 연결되지 않기 때문이다. 그러므로 축산업자들은 지금 당장 팔 가축의 양을 줄이고 가격이 더 높아지는 미래에 팔고자 할 것이다.

3. [역주] 위의 설명은 오해를 불러일으킬 가능성이 있다. 공급이 기대에 의해서 변화할 수 있다는 점에서, 미래 역병의 창궐로 가축들이 많이 죽어나갈 것을 우려한 축산업자가 가격을 내려서라도 현재 기간에 가축 판매를 늘릴 가능성도 있기 때문이다.

　　공급의 변화(*change in supply*)와 공급량의 변화(*change in quantity supplied*)라는 용어도 이와 같이 해석하면 된다. 강의나 시험에서 명확한 의사소통을 위해서는 이렇게 용어들 사이의 의미 차이를 제대로 구별하는 것이 중요하다. 오랜 기간에 걸쳐 많은 학생들에게 경제학을 가르친 경험에 의하면, 용어들의 정확한 정의와 의미를 확실하게 아는 것은 매우 중요하다.

가격과 거래량의 변화를 설명하고 예측하기

균형가격과 균형거래량이 왜, 언제, 그리고 어떻게 변화하는지를 설명하고 예측하기 위해서, 우리는 수요곡선과 공급곡선 중 어느 쪽이 (또는 두 곡선 모두가) 왜, 언제, 그리고 어떻게 움직이는지 먼저 설명할 줄 알아야 한다. 수요곡선과 공급곡선이 일반적인 모습의 기울기를 보인다면, 균형가격과 균형거래량에 관한 다음 진술들은 타당하다.

- 수요의 증가는 균형가격과 균형거래량을 모두 증가시킨다.

- 수요의 감소는 균형가격과 균형거래량을 모두 감소시킨다.

- 공급의 증가는 균형가격을 낮추지만 균형거래량은 증가시킨다.

- 공급의 감소는 균형가격을 높이지만 균형거래량은 감소시킨다.

　　이러한 진술들을 일일이 외우는 것은 아무 의미가 없다. 기본적인 수요 및 공급곡선을 떠올리면서 어느 곡선이 언제 어느 방향으로 움직이는지를 따져보면 위의 진술들을 쉽게 확인할 수 있기 때문이다.

　　위에서 제시한 간략한 진술들을 이용해서 우리는 다양한 종류의 질문들에 답할 수 있다.

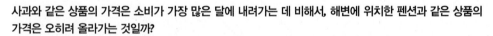

생활 속의 경제행태 2.1

사과와 같은 상품의 가격은 소비가 가장 많은 달에 내려가는 데 비해서, 해변에 위치한 펜션과 같은 상품의 가격은 오히려 올라가는 것일까?

이에 대한 대답은, 계절적인 소비가 증가하는 것은 사과의 경우에는 공급 증가의 결과 때문이지만, 해변에 위치한 펜션의 경우에는 수요가 증가하기 때문이다. 그림 2.10에서 볼 수 있듯이, 이러한 변화로 인해 균형가격과 균형거래량에 계절적인 관계가 나타나게 된다(그림 2.10에서 하첨자 w는 겨울을 뜻하고, s는 여름을 뜻한다). 해변에 위치한 펜션의 경우에는 수요가 증가함에 따라 균형가격과 균형거래량이 함께 증가한다. 사과의 경우에는 공급이 증가함에 따라 균형가격의 하락과 균형거래량의 증가가 동시에 발생한다.

개념 확인 2.3

만약에 다음과 같은 사건들이 발생할 경우, 신선 해산물 시장의 균형가격과 균형거래량에는 어떤 변화가 일어나겠는가? (1) 어류에는 인간에게 독으로 작용하는 수은이 포함되어 있다는 과학 논문이 발표된다. (2) 어선의 연료로 사용되는 디젤유(油)의 가격이 큰 폭으로 하락한다.

그림 2.10

계절적인 변동의 두 가지 요인들

사과는 여름에 소비량이 가장 많고, 해변에 위치한 펜션의 소비량은 여름에 최고조에 이른다. (*a*) 사과 가격은 여름에 가장 낮은데, 이는 공급이 여름에 가장 많기 때문이다. (그림에서 하첨자 w는 겨울, s는 여름을 뜻한다.) (*b*) 해변의 펜션 가격은 여름에 가장 높다. 여름철 수요가 가장 크기 때문이다.

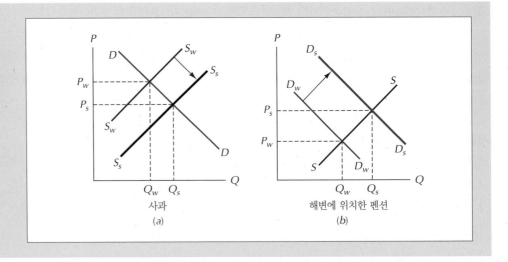

사과
(*a*)

해변에 위치한 펜션
(*b*)

예 2.3   **증가하는 기회비용**

미국에서는 막대한 양의 콩이 재배되는데 수확량 중 상당 부분이 소의 먹이로 사용된다. 콩에 대한 가격 유지제는 쇠고기 시장의 균형가격과 균형거래량에 어떤 영향을 미칠까?

가격 유지제는 소 사료의 가격을 올리고, 이로 인해 쇠고기의 공급곡선은 왼쪽으로 이동한다. (아래 그림 2.11을 볼 것.) 그 결과, 쇠고기 시장에서의 균형가격은 올라가고, 균형거래량은 감소한다.

그림 2.11

콩에 대한 가격 유지제가 쇠고기 시장의 균형가격 및 균형거래량에 미치는 영향

콩에 대한 가격 유지제(가격 하한제)는 소의 사료로 사용되는 콩의 가격을 올림으로써, 쇠고기 공급곡선을 좌측으로 이동시킨다. 그 결과, 쇠고기의 균형가격은 상승하고, 균형거래량은 감소한다.

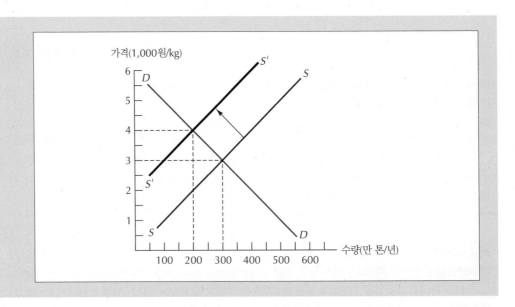

2.8 수요와 공급의 수학적 표현

지금까지 우리는 그림을 이용한 기하학적 방식으로 시장 균형을 탐구했다. 이렇게 그림과 도형을 이용하여 수요와 공급 이론의 기본적인 원칙들을 설명하는 것도 좋지만, 실제로 수치를 계산해야 하는 경우에는 대수학적인 방법을 사용하여 균형가격과 균형거래량을 찾는 편이 훨씬 편리하다. 예를 들어 어떤 상품에 대한 공급함수가 다음과 같이 주어졌다고 하자.

$$P = 2 + 3Q^s, \qquad (2.1)$$

그리고 수요함수는 다음과 같다.

$$P = 10 - Q^d, \qquad (2.2)$$

여기에서 P는 상품 가격이고, Q^s와 Q^d는 각각 공급량과 수요량을 의미한다. 균형에서는 (정의에 의해서) $Q^s = Q^d$임을 우리가 이미 알고 있으므로, 균형거래량을 Q^*로 표시하자. 즉, $Q^* = Q_s = Q_d$이다. 이제 식 (2.1)과 (2.2)의 우변을 서로 같게 놓고 풀면 다음과 같게 된다.

$$2 + 3Q^* = 10 - Q^*, \qquad (2.3)$$

그러므로 $Q^* = 2$가 된다. $Q^* = 2$를 다시 공급함수나 수요함수에 대입하면 균형가격은 $P^* = 8$이 도출된다.

물론 그림을 이용해서도 우리는 식 (2.1)과 (2.2)을 통해 계산한 것과 동일한 해(解)를 구할 수 있었을 것이다. 하지만 대수학적인 접근법을 이용하면 수요함수와 공급함수를 정밀하게 그림으로 그릴 필요가 없이 정확하게 수치 해를 구할 수 있다.

개념 확인 2.4

어떤 시장에서 공급곡선과 수요곡선이 각각 $P = 4Q^s$와 $P = 12 - 2Q^d$로 주어졌다고 하자. 이때 균형가격과 균형거래량을 구하라.

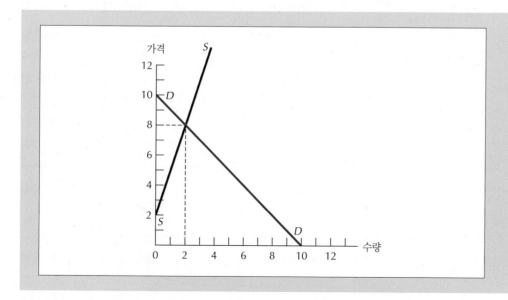

그림 2.12

식 (2.1)과 (2.2)를 그래프로 표시한 경우

대수학적인 방법을 쓰거나 아니면 기하학적인 방법을 쓰거나 상관없이 균형가격과 균형거래량은 동일하게 도출된다. 하지만 대수학적인 접근법을 사용하면 정확한 수치 해를 구하는 일이 더 쉽다. 기하학적인 접근법은 수요곡선과 공급곡선을 시각적으로 보여줌으로써 직관적으로 이해하는 데 유리하다.

▪ 요약 ▪

- 공급곡선은 일반적으로 우상향하는 선으로, 주어진 가격에서 판매자가 제공하는 수량을 표시한다. 수요곡선은 우하향하는 선으로 주어진 가격에서 구매자가 수요하는 수량을 말해준다. 아무런 규제가 없는 시장에서, 두 곡선이 교차하는 곳에서 균형가격과 균형거래량이 도출된다. (학습목표 1, 2)

- 가격이 균형 수준보다 높은 경우, 판매자는 (팔지 못하게 된 물량 때문에) 불만스러워지고 초과 공급이 발생한다. 이 상황에서 판매자는 가격을 낮추게 된다. 그 반면에, 가격이 균형 수준보다 낮은 경우, 구매자는 (사고 싶어도 사지 못하는 상황으로 인해서) 불만스러워지고 초과 수요가 발생한다. 이 상황에서 판매자는 예전보다 더 높은 가격을 책정할 수 있게 된다. 유일하게 안정적인 결과는 초과 수요와 초과 공급이 정확하게 0인 상황이다. (학습목표 2)

- 구매자와 판매자의 특성이 주어져 있을 때(즉, 아무런 변화가 없을 때), 균형가격과 균형거래량은 시장에서 달성할 수 있는 최선의 결과를 대표한다. 균형이 아닌 가격과 거래량 조합은 구매자들이나 판매자들 중 일부에게 더 나쁜 결과를 안겨준다. (학습목표 3)

- 시장의 균형 상태가 효율적이라는 사실이 곧 언제나 사회적으로도 바람직한 결과를 의미하지는 않는다. 이와는 반대로, 우리는 너무나 많은 구매자들이 너무 적은 소득만으로 시장에서 거래를 해야 하는 상황에 깊은 우려를 표명한다. 빈곤층의 복지에 대한 우려 때문에 거의 모든 사회에서 정부는 시장의 힘으로 발생하는 결과를 변화시키고자 다양한 방식으로 시장에 개입하고 있다. (학습목표 4)

- 때때로 정부의 정책은 시장가격을 균형보다 높거나 낮은 수준에서 묶어두는 방식으로 이루어진다. 하지만 시장에서 결정되는 가격을 법규를 통해서 묶어두려는 이러한 노력은 의도하지는 않았더라도 좋지 않은 결과로 이어지는 경우가 많다. 예를 들어, 임대료 인상 제한 정책은 가격 장치가 수행하는 배급 및 배분 역할에 간섭을 하는 꼴이다. 이로 인해 암시장에서의 거래가 성행하게 되고, 임대 주택의 관리 상태는 빠르게 악화된다. 임대료 인상 제한 정책과 같은 가격 상한제와 마찬가지로, 농산물에 대한 가격 유지제(또는 가격 하한제)는 대형 영농기업들의 호주머니는 채우면서 정작 도움이 필요한 영세농가에게는 거의 도움이 되지 못한다. 정부가 가격 수준을 정하기를 원하는 상황들 거의 모두가 실제로는 모든 면에서 더 나은 정책 대안들이 존재한다. (학습목표 5)

- 문제의 핵심이 빈곤층의 저소득이라면, 해법은 이들의 소득을 직접적으로 증가시킬 방법을 찾는 일일 것이다. 입법부도 수요와 공급의 법칙을 거스를 수는 없다. 하지만 수요곡선과 공급곡선의 생김새와 위치에 영향을 미치는 요인들을 바꿀 수 있는 능력은 있다. (학습목표 5)

- 수요·공급 분석이야말로 균형가격과 균형거래량이 시장에서 작동하는 다양한 힘 또는 요인들에 의해서 어떻게 변화할 것인지를 이해하고 예측하는 경제학자들의 기본 도구이다. 매우 간단한 명제 네 가지만으로도 수요·공급 분석을 수행할 수 있다. (1) 수요의 증가는 균형가격과 균형거래량을 모두 증가시킨다. (2) 수요의 감소는 균형가격과 균형거래량을 모두 감소시킨다. (3) 공급의 증가는 균형가격을 낮추지만 균형거래량은 증가시킨다. (4) 공급의 감소는 균형가격을 올리지만 균형거래량은 감소시킨다. (학습목표 3)

- 소득, 기호, 대체재와 보완재의 가격, 기대, 인구는 수요곡선을 이동시키는 다양한 요인들이다. 공급곡선은 기술, 투입재 가격, 공급자들의 수, 기대, 그리고 (농산물의 경우에는) 날씨에 의해서 영향을 받는다. (학습목표 6)

▪ 복습문제 ▪

1. "희소성"과 "부족"의 차이는 무엇인가? (학습목표 1)

2. 희소하지 않은 상품에 대한 공급곡선은 어떤 모습을 보일까? 그 상품이 유용하다면, 그 상품에 대한 수요곡선은 어떤 모습일까? 어떤 상품에 대한 가격이 0보다 큰 경우, 이는 곧 해당 상품이 희소하다는 것을 의미한다. 왜 그러한지 설명하라. (학습목표 1)

3. 여러분이 재학 중인 대학교의 본부에서 취한 조처들 중에서 시장이 균형에 도달하지 못하도록 한 것이 있다면 두 개만

열거해 보기 바란다. 그 예들에서 초과 공급 또는 초과 수요와 관련된 사항이 있는지 설명하라. (학습목표 5)

4. "공급 감소"와 "공급량 감소"의 차이는 무엇인가? 설명하라. (학습목표 3)

5. 아래에 제시한 여러 진술들을 읽고, (1) 수요 변화, (2) 수요량 변화, 둘 중에서 어디에 해당하는지 찾아내라. (학습목표 3)

   a. 소비자 불매운동 때문에 포도 소비가 줄었다.
   b. 포도 재배농가에 대한 세금 때문에 포도 소비가 줄었다.
   c. 포도 수확이 풍년이라 포도 소비가 늘어났다.
   d. 사람들의 기호가 변하여 포도 소비가 늘어났다.

6. 초과 공급이 있을 때, 왜 판매자들은 현재 시장가격보다 아주 약간 가격을 내림으로써 팔고자 하는 수량을 모두 판매할 수 있는가? (학습목표 2)

7. 가격의 자원배분 기능이 그다지 중요하지 않은 시장의 예를 하나 들어 설명하라. (학습목표 5)

8. 공직에 선출되어 일하는 여러분이 상품에 대한 과세를 통해 세수를 확보해야만 하게 되었다고 생각해 보자. 정치적인 이유에서 여러분은 기업들이 아니라 소비자들이 세금 부담을 대부분 짊어지기를 원한다. (소비자들보다 기업들이 더 많은 정치자금을 내기 때문이다.) 어떤 상품에 대해서 세금을 부과할 것인지 결정할 때 고려해야 할 사항은 무엇인가? (학습목표 3)

9. 가난하지만 합리적인 어떤 이가 다음 중 받아들일 가능성이 높은 쪽은 무엇인가? 그 이유는? (학습목표 5)

   a. 5,000만 원짜리 메르세데스 벤츠 자동차 (즉각적인 재판매 가격 = 3,000만 원)
   b. 현금 3,500만 원

▪ 연습문제 ▪

1. 홍차와 레몬은 보완재이고, 커피와 홍차는 대체재라고 가정하자. (학습목표 3)

   a. 홍차에 가격 상한제를 적용하는 경우, 레몬 가격에는 어떤 변화가 발생하는가? 설명하라.
   b. 홍차에 가격 상한제를 적용하는 경우, 커피 가격에는 어떤 변화가 발생하는가? 설명하라.

2. 영화 DVD 시장의 공급곡선과 수요곡선이 다음과 같이 각각 주어졌다고 하자. (학습목표 7)

$$P^s = 2Q^s$$
$$P^d = 42 - Q^d$$

   a. 가격이 35일 때, 얼마나 많은 DVD가 거래될 것인가? 가격이 14로 내려갈 때는? 각 가격 하에서 시장 거래 참가자들 중 어느 쪽이 불만스러워할까?
   b. 균형가격과 균형거래량은?
   c. DVD 판매의 총수입은 얼마인가?

3. 컴퓨터에 사용되는 하드웨어와 소프트웨어는 서로 보완재 관계에 있다. 균형가격과 균형거래량에 미치는 영향을 논의하라. (학습목표 3)

   a. 컴퓨터 하드웨어 가격이 내려갈 때, 소프트웨어 시장의 변화
   b. 컴퓨터 소프트웨어 가격이 올라갈 때, 하드웨어 시장의 변화

4. 최근 발표된 어떤 연구에 의하면 배터리로 작동하는 장난감이 어린이 발달에 해를 끼칠 수 있으며 부모들은 이를 염두에 두고 구매 패턴을 조정해야 할 것이라고 제안했다. 다음 시장들에서 가격과 거래량이 어떤 변화를 겪을 것인지 그림을 이용하여 설명하라. (학습목표 3)

   a. 배터리로 작동하는 장난감 시장
   b. D형 배터리 시장

c. 배터리가 필요 없는 요요 장난감 시장

5. 그래프를 이용해서, 주어진 시나리오를 따라 다음 시장들에서 가격과 거래량에 어떤 변화가 일어날 것으로 기대되는지 보여라. (학습목표 3)

 a. **원유** : 석유 매장량이 줄어들면서 원유 채굴이 점점 더 어려워지고 있다.

 b. **비행기 여행** : 항공 안전에 대한 우려가 높아지면서 여행객들은 되도록 비행기를 이용한 여행을 피하고 있다.

 c. **철도 여행** : 항공 안전에 대한 우려가 높아지면서 여행객들은 되도록 비행기를 이용한 여행을 피하고 있다.

 d. **하와이의 호텔 객실** : 항공 안전에 대한 우려가 높아지면서 여행객들은 되도록 비행기를 이용한 여행을 피하고 있다.

 e. **우유** : 유전자 변형 호르몬 덕에 대규모 낙농업자들은 비용을 절감할 수 있게 되었다.

6. 앞의 5번 문제에 제시된 각 시나리오의 영향이 수요 변화로 나타날 것인지 아니면 수요량 변화로 나타날 것인지 설명하라. (학습목표 3)

7. 축구 경기 관람표에 대한 수요는 $P = 1900 - (1/50)Q$로 주어졌고, 공급은 $Q = 90,000$으로 고정되어 있다고 하자. (학습목표 7)

 a. 대수학적인 방법과 기하학적 방법을 모두 사용하여, 축구경기장 좌석 시장의 균형가격과 균형거래량을 구하라.

 b. 정부는 축구경기 관람표를 발행가에 웃돈을 얹어 되팔 수 없도록 규제하고 있다. 관람표의 발행가는 50달러이다. 그러니까 정부는 축구경기 관람표에 50달러의 가격 상한제를 실시 중인 셈이다. 이 경우 얼마나 많은 수의 소비자들이 불만스러워할까? (또는 초과 수요가 얼마나 될까?)

 c. 다음 번 축구 경기는 중요한 라이벌전이기 때문에, 수요가 $P = 2100 - (1/50)Q$로 크게 늘어났다. 이 라이벌 전에 대해서 (표를 구할 수 없어) 불만스럽게 생각하는 소비자들은 몇 명이나 될까?

 d. 이러한 정부의 가격 상한제로 인한 왜곡과 통상적으로 우상향하는 모습을 보이는 공급곡선은 어떻게 다른가?

8. 아파트에 대한 수요는 $P = 1200 - Q$이고, 공급은 $P = Q$이다. 정부는 월세를 규제하여 $P = \$30/$월의 상한제를 강제하고 있다. 시장에서 수요가 $P = 1400 - Q$로 늘어나는 경우를 생각해 보자. (학습목표 7)

 a. 아파트에 대한 수요 증가로 초과 수요는 어떻게 변하는가?

 b. 수요가 증가하기 전 초과 수요 수준을 유지하기 위해서 정부는 월세 상한을 얼마로 맞춰 줘야 하는가?

9. 콩 시장에서 수요가 $P = 600 - Q$, 공급이 $P = Q$로 주어졌다고 하자. 여기에서 Q는 연간 콩 생산량(톤)이다. 정부는 톤당 최저 가격을 $P = \$500$에서 유지하기 위해서 초과 공급을 이 가격에 수매한다. 이러한 정부 정책에 대응하여, 농부들은 장기적인 조정을 통해 옥수수를 덜 심고 콩을 더 심었고, 그 결과 공급은 $P = (1/2)Q$로 늘어났다.

 a. 농부들이 농작물을 바꿔 심기 전의 초과 공급과 비교해서 가격 유지제 실시 이후의 초과

　공급은 얼마나 더 커졌는가?

　b. 초과 공급을 수매하기 위해서 정부는 얼마를 지출해야 하는가?

10. 모든 생산자들의 한계비용이 kg당 2만 원씩 증가하는 경우, 아래 그림으로 묘사한 시장에서 균형가격과 균형거래량은 어떻게 변하겠는가? (힌트 : 앞서 공부한 공급곡선을 수직적으로 해석하는 방식을 적용하라.) (학습목표 3)

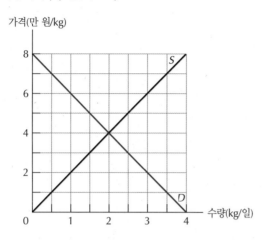

▪ 개념 확인 해답 ▪

2.1 영덕 대게 가격이 한 마리에 4천 원일 때, 수요량은 하루에 5,000마리이고 공급량은 하루에 1,000마리로, 초과 수요가 하루에 4,000마리이다. 대게 가격이 한 마리에 2만 원으로 오른 다면, 초과 공급은 하루에 4,000마리가 된다. (학습목표 2)

2.2 균형가격보다 높게 정해진 임대료 상한선은 아무런 영향을 미치지 못한다. 임대료는 원래의 균형가격인 60만 원에서 결정될 것이다. (학습목표 2)

2.3 디젤 연료의 가격이 하락하면 공급곡선은 오른쪽으로 이동한다. 수은에 관한 보고서 때문에 수요곡선은 왼쪽으로 움직인다. 아래 그림 (*a*)와 (*b*)에서 볼 수 있듯이, 균형가격은 양쪽 모 두 하락하지만, 균형거래량은 (*b*)에서는 늘어나고 (*a*)에서는 줄어든다. (학습목표 3)

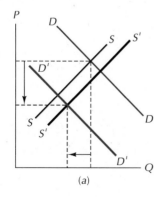
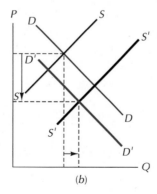

2.4 $4Q^* = 12 - 2Q^*$이므로 $Q^* = 2$이고 $P^* = 4Q^* = 8$이다. (학습목표 7)

APPENDIX 2A

세금은 어떻게 균형가격과 균형 거래량에 영향을 미치는가?

How do Taxes Affect Equilibrium Prices and Quantities?

수 요와 공급곡선을 이용한 분석방법은 다양한 세금의 영향을 분석하는 데에도 유용하게 쓰인다. 부록에서 우리는 상품 한 단위당 정액세를 부과하는 경우를 살펴볼 것이다.[1] 생산자가 판매하는 상품 한 단위당 $T = 10$의 세금을 부과하는 경우, 시장에서의 균형가격과 균형거래량은 어떻게 변화할까? 이 질문은 두 가지 방식으로 접근할 수 있는데, 어떤 방식을 채택하여 분석하더라도 결론은 동일하다. 첫 번째 방식은 세금이 판매자에게 부과된다고 가정하는 것이다. 그림 2A.1에서, 직선 SS는 세금 부과 전 상태의 원래 공급곡선을 뜻한다. 판매자에게 $T = 10$만큼의 세금이 부과되면, 판매자들은 세금을 납부하고 자신들이 받는 가격이 세금 부과 전인 $P_0 = 25$와 같기를 원하므로 $P_0 + 10 = 35$만큼을 소비자들에게서 받고자 할 것이다. 그리고 판매자들은 $P = 35$에서 예전과 같은 수량을 공급할 것이다. 그러므로 세후 공급곡선은 원래 공급곡선이 수직으로 $T = 10$만큼 위로 상승한 모습을 보이게 된다.

그림 2A.2에서, 직선 DD는 $T = 10$의 세금을 내게 된 판매자가 직면한 수요곡선을 의미한다. 세금이 부과되면서 균형거래량은 Q^*에서 Q_1^*로 변화한다. 구매자가 지불하는 가격은 P^*에서 P_1^*로 상승하지만, 이 가격에서 판매자가 세금을 낸 뒤 손에 쥐는 가격은 $P_1^* - 10$이 된다.

판매자가 판매하는 상품 하나마다 T만큼의 세금을 지불한다고 해도, 상품 한 단위당 판매자가 받는 금액은 원래 균형가격보다 T만큼 낮은 금액이라는 점을 그림 2A.2에서 눈여겨 살펴보기 바란다. 결국 판매자와 구매자는 세금 부담을 나누어 짊어지게 된다.

수학적으로 표현하면, 판매자가 부담하는 세금 몫(t_s)은 판매자가 받는 가격의 하락분을 세금으로 나눠준 것과 같다.

$$t_s = \frac{P^* - (P_1^* - T)}{T}. \tag{2A.1}$$

이와 유사하게, 구매자가 부담하는 세금의 몫(t_b)은 (세금을 포함한) 가격 상승분을 세금으

---

1. [역주] 이러한 세금을 물품세(excise tax)라고 부른다.

그림 2A.1

판매자에게 부과된 세금 $T = 10$은 공급표를 T 단위만큼 위쪽으로 이동시킨다.

원래 수요표는 주어진 생산량에 대해서 판매자가 비용을 회수하기 위해 책정해야만 하는 가격이 얼마인지 알려준다. 판매자 입장에서 $T = 10$의 세금을 내야 한다는 것은 10만큼 단위비용이 상승하는 것과 마찬가지이다. 그래서 새로운 공급곡선은 원래의 공급곡선보다 정확히 10만큼 위에 위치하게 된다.

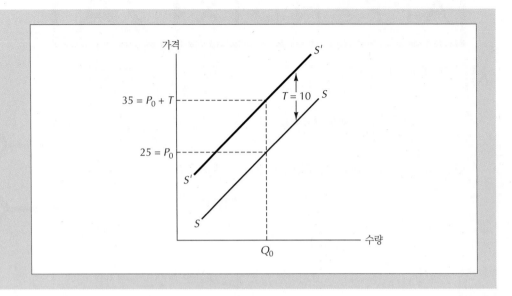

로 나눠준 것과 같다.

$$t_b = \frac{P_1^* - P^*}{T}. \tag{2A.2}$$

개념 확인 2A.1

$t_s + t_b = 1$임을 입증하라.

일반적으로 t_b와 t_s는 수요표와 공급표의 모양에 따라 달라진다. 예를 들어 만약 가격이 변해도 공급이 거의 변하지 않는다면, t_b는 0에 가깝고 t_s는 1에 가깝게 된다. 이와 반대로, 만

그림 2A.2

판매자에게 세금 $T = 10$이 부과될 때의 균형가격과 균형거래량

세금 때문에 균형거래량은 Q^*에서 Q_1^*로 감소한다. 구매자가 지불하는 새로운 가격은 P^*에서 P_1^*로 상승한다. 판매자가 수령하는 새로운 가격은 P^*에서 $P_1^* - 10$으로 하락한다.

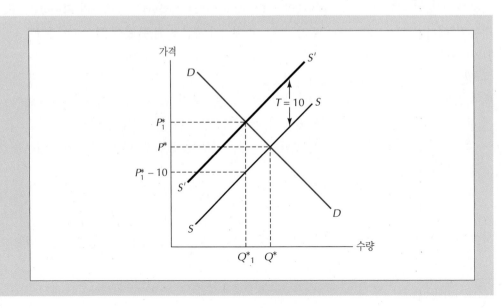

약 수요가 가격변화에 거의 반응하지 않는다면, t_b는 1에 가깝고 t_s는 0에 가깝게 된다. 이는 세금을 제대로 회피하지 못하는 쪽이 세금 부담을 더 많이 짊어진다는 것을 의미한다. 구매자 입장에서 세금이 부과된 상품을 다른 상품으로 대체하지 못한 채 어쩔 수 없이 구입해야만 한다면, 공급자는 세 부담을 대부분 구매자에게 떠넘길 것이다. 그러나 만약 공급자가 상품을 공급하는 것 이외에 별다른 방도가 없는 형편이라면, 세 부담은 대부분 공급자가 짊어지게 될 것이다. 그러나 공급곡선이 우상향하고 수요곡선이 우하향하는 한, t_s와 t_b는 0이나 1 사이 중간의 어떤 값을 보일 것이다.

상품 한 단위당 세금 $T = 10$의 효과를 분석하는 두 번째 방식은 세금을 구매자로부터 직접 징수하는 것처럼 생각하는 것이다. 이 경우 상품에 대한 수요곡선은 어떻게 변할까? 그림 2A.3에서 DD는 세금을 부과하기 전 수요곡선을 의미한다. 가격 P_1에서, 구매자들은 Q_1만큼을 수요할 것이다. 세금을 부과한 뒤에는, 구매자들이 지불해야 하는 가격은 상품 가격인 P_1에 세금을 더한 값인 $P_1 + 10$이 된다. 따라서 구매자들의 수요는 Q_1에서 Q_2로 감소한다. 동일한 방식으로 우리는 세금을 부과한 뒤 다른 가격에서의 수요량을 찾아내면 된다. 그 결과 세후 수요곡선을 그림 2A.3의 $D'D'$처럼 표시할 수 있다. 이는 세전 수요곡선인 DD를 아래쪽으로 10단위만큼 내린 것이다.

만약 그림 2A.4에서처럼 공급곡선을 SS로 표시하면, 우리는 세금이 균형가격과 균형거래량에 미치는 영향을 쉽게 파악할 수 있다. 균형거래량은 Q^*에서 Q_2^*로 줄어들고, 세전 균형가격은 P^*에서 P_2^*로 하락한다. 세금을 부과한 뒤 구매자가 지불하는 총 가격은 $P_2^* + 10$으로 상승한다.

판매자에게 세금을 부과하는 경우와 구매자에게 세금을 부과하는 경우의 효과가 다르게 나타날까? 전혀 그렇지 않다. 이를 보여주기 위해서, 공급곡선은 $P = Q^s$, 수요곡선은 $P = 10 - Q^d$로 주어져 있다고 하자. 이제 판매자에게 상품 단위당 2만큼의 정액 물품세를 부과할 경우 어떻게 되는지 먼저 분석해 보자. 그림 2A.5a에는 세금 부과 전 수요곡선(DD)

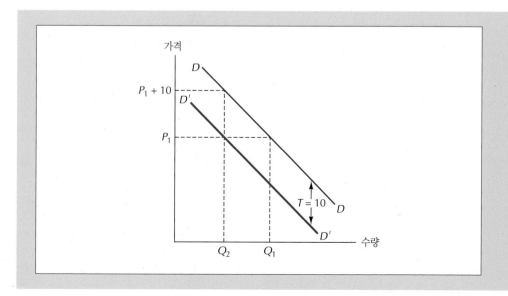

그림 2A.3

구매자에게 세금 $T = 10$이 부과될 때의 균형가격과 균형거래량

세금을 부과하기 전, 구매자들은 가격 P_1에서 Q_1만큼을 구입한다. 판매자들에게 세금을 부과하면, 가격 P_1은 $P_1 + 10$이 되고, 이는 구매자들이 Q_2만을 구입할 것이라는 점을 뜻한다. 그래서 세금의 효과로 수요곡선은 아래쪽으로 10만큼 이동하게 된다.

그림 2A.4

판매자에게 세금 $T = 10$이 부과될 때의 균형가격과 균형거래량

세금 때문에 균형거래량은 Q^*에서 Q_2^*로 감소한다. 구매자가 지불하는 새로운 가격은 P^*에서 $P_2^* + 10$으로 상승하고, 판매자가 받는 가격은 P^*에서 P_2^*로 하락한다.

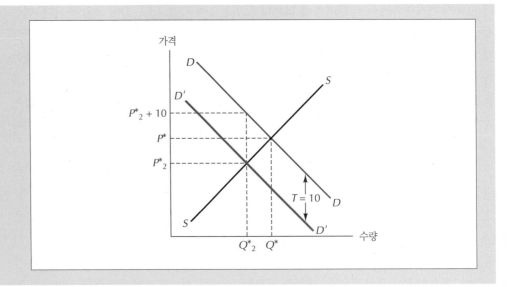

과 공급곡선(SS)와 함께 세금 부과 후 공급곡선(S′S′)이 표시되어 있다. 원래의 균형가격은 5이고, 원래 균형거래량도 5이다. 하지만 세금을 포함한 구매자의 새로운 균형가격은 6이 되고, 균형거래량은 4가 된다. 판매자가 받는 가격은, 세금을 제외한 4가 된다.

이번에는 정액 물품세를 구매자에게 2만큼 부과하는 경우를 생각해 보자. 그림 $2A.5b$에는 원래의 공급곡선과 수요곡선과 함께 세후 수요곡선 $D′D′$가 표시되어 있다. 세금을 판매자에게 부과하는 경우를 나타내는 왼쪽의 그림(a)에서처럼, 그림(b)에서도 세금이 가격과 거래량에 미치는 효과는 정확히 같게 나타난다.

그림 2A.5

세금을 구매자에게 부과하든 판매자에게 부과하든 시장에 나타나는 결과는 동일하다.

판매자가 (세금을 제외하고) 수령하는 가격과 구매자가 (세금을 포함하여) 지불하는 가격, 그리고 새로운 균형에서의 거래량은 세금이 부과되는 대상이 판매자인 경우(그림 a)나 구매자인 경우(그림 b)에 모두 동일하게 나타난다.

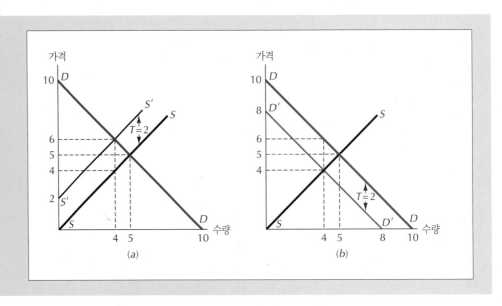

개념 확인 문제 2A.2

상품에 대한 공급곡선이 $P = 4Q^s$로, 수요곡선이 $P = 12 - 2Q^d$로 주어진 시장의 경우를 분석해 보자. 상품 한 단위당 세금을 판매자들에게 6만큼 부과하는 경우 시장의 균형가격과 균형거래량은 어떻게 변하는가? 같은 액수의 세금을 구매자들에게 부과한다면?

세수를 확보해야만 할 때, 많은 정치인들은 기업에게 판매세(sales tax)를 부과하는 방식을 여러모로 편리하게 여긴다.[2] 그럴 때면 "기업은 세금을 낼 여유가 충분하다"는 논리가 등장하곤 한다. 하지만 판매세 부과의 효과를 분석하면, 세금을 누구에게 부과하는가 하는 문제와 상관없이 실제 세 부담의 결과는 언제나 똑같이 나타난다. 법적으로 누가 세금을 납부하는지를 정하는 조세의 법적 귀착(*legal incidence*)은 세 부담(tax burden)을 실제로 누가 얼마나 짊어지는지를 나타내주는 조세의 경제적 귀착(*economic incidence*)에 아무런 영향을 미치지 못하는 것이다. 기존의 세율을 올리거나 새로운 세금을 부과하면서 정치인들이 개인이나 가계의 세 부담을 경감해준다는 명분을 내세우는 것은 경제학적으로 볼 때 사실 아무런 의미가 없는 것이다.

개념 확인 문제 2A.3

어떤 상품에 대한 수요곡선의 기울기가 공급곡선의 기울기보다 가파를수록, 해당 상품에 세금을 부과하는 경우 구매자들이 부담하는 세금의 몫은 더 커진다. *이 주장은 참일까, 거짓일까?* 설명하라.

---

2. [역주] 미국의 판매세는 우리나라의 부가가치세(value-added tax)와 똑같지는 않지만 유사한 세금이다. 여러 세금의 종류와 특성에 대한 경제학적 분석은 재정학 대학교재로 널리 사용되는 Harvey Rosen의 「Rosen의 재정학」(9판)이나 Jonathan Gruber의 「재정학과 공공정책」(3판)을 참조하기 바란다. 우리나라의 조세제도에 관한 가장 최신의 자료는 국회예산정책처(http://www.nabo.go.kr/)에서 매년 발간하는 『조세의 이해와 쟁점』을 참조하기 바란다.

▪ 연습문제 ▪

1. 티타늄 부족으로 국가 안보가 흔들릴 수 있다는 점을 우려한 정부는 희귀금속인 티타늄에 1온스당 2달러의 세금을 부과하기로 했다. (1온스 = 약 28.35그램.) 세금 부과대상은 티타늄 판매자들이다. 세금 부과 전 공급곡선과 수요곡선은 아래 그림처럼 주어져 있다. 아래 그림에 단기에서의 균형가격과 균형거래량이 이 세금에 의해서 어떻게 변하는지 표시하라. 교차점, 절편, 이동 규모 등과 같이 중요한 표시를 기억하라.

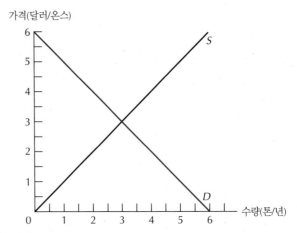

2. 1번 문제에서 등장한 티타늄 시장을 (이번에는 세금을 빼고) 다시 생각해 보자. 1온스에 4달러라는 가격 하한(price floor)을 설정한 결과, 연간 2톤의 티타늄이 판매되었다. 그 누구에게도 손해를 입히지 않으면서 구매자와 판매자 중 일부의 복지를 향상시킬 수 있는 거래는 가능한가?

3. 티타늄에 1온스당 2달러의 세금을 부과하는 경우를 생각해 보자. 의학적으로 티타늄을 사용하는 방법이 새로 개발되면서 티타늄에 대한 수요가 증가했다고 가정하자. 이제 새로운 수요는 $P = 8 - Q$이다. 티타늄 수요의 증가로 정부의 세수는 어떻게 변하겠는가?

4. 티타늄 시장에 (세금은 없고) 다시 1온스에 4달러라는 가격 하한이 설정되었다고 생각해 보자. 점점 줄어드는 티타늄 매장량 때문에 공급이 줄어들었다고 가정하자. 이제 새로운 공급 곡선은 $P = 2 + Q$이다. 공급의 감소가 티타늄의 초과 공급에 어떤 변화를 초래하겠는가? 정부가 설정한 가격 상한은 여전히 효과를 발휘하는가? (즉, 가격 하한제로 가격이 균형 수준보다 더 높아질 것인가?)

5. 정부가 시장에서 판매되는 영화 DVD 1장당 9달러의 세금을 판매자들에게 부과하기로 결정했다고 하자.

   a. 균형에서 판매되는 DVD의 수량은 얼마인가?

   b. 구매자들이 지불하는 가격은 얼마인가?

   c. 구매자들이 지불하는 총금액은 얼마인가?

   d. 정부가 얻는 세수는 얼마인가?

   e. 위의 결과들을 그림으로 표시하라.

6. 문제 5번에서 언급한 세금에 대해서 다음 질문에 답하라.

   a. 판매자가 짊어지는 세 부담은 얼마인가?

   b. 구매자가 짊어지는 세 부담은 얼마인가?

7. 미국의 레이건 대통령은 1980년대 초 미국에서 판매되는 일본 수입차에 대해서 일본 자동차 업계가 "자발적인" 수입 할당(import quota)을 준수하도록 협상을 벌인 바 있다. 대통령의 참모들 중 일부는 수입 할당 대신에 더 높은 수입세(관세)를 부과해야 한다고 조언했다. 수입 관세가 미국에서 팔리는 일본 자동차 한 대당 T만큼의 일정 금액으로 부과된다고 하자. 그리

고 T는 수입할당제를 실시한 결과 수입되는 일본 차의 대수와 같아지도록 세율이 결정된다고 가정하자. 미국 소비자들이 수입 일본 자동차에 대해서 지불하는 가격은 서로 다른 두 정책에 따라 어떤 영향을 받겠는가?

8. 생쥐와 시궁쥐를 대상으로 이루어진 여러 실험들을 통해서 밝혀진 바에 따르면, 숯불로 구운 고기에서 탄 부분을 먹으면 암에 걸릴 수 있다고 한다. 정부가 가정에서의 요리 방식까지 규제할 수는 없는 노릇이므로, 고기를 숯불구이해서 먹는 것을 되도록 줄이도록 만드는 방법이 강구되었다. 그것은 바로 바비큐에 사용되는 숯에 소매 기준으로 100퍼센트에 달하는 세금을 부과하는 것이다. 숯에 대한 하루 수요가 $P = 120 - 2Q$이고 공급은 $P = 30 + Q$라고 하자. 여기에서 P는 숯 한 봉지의 가격이고, Q는 일주일에 판매되는 10 kg짜리 숯 봉지의 수량이라고 하자.

   a. 세금이 부과되기 전과 후의 숯 가격은 각각 얼마인가?
   b. 세금이 부과되기 전과 후의 숯 거래량은 각각 얼마인가?
   c. 판매자와 구매자 사이에 세 부담은 어떻게 나뉘는가?

9. 공급은 $P = 4Q$이고, 수요는 $P = 20$으로 주겠다. 이때 P는 상품 하나의 달러 가격이고, Q는 일주일에 판매되는 상품의 수량이다.

   a. 대수학적인 방법과 기하학적인 방법을 모두 사용하여 균형가격과 균형생산량을 구하라.
   b. 판매자들이 상품 한 단위당 $T = 4$ 달러의 세금을 납부해야 한다면, 거래량, 구매자들의 지불가격, 그리고 판매자들의 (세금을 제외한) 수령 가격은 얼마인가?
   c. 구매자들과 판매자들 간 세 부담은 어떻게 나뉘는가? 그 이유는 무엇인가?

10. 이번에는 구매자들이 세금을 납부해야 한다는 가정하에, 문제 9번에서 제기된 질문들에 다시 답하라. 이때 수요는 $P = 28 - Q$이고, 공급은 $P = 20$이다.

▪ 부록 개념 확인 해답 ▪

2A.1　$t_s + t_b = [(P^* - [P_1^* + T]) + (P_1^* - P^*)]/T = T/T = 1.$

2A.2　원래 균형가격은 $P^* = 8$이고 균형거래량은 $Q^* = 2$이다. 세금이 부과된 경우의 공급곡선은 $P = 6 + 4Q^s$가 된다. P'를 새로운 균형가격, Q'를 새로운 균형거래량이라고 놓으면, $6 + 4Q' = 12 - 2Q'$를 통해서, 우리는 $Q' = 1$과 $P' = 10$을 얻게 된다. 여기에서 P'는 구매자들이 지불하는 가격이다. 그리고 $P' - 6 = 4$는 판매자들이 수령하는 가격이다. 이 세금 6이 구매자들에게 부과되는 경우의 수요곡선은 $P = 6 - 2Q^d$이다. 이제 우리는 $4Q' = 6 - 2Q'$를 얻게 되어, $Q' = 1$이 도출된다. P''를 판매자들이 수령하는 가격이라고 정의하면, $P'' = 4$이다. 그러므로 구매자들이 지불하는 가격은 $P'' + T = 4 + 6 = 10$이 된다.

2A.3　참이다. 수요곡선 D'의 경우, 구매자의 세 부담 몫은 $(a - P^*)/T$이다. 수요곡선 D의 경우, 구매자의 세 부담 몫은 $(b - P^*)/T$이다.

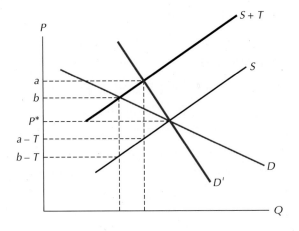

PART TWO

소비자 행동 이론
THE THEORY OF CONSUMER BEHAVIOR

제2부에서 우리는 소비자 행동에 관한 이론을 모두 여섯 개의 장(章)에 걸쳐서 공부한다. 특히 3장에서는, 자원이 제한된 상황에서 서로 경합하는 대안들 중 사람들이 어떻게 선택을 결정하는지에 대한 이론을 설명한다. 이번 장에서 배운 방법들과 도구들은 미시경제학을 공부하는 동안 계속 등장할 뿐만 아니라, 경제학을 공부하는 내내 계속 등장할 것이다. 4장에서는 합리적인 개인들의 선택에 관한 이론을 이용해서 개별수요곡선과 시장수요곡선을 도출한다. 5장에서 우리는 합리적 선택 및 수요 이론과 함께 미래의 결과와 관련된 선택 이론을 공부하고 이를 다양한 경우에 적용해 본다.

6장에서는 합리적 선택 모형을 확장하여 불확실성 또는 불완전 정보와 관련된 상황에서 경제주체가 어떻게 선택하는지를 공부한다. 그리고 6장의 부록에서는 탐색이론과 승자의 저주에 관한 내용을 살펴본다. 마지막으로 7장에서는 다양한 상황에서 사람들의 행동이 전통적인 합리적 경제주체 모형에서 예측하는 바와 어떻게 달라지는지를 공부한다. 이러한 이탈은 때로는 인지적인 오류 때문이기도 하고, 때로는 사람들이 경제이론에서 전통적으로 가정해 온 목표와는 다른 목표들을 추구하기 때문이기도 하다.

CHAPTER 3

합리적인 소비자의 선택
Rational Consumer Choice

지난 달 아르바이트의 대가를 현금으로 받은 여러분은 근처 유명 커피숍으로 발걸음을 옮기는 중이다. 월급도 받았으니 기분 좀 내기 위해서 에스프레소 샷을 무려 넉 잔이나 넣은 10달러짜리 벤티 사이즈 소이 헤이즐넛 바닐라 시나몬 화이트 캐러멜 모카를 주문할 생각이다. 여기서 잠깐 재미있는 사고실험을 해보자. 시나리오 1에서는 여러분이 커피숍에 오다가 길에서 10달러를 분실한다. 시나리오 2에서는 계획대로 커피를 사들고 가게를 나서다가 문턱에 발이 걸려 그만 넘어지면서 커피를 길에 쏟는다. 이제 각 시나리오에서 여러분의 마음가짐이 어떠할지 상상해 보자.

a. 시나리오 1 상황에서 그래도 커피를 사러 갈까?

b. 시나리오 2 상황에서 같은 커피를 다시 주문할까?

경제학 강의를 한 번도 들어본 적이 없는 학부생들이 모인 대규모 강의에서 위의 경우와 비슷한 질문들을 던진 적이 있다.[1] 첫 번째 질문에 대해서, 54퍼센트의 학생들이 10달러를 분실한 뒤에도 여전히 커피를 사러 가겠다고 대답했다. 그러나 커피를 샀다가 쏟은 두 번째 시나리오상에서는 단지 32퍼센트의 학생들만이 다시 커피를 사겠노라고 대답했다. 68퍼센트나 되는 학생들이 커피를 다시 주문하지 **않겠다**고 답한 것이다. 물론 위의 두 질문들에 대한 "정답"은 없다. 예를 들어, 위에서 제시한 상황들은 부자인 소비자보다는 가난한 소비자에게 더 큰 영향을 미칠 것이다. 하지만 잠시 진지하게 생각해보면, 한 시나리오에서의 선택이 다른 시나리오에서와 논리적으로 똑같아야 한다는 점을 알 수 있을 것이다. 결국 서로 다른 두 상황에서 경제적으로 타당한 변화는 여러분이 쓸 돈이 전보다 10달러 줄어들었다는 것이니까. 그렇다면 아예 커피를 사먹지 않거나, 그냥 사먹는 대신 다른 지출을 줄여야 한다는 결론이 나온다. 여러분이 10달러 손해를 봤다는 점이 중요하지, 어떤 방식으로 손해를 봤는지에 따라 선택이 달라지면 안 된다는 것이다. 양쪽 시나리오에서 커피의 가격은 모두 10달러이고, 이는 커피를 마심으로써 여러분이 얻는 편익도 양쪽 시나리오에서 같다는 뜻이 된다. 그

학습목표

1. 소득과 가격이 주어졌을 때, 소비자가 구매할 수 있는 상품들의 모든 조합들이 소비자의 예산제약임을 설명할 수 있다.

2. 소득과 가격이 변하면 예산제약이 어떻게 변하는지 설명할 수 있다.

3. 무차별지도를 이용하여 소비자의 선호를 묘사할 수 있다.

4. 예산제약과 무차별지도의 상호작용을 통해 소비자가 구입할 상품의 최적 조합을 어떻게 결정하는지 설명할 수 있다.

---

1. 이 질문들은 의사결정 이론가들인 대니얼 카너먼(Daniel Kahneman)과 아모스 트버스키(Amos Tversky)가 제시한 것과 같은 유형의 질문들이다. 자세한 내용은 7장을 참조하기 바란다.

러니 여러분은 양쪽 시나리오에서 모두 커피를 사서 마시거나 아니면 아예 마시지 말아야 한다. 그렇지만 앞서 보았듯이 두 가지 상황에서 많은 사람들이 다른 선택을 하곤 한다.

3.1　3장 미리보기

이번 장에서 우리가 학습할 내용은 앞서 제기한 것과 같은 질문들에 답변하는 데 사용하는 경제학의 기본 모형을 이해하는 일이다. 이 모형을 **합리적 소비자 선택 이론**(*theory of rational consumer choice*)이라고 부른다. 모든 개인의 구매 결정은 바로 이 이론을 바탕으로 이해할 수 있다. 또한 개인의 구매 결정을 모두 더하면 우리가 앞서 2장에서 배운 수요곡선이 도출된다.

합리적 선택 이론에는 소비자들이 잘 규정된 선호(well-defined preferences)를 지닌 채 시장에 참가한다는 가정이 깔려 있다. 가격이 시장에서 이미 결정된 상태에서, 소비자들의 임무는 자신의 선호를 가장 잘 만족시키는 방식으로 소득을 배분하는 것이다. 이러한 임무는 두 단계로 이루어진다. 첫째 단계는 소비자가 구매할 수 있는 상품들의 다양한 조합을 자세히 묘사하는 일이다. 이러한 조합들은 소비자의 소득수준과 상품들의 가격에 따라 달라진다. 둘째 단계는 선택이 가능한 여러 조합들 중에서 다른 무엇보다 자신이 **선호하는**(*prefer*) 특정한 조합을 선택하는 일이다. 둘째 단계를 분석하기 위해서, 우리는 소비자의 선호를 묘사하는 수단이 필요하다. 특히 모든 선택 가능한 조합늘을 갖고 싶어 하는 정도에 따라 순위를 매긴 일람이 필요하다. 이렇게 두 요소로 이루어진 소비자 선택 이론을 엄밀하게 도출하기 위해서 이번 장을 잘 알아둘 필요가 있다. 첫 번째 요소인 소비자들의 가능성 집합을 묘사하는 일이 두 번째 요소보다 훨씬 구체적이므로, 첫 번째 요소부터 공부해 보자.

10달러 짜리 커피를 엎지르는 것이 나을까? 10달러를 잃어버리는 것이 나을까?

3.2 기회집합 또는 예산제약

세상에 집과 음식 두 개의 상품만 존재한다고 가정하자.[2] 일주일이라는 기간에 걸쳐 몇 제곱미터(m^2)짜리 주거공간에 살고 몇 킬로그램(kg)의 음식을 먹는지에 따라 우리는 다양한 **상품꾸러미** 또는 **상품묶음**(bundle)을 만들어 낼 수 있다. 예를 들어, 그림 3.1에서처럼 A라는 꾸러미를 주당 5 m^2의 주거공간과 7 kg의 음식으로 구성할 수 있고, B라는 꾸러미를 주당 3 m^2의 주거공간과 8 kg의 음식으로 구성할 수도 있다. 이렇게 서로 다른 꾸러미를 좀더 쉽게 표기하기 위해서 주거공간과 음식을 순서쌍으로 적기로 하자. 그렇다면 꾸러미 A는 (5, 7)로 표시하고, 꾸러미 B는 (3, 8)로 적으면 된다. 그밖에도 더 많은 꾸러미들을 모두 한꺼번에 표시할 수 있도록 (S_0, F_0)라고 적고, 일주일에 S_0 m^2의 집과 F_0 kg의 음식으로 구성된 상품꾸러미라고 읽으면 된다. 순서쌍을 그래프로 표시할 때는, 앞에 적은 숫자를 수평축(X축)에 표시하는 것이 일반적인 표기 방식이다.

한 가지 주의할 점은, 그림 3.1에서 수평축과 수직축에 적힌 숫자들이 모두 **유량**(流量, *flow*) 개념이라는 것이다. 즉, 일정 기간에 걸쳐 소비하는 상품의 양을 표시한다. 소비는 언제나 유량으로 측정한다. 특정 소비량이 많은지 적은지를 평가하기 위해서는 이렇게 시간 차원을 꼭 밝히는 것이 중요하다. 그렇게 하지 않고, 예를 들어 여러분이 4 kg의 음식을 소비한다는 식으로 얘기하면, 이것이 하루에 먹는 음식의 양인지 아니면 일주일에 먹는 음식의 양인지 알 길이 없기 때문에 규모를 판단할 수 없다.[3]

소비자의 소득을 일주일에 100달러 또는 $M = \$100$/주라고 가정하자. 소비자는 소득을 주거공간과 음식의 특정 조합에 모두 지출한다. (소득도 유량 개념이다.) 또한 주거공간의 가격이 $P_S = \$5/m^2$이고 음식 가격이 $P_F = \$10$/kg이라고 가정하자. 소비자가 모든 소

상품꾸러미
두 개 이상의 상품들의 구체적인 조합

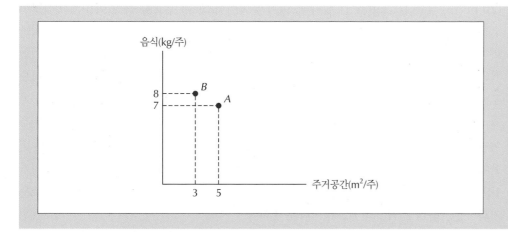

그림 3.1

두 개의 상품꾸러미

상품꾸러미는 상품들의 특정한 조합이다. 옆의 그림에서 꾸러미 A는 일주일에 주거공간 5단위와 음식 7단위로 이루어져 있고, 꾸러미 B는 일주일에 주거공간 3단위와 음식 8단위로 이루어져 있다.

---

2. 경제학자들은 재화와 서비스를 묶어서 상품이라고 부르기도 한다.

3. 소비를 유량 개념으로 파악하면 한 가지 더 좋은 점이 있다. 특정 기간의 소비가 정수(整數)가 아니라도 기간을 조정하여 정수로 바꿔 줄 수 있기 때문이다. 예를 들어, 어떤 사람이 한 달에 0.5벌의 옷을 소비한다고 말하면, '어떻게 옷을 한 벌이 아니라 0.5벌을 소비할 수 있지?'라고 많은 이들이 의아해 할 것이다. 하지만 이는 우리가 한 해에 6벌의 옷을 소비한다는 것과 같은 의미이다.

득을 주거공간에만 지출한다면, 그(녀)는 M/P_S = ($100/주) ÷ ($5/m^2) = 20 m^2/주를 소비할 수 있다. 즉, 그(녀)는 주거공간 20 m^2/주와 음식 0만원/주를 소비한다는 뜻이고, 이를 (20, 0)으로 표시하면 된다. 만약 소비자가 모든 소득을 음식에만 지출한다면 어떻게 될까? 그(녀)가 선택한 상품꾸러미는 M/P_F = ($100/주) ÷ ($10/kg)이 되고, 이는 곧 10 kg/주의 음식과 0 m^2/주의 집 소비이므로 (0, 10)으로 표시할 수 있다.

여기에서 주의할 점은, 소비가 특정 기간에 걸쳐 발생하는 유량 개념이므로, 소비재(상품)를 셀 때는 연산규칙을 잘 지켜서 계산해야 한다는 것이다. 예를 들어, M/P_S = ($100/주) ÷ ($5/m^2)에서 우변을 정리하면 분수를 분수로 나누는 경우이므로 (m^2/$5) × ($100/주)가 되고, 이를 다시 ($100 × m^2) / ($5 × 주)로 바꿀 수 있으므로, 분자의 $100를 분모의 $5로 나누어 정리하면, 20 m^2/주가 된다. 즉, $100/주의 소득으로 주거공간의 최대 소비량을 얻게 된다. 이와 마찬가지 방식으로 음식의 최대 소비량을 계산하면, M/P_F = ($100/주) ÷ ($10/kg)이므로 결국 10 kg/주가 된다.

그림 3.2에서 양쪽 절편에 놓인 두 개의 극단적인 점들 K와 L이 바로 모든 소득을 어느 한 상품에만 지출할 때를 의미한다. 물론 소비자는 두 극단적인 경우인 K와 L을 잇는 직선에 놓인 여러 다른 점들 중 하나를 상품꾸러미로 선택할 수도 있다. 예를 들어, 상품꾸러미 (12, 4)가 그 직선 위에 놓여 있음을 확인해 보기 바란다. 그림에서 B라고 표시한 이 선을 우리는 **예산제약**(budget constraint) 또는 **예산선**이라고 부른다.[4]

중·고등학교 수학 시간에 배운 직선의 기울기 개념이 "x값의 증가량 분의 y값의 증가량"(rise over run)이었음을 상기하기 바란다.[5] 분자인 수직축의 변화분(變化分)을 분모인 수평축의 변화분으로 나누어 주면 직선의 기울기가 된다. 예산제약의 기울기를 구하는 데 이를 사용하면, 수직축의 절편을 수평축의 절편으로 나누어 주면 된다. 즉, −(10 kg/주) / (20 m^2/주) = −1/2 kg/m^{2}인 셈이다. 여기서 마이너스(−) 부호를 붙인 이유는 예산선이 오른쪽으로 갈수록 내려가기 때문에 음(陰)의 기울기를 보인다는 것을 의미한다. 이를 일반화하면, M이 소비자의 소득, P_S가 주거공간 한 단위의 가격, 그리고 P_F가 음식 한 단위의 가격인 경우, 수직축 절편은 (M/P_F)이고 수평축 절편은 (M/P_S)으로 표시할 수 있다. 그러므로 예산제약의 기울기를 구하는 공식은 −(M/P_F) / (M/P_S) = −(P_S/P_F), 즉 두 상품의 가격 비율 또는 상대가격에 마이너스 부호를 붙인 것이 된다. 상품 가격들은 시장에서 이미 주어져 있으므로, 예산제약의 기울기는 음식 한 단위를 주거공간 한 단위로 교환할 수 있는 비율이 된다. 그러므로 그림 3.2에서 음식 1 kg은 주거공간 2 m^{2}로 교환이 가능하다. 우리가 1장에서 배운 기회비용의 개념을 적용한다면, 주거공간을 1 m^{2}를 추가로 얻는 데 따르는 기회비용은 음식 P_S/P_F = 1/2 kg이라는 뜻이다.

소비자는 자신의 예산선 위에 위치한 상품꾸러미라면 어떤 꾸러미라도 살 수 있을 뿐만

예산제약

가격이 주어졌을 때 소비자의 소득을 모두 소진하는 모든 상품꾸러미들의 집합으로, *예산선* (budget line)이라고도 한다.

---

4. [역주] 예산제약, 예산제약선, 예산선을 혼용한다.

5. [역주] 이화영, "수학교육 논문 읽기(4): 이차함수에 대한 학생들의 일반화 양상", 한국수학교육학회 뉴스레터 제29권 제4호 통권 146호 2013년 7월 15일, pp. 36−39.

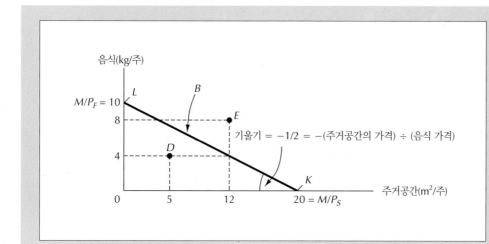

그림 3.2

예산제약 또는 예산선

직선 *B*는 소비자가 주어진 소득과 가격하에서 구입할 수 있는 모든 상품꾸러미들의 집합을 의미한다. 직선 *B*의 기울기는 주거공간의 가격을 음식 가격으로 나눈 뒤 마이너스 부호를 붙인 것이다. 절대값으로 생각하면, 이 기울기는 주거공간을 추가로 한 단위 더 얻기 위해 지불해야 하는 기회비용이 된다. 즉, 주어진 시장가격으로 주거공간 한 단위를 더 구입하기 위해서 포기해야 하는 음식의 양이다.

아니라, 사실 수평축, 수직축, 그리고 예산제약으로 둘러싸인 **예산 삼각형**(*budget triangle*) 영역 내부에 위치한 그 어떤 상품꾸러미들도 모두 구입할 수 있다. 그림 3.2의 *D*가 바로 그런 꾸러미들 중 하나이다. 상품꾸러미 *D*를 소비하는 데에는 $65/주가 소요되는데, 이는 소비자의 일주일 소득 $100보다 적다. 예산 삼각형의 경계나 내부에 속한 상품꾸러미들을 가리켜 **선택 가능 집합**(*feasible set* 또는 *affordable set*)이라고 부른다. 예산 삼각형의 바깥에 놓인 *E*와 같은 꾸러미들은 선택 불가능(infeasible 또는 unaffordable)하다고 부른다. *E*를 소비하려면 $140/주의 소득이 필요하므로, 소비자는 예산 삼각형 바깥에 위치한 상품꾸러미들은 선택할 수 없다.

만약 *S*가 주거공간의 양, *F*가 음식의 양을 뜻한다면, 예산제약은 다음의 방정식을 만족시켜야 한다.

$$P_S S + P_F F = M. \tag{3.1}$$

위 식은 주거공간에 대한 소비자의 지출액 $P_S S$와 음식에 대한 지출액 $P_F F$의 합계가 주당 소득 *M*과 같아야 한다는 점을 보여준다. 직선의 방정식으로 예산제약을 표현하기 위해서는, 식 (3.1)을 *F*에 대해서 정리해주면 된다.

$$F = \frac{M}{P_F} - \frac{P_S}{P_F} S. \tag{3.2}$$

식 (3.2)는 예산제약식을 수직축 절편이 M/P_F이고 기울기는 $-(P_S/P_F)$인 직선으로 표시할 수도 있음을 보여준다. 그림 3.2의 예산제약식을 이런 방식으로 표현하면, $F = 10 - \frac{1}{2}S$가 된다.

선택 가능 집합

예산선상에 또는 예산 삼각형 안쪽에 있는 상품꾸러미들로, 주어진 가격하에서 가용한 소득보다 적거나 같은 지출로 구입할 수 있는 꾸러미

3.3 가격이나 소득이 변하면 예산도 변한다

가격이 변하는 경우

소비자의 소득과 꾸러미에 포함된 상품들의 가격에 의해서 예산제약선의 기울기와 위치가 결정된다. 그래서 소득과 상품 가격 중 하나만 변해도 예산제약선은 달라진다. 그림 3.3은

그림 3.3

주거공간 가격의 상승이 예산제약에 미치는 영향

수평축에 표시한 주거공간의 가격이 상승하면, 수직축에 표시한 음식의 수직축 절편은 변하지 않는다. 그래서 원래의 예산선은 수직축 절편을 고정한 상태에서 수평축 절편이 안쪽으로 (시계 방향으로) 회전한다.

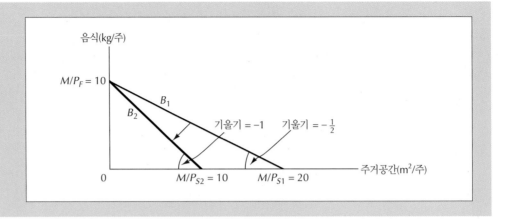

주거공간의 가격이 $P_{S1} = \$5/m^2$에서 $P_{S2} = \$10/m^2$로 상승할 때 예산제약선이 어떻게 변하는지 보여준다. 주당 소득과 음식 가격에는 변화가 없으므로, 소비자의 예산제약을 수직적으로 해석한 결과는 달라지지 않는다. 주거공간의 가격이 상승했으므로, 예산선의 절편은 안쪽으로 이동한다.

그림 3.3은 음식 가격이 변하지 않았음에도 불구하고 새로운 예산제약선 B_2에 의해서 주거공간의 소비량뿐만이 아니라 음식의 소비량까지도 줄어든다는 점을 부여준다.[6]

개념 확인 3.1

그림 3.3에서 주거공간의 가격이 $5/m²에서 $4/m²로 하락하는 경우, 예산선 B_1은 어떻게 변하는가?

개념 확인 3.1을 통해, 여러분은 주거공간의 가격이 하락하는 경우 예산제약의 수직축 절편에는 아무런 변화가 없다는 점을 확인했다. 이번에는 예산제약이 바깥쪽으로 (시계 반대방향으로) 회전한다. 개념 확인 3.1에서 음식 가격에 아무런 변화가 없더라도, 새로운 예산제약하에서 소비자는 원래 예산제약에 있을 때보다 더 많은 주거공간뿐만 아니라 더 많은 음식을 살 수 있게 된다.

개념 확인 3.2에서는 수직축에 표시한 상품의 가격이 변하는 경우 예산제약선이 어떤 영향을 받는지 알아보자.

개념 확인 3.2

음식 가격이 $10/kg에서 $20/kg으로 상승하는 경우, 그림 3.3에서 예산선 B_1은 어떻게 변하는가?

오직 상품 하나의 가격만이 변하는 경우, 예산제약의 기울기 $-P_S/P_F$는 언제나 변한다. 상품 두 개의 가격들이 서로 다른 비율로 변하는 경우에도 기울기는 변한다. 그러나 개념 확

---

6. 물론 수직축 절편인 (0, 10) 상품꾸러미 한 점은 원래의 예산제약과 새로운 예산제약상에 변함없이 나타나므로, 주거공간의 가격 상승으로 음식 소비량까지 줄어든다는 주장에서 예외인 경우로 취급할 수 있다.

인 3.3에서 알 수 있듯이, 두 상품의 가격이 정확하게 같은 비율로 변화하는 경우, 새로운 예산제약의 기울기는 변하지 않는다.

개념 확인 3.3
음식 가격이 \$10/kg에서 \$20/kg로 상승하고, 주거공간의 가격도 \$5/m²에서 \$10/m²으로 상승하는 경우, 그림 3.3의 예산선 B_1은 어떻게 변하는가?

개념 확인 3.3을 통해 꾸러미에 포함된 음식과 주거공간의 가격들이 모두 두 배로 오르면 예산제약은 원래 모습에서 평행하게 안쪽으로 이동한다는 점을 파악할 수 있을 것이다. 이를 통해서 우리는 예산제약의 기울기가 오로지 **상대가격**(*relative prices*)에 대해서만 알려 줄 뿐, 가격의 절대적인 수준에 대해서는 아무 것도 알려주지 않는다는 중요한 사항을 알 수 있다. 음식 가격과 주거공간 가격이 같은 비율로 변화하면, 음식으로 표시한 주거공간의 기회비용이 전과 동일하기 때문이다.

소득이 변할 때

소득 변화는 모든 가격들이 같은 비율로 변화하는 경우와 똑같은 영향을 예산제약에 미친다. 예를 들어, 소비자의 소득이 \$100/주에서 \$50/주로 줄어들었다고 생각해 보자. 그림 3.4에서 보여주듯이, 예산제약선의 수평축 절편은 20 m²/주에서 10 m²/주로 줄어들고, 수직축 절편은 10 kg/주에서 5 kg/주로 줄어든다. 그러므로 원래의 예산선 B_1의 기울기는 −1/2로 변하지 않은 채 안쪽으로 평행 이동하여 새로운 예산선 B_2가 된다. 소득이 절반으로 줄어든 것은 모든 가격이 두 배로 올라간 것과 예산제약에 미치는 효과 면에서 아무런 차이가 없다. 두 경우 모두 예산제약은 똑같다.

개념 확인 3.4
소득이 \$100/주에서 \$/120/주로 증가하는 경우, 그림 3.4에서 예산제약 B_1은 어떻게 변하는가?

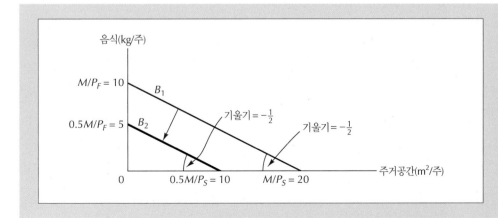

그림 3.4

소득이 절반으로 줄어들 때 예산제약의 변화
수평축과 수직축의 절편들이 모두 절반으로 줄어든다. 새로운 예산제약의 기울기에는 변화가 없지만, 전보다 원점에 가깝게 이동했음을 알 수 있다.

개념 확인 3.4을 통해서 소득의 증가는 예산제약을 바깥쪽으로 평행 이동시킨다는 점을 알 수 있다. 소득이 감소하는 경우와 마찬가지로, 소득이 증가하는 경우에도 예산제약의 기울기에는 아무런 변화가 없다.

꾸러미에 담긴 상품들이 세 개 이상인 경우의 예산

지금까지는 소비자가 오직 두 개의 상품만을 살 수 있다고 가정했다. 하지만 이는 비현실적이다.[7] 가장 보편타당한 방식은 소비자가 2개가 아니라 N개의 상품들 중에서 선택한다고 가정하는 것이다. 여기에서 N은 무한히 큰 어떤 숫자가 된다. 상품이 2개뿐이라면 ($N = 2$), 예산제약은 직선으로 나타난다. 상품이 3개라면 ($N = 3$), 예산제약은 평면(平面, plane)으로 나타날 것이다. 하지만 상품이 4개 이상으로 늘어나면, 예산제약은 수학자들이 **초평면 또는 다차원 면**(*hyperplane or multidimentional plane*)이라고 부르는 개념이 된다. 다차원 면을 기하학적으로 표현하는 것은 매우 어렵다. 우리 인간은 3차원 이상을 시각적으로 인식하는 데 어려움을 느끼기 때문이다.

19세기 영국의 경제학자 알프레드 마샬(Alfred Marshall)은 이러한 다차원 문제를 아주 간단하게 해결했다. 소비자의 선택 문제를 특정한 상품(예를 들어 X)과 나머지 모든 상품들의 복합물 Y 사이의 선택 문제로 단순화한 것이다. 이때 나머지 모든 상품들의 복합물을 가리켜 **복합재**(composite good)라고 부른다. 경제학에서는 관례에 따라 복합재의 단위 가격이 1달러가 되도록 정의한다. 이렇게 함으로써 우리는 복합재를 소비자가 특정 상품 X를 구입하고 남은 소득의 양으로 생각할 수 있게 된다. 소비자가 상품 X 이외에 다른 상품들에 지출한 금액이라고 봐도 된다. 당분간 우리는 소비자가 자신의 소득을 한 푼도 남기지 않고 지출한다고 가정하자. 5장에서는 쓰지 않고 남은 소득, 즉 저축에 대한 결정을 합리적 선택 모형을 사용해서 살펴볼 것이다.

복합재
상품 X와 나머지 다른 상품들 사이의 선택에서, 소비자가 나머지 다른 상품들에 지출한 금액

복합재가 어떤 개념인지 살펴보기 위해서, 소비자의 소득이 \$$M$/주이고 상품 X의 가격은 P_X라고 하자. 이제 소비자의 예산제약은 그림 3.5에서처럼 XY 2차원 평면상의 직선으로 표시할 수 있다. 복합재 한 단위 가격은 1달러이므로, 모든 소득을 복합재에 지출하는 경우 소비자는 M 단위의 복합재를 살 수 있다. X를 전혀 사지 않는 경우, 소비자는 M 달러를 복합재 구입에 사용할 수 있다는 뜻이다. 반대로 소비자가 X만을 구입한다면, 상품꾸러미 (M/P_X, 0)을 살 수 있다. 복합재 Y의 가격은 단위당 1달러라고 했으므로, 예산선의 기울기는 간단히 $-P_X$가 된다.

전과 마찬가지로 예산제약은 소비자의 소득을 소진하는 다양한 상품꾸러미들의 조합을 나타낸다. 그러므로 소비자는 그림 3.5에서처럼 X_1 단위만큼의 상품 X와 Y_1 단위만큼의 복합재를 살 수도 있고, X_2와 Y_2 조합을 살 수도 있으며, 예산제약선상에 놓인 그 어떤 꾸러미도 살 수 있다.

---

7. [역주] 우리나라에서는 소비자물가지수(CPI)를 계산하기 위해서 통계청에서 매월 481개 상품들의 가격을 조사한다. 출처: e–나라지표(소비자물가지수)

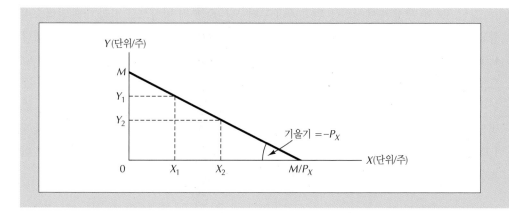

그림 3.5

복합재와 예산제약

수직축은 상품 X가 아닌 다른 모든 상품들에 소비자가 일주일간 사용한 금액을 표시한다.

예산선이 꺾이는 경우

지금까지 우리는 예산선이 직선인 경우만을 살펴보았다. 상대가격이 일정한 경우, 우리가 가진 상품꾸러미가 무엇이든 상관없이 한 상품의 다른 상품에 대한 기회비용은 언제나 변함이 없다. 하지만 예산제약이 꺾인 모습을 보일 때가 있다. 수량 할인의 예를 들어보자.

수량 할인 **예 3.1**

기가와트 전력회사에서는 가정에서 한 달에 처음 *1,000킬로와트시(kWh)*를 사용할 때까지는 킬로와트시마다 *0.10*달러의 요금을 부과하지만, 그 이상으로 사용하는 경우에는 추가 전력사용량에 대해서 *0.05*달러만을 부과한다. 월소득이 *400*달러인 가정의 경우, 전력 사용량과 복합재에 대해서 예산선을 그려라.

이 고객이 전력을 전혀 구입하지 않는 경우, 소득 400달러를 모두 다른 상품에 사용할 수 있을 것이다. 그러므로 그(녀)의 예산제약은 수직축 절편이 (0, 400)이다. 그림 3.6에서 볼 수 있듯이, 매 1,000 kWh의 전력을 구입할 때마다, 그(녀)는 0.10달러를 포기해야만 한다. 이는 예산선 기울기가 처음에는 $-\frac{1}{10}$에서 시작한다는 것을 의미한다. 하지만 일단 첫 1,000 kWh를 사용한 다음부터는 가격이 $0.05/kWh로 하락하므로, 예산선의 기울기는 그 점부터 $-\frac{1}{20}$이 된다.

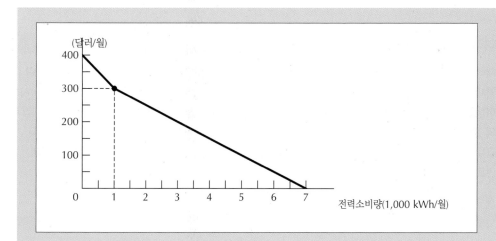

그림 3.6

수량 할인을 받는 경우, 예산선은 비선형적으로 변한다.

월간 전력소비량이 1,000 kWh에 도달하는 순간, 추가적인 전력소비에 대한 기회비용은 $0.10/kWh에서 $0.05/kWh로 낮아진다.

그림 3.6에 제시된 예산선을 왼쪽 위로부터 오른쪽 아래 방향으로 따라가면 전력소비량의 기회비용이 소비자가 이미 구입한 양에 따라 달라진다는 점을 알게 된다. 현재 매달 1,020 kWh를 사용 중인 소비자가 한 달에 20 kWh의 전력이 소모되는 현관 앞 전등을 앞으로 계속 켜놓을지를 고민 중이라고 하자. 이 경우 추가되는 비용은 매달 1달러가 될 것이다. 하지만 이 소비자가 매달 980 kWh를 사용하고 있었다면, 현관 앞 전등을 켜놓는 결정의 비용은 2달러가 된다. 이 차이에 근거하여 우리는 이미 전력소비량이 많은 (한 달에 1,000 kWh 이상인) 소비자들은 그렇지 않은 사람들보다 현관 앞 전등을 켜둘 가능성이 더 높을 것이라고 예상할 수 있다.

개념 확인 3.5

이번에는 기가와트 전력회사에서 가정용 전기를 매달 1,000 kWh 사용할 때까지는 $0.05/kWh를 부과하지만, 그 이상에 대해서는 $0.10/kWh를 부과한다고 가정해 보자. 월소득이 400달러인 가정의 전력소비량과 기타 복합재에 대한 예산제약을 그려라. 전력사용량이 월 1,000 kWh를 초과하는 경우, 사용한 모든 전력에 대한 요금이 $0.10/kWh로 상승하는 경우에는 어떻게 될까? (1,000/kWh를 초과하는 전력에 대해서만 높은 요금을 매기는 것이 아니라, 매달 사용한 모든 전력량에 대해서 비싼 요금을 적용하는 경우이다.)

예산제약이 같으면, 결정도 같아야 한다

소비자의 선호에 대해서 아무 것도 모르는 상태라도, 예산제약에 관한 정보만으로 우리는 합리적인 소비자라면 어떻게 행동할지에 대해서 확실하게 추론할 수 있다. 예를 들어, 소비자의 선호가 시간이 흘러도 변하지 않으며 서로 다른 두 상황에서 똑같은 예산제약에 놓여 있다고 가정하자. 그렇다면 예산제약이 전과 동일하므로, 소비자는 지금껏 자신에게 주어진 모든 가능한 상품꾸러미들 중에서 같은 꾸러미를 선택하게 된다. 여러 꾸러미들 중에서 어떤 꾸러미를 좋아하는지에 대한 소비자의 순위가 달라졌다고 믿을 이유가 없으므로, 소비자가 가장 좋아하는 상품꾸러미는 달라지지 않을 것이다. 그러나 아래에 등장하는 예를 통해서 명확히 알 수 있듯이, 예산제약이 실제로 같은지를 언제나 즉각적으로 명확하게 알 수 없을 수도 있다.

| 예 3.2 | 여러 개의 예산제약 |

재석은 언젠가 한 번 낚시여행을 떠나기 전날 저녁에 차에 연료를 가득 채웠다. 그런데 다음날 깨어보니 밤새 도둑이 재석의 21갤런짜리 연료통에서 1갤런만 남겨놓고 모조리 훔쳐갔다. 그래서 이번에는 낚시여행을 가는 날 아침에 연료를 채워 넣어야겠다고 결심하고 잠이 들었다. 그런데 아침에 깨어보니 지갑의 돈 80달러를 도난당한 것이 아닌가! 연료가 $4/갤런이고 왕복여행에는 5갤런이 소모된다면, 이 두 경우에 낚시여행을 떠나야 하는지 말아야 하는지에 대한 재석의 결정은 어떻게 달라져야 할까? (차에 연료를 넣는 일의 귀찮은 정도는 무시할 정도로 작다고 가정하자.)

여러분의 선호가 안정적이고 기회가 두 경우에 동일하다면, 여러분은 두 경우 모두 같은 결정을 내려야 한다.

재석의 소득이 $M/월이라고 하자. 도난을 당하기 전에 그의 예산선은 그림 3.7에서 B_1이다. 도난을 겪는 두 경우 모두, 도난 사실을 알게 되는 순간 그의 예산선은 B_2로 이동하게 될 것이다.

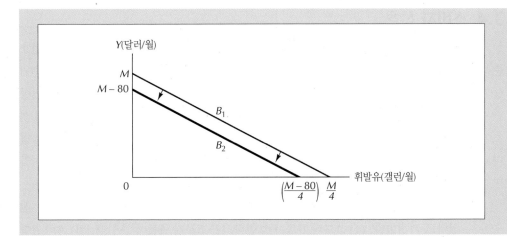

그림 3.7

연료를 도난당한 경우와 현금을 도난당한 경우의 예산선

휘발유 **80**달러어치를 도난당한 경우와 현금 **80**달러를 도난당한 경우에 예산선은 똑같이 변화한다. 그러므로 소비자가 선택하는 상품꾸러미는 도난의 종류와 무관하게 똑같아야 한다.

만약 그가 낚시여행을 떠나지 않는다면, 이제 수중에는 다른 상품에 지출할 $M - \$80$의 돈이 남는다. 하지만 낚시여행을 떠나기로 결정한다면, 재석은 추가로 \$4/갤런에 필요한 휘발유를 구입해야만 한다. 도난의 종류가 어떤 것이든지 남아 있는 기회는 정확하게 똑같다. 만약 재석의 예산이 쪼들리는 상황이라면 낚시여행을 취소할 것이고, 그렇지 않다면 도난사고에도 불구하고 여행을 떠나면 될 것이다. 그러나 재석의 예산제약과 선호는 연료를 도난당한 경우와 현금을 도난당한 경우 모두 변하지 않았기 때문에, 한 경우에는 낚시여행을 가고 다른 경우에는 가지 않는 것은 합리적인 결정이 아닐 것이다.

───────────────────────────────

예 3.2에 등장하는 상황은 3장을 처음 시작할 때 예로 들었던 엎지른 커피와 같은 구조를 보여준다. 그 경우에도 예산제약과 선호는 두 경우 모두 동일하므로 그때 내리는 결정 역시 같아야만 한다.

합리적 선택 모형에 따르면 이렇게 예산제약과 선호가 같은 경우 결정도 같아야 한다는 점이 명확하지만, 사실 사람들은 때때로 다른 결정을 내린다. 서로 다른 상황들을 어떻게 인지하느냐에 따라 중요한 동일성을 간과하기 쉽기 때문이다. 예를 들어, 예 3.2에서 사람들은 연료를 도난당한 경우에 낚시여행을 떠나는 비용이 현금을 도난당한 경우보다 더 높다고 잘못 생각하는 경우가 많다. 그래서 연료를 도난당한 경우에는 여행을 떠날 가능성이 낮다. 마찬가지로 사람들은 현금을 10달러 잃었을 때보다 실수로 커피를 쏟은 경우에 커피를 다시 사마시지 않으려 했다. 커피를 쏟는 시나리오하에서 커피에 소요된 비용이 더 높다고 잘못 생각했기 때문이다. 그러나 우리가 이미 살펴보았듯이, 여행을 가지 않아서 절약한 금액은 각 시나리오에서 정확히 동일하다.

요약하자면, 예산제약 또는 예산선은 소비자가 살 수 있는 상품꾸러미들의 조합을 요약하여 보여준다. 예산제약의 위치는 소득과 가격에 의해서 결정된다. 소비자가 할 일은 선택 가능한 꾸러미들의 집합에서 자신이 가장 좋아하는 특정 꾸러미를 고르는 일이다. 바로 이 꾸러미를 알아내기 위해서는 소비할 수 있는 모든 가능한 꾸러미들에 대한 소비자의 선호를 정확하게 파악하는 것이 필요하다. 이제 본격적으로 소비자 선호에 관해서 살펴보자.

3.4 소비자 선호 _____

선호 순서

선호하는 순서로 늘어놓은 모든 가능한 소비꾸러미들의 순위

논의를 단순화하기 위해서, 상품이 주거공간과 음식 두 개만 있는 상황을 다시 가정하자. **선호 순서**(preference ordering)를 통해 소비자는 마음에 드는 정도에 따라 여러 꾸러미들의 순위를 매길 수 있다. 두 개의 꾸러미들을 각각 A와 B라고 부르자. 좀 더 구체적으로 A에는 주거공간 $4 m^2$/주와 2 kg/주가 담겨 있고, B에는 $3 m^2$/주와 3 kg/주가 담겨 있다고 하자. 소비자의 선호에 대해서 아직 아는 바가 없기 때문에, 우리는 그가 어느 꾸러미를 더 선호할지 얘기할 수 없다. A는 B보다 주거공간은 더 많지만 음식은 더 적다. 집에서 더 오랜 시간을 보내는 사람이라면 아마도 A를 선택할 것이고, 신진대사가 활발한 사람은 B를 선택할 가능성이 높을 것이다.

일반적으로 두 개의 상품꾸러미가 주어졌을 때 우리는 소비자가 다음 중 한 가지로 진술할 수 있다고 가정한다. (1) A보다 B를 선호한다. (2) B보다 A를 선호한다. (3) A와 B를 똑같이 선호한다. 선호 순서를 통해서 소비자는 여러 꾸러미들의 순위를 매길 수는 있지만, 그보다 더 정확하게 어느 쪽이 다른 쪽보다 얼마나 더 좋은지 양적으로 표현할 수는 없다. 소비자는 A를 B보다 더 선호한다고 말할 수는 있지만, A가 B보다 두 배 더 큰 만족감을 안겨준다는 식으로는 말할 수 없다.

선호 순서는 소비자마다 크게 다를 수 있다. 어떤 사람은 브람스를 좋아하지만, 다른 사람은 소녀시대를 좋아한다. 이러한 차이에도 불구하고 대부분의 선호 순서에는 중요한 공통점이 여럿 있다. 좀 더 구체적으로 설명하면, 경제학자들은 일반적으로 선호 순서에 네 가지 간단한 성질이 있다고 가정한다. 이러한 성질들을 통해서 우리는 예산배분 문제를 해결하는 데 필요한 선호를 정확하고 분석적으로 다룰 수 있다.

I. 완전성

소비자가 상품들의 가능한 모든 조합들에 대해서 순위를 매길 수 있는 경우, 우리는 선호 순서가 **완전하다**(complete)라고 한다. 사실 완전성 가정은 현실적으로 충족되기가 어렵다. 너무 많은 상품들이 존재하기에 우리가 그 모두를 제대로 평가하는 것은 불가능하기 때문이다. 그럼에도 불구하고 익숙한 상품꾸러미들에 대한 소비자의 선택 문제를 분석하는 데 있어서 완전성은 단순하지만 유용한 가정이라고 하겠다. 사실 완전성을 가정하는 진짜 이유는 "부리단의 당나귀"(Buridan's ass) 우화와 같은 사례를 배제하는 데 있다. 길을 걷다 마주친 두 건초더미 중 어느 쪽을 고를지 망설이다 결국 굶어죽었다는 어리석은 당나귀가 되는 사태를 피하기 위한 것이다.

2. 다다익선

다다익선(多多益善; the more, the better)은 다른 조건들이 동일하다면 상품이 더 많은 것이 적은 것보다 좋다는 단순한 가정이다.[8] 물론 더 많아서 오히려 고통을 겪는 경우도 많다. (과식으로 고생하는 경우를 떠올려 보라.) 하지만 그런 예들은 대개 자기통제의 문제나 나중에 사용하기 위해 상품을 보관할 수 없는 경우처럼 현실적인 어려움과 관련된 경우에 해당한다. 우리가 원하는 상품을 무료로 보관하거나 아예 폐기할 수 있다면, 더 많이 가지고

_____

8. [역주] 다다익선 대신에 단조성(monotonicity)이란 용어를 사용하기도 한다.

있다고 해서 고통을 겪을 일은 없을 것이다.

예를 들어, 꾸러미 A는 주거공간 12 m²/주와 음식 10 kg/주로 구성되어 있고, B는 12 m²/주와 11 kg/주로 구성되어 있다고 하자. 다다익선 가정에 의해서 우리는 소비자가 A보다 B를 선호한다고 얘기할 수 있다. 왜냐하면 주거공간의 면적은 같은데 더 많은 음식이 B에 포함되어 있기 때문이다.

3. 이행성

여러분이 핫도그보다 햄버거를 좋아하고, 또 햄버거보다 스테이크를 좋아한다면, 여러분은 핫도그보다 스테이크를 더 좋아하는 사람일 것이다. 선호 순서가 이행성(*transitivity*)을 만족시킨다는 말은, 어떤 세 개의 상품꾸러미 A, B, C에 대해서, 소비자가 A를 B보다 좋아하고 또 B를 C보다 좋아한다면 결국 그는 언제나 A를 C보다 좋아한다는 뜻이다. 예를 들어, A는 (4, 2), B는 (3, 3), 그리고 C는 (2, 4)라고 하자. 여러분이 (4, 2)를 (3, 3)보다 좋아하고 또 (3, 3)을 (2, 4)보다 좋아한다면, 여러분은 결국 (4, 2)를 (2, 4)보다 더 좋아하는 것이 틀림없다. 선호관계는 결국 사람들의 키를 비교하는 것과 같은 식이다. 유재석이 정형돈보다 크고, 정형돈이 하하보다 크다면, 우리는 유재석이 하하보다 틀림없이 크다는 것을 아는 셈이다.

하지만 비교 가능한 모든 관계들이 이행성을 만족시키지는 않는다. 예를 들어, "의붓남매" 관계에는 이행성이 적용되지 않는다. 나에게 의붓 여동생이 있는데, 그 여동생에게 또 다른 의붓 여동생들이 셋 있다고 하자. 그러나 내 의붓 여동생의 의붓 여동생들은 내 의붓 여동생들이 아닐 수도 있다. 비이행성의 또 다른 예는 스포츠 경기에서도 자주 등장한다. 월드컵 예선경기에서 한국이 일본을 꺾고, 일본이 이란을 꺾었다고 해서, 한국이 꼭 이란을 꺾었다고 말할 수 없는 것과 같다.

이행성은 단순히 일관성과 관련된 성질로, "똑같이 좋아한다"라는 관계에도 적용될 뿐만 아니라, "똑같이 좋아한다"라는 관계와 "~보다 더 좋아한다"라는 관계의 조합에도 적용된다. 예를 들어, A를 B와 똑같이 좋아한다면서 동시에 B를 C와 똑같이 좋아한다면, 이로부터 A를 C와 똑같이 좋아한다는 결론을 이끌어 낼 수 있다. 마찬가지로, A를 B보다 더 좋아하고 동시에 B를 C와 똑같이 좋아한다면, 이로부터 A를 C보다 더 좋아한다는 결론을 내릴 수 있다.

이행성 가정은 "돈 펌프"(money pump) 문제가 발생할 가능성을 없앤다는 차원에서 정당화될 수 있다. 예를 들어, 여러분이 A를 B보다 더 좋아하고 동시에 B를 C보다 더 좋아하지만, 이와 동시에 C를 A보다 더 좋아한다고 하자. 이 경우 여러분의 선호는 비이행적이다. C를 B로 바꾸고 B를 A로 바꾼 다음 A를 다시 C로 바꿀 것이기 때문이다. 이러한 순환 관계는 영원히 계속된다. 만약 꾸러미를 교환할 때마다 소정의 요금을 내야 한다면, 결국 여러분 수중의 돈은 모조리 중개인에게 넘어갈 것이다. 이러한 선호는 확실히 문제가 있다.

이행성이 그럴듯한 가정으로 보이기는 하지만, 우리는 이와 모순되는 행동에 대해서 나중에 더 살펴볼 것이다. 하지만 이행성은 대부분의 경우 선호를 정확하게 묘사하는 특성이다. 그러므로 따로 언급하지 않는 경우, 우리는 선호의 이행성이 타당한 것으로 여길 것이다.

4. 볼록성

상품들을 섞은 것이 섞지 않은 것보다 좋다. 여러분이 *A*와 *B*에 대해서 무차별한데(똑같이 좋아하는데), *A* 절반과 *B* 절반을 섞은 것을 (또는 다른 비율로 섞은 것을) 원래의 *A*나 *B*보다 더 좋아한다면, 여러분의 선호는 볼록한(convex) 것이다. 예를 들어, 여러분이 *A* = (4, 0)과 *B* = (0, 4)에 대해서 똑같이 좋아한다고 하자. 여러분의 선호가 볼록하다면, 여러분은 A나 B보다 (2, 2)를 더 선호할 것이다. 이 성질은 우리가 소비재들 간에 균형을 맞추기를 좋아한다는 의미이다.

무차별곡선

선호 순서에 관한 네 가지 가정들이 어떤 의미를 갖는지 살펴보자. 가장 중요한 점은 이 가정들을 통해서 우리가 소비자의 선호를 그래프로 표현할 수 있다는 것이다. 그림 3.8의 *A*는 12 m²/주의 주거공간과 10 kg/주의 음식으로 구성된 상품꾸러미이다. 다다익선 가정에 따라 *A*의 북동쪽에 위치한 모든 상품꾸러미들은 *A*보다 더 선호된다. 이와 반대로 *A*의 남서쪽에 위치한 꾸러미들은 *A*보다 덜 선호된다. 예를 들어, 소비자는 주거공간 28 m²/주와 음식 12 kg/주로 이루어진 *Z*를 *A*보다 더 선호한다는 뜻이다. 그리고 *A*는 주거공간 6 m²/주와 음식 4 kg/주로 이루어진 *W*보다 더 선호된다.

이제 *W*와 *Z*를 잇는 선 위에 놓인 꾸러미들의 집합을 생각해보자. *Z*가 *A*보다 선호되고 동시에 *A*가 *W*보다 선호되므로, *Z*에서 *W*로 이동하다보면 *A*와 똑같이 선호되는 어떤 꾸러미와 마주치게 될 것이 분명하다. (우리가 등산할 때 해발 1,000미터의 산중턱에서 해발 2,000미터로 올라가다보면 해발 1,000~2,000미터 높이를 모두 지나쳐야만 한다는 것과 같은 논리이다.) 예를 들어, 주거공간 17 m²/주와 음식 8 kg/주로 이루어진 *B*가 *A*와 똑같이 선호되는 상품꾸러미라고 하자. (물론 *B*에 포함된 각 상품의 정확한 양은 우리가 예로 든 해당 소비자의 선호에 따라 다른 수치를 보일 수도 있다.) 다다익선 가정에 의해서, *A*와 똑같이 선호되는 *B*는 *W*와 *Z*를 잇는 직선 위에 오직 하나만 존재할 것이다. 직선 위에서 *B*의

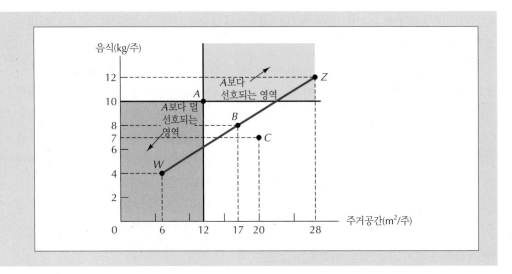

그림 3.8

똑같이 선호하는 상품꾸러미 찾아내기

꾸러미 Z는 A보다 주거공간과 음식이 더 많이 포함되어 있으므로 A보다 더 선호된다. 같은 이유로 A는 W보다 더 선호된다. W와 Z를 잇는 직선상에는 A와 똑같이 선호되는 어떤 꾸러미 B가 있음에 틀림이 없다. 비슷한 방식으로 우리는 B와 똑같이 선호되는 또 다른 꾸러미 C를 찾아낼 수 있다.

북동쪽에 위치한 꾸러미들은 모두 *B*보다 더 선호될 것이고, 남서쪽에 위치한 꾸러미들은 모두 *B*보다 덜 선호될 것이다.

정확하게 같은 방법으로 우리는 *B*와 똑같이 매력적인 또 다른 점 *C*를 찾아낼 수 있다. 그림에서 *C*는 일단 (20, 7)로 구성된 꾸러미로 표시되어 있다. 하지만 실제로 *C*를 구성하는 개별 상품이 얼마나 들어가 있는지는 개별 소비자의 선호에 의해서 결정될 것이다. 이행성 가정에 의해서 *C*는 *A*와 똑같이 선호된다. (왜냐하면 *C*와 *B*가 똑같이 선호되고, *B*는 *A*와 똑같이 선호되기 때문이다.)

우리는 이런 과정을 끝없이 계속할 수 있다. 그리고 그 결과로 얻는 것이 바로 원래 꾸러미 *A*와 동등하게 선호되는 모든 꾸러미들의 집합인 **무차별곡선**(indifference curve)이다. 이 집합을 그림으로 표시하면 그림 3.9에 I_0로 표시한 곡선이 된다. 무차별곡선이라는 용어를 사용하는 이유는 소비자가 이 곡선상에 위치한 모든 상품꾸러미들에 대해서 무차별하게 느끼기 때문이다.

무차별곡선을 이용해서 우리는 곡선상에 놓인 꾸러미들로부터 얻는 만족의 정도를 곡선의 위쪽이나 아래쪽에 위치한 꾸러미들이 주는 만족의 정도와 비교할 수 있다. 예를 들어, 꾸러미 *C*(20, 7)을 꾸러미 *K*(23, 4)와 비교해보자. *C*와 비교해서 *K*에는 주거공간이 더 많이 포함되어 있지만 음식은 덜 포함되어 있다. 우리는 *C*와 *D*(25, 6)이 같은 무차별곡선상에 있기 때문에 똑같이 선호된다는 것을 안다. 그런데 다다익선 가정에 의하면 *D*는 *K*보다 더 선호되어야 한다. *K*보다 *D*에는 주거공간 2 m²/주와 음식 2 kg/주가 더 포함되어 있기 때문이다. 마지막으로 이행성 가정에 의해서, *C*는 *D*와 똑같이 선호되고, *D*는 *K*보다 더 선호되므로, *C*는 *K*보다 더 선호되어야 한다는 결론에 이르게 된다.

유사한 논리로, 우리는 꾸러미 *L*이 *A*보다 더 선호된다고 말할 수 있다. 일반적으로 무차별곡선의 위쪽에 놓인 상품꾸러미들은 곡선상에 놓인 꾸러미들보다 더 선호된다. 마찬가지로 무차별곡선상에 놓인 꾸러미들은 곡선 아래쪽에 놓인 꾸러미들보다 더 선호된다.

무차별곡선

소비자가 무차별하게 느끼는 상품꾸러미들의 집합

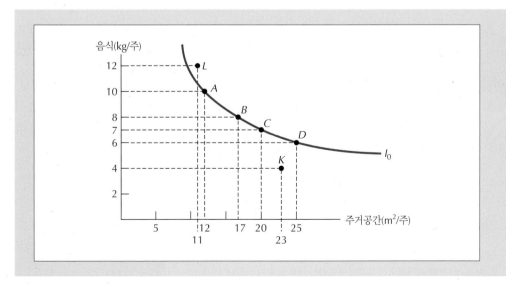

그림 3.9

무차별곡선의 예

무차별곡선이란 소비자가 똑같이 좋아하는 상품꾸러미들의 집합이다. 그림에서 무차별곡선 I_0 위의 모든 꾸러미들보다 *L*은 더 높은 곳에 있으므로 더 선호되는 꾸러미이다. 꾸러미 *K*는 무차별곡선 I_0 아래에 있으므로 덜 선호된다.

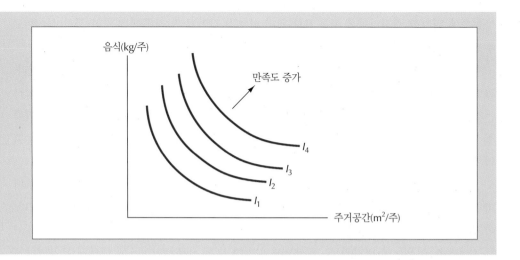

그림 3.10

그림으로 표현한 무차별지도의 일부

소비자의 무차별곡선들의 전체 집합을 무차별지도라고 부른다. 어느 한 무차별곡선상에 놓인 상품꾸러미는 이보다 더 위쪽(북동쪽)에 위치한 무차별곡선상에 놓인 꾸러미보다 덜 선호되며, 이보다 더 아래쪽(남서쪽)에 위치한 무차별곡선상에 놓인 꾸러미보다 더 선호된다.

무차별지도

소비자의 무한히 많은 무차별곡선들의 집합에서 뽑은, 소비자의 선호 순서를 시각적으로 요약하여 보여주는 무차별곡선들의 전형적인 표본

선호의 완전성 가정에 따르면, 어떤 상품꾸러미든지 최소한 하나 이상의 무차별곡선이 뚫고 지나간다. 그렇다면 우리는 소비자의 선호를 그림 3.10에서 보여주듯이 **무차별지도** (indifference map)로 표현해 낼 수 있다. 그림에는 무한히 많이 존재하는 무차별곡선들 중에서 단지 네 개만이 표시되어 있다. 이 무차별곡선들을 모두 모으면 소비자의 선호를 완전히 묘사할 수 있게 된다.

그림 3.10에 표시된 무차별곡선들에 $I_1, \ldots, I_4$와 같이 색인 번호를 붙인 이유는 각 무차별곡선에 상응하는 선호에 순위를 매기기 위해서이다. 사실 색인 번호는 $I_1 < I_2 < I_3 < I_4$와 같이 순위를 정확히 표현하기만 한다면 어떤 식으로 붙여도 상관이 없다. 소비자 선호를 상징적으로 표현해 낼 때 진정으로 중요한 것은 무차별곡선들의 순위(*ranking*)이지 곡선들에 붙이는 특정한 숫자가 아니기 때문이다.[9]

선호 순서의 네 가지 성질은 무차별곡선과 무차별지도의 네 가지 중요한 성질로 나타난다.

1. 무차별곡선은 어디에나 존재한다. 어떤 상품꾸러미도 이를 지나는 무차별곡선이 존재한다. 이는 선호의 완전성에 의해 보증된다.

2. 무차별곡선은 우하향한다. 만약 무차별곡선이 우상향하는 모습을 보인다면, 이는 개별 상품들을 더 많이 포함한 꾸러미가 덜 포함한 꾸러미와 무차별하다는 의미이므로, 다다익선 가정에 위배된다.

3. 같은 무차별지도에 속하는 무차별곡선들은 서로 교차할 수 없다. 왜 교차할 수 없는지 보기 위해서, 실제로 교차하는 두 개의 무차별곡선들을 담은 그림 3.11을 예로 사용하자. 이 그림에 따르면 다음 진술들은 참이어야만 한다.

    *E*와 *D*는 똑같이 선호된다. (같은 무차별곡선상에 있으므로.)

    *D*와 *F*는 똑같이 선호된다. (같은 무차별곡선상에 있으므로.)

    *E*와 *F*는 똑같이 선호된다. (이행성 가정에 의해서.)

9. 이 점에 대해서는 3장의 뒷부분에 등장하는 부록을 보기 바란다.

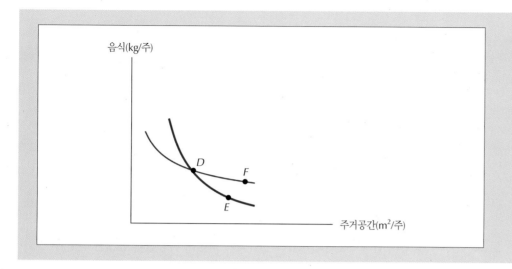

그림 3.11

왜 두 개의 무차별곡선들은 교차 하지 않는가?
만약 무차별곡선들이 서로 교차한다 면, 선호 순서의 성질들 중 최소한 하 나 이상을 위반하게 되기 때문이다.

하지만 우리는 또한 (다다익선 가정에 의해서) *F*가 *E*보다 더 선호된다는 것을 안다. *E*는 *F*와 똑같이 선호되는데, *F*는 *E*보다 더 선호된다는 진술은 불가능하기 때문에, 두 개의 무차 별곡선이 교차한다는 전제는 모순이다. 그러므로 무차별곡선은 교차할 수 없다는 원래 의 명제는 참임에 틀림없다.

4. 무차별곡선을 오른쪽 아래로 따라 내려오면 기울기는 점점 덜 가팔라진다. 아래에서 더 자세하게 설명하겠지만, 이 성질은 선호의 볼록성 가정에 의해 발생한다.

상품들 사이의 교환상충관계

소비자의 선호가 보이는 한 가지 중요한 특성은, 소비자가 한 상품을 다른 상품과 기꺼이 "교환하려는" (또는 타협을 위한 교환거래를 하려는) 비율을 나타낸다는 점이다. **한계대체 율**(MRS: marginal rate of substitution)이라고 부르는 이 비율은 무차별곡선상의 어느 한 점에서 곡선의 기울기를 측정한 다음 이를 절대값으로 표시한 것이다. 예를 들어, 그림 3.12의 왼쪽 그림을 보면, 점 A에서의 한계대체율은 무차별곡선의 접선의 기울기의 절대값 으로, 그 비율은 $\Delta F_A/\Delta S_A$이다.[10] (여기에서 기호 ΔF_A는 "점 A에서 음식량의 작은 변화"를 의미한다.) 우리가 점 A에서 소비자로부터 ΔF_A 단위의 음식을 가져온다면, 우리는 그가 예 전과 똑같은 수준의 만족감을 느끼도록 만들기 위해서 ΔS_A 단위의 주거공간을 추가로 주어 야만 한다. 그림 3.12의 오른쪽 그림에는 상품꾸러미 *A* 주변 부분을 확대해서 보여주고 있 다. 만약 *A*에서의 한계대체율이 2라면, 이 소비자는 1 m²/주의 주거공간을 포기하는 대가 로 2 kg/주의 음식을 받아야만 한다는 뜻이다.

예산선의 기울기는 전체 지출규모를 유지하면서 음식을 주거공간으로 바꿀 수 있는 비율 을 알려주는 데 비해서, MRS는 소비자의 만족감에 아무런 변화가 없도록 하면서 음식을 주 거공간으로 대체할 수 있는 비율을 알려준다. 다르게 표현하면, 예산제약의 기울기는 음식으

한계대체율(MRS)
무차별곡선의 어느 한 점에서 소 비자가 수평축에 표시한 상품을 얻기 위해서 수직축에 표시한 상 품을 포기할 의향이 있는 비율 로, 무차별곡선의 기울기의 절대 값과 같다.

---

10. 좀 더 엄밀하게 설명하면, 무차별곡선은 $Y = Y(X)$라는 함수로 표현할 수 있다. 점 A에서의 MRS는 바로 무차별 곡선상의 바로 그 점에서의 도함수(導函數, derivative)의 절대값으로 정의된다. 그러므로 $MRS = |dY(X)/dX|$이다.

그림 3.12

한계대체율

무차별곡선상의 어떤 점에서든 MRS는 그 점에서 측정한 무차별곡선의 기울기의 절대값으로 정의된다. MRS는 주거공간 한 단위를 포기하는 데 대해 소비자가 음식으로 보상받아야 하는 양에 해당한다.

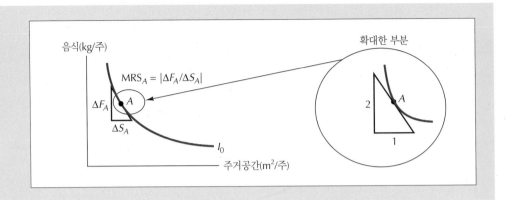

로 표시한 주거공간의 한계비용이고, MRS는 음식에 대한 주거공간의 한계편익이다.

선호의 볼록성 가정에 따라, 무차별곡선을 왼쪽에서 오른쪽으로 따라가면 소비자가 어느 한 상품을 더 많이 가지고 있을 때는 다른 상품 한 단위를 손에 넣기 위해서 기꺼이 많은 양을 포기하지만, 다른 상품을 점점 더 많이 손에 넣을수록 기꺼이 포기하는 양이 줄어든다는 것을 알 수 있다. 무차별곡선을 왼쪽에서 오른쪽으로 따라가면서 MRS는 줄어드는 것이다. 이렇게 점차 감소하는 MRS를 보이는 무차별곡선을 볼록하다고 표현한다. 앞서 살펴본 그림 3.9, 그림 3.10, 그림 3.12의 무차별곡선들이 모두 볼록했고, 그림 3.13에 등장하는 무차별곡선도 역시 볼록한 모습이다.

그림 3.13의 상품꾸러미 A에서 소비자는 상대적으로 음식을 넉넉하게 보유한 상황이라서 주거공간을 추가로 한 단위 더 얻기 위해서 음식 3 kg/주를 기꺼이 포기하려고 하며, 이때 A에서의 MRS는 3이다. 그러나 꾸러미 C에서 소비자는 서로 비슷한 양의 음식과 주거공간을 가지고 있으므로, 주거공간을 추가로 1 m² 얻기 위해서 오직 1 kg/주의 음식만을 기꺼이 포기할 것이다. 이때 MRS는 1이 된다. 마지막으로, D에서처럼 음식이 상대적으로 훨씬 희소한 경우에는, 주거공간을 추가로 한 단위 더 얻기 위해 기꺼이 포기하는 음식의 양이

그림 3.13

체감하는 한계대체율

소비자에게 음식이 많으면 많을수록 주거공간을 추가로 한 단위 더 얻기 위해 기꺼이 음식을 더 많이 포기한다. 상품꾸러미 A, C, D에서의 한계대체율은 각각 3, 1, 1/4이다.

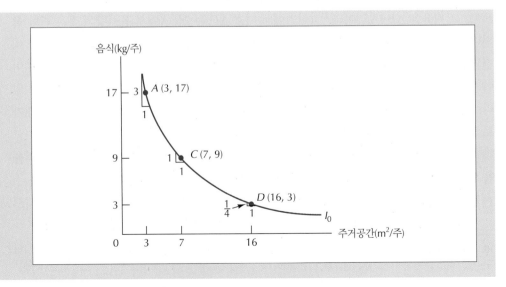

겨우 1/4 kg/주에 불과하다. 이때 MRS는 1/4이 된다.

직관적으로 이해하자면, 체감하는 MRS는 소비자들이 다양성을 좋아한다는 것을 뜻한다. 우리는 매우 적게 가지고 있는 상품을 조금이라도 더 얻기 위해서 이미 많이 가지고 있는 상품을 기꺼이 포기하는 경우가 많지 않은가!

무차별곡선을 이용하여 선호를 묘사하기

무차별지도가 어떻게 소비자의 선호를 묘사하는지 좀 더 잘 알아보기 위해서, 무차별지도를 이용하여 어떻게 두 소비자들 사이의 선호 차이를 묘사할 수 있는지 알아보자. 예를 들어, 재석과 명수는 둘 다 감자를 좋아하지만, 재석은 명수보다 감자를 훨씬 더 좋아한다고 가정하자. 두 사람의 기호 차이는 그림 3.14에 기울기가 다른 각자의 무차별곡선들로 표시되어 있다. 재석의 무차별지도를 표시한 왼쪽의 그림 3.14*a*를 보면, 재석은 *A*에서 쌀 1 kg을 더 얻기 위해서 감자 1 kg을 내놓을 의향이 있다. 하지만 이에 상응하는 그림 3.14*b*의 무차별지도와 꾸러미 *A*를 보면 명수는 1 kg의 쌀을 얻기 위해서 2 kg의 감자를 기꺼이 내놓을 의향이 있음을 알 수 있다. 기호의 차이로 인해서 쌀에 대한 감자의 한계대체율이 서로 다르게 나타나는 것이다.

3.5 선택 가능한 최선의 상품꾸러미

드디어 우리에게는 소비자가 두 상품들 간에 어떻게 소득을 배분하여야 하는지 결정하는 데 필요한 도구들이 모두 갖춰졌다. 무차별지도를 이용해서 우리는 다양한 상품꾸러미들을 선호하는 순서대로 늘어놓는 법을 알게 되었다. 그리고 예산제약을 이용해서 우리는 어떤 상품꾸러미들이 선택 가능한지 알 수 있다. 이제 소비자가 할 일은 이 두 가지 도구를 결합하여 자신이 가장 선호하는 소비 조합 또는 **선택 가능한 최선의 상품꾸러미**(best affordable bundle)를 고르는 것이다. (1장에서 우리는 소비자들이 무엇을 살지 결정할 때 예산제약이나 무차별지도 따위를 명시적으로 생각한다고 여길 필요는 없다고 배웠다. 우리는 그저 사

선택 가능한 최선의 상품꾸러미
선택 가능한 상품꾸러미들 중에서 소비자가 가장 선호하는 꾸러미

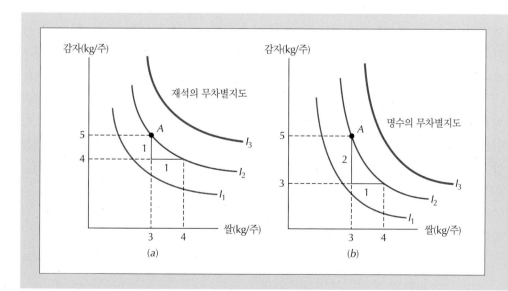

그림 3.14
사람들마다 서로 다른 기호
재석은 명수와 비교할 때 감자를 훨씬 더 좋아한다. 명수는 상대적으로 쌀을 더 좋아한다. 이 차이를 통해 어느 한 상품꾸러미에서 재석의 쌀에 대한 감자의 한계대체율은 명수의 한계대체율보다 작다는 것을 알 수 있다.

그림 3.15

선택 가능한 최선의 상품꾸러미

가장 높은 무차별곡선과 맞닿은 예산선에 놓인 상품꾸러미를 선택하는 것이 소비자에게는 최선의 선택이다. 여기에서는 무차별곡선과 예산선이 접한 곳에 위치한 F가 바로 그 최선의 선택이다.

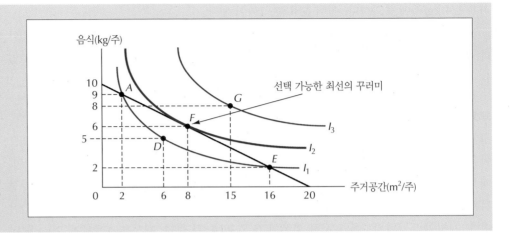

람들이 마치 그런 방식으로 생각하고 있는 것처럼 결정을 내린다고 가정하는 것만으로 충분하다. 당구 선수들이 뉴턴의 물리학 법칙을 아는 것처럼 경기에 임한다고 가정했던 것과 마찬가지이다.)

소득이 $M = \$100$/주이고, 주거공간과 음식의 가격이 $P_S = \$5/\text{m}^2$와 $P_F = \$10/\text{kg}$으로 각각 주어진 경우, 소비자의 선택 문제를 생각해보자. 그림 3.15는 이 소비자의 예산제약과 무차별지도 일부를 보여준다. A부터 G까지 표시한 다섯 개의 상품꾸러미들 중에서, G가 가장 높은 무차별곡선상에 놓여 있기 때문에 가장 선호되는 꾸러미이다. 하지만 G는 선택 가능한 꾸러미가 아니다. 예산선 바깥쪽에 있는 꾸러미는 모두 선택이 불가능하기 때문이다. 또한 다다익선 가정에 의해서, 선택 가능한 최선의 상품꾸러미는 예산제약 내부가 아니라 선상에 있어야 한다. (예산제약 내부에 위치한 꾸러미는 이보다 아주 조금이라도 북동쪽에 있으면서 여전히 선택 가능한 다른 꾸러미들보다 덜 선호되기 때문이다.)

예산선상에 위치한 선택 가능한 꾸러미들 중에서 어떤 꾸러미가 최선일까? 일단 무차별곡선이 일부라도 예산선 안쪽에 있으면 그 무차별곡선에 놓인 꾸러미는 최선일 수가 없다. 예를 들어, 무차별곡선 I_1에서는 최선의 꾸러미 후보가 예산선상에 놓인 두 점 A와 E가 된다. 그러나 A는 선택 가능한 최선의 꾸러미가 될 수 없다. A는 D와 무차별하기 때문이다. 그런데 다다익선 가정에 의해서 D는 F보다 덜 선호된다. 그러므로 이행성 가정에 의해 A는 F보다 덜 선호되는 꾸러미가 된다. 같은 이유로 E도 선택 가능한 최선의 꾸러미가 될 수 없다.

예산제약 내부에 일부라도 걸쳐있는 무차별곡선상의 꾸러미는 선택 가능한 최선의 꾸러미가 될 수 없기 때문에, 그리고 선택 가능한 최선의 꾸러미는 예산선상에 있어야 하므로, 선택 가능한 최선의 꾸러미는 예산제약과 오직 한 번만 만나는 무차별곡선상에 있다는 것을 알 수 있다. 그림 3.15에서 그러한 무차별곡선은 바로 I_2이고, 선택 가능한 최선의 꾸러미는 F이다. I_2와 예산선의 접점에 F가 있기 때문이다. 소비자의 소득이 $M = \$100$/주이고, 주거공간과 음식의 가격이 $P_S = \$5/\text{m}^2$와 $P_F = \$10/\text{kg}$으로 각각 주어진 경우, 소비자가 선택할 수 있는 최선의 상품꾸러미는 6 kg/주의 음식과 8 m²/주의 조합이다.

꾸러미 F를 고르는 것이 소비자 입장에서도 직관적으로 완벽하다. 소비자의 목표는 예산제약에 놓인 상태에서 될 수 있는 한 가장 높은 위치에 있는 무차별곡선에 이르는 것이다. 그의 전략은 계속 더 높은 무차별곡선으로 옮겨가다가 자신이 선택 가능한 가장 높은 곡선에 이르는 것이다. 그림 3.15에서처럼 접점이 존재하는 무차별지도의 경우에 최선의 꾸러미는 언제나 무차별곡선과 예산제약의 접점에 있을 것이다.

그림 3.15의 F에서 한계대체율은 예산선의 기울기의 절대값과 정확히 같다. 선택 가능한 최선의 꾸러미가 접점에 존재할 때는 항상 그렇다. 그런 경우의 조건을 수식으로 표현하면 다음과 같다.

$$MRS = \frac{P_S}{P_F}. \tag{3.3}$$

식 (3.3)의 우변은 음식에 대한 주거공간의 기회비용을 의미한다. 그러므로 $P_S = \$5/m^2$와 $P_F = \$10/kg$인 경우, 추가적인 주거공간의 기회비용은 음식 $\frac{1}{2}$ kg이 된다. 식 (3.3)의 좌변은 $|\Delta F / \Delta S|$으로, 예산선과 접하는 무차별곡선의 기울기의 절대값이다. 이는 주거공간 1 m^2를 포기한 소비자에게 완전히 보상하기 위해서 주어야 하는 추가적인 음식의 양이 된다. 1장에서 공부한 비용편익 분석을 이용하면, 예산선의 기울기는 음식으로 표시한 주거공간의 기회비용을 의미하고, 무차별곡선의 기울기는 음식을 소비할 때와 비교한 주거공간 소비의 편익을 뜻한다. 현재의 예에서 예산선의 기울기가 $-\frac{1}{2}$이므로, 접선의 조건에 따라 주거공간 1 m^2를 줄이느라 포기한 편익을 보상하는 데 필요한 음식의 양은 $\frac{1}{2}$ kg임을 알 수 있다.

만약 예산선 위의 어떤 상품꾸러미가 무차별곡선과 예산선의 기울기가 서로 다른 곳에 위치해 있다면, 소비자는 다른 꾸러미를 선택함으로써 자신의 형편을 더 낫게 만들 수 있을 것이다. 왜 그러한지 살펴보기 위해서 그림 3.15의 E에서처럼 무차별곡선의 기울기가 예산선의 기울기보다 (절대값으로 비교할 때) 작은 어떤 상품꾸러미를 구입했다고 하자. 예를 들어, E에서의 MRS가 $\frac{1}{4}$에 불과하다고 가정하자. 이는 소비자는 1 m^2의 주거공간을 잃는 데 대한 보상으로 음식 $\frac{1}{4}$ kg을 더 받으면 된다는 뜻이다. 그러나 예산선의 기울기가 MRS보다 더 크기 때문에, 주거공간 1 m^2를 포기하는 대신 소비자는 음식을 추가로 $\frac{1}{2}$ kg 구입할 수 있다. MRS에 따르면 단지 $\frac{1}{4}$ kg만 보상받으면 되는데 $\frac{1}{2}$ kg을 얻을 수 있는 셈이다. 그렇다면 소비자는 E라는 상품꾸러미보다 음식을 조금 더 사고 주거공간을 덜 삼으로써 예전보다 형편이 더 나아질 수 있을 것이다. 음식을 추가로 더 사는 데 소요되는 기회비용이 편익보다 작기 때문이다.

개념 확인 3.6

그림 3.15의 A에서 한계대체율이 1.0이라고 하자. 소비자가 음식을 덜 사고 주거공간을 더 사는 경우, A를 소비할 때보다 형편이 더 나아질 수 있음을 보여라.

모서리해

사실 선택 가능한 최선의 상품꾸러미가 언제나 무차별곡선과 예산선의 접점에서만 나타나는 것은 아니다. 어떤 경우에는 아예 접점이 나타나지 않을 수도 있기 때문이다. 예를 들

그림 3.16

모서리해

주거공간에 대한 음식의 한계대체율이 언제나 예산선의 기울기보다 작은 경우, 소비자가 할 수 있는 최선의 결정은 자신의 모든 소득을 음식 구입에 사용하는 일이다.

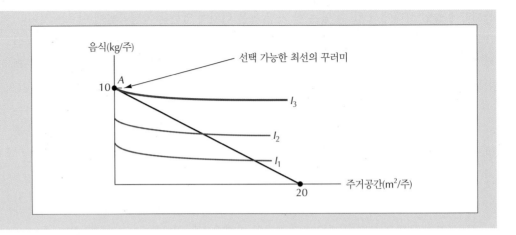

모서리해(구석해)

두 상품들 사이에서 선택하는 경우, 소비자가 어느 한 상품을 하나도 소비하지 않는 경우

어, MRS가 예산선의 기울기보다 언제나 크거나 작은 경우도 존재할 수 있다. 이러한 경우에 우리는 **구석해 또는 모서리해**(corner solution)를 얻는다고 표현한다. 이런 경우가 그림 3.16에 제시되어 있다. 여기에서 M, P_F, 그리고 P_S는 다시 한 번 각각 $100/주, $10/kg, 그리고 $5/m²로 주어졌다고 가정하자. 이때 선택 가능한 최선의 상품꾸러미는 A로 예산선의 위쪽 끝부분에 나타난다. A에서 MRS는 예산선의 기울기의 절대값보다 작다. 설명을 좀 더 구체적으로 하기 위해서 A에서 MRS가 0.25라고 해보자. 이는 해당 소비자가 주거공간을 추가로 1 m² 더 얻기 위해서 기꺼이 포기하고자 하는 음식의 양이 0.25 kg이라는 뜻이다. 그러나 시장에서 주어진 가격들에서는 추가적인 주거공간을 확보하는 데 따르는 기회비용이 음식 0.5 kg이다. 그렇다면 소비자는 가능하면 주거공간을 계속 더 포기하고 그 대신 더 많은 음식을 구입함으로써 만족을 더 크게 얻을 수 있다는 말이 된다. 물론 이 소비자 역시 주거공간이 더 구입하고 싶은 상품이라는 점을 잘 인식하고 있겠지만, 그가 할 수 있는 최선은 소득 전부를 음식 구입에 쓰는 일이다. 시장 가격들에 비추어 볼 때, 주거공간을 조금이라도 구입하기 위해서는 너무나 많은 양의 음식을 포기해야만 하기 때문이다.

그림 3.16에는 한계대체율이 체감하는 무차별지도가 제시되어 있다. 무차별곡선을 따라 오른쪽으로 이동함에 따라 기울기의 절대값이 점점 작아진다. 그러나 무차별곡선의 기울기가 처음부터 예산선의 기울기보다 훨씬 작기 때문에 결코 같아지는 지점이 나타나지 않는다.

무차별곡선의 형태가 충분히 볼록하지 않은 경우, 해당 상품은 쉽게 다른 상품으로 대체 가능하다. 모서리해는 그런 상품들의 경우에 발생할 가능성이 높다. 상품들끼리 완전한 대체재인 경우, 모서리해가 거의 확실히 나타난다. (예 3.3을 보기 바란다.) 서로 완전대체재인 경우, MRS는 전혀 체감하지 않는다. 오히려 모든 소비 꾸러미들에 대해서 똑같다. 무차별곡선이 직선으로 나타나는 것이다. 그래서 무차별곡선이 예산선보다 기울기가 더 가파른 경우 수평축에 모서리해가 나타나게 되고, 덜 가파른 경우에는 수직축에 모서리해가 나타나게 된다.

하하는 카페인이 듬뿍 든 콜라를 너무 좋아한다. 그래서 음료수 사마실 돈을 코카콜라와 졸트콜라에 모조리 쏟아 붓는다. 하지만 특정 콜라를 더 선호하지는 않는다. 그에게 중요한 것은 카페인 총 함유량이기 때문이다. 만약 졸트콜라에는 코카콜라보다 카페인 함유량이 두 배나 높은데 가격은 졸트콜라가 $1/리터 , 코카콜라가 $0.75/리터라면, 하하는 $15/주의 음료수 예산을 어떻게 지출할 것인가?

하하에게 졸트콜라와 코카콜라는 완전대체재들이다. 그렇다면 하하의 무차별곡선이 직선으로 나타날 것이다. 그림 3.17에서 가장 위쪽에 있는 직선은 하루에 졸트콜라 0리터와 코카콜라 30리터를 마시는 경우 그가 얻는 만족과 같은 수준의 만족을 얻을 수 있는 모든 상품꾸러미들의 집합이다. 졸트콜라 1리터에는 같은 양의 코카콜라보다 카페인이 두 배나 더 들어있기 때문에, 이 직선상의 모든 꾸러미들은 전부 같은 양의 카페인을 포함하고 있다. 위쪽의 녹색 직선은 꾸러미 (0, 20)에 상응하는 무차별곡선이고, 아래쪽의 녹색 직선은 (0, 10)에 상응하는 무차별곡선이다. 이렇게 주어진 여러 무차별곡선들을 따라 오른쪽으로 움직여도 졸트콜라에 대한 코카콜라의 한계대체율은 언제나 $\frac{2}{1}$이다. 즉, 졸트콜라 1리터를 얻기 위해서 코카콜라 2리터를 기꺼이 포기한다는 의미이다.

하하의 예산선은 B로 표시되어 있다. 무차별곡선의 기울기가 −2인데 비해서, 예산선의 기울기는 −$\frac{4}{3}$이다. 그래서 선택 가능한 최선의 상품꾸러미는 A로, 하하는 음료수 예산 전부를 졸트콜라에 지출하는 모서리해를 선택하게 된다. 사실 이런 결론은 하하의 특이한 취향에 비추어 볼 때 직관적으로도 충분히 납득이 된다. 그는 오로지 카페인 총섭취량에만 관심이 있기 때문에 같은 금액에 더 많은 카페인을 제공하는 졸트콜라만을 원하는 것이다. 만약 졸트콜라와 코카콜라의 가격비율 PJ/PC가 $\frac{3}{1}$이었다면 (또는 $\frac{2}{1}$보다 큰 어떤 숫자였다면), 하하는 음료수 예산을 전부 코카콜라에 지출했을 것이다. 이 경우에도 최선의 선택은 다시 한 번 모서리해가 된다. 단지 이번에는 해가 수직축에 나타났을 것이다. 가격비율이 정확히 $\frac{2}{1}$이었다면, 하하는 소득을 두 종류의 콜라에 일부씩 지출했을 것이다. 이 경우, 예산선상에 위치한 코카콜라와 졸트콜라의 조합이라면 그 어떤 조합이라도 그에게 똑같은 수준의 만족을 안겨주었을 것이다.[11]

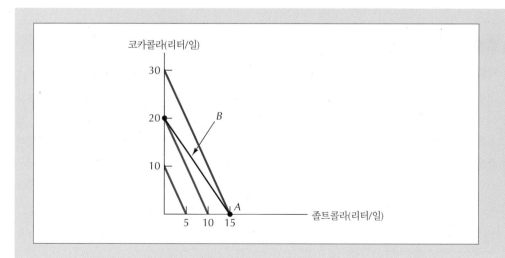

그림 3.17

완전대체재와 균형

여기에서 졸트콜라에 대한 코카콜라의 한계대체율은 모든 상품꾸러미들에 대해서 2이다. 가격비율 P_J/P_C가 2보다 작아지면, 소비자는 오직 졸트콜라만을 사고, 그 결과 모서리해가 나타난다. 예산선이 B로 주어졌으므로 소비자는 상품꾸러미 A를 구입함으로써 최선의 결과를 달성한다.

---

11. [역주] 하하의 무차별곡선이 예산선과 겹치는 경우를 의미한다.

대부분의 경우에 우리는 내부해(*interior solutions*)가 있는 문제들을, 다시 말해서 선택 가능한 최선의 상품꾸러미가 무차별곡선과 예산선이 접하는 점에 위치하는 문제들을 다루게 될 것이다. 재차 강조하거니와, 내부해에서는 MRS가 예산선의 기울기와 정확하게 같다.

개념 확인 3.7

광희는 토스트를 먹을 때 언제나 토스트 한 쪽에 버터 작은 두 덩어리를 발라서 먹는다. 토스트 가격이 $0.10/쪽이고 버터 가격은 $0.20/덩어리인 경우, $12/월의 토스트와 버터 예산이 주어진다면 광희의 선택 가능한 최선의 상품꾸러미는 무엇인가? 광희가 혈중 콜레스트롤 수치를 관리하기 위해서 토스트 한 쪽에 버터를 작은 덩어리로 하나만 발라 먹기 시작했다고 하자. 광희는 매달 토스트와 버터를 얼마나 소비할 것인가?

상품이 세 개 이상일 때의 무차별곡선

지금까지 살펴 본 예들에서는 소비자가 오직 두 개의 상품들만을 구입했다. 세 개 이상의 상품들에 대해서도 우리는 다상품 예산제약의 경우에 사용했던 방식으로 무차별곡선을 구성해낼 수 있다. 소비자의 선택 문제를 어느 한 상품 X와 나머지 상품들로 구성된 복합재 Y 중에서 선택하는 문제로 바꾸면 되는 것이다. 전과 마찬가지로 복합재는 소비자가 상품 X 를 구입하고 남은 소득이 된다.

다상품의 경우에도 우리는 소비자의 선호를 XY 2차원 평면상의 무차별지도로 표현하면 된다. 이 경우 무차별곡선은 소비자가 복합재와 X를 교환하려는 비율을 의미한다. 상품이 2개인 경우와 마찬가지로 균형은 소비자가 예산제약하에서 가장 높은 무차별곡선에 도달할 때 나타난다.

합리적 선택 모형의 다양한 적용

아래에서 소개하는 예를 통해서 확인할 수 있듯이, 복합재의 개념을 이용하면 상품이 2개로 국한된 경우보다 훨씬 더 폭넓은 범위에 걸쳐 문제들을 다룰 수 있다.

예 3.4 | **합리적 선택 모형과 현실 경제**

사람들에게 현금을 주는 것이 좋을까, 아니면 푸드 스탬프를 주는 것이 좋을까?

미국에서는 저소득층에게 일종의 생필품 쿠폰인 푸드 스탬프(food stamps)를 나눠준다. 소득이 일정 수준에 미치지 못하는 이들은 일정량의 푸드 스탬프를 받을 자격이 있다. 예를 들어, 월 소득이 400달러인 사람은 푸드 스탬프를 사용하여 한 달에 100달러어치의 음식을 비롯한 생필품을 얻을 수 있다. 하지만 100달러가 넘는 금액에 대해서는 자신의 돈을 지출해야 한다. 물론 스탬프로는 담배나 술과 같은 상품을 살 수 없다. 슈퍼마켓에서는 스탬프를 모아 정부에 제출하고, 정부는 현금을 지급한다.[12]

---

12. [역주] 우리나라에서도 저소득층 어린이의 결식 문제를 부분적으로나마 해결하기 위해서 아동급식카드를 발급하고 있다. 지자체별로 아동급식카드의 명칭은 다르다. 예를 들어, 서울에서는 꿈나무카드, 대구에서는 컬러풀 드림카드이다.

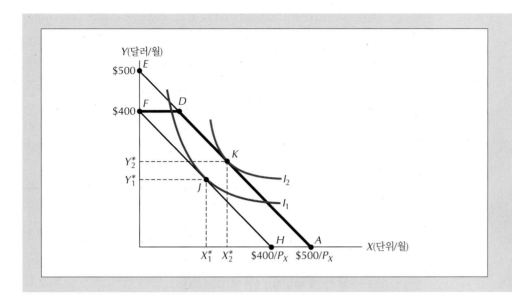

위의 예에서 정부가 소비자를 위해 지불하는 비용은 상인들에게 현금으로 지급하는 100달 러이다. 그렇다면 정부가 직접 현금을 100달러 주는 것이 저소득층 소비자에게 더 큰 만족을 주 지 않을까?

어떤 대안을 통해 저소득층 소비자가 더 높은 무차별곡선에 도달할 수 있을지 조사한다면 이 질문에 답변할 수 있을 것이다. X를 음식, Y를 그 밖의 모든 상품들로 구성된 복합재로 정의하 자. 소비자의 소득은 \$400/월이고, P_X는 음식 가격이라고 하자. 그림 3.18에서 보여주듯이, 그 의 최초 균형점은 상품꾸러미 J이다. 푸드 스탬프 제도의 수혜자인 경우, 소비자가 매달 살 수 있 는 총음식량은 \$400/월에서 \$500/월로 증가한다. 구입할 수 있는 음식의 최대량을 생각할 때, 푸드 스탬프 제도는 소비자에게 현금 100달러를 보조금으로 지급하는 것과 완전히 똑같다.

하지만 소비자가 살 수 있는 음식이 아닌 다른 상품들을 고려하면, 푸드 스탬프와 현금 지급 은 다른 효과를 가져 온다. 현금 100달러를 보조받는 경우, 소비자의 월 소득은 500달러로 증가 한다. 이는 소비자가 살 수 있는 복합재의 최대량이 된다. 이 경우 소비자의 예산선은 그림 3.18 에서 *AE*라고 표시한 직선이 된다.

이와 반대로 푸드 스탬프 제도의 경우에는 100달러를 오직 음식 구입에만 사용해야 한다는 규정 때문에 500달러를 모두 복합재 구입에 지출할 수 없다. 복합재 구입의 최대 가능액은 400 달러이다. 그림 3.18에서 푸드 스탬프 제도하에서의 예산선은 *ADF*로 표시되어 있다. 복합재 (*Y*) 구입에 400달러 이하를 사용할 경우에는 소비자의 예산선이 현금 보조의 경우와 똑같다. 하 지만 *Y*를 400달러 이상 구입하는 경우, 푸드 스탬프 제도하에서의 예산선은 완전히 수평으로 변한다.

그림 3.18에 등장하는 소비자의 무차별곡선을 보면, 두 제도하에서 K 꾸러미를 동일하게 선 택한다는 점에 주의하기 바란다. 이 경우에는 푸드 스탬프 제도가 현금을 보조하는 경우와 똑같 아진다. 이러한 결과는 현금 보조를 받는 소비자의 생필품 구입액이 푸드 스탬프 금액보다 더 큰 경우에는 언제나 발생한다.

그림 3.19에 등장하는 소비자의 경우는 **다르다**. 현금을 받는 경우, 그는 꾸러미 L을 선택할 것이다. 푸드 스탬프를 받았다면 D를 선택했을 텐데, 현금을 받아서 더 높은 무차별곡선에 도달

여러분이 생필품에 이미 100달러 이상을 쓰고 있다면, 100달러어치의
푸드 스탬프를 받는 것은 현금을 100달러 받는 것과 똑같다.

할 수 있기 때문이다. 꾸러미 D에는 푸드 스탬프의 형태로 받은 정확히
100달러어치의 음식이 포함되어 있다. 그에 비해서 꾸러미 L에는 100
달러보다 적은 금액의 음식이 포함되어 있다. 이 소비자에게 푸드 스탬
프는 현금을 받았을 때 샀을 음식보다 더 많은 음식을 사도록 만드는 제
도이다.

대부분의 수령자들은 푸드 스탬프의 금액보다 생필품을 더 많이 산
다. 이들에게는 현금을 100달러 주거나 푸드 스탬프를 100달러어치 주
거나 아무런 행태 변화도 일어나지 않는다.

___

예 3.4는 왜 입법부에서 저소득층에게 처음부터 현금을 주지 않
았는가? 하는 의문이 들게 만든다. 표면상의 이유는 입법부에서는
저소득층이 생필품을 사도록 돕기를 원하는 것이지, 사치품 또는 담
배와 술을 사도록 도울 수는 없다는 것이다. 게다가 어차피 대다수의
수령자들이 이미 음식을 비롯한 생필품에 푸드 스탬프 지급액보다
더 많은 돈을 지출하고 있다면, 푸드 스탬프로 생필품만을 사도록 강
제하는 것이 아무런 제약이 되지 않는다. 예를 들어, 어떤 사람이 생
필품에 150달러를 지출했을 것이라면, 푸드 스탬프로 100달러를 주는 경우 이 사람은 150
달러 지출액 중 100달러를 푸드 스탬프를 사용해서 해결하고 그 덕에 생긴 돈 100달러를
다른 곳에 사용했을 것이다.

그림 3.19

푸드 스탬프와 현금 보조금이 다른 효과를 보일 때

여기에 소개된 소비자는 푸드 스탬프보다 현금을 더 선호할 것이다. 푸드 스탬프 때문에 원래 사려던 생필품보다 더 많이 사야 하기 때문이다.

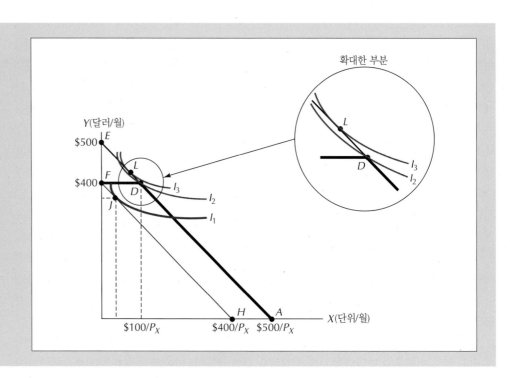

정말 입법부의 주장이 맞는다면, 오히려 철저하게 경제학적인 근거에서, 푸드 스탬프 제도 대신에 훨씬 간단한 현금 보조금 제도를 저소득층에게 시행하는 것이 더 나을 수도 있다. 그렇게 하면 최소한 슈퍼마켓에서 스탬프를 모아 정부에 제출한 뒤 지급받는 복잡한 행정절차라도 없앨 수 있지 않은가!

오히려 푸드 스탬프 제도를 정치적인 시각에서 살펴보면, 왜 입법부가 이런 식으로 제도를 만들었는지 쉽게 알 수 있다. 납세자들은 자신들이 낸 세금으로 저소득층이 담배나 술, 심지어 마약을 사는 꼴을 그냥 넘기지 않을 것이다. 극소수의 저소득층에 불과할지라도 그런 행위를 하지 못하도록 막을 수 있다면, 푸드 스탬프 제도는 정치적인 난관에 봉착하는 꼴을 방지할 수 있는 제도가 된다.

예 3.4를 통해 우리는 단순히 푸드 스탬프 제도만이 아니라 온갖 형태로 시행 중인 현물 이전(in-kind transfers) 제도들에 대해서도 주의를 기울여야 함을 알 수 있다. 현물이냐 현금이냐의 문제는 때때로 아무런 차이를 주지 않을 수도 있다. 하지만 두 방식의 효과가 달라질 때, 현금은 현물보다 훨씬 우월한 것으로 보인다.

생활 속의 경제행태 3.1

왜 사람들은 대개 현금 대신에 선물을 주고받을까?

사람들은 때때로 자신이 돈을 지불하고 샀을 마음에 쏙 드는 선물을 받을 때가 있다. 하지만 솔직히 말하자면 원치도 않는 선물을 받는 경우가 훨씬 더 많다. 도저히 입을 엄두가 나지 않는 옷 선물을 받아보지 않은 사람이 얼마나 되는가? 합리적 선택 모형의 논리대로라면 쓸모없는 선물을 주고받는 문제를 우리는 피해야 할 것이다. 그냥 선물로 현금을 주고받아 상대가 원하는 상품을 사도록 하면 된다. 그럼에도 불구하고 거의 모든 사회에서는 여전히 선물 주고받기라는 의식을 계속해 나가고 있다.

오랜 세월 동안 선물을 주고받는 관습이 계속되어 왔다는 사실 때문에 사람들이 멍청한 것이 아니냐는 식으로 생각하면 곤란하다. 오히려 합리적 선택 모형이 선물 주고받기와 관련된 중요한 점을 놓치고 있는 것이 아닌가 하고 의문을 제기해야 할 것이다. 사려 깊게 고른 선물은 현금으로는 달성할 수 없는 그 무엇인가를 이루어낸다. 또는 아무리 작은 사치품이라도 돈을 쓸 엄두가 나지 않아 망설이기만 하면서 선물로 받은 현금조차도 실용적인 물건들에만 지출하는 사람들도 있다. 이런 이들에게 선물은 죄책감에 사로잡히지 않은 채 소박한 사치를 즐길 수 있는 길을 열어주기도 한다.[13] 순면 속옷이나 세탁용 세제와 같은 철저하게 실용적인 선물들을 거의 주고받지 않는 것을 보면, 이런 식의 해석도 꽤 설득력이 있다.

현금 대신에 현물로 선물을 주고받는 진정한 이유가 무엇이든, 그런 행동과 관습이 현금을 주는 것이 더 낫다는 생각을 결코 하지 못해서가 아닌 것은 거의 확실한 것 같다. 오히려 그와는 반대로, 우리는 때때로 특히 소득이 낮은 젊은 친척들에게 현금을 선물하기도 한다. 이렇게 현금을 선물하는 것이 좋을 때가 있기는 하지만, 우리가 현물로 선물을 주는 행동을 그만 둘 생각이 없는 것은 분명하다.

이번 장의 부록에는 효용함수 접근법을 사용해서 소비자의 예산문제를 살펴본다. 특히 기수적 효용과 서수적 효용의 차이, 무차별곡선을 수학적으로 표현하는 방법, 미분을 사용하여 효용을 극대화하는 방법 등을 공부한다.

---

13. 이러한 해석에 대한 자세한 논의는 Richard Thaler, "Mental Accounting and Consumer Choice," *Marketing Science*, 4, Summer 1985를 보기 바란다.

자기야, 우리 올해는 서로 선물을 하지 않는 것이 어떨까?

▪ 요약 ▪

- 이번 장에서 우리의 과제는 합리적인 소비자의 선택에 관한 기본모형을 공부하는 것이었다. 기본모형에서는 소비자의 선호를 주어진 것으로 받아들이면서, 소비자가 되도록 가장 효율적인 방식으로 자신을 만족시키고자 노력한다고 가정한다.

- 예산문제를 푸는 첫 번째 단계는 소비자가 살 수 있는 상품꾸러미들의 집합을 식별하는 일이다. 소비자는 소득이 주어진 상황에서 시장에서 결정된 가격에 직면한다고 가정하였다. 가격과 소득은 소비자의 예산제약을 규정짓는데, 상품이 두 개인 상황에서 예산제약은 우하향하는 직선의 형태를 띤다. 예산제약의 기울기 절대값은 두 가격의 비율이다. 예산제약은 소비자가 자신의 소득을 모두 지출하여 구입할 수 있는 모든 가능한 꾸러미들의 집합이다. (학습목표 1, 2)

- 예산문제를 푸는 두 번째 단계는 소비자의 선호를 요약하는 작업이다. 우선 소비자가 모든 가능한 상품꾸러미들에 대해서 순위를 매겨 선호 순서를 정한다. 우리는 소비자의 선호 순서가 몇 가지 특별한 성질을 보인다고 가정하였다. 먼저 완전성, 이행성, 다다익선이라는 성질을 들 수 있다. 이러한 가

정을 만족시키는 선호 순서를 우리는 무차별지도 또는 무차별곡선들의 집합으로 표현해 낼 수 있게 된다. 무차별곡선은 소비자가 똑같이 만족스러워 하는 상품꾸러미들의 다양한 조합들을 시각적으로 표현해 낸 것이다. 선호 순서는 또한 체감하는 한계대체율을 보인다고 가정했다. 이는 무차별곡선을 따라 움직일 때 상대적으로 적게 보유하고 있는 상품을 하나 더 얻기 위해서 상대적으로 많이 보유한 상품을 기꺼이 포기하는 양이 점차 줄어든다는 것을 의미한다. 체감하는 MRS의 성질을 통해 무차별곡선의 볼록성이 드러난다. (학습목표 3)

- 예산제약을 통해 우리는 소비자가 구입할 능력이 되는 상품들의 조합이 무엇인지 알 수 있다. 여러 꾸러미들에 대한 소비자의 선호를 요약하기 위해서, 우리는 무차별지도를 사용한다. 대개의 경우, 선택 가능한 최선의 상품꾸러미는 무차별곡선과 예산제약의 접점에서 나타난다. 바로 그 점에서 한계대체율은 상품들의 상대가격과 정확하게 일치한다. (학습목표 4)

▪ 복습문제 ▪

1. 모든 상품들의 가격이 연간 20퍼센트 상승했고, 여러분의 연봉도 20퍼센트 상승했다고 하자. 1년 전과 비교해서 여러분은 형편이 더 나아졌는가, 더 나빠졌는가, 아니면 똑같은가? (학습목표 2)

2. [참 또는 거짓] 두 상품만 존재하는 경우, 예산제약의 기울기가 얼마인지 알고 있다면, 두 상품의 가격도 알 수 있다. 설명하라. (학습목표 1)

3. [참 또는 거짓] 무차별곡선의 우하향하는 형태는 체감하는 한계대체율 때문이다. (학습목표 3)

4. 이행성 가정에 위배되도록 코카콜라, 다이어트 콜라, 다이어트 펩시에 대한 선호 순서를 고안하라. (학습목표 3)

5. 소비자가 한 상품을 다른 상품에 비해서 얼마나 더 좋아하는지에 대한 정보를 무차별곡선의 기울기를 통해 어떻게 알아낼 수 있는지 설명하라. (학습목표 3)

6. 특정 상품꾸러미를 더 선호하는데도 불구하고 왜 소비자는 때때로 다른 꾸러미를 사는지 설명하라. (학습목표 4)

7. 완전대체재들의 경우에 모서리해가 발생할 가능성이 특히 더 높은 것은 왜인가? (학습목표 4)

8. [참 또는 거짓] 무차별지도가 원점에 대해서 오목하다면(concave), 최적의 상품꾸러미는 아마도 수량 할인이 있는 경우 이외에는 모서리해로 나타날 것임에 틀림없다. (학습목표 3)

9. 준하에게 10달러가 있다면, 그는 참치 통조림에 한 푼도 쓰지 않을 것이다. 하지만 질문을 받자 준하는 참치 통조림 10달러어치를 받거나 현금 10달러를 받거나 자신은 아무 차이가 없다고 주장한다. 어떻게 이런 일이 벌어질 수 있는가? (학습목표 4)

▪ 연습문제 ▪

1. 애크미 종자 회사에서는 여러분이 매주 구입하는 금잔화 씨앗에 대해서 처음 1 kg까지는 $2/kg을 받지만, 그 이상에 대해서는 $1/kg을 받는다. 여러분의 소득이 $100/주인 경우, 금잔화 씨앗과 복합재에 대한 예산제약을 그려라. (학습목표 1)

2. 문제 1번에서 주당 금잔화 씨앗 구입량이 10 kg이 넘어가면 가격이 $4/kg이라고 하자. 예산제약을 다시 그려라. (학습목표 1)

3. 형돈은 캐슈너트를 아몬드보다 더 좋아하고, 아몬드를 호두보다 더 좋아한다. 그는 피칸과 마카다미아 열매를 똑같이 좋아하지만, 아몬드보다는 마카다미아를 더 좋아한다. 그의 선호가 이행적이라고 가정하자. 다음 질문에 답하라. (학습목표 3)

   a. 형돈은 피칸 또는 호두 중에서 어느 쪽을 더 선호하는가?

   b. 형돈은 마카다미아 열매와 캐슈너트 중에서 어느 쪽을 더 선호하는가?

4. [참 또는 거짓] 원래 $P_X = \$120$이고 $P_Y = \$80$이다. 만약 P_X가 $18만큼 오르고 P_Y가 $12만큼 오르면, 새로운 예산선은 원래의 예산선으로부터 평행하게 안쪽으로 이동할 것이다. 설명하라. (학습목표 1)

5. 윤주는 매주 150달러를 벌지만 대출을 받지는 못한다. 이 소득으로 그녀는 초코볼과 복합재를 구입한다. 초코볼 가격은 한 봉지에 2.50달러이고 복합재는 단위당 가격이 1달러라고 하자. (학습목표 1)

   a. 윤주의 예산제약을 그려라.

   b. 초코볼 봉지로 표시한 복합재 한 단위의 기회비용은 얼마인가?

6. 5번 문제에서, 인플레이션 때문에 복합재 가격이 단위당 1.50달러로 상승했지만, 초코볼 가격에는 변화가 없다고 가정하자. (학습목표 2)

   a. 새로운 예산제약을 그려라.

   b. 복합재 한 단위의 기회비용은 얼마인가?

7. 문제 6번에서, 윤주가 임금상승을 요구했고, 회사는 그녀의 주당 임금을 225달러로 올려주었다고 하자. (학습목표 2)

   a. 새로운 예산제약을 그려라.

   b. 복합재 한 단위의 기회비용은 얼마인가?

8. 스키 장비는 크게 부츠, 바인딩, 스키, 폴로 나누어진다.[14] 선수급 동호인인 태현은 소득 전부를 스키와 바인딩에 지출한다. 스키 한 쌍이 낡아 못쓰게 되면, 바인딩도 낡아 더 이상 못쓰게 된다. (학습목표 3)

   a. 스키와 바인딩에 대한 태현의 무차별곡선을 그려라.

   b. 태현의 스키 습관이 바뀌면서 바인딩 한 쌍이 낡을 때 스키 두 쌍이 낡아 못쓰게 된다고 하자. 이때 태현의 무차별곡선을 그려라.

9. 문제 8번에서, 태현은 스키와 바인딩에 매년 3,600달러를 지출한다. 문제 8번에서 제시된 두 가지 다른 선호에 따라 선택 가능한 최선의 상품꾸러미가 무엇인지 찾아라. 스키 가격은 $480/쌍이고, 바인딩 가격은 $240/쌍이다. (학습목표 4)

10. 주혁에게는 커피와 홍차가 서로 완전대체재라서, 커피 한 잔은 홍차 한 잔과 동등하다. 주혁이 음료에 지출하는 예산이 $90/월이고, 커피 가격은 $0.90/잔, 홍차 가격은 $1.20/잔이라고 하자. 주혁의 선택 가능한 최선의 꾸러미는 무엇인가? 주혁의 생활수준을 낮추지 않는 한도에서 커피 한 잔의 가격은 얼마나 상승할 수 있는가? (학습목표 4)

11. 예원은 사과는 좋아하지만 배는 좋아하지 않는다. 사과와 배만을 살 수 있다면, 예원의 무차별곡선은 어떤 모습을 보일까? (학습목표 3)

12. 호동은 음식은 좋아하지만 담배 연기는 싫어한다. 음식을 더 많이 먹을수록, 호동은 담배 연기를 참아내는 인내력이 더 강해진다. 음식과 담배 연기만이 존재하는 경우, 호동의 무차별곡선은 어떤 모습일까? (학습목표 3)

13. 여러분이 환경보호단체의 회장이라면, 본문 예 3.1에 등장한 기가와트 전력회사의 전력요금구조를 선호할 것인가, 아니면 모든 전력소비량에 대해서 $0.08/kWh를 부과하는 요금구조를 선호할 것인가? (두 요금구조는 모두 전력회사의 비용을 감당해낼 수 있다고 가정하자.) (학습목표 4)

14. 전직 배우인 아이유는 자신의 소득 전부를 연극과 영화를 관람하는 데 사용한다. 하지만 아이유는 영화보다 연극을 세 배 더 좋아한다. (학습목표 3, 4)

   a. 아이유의 무차별지도를 그려라.

---

14. [역주] 국민생활체육 전국스키연합회 "스키소개". http://sportal.or.kr/vm/ski/gameitem/content.html?_cate=1&_seq=604.

b. 아이유의 소득은 $120/주이다. 연극 관람료가 편당 12달러이고 영화 관람료는 편당 4달러인 경우, 아이유의 예산선과 도달 가능한 가장 높은 무차별곡선을 그려라. 그녀는 몇 편의 연극을 관람할 것인가?

c. 연극 관람료가 12달러이고 영화 관람료가 5달러라면, 아이유는 몇 편의 연극을 관람할 것인가?

15. 다음의 경우들에 대해서 각각 그림을 그려 보아라. (**학습목표 3**)

a. 쓰레기와 복합재에 대한 일반 시민의 무차별곡선

b. 쓰레기를 사랑하지만 복합재에 대해서는 아무 흥미가 없는 오스카(Oscar the Grouch)[15]의 무차별곡선

16. 종민은 모닝커피에 우유를 넣어 마시는 데 $9/주의 예산을 할당해 놓았다. 그는 커피와 우유를 4:1로 섞어 마신다. 커피 가격이 $1/oz이고 우유 가격이 $0.50/oz라고 하자.[16] 종민은 매주 커피와 우유를 얼마나 살까? 커피 가격이 $3.25/oz로 상승한다면, 종민의 커피와 우유 구입량은 어떻게 바뀔까? 여러분의 답변을 그래프로 표시하라. (**학습목표 4**).

17. 미국 연방정부는 교육을 지원하기를 원하지만 헌법에 의해서 종교를 지원해서는 안 된다. 그렇다면 종교단체에서 세운 교육기관에 대한 지원 문제는 어떻게 해결해야 할까? 그래서 연방정부는 가톨릭계 고등교육기관인 노트르담 대학교(Notre Dame University)에 2백만 달러를 지원하면서 비종교적인 용도에만 사용해야 한다는 조건을 달았다. 아래 그림에는 연방정부의 지원을 받기 전 대학 측의 예산제약과 선택 가능한 최선의 꾸러미가 표시되어 있다. 정부의 지원에 아무런 조건이 없다면 대학의 복지는 어떻게 달라질까? (**학습목표 4**)

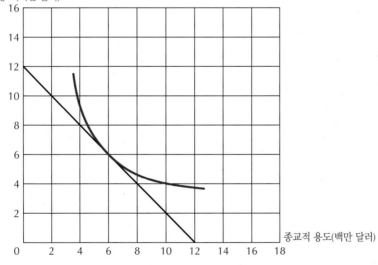

18. 컨티넨탈 장거리 전화회사에서는 거주 행정구역 내 통화에 대해서는 고객에게 처음 50분 통화는 무료로 제공하지만, 그 다음 100분 통화는 $0.25/분의 할인요금을, 그 이상의 통화시

---

15. [역주] 어린이를 위한 미국의 TV프로그램 Sesame Street에 등장하는 녹색 털이 잔뜩 난 동물 머펫(muppet, 팔과 손가락으로 조종하는 인형).

16. [역주] 1온스(ounce) = 28.3495그램(g).

간에 대해서는 정상요금인 $0.50/분을 부과한다고 하자. 고객의 소득이 $400/월일 때, 행정 구역 내 통화와 복합재에 대한 예산제약을 그려라. (**학습목표 1**)

19. 문제 18번에서 컨티넨탈 장거리 전화회사 고객이 다음 상황에 처하는 경우 추가로 20분을 더 통화할 때의 기회비용은 얼마인가? (**학습목표 1**)

   a. 고객의 현재 월 통화시간은 40분이다.
   b. 고객의 현재 월 통화시간은 140분이다.

20. 여행을 계획 중인 여러분은 $40/일이나 $200/주를 지불하고 차를 렌트할 수 있다. $360/여 행의 예산에 대한 예산제약을 그려라. (**학습목표 1, 3, 4**)

   a. 여러분의 선호는 차를 하루 렌트하는 것이 복합재 140달러의 가치를 지닌다. 이때 여러 분의 선택 가능한 최선의 꾸러미는 무엇인가?
   b. 차를 하루 렌트하는 것이 35달러어치의 복합재와 완전대체재 관계에 있다고 하자. 이때 여러분의 선택 가능한 최선의 꾸러미는 무엇인가?

21. 보미는 피자 네 쪽과 맥주 한 캔의 조합이 피자 세 쪽과 맥주 두 캔의 조합과 무차별하다고 주장한다. 또한 그녀는 피자 한 쪽과 맥주 세 캔의 조합을 앞의 두 가지 조합들보다 더 선호 한다고 주장한다. 보미의 선호는 체감하는 한계대체율을 보여주는가? (**학습목표 3**)

22. 전화회사에서 여러분에게 다음과 같은 요금제를 제시했다. (**학습목표 1**)

   요금제 A : 통화 한 건당 $0.05 지불
   요금제 B : 처음에는 $2/주 지불하고 주당 30 통화까지 무료, 초과 통화건수에 대해서는 통 화 한 건당 $0.05 지불

   여러분의 소득이 $12/주이고 복합재 가격은 $1인 경우, 복합재와 두 요금제에 대한 예산제 약을 그려라.

23* 여러분 학교에서 기금 조성을 위한 파티를 개최한다. 미리 구입한 표를 보여주면 청량음료 한 병을 무료로 제공한다. 표는 다음과 같이 세 가지 유형으로 판매 중이다.

   소 : 표 3장에 3달러
   중 : 표 5장에 4달러
   대 : 표 8장에 5달러

   소득이 12달러이고 티켓을 한 장 미만으로 찢어서 살 수는 없을 때, 청량음료와 복합재에 대 한 예산제약을 그려라. (**학습목표 1**)

24* 이태리 식당 두 곳 C와 D가 서로 200킬로미터 떨어진 서로 흡사한 두 마을에서 영업 중이 다. 두 식당은 모든 면에서 똑같지만, 팁을 받는 관행이 다르다. 식당 C에서는 무조건 15달 러를 서비스 요금으로 받는 대신, 따로 팁을 받지 않는다. 식당 D에서는 식사비에 15퍼센트 의 팁을 덧붙여 청구한다. 식당 C의 평균 식사비는 (서비스 요금을 제외하고) 100달러이다. 두 식당들에서 먹는 음식의 양에 차이가 있을까? (**학습목표 4**)

25* 은퇴한 공무원 평범씨는 오직 포도와 복합재 Y만을 소비한다. Y의 가격은 $P_Y = \$1$이다. 그 의 소득은 연금 $10,000/년과 포도농장에서 나오는 연간 포도 수확량 2,000부셸[17] 중 일부

---

17. [역주] 부셸(bushel)은 약 36리터 또는 약 2말에 해당된다.

를 팔아 얻는 수입으로 이루어져 있다. 작년에는 포도 가격이 \$2/부셸이었는데, 평범씨는 포도 2,000부셸을 몽땅 자신이 소비했고, Y를 10,000단위 소비했다. 올해 포도 가격은 \$3/부셸이고, 복합재 가격은 전년도와 동일하게 \$1이다. 만약 평범씨는 무차별곡선이 보통의 형태를 띠고 있다면, 올해 그의 포도 소비는 작년보다 더 많을까, 적을까, 같을까? 그의 올해 Y 소비는 작년보다 더 많을까, 적을까, 같을까? 설명하라. (학습목표 4)

* 표시가 된 문제들은 난이도가 높은 문제들이다.

▪ 개념 확인 해답 ▪

3.1 (학습목표 2)

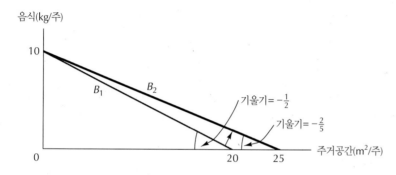

3.2 (학습목표 2)

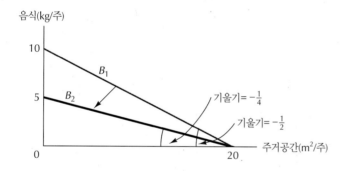

3.3 (학습목표 2)

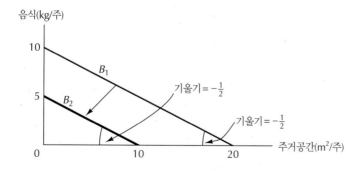

3.4 (학습목표 2)

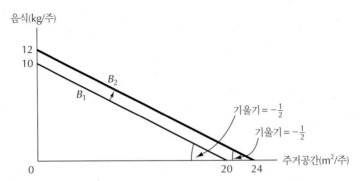

3.5 기가와트 전력회사의 고객인 가정의 예산제약은 바깥쪽으로 굴절된 모양을 보인다. 첫 1000 kWh/월에 대한 원래 요금이 더 낮기 때문이다. 1000 kWh/월까지의 전력소비 X에 대해서, 예산제약은 더 낮은 요율인 $0.05/kWh의 기울기를 보인다.

$$Y = 400 - 0.05X \qquad 0 \leq X \leq 1000 \text{ kWH/월}$$

1000 kWh/월을 초과하는 전력소비 X에 대해서는, 예산제약이 높은 요율인 $0.10/kWh의 기울기를 보인다.

$$Y = 450 - 0.10X \qquad X > 1000 \text{ kWH/월}$$

굴절은 $X = 1000$ kWh/월에서 발생하는데, 그 지점의 복합재 소비는 $Y = 400 - 0.05X$ $= 400 - 50 = 350$ 또는 $Y = 450 - 0.10X = 450 - 100 = 350$이다. 1000 kWh/월을 초과하는 전력소비 전구간에 대해서 요금이 $0.10/kWh라면, $X > 1000$ kWh/월에 대한 예산제약은 다음과 같을 것이고, $X = 1000$ kWh/월에서 $Y = 350$에서 $Y = 300$으로 갑자기 변화할 것이다. (학습목표 1, 2)

$$Y = 400 - 0.10X \qquad X > 1000 \text{ kWh/월}$$

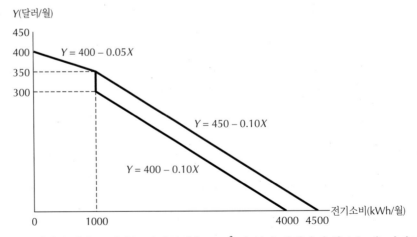

3.6 상품꾸러미 A에서 소비자는 주거공간을 1 m² 더 얻기 위해서 음식 1 kg을 기꺼이 포기할 의향이 있다. 그러나 주어진 시장가격에서는 주거공간을 추가로 1 m² 구입하기 위해 음식을 오직 $\frac{1}{2}$ kg만 포기하면 된다. 그러므로 음식을 1 kg 덜 사는 대신 주거공간을 2 m² 더 산다면, 소비자는 A에서보다 형편이 더 나아질 것이다. (학습목표 4)

3.7 광희의 예산제약은 $T = 120 - 2B$이다. 광희의 원래 선호는 버터 두 덩어리에 토스트 한 쪽으로 $B = 2T$이다. 이 식을 예산제약에 대입하면 $T = 120 - 4T$ 또는 $5T = 120$을 얻게 되고, 이를 풀면 매달 토스트 $T = 24$와 버터 $B = 48$이 나온다. 광희의 새로운 선호에 따르면 버터 한 덩어리에 토스트 한 쪽이므로 $B = T$로 수식을 설정할 수 있다. 이를 다시 예산제약에 대입하면 $T = 120 - 2T$ 또는 $3T = 120$이므로, 매월 토스트 $T = 40$과 버터 $B = 40$이 나온다. 광희는 버터 소비를 줄여 다이어트에 성공했을 뿐만 아니라 더 많은 토스트를 먹게 되어 식이섬유 섭취량도 늘어나게 되어 변비도 좋아졌다! *(학습목표 3, 4)*

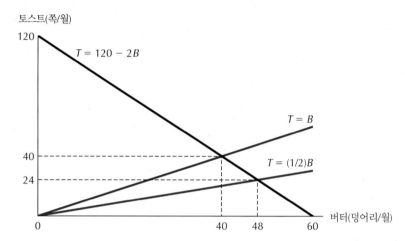

APPENDIX 3A

효용함수 접근법을 이용한 소비자 예산배분의 해결

The Utility Function Approach to the Consumer Budgeting Problem

3A.1 효용함수 접근법을 이용한 소비자 선택 문제의 해결 _____

우리는 예산선과 만나는 가장 높은 위치의 무차별곡선을 찾는 방법을 통해 소비자 선택 문제를 풀어보았다. 하지만 다양한 적용을 위해서 다른 방법을 사용하는 것이 유용할 때가 있다. 이 방법은 소비자의 선호를 무차별곡선이 아니라 **효용함수**(*utility function*)로 표현하는 것이다.

가능한 개별 상품꾸러미에 대해서 효용함수는 해당 꾸러미가 주는 만족의 양을 의미하는 숫자를 산출해 준다. 예를 들어, 명수는 음식과 주거공간만을 소비하고, 그의 효용함수는 $U(F, S) = F \times S$로 주어졌다고 하자. 여기에서 F는 명수가 일주일에 소비하는 음식의 총량(kg), S는 주거공간의 면적(m^2)을 의미한다. 또한 U는 만족을 의미하는데, 이를 측정하기 위해서 "유틸"(utils)이라는 단위를 도입하도록 하자.[1] 만약 $F = 4$ kg/주이고 $S = 3$ m^2/주라면, 명수는 12유틸/주의 효용을 얻을 것이다. $F = 3$ kg/주와 $S = 4$ m^2/주를 소비하는 경우에도 같은 12유틸/주의 효용을 얻게 된다. 하지만 $F = 8$ kg/주와 $S = 6$ m^2/주로 구성된 상품꾸러미를 소비하는 경우에는 48유틸/주를 얻게 될 것이다.

효용함수는 무차별지도와 비슷한 개념이다. 둘 다 소비자의 선호를 전부 기술(記述)해준다. 무차별곡선을 틀로 삼으면, 두 상품꾸러미 중 어느 쪽이 더 높은 무차별곡선상에 위치해 있는지를 따져서 순위를 매길 수 있다. 그에 비해서 효용함수를 틀로 삼으면, 어느 꾸러미가 더 큰 유틸 숫자를 산출해내는지 계산해 봄으로써 순위를 매길 수 있게 된다. 예 3A.1에서 알 수 있듯이, 효용함수를 사용하면 무차별지도를 쉽게 그려낼 수 있다.

---

1. "유틸"이라는 용어는 임의의 단위를 의미한다. 소비자 선택 문제에서 중요한 것은 다양한 상품꾸러미들이 제공하는 유틸의 실제 숫자가 아니라, 각 꾸러미와 연계된 효용에 기반을 둔 꾸러미들 간의 순위이다.

| 예 3A.1 | 효용함수를 이용한 무차별지도의 도출 |

명수의 효용함수가 $U(F, S) = FS$로 주어졌을 때, 유틸이 1, 2, 3, 4에 해당하는 각 무차별곡선을 그려라.

효용함수 측면에서 볼 때, 무차별곡선은 동일한 수준의 효용을 주는 (같은 유틸 숫자를 산출해내는) F와 S의 모든 조합들이라고 할 수 있다. 한 단위의 효용에 상응하는 무차별곡선을 찾는다고 하자. 다시 말해서 $FS = 1$이 되는 상품꾸러미의 조합들을 찾아내면 된다. 이 방정식을 S에 대해서 풀면 아래와 같이 식 (3A.1)을 얻는다.

$$S = \frac{1}{F}, \tag{3A.1}$$

이 식은 그림 3A.1에서 $U = 1$로 표시한 무차별곡선에 해당된다. 2단위의 효용에 상응하는 무차별곡선은 $FS = 2$를 S에 대해서 푼 $S = 2/F$를 통해서 얻을 수 있다. 이 무차별곡선은 그림 3A.1에 $U = 2$로 표시되어 있다. 비슷한 방식으로 $U = 3$과 $U = 4$에 해당하는 무차별곡선들도 그릴 수 있다. 일반적으로 효용함수를 통해 특정 효용수준 U_0을 얻도록 수식을 꾸미면 $FS = U_0$이 될 것이고, 이를 $S = U_0/F$로 정리하면 U_0 수준에 상응하는 무차별곡선을 얻을 수 있다.

그림 3A.1

효용함수 $U = FS$의 무차별곡선

효용수준 U_0를 주는 모든 상품꾸러미들에 상응하는 무차별곡선은 $FS = U_0$으로 놓고 S에 대해서 풀면 $S = U_0/F$로 나온다.

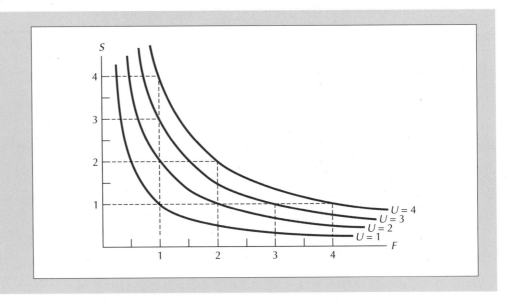

무차별곡선의 틀에서 보면, 선택 가능한 상품꾸러미들 중에서 최선의 꾸러미는 가장 높은 무차별곡선과 잇닿은 예산제약선상에 있는 꾸러미이다. 이를 효용함수의 틀로 바꿔 표현하면, 가장 높은 효용을 주는 예산제약선상에 있는 꾸러미가 된다. 무차별곡선의 틀에서는 최선의 꾸러미가 무차별곡선과 예산제약선이 접하는 지점에서 나타난다. 최선의 꾸러미에서, 무차별곡선의 기울기 또는 한계대체율은 예산제약선의 기울기와 같다. 다시 한 번 음식과 주거공간만 존재하고, P_F와 P_S는 각각의 가격을 의미한다고 가정하자. 만약 $\Delta S/\Delta F$가 최선의 꾸러미에서 가장 높은 곳에 위치한 도달 가능한 무차별곡선의 기울기를 지칭한다면, 접점의 조건에 따라 $\Delta S/\Delta F = P_F/P_S$이다. 이를 효용함수의 틀에서 표현하면 어떤 조건이 될까?

이 질문에 답하기 위해서는 **한계효용**(*marginal utility*)이라는 개념을 도입해야 한다. (어느 상품의 한계효용은 해당 상품의 소비에 따라 총효용이 변하는 비율을 뜻한다.) 우리의 예를 사용해서 표현하면, 음식과 주거공간의 양이 변함에 따라 총효용이 변하는 비율이라고 할 수 있다. 좀 더 자세한 설명을 위해서 먼저 MU_F를 음식 한 단위를 추가로 소비할 때 우리가 얻는 추가적인 유틸의 크기라고 정의하고, MU_S를 주거공간 한 단위를 추가로 소비할 때 우리가 얻는 추가적인 유틸의 크기라고 정의하자. 그림 3A.2에서 상품꾸러미 L에 비해서 K에는 ΔF 단위만큼 적은 음식과 ΔS 단위만큼 많은 주거공간이 들어 있다. 그러므로 꾸러미 K에서 L로 이동하면, 우리는 더 많은 음식으로부터 $MU_F\Delta F$의 유틸을 얻는 반면에 더 적은 주거공간 때문에 $MU_S\Delta S$의 유틸을 잃게 된다.

K와 L은 둘 다 같은 무차별곡선상에 위치해 있으므로, 두 꾸러미는 같은 수준의 효용을 제공한다. 그러므로 주거공간을 덜 소비해서 입은 손실은 음식을 더 소비해서 얻은 이득과 정확히 상쇄되어야만 한다. 이로부터 우리는 식 (3A.2)를 도출할 수 있다.

$$MU_F\Delta F = MU_S\Delta S. \tag{3A.2}$$

이를 정리하면 식 (3A.3)이 나온다.

$$\frac{MU_F}{MU_S} = \frac{\Delta S}{\Delta F}. \tag{3A.3}$$

최선의 꾸러미가 K와 L 중간 어디쯤에 존재한다고 하자. 그리고 이 꾸러미가 K과 L과 매우 가까운 곳에 있어서, ΔF와 ΔS는 아주 작은 양이라고 하자. K와 L이 최적 꾸러미에 가깝게 다가갈수록, $\Delta S/\Delta F$ 비율은 최적 꾸러미에서 측정한 무차별곡선의 기울기와 점점 같아질 것이다.[2] 식 (3A.3)은 최적 꾸러미에서 측정한 무차별곡선의 기울기가 두 상품의 한계효용 비율과 같다는 점을 보여준다. 그리고 최적 꾸러미에서 측정한 무차별곡선의 기울기가 예산선의 기울기와 같기 때문에, 최적 꾸러미에 대해서 아래 조건이 성립해야만 한다.

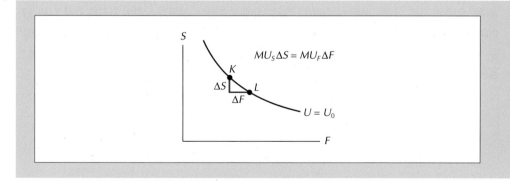

그림 3A.2

동일한 무차별곡선상에서는 효용이 모두 같다

상품꾸러미 K에서 L로 움직이는 경우, 줄어든 주거공간으로 인한 효용의 감소분 $MU_S\Delta S$는 더 많은 음식으로 인한 효용 증가분 $MU_F\Delta F$에 의해서 정확히 상쇄된다.

---

2. [역주] 경제학에서는 최선(best)을 최적(optimal)과 동일한 의미로 사용하기도 한다. 그래서 지금까지 "선택 가능한 최선의 상품꾸러미"(best affordable bundle)라고 상세하게 풀어 사용해 온 용어를 간략하게 "최적 꾸러미"(optimal bundle)로 적었다.

$$\frac{MU_F}{MU_S} = \frac{P_F}{P_S}. \tag{3A.4}$$

무차별곡선의 틀에서 $MRS = P_F/P_S$의 조건이 성립한다면, 식 (3A.4)은 이와 비슷하게 효용함수의 틀에서 최적 꾸러미가 만족시켜야 하는 조건이다.

식 (3A.4)를 정리하면, 매우 간단하면서도 직관적인 해석이 가능한 동등 조건을 얻는다.

$$\frac{MU_F}{P_F} = \frac{MU_S}{P_S}. \tag{3A.5}$$

식 (3A.5)는 최적 꾸러미에서는 한계효용의 가격에 대한 비율이 모든 상품들에 대해서 같아야 한다는 뜻이다. 소비자가 자신의 예산을 최적으로 배분한다면 왜 이 조건이 만족되어야 하는지 우리는 적절한 예를 사용하여 자세히 살펴볼 것이다.

예 3A.2	예산의 최적 배분 (1)

홍철이 음식에 대해 지출하는 마지막 달러의 효용함수는 그가 주거공간에 지출하는 마지막 달러의 한계효용보다 크다고 가정하자. 예를 들어, 음식과 주거공간의 가격이 각각 $1/kg과 $2/m^2$로 주어졌고, 이에 상응하는 한계효용이 각각 6과 4라고 하자. 이때 홍철은 자신의 효용을 극대화하고 있지 않다는 것을 보여라.

홍철이 주거공간을 $1\ m^2$/주만큼 덜 소비하면, 예산은 $2/m^2$ 절약할 수 있지만 4유틸을 잃게 된다. 그러나 이를 통해 홍철은 음식을 $2\ kg$/주만큼 더 살 수 있고, 이는 곧 12유틸의 증가로 이어진다. 그러므로 홍철은 결과적으로 8유틸의 순이득을 얻을 수 있다.

모서리해와 같은 특별한 경우가 발생하지 않는다고 가정하면, 예산의 최적 배분을 위한 필요조건은 각 상품에 지출하는 마지막 달러가 효용을 같은 정도로 증가시키도록 예산을 배분해야 한다는 것이다.

예 3A.3	예산의 최적 배분 (2)

윤주는 일주일 용돈 $10을 모두 신문(N)과 잡지(M)에 지출한다. 신문과 잡지의 가격은 각각 $1와 $2이다. 그녀가 이러한 지출로 얻는 효용은 $U(N) + V(M)$이다. $U(N)$과 $V(M)$의 값이 아래 표에서처럼 주어졌을 때, 윤주가 매주 신문을 2, 잡지를 4 구입한다면, 그녀는 효용 극대자일까? 아니라면 그녀는 용돈을 어떻게 배분해야만 하는가?

N	U(N)	M	V(M)
0	0	0	0
1	12	1	20
2	20	2	32
3	26	3	40
4	30	4	44
5	32	5	46

윤주가 효용 극대자가 되기 위해서는, 1달러로 얻는 추가적인 효용이 신문의 마지막 구매분과 잡지의 마지막 구매분에 대해서 모두 같아야 한다. 두 번째 신문 구입을 통해 그녀는 달러당 지출로 8유틸을 추가로 얻는다. 이는 네 번째 잡지 구입을 통해 그녀가 달러당 지출로 얻는 2유틸의 네 배에 달한다. (2달러를 주고 4유틸을 추가로 얻기 때문이다.) 그러므로 윤주는 효용 극대자가 아니다.

N	U(N)	ΔU(N)	ΔU(N)/P_N	M	V(M)	ΔV(M)	ΔV(M)/P_M
0	0			0	0		
		12	12			20	10
1	12			1	20		
		8	8			12	6
2	20			2	32		
		6	6			8	4
3	26			3	40		
		4	4			4	2
4	30			4	44		
		2	2			2	1
5	32			5	46		

윤주가 지출을 어떻게 배분해야 하는지 좀 더 명확히 알아보려면, 표에 한계효용에 관한 정보를 포함시키면 된다. 위의 표에는 $\Delta U(N)/P_N = \Delta V(M)/P_M$ 조건을 만족시키는 꾸러미들이 여럿 있다. 신문과 잡지로 구성된 꾸러미 (3, 2) 또는 (4, 3) 또는 (5, 4)는 이 조건을 만족시킨다. 그 중에서도 (5, 4) 꾸러미는 가장 높은 총효용을 주지만 이를 달성하는 데 $13이 소요되어 윤주의 예산제약을 초과한다. 비용이 $7밖에 들지 않는 (3, 2)와 $10가 소요되는 (4, 3)은 둘 다 선택 가능한 꾸러미들이지만, (4, 3)이 더 높은 총효용을 준다. 신문 4와 잡지 3을 구입하는 경우, 윤주는 신문의 마지막 단위 구입을 통해서도 달러당 4유틸을 얻고 잡지의 마지막 단위 구입을 통해서도 달러당 4유틸을 얻는다. 그래서 윤주의 총효용은 70이 되고, 이는 원래 선택했던 꾸러미 (2, 4)에 비해서 6유틸을 더 준다.

예 3A.3과 예 3A.4에서, 윤주의 효용 숫자가 두 배씩 커지거나 절반으로 줄어든다고 해도, 최적 꾸러미는 여전히 신문 4와 잡지 3이라는 점에 주의하기 바란다. 이를 통해 우리는 다양한 상품꾸러미들과 연계된 유틸의 절대값이 아니라 효용의 서수적 순위(ordinal ranking)만이 소비자의 선택에 영향을 미친다는 점을 알 수 있다. 다양한 상품꾸러미들과 연계된 유틸의 숫자를 두 배로 늘리거나 절반으로 줄이더라도, 상품꾸러미들에 대한 선호순위에는 아무런 변화가 없다. 그러므로 최적 꾸러미에는 변화가 없게 된다. 이러한 결론은 효용함수를 로그 변환하거나, 제곱근을 취하거나, 5를 더하거나 하는 것처럼, 여러 꾸러미들 간의 서수적인 순위를 보존하는 방식이면 어떤 방식을 적용하더라도 달라지지 않는다.

3A.2 기수적 효용과 서수적 효용

소비자의 효용을 어떻게 구체적으로 그려낼 수 있는지 논의하는 과정에서, 우리는 사람들이 가능한 상품꾸러미 각각에 대해서 선호하는 순서대로 순위를 매길 수 있다고 가정했다. 이를 소비자 예산배분 문제에 대한 **서수적 효용**(*ordinal utility*) 접근법이라고 부른다. 이 접근법은 사람들이 다양한 꾸러미들에 대해서 얼마나 좋아하는지 양적인 크기까지 말할 수 있다고 주장하지 않는다. 소비자는 그냥 *A*를 *B*보다 더 선호한다고 말할 수 있을 뿐이지, "*A*를 *B*보다 6.43배 좋아한다"는 식으로 주장할 수 없는 것이다.

하지만 19세기 경제학자들은 사람들이 우리가 현재 **기수적 효용**(*cardinal utility*) 접근법이라고 부르는 방식으로 사람들이 행동한다고 가정했다. 기수적 효용 접근법에서는 어떤 상품꾸러미라도 만족을 준다면 효용함수를 이용해서 그 만족의 정도에 구체적인 숫자를 (즉 기수를) 부여할 수 있다고 가정한다. 예를 들어, 상품이 *X*와 *Y* 두 가지만 있는 경우 다음과 같은 효용함수에 상품의 소비량을 대입하면 구체적인 숫자가 나오고 그 숫자의 절대적인 크기는 의미를 가진다고 여긴 것이다.

$$U = U(X, Y). \tag{3A.6}$$

3차원상에서, 그런 효용함수는 그림 3A.3처럼 나타날 것이다. 그 형태는 마치 산처럼 보이는데, 다다익선 가정에 따라 이 산에는 정상이 없다. *U*축의 숫자는 산의 높이로, 우리가 *X*와 *Y*를 더 많이 소비할수록 산의 높이는 끝없이 높아지기 때문이다.

그림 3A.3에서 예를 들어 U_0라는 특정 수준에 효용을 고정한다고 가정하자. 즉, 우리가 *XY* 평면에 대해서 U_0의 높이를 기준으로 거대한 칼을 휘둘러 산을 수평으로 잘라낸다고 생각해보자. 그러면 칼이 효용의 산 표면에 닿는 지점에서 *JK*로 표시한 선이 나타날 것이다. 이 선을 2차원 평면에 투영하면, 우리는 그림 3A.4에 U_0로 표시한 무차별곡선을 얻게 된다.

이번에는 산을 조금 더 올라가서 U_1 높이에서 칼을 한 번 더 수평으로 휘둘러 산을 잘라낸다고 생각해보자. 그림 3A.3에 *LN*으로 표시한 선이 산 표면을 따라 나타날 것이다. 이 선은 U_1 만큼의 효용을 주는 모든 꾸러미들의 집합을 나타낸다. *LN*을 2차원 평면상에 투영하면, 우리는 그림 3A.4에 U_1으로 표시한 또 다른 무차별곡선을 얻게 된다. 이런 식으로 기수적 효용함수 *U(X, Y)*에 상응하는 무차별지도 전체를 만들어낼 수 있다.

어떤 기수적 효용함수라도 그 함수에만 상응하는 유일한 무차별지도를 만들어낼 수 있다. 하지만 그 반대로 갈 수는 없다! 무차별지도를 보고 거꾸로 추론하여 그 무차별지도에 상응하는 유일한 기수적 효용함수를 찾아내는 것은 불가능하다는 뜻이다. 왜냐하면 똑같은 무차별지도를 만들어내는 효용함수는 무한대로 많을 수 있기 때문이다.

식 (3A.4)에 제시된 효용함수를 가져다가 두 배로 곱해준다고 하자. 그러면 효용함수는 이제 *V* = 2*U(X, Y)*가 된다. *X*와 *Y*의 함수인 *V*를 그림으로 표시하면, 효용의 산 모습은 원래의 효용함수에서 도출한 산의 모습과 똑같다. 차이가 있다면 *X*와 *Y*의 높이가 달라졌다는 점이다. U_0가 아니라 $2U_0$ 높이에서 칼을 휘둘러 효용의 산을 깎아냈을 뿐이다. 이렇게 얻는 선을 2차원 평면상에 투영하면, 무차별곡선의 모양은 원래의 U_0 무차별곡선과 정확하게 일치하게 된다.

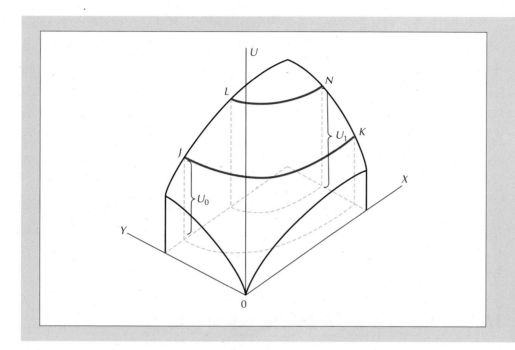

그림 3A.3
효용의 3차원 곡면

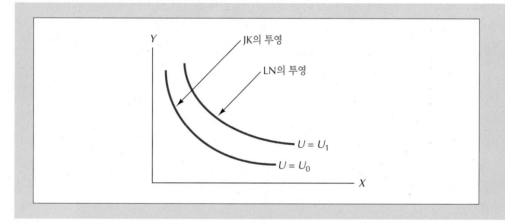

그림 3A.4
효용함수를 투영하여 무차별곡선 그리기

　　기수적 효용함수를 곱하거나 나누는 (또는 효용함수에 무엇인가를 더하거나 빼주는) 행위는 원래 효용함수에서 나오는 무차별곡선에 그저 표시만 달리 붙이는 일에 불과하다. 심지어 우리는 이 결과를 더 일반화할 수 있다. 만약 $U(X, Y)$가 기수적 효용함수이고 V가 증가함수라면, $U = U(X, Y)$와 $V = V[U(X, Y)]$는 완전히 똑같은 무차별지도를 만들어낸다. 이는 증가함수를 적용해서 원래 함수가 산출해 내는 숫자를 변화시키더라도 그 숫자들의 순위는 고스란히 보존하는 특별한 성질 때문이다. 그러니까 $U(X_1, Y_1) > U(X_2, Y_2)$이라면, 증가함수 V로 원래 함수 U를 변환하더라도 언제나 $V[U(X_1, Y_1)] > V[U(X_2, Y_2)]$인 것이다.[3] 그리고 이 조건이 만족되는 한, 두 함수는 정확히 같은 무차별곡선들을 산출해 낸다.

---

3. [역주] 이렇게 순서가 바뀌지 않도록 변환하는 것을 단조변환(monotonic transformation)이라고 부른다.

무차별지도라는 개념을 처음 논의한 영국의 경제학자 프란시스 에지워스(Francis Edgeworth)는 바로 위에서 우리가 논의한 방식을 사용해서 기수적 효용함수로부터 무차별지도를 도출해냈다. 그리고 빌프레도 파레토(Vilfredo Pareto), 어빙 피셔(Irving Fischer), 존 힉스(John Hicks)와 같은 경제학자들의 통찰력이 더해진 끝에, 에지워스의 무차별지도 개념에서는 유일무이한 기수적 효용함수를 찾아낼 수 없다는 것이 밝혀졌다. 기본적인 예산배분 문제에서 진정으로 중요한 소비자 선호의 유일한 측면은 무차별곡선의 형태와 위치뿐이다. 소비자의 선택은 단지 더 높은 곳에 있는 무차별곡선이 더 높은 수준의 효용을 의미한다는 점을 제외하고는 우리가 붙이는 표식과는 아무런 상관이 없다.

현대 경제학자들이 서수적 효용함수 접근법을 선호하는 이유는 서수적 접근법이 기수적 접근법보다 훨씬 약한 가정만을 필요로 하기 때문이다. 사람들은 여러 상품꾸러미들에 대해서 순위를 매길 줄 안다는 가정이 꾸러미마다 자신에게 얼마나 큰 만족감을 주는지 정확한 수치를 제시할 수 있다는 가정보다 훨씬 더 그럴 듯한 가정이지 않은가!

3A.3 수학을 이용해 무차별곡선을 도출하기 _____

소비자들이 오직 서수적인 선호순위만을 정한다고 우리가 가정할지라도, 기수적 효용 지표(index)를 이용해서 소비자들의 선호를 표현하는 것이 편리할 때가 종종 있다. 그림으로 표현해 낸 선호에 관한 모든 정보를 수학을 사용하면 아주 명료하고 간결하게 표현해 낼 수 있기 때문이다.

예를 들어, 그림 3A.5에 제시한 것처럼 무차별곡선이 직선으로 나타나는 효용함수인 $U(X, Y) = (\frac{2}{3})X + 2Y$를 사용하기로 하자. 효용 수준 U_0를 주는 상품꾸러미 X와 Y는 $U(X, Y) = U_0$를 Y에 대해서 풀어 찾아낼 수 있다. 즉, $U(X, Y) = (\frac{2}{3})X + 2Y$를 Y에 대해서 풀면, $Y = (U_0/2) - (\frac{1}{3})X$가 된다. $U = 1$, $U = 2$, $U = 3$에 해당하는 무차별곡선들은 그림 3A.5에 그려 놓았다. 무차별곡선들은 모두 직선으로 나타나 있는데, 이는 우리가 예로 든 특정한 효용함수가 상품꾸러미 X와 Y가 서로 완전대체재인 선호순위를 묘사하기 때문이다.

미분법을 이용하여 효용을 극대화하기

미적분을 배운 학생들은 소비자의 예산배분 문제를 무차별지도를 이용한 기하학적인 방식

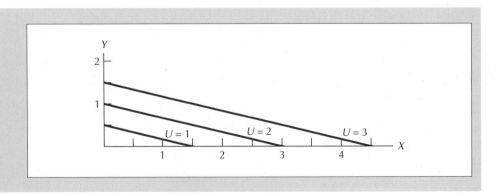

그림 3A.5

효용함수 $U(X, Y) = (2/3)X + 2Y$에서 도출된 무차별곡선들

효용수준 U_0를 주는 모든 상품꾸러미들에 상응하는 무차별곡선은 $Y = (U_0/2) - (\frac{1}{3})X$ 로 표시할 수 있다.

에 의존하지 않고도 풀 수 있다. $U(X, Y)$를 소비자의 효용함수, M은 소득, P_X와 P_Y는 상품가격이라고 하자. 소비자의 예산 배분문제는 수학적으로 다음과 같이 정식화할 수 있다.

$$\text{Maximize } U(X, Y) \text{ subject to } P_X X + P_Y Y = M. \qquad (3A.7)^4$$
$$X, Y$$

"극대화하라"(maximize)는 표현 아래쪽에 X, Y 항목이 나타나는 것은, 이 두 변수들의 값을 소비자가 선택해야만 한다는 것을 뜻한다. 예산제약에 들어가 있는 가격과 소득의 값은 이미 주어져 있기 때문에 소비자가 선택할 필요가 없다.

라그랑지 승수법

앞에서 언급했듯이, 함수 $U(X, Y)$ 자체에는 최댓값이 존재하지 않는다. 상품꾸러미 X와 Y를 계속 늘리면 함수값은 계속 커지기 때문이다. 하지만 식 (3A.7)로 표현한 극대화 문제에는 제약이 붙어 있다. 그래서 위 문제를 제약하의 극대화 문제(*constrained maximization problem*)라고 부른다.[5] 그 의미는 소비자가 자신의 소득만큼만 지출할 수 있다는 제약하에서 함수 U의 값을 가장 크게 만드는 상품꾸러미 X와 Y를 찾아야 한다는 것이다. 이 문제를 푸는 방법은 두 가지가 있다.

예산제약이 만족되도록 하는 첫 번째 방법은 소위 라그랑지 승수법(*method of Lagrangian multipliers*)으로 알려진 방법이다. 이 방법은 식 (3A.7)에 제시된 제약하의 최적화 문제를 다음과 같이 무제약하의 최적화 문제로 변환하는 것이다.

$$\text{Maximize } \pounds = U(X, Y) - \lambda(P_X X + P_Y Y - M). \qquad (3A.8)$$
$$X, Y, \lambda$$

여기에서 λ는 라그랑지 승수라고 부르며, 예산제약이 만족되도록 보장하는 역할을 맡는다. (라그랑지 승수가 그 역할을 어떻게 하는지는 곧 밝혀질 것이다.) $\pounds$의 극대값을 구하기 위한 1계 조건은 $\pounds$을 X, Y, λ에 대해서 각각 편미분한 뒤 이를 0과 같게 놓음으로써 얻을 수 있다.

$$\frac{\partial \pounds}{\partial X} = \frac{\partial U}{\partial X} - \lambda P_X = 0, \qquad (3A.9)$$

$$\frac{\partial \pounds}{\partial Y} = \frac{\partial U}{\partial Y} - \lambda P_Y = 0, \qquad (3A.10)$$

그리고

$$\frac{\partial \pounds}{\partial \lambda} = M - P_X X - P_Y Y = 0. \qquad (3A.11)$$

그 다음 단계는 식 (3A.9)부터 (3A.11)까지를 X, Y, 그리고 λ에 대해서 푸는 것이다. 우리에게 중요한 것은 X와 Y의 해이다. 라그랑지 승수 λ의 균형값은 예산제약이 만족되도록 보장하는 역할을 한다. 식 (3A.11)에서 $\pounds$을 λ에 대해서 1차 편미분한 것이 0과 같도록 놓음

---

4. [역주] "subject to"는 바로 뒤에 등장하는 예산선이 제약식임을 알려주는 표현이다. 그러므로 식 (3A.7)을 말로 표현하면, "예산제약 $P_X X + P_Y Y = M$하에서, 효용함수 $U(X, Y)$를 변수 X와 Y에 대해 극대화하라."가 된다.

5. [역주] 극대화 문제를 최적화(optimization) 문제라고도 부른다.

으로써 이를 보장할 수 있다.

효용을 극대화하는 X와 Y의 구체적인 해를 구하려면 효용함수의 구체적인 함수 형태가 주어져야 한다. 잠시 뒤에 실제로 예를 이용하여 구체적인 해를 구해보기로 하자. 하지만 지금 당장 주목할 사항은 최적인 X와 Y의 값은 다음과 같은 흥미로운 특성을 보여준다는 점이다. 식 (3A.9)를 식 (3A.10)으로 나누어 주면 다음과 같다.

$$\frac{\partial U/\partial X}{\partial U/\partial Y} = \frac{\lambda P_X}{\lambda P_Y} = \frac{P_X}{P_Y}. \tag{3A.12}$$

식 (3A.12)는 본문의 식 (3.3)과 유사한 효용함수로, X와 Y의 최적값은 MRS $= P_X/P_Y$ 조건을 만족시켜야만 한다. 식 (3A.12)의 $\partial U/\partial X$와 $\partial U/\partial Y$는 각각 X와 Y의 **한계효용**이라고 부른다. 풀어서 설명하면, 어떤 상품의 한계효용은 소비한 상품의 추가 단위에서 얻는 추가 효용이다. 식 (3A.12)를 통해 우리는 이들 한계효용의 비율이 곧 X에 대한 Y의 한계대체율임을 알 수 있다.

식 (3A.12)를 정리하면 다음과 같다.

$$\frac{\partial U/\partial X}{P_X} = \frac{\partial U/\partial Y}{P_Y}, \tag{3A.13}$$

여기에서 X와 Y의 최적값이 또 다른 흥미로운 특성을 보여준다. 식 (3A.13)의 좌변은 X에 지출한 마지막 1달러에서 얻은 추가적인 효용으로 해석할 수 있다. 그렇다면 식 (3A.13)은 식 (3A.5)에서 이미 얻은 결과를 미분을 통해서도 얻을 수 있음을 보여준다.

라그랑지 승수법을 이용한 실제 풀이 예

라그랑지 승수법을 직접 적용해 보자. 효용함수의 구체적인 형태는 $U(X, Y) = XY$로 주어졌고, 소득은 $M = 40$, 상품의 가격도 $P_X = 4$와 $P_Y = 2$로 주어졌다고 하자. 이제 무제약하 최적화 문제는 다음과 같이 정식화할 수 있다.

$$\underset{X, Y, \lambda}{\text{Maximize}} \; \pounds = XY - \lambda(4X + 2Y - 40). \tag{3A.14}$$

라그랑지 함수 $\pounds$의 극대값을 구하기 위한 1계 필요조건을 구하면 다음과 같다.

$$\frac{\partial \pounds}{\partial X} = \frac{\partial(XY)}{\partial X} - 4\lambda = Y - 4\lambda = 0, \tag{3A.15}$$

$$\frac{\partial \pounds}{\partial Y} = \frac{\partial(XY)}{\partial Y} - 2\lambda = X - 2\lambda = 0, \tag{3A.16}$$

그리고

$$\frac{\partial \pounds}{\partial \lambda} = 40 - 4X - 2Y = 0. \tag{3A.17}$$

식 (3A.15)를 식 (3A.16)로 나눠준 뒤, Y에 대해서 풀면 $Y = 2X$를 얻는다. 이를 다시 식 (3A.17)에 대입하고 X에 대해서 풀면 $X = 5$와 $Y = 2X = 10$이 도출된다. 우리가 찾는

효용 극대화 꾸러미는 (5, 10)인 것이다.[6]

최적해를 찾는 또 다른 방법 (대입법)

라그랑지 승수법보다 수식과 기호가 더 간략하면서도, 예산제약을 확실하게 만족시키도록 하는 다른 풀이법이 있다. 예산제약을 Y에 대해서 정리한 뒤, 효용함수의 Y에 대입하여 푸는 방법이다. 그렇게 하면 효용함수는 온전히 X만의 함수가 되므로, 이를 극대화하려면 X에 대해서 1차 미분을 한 뒤, 0과 같게 놓으면 된다.[7] 방정식을 푸는 X의 값이 바로 X의 최적해가 되므로, 이를 다시 예산제약에 대입하면 Y의 최적해를 얻을 수 있다.

예를 들어 이 풀이법을 적용해 보자. 다시 한 번 $U(X, Y) = XY$이고, $M = 40$이며, $P_X = 4$이고 $P_Y = 2$라고 가정하자. 예산제약은 $4X + 2Y = 40$이므로, 이를 Y에 대한 X의 함수로 정리하면 $Y = 20 - 2X$가 된다. 이를 효용함수에 대입하면, $U(XY) = X(20 - X) = 20X - X^2$가 된다. 이 효용함수를 X에 대해서 미분한 뒤 0과 같게 놓으면 다음과 같다.

$$\frac{dU}{dX} = 20 - 4X = 0. \tag{3A.18}$$

이 식을 풀면, $X = 5$가 된다. 이를 다시 예산제약에 대입하면, $Y = 10$이 도출된다. 그러므로 최적 꾸러미는 다시 한 번 (5, 10)이 되어, 라그랑지 승수법을 이용해 얻는 해와 같다는 것을 알 수 있다. X와 Y의 최적값을 선택함으로써 소비자는 $U(XY) = (5)(10) = 50$단위의 효용을 얻는다.

라그랑지 승수법이나 대입법 둘 중 어느 방법을 사용해서 예산배분 문제를 풀어도 3장의 본문에서 다룬 그림을 이용한 풀이와 같은 결과를 얻는다. 그림 3A.6에서 $U = 50$ 수준의 무차별곡선이 상품꾸러미 (5, 10) 지점에서 예산제약과 접한다는 것을 눈여겨보기 바란다.

최적화 문제를 쉽게 바꾸는 방법

제약하 최적화 문제를 일반적인 형태로 정식화하면 다음과 같다.

$$\text{Maximize } U(X, Y) \text{ subject to } P_X X + P_Y Y = M. \tag{3A.19}$$
$$X, Y$$

극대화 문제의 최적 꾸러미가 (X^*, Y^*)라면, 이 꾸러미는 효용함수 $V[U(X, Y)]$에 대한 최적 꾸러미이기도 하다. 여기서 V는 증가함수인 경우 어떤 함수라도 상관이 없다.[8] 이 특성을 이용하면 계산이 까다로운 최적화 문제를 간단하게 바꿔서 풀 수 있다. 다음과 같은 예를 들어 이를 확인해 보자.

$$\text{Maximize } X^{1/3}Y^{2/3} \text{ subject to } 4X + 2Y = 24. \tag{3A.20}$$
$$X, Y$$

먼저 효용함수를 변환하지 않고 식 (3A.20)을 사용해서 문제를 풀어보자. 예산제약을 정리

---

6. 국지적 극대화에 대한 2계 조건도 역시 충족된다는 가정이 깔려 있다.

7. 이때 국지적 극대값을 보장하는 2계 충분조건은 $d^2U/dX^2 < 0$이다.

8. [역주] 증가함수는 $X_1 > X_2$일 때는 언제나 $V(X_1) > V(X_2)$가 되도록 만들어 주는 함수이다.

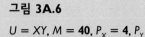

그림 3A.6

$U = XY$, $M = 40$, $P_X = 4$, P_Y = 2일 때의 최적 꾸러미

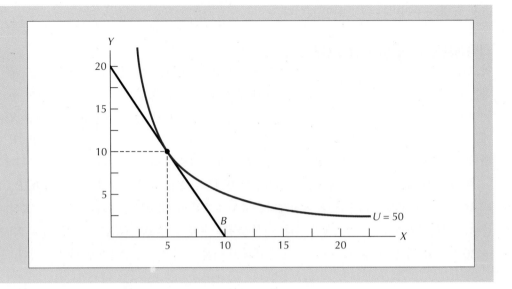

한 $Y = 12 - 2X$를 효용함수에 대입하면, $U = X^{1/3}(12 - 2X)^{2/3}$이 된다. 이를 미분하여 dU/dX를 계산하려면 매우 복잡해진다. 하지만 주의를 기울여 잘 풀면 다음과 같은 1계 필요조건을 얻게 될 것이다.

$$\frac{dU}{dX} = (\tfrac{1}{3})X^{-2/3}(12 - 2X)^{2/3} + X^{1/3}(\tfrac{2}{3})(12 - 2X)^{-1/3}(-2) = 0, \qquad (3A.21)$$

여기에서 다시 주의를 기울여 풀어나가면, $X = 2$를 얻게 된다. 이를 예산제약에 대입하면, $Y = 8$을 얻는다.

이번에는 효용함수에 자연로그(logarithm)를 적용하여 변환하여 다음 문제를 풀어보자.

$$V = \ln[U(X, Y)] = \ln(X^{1/3}Y^{2/3}) = (\tfrac{1}{3})\ln X + (\tfrac{2}{3})\ln Y. \qquad (3A.22)$$

자연로그는 증가함수이므로, 예산제약하에 V를 극대화하면 U를 극대화할 때와 동일한 해를 얻는다. 자연대수로 변환하는 경우에 좋은 점은 V를 미분하는 작업이 훨씬 쉬워진다는 것이다. 다시 한 번 예산제약을 정리하면 $Y = 12 - 2X$이고, 이를 V에 대입하면, $V = (\tfrac{1}{3})\ln X + (\tfrac{2}{3})\ln (12 - 2X)$를 얻게 된다. 이번에는 1계 필요조건을 아주 쉽게 도출할 수 있다.

$$\frac{dV}{dX} = \frac{\tfrac{1}{3}}{X} - \frac{2(\tfrac{2}{3})}{12 - 2X} = 0, \qquad (3A.23)$$

여기에서 $X = 2$를 얻고, 이를 예산제약에 대입해서 $Y = 8$을 얻는다.

어떻게 변환을 해야 계산이 쉬워지는지는 주어진 효용함수에 따라 다르다. 위의 예에서는 자연로그로 변화해서 계산을 쉽게 해낼 수 있었지만, 다른 형태의 U에 대해서도 늘 그런 것은 아니다.

▪ 연습문제 ▪

1. 호준은 주당 소득 $100을 X와 Y에 모두 지출한다. 그의 효용함수는 $U(X, Y) = XY$이고, $P_X = 4$와 $P_Y = 10$이다. 호준은 X와 Y를 얼마나 구입해야 하는가?

2. 1번 문제와 동일하게 가정하되, 이번에는 호준의 효용함수가 $U(X, Y) = X^{1/2}Y^{1/2}$로 주어졌다고 하자. 이때 호준의 X와 Y에 대한 최적해는 무엇인가?

3. 문제 1번과 2번에서 도출한 해답들 사이에는 어떤 관계가 있는지 잘 살펴보라. 이 관계를 어떻게 설명하겠는가?

4. 은지는 음식과 옷만을 소비한다. 그녀가 음식에 지출하는 마지막 1달러의 한계효용은 12이고, 옷에 지출하는 마지막 1달러의 한계효용은 9이다. 음식 가격은 단위당 $1.20, 옷 가격은 단위당 $0.90으로 주어졌다. 은지는 현재 효용을 극대화하고 있는가?

5. 대준이는 일주일 용돈 $17을 모두 중고 음악 CD($C$)와 영화 DVD 대여($M$)에 사용한다. 중고 음악 CD 가격은 $4이고, 영화 DVD 대여 가격은 $3이다. 그의 효용함수는 $U(C) + V(M)$이다. $U(C)$와 $V(M)$의 값이 아래 표에서처럼 주어진다면, 대준이는 일주일에 음악 CD를 2개 구입하고 영화 DVD를 3개 대여하는 경우 효용 극대자라고 할 수 있는가? 그렇지 않다면 대준이는 용돈을 어떻게 재배분해야 할까?

C	U(C)	M	V(M)
0	0	0	0
1	12	1	21
2	20	2	33
3	24	3	39
4	28	4	42

CHAPTER 4

개별수요와 시장수요
Individual and Market Demand

내가 장을 보는 식료품점에서는 소금 450 g을 30센트에 판다. 우리 가족은 소금 가격이 5센트이건 심지어 10달러일지라도 그냥 사던 대로 값을 치루고 같은 양을 산다. 사실 나는 대학원생 시절부터 같은 양의 소금을 사왔다. 지금과 비교하면 그 당시 나는 정말 가난한 대학원생이었는데 말이다.

하지만 소금은 매우 특이한 경우라고 할 수 있다. 대부분의 상품들에 대해서 우리는 가격과 소득의 변화에 따라 이보다 훨씬 민감하게 반응한다. 예를 들어, 연구년을 맞아 우리 가족이 뉴욕 시에 거주할 때, 뉴욕 주거비가 코넬대학교가 있는 이타카(Ithaca)의 무려 네 배가 넘기 때문에 원래 살던 집의 절반도 안 되는 크기의 아파트에서 살았다.

4.1 4장 미리보기

합리적 선택 모형의 틀에서 보면, 소금이나 주거공간에 대한 내 행동은 완벽하게 설명할 수 있다. 이번 장에서 우리는 3장에서 배운 도구들을 사용하여 소득과 가격의 변화로 인해 벌어지는 구매 결정의 반응이 왜 그토록 큰 차이를 보이는지 좀 더 상세하게 살펴보고자 한다. 3장에서 우리는 가격과 소득이 변함에 따라 예산제약이 어떤 영향을 받는지 공부했다. 이번 장에서는 그 다음 단계로 넘어가서, 예산제약의 변화가 실제 구매 결정에 어떻게 영향을 미치는지를 알아볼 차례이다. 좀 더 자세하게 말하자면, 우리는 합리적 선택 모형을 이용하여 어떤 상품에 대한 개별 소비자의 수요를 도출하고 그 수요가 소득이 변함에 따라 어떻게 달라지는지 살펴보고자 한다.

또한 우리는 가격 변화로 인한 총효과를 서로 다른 두 가지 효과로 어떻게 분해해 내는지를 살펴볼 것이다. 가격 변화로 인한 영향을 받는 수요는 (1) 가격이 변함에 따라 대체재의 매력이 변하는 정도를 나타내는 대체효과와 (2) 가격변화로 인해 구매력이 변함으로써 수요량이 변하는 정도를 나타내는 소득효과로 분해할 수 있다.

그 다음에 우리는 개별수요곡선들을 합하여 시장수요곡선을 도출하는 방법을 살펴볼 것이다. 이번 장에서 가장 중요한 개념은, 소폭의 가격 변화에 따른 구매 결정의 반응도를 보여주는 수요의 가격탄력성이다. 또한 소폭의 소득 변화에 따른 구매 결정의 반응도를 보여주는 수요의 소득탄력성도 함께 공부할 것이다. 그리고 어떤 상품들의 경우에는 평균소득이 아니라 소득의 분배 상태가 시장수요의 중요한 결정요인이라는 점도 공부할 것이다.

우리가 공부할 또 다른 탄력성 개념은 한 상품의 가격이 소폭 변화할 때 다른 상품의 수요량이 변하는 정도인 수요의 교차가격탄력성이다. 교차가격탄력성은 한 쌍의 상품이 대체재 관계에 있는지 아니면 보완재 관계에 있는지를 결정하는 기준이 된다.

이러한 분석 개념들을 사용하여 우리는 경제주체들이 보여주는 여러 시장에서의 다양한 행태를 더 깊게 이해할 수 있을 뿐만 아니라 지적인 의사결정과 정책 분석을 위한 확고한 토대를 마련할 수 있다.

4.2 가격 변화의 효과

가격소비곡선

앞서 2장에서 우리는 시장수요곡선을 통해서 시장 전체가 다양한 가격대에서 상품을 얼마나 구입하고자 하는지 알 수 있다고 배웠다. 하지만 어떤 상품에 대한 시장 전체의 수요표가 아니라 오직 한 사람의 수요표를 알고 싶을 때는 어떻게 할까? 주거공간을 예로 들어 설명해보자. 소득, 선호, 그리고 다른 상품들의 가격이 모두 고정되어 있다고 가정한 상황에서, 주거공간의 가격이 변할 때 소비자가 구입하는 주거공간의 양은 어떻게 변할 것인가? 이 질문에 답변하기 위해서, 주거공간은 수평축에 표시하고 복합재 Y는 수직축에 표시하는 소비자의 무차별지도를 먼저 그려보자. 소비자의 소득이 $120/주이고, 복합재 가격은 단위당 $1라고 하자. 예산제약의 수직축 절편은 120이 될 것이다. 수평축 절편은 $120/P_S$가 될 것인데, 이때 P_S는 주거공간의 가격을 뜻한다. 그림 4.1에는 모두 4개의 제약선이 네 가지 상이한 주거공간의 가격 $24/m^2$, $12/m^2$, $6/m^2$, $4/m^2$에 따라 각각 그려져 있다. 이에 상응하는 선택 가능한 최선의 상품꾸러미들에는 주거공간이 각각 2.5, 7, 15, 그리고 20/m^2 주 포함되어 있다. 이런 식으로 무수히 많은 가격에 따라 무차별곡선을 그린다면, 무차별곡선과 예산제약의 접점들을 따라 선을 그릴 수 있고, 이 선은 그림 4.1에서 PCC로 표시되어 있다. 우리는 이 선을 **가격소비곡선**(PCC: price-consumption curve)이라고 부른다.

가격소비곡선
소득과 Y의 가격을 고정한 상태에서, X재에 대한 PCC는 X의 가격이 변화함에 따라 무차별지도를 따라 추적한 최적 꾸러미의 집합이다.

그림 4.1

가격소비곡선
소득과 Y의 가격을 고정한 상태에서, 주거공간의 가격을 조금씩 변화시켜 보자. 이때 예산선과 무차별곡선이 만나는 점들의 집합(즉, 최적 상품꾸러미들의 집합)을 선으로 이어주면 가격소비곡선(PCC)을 얻을 수 있다.

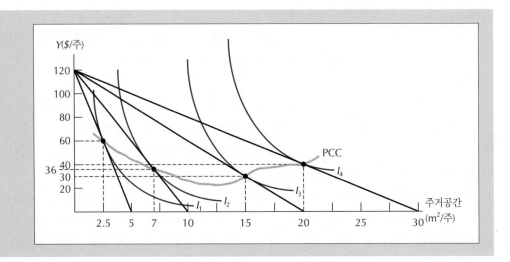

그림 4.1에 그린 특정 소비자의 무차별지도를 보면, 주거공간의 가격이 하락할 때마다 예산제약선이 바깥쪽으로 움직여서 소비자가 더 많은 주거공간뿐만 아니라 더 많은 복합재도 살 수 있다는 것을 알 수 있다. 그리고 주거공간의 가격이 떨어질 때마다, 소비자는 전에 선택했던 것보다 더 많은 주거공간을 포함한 꾸러미를 선택하게 된다. 그러나 주거공간의 가격이 하락할 때 복합재에 지출하는 금액은 늘어날 수도 있고 줄어들 수도 있다. 이 점을 보여주기 위해서, 그림 4.1에는 주거공간의 가격이 $24/주에서 $12/주로 하락할 때는 복합재에 대한 지출액이 줄어들지만, 주거공간의 가격이 $6/주에서 $4/주로 하락할 때는 복합재에 대한 지출액이 늘어나는 것으로 그려져 있다. 왜 이러한 구매 패턴이 발생하는지에 대해서는 뒤에서 좀 더 자세히 살펴볼 것이다.

소비자의 개별수요곡선

여러 가격대에서 소비자가 사고자 하는 수량을 보여준다는 점에서 개별 소비자의 수요곡선은 시장수요곡선과 똑같다. 개별수요곡선을 도출하는 데 필요한 모든 정보는 가격소비곡선에 담겨 있다. PCC에서 개별수요곡선을 도출하기 위한 첫 번째 단계는 그림 4.1의 PCC로부터 관련 가격－수량 조합들을 표 4.1과 같이 기록해 두는 것이다. (3장에서 살펴보았듯이, 주거공간의 가격은 소득을 해당 예산선 수평축 절편으로 나눈 것임을 떠올리기 바란다.)

두 번째 단계는 표 4.1에 기록한 가격－수량 조합을 그림으로 표시하는 것이다. 이때 주거공간의 가격을 수직축에, 주거공간의 수량을 수평축에 표시한다. 가격－수량 조합들을 여러 개 추출하여 그림에 표시하면 개별수요곡선을 그림 4.2의 DD처럼 그릴 수 있다. PCC에서 개별수요곡선을 도출할 때, 한 가지 주의할 사항은 PCC는 주거공간과 복합재를 양축에 두고 그림을 그렸지만, 개별수요곡선은 해당 상품의 가격과 수량을 양축에 두고 그림을 그려야 한다는 점이다.

표 4.1

수요표

주거공간 가격 ($/m²)	주거공간 수요량 (m²/주)
24	2.5
12	7
6	15
4	20

그림 4.1의 PCC에서 주거공간에 대한 개인의 수요곡선을 도출하기 위해서, 각 예산선의 주거공간 가격에 상응하는 주거공간의 수요량을 적는 일부터 시작하라.

그림 4.2

개별 소비자의 수요곡선

개별수요곡선도 시장수요곡선처럼 소비자가 다양한 가격대에서 해당 상품을 얼마나 사고자 하는지를 보여준다.

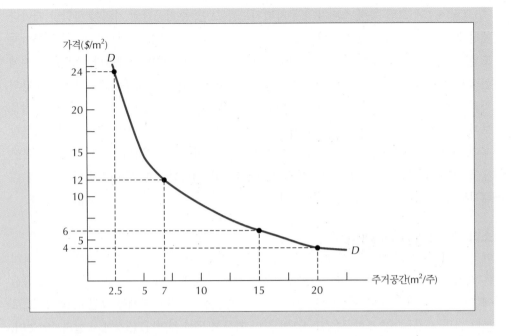

4.3 소득변화의 효과

소득소비곡선

소득소비곡선

상품 X와 Y의 가격들을 모두 고정한 다음, 소득의 변화에 따른 최적 꾸러미들의 집합을 그림으로 표시하면 ICC를 얻을 수 있다.

개별수요곡선과 PCC는 소비자의 구매 결정이 가격 변화에 대해서 어떻게 반응하는지를 보여주는 두 가지 다른 방식이라고 할 수 있다. 그렇다면 우리는 소득의 변화에 대한 개별 수요곡선의 변화를 보여줄 수 있는 방식이 있는지 질문할 수 있다. PCC와 비슷하지만 이번에는 가격이 아니라 소득의 변화에 초점을 맞추는 경우, **소득소비곡선**(ICC: income-consumption curve)을 얻을 수 있다. 주거공간에 대한 PCC를 얻기 위해서 우리는 선호, 소득, 복합재 가격을 고정시킨 채 주거공간의 가격 변화가 어떤 효과를 발생시키는지 추적했다. ICC의 경우에는 선호와 상대가격을 고정시켜 놓은 채 소득 변화의 효과를 추적하면 된다.

그림 4.3

소득소비곡선

소득이 증가함에 따라 예산선은 바깥쪽으로 이동한다. ICC는 예산선이 바깥쪽으로 이동하면서 바뀌는 최적 소비점들의 집합이다. 선호와 상대가격을 고정된 상태에서, ICC는 소득의 변화가 소비에 어떤 영향을 미치는지 알 수 있게 해준다.

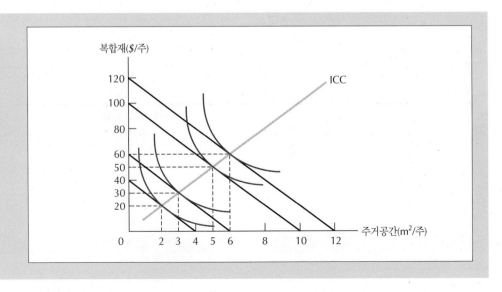

예를 들어 그림 4.3에서 복합재 가격을 단위당 $1로 고정하고, 주거공간의 가격을 $10/$m^2$로 고정한 다음, 소득이 $40/주, $60/주, $100/주, $120/주로 변할 때 무슨 일이 벌어지는지 살펴보자. 3장에서 소득이 변하면 예산선이 평행이동한다는 것을 배웠다. 이에 따라 변화한 예산선이 무차별곡선과 만나는 지점인 최적 소비점도 달라진다. 이렇게 나타난 선택 가능한 최선의 꾸러미들을 이은 선이 그림 4.3의 ICC이다. 여기에서는 ICC가 직선으로 나타나지만 항상 그런 것은 아니다.

엥겔곡선

가격소비곡선에서 개별수요곡선이 도출되는 것과 유사하게 소득소비곡선에서 **엥겔곡선**(Engel curve)이 도출된다. ICC에서 주거공간 수요량을 가져와서 이에 상응하는 소득액을 함께 그려주면 엥겔곡선이 나타난다. 표 4.2를 보면 그림 4.3에 표시된 4개의 소득-주거공간 조합들이 적혀 있다. 이런 식으로 그림 4.3에서 소득-소비 조합들을 무수히 많이 찾아내어 소비량과 소득의 관계를 그림 4.4의 *EE*처럼 그려주면 그 선이 바로 엥겔곡선이 된다. 그림 4.4에서는 엥겔곡선이 직선으로 나타나지만, 이는 소비자의 무차별지도 형태에 따라 달

엥겔곡선
상품 *X*의 소비량과 소득 사이의 관계를 표시해 주는 곡선

표 4.2

소득과 주거공간 수요량

소득 ($/주)	주거공간 수요량 (m^2/주)
40	2
60	3
100	5
120	6

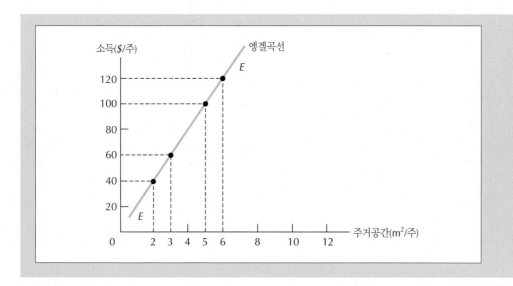

그림 4.4

개별 소비자의 엥겔곡선

선호와 상대가격이 고정된 상태에서, 소비자가 다양한 소득대에서 주거공간을 얼마나 구입할 것인지 알려주는 엥겔곡선을 도출할 수 있다.

라질 수 있다. 엥겔곡선이 언제나 직선으로 나타나는 것은 아니다.

ICC의 수직축에는 소비자가 주거공간에 지출하는 남은 돈을 모두 지출하는 복합재를 표시했지만, 엥겔곡선의 수직축에는 소비자의 주당 총소득을 표시했다는 점을 눈여겨보기 바란다.

또한 개별수요곡선과 PCC에서와 마찬가지로, 엥겔곡선과 ICC는 근본적으로 같은 정보를 포함하고 있다는 점도 잊지 말기 바란다. 엥겔곡선이 유용한 점은 소득의 변화에 따라 수요량이 어떻게 변하는지 한눈에 알아볼 수 있도록 해 준다는 점이다.

정상재와 열등재

정상재

소득이 증가할 때 수요량이 증가하는 상품

열등재

소득이 증가할 때 수요량이 감소하는 상품

그림 4.5*a*에서 엥겔곡선은 우상향하는 모습을 보여준다. 소비자의 소득이 늘어날수록 안심 스테이크를 더 많이 소비한다는 뜻이다. 우리가 구입하는 대부분의 상품들도 소득이 늘어나면 소비량이 늘어난다. 이러한 특성을 보이는 상품을 **정상재**(normal goods)라고 부른다. 그렇지 않은 경우, **열등재**(inferior goods)가 된다. 열등재의 경우, 소득이 증가하면 수요량이 줄어든다. 그림 4.5*b*에는 소득이 늘어날수록 햄버거를 덜 먹는다는, 열등재에 대한 엥겔곡선이 제시되어 있다.

소득이 증가하는데도 왜 어떤 상품은 덜 사게 될까? 전형적인 열등재의 경우에는 대개 매우 강렬하게 선호하지만 훨씬 비싼 대체재들이 존재한다. 예를 들어, 슈퍼마켓에서는 여러 등급의 쇠고기를 판매하는데, 지방이 많이 포함된 햄버거용 갈아 놓은 고기부터 지방이 거의 없는 안심까지 있다. 지방 섭취를 줄이려는 소비자는 소득이 늘어 안심을 사먹을 수 있게 될 때, 햄버거용 갈아 놓은 고기에서 안심으로 바꿀 것이다. 이 경우, 햄버거용 고기는 열등재가 된다.

소득을 전부 지출하는 소비자의 경우, 모든 상품들이 열등재일 수 없다는 것은 수학적으로 간단히 입증할 수 있다. 소득이 증가할 때, 모든 상품들에 대해 지출을 줄이는 것은 수학적으로 불가능하기 때문이다. 어떤 상품의 범위를 넓게 정의할수록, 그 상품이 열등재가 될 가능성은 낮아진다. 햄버거용 고기를 열등재로 여기는 소비자들은 제법 많을 수 있지만, "고

그림 4.5

정상재와 열등재의 엥겔곡선

(*a*) 왼쪽 그림은 소득이 늘어남에 따라 안심스테이크에 대한 수요량이 늘어나는 모습을 보여준다. 정상재에 대한 엥겔곡선이다. (*b*) 오른쪽 그림은 소득이 늘어남에 따라 햄버거에 대한 수요량이 줄어드는 모습이다. 여기서 햄버거는 열등재가 된다. 소득이 증가함에 따라 소비자는 햄버거에서 더 질 좋은 고기로 수요를 바꾼다.

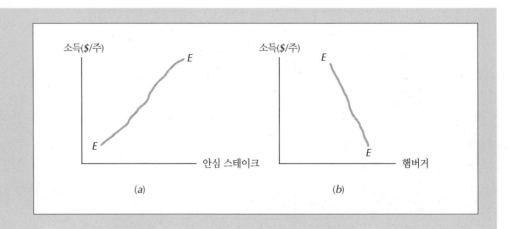

소득이 증가하면, 많은 소비자들이 지방이 많이 포함된 값싼 햄버거용 고기를 덜 사는 대신, 안심과 같이 지방질이 적은 비싼 고기를 더 산다.

기"를 열등재로 여기는 소비자들은 이보다 훨씬 적을 것이다. "음식"을 열등재로 취급하는 사람들은 아마 거의 없을 것이다.[1]

4.4 가격 변화의 대체효과와 소득효과

2장에서 상품 가격이 변할 때 구매 결정이 달라지는 두 가지 이유에 대해서 배운 바 있다. 가격이 오르는 경우를 먼저 살펴보자. (가격 인하의 효과는 정반대로 나타날 것이다.) 상품 가격이 오르면, 가까운 대체재가 전보다 더 매력적이 된다. 예를 들어, 쌀의 가격이 오르면, 대체재인 밀이 더욱 매력적으로 변한다. 이를 가격 인상의 **대체효과**(substitution effect)라고 부른다.

가격 인상의 두 번째 효과는 소비자의 구매력 감소로 나타난다. 정상재의 경우, 구매력 감소는 구매량 감소로 이어진다. 하지만 열등재의 경우, 그 효과는 반대로 나타난다. 구매력 감소는 열등재의 구입량이 늘어나게 만든다. 구매력 변화로 인한 구매량의 변화를 가격 변화에 따른 **소득효과**(income effect)라고 부른다.

가격 인상의 **총효과**(*total effect*), 즉 가격효과(price effect)는 대체효과와 소득효과를 합친 것이다. 대체효과는 구매량의 변화가 가격 변화의 방향과 언제나 반대로 나타나게 만든다. 가격이 올라가면, 수요량은 감소한다. 반대로 가격이 내려가면, 수요량은 증가한다. 그에 비해서 소득효과의 방향은 해당 상품이 정상재인지 열등재인지에 따라 달라진다. 정상재인 경우, 소득효과는 대체효과와 같은 방향으로 발생한다. 가격이 올라가면(내려가면), 구매력의 하락(상승)으로 수요량은 줄어든다(늘어난다). 반대로 열등재의 경우에는 소득효과와 대체효과가 서로 반대 방향으로 발생한다.

가격 상승의 대체효과, 소득효과, 총효과를 그림을 통해서 살펴보면 훨씬 명료하게 이해

대체효과
어떤 상품의 가격이 변하면서 다른 상품과의 상대적인 매력이 변함에 따라 발생하는 구매량의 변화

소득효과
어떤 상품의 가격이 변하면서 소비자의 구매력이 변하게 되고, 이로 인해 구매량이 변화하는 효과

---

1. 소비재들을 분류하는 또 다른 유용한 방법은 소위 **필수재**(*necessities*)와 **사치재**(*luxuries*)로 나누는 것이다. 사치재는 소비자의 소득이 증가할 때 소득 중에서 더 큰 비중을 소비하는 상품이다. 이와는 반대로 소득이 늘어나면 더 작은 소득비중을 지출하는 상품을 필수재라고 부른다. (자세한 사항은 뒤에서 더 논의할 것이다.)

그림 4.6

가격변화의 총효과

소득이 $120/주이고 주거공간의 가격이 $6/m^{2}이라면, 소비자는 예산선 B_0에서 꾸러미 A를 선택한다. 주거공간의 가격이 $24/m^{2}로 상승하면, 소득이 $120/주로 고정된 상황에서 소비자의 선택 가능한 최선의 상품꾸러미는 D이다. 주거공간의 수요량이 10 m^2/주에서 2 m^2/주로 줄어든 것을 가격 인상의 총효과라고 부른다.

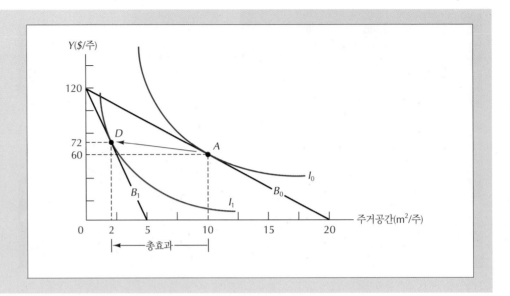

할 수 있다. 먼저 총효과를 살펴보자. 그림 4.6에서 소비자의 초기 소득은 $120/주, 주거공간의 초기 가격은 $6/m^{2}이다. 이에 해당하는 예산선은 B_0로 표시되어 있고, 이때 최적 꾸러미는 주거공간 10 m^2/주를 포함한 A이다. 이제 주거공간의 가격이 $6/m^{2}에서 $24/m^{2}로 상승했다고 하자. 그 결과 예산선은 B_1으로 이동하고, 새로운 최적 소비점은 D로 2 m^2/주의 주거공간을 포함한다. 이때 A에서 D로의 이동을 가격 인상의 총효과라고 부른다. 가격 인상 때문에 소비자는 원래 예산선에서 달성 가능했던 무차별곡선 I_0보다 더 낮은 위치에

그림 4.7

가격변화로 인한 대체효과와 소득효과

대체효과를 측정하기 위해서 예산선 B_1을 원래의 무차별곡선 I_0와 접할 때까지 바깥쪽으로 평행이동시킨다. A에서 C로의 이동이 대체효과로, 주거공간이 다른 상품들에 비해서 더 비싸졌다는 이유만으로 줄어든 수요량을 보여준다. C에서 D로의 이동은 소득효과를 보여주는데, 가격 상승에 따른 구매력 손실 때문에 주거공간의 수요량이 감소한 정도를 측정해 준다.

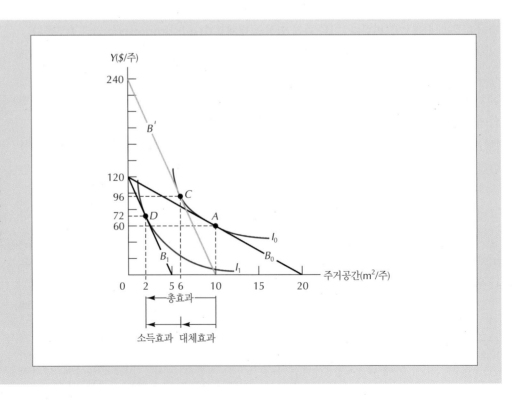

있는 무차별곡선 I_1를 달성하게 된다.

총효과를 대체효과와 소득효과로 분해하기 위해서, 먼저 다음과 같은 질문을 던져보자. 주거공간의 가격이 오른 뒤에 소비자는 자신의 원래 무차별곡선 I_0를 달성하기 위해서 소득이 얼마나 필요할까? 그림 4.7에서 이에 대한 정답은 $240/주임을 알 수 있다. 소비자에게 그만큼의 소득이 주어진다면, 주거공간의 가격 인상으로 발생한 구매력 손실로 입은 충격을 되돌릴 수 있을 것이다. B'로 표시한 예산선은 순전히 가상의 예산선으로, 설명을 돕기 위해서 그린 것이다. 이 가상의 예산선은 새로운 예산선 B_1과 기울기가 같지만, 훨씬 바깥에 위치한 원래의 무차별곡선 I_0와 접해 있다. 예산선 B'에서, 최적 꾸러미는 C로 6 m^2/주의 주거공간을 포함하고 있다. A에서 C로의 이동이 가격변화에 따른 대체효과로, 주거공간은 4 m^2/주가 감소했고 복합재는 36단위/주가 증가했다.

가상의 예산선 B'를 통해 소비자가 전과 같은 무차별곡선에 도달할 만큼의 소득을 가지고 있더라도, 주거공간의 가격 인상 때문에 소비자는 주거공간의 소비를 줄이고 다른 재화와 서비스의 소비를 늘리게 된다. 소비자의 선호가 정상적인 볼록한 무차별곡선을 보인다면, 가격 인상으로 인한 대체효과는 가격이 오른 상품의 소비를 언제나 감소시킬 것이다.

소득효과는 C에서 D로의 이동으로 측정된다. 그림 4.7에서 우리가 예로 든 상품은 정상재이다. 소비자의 소득이 $240/주에서 $120/주로 줄어든 가상적인 상황에서, 주거공간의 소비는 6 m^2/주에서 2 m^2/주로 더 줄어들게 된다.

정상재의 경우 소득효과는 대체효과를 강화하지만, 열등재의 경우에는 두 효과가 서로 반대 방향으로 나타난다. 그림 4.8에서 B_0는 햄버거 가격이 $1/kg일 때 소득이 $24/주인 소

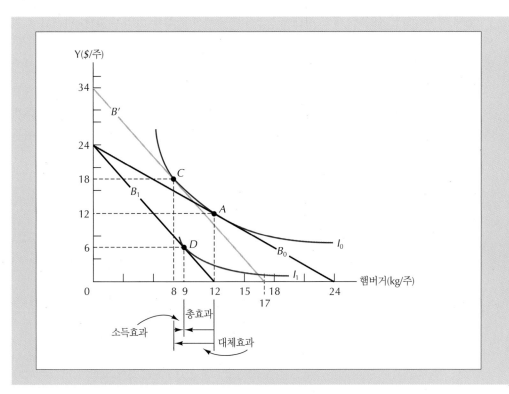

그림 4.8

열등재의 소득효과와 대체효과

정상재의 경우에는 소득효과와 대체효과가 같은 방향으로 나타나지만, 열등재의 경우에는 정반대 방향으로 나타나 소득효과가 대체효과를 잠식한다.

비자의 예산선이다. B_0에서 선택 가능한 최선의 상품꾸러미는 A로, 12 kg/주의 햄버거가 꾸러미 안에 포함되어 있다. 이제 햄버거 가격이 $2/kg으로 오르면, 예산제약은 B_1으로 변하고 그에 따라 최선의 꾸러미는 햄버거를 9 kg/주 포함한 D가 된다. 그러므로 햄버거 가격 인상의 총효과는 햄버거 수요량 3 kg/주 감소로 나타난다. 여기에서 B'는 가상의 예산선으로, 소비자가 새로운 상대가격하에서 원래의 무차별곡선에 도달할 수 있도록 만들어준다. 앞의 그림 4.8에서 A에서 C로의 이동에 따른 햄버거 소비의 변화인 대체효과는 햄버거 소비량을 4 kg/주 감소시키는 것으로 나타난다. 대체효과로 인한 햄버거 소비량 감소가 총효과보다 더 크게 나타난다는 점에 주목하기 바란다. C에서 D로의 이동과 관련된 소득효과는 햄버거 소비를 1 kg/주만큼 오히려 증가시킨다. 그러므로 햄버거와 같은 열등재의 경우 소득효과는 대체효과와 반대로 나타난다.

기펜재

기펜재(Giffen good)는 가격이 오를 때 수요량이 감소하는 것이 아니라 오히려 증가하는 재화이다. 가격 인상에 따른 대체효과는 언제나 수요량을 감소시키는 방향으로 작용하므로, 기펜재에서는 소득효과가 대체효과를 상쇄하고도 남을 만큼 강하게 작용해야 한다. 그러므로 기펜재는 당연히 열등재여야 한다. 그것도 아주 강력한 열등재라서 소득효과가 대체효과보다 크게 나타나는 상품이어야 한다.

기펜재의 예로 가장 많이 등장하는 것은 19세기 아일랜드의 감자 기근 사례이다. 빈곤층이 워낙 감자를 많이 먹었기 때문에 감자의 가격이 오르자 구매력의 실질가치가 심하게 하락했다는 것이다. 실질소득이 줄어들었으니 많은 가정에서 고기를 비롯한 비싼 음식의 구입을 줄이고 감자를 더 많이 샀다는 것이다. (그림 4.9를 보기 바란다.)

현대 역사가들은 감자가 정말 기펜재였는지에 대해서 논쟁을 벌이고 있다. 하지만 논쟁의 결과와는 상관없이, 아일랜드 감자 기근의 예는 기펜재가 되기 위해서 어떤 조건들이 충족되어야 하는지를 명확하게 보여준다. 첫째, 해당 상품이 열등재이면서도 소비자의 예산에서 큰 몫을 차지해야만 한다. 그렇지 않다면 가격이 오르더라도 실질 구매력이 크게 줄어들지 않을 것이기 때문이다. (예를 들어, 열쇠고리의 가격이 두 배로 뛴다고 해서 갑자기 크게 가난해지는 사람은 거의 없을 것이다.) 둘째, 기펜재는 상대적으로 작은 대체효과를 보여주

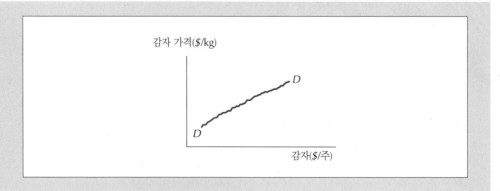

그림 4.9

기펜재에 대한 수요곡선

어떤 상품이 매우 강한 열등재라서 가격 인상에 의한 소득효과가 대체효과를 압도한다면, 그 상품에 대한 수요곡선은 우상향하는 모습을 보일 것이다. 기펜재는 이론적으로만 가능한 상품이지 현실에서 목격된 경우는 없다고 할 수 있다.

어야 한다. 그래서 소득효과가 대체효과를 압도할 정도가 되어야 한다.

실제로 어떤 상품이 이 두 가지 조건을 모두 만족시킬 가능성은 매우 낮다. 대부분의 상품들은 소비자의 총지출에서 매우 작은 비중만을 차지하기 때문이다. 게다가, 이미 설명했듯이, 상품에 대한 정의를 넓게 잡을수록, 해당 상품이 열등재가 될 가능성은 더 낮아진다. 마지막으로, 열등재는 그 특성상 가까운 대체재가 존재하는 경우가 많다. 예를 들어, 햄버거용 갈아 놓은 고기 대신에 쇠고기 안심으로 대체하려는 소비자의 성향 때문에 햄버거용 갈아 놓은 고기가 열등재가 되는 셈이기 때문이다.

기펜재는 흥미진진한 변칙 사례에 해당한다. 경제학을 공부하는 학생들이 대체효과와 소득효과의 세밀한 사항까지 제대로 이해하고 있는지 점검할 때 유용하게 사용되는 경우가 많다. 하지만 우리는 미시경제학을 공부하면서 교재 나머지 부분에서는 수요곡선이 우하향하는 정상적인 모습을 보인다고 가정할 것이다.

| 완전보완재 | 예 4.1 |

스키와 바인딩이 완전하게 1:1로 보완 관계에 있다고 가정하자. 남주는 스키장비에 지출하는 자신의 소득 $1200/년을 모두 스키와 바인딩에 사용한다. 스키와 바인딩 가격이 각각 $200라면, 바인딩 가격이 한 쌍에 $400로 상승하는 경우 대체효과와 소득효과는 어떻게 될 것인가?

우리의 목적은 구체적인 두 상품인 스키와 바인딩에 미치는 효과를 살펴보는 것이므로, 스키와 바인딩을 수직축과 수평축에 각각 배정하기로 한다. (그래서 앞에 등장한 예들과는 달리 복합재가 등장하지 않는다.) 그림 4.10의 원래의 예산선 B_0에서 최적 꾸러미는 A로 표시되어 있다. 남주는 최적 소비점에서 매년 3쌍의 스키와 3쌍의 바인딩을 구입한다.

바인딩의 가격이 한 쌍에 $200에서 $400로 오르면 예산선이 B_1으로 바뀌고, 그 결과 최적 소비점은 연간 2쌍의 스키와 2쌍의 바인딩으로 구성된 D로 이동한다. 남주가 새로운 가격에서

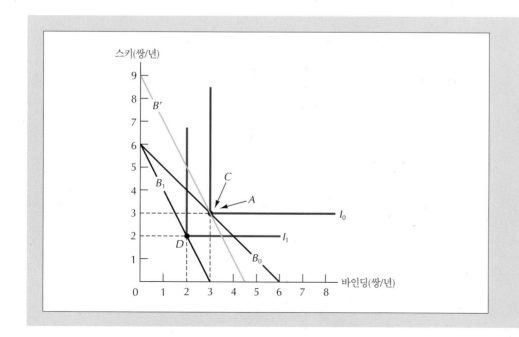

그림 4.10

완전보완의 대체효과와 소득효과

완전보완의 경우에, 바인딩의 가격이 오를 때 대체효과는 (A에서 C로의 이동) 0이다. 소득효과와 (A에서 D로의 이동) 총효과는 I로 서로 같다.

도 원래의 무차별곡선 I_0 수준과 같은 효용을 얻으려면 $1800/년의 장비 예산이 필요할 것이다. (예산선 B_1이 무차별곡선 I_0에 닿을 때까지 이동시킨 뒤, 수직축 절편에서 꾸러미 구입 비용을 계산하면, 한 쌍에 연간 $200을 주고 9쌍의 스키를 사게 된다.) 완전보완재의 경우에는 무차별 곡선이 L자 형태로 나타나므로 예산선 B'에서와 원래의 예산선 A에서는 최적 소비점이 C로 정확히 똑같다. 그러므로 완전보완재의 경우에 대체효과는 0이 된다. 그러므로 남주의 예에서 가격 인상에 따른 총효과는 소득효과와 같아진다.

예 4.1에서는 바인딩 가격이 스키 가격보다 더 많이 오르는 경우, 사람들이 스키와 바인딩의 구입 비율을 변화시키지 않는 것으로 나타난다. 그러나 가격 인상으로 실질 구매력은 낮아지므로 (소비자가 살 수 있는 두 상품의 양이 모두 줄어들므로) 장비를 더 적게 사게 될 것이다. 그러므로 소득효과로 인해서 소비자는 스키와 바인딩을 모두 같은 비율로 덜 사게 된다.

> **개념 확인 4.1**
> 예 4.1에서 스키와 바인딩의 조합을 완전한 2:1 보완재로 바꿔서 분석하라. (즉, 남주는 바인딩 한 쌍이 낡도록 사용하는 동안 스키 두 쌍을 낡도록 쓴다고 가정을 바꾼다.)

예 4.2   **완전대체재**

두준에게는 홍차와 커피가 1:1로 완전대체재 관계에 있으며, 두 음료에 $12/주를 지출한다. 커피 가격은 $1/잔이고, 홍차 가격은 $1.20/잔이다. 커피 가격이 $1.50/잔으로 상승하는 경우, 대체효과와 소득효과는 어떻게 되는가?

두준은 일주일에 12잔의 커피를 마시지만 홍차는 마시지 않을 것이다(그림 4.11의 A). 왜냐하면 각 상품은 그에게 똑같은 효용을 주지만, 홍차는 더 비싸기 때문이다. 그래서 커피 가격이 상승하면, 두준은 홍차만 일주일에 10잔을 소비하고 커피는 소비하지 않게 될 것이다(소비점 D). 홍차를 12잔 마시려면(소비점 C) 두준은 $14.40/주의 예산이 필요한데, 이는 그가 원래 소비했던 커피 12잔과 동일한 효용을 준다. 그래서 대체효과는 (12, 0)에서 (0, 12)가 되고, 소득효과는

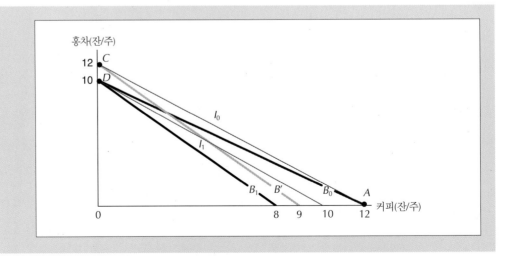

그림 4.11

완전대체재의 대체효과와 소득효과

완전대체재의 경우에, 커피 가격의 상승으로 인한 대체효과는 (A에서 C로 이동) 매우 클 수 있다.

(0, 12)에서 (0, 10)이 되어, 총효과는 (12, 0)에서 (0, 10)이 된다. 완전대체재의 경우에, 대체효과는 이렇게 매우 크게 나타날 수 있다. 아주 작은 가격 변화에도(MRS에 가까운), 소비자는 어느 한 상품만을 소비하는 선택에서 다른 상품만을 소비하는 선택으로 큰 행태 변화를 보이게 된다.

개념 확인 4.2
예 4.2에서 제시된 원래 가격에서 시작하여 홍차 가격이 $1.50/잔으로 상승하는 경우 대체효과와 소득효과는 어떻게 될 것인가?

가격 변화에 대한 소비자의 반응

이번 장의 첫 부분에서 잠깐 언급했듯이, 소금과 같은 특정 상품에 대해서는 소비가 가격 변화에 매우 둔감하게 변화하는 반면에, 주거공간과 같은 상품의 경우에는 훨씬 민감하게 반응한다. 대체효과와 소득효과를 공부하는 가장 중요한 이유는 가격 변화에 대한 반응이 이렇게 다르게 나타나는 현상을 이해하기 위해서이다.

먼저 소금의 경우를 생각해보자. 대체효과와 소득효과를 분석할 때, 소금에 대해서 알아둬야 할 중요한 사항이 두 가지 있다. 첫째, 대부분의 소비자들에게 소금은 대체재를 찾기 힘든 상품이다. 스테이크에 소금을 뿌리지 못하게 한다면, 후추를 조금 더 뿌리거나 레몬 즙을 뿌리는 사람도 있을 수 있겠지만, 대부분의 사람들은 아무래도 소금을 진짜 애타게 찾을 것이다. 소금의 두 번째 특성은 소비자의 지출에서 정말 작은 비중만을 차지한다는 점이다. 아무리 소금을 많이 섭취하는 사람이라도 한 달에 0.5 kg밖에 먹지 못할 것이다. 소비자의 소득이 $1,200/월이고 소금 가격이 $0.30/kg에서 $0.60/kg 사이에서 책정된다면, 소금에 대한 지출액은 전체 예산의 0.00025에서 0.0005에 불과할 것이므로, 소득효과는 무시할 정도로 작을 것이다.

그림 4.12에는 소금에 대한 가까운 대체재가 없다는 사실이 거의 직각인 모습의 무차별곡선으로 표시되어 있다. 소금의 예산 비중이 무시할 만큼 작다는 점은 무차별곡선의 뾰족한 끝부분이 아주 소량의 소금에 위치해 있다는 것으로 표시되었다.

그림 4.12에서처럼 소금 가격이 원래는 $0.30/kg으로 균형 꾸러미가 A이고, 꾸러미 안에는 1.0002 kg/월의 소금이 포함되어 있다고 하자. 소금 가격이 $0.60/kg로 상승하면 새로운 균형점은 D가 되고 여기에는 소금이 1 kg/월 포함되어 있다. 대체효과와 소득효과는 중간에 위치한 꾸러미 C를 통해서 측정된다. 기하학적으로 원래 접점이 예산제약의 수직축 절편 근처에서 나타나기 때문에 소득효과는 매우 작다. 예산제약의 선회축(旋回軸) 근처에 있을 때는 아무리 많이 회전을 해도 실제 이동거리는 매우 작다. 또한 무차별곡선이 거의 직각인 모습이므로 대체효과도 작게 나타난다.

이번에는 주거공간을 예로 들어 소금과 어떤 차이가 나는지 비교해보자. 주거공간이라는 상품의 특징은 (1) 총지출에서 차지하는 비중이 상당히 높다는 것과(대부분의 사람들은 소득의 30퍼센트 이상을 주거비용을 지출하므로), (2) 대부분의 사람들이 주거공간을 다른 상품들로 대체하는 폭이 크다는 점이다. 예를 들어, 맨해튼

소금에 대한 수요량은 두 가지 이유에서 가격 변화에 거의 반응하지 않는다. (1) 많은 이들에게 소금을 대체할 만한 상품이 없다. (2) 소금은 너무 싸서 가격 변화에 신경을 쓰지 않아도 된다.

그림 4.12

소금 가격의 상승으로 인한 대체효과와 소득효과

가격 변화의 총효과는 (1) 원래 균형 꾸러미가 예산선의 수직축 절편 근처에 있을 때, (2) 무차별곡선이 거의 직각인 모습을 보일 때, 매우 작게 나타날 것이다. 첫 번째 요인은 소득효과(C에서 D로의 이동과 관련된 소금 소비의 감소)를 매우 작게 만든다. 그에 비해서 두 번째 요인은 대체효과(A에서 C의 이동과 관련된 소금 소비의 감소)를 작게 만든다.

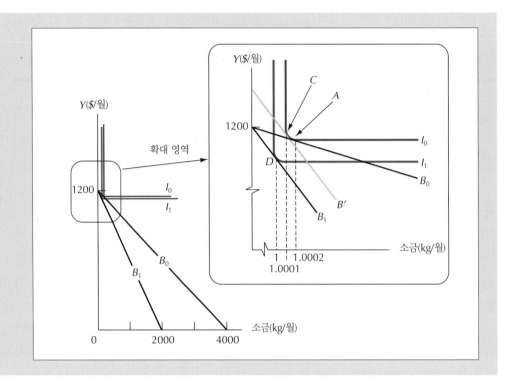

에 거주하는 사람들은 지금 살고 있는 아파트보다 더 큰 아파트에서 살 수도 있지만, 차라리 조금 좁은 아파트에 살면서 아낀 주거비용을 외식이나 공연 관람 등에 쓰기를 원한다. 주거공간에는 대체재가 많다는 점을 뒷받침하는 증거는 주거공간이 편리성에 따라 큰 차이를 보인다는 점이다. 맨해튼에서 일을 하는 사람들은 가까운 곳에서 살면서 비싼 월세를 지불할 수도 있지만, 뉴저지나 롱아일랜드처럼 맨해튼에서 멀리 떨어진 곳에 살면서 훨씬 싼 월세를 지불하는 대신 통근을 할 수도 있다. 그도 아니라면, 아예 별로 멋지지 않은 동네나 지하철 역 주변이 아닌 곳으로 거처를 옮길 수도 있다. 요점은 주거공간에 다양한 대안들이 존재한다는 것이고, 그 중 무엇을 선택할 것인지는 소득과 상대가격에 의해서 큰 영향을 받는다는 점이다.

그림 4.13에는 소비자의 소득이 $120/주이고 주거공간의 초기 가격이 $0.60/m^{2}인 경우를 보여준다. 이때 예산제약은 B_0이고, 선택 가능한 최선의 꾸러미는 A로, 100 m^2/주의 주거공간을 포함하고 있다. 이때 주거공간의 가격이 $2.40/m^{2}으로 상승하면, 수요량은 20 m^2/주로 줄어든다. 무차별곡선의 부드럽게 볼록한 모양은 주거공간과 기타 상품들 사이의 대체 가능성이 매우 높다는 것을 의미하므로 대체효과는 상대적으로 크게 나타날 것이다(A에서 C로의 이동과 관련된 주거공간 소비의 감소). 또한 원래의 균형 꾸러미인 A가 수직축 선회축에서 멀리 떨어져 있다는 점을 눈여겨보기 바란다. 소금의 경우와는 반대로, 이제는 가격 상승으로 예산선이 회전할 때 새 예산선의 해당 구간이 많이 이동하게 된다. 이에 따라 주거공간의 소득효과(C에서 D 이동과 관련된 주거공간 소비의 감소)가 소금의 경우보다 훨씬 크게 나타난다. 대체효과와 소득효과가 모두 크고 같은 방향으로 작용하므로, 주거공간 가격 상승의 총효과(A에서 D로의 이동과 관련된 주거공간 소비의 감소)는 매우 크게 된다.

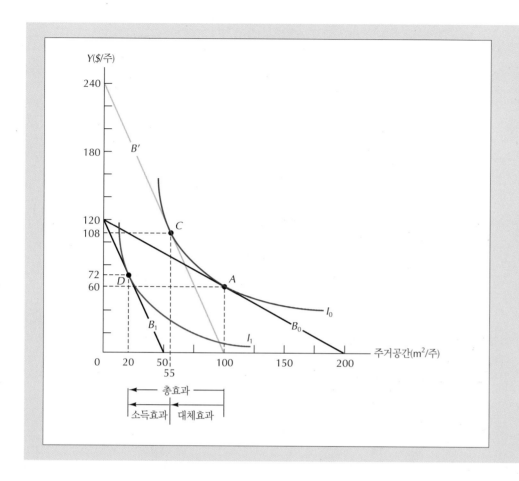

그림 4.13

가격변화에 민감하게 반응하는 상품의 대체효과와 소득효과

주거공간은 예산에서 차지하는 비중이 높기 때문에 소득효과가 큰 편이다. 게다가 다양한 대체재들이 존재하므로 대체효과도 큰 편이다. 대체효과와 소득효과가 모두 큰 상품의 수요량은 가격 변화에 매우 민감하게 반응한다.

완전보완재의 개별수요곡선 **예 4.3**

재석은 세차와 휘발유에 대해서 *10*갤런의 휘발유를 주유할 때마다 세차를 *1*회 해야 하는 *1:10* 비율의 완전보완재라고 생각한다. 휘발유가 *$3*/갤런이고, 재석에게는 휘발유와 세차에 쓸 예산이 *$144*/월 있

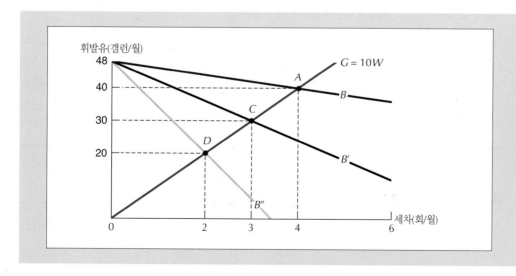

그림 4.14

세차 가격의 상승

한 달 예산 $144로, 재석은 세차 가격이 $6/회일 때 4회/월 세차하고(예산제약 B), 가격이 $18/회일 때 3회/월 세차하며(예산제약 B'), 가격이 $42/회일 때 2회/월 세차한다(예산제약 B'').

그림 4.15

세차에 대한 재석의 수요

다양한 가격대에서 재석의 세차에 대한 수요량을 찾아 그림으로 그리면 세차에 대한 재석의 수요곡선이 도출된다.

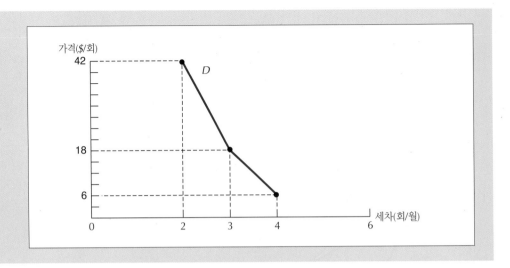

표 4.3

세차에 대한 수요표

세차 가격 ($/회)	세차 수요량 (회/월)
6	4
18	3
42	2
114	1

다. *(그림 4.14를 볼 것.) 다양한 가격대에서의 (예를 들어, $6, $18, $42, 그림 4.15를 볼 것.) 세차 수요량을 고려하여 재석의 세차에 대한 수요곡선을 도출하라.*

재석의 선호에 따르면, 무차별곡선이 L자 모양으로 나타나기 때문에, 그의 최적 꾸러미는 $G = 10\,W$를 충족시켜야 한다. 재석의 예산제약은 $3G + P_W W = 144$ 또는 $G = 48 - \frac{P_W}{3}W$이다. 여기에 $G = 10\,W$를 대입하면, 예산제약은 $30\,W + P_W W = 144$가 되어 $(30 + P_W)W = 144$가 된다. 그래서 $P_W = 6$인 경우 $W = 4$이고, $P_W = 18$인 경우 $W = 3$이며, $P_W = 42$인 경우 $W = 2$가 된다. 이는 표 4.3에 요약된 수치들과 동일하다.

4.5 시장수요곡선 : 개별수요곡선의 합계

개별수요곡선이 어떻게 도출되는지 살펴보았으므로, 우리는 이제 어떻게 개별수요곡선들을 합하여 시장수요곡선을 도출하는지 이해할 수 있게 되었다. 주거공간 시장을 다시 예로 들어보자. 이 시장에는 잠재적인 소비자가 오직 두 사람뿐이라고 하자. 두 사람의 수요곡선들

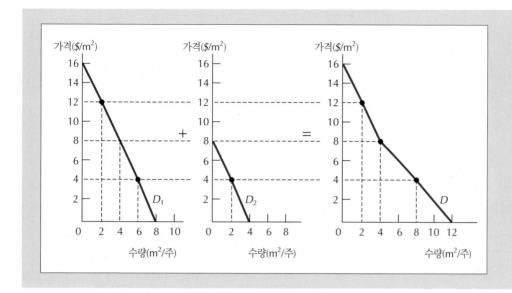

그림 4.16

개별수요에서 시장수요를 도출하는 법

시장수요곡선 (맨 오른쪽 패널의 D)는 개별수요곡선들(맨 왼쪽 패널의 D_1과 가운데 패널의 D_2)을 수평적으로 합한 것이다.

이 주어져 있을 때, 어떻게 시장수요곡선을 도출할까? 그림 4.16에서 D_1과 D_2는 각각 소비자 1과 2에 대한 수요곡선을 의미한다. 시장수요곡선을 도출하기 위해서, 먼저 가격을 하나 선택하여(예를 들어, $4/m²), 그 가격에 해당하는 각 소비자의 수요량을 더하자. 이 합계가 (6 m²/주 + 2 m²/주 = 8 m²/주) 주거공간의 가격이 $4/m²일 때의 총수요량이 된다. 그 다음에는 가격-수량 조합 (4, 8)을 그림 4.16의 맨 오른쪽 패널의 해당 위치에 표시한다. 시장수요곡선을 구성하는 다른 조합들을 얻으려면 지금까지 했던 작업을 되풀이하면 된다. 예를 들어, 주거공간의 가격이 $8/m²일 때는 수요량이 4 + 0 = 4 m²/주가 되므로, (8, 4)라는 조합을 하나 더 얻는 식이다. 가격이 $8/m²를 초과하는 경우, 소비자 2는 주거공간을 전혀 수요하지 않으므로, $8 초과 가격구간에서의 시장수요곡선은 소비자 1의 수요곡선과 동일하다는 점을 눈여겨보기 바란다.

가격을 먼저 부른 뒤, 해당 가격에서의 개별수요량을 찾아 합해주는 과정을 수평합 (*horizontal summation*)이라고 부른다. 이 방식은 시장에 소비자가 둘 뿐인가 백만 명인가와 상관없이 동일하다. 작은 시장이든 큰 시장이든 시장수요곡선은 개별수요곡선들을 수평적으로 더한 것이다.

수요곡선과 공급곡선이 그림이 아니라 수식으로 표현되어 있을 때 숫자로 해를 구하는 것이 더 쉬운 경우가 많다는 점을 우리는 2장에서 이미 배웠다. 개별수요곡선들을 합하여 시장수요곡선을 도출하는 경우에도 그림보다는 수식이 편리할 때가 더 많다. 수식을 사용할 때 주의할 점은 개별수요곡선들의 수직합(vertical summation)이 아니라 수평합을 해야 한다는 것이다. 실수로 수직합을 하는 경우, 어떤 일이 벌어지는지는 예 4.4에서 살펴본다.

시장수요 예 4.4

재석과 명수는 전국 최대 묘목단지가 조성된 경북 경산시 너도밤나무 묘목시장의 둘 뿐인 소비자들이다. 이들의 수요곡선은 각각 $P = 30 - 2Q_J$와 $P = 30 - 3Q_M$으로 주어져 있다. 이때 Q_J와 Q_M은 각

그림 4.17

너도밤나무 묘목에 대한 시장수요곡선

수식으로 제시된 개별수요곡선들을 더할 때에는 더하기 전에 수량을 꼭 가격의 함수로 정리해야 한다.

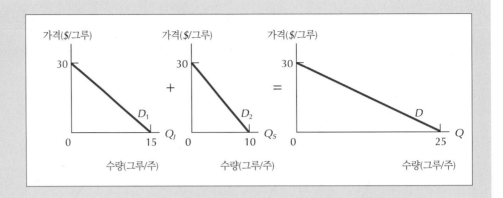

각 재석과 명수의 묘목 수요량이다. 너도밤나무 묘목시장의 수요곡선은 무엇인가?

우리가 개별수요곡선들의 수평합을 구할 때에는 가격이 아니라 수량을 더해야 한다. 그래서 개별수요곡선이 주어졌을 때, 수량이 가격의 함수로 표현되어 있는지를 먼저 살펴야 한다. 재석의 수요함수는 $Q_J = 15 - (P/2)$가 되고, 명수의 수요함수는 $Q_M = 10 - (P/3)$이 된다. 시장의 수요량을 Q로 표시하면, $Q = Q_J + Q_M = 15 - (P/2) + 10 - (P/3) = 25 - (5P/6)$이 된다. 이를 P에 대해서 다시 정리하면, 시장수요곡선에 대한 방정식인 $P = 30 - (6Q/5)$를 얻는다. 우리가 얻은 시장수요함수기 맞는지 확인하려면 그림 4.17을 참조하기 바란다.

수요함수의 수식을 정리하지 않고 주어진 그대로 사용하여 더하여 Q에 대하여 P를 풀었다가는 잘못된 수요함수를 얻게 된다. 위의 예에서 그런 식으로 잘못 계산하면 $P = 30 - (5Q/2)$가 나올 것이다. 이는 우리가 찾는 해답이 아니다.

개념 확인 4.3

그림 4.16에 제시된 주거공간에 대한 개별수요곡선들을 수식으로 표현한 뒤, 산술적으로 합하여 시장수요곡선을 도출하라. (주의 : 개별수요함수 D_2는 가격이 0~8인 경우에만 수량이 존재한다.)

시장에 참여하는 소비자들이 모두 동일한 경우, 개별 소비자들의 수요를 시장수요로 수평합하는 작업은 매우 간단해진다. 시장에 n명의 소비자들이 있고, 개별수요곡선이 $P = a - bQ_i$의 형식으로 주어졌다고 하자. n명의 소비자들에 대해서 수평합을 하기 위해서는 수요곡선을 수량에 대해서 다음과 같이 정리해줘야 한다. $Q_i = a/b - (1/b)P$. 이제 시장수요곡선은 각 소비자의 수요량 Q_i를 n명에 대해서 합한 것이 된다.

$$Q = nQ_i = n\left(\frac{a}{b} - \frac{1}{b}P\right) = \frac{na}{b} - \frac{n}{b}P.$$

이제 시장수요곡선을 원래 형식인 가격에 대해서 정리해 주면, $P = a - (b/n)P$이 된다. 시장에서 수요되는 한 단위 상품은 모든 소비자들에 의해서 각자 $1/n$ 단위씩 수요된다고 해석할 수 있다. 이를 이용해서 소비자들이 동일한 경우 시장수요곡선을 도출하는 일반 규칙으

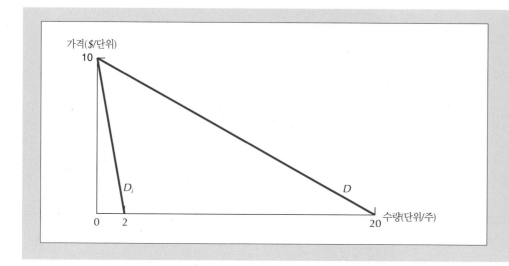

그림 4.18

소비자들이 모두 같을 때의 시장수요

소비자들이 10명이고, 모두 동일한 개별수요곡선 $P = 10 - 5Q_i$를 보일 때, 시장수요곡선은 이의 수평합인 $P = 10 - (1/2)Q$가 된다. 가격을 표시한 수직축 절편은 같지만 기울기가 1/10로 줄어들었다.

로 사용할 수 있다. 개별 소비자 n명의 수요곡선이 모두 동일하게 $P = a - bQ_i$인 경우, 시장수요곡선은 $P = a - (b/n)Q$가 된다.

소비자들이 모두 같을 때의 시장수요 **예 4.5**

시장에 **10명**의 소비자들이 있고, 각 수요곡선은 $P = 10 - 5Q_i$로 동일하게 주어졌다고 하자. 여기서 P는 단위당 달러가격이고, Q_i는 i번째 소비자가 일주일에 수요하는 상품의 단위를 의미한다. (그림 4.18을 볼 것.) 시장수요곡선을 도출하라.

가장 먼저 대표적인 소비자의 수요곡선 $P = 10 - 5Q_i$를 수량에 대해서 정리해 줄 필요가 있다.

$$Q_i = 2 - \tfrac{1}{5}P.$$

그 다음에 소비자들의 숫자 $n = 10$을 곱해 준다.

$$Q = nQ_i = 10Q_i = 10(2 - \tfrac{1}{5}P) = 20 - 2P.$$

마지막으로 시장수요곡선을 수량에 대한 가격의 함수로 다시 정리해 주면, $P = 10 - (\tfrac{1}{2})Q$를 얻는다.

개념 확인 4.4

시장에 **30명**의 소비자들이 있고, 각 소비자의 수요곡선은 $P = 120 - 60Q_i$로 주어졌다고 하자. 여기서 P는 상품 단위당 달러 가격이고, Q_i는 i번째 소비자가 일주일에 수요하는 상품의 단위이다. 시장수요곡선을 도출하라.

4.6 수요의 가격탄력성

이제 우리는 소비자 이론에서 핵심적인 개념인 **수요의 가격탄력성**(price elasticity of demand)을 공부한다. 수요의 가격탄력성은 가격이 변화할 때 소비자의 구매 결정이 어떻게 반응하는지를 양적으로 측정한 지표로, 여러 종류의 실제 문제들을 해결할 때 매우 유용한 분석 도구이다. 수요의 가격탄력성은 가격의 1퍼센트 변화로 발생하는 상품 수요량의 퍼센트 변화

수요의 가격탄력성

어떤 상품의 가격이 1퍼센트 변화할 때 해당 상품에 대한 수요량의 퍼센트 변화

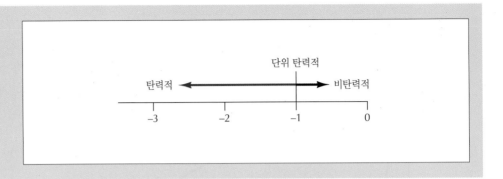

그림 4.19

가격탄력성의 세 가지 범주

어떤 상품에 대한 수요의 가격탄력성이 −1보다 작으면 우리는 수요가 가격에 대해서 탄력적이라고 말하고, 가격탄력성이 −1보다 크면 수요가 가격에 대해서 비탄력적이라고 말하며, −1과 같으면 수요가 가격에 대해서 단위 탄력적이라고 말한다.

로 정의된다. 예를 들어, 주거공간의 가격이 1퍼센트 상승할 때 주거공간에 대한 수요량이 2퍼센트 감소한다면, 주거공간에 대한 수요의 가격탄력성은 −2가 된다. 수요의 가격탄력성은 언제나 음수(또는 0)로 나타나는데, 이는 가격의 변화 방향과 수요량의 변화 방향이 언제나 반대로 나타나기 때문이다.

어떤 상품에 대한 수요의 가격탄력성이 −1보다 작으면, 우리는 수요가 가격에 대해서 **탄력적**(*elastic*)이라고 표현한다. 앞의 예에서 주거공간에 대한 수요의 가격탄력성이 −2로 나타났으므로, 우리는 수요가 가격에 대해서 탄력적이라고 말한다. 만약 가격탄력성이 −1보다 크다면, 가격에 대해서 상품 수요가 **비탄력적**(*inelastic*)이라고 말한다. 그리고 가격탄력성이 −1과 같으면 **단위 탄력적**(*unit elastic*)이라고 말한다. 그림 4.19는 이러한 정의를 그림으로 보여준다.

실제로 수요 자료를 해석할 때는, 가격이 꼭 1퍼센트만 변화할 리가 없다. 그런 경우에도 가격탄력성의 정의를 좀 더 일반적으로 적용할 수 있으면 편리할 것이다. P를 어떤 상품의 현재 가격으로, Q를 그 가격에서의 수요량으로 정의하자. 그리고 아주 작은 가격의 변화분을 ΔP, 이에 따르는 수요량의 변화분을 ΔQ라고 정의하자. 현재 가격과 수량에서의 수요의 가격탄력성은 다음과 같이 다시 표현할 수 있다.

$$\epsilon = \frac{\Delta Q/Q}{\Delta P/P}. \tag{4.1}$$

식 (4.1) 우변의 분자는 수요량의 비례적 변화를 의미하고, 분모는 가격의 비례적 변화를 의미한다. 식 (4.1)에서 ΔP를 현재 가격의 1퍼센트 변화로 바꾸면 앞에서 정의한 수요의 가격탄력성과 똑같아진다. 오히려 식 (4.1)처럼 표현함으로써, 현재 가격의 아무리 작은 변화율이라도 ΔP로 표현해 낼 수 있어서 편리하다.

가격탄력성의 기하학적 해석

식 (4.1)을 다른 방식으로 해석하려면 다음과 같이 살짝 바꿔 써주면 된다.

$$\epsilon = \frac{\Delta Q}{\Delta P}\frac{P}{Q}. \tag{4.2}$$

식 (4.2)는 시장수요곡선을 기하학적으로 해석할 수 있다는 점을 알려준다. ΔP가 아주 작을 때, 비율 $\Delta P/\Delta Q$는 수요곡선의 기울기가 되므로, 비율 $\Delta Q/\Delta P$는 기울기의 역수가 된다. 그러므로 수요의 가격탄력성은 가격–수요량 비율에 수요곡선의 기울기의 역수를 곱한 것이라고 해석할 수 있다.[2]

$$\epsilon = \frac{P}{Q}\frac{1}{기울기}. \qquad (4.3)$$

식 (4.3)은 수요의 가격탄력성을 계산하는 점–기울기 측정법(*point-slope method*)이라고 부른다. 좀 더 상세한 설명을 위해서 그림 4.20의 주거공간에 대한 수요곡선을 예로 들어보자. 수요곡선이 선형(직선)으로 주어졌기 때문에, 기울기는 수요곡선 어디에서나 -2로 동일하다. 그렇다면 기울기의 역수는 $-\frac{1}{2}$이다. 그러므로 점 A에서 수요의 가격탄력성은 A에서의 가격–수요량 비율($\frac{12}{2}$)에 점 A에서의 기울기의 역수($-\frac{1}{2}$)를 곱하면 얻을 수 있다. 그래서 $\epsilon_A = (\frac{12}{2})(-\frac{1}{2}) = -3$이 된다.

그림 4.20에서처럼 시장수요곡선이 선형인 경우, 점–기울기 측정법을 이용한 가격탄력성의 성질들이 명확하게 드러난다. 첫째는 가격탄력성이 수요곡선상의 모든 점에서 각각 다르다는 것이다. 좀 더 자세히 설명하자면, 선형 수요곡선의 기울기는 언제나 일정하기 때문에 기울기의 역수도 상수로 나타난다. 하지만 가격–수요량 비율은 수요곡선상의 각 점에서 다른 값을 보이게 된다. 수직축 절편으로 접근해 갈수록 가격–수요량 비율은 무한대로 접근한다. 수요곡선을 따라 아래쪽으로 이동하면 수평축 절편에 가까워질수록 0에 접근하게 된다.

가격탄력성의 두 번째 특성은 절대로 양수(陽數)가 될 수 없다는 점이다. 앞서 지적했듯이, 수요곡선의 기울기는 언제나 음수(陰數)이므로 그 역수도 음이어야 한다. 그런데 P/Q 비율은 언제나 양수이므로, 가격탄력성은 (이 두 항목을 서로 곱한 것이므로) 언제나 음수여야 한다. (물론 수요곡선의 수평축 절편에서는 P/Q가 0이므로 탄력성도 0이 되어 예외가 된다.) 하지만 경제학자들은 순전히 편리하다는 이유 하나만으로 음수 기호를 무시하고 탄

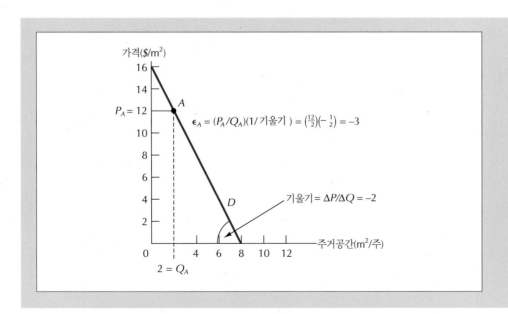

그림 4.20

가격탄력성의 점–기울기 측정법

수요곡선의 어느 한 점에서 측정한 수요의 가격탄력성은 그 점에서의 가격–수요량 비율에 수요곡선의 기울기의 역수를 곱한 것이다. 그러므로 점 A에서의 가격탄력성은 $(\frac{12}{2})(-\frac{1}{2}) = -3$이 된다.

---

2. 미분 개념을 사용하면, 가격탄력성은 $\epsilon = [dQ(P)/Q]/(dP/P) = (P/Q)[dQ(P)/dP]$로 정의할 수 있다.

력성을 그냥 절댓값으로 적는 경우가 많다. 어떤 상품이 수요의 가격탄력성이 "크다"고 하는 경우, 이는 언제나 탄력성을 절댓값으로 보았을 때 크다는 의미로, 가격 변화에 대한 수요량의 반응이 매우 민감하다는 것을 의미한다. 마찬가지로, 어떤 상품의 가격탄력성이 "작다"는 표현은 탄력성 수치가 절댓값으로 작다는 뜻이고, 이는 곧 수요량이 가격 변화에 상대적으로 덜 민감하게 반응한다는 의미이다.

수요곡선이 선형인 경우, 수요곡선상의 어떤 점에서 측정한 가격탄력성이 보여주는 세 번째 특성은 탄력성이 수요곡선의 기울기와 역관계를 보인다는 점이다. 수요곡선의 기울기가 가파를수록 수요곡선상의 한 점에서 측정한 탄력성의 절댓값은 작아진다. 수요곡선의 기울기의 역수가 탄력성 공식의 일부분으로 들어가기 때문에 이러한 특성이 나타난다.

개념 확인 4.5

식 (4.3)에 제시된 점-기울기 측정법을 사용하여 수요곡선 $P = 32 - Q$의 가격탄력성을 $P = 24$인 점에서 측정하라.

그림 4.21은 수요의 가격탄력성이 보이는 두 가지 극단적인 경우를 보여준다. 그림 4.21a에는 수평인 수요곡선이 등장한다. 이 경우 수요곡선의 기울기는 0으로, 수요곡선상의 모든 점에서 가격탄력성은 무한대가 된다. 이런 모습의 수요곡선을 완전 탄력적(*perfectly elastic*)이라고 부르며, 경쟁기업들의 행태를 공부할 때 특히 중요한 수요곡선이다. 그림 4.21b에서 보여주는 수직의 수요곡선은 모든 점에서 가격탄력성이 0이다. 이러한 수요곡선을 완전 비탄력적(*perfectly inelastic*)이라고 부른다.

현실적으로 모든 가격에서 완전 비탄력적인 수요곡선은 있을 수 없다. 아무리 대체재를 찾을 수 없는 필수재라고 하더라도, 가격이 충분히 높아지면 소득효과에 의해서 소비가 줄어들게 마련이다. 예를 들어, 악성 종양에 대한 수술을 떠올려보기 바란다. 그럼에도 불구하고 많은 재화와 서비스에 대한 수요곡선은 굉장히 광범위한 가격 범위에 걸쳐 완전 비탄력적인 모습을 보일 수 있다. (이번 장 앞부분에서 논의한 소금의 예를 떠올려보기 바란다.)

그림 4.21

두 가지 극단적인 가격탄력성의 경우

(*a*) 이 수요곡선의 가격탄력성은 수요곡선상의 모든 점에서 −∞이다. 이러한 수요곡선을 완전 탄력적이라고 표현한다. (*b*) 이 수요곡선의 가격탄력성은 수요곡선상의 모든 점에서 0이다. 이러한 수요곡선을 완전 비탄력적이라고 표현한다.

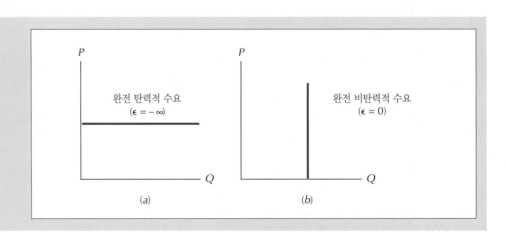

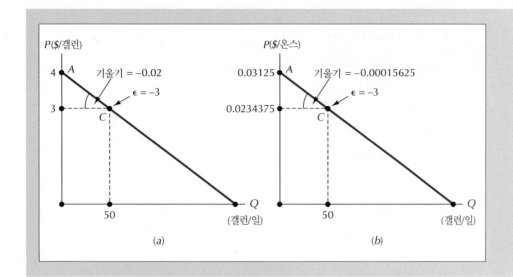

그림 4.22

가격탄력성은 단위에 구애받지 않는다.

수요곡선의 기울기는 우리가 가격과 수량을 측정하는 단위에 따라 달라진다. (a)에서처럼 휘발유 가격을 갤런당 달러로 측정할 때의 점 C에서의 기울기가 (b)에서처럼 온스당 달러로 측정할 때의 기울기보다 훨씬 크게 나타난다. 그에 비해서 가격탄력성은 측정 단위의 영향을 전혀 받지 않는다.

탄력성은 측정 단위에 구애를 받지 않는다

수요곡선의 기울기를 사용해도 가격 변화에 대한 반응도를 측정할 수 있다. 예를 들어, 다른 모든 요인들이 불변일 때, 기울기가 가파른 수요곡선을 보이는 어떤 상품의 수요량은 기울기가 덜 가파른 수요곡선을 보이는 상품의 수요량보다 가격 변화에 덜 민감하게 반응할 것이다.

수요곡선의 기울기를 계산하는 것이 탄력성을 계산하는 것보다 훨씬 쉽기 때문에 "왜 복잡하게 탄력성을 사용하는가?"라고 질문할 수 있을 것이다. 그에 대한 대답은 수요곡선의 기울기가 가격과 수량을 측정하는 데 사용하는 단위(units)에 따라 다르게 나타날 수 있기 때문이다. 하지만 탄력성은 단위에 구애를 받지 않는다. 이해를 돕기 위해서 그림 4.22a에서 휘발유 가격을 $/갤런 단위로 측정하면, 수요곡선의 기울기는 점 C에서 -0.02이다. 그에 비해 휘발유 가격을 $/온스 단위로 측정하면, 점 C에서의 기울기는 0.00015625로 변한다. 그러나 점 C에서의 수요의 가격탄력성은 -3으로 똑같다. 우리가 가격과 수량을 어떻게 측정하든지 탄력성 값은 일정하게 나온다. 게다가 우리는 휘발유의 수요곡선 기울기가 -0.00015625라는 말보다 가격을 1퍼센트 인하하면 휘발유 수요량이 3퍼센트 늘어날 것이라는 정보를 이해하기가 훨씬 쉽다.

몇 가지 대표적인 탄력성 추정치

수요의 가격탄력성은 상품들마다 매우 다르게 나타난다. 표 4.4에는 몇 가지 대표적인 상품들의 가격탄력성이 제시되어 있다. 연극과 오페라 관람의 가격탄력성이 낮은 이유는 수요자들의 소득이 평균보다 훨씬 높아서 가격 변화에 대한 소득효과가 작게 나타나기 때문인 것으로 보인다. 완두콩에 대한 소득효과는 저소득층 소비자의 경우에도 매우 작게 나타날 가능성이 높지만, 가격탄력성은 연극과 오페라 관람의 경우보다 14배 이상 크다. 그 이유는 연극과 오페라 관람보다 완두콩에 대한 대체재들이 훨씬 더 많이 존재하기 때문이다. 우리는 4장의 끝부분에서 특정 상품의 수요의 가격탄력성에 영향을 미치는 요인들에 대해 더 자세히 공부할 것이다.

비용과 편익을 비교할 때는 비율이나 비중이 아니라 언제나 절댓값으로 비교해야 한다. 그러나 수요량이 가격 변화에 어떻게 반응하는지를 논의할 때는 비율로 표시하는 것이 가장 좋다.

표 4.4

몇몇 상품들에 대한 수요의 가격탄력성*

재화 및 서비스	가격탄력성
완두콩	−2.8
비행기 여행(휴가)	−1.9
후라이드 치킨	−1.8
맥주	−1.2
마리화나	−1.0
영화 관람	−0.9
비행기 여행(업무)	−0.8
신발	−0.7
담배	−0.3
연극, 오페라	−0.2
전화 통화	−0.1

*위에 제시된 단기 가격탄력성 추정치들은 추정치들의 범위 중간값을 의미한다. 출처 : Fred Nordhauser and Paul L. Farris, "An Estimate of the Short-Run Price Elasticity of Demand for Fryers," *Journal of Farm Economics*, November 1959; H. S. Houthakker and Lester Taylor, *Consumer Demand in the United States: Analyses and Projections*, 2d ed., Cambridge, MA: Harvard University Press, 1970; Charles T. Nisbet and Firouz Vakil, "Some Estimates of Price and Expenditure Elasticities of Demand for Marijuana among UCLA Students," *Review of Economics and Statistics*, November 1972; L. Taylor, "The Demand for Electricity: A Survey," *Bell Journal of Economics*, Spring 1975; K. Elzinga, "The Beer Industry," in Walter Adams (ed.), *The Structure of American Industry*, New York: Macmillan, 1977; Rolla Edward Park, Bruce M. Wetzel, and Bridger Mitchell, *Charging for Local Telephone Calls: Price Elasticity Estimates from the GTE Illinois Experiment*, Santa Monica, CA: Rand Corporation, 1983; Tae H. Oum, W. G. Waters II, and Jong Say Yong, "A Survey of Recent Estimates of Price Elasticities of Demand for Transport," World Bank Infrastructure and Urban Development Department Working Paper 359, January 1990; and M. C. Farrelly and J. W. Bray, "Response to Increases in Cigarette Prices by Race/Ethnicity, Income, and Age Groups United States, 1976 1993," *Journal of the American Medical Association*, 280, 1998.

4.7 탄력성과 총수입

여러분이 금문교(Golden Gate Bridge)에서 통행요금을 징수하는 관리자라고 하자. 편도 통행요금 \$3에서 다리를 건너는 횟수가 시간당 100,000회라고 하자. 수요의 가격탄력성이 −2.0이라면, 통행요금을 10퍼센트 올릴 경우에 시간당 통행 횟수는 어떻게 변할 것인가? 탄력성이 −2.0이므로, 10퍼센트 가격 인상은 수요량을 20퍼센트 감소시킬 것이다. 그러므로 통행 횟수는 시간당 80,000회가 될 것이다. 요금을 인상함으로써 관리사무소가 벌어들이는 총수입액은 (80,000회/시간)*(\$.3.30/회) = \$264,000/시간이 된다. 이는 요금이 \$3일 때의 총수입액 \$300,000/시간보다 더 작다.

금문교 통행 수요의 가격탄력성이 −2.0이 아니라 −0.5라고 가정하자. 이 경우에는 10퍼센트의 통행 요금 인상으로 총수입액이 어떻게 변하겠는가? 수요량인 통행 횟수가 5퍼센트 감소하여 95,000회/시간이 될 것이므로, 총수입액은 (95,000회/시간) (\$3.30/회) = \$313,500/시간으로 오히려 늘어날 것이다. 관리자로서 여러분의 목표가 총수입액을 늘리는 것이라면, 통행요금을 올릴지 내릴지 결정하기 전에 수요의 가격탄력성에 대해서 사전 정보가 있어야 한다.

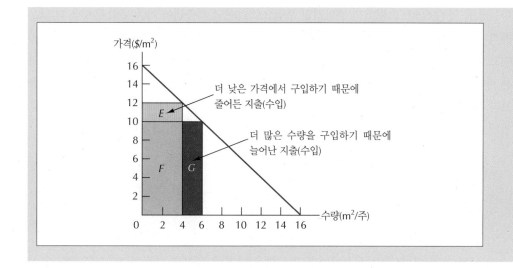

그림 4.23

가격 인하가 총지출액(총수입액)에 미치는 영향

가격이 내려가면, 사람들은 이미 사던 단위 (*E*)에 더 적은 돈을 지출하게 된다. 하지만 더 많은 단위 (*G*)를 사게 된다. 이 그림에서는 *G*가 *E*보다 크기 때문에, 총지출액(총수입액)은 증가한다.

위의 예를 통해 우리는 가격탄력성과 총수입액(또는 총지출액) 사이에 중요한 관계가 있다는 것을 알 수 있다.[3] 우리가 직면한 문제는 "어떤 상품의 가격이 변할 때, 그 상품에 대한 총지출액이 어떻게 변할 것인가?"이고 "우리가 더 낮은 가격으로 더 많은 단위의 상품을 팔거나, 더 높은 가격으로 더 적은 단위의 상품을 판다면, 총수입액이 더 많아질까?"이다. 예를 들어, 그림 4.23에서는 주거공간의 가격이 $12/m^2$에서 $10/m^2$로 하락할 때, 주거공간에 대한 총지출액이 어떻게 변하는지 보여준다.

상품에 대한 수요량–가격 조합이 (Q, P)로 주어진 경우, 총지출액 R은 다음과 같이 정의된다.

$$R = PQ. \tag{4.4}$$

그림 4.23에서 원래의 수요량–가격 조합에서의 총지출액은 $(\$12/m^2)(4\ m^2/주) = \$48/주$이다. 기하학적으로, 이는 그림에서 어둡게 표시한 그림자 지역 E와 F의 합에 해당한다. 가격이 내려감에 따라 새로운 총지출액은 $(\$10/m^2)(6\ m^2/주) = \$60/주$로 변하고, 그림에서 이는 F와 G를 합한 부분이다. 원래 총지출액과 새로운 총지출액에는 F지역이 공통적으로 포함된다. 그러므로 총지출액의 변화는 E지역과 G지역의 차이가 된다. E지역은 $(\$2/m^2)(4\ m^2/주) = \$8/주$로, 원래의 수요량 $4\ m^2/주$를 더 낮은 가격에서 사기 때문에 줄어든 지출액을 의미한다. 이에 비해서 G지역은 인하된 가격으로 $2\ m^2/주$를 추가로 구입하기 때문에 늘어난 지출액인 $(\$10/m^2)(2\ m^2/주) = \$20/주$를 의미한다. 그러므로 총지출액이 늘거나 줄어드는 것은 구매량이 늘어나 증가한 지출액이 가격 인하로 줄어든 지출액보다 많은지 적은지에 달려있다. 여기에서는 E보다 G가 크기 때문에, 총지출액은 $12만큼 더 늘어난다.

가격 변화가 아주 미세하다면, 초기 가격탄력성을 알고 있는 경우 총지출액이 어떻게 변하는지 알 수 있다. 가격탄력성을 수요량의 변화율 ÷ 가격 변화율로 정의할 수 있다고 한 것을 떠올리기 바란다. 이 비율의 절댓값이 1을 넘는다면, 수요량의 변화율이 가격의 변화율보다 크

---

3. [역주] 판매자 입장이라면 총수입액이 될 것이고, 구매자 입장이라면 총지출액이 될 것이다.

다는 것을 알 수 있다. 그렇다면 추가적인 구입으로 늘어난 지출액이 기존 구입 물량을 더 낮은 가격에 사서 절약한 지출액보다 클 것이다. 그림 4.23에서 원래 가격 $12에서의 탄력성은 3.0 이므로, 가격을 인하하면 총지출액이 늘어난다는 우리의 계산이 맞다는 것을 알 수 있다. 이와 는 반대로 가격탄력성이 1보다 작다면 어떻게 될까? 수요량의 변화율이 상응하는 가격 변화율 보다 작으므로, 추가적인 구입액 증가는 기존 수요량을 더 낮은 가격에서 사게 되어 줄어든 구 입액보다 작을 것이다. 그러므로 가격 인하는 이 경우에 총지출액의 감소로 이어질 것이다.

개념 확인 4.6

그림 4.23에 제시된 수요곡선에서, $P = \$4/m^2$일 때 가격탄력성은 얼마인가? 가격이 $\$4/m^2$에서 $\$3/m^2$로 내려갈 때, 총지출액은 어떻게 변하겠는가?

미세한 가격 인하로 인한 총지출액 변화의 일반적인 규칙은 다음과 같이 정리할 수 있 다. 수요의 가격탄력성이 1보다 크다면, 그리고 바로 그런 경우에만 가격 인하는 총지출액을 증가시킬 것이다. 가격 인상의 경우에도 같은 논리를 적용하여 총지출액 변화의 일반적인 규칙을 정리 할 수 있다. 수요의 가격탄력성이 1보다 작으면, 그리고 바로 그런 경우에만 가격 인상은 총지출액을 증가시킬 것이다. 그림 4.24의 상단 패널에는 이러한 규칙들이 요약되어 있다. 여기에서 점 M은 수요곡신의 중간지점이다.

탄력성과 총지출액 사이의 관계는 그림 4.24의 두 그림들 사이의 관계를 통해 상세하게 알 수 있다. 상단 패널에는 직선인 수요곡선이 나타나 있다. 수요곡선상의 각 수요량에 대해

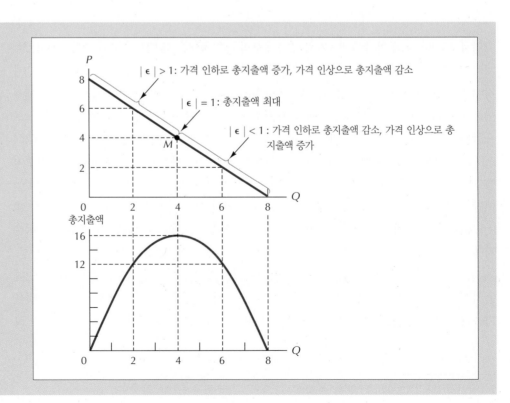

그림 4.24

수요와 총지출액(총수입액)의 관계

수요가 탄력적인 경우, 총지출액의 변화는 가격 변화와 반대 방향으로 움직인다. 수요가 비탄력적인 경우, 총지출액과 가격은 같은 방향으로 움직인다. 수요곡선의 중간 지점(M) 에서 총지출액은 최대가 된다.

서, 하단 패널은 상응하는 총지출액을 보여준다. 하단 패널에 나타나 있듯이, Q가 0일 때 총지출액은 0으로 시작한다. Q가 늘어남에 따라 총지출액은 증가하다가, 수요곡선의 중간지점인 M에 이르면 최대가 된다. 바로 이 지점에서 가격탄력성은 1이 된다. 하지만 Q가 더 늘어나면 총지출액은 점차 감소하기 시작하여, 수요곡선의 수평축 절편에 이르면 0이 된다.

버스 요금과 시장수요 예 4.6

작은 도시에서의 버스 탑승에 대한 시장수요곡선이 **$P = 100 - (Q/10)$으로** 주어졌다고 하자. 여기에서 **P는** 탑승 요금이고, **Q는** 매일 탑승 횟수이다. 가격이 **50센트/회로** 주어졌다면, 버스 요금 수입액은 하루에 얼마일까? 버스 탑승에 대한 수요의 가격탄력성은 얼마일까? 버스 운영을 통해 더 많은 수입을 얻으려면, 요금을 올려야 할까 내려야 할까? 초기 버스 탑승요금이 **50센트가 아니라 75센트였다면,** 여러분의 답변은 어떻게 바뀔까?

버스 운행의 총수입액은 탑승자들의 총지출액과 같다. $R = PQ$이기 때문이다. 수요곡선에서 Q를 먼저 풀면, $Q = 1000 - 10P$이다. P가 50센트/회이면 Q는 500회/일이고, 이때 총수입액은 $250/일이 된다. 수요의 가격탄력성을 계산하기 위해서, 탄력성 공식 $\epsilon = (P/Q)(1/기울기)$를 사용하자. 기울기는 $-\frac{1}{10}$이므로, 1/기울기 $= -10$이다(각주 4 참조).[4] P/Q는 $50/500 = 1/10$이다. 그러므로 가격탄력성은 $(-\frac{1}{10})(10) = -1$이다. 수요가 단위 탄력적이므로, 총수입액은 최대인 상태이다. 버스 운행사가 요금을 올리거나 내리는 경우, 현재 가격에서보다 수입액이 오히려 줄어 들 것이다.

탑승요금이 50센트인 경우, 버스회사는 수요곡선의 중간점에서 운영 중이다. 가격이 75센트라면, 중간점을 넘어가는 지점에서 (좀 더 정확하게 표시하면, 중간점과 수직축 절편의 가운데 지점인 그림 4.25의 K에서) 운행하고 있는 것이다. 이 경우 수요량은 하루에 250회이고, 가격탄력성은 -3이 될 것이다. (K에서의 가격-수량 비율이 3/10이고, 수요곡선의 기울기의 역수는 $-1/10$이다.) 수요곡선의 탄력적인 구간에서는 가격을 인하함으로써 오히려 총수입을 증가시킬 수 있다.

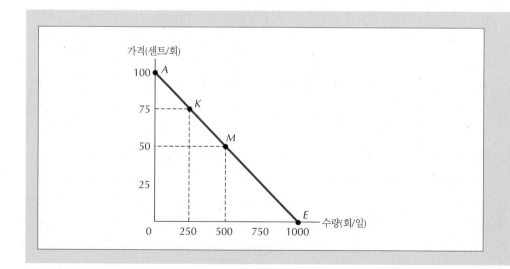

그림 4.25

버스 탑승에 대한 수요

탑승요금이 회당 50센트인 경우, 버스 회사는 이미 총수입액을 최대로 얻고 있는 중이다. 가격이 회당 75센트인 지점에서는 수요가 가격 탄력적이다. 그러므로 버스 회사에서는 오히려 가격을 내려서 총수입액을 늘릴 수 있다.

---

4. 여기에서 기울기는 공식 $P = 100 - (Q/10)$에서 나온 것이다.

수요의 가격탄력성을 결정하는 요인들

상품 수요의 가격탄력성에 영향을 미치는 요인들은 무엇일까? 앞서 공부한 대체효과와 소득효과를 바탕으로 다음과 같은 주요 결정 요인들을 꼽을 수 있다.

- **대체 가능성**. 가격 변화로 인한 대체효과는 가까운 대체재가 없는 상품의 경우 작게 나타난다. 광견병 백신을 예로 들어보자. 광견병에 걸린 동물에게 물린 사람들은 백신 말고는 다른 대안이 없으므로, 광견병 백신에 대한 수요는 극도로 비탄력적이다. 이는 소금과 같은 상품에도 마찬가지였다. 하지만 특정 상표를 붙이고 판매되는 소금의 경우에는 사정이 다르다. 죽염이나 천일염과 같은 상표를 달고 판매되는 소금은, 제조사들의 광고에도 불구하고 다른 소금 제품들로 거의 완벽하게 대체 가능하다. 특정 상표들 간 대체효과가 크기 때문에, 어느 한 제품의 가격이 오르면 그 제품에 대한 수요량은 급감한다. 일반적으로, 가격탄력성의 절댓값은 매력적인 대체재들이 많을수록 커진다.

- **예산 비중**. 해당 상품의 지출이 총지출에서 차지하는 비중이 클수록, 가격 변화로 인한 소득효과는 커진다. 소금, 고무줄, 비닐장갑과 같은 상품에 대한 소비자의 지출액은 총지출액에서 아주 작은 비중만을 차지하기 때문에 가격이 변하더라도 소득효과가 거의 나타나지 않는다. 그에 비해서 주택이나 대학과 같은 상품의 경우에는, 가격 인상의 소득효과가 크게 나타날 가능성이 높다. 일반적으로, 총지출에서 차지하는 비중이 작을수록, 수요의 가격탄력성은 작아질 것이다.

- **소득효과의 방향**. 예산 비중과 밀접하게 관련되어 있는 요인은 소득효과의 방향이다. 예산 비중에 따라 가격 변화의 소득효과가 클지 작을지가 결정되지만, 소득효과의 방향은 대체효과를 상쇄할지 강화할지 결정한다. 다른 조건들이 동일한 상황에서, 정상재는 소득효과가 대체효과와 같은 방향으로 작용하기 때문에, 반대 방향으로 작용하는 열등재에 비해서 가격탄력성이 크게 나타난다.

- **시간**. 개별 소비자의 수요를 분석하면서, 우리는 시간의 역할을 구체적으로 언급하지 않았다. 하지만 가격의 변화에 시간은 매우 중요한 영향을 미친다. 최근 발생했던 유가 급등 사태를 생각해보자. 유가가 오르면 우선 운전을 덜 할 수 있다. 하지만 다른 대안을 마련하지 않은 상태에서 갑자기 운전을 안 하거나 덜 할 수 없는 경우도 많다. 예를 들어, 대중교통이 없는 곳으로 출근을 해야 할 수도 있다. 이 경우에 직장 동료들과 카풀을 해서 출퇴근을 할 수도 있고, 직장 근처로 이사를 갈 수도 있다. 지금 운전하는 차를 연비가 좋은 차로 바꿀 수도 있다. 하지만 이런 조치를 취하는 데에는 시간이 걸린다. 그래서 휘발유에 대한 수요는 단기에서보다 장기에서 더 탄력적으로 나타나는 것이다.

  그림 4.26은 휘발유 시장의 공급 변화가 단기적으로, 그리고 장기적으로 어떤 영향을 주는지 보여준다. 초기 균형인 A에서 공급이 갑자기 S에서 S'로 감소했다고 하자. 단기에서 가격은 $P_{SR} = \$6.00$/갤런으로 오르고, 수요량은 $Q_{SR} = 5$백만 갤런/일로 줄어든다. 하지만 장기 수요곡선은 단기 수요곡선보다 훨씬 탄력적이다. 시간이 흐르면서 소비자는 새로운 상황에 적응할 것이므로, 가격 변화는 덜 극심해지고 수량 변화는 더 커진다. 그림 4.26에

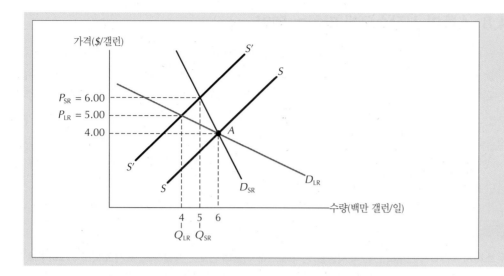

그림 4.26
가격탄력성은 단기에서보다 장기에서 더 크게 나타난다
시간이 더 충분할수록 사람들은 대체재로 더 쉽게 바꿀 수 있다. 그러므로 공급 변화가 가격에 미치는 영향은 장기에서보다 단기에서 훨씬 극심하다.

서 새로운 장기 균형은 P_{LR} = \$5/갤런과 Q_{LR} = 4백만 갤런/일이 된다.

가정용 도시가스의 경우에는 단기와 장기에서의 가격탄력성 값이 훨씬 큰 차이를 보인다. 도시가스는 단기 가격탄력성이 −0.1에 불과하지만, 장기에서는 무려 −10.7에 달한다.[5] 이러한 차이는 소비자들이 일단 난방과 요리를 위해서 보일러와 가스레인지 등을 구입한 다음에는 단기적으로 완전히 발이 묶이기 때문이다. 도시가스 가격이 올랐다고 10분 만에 모든 요리를 끝낼 수는 없지 않은가! 그러나 도시가스가 등유나 석탄에 비해서 훨씬 비싸져서 상대가격에 현저한 변화가 발생하는 경우, 소비자들은 장기에서 연료를 바꿀 수 있을 뿐만 아니라 실제로 바꾼다.

휘발유의 가격탄력성은 단기에서보다 장기에서 더 크다. 왜냐하면 휘발유 가격이 오르면, 사람들이 연비가 좋지 않은 중대형 차량에서 연비가 뛰어난 소형 차량으로 바꾸는 데 시간이 걸리기 때문이다.

5. H. S. Houthakker and Lester Taylor, *Consumer Demand in the United States: Analyses and Projections*, 2d ed., Cambridge, MA: Harvard University Press, 1970.

4.8 소득이 시장수요에 미치는 영향

우리가 이미 살펴보았듯이, 상품 수요량은 가격뿐만이 아니라 소비자의 소득에 의해서도 영향을 받는다. 시장수요곡선은 개별수요곡선들의 수평합이므로, 시장수요 역시 소비자들의 소득에 의해서 영향을 받게 된다. 어떤 경우에는 시장에 참가하는 소비자들의 평균소득 수준만 알아도 시장수요가 어떤 영향을 받는지 완벽하게 설명할 수 있다. 소비자들의 선호와 소득이 모두 똑같은 경우가 여기에 해당할 것이다.

하지만 현실에서는 소득이 어떻게 분배되어 있는지에 따라 시장수요가 달라질 수 있다. 간단한 예를 이용하여 이 점에 대해 살펴보자.

예 4.7	엥겔곡선

두 소비자 A와 B가 존재하는 음식 시장을 생각해보자. 이들의 선호는 동일하고, 초기 소득도 *$120*/주로 서로 같다고 가정하자. 음식에 대한 개별 엥겔곡선이 그림 *4.27*의 *EE*로 주어졌다면, 소비자 A의 소득이 *50퍼센트* 감소하고 소비자 B의 소득은 *50퍼센트* 증가하는 경우, 시장수요곡선은 어떤 영향을 받겠는가?

그림 4.27에 제시된 엥겔곡선은 비선형인 모습을 보이는데, 소비자가 무한정 음식을 먹을 수는 없다는 점을 생각할 때 이는 설득력이 있다. 일정 수준 이상으로 소득이 증가하면, 음식 소비량에는 큰 변화가 없을 것이기 때문이다. B의 새로운 소득($180/주)에서 음식 소비는 증가하지만 (2 kg/주), A의 새로운 소득($60/주)에서 줄어든 음식의 양(4 kg/주)보다는 그 크기가 작다.

그렇다면 이로 인해 개별수요곡선과 시장수요곡선은 어떤 영향을 받을까? 두 소비자들의 소득과 선호가 같으면, 개별수요곡선의 형태도 그림 4.28의 D_A와 D_B처럼 서로 똑같이 나타난다. D_A와 D_B를 수평으로 합하면 시장수요곡선 D를 얻는다. 개별 엥겔곡선의 특성상, 소득분배 상황이 달라진 경우, B의 소비 증가폭은 A의 소비 감소폭보다 작을 것이다. 그렇다면 새로운 시장수요(D'_A와 D'_B)는 예전보다 왼쪽으로 이동한 D'가 될 것이다.

그림 4.27

A와 B에 음식에 대한 엥겔곡선

그림에서처럼 개별 엥겔곡선들이 비선형인 경우, 소득이 일정 정도 증가했을 때의 음식 소비의 증가는 소득이 같은 폭으로 감소했을 때의 소비 감소보다 크게 나타난다.

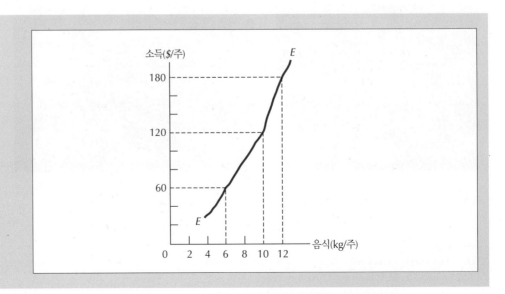

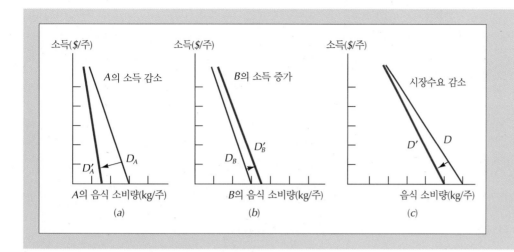

그림 4.28

시장수요는 때때로 소득분배 상태에 의해 영향을 받는다

소득이 증가한 덕에 B의 음식 수요 (b)는 증가한다. 그러나 소득이 감소한 A의 음식 수요(a)는 이보다 더 많이 감소한다. 평균소득은 변하지 않았지만, A에서 B로 소득이 재분배되면서 시장수요(c)는 감소한다.

소득분배 상태에 따라 시장수요가 달라질 수 있다는 것은 정부가 소득재분배 정책을 고민할 때 새겨들어야 할 사항이다. 예를 들어, 부유층으로부터 빈곤층으로 소득을 재분배하는 정책은 음식과 같은 상품의 수요를 증가시키고 보석이나 해외여행과 같은 사치재에 대한 수요를 감소시킬 가능성이 높다.

하지만 다른 여러 시장들에서의 수요는 소득분배의 변화에 상대적으로 덜 민감하게 반응한다. 개별수요가 소득 변화에 따라 비례적으로 움직이는 시장에서는 소득분배 상태가 그리 큰 영향을 주지 않을 것이다.

시장 전체의 엥겔곡선은 시장의 평균소득 수준에 대한 수요량을 보여준다. 그래서 평균소득과 수요량이 언제나 안정적인 관계를 보여줄 것이라고 예단하면 안 된다. 특히 명심해야 할 점은 개별 소비자의 엥겔곡선을 수평합하여 시장 전체의 엥겔곡선을 도출해낼 수 없다는 점이다. 개별수요곡선들을 수평합하여 시장수요곡선을 도출할 수 있는 것은 시장에 참가하는 모든 소비자들이 동일한 시장가격을 받아들이기 때문이다. 하지만 소비자들 간에 소득이 크게 차이가 난다면, 소득을 고정한 채 소비자들 간에 수요량을 더하는 것은 아무 의미가 없다.

그러나 현실적으로 봤을 때, 다양한 총체적 소득 측정치들과 시장수요량 사이에 어느 정도 안정적인 관계가 존재한다고 볼 수도 있다. X라는 상품에 대해서 평균소득과 시장수요량 사이의 관계가 상당히 안정적이라서 그림 4.29의 EE처럼 기울기가 일정한 엥겔곡선이 나타난다고 하자. 이때 Y는 시장 소비자들의 평균소득 수준이고, Q는 상품 X에 대한 수요량이다. 이러한 시장 엥겔곡선은 개별 엥겔곡선이 소득과 수요량 사이의 관계를 보여주는 것과 마찬가지이다.

어떤 상품이 안정적인 엥겔곡선을 보인다면, 이를 평균적인 시장소득에서의 변화에 대한 구매 결정의 반응도를 보여주는 지표로 삼아 **수요의 소득탄력성**(income elasticity of demand)이라고 정의할 수 있다. 이를 그리스 소문자 η(에타)라고 표시하자. 이제 우리는 가격탄력성 공식과 비슷한 모습의 소득탄력성 공식을 다음과 같이 얻을 수 있다.[6]

수요의 소득탄력성

소득의 1퍼센트 변화로 인한 상품 수요량의 퍼센트 변화

---

6. 미분 개념을 이용해서 소득탄력성 공식을 표현하면 $\eta = (Y/Q)[dQ(Y)/dY]$가 된다.

그림 4.29

시장 수준에서의 엥겔곡선

시장 엥겔곡선은 여러 평균소득 수준에서 수요량이 얼마나 되는지 보여준다.

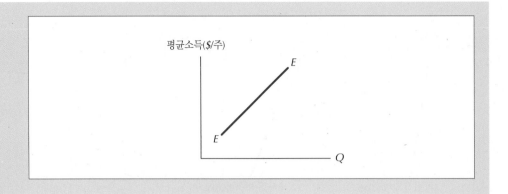

$$\eta = \frac{\Delta Q/Q}{\Delta Y/Y}. \tag{4.5}$$

여기에서 Y는 평균시장소득이고, ΔY는 평균시장소득의 작은 변화를 의미한다.

음식과 같이 소득이 변할 때 수요량의 변화폭이 소득의 변화폭보다 작게 나타나는 상품의 경우, 소득탄력성은 1보다 작다. 이러한 필수재의 경우에 소득탄력성은 $0 < \eta < 1$의 범위에서 나타날 것이다. 그렇다면 사치재는 $\eta > 1$인 상품이다. 보석이나 해외여행 등이 여기에 속할 것이다. 열등재는 $\eta < 0$인 상품이다. 그리고 $\eta = 1$인 상품의 경우에는 엥겔곡선이 그림 4.30a의 EE처럼 원점에서부터 직선으로 뻗어나가는 모습을 보일 것이다. 사치재, 필수재, 열등재에 대한 시장 엥겔곡선들이 존재하고 그 관계가 안정적이라면, 그림 4.30b에서처럼 나타날 것이다.

식 (4.5)의 소득탄력성 공식을 기하학적 해석이 쉽도록 바꿔 쓰면 다음과 같다.

$$\eta = \frac{Y}{Q} \frac{\Delta Q}{\Delta Y}. \tag{4.6}$$

식 (4.6) 우변의 첫 번째 항목은 엥겔곡선상의 어느 한 점에서의 수요량에 대한 소득의 비율이다. 이는 원점에서 바로 그 점까지 이은 직선의 기울기이다. 우변의 두 번째 항목은 그 점에서의 엥겔곡선의 기울기의 역수이다. 직선의 기울기가 엥겔곡선의 기울기보다 크다면, 두 항목의 곱은 1보다 커야 한다(사치재의 경우). 직선의 기울기가 완만하고 엥겔곡선의 기울

그림 4.30

다양한 유형의 상품들에 대한 엥겔곡선

(*a*) 소득탄력성이 1인 상품의 엥겔곡선. 소득의 비례적 변화는 수요량의 비례적 변화를 초래한다. 그래서 평균소득이 M_0에서 $2M_0$로 2배 증가하면, 수요량도 Q_0에서 $2Q_0$로 2배 증가한다. (*b*) 소득의 비례적 증가에 대해 소비가 그 이상으로 증가하면 사치재이고, 그 이하로 증가하면 필수재이며, 소득이 증가할 때 오히려 수요량이 줄어들면 열등재이다.

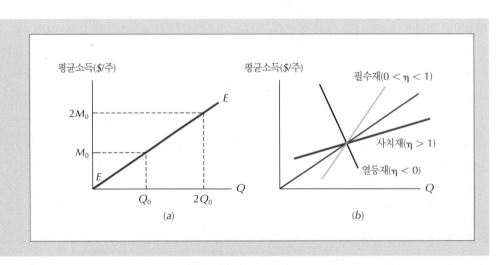

기가 0보다 크다면(필수재의 경우), η는 1보다 작지만 0보다는 클 것이다. 그러므로 필수재와 사치재의 엥겔곡선을 구별할 때 중요한 점은 엥겔곡선 자체의 기울기가 아니라 엥겔곡선의 기울기를 이에 상응하는 직선의 기울기와 비교하는 일이다. 마지막으로, 엥겔곡선의 기울기가 우하향한다면, η는 0보다 작아야 한다(열등재의 경우).

생활 속의 경제행태 4.1

왜 야외용 요리기구들은 지난 수십 년간 극적으로 변화했을까?

아주 오래 전 내가 산 프로판 가스 그릴기구는 지난 수년 간 나날이 성능이 떨어지고 있다. 가장 먼저 고장 난 것은 가스에 불을 붙이는 역할을 하는 투박한 기계식 불꽃 발생기인 점화 단추였다. 이제는 그릴에 불을 붙이는 것이 세밀한 작전이 되고 말았다. 먼저 가스를 켜고, 몇 초 기다리다가, 불이 붙은 성냥개비를 안으로 던져 넣는다. 너무 빨리 던져 넣으면, 아래쪽 버너에 도달하기 전에 성냥개비의 불이 꺼지고 만다. 너무 오래 기다렸다 던져 넣으면, 가스가 고여서 작은 폭발이 일어난다. 게다가 버너 위에 올려놓는 금속 받침은 중간 부분이 녹이 잔뜩 슬었다. 그 때문에 요리를 올려놓는 받침 가운데 부분에 화력이 집중되고 다른 곳에는 열전달이 잘 안 된다. 여전히 닭고기나 작은 크기의 스테이크는 재빨리 뒤집으면서 태우지 않고 구워낼 수 있지만, 큰 생선 요리는 아예 불가능해졌다.

이런 고장들은 분명히 수리가 가능할 것이다. 하지만 어디에 수리를 맡겨야 할지 모르겠다. 수리를 맡길 곳을 찾는다 해도, 수리비용이 신제품 그릴을 사는 값보다 더 들 것이다. 그래서 결국 어쩔 수 없이 나는 신제품을 구입하러 시장에 가게 되었다.

그리고 시장에 나와 있는 제품들을 보면서, 지난 수십 년간 얼마나 많은 변화가 있었는지 깜짝 놀랐다. 자체 보관 선반이 내장되어 있고 그릴 양쪽으로는 음식을 올릴 확장판이 달려 있던 초창기 모델이 어렴풋이 기억이 났다. 이런 편리한 기능들이 포함된 모델이라도 100∼200달러면 충분히 사고도 남았다. 바이킹 전문가용 그릴기구 같은 제품은 눈을 씻고 찾아봐도 찾을 수가 없었다.

천연가스나 프로판 가스를 사용하는 이 그릴기구는 적외선 굽기 기능으로 20파운드짜리 칠면조를 천천히 완벽하게 구워내면서 이와 동시에 50 cm²에 달하는 석쇠 크기로 40인분의 햄버거를 구울 수 있다. "5,000 BTU 버너의 화력과 방수 나무칩 서랍을 통해서 풍부한 훈제의 맛을 구현해낼 수 있는 기능"까지 내장되어 있다. 일반 가정집 부엌의 보통 가스레인지가 7,500 BTU의 화력에 불과한데 비해서, 이 제품은 무려 15,000 BTU의 강력한 화력으로 큰 솥에 담긴 물을 재빨리 끓여 내거나 음식을 기름에 볶아내어 정통 중국요리의 맛을 낼 수 있다. 뒤뜰에서 체코식 돼지고기 요리로 파티를 벌이고 싶거나 갑자기 도착한 손님들을 위해서 40개의 옥수수를 구워내야 할 때에도 바이킹 그릴기구는 엄청난 성능을 발휘한다. 기계 전체는 반짝이는 스테인리스 강철로 이루어져 있고, 에나멜과 청동으로 장식을 하였으며, 완전히 펼치면 2.5미터에 이르는 크기를 자랑한다.

바이킹 전문가용 그릴기구의 가격은 (운송료를 제외하고) 5,000달러이다. 하지만 이보다 열 배는 비싼 그릴기구들도 많다.

사치스러운 고급 그릴기구 시장이 이토록 번창하게 된 이유는 무엇일까? 가장 중요한 요인은 최근 미국에서 발생한 소득증가 대부분이 최상위 소득계층에게 집중되었다는 점이다. 예를 들어, 인플레이션을 조정한 가계 소득은 1979∼2007년 기간 중 겨우 14퍼센트 증가했을 뿐이지만, 상위 1퍼센트의 가계 소득은 동기간 중 무려 200퍼센트가 넘게 증가했다.[7] 소득분위의 상층부로 올라갈수록 소득 증가는 더욱 극적이다. 미국에서 가장 큰 기업들의 CEO들은 1980년 평균적인 노동자보다 42배 더 많이 벌었는데, 이 수치는 2000년이 되자 531배로 뛰었다.[8] 이미 고소득층에 속하는 이들의 빠른 소득 증가로 값비싼 야외용 요리기구들만이 아니라 다양한 사치재들에 대한 수요가 폭발적으로 증가했다.

초창기 그릴 도구

본문에서 언급한 바이킹 전문가용 그릴기와 비슷한 최첨단 그릴기구

Courtesy of Robert H. Frank

© Gary Moss/Jupiter Images

---

7. www.inequality.org/income-inequality/

8. *Business Week*, annual executive compensation surveys. www.inequality.org 참조.

표 4.5

몇몇 상품들에 대한 수요의 소득탄력성*

상품	소득탄력성
자동차	2.46
가구	1.48
외식	1.40
물	1.02
담배	0.64
휘발유, 경유	0.48
전기	0.20
마가린	−0.20
돼지고기 제품	−0.20
대중교통	−0.36

*이 추정치들은 다음 문헌들에서 인용한 것이다. H. S. Houthakker and Lester Taylor, *Consumer Demand in the United States: Analyses and Projections*, 2d ed., Cambridge, MA: Harvard University Press, 1970; L. Taylor and R. Halvorsen, "Energy Substitution in U.S. Manufacturing," *Review of Economics and Statistics*, November 1977; and H. Wold and L. Jureen, Demand Analysis, New York: Wiley, 1953.

응용 : 경제 추세 예측

모든 상품에 대한 소득탄력성이 1이라면, 국민총생산(GNP)의 구성은 시간이 흘러도 완전히 안정적일 것이다. (이때 기술과 상대가격은 불변이라고 가정한다.) 매년 음식, 여행, 의류, 그리고 다른 모든 소비 항목에 대한 지출 비중은 변하지 않을 것이다.

그러나 표 4.5에서 보여주듯이, 서로 다른 소비 항목들의 소득탄력성은 큰 차이를 보인다. 바로 거기에서 소득탄력성 개념의 가장 중요한 응용이라고 할 수 있는 미래 구매 패턴의 구성을 예측하는 일이 등장한다. 서구 자본주의 국가들에서 산업혁명이 일어난 이래로, 1인당 실질구매력은 매년 약 2퍼센트의 속도로 증가해왔다. 소득탄력성의 차이를 알고 있다면, 미래의 소비 패턴이 지금과 어떻게 달라질 것인지 예측할 수 있다.

외식과 자동차 등의 상품에 지출하는 소비자 예산 비중은 계속 증가할 것인 반면에, 담배, 연료, 전기에 대한 지출 비중은 점차 줄어들 것이다. 소득탄력성 추정치가 맞는다면, 마가린, 돼지고기 제품, 그리고 대중교통에 대한 1인당 지출 금액도 미래에는 줄어들 것이다.

4.9 수요의 교차 탄력성

수요의 교차가격탄력성

어떤 상품 가격의 1퍼센트 변화로 발생한 다른 상품 수요량의 퍼센트 변화

시장에서 구입한 상품의 양은 가격과 소득뿐만이 아니라 관련 상품들의 가격에 의해서도 영향을 받는다. **수요의 교차가격탄력성**(cross-price elasticity of demand)은 어떤 상품 가격의 1퍼센트 변화에 의해 발생한 다른 상품 수요량의 퍼센트 변화이다. X와 Z라는 임의의 두 상품에 대해서 일반화하면, 교차가격탄력성은 다음과 같이 정의할 수 있다.[9]

---

9. 미분 개념을 사용해서 표현하면 $\epsilon_{XZ} = (P_Z/Q_Z)(dQ_X/dP_Z)$이다.

$$\epsilon_{XZ} = \frac{\Delta Q_X/Q_X}{\Delta P_Z/P_Z}. \tag{4.7}$$

여기에서 ΔQ_X는 X 상품의 양 Q_X의 작은 변화를 의미하고, ΔP_Z는 Z의 가격인 P_Z의 작은 변화를 의미한다. 결국 ϵ_{XZ}는 Z 가격의 작은 변화에 대하여 X의 수요량이 어떻게 반응하는지를 측정해 보여준다.

어떤 상품의 자기가격에 대한 수요의 탄력성이 (이를 자기가격탄력성이라고 부른다) 절대로 0보다 크지 않는데 비해서, 교차가격탄력성은 양수 또는 음수로 나타날 수 있다. $\epsilon_{XZ} < 0$인 경우 X와 Z는 서로 보완재가 되고, $\epsilon_{XZ} > 0$인 경우 X와 Z는 서로 대체재가 된다. 예를 들어, 햄 가격의 상승은 햄 수요량을 감소시킬 뿐만 아니라, 햄과 달걀이 보완재이므로 달걀에 대한 수요도 감소시킨다. 이에 비해서 커피 가격의 상승은 홍차 수요를 증가시키게 될 것이다. 표 4.6에는 몇몇 상품조합들에 대한 수요의 교차가격탄력성이 제시되어 있다.

개념 확인 4.7

다음 상품조합들에 대한 교차가격탄력성의 부호를 생각해 보기 바란다. (a) 사과와 오렌지, (b) 항공권과 자동차 타이어, (c) 컴퓨터 하드웨어와 소프트웨어, (d) 볼펜과 종이, (e) 볼펜과 연필.

표 4.6

몇몇 상품조합들에 대한 교차가격탄력성*

상품	가격이 변화한 상품	교차가격탄력성
버터	마가린	+0.81
마가린	버터	+0.67
천연가스	화석연료	+0.44
쇠고기	돼지고기	+0.28
전기	천연가스	+0.20
오락	식료품	−0.72
시리얼	생선	−0.87

*From H. Wold and L. Jureen, Demand Analysis, New York: Wiley, 1953; L. Taylor and R. Halvorsen, "Energy Substitution in U.S. Manufacturing," *Review of Economics and Statistics*, November 1977; E. T. Fujii et al., "An Almost Ideal Demand System for Visitor Expenditures," *Journal of Transport Economics and Policy*, 19, May 1985, 161−171; and A. Deaton, "Estimation of Own- and Cross-Price Elasticities from Household Survey Data," *Journal of Econometrics*, 36, 1987: 7−30.

• 요약 •

• 이번 장에서 우리의 관심은 개별수요와 시장수요가 가격과 소득의 변화에 어떻게 반응하는가 하는 것이었다. 특정 상품 X에 대한 개별 소비자의 수요곡선을 도출하기 위해서, 우리는 기본적인 무차별곡선 그림에서 가격소비곡선(PCC)을 찾아냈다. PCC는 소득과 선호는 불변인 상태에서 X의 가격이 변화할 때, 이에 따라 바뀌는 최적 상품꾸러미들의 위치를 선으로 연결한 것이다. 그리고 우리는 PCC에서 해당 가격−수요량 조합들을 가져다가 별도의 그림으로 그려줌으

로써 개별수요곡선을 찾아냈다. (학습목표 1)

- 가격소비곡선을 소득의 경우에 응용하면 소득소비곡선 (ICC)이 된다. ICC 역시 기본적인 무차별곡선 그림을 사용해서 만들어진다. ICC는 소비자의 선호와 상대가격이 불변인 상태에서 소득이 변할 때 최적 꾸러미들을 이은 선이다. 가격소비곡선에서 개별수요곡선이 도출되듯이, 소득소비곡선에서는 엥겔곡선이 나온다. ICC에서 해당 소득–수요량 조합들을 가져다가 별도의 그림으로 그려주면 엥겔곡선이 나온다. (학습목표 2)

- 정상재는 소득이 증가할 때 소비자가 더 많이 구입하는 상품이고, 열등재는 소득이 증가할 때 덜 구입하는 상품이다. (학습목표 2)

- 가격 변화의 총효과를 두 개의 효과로 분리할 수 있다. (1) 대체효과는 가격 변화로 대체재에 대한 매력이 달라짐으로써 발생하는 수요량의 변화를 표시한다. (2) 소득효과는 가격 변화로 실질 구매력이 변함에 따라 발생하는 수요량의 변화를 표시한다. 대체효과는 언제나 가격의 변화 방향과 반대 방향으로 나타난다. 가격이 상승하면(감소하면) 수요량은 언제나 감소한다(증가한다). 정상재의 경우, 소득효과는 가격 변화의 방향과 반대로 나타나며, 대체효과를 강화한다. 열등재의 경우, 소득효과는 가격 변화와 같은 방향으로 발생하며 그로 인해 대체효과를 상쇄한다. (학습목표 3)

- 열등재의 경우에 대체효과와 소득효과가 반대 방향으로 작동한다는 사실로부터 기펜재의 이론적인 가능성이 대두된다. 기펜재는 가격 인상의 총효과가 수요량 증가로 나타나는 상품을 말한다. 실제로 기펜재가 목격되었다는 기록은 없다. 그래서 우리는 가격이 오를 때 모든 상품들의 수요량이 줄어든다는 일반적인 가정을 계속 유지할 것이다. (학습목표 3)

- 가격 변화에 대해서 구매 결정이 가장 민감하게 반응하는 상품들은 대체효과와 소득효과가 같은 방향으로 발생하는 상품들이다. 예를 들어, 총지출에서 높은 비중을 차지하고, 직·간접적으로 대체재가 많은 정상재의 경우에는 가격 변화에 민감하게 반응하는 경향이 있다. 많은 소비자들에게 있어서 주거 공간이 바로 그런 상품이다. 가격 변화에 대한 반응이 약한 상품들은 예산 비중이 낮고 다른 상품으로 대체할 가능성이 매우 제한된 상품들이다. 소금이 거기에 해당한다. (학습목표 3)

- 개별수요곡선에서 시장수요곡선을 도출하는 방법은 두 가지이다. 첫째는 개별수요곡선들을 그림으로 표시한 뒤, 이들에 대해 수평합을 수행하는 것이다. 두 번째는 산술적인 방식으로, 먼저 개별수요곡선을 수요량(Q)에 대해서 정리하고, 이를 모두 더해준 뒤, 가격(P)에 대해 풀어주는 방식이다. (학습목표 4)

- 수요이론에서 가장 중요한 분석 개념은 수요의 가격탄력성이다. 가격탄력성은 가격의 작은 변화에 대한 구매 결정의 반응도 측정치이다. 가격탄력성은 가격의 1퍼센트 변화에 의해 발생한 수요량의 퍼센트 변화로 정의된다. 탄력성의 절댓값이 1보다 큰 상품들을 탄력적이라고 부르고, 1보다 작은 상품들은 비탄력적이라고 부르며, 1과 같은 상품들을 단위 탄력적이라고 부른다. (학습목표 5)

- 가격탄력성과 가격변화가 총지출에 미치는 영향도 매우 중요한 관계이다. 수요가 탄력적일 때, 가격 인하는 총지출을 증가시킨다. 수요가 비탄력적일 때, 가격이 내려가면 총지출도 감소한다. 수요가 단위 탄력적이면, 총지출은 이미 최대 값이다. (학습목표 6)

- 수요의 가격탄력성은 네 가지 요인에 의해 영향을 받는다. (1) 대체 가능성. 소비자가 다른 상품으로 대체를 쉽게 할수록, 수요는 더 탄력적이다. (2) 예산 비중. 총지출에서 높은 비중을 차지하는 상품은 가격탄력성이 높은 경향이 있다. (3) 소득효과의 방향. 다른 요인들이 불변인 상태에서, 열등재는 정상재에 비해서 비탄력적인 경향이 있다. (4) 시간. 습관이나 기존의 약속 등에 의해서 소비자는 단기적으로 가격이 변화해도 기존의 수요량을 신속히 바꿀 수 없는 경우가 많다. 소비자가 적응할 시간이 충분할수록, 수요의 가격탄력성은 커지는 경향이 있다. (학습목표 6)

- 평균적인 소득수준이 변하면 시장수요곡선도 이동한다. 수요의 소득탄력성은 가격탄력성과 유사하게 정의할 수 있다. 소득탄력성은 소득의 1퍼센트 변화로 발생하는 수요량의 퍼센트 변화를 의미한다. 소득탄력성이 0을 넘는 상품을 정상재라고 부르고, 소득탄력성이 0보다 작은 상품을 열등재라고 부른다. 소득탄력성이 1보다 큰 상품을 사치재라고 부르고, 소득탄력성이 1보다 작은 상품을 필수재라고 부른다. 정상재의 경우에 소득이 증가하면 시장수요가 오른쪽으로 이동한다. 열등재의 경우에는 소득이 증가하면 시장수요가 왼쪽으로 이동한다. 어떤 상품들의 경우에는 시장의 평균적인 소득수준이 아니라 소득의 분배상태에 따라 시장수요가 변할 수 있다. (학습목표 8)

- 수요의 교차가격탄력성은 어떤 상품의 가격이 약간 변할 때 다른 상품의 수요량이 어떻게 반응하는지 보여주는 지표이다. 교차가격탄력성은 어떤 상품의 가격이 1퍼센트 변할 때 이로 인해 발생하는 다른 상품의 수요량의 퍼센트 변화로 정의된다. 상품 Z의 가격에 대한 상품 X의 교차가격탄력성이 양수이면, 두 상품 X와 Z는 대체재이다. 교차가격탄력성이 음수이면, 두 상품은 보완재이다. 자기가격탄력성, 교차가격 탄력성, 소득탄력성과 같은 다양한 탄력성 공식들을 기억하는 요령은, 영향을 받는 결과의 퍼센트 변화를 이와 관련된 원인 변수(요인)의 퍼센트 변화로 나눠준다는 개념을 이해하는 것이다. (학습목표 8)

- 이번 장의 부록에서는 탄력성이 일정한 수요곡선과 수입보상수요곡선과 같은 수요이론의 추가적인 주제들을 살펴볼 것이다.

▪ 복습문제 ▪

1. 소금의 수요량이 가격 변화에 민감하게 반응하지 않는 이유는 무엇인가? (학습목표 3)

2. 사립대학교에서의 교육의 수요량이 소금보다 가격 변화에 더 민감하게 반응하는 이유는 무엇인가? (학습목표 3)

3. 정상재와 열등재에 대한 엥겔곡선을 그려라. (학습목표 2)

4. 대부분의 학생들에게 열등재인 상품을 두 개 이상 예로 들어라. (학습목표 2)

5. 정상재의 가격소비곡선이 우하향하는 기울기를 보일 수 있는가? (학습목표 1)

6. 어떤 상품에 대한 시장수요곡선을 얻기 위해서, 왜 우리는 개별수요곡선들을 수직합이 아니라 수평합하는가? (학습목표 4)

7. 가격탄력성, 가격 변화, 그리고 총지출의 변화 사이의 관계를 요약 설명하라. (학습목표 6)

8. 왜 우리는 가격 변화에 대한 수요의 반응도를 복잡한 탄력성 공식이 아니라 수요곡선의 기울기로 간단하게 측정하지 않는가? (학습목표 5)

9. 직선인 수요곡선에서 수입을 극대화하는 점에서의 가격탄력성은 무엇인가? (학습목표 6)

10. 특정 학교에서의 대학 교육은 높은 또는 낮은 가격(등록금) 탄력성을 보인다고 생각하는가? (학습목표 5)

11. 소비자들의 소득분배 상태가 변하는 경우, 특정 상품에 대한 시장수요가 어떻게 영향을 받는가? (학습목표 7)

12. 오랜 기간에 걸쳐 GNP가 줄어들 것이라고 예상한다면, 여러분은 어떤 종류의 회사에 투자할 것인가? (학습목표 8)

13. [참 또는 거짓] 두 개의 상품에 모든 예산을 지출한다고 할 때, 한 상품의 가격 상승은 둘 중 하나가 열등재가 아닌 이상 두 상품 모두의 소비를 반드시 감소시킬 것이다. 그 이유를 설명하라. (학습목표 2)

14. 재석은 자신의 소득을 전부 테니스 공과 농구경기 관람권에 지출한다. 그의 테니스 공에 대한 수요는 탄력적이다. [참 또는 거짓] 테니스 공의 가격이 상승하면, 재석은 농구경기 관람권을 더 많이 소비할 것이다.참인지 거짓인지 설명하라. (학습목표 6)

15. [참 또는 거짓] 시장에서 개별수요자마다 어떤 상품에 대해서 직선인 수요곡선을 보인다면, 해당 상품에 대한 시장수요곡선도 직선으로 나와야 한다. 그 이유를 설명하라. (학습목표 4)

16. 여러분이 예산을 전부 두 개의 상품, 빵과 버터에만 지출한다고 가정하자. 빵이 열등재라면, 버터도 열등재가 될 수 있을까? (학습목표 2)

▪ 연습문제 ▪

1. 명수는 오렌지 주스와 사과 주스에 $6/주를 지출한다. 오렌지 주스의 가격은 $2/컵이고, 사과 주스의 가격은 $1/컵이다. 명수는 1컵의 오렌지 주스를 3컵의 사과 주스에 대한 완전한 대체재라고 여긴다. 오렌지 주스와 사과 주스로 구성된 명수의 최적 소비꾸러미를 찾아라.

오렌지 주스의 가격에는 변화가 없는데, 사과 주스의 가격이 $2/컵으로 올랐다고 하자. 명수가 원래의 소비꾸러미를 구입하려면 추가적인 소득이 얼마나 더 필요한가? (학습목표 2)

2. 형돈은 문제 1번에 등장한 명수와 소득이 같고, 시장에서 주어진 가격들도 동일하다. 그러나 형돈은 1컵의 오렌지 주스를 1컵의 사과 주스에 대한 완전한 대체재라고 여긴다. 형돈의 최적 소비꾸러미를 찾아라. 사과 주스의 가격이 2배로 상승할 때, 형돈이 원래의 소비꾸러미를 구입할 수 있도록 하려면 추가적인 소득이 얼마나 더 필요한가? (학습목표 2)

3. 하하는 문제 1, 2번에 등장한 명수, 형돈과 소득이 같고, 시장에서 주어진 가격들도 동일하다. 그러나 하하는 1컵의 오렌지 주스를 1컵의 사과 주스에 대한 완전한 보완재라고 여긴다. 하하의 최적 소비꾸러미를 찾아라. 사과 주스의 가격이 2배로 상승할 때, 하하가 원래의 소비꾸러미를 구입할 수 있도록 하려면 추가적인 소득이 얼마나 더 필요한가? (학습목표 2)

4. 레몬에이드 시장에는 10명의 잠재적인 소비자들이 존재한다. 각 소비자의 개별수요곡선은 $P = 101 - 10Q_i$이다. 이때 P는 컵당 달러로 표시한 가격이고, Q_i는 i번째 소비자의 컵으로 측정한 주당 레몬에이드 수요량이다. 수식을 이용하여 시장수요곡선을 도출하라. 개별수요곡선과 시장수요곡선을 그림으로 표현하라. 레몬에이드 가격이 $P = \$1/컵일 때, 각 소비자의 수요량과 시장 전체의 수요량은 각각 얼마인가? (학습목표 4)

5. a. 수요곡선이 $P = 60 - 0.5Q$일 때, $P = 10$에서의 탄력성을 구하라. (학습목표 5)

   b. 만약 수요곡선이 오른쪽으로 평행이동한다면, $P = 10$에서 탄력성은 어떻게 변하겠는가?

6. 수요곡선이 $Q = 100 - 50P$로 주어졌다. (학습목표 5, 6)

   a. 수요곡선을 그린 뒤, 곡선의 어느 부분이 탄력적인지, 비탄력적인지, 단위 탄력적인지 그래프로 표시하라.

   b. 더 이상의 계산을 하지 않은 상태에서, 곡선의 어느 부분에서 상품에 대한 지출액이 극대화되는지 답변하라. 여러분의 답변을 뒷받침할 수 있는 논리를 제시하라.

7. 금문교 통과 수요는 $Q = 10,000 - 1000P$로 주어졌다. (학습목표 6)

   a. 만약 통행요금(P)이 $3라면 수입은 얼마나 될까?

   b. 위의 가격에서 수요의 가격탄력성은 얼마인가?

   c. 교량 관리소에서는 가격을 변화시킴으로써 수입을 늘릴 수 있는가?

   d. 페리선 회사는 금문교와 경쟁하기 위해 통근이 훨씬 편리한 호버크라프트를 띄우기로 했다. 이로 인해 금문교 통과에 대한 수요의 탄력성은 어떤 영향을 미칠 것인가?

8. 소비자의 안전에 대한 지출은 소득탄력성이 양수로 나온다고 알려져 있다. 예를 들어, 소득이 증가함에 따라 사람들은 더 안전한 차를 (측면 에어백이 장착된 더 큰 차를) 사는 경향이 있고, 자동차로 먼 거리를 여행하기보다는 비행기를 더 이용할 가능성이 높으며, 정기 건강검진을 받을 가능성이 더 높고, 검진 결과 나타난 건강문제에 대해서 치료를 받을 가능성이 더 높다. 그렇다면 안전은 사치재인가, 필수재인가? (학습목표 2)

9. 박창수 교수와 홍인기 교수는 경제학과에서 여름방학 동안 일할 연구조교에 대한 시장의 전체 수요를 이룬다. 만약 박창수 교수의 수요곡선이 $P = 50 - 2Q_A$, 홍인기 교수의 수요곡선이 $P = 50 - Q_B$로 주어졌다고 하자. 이때 Q_A와 Q_B는 각각 박창수 교수가 수요하는 시

간과 홍인기 교수가 수요하는 시간이다. 경제학과에서 연구시간에 대한 시장수요는 무엇인 가? (**학습목표** *4*)

10. 항공권 가격이 $400일 때, 코넬 대학교가 위치한 뉴욕 주 이타카에서 캘리포니아 주 로스 앤젤레스까지 가는 항공권 수요량은 300장이라고 하자. 가격이 $600로 상승하면, 수요량 은 280장이다. 항공권에 대한 수요가 선형인 경우, 수요량–가격 조합 (300, 400)과 (280, 600)에서의 가격탄력성은 각각 얼마인가? (**학습목표** *5*)

11. 공학도들의 계산기에 대한 월간 시장수요곡선은 $P = 100 - Q$이다. 이때 P는 달러로 표시 한 계산기당 가격이고, Q는 월간 계산기 구매량이다. 만약 가격이 30달러라면, 계산기 제조 회사는 매달 얼마의 수입을 얻을 수 있는가? 계산기의 수요에 대한 가격탄력성을 구하라. 수 입을 늘리기 위해서 계산기 제조회사에서는 어떻게 해야 하는가? (**학습목표** *6*)

12. 수요곡선 $P = 27 - Q^2$에서 총지출액을 극대화하는 가격은 얼마인가? (**학습목표** 6)

13. 핫도그 판매점의 하루 수요곡선은 $Q = 1800 - 15P$이다. P는 센트로 표시한 핫도그 한 개 의 가격이고, Q는 매일 판매되는 핫도그의 수량이다. (**학습목표** *6*)

   a. 판매자가 매일 300개의 핫도그를 판다면 그의 수입은 얼마인가?

   b. 핫도그에 대한 수요의 가격탄력성은 얼마인가?

   c. 판매자가 더 많은 수입을 얻기 위해서는 핫도그 가격을 올려야 할까, 내려야 할까?

   d. 가격이 얼마일 때 총수입이 극대화되는가?

14. 아래 제시된 3개의 수요곡선상에 위치한 A, B, C, D, E 모두 다섯 개의 점에서 가격탄력성 의 절댓값을 구한 뒤, 크기 순서대로 늘어놓아라. (**학습목표** *5*)

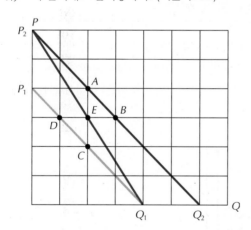

15. 다음에 제시한 상품들에 대한 엥겔곡선을 그려라. 음식물, 하와이 휴가여행, 아몬드, *K*마트 브랜드의 한 켤레에 $4.99인 운동화. (**학습목표** *2*)

16. 다음에 제시한 상품 조합들에 대한 수요의 교차가격탄력성은 양수인가, 음수인가? (**학습목표** *8*)

   a. 테니스 라켓과 테니스 공

   b. 오믈렛과 토마토케첩

   c. 핫도그와 햄버거

17.[*] 2001년에 X는 $3였고 400개가 팔렸다. 같은 해 관련 상품 Y는 $10였고 200개가 팔렸다.

2002년에 X는 여전히 $3이지만 300개만 팔렸는데, Y는 $12로 가격이 올랐고 150개만 팔렸다. 다른 사항들이 동일하다면, 그리고 X에 대한 수요가 Y의 가격에 대한 선형 함수라면, 2001년 Y에 대한 X 수요의 교차가격탄력성은 무엇인가? (학습목표 8)

18.* 준하는 쌀과 밀의 맛 차이를 느끼지 못하며 $24/주의 음식에 대한 예산을 오직 쌀과 밀에만 지출한다. 쌀의 가격이 $3/kg일 때, 준하의 밀에 대한 가격소비곡선과 이에 상응하는 수요곡선을 그려라. (학습목표 1)

19.* 쌀과 밀이 완전한 1:1 보완재라는 가정하에, 18번 문제를 다시 풀어라. (학습목표 1)

20.* 동네 에스프레소 카페에서는 고객이 직접 우유 200밀리리터를 가져오는 경우, 카푸치노 한 잔을 $2.50이 아니라 $1.50에 제공하는 행사를 진행 중이다. 200밀리리터의 우유는 바로 옆 편의점에서 $0.50에 살 수 있다. 이 행사 덕에 카페에서는 평소보다 카푸치노 판매량이 60퍼센트 늘었고, 편의점은 우유 판매가 늘어난 덕에 총수입이 정확히 2배로 증가했다. (학습목표 6)

   a. [참 또는 거짓] 고객이 직접 우유를 사서 카페에 가는 데에 작지만 완전히 무시할 수 없는 불편이 따른다면, 카푸치노에 대한 수요의 가격탄력성의 절댓값은 3이다. 그 이유를 설명하라.

   b. [참 또는 거짓] 편의점의 우유에 대한 수요는 가격에 대해서 탄력적이다. 그 이유를 설명하라.

* 표시가 된 문제들은 난이도가 높은 문제들이다.

▪ 개념 확인 해답 ▪

4.1 원래 예산 B_0에서, 남주는 상품꾸러미 A를 소비한다. 새로운 예산 B_1에서, 남주는 상품꾸러미 D를 소비한다. (D가 연간 1.5쌍의 바인딩을 포함한다는 것은 2년에 3쌍의 바인딩을 소비한다는 뜻이다.) 가격 인상(A에서 C로의 이동)의 대체효과는 0이다. (학습목표 3)

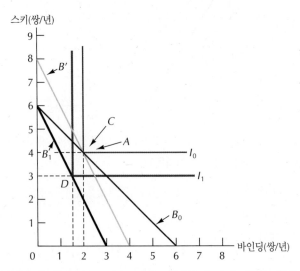

4.2 소득효과, 대체효과, 총효과는 모두 0이다. 왜냐하면 가격 변화는 두준의 최적 소비 꾸러미를 변화시키지 않기 때문이다. (학습목표 3)

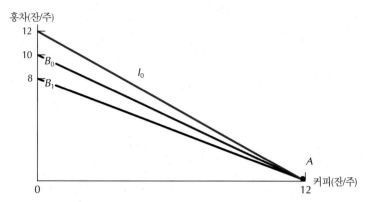

4.3 D_1과 D_2의 수식은 각각 $P = 16 - 2Q_1$과 $P = 8 - 2Q_2$이다. 구간 $0 \leq P \leq 8$에서 Q_1 $= 8 - (P/2)$와 $Q_2 = 4 - (P/2)$이다. 두 식을 더하면, $Q_1 + Q_2 = Q = 12 - P$이다. 물론 이때 $0 \leq P \leq 8$를 잊지 말아야 할 것이다. 구간 $8 < P \leq 16$에서는 시장수요곡선이 D_1과 같다. 즉, $P = 16 - 2Q$이다. (**학습목표 4**)

4.4 가장 먼저 우리는 대표적인 소비자의 수요곡선 $P = 120 - 60Q_i$에서 수량을 한 쪽으로 정리할 필요가 있다. (**학습목표 4**)

$$Q_i = 2 - \tfrac{1}{60}P.$$

그리고 여기에 소비자 숫자 $n = 30$를 곱해준다.

$$Q = nQ_i = 30Q_i = 30(2 - \tfrac{1}{60}P) = 60 - \tfrac{1}{2}P.$$

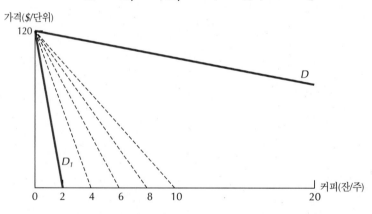

마지막으로, 시장수요곡선 $Q = 60 - (1/2)P$에서 가격을 한쪽으로 정리해 준다. $P = 120 - 2Q$.

4.5 수요곡선의 기울기가 -1이므로, $\epsilon = -P/Q$. $P = 24$에서 $Q = 8$, 그래서 $\epsilon = -P/Q = -\tfrac{24}{8} = -3$이다. (**학습목표 5**)

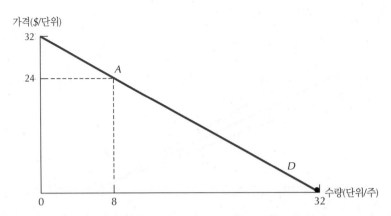

4.6 가격 $P = \$4/m^2$일 때 탄력성은 1/3이다. 그래서 가격을 인하하면 총지출이 줄어들게 된다. $P = 4$에서, 총지출은 $48/주이고, 이는 $P = 3$에서의 총지출 $39/주를 넘어선다. (학습목표 6)

4.7 a, b, e와 같은 대체제들의 교차가격탄력성은 양수이다. (어떤 상품의 가격 인상은 다른 상품의 수요량을 증가시킨다.) c와 d 같은 보완재들은 교차가격탄력성이 음수이다. (어떤 상품 가격의 인상으로 다른 상품의 수요량이 줄어든다.) (학습목표 8)

수요이론의 추가적인 주제들

Additional Topics in Demand Theory

4A.1 탄력성이 일정한 수요곡선 _____

지금까지 우리가 살펴본 수요곡선들은 모두 선형이었다. 그래서 우하향하는 수요곡선을 따라 내려가면 가격탄력성이 감소한다. 그러나 모든 수요곡선들이 그렇지는 않다. 오히려 이와는 반대로 수요곡선을 따라 내려가면서 가격탄력성이 일정하거나 심지어 커지는 수요곡선들도 있다. 탄력성이 일정한 수요곡선(*constant elasticity demand curve*)은 가격과 수량이 변해도 가격탄력성이 변하지 않기 때문에 붙은 이름이다. 선형인 수요곡선의 일반적인 함수 형태가 $P = a - bQ$라면, 탄력성이 일정한 수요곡선은 함수 형태를 다음과 같이 정의할 수 있다.

$$P = \frac{k}{Q^{1/\epsilon}} \tag{4A.1}$$

이때 k와 ϵ은 모두 양수로, 수요곡선의 정확한 형태와 위치를 결정하는 숫자들이다.[1] 예를 들어, $k = 2$와 $\epsilon = 1$일 때, 수요곡선의 형태는 그림 4A.1처럼 나타난다.

그림 4A.1에 제시된 수요곡선상의 점들에서 정말 가격탄력성이 일정하게 나타나는지 살펴보자. 먼저 $P = 2$와 $Q = 1$인 점에서의 가격탄력성을 P/Q 비율에 수요곡선의 기울기의 역수를 곱하여 계산하자. 수요곡선의 기울기를 계산하기 위해서는 점 $(1, 2)$ 근처에서 가격의 아주 작은 변화인 ΔP에 대한 반응으로 발생하는 수요량의 변화인 ΔQ를 계산해야 한다. 예를 들어, 가격의 변화가 $+0.001$이라고 생각해보자. 만약 $P = 2.001$이라면, 주어진 수요함수를 사용해서 (즉, 방정식 $P = 2/Q$를 사용해서) 이에 상응하는 수요량 $Q = 2/2.001 = 0.9995$를 구할 수 있다. 그래서 $\Delta Q = 0.9995 - 1 = -0.0005$가 되고, 점 $(1, 2)$에서 수요곡선의 기울기는 $\Delta P/\Delta Q = 0.001/(-0.0005) = -2$가 된다. 그러므로 기울기의 역수는 $-\frac{1}{2}$이 되고, 최종적으로 가격탄력성은 $2(-\frac{1}{2}) = -1$로 도출된다.

_____

[1]. 탄력성의 정의를 사용하면, 수요곡선을 따라 변하는 가격-수요량 조합 어디에서나 이 수요곡선의 탄력성이 $-\epsilon$로 일정하다는 것을 쉽게 보여줄 수 있다.

$$\frac{P}{Q} \frac{dQ(P)}{dP} = \frac{k/Q^{1/\epsilon}}{Q} \frac{1}{(-1/\epsilon)kQ^{-1/\epsilon-1}} = -\epsilon.$$

그림 4A.I

탄력성이 일정한 수요곡선의 예
선형인 수요곡선에서는 수요량이 증가함에 따라 가격탄력성이 작아지지만, 탄력성이 일정한 수요곡선에서는 수요곡선상의 어느 점에서나 탄력성이 일정하게 나타난다.

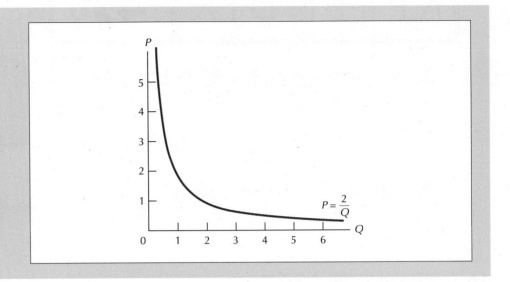

이번에는 점 (2, 1)에서의 가격탄력성을 계산해보자. 다시 한 번 $\Delta P = 0.001$을 이용하면, $Q = 2/1.001 = 1.998$ 또는 $\Delta Q = -0.002$를 얻는다. 그래서 점 (2, 1)에서 수요곡선의 기울기 $0.001/(-0.002) = -\frac{1}{2}$이므로, 그 역수는 -2이다. 그러므로 점 (2, 1)에서의 가격탄력성은 $(\frac{1}{2})(-2)$로 다시 한 번 -1로 나타난다.

개념 확인 4A.I
그림 4A.I에 나타난 수요곡선상의 다른 여러 점들에서의 가격탄력성을 계산하여 모든 경우에 -1로 나타난다는 것을 확인하라. [이번 장 끝에 제시된 답변은 점 (0.5, 4)와 (4, 0.5)를 사용해서 계산한 결과이다.]

수요곡선 $P = k/Q$는 탄력성이 일정한 수요곡선의 특별한 경우로, 지출이 일정한 수요곡선(*constant expenditure demand curve*)으로 알려진 수요곡선이다. 이런 수요곡선은 곡선상의 모든 점에서 총지출액이 $PQ = k$로 나타나는데, 이때 k는 양의 상수이다. 직선의 수요곡선과 달리, 이런 수요곡선은 사람들이 가격이 높을 때나 낮을 때나 정확히 같은 금액을 지출한다. 예를 들어, 음악 MP3 파일을 내려 받는 데 한 달 용돈을 전부 지출하는 사람이라면, MP3 파일에 대한 지출이 일정한 수요곡선을 보이는 것이다. 이때 상수 k는 용돈 금액과 같을 것이다.

탄력성이 일정한 수요곡선 $P = k/Q^{1/\epsilon}$을 따라 아래로 내려가면, P/Q 비율의 감소는 기울기의 역수의 증가에 의해서 정확히 상쇄된다. $\epsilon > 1$인 탄력성이 일정한 수요곡선은 가격 인하 시 총지출이 언제나 증가하는 특성을 보인다. 그에 비해 $\epsilon < 1$인 경우에는 가격 인상으로 인해 총지출이 언제나 감소할 것이다.

개념 확인 4A.2
수요곡선이 $P = 4/Q^{1/2}$으로 주어졌을 때, 가격이 4에서 3으로 하락하는 경우 총지출은 어떻게 변하는가?

선분비율로 가격탄력성을 계산하는 방법

직선으로 나타나는 수요곡선상에서 어느 한 점에서 측정한 가격탄력성은 기하학적인 성질을 이용하면 편리하게 구할 수 있다. 그림 4A.2에서처럼 직선인 수요곡선을 두 개의 선분 AC와 CE로 구획을 나눌 수 있다. 점 C에서의 가격탄력성을 (절댓값으로) $|\epsilon_c|$라고 할 때, 가격탄력성은 두 선분의 비율과 같다.[2]

$$|\epsilon_c| = \frac{CE}{AC}. \qquad\qquad (A4.2)$$

식 (A4.2)를 수요의 가격탄력성을 계산하는 선분비율(*segment-ratio*) 계산법이라고 부른다.

직선인 수요곡선상의 어느 한 점에서 수요의 가격탄력성은 바로 그 점에 의해서 나뉜 두 선분의 비율과 같다는 것을 알면 여러모로 매우 편리하다. 그림 4A.3의 위 패널에 제시된 수요곡선을 예로 들어보자. 수요곡선의 중간점인 M에서 가격탄력성은 -1임을 쉽게 알 수 있다. 수요곡선을 따라 4분의 1 지점인 K까지 내려가면, 탄력성은 -3이다. 수요곡선을 따라 4분의 3 지점인 L에 이르면, 탄력성은 $-\frac{1}{3}$이다. 그림 4A.3의 아래 패널은 직선이 수요곡선상의 위치와 수요의 가격탄력성 사이에 어떤 관계가 있는지 보여준다.

4A.2 보상소득수요곡선

이번 장에서 우리가 공부한 개별수요곡선에는 가격이 변화할 때의 대체효과와 소득효과가 모두 포함되어 있다. 이러한 보통의 수요곡선을 그대로 사용하여 사람들이 가격에 어떻게 반응하는지를 예측하는 경우가 많고 또 대부분의 경우 큰 문제가 되지 않는다. 예를 들어,

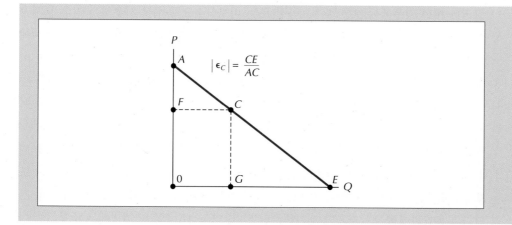

그림 4A.2

선분비율로 가격탄력성을 계산하는 방법

수요곡선상의 어떤 점에서 측정한 가격탄력성의 절댓값은 바로 그 점에서 분리되는 수요곡선의 두 선분의 비율이다. 점 C에서 수요곡선의 가격탄력성의 절댓값은 CE/AC와 같다.

---

2. 중고등학교에서 배운 간단한 기하학 개념을 떠올리기 바란다. 첫째, 그림 4A.2에 제시된 수요곡선의 기울기의 역수는 비율 GE/GC이고, 점 C에서의 가격-수요량 비율은 GC/FC이다. 이 둘을 곱하면, $|\epsilon_c| = (GE/GC)(GC/FC) = GE/FC$이다. 삼각형 AFC와 CGE는 서로 모양은 똑같고 크기만 다르므로, 삼각형의 면들도 서로 비율이 일정하다. 점 C에서 가격탄력성과 같은 GE/FC 비율은 CE/AC 비율과도 같아야 한다. 그래서 우리가 원하는 식 (A4.2)가 도출된다.

그림 4A.3

직선인 수요곡선상의 위치에 따라 달라지는 가격탄력성

선분비율을 이용하여 가격탄력성을 계산하면, 위 패널의 K, M, L과 같은 수요곡선상의 점들에서 가격탄력성을 아주 쉽게 구할 수 있다.

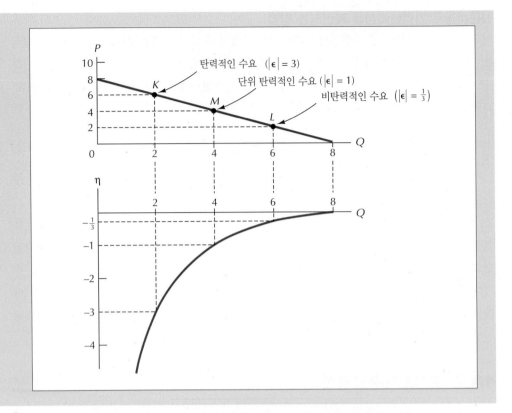

보상수요곡선(보상소득수요곡선)

가격 변화로 발생한 소득효과를 완전히 보상해 줄 경우 소비자가 얼마나 구입할 것인지를 알려주는 수요곡선

OPEC에서 새로운 합의가 도출되어 휘발유 가격이 상승하는 경우를 생각해보자. 가격 상승은 대체효과와 소득효과를 발생시키고, 개별수요곡선을 이용해서 소비자의 반응을 예측할 수 있을 것이다.

그러나 어떤 경우에는 보통의 수요곡선(또는 비보상수요곡선)을 사용하는 경우 문제가 생길 수도 있다. 예를 들어, 미국 카터 행정부 시절에 원유 수입에 세금을 부과하는 동시에 노동소득에 대한 세금 부담을 낮춰주자는 제안이 나온 적이 있다. 원유에 세금을 매기면 석유 가격이 상승할 것이고, 이에 따라 대체효과와 소득효과가 발생할 것이다. 그러나 이와 동시에 노동소득에 대한 세금을 인하하게 되면 가격 인상으로 인한 소득효과가 상쇄되거나 사라지게 된다. 오른쪽 주머니에서 나온 세금이 왼쪽으로 다시 들어가는 것이나 마찬가지다.

이러한 정책의 효과를 분석하려면, 가격 변화로 인한 소득효과를 충분히 보상해 줄 때 소비자의 소비량을 말해주는 **보상소득수요곡선**(income-compensated demand curve) 또는 **보상수요곡선**을 사용해야 한다. 개별 소비자에 대한 보상소득수요곡선을 도출하려면, 가격 변화의 총효과에서 소득효과만 제거해주면 된다. 그림 4A.4의 위 패널에는 주당 소득이 $120인 소비자에 대해서 주거공간의 가격이 $6/m^{2}에서 $12/m^{2}로 상승하는 경우의 대체효과와 소득효과를 보여준다. 보상수요곡선은 언제나 현재 가격을 고정된 기준점으로 삼아 도출한다. 그래서 보통의 수요곡선처럼 보상수요곡선도 $6의 가격에 10 m^2/주의 소비량이 연결되어 있다. 그러나 보상수요곡선을 보면 $12의 가격에 보통의 수요곡선에 연계된 수요량인 6 m^2/주가 아니라 소비자가 원래의 무차별곡선 I_0에 머물 수 있도록 소득이 충분히 주

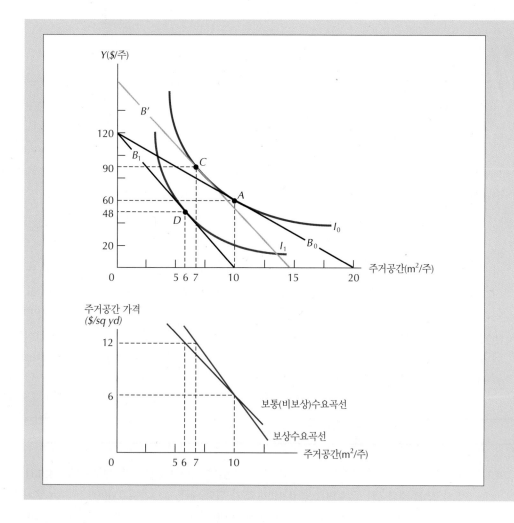

그림 4A.4

정상재에 대한 보통수요곡선과 보상수요곡선의 차이

보통수요곡선은 가격 변화에 대한 대체효과와 소득효과를 모두 포함하여 보여준다. 보상수요곡선에는 오직 대체효과만이 담겨 있다. 정상재의 경우, 보상수요곡선은 보통수요곡선에 비해서 기울기가 언제나 더 가파르다.

어졌을 때 $12/m^2$의 가격에서 구입했을 주거공간의 수요량 7 m²/주가 연계되어 있다.

　그림 4A.4에서 묘사하고 있는 소비자의 반응은 주거공간이 정상재일 경우로, 소득이 늘어남에 따라 수요량이 증가한다. 정상재의 경우, 보상수요곡선은 보통수요곡선보다 언제나 더 가파른 기울기를 보일 것이다. 그러나 열등재의 경우, 보통수요곡선의 기울기가 더 가파를 것이다. 그림 4A.5는 열등재의 경우에 두 수요곡선들이 어떤 관계를 갖는지 보여준다.

　조세정책의 경우에 보통수요곡선과 보상수요곡선에 대한 구별이 특히 중요할 때가 많다. 카터 행정부의 휘발유 세금 인상안에는 휘발유 과세로 얻은 세수를 납세자들에게 돌려준다고 명시한 조항이 들어 있었다. 하지만 그러한 조항이 없더라도 휘발유에 대한 새로운 세금은 실제로 비슷한 결과를 초래할 것이다. 사실 정부는 특정 세원에서 세수를 더 많이 얻으면 다른 세원에서 덜 걷는다. 그래서 상품에 대한 세금의 효과를 연구할 때에는 보상수요곡선을 사용해야 한다.

　한 가지 덧붙일 점은, 보상수요곡선과 보통수요곡선을 구별하는 것이 중요할 때는 소득효과가 상응하는 대체효과와 비교할 때 상당히 큰 경우라는 것이다. 특정 상품에 대해서 가격 변화의 소득효과가 크려면 그 상품이 전체 지출액에서 상당한 비중을 차지할 필요가 있

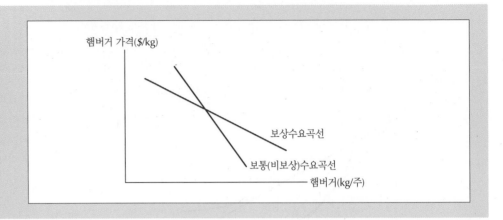

그림 4A.5

열등재에 대한 보통수요곡선과 보상수요곡선의 차이

열등재의 경우, 소득효과가 대체효과를 상쇄한다. 보상수요곡선에는 소득효과가 빠져 있기 때문에, 열등재에 대한 보상수요곡선은 비보상수요곡선(보통수요곡선)보다 기울기가 완만하다.

다. (이는 필요조건이지만 충분조건은 아니다.) 그러나 우리가 사용하는 상품들은 대부분 총지출액에서 아주 작은 비중만을 차지한다. 따라서 그러한 상품들에 대해서도 굳이 보상수요곡선과 보통수요곡선을 구분하는 것은 그리 중요하지 않은 일이다. 예산 비중이 높은 상품일지라도, 가격 변화에 따른 소득효과가 작을 수도 있다. (그러한 상품은 정상재와 열등재의 경계상에 있을 것이다.) 이 경우에도 보상수요곡선과 보통수요곡선을 구분하는 것은 실제로 그리 중요하지 않게 된다.

▪ 부록 개념 확인 해답 ▪

4A.1 먼저 점 $(0.5, 4)$를 고려하자. 우리가 다시 한 번 ΔP를 0.001로 놓으면, 새로운 P는 4.001이 되고, 그 결과 Q는 $2/4.001 = 0.499875$가 된다. 이는 ΔQ가 -0.000125라는 뜻이다. 그러므로 가격탄력성은 $(4/0.5)(-0.000125/0.001) = -1$이 된다. 이번에는 점 $(4, 0.5)$를 고려하자. 다시 한 번 ΔP를 0.001로 놓으면, 새로운 P는 0.501이 되고, 그 결과 Q는 $2/0.501 = 3.992$가 된다. 이는 ΔQ가 -0.008이라는 뜻이다. 그러므로 가격탄력성은 $(0.5/4)(-0.008/0.001) = -1$이 된다.

4A.2 $P = 4$에 대해서 $4 = 4/\sqrt{Q}$로 놓으면 $Q = 1$을 얻으므로, 총지출은 $4(1) = 4$이다. $P = 3$에 대해서 $3 = 4/\sqrt{Q}$로 놓으면 $Q = \frac{16}{9}$을 얻으므로, 총지출은 $(3)(\frac{16}{9}) = (\frac{16}{3})$이다. 그래서 $\epsilon = 2$인 경우, 가격이 하락할 때 총지출은 증가한다.

CHAPTER 5

합리적 선택 이론과 수요 이론의 다양한 응용

Applications of Rational Choice and Demand Theories

코넬대학교의 2013~2014학년도 연간 등록금은 $45,000을 넘어섰다. 대학에서는 교직원 자녀가 코넬대학교에 재학 중인 경우, 수업료를 면제해주고 약 $9,000의 각종 요금만 받는다.[1] 두말할 필요 없이, 이 정책은 교직원들이 자녀를 코넬대학교에 다니도록 하는 강력한 금전적 인센티브로 작용한다.

대학의 보수위원회에서는 몇 년째 코넬이 아닌 다른 대학교에 자녀가 재학 중인 경우에도 동일한 수준의 수업료 지원을 해줘야 한다고 주장하고 있다. 이에 대해 대학 본부에서는 거기까지 지원하기에는 예산이 부족하다는 식으로 대응해 왔다. 하지만 위원회에 소속된 경제학자들의 촉구에 따라, 대학에서는 타 대학에 다니는 교직원 자녀들에게 등록금의 30퍼센트에 해당하는 지원을 제공하기로 잠정 결정했다. 그런데 놀랍게도 새로운 정책은 대학 측의 금전적인 부담을 짊어지우지 않았을 뿐만 아니라 오히려 예산 절감의 결과를 낳았다. 새로운 지원정책이 발효되자 코넬대학교에 다니는 교직원 자녀들의 숫자가 상당 폭 줄어들었기 때문이다. 이로 인해 등록금을 내는 신입생들이 줄어든 교직원 자녀들 숫자만큼 입학하게 되었고, 대학은 더 많은 수입을 얻게 되었다. 새로운 등록금 지원책 덕분에 교직원 가족들도 혜택을 받았고, 코넬대학교에 다닐 수 없었던 신입생들도 혜택을 받게 된 것이다. 코넬대학교에서는 신입생 정원 중 일부를 교직원 자녀들에게 배정함으로써 발생하는 기회비용을 간과했던 것이다. 그래서 새로운 등록금 지원 정책으로 수업료를 면제받는 교직원 자녀 학생들의 숫자가 그렇게 많이 줄어들 것임을 전혀 예상하지 못했다.

5.1 5장 미리보기

코넬대학교의 수업료 면제 정책을 통해 우리는 가격이 행태에 영향을 미치는 사례를 다시 한 번 접하게 된다. 이번 장에서 우리는 3장과 4장에서 공부한 합리적 선택 이론과 수요 이론을 어떻게 응용할 수 있는지 다양한 예들을 통해 살펴보고자 한다. 우선 유류세와 학교 바

학습목표

1. 비용–편익의 원칙을 설명할 수 있으며, 이를 적용할 수 있다.

2. 경제모형의 유용성과 한계를 설명할 수 있다.

3. 의사결정을 내릴 때 빠지기 쉬운 네 가지 함정들을 설명할 수 있다.

4. 숫자로 주어진 비용과 편익에 관한 정보를 그래프로 표현할 수 있다.

5. 아담 스미스의 "보이지 않는 손" 이론을 설명할 수 있다.

6. 기본적인 경제 원칙들을 사용해서 우리가 일상생활에서 마주치는 여러 가지 행동 방식들을 설명할 수 있다.

7. 실증적인 이론과 규범적인 이론의 차이를 설명할 수 있다.

8. 미시경제학과 거시경제학의 차이를 설명할 수 있다

---

1. [역주] 대학교 등록금은 수업료(tuition)와 각종 요금(fees)을 합친 금액이다.

우처(voucher)라는 두 가지 예를 사용해서 합리적 선택 모형이 경제정책에서 중요한 통찰을 제공한다는 점을 살펴본다. 그 다음에는 소비자가 어떤 상품을 주어진 가격하에서 살 수 있음으로써 얻는 편익의 개념인 소비자 잉여를 공부한다. 그리고 합리적 선택 모형을 이용해서 소비자의 복지가 가격 및 소득의 변화에 어떻게 영향을 받는지도 살펴본다.

또한 정부의 정책 분석에서 가격탄력성이 어떤 역할을 하는지 알아보기 위해서, 애틀랜타 도시철도의 요금 인상과 주류세 과세가 술꾼들의 알코올 소비에 미치는 영향이라는 두 가지 사례들을 살펴본다.

마지막으로, 미래에 결과가 나타나는 선택의 경우를 다루기 위해서 합리적 선택 모형을 어떻게 변형하여 사용할 수 있는지 공부한다.

5.2 합리적 선택 모형을 이용해 정책 질문에 답하기 _____

대부분의 정부 정책들은 사람들이 받는 소득뿐만이 아니라 이들이 지불하는 가격에도 영향을 미친다. 때때로 이러한 영향은 정부 정책이 의도한 결과이지만, 어떤 경우에는 전혀 의도하지 않았던 결과를 낳기도 한다. 어떤 결과가 나왔건, 상식과 합리적 선택 모형을 이용하여 소득과 가격의 변화로 인해서 소비자들의 구매 패턴이 어떻게 달라지는지 알 수 있다. 또한 우리의 상식만으로는 이해할 수 없는 점들에 대해서 합리적 선택 모형은 중요한 통찰을 제공한다.

응용 : 유류세와 환급 정책

1979년에 정치평론가들은 경제학적으로 오류인 주장을 펼침으로써 카터 행정부의 유류세 정책을 좌절시켰다.

실제로 있었던 예를 살펴보자. 미국에서는 지미 카터(Jimmy Carter) 대통령 시절 휘발유 수요량을 줄여 미국의 해외 석유수입 의존도를 낮추려고 유류세(油類稅, gasoline taxes) 부과를 시도한 적이 있다. 이 정책을 반대하는 측에서는 세금 때문에 휘발유 가격이 오르면 저소득층이 경제적인 어려움을 겪을 것이라는 주장을 펼쳤다. 이러한 반대를 예상한 카터 행정부에서는 저소득층의 부담을 덜어주기 위해 유류세로 얻은 세수를 급여세 인하에 사용하겠다고 제안했다.[2] 정책비평가들은 세수를 그런 식으로 사용하는 것은 정책의 원래 목적에 위배되는 것이라며 즉시 반대하기 시작했다. 소비자들이 급여세 인하로 더 많은 노동소득을 손에 넣게 되면 유류세 부담 때문에 줄였던 휘발유 소비량을 예전 수준으로 다시 늘릴 것이라는 것이 비평가들의 주장이었다. 하지만 이러한 비판은 합리적 선택의 기본 원리를 배웠다면 하지 않았을 어리석은 주장이었다.

그림을 이용해 이를 살펴보기로 하자. 휘발유 가격이 $1.00/갤런이라고 하자. 실제로 카터 대통령이 정책을 제안했던 당시의 가격도 이와 비슷한 수준이었다. 또한 $0.50/갤런의 유류세를 부과하면 휘발유 가격이 $0.50만큼 상승한다고 가정하자.[3] 그리고 대표적인 소비

---

2. [역주] 우리나라에서는 국민연금 보험료를 노동자 본인과 사업장의 사용자가 기준소득월액의 9%에 해당하는 금액을 절반씩 나눠 매월 납부한다. (지역가입자는 본인이 9%를 낸다.) 미국에서는 국민연금을 사회보장(social security)이라고 부르며, 보험료를 급여세(給與稅, payroll tax)로 납부한다. 우리나라의 국민연금제도에 대한 상세한 정보는 국민연금공단(http://www.nps.or.kr)에서 찾아보기 바란다.

3. 우리가 2장에서 배운 것처럼, 휘발유에 대한 공급곡선이 완전히 수평이라면 세금 부과는 고스란히 균형가격의 인상으로 연결된다. 이는 논의를 단순화하기 위한 가정이다.

자는 자신이 지불한 유류세액과 우연히도 정확히 같은 금액을 급여세 환급을 통해 정액(定額, lump-sum)으로 받는다고 가정하자. (여기서 "정액"이라는 용어는 환급액이 휘발유 소비량에 따라 달라지지 않는다는 뜻이다.) 여기서 잠깐 참 또는 거짓 문제를 내겠다. '이 정책은 소비자가 구입하는 휘발유의 양에 아무런 영향을 미치지 못한다.' 카터 행정부의 정책에 반대하는 이들은 물론 "참"이라고 대답할 것이다. 하지만 우리가 이 정책의 효과를 익숙한 개념인 합리적 선택의 틀로 바꿔서 바라보면, 정답은 "거짓"임을 쉽게 알 수 있다.

과세 후 환급이라는 정책 조합을 분석하기 위해서, 주당 소득이 $150인 소비자를 예로 들자. 이 소비자의 과세 전 예산제약은 그림 5.1에 B_1으로 나타나 있다.[4] 예산선 B_1에서, 소비자는 휘발유 58갤런/주를 포함하고 있는 점 C를 선택한다. 휘발유 가격 $1.50/갤런에서 그의 예산제약은 환급을 받지 않을 경우 B_2가 된다. B_2에서 소비자는 휘발유를 30갤런/주만 포함하고 있는 점 A를 선택할 것이다. 하지만 유류세를 통해 소비자로부터 징수한 금액과 동일한 환급액에 상응하는 예산선을 어떻게 찾아낼 수 있을까?

첫째, 특정 휘발유 소비량이 주어졌을 때 예산선 B_1과 B_2 사이의 수직 거리가 해당 소비량에 대해서 지불한 유류세 총납세액이라는 점에 주목하기 바란다. 그래서 휘발유 1갤런/주를 소비한 소비자라면 B_1과 B_2 사이의 수직 거리는 $0.50이 될 것이고, 2갤런/주를 소비한 사람이라면 $1.00이 될 것이다.

두 번째 단계는 환급액 규모가 달라짐에 따라 소비자의 소비가 어떻게 변할 것인지 추적하는 작업이다. 환급액은 다른 방식으로 벌어들인 소득과 하나도 다를 것이 없는 소득이라

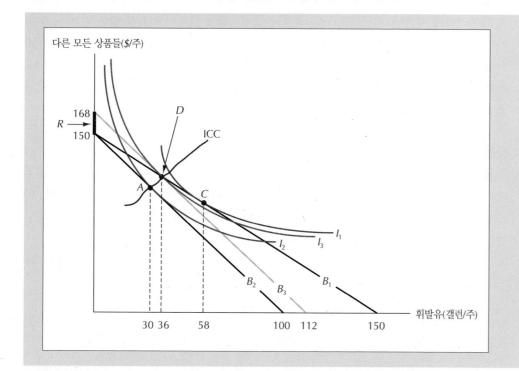

그림 5.1

유류세와 부과와 급여세 환급

유류세 과세로 인해 원래의 예산선은 B_1에서 B_2로 회전한다. 환급은 B_2를 바깥쪽의 B_3로 이동시킨다. 환급을 해준다고 해서 유류세 때문에 휘발유가 다른 모든 상품들에 비해서 가격이 50퍼센트 더 비싸졌다는 점은 바뀌지 않는다. 그림에서 보여주고 있는 소비자는 이로 인해 휘발유를 전보다 22갤런/주 덜 사용하게 된다.

---

4. 예산제약 B_1에 대한 예산제약식은 $Y = 150 - G$이고, B_2에 대한 예산제약식은 $Y = 150 - 1.5G$이며, B_3는 $Y = 168 - 1.5G$이다. 이때 G는 휘발유(갤런/주), Y는 다른 모든 상품들($/주)을 의미한다.

는 점을 명심하기 바란다. 그렇다면 우리가 할 일은 소득의 변화에 대한 소비자의 반응 변화를 살피는 작업이 된다. 4장에서 살펴보았듯이, 이런 작업에 적합한 도구는 소득소비곡선(ICC)이다. 따라서 우리는 그림 5.1에 나타난 것처럼 점 A를 통과하는 ICC를 그린다. ICC는 B_2와 평행한 일련의 예산선들에서 나타나는 접점들의 궤적이라는 점을 떠올리기 바란다. ICC는 환급액이 조금씩 증가할 때 휘발유와 다른 모든 상품들의 소비가 어떻게 변하는지를 보여준다. 우리의 목표는 이 소비자가 구입한 휘발유에 대해 이미 지불한 유류세액과 동일한 수준까지 환급액을 계속 증가시키는 것이다.

유류세액과 동일한 규모의 환급액은 얼마인가? 점 A를 통과하는 ICC가 원래의 예산선인 B_1과 교차하는 꾸러미 점 D를 보라. 점 D는 휘발유 가격이 \$1.50/갤런이고 소득이 \$(150 + R)/주 = \$168/주인 예산선 B_3상의 균형 꾸러미이다. D에서의 휘발유 소비량은 36갤런/주라는 점을 눈여겨보기 바란다. 이는 소비자가 R = \$18/주의 환급액을 받으면, 꾸러미 D를 소비하면서 유류세를 정확히 \$18/주 지불한다는 뜻이다. (또한 \$18의 납세액이 휘발유 소비가 36갤런/주일 때 예산선 B_1과 B_2의 수직 거리라는 것도 주목하기 바란다.)

중요한 점은 점 D가 원래의 소비꾸러미 점 C보다 훨씬 왼쪽에 있다는 점이다. 이는 환급을 받아도 소비자는 휘발유 소비를 상당폭 줄인다는 뜻이다. **만약 휘발유가 정상재라면, 환급은 가격 인상으로 인한 소득효과를 부분적으로 상쇄한다. 하지만 대체효과에는 아무런 변화가 없다.**

결국 카터 행정부의 과세 후 환급 정책은 실행되지 못했다. 정책안을 이해하는 데 필요한 경제지식이 없는 비평가들의 반대 때문이었다. 그 결과 미국은 해외 원유에 위험할 정도로 의존적이게 되었다. 중국과 인도의 엄청난 경제성장에 힘입어 석유에 대한 전 세계 수요가 기록적인 속도로 증가하고 있는 가운데, 그리고 세계에서 원유 저장량이 가장 큰 중동 지역의 정치적인 불안이 나날이 높아지고 있는 점을 고려할 때, 휘발유에 고율의 유류세를 부과하는 정책은 카터 행정부에서 처음 제안한 이래 35년이 흐른 오늘날 더욱 설득력 있는 정책 제안이라고 할 수 있다.

응용 : 학교 바우처

미국에서는 초등교육과 중등교육의 질을 개선하고자 지난 수년간 많은 토론이 이루어졌다. 여러 정책 분석가들은 교육 서비스 시장에 더 많은 경쟁을 도입해야 한다고 권고해왔다. 이를 위해서 각 가정에게 원하는 학교를 선택하여 다닐 수 있도록 일정 금액의 수업료에 해당하는 바우처(voucher)를 주자는 제안이 제시되었다.[5]

학교 바우처 제도는 모든 가정들이 교육세를 내고 집에서 가장 가까운 공립학교에서 "무

학교 바우처 제도가 교육부문에서 선택을 확대하고 경쟁을 증가시킬 수 있을 것이라는 데 보수와 진보 양 진영의 많은 이들이 동의한다. 그러나 학교 바우처 제도가 총교육비 지출에는 어떤 영향을 미칠까?

---

5. [역주] 바우처는 증서(證書) 또는 현금 대용 상환권을 의미한다. 여기에서는 정책의 명칭이 "School Voucher"이므로 영어 단어인 바우처를 그대로 사용하기로 한다. 우리나라에서는 "방과후 학교 자유수강권 제도'를 통해 저소득층 가정의 자녀들에게 학생 1인당 연간 60만원 이내 범위에서 수강권을 주고 교내에 개설된 방과후 학교의 각종 유료 교육 프로그램을 수강할 수 있도록 하고 있다. 하지만 공립학교와 사립학교를 선택할 수 있도록 하는 방식의 바우처 제도는 아직 시행하고 있지 않다. 자세한 내용은 보건복지부(http://www.bokjiro.go.kr/welInfo/retrieveGvmtWelInfo.do?welInfSno=197)를 참조하기 바란다(검색일 2015-8-25).

료" 수업을 받을 권리를 제공하는 현재의 학군(學群) 제도와 배치되는 제도이다. 현재 시스템하에서는 사립학교에 자녀를 보내는 가정들은 이미 납부한 교육세를 돌려받지 못한다. 현재 시스템을 비판하는 이들은 수업료를 따로 받는 사립학교들이 무상교육을 제공하는 공립학교들과 효과적으로 경쟁할 수 없기 때문에 공립학교들이 학업성취도를 높이고자 노력할 인센티브가 없다고 불평한다.

바우처 제도가 궁극적으로 교육의 질을 더 높일 수 있을지에 대한 의문은 잠시 접어두고, 바우처로 인해 교육에 사용되는 자원의 전반적인 수준이 어떻게 변화할 것인지에 초점을 맞춰보자. 대표적인 가정의 교육 선택 문제를 고찰하기 위해서 우리는 합리적 선택 모형을 사용할 수 있다.

논의를 단순화하기 위해서, 연간 학급시간(classroom-hours per year)으로 측정한 교육의 양은 고정되어 있다고 가정하자. 그리고 교육에 더 많이 지출한다는 말은 교육시간을 늘리는 것이 아니라 교육의 질을 높이는 것을 의미한다고 가정하자. 현 조세체계에서는 각 가정이 공교육에 참여하는지 여부와 상관없이 한 단위의 공교육에 대해서 P_e 만큼의 세금을 부과한다고 하자. 이때 "한 단위"는 공립학교에서 현재 제공하는 1년치 교육의 질로 정의한다. 자녀를 공립학교에 보내지 않는 가정에서는, 가격 P_e 에서 한 단위 이상의 교육을 사립학교에서 구입할 수 있는 선택권을 준다. 예를 들어, 사립학교에서 1.2단위의 교육을 산다는 것은 현재 공립학교에서 제공하는 교육보다 20퍼센트 높은 교육의 질을 구입한다는 것을 의미한다. 모든 가정은 자녀들에게 공교육이나 사교육을 최소한 1단위 제공하도록 법적인 의무를 짊어진다.

이제 우리는 세전 소득이 Y인 어느 대표적인 가정에 대해서 교육과 기타 상품들에 대한 현재 예산제약을 도출할 수 있다. 세금도 없고 공립학교도 없는 상황이라면, 이 가정의 예산제약은 그림 5.2에 ABD로 표시한 직선이 될 것이다. 그러나 각 가정은 교육세 P_e 를 납부해야 하므로, 현재 예산제약의 수직축 절편은 Y가 아니라 $Y - P_e$ 가 된다. 공교육 1단위는 "무료"이므로, 가정의 예산제약은 1단위까지는 수평이다. 만약 이 가정이 현 시스템에서 1단위 이상의 교육을 구입하기를 원한다면, 지금 다니는 공립학교에서 자녀를 빼내어 단위당 추가 비용 P_e 를 지불하고 사립학교에 등록시켜야 한다. 이로 인해서 현재 예산제약이 1단위 교육 수준에서 P_e 만큼 수직으로 하락하는 것이다. 그 다음부터는 예산제약이 단위당 P_e 의 비율로 우하향하는 기울기를 보여준다. 그러므로 교육을 얼마나 구입해야 하는지 고려 중인 가정의 예산제약은 그림 5.2의 A'BCE로 나타난다.

그림 5.2에 제시된 비선형 예산제약의 형태 때문에 무차별곡선과의 접점을 찾기가 어렵다는 점에 주목하기 바란다. 이러한 가정에게 최적 소비꾸러미는 1단위의 공교육과 정확히 일치하는 모서리해가 될 것이다.

위에서 제시한 현 교육제도하에서 나타난 결과를 바우처 제도에서 일어나는 결과와 비교해보자. 바우처 제도하에서, 모든 가정들은 여전히 교육세를 P_e 납부하고, P_e 만큼의 바우처를 받는다. 이 바우처를 사용해서 공교육이나 사교육을 구입할 수 있다. 바우처 제도하에서도 모든 가정들은 자녀에게 최소한 1단위의 교육을 제공할 법적 의무가 있다. 바우처 제도하에서의 예산제약은 이제 그림 5.3의 A'BD로 주어진다.

그림 5.2

현 교육 제도하에서의 교육 서비스 선택

그림에 묘사된 가정은 세전 소득 Y 에서 교육세 P_e를 납부해야 한다. 이 가정은 수업료가 무료인 공교육 1단위를 받을 자격이 주어진다. 공교육을 원치 않는다면, 이 가정은 최소한 1단위 이상의 사교육을 단위당 P_e를 지불하고 구입할 수도 있다. 그러므로 이 가정의 예산제약은 $A'BCE$가 되고, 최적 꾸러미는 공교육 1단위를 포함하는 점 B가 된다.

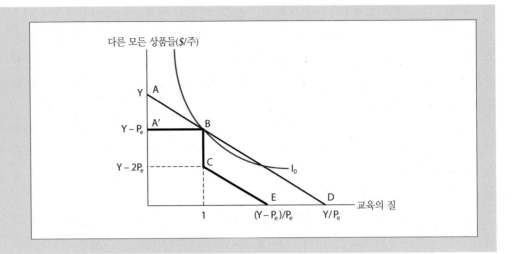

그림 5.2와 그림 5.3을 비교해보자. 바우처 시스템을 도입하면 예산제약선이 점 B에서 보이던 불연속성이 사라지게 된다. 자녀를 공립학교에서 사립학교로 전학을 보낼 때 부모들은 이미 냈던 교육세를 포기할 필요가 없다. 1단위의 교육을 받기 위해서 다니지도 않는 공립학교에 돈을 내고 사립학교에 다시 돈을 낼 필요없이, 부모들은 추가적으로 받는 교육에 대해서만 돈을 내면 된다. 그래서 그림 5.3에는 이러한 가정이 1단위 이상의 교육을 포함한 상품꾸러미 G를 선택하는 모습을 보여준다. 바우처 시스템을 도입하는 경우 교육에 대한 지출 수준이 증가하는 것이다.

요즘처럼 경기가 좋지 않아 예산이 빠듯한 시절에는 많은 이들이 추가적인 자원이 소요되는 정책에 반대하기가 쉽다. 하지만 정책에 반대하기 전에 우리는 몇 가지 중요한 점을 잊지 말고 고려해야 한다. 첫째, 학교들 사이의 경쟁 덕에 더욱 효율적으로 교육 서비스를 제공할 가능성을 우리는 고려하지 않았다. 바우처 제도하에서 부모들이 더 많은 교육을 구입할 수도 있지만, 경쟁 덕에 단위비용이 내려간다면, 교육에 대한 총지출액이 늘어날지 줄어들지 확실하지 않다. 둘째, 바우처 제도의 도입으로 교육에 사용되는 추가적인 자원의 대부분

그림 5.3

학교 바우처 제도하에서의 교육 서비스 선택

현 교육제도와 달리, 바우처 제도하에서 부모는 단위당 P_e를 지불하고 1단위 이상의 교육을 수요하게 된다. 예산제약선은 이제 $A'BD$가 되고, 그림에 등장하는 가정은 1단위를 초과하는 교육을 포함하는 상품꾸러미 G를 선택한다.

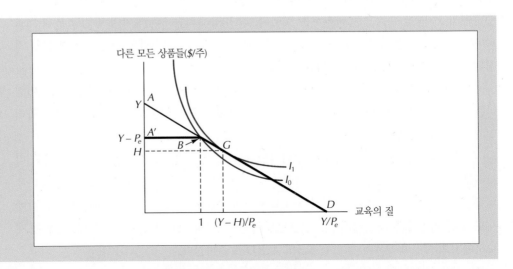

은 부모로부터 나오며, 정부가 부담하지 않는다. 공공정책의 목표가 부모들이 교육에 더 많은 돈을 지출하고 다른 상품들에 덜 지출하겠다는 선택을 금지시키는 것이 되어야 하는지는 결코 명확하지 않다. 마지막으로, 바우처 제도를 좀 더 완벽하게 분석하기 위해서는 추가적인 교육이 경제적 생산성에 미치는 효과를 고려해야 한다. 교육을 더 많이 시켜서 생산성이 올라가면 추가적인 교육의 비용은 상당부분 상쇄될 수 있기 때문이다. 종합해서 말하자면, 위의 바우처 제도에 대한 우리의 분석은 교육제도라는 거대한 그림의 일부분만을 보여줄 뿐이다. 그렇지만 정책 결정자들이라면 무시해서는 안 되는 중요한 부분임에는 틀림이 없다.

5.3 소비자 잉여

교환 또는 거래가 자발적으로 이루어질 때, 경제학자들은 교환에 참가한 이들의 복지가 일반적으로 더 나아진다고 가정한다. 그렇지 않다면 애초에 이들이 교환에 참가하지 않을 것이다. 사람들이 거래에서 얻는 혜택의 크기를 화폐가치로 환산하면 편리한 경우가 많다. 이러한 측정치를 우리는 **소비자 잉여**(consumer surplus)라고 부르며, 정부 정책들의 잠재적인 편익을 평가하는 데 널리 사용한다. 예를 들어, 새로운 도로를 닦는 데 들어가는 비용을 측정하는 일은 상대적으로 쉬운 편이다. 그러나 소비자들이 새로운 도로에서 얻는 편익의 크기가 얼마인지 신뢰할 수 있는 추정치를 모르는 상태에서 도로 건설 여부를 제대로 결정할 수는 없다.

소비자 잉여

소비자가 어떤 거래에 참가함으로써 얻는 편익의 크기에 대한 화폐가치 측정치

수요곡선을 이용한 소비자 잉여의 측정

소비자 잉여를 측정하는 가장 쉬운 방법은 소비자의 상품 수요곡선을 이용하는 것이다. 그림 5.4에 제시된 두 개의 그림에서 D로 표시한 직선은 개별 소비자의 주거공간에 대한 수요곡선이다. 제곱미터당 시장가격은 3달러로 주어져 있다. 왼쪽의 패널(a)에서 이 소비자가 주거공간 첫 m^2에 대해 기꺼이 지불했을 가격의 최대치는 $14임을 눈여겨 보기 바란다. 주거공간의 가격은 $3/m^2$로 주어졌으므로, 이 소비자는 일주일에 첫 m^2를 구입함으로써 $11의 잉여를 얻는다. 두 번째 $1\ m^2$를 구입하기 위한 최대 지불의사액(willingness-to-pay)은 $13이므로, 이 소비자의 잉여는 전보다 작은 $10이 된다. 세 번째 $1\ m^2$에 대한 소비자 잉여는 다시 줄어들어 $9가 된다. 주거공간처럼 단위가 정해져 있는 상품이 아니라 완벽하게 연속적으로 수량을 조정할 수 있는(perfectly divisible) 상품의 경우라면, 특정 수량에서 측정한 개별 수요곡선의 높이가 곧 해당 상품의 추가적인 단위를 얻기 위해 소비자가 지불하려는 최대 가격을 의미한다.[6] 이 예에서 주거공간 12 m^2까지의 모든 수량에 대해서

---

6. 지불의사액에 대한 이러한 설명은 우리가 사용하는 수요곡선이 제4장의 부록에서 공부한 보상수요곡선(income-compensated demand curve)인 경우에만 참이 된다. 수요곡선이 보통수요곡선인 경우, 소비자는 한 단위를 사기 위해 $14를 지불할 의향이 있고, 두 단위를 사기 위해서는 $13을 지불할 의향이 있다고 볼 수 있다. 그렇다면 상품의 첫 단위를 사려고 이미 $14를 지불한 상황에서, 소비자가 두 번째 단위를 사려고 **추가적인**(additional) $13을 지불할 의향이 있다고 표현하는 것은 정확하지 않을 것이다. 해당 상품에 대한 수요의 소득효과가 0보다 크다면, 소비자가 이미 첫 단위를 구입함으로써 예전보다 $14만큼 가난해진 셈이고, 이는 두 번째 단위를 추가적으로 구입하려 할 때 소비자는 $13보다 덜 지불할 것이라는 뜻이 된다. 하지만 대부분의 상품들에 대해서 소득효과는 작기 때문에, 소비자 잉여를 측정할 때 보통수요곡선을 사용해서 근사치를 계산하는 것이 크게 문제가 될 것은 없다. 이는 로버트 윌리그(Robert D. Willig)가 경제학계에서 널리 인용되는 유명한 논문을 통해 이미 논증한 바 있다. 관심 있는 학생은 R. D. Willig, "Consumer Surplus without Apology", *American Economic Review*, 66, 1976: 589-597을 보기 바란다.

그림 5.4

수요곡선을 이용한 소비자 잉여의 측정

(*a*) 특정 수량에서 측정한 수요곡선의 높이는 소비자가 주거공간을 추가로 한 단위 더 구입하기 위해 지불할 의사가 있는 최대 금액을 의미한다. 최대 지불의사액에서 시장가격을 빼주면 소비자가 상품의 마지막 단위를 구입함으로써 얻는 소비자 잉여를 얻을 수 있다. (*b*) 총소비자 잉여는 수요곡선과 시장가격 사이의 색칠한 영역이다.

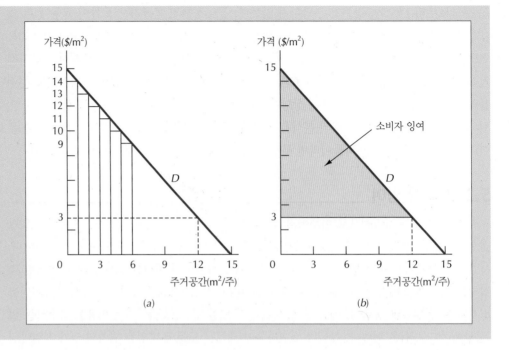

지불의사액과 시장가격의 차이를 구한 뒤 합산하면, 패널(*b*)에서 색칠한 삼각형에 해당하는 면적을 대략적으로 얻게 된다. (수평축을 따라 아주 미세하게 수량을 늘려나간다면, 완전한 삼각형을 얻게 될 것이다.) 이 색칠한 영역이 바로 12 m²/주의 주거공간을 구입할 때 개별 경제 주체가 얻는 소비자 잉여가 된다.

예 5.1 | 소비자 잉여

휘발유에 대한 개별 수요곡선이 $P = 10 - Q$로 주어졌다고 하자. 여기에서 P는 갤런당 휘발유의 가격($/갤런)이고, Q는 소비자의 소비량(갤런/주)이다. 만약 소비자의 주당 소득이 1000이고 휘발유의 현재 가격이 $2/갤런이라면, 원유 수입제한으로 휘발유 가격이 $3/갤런으로 상승하는 경우 소비자 잉여는 얼마나 줄어들겠는가?

휘발유 가격 $2/갤런에서, 소비자는 주당 8갤런의 휘발유만을 소비한다. 이는 소비자의 소득에서 2퍼센트 미만에 불과하다. 그러므로 가격 상승으로 인한 소득효과는 무시할 만큼 작다고 볼 수 있다. 그렇다면 가격 상승 전후의 소비자 잉여를 대략적으로 측정하는 데 보통수요곡선을 사용해도 큰 문제가 없다. (각주 6번을 보기 바란다.) 그림 5.5에는 개별 소비자의 수요곡선이 나타나 있다. 휘발유 가격이 $2/갤런일 때의 소비자 잉여(CS)는 삼각형 *AEF*의 면적으로 주어진다. 그러므로 CS = 1/2(10 - 2)8 = $32/주가 된다. 휘발유 가격이 오르면, 소비는 8갤런/주에서 7갤런/주로 줄어들고, 소비자 잉여도 삼각형 *ACD* 크기로 줄어들어 CS′ = 1/2(10 - 3)7 = $24.50/주이다. 소비자 잉여의 감소분은 두 삼각형의 크기 차이이므로, 그림 5.5의 색칠한 부분인 사다리꼴 *DCEF*로 나타난다. 이 영역의 크기는 CS - CS′ = 32 - 24.5 = $7.50/주가 된다.

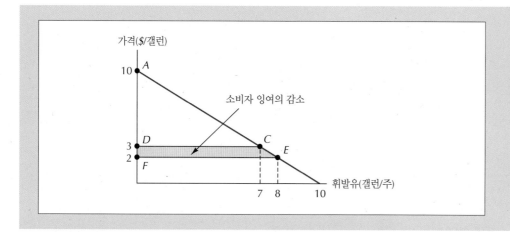

그림 5.5

휘발유 가격 상승으로 인한 소비자 잉여의 감소

휘발유 가격이 $2/갤런인 경우, 소비자 잉여는 삼각형 *AEF*의 크기이다. 휘발유 가격이 $3/갤런으로 상승하면, 소비자 잉여는 삼각형 *ACD*로 줄어든다. 소비자 잉여의 감소분은 두 삼각형의 면적 차이이므로, 그림에서 색칠한 부분이 된다.

개념 확인 5.1

만약 휘발유 가격이 $3/갤런에서 $4/갤런으로 상승한다면, 예 5.1의 소비자 잉여는 얼마나 줄어들겠는가?

응용 : 이부가격제

경제학적인 논리에 따르면, 구매자와 판매자의 복지가 더 나아진다면 그리고 오직 그럴 경우에만(if and only if) 양측 간의 자발적인 거래가 발생할 것이다. 구매자 측면을 고려하면, 거래의 자발성(willingness)은 구매자가 거래를 통해서 소비자 잉여를 얻을 수 있으리라는 기대에 달려 있다고 볼 수 있다.

하지만 거래를 통해 얻는 이득을 구매자와 판매자가 어떻게 나눠 갖는지에 대해서 경제 이론은 별로 얘기해 주는 바가 없다. 때로는 구매자가 교섭에서 유리한 위치를 차지하여 이득의 대부분을 가져갈 수 있지만, 때로는 오히려 교섭력이 미약하여 이득의 일부분만을 가져가게 될 수도 있다. 아래에 등장하는 생활 속의 경제행태 5.1에서는 때때로 판매자가 가격책정 전략을 교묘하게 디자인함으로써 소비자 잉여를 전부 가져갈 수도 있다는 점을 보여준다.

생활 속의 경제행태 5.1

왜 대부분의 테니스장에서는 시간당 코트 사용료를 받으면서 따로 연간 회비를 받을까?

교외에 위치한 테니스 클럽에서는 코트 사용료를 이용자 한 사람당 1시간에 $25씩 부과한다. 코트 사용 시간에 대한 호동의 수요곡선은 $P = 50 - \frac{1}{4}Q$이고, 이때 Q는 연간 사용시간으로 측정한다. 호동의 수요곡선은 그림 5.6에 표시되어 있다. 근처에 다른 테니스장이 없다는 가정하에, 시간당 $25를 지불하고 테니스장을 이용할 권리를 얻기 위해 호동이 기꺼이 지불할 의사가 있는 연회비의 최대값은 얼마인가?

이 질문에 대한 답변은 호동이 시간당 $25에서 자신이 원하는 만큼 테니스를 즐기는 경우 얻을 수 있는 소비자 잉여의 크기가 된다. 이는 그림 5.6에 표시된 삼각형 *ABC*의 영역인 $CS = \frac{1}{2}(50 - 25)100 = \$1250$/년이다. 테니스장에서 이보다 더 높은 회비를 요구한다면, 호동은 차라리 테니스를 치지 않는 쪽이 더 낫다.

왜 대부분의 테니스장에서는 시간당 코트 사용료와 연간 회비를 모두 받을까?

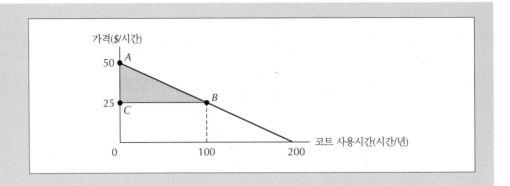

그림 5.6

테니스 코트 사용시간에 대한 개별 수요곡선

코트 사용료가 시간당 $25일 때, 호동은 연간 100시간의 테니스를 즐기면서 $1250의 소비자 잉여를 얻게 된다. 그러므로 테니스장에서는 호동에게 최대 $1250의 연회비를 부과할 수 있다.

개념 확인 5.2

생활 속의 경제행태 5.1에서 시간당 테니스장 사용료가 $20라면 연회비를 최대 얼마까지 부과할 수 있겠는가?

이부가격제

정액의 요금을 먼저 책정한 뒤 상품의 구입량에 따라 한계 요금 (marginal charge)을 부과하는 방식의 가격 책정방식으로 이부 요금제(two-part tariffs)라고도 한다.

생활 속의 경제행태 5.1에 등장하는 예를 통해 우리는 현실에서 마주치는 다양한 가격 책정 방식들을 새로운 눈으로 바라볼 수 있다. 예를 들어, 대부분의 놀이공원들에서는 정해진 입장료를 받은 뒤에도 개별 놀이기구를 탈 때 따로 이용요금을 받는다. 전화회사들은 월 기본요금을 받고 또 통화량에 따라 사용료를 부과하는 경우가 많다. 어떤 쇼핑 클럽들은 매장이나 카탈로그에 있는 상품을 살 수 있는 권리를 주는 명목으로 정해진 회비를 받는다. 이러한 가격책정 방식을 **이부가격제**(二部 價格制, two-part pricing)라고 하는데, 이는 판매자들이 소비자 잉여의 일부를 가져가기 위해 고안된 가격책정 방식이다.

생활 속의 경제행태 5.2

왜 어떤 놀이공원에서는 입장료를 정액으로 받을 뿐, 놀이기구를 탈 때 아무리 대기자들의 줄이 길어도 추가요금을 받지 않을까?

디즈니의 매직 킹덤 자유이용권 가격은 10세 미만의 어린이의 경우 $93.40에 이른다. 자유이용권만 있으면 놀이공원 안의 모든 놀이기구와 시설들을 무제한 이용할 수 있다. 한 가지 단점이 있다면, 인기 만점인 롤러코스터 스페이스 마운틴과 같은 놀이기구들을 타기 위해서 한 시간 이상을 기다려야 한다는 것이다. 가격이 00이므로 늘 초과수요가 발생하는데도 디즈니는 왜 가장 인기 있는 놀이기구를 탈 때 따로 요금을 받지 않는 것일까?

경제이론에 따르면, 초과수요가 있는 재화와 서비스의 가격은 오르게 마련이다. 놀이기구 앞의 엄청나게 긴 줄은 경제학자들이 보기에 이해할 수 없는 현상이다. 이러한 현상을 설명할 수 있는 길이 하나 있다. 놀이기구를 타기 위해 돈을 지불하는 사람들(부모들)은 놀이기구를 수요하는 이들(아이들)과 다르다. 돈을 지불하는 것은 부모들이므로 아이들은 가격이 $0이거나 $5이거나 무조건 재미있는 놀이기구를 타고 싶어 한다. 대기줄을 완전히 없앨 만큼 가격을 높게 책정한다면, (돈만 있다면) 가장 인기 있는 놀이기구를 하루에 수십 번 타는 것도 가능할 것이다. 사실 아이들은 하

디즈니는 가장 인기 많은 놀이기구 이용에 추가 요금을 매기지 않을까?

루 종일 가장 재미있는 놀이기구만 타고 싶어 할 것이다. 물론 부모들은 아이들에게 "안 돼!"라고 말하면 된다. 하지만 오랜만에 놀이공원에 놀러 와서 하루 종일 아이들에게 "안 돼!"를 외치고 싶은 부모가 어디 있겠는가! 부모들에게는 디즈니의 현 가격책정 방식이야말로 이상적인 해결책일지도 모른다. 부모들은 아이들에게 그저 "마음에 드는 놀이기구를 타렴. 네가 타고 싶은 만큼 얼마든지!"라고만 하면 된다. 이제 배분 기능은 놀이기구들 앞의 대기줄이 알아서 해 줄 것이니까!

5.4 전반적인 복지 비교

소비자 잉여의 개념을 통해서 우리는 특정 시장에서 발생하는 변화의 편익이나 비용을 식별해낼 수 있다. 단일 시장뿐만이 아니라 여러 시장들에서 일어나는 변화로 인해 소비자들의 복지가 더 좋아졌는지 아니면 나빠졌는지 알고 싶을 수 있다. 이때에도 합리적 선택 모형을 통해서 도움이 되는 추론을 할 수 있다. 다음의 예를 생각해보자.

예산제약   **예 5.2**

하하는 소득을 전부 두 재화 X와 Y에 지출한다. 지난해에 지불한 가격과 소비량은 다음과 같다. $P_X = 10$, $X = 50$, $P_Y = 20$, $Y = 25$. 올해의 가격은 $P_X = P_Y = 10$이고, 소득은 750이다. 하하의 선호에 아무 변화가 없다면, 지난해와 올해 중에서 하하의 복지가 더 높은 해는 언제인가?

위 질문에 대답하기 위해서, 우선 하하의 지난해와 올해 예산제약을 서로 비교해 보자. 지난해 하하의 소득은 지출 총액과 같다는 점을 명심하기 바란다. 즉, $P_X X + P_Y Y = 1,000$이다. 가격이 주어진 상황에서, 우리는 그림 5.7a처럼 예산제약을 그릴 수 있다.

그림 5.7a에 제시된 하하의 올해 예산제약에는 지난해 구입했던 상품꾸러미가 포함되어 있다. 하하의 선호에는 아무런 변화가 없으므로, 이는 곧 하하의 올해 복지수준이 지난해보다 더 나빠질 수 없다는 것을 보여준다. 하하는 전과 동일한 상품꾸러미를 여전히 구입할 수 있지 않은가! 만약 그의 무차별곡선이 원점에 대해 볼록한 정상적인 모습을 보인다면, 우리는 그림 5.7b에서처럼 무차별곡선 I_0가 점 A에서 지난해 예산제약선과 접하고 있었음을 알 수 있다. 또한 우리는 올해의 예산제약선이 지난해보다 더 가파른 모습을 보인다는 점도 알고 있다. 이는 무차별

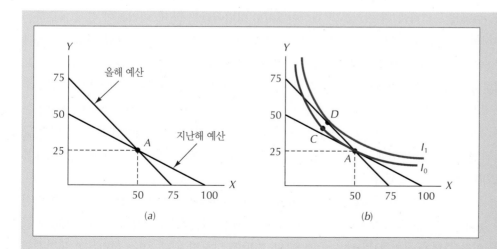

그림 5.7

서로 다른 두 해의 예산제약

(a) 소비자의 올해 예산제약이 지난해 소비한 것과 똑같은 상품꾸러미를 포함하고 있다면(꾸러미 A), 하하는 최소한 지난해의 복지수준 이상을 누리고 있는 셈이 된다. (b) 게다가 두 해에 걸쳐 상대가격이 다르다면, 하하는 올해 더 나은 상품꾸러미를 선택할 수 있게 될 것이 분명하다 (꾸러미 D).

곡선 I_0의 일부가 올해 예산 삼각형의 안쪽에 놓여야 한다는 것을 의미한다. 무차별곡선 I_0에서 하하는 A와 C를 똑같이 선호한다. 그런데 다다익선 가정에 의해서 C보다 D를 더 선호하는 것이 당연하므로, 하하는 A보다 D를 더 선호한다. 그러므로 우리는 하하가 지난해 구입했던 것보다 더 좋아하는 상품꾸러미를 올해 구입할 수 있었음을 알 수 있다. 그렇다면 하하는 지난해보다 올해 형편이 더 나은 셈이다.

> **개념 확인 5.3**
>
> 하하는 소득을 전부 두 재화 X와 Y에 지출한다. 지난해에 지불한 가격과 소비량은 다음과 같다. $P_X = 15$, $X = 20$, $P_Y = 25$, $Y = 30$. 올해의 가격은 $P_X = 15$와 $P_Y = 20$이고, 소득은 $900이다. 하하의 선호에 아무 변화가 없다면, 지난해와 올해 중에서 하하의 복지가 더 높은 해는 언제인가?

응용 : 주택 가격의 변화가 복지수준에 미치는 효과

다음과 같은 두 가지 시나리오를 생각해보자.

1. 여러분은 방금 $200,000짜리 주택을 한 채 구입했다. 바로 그 다음날, 여러분 소유의 주택을 포함한 모든 주택의 가격이 두 배로 오른다.

2. 여러분은 방금 $200,000짜리 주택을 한 채 구입했다. 바로 그 다음날, 여러분 소유의 주택을 포함한 모든 주택의 가격이 절반으로 떨어진다.

각 시나리오에서 주택 가격의 변화는 여러분의 복지에 어떤 영향을 미칠까? (여러분의 형편은 주택 가격이 변하기 전에 더 좋았을까? 아니면 변한 뒤에 더 좋을까?)

나는 최근 경제학과 1학년 학생들 강의에서 이러한 질문을 던져보았다. 대다수의 학생들이 주택 가격이 오른 첫 번째 시나리오의 경우에 형편이 더 나아지고, 주택 가격이 내린 두 번째 시나리오의 경우에 형편이 나빠진다고 대답했다. 대부분의 학생들이 확신을 가지고 이러한 두 가지 답변을 내놓았지만, 사실 그중 하나만 맞는 답변이다.

왜 그러한지 알아내기 위해서, 모든 주택 가격이 두 배로 상승하는 경우를 먼저 살펴보자. 주택을 구입하기 전 여러분의 재산이 $400,000이라고 하자. 여러분이 현재 거주하는 주택의 크기를 주택 1단위에 해당한다고 정의하고, 다른 모든 상품들(복합재)의 가격을 1로 놓자. 이제 첫 번째 시나리오상에서의 여러분의 원래 예산제약은 그림 5.8에 B_1으로 표시한 선에 해당한다. 예산선의 수직축 절편은 $400,000으로, 여러분이 복합재에 사용할 수도 있었던 최대 금액을 의미한다. 예산선의 수평축 절편은 2단위의 주택으로, 여러분이 현재 거주하는 주택의 두 배 크기인 집을 살 수도 있었음을 의미한다. 예산선 B_1 위에 있는 균형점 A는 여러분이 원래 구입한 상품꾸러미이다. A에서 여러분은 주택을 1단위, 복합재를 $200,000어치 구입했다.

주택 가격이 두 배로 오른 다음에, 여러분의 예산제약은 그림 5.8에 B_2로 표시한 직선이 된다. B_2의 수직축 절편을 계산하려면, 지금 거주하는 주택을 시가인 $400,000에 팔아, 이를 주택을 구입한 뒤 남은 금액 $200,000에 더하면 된다. 이는 여러분이 복합재를

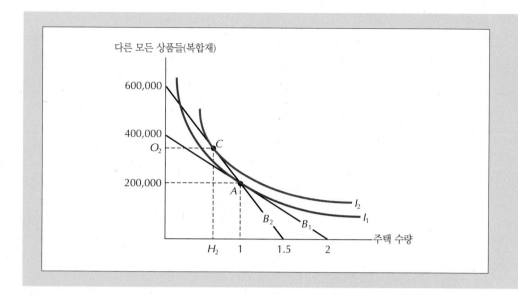

그림 5.8
주택 가격의 상승과 주택 소유주의 복지
주택 가격이 두 배로 오르면, 예산제약은 B_2가 되고, 원래 구입했던 상품꾸러미 A는 여전히 예산제약에 포함되어 있다. 예산제약 B_2에 위치한 최적 소비점 C는 A보다 더 높은 무차별곡선에 있으므로, 주택 가격 하락으로 소비자의 복지는 더 나아진다.

$600,000어치 살 수 있다는 것을 의미한다. B_2의 수평축 절편은 주택 가격인 $400,000/채로 올랐으므로 현재 보유한 재산 $600,000로 1.5단위의 주택을 살 수 있음을 보여준다. 마지막으로 B_2에서 여러분의 최적 소비점은 C로, 이 꾸러미는 $H_2 < 1$단위의 주택과 $O_2 > \$200,000$어치의 복합재를 포함하고 있다는 점을 눈여겨보기 바란다. 상품꾸러미 C는 A보다 더 높은 무차별곡선에 위치하므로, 여러분은 주택 가격이 오르기 전보다 오른 후에 형편이 더 나아졌다.

주택 가격이 상승할 때, 최선의 대응은 주택을 덜 사고 복합재를 더 많이 사는 것이다. 주택 가격 상승으로 인한 소득효과를 걱정할 필요는 없다. 가격 상승으로 현재 보유 중인 주택의 가치가 오르기 때문이다.

여기까지는 괜찮다. 하지만 많은 학생들을 어리둥절하게 만든 주택 가격이 절반으로 내려간 두 번째 시나리오를 생각해 보자. 첫 번째 시나리오에서 사용한 단위를 다시 사용하면, 여러분의 예산제약은 주택 가격 하락으로 그림 5.9에 B_3가 된다. 주택 가격이 $100,000로 하락했고, 여기에 이미 보유 중인 $200,000를 더하면, 복합재 구입에 사용할 수 있는 최대 금액인 수직축 절편은 $300,000가 된다. B_3의 수평축 절편을 계산하면, 하락한 주택 가격 $100,000 덕분에 주택 3단위가 된다. 예산제약이 B_3로 주어진 경우, 구입 가능한 최선의 상품꾸러미는 점 D가 되는데, 이 점에는 $H_3 > 1$단위의 주택과 $O_3 < 200,000$단위의 복합재가 포함되어 있다. 첫 번째 시나리오에서와 마찬가지로 상대가격의 변화로 인해 여러분은 더 높은 무차별곡선으로 옮겨가게 된다. 하지만 이번에는 대체의 방향이 첫 번째 시나리오와는 정반대로 나타난다. 주택이 전보다 싸졌기 때문에, 여러분은 주택을 더 많이 구입하고 복합재는 덜 구입하게 된다.

두 시나리오 모두에서 여러분의 새로운 예산제약에는 원래 구입했던 상품꾸러미가 포함되어 있다는 점을 잊지 말기 바란다. 이는 여러분이 가격이 변한 뒤에도 최소한 가격 변화 이전만큼의 복지수준을 얻을 수 있음을 뜻한다. 또한 각 경우에 상대가격의 변화로 인해 여

그림 5.9
주택 가격의 하락과 주택 소유주의 복지

주택 가격이 절반으로 떨어지면, 예산제약은 B_3가 되고, 원래 구입했던 상품꾸러미 A는 여전히 예산제약에 포함되어 있다. 예산제약 B_3에 위치한 최적 소비점 D는 A보다 더 높은 무차별곡선에 있으므로, 주택 가격 하락으로 소비자의 복지는 더 나아진다.

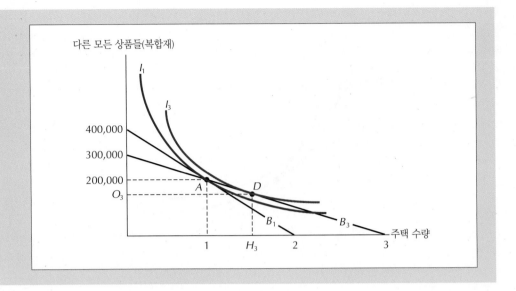

러분의 새로운 예산제약은 원래 무차별곡선보다 더 높은 곳에 위치한 상품꾸러미를 포함하게 된다. 이는 두 시나리오 모두에서 여러분의 복지수준이 개선되었음을 의미한다.

응용 : 소비자물가지수를 계산할 때 발생하는 편의

소비자물가지수(CPI: consumer price index)는 소비자가 정해진 생활수준을 유지하기 위해 지출해야 하는 금액인 "생계비"(cost of living)의 변화를 측정하는 지표이다. 통계청에서 매달 발표하는 CPI를 계산할 때에는, 기준이 되는 기간 중에 소비자들이 많이 구입하는 대표적인 상품들을 구입하는 데 드는 비용을 조사한 뒤, 이를 현재 기간에 구입하는 데 드는 비용으로 나눠준다. 만약 기준 기간에 대표적인 꾸러미를 구입하는 데 $100가 들었고, 똑같은 꾸러미를 현재 기간에 구입하는 데 $150가 든다면, CPI는 1.5가 되며, 이는 기준 기간과 비교할 때 생계비가 50퍼센트 상승했음을 뜻한다.

그러나 CPI가 제대로 고려하지 못하는 것은, 여러 상품들의 가격이 서로 다른 비율로 변할 때, 소비자들이 일반적으로 전과 동일한 꾸러미를 사지 않는다는 점이다. 소비자들은 대개 가격이 가장 많이 오른 상품을 덜 산다. 예산을 다시 배정함으로써, 소비자들은 가격 상승의 악영향을 적어도 부분적으로 회피할 수 있다. 만약 이러한 대체 행동을 제대로 고려하지 못하는 경우, CPI는 생계비 증가를 과장하게 된다. 즉, 편의(偏倚)가 발생한다.

합리적 선택 모형을 이용한 간단한 예를 통해서 이 점을 확실하게 보여주도록 하자. 경제 내에는 오직 쌀과 밀만이 존재하고, 대표적인 소비자는 기준 연도에 쌀과 밀을 각각 20 kg/월씩 소비한다고 하자. 만약 기준 연도에 쌀과 밀을 구입하는 데 각각 $1/kg가 들었다면, 쌀 가격이 $2/kg로 오르고 밀 가격이 $3/kg로 오르는 경우, 현재 기간의 CPI는 어떻게 될까? 기준 연도에 기준 연도 가격으로 해당 꾸러미를 구입하는 데 $40가 들었지만, 현재 기간에는 같은 꾸러미를 사기 위해서 $100가 든다. 그러므로 CPI는 $100/$40 = 2.5가 된다. 하지만 CPI 계산 결과대로 생계비가 2.5배 늘어난 것일까?

대표적인 소비자가 쌀과 밀을 1:1 관계를 보이는 완전대체재로 여기는 극단적인 경우를 생

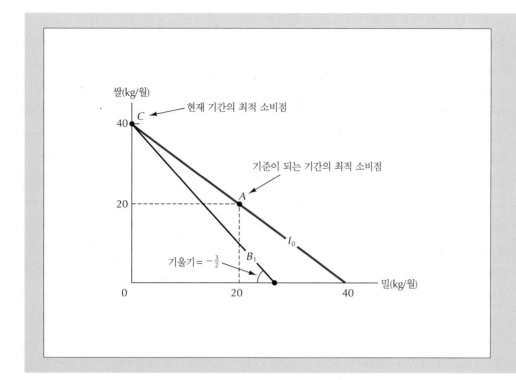

그림 5.10

소비자물가지수를 계산할 때 발생하는 편의

쌀과 밀이 완전대체재인 소비자를 상정하자. 쌀과 밀의 가격이 각각 $1/kg이었을 때, 그(녀)는 기준 연도에 각각 20 kg/월을 구입하여 $40/월을 지출했다. 만약 올해의 가격이 쌀은 $2/kg, 밀은 $3/kg라면, 원래의 꾸러미를 사려면 $100/월이 필요하다. CPI는 동일한 꾸러미를 올해에 구입할 때 필요한 지출액을 기준 연도에 구입했을 때 필요했던 지출액으로 나누어 줌으로써 얻으므로, $100/$40 = 2.5가 된다. 하지만 소비자는 꾸러미 C를 올해 가격을 지불하고 $80에 사서 자신의 원래 무차별곡선 I_0에 도달할 수 있다. 그러므로 원래의 만족 수준을 유지하는 데 들어가는 비용은 2.5배가 아니라 2배 증가한 셈이다.

각해보자. 소비자의 무차별곡선은 45° 음의 기울기를 보이는 직선으로 나타난다. 그림 5.10에서 원래 상품꾸러미는 A이고 무차별곡선은 (원래의 예산제약과 완벽히 일치하는) I_0이다. 기준 연도에 달성했던 것과 똑같은 만족 수준을 얻으려면 현재 기간에 얼마나 많은 소득이 있어야 할까? 새로운 가격하에서 예산선의 기울기는 더 이상 −1이 아니라 −3/2가 된다. 새로운 기울기의 예산선하에서, 소비자는 그림 5.10의 점 C를 선택함으로써 가장 저렴하게 원래의 무차별곡선에 도달할 수 있다. 그리고 꾸러미 C를 현재 가격으로 구입하는 비용은 $80에 불과하므로, 원래의 만족 수준을 유지하는 데 들어가는 비용은 2.5배가 아니라 2배라고 할 수 있다.

일반적으로, 가격이 변화할 때 소비자가 대체를 더 잘할수록 CPI는 생계비를 과장하는 정도가 커지게 된다. 또한 상품들의 가격이 서로 다른 비율로 오르고 그 차이가 커질수록 CPI가 실제 소요된 생계비를 과장하는 정도는 더 커진다.

상품의 질 변화 : CPI를 계산할 때 발생하는 또 다른 편의

CPI를 계산하기 위해서 재화와 서비스의 가격을 조사하는 일은 별로 어렵지 않아 보인다. 그러나 현실에서는 할인, 환불, 기타 다양한 판매촉진책들 때문에 시장에서의 실제 거래가격이 공식가격과 상당히 달라질 수 있기 때문에 정확한 가격을 조사하는 작업은 매우 까다롭다.[7]

---

7. [역주] 환불(還拂, rebates)은 판매자가 지급받은 대금의 일부를 사례금 또는 보상금의 형태로 지급자에게 되돌려주는 가격 할인 방식을 의미한다. 예를 들어, 미국에서는 상품을 구입한 소비자가 생산자에게 영수증 또는 바코드가 찍힌 포장지 부분 등을 우편으로 보내면 생산자가 상품 가격의 일부를 현금으로 되돌려준다. 외국에서는 가격차별(price discrimination)을 위해서 또는 상품을 구입하는 소비자들의 정보를 얻기 위해서 자주 사용된다. 그러나 우리나라에서는 "의약품 리베이트 쌍벌제" 등에서 볼 수 있듯이, 판매 촉진을 목적으로 금전, 물품, 편익, 노무 향응 등을 제공하는 부정적인 의미가 강하다.

정확한 가격 자료를 파악하는 일이 중요하지만, 그것만으로는 생계비 변화를 정확하게 추정할 수 없다. 계속 개선되는 상품의 질도 고려해야 한다. 사실 단순히 가격 변화를 파악하는 일보다 상품의 질 변화를 알아내는 작업이 훨씬 까다롭다.

자동차 산업의 예를 들어 상품의 질 변화를 측정하는 일이 얼마나 어려운지 살펴보자. 미국 상무부에 따르면 1994년 신차의 평균가격은 $19,675로, 이는 1993년 대비 5.1퍼센트, 1984년 대비 72.8퍼센트 상승한 금액이다.[8] 같은 10년 동안 CPI는 42.6퍼센트 상승했을 뿐이다. 그렇다면 신차 가격은 다른 재화와 서비스에 비해서 훨씬 더 빨리 상승한 것일까? 꼭 그렇지는 않다. 1994년에 생산된 자동차는 이전 모델들보다 훨씬 더 많은 기능을 장착하고 있다. 예를 들어, 1994년 미국에서 판매된 차량의 약 90퍼센트에는 에어백이, 약 40퍼센트에는 앤티록(antilock) 브레이크가 설치되었지만, 1984년에 판매된 차량에는 이런 기능들이 거의 달려나오지 않았다. 과거에는 오직 고급 대형 차량에만 장착되던 후면 유리창 서리제거기능과 파워 윈도우와 같은 편의사양을 갖춘 자동차의 수는 동 기간 중 50퍼센트 이상 늘어났다.

상무부에서는 현재 특별 자동차 CPI를 따로 계산한다. 추가 편의사양의 비용을 적절하게 빼주어 차량 가격 인상폭을 정확하게 측정하기 위해서이다. 이렇게 계산한 특별 자동차 CPI에 따르면, 1984~1994년 기간 중 신차 가격은 32.2퍼센트 상승하여, 전체 CPI의 상승률보다 10퍼센트 포인트 정도 낮은 상승률을 보였다.

이런 식으로 상품의 질 변화를 감안해 주는 작업이 도움이 되기는 하지만, 최근 자동차 업계에 불어 닥친 차량의 질 변화 추세를 완전히 파악하지는 못하고 있다. 예를 들어, 자동차 CPI는 1994년 차량이 1984년 차량에 비해서 탄화수소(hydrocarbon)를 40퍼센트 덜 뿜어내고, 질소산화물(NO_X)을 60퍼센트나 덜 배출한다는 점을 고려하지 못했다. 또한 1994년 신차들이 10년 전 생산된 신차들에 비해서 고장이 훨씬 덜 발생하고, 충돌에 더 안전하며, 부식에 더 강하다는 점 등도 제대로 고려하지 못했다.

자동차의 질이 얼마나 빠르게 개선되는지 살펴보기 위해, 일본 자동차 회사 혼다(Honda)의 소형 차량인 시빅(Civic) DX 세단을 인기 중형 차량인 어코드(Accord) 세단과 1982~1995년 기간에 걸쳐 비교해 보자.[9] 구형 어코드에도 장착되지 않았던 다양한 안전장치들이 95년형 시빅에 장착되었고, 실내공간은 훨씬 넓어졌고, 더 조용하며, 오염물질 배출도 훨씬 줄어들었음에도 불구하고, 75마력에서 102마력으로 힘은 더 좋아졌다. 타이어와 브레이크 성능도 개선되었고, 서스펜션도 훨씬 고급화되었다. 95년형 시빅은 정지상태에서 60마일의 속도에 도달하는데 고작 9.1초가 걸렸는데, 이는 82년형 어코드의 12.2초보다 훨씬 더 나은 성적이다. 게다가 95년형 시빅은 고속도로 주행 시 휘발유 1갤런으로 40마일을 달릴 수 있었다. 82년형 어코드의 주행거리는 고작 32마일에 불과했다. 95

---

8. 여기에서 인용한 자료의 출처는 Csaba Csere, "Do Cars Cost Too Much, or Do We Just Like Costly Cars?" *Cars and Drivers*, June 1995, p.9이다.

9. [역주] 우리나라의 경우에는 현대에서 생산하는 소형차 아반떼와 중형차 소나타를 떠올리면 본문 내용을 더 쉽게 이해할 수 있을 것이다.

년형 시빅은 가혹한 겨울 날씨에도 6년간 전시장 수준에 가까운 차량 외관을 유지했지만, 82년형 어코드는 차체에 녹이 잔뜩 슬었다. 82년형 어코드의 공식 판매가격은 $8,995였으나 수요가 넘쳐나 딜러 가격이 $10,000에 육박했다.[10] 95년형 시빅의 공식 판매가격은 $12,360였지만, 대부분의 딜러들은 이보다 훨씬 낮은 금액으로 판매했다. 13년이라는 짧지 않은 세월이 흘렀음에도 시빅의 명목 거래가격은 구형 어코드에 비해서 그다지 높지 않았던 것이다. 95년형 시빅의 공식 판매가격을 CPI의 변화로 조정하면 1982년 가격으로 $8,852가 되는데, 이는 훨씬 좋은 차를 더 싸게 구입할 수 있었다는 말이 된다.

만약 시빅과 어코드 승용차의 비교가 전형적인 상황이라면, 자동차의 질 개선을 고려하여 가격의 변화를 CPI로 측정하려는 정부의 노력은 허점투성이인 것이 된다. 전 세계적인 경쟁이 더욱 치열해지면서, 상품의 질은 자동차 이외의 분야에서도 빠르게 개선되고 있다. 자동차라는 상품의 질 개선을 CPI가 제대로 반영하지 못하고 있는 것과 마찬가지로, 이러한 변화를 상무부는 제대로 반영하지 못하고 있다고 볼 수 있을 것이다.

상품의 질 변화를 제대로 잡아내지 못함으로써, CPI는 소비자의 대체 행위를 제대로 잡아내지 못하는 것과 같은 편의를 보이게 된다. 둘 다 공식적인 생계비 지수가 진정한 가격 상승을 과장하도록 만드는 것이다.

CPI는 정부의 재정지출에도 굉장히 중요한 의미를 갖는다. 왜냐하면 CPI를 이용해서 국민연금 수령자들은 물론이거니와 기타 정부의 복지 프로그램 수혜자들이 받는 혜택을 매년 조정하기 때문이다. CPI에 약간의 상향 편의만 발생하더라도 정부가 지급해야 하는 금액은 수 조원이 늘어날 수 있다.

5.5 수요의 가격탄력성 응용

경제학적 분석의 응용 분야에서 수요의 가격탄력성 개념보다 더 중요한 분석 도구도 없을 것이다. 수요의 가격탄력성 개념을 이용한 두 가지 매우 상이한 응용 사례들을 살펴보기로 하자.

응용 : 전철 요금 인상

애틀랜타 전철 관리국은 늘어만 가는 적자에 대처하기 위해 1987년 기본요금을 60센트/회에서 75센트/회로 올렸다. 요금 인상 후 2개월에 걸쳐 총수입은 전년 동기에 비해 18.3퍼센트 증가했다.[11] 수요곡선이 선형이고 탑승객 변화가 요금 인상의 결과라고 가정한다면, 총수입액 증가에 비추어 볼 때 애틀랜타 전철 시스템에 대한 수요의 가격탄력성이 어떻다고 말할 수 있을까? 만약 Q_1이 가격 인상 전의 탑승회수, ΔQ가 요금 인상에 따른 탑승회수의

---

10. [역주] 자동차 제조회사가 직접 판매까지 하는 우리나라와 달리, 미국에서는 자동차 소매판매를 딜러들(car dealers)이 맡는다. 우리나라에서는 특정 회사의 차량만을 배타적으로 판매하는데 비해서, 딜러들은 자신에게 이득이 된다면 제조사를 불문하고 차량을 취급하며, 수급상황에 따라 자동차 제조회사에서 책정한 권장가보다 높거나 낮게 가격을 자율적으로 책정한다.

11. Bert Roughton, Jr., "MARTA Sees Ridership Dip with Fare Hike", *Atlanta Constitution*, October 8, 1987, p. 7.

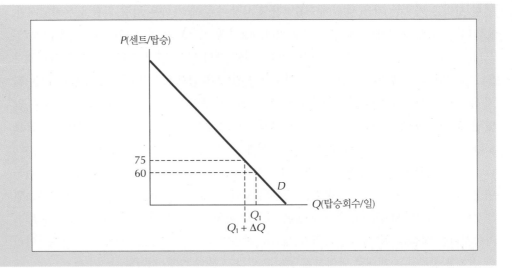

그림 5.11

전철 요금 인상

총지출액의 변화율과 가격의 변화율을 알면, 수요의 가격탄력성을 계산할 수 있다.

변화, P_1이 가격 인상 전 기본요금, ΔP가 요금 인상분이라면, 이 정보를 이용해 수요의 가격탄력성 $\epsilon = (\Delta Q/Q_1)/(\Delta P/P_1)$을 계산할 수 있다. 애틀랜타 전철 탑승에 대한 수요곡선이 그림 5.11에서 D로 표시한 직선으로 주어졌다고 하자. 총수입액이 18.3퍼센트 증가했다는 사실로부터 우리는 다음과 같은 방정식을 설정할 수 있다.

$$\frac{P_2Q_2 - P_1Q_1}{P_1Q_1} = \frac{75(Q_1 + \Delta Q) - 60Q_1}{60Q_1} = 0.183 \tag{5.1}$$

여기에서 $\Delta Q < 0$으로, 전철 탑승회수의 감소를 의미한다. 식 (5.1)을 정리하면 다음과 같다.

$$\frac{15Q_1 + 75\Delta Q}{60Q_1} = 0.183 \tag{5.2}$$

이를 다음과 같이 정리할 수 있다.

$$\frac{\Delta Q}{Q_1} = -0.0536. \tag{5.3}$$

우리는 이미 $\Delta P/P_1 = \frac{15}{60} = 0.25$임을 알고 있으므로, $\epsilon = -0.0536/0.25 = -0.2144$를 얻게 된다. 애틀랜타 전철 수요는 가격 변화에 대해서 매우 비탄력적이었기 때문에 요금을 인상함으로써 상당한 추가 수입을 얻을 수 있었던 것이다.

개념 확인 5.4

위에서 논의한 예에서, 애틀랜타 전철이 요금을 $1.00에서 $1.10으로 인상했고, 그 결과 수입이 2퍼센트 늘어났다고 하자. 이 정보를 이용해서 원래 가격인 $1.00에서 애틀랜타 전철 수요의 가격탄력성을 구할 수 있을까? (이번에도 수요곡선은 선형이라고 가정하자.)

응용 : 술 수요의 가격탄력성

술 소비는 가격 변화에 어떤 반응을 보일까? 지난 수십 년간 이에 대한 상식은 "반응이 별로 없다"였다. 그러나 불행하게도 술에 대한 수요의 가격탄력성 추정치는 그다지 믿을만하지 않다. 정확한 추정에 필요할 만큼 술 가격이 크게 변하지 않기 때문이다.

필립 쿡(Philip Cook)은 술 가격이 상당한 변화를 보인, 지금까지 사용한 적이 없었던 자료를 사용하여 꼼꼼하게 연구를 수행했다.[12] 그의 연구 결과에 따르면, 술 소비의 가격탄력성은 우리가 지금껏 믿어왔던 것보다 훨씬 크다.

쿡은 미국에서 주(州)마다 주세(酒稅, liquor tax)가 다른 상황에서 술 소비의 변화를 살펴보았다. 미국의 48개 본토 주들 중에서 30개 주들은 민간의 주류 판매에 세금을 부과한다. 대부분의 주들에서는 인플레이션의 효과를 상쇄하기 위해서 정기적으로 명목 주세를 인상한다. 주에서 부과하는 주세의 실질 수준(real value)은 세율 인상 직후에 가장 높고, 이후에는 생계비가 상승함에 따라 지속적으로 낮아진다. 주세의 실질 수준을 유지하기 위해서 실시간으로 세율을 조정할 수는 없는 노릇이므로, 술 구매가 가격 변화에 보이는 반응을 추정하는 데 필요한 실질 가격의 변동성을 확보할 수 있다.

쿡의 30개 주 표본에는 1960~1975년 기간 중 39번의 주세 인상이 있었다. 이 중에서 30번의 경우에 술 소비가 세금 인상 직후 연도에 전국 추세보다 더 많이 감소했다는 사실이 밝혀졌다. 쿡의 가격탄력성 추정치는 −1.8로, 이전 연구들에서 얻은 추정치들보다 훨씬 크게 나타났다.

쿡이 얻는 결과를 해석하는 과정에서 가격탄력성의 크기를 결정하는 요인들에 대한 흥미로운 사항들이 등장한다. 술 시장은 전체 인구의 일부에 불과한 술꾼들의 소비량이 전체 소비량에서 높은 비중을 차지한다. 그렇다면 가격이 변해도 술꾼들은 여전히 술을 많이 마실 테니까 술 소비량은 별로 변하지 않을 것이라고 생각하기 쉽다. 술꾼들이란 원래 습관적으로 술을 마시는 사람들이므로 가격에 대해서 합리적으로 숙고해가며 술을 마시지는 않을 테니까. 그때까지 연구자들은 이런 술꾼들의 경우에 가격 변동에 따른 대체 효과가 작을 것이라고 믿어왔다. 그러나 술꾼들의 경우에 대체 효과가 0이라고 할지라도, 소득효과는 여전히 존재할 것이다. 술꾼들일수록 술 소비에 지출하는 예산 비중이 높게 나타날 가능성은 두가지이다. 첫째는 당연히 술꾼들이 술을 많이 소비한다는 점이다. 둘째는 술꾼들의 소득이 평균보다 현저히 낮을지도 모른다는 점이다. 알코올 중독에 가까운 술꾼들은 지속적으로 일을 하기가 어렵고, 일을 하더라도 생산성이 낮다. 술 가격이 크게 오르면 소득효과 때문에 술꾼들은 어쩔 수 없이 술 소비를 줄이게 된다. 이에 대한 증거로 쿡은 주세가 큰 폭으로 상승한 이듬해에는 간 경변증으로 인한 사망률이 큰 폭으로 낮아진다는 점을 찾아냈다. 간 경변증은 대개 오랜 기간 술을 과음하는 사람들에게 발생하는 질병으로, 장기간 술을 마셔온 사람들이 음주량을 줄이면 간 경변증의 진행을 늦추거나 막을 수 있다는 것은 의학적으로 이미 밝혀졌다.

12. Philip J. Cook, "The Effect of Liquor Taxes on Drinking, Cirrhosis, and Auto Accidents," in *Alcohol and Public Policy*, Mark Moore and Dean Gerstein (eds.), Washington, DC: National Academy Press, 1982.

5.6 기간 간(期間 間) 선택 모형 _____

지금까지 우리가 공부한 선택 문제는 현재 주어진 대안들 사이의 교환상충관계에 국한된 것이었다. 예를 들어, 지금 당장 음식과 옷 사이에서 무엇을 선택할 것인가 하는 문제나 지금 당장 여행을 갈 것인가 아니면 스테레오 기기를 살 것인가 하는 문제였다. 지금 결정한 선택이 미래에 가용한 대안들의 메뉴에 미칠 수도 있는 영향은 전혀 생각하지 않았다.

하지만 현재 내린 결정이 우리의 미래에 중요한 영향을 미친다는 것은 너무나도 분명한 사실이다. 그리고 그러한 결정은 매우 중요한 결정인 경우가 많다. 우리는 제3장에서 공부한 기본적인 소비자 선택 모형을 확장하여 서로 다른 두 기간들 사이의 의사결정 문제를 다룰 것이다.

기간 간 소비꾸러미

사람들은 소득을 지금 모두 소비하거나 미래를 위해서 소득의 일부를 저축한다. 합리적인 소비자라면 시간에 걸쳐 소비를 어떻게 배분할까? 분석이 너무 복잡해지지 않도록, 우리는 현재와 미래로 딱 두 기간만을 생각할 것이다. 지금까지 공부해 온 무시간적인(*atemporal*) 기본 선택 모형에서는 대안들이 현재 기간에 소비할 수 있는 다양한 상품들로 제시되었다. 예를 들어, 현재 기간에 사과를 먹을까 아니면 오렌지를 먹을까 하는 식으로. 이제부터 우리가 살펴 볼 기간 간 선택 모형(*intertemporal choice model*)에서는 대안들이 현재소비(C_1)와 미래소비(C_2)로 제시될 것이다. 각 기간의 소비는 제3장에서 공부한 복합재와 기능적으로 동일한 혼합 상품이라고 보면 된다. 논의를 단순화하기 위해서, 특정 상품을 현재와 미래에 어떻게 배분할 것인지에 대해서는 생각하지 않기로 한다.

무시간적인 선택 모형에서 각 상품꾸러미는 2차원적 평면상의 한 점으로 표시할 수 있다. 우리는 기간 간 선택 모형에서도 이와 비슷한 방식을 이용할 것이다. 예를 들어, 그림 5.12에서 현재소비 \$6,000와 미래소비 \$6,000의 조합은 꾸러미 E로 표시되어 있다. 이에 비해서 꾸러미 D는 현재소비 \$3,000와 미래소비 \$9,000의 조합이다.

그림 5.12

기간 간 소비꾸러미

현재와 미래소비의 다양한 조합들은 C_1, C_2 평면상의 여러 점들로 표시할 수 있다. 관례에 따라 수평축은 현재소비, 수직축은 미래소비를 나타낸다.

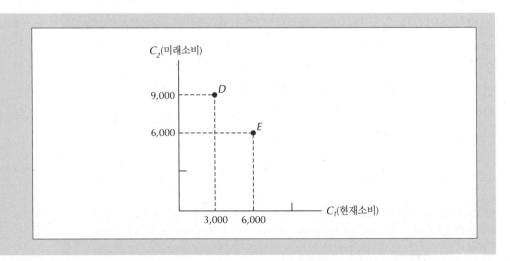

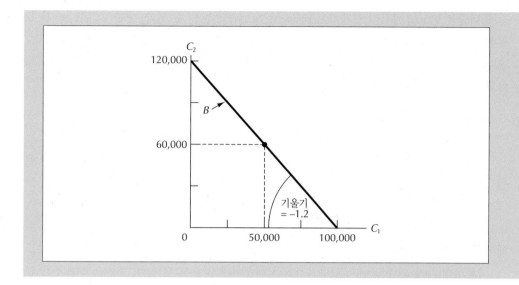

그림 5.13

기간 간 예산제약

현재소비를 \$1씩 줄일 때마다, 미래 소비를 \$1.2씩 늘릴 수 있다.

기간 간 예산제약

여러분이 현재 기간에 \$50,000의 소득을 얻고 미래 기간에는 \$60,000의 소득을 얻는다고 생각해보자. 또한 현재소득을 은행에 저축하면, 원금과 20퍼센트의 이자를 미래 기간에 받을 수 있다고 가정하자. 이와 유사하게 만약 미래소득을 앞당겨 끌어다 사용하고 싶다면, 지금 \$1를 받고 미래 기간에 \$1.2를 지불해야 한다고 하자(그림 5.13 참조). 여러분이 직면한 기간 간 예산제약을 정식화하기 위해서 먼저 알아두어야 할 점은 그냥 단순히 주어진 소득을 각 기간에 사용할 수 있다는 것이다. 그렇다면 C_1 = \$50,000와 C_2 = \$60,000는 여러분의 기간 간 예산제약선 상에 위치한 점이어야 한다. 물론 여러분은 C_1 = 0을 선택하여 현재소득을 모두 은행에 저축하고, 미래 기간에 $(1.2)(50,000)$ = \$60,000을 받아 미래소득인 \$60,000과 합쳐 모두 미래소비로 돌려 C_2 = \$120,000을 소비할 수도 있다. 여러분의 또 다른 선택지는 C_2 = 0을 선택하여 현재 기간에 \$60,000/1.2 = \$50,000을 최대로 대출 받아 현재소득인 \$50,000에 더한 다음, C_1 = \$100,000을 현재 기간에 소비하는 것일 수도 있다. 그렇다면 여러분의 기간 간 예산제약은 C_2 = \$120,000 − $1.2C_1$ 또는 $1.2C_1$ + C_2 = \$120,000가 될 것이다.

위에서 구체적인 숫자를 이용하여 예산제약을 도출한 예를 좀 더 일반적인 경우로 확장해보자. 여러분이 1기에 소득 M_1을 받고, 2기에 M_2를 받으며, 이자율 r로 차입과 대출을 할 수 있다고 가정하자. 이때 여러분이 미래 기간에 소비할 수 있는 최대값은 얼마일까? 최대 미래소비는 여러분이 현재소득을 모두 미래에 사용하기 위해서 저축하는 경우에 달성할 수 있다. 현재소득 M_1을 이자율 r로 저축하면, 여러분은 미래에 원금에 이자를 합하여 $M_1(1 + r)$을 손에 넣는다. 그렇다면 여러분이 미래에 소비할 수 있는 최대값은 $M_1(1 + r)$ + M_2가 된다.

여러분이 현재 기간에 소비할 수 있는 최대값은 무엇일까? 이번에는 현재소득 더하기 미래소득을 담보로 대출받을 수 있는 최대 금액이 될 것이다. 미래소득 M_2를 담보로 현재 기

현재가치

연간 이자율을 r이라고 할 때, 지금으로부터 T년 뒤 지급받는 X 달러의 현재가치는 $X/(1 + r)^T$이다.

간에 대출을 받으면, M_2의 **현재가치**(present value)를 받을 수 있다. 이를 $PV(M_2)$라고 표시하자. M_2의 현재가치는 지금 이자율 r로 저축하면 미래 기간에 정확하게 M_2를 받을 수 있는 저축액이다. 따라서 여러분은 $PV(M_2)(1 + r) = M_2$를 풀어 다음과 같이 M_2의 현재가치를 구할 수 있다.

$$PV(M_2) = \frac{M_2}{1 + r}. \tag{5.4}$$

예를 들어, 만약 M_2가 \$110,000이고 이자율이 10퍼센트라면(즉, $r = 0.10$), M_2의 현재가치는 \$110,000/1.1 = \$100,000이다. 현재가치는 서로 다른 두 시점에 지급받을 수 있는 돈의 합계 금액 사이의 동등 관계(equivalence relationship)이다. 만약 연이율이 $r = 0.10$이라면, 오늘 받는 \$100,000는 1년 뒤에 받는 \$110,000와 동등하다. 마찬가지로, 미래에 받는 \$110,000는 이자율이 10퍼센트일 때 오늘 받는 \$100,000와 가치가 같다.

물론 소비자가 최대 금액으로 차입하거나 대출하지 않을 수도 있다. 자신의 미래소득 중 일부를 현재 기간으로 옮겨 소비하려는 소비자는 미래에 포기해야 하는 1달러에 대해서 최대 $1/(1 + r)$달러의 비율로 차입할 수 있다. 또는 현재소득 중 일부를 저축함으로써 지금 당장 포기한 소비 1달러에 대해서 미래에 $(1 + r)$달러를 되돌려 받을 수도 있다. 그러므로 그림 5.14에서 B로 표시된 기간 간 예산제약은 최대 현재소비점과 최대 미래소비점을 잇는 직선으로 나타난다. 그리고 예산선의 기울기는 다시 한 번 $-(1 + r)$이 된다. 무시간적인 모형에서와 마찬가지로, 기간 간 선택 모형에서의 예산선의 기울기 역시 상대가격 비율로 해석할 수 있다. 이번에는 상대가격이 현재소비의 가격과 미래소비의 가격 사이의 비율일 뿐이다. 소득을 저축하지 않고 지출하는 경우에 포기하는 이자의 기회비용 때문에 현재소비는 미래소비보다 더 비싸다. 우리는 기간 간 예산선의 수평축 절편을 생애소득의 현재가치(*present value of lifetime income*)라고 부른다.

그림 5.14

두 기간에 모두 소득이 있고, 이자율 r로 차입과 대출이 가능한 경우의 기간 간 예산제약

현재소비 1달러에 대한 기회비용은 $(1 + r)$달러의 미래소비이다. 기간 간 예산제약선의 수평축 절편은 생애소득의 현재가치 $M_1 + M_2/(1 + r)$이 된다.

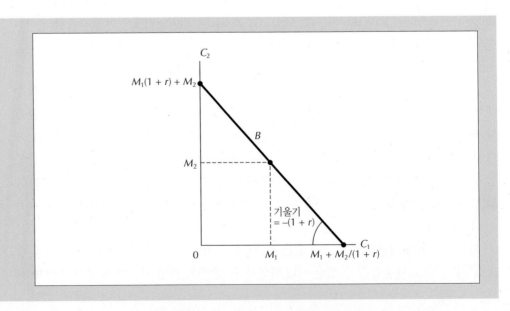

제3장에서 공부한 무시간적인 선택 모형에서 도출한 예산제약과 마찬가지로, 기간 간 예산제약을 통해 우리는 어떤 경제 주체가 구입할 수 있는 소비꾸러미를 편리하게 수식으로 표현해 낼 수 있다. 물론 무시간적인 예산제약과 마찬가지로, 기간 간 예산제약만으로 그 경제 주체가 어떤 소비꾸러미를 선택할 것인지를 알 수는 없다.

기간 간 무차별곡선

선택 가능한 꾸러미들 중에서 소비자가 어떤 꾸러미를 선택할 것인지 알아내려면, 소비자가 현재소비와 미래소비에 대해서 보이는 선호를 표현할 방법이 필요하다. 이때 무시간적인 선택 모형에서 사용했던 무차별곡선의 개념을 활용하면 편리하다. 소비자가 두 개의 소비재에 대해서 보이는 선호를 무차별지도를 통해 시각화했던 것처럼, 기간 간 선호 역시 현재 상품과 미래 상품에 대한 선호를 상정하여 그림 5.15에 표시한 것처럼 무차별지도로 그려주면 된다. 그림 5.15에서, I_1상에 있는 모든 상품꾸러미들에 대해 소비자는 무차별하다. 그리고 무차별곡선 I_2상에 있는 상품꾸러미들은 I_1상의 꾸러미들보다 더 선호된다.

어떤 소비점에서 기간 간 무차별곡선 기울기의 절대값은 현재소비와 미래소비 사이의 한계대체율이다. 예를 들어, 그림 5.15의 점 A에서 한계대체율은 $|\Delta C_2/\Delta C_1|$이고, 이 비율을 A에서의 **한계시간선호율**(MRTP: marginal rate of time preference)이라고 부른다.[13] 한계시간선호율은 소비자가 현재소비 1단위를 포기하도록 하려면 미래소비를 1단위보다

한계시간선호율
현재 기간의 한 단위 소비를 위해서 소비자가 교환하고자 하는 미래소비의 단위

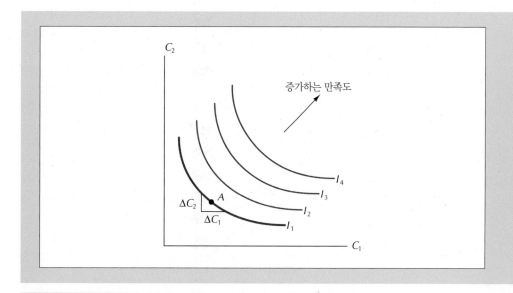

그림 5.15

기간 간 무차별지도

무시간적인 선택 모형에서 소비자의 선호를 무차별지도로 표시했듯이, 기간 간 무차별지도의 경우에도 무차별곡선이 원점에서 멀리 떨어져 있을수록 더 높은 만족도를 의미한다. 어떤 점에서 측정한 무차별곡선 기울기의 절대값을 해당 점에서의 한계시간선호율(MRTP)이라고 부른다. 예를 들어, 그림의 A에서의 MRTP는 $|\Delta C_2/\Delta C_1|$이다.

---

13. 미분 개념을 이용하면, 한계시간 대체율은 $|dC_2/dC_1|$로 표현할 수 있다.

더 많이 보상해줘야 한다는 뜻이다. 만약 A에서 $|\Delta C_2/\Delta C_1| > 1$이라면, 소비자는 그 소비점에서 양의 시간선호를 보인다고 표현한다. 만약 어떤 소비점에서 $|\Delta C_2/\Delta C_1| < 1$이라면, 소비자는 그 소비점에서 음의 시간선호를 보인다고 표현한다. 그러한 사람은 1단위보다 적은 미래소비를 위해서 1단위의 현재소비를 포기할 의사가 있는 사람이다. 그리고 어떤 소비점에서 $|\Delta C_2/\Delta C_1| = 1$이라면, 이 소비자는 그 소비점에서 시간선호가 중립적(neutral)이라고 부른다. **중립적인 시간선호**를 나타내는 사람의 경우, 현재소비와 미래소비는 정확하게 1:1의 비율로 교환된다.

무시간적 선택 모형에서와 마찬가지로, 무차별곡선을 따라 아래로 내려가면서 한계시간선호율이 줄어든다는 가정이 적절해 보인다. 경제 주체가 현재소비를 더 많이 할수록, 추가적인 미래소비 한 단위를 더 얻기 위해 포기할 의향이 있는 현재소비의 단위는 커진다. 우리 대부분에게 있어서 시간선호가 양으로 나타나는지, 음으로 나타나는지, 아니면 중립적으로 나타나는지는 무차별지도의 어느 위치에 있는지에 따라 결정될 것이다. 불과 2년 뒤에 50억 달러의 유산을 받더라도 당장 돈을 차입할 수 없는 부유층 자손은 매우 큰 양의 시간 선호를 보일 가능성이 높다. 그에 비해서 농작물이 금세 썩어 못 먹게 되는 원시부족의 농부는 보기 드문 대풍작을 앞두고 음의 시간선호를 보일 가능성이 높다.

현재소비와 미래소비 사이에서 최적 소비꾸러미를 찾아내는 작업은 무시간적 모형에서와 똑같다. 소비자는 도달 가능한 가장 높은 무차별곡선에 상응하는 자신의 예산선을 고른다. 만약 기간 간 무차별곡선들이 보통의 볼록한 모양을 보인다면, 우리는 그림 5.16에 제시된 것처럼 무차별곡선과 예산선의 접점을 찾을 수 있다. 만약 MRTP가 무차별곡선상의 모든 점에서 예산선의 기울기보다 크다면(또는 작다면), 무시간적 모형의 경우에서처럼 모서리 해가 나타난다.

그림 5.16에서 최적 소비꾸러미 (C_1, C_2)에서의 한계시간선호율이 양의 값을 보인다는 점에 주목하기 바란다. 왜냐하면 예산선의 기울기의 절대값이 $1 + r > 1$이기 때문이다. 그림에 제시된 예에서는 소비자의 소득이 두 기간에 서로 같지만, 기간 2에 약간 더 많이 소비한다.

물론 최적 소비점은 소비자마다 다르게 나타날 것이다. 예를 들어, 그림 5.17a에 제시

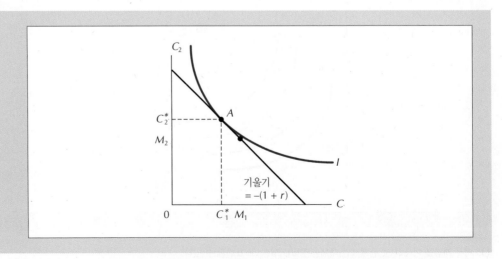

그림 5.16

기간 간 소비의 최적 배분

무시간적 선택 모형에서와 마찬가지로, 기간 간 최적 소비꾸러미 A는 도달할 수 있는 가장 높은 무차별곡선상에 존재한다. 바로 그 점에서 기간 간 무차별곡선과 예산선은 접한다.

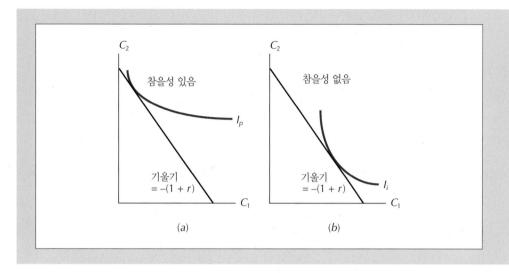

그림 5.17

참을성의 차이

(a) 참을성 있는 소비자는 소비의 상당 부분을 미래 기간까지 연기한다. (b) 참을성이 부족한 소비자는 현재 기간에 훨씬 더 많이 소비한다. 그러나 균형에서는 두 종류의 소비자들 모두 한계시간선호율이 $(1 + r)$로 같다.

된 최적 소비점은 미래소비(C_2)를 매우 선호하는 소비자의 선호를 보여준다. 그에 비해서 그림 5.17b에 제시된 최적 소비점은 현재소비(C_1)를 훨씬 더 선호하는 소비자의 선호를 보여준다. 그러나 최적 소비점에서의 무차별곡선의 기울기는 두 경우 모두 같다는 점을 명심하기 바란다. 소비자들이 이자율 r로 차입과 대출이 가능하다면, 최적 소비점에서의 한계시간선호율은 $(1 + r)$이 될 것이다. (물론 모서리해가 나타나는 경우에는 예외이다.) 내부 해 (interior solutions)가 존재한다고 가정하면, 소비자의 선호와 상관없이 양의 시간선호가 나타나게 된다.

우리는 통상적으로 현재소비와 미래소비가 모두 정상재라고 가정한다. 그러므로 생애소득의 현재가치가 증가하면, 다른 모든 요인들이 불변일 때, 현재소비와 미래소비가 모두 증가할 것이다.

한계시간선호율   예 5.3

여러분의 현재소득이 \$100,000이고 미래소득은 \$154,000이며, 여러분은 이자율 $r = 0.1$로 차입과 대출이 가능하다고 하자. 이러한 조건들하에서 여러분은 매 기간 정확히 여러분의 소득만큼 소비한다. 다음 주장의 참 또는 거짓 여부를 결정하고 그 이유를 설명하라. "이자율이 $r = 0.4$로 상승하면, 여러분은 현재소득 중 일부를 저축할 것이다."

그림 5.18의 예산선 B는 원래 주어진 예산선이다. B의 수평축 절편은 $r = 0.1$일 때의 생애소득의 현재가치로, \$100,000 + \$154,000/1.1 = \$240,000이다. B의 수직축 절편은 현재소득에 $(1 + r)$을 곱한 뒤 미래소득을 더한 값이므로, \$154,000 + (1.1)(\$100,000) = \$264,000이다. 가정에 의해서 최적 소비점은 A에서 나타나며, 이는 A에서의 MRTP가 1.1임을 뜻한다. 이자율이 0.4로 상승하면, 기간 간 예산선은 B'가 된다. 이제 수평축 절편은 \$100,000 + \$154,000/1.4 = \$210,000이고, 수직축 절편은 \$154,000 + (1.4)(\$100,000) = \$294,000가 된다. A에서의 MRTP가 기간 간 예산선 B'의 기울기의 절대값보다 작으므로, 소비자는 A에서보다 현재소비를 줄이고 미래소비를 늘림으로써 형편이 더 나아질 것이다. 새로운 최적 소비

그림 5.18

이자율 상승이 기간 간 최적 소비점에 미치는 영향

이자율이 상승하면, 기간 간 예산선은 현재 주어진 기본재산 또는 초기 보유재산점(endowment point)인 점 A를 중심으로 시계방향으로 회전한다. 만약 인상되기 전 이자율 상황에서 초기 보유재산점이 최적 소비점이었다면, 소비자는 현재소비는 줄이고 미래소비는 늘려 새로운 최적 소비점인 D를 선택할 것이다.

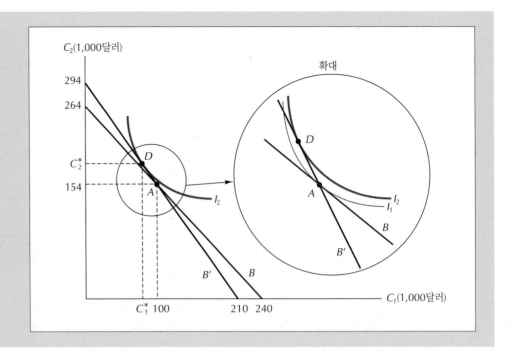

점은 그림 5.18의 D가 된다.

응용 : 항상소득과 생애주기 가설

경제학자들은 현재소비가 주로 현재소득에 의존한다고 가정했었다. 그래서 우리가 갑자기 현재소득과 비슷한 금액의 불로소득을 얻게 되면, 소비가 거의 두 배로 증가할 것이라고 예상했다.

하지만 1950년대에 밀턴 프리드먼, 프랑코 모딜리아니(Franco Modigliani), 리처드 브럼버그(Richard Brumberg) 등의 경제학자들은 기간 간 선택 모형에 의거하여 그렇지 않을 것이라고 주장했다.[14] 예를 들어, 현재소득과 미래소비가 똑같이 120이고, 이자율 $r = 0.2$로 차입과 대출이 가능한 소비자를 생각해보자. 그림 5.19의 B는 이 소비자의 기간 간 예산제약으로 그 위의 점 A는 최적 소비점이다. 예산선의 수평축 절편은 생애소득의 현재가치이므로, 120 + (120/1.2) = 220이다.

이 소비자의 현재소득이 120에서 240으로 오르는 경우를 살펴보자. 그의 예산제약은 이제 B'이 되고, 이때 최적 소비점은 D이다. 현재소비가 증가함에 따라 현재소비가 80에서 150으로 늘어났을 뿐만 아니라 미래소비도 168에서 228로 증가한다. 기간 간 무차별곡선은 체감하는 한계시간선호율을 보이기 때문에, 이 소비자는 일반적으로 어느 한 기간의 소비에 너무 집중하지 않는 편이 좋다.[15] 불로소득을 양 기간에 걸쳐 나누어 쓰는 것이 더 좋은

---

14. Franco Modigliani and R. Brumberg, "Utility Analysis and the Consumption Function: An Interpretation of Cross-Section Data," in K. Kurihara (ed.), *Post Keynesian Economics*, London: Allen & Unwin, 1955 그리고 Milton Friedman, *A Theory of the Consumption Function*, Princeton, NJ: Princeton University Press, 1957을 참조하기 바란다.

15. 한계시간선호율이 체감한다는 것은 무시간적 선택 모형에서 한계대체율이 체감한다는 것과 같은 논리이다.

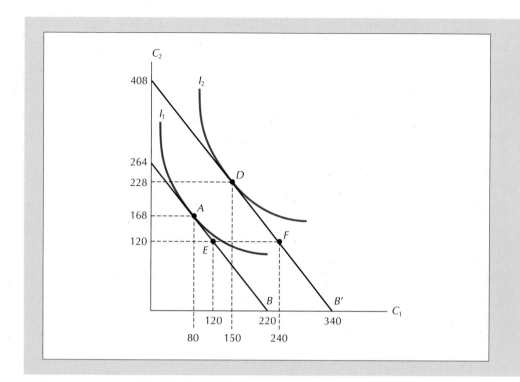

그림 5.19

현재소득이 아니라 항상소득에 따라 현재소비가 결정된다.

현재소득이 120에서 240으로 증가하면, 현재소비가 80에서 150으로 증가할 뿐만 아니라 미래소비도 168에서 228로 증가한다.

결과를 낳는다.

프리드먼의 **항상소득가설**(*permanent income hypothesis*)에 따르면, 현재소비를 결정하는 가장 중요한 요인은 현재소득이 아니라 **항상소득**이다. 우리가 다루는 간단한 기간 간 선택 모형에서, 항상소득은 생애소득의 현재가치이다. (그림 5.19에서 현재소득의 증가로 인해, 항상소득은 240 + 120/1.2 = 340이 된다.) 현실에서 미래는 단순히 한 기간이 아니라 여러 기간들로 이루어져 있다는 점을 고려하면, 현재소득은 항상소득에서 아주 작은 비중을 차지할 뿐이다. (예를 들어, 만약 미래가 10개의 기간들로 이루어져 있다면, 10퍼센트의 현재소득 증가는 2퍼센트 남짓한 항상소득 증가로 이어질 것이다.)[16] 따라서 현재소득이 증가하면, 그림 5.19에서 우리가 방금 살펴본 것처럼, 항상소득은 현재소득의 증가율보다 훨씬 적은 비율로 증가할 것이라고 프리드먼은 주장했다. (모딜리아니와 브럼버그가 주창한 생애주기가설(*life-cycle hypothesis*)도 기본적으로 같은 개념이다.)

항상소득

생애소득의 현재가치

시간선호에 차이가 생기는 이유

사람들은 미래의 불확실성 때문에 미래소비보다 현재소비를 선호한다. 예를 들어, 전쟁에 휩싸인 나라들에서 사람들은 마치 내일 따위는 없는 것처럼 살아간다. 사실 언제 목숨을 잃을지 모르는 상태가 아닌가! 이와는 대조적으로, 국제정세가 평화롭고, 고용이 안정적이며, 사회 안전망이 잘 갖춰져 있고, 보건 상태가 양호한 경우, 미래에 대한 불확실성은 줄어들기 마련이고, 그 과정에서 미래소비의 중요성은 커지게 된다.

---

16. 이자율은 다시 한 번 $r = 0.2$로 가정한다.

기간 간 무차별지도는 무시간적 모형에서의 무차별지도처럼 개별 경제 주체의 성향에 따라 달라진다. 예를 들어, 내 첫째 아들은 대부분의 경우에 매우 강한 양의 시간선호를 보인다. (그의 무차별곡선은 현재소비 축에 대해서 매우 가파른 기울기를 보인다.) 꼬마였을 때부터, 그 애는 언제나 가장 맛있는 반찬을 먼저 먹었다. 야단을 쳐야만 채소를 먹었고, 그마저도 가장 마지막에 먹었다. 그에 비해서 둘째 아이는 정반대의 모습을 보인다. 둘째는 가장 맛없는 음식부터 먹기 시작하고, 가장 좋아하는 음식은 식사의 대미를 장식하기 위해 아껴둔다. 이러한 대조적인 모습은 저녁식사에서뿐만 아니라 두 아이의 삶 곳곳에서 거의 언제나 드러난다.

또한 시간선호는 그때그때 주어진 상황에 따라 달라지기도 한다. 실험경제학 분야의 연구들은 대부분의 사람들이 매우 강한 양의 시간선호를 보이거나 매우 강한 음의 시간선호를 보이는 특정 상황들을 파악하는데 노력을 기울여 왔다. 예를 들어, 카네기–멜런 대학교의 경제학자 조지 로웬슈타인(George Loewenstein)은 실험 참가자들에게 자신이 좋아하는 스타 영화배우와 키스를 할 기회를 얻는다는 상상을 해보라고 지시한 뒤, 언제 그 키스를 하겠느냐고 물었다. 지금 당장 스타와 키스를 하는 것이 가능함에도, 대부분의 실험 참가자들은 평균적으로 며칠 뒤에 하겠다고 대답했다. 이러한 선택은 음의 시간선호를 보여준다. 로웬슈타인은 이 결과를 대부분의 실험 참가자들이 키스를 하게 된다는 기대를 좀 더 오랫동안 음미하기를 원하기 때문이라고 설명했다.[17, 18]

로웬슈타인은 또한 일군의 실험 참가자들에게 고통스러운 전기충격을 받는 상황을 상상해 보라고 요청한 뒤, 언제 전기충격을 받고 싶으냐고 물었다. 이번에는 대부분의 참가자들이 지금 당장 전기충격을 받겠다고 대답했다. 전기충격을 받을 생각에 공포에 사로잡혀 지내는 시간을 어떻게 해서든지 줄이고 싶었던 것이다. 전기충격은 "좋은 상품"(good)이 아니라 피하고 싶은 "나쁜 상품"(bad)이므로, 실험 참가자들의 선택은 다시 한 번 음의 시간선호를 보여주는 셈이다.

몇몇 개별적인 사례들에서 음의 시간선호가 때때로 목격되기는 하지만, 그리고 적절하게 설계된 실험을 통해서 자주 재현되기는 하지만, 미래소비보다 현재소비를 더 우선시하는 선호가 훨씬 더 일반적이다. 예를 들어, 우리가 꿀땅콩 한 봉지를 로웬슈타인의 실험 참가자들 앞에 놓는다면, 꿀땅콩을 맛볼 수 있다는 기대감에 들떠 며칠이고 먹지 않은 채 기다리기를 원하는 사람들은 많지 않을 것이다. 오히려 한 시간 뒤에 먹을 저녁식사를 망치더라도 꿀땅콩을 순식간에 먹어치우는 사람들이 많을 것이다.[19]

---

17. George Loewenstein, "Anticipation and the Valuation of Delayed Consumption," *Economic Journal*, 97, September 1987: 666 684를 보기 바란다.

18. [역주] 선호의 다양성과 특성에 관한 일반 독자들을 위한 책으로는 George Loewenstein, *Exotic Preferences: Behavioral Economics and Human Motivation*, Oxford University Press, 2007을 찾아보기 바란다.

19. [역주] 실제로 시카고 대학교의 행동경제학자인 리처드 쎄일러는 동료 경제학자들을 집으로 초대한 뒤 식사가 나오기 전에 간식거리를 내놓았다. 유명 경제학자들은 조금 뒤 저녁식사를 할 것임을 뻔히 알면서도 그 누구도 간식을 마다하지 않았다. 이들은 쎄일러가 간식거리를 치우자 오히려 자신들의 약한 의지력을 대신해 과감하게 간식거리를 치워준 쎄일러에게 감사하기까지 했다. 이 실험에 대한 설명은 그가 하버드 법학대학원의 캐스 선스타인(Cass Sunstein)과 공저한 저서, 「넛지: 똑똑한 선택을 이끄는 힘」(리더스북, 2009)에도 등장한다.

　　19세기 경제학자 오이겐 폰 뵘−바베르크(Eugen von Böhm-Bawerk)는 현재소비의 기회는 우리의 감각을 직접적으로 자극하는 데 비해서 미래소비의 기회는 오직 상상을 통해서만 우리에게 호소력을 발휘하기 때문에 사람들이 이러한 행태를 보이는 것이라고 설명했다. 예를 들어, 꿀땅콩을 집어먹는 즐거움은 강렬하면서도 즉각적으로 우리에게 다가온다. 맛있게 저녁식사를 하는 편이 꿀땅콩을 집어먹는 것보다 훨씬 더 좋다고 여기는 사람들조차도 때때로 인내심을 발휘하여 기다리는 자기통제력을 상실하곤 한다. 뵘−바베르크는 "제대로 작동하지 않는 멀리 내다보는 우리의 능력"(faulty telescopic faculty) 때문에라도 미래의 쾌락보다 현재의 쾌락에 더 큰 가치를 두는 것은 좋지 않다고 보았다. 불확실성의 문제는 차치하고라도, 그는 우리가 현재와 미래에 동등한 가중치를 둔다면 삶에서 더 큰 만족을 얻게 될 것이라고 믿었다.

▪ 요약 ▪

- 이번 장에서 우리는 제3장과 4장에서 공부한 합리적 선택 및 수요 이론을 응용하는 데 초점을 맞췄다. 우리는 소비자가 주어진 가격에서 주어진 상품을 구입함으로써 얻는 편익인 소비자 잉여 개념도 살펴보았다. 소비자 잉여는 개별 수요곡선과 시장가격으로 둘러싸인 영역의 크기를 계산하여 근사치를 얻을 수 있다. 이부가격제는 생산자가 소비자 잉여를 소비자로부터 가져오는 수단이다. (학습목표 1, 2)

- 합리적 선택 모형은 가격 및 소득의 변화가 복지에 미치는 효과를 평가하는 데에도 유용하게 사용할 수 있다. 합리적 선택 모형을 이용한 분석을 통해, 생계비 변화를 측정하기 위해 사용하는 지표인 소비자물가지수(CPI)가 실제 생계비의 상승 정도를 때때로 과장되게 측정할 수도 있다는 점을 살펴보았다. (학습목표 3)

- 기간 간 선택 모형은 제3장에서 공부한 무시간적인 선택 모형과 구조가 매우 흡사하다. 이차원 평면상에서 두 상품 대신에 현재소비와 미래소비를 상정하고 분석을 진행한다. 소비자에게 주어진 초기 보유재산 (M_1, M_2)를 현재소득과 미래소득의 조합으로 표시하고, 소비자가 이자율 r로 차입과 대출을 자유롭게 할 수 있다면, 기간 간 예산선은 $-(1 + r)$의 기울기로 초기 보유재산점을 통과하는 모습을 보인다. 현재소비 한 단위의 기회비용은 미래소비 $(1 + r)$ 단위가 된다. 기간 간 예산선의 수평축 절편은 현재소득과 미래소득 전체의 현재가치이며, 이를 생애 부(富)의 현재가치라고도 부른다. (학습목표 5)

- 소비자의 기간 간 선호 역시 무시간적 선택 모형에서 사용한 무차별지도의 개념을 이용해서 표현할 수 있다. 소비자의 한계시간선호율(무차별곡선 기울기의 절대값)이 어떤 상품 꾸러미에서 1보다 크거나, 1과 같거나, 1보다 작으면, 우리는 그 소비자가 양, 중립, 또는 음의 시간선호를 보인다고 표현한다. 내부해가 존재한다고 가정하면, 균형은 기간 간 예산제약과 무차별곡선이 접하는 지점에서 발생한다. 이자율 $r > 0$일 때 기간 간 예산제약의 기울기는 1보다 크게 나타나므로, 소비자는 무차별곡선의 모습이 어떤지와 무관하게 균형에서 양의 시간선호를 보이게 된다. (학습목표 5)

- 기간 간 선택 모형을 이용해서 경제 주체의 저축 행태를 연구할 수 있다. 항상소득과 생애주기가설에 따르면, 현재소비(그리고 현재저축)에 영향을 미치는 중요한 요인은 현재소득만이 아니라 생애주기 전체에 걸친 부의 현재가치이다. (학습목표 5)

▪ 복습문제 ▪

1. 휘발유에 유류세를 부과하여 얻은 세수를 소비자에게 정액으로 환불해주는 경우, 왜 휘발유 소비가 줄어드는지 설명하라. (학습목표 4)

2. 이부가격제가 무엇이고, 왜 판매자들이 이부가격제를 사용하는지 설명하라. (학습목표 2)

3. 대학교 교육에 대한 수요의 가격탄력성은 높을까, 낮을까? 설명하라. (학습목표 3)

4. 오랜 기간에 걸쳐 많은 양의 술을 마셔온 술꾼일지라도 술 가격의 인상에 민감하게 반응하는 이유를 설명하라. (학습목표 3)

5. 왜 기간 간 선택 모형에서 $(1 + r)$이 제3장에서 공부한 소비자 선택 문제에서의 상대가격 비율과 유사한 구조를 보이는지 설명하라. (학습목표 5)

6. 개인들이 승용차를 타는 것보다 버스와 같은 대중교통을 이용하는 것이 에너지 효율성 측면에서 훨씬 낫다. 지난 30여 년간 실질 에너지 가격이 계속 상승해 왔음에도 불구하고, 버스와 지하철을 이용하는 소비자들의 비율은 계속 낮아졌다. 왜 그러한지 설명하라. (학습목표 3)

7. 연봉이 $20,000인 유진은 로또에 당첨되어 $25,000를 받았다. 왜 유진이 이듬해 로또 상금을 모두 소비하지 않을 가능성이 매우 높은지 설명하라. (학습목표 5)

▪ 연습문제 ▪

1. 본문의 그림 5.2를 이용해서 현재 교육재정제도하에서 왜 부유층 가정이 빈곤층 가정보다 자녀를 사립학교에 보낼 가능성이 높은지 설명하라. (학습목표 1)

2. 휘발유 가격이 $1/갤런일 때, 여러분은 연간 1000갤런을 소비한다. 그런데 두 가지 상황이 발생했다. (1) 휘발유 가격이 $2/갤런으로 상승했다. (2) 먼 친척 분이 유산을 남겨 여러분이 매년 $1000를 받게 되었다. 가격이나 소득에서 다른 변화는 발생하지 않았다면, 이러한 두 가지 변화들로 인해 여러분의 형편은 전보다 더 나아졌는가, 나빠졌는가? 설명하라. (학습목표 3)

3. 민경의 딸기 수요는 $P = 4 - (Q/2)$로 나타나며, 이때 P는 딸기 가격($/바구니)이고, Q는 딸기의 수요량(바구니/주)이다. 소득효과가 무시할 정도로 작다고 가정하면, 딸기 가격이 $1/바구니에서 $2/바구니로 상승할 경우, 민경의 형편은 얼마나 나빠질까? (학습목표 2)

4. 여러분 집 근처에 딱 한 군데 있는 회원제 영화 DVD 대여점에서는 영화 한 편을 하루 대여하는 데 $4를 받는다. 여러분의 영화 DVD 대여에 대한 수요곡선이 $P = 20 - 2Q$이고, 이때 P는 대여료($/일), Q는 수요량(연간 대여 영화편수)이라면, 대여점 회원에 가입할 의향이 있는 최대 금액은 얼마인가? (학습목표 2)

5. 수진은 소득 전부를 핫도그와 캐비어에 지출한다. 그녀의 캐비어 수요는 모든 캐비어 가격에 대해서 비탄력적이다. 그러나 불행하게도 러시아에서 원전 사고가 발생하여 캐비어 공급이 급감하면서 가격이 크게 올랐다. 이때 수진의 핫도그 소비는 어떻게 변할까? 설명하라. (힌트 : 원전 사고가 핫도그 가격이나 수진의 캐비어에 대한 선호에는 아무런 영향을 미치지 않는다고 가정하라.) (학습목표 4)

6. 종호는 자신의 소득을 두 상품 X와 Y에 모두 지출한다. 그가 지난해 지불한 가격과 소비량은 각각 다음과 같다. $P_X = 15$, $X = 20$, $P_Y = 25$, $Y = 30$. 이듬해 가격이 $P_X = 6$과

$P_Y = 30$으로 변하고 그의 소득이 1020이라면, 그는 지난해에 비해서 형편이 더 좋아졌는가, 나빠졌는가? (그의 선호에는 아무런 변화가 없다고 가정하라.) (학습목표 3)

7. 기현은 현재와 미래, 두 기간으로 이루어진 세상에서 산다. 그는 각 기간 초에 소득 \$210를 받는다. (백분율이 아니라 분수로 주어진) 기간당 이자율이 $r = 0.05$인 경우, 그의 생애소득의 현재가치는 얼마인가? 그의 기간 간 예산제약을 그래프로 그려라. 그 위에 이자율이 $r = 0.20$인 경우의 기간 간 예산제약을 겹쳐 그려라. (학습목표 5)

8. 문제 7에서 기현은 현재소비와 미래소비를 1:1 관계를 보이는 완전대체재로 여긴다고 가정하자. 이때 그의 최적 소비꾸러미를 찾아라. (학습목표 5)

9. 문제 7에서 기현은 현재소비와 미래소비를 1:1 관계를 보이는 완전보완재로 여긴다고 가정하자. 이때 그의 최적 소비꾸러미를 찾아라. (학습목표 5)

10. 창수는 현재 기간에 \$75,000를 벌고, 미래 기간에도 \$75,000를 벌 것이다. (학습목표 5)
    a. 오직 두 기간만이 존재하고 은행들은 이자율 $r = 0$에서 차입과 대출을 해준다고 가정할 때, 창수의 예산제약을 그래프로 그려라.
    b. 이제 은행들이 현재 기간에 예치한 저축액에 대해서 10퍼센트의 이자를 지급하며, 같은 이자율로 대출도 제공한다고 가정하자. 창수의 새로운 기간 간 예산제약을 그래프로 그려라.

11. 연간 이자율이 아래와 같이 주어졌을 때, 1년 뒤에 받을 \$50,000의 현재가치를 계산하라.(학습목표 5)
    a. 8퍼센트
    b. 10퍼센트
    c. 12퍼센트

12. 크루소는 외딴 섬에서 이번 기간과 다음 기간에 걸쳐 홀로 외롭게 살아갈 것이다. 그의 유일한 소득은 각 기간 초에 수확하는 100개의 코코넛뿐이다. 현재 기간에 소비하지 않는 코코넛은 기간당 10퍼센트의 비율로 썩어 못 먹게 된다. (학습목표 5)
    a. 크루소의 기간 간 예산제약을 그래프로 그려라. 그가 미래소비를 현재소비와 1:1 관계가 있는 완전대체재로 여긴다면, 크루소의 각 기간 소비는 얼마가 되는가?
    b. 크루소가 미래소비 0.8단위를 현재소비 1단위의 가치가 있다고 여긴다면, 각 기간 그의 소비는 얼마가 되겠는가?

13. 양희는 현재 기간에 \$55,000를 벌고 있고, 미래 기간에는 \$60,000를 벌 것이다. 그녀가 현재 기간에 \$105,000를 지출하도록 만드는 최대 이자율은 얼마인가? 그녀가 미래 기간에 \$120,500를 지출하도록 만드는 최저 이자율은 얼마인가? (학습목표 5)

14. 인기는 이번 기간에 \$100의 소득을 얻고, 다음 기간에도 \$100의 소득을 얻는다. 이자율이 10퍼센트일 때, 그는 각 기간에 소득을 모두 지출한다. 그가 이번 기간의 소비와 다음 기간의 소비 사이에서 느끼는 한계시간선호율은 체감한다. 다음 주장이 참인지 거짓인지 밝히고 그 이유를 설명하라. "이자율이 20퍼센트로 상승하면, 인기는 이번 기간 소득의 일부를 저축할 것이다." (학습목표 5)

15. 주거공간의 현재 가격은 단위당 $50이고 복합재의 가격은 단위당 1이다. 부유한 독지가 한 사람이 무일푼인 수근에게 주거공간 1단위와 복합재 50단위를 지원했다. 그런데 주거공간의 가격이 절반으로 떨어졌다. 다음 주장이 참인지 거짓인지 밝히고 그 이유를 설명하라. "가격 변화로 수근의 형편은 더 나아졌다." (학습목표 3)

16.* 수현과 지현은 둘 다 경제학자들이다. 딸 수지가 집 자동차를 사용하는 일을 막고자 이들은 수지에게 20센트/km의 사용료를 내도록 한다. 그런데도 이들이 보기에 수지는 자동차를 너무 많이 사용한다. 그렇다고 사용료를 무조건 더 올려서 딸을 괴롭히고 싶지는 않다. 그래서 두 사람은 수지에게 다음과 같이 물었다. "자동차 사용료를 40센트/km로 올리면서 일주일치 용돈도 더 주겠다. 용돈을 최소한 얼마나 더 받고 싶으니?" 거짓말을 하지 않는 보통의 선호를 가진 수지는 $10/주를 더 받고 싶다고 대답했다. (학습목표 1)

   a. 수현과 지현이 수지의 용돈을 $10/주 더 주는 대신에 차량 사용료를 40센트/km를 받는다면, 수지는 차량을 덜 사용하게 될까? 설명하라.

   b. 차량 사용료를 올려 받아 발생하는 수입이 $10/주보다 클까, 작을까, 같을까? 설명하라.

17.* 도서 구입자들은 모두 선호가 같다. 그리고 중고책을 $22에 살 때의 효용은 신간을 $50에 살 때의 효용과 같다고 하자. 연 이자율이 10퍼센트이고, 중고책을 사고파는 데에는 아무런 거래비용이 발생하지 않는다고 하자. 신간 한 종을 발간하는 데 소요되는 비용은 m이고, 신간은 2년이 지나면 중고가 된다고 하자. (학습목표 5)

   a. 1년간 신간을 사용하기 위해 소비자가 지불하고자 하는 최대 금액은 얼마인가?

   b. 신간이 판매된 시점에서 정확히 1년 뒤에 책에 인쇄된 잉크가 증발하여 사라지는 기술을 사용함으로써 중고책 시장이 없어지도록 하려면 m이 얼마나 낮아야 하는가? (중고책 시장을 없애면 출판사 매출이 정확히 두 배가 된다고 가정하자.)

18.* 유진은 대학원생 조교 장학금으로는 생활이 어려워서 소득을 보충하기 위해 12시간/주를 일하려고 한다. 도서관에서 $6/시간을 받고 알바를 하거나 경제학과 대학원 신입생들을 대상으로 학습 도우미 역할을 할 수 있다. 시간당 임금이 차이가 나는 점을 제외하고, 유진은 두 가지 일에 대해서 무차별하다. 세 명의 대학원 신입생들의 학습 도우미에 대한 수요곡선은 $P = 10 - Q$로 주어져 있고, 여기에서 P는 시간당 수업료($), Q는 주당 교습시간을 의미한다. 학습 도우미 역할에 대해 이부가격제를 적용할 수 있다면, 유진은 주당 몇 시간을 학습 도우미로 일하고 몇 시간을 도서관에서 일해야 할까? 학습 도우미 역할을 한다면, 그는 시간당 얼마를 교습비로 받아야 할까? (학습목표 2)

19.* 정민은 소규모 영화관을 운영하는데, 고객들이 모두 같은 선호를 보인다. 영화 한 편을 관람하는 데 대한 고객 한 사람의 유보가격은 $5이고, 매점에서 판매하는 팝콘에 대한 수요는 $P_c = 4 - Q_c$로 주어져 있다. 여기에서 P_c는 팝콘 가격($)이고, Q_c는 팝콘의 양(봉지)이다. 추가적인 관람객이 영화를 보는 데 들어가는 한계비용이 0이라면, 그리고 팝콘의 한계비용이 $1라면, 정민은 이윤을 극대화하기 위해 영화 관람권과 팝콘을 얼마에 팔아야 하는가? (정민은 잠재적인 고개들에게 요금에 관해 아무런 비용을 들이지 않고 광고할 수 있다고 가정하자.) (학습목표 2)

---

* 표시가 된 문제들은 난이도가 높은 문제들이다.

▪ 개념 확인 해답 ▪

5.1 P = $3(그리고 Q = 7갤런/주)에서의 초기 소비자 잉여는 CS = $\frac{1}{2}$(10 − 3)7 = $24.50/ 주이다. 더 높은 가격 P' = $4(그리고 Q' = 6갤런/주)에서의 소비자 잉여는 CS′ = $\frac{1}{2}$(10 − 4)6 = $18/주이다. 소비자 잉여의 손실분은 아래 그림에서 $DCEF$로 표시된 영역으로, 24.5 − 18 = $6.50/주가 된다. (학습목표 2)

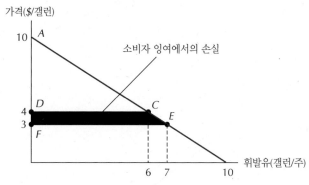

5.2 회원비의 최대값은 아래 그림의 삼각형 $AB'C'$ 영역에 해당하므로, CS = $\frac{1}{2}$(50 − 20)120 = $1,800/년이 된다. (학습목표 2)

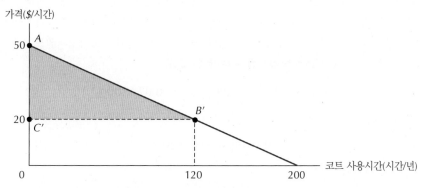

5.3 두 개의 예산선들과 지난해의 최적 소비꾸러미는 아래 그림에 제시되어 있다. 예산선과 무차 별곡선의 접점을 좀 더 자세히 살펴보면(확대 그림을 볼 것) 하하는 지난해 샀던 상품꾸러미 보다 더 선호하는 꾸러미를 올해 살 수 있다.

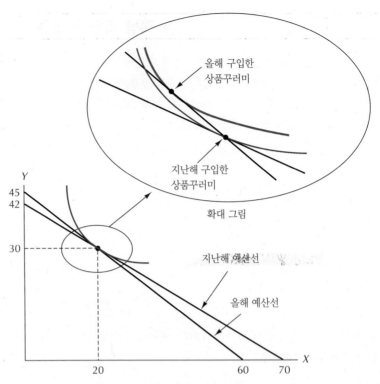

5.4 다시 한 번 P_1과 Q_1을 원래 가격과 수요량으로 정의하고, ΔP와 ΔQ를 가격과 수요량의 변화분으로 각각 정의하자. 이때 $\Delta Q < 0$이다. 새로운 총수입이 전보다 2퍼센트 많다는 사실로부터 우리는 다음과 같은 방정식을 도출할 수 있다.

$$[1.10(Q_1 + \Delta Q) - 1.00(Q_1)] = 0.02[1.00(Q_1)].$$

양변의 항목들을 다음과 같이 정리해 주자.

$$0.08Q_1 = -1.10\Delta Q$$

이를 풀면 다음을 얻을 수 있다.

$$\Delta Q/Q_1 = -0.08/1.10.$$

그런데 우리는 이미 $\Delta P/P_1 = 0.10$이라는 것을 알고 있으므로, 탄력성을 구하면 다음과 같다.

$$\epsilon = (\Delta Q/Q_1)/(\Delta P/P_1) = (-0.08/1.10)/0.10 = -0.727.\text{(학습목표 4)}$$

5.5 $PV = \$50,000 + \$42,000/1.05 = \$90,000$. 미래 기간의 최대 소비 $= \$50,000(1.05) + \$42,000 = \$94,500$. 여러분의 기간 간 예산제약식은 $C_2 = \$945,00 - 1.05C_1$. (학습목표 5)

CHAPTER 6

정보의 경제학과 불확실한 상황에서의 선택

The Economics of Information and Choice under Uncertainty

수컷 두꺼비들이 한 마리의 암컷을 놓고 경쟁할 때, 수컷 두꺼비들 한 마리 한 마리는 모두 중요한 전략적 결정에 직면한다. 암컷을 두고 경쟁자와 싸워야 할까, 아니면 다른 암컷을 찾아 떠나야 할까? 싸움을 걸었다가 부상이라도 입으면 큰 낭패다. 다른 암컷을 찾는 일에는 비용이 든다. 최소한 소중한 시간을 잃게 된다. 게다가 시간을 들여 찾아낸 다른 암컷을 두고 다른 수컷들과 다투지 않아도 될 것이라는 보장은 그 어디에도 없다.

다른 수컷들의 싸움 능력을 가늠하는 능력은 모든 수컷 두꺼비들에게 매우 중요하다. 상대의 덩치가 자신보다 훨씬 크다면 이길 수 있는 확률은 낮아지고 오히려 부상을 입을 가능성은 높아진다. 차라리 딴 곳에서 암컷을 찾는 것이 분별 있는 선택이 된다. 상대의 덩치가 그다지 크지 않다면, 한 번 싸워볼 만하다.

수컷 두꺼비들의 이러한 결정은 모두 칠흑같이 어두운 밤에 이루어진다. 볼 수가 없으니 두꺼비들은 다양한 비시각적 단서들에 의존하는 것이 상책임을 알게 되었다. 가장 믿을 만한 단서는 경쟁자의 개골개골 거리는 목소리의 음조(音調, pitch)다. 일반적으로 수컷 두꺼비의 덩치가 클수록 성대가 길고 두껍기 때문에 울음소리가 낮다. 캄캄한 밤에 낮은 음조로 개골거리는 소리를 들으면, 상대 수컷의 몸집이 얼마나 되는지 대충 파악할 수 있다. 실제로 자연에서 흔히 볼 수 있는 두꺼비들은 높은 음조보다 낮은 음조의 목소리에 훨씬 더 쉽게 겁을 집어먹는다는 사실이 밝혀진 바 있다.[1]

6.1 6장 미리보기

두꺼비들만이 아니라 소비자나 기업에게도 정보는 의사결정을 위한 중요한 투입재이다. 합리적 의사결정을 위한 선택 모형들을 공부하면서 우리는 지금까지 완전 정보(perfect information) 상황을 가정해 왔다. 하지만 현실에서 우리는 비참할 정도로 정보가 부족하거나 잘못된 정보의 문제에 시달린다. 이번 장에서 우리는 어떻게 적절한 정보를 수집하고

---

1. John Krebs and Richard Dawkins, "Animal Signals: Mind Reading and Manipulation," in J. Krebs and N. Davies (eds.), *Behavioral Ecology*: An Evolutionary Approach, 2d ed., Sunderland, MA: Sinauer Associates, 1984.

평가할 것인지에 대해서 공부할 것이다. 우리가 관심을 갖는 여러 현안들은 두꺼비의 고민과 비슷한 맥락에서 발생하기 때문에 논의를 전개해 나가는 데 편리한 출발점이 될 수 있다. 두꺼비들 사이의 의사소통을 좌우하는 원리들을 고찰함으로써 우리는 제품 보증제도, 채용 관행, 심지어 사람들이 배우자를 고르는 방식과 같은 다양한 현안들을 훨씬 더 잘 이해할 수 있다. 또한 우리는 집단 특성을 이용해서 특정 개인의 특성을 추정하기 위해서 사람들이 사용하는 통계적 차별이 무엇인지도 살펴볼 것이다.

영리하게 정보를 수집하여 결정의 질을 개선할 수는 있지만, 잠재적으로 관련된 정보를 전부 획득하는 것은 사실 거의 불가능하다. 우리는 제3장에서 공부한 소비자 선택 모형을 확장하여 불확실한 상황에서의 의사결정 문제를 이번 장 뒷부분에서 다룰 것이다.

6.2 정보의 경제학

잠재적 경쟁자들 사이의 의사소통

서로의 목표를 달성하는 과정에서 충돌의 가능성이 있는 당사자들 사이의 의사소통 (communcation) 문제는 같은 목표를 추구하는 당사자들 사이의 의사소통 문제와 근본적으로 다르다. 짝을 찾는 수컷 두꺼비들이 그렇듯이, 경제적 교환에 연루된 두 당사자들도 일반적으로 전자에 해당된다. 예를 들어 판매자는 때때로 자신이 파는 상품의 질을 과장할 유인(誘引, incentive)을 갖는다. 이와 마찬가지로 구매자는 자신의 지불의사액을 줄여서 제시할 유인을 자주 보인다. 일자리를 찾는 사람들도 자신의 직무역량을 과시할 때 실제보다 훨씬 과장하려는 유인에 빠지기 쉽다.

이와는 대조적으로 카드놀이의 일종인 브리지(bridge)에서는 파트너들끼리 목적이 같다. 한 게임 참가자가 스탠다드 비딩(standard bidding)을 선언할 때[2] 그의 파트너는 이 메시지를 액면 그대로 믿고 받아들인다. 자신의 파트너를 속여서 득이 될 것은 하나도 없다. 여기에서 의사소통은 단순히 정보 전달의 문제에 불과하다. 그저 상대가 메시지를 판독할 수 있으면 충분하다. 정보를 전달하는 과정에서 때때로 오류가 발생할 수도 있지만, 전달자와 수령자 모두 메시지의 신뢰성은 걱정할 필요가 없다.

그러나 의사소통을 하겠다는 이들의 이익이 서로 충돌하는 경우에는, 심지어 지금 당장 확실하게 충돌하는 것도 아니고 잠재적으로 충돌할 가능성이 있기만 한 경우에도 완전히 다른 논리가 적용된다. 예를 들어, 브리지 게임 참가자 한 명이 자신의 왼쪽에 앉은 상대팀 참가자에게 "나는 언제나 보수적으로 비딩을 한다네!"라고 속삭인다고 하자. 상대팀 참가자는 이 말을 어떻게 해석해야 할까? 물론 이 문장을 문법적으로 이해할 수는 있다. 하지만 게임 참가자들이 모두 합리적이라면, 이 말은 경쟁관계에 있는 두 팀들 사이의 관계를 고려할 때 실질적인 정보를 전혀 전달하지 못하는 말에 불과하다. 보수적으로 비딩을 하는 사람이라고 알려지는 것이 유리하다면, 실제로 자신이 보수적으로 비딩을 하는지 여부와 상관없이 일단 그렇게 주장할 이유가 충분하기 때문이다. 그러므로 자신이 보수적으로 비딩하는 사람이라

---

2. [역주] 브리지에서 으뜸패와 자기편이 딸 패의 숫자를 선언하는 행위를 일컫는 용어이다.

는 주장은 믿을 수도 없고 믿지 않을 수도 없는 주장이 된다. 그러므로 아무런 정보도 포함하지 않은 공허한 주장일 뿐이다.

물정 밝은 소비자는 상품의 질에 관한 과장에 넘어가지 않는 법을 안다. 하지만 진짜로 괜찮은 상품과 그렇지 않은 상품을 도대체 어떻게 구별할까? 마찬가지로 생산자는 경쟁자가 시장에 진입한다면 가격을 대폭 낮춰서 대항하겠다는 주장을 경쟁자가 믿도록 어떻게 설득할까? "나는 가격을 낮춰서라도 맞서겠다!"는 식의 주장은 브리지 게임의 예에서 이미 지적한 대로 아무런 설득력이 없다. 경쟁자들의 진입을 막기 위해서 진실이거나 거짓말이거나 그런 주장을 펼칠 유인이 생산자에게 있다면, 결국 그러한 주장은 아무런 가치도 없는 정보일 뿐이다.

그러나 우리는 경쟁자들이 전략적 가치를 갖는 정보를 주고받는다는 점을 알고 있다. 두꺼비들의 경우에도 사실 그런 종류의 정보를 동네방네 떠드는 것이 아닌가! 하지만 무턱대고 "나는 덩치가 엄청나게 큰 두꺼비다!"라고 떠들지는 않는다. 덩치가 큰 두꺼비의 암묵적인 주장은 작은 두꺼비들이 깊고 낮은 목소리로 개골거리지 못하도록 만드는 물리적인 방지책에 의해서만 신빙성이 생긴다. 그렇다면 두꺼비의 개골거리는 소리는 일종의 신호라고 할 수 있다. 정보를 전달하는 수단이 되는 것이다.

두꺼비의 예를 통해서 우리는 잠재적인 경쟁자들 사이에서 벌어지는 **신호 보내기**(signalling)에 관한 두 가지 중요한 특성을 알 수 있다. (1) 신호는 흉내 내기가 어려워야 한다. (2) 어떤 개체들이 스스로에게 유리한 정보를 전달하고자 신호를 사용한다면, 다른 개체들 역시 스스로에게 상당히 불리한 경우일지라도 어쩔 수 없이 신호를 보낼 수밖에 없게 된다. 이 두 가지 사항들은 경제 주체들이 정보를 수집하고 해석하는 방식을 이해하는 데 모두 중요한 원리들이다. 우선 두꺼비의 예를 사용해서 이 원리들을 차례로 검토한 뒤, 다양한 경제적 맥락에 적용해보자.

**신호 보내기
(신호법, 신호표시)**
정보를 전달하는 의사소통

6.3 흉내 방지책 원리

경쟁자들 사이에서 주고받는 신호가 믿을 만한 것이 되려면 거짓 신호를 보내는 것 자체가 비용을 유발해야 한다. (또는 좀 더 일반적으로 표현하면 어려워야 한다.) 만약 덩치가 작은 두꺼비가 아무런 어려움 없이 덩치 큰 두꺼비의 특성인 낮은 음조로 개골거릴 수 있다면, 깊고 낮은 울음소리는 더 이상 큰 두꺼비들의 특성이 아니게 된다. 하지만 작은 두꺼비들은 그런 흉내를 낼 수 없다. 두꺼비의 덩치는 생물학적으로 결정되기 때문에 깊고 낮은 울음소리가 믿을 만한 신호로 부상하게 된다.

이러한 **흉내 방지책 원리**(costly-to-fake principle)는 사람들 사이의 신호 주고받기에도 깔끔하게 적용될 수 있다. 예를 들어 조 맥기니스(Joe McGinnis)의 범죄 실화 논픽션 「치명적 환영」(*Fatal Vision*, 1983)에 나오는 다음 일화에서도 이 원리는 고스란히 적용된다. 미 육군 그린베레 군의관 제프리 맥도널드 대위는 자신이 아내와 딸들의 살해 용의자로 지목되었음을 알게 된다. 군에서는 군 법무관을 변호인으로 선임해 준다. 한편 맥도널드의 모친은 버나드 시걸이라는 필라델피아의 유명 변호사를 고용하여 아들을 변호하게 한다. 변호사 시걸은 노스캐롤라이나 주 포트 브랙에 있는 맥도널드 대위에게 전화해서 자신을 소개

흉내 방지책 원리
경쟁자에게 보내는 신호가 신빙성을 갖추려면, 흉내를 내는 것이 어려워야 한다.

하자마자 군 법무관에 관해 다짜고짜 첫 번째 질문을 던진다.

"그 사람 구두는 반짝반짝 광이 납니까?"

"뭐라고요?!" 맥도널드는 믿기 어렵다는 목소리로 되물었다. 자신이 지금 이 꼴인데, 아내와 아이들을 살해했다는 의심을 받고 있는 처지인데, 자신을 이 구렁텅이에서 꺼내 주기 위해 고용되었다는 잘 나가는 필라델피아 변호사라는 인간이 첫 통화에서 그것도 첫 질문이 다른 변호인의 구두가 깔끔한지 아닌지 묻고 있다는 사실이 믿어지지 않는다는 목소리였다.

시걸은 다시 한 번 물었다. 그는 나중에 이렇게 회고했다. "그리고 이번에는 대위가 전화기 너머에서 미소를 짓고 있는 모습이 고스란히 소리로 전달되고 있다는 느낌이 들었어요. 바로 그때 내가 맡은 고객이 똑똑할 뿐만 아니라 눈치가 기가 막히게 빠른 사람이라는 것을 처음 알게 되었죠. 그는 감정을 배제한 채 아주 사실적으로 대답했죠. 아니요, 그 사람 구두는 좀 꾀죄죄하더군요. 그래서 내가 말했죠. '그렇다면 좋아요. 그를 믿어도 좋겠습니다. 제가 도착할 때까지 그 사람 지시에 협조하세요.' 여기서 알아둬야 할 것은, 만약 군 법무관이 반짝반짝 광을 낸 구두를 신고 있다면, 그건 조직에 잘 보이려고 애쓴다는 점입니다. 조직에 잘 보이려고 애쓰는 인간이라면 그런 상황에서, 그러니까 이미 맥도널드가 존속 살해범이라고 의심하고 있다는 걸 만천하에 선언함으로써 군에서는 이미 사건을 어떻게 처리하고 싶은지 속마음을 다 까발린 상태에서, 대위에게 도움이 될 리가 없으니까요. 꾀죄죄한 구두는 군 법무관이 그런 종류의 인간이 아니라는 걸 보여주는 거죠."

군 법무관의 구두 상태만으로 그 사람이 인생에서 중요하게 여기는 것이 무엇인지를 완벽하게 알아낼 수는 없을 것이다. 하지만 그가 진급에만 온통 정신이 팔린 인간이 아닐 거라고 믿을 만한 **어느 정도**의 이유는 될 것이다. 자신이 진급 따위에는 관심이 없다는 인상을 심어주기 위해서 일부러 꾀죄죄한 구두를 신는 법무관은 실제로 진급하기 어려울 것이다. 그렇다면 그런 신호를 안전하게 보낼 수 있는 부류의 사람들은 법무관으로서 정말 진급에 목을 매지 않는 사람들이라고 결론 내릴 수 있다.

이제 흥내 방지책 원리를 경제적으로 응용할 수 있는 사례를 살펴보자.

품질 보증제

시장에서 거래되는 많은 상품들은 너무나 복잡해서 소비자가 품질을 제대로 파악할 수가 없는 경우가 많다. 그런 경우에 고급 상품을 판매하는 기업들에게는 잠재 고객들에게 자신들의 장점을 전달할 수단이 필요하다. 그렇지 않다면 고급 제품을 만드느라 들어간 추가비용을 회수하기 위해서 높은 가격을 책정할 수 없게 될 것이다.

이 문제를 해결할 수 있는 한 가지 방법은 자신들이 고급 제품을 만든다는 평판을 얻을 수 있도록 노력하는 것이다.[3] 그러나 사정이 늘 기업이 원하는 대로 풀리지는 않는다. 대도

---

3. 이 예는 다음 논문에서 가져 온 것이다. Benjamin Klein and Keith Leffler, "The Role of Market Forces in Assuring Contractual Performance," *Journal of Political Economy*, August 1981.

시 길가에서 흔히 볼 수 있는 노점 시계상을 예로 들어보자. 이런 "기업"이 폐업을 하는 경우, 손실은 거의 없다고 볼 수 있다. 본부도 없고, 값비싼 기계장비도 없으며, 걱정해야 할 단골도 없다. 사실 매몰비용은 거의 0에 가깝다. 수년째 같은 거리에서 고급 시계를 팔아왔다고 해도, 이 기업이 내일도 여전히 영업을 할 것이라고 보증을 할 수 없다. 게다가 만약 이 노점상이 곧 폐업을 할 생각이라면 고객이 알아차리지 못할 정도의 저급 상품을 판매할 유인이 있을 것이다. 요약하자면 미래에 대한 아무런 이해관계가 없는 기업은 약속대로 행동할 것이라고 잠재적 고객들을 설득하기가 근본적으로 불가능하다.

막대한 매몰비용을 쏟아 부은 기업의 유인은 완전히 다르다. 이런 기업이 폐업을 한다면, 유동화할 수 없는 상당한 투자 가치를 잃게 된다. 따라서 이러한 기업들은 어떻게 해서든지 영업활동을 계속하려는 물질적 유인이 존재한다. 고객들이 이 점을 안다면 고급 상품을 판매한다는 이 기업의 주장을 더 신뢰할 수 있을 것이다. 이런 기업이 고급 상품에 상응하는 가격을 받은 뒤 싸구려 상품을 제공한다면, 고객들은 두 번 다시 거래를 하지 않을 것이다. 그 결과 이 기업은 엄청난 매몰비용을 잃게 될 것이다.

이러한 관찰을 통해 광고를 매우 많이 하는 상품들은 실제로 고급 상품일 가능성이 높다고 믿을 이유가 있다. 전국적으로 집중적인 광고 캠페인을 벌이기 위해 쏟아 붓는 돈은 기업이 폐업을 한다면 한 푼도 돌려받지 못하는 매몰비용이다. 막대한 투자를 했으니, 이 기업은 약속대로 고급 제품을 공급할 유인이 충분하다. 소비자들이 이러한 패턴을 알아차릴 것이라고 믿는 기업들은 "……공중파 전국 TV방송에서 광고한 내용 그대로……"라는 문구를 잡지 광고에 자주 사용한다.

믿을 만한 직원 뽑기

여러 상황에서 직원들은 고용자를 속일 기회가 있다. 기업들이 그러한 상황에서 속이지 않는 직원들을 뽑을 수 없다면 생산적인 활동의 상당 부분을 포기해야만 할 것이다. 그렇다면 기업은 신뢰할만한 직원이 될 것으로 보이는 구직자를 식별해내기 위한 신호가 필요하다. 구직자의 성격과 특정 집단의 회원이 되기 위해 지불한 비용 또는 소속 집단으로부터 얻은 혜택 사이의 관계를 파악하는 것은 그러한 신호의 토대가 될 수 있다. 예를 들어 신뢰할만한 사람들은 일반적으로 자원봉사기관에서 즐겨 일하는 데 비해서 그렇지 않은 사람들은 자원봉사를 매우 부담스러워 한다. 그러한 경우에 사람들이 어떤 집단에 소속되어 있는지가 이들의 성격에 관해 통계적으로 믿을 만한 정보를 알려 줄 수 있다.

이러한 개념은 뉴욕 시에서 고소득 전문직에 종사하는 많은 부부들이 보모를 채용하는 절차에서 나타난 것으로 보인다. 아이를 돌보는 일이야말로 신뢰성이 생명인 일이다. 보모가 어떻게 아이들을 돌보는지 부모가 직접 관찰하기 어렵기 때문이다. 많은 부모들은 관리감독이 없이도 아이들을 잘 돌보는 믿을 수 있는 보모를 뉴욕에서 채용하기가 하늘에서 별 따기처럼 어렵다는 것을 쓰라린 경험을 통해 깨닫게 되었다.

그 결과 많은 부부들이 솔트레이크 시 일간지에 보모 구인 광고를 내기 시작했다. 모르몬교의 전통에 따라 성장한 사람들이 평균적인 뉴요커들보다 더 믿을만하다고 여기기 시작한 것이다. 모르몬교의 전통에 따라 성장했다는 신호는 단순히 믿을 만한 사람으로 보이기 위해 모르몬교 전통을 따르는 사회에서 참고 견디며 세월을 보내기에는 (완전히 불가능한 일은 아닐지라도) 도무지 참아내기 어려운 흉내 전략이기 때문에 그럴 듯한 신호로 작용하게 된다. 모르몬교의 전통에 침잠하려면 교의(敎義) 신앙 이론 원리 따위를 주입식으로 오랜 기간에 걸쳐 교육받아야 하므로, 매우 기회주의적인 사람들은 도저히 참아내기 어려운 경험이 될 것이다. 수컷 두꺼비가 내는 음조가 두꺼비의 덩치를 짐작할 때 신뢰할만한 신호로 작용하듯이 모르몬교 전통에 따라 자라났다는 점은 기회주의적인 사람들이 흉내 내기에 너무 큰 비용을 지불해야 하기 때문에 믿을 만한 신호가 되는 셈이다.

근면하고 현명한 직원 채용하기

흉내 방지책 원리가 적용되는 또 다른 예로 명문대 우등 졸업장을 생각해보자. 고용주들은 똑똑하면서도 일을 열심히 하는 사람을 찾는다. 세상에는 명문대 졸업장은 없지만 똑똑하고 근면한 사람들이 분명 많이 있을 것이다. 그럼에도 고용주들은 명문대 졸업장을 가진 사람이 똑똑하고 근면하다고 믿어도 과히 틀리지 않다. 왜냐하면 똑똑하고 근면하지 않았다면 애당초 명문대를 우등으로 졸업할 수 없었을 테니까 말이다.

명문대 졸업생들이 일반적으로 정말 생산적인 직원이 되는지 아무도 진지하게 묻지 않는다. 그러나 명문대를 졸업했다는 사실이 실제로 높은 생산성의 원인이 되었는지 그리고 그 정도는 얼마나 되는지에 대해서는 활발한 토론이 벌어지고 있다. 명문대 졸업이 정말로 생산성을 높인다고 생각하는 사람들은 명문대 졸업생들이 훨씬 높은 연봉을 받고 있다는 점을 지적한다. 그러나 이를 의심하는 사람들은 연봉의 차이가 전부 교육의 질 때문에 발생할 수는 없다고 주장한다. 왜냐하면 명문대 학생들은 명문대에 입학하기 전부터 이미 의심할 여지없이 훨씬 생산적인 사람들이기 때문이다. 명문대들은 지원자들을 면밀히 골라내어 성취도가 가장 높은 학생들만을 골라내고 있지 않은가!

연애와 결혼

대부분의 사람들은 친절하고, 타인을 잘 돌보며, 건강하고, 지적인데다 매력적인 육체까지 지닌 짝을 원한다. 육체적인 매력에 관한 정보는 슬쩍 쳐다보기만 해도 알 수 있다. 하지만 사람들이 자신의 짝에 대해서 원하는 다른 특성들은 관측하기가 어렵다. 그래서 사람들은 종종 바람직한 특성들을 드러내주는 행태적인 신호들에 의존한다. 이러한 신호들이 효과적으로 작용하려면, 신호들을 흉내 내기가 어려워야 한다. 예를 들어, 의지력이 강한 짝을 찾는 사람이라면 마라톤을 2시간 30분 이내에 마치는 사람들에게 특별한 관심을 갖는 것이 좋을 것이다. 심지어 어떤 사람이 미래의 짝에 보이는 관심의 정도만으로도 우리는 그 사람의 특성에 관해서 많은 점들을 알 수 있다.

생활 속의 경제행태 6.1

조신한 태도는 왜 종종 매력적인 특성이 되는가?

그루초 막스(Groucho Max)는 언젠가 이렇게 말한 바 있다. 자신을 회원으로 받아줄 클럽에는 가입하지 않겠노라고! 짝을 찾는 데 이런 전략을 사용하다가는 절망에 빠지고 말 것이다. 하지만 그루초 막스가 뭔가 중요한 점을 건드린 것은 사실이다. 겉보기에는 매력적이지만 너무 안달하는(too eager) 상대는 피하는 편이 나을지도 모른다는 점. 만약 상대가 정말 눈에 보이는 것처럼 진정으로 매력적인 사람이라면 도대체 왜 저렇게 안달하는 것일까? 그런 태도는 관측하기 어려운 바람직하지 않은 특성을 암시할 가능성이 있다. 그러므로 효과적인 신호의 특성을 살펴보면, 적당히 얌전떠는 태도가 짝을 찾는 데 있어서 왜 적합한지 알 수 있다.

효과적인 신호의 특성은 배우자를 구하는 사람들이 관습에 따라 보이는 행태에 대해서도 함축하는 바가 여럿 있다. 바쁜 생활에 지친 현대인들은 연애 상대를 만날 기회조차 부족하다고 하소연한다. 그러자 상업적인 짝 찾기 서비스업이 생겨 표면상으로 비슷한 관심과 기호를 보이는 사람들끼리 연결해주기 시작했다. 이러한 상업적 서비스에 가입하는 사람들은 공통의 관심사가 별로 없는 사람들을 만나는 데 들어가는 시간과 비용을 아낄 수 있다. 또한 서비스를 이용함으로써 잠재적인 배우자가 과연 짝을 찾고 있는지 아닌지에 관한 불확실성도 피할 수 있다. 그러나 상업적인 짝 찾기 서비스를 통해 배우자를 만나 결혼에 이르는 사람들도 분명히 있기는 하지만, 많은 이들은 그런 방식으로 사람을 만나는 것이 그다지 좋은 방법이 아니라는 것을 알게 되었다. 이유는 사실 명백하다. 상업적인 짝 찾

1991 © Mick Stevens/The New Yorker Collection/www.
cartoonbank.com

기 서비스 업체들이 원래 의도한 바는 아니었겠지만, 짝 찾기 서비스를 이용하는 고객들이 스스로 상대를 찾는 데 어려움을 겪는 사람들만 골라내는 일종의 바람직하지 않은 가려내기 도구의 역할을 하게 된 것이다. 현대사회에서 짝을 찾는 일을 쉽지 않게 여기는 사람들 중 일부는 분명히 너무 바쁜 일과 때문일 것이다. 그러나 좀 더 근본적인 이유는 종종 성격의 문제이거나 그 밖의 훨씬 더 우려스러운 어려움들 때문이다. 짝 찾기 서비스에 가입하는 사람들은, 광고가 주장하는 것처럼, 사람들을 좀 더 쉽게 만날 수 있다. 그러나 신호 보내기 이론에 따르면, 그렇게 만나게 되는 사람들이야말로 평균적으로 볼 때 만날 가치가 덜한 사람들일 수 있다.

능력을 뽐내기 위한 과시적 소비

썩 기분이 좋지 않은 예라고 하겠지만, 심각한 범죄를 저질렀다고 부당하게 고소를 당한 여러분이 유능한 변호사를 찾는다고 가정하자. 그리고 여러분은 딱 한 가지만 제외하고는 모든 면에서 똑같은 변호사 두 사람을 놓고 고민 중이라고 하자. 그것은 바로 그들의 소비 기준이다. 한 사람은 주름이 잔뜩 낀 허름한 폴리에스터 정장을 입고 15년이나 되어 여기저기 녹이 슨 쉐보레 승용차를 타고 법원에 나타났다. 그에 비해서 다른 변호사는 완벽하게 몸에 맞는 양모 정장을 입고 신형 BMW 745i를 몰고 법원에 나타났다. 여러분이라면 어느 쪽을 고용하겠는가?

우리가 살펴본 간단한 신호 보내기 원리에 따르면 아마도 두 번째 변호사를 고용하는 것이 더 나을 것이다. 그 이유는 경쟁시장에서 어떤 변호사의 능력 수준은 그의 소득에 고스란히 투영될 가능성이 높기 때문이다. 소득이 높은 경우, 그에 따라 소비 수준도 높을 것이다. 물론 소비 수준이 높은 변호사가 더 높은 능력을 보인다고 명백하게 보증할 수는 없다. 그러나 억울하게 범인으로 몰려 감옥에 갈 수도 있는 위험이 도사린 상황에서라면, 사람들은 확률 법칙에 따라 움직이게 될 것이 분명하다. 그리고 확률 법칙에 따르면 잘 차려입은 변호사를 고르는 편이 당연히 낫다.

우리가 잘 모르는 사람들과 관련된 중요한 결정을 내려야 하는 경우에, 능력에 관한 아

주 미약한 신호라도 종종 결정적인 역할을 한다. 근소한 차이로 당락이 결정되는 채용 결정이야말로 여기에 꼭 들어맞는 예라고 할 수 있다. 채용 면접에서 첫 인상은 중요하다. 정장 회사들이 광고하듯이, 우리는 좋은 첫 인상을 주기 위해 절대로 두 번째 기회를 얻을 수 없는 법이다. 취업지원센터 상담 전문가는 면접 시 깔끔한 옷을 입고 질문에 똑똑하게 답변하는 것이 얼마나 중요한지 내내 강조해 왔다. 심지어 지원자가 얼마나 괜찮은지 고용인이 알고 있을 때조차 해당 후보자가 다른 사람들에게 주는 인상을 고용인은 중요하게 여길지도 모른다. 해당 직원이 얼마나 능력이 뛰어난지 알지 못하는 고객과 다방면에 걸쳐 직접 만나는 업무에서는 특히 좋은 인상을 주는 것이 중요하기 때문이다.

소비 행태에 비추어 볼 때, 많은 미혼 남녀들도 어떤 옷을 입고 어떤 자동차를 모는지가 좋은 배우자를 만날 가능성에 큰 영향을 준다고 믿는 것 같다. 얼핏 보기에 이런 태도는 좀 이상하기는 하다. 결혼에 이를 때쯤이면, 두 사람은 서로를 너무 잘 알게 될 것이므로 어떤 옷을 입는지 따위는 그다지 중요하지 않게 될 것이니까. 하지만 아무리 그렇다고 해도 많은 잠재적인 배우자를 순전히 "어울리지 않아 보여!"라는 이유로 퇴짜를 놓지 않는가! 성공한 사람으로 보이는 것이 그 사람의 성공적인 결혼 생활을 보장해 주지는 않지만, 적어도 한 번 더 만나게 할 가능성은 높이는 것이다.

물론 능력을 뽐내기 위해 소비를 과시하는 일이 얼마나 중요한지는 직업마다 다를 것이다. 연구에 몰두하는 대학 교수들이라면 제대로 굴러가기만 한다면 15년 된 승용차를 모는 일은 아무렇지도 않겠지만, 야심만만한 금융투자 전문가에게는 잠재적인 고객 앞에 그런 차를 몰고 나타난다는 것은 엄청난 실수가 될 수 있다.

생활 속의 경제행태 6.2

왜 소도시 변호사들은 대도시 변호사들보다 옷에 돈을 덜 쓸까?

왜 소도시 거주자들은 대도시 거주자들에 비해서 옷에 신경을 덜 쓰는가?

새로운 고객을 끌어들이려는 금융투자 전문가의 예에서 볼 수 있듯이, 과시적인 소비재에 추가로 돈을 쓸 유인은 다른 사람들이 그(녀)의 능력에 대해서 얻을 수 있는 독립적인 정보의 양과 신뢰도에 반비례할 것이다. 사람들이 누군가에 대해서 더 잘 알수록, 그(녀)는 단순히 명품을 활용해서 자신에 대한 사람들의 평가에 영향을 미치기가 어려워진다. 이를 통해서 왜 매우 안정적인 사회적 관계망이 구축된 소도시 사람들의 소비 패턴이 대도시 사람들의 소비 패턴과 큰 차이를 보이는지 설명할 수 있다. 예를 들어, 인구가 10만여 명에 불과한 경북 영천시에서 개업한 변호사에게 "필요한" 옷은 동일 인물이 서울특별시 서초구 법조타운에서 개업하는 경우 "필요한" 옷보다 훨씬 저렴할 것이다.[4] 이와 비슷한 논리로, 어떤 사람에 대한 정보의 신뢰도는 나이에 따라 올라가기 마련이므로, 과시적 소비에 소득의 얼마를 쓰는지는 시간이 흐름에 따라 줄어들어야 한다. 나이든 사람들이 보이는 더 성숙한 소비 패턴을 보면, 나이에 따라 더욱 현명해짐에 따라 겉으로 똑똑해 보이기 위해 애쓸 필요가 점점 줄어든다는 것을 잘 보여준다.

---

4. [역주] 경북 영천시 인구는 2015년 7월 기준이다. 대한변호사협회에 따르면 2001년 5,136명에 불과했던 전체 등록변호사 수는 2014년 18,708명으로 약 3.6배 증가했다.

능력을 뽐내기 위한 과시적 소비는 때로 우리를 진퇴양난의 처지로 몰아간다는 점을 잊지 말기 바란다. 고급스러운 취향이 묻어나는 옷은 멋진 승용차처럼 어디까지나 상대적인 것이다. 좋은 첫 인상을 주기 위해서 깨끗하고 깔끔하게 수선된 옷을 입는 것으로는 충분치 않다. 다른 사람들이 입는 것보다 더 좋아 보이는 것을 입어야 한다. 그러다보면 모두에게 저축을 덜 하고 좋은 옷에 더 많은 돈을 쓸 유인이 발생한다. 하지만 **모두가** 더 좋은 옷에 돈을 쓰는 순간, 그 누구도 다른 사람들보다 더 좋은 옷을 입지 못하게 된다. 상대적인 겉모습은 변하지 않게 되는 것이다. 그러므로 과시적 소비는 근본적으로 **지위재**(地位財, positional good)이다. 지위재의 매력은 다른 사람들이 소비하는 같은 범주의 상품들과 비교하여 얼마나 더 매력적으로 보이는지에 달려 있다. 관중으로 가득 찬 야구장에서 멋진 경기 모습을 조금이라도 더 잘 보기 위해서 모두가 일어서는 순간, 모두가 앉아서 관람할 때와 비교해서 나아지는 것은 아무 것도 없다. 개별적으로 충분히 합리적으로 보이는 행태가 사람들이 희망했던 것과는 상당히 다른 집합적 결과를 초래하는 것이다.

집단 전체를 위해서라도 과시적 소비에 쓰는 돈을 줄여 은퇴를 대비하여 저축을 하는 것이 더 바람직할 것이다. 그러나 과시적 소비가 능력을 추정하는 데 강한 영향력을 발휘한다면, 과시적 소비를 줄이고 저축을 늘려 은퇴를 대비하려는 노력이 개인에게 도움이 되지 않을 수도 있다.

6.4 정보 완전 공개 원리

두꺼비의 예를 통해 드러나는 두 번째 중요한 원리는 **정보 완전 공개 원리**(full-disclosure principle)라고 부를 수 있다. 이는 특정 개인이 자신이 지닌 어떤 유리한 특성의 값을 드러내어 혜택을 얻는다면, 나머지 개인들도 자신들이 지닌 불리한 특성의 값을 드러낼 수밖에 없게 된다는 원리이다. 이 원리를 통해 왜 덩치가 작은 두꺼비들이 소리를 내는 것인지 의아한 상황을 이해할 수 있다.[5] 소리를 냄으로써 덩치가 작은 두꺼비들은 자신의 덩치에 관한 정보를 드러내게 된다. 그렇다면 침묵을 지키면서 상대로 하여금 궁금하게 만드는 것이 낫지 않을까?

어떤 기준값 이상의 높은 음조를 내는 두꺼비들이 모두 침묵을 지킨다고 생각해보자. 두꺼비가 내는 소리를 높고 낮은 정도인 음조에 따라 0부터 10에 이르는 지수로 측정할 수 있다고 하자. 그리고 10은 가장 높은 음조를 의미하고, 0은 가장 낮은 음조를 의미한다고 정의하자. 그리고 임의의 수 6을 골라내어 그 이상의 음조를 보이는 두꺼비들은 아무런 소리를 내지 않는다고 가정해보자(그림 6.1을 볼 것).

이런 상황이 왜 내재적으로 불안정할 수밖에 없는지 우리는 쉽게 보여줄 수 있다. 소리를 내느냐 침묵을 지키느냐를 가르는 기준인 6보다 살짝 높은 음조 지수 6.1을 기록한 수컷 두꺼비 한 마리가 있다고 하자. 이 녀석이 침묵을 지킨다면 다른 두꺼비들은 이 녀석을 어떻게 볼까? 경험상 다른 두꺼비들은 이 녀석이 침묵을 지키고 있으므로 음조가 6 이상인 두꺼비임에 틀림없다고 생각할 것이다. 하지만 음조가 6보다 얼마나 더 높은지도 알 수 있는가?

침묵을 지킨다는 사실만으로 다른 두꺼비들이 정확한 음조 수준까지 알아낼 수는 없다. 그러나 경험상 통계적으로 추측은 할 수 있다. 음조 척도에 따라 두꺼비들이 균일하게 퍼져 있다고 가정하자. 이는 두꺼비들의 전체 모집단에서 임의로 두꺼비 한 마리를 골라낼 경우, 그 녀석의 음조가 0~10의 음조 척도상에서 특정한 값을 보일 확률이 일정함을 의미한다.

정보 완전 공개 원리

숨겨야 할 만큼 더 나쁜 특성을 지닌 개인들로 취급받지 않기 위해서, 개인들은 자신들에 관한 불리한 특성일지라도 공개할 수밖에 없다.

---

5. 앞의 각주 1번에서 인용한 Krebs and Dawkins, "Animal signals" 참조.

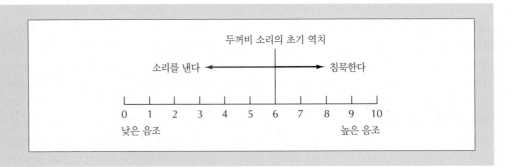

그림 6.1

침묵에도 정보는 담겨 있다

음조가 6.0 미만인 두꺼비들만이 울음소리를 낸다면, 침묵을 지키던 두꺼비들도 자신들의 음조가 평균적으로 6.0보다 훨씬 위라는 사실을 드러낸다.

왜 작은 두꺼비는 소리를 내어 경쟁자들이 자신을 무서워할 필요가 없다는 사실을 드러낼까?

그러나 이 녀석은 음조가 6.1로 기준점인 6보다 높아 침묵을 지키고 있는 두꺼비이므로, 모집단 전체에서 임의로 골라낸 가상의 어떤 두꺼비와는 체계적으로 다르다(systematically different). 음조 척도상에서 0~10 중 어떤 값이라도 보일 수 있는 두꺼비가 아니라, 6~10 구간에서만 음조를 내는 두꺼비인 것이다. 그렇다면 경험상 우리는 (그리고 당연히 다른 두꺼비들도) 침묵을 지키는 이 녀석의 음조가 평균 8일 것이라고 생각할 것이다. 하지만 8보다 낮은 음조를 보이는 두꺼비라면 억울하기 그지없을 것이다. 자신은 6.1로 분명히 8짜리 두꺼비보다 덩치가 큰데도, 단순히 침묵을 지키고 있었기에 8짜리와 같은 취급을 받게 되었으니 억울할 만도 하다. 그렇다면 음조 6.1짜리 두꺼비는 자신의 음조가 그리 유리한 수준이 아니더라도 일단 소리를 내어 자신을 더 높은 음조를 보이는 두꺼비들로부터 차별화하는 것이 유리하게 된다.

　그러므로 침묵을 지키는 두꺼비들의 음조 기준점이 6이라면, 8 미만의 음조를 보이는 두꺼비들은 차라리 소리를 내는 것이 낫다. 물론 이들이 개골거리는 순간 전체 집단의 음조 기준점은 8로 이동한다. 그러나 8이라는 새로운 음조 기준점도 안정적이지는 않다. 음조 기준점이 8로 이동하는 순간, 9 미만의 음조에서 개골거리는 두꺼비들이 침묵을 깨고 소리를 내서 자신을 나머지 침묵을 지키는 두꺼비들로부터 차별화하려 들 것이기 때문이다. 이러한 과정은 덩치가 작은 두꺼비들이 소리를 내어 자신이 얼마나 작은지 알리려는 취지에서 발생하지 않는다. 그보다는 침묵을 지키다가는 자신보다 더 작은 두꺼비들과 동급으로 취급당할 상황을 피하기 위해서 애쓰다보니 어쩔 수 없이 발생하게 된다.

　잠재적 경쟁자들이 모두 동일한 정보를 입수할 수 없다는 사실로부터 정보 완전 공개 원리가 도출된다. 두꺼비들의 예에서 침묵을 지키는 두꺼비는 자신의 덩치가 얼마나 되는지 정확히 알지만, 그의 경쟁자들은 오직 제한적인 정보에 근거한 추측만을 할 수 있을 뿐이다. 정보의 비대칭성이 존재하는 것이다. 아래의 예에서 살펴보겠지만, 이와 유사한 정보의 비대칭성 문제 때문에 경제주체들 간에 신호를 주고받는 현상이 발생한다.

품질 보증제

정보의 비대칭성을 통해서 왜 생산자들이 오직 제한적인 품질 보증제만을 제공함으로써 자신들의 상품이 저급하다는 것을 밝히는지 설명할 수 있다. 소비자들보다 생산자가 자신이 만드는 상품의 질에 대해서 훨씬 더 잘 안다는 점 때문에 정보의 비대칭성이 발생한다. 시장 최고의 품질을 자랑하는 상품을 만드는 기업은 그 정보를 밝힐 강력한 유인을 갖게 된다. 제품의 품질에 대한 신뢰할 수 있는 정보를 제공하려면 무제한적인 평생 품질 보증을 제공하면 된다. (평생 품질 보증이야말로 흉내 방지책 원리에 잘 맞는다. 저급 상품은 자주 고장이 날 것이므로, 평생 품질 보증을 해주었다가는 수지타산이 맞지 않을 것이기 때문이다.)

상품의 사용 내구기한 전체에 대해서 평생 보증을 해주게 되면, 소비자들은 해당 상품의 질에 대해서 뿐만이 아니라 나머지 상품들의 질에 대해서도 즉각적으로 더 많은 것을 알게 된다. 특히 소비자들은 품질 보증을 제공하지 않는 제품들은 최고급 제품일 수 없다는 점을 알게 된다. 보증 없는 제품에 관해 다른 정보가 부족한 상태에서, 신중한 소비자들은 해당 상품의 질을 같은 종류의 상품들의 평균쯤 될 것으로 추정할 것이다. 그러나 이로 인해 소비자들은 최고급 상품보다 아주 약간 질이 낮은 상품임에도 해당 상품의 질을 과소평가하게 되는 셈이다.

이렇게 차선의 상품을 생산하는 기업이 직면한 상황을 분석해보자. 이 기업이 계속 아무런 품질 보증을 제공하지 않는다면 소비자들은 그 제품이 실제보다 더 나쁜 상품이라고 생각하게 될 것이다. 따라서 해당 상품 생산자는 자신만의 품질 보증을 제공하는 편이 더 나을 것이다. 그러나 자신이 생산하는 제품이 최고급품에 비해서 약간 질이 낮기 때문에, 최고급품 생산자들처럼 평생 품질 보증까지 제공할 수는 없다.

이런 식으로 차선의 제품에도 품질 보증이 붙게 되면, 나머지 무보증 상품들의 평균적인 질은 더 낮아진다. 이제 차선의 제품 생산자가 맞닥뜨렸던 과정이 다시 시작된다. 결국 모든 생산자들은 나름대로의 품질 보증을 제공하거나 아니면 소비자들이 자신의 제품을 가장 저급한 것으로 평가하는 현실을 받아들여야 한다. 제품의 질이 낮을수록 품질 보증의 조건은 일반적으로 점점 제한적일 수밖에 없다. 솔직히 생산자들도 지나칠 정도로 제한적인 품질 보증을 제공함으로써 자기 제품의 낮은 질을 만천하에 공개하고 싶지는 않을 것이다. 하지만 그렇게라도 하지 않는다면 소비자들로부터 졸지에 실제보다 더 안 좋은 질로 낙인찍힐 것이기에 눈물을 머금고 제한적이나마 품질 보증을 제공할 수밖에 없게 된다.

채용 면접 관행에 대한 규제의 맹점

정보 완전 공개 원리를 적용할 수 있는 또 다른 사례는 기업들이 일자리에 지원한 사람들에게서 요구하는 정보의 양을 제한하려는 정부 정책들이 어떤 난관에 봉착할 수 있는지 잘 보여준다. 예를 들어 기업들이 구직자들에게 결혼 여부와 아이를 가질 계획 등을 묻지 못하도록 강제하는 법규를 생각해보자. 이 법률이 시행되기 전에는, 기업들이 그러한 정보를 특히 여성 지원자들로부터 일상적으로 알아냈다. 이 정보를 통해서 기업들은 지원자가 입사 후 중도에 퇴사할 가능성이 얼마나 높은지 알 수 있는데다가, 오랫동안 근무하지 않을 직원들을 채용하고 교육하는 데 투자할 생각이 없기 때문이었다. 인구학적 정보는 흉내를 내기가 어려우므로(회사를 중도에 퇴사할 가능성이 적어 보이려고 결혼을 미루는 사람들은 아무래도 드물 것이다), 이익이 상충하는 관계자들 사이에서는 중요한 신호가 될 수 있다. 채용 과정에서 개인적인 정보를 묻지 못하도록 하는 법률을 제정한 이유도 기업들이 인구학적 자격에 근거하여 지원자들을 차별하지 못하도록 하기 위해서였다.

그러나 이 법률의 입법 의도가 채용 과정에서 충실히 반영되도록 하려면 단순히 고용주들에게 인구학적 범주들을 묻지 못하도록 하는 것만으로는 충분하지 않다. 왜냐하면 만약 어떤 여성이 자신의 인구학적 특성이 특별히 채용에서 유리하게 작용할 것임을 깨닫는다면, 아무리 고용주들이 법률에 의해서 묻지 못하더라도 **자발적으로** 정보를 제공할 유인이 있기 때문이다. 그렇게 되면 다시 한 번 가장 불리한 상황에 놓인 사람을 제외하고는 궁극적으로 모든 지원자들이 정보를 자발적으로 제공하는 일이 벌어지게 된다. 정보를 자발적으로 제공하지 않는 후보자들은, 그 정보가 사실 아무리 자신에게 불리한 것이라고 해도, 고용주에 의해서 가장 안 좋은 특성을 가진 후보자들로 찍히게 될 것이다. 그러므로 이 법률이 애당초 의도했던 바를 제대로 달성하기 위해서는, 채용 과정에서 지원자들이 논란이 될 수 있는 정보를 자발적으로도 제공하지 못하도록 강제해야 할 것이다.

사람들이건 사물이건 모두 어떤 식으로든 다양한 범주들(categories)에 속한다. 그 중 어떤 범주는 암묵적인 합의에 따라 다른 범주보다 더 낫다고 여겨진다. 믿을 만한 사람이라는 범주는 믿을 수 없는 사람이라는 범주보다 낮고, 근면하다는 범주는 게으르다는 범주보다 낫다. 정보 완전 공개 원리가 주는 교훈은, 호감을 사는 범주에 속한 어떤 특성이 있다는 증거를 대지 못하는 순간 비호감인 범주에 속하는 쪽으로 취급당하게 된다는 것이다. 굉장히 단순한 원리로 들리지만 그로 인해 발생하는 문제들은 때로 매우 심각할 수 있다.

레몬 원리

아래 생활 속의 경제행태에 제시된 사례에서처럼, 정보 완전 공개 원리를 이용하면 신차가 판매장을 벗어나는 순간 왜 가격이 폭락하는지에 대한 오랜 기간 풀리지 않았던 역설을 해결할 수 있다.

 생활 속의 경제행태 6.3

왜 "거의 신차나 다름없는" 중고차가 신차에 비해서 훨씬 헐값에 팔리는 것일까?

월요일에 3만 달러를 주고 산 신차를 금요일에 중고차로 팔 때는 겨우 2만 2천 달러를 받을 수 있다. 가격이 이렇게 큰 폭으로 하락한 이유가 며칠 사이에 물리적인 감가상각이 25퍼센트 이상 발생했기 때문이라고 주장할 수는 없다.

오랜 기간 경제학자들은 이러한 기묘한 현상을 이해하고자 애썼다. 논리 정연한 전문가로서의 모습을 벗어던지고, 소비자들이 중고차에 대해서 비합리적인 편견을 가지고 있기 때문이 아닐까 하는 추측까지 내놓았다. 그러나 캘리포니아 대학교 버클리 캠퍼스의 경제학자 조지 애커로프(George Akerlof)는 그런 종류의 설명하기 어려운 미신 따위는 필요하지 않다고 주장했다. 지난 45년간 경제학계에서 아마도 가장 널리 인용되어온 "'레몬' 시장"이라는 제목의 학술논문에서 그는 독창적인 설명을 제시했다(그의 설명은 정보 완전 공개 원리를 명확하게 보여준 첫 번째 논증이다).[6, 7]

---

6. George Akerlof, "The Market for 'Lemons'", *Quarterly Journal of Economics*, 1970.

7. [역주] 조지 애커로프는 "정보 비대칭 이론"으로 2001년 노벨 경제학상을 수상했다. 또한 그는 현재 세계의 경제 대통령으로 일컬어지는 미국 연방준비제도이사회(Board of Governors of Federal Reserve System) 의장이자 "효율성 임금"(efficiency wage) 이론으로 유명한 경제학자 재닛 옐런(Janet Yellen)의 배우자이기도 하다. 일반인을 위한 애커로프의 저작물들 중에서 국내에 번역 소개된 것으로는, 「야성적 충동: 인간의 비이성적 심리가 경제에 미치는 영향」(로버트 쉴러와 공저, 랜덤하우스코리아 2005)과 「아이덴티티 경제학: 정체성이 직업, 소득, 행복을 결정한다」(레이첼 그렌턴과 공저, 랜덤하우스코리아, 2010)가 있다.

애커로프는 신차들이 대략 두 가지 유형으로 나뉜다고 가정했다. 하나는 좋은 차이고 다른 하나는 "레몬"이다. 두 유형 모두 겉모습은 똑같다. 그러나 각 유형의 차 주인은 경험상 자신의 차가 어떤 유형에 속하는지 잘 알고 있다. 그러나 잠재적인 구매자들은 겉모습만 봐서는 이를 알 수 없으므로, 좋은 차와 레몬은 같은 가격에 팔려야 한다. 여기서 우리는 일반적인 가격이 두 유형의 차량 가격을 가중 평균한 값이 될 것이고, 이때 가중치는 각 유형에 속하는 차들의 비율을 가져다 쓰면 될 것 아니냐고 생각하기 쉽다. 실제로 신차 시장에서 이러한 논리는 대략 맞아 떨어진다.

그러나 중고차 시장에서는 상황이 달라진다. 좋은 차들은 레몬에 비해서 소유주에게 훨씬 높은 가치를 지니므로, 중고차 시장에는 좋은 차보다 레몬이 더 많이 나온다. 중고차 구매자들은 곧 이러한 패턴을 눈치 채게 되고, 중고차의 가격은 떨어지기 시작한다. 중고차 값이 내려가면 좋은 차를 소유한 사람들은 점점 더 중고차 시장에다가 자신의 차를 내다팔기를 꺼려하게 된다. 극단적인 경우에는 결국 시장에 나온 중고차들은 **모조리** 레몬일 것이다.

애커로프의 통찰력은 어떤 차가 판매용으로 시장에 나왔다는 사실만으로도 그 차의 품질에 관한 중요한 정보가 된다는 점을 알아낸 데 있다. 레몬인 차를 가지고 있다고 해서 사람들이 차를 팔게 되는 것은 아니다. 그러나 단지 아

왜 중고차들은 턱없이 싸게 팔리는 것일까?

주 사소한 이유만으로도 좋은 차의 소유주가 중고 시장에서 값을 제대로 받지 못하게 될 가능성이 있다. 그렇다면 앞서 우리가 살펴본 멈출 수 없는 과정이 시작되고, 아무 문제가 없는 차들은 정말 극단적인 상황에 내몰린 경우가 아니라면 중고차 시장에 거의 나오지 않게 된다. ("외국에 파견근무를 나가게 되어서, 차를 급히 팔아야 해요." 또는 "손을 다쳐서, 수동기어인 차를 팔 수 밖에 없게 되었어요.")

애커로프는 물리적 감가상각만으로는 신차와 중고차의 엄청난 가격 차이를 제대로 설명할 수 없다는 점을 입증했다. 그 차이는 판매용으로 시장에 나온 차들이 하나의 무리(group)로 취급되어, 시장에 나오지 않은 차들보다 더 평균적으로 더 낮은 품질로 인식되기 때문에 발생하는 것이다.

신참 낙인 효과

정보 완전 공개 원리를 사용하면, 거주지를 옮겨서 나쁜 평판을 피하려는 행동이 지금보다 과거에 왜 더 어려웠는지를 설명할 수 있다. 요즘처럼 사람들의 이동성이 높은 시대에는 나쁜 짓을 하다가 발각되면 새로운 동네로 이주하여 문제를 해결하는 부정직한 사람의 행동은 매우 그럴듯한 전략이 될 것이다. 그러나 수십 수백 년 전과 같이 사람들의 이동성이 매우 제한적이던 시절에는 그러한 전략은 별로 효과가 없었을 것이다. 왜냐하면 사회가 안정적일수록 믿을 만한 사람들은 한 곳에 오래 머물면서 자신이 어렵게 쌓아올린 좋은 평판을 활용하면서 살아가는 것이 훨씬 더 나은 일이었기 때문이다. 좋은 차를 파는 것이 소유주의 이익에 도움이 안 되는 것처럼 낯선 곳으로 이사를 가는 것은 정직한 사람에게 도움이 안 되는 일이었다. 일반적으로 안정적인 환경에서 살던 옛날에는 새로 이사 온 사람들은 일단 의심의 눈총을 받았다. 그러나 현재는 이러저러한 이유로 거주지를 옮기는 사람들이 너무 많기 때문에 동네에 새로 이사 온 사람이라는 점이 거의 아무런 불이익을 주지 못한다.

6.5 불확실한 상황에서의 선택

아무리 시간과 에너지를 투여하여 정보를 수집하더라도 우리는 타당한 대안들에 대한 완벽

한 지식을 모두 갖추지 못한 채 결정을 내려야 한다. 주말여행을 떠나거나 새로운 게임기를 구입할 때, 기상청이나 소비자 보호원에서 정보를 입수한다면 우리는 훨씬 나은 판단을 내릴 수 있을 것이다. 하지만 우리가 아무리 노력을 한다 해도, 기상청 슈퍼컴퓨터가 고장이 나거나 소비자 보호원의 직원이 게임기 정보를 잘못 입력하여 보고서에 오류가 발생할 가능성까지 완전히 배제할 수는 없는 노릇이다. 우리가 내려야 하는 가장 중요한 결정들 대부분에서 이러한 위험은 늘 존재한다. 이제부터 우리는 3장에서 공부한 기본적인 소비자 선택 모형을 확장하여, 위험과 불확실성이 상존하는 상황에서의 의사결정 문제를 살펴볼 것이다.

확률과 기댓값

어느 대학에 진학할 것인지, 어떤 사람과 결혼할지, 어떤 직업을 선택할 것인지, 심지어 어떤 영화를 관람할 것인지 선택할 때에는 선택의 순간에서조차 확실하게 알지 못하는 중요한 특성들이 존재할 경우가 많다. 때때로 우리는 이틀 연속 공강 시간에 친구 대신에 갑자기 소개팅에 끌려 나가게 되는 경우처럼, 똑같은 위험도를 보이는 두 가지 대안들 중에서 선택해야 할 때가 있고, 때로는 다른 대학으로 편입을 해야 하는지 또는 그냥 다니던 학교에 남아 있어야 하는지와 같은, 거의 아는 바가 없는 대안과 상대적으로 익숙한 상황 사이에서 결정을 내려야 할 때도 있다.

불확실한 상황하에서 내려야 하는 경제적 의사결정은 근본적으로 도박과 같다. 어떤 도박이 유리한지에 대해서 우리는 다양한 직관적 통찰을 갖추고 있으며, 이들 대부분은 경제적 의사결정의 영역에서도 그대로 적용할 수 있다. 이해를 돕기 위해서 동전 던지기와 관련된 일련의 도박들을 살펴보자.

도박 1 동전을 던져 앞면이 나오면 $100를 상금으로 받고, 뒷면이 나오면 $0.50를 잃는다.

이런 종류의 도박은 이윤을 내려는 도박장이라면 절대로 제공하지 않을 도박이다. 우승 상금이 패배로 인한 손실보다 무려 200배가 큰데도 두 결과의 확률은 똑같기 때문이다. 종교적인 이유에서 도박 자체를 기피하는 사람들이 아니라면 이런 종류의 도박을 마다할 사람은 거의 없을 것이다. 심지어 독실한 사람조차도 차라리 도박을 해서 이기면 자선단체에 상금을 기부하는 것이 낫지 않을까 하고 한 번쯤 고민을 하게 될 것이다.

도박 2 동전을 던져 앞면이 나오면 $200를 상금으로 받고, 뒷면이 나오면 $100를 잃는다.

우승 상금이 패배 손실보다 겨우 2배 클 뿐이므로, 이런 종류의 도박은 도박 1보다 훨씬 덜 매력적이다. 하지만 여전히 많은 사람들이 이 도박을 받아들일 것이다.

마지막으로 세 번째 도박을 생각해보자. 이번에는 도박 2에서 제시된 상금 및 손실을 100배로 늘려보자.

도박 3 동전을 던져 앞면이 나오면 $20,000를 상금으로 받고, 뒷면이 나오면 $10,000를 잃는다. 패배하는 경우, 벌금은 30년에 걸쳐 매달 소액씩 지불한다.

여전히 상금이 손실보다 2배가 높다고 해도, 대부분의 사람들은 도박 3에 참가하기를 거절할 것이다. 불확실한 상황에서의 선택 이론은 바로 이런 종류의 행태를 설명할 수 있어야 한다.

도박의 한 가지 중요한 특성은 **기댓값**(expected value)을 계산할 수 있다는 점이다. 여기서 기댓값이란 모든 가능한 결과들의 가중 평균을 뜻하며, 이때 가중치는 각 결과의 상대적 발생빈도 또는 확률을 의미한다. 앞뒤가 완벽하게 똑같이 생긴 공정한 동전(fair coin)을 던져 앞면이 나올 확률은 1/2이다. 이 진술을 풀어 말하자면, 공정한 동전을 아주 많이 되풀이하여 던지면, 그 중 절반의 경우에는 앞면이 나오고 나머지 절반의 경우에는 뒷면이 나온다는 뜻이다. 이에 따라 위에 제시한 세 가지 도박들의 기댓값을 계산하면 다음과 같다.

$$EV_1 = (1/2)\$100 + (1/2)(-\$0.50) = \$49.75, \qquad (6.1)$$

$$EV_2 = (1/2)\$200 + (1/2)(-\$100) = \$50, \qquad (6.2)$$

$$EV_3 = (1/2)\$20,000 + (1/2)(-\$10,000) = \$5000. \qquad (6.3)$$

여기에서 EV_i는 도박 i의 기댓값이고, $i = 1, 2, 3$이다.

기댓값이 음수로 나오는 도박보다 양수로 나오는 도박이 당연히 더 매력적이다. 그러나 가상의 세 도박들에 대부분의 사람들이 어떤 반응을 보이는지 살펴보면, 어떤 도박의 기댓값이 양수로 나온다고 해서 사람들이 그 도박을 언제나 매력적으로 받아들이는 것은 결코 아님을 알 수 있다. 오히려 그와는 반대로 도박 3의 기댓값이 셋 중에서 가장 큰데도 불구하고, 사람들은 이 도박을 가장 덜 받아들일 가능성이 높다. 이와는 대조적으로 도박 1의 기댓값은 셋 중 가장 적은데도 불구하고, 가장 많은 사람들이 받아들일 가능성이 높다.

이제 우리는 가장 높은 기댓값의 도박을 받아들이는 것이 오히려 안 좋을 수 있다는 점을 알게 되었다. 대부분의 사람들은 도박의 사전 기댓값이 얼마인지에 대한 정보와 더불어, 발생 가능한 결과들 각각에 대해서 어떻게 느끼는지도 함께 고려하는 것이다. 거의 모든 사람들이 도박 3을 매력적이라고 느끼지 않는 이유는 $10,000의 손실을 입을 수도 있는 극도로 불쾌한 결과가 발생할 가능성이 50퍼센트라는 점이다. 도박 2도 50퍼센트의 확률로 $100를 잃을 가능성이 있다. 그러나 이 정도는 사람들이 한 번 도박을 해 볼만 하다고 느낀다. 도박 1은 손실의 가능성이 워낙 작아서 별로 문제가 되지 않는 반면, 상금이 워낙 커서 대부분의 사람들이 가장 쉽게 받아들인다.

폰 노이만–모르겐슈테른의 기대효용 모형

불확실한 결과들 사이에서 내리는 의사결정의 문제를 엄밀한 경제 이론으로 제시한 것은 고등연구소(Institute for Advanced Study)의 탁월한 수학자였던 존 폰 노이만(John von Neumann)과 프린스턴 대학교의 경제학자였던 오스카 모르겐슈테른(Oskar Morgenstern)이었다. 두 사람은 사람들이 가장 높은 **기대효용**(expected utility)을 주는 대안을 선택한다고 가정했다. 이들의 기대효용 극대화 이론은 상이한 결과들로부터 얻는 만족감에 숫자로 나타낸 척도를 계산해 주는 효용함수 U를 가정한다. 어떤 도박의 기대효용은 모든 가능한 결과들에 대한 효용의 기댓값이다.

이해를 돕기 위해서 간단한 예를 들어 살펴보자. 우리가 어떤 도박에 참가하면, 그 결과로 인해 우리의 총 재산액이 얼마인지 정확하게 숫자로 나타난다고 하자. 예를 들어 초기 재

기댓값
발생 가능한 모든 결과들을 각 결과의 발생확률을 가중치로 삼아 합한 값

기대효용
어떤 도박의 기대효용은 모든 가능한 결과들에 대해 계산한 효용의 기댓값이다.

산액이 1,000인 어떤 소비자가 위의 도박 1을 받아들여 승리하는 경우, 그 결과는 1,000 + 100 = 1,100이라는 총 재산액으로 나타난다. 이때 이 소비자의 효용은 $U(1100)$으로 표시할 수 있다. 만약 이 소비자가 도박 1에서 진다면, 그의 총 재산액은 1,000 − 0.50 = 999.50이 되고, 이때 그의 효용은 $U(999.50)$이 된다. 이를 일반화하여 표현하면, 만약 M_0가 소비자의 초기 재산액인 경우, 도박 1에 참가할 때 그의 기대효용은 다음과 같이 정식화할 수 있다.

$$EU_1 = (1/2)U(M_0 + 100) + (1/2)U(M_0 - 0.50). \tag{6.4}$$

여러분이 도박 1을 받아들이지 않는다면, 기대효용은 원래 보유하고 있던 재산액 M_0 수준에서의 효용인 $U(M_0)$가 될 것이다. 폰 노이만–모르겐슈테른 기대효용의 기준에 따라 의사결정을 하는 경우, 여러분은 EU_1이 $U(M_0)$보다 큰 경우에 그리고 오직 그 경우에만(if and only if) 도박을 받아들이게 된다.

예 6.1   **기대효용**

승기의 효용함수가 $U(M) = \sqrt{M}$으로 주어졌다고 하자. 만약 승기의 초기 재산이 **10,000** 있다면, 위에서 제시한 세 개의 도박들 중에서 그에게 가장 높은 기대효용을 주는 도박은 무엇인가?

세 종류의 도박들에 대해서 각각 기대효용을 계산하면 다음과 같다.

$$EU_1 = (1/2)\sqrt{10,100} + (1/2)\sqrt{9999.50} = 100.248,$$

$$EU_2 = (1/2)\sqrt{10,200} + (1/2)\sqrt{9900} = 100.247,$$

$$EU_3 = (1/2)\sqrt{30,000} + (1/2)\sqrt{0} = 86.603.$$

그러므로 셋 중 도박 1이 승기에게 가장 매력적인 도박이 된다.

기대효용이론을 통해 우리가 얻을 수 있는 가장 중요한 통찰은 여러 대안들의 결과들로부터 나오는 기댓값들 순위가 해당 대안들에서 얻는 기대효용들의 순위와 같지 않을 수도 있다는 점이다. 기댓값들의 순위가 기대효용들의 순위와 다르게 나타나는 이유는 도박에 참가하는 경우 변하게 되는 우리의 최종적인 재산이 종종 비선형(nonlinear) 함수이기 때문이다. 실증적으로 대개 우리는 효용이 총 재산의 오목(concave) 함수라고 가정한다. 이는 효용함수가 그림 6.2에 제시된 특징적인 형태를 보인다는 의미이다. 이를 수학적으로 표현하면, 어떤 함수 $U(M)$은 어떤 한 쌍의 값 M_1과 M_2에 대해서 두 점 $[M_1, U(M_1)]$과 $[M_2, U(M_2)]$를 연결하는 선분 위쪽에 해당 함수가 존재하는 경우 오목하다. 예를 들어, 효용함수 $U = \sqrt{M}$은 총 재산 M에 대해서 오목 함수이다. 또한 M에 대해서 오목한 효용함수는 총 재산에 대해서 체감하는 **한계효용**(diminishing marginal utility)을 보여준다. 한계효용은 효용함수의 기울기를 뜻하므로,[8] 한계효용이 체감하는 효용함수는 M이 증가함에 따라 기울기가 감소하는 효용함

한계효용 체감
재산에 대한 효용함수가 주어진 경우, 재산이 증가할수록 한계효용은 감소한다.

---

8. 한계효용에 대한 상세한 논의는 3장의 부록을 보기 바란다.

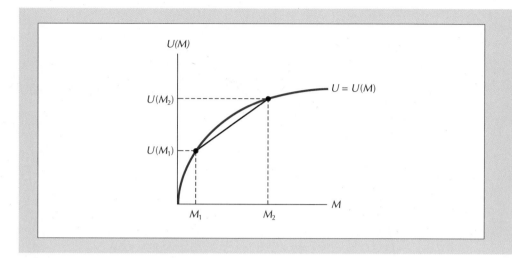

그림 6.2
오목한 효용함수
오목한 효용함수의 호(弧, arc)는 어느 두 점을 연결한 선분의 위쪽에 나타난다.

수가 된다. 직관적으로 총 재산의 한계효용이 체감한다는 뜻은 소비자가 더 많은 재산을 가지게 될수록 재산 한 단위 증가로 그가 얻는 효용의 증가는 점점 작아진다는 것을 의미한다.

총 재산에 대해서 오목한 효용함수를 가진 사람들을 **위험 기피적**(risk averse)이라고 부르는데, 이러한 사람들은 기댓값이 0인 도박을 하지 않는다. 기댓값이 0인 도박을 **공정한 도박**(fair gamble)이라고 한다.

예를 들어 동전을 던져 앞면이 나오면 $30를 상금으로 받고, 뒷면이 나오면 $30을 잃는 도박 G를 생각해보자. 이 도박의 기댓값은 (1/2)30 + (1/2)(−30) = 0이므로 이 도박은 공정한 도박이다. 도박에 참가하기 전 총 재산이 40인 사람의 효용함수가 $U = U(M)$이라면, 이 도박에 대한 기대효용은 다음과 같다.

$$\text{EU}_G = 0.5U(40 − 30) + 0.5U(40 + 30) = 0.5U(10) + 0.5U(70). \tag{6.5}$$

공정한 도박의 경우, 여러분이 도박을 받아들일 경우에 총 재산의 기댓값은 도박을 받아들이지 않을 경우에 보유하게 되는 확실한 총 재산과 같다. 식 (6.5)에 제시된 도박의 경우 여러분이 도박을 받아들일 때의 총 재산의 기댓값은 40과 같다. 만약 이 도박을 거부한다면 여러분은 확실하게 총 재산 40을 가질 수 있으므로, 효용은 $U(40)$과 같다. 기대효용이론에 따르면 $\text{EU}_G > U(40)$인 경우 여러분은 도박을 받아들여야 하고 그렇지 않다면 거절해야 한다.

도박에 대한 기대효용은 기하학적으로 명확하게 표현할 수 있다. 가장 먼저 할 일은 도박에서 질 때와 이길 때에 각각 상응하는 효용함수상의 점들을 선분으로 연결하는 것이다. (그림 6.3에서 두 점 A와 C를 연결한다.) 그림 6.3에 제시된 효용함수의 경우, 이 도박에 대한 기대효용은 0.5(18) + 0.5(38) = 28이다. 이 값은 도박 (40)하에서의 재산의 기댓값 바로 위쪽에 놓인 AC 선분상의 점에 상응한다는 점을 눈여겨보기 바란다. 또한 이 도박에 참여하지 않을 경우의 기대효용이 $U(40) = 32$라는 점도 잊지 말기 바란다. 도박에 참여하지 않고 확실한 재산 40을 보유할 때의 기대효용이 도박에 참여함으로써 얻는 기대효용보다 더 큰 것이다.

위험 기피

재산에 대해서 체감하는 한계효용을 보이는 효용함수는 위험을 기피하는 선호를 묘사한다.

공정한 도박

기댓값이 0인 도박

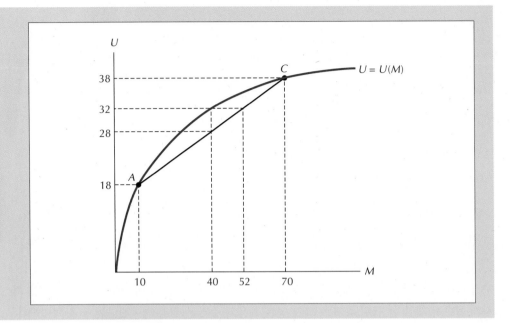

그림 6.3

위험 기피적인 사람은 공정한 도박을 언제나 거부한다.

어떤 도박의 기대효용은 두 점 *A*와 *C*를 연결한 선분상에 나타난다. 이 길 확률이 1/2이라면, 기대효용은 *A*와 *C*의 중간에 위치한다. 오목함수의 호(arc)상에 있는 점은 언제나 이 선분의 위쪽에 존재하므로, 공정한 도박의 기대효용은 이 도박을 거절하는 경우의 효용보다 언제나 작을 것이다.

그림 6.3을 통해 확실히 알 수 있는 것은 위험 기피적인 사람이라면 공정한 도박을 거절하는 것은 물론이거니와 기댓값이 0보다 큰 도박도 거절할 것이라는 점이다. 효용함수가 오목한 형태를 보이는 경우에, 최종적인 재산 수준의 기댓값이 52보다 작은 도박들은 초기 재산이 40일 때의 기대효용보다 더 낮은 기대효용을 줄 뿐이다.

지금까지 우리가 살펴본 도박들은 모두 동전 던지기로 결과가 결정되는, 1/2의 확률로 유리한 결과가 나오고 1/2의 확률로 불리한 결과가 나오는 도박들이었다. 하지만 일반적으로 도박에서 승리할 확률은 0과 1 사이에서 결정된다. 그러나 다음에 등장하는 예와 연습문제를 통해 알 수 있듯이, 이길 확률이 1/2이 아니더라도 어떤 도박의 기대효용은 이길 경우의 효용과 질 경우의 효용을 연결한 선분 위의 한 점으로 그림을 그려 보일 수 있다.

예 6.2   **재산의 기댓값**

여러분의 효용함수가 $U = \sqrt{M}$ 이고, 초기 재산은 36이라고 하자. 여러분은 2/3의 확률로 이기는 경우 13을 얻고 1/3의 확률로 지는 경우 11을 잃는 도박을 받아들이겠는가?

이 도박의 기대효용은 다음과 같다.

$$\text{EU}_G = (2/3)\sqrt{36 + 13} + (1/3)\sqrt{36 - 11} = 14/3 + 5/3 = 19/3.$$

이 도박을 거절한다면, 여러분의 효용은 $\sqrt{36} = 6$이 될 것이고, 이는 19/3보다 작다. 그러므로 여러분은 이 도박을 받아들여야 한다.

개념 확인 6.1

예 6.2에 제시된 효용함수를 $0 < M < 50$ 구간에 대해서 그래프로 표시하라. 예 6.2의 도박에 참여하여 승리한 경우와 패배한 경우에 상응하는 끝점들을 효용함수상에 표시하라. 이 두 끝점들 사이를 선분으로 연결하고, 이길 경우의 끝점을 C로, 질 경우의 끝점을 A로 표시하라. 이 도박의 기대효용에 도달하기까지 끝점 C로부터 선분 AC의 일부분을 얼마나 움직여 가야 하는가?

개념 확인 6.1을 통해 도출되는 일반적인 규칙은 이길 확률이 p이고 질 확률이 $1 - p$인 경우, 기대효용은 효용함수상에서 승리할 때의 끝점과 패배할 때의 끝점을 이은 선분에서 이길 경우의 끝점에 해당하는 점 C의 왼쪽으로 $1 - p$ 만큼의 비율로 이동한 곳에 위치한다는 점이다.

대부분의 사람들이 위험 기피적이라는 가정은 직관적으로 그럴싸한 가정이다. 소비자가 더 많은 재산을 갖게 될수록 재산의 한 단위 증가로 인한 효용 증가분이 점점 작아진다. 총 재산이 $1,000,000일 때보다 $4,000에 불과할 때 추가로 늘어난 $100의 재산이 더욱 크게 느껴진다는 것은 대부분 당연히 여길 것이다. 이러한 직관은 효용함수가 총 재산에 대해서 오목하다고 주장하는 것과 똑같다. 이는 또한 일정한 금액을 얻을 때 우리가 느끼는 효용의 증가분이 같은 금액을 잃을 때 우리가 느끼는 효용의 감소분보다 작다는 것을 의미한다.

사람들이 정말 위험 기피적인지는 실증적으로 조사할 문제이다. 분명히 어떤 사람들은 때때로 위험 기피적이지 않다. (아찔한 암반을 오르거나 강풍 속에서 행글라이딩을 하는 사람들이 있지 않은가!) 사실 우리 대부분은 때때로 위험 기피적이지 않을 때가 있다. (예를 들어 우리도 카지노에서 룰렛 게임을 할 때나 음의 기댓값을 보이는 확률적인 게임을 할 때가 있지 않은가!)

초기 재산이 M_0인 사람이 이길 확률 1/2에 상금이 B이고 질 확률도 1/2에 손실이 $-B$인 도박을 권유받는다고 하자. 이 사람이 **위험 추구자**(risk seeker)라면 그의 효용함수는 그림 6.4에 나오는 그림처럼 나타날 것이다. 이때 효용함수는 총 재산에 대해서 볼록하

위험 추구적 선호

위험 추구적 선호는 재산의 한계 효용이 증가하는 효용함수로 나타낼 수 있다.

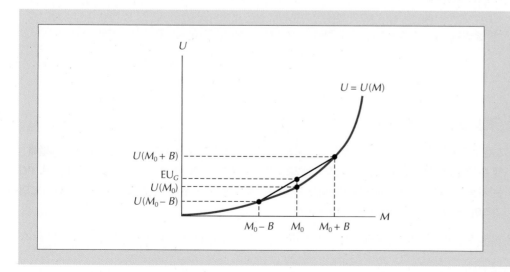

그림 6.4

위험을 추구하는 사람들의 효용함수는 총 재산에 대해서 볼록한 모양을 보인다.

볼록 함수의 호 부분은 그 함수에 위치한 두 점을 연결한 선분보다 아래쪽에 있다. 위험 추구자에게 공정한 도박의 기대효용 EU_G는 이 도박을 거절할 때의 효용 $U(M_0)$을 언제나 초과할 것이다.

그림 6.5

위험 중립성

위험 중립적인 소비자는 공정한 도박을 받아들이거나 거절하거나 하는 두 대안들에 대해서 무차별하다. 왜냐하면 공정한 도박을 받아들일 때의 기대효용 EU_G가 이 도박을 거절할 때의 확실한 효용 $U(M_0)$와 같기 때문이다.

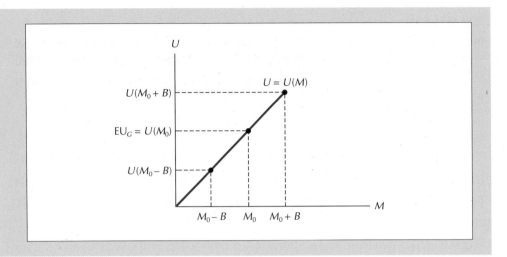

다(*convex*). 이는 공정한 도박을 받아들일 때의 기대효용 EU_G가 이를 거절할 때의 효용 $U(M_0)$보다 크다는 뜻이다. 기하학적으로 볼록한 효용함수는 총 재산에 대해서 기울기가 증가하는 모습을 보인다.

개념 확인 6.2

초기 재산이 100인 사람이 1/2의 확률로 이길 경우 상금이 20이고 1/2의 확률로 질 경우 손실이 20인 도박을 권유받았다고 하자. 이 사람의 효용함수가 $U(M) = M^2$이라면, 이 도박을 받아들일까?

위험 중립적 선호

위험 중립적 선호는 재산의 한계효용이 불변인 효용함수로 나타낼 수 있다.

어떤 사람이 공정한 도박을 받아들이거나 거절하거나 두 대안들에 대해서 일반적으로 무차별하다면 우리는 그 사람을 **위험 중립적**(risk neutral)이라고 표현한다. 위험 중립적인 사람의 효용함수는 그림 6.5에서처럼 선형으로 나타난다.

개념 확인 6.3

초기 재산이 100인 사람이 1/2의 확률로 이길 경우 상금이 20이고 1/2의 확률로 질 경우 손실이 20인 도박을 권유받았다고 하자. 이 사람의 효용함수가 $U(M) = M$이라면, 이 도박을 받아들일까?

예 6.3 　위험 중립적인 경우

모든 *PC*들은 *z*의 비율로 결함이 있다고 가정하자. 그러나 결함이 있는 *PC*는 소유주 이외에는 식별해 낼 수가 없다. 소비자들이 위험 중립적이고, 결함이 없는 *PC* 한 대에 $2000의 가치를 둔다고 하자. *PC*는 사용에 따라 감가상각이 되지 않는다고 가정하자. 새로운 *PC*의 판매 가격이 $1000이고, 중고 *PC*의 가격이 $500라면, 결함 비율 *z*는 얼마인가?

레몬 원리에 의거하여, 판매용으로 시장에 나온 모든 중고 PC는 분명히 결함이 있다는 것을 우리는 안다. (결함이 없는 PC는 시장에 나올 리가 없다. 중고 가격으로 파는 것보다 보유하는 편이 소유주에게 훨씬 더 높은 가치를 주기 때문이다.) 따라서 중고 PC의 가격은 결함이 있는 신형 PC의 가격과 같다. (PC를 사용한다고 해서 감가상각이 되지는 않는다고 가정했음을 기억하기 바란다.) 소비자들이 위험 중립적이기 때문에 신형 PC의 가격($1,000)은 단순히 결함이 없는 PC의 가치와 결함이 있는 PC의 가치를 가중 평균한 값이다. 이때 가중치는 각각 결함이 없을 확률과 있을 확률이다. 그러므로 우리는 문제를 다음과 같이 정식화할 수 있다.

$$\$1,000 = \$500z + \$2,000\,(1 - z). \tag{6.6}$$

이를 풀면 $z = 2/3$를 얻게 된다.

개념 확인 6.4

신형 PC 넉 대 중 한 대 꼴로 결함이 있다고 하자. 그러나 결함이 있는 PC는 소유주 이외에는 식별해낼 수가 없다. 소비자들이 위험 중립적이고, 결함이 없는 PC 한 대에 $2,000의 가치를 둔다고 하자. PC는 사용에 따라 감가상각이 되지 않는다고 가정하자. 중고 PC의 가격이 $600라면 신형 PC는 얼마에 팔리겠는가?

지금까지 우리가 살펴본 도박들에는 모두 두 가지 결과들만 존재했다. 하지만 일반적으로 도박에는 무수히 많은 결과들이 발생할 가능성이 있다. 두 가지가 넘는 결과를 주는 어떤 도박의 기댓값은 전과 마찬가지로 가능한 결과들을 가중치에 따라 조정해 준 다음 모두 더한 것과 같다. 이때 사용되는 가중치는 각 결과가 발생할 확률이 된다. 예를 들어 B_1, B_2, B_3라는 세 가지 결과가 각각 p_1, p_2, p_3의 확률로 발생할 수 있는 도박의 기댓값은 $p_1B_1 + p_2B_2 + p_3B_3$가 된다. 이때 모든 확률들의 합계는 1이 되어야 하므로, 우리는 $p_3 = (1 - p_1 - p_2)$임을 안다. 그러므로 이 도박의 기대효용은 $p_1U(B_1) + p_2U(B_2) + (1 - p_1 - p_2)U(B_3)$가 된다.

기대효용 모형의 개념을 능숙하게 활용하려면, 간단한 수치 계산 문제들을 직접 풀어보는 것이 좋다. 아래에 제시된 예를 통해 우리는 보수 나무(payoff tree)를 사용하여 불확실한 상황에서의 결정이 어떤 확률로 어떤 결과를 발생시키는지 살펴볼 것이다.

기대효용 예 6.4

시원의 선호는 폰 노이만–모르겐슈테른 효용함수 $U = 1 - 1/M$로 나타나며, 이때 M은 시원의 생애소득의 현재가치이다. 만약 시원이 교사가 된다면 확률 1로 $M = 5$를 벌 수 있다. 하지만 만약 시원이 배우가 된다면 스타가 되는 경우 $M = 400$을 벌겠지만 그렇지 못한다면 $M = 2$를 벌게 될 것이다. 시원이 배우로 스타가 될 가능성은 0.01이다. 재석은 배우의 자질을 알아보는데 절대로 틀리는 법이 없다. 짧은 인터뷰만 한 번 하고 나면, 재석은 시원이 배우의 길을 걸을 경우 스타가 될 것인지 아닌지를 확실하게 말해줄 수 있다. 이 정보를 얻기 위해 시원이 지불할 의향이 있는 최대 금액은 얼마인가?

이 질문에 답변하려면 재석의 정보를 얻지 못할 경우의 시원의 기대효용을 먼저 계산해야 한다.

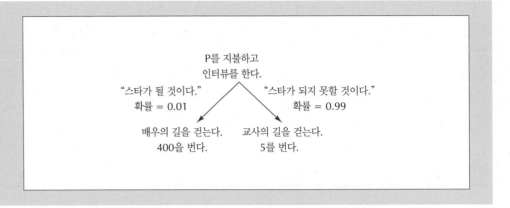

그림 6.6

불확실성 경감의 가치

보수가 400과 5로 주어졌을 때, 배우가 되는 경우의 기대효용은 교사가 되는 경우의 기대효용보다 작다. 그러나 배우로 성공하는 경우 버는 금액이 교사가 되는 경우의 버는 금액보다 훨씬 많기 때문에, 배우의 길을 걷는 것이 성공적일지 아닐지에 관한 정보는 명백히 경제적 가치를 가진다.

시원이 교사가 된다면 확률 1로 생애소득 5를 얻을 것이므로 그의 기대효용은 다음과 같다. 이때 하첨자 T는 교사(teacher)를 뜻하고 A는 연기(acting)를 뜻한다.

$$U_T = 1 - 1/5 = 0.8.$$

시원이 배우의 길을 걷는다면, 그의 기대효용은 다음과 같다.

$$EU_A = 0.01(1 - 1/400) + 0.99(1 - 1/2) = 0.505.$$

시원의 기대효용은 배우가 될 때보다 교사가 될 때 더 높기 때문에 그는 교사가 되어 기대효용 0.8을 얻을 것이다.

이번에는 시원이 재석과 인터뷰를 하여 자신이 배우로 스타의 반열에 오를 것인지 알아본다고 하자. 그리고 이를 위해서 재석에게 P를 지불하며 이때 P는 M과 같은 단위로 측정된다고 하자. (그림 6.6을 볼 것.)

재석이 제공하는 정보를 얻을 때 명백히 유리한 점은 만약 시원이 배우로 성공할 것이라고 재석이 말한다면 시원은 성공할 경우 엄청난 돈을 벌 수 있는 (그러나 그렇지 못하면 너무나 위험한) 길을 밟아나갈 수 있다는 것이다. 하지만 시원이 배우로 성공하지 못할 것이라고 재석이 말한다면, 시원은 아무 미련 없이 교사의 길을 선택할 수 있다. 시원이 인터뷰 대가로 P를 지불한다면 그의 기대효용은 다음과 같이 수식으로 표현할 수 있다.

$$EU_I = 0.01[1 - 1/(400 - P)] + 0.99[1 - 1/(5 - P)]. \tag{6.7}$$

재석이 인터뷰의 대가로 받을 수 있는 최대 금액을 계산하기 위해서 우리는 EU_I를 인터뷰 결과에 대한 정보가 없는 경우의 시원의 기대효용과 같게 놓고 P에 대해서 풀면 된다. (정보가 없는 경우 시원은 교사가 되어 $U_T = 0.8$을 얻는다는 점을 잊지 말기 바란다.)

$$EU_I = 0.01[1 - 1/(400 - P)] + 0.99[1 - 1/(5 - P)] = U_T = 0.8. \tag{6.8}$$

연습 삼아 P의 값이 0.0494임을 직접 확인해보기 바란다. 이보다 인터뷰 가격이 낮다면 시원은 재석에게 돈을 지불하고 평가를 받아야 한다. 그러나 재석이 0.0494보다 더 높은 가격을 받는다면 시원은 인터뷰를 하지 않고 그냥 교사의 길을 걸어야 한다.

위의 예에서 명확히 알 수 있듯이 불확실성을 줄여주는 정보는 경제적 가치가 있다. 우리가 이러한 정보를 얻기 위해서 직업적성검사나 취업상담과 같은 다양한 서비스를 이용하는 것도 불확실성을 줄이기 위한 노력으로 볼 수 있다.

기대 편익   예 6.5

결함이 있는 제품 때문에 부상을 입은 명수는 제조사를 상대로 소송을 할지 말지 고민 중이다. 명수의 효용함수가 $U(M) = 1 - (1/M)$이고, 이때 M이 그의 총 재산이라고 하자. 소송을 제기하지 않으면 명수의 총 재산은 $M_0 = 7$이다. 만약 소송을 한다면 명수가 승소할 확률은 0.5이고, 이 경우 손해배상 5를 받을 수 있다. 그러나 패소하는 경우, 그는 한 푼도 받지 못한다. 명수를 대신해서 소송을 담당할 변호사의 시간과 노력에 대한 기회비용이 2라고 하자. 만약 명수가 변호사에게 수수료 2를 지불해야 한다면, 명수는 소송을 제기할까? 위험 중립적인 변호사라면 기댓값이 자신의 기회비용을 충당하기에 충분한 (즉 기댓값이 최소한 2인) 수수료 체계를 명수에게 제시하면서 명수에게 소송을 하라고 설득할까? 만약 그렇다면, 변호사가 제시할 수수료 체계는 무엇인가?

명수와 그의 변호사 입장에서 보면, 소송을 제기하는 데 따르는 경제적 비용은 2로, 이는 변호사의 기회비용이다. 소송을 제기함으로써 얻는 기대 편익은 승소할 확률(0.5)에 승소 시 얻는 배상액(5)을 곱한 2.5이다. 그러므로 소송을 제시할 때의 기댓값은 2.5 − 2 = 0.5 > 0이다. 그러나 명수에게 있어서 중요한 점은 소송을 제기할 경우 기댓값이 0보다 큰지 작은지가 아니라, 자신의 기대효용이 증가할 것인지 아닌지이다. 만약 명수가 소송을 제기하고 변호사에게 수수료 2를 지불한다면, 그의 총 재산은 (변호사의 수수료를 제외하고) 승소 시 7 + 5 − 2 = 10이고 패소 시 7 − 2 = 5가 될 것이다. 그러므로 명수가 소송을 제기할 경우의 기대효용은 0.5[1 − (1/10)] + 0.5[1 − (1/5)] = 0.85가 된다. 명수가 소송을 제기하지 않는다면, 그의 재산은 확실한 7이 되고, 이는 곧 명수의 효용이 1 − (1/7) = 0.86 > 0.85임을 의미한다. 그러므로 변호사에게 수수료 2를 지불해야 한다면, 명수는 소송을 제기하지 않을 것이다.

명수는 위험 기피성향 때문에 기댓값이 0보다 큰데도 소송을 제기하지 않는다. 하지만 명수에게는 다행하게도 변호사가 위험 중립적이다. 이는 패소할 위험을 변호사가 모두 짊어지면서 적절한 수수료 체계를 고안하여 명수에게 제시할 수 있다는 것을 의미한다. 그러한 수수료 체계는 어떤 모습일까?

명수가 소송을 제기하고 승소하는 경우의 변호사 수수료를 F_1이라고 하고, 소송을 제기하지만 패소하는 경우의 수수료를 F_2라고 하자. 명수는 위험 기피적이기 때문에, 그의 처지에서 최선의 가능한 수수료 체계는 명수의 소득이 소송의 결과와 무관하게 동일하게 만들어주는 체계일 것이다.

$$7 + 5 - F_1 = 7 - F_2. \tag{6.9}$$

명수의 변호사는 이러한 수수료 체계를 제공할 수 있을까? 변호사는 위험 중립적이고 소송의 기댓값은 0보다 크기 때문에, 대답은 "예"가 되어야 한다. 위험에 대한 중립성이란 변호사가 수수료의 기댓값으로 자신의 시간과 노력에 대한 기회비용 2만큼을 충분히 보전할 수 있다면 만족한다는 것을 뜻한다. 그러므로

$$0.5\,F_1 + 0.5\,F_2 = 2. \tag{6.10}$$

식 (6.9)와 식 (6.10)을 풀면, $F_1 = 4.5$이고 $F_2 = -0.5$이다.

F_2가 음수로 나온다는 것은 명수가 소송을 제기하고 패소한다면 그의 변호사는 명수에게 0.5를 지불할 것임을 뜻한다. 그러므로 이러한 수수료 체계하에서 명수는 소송 결과와 무관하게 $M = 7.5$를 보장 받게 되는데, 이는 소송을 제기하지 않을 때보다 0.5만큼 더 많다. (0.5는 소송의 기댓값과 정확히 일치한다는 점에 주목하기 바란다.) 그러므로 명수의 변호사가 이러한 수수료 체계를 제시할 경우, 명수는 소송을 제기할 것이다. 왜냐하면 소송을 제기할 때의 명수의 기대효용 $U = (1 - 1/7.5) = 0.87$은 소송을 제기하지 않을 때의 효용 0.86보다 더 높기 때문이다.

이러한 예는 위험이 연루된 상황에서의 거래에서 위험 중립적인 판매자가 일종의 보험회사처럼 행동함으로써 위험 기피적인 구매자에게 거래를 훨씬 더 매력적으로 만들 수 있다는 원리를 보여준다.

개념 확인 6.5

위의 예 6.5에서, 소송을 제기하거나 하지 않거나 두 가지 대안들에 대해서 명수를 무차별하게 만들어주는 F_1과 F_2의 값을 계산하라.

확정동등치

어떤 도박의 확정동등치는 한 개인이 돈을 받거나 도박에 참여하거나 사이의 대안들 사이에서 무차별하게 만들어주는 금액의 돈을 뜻한다.

위의 개념 확인 6.5의 질문에 대한 해답을 우리는 소송 제기라는 도박의 **확정동등치**(certainty equivalent value)라고 부른다.[9] 어떤 도박의 확정동등치는 개인으로 하여금 돈을 받거나 도박을 받아들이거나 두 대안들 사이에서 무차별하게 만들어주는 금액의 돈을 의미한다.

위험 기피적인 소비자들은 위험에 노출되는 것을 좋아하지 않는다. 그래서 대개 소비자들은 위험을 줄이기 위해서 상당한 규모의 자원을 희생할 의향이 있다. 그러므로 소비자들에게 있어서 어떤 도박의 확정동등치는 도박의 기댓값보다 작다. 개념 확인 6.5에서 살펴보았듯이 예 6.5의 소비자는 성공적이지 못한 소송의 비용 전체를 떠안는 위험을 짊어지기보다는 차라리 0.5만큼 낮은 기댓값을 기꺼이 받아들였을 것이다.

6.6 불행에 대비한 보험 가입

다양한 소비자들이 직면하는 위험들이 서로 **독립적**일(*independent*) 때 (다시 말해서, 한 소비자에게 어떤 나쁜 결과가 일어날 가능성이 그 결과가 다른 소비자에게 일어날 가능성과 관련이 없을 때), 소비자들은 대개 힘을 모아 자신들이 더 선호하는 결과를 달성할 수 있다.

위험의 공동부담

앞에서 다룬 도박 3을 다시 떠올려보자. 이 도박은 동전을 던져 앞면이 나오면 $20,000를 얻고, 뒷면이 나오면 $10,000를 잃는 도박이었다. 이 도박은 (기댓값이 $5000이므로) 공정한 도박보다 훨씬 좋은 조건인 것은 분명하지만, 대부분의 사람들은 $10,000라는 손실

---

9. [역주] 이 용어를 확정동등치 이외에도 동등확정가치, 확정동등가치, 확실등가가치 등으로 번역하기도 한다.

을 감당하기 어려워하기 때문에 이 도박을 받아들이기를 꺼려할 것이다. 그러나 여러분이 9999명의 다른 사람들과 함께 이 도박을 각자 수용하고, 도박의 결과로 발생하는 이득과 손실을 함께 똑같이 짊어지기로 합의한다고 생각해보자. 여러분은 그러한 협약에 가입하겠는가?

가입하지 않겠다면 제정신이 아닐 것이다. 왜냐하면 공정한 동전을 10,000번 던지면 앞면이 4,999번에서 5,100번 사이에서 나타날 확률이 95퍼센트 이상이기 때문이다. 여러분이 이 협약에 가입하는 경우 좋은 점은 여러분 몫의 상금에 대한 기댓값이 $5,000일 뿐만 아니라 (혼자서 도박에 참여하는 경우와 상금의 기댓값은 똑같다), 상금에서 여러분 몫이 실제로도 $5,000에 가깝게 나올 가능성이 매우 높다는 점이다. 협약에 가입하고도 돈을 잃으려면 동전을 10,000번 던져서 뒷면이 2/3 이상 나와야 하는데, 그런 일이 발생할 가능성은 너무나 낮기 때문에 실제로 걱정할 필요가 거의 없다.

위험을 나눠 짊어지는 행위 또는 위험의 **공동부담**(*risk pooling*)이 효과를 발휘하는 것은 **대수의 법칙**(law of large numbers)이라는 통계적 성질 때문이다. 대수의 법칙에 따르면 어떤 사건이 확률 p로 매우 많은 수의 개인들 각자에게 독립적으로 발생할 때 특정 연도에 그 사건을 겪은 사람들의 비율(*proportion*)이 p에서 크게 벗어날 가능성은 매우 낮다. 일반 주택을 파괴하는 화재를 예로 들어보자. 소수의 개별 가정집들만을 놓고 보면 화재로 주택이 전소되는 비율은 매년 큰 폭으로 변동할 것이다. 그러나 100만 채의 주택들을 표본으로 삼는다면 매해 화재로 전소되는 주택들이 약 1,000채 정도라는 것을 상당히 확실하게 알 수 있다. (이를 비율로 표시하면 $1,000/1,000,000 = 0.001$이 된다.)

개인의 경우 또는 개인들의 소집단의 경우, 우발적인 손실은 본래 불확실하게 발생한다. 그러나 대집단의 경우에는 사고를 겪을 사람들의 비율이 매우 안정적이고 예측 가능하다. 이러한 대수의 법칙에 따라 사람들은 공동 대처를 통해 자신이 노출될 수밖에 없는 위험을 줄일 수 있다.

위험을 나눠 짊어지는 또 다른 방법은 기업의 소유권을 공동으로 돌리는 방식이다. 새로운 사업을 시작하면 두 가지 결과가 발생한다. 사업이 성공하거나 실패하는 것이다. 사업이 성공한다면 기업 소유주는 큰 돈을 번다. 그러나 훨씬 가능성이 높은 결과는 사업이 실패하는 경우이다. 이 경우 소유주는 초기 투자의 전부 또는 일부를 잃는다. 그러므로 사업을 시작하는 것은 일종의 도박이다. $10,000의 초기 투자액이 필요한 벤처 기업을 예로 들어보자. 사업이 실패할 확률은 1/2이고, 이 경우 초기 투자금을 잃는다. 하지만 사업이 성공할 확률도 1/2이고, 이 경우 초기 투자액은 물론이거니와 추가로 배당금 $20,000를 벌 수 있다고 가정하자. 그렇다면 이 사업은 근본적으로 앞서 살펴본 도박 3과 동일하다. 이 사업의 기댓값이 $5,000로 0보다 크지만, 많은 이들은 이 사업을 추진하기에 너무 위험하다고 여길 것이다. 그러나 100명이 모여서 자원을 합쳐 투자한다면, 이 벤처 사업은 정확히 도박 2와 같아질 것이다. 각자가 확률 1/2로 $100를 손해 볼 각오를 하거나 확률 1/2로 $200를 얻게 되기 때문이다. 벤처 사업의 성격은 그대로인데 이 사업은 이제 많은 이들에게 매력적인 투자가 된다.

대수의 법칙

발생 확률 p인 어떤 사건이 서로 독립적으로 N번 발생한다면 그 사건이 일어나는 경우들의 비율은 N이 커짐에 따라 p에 접근한다는 통계 법칙

합명회사, 합자회사, 기업연합 등의 다양한 제도적 장치들을 통해서 사람들은 받아들이기 어려울 정도로 큰 위험을 통제 가능할 만큼 작은 위험으로 바꿀 수 있다. 이는 재산이 아주 많은 사람이 여러 독립적인 사업들에 투자하여 위험을 최소화하는 행태와 같은 방식이다. 몇몇 사업들은 실패하겠지만, 대부분이 망할 가능성은 매우 낮기 때문이다.

불확실성을 낮추려는 집단적 대응의 또 다른 예로는 보험시장에서 활동하는 기업들을 들 수 있다. 자동차 책임보험의 경우를 예로 들어 살펴보자. 자동차 사고로 사망사고나 중상자가 발생하는 경우, 법원은 운전자에게 수십 억 원에 달하는 배상을 명령할 수도 있다. 그 정도로 심각한 사고는 발생할 가능성이 매우 희박하지만, 그 결과가 너무 심각하기 때문에 정말로 사고가 나는 경우 혼자 힘으로 해결할 수 있는 가정은 거의 없을 것이다. 그래서 민간 보험회사들은 이러한 위험을 공동으로 부담할 수 있는 방법을 소비자들에게 제공한다. 연간 보험료 수십 만 원을 내면, 보험계약자들은 매년 몇 건의 대형 사고에 대한 막대한 보상금을 지불하기에 충분한 보험료 수입을 모을 수 있다. 대수의 법칙에 의해서 보험회사들은 사고 보상금을 지불하려면 보험료 수입이 얼마나 필요한지 매우 정확하게 예측할 수 있다. 사실 보험 가입자들은 각자 보험료를 지불함으로써 확실하지만 적은 금액의 손실을 받아들이는 대신, 훨씬 큰 손실이 발생할 경우 보험회사가 이를 대신 책임져 줄 것이라는 보장을 받는다.

보통의 소비자에게 있어서 민간 시장에서 판매하는 보험 상품은 위에서 정의한 구체적인 내용에 비추어보면 언제나 불공정한 도박이 될 것이다. 만약 어떤 보험회사가 보험료로 징수한 금액을 전부 보험금 지급액으로 사용한다면, 소비자 입장에서 이러한 보험을 구입하는 것은 공정한 도박에 참여하는 것과 같다. 보험 가입자가 낸 보험료가 나중에 되돌려 받는 보험금과 평균적으로 볼 때 같아지기 때문이다. 그러나 민간 보험회사에서는 지불하는 보험금보다 보험료를 더 많이 징수해야 한다. 보험회사를 운영하는 데 비용이 들어가기 때문이다. 보험모집인, 회계사, 보험금 청구 조사원, 보험회사 사무실 임대료 등을 소비자가 지불하는 보험료에서 가져다 사용하기 때문이다. 그래서 평균적으로 볼 때 소비자들은 자신들이 낸 보험료보다 보험금 지급액을 덜 돌려받게 된다. 대부분의 사람들이 엄청난 규모의 공정한 도박(보험에 가입하지 않은 채 위험에 노출되는 것)보다 소규모의 불공정 도박(보험에 가입하는 것)을 더 선호하는 행태는 대부분의 사람들이 위험 기피적이라는 사실에 대한 증거로 자주 인용된다.

보험에 대한 유보가격

손실에 대비하여 소비자가 보험료로 최대 얼마를 지불할까? 초기 재산액이 700인 위험 기피적 소비자가 그림 6.7에 제시된 형태의 효용함수 $U(M)$을 보인다고 가정하자. 이 소비자가 확률 1/3로 600의 손실을 입을 가능성에 처해 있다면, 기대효용은 $(1/3)U(100) + (2/3)U(700) = (1/3)(18) + (2/3)(36) = 30$이다. (그림 6.7에서 그의 기대효용은 보험에 가입하지 않는 경우의 기대 재산액인 $M = 500$에서 수직으로 위로 점선을 그어 A와 C를 연결한 선분과 만나는 점에 위치하고 있음을 기억하기 바란다.) 이제 이 소비자가 손실을 완전히 보장해주는 보험에 가입한다고 가정하자. 그러한 보험 상품에 가입하기 위해 그는

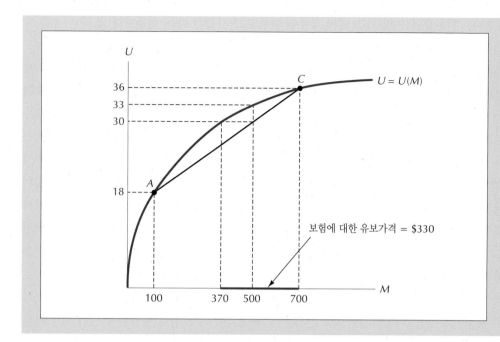

그림 6.7
보험에 대한 유보가격
이 소비자의 초기 재산은 700이고 확률 1/3로 600을 잃을 위험에 직면해 있다. 그의 기대효용은 30이다. 확실한 재산 370 수준에서 기대효용 30을 얻을 수 있으므로 이 소비자는 최대 700 − 370 = 330을 손실에 대비한 보험료로 지불할 의향이 있을 것이다.

얼마나 지불할 의향이 있을까? 그림 6.7에서, 그가 보험 상품에 330을 지불한다면, 손실이 발생하건 발생하지 않건 그의 효용은 $U(700 − 330) = U(370) = 30$임을 알 수 있다. 이는 소비자가 보험에 가입하지 않은 경우의 기대효용과 정확히 같으므로, 그는 보험을 구입할 경우와 구입하지 않을 경우에 대해서 무차별할 것이다. 그러므로 이 보험 상품에 대한 그의 유보가격(*reservation price*), 즉 이 보험 상품에 대한 최대지불의사액은 330이다. 이때 700 − 330 = 370은 확률 1/3로 700 − 600을 얻고 확률 2/3로 700을 얻는 도박의 확정동등치라는 점에 주목하기 바란다. 만약 I가 보험의 실제 가격이고 330보다 작다면, 이 소비자는 보험 상품에 가입하고 소비자 잉여 330 − I를 얻게 된다.

역선택

거래 의사가 있는 이질적인 개인들로 이루어진 집단에게 거래를 할 기회가 주어지는 경우, 거래를 받아들이는 이들은 평균적으로 거래를 받아들이지 않는 이들과 다를 것이다. 예를 들어 판매용 중고차들은 판매되지 않는 중고차들보다 질이 좋지 않다. 맞선 서비스 업체를 이용하는 사람들은 이용하지 않는 사람들에 비해서 만날 가치가 일반적으로 낮다. 이러한 예들은 레몬 원리를 보여준다. 그리고 때때로 **역선택**(adverse selection)의 예들로 거론되기도 한다. 역선택이란 구매자들이나 판매자들의 모집단 중에서 "바람직하지 않은"(undesirable) 구성원이 자발적 거래에 더 많이 참가할 가능성이 있는 작용을 의미한다.

　역선택은 특히 보험시장에서 중요한 현상이다. 소비자들과 보험회사들 모두가 편익을 얻을 수 있는 거래가 발생할 가능성을 낮추는 결과를 종종 초래하기 때문이다. 영업을 계속하기 위해서, 보험회사는 보험 가입자들에게서 받는 보험료로 보험금 지급액과 관리비용을 충당해야 한다. 그러므로 보험료를 산정할 때에는 보험금 지급 요청의 확률을 면밀하게 고려해야 한다. 그러나 모든 잠재적인 소비자들이 똑같은 확률로 보험금 지급을 요청하지는

역선택
덜 매력적인 잠재적 거래 당사자들이 자발적으로 교환에 참가하려는 작용

않는다. 예를 들어, 자동차 보험의 경우에 어떤 운전자들은 다른 이들보다 몇 배나 높은 사고 확률을 보인다.

만약 가장 위험도가 높은 운전자들을 식별해 낼 수 있다면, 보험회사들은 이에 따라 보험료를 조정할 수 있다. 물론 지금도 보험회사들은 어느 정도까지는 운전자들의 특성에 따라 보험료를 차등 부과하고 있다. 예를 들어 사고를 낸 적이 있는 운전자들이나 심각한 교통 위반을 저지른 운전자들이나, 심지어 이전에 보험에 가입한 적이 없는 운전자들에 대해서 더 높은 보험료를 부과하고 있다. (뒤쪽에서 우리는 보험회사들이 서로 다른 집단에 속해 있지만 동일한 기록을 가진 사람들에게 보험료를 차등 부과하는 실태에 대해서 살펴볼 것이다.) 그러나 이런 정도로 보험료를 차등 부과하는 것만으로는 불충분하다. 사고 경력이 없거나 교통 범칙금을 낸 적이 없는데도 기록이 깔끔하지 않은 운전자들보다 훨씬 더 높은 위험도를 보이는 사람들이 존재하기 때문이다. 보험자의 특성에 따라 보험 약관을 아무리 맞춤형으로 세분하여 제공한다고 해도 한계가 있기 마련이므로, 특정 보험 상품의 잠재적인 보험 가입자들 간에는 어쩔 수 없이 매우 큰 차이가 존재하기 마련이다.

보험시장에서의 경쟁 압력으로 인해 특정 보험 상품의 보험료는 약관에 담긴 위험의 평균 수준을 반영하여 책정될 것이다. 자신이 평균적인 운전자들보다 훨씬 더 위험하게 운전한다는 것을 아는 가입자들 입장에서는 책정된 보험료가 매력적으로 느껴진다. 그러나 이 점이 평균보다 훨씬 덜 위험하게 운전하는 사람들에게는 동전의 양면처럼 작용하여 오히려 보험료가 너무 비싼 것으로 느껴진다. 그 결과 가장 위험도가 낮은 운전자들은 보험에 가입하지 않고 위험을 스스로 감당하게 된다. 이렇게 위험도가 가장 낮은 사람들이 보험시장에서 빠져나가는 순간, 남아 있는 운전자들의 평균적인 위험도는 올라가고, 보험회사는 보험료를 인상해야 한다. 이로 인해서 위험도가 낮은 사람들에게 해당 보험 상품은 너무 비싸게 느껴지고, 더 많은 운전자들이 보험에 가입하지 않은 채 운전을 하게 된다. 결국 최악의 운전자들을 제외한 모든 이들이 보험시장에서 빠져나가게 된다. 하지만 이는 조심스럽게 운전하는 많은 소비자들에게는 불행한 결과이다. 왜냐하면 많은 운전자들은 자신들이 입을 기대 손실에 근접한 금액이라면 기꺼이 보험료를 지불하고 보험에 가입할 것이기 때문이다.

도덕적 해이

도덕적 해이

사람들이 사기성 보험금 신청을 하게 만들거나 절도나 손해에 대비하여 보험에 가입한 상품에 대해 관리를 부주의하게 하도록 만드는 유인

보험시장에서 중요한 의미를 갖는 또 다른 현상은 **도덕적 해이**(moral hazard)다. 이 현상은 보험으로 인해서 사람들이 비효율적이거나 심지어 부정한 방식으로 행동할 때 발생한다. 예를 들어, 사고로 인한 보험금 청구가 너무 이상해서 보험수사관들이 "혹 마을"(Nub City)이라는 별명을 붙인 미국 플로리다 주의 어느 작은 마을의 경우를 살펴보자.

겨우 50명 남짓 거주하는 이 마을에서는 다양한 신체 장기 및 부속 기관(器官)을 잃는 "사고"로 최고 30만 달러에 달하는 보험금이 여러 피보험자들에게 지불되었다. 하지만 보험수사관들은 피보험자들을 불구에 이르게 만든 이 사고들이 실상은 고의로 저지른 일들이라고 보고 있다. "사고"를 목격한 사람들이 과거에 보험금을 받은 이들이거나 피해자의 친척이기 때문이다. 한 수사관은 "어떻게 된 일인지 가장 필요가 덜한

신체 부위에 대해서만 총기 사고가 발생한다."라고 말했다.[10]

보험회사가 보험료로 징수하는 금액은 보험금 지급액을 충분히 감당할 만큼 높아야 하므로, 사기성 보험금 청구가 발생하면 그렇지 않을 때에 비해서 보험료가 더 높아질 수밖에 없다. 그러나 도덕적 해이는 사기와 무관한 이유로도 보험료를 상승시킨다. 예를 들어, 자신의 자동차에 대해서 보험에 가입한 많은 사람들은 자동차가 손상을 입거나 도둑을 맞을 가능성을 낮추기 위해 취하는 간단한 조치들을 덜 취하게 된다. 이와 비슷한 예로 화재 보험에 든 주택 소유자는 화재가 발생하는 경우 피해를 줄여주는 스프링클러 장치를 같은 이유에서 설치할 가능성이 낮다. 조심하는 일에도 비용이 발생하는 법이며, 보험회사가 그 어떤 손실에 대해서도 완전히 보상을 해 줄 것임을 아는 사람들은 덜 조심할 가능성이 높은 것이다.

6.7 통계적 차별

앞서 언급했듯이 대개 자동차 보험회사들은 보험 가입자들의 운전 기록에 따라 보험료를 조정하려고 노력한다. 그뿐만이 아니라 대부분의 회사들은 동일한 운전 기록을 보이더라도 두 사람이 현저히 다른 평균 위험군에 속하는 경우, 보험료를 차등 부과한다. 가장 특징적인 예는 25세 미만인 미혼 남성 운전자들에 대해서 굉장히 높은 보험료를 부과하는 행태일 것이다. 이 집단에 속하는 운전자들의 평균 사고율은 다른 인구학적 범주에 속하는 이들보다 훨씬 높다고 한다. 하지만 아무리 그렇다고 해도 25세 미만의 남성들 중에서 많은 이들은 아주 훌륭한 운전자들이라고 할 수 있다. 여러분과 함께 강의를 듣는 학생들 중에서도 운전 실력이 빼어난 사람들이 여럿 있을 것이다. 그러나 문제는 보험회사들이 이들을 적당한 비용을 들여서 식별해 내는 것이 매우 어렵다는 점이다.

캘리포니아 주에서는 도시의 어느 구역에 거주하는지에 따라서 보험료를 다르게 책정한다. 교통체증, 절도, 파손 행위, 미보험 운전자, 그리고 보험금 청구에 영향을 주는 다른 요인들이 구역에 따라 다르기 때문이라는 것이 보험회사들의 주장이다.[11] 그 결과 겨우 20미터 떨어진 이웃에 거주하지만 우편번호가 다른 구역에 속하는 사람들이 서로 상당히 다른 보험료를 내야 하는 기이한 일이 벌어진다.

많은 이들은 이렇게 보험료 차이가 나는 것은 본질적으로 불공평한 일이라며 불평해 왔다. 그러나 보험회사들의 행태가 공정한지 아닌지에 대해서 판결을 내리기 전에, 이렇게 차별적으로 보험료를 부과하는 일을 포기하는 경우 어떤 일이 벌어질 것인지 이해하는 것이 중요하다. 예를 들어, 어떤 회사가 무사고 운전 기록을 지닌 모든 운전자들에게 똑같은 보험료를 받고 보험 상품을 판매하기로 했다고 하자. 현재 보험에 가입해 있는 이들을 그대로 받아들인다면, 안전하지 않은 지역에 사는 사람들과 10대 남성과 기타 고위험군에 속한 이들이 현재 지불하는 보험료를 낮춰주는 셈이 된다. 그 밖의 사람들에 대해서는 보험료를 높

---

10. *Wall Street Journal*, December 23, 1974.

11. Eric Smith and Randall Wright, "Why Is Automobile Insurance in Philadelphia So Damned Expensive?" *American Economic Review*, 82, 1992: 756–772.

여야 한다. 하지만 안전한 지역에 거주하는 나이가 많은 운전자들이 이 회사의 보험에 여전히 가입할 이유가 있을까? 이들은 예전처럼 운전자들의 특성에 따라 보험료를 차등 부과하는 예전 방식을 고수하는 회사로 보험을 바꿀 수 있고 또 많은 이들이 그렇게 할 것이다. 이와 같은 논리로, 차별적 보험료를 책정하는 보험 상품에 가입하고 있던 고위험군 운전자들은 차별없이 보험료를 책정하는 새로운 회사의 상품에 가입할 강력한 유인이 생길 것이다. 그 결과, 이 회사에는 고위험군에 속하는 가입자들만이 남게 될 것이다. 여전히 모든 이들에게 동일한 보험료를 부과한다는 정책을 밀어붙일 수 있겠지만, 그러려면 가장 위험도가 높은 집단에 의해서 발생하는 보험금 청구를 충분히 감당할 만큼 높은 보험료를 책정해야만 할 것이다.

이러한 문제가 있다는 것을 잘 알기에, 미국의 어떤 주들은 위험군에 따른 보험료 책정 방식을 금지하는 법률을 제정하려고 하고 있다. 만약 **모든** 보험회사들로 하여금 똑같은 보험료를 책정하게 만든다면, 저위험군에 속하는 가입자들이 높은 보험료를 피해 다른 회사들로 옮겨갈 수 없을 것이라는 논리이다. 그러나 이러한 방식은 민간 보험회사들이 원치 않는 보험 상품을 판매하도록 정부가 강제할 수 없다는 점에서 실효성이 없다. 만약 정부가 보험회사들로 하여금 동일한 보험요율을 책정하게 만든다면 이들은 가장 비용이 많이 발생하는 지역에서는 보험 상품을 더 이상 판매하려 들지 않을 것이고, 그 결과 더 높은 보험료를 지불하더라도 보험에 가입해 있던 고객들이 더 이상 보험에 가입하지 못하게 될 것이다.

응용 : 작은 손실에 대해서는 언제나 스스로 대비하라

앞서 언급했듯이, 민간 시장에서 제공하는 보험은 보험회사가 관리비용으로 보험료의 일부를 사용하기 때문에 음의 기댓값을 보인다. 역선택 현상까지 고려하면 잠재적 손실의 크기가 충분히 감당해 낼 정도인 경우 보험에 가입하지 않고 스스로 위험에 대처하는 것이 낫다고 볼 수 있다. 역선택 현상 때문에 보험회사들로 하여금 평균적인 보험 가입자들보다 손실 위험이 훨씬 더 큰 가입자들에게 지출되는 비용까지 충분히 감당할 수 있도록 보험료를 책정해야 한다. 게다가 도덕적 해이 문제도 보험료가 평균적인 사람들의 손실에 대한 기댓값보다 높아지도록 만든다.

보험회사들의 관리비용까지 충당하기 위해서 보험료가 책정되어야 한다는 점, 역선택 현상의 존재, 그리고 도덕적 해이의 비용 문제를 고려하더라도, 우리는 대부분 집에 불이 나는 경우와 같이 대규모 손실에 대해서 보험에 가입해 두는 것이 분별 있는 행동이라고 여긴다. 그러나 많은 이들이 이보다 훨씬 작은 손실들에 대해서도 보험에 가입해야 한다고 믿는다.

소소한 손실에 대해서 보험에 가입하는 것은 오직 소소한 결과를 초래하는 경우에는 가장 큰 기댓값을 제공하는 대안을 선택해야 한다는 원칙에 위배된다. 대개 자동차에 대한 손해보험에서는 자기차량에 손해가 발생하여 보험금을 청구하는 경우 보장되지 않는 금액을 선택하도록 소위 "자기부담금 조항"(deductible provision)을 두고 있다.[12] 예를 들어 여러

보험회사들은 비용을 충당해야만 하므로 평균 보험금 지불액보다 높게 평균 보험료를 책정해야 한다. 그러므로 평균적인 고객의 경우 보험에 가입하는 것은 음의 기댓값을 보이는 도박에 참가하는 일이다. 그러므로 장기적으로 봤을 때, 소소한 손실에 대해서는 보험에 가입하지 않는 것이 오히려 유리한 셈이다.

---

12. [역주] 손해보험협회 공시실(http://kpub.knia.or.kr/index.jsp)에서는 일반 보험소비자가 보험상품을 선택하는데 도움을 주기 위해서 다양한 정보를 제공한다. 소비자가 자동차보험료, 실손의료보험료, 연금저축비교공시 등을 직접 비교 확인할 수 있다.

분이 $200의 자기부담금을 선택하면, 보험회사에서는 $200를 초과하는 청구액에 대해서만 보험금을 지급한다. 자기부담금 조항이 있으면 보험료가 훨씬 싸진다. 왜냐하면 보험회사 입장에서는 청구액 중 $200는 지급할 필요가 없을 뿐만 아니라, 소소한 피해에 대한 청구 사건들을 처리하느라 노력과 비용을 들이지 않아도 되기 때문이다. 소비자 입장에서도 자기부담금 조항으로 보험료에서 절약하는 금액이 소소한 사고 때문에 지출하게 될 것으로 예상되는 추가 지출액보다 크기 때문에 이익이다. 그리고 자기부담금 한도를 더 높게 설정할수록 절약할 수 있는 금액의 기댓값은 더 커질 것이다. 자동차 사고에 대해서 100퍼센트 완전히 보험에 가입하는 것보다 자기부담금 한도를 상당히 높게 설정한 뒤 절약한 보험료를 은행에 저축하는 것이 낫다.

그렇다면 자기부담금 한도를 얼마로 설정해야 할까? 사고가 발생하는 경우 보험의 도움을 받지 않고 충분히 대처할 수 있는 자원이 충분하다는 가정하에, 자기부담금 한도는 높을수록 좋다. 대부분의 중위 및 상위 소득자들에게는, 그리고 연식이 오래되어 낮은 등급에 속하는 싸구려 차량에 대해서는 자동차보험에서 자기차량손해보험에 아예 가입하지 않는 것이 가장 현명한 전략이다.[13]

하지만 이 전략을 따랐다가 만약 여러분의 $20,000짜리 차량이 수리가 불가능할 정도로 부서지는 경우를 겪는다면 어떻게 할까? 당연히 기분은 매우 나쁠 것이다. 그러나 나쁜 결과가 나왔으니 애초에 현명하지 못한 결정을 내렸던 셈이라는 잘못된 논리(bad-outcome-implies-bad-decision fallacy)의 희생양이 되지 않도록 주의하기 바란다. 결국 그렇게 큰 사고가 날 확률은 애당초 매우 낮을 뿐만 아니라, 그런 사고를 당하는 경우라도 생애 전체에 걸쳐 보험료에서 절약한 금액으로 사고에 충분히 대처할 수 있기 때문이다. 자기차량손해보험에 들지 않는 것이 드는 것에 비해서 공정한 도박에 참여하는 일보다 더 유리하므로, 최악의 결과에 대처할 수 있을 정도로 부유하다면 자기차량손해보험에 들지 않는 편이 낫다.

주의할 점 : 큰 손실에 대해서는 언제나 보험에 가입하라

오해의 여지를 없애기 위해서, 앞 절에서 제시한 논리는 큰 손실에는 적용되지 않는다는 점을 명확히 해야겠다. 큰 손실을 생애 재산의 상당한 비율을 잃게 되는 손실로 정의한다면 그런 종류의 손실에 대해서 여러분은 보험에 가입해야 할 것이다. 파국적인 질병은 물론이거니와 장애로 인한 소득 손실에 대비하기에 충분한 건강보험에 가입해야 하고, 엄청난 배상금을 지불할 수도 있는 가능성에 대비해서 사업상 포괄적인 책임보험에 가입해야 하며, 홍수가 잦은 지역에 산다면 홍수 피해에 대한 보험에도 가입해야 할 것이다.

그러나 얄궂게도 많은 사람들이 이렇게 삶을 산산조각 낼 수 있는 위험들에 대해서는 아

---

13. [역주] 자동차보험은 사고 유발자가 자신인 경우, 상대의 대인 대물에 대해 보상하는 부분인 책임보험(liability insurance)과 자신의 신체 및 차량에 대해 보상하는 부분과 무보험차상해 등에 대해 보상하는 자기보상보험(collision and comprehensive)으로 구성되어 있다. 상대의 실수인 경우에는, 상대가 가입한 책임보험에 의해서 나의 대인 대물 피해를 모두 보상 받을 수 있다. 그러므로 본문에서 예로 든 경우는 어디까지나 자신의 실수로 사고를 내는 경우에 자기차량에 대한 손해에 국한된 논리임을 잊지 말기 바란다.

무런 대비를 하지 않고 있다. 텔레비전 세트를 도난당할 가능성에 대비하는 보험에는 완전히 보험에 들면서도 말이다. 기대효용 극대화에 통달한 사람이라면 이러한 분별없는 행태를 피하는 법을 알 것이다.

이번 장의 부록에서는 탐색 이론과 승자의 저주에 대해서 좀 더 자세히 살펴본다.

▪ 요약 ▪

- 경제적인 거래에 잠재적으로 참가할 가능성이 있는 이들은 대개 같은 목표를 가지고 있는 경우가 많다. 그러나 이들이 서로 적대적인 관계에 있다고 보는 것이 중요할 때가 있다. 상품 및 노동시장에서, 구매자들과 판매자들은 모두 자신들이 제공하는 바를 허위로 제시할 강력한 유인을 가지고 있다. (학습목표 *1*)

- 잠재적인 경쟁자들 사이에 오고가는 메시지가 믿을 만한 것이 되려면, 해당 메시지를 거짓으로 보내는데 비용이 많이 수반되어야 한다. 예를 들어, 막대한 매몰비용을 짊어져야 하는 기업이라면 고객을 만족시키지 못하는 경우 막대한 금전적 손실을 입을 것이기 때문에 자신들이 확실한 제품을 공급하고 있다는 믿을 만한 메시지를 전달할 수 있다. 그에 비해서 노점상은 비용을 거의 들이지 않고도 언제든지 사업을 접을 수 있으므로, 자신이 고품질 상품을 판매한다고 고객들을 설득하기가 어렵다. (학습목표 *1*)

- 또한 잠재적인 경쟁자들 간에 주고받는 메시지는 정보 완전 공개 원리를 만족시켜야 한다. 이는 만약 어느 한 쪽이 자신에게 유리한 정보를 공개할 수 있다면, 다른 쪽 역시 자신에게 유리하지 않은 종류의 정보일지라도 상대방에 준해서 정보를 공개해야 한다는 압력에 처하게 된다. 저품질 상품을 생산하는 기업은 제한적인 품질 보증을 제공함으로써 자신의 제품이 열등한 품질이라는 점을 **신호로 보내고 싶지 않을** 것이다. 그러나 아무런 신호를 보내지 않게 되면, 많은 소비자들이 이 기업의 제품이 실제보다 더 형편없는 품질이라고 평가하게 될 것이다. (학습목표 *2*)

- 이질적인 잠재적 거래자들이 뒤섞인 집단에서 거래를 할 기회가 생기면, 해당 거래를 받아들이는 이들은 거래를 거부하는 이들과 비교할 때 다를 것이다. 어떤 의미에서는 해당 거래를 받아들이는 이들은 거래를 거부하는 이들에 비해서 오히려 더 질이 안 좋을 수도 있다. 중고차 시장에 나온 자동차들은 나오지 않은 자동차들에 비해서 질이 더 낮다. 데이트

주선 서비스에 가입하는 사람들은 가입하지 않은 사람들에 비해서 대개 만날 가치가 덜 하다. 이러한 예들은 레몬 원리를 잘 보여준다. (학습목표 *4*)

- 불확실한 상황에서의 선택 문제를 다루는 데 유용한 분석 도구는 폰 노이만−모르겐슈테른 기대효용 모형이다. 이 모형은 발생 가능한 결과들 각각에 대해서 만족도를 표시해주는 수치를 매길 수 있게 해 준다. 발생 가능한 결과들에 따라 소비자의 재산에는 그에 상응하는 변화가 발생한다. 이 모형에 의하면 합리적인 소비자라면 자신의 기대효용, 즉 모든 발생 가능한 결과들에서 얻는 효용을 가중한 합계를 극대화하는 방식으로 불확실한 여러 대안들 중에서 결정을 한다. 이때 가중치는 각 결과가 발생할 확률이다. (학습목표 *3*)

- 기대효용 모형이 주는 가장 중요한 통찰은 일군의 도박들에 대한 기댓값의 크기 순서가 이 도박들에 대한 기대효용의 크기 순서와 때때로 다르다는 점이다. 이러한 차이는 위험에 대한 소비자의 태도를 나타내는 효용함수가 비선형이기 때문에 발생한다. 오목한 모양의 효용함수는 발생 가능한 서로 다른 두 결과들을 연결한 선분의 위쪽에 늘 호가 나타난다. 이러한 모습의 효용함수를 보이는 소비자들은 위험 기피적인 행태를 보인다. 위험 기피적인 소비자들은 기댓값이 0인 공정한 도박이라도 언제나 거부할 것이다. 이에 비해서 볼록한 효용함수를 보이는 소비자는, 발생 가능한 서로 다른 두 결과들을 연결한 선분의 아래쪽에 호가 나타나게 된다. 이러한 모습의 효용함수를 보이는 소비자들은 위험 추구적인 행태를 보인다. 그리고 선형인 효용함수를 보이는 소비자는 위험 중립적인 의사결정자로, 공정한 도박을 수용하거나 거절하거나 무차별하게 느낀다. (학습목표 *3*)

- 역선택 문제로 인해 기업들은 잠재적인 구매자들과 노동자들에 관해서 가능한 한 모든 것을 알아내야 한다는 강력한 압력에 처한다. 이러한 압력 때문에 통계적 차별이 횡행하게 된다. 보험시장에서 서로 다른 사고율을 보이는 집단에 속한

이들은 개인적인 운전 기록이 동일하다더라도 대개 서로 다른 보험료를 지불한다. 이러한 보험료 책정 방식에 의해서 손해를 입는 개인들은 불공정한 대우를 받는다고 느낄 수 있다. 그러나 경쟁시장에서 이러한 가격책정 정책을 포기하는 기업들은 장기적으로 살아남기가 어렵다. (학습목표 4, 5)

• 민간 시장에서 구입한 보험은 일반적으로 불공정 도박이다. 보험회사들이 관리비용을 보험료에 포함시키기 때문이기도

하지만 역선택과 도덕적 해이 문제 때문이기도 하다. 그럼에도 불구하고 대부분의 사람들이 상당한 금액을 지불하면서 보험에 가입한다는 사실은 이들이 위험 기피적이라는 증거로 받아들일 수 있다. 또한 유한책임에 따라 주식회사를 설립함으로써 위험을 분산시키는 장치들이 널리 사용되는 것도 사람들이 위험 기피적이라는 점을 잘 보여준다. (학습목표 4)

▪ 복습문제 ▪

1. 잠재적인 경쟁자들 사이에서 오고가는 신호를 흉내내는 데 왜 비용이 발생해야 하는가? (학습목표 1)

2. 판매자와 구매자 사이에서 형성되는 잠재적 경쟁자 관계에도 불구하고 왜 상업 광고에서는 제품의 품질에 관한 정보를 제공하는가? 설명하라. (학습목표 1)

3. 구직자들에게 면접 과정에서 어떤 질문은 해도 좋지만 어떤 종류의 질문은 해서는 안 되는지를 규제하는 법률을 도입한다고 해서 실효성이 없을 가능성이 왜 생기는가? 설명하라. (학습목표 2)

4. 통계적 차별을 통해 어느 한 집단 내에서 나타나는 보험료의 분포가 어떻게 변화하겠는가? (학습목표 5)

5. 통계적 차별을 통해 서로 다른 집단에 속하는 구성원들이 지불하는 평균 보험료가 어떻게 달라지겠는가? (학습목표 5)

6. 대부분의 사람들이 위험 기피적이라고 가정하는 것이 직관적으로 그럴듯한 이유는 무엇인가? (학습목표 3)

7. 사람들이 위험 기피적이라는 가정에 상반되는 행태의 예를 제시하라. (학습목표 3)

8. 왜 사소한 손실에 대해서는 보험에 가입하지 않고 자신이 알아서 대처하는 것이 더 나은지 설명하라. (학습목표 4)

9. 사소한 손실에 대해서 사람들이 자신이 알아서 대처하지 않고 보험에 가입하는 예들을 제시하라. (학습목표 4)

▪ 연습문제 ▪

1. 기숙사 방의 지저분한 정도를 가장 깨끗한 경우 0, 가장 지저분한 경우 100으로 측정하는 경우를 생각해 보자. 기숙사 방이 지저분한 정도가 아래 그림과 같은 분포를 따른다고 하자. 예를 들어 지저분한 정도가 0에서 20 사이인 기숙사 방은 10퍼센트, 지저분한 정도가 20에서 40 사이인 기숙사 방은 20퍼센트이다.

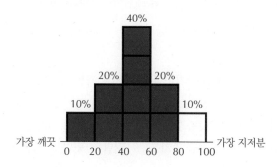

마지막으로 학생들은 지저분한 정도가 80을 넘어서면 자신의 방을 타인에게 절대로 보여주지 않는다는 점을 모두가 알고 있다고 하자. 그렇다면 누군가가 "지금은 내 방에 올 수 없어.

방이 정말 지저분하거든."이라고 말하는 경우, 그 사람의 기숙사 방이 지저분한 정도에 대한 여러분의 최선의 추정치는 얼마이겠는가? 모든 가용한 정보를 누구나 사용할 수 있는 세상이라면, 여러분은 지저분한 정보가 80을 넘어서면 방을 타인에게 보여주지 않는다는 이러한 원칙이 계속 지켜질 것이라고 기대하는가? 학생들은 때때로 정말 기숙사 방이 지저분하기 때문에 친구들을 초대하지 않는다는 사실에 대해서 여러분은 어떤 결론을 끌어낼 수 있는가? (학습목표 2)

2. 십대 남성 고객에게 다른 고객들과 똑같은 자동차 보험료를 부과하는 보험회사에게 어떤 일이 벌어질 것인지 상세하게 설명하라. (학습목표 5)

3. 모든 신차들 중 d의 비율로 결함이 있다는 것이 널리 알려져 있다고 하자. 그 결함을 소유주 이외에는 식별해낼 수 없다고 하자. 모든 소비자들이 위험 중립적이고 무결함 차량에 대해서 $6,000의 가치를 둔다고 하자. 신차는 $4,000에 판매되고, 중고차는 $1,000에 판매된다. 만약 차들이 사용에 따라 감가상각 되지 않는다면, 이때 d의 값은 얼마인가? (학습목표 4)

4. 신형 모터사이클은 $9,000에 팔리는 데 비해 중고 모터사이클은 $1,000에 팔린다. 만약 감가상각이 되지 않고 위험 중립적인 소비자들이 모든 신형 모터사이클 중 20퍼센트에 결함이 있다는 것을 안다면 소비자들은 무결함 모터사이클에 대해서 얼마나 높은 가치를 둘까? (학습목표 4)

5. 여러분이 소유한 1986년형 기아차의 배출장치를 교체해야 한다고 하자. 여러분은 새 배출장치의 가격이 차량 가격과 같을 것으로 예상한다. 만약 여러분의 차량이 배출장치를 제외한 다른 부분에서는 모두 괜찮다면, 애컬로프의 레몬 모형에 의거하여 새 배출장치를 구입하여 차를 고칠 것인지 말 것인지 여러분의 결정을 분석하라. (학습목표 4)

6. 임의로 뽑은 사회복지사가 임의로 뽑은 일반인보다 여러분의 복지카드를 이용해서 속일 가능성이 더 낮다고 가정하는 근거가 무엇인지 설명하라. (학습목표 5)

7. 20세기에서 21세기로 넘어오면서 대부분의 은행들은 창구 직원들에게도 대학 졸업장을 요구하기 시작했다. 은행 창구 업무가 고교 졸업생 정도의 업무역량을 갖춘 사람이라도 충분히 수행해 낼 수 있음에도 불구하고 현재 많은 은행들에서는 대졸자를 대상으로 창구직원을 뽑는다. 대학 교육의 실질 비용이 20세기 말과 비교해서 더 낮다고 가정한다면, 그리고 능력이 더 높은 사람들에게는 대학 교육의 실질 비용이 더 낮다고 가정한다면, 왜 은행들이 고용 기준을 더 높이게 되었는지 논리적인 설명을 제시하라. (학습목표 1)

8. 여섯 개의 면들이 완벽하게 만들어진 공정한 주사위를 임의로 던질 때 기댓값은 얼마인가? (학습목표 3)

9. 공정한 동전을 두 번 던질 때 발생 가능한 네 가지 결과들에 대해서 다음과 같은 보상이 주어진다고 하자.

앞면 – 앞면 = 상금 20 수령,   앞면 – 뒷면 = 상금 9 수령,

뒷면 – 앞면 = 벌금 7 지불,   뒷면 – 뒷면 = 벌금 16 지불.

이 도박의 기댓값은 얼마인가? (학습목표 3)

10. 여러분의 효용함수가 $U = \sqrt{M}$으로 주어졌다고 하자. 여기에서 M는 여러분의 재산을 뜻한다. 만약 M의 초기값이 16이라면 여러분은 9번 문제에 제시된 도박을 받아들일 것인가? (학습목표 3)

11. 여러분에게 투자 자금 $10,000가 있다고 하자. 중개인이 전화를 해서 여러분이 요청했던 어떤 정크 본드에 대한 정보를 알려준다. 그 정크 본드를 발행하는 회사가 올해에 이익을 낸다면, 여러분은 투자 금액의 40퍼센트에 달하는 이자 수익을 올릴 수 있다. 만약 그 회사가 파산 신청을 한다면 여러분은 투자 금액을 모두 잃는다. 만약 그 회사가 손익분기점에 머문다면 여러분은 10퍼센트의 이자 수익을 얻을 수 있다. 중개인 말로는 그 기업이 손익분기점에 머물 가능성이 50퍼센트이고 파산 신청을 할 가능성이 20퍼센트이다. 정크 본드가 아니라면 여러분은 무위험 국채에 투자하여 1년간 8퍼센트의 이자 수익을 보장받을 수 있다. (학습목표 3)

 a. 이 정크 본드에 대한 투자의 기대 이자율은 얼마인가?

 b. 여러분의 효용함수가 $U = M^2$으로 주어져 있다면, 여러분은 어디에 투자하겠는가?

 c. 여러분의 효용함수가 $U = \sqrt{M}$으로 주어져 있다면, 여러분은 어디에 투자하겠는가?

12. 여러분의 현재 재산 M이 100이고, 효용함수가 $U = M^2$으로 주어졌다고 하자. 여러분에게 확률 0.25로 $10를 받고, 확률 0.75로 $0를 받는 로또 티켓이 한 장 있다고 하자. 이 티켓을 팔 때 여러분이 받을 의향이 있는 최소액은 얼마인가? (**학습목표 3**)

13. 여러분의 효용함수가 $\sqrt{M}$으로 주어져 있고, 현재 재산이 $400,000라고 하자. 자동차 사고로 여러분이 법적인 책임을 짊어지게 되어 전 재산을 날릴 확률이 0.00001이라고 하자. 이러한 위험에 대처하기 위한 보험에 가입하기 위해 여러분이 지불할 의향이 있는 최대 금액은 얼마인가? (**학습목표 3**)

14. 어떤 양계업자가 하루에 1,000개의 달걀을 생산한다고 하자. 시장에서는 달걀 한 개가 10센트에 팔리고, 양계업자에게는 다른 수입이 없다고 하자. 그의 효용함수가 $U = \sqrt{M}$으로 주어졌다고 하자. 이때 M은 그의 하루 수입이다. 양계업자가 달걀을 옮길 때 넘어져 달걀을 모두 깨뜨릴 확률이 50퍼센트라고 한다면, 그는 한 번에 모든 달걀을 옮기는 것이 나을까, 아니면 한 번에 500개씩 두 차례에 걸쳐 옮기는 것이 더 나을까? (**힌트:** 두 차례에 걸쳐 옮기는 경우에는 세 가지 가능성이 있다. 1,000개를 모두 깨뜨리는 경우, 500개만 깨뜨리는 경우, 하나도 깨뜨리지 않는 경우. 각 경우에 해당하는 확률은 무엇인가?) (**학습목표 3**)

15. 여러분의 현재 재산이 $M = 49$로, 다음과 같은 도박에 강제로 참여하게 되었다고 하자. 만약 동전의 앞면이 나오면 15를 상금으로 받고 뒷면이 나오면 13을 벌금으로 지불한다. 여러분의 효용함수는 $U = \sqrt{M}$으로 주어졌다고 하자. (**학습목표 3**)

 a. 이 도박의 기댓값은 무엇인가?

 b. 이 도박에 참여할 때의 기대효용은 얼마인가?

 c. 동전을 던져 뒷면이 나오는 경우 지불해야 하는 벌금이 15로 늘어난 경우, 여러분의 답변은 어떻게 변할 것인가?

 d. 위의 c에서 묘사한 도박에서 빠져나오기 위해서 여러분이 기꺼이 지불할 최대 금액은 얼마인가?

16. 준하에게 33의 수익을 얻을 수 있는 확률이 1/2이고 30의 손실을 입을 수 있는 확률이 1/2인 투자 기회가 주어졌다고 하자. (학습목표 3)

    a. 준하의 현재 재산이 $M = 111$이고, 그의 효용함수가 $U = \sqrt{M}$으로 주어졌다고 하자. 준하는 이 투자를 할 것인가?

    b. 준하에게 자신과 동일한 형편의 투자자 2명이 있는 경우, 그는 이 투자를 할 것인가? (기대효용의 값을 최소한 소수점 두 자리까지 계산할 것.)

17. 정약용은 $U = \sqrt{M}$의 형태를 보이는 폰 노이만–모르겐슈테른 효용함수를 보인다. 이때 M은 그의 소득을 뜻한다. 정약용이 경제학과 교수가 된다면, 그의 연간소득이 $M = 81$일 확률은 100퍼센트이다. 정약용이 변호사가 되어 대형 로펌의 파트너의 지위까지 올라간다면 그의 연간소득은 $M = 900$에 이르겠지만, 파트너가 되지 못하는 경우 겨우 $M = 25$에 그칠 것이다. 그가 파트너가 될 확률은 0.2에 불과하다. 정조는 변호사의 자질을 판단하는 데 한 번도 실패한 적이 없다. 잠시 면접을 한 뒤에는 정약용이 파트너가 될 것인지 확실하게 말해 줄 수 있다. 정약용이 이 정보를 얻기 위해서 지불할 의향이 있는 최대 금액은 얼마인가? (적절하게 수식을 수립하여 제시하라. 방정식을 풀 필요는 없다.) (학습목표 8)

18.* 앞서 17번 문제에서, 정조의 경우 정약용과의 면접에 아무런 비용이 들지 않는다고 가정할 때, 정조는 면접 결과와 무관하게 똑같은 요금을 청구함으로써 가장 높은 기대소득을 얻을 수 있는가? (학습목표 3)

19.* 같은 숫자의 사람들로 이루어진 두 집단이 있고, 모든 사람들은 $U = \sqrt{M}$으로 동일한 효용함수와 초기 재산 $M = 100$을 보유하고 있다고 하자. 집단 1의 개별 구성원은 확률 0.5로 36의 손실에 직면해 있고, 집단 2의 개별 구성원은 확률 0.1로 2의 손실에 직면해 있다. (학습목표 4)

    a. 손실에 대비하기 위해 각 집단의 개별 구성원이 지불할 의향이 있는 최대 금액은 얼마인가?

    b. 앞의 (a)에서, 개별 구성원이 어느 집단에 속하는지 외부인이 알아내는 것이 불가능하다면, 집단 2의 구성원들이 경쟁적인 보험시장에서 이 손실에 대비하기 위해 보험에 가입하는 것이 이득이 될까? 설명하라. (문제를 단순화하기 위해, 보험회사들이 기대 보험금 지불액을 감당하기에 충분한 보험료만을 부과한다고 가정하자.)

    c. 앞의 (b)에서 개별 구성원들이 어느 집단에 속하는지 식별하는데 불완전하기는 하지만 일종의 검사 방법이 보험회사들에게 있다고 하자. 만약 검사 결과 어떤 사람이 특정 집단에 속해 있다고 나왔는데, 실제로 그 결과가 맞을 확률 x는 1보다 작다. (b)의 답변이 달라지기 위해서 x는 얼마나 커야 하는가?

20.* 두 집단이 존재하고, 각 집단의 구성원들은 효용함수 $U = \sqrt{M}$에 $M = 144$의 재산을 보유하고 있다고 하자. 집단 1의 개별 구성원은 확률 0.5로 44의 손실을 입을 가능성에 직면해 있고, 집단 2의 개별 구성원은 확률 0.1로 역시 44의 손실을 입을 가능성에 직면해 있다고 하자. (학습목표 4)

    a. 이러한 손실에 대해 각 집단의 개별 구성원이 보험에 가입하고자 지불할 의향이 있는 최대 금액은 얼마인가?

    b. 개별 구성원이 어느 집단에 속하는지 외부인이 알아내는 것이 불가능하다면, 이윤이 0인

민간 기업이 집단 2의 개별 구성원들에게 보험을 제공하지 못하게 되기까지 집단 1의 구성원들이 전체 고객 집단에서 차지하는 비중이 얼마나 커야 하는가? (문제를 단순화하기 위해, 보험회사들이 기대 보험금 지불액을 감당하기에 충분한 보험료만을 부과한다고 가정하자. 또한 사람들은 보험료가 자신들의 유보가격과 같거나 작은 경우, 언제나 보험에 가입한다고 가정하자.)

21.* 확실하게 100을 얻을 수 있는 *A*와 80퍼센트의 확률로 150을 얻되 20퍼센트의 확률로 0을 얻는 *B* 중에서 하하는 *A*를 골랐다. 그러나 50퍼센트의 확률로 100을 얻고 50퍼센트의 확률로 0을 얻을 수 있는 *C*와 40퍼센트의 확률로 150을 얻되 60퍼센트의 확률로 0을 얻는 *D* 중에서 하하는 *D*를 골랐다. 하하의 선택이 기대효용 극대화의 원칙에 위배된다는 것을 보여라. (학습목표 3)

* 표시가 된 문제들은 난이도가 높은 문제들이다.

▪ 개념 확인 해답 ▪

6.1 아래 그림에 제시된 도박의 기대효용은 점 *C*와 점 *A*를 잇는 선분의 1/3 지점에 위치한 점 *D*에 대응한다. (학습목표 3)

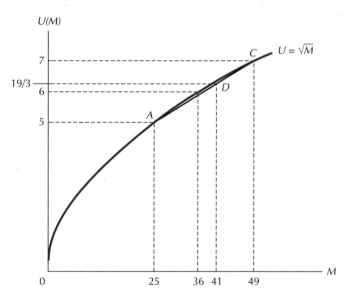

6.2 만약 그(녀)가 이 도박을 받아들인다면, 그(녀)의 기대효용은 $EU_G = (1/2)(120^2) + (1/2)(80^2) = 10,400$이다. 이 도박을 거절하는 경우의 효용은 $(100)^2 = 10,000$에 불과하다. 그러므로 그(녀)는 이 도박을 받아들여야 한다. (학습목표 3)

6.3 만약 그(녀)가 이 도박을 받아들인다면, 그(녀)의 기대효용은 $EU_G = (1/2)(120) + (1/2)(80) = 100$이다. 그런데 이 도박을 거절하는 경우의 효용도 100이다. 그러므로 그(녀)는 이 도박을 받아들이거나 거절하거나 무차별하다. (학습목표 3)

6.4　예 6.3에서처럼, 여기서 중요한 점은 오로지 시장에 나온 중고 컴퓨터들만이 결함이 있다는 것이다. 레몬 원리에 의해서, 무결함 컴퓨터의 소유주는 중고시장에서 자신의 컴퓨터를 원하는 값을 받고 팔 수 없다. 그래서 만약 결함이 있는 컴퓨터의 가치가 $600이라면, 위험 중립적인 구매자에게 신형 컴퓨터의 가치는 (1/4)($600) + (3/4)($2,000) = $1,650이어야 한다.

6.5　명수는 소송 결과와 무관하게 그의 소득이 (즉, 보상금에서 변호사 수수료를 뺀 소득이) 정확히 7이 되는 수수료 체계라면 소송을 제기하거나 제기하지 않거나 무차별하게 느낄 것이다. $F_1 = 5$와 $F_2 = 0$일 때, 이 조건이 충족된다. 이 경우, 명수의 변호사 수수료의 기댓값은 (0.5)(5) + (0.5)(0) = 2.5로, 변호사의 시간에 대한 기회비용보다 0.5 많다. 이러한 수수료 체계하에서 명수의 변호사는 소송의 기댓값을 전부 가져가게 될 것이다.

APPENDIX 6A

탐색 이론과 승자의 저주

Search Theory and the Winner's Curse

6A.1 높은 임금과 낮은 가격 탐색하기 _____

모든 일자리가 같은 임금을 지불하고 다른 모든 면에서도 똑같이 매력적이라면 처음 입사한 뒤에 다른 직장을 계속 찾아다닐 아무런 이유가 없을 것이다. 그러나 일자리들은 모두 다르다. 특히 어떤 일자리에서는 여러분이 지닌 독특한 재능과 훈련과 기술들을 다른 일자리에서보다 훨씬 알차게 사용할 수 있다. 어떤 일자리에서 요구하는 역량이 여러분의 다채로운 특성에 잘 어울리는 경우, 여러분은 더욱 생산적인 노동자가 될 것이고 회사는 더 많은 보수를 지불할 것이다. 예를 들어 여러분이 매 시즌 30개의 홈런을 치고, 30개의 도루를 성공시키며, 매끄러운 수비를 보이는 유격수라면 동네 롯데리아에서보다 보스턴 레드삭스에서 자신의 진가를 훨씬 더 잘 발휘할 수 있다.

여러분이 갖춘 기술들이 무엇이든 간에 여러분은 자신에게 잘 맞는 직장을 찾기 위해 애쓴다. 하지만 여러분이 명심해야 할 가장 중요한 사항이 하나 있다면 그것은 여러분의 탐색이 끝없이 이어질 수 없다는 것이고, 또 끝없이 이어져서도 안 된다는 것이다. 어느 한 시점에서 유효한 일자리는 한 사람이 전부 조사할 수 없을 만큼 많이 존재한다. 그 모든 일자리들을 전부 조사할 수 있다 하더라도, 그러려면 너무 큰 비용이 든다. 돈도 시간도 엄청나게 소모될 것이므로 전부 조사하는 것은 바람직하지 않다.

논의를 단순화하기 위해서, 모든 일자리들이 임금의 차이 이외에는 모든 면에서 동일하다고 가정하자. 이는 현재 나와 있는 모든 일자리들이 일종의 분포를 이루고, 각 일자리마다 다른 임금이 주어진다는 뜻이다. 또한 여러분은 위험 중립적이고, 한 기간 동안 일을 할 계획이며, 특정 일자리에서 기간당 지불하는 임금은 그림 6A.1이 보여주듯이 $100와 $200 사이에 균등하게 분포되어 있다고 가정하자. 이는 여러분이 일자리를 무작위로 조사하는 경우, 해당 일자리의 임금은 $100와 $200 사이의 어느 값이 될 가능성이 균등하다는 뜻이다. 마지막으로, 일자리 하나를 조사하는 데 들어가는 비용이 $5라고 하자.

여러분이 일자리 탐색을 시작했고, 첫 번째로 조사한 일자리가 $150를 준다는 사실을 알게 되었다고 하자. 여러분은 이 일자리를 받아들여야 할까, 아니면 $5를 더 들여 다른 일자리를 찾아야 할까? (다른 일자리를 하나 더 조사하다가 이미 제안받은 일자리보다 새로

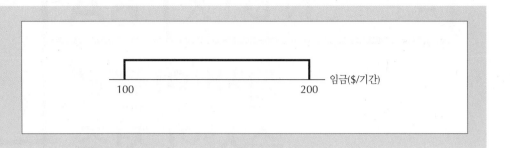

그림 6A.1

임금의 가상적인 균등분포

무작위로 고른 새 일자리에서 받는 임금은 기간당 $100과 $200 사이의 그 어떤 값이 될 것이고 그 확률은 모두 같다. 평균적으로 새 일자리에서는 $150를 지불할 것이다.

찾아낸 일자리가 더 나쁜 것으로 판명될 경우, 여러분은 처음 제안받은 일자리를 선택할 수 있다.) 현명한 결정을 위해서 여러분은 일자리를 하나 더 조사할 때 소요되는 비용과 그럼으로써 얻을 수 있는 기대 편익을 비교해야 한다. 이미 제안받은 일자리보다 더 큰 편익을 얻으려면 새로운 일자리는 $150보다 더 큰 임금을 주어야 한다. 그럴 가능성은 0.5이다. (그 확률은 그림 6A.2의 전체 직사각형 면적에서 색칠된 직사각형의 면적이 차지하는 비율과 같다.)

실제로 새로운 일자리에서 받는 임금이 $150를 넘어선다고 하자. 새로운 일자리의 기댓값은 얼마가 될까? 그림 6A.2에서 $150보다 더 큰 임금을 주는 일자리가 나타날 확률은 $150에서 $200 사이 구간 어디에서나 나타날 수 있기 때문에, 그런 일자리들에 대한 평균적인 기댓값은 $175로 이미 제안받은 일자리에서 받는 임금보다 $25가 많다는 점에 주목하기 바란다. 그러므로 여러분이 $150을 받을 수 있는 제안을 손에 쥔 채 또 다른 일자리를 탐색함으로써 기대할 수 있는 이득은 (이를 EG(150)이라고 부르자) 다음과 같은 두 가지 요인들의 곱셈으로 표현할 수 있다. (1) 새로운 일자리 제안이 과거의 제안을 넘어설 확률, (2) 새로운 일자리 제안의 기대 이득. 그러므로 이를 우리는 다음과 같은 수식으로 표현할 수 있다.

$$EG(150) = (1/2)(\$25) = \$12.50. \qquad (6A.1)$$

또 다른 일자리 제안의 탐색이 주는 기대 이득이 탐색 비용 $5를 초과하므로, 위험 중립적이라면 여러분은 계속 탐색을 해야 한다.

일자리를 최종적으로 받아들이려면 임금 제안이 얼마나 커야 할까? 이에 대한 대답을 수

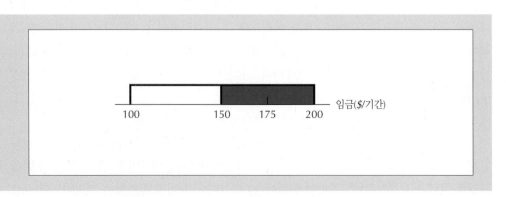

그림 6A.2

$150보다 더 많은 임금을 주는 일자리 제안의 기댓값

다음번 일자리 제안이 $150를 초과할 확률은 0.5이다. $150를 넘어설 것으로 알려진 제안은 $150와 $200 사이의 어느 지점에서도 나타날 수 있다. 그러므로 새로운 일자리 제안의 기댓값은 $175가 된다.

락임금(*acceptance wage*)이라고 부르고, w^*로 표시하자. 여러분이 위험 중립적이라면 수락임금은 일자리를 추가적으로 탐색하는 데 따르는 금전적인 기대 편익이 비용과 정확하게 일치하는 수준이 된다. 좀 더 일반적으로 표현하자면, 수락임금은 일자리의 추가적인 탐색 결과 얻는 기대효용 이득이 추가적인 탐색으로 발생하는 비용 때문에 입는 효용에서의 손실을 정확하게 상쇄해주는 수준의 임금이다. 위험 중립적인 경우를 가정하는 이유는, 훨씬 더 단순한 모형으로 분석하면서도 중요한 현안들에 대해서 더 복잡한 모형과 마찬가지로 통찰을 얻을 수 있기 때문이다.

현재 제안받은 일자리에서 지급하는 임금 수준이 w^*일 때, 그림 6A.3에서 더 나은 제안을 얻을 확률이 $(200 - w^*)/100$임을 주목하라. (이때에도 이 확률은 전체 직사각형 면적에서 짙게 표시한 직사각형 면적의 비율이 된다.) 새로운 일자리 제안이 w^*와 200 사이에서 나타날 것이라고 가정한다면 새로운 일자리 제안의 기댓값은 이 두 수치의 가운데 지점 또는 $(200 + w^*)/2$가 된다. 이 기댓값은 w^*보다 $(200 - w^*)/2$단위만큼 더 크다.

추가적인 일자리를 탐색하는 데 따르는 기대 이득은 새로운 제안이 w^*를 초과할 확률 곱하기 그 경우의 기대임금 증가분이 된다. 그러므로 우리는 이를 다음과 같이 수식화할 수 있다.

$$\text{EG}(w^*) = \left(\frac{200 - w^*}{100}\right)\left(\frac{200 - w^*}{2}\right) = \frac{(200 - w^*)^2}{200}. \tag{6A.2}$$

위험 중립적인 일자리 탐색자에 대한 수락임금의 정의에 따라, 이 기대 이득은 추가적인 일자리 탐색에 소요되는 비용과 같다.

$$\text{EG}(w^*) = \frac{(200 - w^*)^2}{200} = 5. \tag{6A.3}$$

이를 단순화하면 다음과 같다.

$$w^* = 200 - \sqrt{1000} = 168.38. \tag{6A.4}$$

그렇다면 이 예를 통해서 우리는 최소한 168.38 이상을 지불하는 일자리를 찾을 때까지

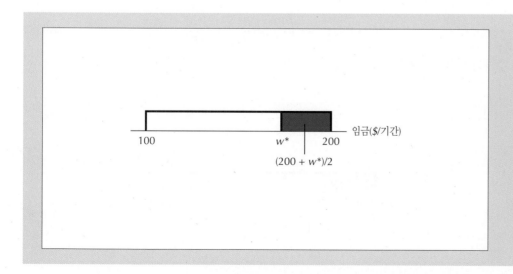

그림 6A.3

수락임금

수락임금 w^*는 추가적인 일자리 탐색에 따른 비용이 그로 인한 기대 이득과 정확하게 같아지는 수준의 임금이다. 이때 기대 이득을 계산하려면, 새로운 일자리가 w^*[$(200 - w^*)/100$]보다 더 많은 임금을 줄 확률에다가 그 때의 평균 이득 [$(200 - w^*)/2$]를 곱하면 된다. 수락임금 w^*를 찾기 위해서는 이 곱셈의 결과를 탐색 비용(여기서는 \$5)과 같게 놓고 w^*에 대해서 풀면 된다.

계속 일자리를 탐색하는 것이 최적의 의사결정 규칙이 됨을 알 수 있다. 우리가 가정한 것처럼 임금의 분포가 균등분포를 따른다면, 평균적으로 봤을 때 여러분은 200과 w^* 사이의 중간 지점에 해당하는 임금을 궁극적으로 얻게 되는 셈이다. 그러나 이러한 의사결정 규칙이 w^*보다 적은 임금을 주는 현재 제안을 받아들이지 않고 일자리 탐색을 계속하는 경우에 여러분이 언제나 더 나은 일자리를 찾게 될 것임을 보장하지는 않는다는 점을 잊지 말아야 한다. 여러분이 극도로 운이 나쁘다면, 예를 들어 $160를 주는 일자리를 마다하고 w^*보다 더 많은 임금을 주는 일자리를 20번이나 더 탐색해야 할 수도 있다. 그럴 경우 여러분은 설령 w^*를 찾아내더라도 탐색 비용을 빼고 나면 기껏해야 $100를 받을 수 있을 뿐이므로, 처음 제안받은 $160보다 훨씬 못한 결과를 얻게 된다.

개념 확인 6A.1

만약 탐색 비용이 $1이고, 임금 제안이 10과 60 사이에서 균등하게 분포되어 있다면, 여러분이 수락해야 할 임금의 최소 금액은 얼마인가?

이와 유사한 방식으로 더 싼 가격의 제품을 찾는 소비자를 위한 최적 의사결정 규칙을 찾아낼 수 있다. 11장에서 자세히 살펴보겠지만, 대부분의 기업들은 다양한 가격할인 전략들을 사용하기 때문에 시장에 출시된 상품들은 동일 상품임에도 불구하고 상대적으로 폭넓은 범위의 가격분포를 보이게 된다. 논의를 단순화하기 위해서, 그림 6A.4가 보여주듯이 가격분포가 $(0, P)$ 구간에 걸쳐 균등하게 분포되어 있다고 가정하자.

수락가격(acceptance price) P^*는 일자리 탐색의 경우에서 살펴본 수락임금과 같은 방식으로 결정된다. 여러분이 탐색한 어떤 제품의 가격이 P^*인 경우, 가격 탐색을 한 번 더 시도하여 더 낮은 가격을 찾아낼 확률은 P^*/P이다. (전과 마찬가지로 이 확률은 전체 직사각형의 면적에서 짙게 표시한 직사각형의 면적이 차지하는 비율과 같다.) 추가적인 탐색을 통해서 더 낮은 가격을 찾아낸다면, 여러분이 절약하게 되는 금액은 평균적으로 $P^*/2$가 될 것이다. 그러므로 가격 P^*에서 추가적인 탐색의 기대 이득은 다음과 같다.

$$\text{EG}(P^*) = \left(\frac{P^*}{2}\right)\left(\frac{P^*}{P}\right) = \frac{(P^*)^2}{2P}. \tag{6A.5}$$

추가적인 탐색 비용을 C로 표시하면, 수락가격을 나타내는 식은 다음과 같다.

그림 6A.4

가상적인 가격분포

어떤 상품의 가격이 균등분포를 보일 때, 어느 한 가격이 나타날 확률은 0과 P 사이에서 똑같다. P^*보다 낮은 가격을 찾아낼 확률은 P^*/P로, 이는 P^* 왼쪽에 있는 모든 가격들의 비율이 된다. P^*보다 낮다고 알려진 가격의 평균값은 $P^*/2$가 된다.

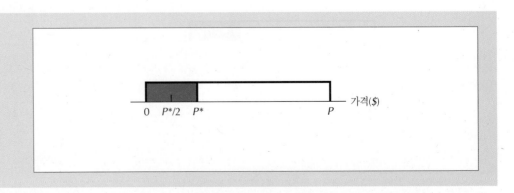

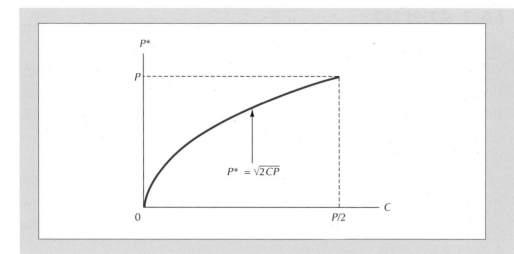

그림 6A.5

수락가격은 탐색 비용의 함수

탐색 비용이 더 비싸질수록 (즉, C가 커질수록) 더 가격이 높은 제품을 구입하는 것으로 만족해야 한다.

$$P^* = \sqrt{2PC}. \tag{6A.6}$$

임금과 가격의 탐색에서, 수락 수준은 탐색 비용에 의존한다. 추가적인 대안을 조사하는 비용이 증가할수록, 수락임금은 하락하고 수락가격은 상승한다. 가격 탐색의 경우에 P^*와 C 사이의 관계는 (방정식 (6A.6)에서 알 수 있듯이) 그림 6A.5에 나타나 있다.

수락가격   **예 6A.1**

구간 (1, 2)에서 어떤 제품의 가격이 균등분포를 보이는 상황에서 여러분이 더 낮은 가격을 탐색 중이라고 하자. 탐색 비용이 0.05에서 0.10으로 증가하는 경우, 여러분의 수락가격은 어떻게 변화하겠는가?

식 (6A.6)에 제시된 수락가격은 구간 (0, P)에서 균등한 분포를 보이는 가격분포에 대한 수식이다. 여기서 가격분포의 최솟값은 0이 아니라 1이라는 점에 주의하기 바란다. 이 가격분포에서 수락가격은 구간 (0, 1)에서 균등분포를 보이는 가격에 대한 수락가격보다 정확하게 1단위 높게 나타날 것이다. 탐색 비용이 0.05인 경우, 식 (6A.6)으로부터 우리는 후자의 수락가격이 $\sqrt{0.10} = 0.316$임을 알 수 있다. 이는 균등한 가격분포 (1, 2) 구간에서의 수락가격이 1.316일 것이라는 뜻이다. 탐색 비용이 0.10으로 상승하는 경우, 균등한 가격분포 (0, 1) 구간에서의 수락가격은 $\sqrt{0.20} = 0.447$이고, 이는 구간 (0, 1)에서의 새로운 수락가격이 1.447일 것이라는 뜻이다.

임금 및 가격 탐색의 문제는 6장의 첫 부분에서 살펴본 두꺼비의 결정 문제와 근본적으로 동일하다. 합리적인 임금 탐색자와 (또는 가격 탐색자와) 마찬가지로 합리적인 두꺼비라면 추가적인 탐색에 드는 비용을 기대 편익과 비교할 것이다. 만약 경쟁자가 내는 울음소리가 자신이 도망가지 않고 맞서 싸울 정도의 음조보다 더 높다면, 두꺼비는 "수락음조"(acceptance pitch)에 도달한 셈이다.

6A.2 승자의 저주

노스웨스턴 대학교의 심리학자 맥스 배이저먼(Max Bazerman)이 수년 전 보스턴 대학교에서 일하던 시절, 그와 동료 윌리엄 새뮤얼슨(William Samuelson)은 미시경제학 수업시간에 다음과 같은 실험을 행한 바 있다.[1] 우선 그들은 투명한 유리병에 $8어치의 동전들을 집어넣었다. 학생들로 하여금 유리병을 자세히 관찰하게 한 뒤, 이들은 동전이 든 유리병을 경매에 붙여 가장 높은 가격을 부른 학생에게 팔았다. 두 사람은 학생들에게 각자 유리병에 든 동전의 가치를 서면으로 제출하라고 요청했다.

경매에서의 입찰 금액과 서면으로 제출한 추정가치 모두에서 평균적으로 학생들은 보수적인 모습을 보였다. 서면으로 제출한 추정가치의 평균값은 $5.13으로 실제 동전들의 가치보다 약 3분의 1 정도 낮았다. 이와 비슷하게 학생들은 경매 가격이 $8에 이르기 훨씬 전에 대부분 입찰을 포기했다.

그러나 경매에서 이긴 입찰가는 평균적인(*average*) 입찰자의 행동이 아니라 최고액(*highest*)을 써낸 입찰자의 행동에 따라 달라졌다. 모두 48회에 걸쳐 반복한 실험에서, 최고 입찰가는 평균 $10.01로 나타나, 동전들의 실제 가치보다 20퍼센트 이상 높았다. 배이저먼과 새무얼슨은 경매 우승자들 덕분에 거의 $100의 이익을 얻을 수 있었다.

그 정도 금액에 불과하다면 경매 우승자들은 중요한 교훈을 값싸게 배운 셈이라고 위로해도 좋을 것이다. 정유회사의 중역들이 1970년대 초반에 같은 교훈을 배우는 데 치른 대가는 훨씬 혹독했기 때문이다. 미국 연방정부는 사상 최초로 멕시코 만에 위치한 잠재 가치가 큰 유전을 정유회사들에게 임대하기로 결정하고 이를 경매에 붙였다. 정유회사들은 유전을 임차해본 적이 한 번도 없었지만, 유전의 가치를 추정하기 위해 기본적인 지질학적 방법을 사용할 수는 있었다. 나중에 밝혀진 바에 따르면 이들이 지불한 가격은 너무 높았다. 수백 만 달러를 지불하고 경매에서 승리한 입찰자들은 이 금액을 은행에 예금하고 이자를 받았다면 훨씬 더 높은 수익을 얻을 수 있었을 것이다.

어떤 품목을 획득하는 데 성공한 입찰 금액은 종종 실제 가치를 초과한다는 일반 원리를 우리는 승자의 저주(*winner's curse*)라고 부른다. 승자의 저주가 놀라운 점은 그 누구도 획득하고자 하는 품목의 가치를 추정하는 데 편의(bias)가 발생하는 잘못된 방법을 사용하도록 강요하지 않는데도 지나치게 높은 입찰 금액을 지불한다는 것이다. 문제는 모든 추정치들이 최소한 일정 정도 무작위적인 요소와 관련이 있다는 데에서 발생한다. 어떤 추정치(estimate)가 평균적으로 실제 값과 같을 때, 그 추정치는 불편(*unbiased*) 추정치라고 부른다. 예를 들어 기온 예측치들은 불편 추정치이다. 어떤 날에는 기온 예측치가 실제보다 너무 높지만 또 어떤 날에는 너무 낮다. 하지만 장기적으로 볼 때 기온 예측치들의 평균값은 실제 기온 값들과 거의 완벽하게 일치한다. 이와 유사한 논리로 각 입찰자의 추정치가 불편 추정치일지라도 어떤 경우에는 너무 높을 수 있고 또 어떤 경우에는 너무 낮을 수 있다. 물론 경매의 승리자는 추정치가 너무 높아서 실제 가치와 가장 큰 차이를 보이는 입찰자가 될 것이다.

---

1. 이 실험에 관한 상세한 설명은 다음 기사를 참조하기 바란다. David Warsh, "The Winner's Curse", *Boston Globe*, April 17, 1988.

완전히 합리적인 입찰자라면 경매에서 승리하는 입찰액이 너무 높은 경향이 있다는 사실을 충분히 고려할 것이다. 동전 경매의 경우로 돌아가서, 유리병에 든 동전들의 가치에 대한 누군가의 최선의 추정치가 $9라고 하자. 경매에서 승리하는 입찰액이 너무 높은 경향이 있다는 점을 안다면 그는 자신의 입찰액을 하향 조정함으로써 자신의 이익을 더 잘 지켜낼 수 있다. 다른 입찰자들도 완전히 합리적이라면 그들도 마찬가지로 입찰액을 조정할 것이고, 그 결과 경매에서 승리하는 입찰자는 전과 동일한 인물이 될 것이다.

입찰액을 얼마나 하향 조정해야 할까? 잠시만 생각해 봐도 입찰자들이 많으면 많을수록 하향 조정을 더 많이 해야 한다는 것을 알 수 있다. 경매에 붙여진 상품의 실제 가치가 $1,000라고 하자. 불편 추정치가 무엇을 의미하는지 설명하기 위해서 잠재적인 개별 입찰자들이 900에서 1,100 사이의 숫자가 적힌 201개의 공이 담긴 주머니에서 공을 하나씩 꺼내는 경우를 상상해보자. (주머니에서 공을 꺼내어 번호를 확인한 뒤에는 그 공을 주머니에 다시 집어넣는다.) 아무리 입찰자들이 많다고 해도 아무 공이나 하나 꺼낼 때 확인할 수 있는 번호의 기댓값은 1,000이다. 그러나 주머니에서 꺼낸 숫자들 중에서 가장 높은(*highest*) 숫자의 기댓값은 입찰자의 수가 늘어날수록 높아질 것이다. (만약 이 주머니에서 100만 명이 차례로 한 번씩 공을 꺼낸다면, 누군가는 가장 큰 숫자인 1,100이 적힌 공을 꺼낼 것이 거의 확실하다. 그러나 오직 다섯 명이 공을 꺼낸다면 가장 높은 숫자는 평균적으로 이보다 훨씬 작은 숫자가 될 것이다.) 따라서 입찰자가 더 많을수록 여러분은 추정치를 더 많이 하향 조정해야 한다.

이러한 조정 과정의 작동방식을 좀 더 상세하게 살펴보기 위해 상품의 실제 가치가 0.5인 경매를 상정하자. 이 경매에서 각 입찰자는 0과 1 사이에 균등하게 분포된 추정치를 사용한다. 0과 1 사이에 위치한 그 어떤 값도 추정치가 될 수 있으므로, 기댓값은 0.5가 되고, 이는 추정치가 불편 추정치라는 것을 의미한다(그림 6A.6 참조).

이 경매에서 오직 한 사람의 입찰자만이 있다면 가장 높은 추정치의 기댓값은 0.5가 될 것이고 그렇다면 그는 입찰가를 조정할 필요가 없을 것이다. 그러나 N명의 입찰자가 있는 경우라면 가장 높은 추정치의 기댓값은 얼마가 될까? N개에 달하는 추정치들을 작은 숫자부터 큰 숫자 순서대로 늘어놓고 각각의 추정치들을 X_1, X_2, ..., X_N으로 부른다고 하자. 그러면 X_N은 N개의 추정치들 중에서 가장 큰 값을 의미한다. 추정치들은 모두 균등분포에서 나오므로, X_1, X_2, ..., X_N의 기댓값은 구간상에서 일정한 간격을 두고 위치해 있을 것이다.

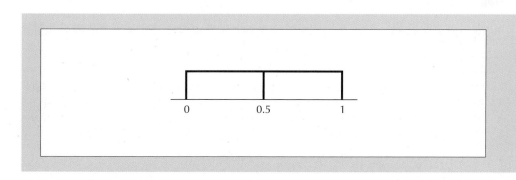

그림 6A.6

균등분포에서의 불편 추정치

잠재적인 개별 입찰자들은 0과 1 사이에서 어떤 값이든 나타날 확률이 똑같은 상품의 가치에 대해 각자 추정한다. 이 상품의 실제 가치는 이러한 추정치들의 평균값으로, 이 경우 0.5이다.

그림 6A.7

N = 1, 2, 3, 4일 때 가장 높은 추정치의 기댓값 변화

더 많은 사람들이 어떤 상품의 가치에 대해 추정할 때, 가장 높은 추정치의 기댓값은 올라간다. 이러한 추정치들이 구간 (0, 1) 사이에서 균등하게 분포되어 있다면, N개의 추정치들 중에서 가장 큰 추정치는 평균값 $N/(N + 1)$이 된다.

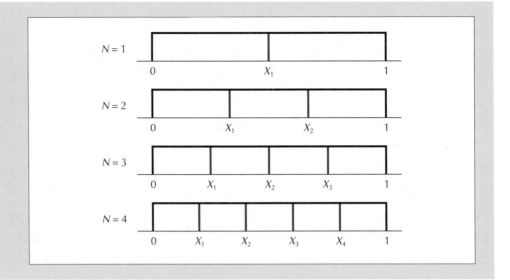

이미 언급한 것처럼, $N = 1$인 경우 우리는 오직 X_1만을 가지며, 이때 추정치의 기댓값은 0.5로 구간의 정중앙에 위치하게 된다.

그렇다면 $N = 2$인 경우에는 어떻게 될까? 이제 우리의 두 추정치들은 X_1과 X_2이고, 이들에 대한 기댓값들은 그림 6A.7의 두 번째 패널에 제시된 것들과 같다. 이때 가장 큰 추정치는 2/3의 기댓값을 갖는다. 세 번째 패널에서는 3개의 추정치들 중에서 가장 큰 추정치는 기댓값 3/4를 갖는다는 점을 눈여겨보기 바란다. 마지막으로 가장 아래쪽 패널에서는 4개의 추정치들 중에서 가장 높은 추정치의 기댓값은 4/5이다. 일반적으로 N개의 추정치들 중에서 가장 큰 추정치는 기댓값 $N/(N + 1)$을 보일 것이다.[2] (각주 2번 참조.)

만약 추정치들을 구간 (0, 1)에서가 아니라 모두 균등분포 구간 (0, C)에서 뽑는다면, 가장 높은 추정치의 기댓값은 $CN/(N + 1)$이 될 것이다.

예 6A.2   **승자의 저주**

골동품 시계를 놓고 50명의 사람들이 경매에 참가한다고 하자. 각 참가자는 시계의 실제 가치에 대해 불편 추정치를 가지며, 이 추정치들은 구간 (0, C)에서 균등분포를 보인다고 하자. 이때 C는 알려져 있지 않은 숫자이다. 시계에 대한 여러분의 추정치는 $400이다. 여러분은 입찰 가격으로 얼마를 써내야 할까?

여러분이 해결할 문제는 추정치를 조정하여 추정치가 50명 중에서 가장 높은 경우 자신의 입찰

---

2. 확률변수들 X_1, X_2, ..., X_N을 크기가 N인 표본의 "순서 통계량"(order statistics)이라고 부른다. X_N의 기댓값을 찾으려면, N개의 표본 추출한 각각의 값이 z보다 작은 경우에 그리고 오직 그 경우에만 X_N이 그 어떤 z보다 작다는 점을 기억하는 것이 가장 중요하다. 구간 (0, 1)에 걸친 균등분포에 대해, 그 사건이 발생할 확률은 간단히 Z^N이다. 이는 X_N의 누적분포함수(cumulative distribution function)이다. 그러므로 X_N의 확률밀도함수는 $d(z^N)/dz$ 또는 Nz^{N-1}이 된다. 그러므로 X_N의 기댓값은 $\int_0^1 zNz^{N-1}dz = \dfrac{N}{N + 1}$으로 주어진다.

가격을 시계의 실제 가치인 $C/2$보다 평균적으로 더 높지 않도록 하는 일이다. 50개의 추정치들 중에서 가장 높은 추정치의 기댓값은 $(50/51)C$이므로, 여러분의 추정치 400이 가장 높은 경우에 우리는 평균적으로 다음과 같은 수식을 설정할 수 있다.

$$(50/51)C = 400, \qquad\qquad (6A.7)$$

이를 풀면 $C = 408$이다. 이 값은 여러분의 추정치가 50개의 조정되지 않은 추정치들 중에서 가장 높다는 가정하에 C의 가치에 대한 여러분의 조정된 추정치이다. 시계의 실제 가치는 $C/2$이므로 여러분은 $204까지만 입찰 가격을 써넣어야 한다.

개념 확인 6A.2

예 6A.2에서 입찰자의 수가 4명뿐이라면, 여러분은 얼마까지 입찰해야 하는가?

그렇다면 실제로 경매 참가자들은 승자의 저주를 피하기 위해 자신들의 행태를 조정하는가? 행태를 자동적으로 조정하는 경향이 존재할 것이라는 진화론에 근거한 주장은 상당히 설득력이 있다. 자신의 추정치를 하향 조정하지 못하는 입찰자들은 경매에서 이길 때마다 돈을 잃게 될 것이고 결국에는 파산하게 될 것이다. 생존자들이 승자의 저주라는 개념을 이해하지 못할 수도 있다. 다른 이유들 때문에 그저 입찰에 조심스럽게 임하는 사람들일 수도 있다.

막대한 금액의 돈이 걸려 있는데다가 파산의 위험이 실재할 때, 진화론적인 주장은 힘을 얻는다. 그러나 보스턴 대학교의 경제학자인 마이클 마노브(Michael Manove)는 진화론적인 설명을 모든 상황에 적용할 수는 없다고 주장했다. 어떤 이가 경매에서 너무 많은 금액을 지불할 때에는 추가적인 노력을 기울임으로써 손실 중 일부를 되찾을 수 있는 경우가 종종 있기 때문이다. 그런 경우에 그 사람은 너무 많이 지불했다고 후회하기는 하겠지만, 그렇다고 해서 여가시간과 마음의 평안을 약간 잃을 뿐 경제적인 파국에 이르지는 않을 것이다. 마노브의 설명에 따르면 승자의 저주를 무시한 채 모든 경매에서 승리하는 이들은 부주의한 낙관주의자들이다. 이들은 난관을 헤치고 다시 일어난다. 경매에서 이기지 못한다면 이들의 효용은 오히려 더 낮아진다. 얄궂게도 바로 부주의한 낙관주의자들의 이러한 특성 때문에 이들이 많은 시장에서 좀 더 현실적인 입찰자들을 몰아내는 것인지도 모른다.

자신의 주장을 뒷받침하기 위해 마노브는 보스턴 대학교 경제학과의 부학과장직을 맡을지 말지에 대한 자기 자신의 결정을 예로 들었다. 부학과장직을 맡게 되면 직책 수당을 좀 더 받겠지만 그와 함께 얼마나 많을지 가늠할 수 없는 추가적인 업무를 떠안게 된다. 마노브는 부학과장직과 관련된 업무량에 대한 자신의 추정치와 추가적인 수당을 놓고 저울질을 한 끝에 보직을 맡았다. 하지만 부학과장직 업무는 예상했던 것보다 훨씬 더 많았고, 보직을 맡지 않았을 경우와 비교해서 약간 더 부유해졌지만 훨씬 덜 행복해졌다. 그의 경험은 합리적 선택 모형이 때때로 선택의 문제를 제대로 파악하는 데 약점이 있다는 경고의 메시지를 잘 보여주는 사례라고 할 수 있다. 그러나 실수할 가능성이 높은 상황들에 놓이는 경우, 우리가 어떻게 대처해야 하는지에 대한 유용한 지침으로 합리적 선택 모형을 활용할 수 있다.

경제학 교수인 나 역시 승자의 저주 문제가 무엇인지 수년간 알고 있었지만 골동품 경매에 참가할 때마다 어떤 물건의 가치를 스스로 정하고 그에 따라 입찰에 임한다. 그렇다면 나는 비합리적인 사람일까? 그에 대한 답변은 경매에서 산 물건으로 내가 무엇을 하려는가에 따라 다를 것이다. 내 경험에 따르면, 경매 참가자들은 대개 전문적인 상인들이 많았다. 전문적인 경매꾼이면서도 여전히 입찰가를 조절하지 못한다면 분명히 비합리적인 사람일 것이다. 하지만 나는 전문 경매꾼이 아니다. 나는 사용하기 위해서 필요한 물건을 경매로 사들인다. 경매에서 구한 물건은 제각기 독특한 매력을 뽐내기 때문에 그 물건을 다른 곳에서 얼마나 더 싸게 살 수 있었는지는 나에게 별로 중요한 문제가 아니다. 나의 입찰 행태는 경매를 통해 구입한 물건이 나에게 충분한 가치를 주는지에 의해서만 결정될 뿐이다.

예 6A.3	기대 수익

여러분은 범블러 정유회사를 매입할 것인지 고려하고 있는 어떤 회사의 경제 전문가로 일하고 있다. 범블러 정유회사 소유의 유일한 자산은 현재 경영진하에서 X의 순가치를 가진 유전뿐이다. 범블러 정유회사의 소유주들은 X의 정확한 값을 알지만, 여러분이 일하는 회사에서는 X가 0과 100 사이에 균일하게 분포된 무작위 숫자라는 점만 알고 있다. 여러분 회사의 경영진은 실력이 좋기에, 범블러 정유회사를 손에 넣는다면 그 가치를 1.5X로 만들 수 있다. 여러분 회사가 범블러 정유회사를 매입한다면 손실을 입지 않을 것으로 기대되는 최고 입찰 금액 P의 값은 얼마여야 하는가?

여러분이 일하는 회사가 P 수준에서 입찰에 응한다면, 그리고 X가 P보다 크다면, 범블러 정유회사는 매각을 포기할 것이다. 이 경우 여러분 회사의 수익은 0이 된다. 만약 범블러 정유회사가 여러분 회사의 제의를 받아들인다면, 우리는 이 사실로부터 $X < P$임을 알 수 있다. X가 0과 100 사이에 균일하게 분포된 어떤 값이므로, $X < P$인 상황에서 X에 대한 기댓값은 $P/2$가 된다. 이는 여러분 회사에 대한 범블러 정유회사 유전의 기댓값이 $P/2$의 1.5배 또는 $0.75P$라는 의미이다. 여러분 회사가 P를 제안하고 범블러 정유회사가 수락한다면, 여러분 회사의 기대 수익은 $0.75P - P = -0.25P$가 될 것이다. 그러므로 양의 값을 갖는 어떤 P에 대해서, 여러분 회사는 범블러 정유회사가 제안을 받아들이는 경우 $0.25P$를 잃을 것으로 기대할 수 있다. 그러므로 여러분 회사가 취해야 하는 최선의 전략은 입찰에 참여하지 않는 것이다.

기대효용 극대자가 빠지는 몇 가지 함정들

기대효용 모형은 우리가 불확실성에 직면했을 때 어떻게 합리적인 선택을 해야 하는지에 대해 이지적인 지침을 제공해 준다. 많은 이들이 불확실한 상황에서 이러한 지침을 간절하게 요구한다는 사실만으로도 기대효용 모형의 규범적인 유용성을 확인할 수 있다. 프랑스의 경제학자 모리스 알레(Maurice Allais, 1911~2010)의 연구를 통해 유명해진 예를 이용하여, 왜 대부분의 사람들이 어떤 특정한 종류의 선택에 직면할 때 모순된 행태를 보이는지 살펴보자.[3] 먼저 다음과 같은 한 쌍의 대안들을 생각해보자.

A : 100퍼센트의 확률로 $30 받기

A' : 80퍼센트의 확률로 $45 받기

이러한 선택에 직면했을 때, 대부분의 사람들은 100퍼센트 확실한 상금인 A를 선택한다.[4] 만약 어떤 사람이 위험 기피적이라면, 아무리 선택사항 A'의 기댓값이 $36으로 A보다 상금액이 크다고 해도 A를 선택했다고 해서 놀랄 일은 아니다.

이제 또 다른 한 쌍의 대안들을 생각해보자.

B : 25퍼센트의 확률로 $30 받기

B' : 20퍼센트의 확률로 $45 받기

이 경우에는 대부분의 사람들이 덜 확실한 선택사항인 B'를 고른다. 두 번째 예만을 놓고 본다면, 이러한 선택 역시 그리 놀랄만한 결과는 아니다. B의 기댓값 $7.50은 B'의 기댓값 $9에 비해서 현저히 적은 금액인데, 양쪽 모두 위험도가 엇비슷하기 때문이다. 하지만 사람들이 가장 많이 고른 선택사항들인 A와 B'를 한데 모아놓고 살펴보면 기대효용 극대화 이론의 가정에 위배되는 선택임을 알게 된다. 왜 이런 일이 벌어지는지 알아보기 위해 위의 대안들을 놓고 결정을 내리는 사람이 효용함수 $U(M)$을 보이고 초기 재산 수준이 M_0인 효용극대자라고 가정하자. 이 사람이 A'보다 A를 더 선호한다는 사실로부터 다음과 같은 부등식을 세울 수 있다.

$$U(M_0 + 30) > 0.8U(M_0 + 45) + 0.2U(M_0). \tag{6A.8}$$

마찬가지로 이 사람이 B보다 B'를 선호한다는 사실로부터 다음과 같은 부등식을 세울 수 있다.

$$0.2U(M_0 + 45) + 0.8U(M_0) > 0.25U(M_0 + 30) + 0.75U(M_0). \tag{6A.9}$$

부등식 (6A.9)의 항들을 정리하면 다음과 같아진다.

$$0.25U(M_0 + 30) < 0.2U(M_0 + 45) + 0.05U(M_0). \tag{6A.10}$$

이제 부등식 (A6.10)을 0.25로 나눠주면 다음 식을 얻게 된다.

$$U(M_0 + 30) < 0.8U(M_0 + 45) + 0.2U(M_0), \tag{6A.11}$$

그런데 놀랍게도 부등식 (6A.11)은 (6A.8)과 똑같은데 부등호의 방향만 바뀌었다. 처음에는 A'보다 A를 선호한다더니, 이제는 A보다 A'를 선호한다는 모순이 발생한 것이다.

심리학자 대니얼 카너먼(Daniel Kahneman)과 에이머스 트버스키(Amos Tversky)는 이런 종류의 비일관성을 "확실성 효과"(certainty effect)라고 불렀다. 이러한 현상을 있는

---

3. [역주] 모리스 알레는 1988년 프랑스인 최초로 노벨 경제학상을 수상했다. 그의 생애와 연구에 대한 소개는 노벨상 공식 홈페이지(http://www.nobelprize.org/nobel_prizes/economic-sciences/laureates/1988/allais-facts.html)를 참조하기 바란다.

4. Amos Tversky and Daniel Kahneman, "The Framing of Decisions and the Psychology of Choice", *Science*, 211, 1981: 453–458.

그대로 설명하는 차원에서 두 사람은 "그저 일어날 수도 있는 결과인 경우보다 처음부터 확실히 일어난다고 확신했던 결과일 때, 그 결과가 발생할 확률이 일정 수준 줄어들면 사람들은 더 큰 영향을 받는다."고 주장했다.[5] 그러므로 첫 번째 선택의 쌍에서 A에서 A'로 바꿀 경우 이길 가능성이 (100에서 80으로) 20퍼센트 줄어들어, 두 번째 선택의 쌍에서 B에서 B'로 바꿀 경우 이길 가능성이 (25에서 20으로) 20퍼센트 줄어드는 것과 같다. 그러나 첫 번째 선택의 쌍에서 이길 확률이 줄어드는 것은 100퍼센트 확실한 상황에서 줄어드는 것이므로 선택하는 사람에게 훨씬 더 안 좋은 영향을 미친다는 것이다.

카너먼과 트버스키는 확실한 결과를 좋아하는 것이 비합리적이라는 말은 전혀 하지 않았다는 점을 잊지 말기 바란다. 이들이 주장하는 바는 그저 두 선택지들이 모두 위험에 노출된 상황에서 선택하는 문제는 두 대안들 중 하나만 위험에 노출된 상황에서 선택하는 문제에 비해서 우리를 덜 위험 기피적으로 만든다는 점을 지적하였을 뿐이다.

확실한 결과를 주는 대안에 우리가 더 큰 매력을 느끼는 이유는 위험이 따르는 도박을 했다가 혹시라도 져서 손해를 보게 되면 뒤늦게 후회를 하게 될 것 같기 때문이다. 그러나 기대효용 극대화를 추구하는 경제주체라면 "나쁜 결과가 나왔으니 애초에 현명하지 못한 결정을 내렸던 셈"이라는 논리의 오류를 피하기 위해 조심하기를 원할 것이다. 이러한 논리의 오류를 보여주기 위해서 누군가가 여러분에게 다음과 같은 도박을 제안하는 경우를 가정하자. 999개의 흰 공과 1개의 붉은 공이 담긴 주머니에서 공을 딱 하나만 꺼내야 한다. 흰 공이 나오면 (아마도 거의 확실히 흰 공이 나오겠지만), 여러분은 $1,000의 상금을 받는다. 만약 주머니 속에 딱 하나뿐인 붉은 공이 나온다면, 여러분은 $1를 잃는다. 이 도박을 받아들인 여러분은 주머니에서 공을 뽑았다. 그런데 붉은 공이 나왔고, 여러분은 $1를 잃었다. 이제 와서 여러분은 나쁜 결정을 내렸다고 말하겠는가? 만약 그런다면 여러분은 오류에 빠진 것이다. 그 도박에 참여하겠다는 결정은 여러분이 결정을 내렸을 때에는 분명히 좋은 결정이었다. 합리적인 사람이라면 거의 모두가 같은 결정을 내렸을 것이다. 도박에서 진 것은 안타까운 일이지만, 졌다는 사실이 여러분이 내렸던 결정의 질을 뒤바꾸지는 않는다. 이와 마찬가지로 여러분이 100퍼센트 확실하게 $30를 얻는 것보다 80퍼센트의 확률로 $45를 얻는 쪽을 선택한다면, 그 결과로 돈을 잃게 되더라도 여러분이 내린 결정이 나쁜 것이었다고 후회할 이유는 전혀 없다.

불확실한 것보다 확실한 것을 더 좋아하는 것은 인간의 일반적인 본성이다. 그러나 위험과 불확실성은 인간을 둘러싼 환경의 피할 수 없는 일부분이기도 하다. 사람들은 너무나 당연히 가능한 한 가장 큰 이득을 원하는 **동시**에 가능한 한 위험이 가장 작기를 원한다. 그러나 대개의 경우 우리는 위험과 이득 사이에서 어쩔 수 없이 상충된 의사결정을 해야만 한다. 두 개의 위험한 대안들 중에서 고를 때 우리는 어쩔 수 없이 이러한 교환상충관계를 명시적으로 의식하게 된다. 그 경우에 우리는 현명한 결정에 이르기 위해 요구되는 인지적인 노력을 피할 수 없다. 그러나 대안들 중 하나가 아무런 위험도 없는 것일 때, 우리는 결정을 내리

---

5. Tversky and Kahneman (1981), 같은 자료, p. 456.

는 데 있어서 특별히 주의와 노력을 기울이지 않은 채 너무도 쉽고 단순하게 결정을 하는 경우가 많다. 그러나 이런 유형의 행태로는 80퍼센트의 확률로 $45를 얻는 대신에 확실하게 $30를 얻는 것이 삶에서 진정 중요한 그 어떤 불확실성을 줄이는 데 별다른 힘을 쓰지 못한다는 것을 알아차릴 수 없다.

그와 반대로, 오직 사소한 금액만이 걸려 있는 경우에 유일하게 분별 있는 전략은 가장 큰 기댓값의 대안을 고르는 일이라는 점을 설득력 있게 제시할 수 있다. 그런 전략을 주장하는 것은 보험에 가입해야 한다는 주장처럼 대수의 법칙에 근거한다. 우리가 아주 많은 수의 독립적인 도박들에 참여하고 공동으로 위험에 대처한다면, 이 도박들의 기댓값들의 합계를 거의 정확하게 얻을 것이라고 매우 자신 있게 말할 수 있다는 점을 대수의 법칙은 우리에게 알려준다. 의사결정자로서 우리가 사용할 계책은 각각의 작고 위험한 선택이 훨씬 더 큰 집합의 부분에 지나지 않는다고 끝없이 우리 스스로에게 다짐하는 일이다. 결국 그 이외의 다른 전략을 사용했더라면 거의 확실하게 엄청난 손실을 입고 말았을 것임을 알기 때문에 이따금씩 사소한 손실을 겪는 아픔쯤은 충분히 감내할 수 있다.

예를 들어, 확실하게 $30을 얻는 것과 80퍼센트의 확률로 $45를 얻는 것 중에서 선택해야 하는 경우를 생각해보자. 그리고 여러분은 이런 종류의 선택을 매주 한 번씩 내려야 한다고 가정하자. 이 도박의 기댓값은 $36로, 확실한 상금보다 $6가 더 많다. 매주 언제나 "위험이 따르는" 대안을 선택한다면, 확실한 상금을 선택하는 경우와 비교할 때 여러분의 기대 수익은 매년 $312에 달하게 된다. 기초 확률 강의를 수강한 학생이라면 도박이 아니라 1년 내내 확실한 상금을 선택함으로써 더 나은 결과를 얻게 될 가능성이 1퍼센트도 되지 않는다는 점을 쉽게 계산해 낼 수 있다. 사소한 결과들과 관련하여 위험 기피적인 전략에 따라 의사결정을 내리는 경우에 발생하는 장기 기회비용은 무시할 수 없을 만큼 큰 금액의 거의 확실한 손실로 귀결되고 마는 셈이다. 이와 유사한 유형의 수많은 선택들에 직면할 때 어떤 의사결정 규칙을 채택해야 하는지를 심사숙고함으로써 여러분은 겉보기에는 위험한 전략이 명백히 매우 안전한 전략으로 변환되는 것을 알 수 있을 것이다.

▪ 연습문제 ▪

1. 여러분이 구간 (5, 8)에 대해서 균등분포를 보이는 임금 분포에서 높은 임금을 탐색 중이라고 하자. 한 번의 탐색에는 0.06의 비용이 소요된다. 여러분이 받아들여야 하는 가장 낮은 임금은 무엇인가?

2. 같은 강의를 듣는 100명의 학생들이 500원짜리 동전들이 가득 들어찬 큰 유리병에 대한 경매에 참여한다고 하자. 각 학생에게는 유리병에 담긴 동전들의 총 가치에 대한 불편 추정치가 있다. 이러한 추정치들이 구간 (0, C)에서 선택되고, 이때 C는 알려지지 않은 금액이며, 여러분 자신의 추정치는 $50라고 한다면, 여러분은 얼마를 입찰가로 적어내야 하는가?

3. 여러분은 범블러 정유회사를 매입할 것인지 고려 중인 어떤 회사의 경제 전문가로 일하고 있다. 범블러 정유회사 소유의 유일한 자산은 현재 경영진하에서 X의 순가치를 가진 유전뿐이다. 범블러 정유회사의 소유주들은 X의 정확한 값을 알지만, 여러분이 일하는 회사에서는 X

가 0과 100 사이에 균등하게 분포된 무작위 숫자라는 점만 알고 있다. 여러분 회사의 경영진은 실력이 좋기에, 범블러 정유회사를 손에 넣는다면 그 가치를 $X + 40$으로 만들 수 있다.

a. 여러분 회사가 범블러 정유회사를 매입한다면 손실을 입지 않을 것으로 기대되는 최고 입찰 금액은 얼마인가?

b. 여러분 회사만이 범블러 정유회사 매입에 참가했다고 가정한다면, 여러분 회사의 기대 수익을 극대화하는 입찰 금액은 얼마인가?

4. 여러분이 제안을 받은 임금 수준들이 $75와 $150 사이에 균등분포를 보인다면, 그리고 새로운 제안을 탐색하는 데 들어가는 비용이 $2라면, 여러분이 받아들여야 하는 최저 임금은 얼마인가?

5. "사랑해주소" 맞선 주선 서비스 회사에서는 맞선을 한 번 주선해 줄 때마다 $100를 받는다. 맞선에 나가서 결혼 신청을 하면 모두 승낙을 받게 될 것이다. 여러분이 추정하기에 이 회사에서 맞선을 주선해 주는 잠재적인 배우자들의 질은 0에서 100에 이르는 구간에 걸친 지수로 측정할 수 있다. 잠재적인 배우자들은 이 범위에 걸쳐 균등하게 분포되어 있다. 여러분은 배우자를 평가할 때 지수 1점당 $50의 가치를 둔다고 하자. 만약 여러분의 맞선 상대가 "사랑해주소" 회사의 자료에서 무작위로 뽑힌다면, 지수의 가치가 얼마일 때 여러분은 탐색을 그만두겠는가?

6. 여러분은 중고차 거래회사에서 구매 담당자로 일하고 있다. 여러분은 차량 경매에 참여하여 회사에서 판매할 차량들을 입찰한다. 차량들은 "현 상태 그대로" 팔리며, 따로 차량을 꼼꼼하게 검사할 기회는 거의 주어지지 않는다. 이러한 조건하에서 어떤 차량의 가치는 0이 될 수도 있다. 어느 날 경매에 20년 된 아반떼가 나왔고 여러분은 20명의 입찰자들 중 한 사람이다. 여러분은 이 차의 가치를 20만원으로 추정한다. 만약 모든 입찰자들이 상한이 정해지지 않은 균등분포에서 뽑은 불편 추정치들을 갖고 있다면, 이 차량에 대해서 나중에 고객이 손해를 보지 않도록 여러분이 써낼 수 있는 최고 입찰 가격은 얼마인가?

▪ 부록 개념 확인 해답 ▪

6A.1 수락임금을 w^*로 표시하자. 더 높은 임금을 찾아낼 확률은 $(60 - w^*)/50$이다. 더 높은 임금 제안을 찾아낼 것이라고 전제할 때, 평균 이득은 $(60 - w^*)/2$이다. 그렇다면 기대 이득은 이 두 항목을 곱한 $(60 - w^*)^2/100$가 된다. 이를 탐색 비용인 1과 같게 놓은 뒤, w^*에 대해서 풀면, $w^* = 50$을 얻는다.

6A.2 입찰자가 4명일 때 가장 큰 추정치의 기댓값은 $(4/5)C$이다. 이를 400과 같게 놓은 뒤 C에 대해서 풀면 $C = 500$을 얻는다. 그러므로 여러분은 250을 입찰 가격으로 써내야 한다.

CHAPTER 7

표준적인 합리적 선택 모형으로부터의 (유감스러운 그리고 유감스럽지 않은) 이탈

Departures from Standard Rational Choice Models (With and Without Regret)

최근 수십 년간 행태경제학은 경제학 분야에서도 특히 눈부시게 발전하고 있는 연구 분야이다. 행태경제학 분야의 연구자들은 대개 경제학과 심리학의 교차점에서 활동하지만, 그밖에도 생물학, 사회학을 비롯한 여러 학문 분야의 이론들을 가져다 사용하기도 한다. 행태경제학은 사람들의 판단과 결정에서 발생하는 체계적인 편의들(systematic biases)에 특히 관심이 많다. 스탠포드 대학교의 심리학자이자 행태경제학의 창립자 중 한 사람인 고(故) 애이머스 트버스키(Amos Tversky)는 종종 이렇게 말하곤 했다. "제 동료들은 인공지능을 연구합니다. 저요? 저는 타고난 어리석음을 연구한답니다."

나는 1980년대 초 학부생들에게 행태경제학을 처음 강의하기 시작했다. 그 당시만 해도 행태경제학이라는 새로운 분야에 대해서 들어본 학생들이 거의 없었기 때문에, 수강생들의 관심을 끌어 모으기 위해 나는 그럴듯한 강의 제목을 생각해내야 했다. 궁리 끝에 나는 새 강의명을 "합리적 선택으로부터의 이탈"(Departures from Rational Choice)로 정했다. 물론 당시에는 경제학계에서 행태경제학에 대한 일반적인 강의안도 없던 시절이었다. 심사 숙고 끝에 나는 행태경제학을 두 가지 큰 주제들로 나누어 강의에서 다루기로 결정했다. 첫 번째 주제는 "합리적 선택 이론으로부터의 유감스럽지 않은(without regret) 이탈"이었고, 두 번째 주제는 "합리적 선택 이론으로부터의 유감스러운(with regret) 이탈"이었다. 제7장의 제목을 정하면서, 나는 과거에 사용했던 강의 제목을 약간 수정했는데, 그 이유는 본 내용을 공부해 나가는 과정에서 곧 명확히 드러날 것이다.

첫 번째 주제인 "합리적 선택 이론으로부터의 유감스럽지 않은 이탈"과 관련하여, 나는 표준적인 합리적 선택 모형들의 예측에서 벗어나지만 사람들이 별로 우려하지 않는 경우들을 다룬 연구들을 살펴보았다. 예를 들어, 소위 최후통첩 게임(ultimatum game)에서 일방적 제안을 받았을 때 사람들이 대개 어떻게 반응하는지가 이 주제에 속한다. 최후통첩 게임은 실험을 주관하는 측에서 첫 번째 실험 참가자에게 얼마간의 돈을 (예를 들어, $100) 준 뒤, 그와 두 번째 참가자 사이에 그 돈을 어떻게 나눠 가질지 제안하도록 한다. 만약 두 번째 참가자가 첫 번째 참가자의 제안을 받아들이면, 두 사람은 제안대로 돈을 받고 헤어진다. 예를 들어, 첫 번째 참가자가 "나는 $60, 당신은 $40"라고 제안하고 이를 두 번째 참가자가 받아들이면, 첫 번째 참가자는 $60를 받고 두 번째 참가자는 $40를 받는다. 그러나 한 가지 조건이 있다. 만약 두 번째 참가자가 이 제안을 거절하는 경우, $100는 실험을 주관하는 측에 돌아가고, 실험 참가자였던 두 사람은 한 푼도 받지 못하게 된다.

표준적인 합리적 선택 모형들에 따르면, 첫 번째 실험 참가자는 일방적인 제안을 할 것이다. 예를 들어, 자신이 $99를 갖고 두 번째 참가자에게는 $1를 주겠다고 제안하는 것이다. 왜냐하면 한 푼도 받지 못하는 것보다 $1라도 받는 것이 두 번째 참가자에게 이득이 될 것이라는 점을 첫 번째 참가자는 알기 때문이다. 그러나 이런 식의 제안을 하는 경우는 거의 없다. 첫 번째 참가자가 이렇게 일방적인 제안을 하면, 두 번째 참가자는 대부분 제안을 거절한다. 게다가 거절하고 나서도 별로 후회하지 않는다.

이는 두 실험 참가자들이 비합리적임을 의미할까? 도대체 합리적이란 것은 무엇을 의미할까? 사실 합리성의 의미에 대해 보편적인 합의가 이루어진 상태라고 하기도 어렵다.

강의계획서에서 "합리적 선택 이론으로부터의 유감스러운 이탈"이라는 주제로 묶은 부분에 나는 사람들이 저지르기 쉬운 체계적인 인지상의 오류들을 다룬 연구들을 집어넣었다. 예를 들어, 표준적인 합리적 선택 모형들에서는 사람들이 매몰비용을 무시할 것이라고 주장하지만, 우리가 1장에서 이미 살펴보았듯이 사람들은 매몰비용에 의해 자주 영향을 받는다.

예를 들어, 여러분이 50 km 떨어진 곳에 위치한 경기장에서 열리는 스포츠 행사나 음악회에 가려고 막 출발할 참인데 갑자기 심한 폭풍우가 불어 닥쳤다고 하자. 입장권을 환불받을 수 없다면, 경기장까지 운전해서 갈지 말지에 대한 여러분의 결정은 입장권에 얼마를 지불했는지에 의해서 영향을 받지 말아야 한다. 하지만 입장권에 이미 $100를 지불한 팬이라면 모든 면에서 그와 비슷하지만 입장권을 무료로 얻은 팬에 비해서 위험을 무릅쓰고 운전을 해서 경기장에 갈 확률이 훨씬 높다. 이 경우 $100를 지불한 팬은 인지적 오류에 빠졌다고 볼 수 있다. 인지적 오류에 빠진 채 결정을 내린 사람들은 자신의 실수를 깨닫고 나면 대개 후회한다.

요약하자면, 사람들이 좁은 의미에서의 자기이익을 챙기고 가용한 모든 정보로부터 아무런 오류를 범하지 않으면서 의사결정을 위한 추론을 이끌어낸다고 가정하는 표준적인 합리적 선택 모형들은 실제 상황에서 진짜 사람들이 내리는 결정을 늘 정확하게 예측하지는 못하게 된다.

7.1 7장 미리보기

합리적 선택 모형에 이타적 동기를 어떻게 결합시킬 수 있는지 예를 통해 살펴봄으로써 이번 장을 시작하기로 하자. 이 경우는 현재목표 기준(present-aim standard)을 직접적으로 응용한 사례이다. 하지만 우리가 해결해야 할 진짜 숙제는 애당초 그러한 이타적 동기가 어떻게 해서 나타났는지를 설명하는 일이다. 생각 없이 의사결정을 하는 사람은 결국 실패에 이르게 된다는 것을 우리는 당연하게 여긴다. 이와 마찬가지로 오로지 자기 자신의 이익만을 좇는 사람들도 역시 같은 꼴을 당한다는 것을 우리는 살펴볼 것이다. 이기적인 사람들이 제대로 해결할 수 없는 중요한 문제들이 세상에는 분명히 존재한다. 그러므로 특정한 이타적 동기의 원천들을 고려하는 경우, 우리는 사람들의 행태를 더 잘 예측할 수 있다는 점을 살펴보고자 한다.

또한 우리는 매몰비용의 문제를 비롯해서 사람들이 저지르기 쉬운 다양한 종류의 체계적인 인지적 오류들을 명시적으로 고려하는 경우 사람들의 행태를 더 잘 예측할 수 있다는 점도 살펴볼 것이다. 우리는 합리적 선택 모형보다 실제 상황에서의 의사결정을 종종 더 잘 예측하는 선택에 관한 여러 행태모형들을 살펴볼 것이다. 그러나 이러한 행태모형들에서는 아무런 규범적 의미도 끌어낼 수 없다는 점을 기억해야 한다. 예를 들어, 행태모형들은 우리가 매몰비용을 무시하는 경향이 정말로 있다는 것을 알려주지만, 그렇다고 우리가 매몰비용을 무시해야 한다고 말해 주지는 않는다.

합리적 선택 모형에 따르면, 매몰비용을 무시함으로써 우리는 더 나은 의사결정을 할 수 있다. 대부분의 사람들은 이 주장에 강하게 동의한다. 행태모형들의 가치는 우리가 실수를 저지르기 쉬운 상황에 주의를 기울일 수 있도록 돕는 데에서 찾을 수 있다. 그러므로 행태모형들은 우리가 의사결정 과정에서 흔히 마주치는 함정들을 피할 수 있도록 도와주는 중요한 도구 역할을 한다.

7.2 합리성의 현재목표 기준과 자기이익 기준 _____

합리성의 두 가지 중요한 정의는 소위 현재목표(*present-aim*) 기준과 자기이익(*self-interest*) 기준이다.[1] 어떤 사람이 행동을 하는 바로 그 순간에 자신이 원하는 바를 효율적으로 추구한다면 우리는 그 사람이 현재목표 기준하에서 합리적이라고 부른다. 이 기준에 따르면, 그 사람의 목표에 어떤 의미가 있는지는 중요하지 않다. 예를 들어, 누군가가 자기 파괴적인 선호를 가지고 있다면, 그 사람이 가장 효율적인 방식으로 자기 파괴적인 목표를 추구하는 것만으로 현재목표 기준에서의 합리성 조건이 충족되는 것이다. 그에 비해서 자기이익 기준에는 사람들의 동기가 좁은 의미에서의 물질적 이익과 조화를 이룬다는 가정이 깔려 있다. 이타주의, 원칙 고수하기, 정의감 등과 같은 동기들은 자기이익 기준에서는 완전히 무시된다.

교과서에서 합리적 선택을 설명할 때, 경제학자들은 대개 현재목표 기준을 따른다. 선호는 외생적으로 주어진 것이므로 왜 그런 식의 선호를 보이는지 묻는 것은 아무런 논리적 근거가 없다. 19세기 경제학자 제레미 벤덤(Jeremy Bentham)의 말을 인용하자면, 제도용 핀(pushpins)에 대한 선호는 시(poetry)에 대한 수요에 비해서 정당성이 떨어질 이유가 전혀 없다.[2]

그러나 현재목표 기준에서는 "윤활유" 문제를 피해나갈 수 없다는 맹점이 발생한다. 어떤 사람이 자신의 자동차에서 빼낸 윤활유를 마시고 고통에 몸부림치며 죽어가는 모습을 본다면, 우리는 그 사람이 정말로 윤활유를 좋아하는 것이라고 주장할 수 있다. (그렇지 않다면 도대체 왜 윤활유를 마셨겠는가?) 어떤 행동에 대한 선호를 단순히 가정하기만 하면 아무리

1. Derek Parfit, *Reasons and Persons*, Oxford: Clarendon, 1984.

2. [역주] 제레미 벤덤(1748~1832)은 영국의 철학자이자 법률가로 공리주의(功利主義)를 제창한 인물이다.

기이하더라도 사실상 모든 행동들에 대한 "설명이 가능"해진다. 그러므로 현재목표 기준의 가장 큰 매력은 가장 큰 약점으로 변하고 만다. 선호가 원래 그런 식이라고 말하면 모든 것을 설명할 수 있게 되므로, 결국 아무 것도 설명하지 못하는 꼴이다.

이러한 어려움을 잘 인식하고 있기에, 대부분의 경제학자들은 실제 연구에서 자기이익 기준을 다양하게 변형하여 가정한다. 앞의 여러 장들에서 우리도 같은 방식을 따랐고, 합리적 선택 모형을 통해 인간 행동을 이해하는 데 있어서 강력한 통찰을 많이 얻을 수 있었다. 예를 들어, 합리적 선택 모형을 이용하면 휘발유 가격이 오를 때 사람들이 왜 카풀을 이용하는지, 왜 로터리 클럽이나 키와니스 클럽과 같은 "친목단체들"에는 우체국 직원이나 항공사 기장보다 부동산업자, 치과의사, 보험판매원들이 더 많이 가입하는지 설명할 수 있다. 자기이익이야말로 의심의 여지없이 인간 행동의 중요한 동기인 것이다.

그러나 편협한 자기이익만이 인간의 행동을 추동하는 유일한 동기는 당연히 아니다. 고속도로를 이용하는 자동차 여행객들은 다시는 보지 않을 식당 종업원에게 팁을 남긴다. 가문들 사이의 피로 얼룩진 싸움에서는 파멸적인 대가를 치루면서도 복수가 되풀이 된다. 사람들은 아무리 큰 이익을 남길 수 있더라도 "불공정한"(unfair) 조건이라고 여겨지면 가차없이 거래를 끝낸다. 영국은 오래 전 사라진 제국의 위엄을 지킬 역량이라고는 더 이상 남아있지 않았음에도, 본국에서 수천 킬로미터나 떨어진 곳에 위치한 포클랜드 제도를 아르헨티나로부터 지키기 위해 막대한 국방비를 쏟아 부었다.[3] (아르헨티나의 작가 보르헤스는 대머리 아저씨 둘이 빗 하나를 놓고 싸우는 꼴이라고 비유한 바 있다.) 이러한 예들과 그밖에도 수없이 많은 경우들을 살펴보면, 사람들이 좁은 의미에서 자기 자신의 이익만을 추구하는 것 같지는 않다. 나 역시 그러한 행동들을 더 이상 비합리적이라고 부르지 않는다. 왜냐하면 합리적인 사람이라면 우리가 늘 편협한 이기심에 따라 움직이지 않는다는 것에 오히려 감사할 것이기 때문이다. 그러나 어떠한 사건을 예로 들더라도, 자기이익 가정을 변형하여 가정으로 삼는 합리적 선택 이론이 사람들의 비이기적인 행동들을 제대로 예측하지 못한다는 점만은 부인할 수 없다. 이번 장의 제목을 과거 강의명과 다르게 살짝 수정한 것도 바로 그 때문이다.

현재목표 기준의 응용 : 이타적인 선호들

모든 사람들이 자기이익 모형에서 가정하듯이 편협하게 이기적인 선호를 보이지는 않는다는 점을 우리는 경험상 알고 있으므로, 추가적인 기호들(tastes)을 더 포함시켜 분석의 폭을 넓히고 싶어질 수 있다. 예를 들어, 자선단체에 돈을 기부하거나, 투표에 참가하거나, 쓰레기를 적법하게 버리거나 하는, 이기적인 선호와는 상반되는 다양한 행동들로부터 사람들이 만족감을 이끌어낸다고 가정하는 것이다. 어떤 사람들은 이렇게 이타적인 선호들을 보인다

---

3. [역주] 포클랜드 제도(Falkland Islands, 스페인 이름은 Guerra de las Malvinas)는 아르헨티나 남동쪽 남대서양에 있는 영국령 군도로, 남대서양에 위치한 또 다른 섬들인 사우스 조지아 섬(South Georgia)과 사우스 샌드위치 제도(South Sandwich Islands)와 함께 1982년 영국과 아르헨티나 사이에서 벌어진 포클랜드 전쟁(아르헨티나 측에서는 "남대서양 전쟁")의 무대가 되었다. 74일간 지속된 영토분쟁에서 아르헨티나가 항복하면서 섬들은 영국의 지배하에 남게 되었다.

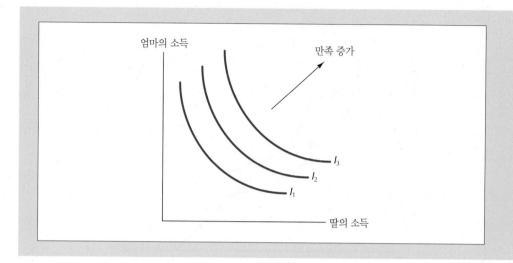

그림 7.1

이타적인 엄마의 무차별지도

엄마는 딸이 더 많은 소득을 얻을 수 있다면 더 적은 소득을 기꺼이 받아들인다.

는 개념을 합리적 선택 모형에 정식으로 통합시킬 수 있는지 먼저 살펴보자.

예를 들어, 자신의 소득수준뿐만이 아니라 딸의 소득수준에도 관심을 두는 엄마의 경우를 살펴보자. 이런 종류의 선호는 엄마와 딸의 소득수준에 대해서 정의된 무차별지도의 형태를 통해 그림 7.1처럼 묘사할 수 있다. 엄마의 무차별곡선은 우하향하므로, 딸의 소득이 충분히 늘어난다면 자신의 소득이 줄더라도 엄마는 기꺼이 참을 수 있다는 것을 보여준다. 또한 엄마의 무차별곡선은 체감하는 한계대체율(MRS)을 보여주는데, 이는 엄마의 소득이 더 많아질수록 엄마는 딸의 소득을 늘리기 위해서 더 많은 소득을 기꺼이 포기할 수 있음을 보여준다.

엄마에게 주어진 과제는 소득을 딸에게 주는 경우 자신의 효용이 더 커지는가이다. 이 질문에 대답하기 위해서, 우리는 가장 먼저 엄마의 예산제약을 표시해줘야 한다. 엄마의 초기 소득수준이 연간 $50,000이고 딸은 $10,000라고 하자. 이 예산제약은 그림 7.2에서 점 A로 표시되어 있다. 이제 엄마는 어떤 선택을 할 수 있을까? 점 A에 머물면 소득 전부를 자신이 가지게 된다. 딸에게 $1를 줄 때마다 엄마의 소득은 $1씩 줄어든다. 그러므로 엄마의 예산제약은 기울기가 −1인 직선 B가 된다.

만약 엄마가 소득 전부를 자신이 가진다면, 그림 7.2에서 I_1으로 표시한 무차별곡선상에 있게 된다. 그러나 엄마의 MRS는 점 A에서의 예산제약선의 기울기보다 큰 상태이다. 점 A에서 MRS > 1라는 사실은, 딸이 $1의 소득을 추가로 얻을 수 있도록 엄마는 $1보다 더 큰 금액을 포기할 의향이 있다는 뜻이다. 그러나 엄마의 예산제약을 보면, 딸에게 $1를 주기 위해서 엄마가 포기해야 하는 금액은 $1에 불과하다. 그러므로 엄마는 딸에게 자신의 소득 중 일부를 주는 경우 더 큰 효용을 얻을 수 있다. 소득이전의 최적 금액은 무차별곡선과 예산제약선의 접점에서 결정되고, 이는 그림 7.2에서 C로 표시한 점이다. 엄마는 딸에게 자신의 소득 $19,000를 주는 것이 최선이다.

그러나 그림 7.2에서 엄마가 점 A가 아니라 점 D에서 시작했다면 결론은 완전히 달라졌을 것임을 주목하기 바란다. 이 경우, 점 D의 오른쪽에 있는 B의 일부분만이 엄마의 예산

그림 7.2

이타적인 엄마의 소득이전 최적 금액

점 C에서 엄마가 자신의 소득과 딸의 소득 사이에서 느끼는 MRS는 엄마의 예산제약선의 기울기의 절댓값과 똑같다. 엄마의 선호가 주어진 상황에서, 엄마가 할 수 있는 최선의 행동은 자신의 소득 $50,000 중에서 $19,000를 딸에게 주고, 자신은 $31,000만 갖는 것이다.

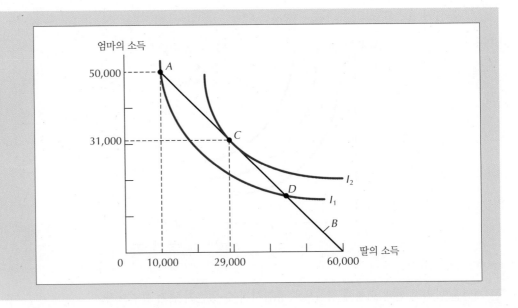

제약선이 되었을 것이다. (엄마는 딸에게 음의 선물을 줄 수는 없다!) 그리고 점 D에서는 엄마의 MRS가 1보다 작기 때문에, 엄마는 딸에게 돈을 아예 주지 않는 것이 최선이다. (3장에서 이러한 모서리해에 관해서 이미 살펴본 바 있다.)

예 7.1   이타적 선호

선균의 효용함수가 $U_S = M_S M_J$ 로 주어졌다고 하자. 여기서 M_S는 선균의 재산액, M_J는 혜진의 재산액을 의미한다. 초기에 선균은 *90단위*의 재산을 가지고 있고 혜진은 *10단위*의 재산을 가지고 있다고 하자. 만약 선균이 효용극대화를 추구한다면, 선균은 자신의 소득 일부를 혜진에게 이전해야 할까? 만약 그래야 한다면, 얼마나 이전해야 할까? 선균의 초기 무차별곡선을 그리고, 선균과 혜진이 재산을 각각 *50단위*씩 가지고 있을 때 선균의 무차별곡선을 그려 보아라. 또한 선균의 예산제약선을 $M_S M_J$ 2차원 공간상에 그려 보아라.

선균과 혜진은 둘이 함께 100단위의 재산을 가지고 있다. 이는 선균의 재산이 M_S일 때 혜진의 재산은 $100 - M_S$가 된다는 뜻이다. 그러므로 선균의 효용함수는 $U_S = M_S(100 - M_S)$로 표현할 수 있고, 이를 그림 7.3의 위쪽 패널처럼 그릴 수 있다. $M_S = 50$일 때 선균은 효용의 최대값인 2,500을 얻는다는 점에 주목하기 바란다. 재산의 초기 배분상황에서, 선균의 효용은 900에 불과했다. 그래서 선균이 효용극대화를 추구한다면, 자신의 재산 40단위를 혜진에게 이전해야 한다. 아래쪽 패널의 굵은 선은 $M_S M_J$ 평면에 표시한 선균의 예산제약선이다. $U_S = 2,500$ 수준의 무차별곡선은 $M_S = M_J = 50$일 때 예산제약선과 접하게 된다.

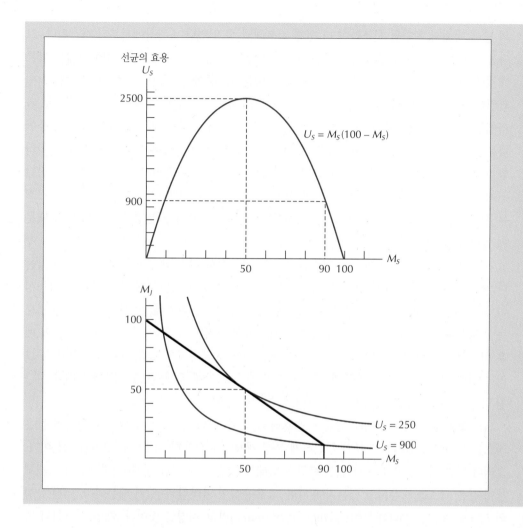

선균의 효용
U_S

2500

900

$U_S = M_S(100 - M_S)$

50   90 100 M_S

M_J

100

50

$U_S = 250$
$U_S = 900$

50   90 100 M_S

그림 7.3

효용극대화를 추구하는 이타주의자

위쪽 패널은 자신이 **50단위의 재산**을 가질 때 선균의 효용이 극대화된다는 것을 보여준다. 아래쪽 패널의 붉은 선은 M_S, M_J 2차원 공간에 표시한 선균의 예산제약선이다. 무차별곡선 $U_S = 2500$이 $M_S = 50$에서 예산제약선과 접한다는 점을 눈여겨보기 바란다.

7.3 선호의 전략적 역할

합리성을 현재목표 기준으로 해석하는 경우 유리한 점은 우리에게 잘 알려진 비이기적 동기들을 포괄하여 분석할 수 있다는 것이다. 그럼에도 불구하고 우리 자신에게 어떤 제약을 가하지 않는 한, 현재목표 기준은 거의 모든 기괴한 행태라도 그냥 선호가 그래서 그렇다는 식의 설명 아닌 설명에 그치도록 만든다는 방법론상의 약점을 피해갈 수 없다.

생물학자들이 이러한 딜레마를 피해갈 수 있는 방법을 찾아냈는데, 그 분석방법은 미시경제학적인 분석의 정수라고 해도 과언이 아닐 것이다. 생물학에서는 유기체가 보이는 기호들이 경제모형들에서처럼 아무렇게나 주어지지 않는다. 생물학자들은 기호라는 것이 자연선택의 압력에 따라 유기체가 자신을 둘러싼 환경에서 중요한 문제들을 해결하는 데 도움이 되도록 형성되었다고 가정한다. 예를 들어, 우리 인간이 대부분 단 것을 좋아하는 점을 생각해보자. 단 것에 대한 기호를 생물학자들은 어떻게 설명할까? 그들의 설명은 매우 간단하다. 첫 번째 단계는, 잘 익은 과일에서 쉽게 얻을 수 있는 특정한 유형의 당(糖)은 다른 유형

잘 익은 과일에 대해 강한 선호를 보였던 영장류 개체는 그렇지 않았던 개체에 비해서 더 높은 생존율을 보였을 것이고 후손을 더 많이 남겼을 가능성이 높다. 왜냐하면 잘 익은 과일에 함유된 당은 소화시키기가 더 쉽기 때문이다.

의 당에 비해서 유인원 선조들이 더 쉽게 소화해낼 수 있었다는 관찰에서부터 시작된다. 그 다음 단계는 처음부터 개체들마다 기호가 다양했다고 가정하는 것이다. 어떤 개체는 다른 개체에 비해서 잘 익은 과일에 함유된 종류의 당을 더 "좋아한다". 이러한 기호가 작동하여, 과일에 함유된 당을 더 좋아하는 영장류는 잘 익은 과일을 더 많이 섭취한다. 일반적으로 과 거에는 영양소가 희소했고 과일 속 당은 소화시키기가 더 쉬웠기 때문에, 과일 속 당을 좋아 하는 개체는 그렇지 않은 개체보다 생존율이 더 높았고 후손을 더 많이 남겼을 것이다. 이러 한 이점(利點)에 힘입어 잘 익은 과일에 함유된 당을 좋아하는 유전자는 궁극적으로 모집단 전체로 퍼져나가게 된다. 그러므로 생물학자들의 설명에 따르면 단 것에 대한 우리의 기호 는 선조로부터 물려받은 특성이고, 이러한 특성은 진화 과정에서 분명한 역할을 했기 때문 에 살아남은 것이다.

하지만 현대적인 환경에서는 이러한 기호가 진화에서 더 이상 중요한 역할을 하지 않는 다. 아주 오랜 과거에는 과일에 함유된 당이 매우 희귀했기에 지나치게 많이 먹게 될 가능성 이 실제로 거의 없었다. 그러나 현대에는 단 것들이 너무 흔하기에, 당에 대한 우리의 기호 는 과잉섭취로 이어지고 그로 인해 나쁜 결과들이 발생한다. 만약 이러한 나쁜 결과들이 매 우 심각하다면, 진화 압력을 통해 단 것에 대한 기호가 궁극적으로 감소하게 될 것이다. 그 러나 진화 과정은 대개 수천 세대 이상에 걸쳐 매우 느리게 진행되므로, 단 것에 대한 지나 친 탐닉은 우리 인간의 삶에서 쉽게 떼어낼 수 없는 형편이다.

단 것에 대한 기호는 아주 단순한 선호라고 할 수 있다. 모집단 내 다른 개체들이 같은 기호를 보유하고 있는지 여부와 무관하게 특정 개체에게 유용한 기호였을 것이기 때문이다. 그러나 다른 기호들은 이보다 훨씬 복잡한 양태를 보인다. 모집단 내에서 얼마나 많은 개체 들이 같은 기호를 보유하고 있는지에 따라 그 유용성이 달라질 수 있기 때문이다. 이런 유형 의 기호를 우리는 **전략적 선호**(*strategic preference*)라고 지칭할 것이다. 개인이 사회적 상 호작용의 중요 문제들을 해결하는 데 있어서 전략적 선호는 큰 도움이 된다.

전략적 선호가 서약의 문제를 해결하는 데 어떤 역할을 하는가?

지역 일대에서 성공한 사업가인 여러분은 200 km 떨어진 옆 도시에 지점을 개설하면 좋겠 다고 생각한다. 하지만 두 도시를 오가며 사업체 두 곳을 경영하는 것은 불가능하다. 따로 지점장을 고용한다고 해도 관리 감독에 한계가 있을 것이 분명하다. 정직한 지점장이라면 통상 연봉의 두 배인 10만 달러를 지불하고도, 지점에서 10만 달러의 순수익을 올릴 수 있 다. 그러나 누구를 뽑든지 지점장은 경영주를 속일 강한 유인을 갖게 될 것임을 여러분은 잘 알고 있다. 경영주를 속인다면 지점장은 20만 달러를 벌 수 있지만, 경영주인 여러분은 10 만 달러의 손실을 입는다. 게다가 지점장이 여러분을 속이더라도 증명은 커녕 속이는지도 알 수 없으므로 손해배상 청구를 할 수도 없다. 그런데도 여러분은 지점을 개설할 것인가?

합리적 선택 이론에 따르면 여러분은 기대수익이 0보다 큰 경우에만 지점을 열어야 한 다. 그러므로 여러분은 지점을 개설하는 경우에 지점장이 어떤 선택을 할 것인지 예측해야 한다. 여러분이 믿기에 모두가 철저하게 자기이익을 위해서 행동한다면, 어떤 지점장을 고용 하더라도 결국 여러분을 속이려 들 것이고, 그로 인해 여러분은 지점을 열고도 10만 달러의 손실을 입게 될 것이라고 예측할 것이다. 그러므로 여러분은 지점을 개설하지 않을 것이다.

위의 예는 토머스 셸링(Thomas Schelling)이 서약 문제(*commitment problem*)라고 부른 의사결정 문제에 해당한다.[4] 지점을 개설하지 못하게 되면, 지점을 개설하고 지점장이 정직하게 지점을 운영하는 경우와 비교할 때 경영주인 여러분과 지점장 모두 더 나쁜 결과가 된다. 지점장 자리에 응모한 지원자가 어떻게든 자신의 정직함을 서약할 수만 있다면 그렇게 하고 싶을 것이다. 그러나 자신이 정직한 사람이라고 주장한다고 해서 문제가 해결되지는 않는다. 부정직한 지원자도 자신이 정직한 사람이라고 주장할 강력한 유인이 있기 때문이다.

어딘가에 정직한 지점장이 있다는 것만으로는 이러한 서약 문제를 해결할 수 없다는 점을 잊지 말기 바란다. 경영주는 지점을 정직하게 운영할 것이라고 믿을 수 있을 만큼 증거를 충분히 갖춘 정직한 지원자를 찾아내어 지점장 자리를 맡겨야 한다. 의심스러워하는 경영주에게 정직한 지점장이 될 것임을 확신시킬만한 신호가 있을까?

찰스 다윈(Charles Darwin)이 1872년 「인간과 동물의 감정 표현」(*The Expression of Emotion in Man and Animals*)을 출간한 이래로, 내적인 동기부여 상태가 외적으로 어떻게 드러나는지에 관한 우리의 이해는 계속 깊어지고 있다. 예를 들어, 심리학자들은 사람들의 의사결정에 길잡이 역할을 하는 특정 감정들이 독특한 얼굴 표정으로 드러난다는 다윈의 주장이 사실임을 확인했다. 이러한 얼굴 표정들은 안면 근육 운동이 복잡하게 결합되어 나타나는데, 짓고 싶다고 해서 마음대로 표정을 짓기는 극도로 어렵지만 적절한 감정을 느끼게 되면 즉각적으로 나타난다고 한다.

그림 7.4

비통, 슬픔, 걱정을 보여주는 얼굴 표정

특정한 감정들은 그에 맞는 얼굴 표정들을 짓게 만든다. 이 표정들은 의식적으로 안면 근육들을 조정해서 만들어 내기가 극도로 어렵기 때문에, 근원적인 동기부여 상태들을 나타내 주는 믿을만한 지표로 볼 수 있다.

---

4. Thomas C. Schelling, *The Strategy of Conflict*, Cambridge, MA: 1960. [역주] 국내에는 「갈등의 전략」(한국경제신문사, 2013)이라는 제목으로 번역 출간되었다.

예를 들어 얼굴 표정을 도식화한 앞의 그림 7.4를 살펴보자. 가운데는 위로 솟았고, 양쪽 끝으로 가면서 아래로 처진 눈썹의 독특한 모양새는 콧대 근처에 있는 배세모근이 눈썹 중앙에 위치한 눈썹주름근과 특정한 방식으로 결합될 때 나타나는 표정이다. 실험 결과에 따르면 약 15퍼센트에 불과한 사람들만이 의식적으로 이 표정을 만들어 낼 수 있다고 한다. 그에 비해서 사람들이 실제로 비통하거나, 슬프거나, 걱정스러울 때에는 이런 표정이 거의 모든 사람들의 얼굴에 즉각적으로 나타난다.

심리학자들은 자세와 다양한 신체언어상의 요소들, 목소리의 높낮이와 색깔, 호흡률, 그리고 심지어 말할 때의 박자까지도 내면에서 느끼는 동기부여 상태들과 체계적으로 연결되어 있다는 것을 알게 되었다. 대부분의 사람들은 이러한 연관 관계를 의식적으로 조절할 수 없기 때문에, 감정이 얼굴 표정으로 드러나는 것을 타인에게 감추기가 어려울 뿐만 아니라 실제로 느끼지도 않는 감정을 필요한 경우 표정으로 적절하게 가장하기도 어렵다. 그렇기 때문에 우리는 타인의 감정 상태를 추측하는 데 있어서 이러한 단서들을 사용할 수 있고, 타인의 선호에 대해 판단을 내리는 데 도움을 얻을 수 있다.[5] 감정 상태에 따라 드러나는 얼굴 표정들이나 신체적인 징후들 이외에도 우리는 상대가 동업자나 협력자가 될 만한 사람인지를 예측하기 위해 명성이나 기타 다양한 단서들에 의존하기도 한다.[6]

간단한 사고실험

다음과 같은 간단한 사고실험을 살펴봄으로써 여러분이 타인의 인품을 제대로 판단할 수 있는지 평가할 수 있을 것이다.

여러분은 많은 관중이 모였던 음악회에 참석했다가 귀가한 뒤에야 현금 $1,000를 분실했음을 알아차렸다. 현금은 여러분 이름이 적힌 흰 봉투에 담겨 코트 주머니에 있었다. 여러분과 친인척 관계가 아닌 사람들 중에서 그 누구라도 좋으니, 돈 봉투를 주웠을 때 여러분에게 돌려줄 것이 확실한 사람이 있는가?

그런 사람이 없다고 대답한다면 여기서 그만 사고실험을 멈출 수밖에 없다. 그러니 현금을 되돌려 줄 것으로 생각되는 사람을 딱 한 사람이라도 좋으니 떠올리기 바란다. 이제 그(녀)를 "덕행"(Virtue)이라고 부르자. 왜 그(녀)가 돈을 돌려줄 사람이라고 생각했는지 설명해보기 바란다. 한 가지 명심할 점은, 설령 그(녀)가 돈을 돌려주지 않고 자신이 갖더라도 여러분은 그 사실을 절대로 알 수 없다는 것이다. 지난 경험에 비추어 보건대, 여러분은 과거에 그런 일이 있었을 때 그(녀)가 단 한 번도 여러분을 속인 적이 없다는 것을 알고 있을 뿐이다. 예를 들어, 분실한 돈을 여러분에게 돌려준 적이 있더라도, 그 사실이 그(녀)가 여러분을 단 한 번도 속인 적이 없다는 것을 증명해 줄 수는 없다. (그(녀)가 여러분을 비슷한 상황에서 속인 적이 있더라도, 여러분은 자신이 속았다는 것을 알 길이 없다.) 어떤 경우가 되었

---

5. 여기에서 "선호"라는 용어는 상대가 동업자나 협력자가 될 수 있는지를 평가하려는 핵심을 제대로 표현해내기에 충분하지 못할 수도 있다. 그보다는 "인격"(character)이나 "도덕 감정"(moral sentiments)이라고 표현하는 것이 더 적합할 수도 있다.

6. 명성과 다른 다양한 단서들에 관해서는, Robert H. Frank의 저서 *Passions Within Reason: The Strategic Role of Emotions* (1988) 4장을 보기 바란다.

든지, 경험에 비추어 볼 때 이번에 "덕행"이 여러분을 속이지 않을 것이라는 여러분의 추리에는 아무런 논리적 근거가 없음을 알 수 있을 것이다. 여러분이 이 사고실험에 참가한 거의 다른 이들과 비슷하다면, 여러분은 그(녀)의 내적 동기를 헤아릴 수 있다고 혼자서 그냥 믿고 있을 뿐이다. 주운 돈을 돌려주지 않는다면 그(녀)가 양심의 가책을 느낄 것이기에 결국 돈을 돌려줄 것이라고 여러분 혼자서 확신하고 있는 것이다.

덕행에 대한 여러분의 평가가 옳다면, 바로 그(녀)를 지점장으로 고용함으로써 두 사람 모두 이득을 볼 수 있다. 그(녀)는 통상 임금의 두 배인 (물론 그(녀)가 여러분을 속여서 얻을 수 있는 금전적인 이득만큼은 아니지만) 10만 달러를 벌 수 있다. 그리고 그(녀)가 여러분을 속이지 않았으므로, 여러분 역시 지점을 개설하지 않았을 때에 비해서 10만 달러를 더 벌게 된다.

선호를 서약의 수단으로 사용하는 경우, 타인의 선호를 확실하게 예측해 내야 할 필요는 없다. 내일은 20퍼센트의 확률로 비가 올 것이라는 일기예보는 분명히 불확실성을 내포한 예측임에도 불구하고 야외 행사를 계획 중인 사람들에게 매우 소중한 정보가 될 수 있다. 이와 마찬가지로 누가 믿을만한 사람인지 선택해야 하는 사람들에게 인격과 품성을 평가하는 일은 그 평가의 타당성이 확률적인 것에 불과할지라도 쓸모가 있다. 물론 평가할 때마다 정확할 수 있다면 정말 좋을 것이다. 그러나 여러 번의 평가 중에서 일부에서만 정확하다고 해도 대개는 충분하다. 그리고 사람들은 대부분 자신이 잘 아는 사람들의 품성에 대해서는 상당히 정확한 판단을 내릴 수 있다고 굳게 믿는 편이다. 여러분도 그렇게 믿는다면, 왜 고삐 풀린 듯 자기이익만을 추구하는 사람이 결국 구렁텅이에 빠지게 되는지 알 것이다.

아래에는 서약 문제에 해당하는 두 가지 예들과 비이기적 선호를 통해 이 문제들을 어떻게 해결할 수 있는지에 대한 설명이 제시되어 있다.

- **서약이 억제 효과를 발휘하는 경우.** 현세는 대도가 탐내는 $500짜리 고급 가죽 서류가방을 가지고 있다고 하자. 대도가 가방을 훔치면, 현세는 고소를 할지 결정해야 한다. 고소를 하면 현세는 법정에 출두해야 하고, 결국 가방을 돌려받을 것이고 대도는 60일간 수감될 것이다. 하지만 법정에 하루 출두하면 현세는 $600의 수입을 얻지 못하게 된다. 서류가방 가격보다 수입 손실액이 더 크므로, 물질적인 이득만을 따진다면 현세는 고소를 하지 않는 편이 당연히 낫다. (문제를 간명하게 만들기 위해서, 현세는 먼 곳으로 이사를 가기 직전이라서 향후 같은 일이 벌어지지 않도록 강력한 제재를 가하는 일이 아무 소용도 없다고 가정하자.) 현세가 철저하게 합리적이고 자기이익에 따라 행동하는 사람이라는 것을 안다면, 대도는 아무런 처벌을 받지 않고 서류가방을 훔칠 것이다. 현세가 고소를 하겠다고 위협할 수 있겠지만, 현세의 위협은 아무런 의미도 없는 헛된 것일 뿐이다.

  하지만 이번에는 현세가 순수한 의미에서의 이기주의자가 아니라고 가정하자. 그래서 대도가 서류가방을 훔치는 경우, 현세는 분노가 폭발하여 하루 수입은 물론이거니와 일주일치 수입을 잃는 일도 안중에 두지 않는다고 하자. 이를 대도가 안다면, 그는 서류가방을 훔치지 않을 것이다. 물건을 도난당하는 경우 여러분이 비이기적인 방식으로 대응할 것이라고 믿는다면, 사람들은 여러분 물건을 훔쳐서 이득을 얻을 것이 없게 되고, 그로 인해서 여러분은 오히려 비이기적인 방식으로 대응할 일이 거의 없게 된다. 비이기적인 방식으로 대응하는 경향이 있다는 사실 자체가 오로지 물질적인 자기이익만을 추구하는 경우보다 오히려 유리한 결과를 초래하는 것이다.

- **서약이 협상 효과를 발휘하는 경우.** 이번에는 현세와 대도에게 동업을 통해 이득을 얻을 수 있는 기회가 생겼다고 가정하자. 그 일은 두 사람이 힘을 합쳐야 할 수 있고, 일을 완수하면 $1000를 벌 수 있다고 하자. 또한 대도는 금전적으로 여유가 있지만, 현세는 당장 돈이 궁한 처지라고 하자. 거래를 할 필요가 가장 적은 사람이야말로 거래에서 가장 유리한 위치라는 것은 협상이론의 가장 근본적인 원칙이다. 그러므로 두 사람의 서로 다른 처지를 고려할 때, 대도는 협상에서 유리한 위치에 있다. 협상을 할 필요가 적으므로, 대도는 예를 들어 $900를 받지 못한다면 동업을 하지 않겠다고 신빙성 있는 위협을 가할 수 있다. 협상이 결렬되어 동업을 하지 못하게 되는 것보다 조금이라도 얻는 것이 낫기 때문에 현세는 백기를 들 수밖에 없다.

  하지만 현세는 자신이 얻는 절대 금액뿐만이 아니라 총액이 두 사람 사이에 어떻게 분배되는지에 대해서도 관심을 두는 사람이라는 것을 대도가 잘 알고 있다고 가정하자. 좀 더 구체적으로 표현하자면, 현세는 총액을 절반씩 나누는 것이야말로 공평한 일이라고 굳게 믿는 사람임을 대도가 잘 알고 있다고 가정하자. 현세의 공평성에 대한 믿음이 정말 강하다면, 그는 대도의 일방적인 제안을 거부할 것이다. 얼마 안 되는 금액이라도 받는 편이 순전히 물질적인 측면에서는 분명히 이득이 될 것임을 알더라도 거부할 것이다. 대도가 이 점을 안다면, 그는 아예 처음부터 현세에게 일방적인 제안을 하지 않을 것이라는 점이야말로 아이러니인 셈이다.

7.4 기호는 다를 수 있을 뿐만 아니라, 달라야 한다

돌연변이로 인해, 정직한 사람들이 정직의 영문 첫 글자 "H"라는 표식을 이마에 달고 태어나는 상황을 상상해보자. 부정직한 사람들에게는 이 표식이 없다. 정직한 유형의 사람들은 더 높은 임금을 받을 것이다. 두 가지 유형의 사람들을 구별하는 데 아무런 어려움이 없다면, 고용주들에게 훨씬 가치가 있는 정직한 유형의 사람들은 적자생존의 다윈설이 지배하는 세상에서 살아남아 번성하게 될 것이다. 그 결과 균형에서는 모집단 전체가 정직한 사람들만으로 구성되어 있을 것이다.[7]

그러나 일반적으로 아무런 비용을 들이지 않고 완전히 믿을만하게 관찰할 수 있는 인품 특성은 존재하지 않는다. 누가 누구인지 구별하는 일도 대개 쉽지 않을 것이고, 모두가 믿을만한 사람인 환경에서는 믿을만한 거래 당사자를 골라내기 위해서 극도로 조심한다고 해서 아무런 이득도 얻지 못하게 될 것이다. 이는 마치 절도 사건이 한 번도 벌어지지 않은 동네에서 살면서 아파트에 최첨단 경비 시스템을 설치해봐야 아무 소용이 없는 것과 마찬가지이다. 그러므로 전부 정직한 유형의 사람들로만 구성된 모집단은 안정적인 균형일 수가 없다.

---

7. 이러한 주장을 뒷받침하는 논거의 세부적인 사항을 보려면, Robert H. Frank, *Passions Within Reason* (1988) 3장 참조.

왜냐하면 모집단 전체가 더 이상 조심스럽게 경계하지 않게 되면서 어느새 부정직한 유형의 사람들이 침범하게 되기 때문이다. 그래서 인품 특성을 관찰하기 어려운 경우, 지속가능한 유일한 균형은 정직한 사람들과 부정직한 사람들이 섞여 지내는 모집단뿐이다. 간략하게 말해서, 지금까지 논의한 예들로부터 우리는 정직성과 같은 인품 특성들이 개인별로 다를 수 있을 뿐만 아니라 개인별로 달라야 한다는 점을 알 수 있다.

이러한 결론은 시카고 대학교의 조지 스티글러(George Stigler)와 개리 베커(Gary Becker)의 유명한 논문이 주장한 바와 극명하게 대비된다. 이들은 그 논문에서 기호가 다르다는 가정에 바탕을 두고 행태를 설명하는 방식을 강하게 비판했다.[8] 두 사람은 단순히 사람들이 서로 다른 기호를 보이기 때문에 다르게 행동한다고 말하는 것은 지적인 타협에 불과하며, 사물의 근저까지 탐구하려는 학자로서의 사명을 저버리는 짓이라고 주장했다. 그들은 사람들이 서로 같은 기호를 보이지만 소득과 가격에서의 차이 때문에 행태상의 차이가 발생하는 것이라고 설명하는 것이 가장 바람직한 방식이라고 보았다.

사실 스티글러와 베커는 합리적 선택 이론의 현재목표 버전에 대한 기본적인 비판을 명시적으로 밝힌 것이었다. 즉, 기호의 차이로 모든 행동을 일거에 설명하는 방식에는 문제가 있다는 주장이었다. 물론 우리는 이러한 비판에 전적으로 동의할 수도 있지만, 그렇다고 해서 기호의 차이가 실제로 존재하며 (그리고 진정 존재해야 하며) 때때로 행태상의 중요한 차이점들을 함축한다는 사실조차 무시해서는 안 될 것이다. 서약 모형의 장점은 기호를 결과가 아니라 수단으로 바라봄으로써, 현재목표 기준이 보이는 지나치게 자유롭게 해석될 수 있는 성질에 고삐를 물릴 수 있다는 점이다. 기호에도 그 나름대로의 역할이 있다고 보는 서약 모형의 시각은 우리가 자기이익 모형에서 가정하는 단순한 이기적 기호 이외에도 다양한 기호들까지 고려해야 한다는 점을 시사한다. 물론 그러기 위해서는 어떤 특정한 기호를 보이는 것이 물질적인 의미에서 분명히 유리한 결과를 가져다준다는 점을 (또는 최소한 치명적일 정도로 불리한 결과를 가져오지는 않는다는 점을) 먼저 보여줘야 한다는 조건을 만족시켜야 할 것이다.

생활 속의 경제행태 7.1

왜 사람들은 대통령 선거에서 투표를 할까?

합리적 선택 모형의 자기이익 버전에 의하면, 사람들은 대통령 선거에서 투표를 하지 않을 것이다. 투표에 참가하는 유권자에게는 비용이 발생하지만, 유권자 한 사람의 표가 선거 결과를 뒤바꿀 가능성은 사실상 없기 때문이다. 심지어 승부가 초박빙이었던 2002년 한국 대통령 선거나 2000년 미국 대통령 선거에서도 한 표 차이로 결과가 바뀌지는 않았다.

그러나 대선에서 투표에 참가하는 것이야말로 시민의 의무라고 배운 사람이라면 상황은 달라진다. 시민의식이 투철하다면, 그로 인해 사람들의 선호가 바뀔 수도 있다. 그 경우에 투표 참가는 말 그대로 참가 자체만으로도 만족감을 얻는 행위가 된다.

---

8. George Stigler and Gary Becker, "De Gustibus Non Est Disputandum", *American Economic Review*, 67, September 1977. 공평을 기하기 위해서 덧붙이자면, 개리 베커는 용인할 수 있는 선호들의 범위가 매우 다양할 수 있다는 견해를 수용하게 되었다.

대통령 선거에서 단 한 표 차이로 승부가 갈리는 경우가 없는데, 왜 사람들은 굳이 힘들게 투표에 참가하는가?

응용 : 투표율은 왜 변하는가?

어떤 시민이 투표를 의무라고 생각한다고 우리가 가정한다면, 투표를 할 것인지 말 것인지에 대한 그 시민의 결정을 우리는 다른 경제적 결정을 분석하는 경우와 마찬가지 방식으로 분석할 수 있다. 예를 들어, 어떤 소비자의 효용함수가 다음과 같은 함수 형태를 보인다고 하자.

$$U = 2M + 100V. \tag{7.1}$$

여기서 M은 이 소비자가 복합재 소비에 지출하는 화폐가치이고, V는 투표를 하는 경우에는 1, 투표를 하지 않는 경우에는 0의 값을 갖는다. 이 소비자가 시간당 \$50를 지불하는 직장에서 원하는 만큼 일을 할 수 있다고 가정하자. 그리고 이 소비자가 투표를 위해서 투표장까지 오가는 데에는 30분의 시간이 걸리며, 일단 투표장에 도착하면 기표소에 들어가기 전에 다시 줄을 서서 기다려야 한다고 하자. 또한 투표장을 오가고 기표소에 들어가기 전에 기다리는 것과 직장에서 일하는 것을 무차별하게 여긴다고 하자. 그렇다면 기표소에서 기다리는 시간이 얼마나 길어야 이 소비자는 투표를 하지 않기로 결정할까?

투표장에서 기다리는 시간의 길이를 t로 표시하자. 그렇다면 왕복시간을 포함해서 이 사람이 투표하는 데 소요되는 총시간은 $(t + 0.5)$ 시간이 된다. 직장에서 일을 하면 시간당 \$50를 벌 수 있다는 점을 고려할 때, 이 시민이 투표를 할 때의 기회비용은 \$$(50t + 25)$이다. 그리고 식 (7.1)을 보면 그(녀)가 복합재 소비에 지출하는 \$1당 2단위의 효용을 얻고 있으므로, 투표의 기회비용을 효용으로 표시하면 $100t + 50$이 된다. 물론 투표를 하면 비용뿐만이 아니라 효용 100단위의 편익도 발생한다. 그(녀)가 수긍할 수 있는 기표소 앞 대기시간의 최대치는 효용으로 표시한 비용과 편익을 같게 만드는 t의 값이다. 그러한 t 값은 다음 방정식을 풀면 찾을 수 있다.

$$100t + 50 = 100, \tag{7.2}$$

그 결과는 $t = \frac{1}{2}$ 또는 30분이다. 그러므로 합리적 선택 모형을 이용하면, 투표장에서의 대기시간이 30분 미만이면 이 시민은 투표할 것이고, 30분을 초과하면 투표를 하지 않을 것이며, 정확히 30분이라면 투표 여부에 대해서 무차별하게 느낄 것이라고 예측할 수 있다. 그렇다면 폭풍우가 불어와서 왕복시간이 늘어나는 경우, 왜 투표율이 낮아지는지도 합리적 선택 모형의 자기이익 버전을 이용해서 쉽게 이해할 수 있다.

응용 : 공평성에 대한 우려

비이기적인 동기를 고려할 때 사람들의 의사결정에 대한 예측이 어떻게 달라지는지 설명하기 위해, 독일 경제학자 베르너 구트(Werner Guth)가 제시한 예를 사용하자. 구트와 동료 연구자들은 사람들이 공평성(fairness)을 중요하게 여기는지 알아보기 위해 **최후통첩게임**(*ultimatum bargaining game*)이라는 간단한 게임을 고안했다.

게임 참가자는 두 사람으로, 한 명은 배당자(*allocator*)가 되고 다른 한 명은 수령자(*receiver*)가 된다. 게임은 예를 들어 $20와 같이 미리 정한 금액의 돈을 배당자에게 주면서 시작된다. 배당자는 이 돈을 자신과 수령자 간에 어떻게 나눠야 하는지 결정하여 공식적으로 제안을 해야 한다. 예를 들어, 배당자는 자신이 $10를 갖고, 나머지 $10를 수령자에게 주겠다고 제안할 수 있다. 수령자의 임무는 이 제안을 수락할지 거부할지 결정하는 것이다. 수령자가 제안을 수락하면, 각자는 제안된 금액을 나눠갖는다. 그러나 수령자가 제안을 거부하면 두 사람 모두 한 푼도 받지 못하고, $20는 다시 실험자에게 반환된다. 게임 참가자들은 서로 안면이 없는 사이이고, 게임은 딱 한 차례만 개최된다.

자기이익 모형에 따르면 이 게임에서 어떤 결과가 나오게 될까? 이 질문에 답변하기 위해, 각 게임 참가자는 자신의 최종적인 재산 수준에만 관심이 있고, 상대 참가자가 얼마나 받는지에는 관심이 없다고 가정하자. 그리고 배분자는 자신이 $P_A = \$15$를 갖고 나머지 금액인 $\$20 - P_A = \$5$를 수령자에게 주겠노라고 제안하고, 수령자가 이 제안을 수락한다고 가정하자. 만약 M_A가 배분자의 재산 수준이고 M_R이 수령자의 재산수준이라면, 이들의 최종 재산수준은 각각 $M_A + \$15$와 $M_R + \$5$가 될 것이다.

하지만 수령자가 배분자의 제안을 거부한다면, 이들의 최종 재산 수준은 변함없이 M_A와 M_R이 될 것이다. 이런 시나리오를 미리 알고 있기에 배분자는 P_A가 $20보다 작은 경우라면 수령자가 자신의 제안을 거부하기보다는 수락함으로써 조금이라도 더 많은 재산을 얻으려 한다는 결론을 내릴 수 있다. 돈을 1센트 단위로만 나눠가질 수 있다면, 자기이익 모형에 따르면 배분자는 스스로 $19.99를 갖고 나머지 1센트를 수령자에게 주겠다는 제안을 내놓을 것이라는 명약관화한 예측에 도달하게 된다. 수령자는 이렇게 일반적인 제안에 기분이 좋을 리 없겠지만, $M_R + \$0.01 > M_R$이므로 자기이익 모형이 예측하듯이 이 제안을 받아들이게 될 것이다. 자기이익 모형의 논리에 의하면, 1센트라는 돈이 보잘것없는 금액이지만 제안을 거부할 경우 한 푼도 받지 못하는 경우보다는 더 나은 결과임을 수령자가 납득할 것이다. 이 게임은 한 번만 열리므로, 다음번에 더 나은 제안을 하도록 압력을 행사하기 위해 지금 제안을 거부하는 것이 좋을 거라는 식의 생각은 아무런 쓸모가 없다.

수령자가 자신의 최종 재산 수준뿐만이 아니라 공평성에 관해서도 관심을 갖는다면, 우

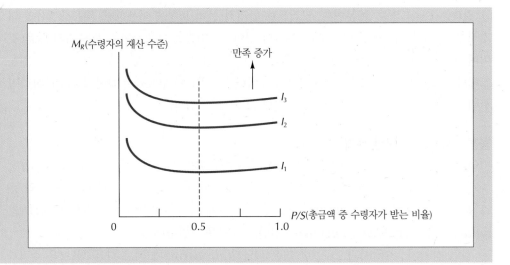

리는 어떤 결과가 나올 것으로 예측하게 될까? 최후통첩게임에서 50:50으로 돈을 나누는 것이 아마도 가장 공평한 방식일 것이다. 나눠 가질 돈의 총액을 S라고 하자. 그러면 $P/S = (20 - P_A)/S$는 수령자가 제안을 수락하는 경우 총액에서 자신이 받을 돈의 비율이 된다. 이 수식을 이용해서 수령자가 공평성에 대해 보이는 관심을 표현하면, P/S 비율이 0.5에서 멀어질수록 수령자의 만족도는 하락하는 셈이 된다. 그러므로 M_R과 P/S로 이루어진 이차원 평면상에 나타나는 수령자의 무차별지도는 그림 7.5의 모습을 보일 것이다. 이 무차별지도에는 상대방이 일방적으로 더 많은 돈을 가져가는 것을 못마땅하게 여긴다는 추가적인 가정이 담겨 있다. 다르게 표현하자면, $P/S = 0.5$에서 오른쪽으로 움직일 때보다 왼쪽으로 움직일 때 MRS가 더 급격히 커진다는 뜻이다.[9]

표준적인 자기이익 모형이 예측하는 $P_A = \$19.99$와 $P = \$0.01$이라는 일방적인 제안을 평가해 보자. 수령자가 이러한 제안을 수락한다면, 그는 결국 그림 7.6에서 C로 표시된 $(0.01/20, M_R + 0.01)$에 도달하게 될 것이다. 만약 제안을 거부할 것인지 고려함으로써 P/S의 값이 0.5로 귀결될 수만 있다면, 양쪽 모두 다른 사람보다 더 많이 가져갈 수 없으므로, 수령자는 그림 7.6의 점 D에 도달하게 될 것이다. 그런데 D는 C보다 더 높은 곳에 있는 무차별곡선상에 놓여 있으므로, 수령자는 제안을 거절하는 것이 최선이다. (만약 수령자가 제안을 수락한다면, 하찮은 수준의 재산 증가만으로는 일방적인 제안 때문에 겪는 비효용을 충분히 보상받을 수 없을 것이다.) 더 중요한 점은, 만약 수령자가 이러한 선호를 보인다는 점을 배분자가 알고 있다면, 배분자는 애초부터 이런 식의 일방적인 제안을 내놓지 않을 것이다.

위의 예에서 일방적인 제안을 내놓은 배분자를 응징하기 위해서 수령자가 감내해야 하는 비용은 겨우 1센트에 불과하다. 하지만 이보다 훨씬 큰 상당한 손해를 무릅써야 할 때에

---

9. 이 예를 통해 제시된 요점은 그림 7.5에 나타낸 수령자의 무차별곡선의 기울기가 전체적으로 우하향한다는 말과 근본적으로 같다고 할 수 있다.

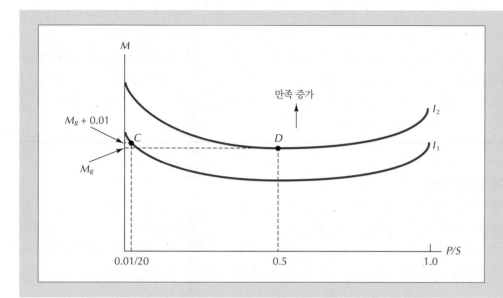

그림 7.6

일방적 제안을 거부함으로써 얻는 이득

일방적인 제안을 수락하는 경우, 수령자는 점 C에 도달하게 된다. 하지만 제안을 거부하는 경우, 수령자는 점 D에 도달한다. 수령자의 재산 수준은 점 C에서보다 점 D에서 약간 더 적지만, 수령자는 오히려 더 높은 무차별곡선에 있을 수 있다.

도 사람들은 일방적인 제안을 거부할 의향이 있을까? 베르너 구트와 동료 연구자들은 돈의 액수를 $50까지 올려서 실험을 진행하였다. 그 결과, 배분자가 총금액의 20퍼센트에 미치지 못하는 제안을 내놓으면, 수령자는 제안을 거부하는 경우를 쉽게 목격할 수 있었다.

물론 어느 선을 넘어 가면 공평성을 고집하는 행태도 절대 금액 차원에서의 이득에 무릎을 꿇을 가능성이 높다. 수령자가 백만 달러의 10퍼센트를 주겠다는 제안을 거부하는 경우는 상상하기 어려울 것이다. 그런 제안을 받는 경우, 사람들은 대부분 $(0.5, M_R)$보다 $(0.1, M_R + \$100{,}000)$를 훨씬 좋아할 것이기 때문이다.

대칭적인 문제 | 예 7.2

하니의 효용함수는 $U_H = M_H/\sqrt{M_M}$로 주어져 있다. 여기에서 M_H는 하니의 재산 수준을 뜻하고, M_M은 명수의 재산 수준을 뜻한다. 명수의 효용함수도 하니와 형태가 비슷하게 $U_M = M_M/\sqrt{M_H}$로 주어져 있다. 초기에는 $M_H = M_M = 4$이고, 하니와 명수가 협동하여 유쾌하지도 불쾌하지도 않은 과업을 수행해 낸다면 추가적인 2단위의 재산을 벌어들여 일이 끝난 뒤 둘이 나눌 수 있다고 하자. 두 사람 중 어느 누구도 혼자서는 그 과업을 수행할 수 없고, 제3의 인물과 협동할 수도 없다고 가정하자. 이 과업에 참여하는 대가로 하니가 보상받고자 하는 최소 금액은 얼마인가? (명수는 2에서 하니에게 지불된 금액을 뺀 나머지 금액을 받는다.) 이 과업은 두 사람의 참여로 이루어질까?

두 사람의 효용함수는 자신의 재산 수준이 늘어나면 만족감이 증가하지만 상대방의 재산이 늘어나면 만족감이 줄어드는 함수의 형태를 보인다. 그런데 과업을 함께 수행하면 두 사람 모두 재산이 증가한다. 그러므로 자신의 수입이 늘어나는 긍정적인 효과와 다른 사람의 소득이 늘어나는 부정적인 효과를 서로 비교해봐야 한다. 하니의 초기 효용수준은 $4/\sqrt{4} = 2$였다. 하니가 명수와 일을 함께 하고 P를 받으면, 명수에게는 $2 - P$가 돌아간다. 이 경우 하니의 효용은 $U_H = (4 + P)/\sqrt{(4 + 2 - P)} = (4 + P)/\sqrt{(6 - P)}$가 될 것이다. 공동으로 일을 하게 될 때 하니가 받아야 하는 최소 금액은 그 일을 하지 않을 때 느끼는 효용수준을 보장하는 금액이

어야 하므로, $(4 + P)/\sqrt{(6 - P)} = 2$가 성립해야 한다. 이 방정식을 정리하면 $P^2 + 12P - 8 = 0$이 되고, 그 해는 $P = 0.63$이다.[10] 이 문제는 하니와 명수 모두에게 대칭적이므로, 명수 역시 최소한 이 금액을 받아야 과업을 수행할 것이다. 또한 과업을 통해서 벌어들이는 금액 2는 두 사람이 각자 0.63을 받고도 남을만큼 크므로 두 사람은 이 과업을 함께 할 것이다. 예를 들어, 각자가 과업을 성공시킨 뒤 1만큼씩 받는다면, 각자의 효용수준은 $(4 + 1)/\sqrt{(4 + 1)} = \sqrt{5}$ 가 되어 초기 효용수준 2보다 높다.

기호의 중요성

자기이익 모형에서는 특정한 기호(taste)와 제약조건들을 가정한 뒤, 이러한 기호를 가장 잘 충족시키는 행동이 무엇인지 계산한다. 자기이익 모형은 경제학자들은 물론이고, 여러 사회과학자, 게임이론가, 군사전략가, 철학자들도 널리 사용한다. 그 결과, 자기이익 모형은 우리 모두에게 영향을 미치는 중요한 결정들을 좌우할 만큼 큰 영향력을 행사하고 있다. 표준적인 자기이익 모형에서는 순전히 이기적인 기호를 가정한다. 즉, 다양한 종류의 상품과 여가 등을 현재와 미래에 얼마나 소비할 수 있는지에 관심을 둔다. 질투, 죄책감, 분노, 명예, 공감, 사랑 등은 자기이익 모형에서 아무런 역할을 하지 못한다.

그에 비해서 우리가 이번 장에서 살펴본 예들은 이러한 감정들이 우리의 행동에서 하는 역할들을 강조한다. 합리주의자들은 감정이 아니라 기호에 초점을 맞추지만, 사실 분석을 목적으로 하는 경우에는 기호와 감정이 서로 어깨를 나란히 한다고 할 수 있다. 그러므로 죄책감이라는 감정을 피하고 싶어 하는 사람이 있다면, 우리는 그(녀)를 정직한 행동에 대한 "기호"를 지닌 사람이라고 묘사해도 결국 같은 말이 된다.

기호는 행동에 중요한 영향을 미친다. 서약 문제를 푸는 데 도움이 되도록 기호를 포함시키는 경우, 자기이익 모형의 예측은 크게 달라진다. 우리는 공평성 그 자체를 중요시하는 사람들이 오히려 그로 인해서 물질적인 이득을 얻을 수 있다는 점을 살펴보았다. 공평성에 대한 관심을 고려하지 않고서는, 상점들이 가격을 어떻게 책정할지, 노동자들이 임금을 얼마나 요구할지, 기업체 중역들이 파업에 어떻게 대응할지, 정부가 세금을 얼마나 부과할지, 국방예산이 얼마나 빠르게 증가할지, 노동조합장이 재선에 성공할지 제대로 예측할 수 없다.

양심의 존재 역시 자기이익 모형의 예측을 변화시킨다. 자기이익 모형은 사람들 사이의 상호작용이 반복되지 않는 경우, 자기 이익만을 챙긴 뒤 아무런 보복을 받지 않을 것임을 안다면 사람들이 속임수를 쓸 것이라고 예측한다. 그러나 여러 증거들이 시종일관 보여주는 바에 따르면, 그런 상황에서도 많은 사람들이 속임수를 쓰지 않는다. 또한 자기이익 모형에 따르면 소상공인들은 협회의 활동을 위해 회비를 내지 않을 것이라는 예측이 나온다. 유권자 1인의 표처럼, 소상공인 1인의 회비 납부는 전체적인 변화를 가져오기에 그 영향력이 너무 작기 때문이다. 그러나 실제로 많은 소상공인들이 성실하게 회비를 납부하고, 많은 유권자들이 투표에 참여한다. 자선단체들도 자기이익 모형이 예측하는 것보다 훨씬 더 많이 그

---

10. 이차방정식 $ax^2 + bx + c = 0$의 해를 찾는 근(根)의 공식은 $x = \dfrac{-b \pm \sqrt{b^2 - 4ac}}{2a}$ 임을 기억하기 바란다.

리고 더 큰 규모로 활동한다.

　다양한 감정들이 이러한 행동을 추동한다는 점은 전혀 신비로운 일이 아니다. 그와 반대로, 감정이야말로 사람들의 심리적 구조에서 명백하게 실재하는 일부를 차지하고 있다. 지금까지 살펴본 예들을 통해서, 비이기적인 행동에 동기를 부여하는 감정 덕분에 우리가 왜 더 유리해지는지, 심지어 순전히 물질적인 측면에서도 왜 더 유리해지는지를 알 수 있게 되었다.

물질적 이득은 윤리에 대한 "적절한" 동기인가?

물질적인 이득을 얻을 수 있을 것이라는 부도덕한 동기로 도덕적인 행동을 하는 것 아니냐고 반대의견을 펼치는 사람도 있을 것이다. 그러나 그런 견해는 이번 절에서 우리가 논의한 내용의 핵심을 제대로 이해하지 못한 비판이다. 비이기적 동기들이 물질적인 이득으로 연결될 수 있는 것은 옳은 일을 할 때 사람들이 느끼는 만족감이 행동 그 자체에 내재되어 (*intrinsic*) 있기 때문이다. 비이기적인 동기가 내면화되어 있지 않은 사람이라면 아무도 보고 있지 않을 때에는 도덕적으로 행동하지 않을 것이고, 이 사람의 그런 면을 다른 이들이 일단 눈치 챈다면 물질적인 이득은 더 이상 기대할 수 없게 된다. 서약 문제의 가장 중요한 본질은, 도덕 감정(moral sentiments)이 진심에서 우러나온 것이 아니라면 물질적인 이득으로 이어질 수 없다는 점이다.

전통적인 합리적 선택 모형으로부터의 (유감스러운) 이탈

코넬 대학교에는 교수들을 위해 두 개의 테니스장을 운영한다. 하나는 실내 테니스장이고, 다른 하나는 야외 테니스장이다. 야외 테니스장의 회원 자격은 일정액의 회비를 납부하면 얻을 수 있고, 실제로 코트를 사용할 경우 따로 추가요금을 낼 필요가 없다. 그에 비해서, 실내 코트에는 시즌별 회비와 함께 시간당 코트 사용료 25달러를 내야 한다. 실내 테니스장이 더 많은 돈을 받는 이유는 난방, 전기료, 건물 유지비 등의 비용이 추가로 발생하기 때문이다. 실내 코트는 10월 초에 개장하는데, 매년 이맘때쯤이면 코넬 대학교가 있는 이타카의 날씨가 따사롭고 화창하다가도 어느새 쌀쌀해지고 심지어 진눈깨비에 눈까지 퍼붓기 때문이다. 야외 테니스장은 날씨가 맑으면 대개 11월 초까지 운영한다.

　실내 코트는 수요가 매우 높아서, 정기적으로 테니스를 즐기려는 사람들은 매주 원하는 시간을 미리 예약해야 한다. 예약을 한 뒤에는 실제로 사용을 하지 않더라도 시간당 요금을 따로 지불해야 한다. 하지만 거의 대부분이 날씨만 좋다면 이타카에서도 특히 빼어난 경관을 자랑하는 야외 코트에서 테니스를 즐기고 싶어 한다.

　여기에서 문제가 발생한다. 여러분이 10월 20일 토요일 오후 3시에 실내 코트를 예약했다고 하자. 바로 그날 그 시각에만 겨우 시간을 낼 수 있기 때문이다. 그런데 막상 당일 오후 3시에 보니, 날은 따뜻하고 햇살은 밝게 빛난다. 여러분은 실내 코트로 가야 할까, 아니면 야외에서 테니스를 즐겨야 할까?

　경제학자가 아닌 동료 테니스 클럽 회원들 대부분은 내가 야외 코트에서 테니스 경기를 하는 것이야말로 합리적인 의사결정이라고 말하면 놀랍게도 난처해 한다. 그러면서 꼭 이렇게 얘기한다. "하지만 우리는 이미 실내 코트 사용료를 냈잖아." 그러면 나는 이렇게 묻는다. "양쪽 코트의 비용이 같다면, 어느 쪽에서 경기를 하고 싶은데?" 그러면 다들 망설이지 않고 이렇게 대답한다. "당연히 야외 코트지." 그러면 나는 양쪽 코트에 지불한 비용은 **똑같** 다고 (왜냐하면 어느 쪽에서 경기를 즐겨도 이미 시간당 요금 25달러를 낸 것은 바꿀 수 없 으니까) 설명한다. 사실 아예 테니스를 하지 않아도 비용은 여전히 25달러가 된다. 그렇다 면 25달러는 매몰비용이다. 매몰비용은 우리의 의사결정에 영향을 미쳐서는 안 된다. 그러 나 이렇게 설명을 해주어도 많은 이들은 이미 실내 코트에 사용료를 지불하고 사용하지 않 는다는 사실에 언짢아 한다. 하지만 이미 지불한 사용료가 아깝다고 실내 코트로 간다면, 우 리는 실내 코트보다 훨씬 더 가치를 높게 두는 야외 코트에서의 테니스 경기를 포기해야 하 는 것이 아닌가! 낭비는 당연히 좋지 않다. 그러나 어느 쪽에서 테니스 경기를 하더라도 우 리는 **다른** 쪽에서 테니스를 즐기는 것을 낭비하는 셈이다.

결국 대부분의 사람들은 이미 돈을 냈더라도 실내 코트를 포기하고 햇살이 아름다운 가 을 오후에 야외에서 테니스를 하는 것이 더 현명하다는 데에 동의한다. 합리적 선택 모형은 우리가 의심할 여지없이 정말 그렇게 해야 한다고 주장한다. 그러나 대부분의 사람들이 자 연스럽게 그런 결정을 하게 되지는 않는 것 같다. 오히려 그와는 반대로, 합리적 의사결정이 란 어떠해야 하는가에 대해서 꼬박꼬박 참견하는 경제학자가 곁에 없는 경우, 아무리 날씨 가 좋더라도 이미 돈을 냈으니 그냥 실내 코트를 이용하고 만다.

7.5 제한적 합리성

노벨 경제학상을 수상한 허버트 사이먼(Herbert Simon)은 인간이라는 존재가 표준적인 합 리적 선택 모형에서 묘사하는 합리적 존재처럼 행동하지 못한다는 점을 경제학자들에게 설 득력 있게 보여준 최초의 연구자들 중 한 사람이었다. 사이먼은 인공지능 분야의 선구자였 고, 컴퓨터로 하여금 문제에 관해 "추론"하도록 만들려고 애쓰는 과정에서 이러한 깨달음에 도달하게 되었다. 그는 우리 자신이 어떤 난제에 부닥쳤을 때 깔끔하게 순차적인 단계를 밟 아가면서 문제의 해결책에 도달하는 경우가 거의 없다는 점을 알아차렸다. 오히려 우리는 문제 해결에 잠재적으로 관련이 있을 법한 사실들과 정보를 좌충우돌하면서 찾는다. 그러 다가 어느 정도 이해에 이르면 아예 탐색을 중단한다. 그 결과 우리가 내리는 결론들은 대개 비정합적이고, 심지어 부정확하기까지 한 경우가 많다. 그러나 거의 대부분의 경우에 우리 는 어떻게든 실용적인 해법을 찾아낸다. 그래서 사이먼은 인간을 최적 추구자(maximizers) 가 아니라 "적정만족 추구자"(satisficers)라고 불렀다.

사이먼의 선구적인 연구를 이은 후대의 경제학자들은 불완전한 정보 상황에서 내리는 의사결정에 관해 눈부신 성과를 이루어냈다. 이제 우리는 정보를 수집하는 데 비용이 소요 되는 경우와 인지적 자료처리 능력이 제한적인 경우에는, 단순한 모형들이 묘사하는 종류의 완전한 정보에 따라 선택을 내리는 행위가 심지어 합리적이지 못하다는 점을 깨닫게 되었 다. 완전한 정보를 갖추는 것이 오히려 비합리적이라는 역설에 도달한 것이다! 불완전한 정 보하에서의 의사결정에 관한 연구들이 합리적 선택 모형에 대한 도전이 아니라 오히려 합리 적 선택 모형에 대한 우리의 자신감을 강화해 주는 것이다.

그러나 사이먼의 연구가 뻗어나간 또 다른 가지는 합리적 선택 모형에게 덜 우호적인 지

콘서트에 가는 길에 $10 입장권을 분실 하는 것은 그냥 $10 지폐를 분실하는 것과 똑같다.

점에 이르렀다. 인지 심리학자들인 대니얼 카너먼과 애이머스 트버스키의 연구에 강한 영향을 받은 이 연구 분야에서는 너무나 명료하게 단순한 문제들에서조차 우리 인간은 합리적 선택의 근본적인 공리들 대부분을 자주 위배한다는 것을 보여준다. 날씨가 좋은 날 테니스를 실내 코트에서 즐겨야 하는지 아니면 야외 코트에서 즐겨야 하는지에 관한 문제도 거기에 속한다. 문제가 아주 간단한데도 사람들은 시종일관 비합리적인 결정을 내린다. 이런 종류의 비합리적인 의사결정이 결코 단발성으로 서로 아무런 연관관계 없이 발생하는 것이 아님을 카너먼과 트버스키가 보여주었다. 이러한 업적을 인정받아 카너먼은 2002년 노벨 경제학상을 수상했다. 1996년에 일찍 세상을 뜨지 않았더라면 트버스키도 의심할 여지없이 노벨 경제학상을 공동 수상하는 영예를 누렸을 것이다.

합리적 선택 모형의 가장 소중한 가르침은 부(富)는 대체 가능하다는(fungible) 것이다. 여기서 대체 가능성의 의미는, 어느 계정에 돈이 들어가 있는지에 따라 소비 행태가 달라지는 것이 아니라 총재산에 따라 우리가 구입하는 것이 결정된다는 것이다. 그러나 카너먼과 트버스키는 오히려 그 반대라는 점을 실험을 통해 생생히 보여주었다.[11] 두 사람은 첫 번째 집단에게 콘서트장에 도착하고서야 전날 구매한 10달러짜리 콘서트 입장권을 분실했다는 사실을 알아내는 모습을 상상하라고 요청했다. 두 번째 집단의 사람들에게는 입장권을 현장 구매하려 했는데 막상 연주회장에 도착하자 오는 길에 10달러를 분실했다는 사실을 깨닫는 모습을 상상하라고 요청했다. 그 다음에 이들은 두 집단의 사람들에게 이 공연을 관람하겠다는 계획을 계속 실행에 옮기겠는지 물었다. 합리적 선택 모형에 따르면, 이 결정을 좌우하는 논리는 두 집단들 모두 같아야 한다. 10달러짜리 입장권을 분실한 것은 10달러짜리 지폐를 분실한 것과 정확히 같은 효과를 나타내야 한다. (제3장에서 기호와 예산제약이 동일하다면 의사결정도 같아야 한다고 배운 것을 떠올리기 바란다.) 그러나 반복된 실험 결과에 따르면, 입장권을 분실한 사람들은 대부분 공연을 관람하지 않겠노라고 대답했지만, 현금을 분실한 사람들로 이루어진 집단에서는 과반수가 훨씬 넘는 무려 88퍼센트에 달하는 사람들이 공연을 관람하겠다고 대답했다.

카너먼과 트버스키는 사람들이 음식, 주거, 오락, 잡비 등과 같이 서로 분리된 "심적 회계"(mental accounts)를 통해 자신의 지출을 관리하기 때문이라고 설명했다. 그래서 입장권을 분실한 사람들은 10달러를 마음 속의 오락 계정 차변에 기입하지만, 현금 10달러를 분실한 사람들은 잡비 계정 차변에 기입한다는 것이다. 공연 현장에서 다시 입장권을 구입할 것인지 고려할 때, 전자에 속하는 사람들에게는 입장권 값이 10달러에서 20달러로 오른 것처럼 비춰지지만, 후자에 속하는 사람들에게는 입장권 가격이 여전히 10달러로 인식된다.

합리적 선택 모형에 따르면, 후자에 속하는 사람들의 평가 방식이 옳다. 그리고 실제로 대부분의 사람들이 심사숙고한 뒤에는 현금을 분실하면 입장권을 사면서도 입장권을 분실하면 다시 사지 않는 행동이 현명하지 못한 결정이라는 데 동의한다.

---

11. Amos Tversky and Daniel Kahneman, "The Framing of Decisions and the Psychology of Choice," *Science*, 211, 1981, pp. 453-458.

비대칭적 가치 함수

합리적 선택 모형에 따르면, 사람들은 총재산에 미치는 전반적인 영향에 근거하여 단일 사건이나 집합적인 사건들을 평가해야 한다. 예를 들어, A는 여러분이 전혀 기대하지 않았던 $100의 선물을 받는 사건이고, B는 유럽 배낭여행을 마치고 자취방에 돌아왔더니 여행 전에 세탁하는 것을 잊고 빨래 바구니에 두었던 고급 셔츠에 곰팡이가 피어 새 셔츠를 사는 데 $80를 지출하게 된 사건이라고 하자. 합리적 선택 모형에 의하면, 여러분은 이 두 사건들을 모두 좋은 일이라고 여겨야 한다. 왜냐하면 두 사건들의 순효과는 총재산의 $20 증가로 나타났기 때문이다.

그러나 카너먼과 트버스키는 사람들이 이 두 사건들을 분리하여 생각하며, 이득을 얻은 사건보다 손실을 입은 사건의 중요성을 훨씬 더 중요하게 여긴다는 것을 알아냈다. 손실에 대한 불쾌감이 얼마나 큰지, 총재산이 늘어나도록 두 사건을 조합으로 묶어서 제시하더라도 많은 이들이 그 조합을 받아들이기를 거부했다.

물론 합리적 선택 모형에서는 이런 결과가 절대로 일어날 수 없다. 방금 묘사한 두 사건 A와 B에 직면했을 때, 초기 재산이 M_0인 사람은 정확히 어떻게 반응할 것인지 안다. 사건 A로 $100 이득을 얻고 사건 B로 $20 손해를 입으면, 궁극적으로 그의 재산은 $M_0 + 20$으로 늘어난다. 효용은 총재산에 대해서 증가함수이므로, 그림 7.7이 보여주듯이 두 사건들을 함께 경험하는 경우, 효용은 U_0에서 U_1으로 증가한다.

카너먼과 트버스키는 사람들이 보통의 효용함수를 통해 다양한 사건들을 평가하는 것이 아니라, 재산의 변화에 대해서 정의된 가치함수(*value function*)를 통해 평가한다는 가설을 제시하였다. 가치함수의 한 가지 중요한 성질은 이득을 얻을 때보다 손실을 입을 때 기울기가 훨씬 더 가파르게 나타난다는 점이다. 예를 들어, 그림 7.8에서 가치함수는 $100의 이득보다 $80의 손실에 절댓값으로 더 큰 가치를 부여한다는 점을 눈여겨보기 바란다. 또한 가치함수는 이득에 대해서 오목하고 손실에 대해서 볼록하다는 점도 주목하기 바란다. 이는 이득이나 손실의 규모가 커질수록 한계적인 이득 또는 손실의 영향은 줄어든다는 뜻이다.

카너먼과 트버스키는 자신들이 제안한 가치함수가 순전히 현실을 묘사하는 수단일 뿐임

그림 7.7

두 사건이 동시에 발생하여 총재산이 증가하는 경우

합리적 선택 모형에 따르면, 총재산을 증가시키는 사건들의 조합은 총효용 역시 증가시킨다.

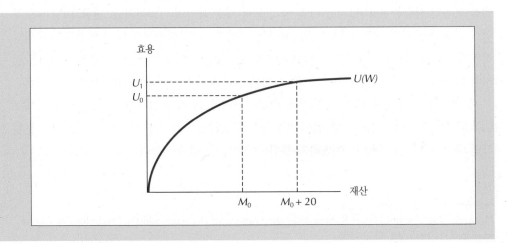

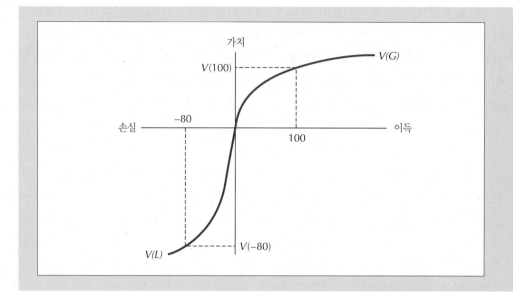

그림 7.8

카너먼–트버스키 가치함수

전통적인 효용함수와 달리, 가치함수는 총재산에서의 *변화*에 대해서 정의된다. 가치함수는 이득보다 손실이 발생할 때 기울기가 더 가파르며, 이득에 대해서는 오목하고 손실에 대해서는 볼록한 모습을 보인다.

을 강조했다. 사람들이 실제로 선택을 내리는 것 같아 보이는 방식에 일정한 규칙성이 나타난다는 점을 보여주려고 한 것이다. 가치함수가 예측하는 바대로 사람들이 선택해야 한다고 주장한 것은 절대 아니다.

카너먼과 트버스키에 따르면, 사람들은 의사결정을 할 때 사건들의 집합을 한꺼번에 평가하여 그 결과에 따라 의사결정을 하는 것이 아니라, 각 사건을 따로 떼어내어 개별적으로 평가한 뒤 이러한 개별 평가들을 합하여 의사결정을 한다. 앞의 예를 다시 사용하면, $V(100)$은 절대적인 크기가 $V(-80)$보다 훨씬 작다. 이 두 가치함수 값들의 산술적인 합계는 0보다 작으므로, 이렇게 가치함수에 따라 의사결정을 하는 사람이라면 두 사건의 순효과가 총재산을 \$20만큼 증가시키는데도 A와 B가 쌍으로 결합된 기회를 당연히 거절할 것이다.

카너먼과 트버스키의 가치함수에는 실제로 두 가지 중요한 특징이 있다. 첫째는 사람들이 이득과 손실을 비대칭적으로 취급하며, 이득에 비해서 손실에 훨씬 더 큰 비중을 두어 결정을 내린다는 것이다. 둘째는 사람들이 사건들을 개별적으로 먼저 평가한 뒤, 각 평가에 의해 산출된 가치를 함께 더한다는 것이다. 첫 번째 특징이 꼭 비합리적인 행태를 함축하지는 않는다. 이득을 얻게 되어 느끼는 행복감보다 같은 규모의 손실로 인해 느끼는 고통을 더 힘들게 받아들인다는 것이 모순된 것은 전혀 아니다. 사람들로 하여금 비합리적으로 행동하게 만드는 것은, 사건들의 영향을 한꺼번에 결합하여 평가하지 않고 각 사건들을 분리하여 취급하는 두 번째 특징이다.

이는 근본적으로 사건을 어떻게 틀짓기(framing)하는지에 관한 문제이다. 만약 누군가가 두 사건 A와 B가 결합된 결과로 인해 재산이 20달러만큼 증가한다는 점을 지적해 준다면, 아마도 두 사건의 발생을 받아들이게 될 것이다. 두 사건을 분리해서 보지 않고 하나의 실체로 틀을 짓는 경우, 분명히 현재 상황보다 더 나은 결과를 가져오기 때문이다. 하지만 문제는 우리가 실제로 결정을 내리는 경우, 두 사건을 따로 떼어 보는 것이 훨씬 자연스럽게 느껴진다는 점이다.

이 점을 좀 더 명확히 살펴보기 위해 또 다른 예를 들어보자. 최근 어떤 기업이 직원들에게 새로운 의료보험을 제공하기로 했다고 하자.[12] 예전에 제공하던 의료보험은 진료비를 100퍼센트 보장해주고 보험료는 가족당 연간 500달러였다. 새 의료보험은 200달러의 본인 부담금이 있어서, 매년 발생하는 진료비의 처음 200달러에 대해서는 개인이 부담해야 하지만, 일단 부담금 한도를 넘어서면 그 이후부터는 진료비가 100퍼센트 보장된다. 새 의료보험의 보험료는 250달러로 예전 보험의 절반에 불과하다. 직원들은 예전 의료보험을 계속 유지하거나 새로운 보험으로 전환할 수 있다.

합리적 선택 모형의 렌즈를 통해 이 변화를 살펴보면, 새 보험이 예전 보험보다 훨씬 좋다는 것을 알 수 있다. 저렴해진 보험료 덕분에 절약할 수 있는 금액 250달러가 본인 부담금으로 매년 지불해야 하는 200달러보다 더 크기 때문이다. 진료비가 연간 200달러에 미치지 못하는 가족들은 새 보험으로 전환하면 훨씬 더 이득이다. 그럼에도 불구하고, 많은 직원들은 여전히 예전 보험을 유지하고 싶어 한다. 만약 누군가가 절약된 보험료 250달러와 진료비 부담액 200달러를 따로 떼어 판단한다면, 비대칭적인 가치함수는 예전 보험을 유지하려는 직원들의 행태를 잘 예측하게 된다. 그림 7.9에서 보여주듯이, 200달러의 손실이 250달러의 이득보다 훨씬 중요하게 여겨지기 때문이다.

매몰비용

합리적 선택 모형의 또 다른 기본적인 주장은 우리가 의사결정을 할 때 매몰비용을 무시해야 한다는 것이다. 앞서 등장했던 테니스 코트의 예에서, 우리는 사람들이 이 원칙을 자꾸 잊는다는 점을 살펴보았다. 경제학자 리처드 쎄일러는 그런 예들은 쉽게 찾아볼 수 있으며, 사람들은 실제로 매몰비용을 무시하지 않는 일반적인 경향을 보인다고 주장한다. 쎄일러는 우리가 1장에서 살펴본 피자 뷔페 실험을 한 연구자이다. 뷔페 입장료를 돌려받은 고객들은 돌려받지 못한 고객들보다 훨씬 적은 피자를 먹었다는 점을 떠올리기 바란다. 쎄일러는 이러한 경향을 보여주는 생생한 여러 예들을 여럿 보여준 바 있다.

그중 하나인 사고실험을 예로 들어보자. 먼저 최신유행 구두 한 켤레를 여러분이 600달러를 지불하고 구입하는 상황을 상상해보자. 그런데 집에 와서 다시 신어보니 구두가 너무 작아서 발이 아프다. 며칠 신고 다니면 길이 들어서 조금 나아지겠거니 했지만, 발은 여전히 아프기만 하다. 이미 신고 다녔으니 환불도 교환도 불가능하다. 여러분은 이 구두를 계속 신고 다니겠는가 아니면 누군가 발이 작은 사람에게 줘버리겠는가? 여러분이 직접 구입한 것이 아니라 이 구두를 선물로 받은 것이라면, 여러분의 대답이 행여나 달라지겠는가?

합리적 선택 모형에 의하면 이 구두를 직접 구입한 것인지 아니면 선물로 받은 것인지는 중요하지 않아야 한다. 어느 쪽이든 여러분은 지금 이 구두를 가지고 있고, 지금 제기해야 할 유일한 질문은 구두 때문에 겪는 불편함의 정도를 감안하여 구두를 계속 신어야 하는지 아니면 더 이상 신지 말아야 하는지의 문제이다. 돈을 내고 구두를 구입한 사람이든 선물로

---

12. [역주] 우리나라는 국민 전체에게 기본적인 의료보험을 제공하지만, 미국은 고용주(회사)가 노동자에게 의료보험을 제공한다. 그리고 자영업자는 스스로 의료보험을 구입해야 한다.

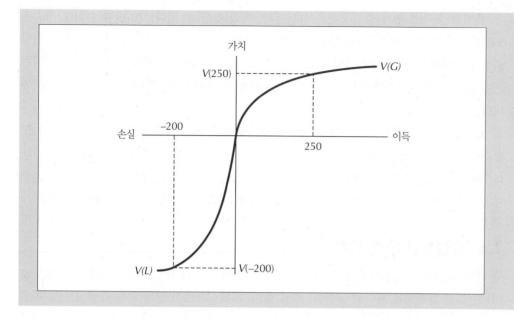

그림 7.9

더 나은 의료보험을 거절하기

보험료를 절약해서 얻는 이득 250달러가 진료비 본인 부담금의 증가액 200달러보다 더 크기 때문에, 새 의료보험은 예전 보험보다 절대적으로 더 낫다. 그러나 사람들이 이득과 손실을 따로 떼어내어 생각한다면, 새로운 의료보험으로 바꾸지 않으려 들 수도 있다.

받은 사람이든 이 구두를 더 이상 신지 않을 확률은 같게 나타나야 한다. 하지만 합리적 선택 모형의 예측과는 다르게, 구두를 선물로 받은 사람들이 더 이상 신지 않겠다고 대답할 확률이 훨씬 높다. 600달러라는 거금을 지출한 경우에는 많은 사람들이 어떻게든 아픔을 참고 구두를 계속 신겠다고 대답한다.

본인 부담금이냐, 암묵적 비용이냐

쎄일러는 매몰비용을 무시하지 못하는 우리의 성향을 카너먼 트버스키 가치함수를 통해서 간단히 설명할 수 있다고 보았다. 테니스 코트의 예로 돌아가서, 날씨가 좋은데도 야외 코트를 사용하지 않는 선택은 사라진 이득으로 인식되는 반면에 이미 25달러를 내고도 실내 코트를 사용하지 않는 선택은 손실로 인식된다는 것이다. 이득이 아무리 손실보다 크더라도, 가치함수는 손실 영역에서 훨씬 더 가파른 형태를 보이므로 사람들은 실내 코트를 사용하게 되는 편의를 보이게 된다.

그밖의 다른 현실적인 예들을 통해서도 이러한 해석은 입증된다.[13] 어떤 사람이 1982년에 병당 5달러를 주고 와인 한 박스를 샀다고 하자. 요즘 시세는 병당 100달러이다. 친구가 그에게 병당 60달러를 지불하겠다고 해도, 그는 오늘 당장 동일한 와인에 대해서 스스로 병당 35달러밖에 지불할 의향이 없음에도 불구하고 이 제안을 거절한다. 합리적 선택 모형에 따르면 이런 행동은 배제된다. 그러나 만약 내 호주머니에서 나오는 비용은 (예를 들어, 와인을 추가적으로 구입하기 위한 비용은) 손실로 인식되는 반면, 암묵적 비용은 (예를 들어, 와인을 상점에 팔지 않는 비용은) 사라진 이득으로 인식된다면, 비대칭적인 가치함수를 상정할 때 그러한 반응이 발생할 수 있다.

---

13. R. Thaler, "Toward a Positive Theory of Consumer Choice," *Journal of Economic Behavior and Organization*, 1980.

특별한 오락성 행사의 입장권은 훨씬 흔한 예라고 할 수 있다. 2009년 슈퍼볼 결승전 VIP석은 공식 판매처에서 1천 달러에 팔렸지만, 암표 시장에서는 1만 달러에 팔렸다. 입장권을 1만 달러에 팔 기회를 마다하고, 수천 명의 팬들은 1천 달러짜리 입장권을 내고 결승전을 관람하였다. 하지만 이들 중 그 경기를 1만 달러 주고 관람할 사람들은 거의 없었을 것이다.

쎄일러는 40달러를 준다고 해도 이웃집 잔디를 깎는 일은 거부하면서 이웃집 아들이 20달러만 받고도 기꺼이 깎아주겠다는 자기 집 잔디는 굳이 스스로 깎는 사람의 예도 제시했다. 이러한 행동은 슈퍼볼 팬들의 행동과 마찬가지로 내 호주머니에서 나가는 비용은 손실로 인식하면서 사라진 이득은 암묵적인 비용으로만 인식한다는 생각에 일치하는 예이다.

7.6 감정적인 예측 오차

두 개의 대안들 사이에서 현명한 선택을 내리기 위해서는 각 대안이 우리에게 어떤 영향을 미치는지를 정확하게 파악해야 한다. 예를 들어, 저녁식사에서 밥과 감자 중에서 어느 쪽을 통해서 탄수화물을 섭취할지를 결정하는 경우에는, 그날 저녁 뭘 먹는 것이 더 만족스러울까를 예측하면 된다. 대부분의 사람들은 이런 결정은 상당히 잘 내린다.

하지만 많은 다른 경우들에서는 현명한 선택을 내리기 위해 지금 당장 어떤 대안이 더 만족스러운지를 예측하는 것뿐만이 아니라 선택을 내린 뒤 각 대안의 경험이 시간이 흐름에 따라 어떻게 변화할 것인지도 예측해야 할 필요가 있다. 그러나 구매 결정을 내릴 때, 사람들은 적응(adaptation)에 그다지 신경을 쓰지 않는다.[14] 대개의 경우 우리는 어떤 상품이나 활동을 시도하면서 어떤지 살펴본 뒤에 매력도를 알아낸다. 예를 들어, 전망이 있는 집을 구매하기 위해서 추가로 돈을 내야 할 경우 일단 거실에 앉아서 밖을 한동안 바라보며 경관을 살피고, 새 차를 살 때에는 시험적으로 차를 몰아본다. 이러한 첫 인상을 바탕으로 우리는 구매 결정을 내린다.

심리학자들의 연구에 의하면, 사람들은 상품을 구입할 때보다(아래쪽 사진) 경험을 구매할 때(위쪽 사진) 장기적으로 더 큰 만족감을 느낀다.

적응해 나가는 과정을 무시함으로써 매력도를 잘못 예측하는 경우가 있을까? 그에 대한 답변은 우리가 상이한 범주의 경험에 대해서 시간이 흐름에 따라 다르게 적응하는지 여부에 달려 있다. 범주가 다른 경험에 대해서 똑같이 적응한다면, 적응 과정을 무시한다고 해서 특별히 선택상의 편의가 발생하지는 않을 것이다. 예를 들어, 모든 활동의 첫인상이 너무 좋아서 나중에 느끼게 될 매력도의 세 배쯤 과장되게 느껴진다면, 모든 활동들은 결국 모두 실망스러운 결과로 이어지겠지만, 그렇다고 해서 여러 활동들 사이의 선택이 왜곡될 일은 없을 것이다.

그러나 우리가 특정 분야에서 더 빠르게 또는 더 완전하게 적응한다면, 왜곡은 피할 수 없을 것이다. 그러므로 우리가 어떤 경험에 대해서 초기에 얼마나 강하게 반응하는지에 따라 잠재적인 경험들 중에서 선택을 한다면, 시간이 흐름에 따라 매력도가 급격히 내려가는

---

14. 상세한 논의는 다음 논문을 참조하기 바란다. George Loewenstein and David Schkade, "Wouldn't It Be Nice? Predicting Future Feelings", in D. Kahneman, E. Diener, and N. Schwartz (eds.), *Well-Being: The Foundations of Hedonic Psychology*, New York: Russell Sage Foundation, 1999.

경험들에는 지나치게 투자를 할 것이고 매력도가 천천히 내려가거나 심지어 시간이 흐름에 따라 상승하는 경험들에 대해서는 너무 적게 투자를 하게 될 것이라는 결론에 이르게 된다. 삶의 만족도를 결정짓는 요인들에 관한 심리학 연구들에서 암묵적이지만 매우 중요한 주제는 적응이야말로 범주들 사이에 큰 차이가 난다는 것이다.

예를 들어, 심리학자 리프 반 보벤(Leaf Van Boven)과 토머스 길로비치(Thomas Gilovich)는 사람들이 경험을 소비할 때보다 상품을 소비할 때 훨씬 더 빠르게 적응하는 경향이 있음을 밝혀냈다.[15] 그래서 대부분의 사람들은 더 큰 화면의 텔레비전 세트나 더 큰 용량의 냉장고를 구입할 때 강렬한 만족감을 경험하지만, 이러한 감정은 거의 언제나 빠르게 사라지는 경향이 있다. 일단 더 큰 화면의 TV나 더 큰 냉장고에 익숙해지면, 이러한 장점들은 곧 뒷전으로 밀려나고 우리는 더 이상 관심을 두지도 않게 된다.

그에 비해서 다른 형태의 소비를 늘리는 경우 시간이 지남에 따라 우리가 보이는 반응은 근본적으로 정반대로 나타난다. 예를 들어, 격렬하게 운동을 하거나 악기를 배우려고 애쓰는 등의 주관적인 경험은 처음에는 살짝 불편한 느낌을 줄 수도 있지만, 시간이 지남에 따라 대부분의 사람들에게 오히려 더 큰 즐거움을 준다. 우리가 상이한 분야에서 다르게 적응하는 경향이 있다는 사실을 무시하면 할수록, 우리는 특정 상품을 너무 많이 소비하면서 다른 상품들은 너무 적게 소비하게 될 것이다.

예를 들어, 현대 아반떼를 팔고 추가로 돈을 마련하여 신형 포르쉐 박스터를 사려는 사람이 있다고 하자. 그는 매달 한 번씩 주말에 특근을 해서 새차를 살 돈을 마련할 수 있다. 그렇게 되면 매달 한 번씩 주말에 친구들과 어울릴 수가 없게 될 것이다. 합리적 선택 모형에 따르면, 그는 포르쉐를 통해 얻는 만족감이 친구들과 어울리면서 얻는 만족감을 넘어서는 경우 주말에 특근을 할 것이다. 하지만 지금까지 한 번도 포르쉐를 가져 본 적이 없다면, 포르쉐를 구매한다는 것이 자신에게 어떤 영향을 미칠지 확신할 수가 없을 것이다. 게다가 매달 한 번씩 주말에 친구들과 어울리다보면 삶이 어떻게 변하게 될 것인지에 대해서도 그는 알 수가 없다. 결국 두 경우 모두에 대해서 그는 미래를 대충 추측해야 한다.

심사숙고를 통해 이러한 경험들이 단기에서 자신의 만족감에 어떤 영향을 미칠지 상당히 정확하게 예측을 할 수도 있다. 그러나 단기에서의 영향이 장기에서의 영향과 다를 가능성이 높다. 포르쉐가 아반떼보다 훨씬 빠르고 핸들링도 낫기 때문에, 포르쉐는 시험 주행 때부터 엄청난 전율을 안겨 줄 것이다. 하지만 시간이 흐름에 따라 그는 새 차의 성능에 익숙해질 것이고, 운전할 때 느끼던 전율감은 빠르게 줄어들 것이다. 하지만 주말에 친구들과 시간을 보내는 일은 세월이 흐르면서 그의 주관적 복지에 완전히 다른 영향을 줄 것이다. 시간이 흐르고 친구들과의 우정이 깊어지면서 만족감은 줄어드는 것이 아니라 계속 커지는 경향을 보이게 된다.

그렇다면 장기에서는 친구들과 주말을 함께 보내는 것이 더 나은 선택이 될 수 있다. 하

---

15. Leaf Van Boven and Thomas Gilovich, "To Do or to Have? That Is the Question", *Journal of Personality and Social Psychology*, 85, December 2003: 1193–1202.

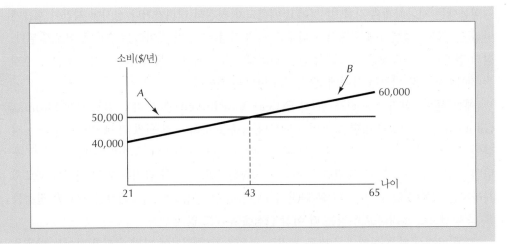

그림 7.10

변하지 않는 소비 양태와 점점 증가하는 소비 양태

모두가 매년 $50,000를 소비하는 *A*와 모두가 처음에는 $40,000를 소비하다가 나중에는 $60,000를 소비하게 되는 *B* 중에서, 여러분은 어느 쪽 소비 구현 양태를 선택하겠는가? 이 질문을 받았을 때, 대학생들은 거의 대부분 *B*가 훨씬 낫다고 대답했다.

지만 단기에서는 포르쉐에서 느끼는 만족감이 더 클 수 있다. 단기에서의 영향이 훨씬 생생하고 또 결정의 순간에 확실하게 느껴지기 때문에, 사람들은 포르쉐를 사는 쪽으로 선택에서 편의를 보이기 쉽다.

적응을 제대로 고려하지 않는 우리의 행태는 얼마나 저축을 할지에 대한 결정에도 비슷한 결과를 초래한다. 여기서 우리가 봉착한 문제는 한 시점에서 얼마나 소비하는지가 미래의 소비 수준에서 만족을 얻으려는 우리의 능력에 영향을 끼친다는 점에서 발생한다. 생애 소득은 똑같은데 소비의 구현 양태가 서로 다른 두 가지 가상적인 선택을 예로 들어 설명해 보자. 두 경우 모두에서 여러분을 포함하여 동일 연령대에 속하는 사람들은 각자 21세부터 은퇴 연령 65세까지 매년 $50,000의 소득을 번다고 가정하자. 첫 번째 경우에는 모두가 연 소득 $50,000를 지출한다고 하자. 이러한 소비 구현 양태는 그림 7.10에서 *A*로 표시되어 있다. 두 번째 경우에는 모두가 처음에는 매년 $10,000를 저축하다가(즉, 처음에는 연간 $40,000를 소비하다가) 중년이 될 때까지 점차 저축률을 줄여나가고, 그 이후에는 추가적인 소비를 위해 점점 더 많은 저축액을 가져다 사용한다고 하자. 문제를 단순화하기 위해서 저축액에 아무런 이자가 붙지 않는다고 가정하면, 이러한 소비−저축 행태는 그림 7.10에서 *B*로 표시할 수 있다. 소비 양태 *B*는 *A*보다 처음에는 $10,000 낮은 수준에서 시작되지만 나중에는 $10,000 높게 나타난다. 하지만 생애 총소비는 양쪽 모두 같아진다. 두 경우 모두 은퇴 이후에는 생활에 충분할 만큼 연금을 받게 된다면, 여러분은 어떤 소비 구현 양태를 선택하겠는가?

이와 비슷한 질문을 100명이 넘는 코넬 대학교 고학년 학생들에게 물었을 때, 거의 80퍼센트에 달하는 학생들이 나중에 더 많이 소비할 수 있는 *B*를 선택했다. 이러한 소비 구현 양태가 실제로 두 선택지 중에서 더 만족스럽다는 증거도 있다.[16] 우리가 물질적인 생활수

---

16. 이에 대한 실증적인 증거는 다음 연구들을 참조하기 바란다. D. C. Shin, "Does Rapid Economic Growth Improve the Human Lot?" *Social Indicators Research*, 8, 1980: 199−221. Robert Frank and Robert Hutchens, "Wages, Seniority, and the Demand for Rising Consumption Profiles", *Journal of Economic Behavior and Organization*, 21, 1993: 251−276.

준을 포함해서 거의 모든 것들에 대해 내리는 평가는 기준점을 어떻게 설정하는지에 따라 달라진다는 점을 이를 통해 우리는 다시 한 번 확인할 수 있다. 물질적인 생활수준을 평가하는 한 가지 틀은 지금 내가 가지고 있는 것을 다른 사람들이 가지고 있는 것과 비교하는 방식이다. 그러나 위의 예에서는 모두가 같은 소비 구현 양태를 보인다고 가정했으므로, 이러한 비교는 지금 당장 우리의 관심사가 아니다. 두 번째 준거의 틀은 지금 우리가 가지고 있는 것을 얼마 전에 우리가 가지고 있던 것과 비교하는 방식이다. 바로 이 준거 틀이야말로 우리가 해결하려는 문제에 결정적인 단서를 제공한다. 예를 들어, 올해 $50,000를 소비하는 사람은 작년에 $55,000를 소비했을 때보다 $45,000를 소비했을 때 만족해 할 가능성이 훨씬 높다. 그러므로 너무 일찍부터 너무 많이 소비하는 사람은 미래의 소비를 평가해야 하는 준거의 틀을 훨씬 까다롭게 만드는 셈이다.

생애주기의 초기에 더 많이 저축할수록, 인생을 살아가면서 우리의 소비 구현 양태는 더 오르막인 모습을 보여주게 되고, 더 만족스럽게 된다. 일단 듣고 나면 이러한 설명이 너무나 당연하게 여겨지겠지만, 우리 대부분은 지금 당장의 지출 습관이 미래의 생활수준에 대한 우리의 평가에 얼마나 큰 영향을 미치는지에 대해서 전혀 의식적으로 주의를 기울이지 않는다. 이러한 관계를 무시하면 할수록 우리는 너무 적게 저축하게 된다. 적응의 문제를 제대로 고려하지 않음으로 인해서, 우리는 값비싼 (그러나 충분히 피할 수 있는) 오류를 범하게 된다는 점을 다시 한 번 확인할 수 있다.

시간이 흐르면서 우리가 적응한다는 점을 제대로 고려하지 못할 때 어떤 사태가 벌어지는지 보여주는 생생한 예는 약물을 남용하는 사람들이 이로 인해 내성이 생기는 경우이다. 마약 사용자는 처음 마약을 복용할 때 경험했던 황홀경을 다시 맛볼 수 있으리라 기대하면서 반복적으로 마약에 탐닉하지만 마약이 주는 쾌락의 크기는 빠르게 줄어든다. 점점 더 많은 마약을 복용해야 과거에 느꼈던 쾌감을 간신히 누릴 수 있다. 결국 오래지 않아 마약 중독자는 쾌감이 아니라 부작용으로 나타나는 심각한 불쾌감을 피하기 위해서 마약을 과다복용하게 된다. 상품 소비를 비롯한 우리의 다양한 경험과 행동이 시간이 흐름에 따라 우리의 만족감에 미치는 영향과 거기에 적응하는 우리의 특성을 진즉에 명확히 알고 있다면, 마약 중독의 늪에 빠지는 길로 첫 발을 내딛는 사람들의 수는 훨씬 적을 것이다.

7.7 의사결정의 여러 휴리스틱들과 그로 인해 발생하는 편의들 _____

지금까지 살펴본 예들을 통해서 명확해졌듯이, 사람들은 확실한 관련 사실들이 바로 코앞에 있는데도 자주 비합리적인 의사결정을 내린다. 그러나 합리적 선택 모형이 직면한 또 다른 난점은 관련 사실들이 무엇인지 알아내는 데 있어서 우리가 자주 실수를 한다는 점이다. 게다가 더 큰 문제는 이런 실수들을 무작위적으로 하는 것이 아니라 체계적으로 저지른다는 점이다. 카너먼과 트버스키는 사람들이 주변 환경과 상황에 대해서 판단과 추론을 내릴 때 사용하는 세 가지 간단한 휴리스틱들(heuristics)을 특히 체계적인 오류의 원인으로 지목했다.[17] 여기서 휴리스틱이란 사람들이 빠르고 쉽게 결정을 내리기 위해 구사하는 일종의 의

---

17. 같은 자료.

사결정의 지름길, 경험 실제에서 얻은 일반 원리나 방식, 어림셈, 눈대중(rules of thumb)을 의미한다. 이러한 휴리스틱들은 사람들이 인지적 노력을 덜 기울이고도 대개의 경우 개략적으로 옳은 대답을 얻어내도록 도와준다는 의미에서 효율적인 의사결정 전략이다. 그러나 많은 경우에 대규모의 예측 가능한 오류들을 초래하기도 한다. 이제 세 가지 휴리스틱들을 차례로 살펴보자.

가용성

우리는 어떤 사건이나 사건들의 부류가 얼마나 자주 발생하는지, 그런 사건들이 일어났던 경우를 얼마나 쉽게 기억해 내는지에 따라 빈도를 추정한다. 대개의 경우, 사건이 실제로 일어난 빈도와 사건이 일어난 사례를 우리가 얼마나 쉽게 기억해 내는지는 밀접한 정의 상관관계를 보인다. 사실 자주 벌어지는 일들은 기억해 내기도 쉬운 법이다.

그러나 사건의 빈도가 회상의 용이성을 결정하는 유일한 요인은 아니다. 예를 들어, 사람들에게 뉴욕주에서 매년 자살보다 살인이 더 자주 일어나는지 묻는 경우, 거의 모든 사람들이 그렇다고 대답한다. 하지만 매년 살인보다 자살이 더 많다! 카너먼과 트버스키는 살인사건이 기억에 "더 잘 남기 때문에" 사람들이 자살보다 살인이 더 많은 것으로 여긴다고 설명했다. 기억에 관한 연구들도 사건들이 생생하거나 감각적일수록 회상하기가 훨씬 쉽다는 점을 보여준다. 심지어 우리가 자살에 관한 뉴스를 살인에 관한 뉴스와 똑같은 빈도로 들었다고 해도, 살인사건을 훨씬 더 높은 비율로 기억하게 될 것이다.

기억이 작동하는 방식의 다른 요소들도 서로 다른 사건들의 가용성(availability)에 영향을 미칠 수 있다. 예를 들어, 영어에는 첫 글자가 r로 시작되는 단어들이 세 번째 글자가 r인 단어들보다 훨씬 더 많은지 대답해보라. 대부분의 사람들은 당연히 r로 시작하는 단어들이 훨씬 많다고 자신있게 대답한다. 그러나 사실 세 번째 글자가 r인 단어들이 훨씬 많다. 우리는 사전에서 알파벳 순서대로 단어들을 모아놓은 것처럼 기억 속에 단어들을 저장한다. 단어의 첫 글자에 따라 저장하는 것이다. 우리가 기억하고 있는 단어들 중에서는 세 번째 글자가 r인 단어들이 많이 있지만, 사전을 이용해서 그런 단어들을 찾기가 어려운 것처럼 기억을 더듬어 찾아내는 일도 매우 어렵다.

또한 최근에 일어난 사건들일수록 우리는 더 잘 기억해 내는 경향이 있다. 여러 연구결과들에 따르면, 사람들은 상대적인 성과를 평가할 때 최근에 입력된 정보에 훨씬 더 높은 가중치를 두는 경향이 있다고 한다. 예를 들어, 야구에서 어떤 타자가 특정 투수에 대해서 보이는 생애통산타율은 이 타자가 다음번에 그 투수를 타석에서 만날 때 어떤 결과를 보여줄지에 대한 이용 가능한 최선의 예측 지표이다. 그러나 최근 몇 차례 만남에서 타율이 신통치 않은 타자인 경우, 그가 수년에 걸쳐 그 투수에게 매우 강한 모습을 보여 왔음에도 불구하고, 감독이 대타를 내세우는 일을 흔히 볼 수 있다. 이때 감독은 해당 타자의 성과를 머릿속에 잘 떠오르는 몇몇 예들을 통해 추정하는 잘못을 저지르는 셈이다. 최근 몇 타석의 성적이야말로 당연히 기억에 가장 잘 떠오르는 법이니까.

경제학적인 입장에서, 다양한 경제적 대안들의 상대적인 성과를 추정할 필요가 자주 발생하기 때문에, 우리에게 가용성 편의는 매우 중요한 문제가 된다. 예를 들어, 회사 중역들은 어떤 직원을 승진시켜야 할지 결정할 때 직원들의 다양한 실적들을 중요도에 따라 서로 견주어 최종 결정을 내려야 한다. 이때 가장 최근 실적에 너무 큰 가중치를 주려는 자연스러운 경향에 휘둘리지 않는 사람이야말로 효율적인 결정을 내리는 중역일 것이다.

대표성

카너먼과 트버스키는 우리가 "A라는 사물이 B라는 부류에 속할 확률은 얼마인가?"라는 식의 질문에 답하려 할 때 걸려드는 흥미로운 편의도 찾아냈다. 예를 들어, 경리가 수줍음을 많이 타는 사람이라고 할 때, 그녀가 영업부 직원일 확률이 높은지 아니면 도서관 사서일 확률이 높은지 추정하고 싶다고 하자. 대부분의 사람들은 경리가 사서일 가능성이 훨씬 높다고 자신있게 대답한다. 왜냐하면 수줍음을 많이 타는 성격이야말로 영업부 직원보다는 도서관 사서에게 어울린다고 생각하기 때문이다. 하지만 이러한 답변은 대개 편의를 보이게 되는데, 영업부 직원이나 사서라는 범주에 속할 확률은 성격이라는 대표성(representativeness) 이외에도 다른 여러 중요한 요인들에 의해서 영향을 받기 때문이다. 여기서 정작 중요한 요인은 성격이 아니라 전체 인구에서 영업부 직원이 더 많은가 아니면 사서가 더 많은가 하는 문제이다.

간단한 예를 이용하여 이 문제의 핵심을 살펴보자. 모든 사서들 중 80퍼센트는 수줍은 성격이지만, 영업직 사원들은 20퍼센트만이 수줍은 성격이라고 하자. 그리고 전체 인구 중 사서 한 명당 영업직 사원들이 아홉 명 있다고 하자. 이렇게 상당히 현실적인 가정들하에서, 준형이 수줍은 성격인 동시에 사서이거나 영업직 사원 둘 중 하나라면, 그가 사서일 확률은 얼마인가? 이 질문에 답하는 데 필요한 숫자들이 그림 7.11에 나타나있다. 그림에서 우리는 사서들은 영업직 사원들보다 성격이 수줍은 이들이 훨씬 높은 비율을 차지하지만, 숫자로 보면 수줍은 사서들보다 수줍은 영업직 사원들이 두 배 이상 많다는 것을 알 수 있다. 물론 그 이유는 사서들보다 영업직 사원들이 훨씬 더 많기 때문이다. 100명 중 26명이 수줍은 성격인 셈이고, 그중 18명은 영업직 사원이고 8명은 사서이다. 그래서 수줍은 성격의 사람이

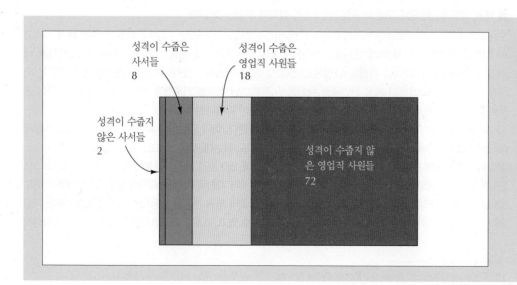

그림 7.11

사서와 영업직 사원의 성격 유형별 분포

수줍은 성격이 영업직 사원들보다 사서들의 이미지에 잘 들어맞는다 해도, 수줍은 사람은 사서보다는 영업직 사원일 확률이 훨씬 높다. 그 이유는 인구 중에 사서들보다 영업직 사원들이 훨씬 더 많기 때문이다.

성격이 수줍은 사서들
8

성격이 수줍은 영업직 사원들
18

성격이 수줍지 않은 사서들
2

성격이 수줍지 않은 영업직 사원들
72

사서일 확률은 오직 8/26에 불과하여, 3분의 1이 채 안 된다. 그러나 이 예를 접하는 사람들은 준형이 영업직 사원이라고 대답하기를 주저한다. 수줍은 성격이 영업직 사원의 이미지와 잘 들어맞지 않는다고 믿기 때문이다.

개념 확인 7.1

모든 사서들의 90퍼센트는 수줍은 성격이지만 모든 영업직 사원들의 20퍼센트만이 수줍은 성격이라고 하자. 그리고 사서보다 영업직 사원이 4배 더 많다고 하자. 무작위로 뽑은 수줍은 성격의 사람이 사서이거나 영업직 사원이라고 할 때, 사서일 확률은 얼마인가?

대표성 편의의 또 다른 예는 회귀 효과(*regression effect*) 또는 평균으로의 회귀(*regression to the mean*)라고 알려진 통계적 현상이다. 예를 들어, 100명의 사람들에게 표준적인 IQ 검사를 했더니 가장 높은 점수를 받은 20명의 사람들 평균 IQ가 122점이었다고 하자. 이는 모집단 평균보다 22점이 높다는 뜻이다. 하지만 바로 이 20명에 대해서 다시 한 번 IQ 검사를 하면, 그 평균값은 거의 언제나 122보다 훨씬 낮게 나올 것이다. 그 이유는 IQ 검사를 실시할 때 발생하는 일정 정도의 무작위성 때문이다. 첫 번째 검사에서 가장 높은 값이 나온 사람들 중에는 평상시보다 유별나게 잘 한 사람들이 평균 이상으로 많이 포함되어 있을 가능성이 높다.

우리는 일상 생활에서도 이러한 회귀 효과를 직접 경험하는 경우가 많다. (예를 들어, 굉장히 키가 큰 아버지를 둔 아들은 대개 아버지보다 키가 작다.) 그러나 카너먼과 트버스키는 우리가 판단을 내릴 때 이러한 점을 충분히 감안하지 못한다고 보았다. 왜냐하면 우리는 직관적으로 투입 요인(예를 들어, 부모의 키)에 따라 산출 결과(예를 들어, 자식의 키)가 나올 것으로 여기기 때문이다.

생활 속의 경제행태 7.2

왜 데뷔 연도에 신인왕에 오른 야구선수는 2년차 성적이 부진한 것일까?

토론토의 3루수 에릭 힌스키(Erik Hinske)는 메이저리그에 데뷔한 2002년 0.279의 타율에 홈런 24개 그리고 84 타점을 기록했고, 그해 아메리칸 리그 신인왕을 차지했다. 하지만 이듬해 그의 평균 타율은 0.243으로 내려갔고, 홈런은 겨우 12개에 타점도 63점에 그쳤다. 2003년 힌스키의 성적이 이렇게 하락한 것은 야구를 비롯해 여러 프로 스포츠 경기에서 신인왕을 차지할 만큼 빼어난 성적을 기록했던 신인이 2년차에는 성적이 곤두박질치는 경향에 잘 맞아 들어간다. 하지만 왜 이런 경향이 나타나는 것일까?

이러한 현상을 "2년차 징크스"(sophomore jinx)라고 한다. 이와 관련하여 사람들은 "스포츠 일러스트레이티드 징크스"(*Sports Illustrated* jinkx)라는 용어를 쓰기도 하는데, 유명 스포츠 주간지인 스포츠 일러스트레이티드의 표지에 등장한 운동선수는 그 다음 주 성적이 뚝 떨어지게 마련이기 때문이다. 올림픽 메달리스트인 셜리 바바쇼프(Shirley Babashoff)는 이 징크스가 걱정되어 자신의 사진을 표지에 싣는 것을 거부한 적도 있다고 한다.[18] 그러나 이 두 가지 징크스 이야기는 평균으로의 회귀 개념을 이용하면 쉽게 설명이 된다. 탁월하다고 인정받을 만큼 좋은 성적을 올려야 신인왕에 오를 수 있고, 스포츠 *일러스트레이티드* 표지에 등장하려

---

18. Thomas Gilovich, *How We Know What Isn't So*, New York: The Free Press, 1991.

면 현저하게 좋은 성적을 내야 하는 법이다. 그렇다면 바로 직후에는 아무리 평균 이상의 성적을 낸다고 해도 앞서 세운 높은 기준에 미치지 못하게 될 가능성이 매우 높기 마련이다.

평균으로의 회귀를 감안하지 못하여 우리가 감수해야 하는 치명적인 결과는 칭찬과 꾸지람 중 어느 쪽이 더 좋은 효과를 내는지에 대한 우리의 예측에 영향을 주는 현상이다. 심리학자들은 칭찬과 다른 방식의 긍정적인 강화가 처벌이나 꾸지람보다 바람직한 기술을 가르치는 데 훨씬 더 효과적이라는 점을 오랫동안 주장해왔다. 그러나 평균에 대한 회귀의 중요성을 무시하는 경우, 실제로 이 방식을 통해 효과를 볼 가능성은 높지 않을 것이다.

"2년차 징크스"는 왜 생기는가?

그 이유는 어떤 사람이 칭찬을 받느냐 꾸지람을 듣느냐 하는 것과는 아무 상관이 없이 그저 훌륭한 성적을 낸 뒤에는 그보다 못한 성적을 낼 가능성이 높고, 별 볼일 없는 성과 뒤에는 멋진 성과가 나타날 가능성이 높기 때문이다. 그러므로 훌륭한 결과를 보고 칭찬을 한 사람은 칭찬 때문에 오히려 성과가 나빠졌다는 잘못된 인과관계를 끌어낼 가능성이 높다. 그와 반대로, 형편없는 성과를 두고 꾸지람을 한 사람은 그 덕에 다음 번 성과가 좋아졌다는 허구적인 결론에 이르게 될 가능성이 높다. 실제로는 그냥 회귀 효과가 나타난 것일 뿐인데 말이다. 그 결과, 고도로 훈련받은 소수의 전문가들을 제외하고 많은 사람들이 꾸지람은 먹히고 칭찬은 오히려 해가 된다는 식으로 믿게 된다. 직원들로부터 가장 효과적인 성과를 끌어내기를 원하는 중역이라면 이런 실수를 하면 안 될 것이다.

기준점 설정과 조정

"기준점 설정과 조정"(anchoring and adjustment)이라고 알려진 우리가 흔히 사용하는 추정 전략에서, 사람들은 일단 잠정적인 추정이나 예측을 한다. 이를 가리켜 기준점 설정이라고 부른다. 그리고 난 뒤에 우리는 추가적인 정보를 입수해 가면서 추정치나 예측치를 조정해 나간다. 카너먼과 트버스키는 이러한 절차 때문에 우리가 자주 편의가 있는 예측을 하게 된다는 점을 알아냈다. 그 이유는 두 가지이다. 첫째는 초기 기준점 설정이 추정해야 할 값과 전혀 무관할 수 있다는 점 때문이다. 둘째는 설령 기준점 설정이 추정해야 할 값과 관계가 있다고 해도, 사람들이 후속조치로 조정을 별로 하지 않는 경향이 있기 때문이다.

기준점 설정과 조정 편의가 어떻게 나타나는지 보여주기 위해, 카너먼과 트버스키는 한 무리의 학생들에게 국제연합(United Nations) 회원국인 아프리카 국가들의 비율을 추정해 보라고 요청했다. 하지만 각 학생은 먼저 숫자가 1부터 100까지 적힌 번호판을 돌려야 했다. 그 다음에 추정치가 숫자판을 돌려 얻은 숫자보다 높은지 낮은지 물었다. 그리고 마지막으로 학생들에게 백분율 추정치를 말하게 했다. 그 결과는 정말 놀라웠다. 숫자판을 돌려 10 이하의 숫자를 얻은 학생들의 추정치 중간값은 25퍼센트였지만, 65 이상의 숫자를 얻은 학생들의 추정치 중간값은 45퍼센트였던 것이다.

모든 학생들은 당연히 숫자판에서 무작위로 나온 숫자가 UN 회원국인 아프리카 국가들의 비율에 대한 추정치와는 아무런 관련이 없다는 것을 알고 있었다. 그럼에도 불구하고 숫자판에서 나온 숫자들은 학생들의 추정치에 엄청난 영향을 미쳤다. 이와 비슷한 문제들을 통해, 주변에서 쉽게 접하게 되는 숫자가 편리한 시작점으로 작용하는 사례들이 많이 발견되었다. 카너먼과 트버스키는 정확도를 높이기 위해서 학생들에게 금전적인 보상을 해준다고 해도 이러한 편의의 규모는 달라지지 않았다고 보고했다.

예를 한 가지 더 들어보자. 고교생 두 집단에게 5초 안에 8개의 숫자들 곱셈을 하도록 했다. 첫 번째 집단의 고교생들에게는 다음과 같은 숫자들을 제시했다.

$$8 \times 7 \times 6 \times 5 \times 4 \times 3 \times 2 \times 1,$$

그 반면에 두 번째 집단의 고교생들에게는 똑같은 숫자들을 순서만 뒤바꾸어 제시했다.

$$1 \times 2 \times 3 \times 4 \times 5 \times 6 \times 7 \times 8.$$

계산 시간을 5초밖에 주지 않았기 때문에, 학생들 거의 대부분이 계산을 완전히 끝내지 못했다. (정답은 40,320이다.) 거의 모든 학생들이 시도하는 방식은 처음 몇 개의 숫자들을 가지고 곱셈을 하는 것이었다. (즉, 일종의 기준점 설정을 시도했다.) 그리고 이렇게 얻은 중간 결과를 가지고 최종 결과를 추정했다. 두 집단 모두에서 기준점 설정을 이런 식으로 시도한 결과는 별로 적절하지 못했고 예측치는 정답에서 터무니없이 빗나갔다. 그리고 그 결과로 나타난 편의는 이미 예측했던 경향을 그대로 보여주었다. 첫 번째 집단의 예측치 중간값은 2250이었는데 비해서, 두 번째 집단의 예측치 중간값은 512에 불과했던 것이다.

기준점 설정과 조정 편의를 경제학적으로 응용할 수 있는 한 가지 중요한 예는 복잡한 프로젝트의 실패율 추정이다. 예를 들어, 새로운 비즈니스를 시작하는 경우를 생각해보자. 사업에 성공하기 위해서는 많은 사건들이 성공적으로 발생해야 한다. 만족스러운 조건으로 자금 유입이 되어야 하고, 부지를 물색해야 하며, 저비용 생산과정을 디자인해야 하고, 숙련 노동자를 충분히 고용해야 하며, 효과적인 마케팅 캠페인도 실행에 옮겨야 한다. 그밖에도 많은 일들이 성공적으로 실행되어야 한다. 이 모든 사건들 중 하나만 어긋나도 사업은 실패하게 된다. 이렇게 여러 단계들이 연관되어 있는 경우, 개별 단계의 성공률이 매우 높다고 하더라도 최종적인 사업 실패율은 매우 높을 수밖에 없다. 예를 들어, 10개의 세부단계를 밟아나가야 하는 사업에서 각 단계의 성공률이 90퍼센트라고 한다면, 사업의 최종적인 실패율은 65퍼센트에 달한다. 이러한 절차들에 대한 실패율을 추정할 때, 사람들은 각 단계마다 낮은 실패율에 기준값을 설정하는 경향이 있으며, 사업이 진행되어 나가는 과정에서도 조정은 충분히 이루어지지 않는다. 기준점 설정과 조정 편의는 왜 신규 사업들의 대부분이 실패로 끝나는지를 설명하는 데에도 도움을 주는 것이다.

7.8 인식의 정신물리학

우리가 정보를 인식하고 처리하는 방식의 또 다른 경향도 경제학적 응용에 중요하게 작용한다. 이는 정신물리학(psychophysics)의 소위 **베버-페히너 법칙**(Weber-Fechner law)에서 나온 것이다. 베버와 페히너는 우리가 자극의 강도 차이를 인식하려면 자극이 얼마나 크게 변해야 하는지 알아내고자 했다. 예를 들어, 대부분의 사람들은 100와트 전구의 불빛과 100.5와트 전구의 불빛을 구별해 내지 못한다. 밝기 차이가 얼마나 커야 사람들은 확실하게 그 차이를 알아낼 수 있을까? 베버와 페히너는 우리가 인식할 수 있는 차이의 최소치가 대략 자극의 원래 강도에 비례한다는 점을 알아냈다. 그러므로 자극이 더 강렬할수록, 우리가 그 차이를 알아내기 위해서는 자극의 차이가 절댓값 차원에서 더 커져야 한다.[19]

　쎄일러는 사람들이 가격의 차이에 대해서 신경을 써야 하는지 아닌지를 결정할 때 특히 베버-페히너 법칙이 작동하는 것처럼 보인다고 말했다. 예를 들어, 여러분이 $25를 주고 근처 가게에서 알람 기능이 있는 라디오를 사려는데, 친구가 똑같은 라디오를 10분 거리에 있는 다른 가게에서 $20달러에 판매 중이라고 알려주었다고 하자. 여러분은 라디오를 더 저렴하게 파는 가게에 가겠는가? 만약 여러분이 근처 가게에서 $1,050를 주고 텔레비전을 한 대 사려는데, 친구가 똑같은 텔레비전을 다른 가게에서 $1,045에 파는 중이라고 알려준다면, 여러분의 대답은 달라질까? 쎄일러는 대부분의 사람들이 첫 번째 질문에는 "네"라고 대답하지만, 두 번째 질문에는 "아니오"라고 대답한다는 사실을 알아냈다.

　합리적 선택 모형에 따르면, 두 경우에 답변이 달라진다는 것은 모순이다. 합리적인 사람이라면 어떤 행동을 함으로써 얻는 편익이 비용보다 큰 경우에 그리고 바로 그 경우에만 (if and only if) 다른 가게로 발걸음을 돌릴 것이다. 두 경우 모두 편익은 $5이다. 그리고 두 경우 모두 다른 가게를 찾아가는 비용은 라디오를 사러 가는 경우이건 텔레비전을 사러 가는 경우이건 똑같다. 첫 번째 경우에 다른 가게에서 라디오를 사는 것이 합리적이라면, 두 번째 경우에도 다른 가게에서 텔레비전을 사는 것이 이치에 맞는 행동이다.

실제로 결정하는 일의 어려움

합리적 선택 모형에서는, 어려운 결정이란 존재하지 않는다. 두 가지 대안들 중에서 결정을 내리는 일이 우열을 가리기 힘들다면, 다시 말해서 두 개의 대안들이 대략 같은 효용을 가져다준다면, 어느 쪽을 선택하거나 큰 차이는 없을 것이다. 또한 어느 한 쪽이 훨씬 더 높은 기

베버-페히너 법칙

자극의 미묘한 차이에 대한 인식은 자극의 크기에 비례하는 경향이 있다는 인식의 성질

---

19. [역주] 베버-페히너 법칙은 물리적 자극과 감각적 또는 심리적 반응 사이의 관계에 관한 법칙이다. 심리적으로 느끼는 감각량은 자극량의 로그함수, 즉 대수함수(代數函數)에 비례한다는 법칙으로, 베버의 법칙을 페히너가 발전시킨 것이다. 예를 들면 30g의 무게와 31g의 무게를 우리가 간신히 구별할 수 있다면, 60g과 61g의 차이를 구별하는 것은 거의 불가능한 반면, 60g과 62g의 차이는 다시 간신히 구별할 수 있다. 이렇게 감각으로 구별할 수 있는 한계는 31g − 30g = 1g처럼 물리적 양의 차이가 아니고, 1/30과 2/60처럼 비율에 의해 결정된다는 것이다. 이는 19세기 생리학자 에른스트 하인리히 베버(Ernst Heinrich Weber, 1795~1878)에 의하여 발견되었기에 베버의 법칙이라고 부른다. 이 법칙에 바탕을 두고 정신물리학의 창시자인 구스타브 테오도르 페히너(Gustav Theodor Pechner, 1801~1887)가 자극의 물리적인 양의 로그값(대수값)에 비례하여 우리에게 감각의 양이 나타난다는 가설을 유도하였다. 이 가설에 따르면, 자극의 강도를 더해감에 따라 감각의 증가율은 점차 약해지게 되고, 감각의 수준을 계속 유지하려면 자극의 크기에 비례하여 강도를 올려야 한다. 자세한 사항에 관해서는 위키피디아(Wikipedia)의 자료 "Weber-Fechner Law"(en.wikipedia.org/wiki/Weber%E2%80%93Fechner_law) 또는 뉴욕대학교 심리학 및 신경과학과 랜디 교수(Michael S. Landy)의 설명자료(www.cns.nyu.edu/~msl/courses/0044/handouts/Weber.pdf)를 보기 바란다.

대효용을 줄 것이 명백한 경우에도 선택을 쉽게 내릴 수 있을 것이다. 어느 경우이건 의사결정자가 걱정하거나 망설일 이유가 없다.

물론 현실에서는 우리가 내리는 결정들 대부분이 어려운 결정들이다. 쉬운 결정이 오히려 드물다. 우리의 효용함수가 명백하고 분명하게 선호 순위를 할당하지 못하는 대안들의 조합이 너무나 많다. 특히 대안들이 서로 비교가 거의 불가능한 차원에서 다른 면을 보일 때 우리는 선택을 망설일 수밖에 없다. 예를 들어, 우리가 승용차를 구입하고자 할 때 가장 중요하게 여기는 사항들이 안락감, 연비, 그리고 안전성인데, 어느 한 종류의 승용차가 더 안락하고, 연비가 경제적이며, 더 안전하기까지 하다면 우리는 쉽게 결정을 내릴 수 있다. 그러나 한 승용차가 훨씬 안락하지만 연비가 좋지 않다면 어떻게 해야 할까? 원칙적으로는 그 승용차의 한 가지 특성을 다른 특성으로 교환할 의향이 있는 비율을 알아내어 무차별곡선으로 그려보면 된다. 그러나 현실에서 자주 우리는 이렇게 무차별곡선에 내재된 정보를 알아내는 일을 매우 어렵게 여긴다. 게다가 무차별곡선을 그려보겠다는 노력 그 자체만으로도 우리는 대개 불안에 사로잡힌다. 예를 들어, 어떤 선택을 내리건간에 결국 후회하게 되고 말 것이라고 안절부절하는 모습을 우리는 얼마나 자주 보이는가! ("더 편안한 차를 골랐다가 전근 발령이 나서 통근 거리가 엄청나게 늘어나면 어쩌지?")

이러한 어려움 때문에 선택을 할 때는 관련이 없는 선택사항들에 의해서 영향을 받지 말아야 한다는 합리적 선택 이론의 기본 공리에 의심을 품을 수 있다. 이 공리는 대개 다음과 같은 예를 통해 설명된다. 한 남자가 가게에 들어와 어떤 종류의 샌드위치를 파는지 묻는다. 직원은 로스트 비프와 치킨 샌드위치가 있다고 대답한다. 남자 손님은 잠시 고민하더니 로스트 비프 샌드위치를 달라고 한다. 이때 직원이 이렇게 말한다. "아차, 깜빡 잊었네요. 참치 샌드위치도 있습니다." 그러자 손님이 대답한다. "아, 그렇다면 치킨 샌드위치로 주세요." 합리적 선택 모형에 따르면, 참치 샌드위치를 판다는 것은 손님이 참치 샌드위치를 가장 좋아하는 대안인 경우에만 고려사항이 되어야 한다. 참치 샌드위치도 있다는 새로운 정보는 로스트 비프에서 치킨으로 바꾸는 행동에 아무런 논리적 근거를 제공하지 못한다.

이타마 사이먼슨(Itamar Simonson)과의 공동 연구를 통해 트버스키는 선택이 관련이 없는 대안으로부터 독립성(independence of irrelevant alternatives)이 언제나 충족되는

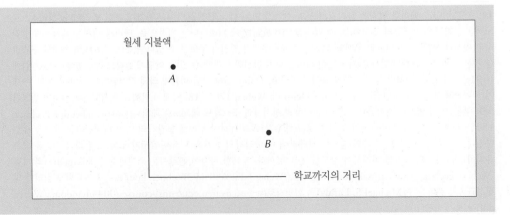

그림 7.12

두 월세방 중 하나를 고르기

월세 금액과 학교까지의 거리를 적절하게 조정하면, 학생들이 A와 B를 선택할 때 50:50으로 나뉘도록 만들 수 있다.

것은 아닐 수도 있다는 놀라운 실험 결과를 제시한 바 있다.[20] 이들의 실험에 사용된 예들 중 하나는 월세와 학교까지의 거리라는 두 개의 차원에서 차이를 보이는 아파트를 고르는 문제였다. 학생의 입장에서는 학교에서 가깝고 월세가 싼 아파트가 더 매력적이다. 한 무리의 학생들에게 그림 7.12에 제시된 두 아파트 중에서 선택을 하도록 했다. 그림에서 어느 한 아파트도 다른 아파트보다 모든 면에서 좋지는 않다는 점을 눈여겨보기 바란다. A는 월세가 더 비싸지만, B는 학교에서 더 멀다. 월세 걱정이 큰 학생들은 B를 선택하는 반면, 통학 시간이 중요한 학생들은 A를 선택할 것이라고 우리는 기대할 수 있다. 그렇다면 학교까지의 거리와 월세 금액을 조정함으로써, 학생들이 두 아파트 사이에서 정확하게 50:50으로 선택하도록 만드는 것은 어렵지 않다.

지금까지의 논의는 별로 놀라울 것이 없다. 그러나 두 연구자는 여기에 세 번째 대안인 아파트 C를 추가하여, 그림 7.13과 같은 구도를 만들어 냈다. 여기서 C는 B에 의해서 완전 열위(劣位)에 있는 대안이라는 사실을 기억하기 바란다. 아파트 C는 B에 비해서 월세도 더 비싸고 학교에서도 더 멀다. 합리적 선택 모형에서 대안 C는 관련이 없는 대안의 전형적인 예이다. 이제 세 개의 대안 A, B, C에 직면하는 경우, 합리적 소비자라면 절대로 C를 선택하지 않을 것이다. 그리고 실제로 실험에서도 C를 고른 참가자는 거의 없었다.

하지만 깜짝 놀랄만한 결과는 C라는 새로운 (그러나 결정에 아무런 영향을 미치지 못해야 하는) 대안이 추가됨으로써, 사람들이 A와 B 사이의 선택에서 영향을 받았다는 것이다. 트버스키와 사이먼슨은 C 때문에 학생들의 선택이 확연히 B로 옮겨가는 결과를 얻었다. C가 없을 때, 학생들은 A와 B를 50:50으로 선택했다. 그런데 C가 선택사항에 추가되자, 70퍼센트 이상의 학생들이 C보다 우월한 대안인 B를 선택하였다.

많은 이들이 처음에 제시된 두 개의 대안들 A와 B 사이에서 어느 쪽을 선택할지 고민한다. 이때 C가 등장하면, 사람들은 B와 C를 놓고 좀 더 느긋하게 비교를 하게 된다. 트버스키와 사이먼슨은 이런 경우 B에 "후광 효과"(halo effect)가 발생하여 사람들이 A보다 B를

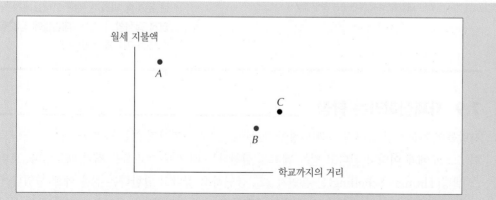

그림 7.13

관련이 없는 대안이 추가된 경우

대안 C는 B에 비해서 완전 열위에 있기 때문에, 아무도 C를 선택해서는 안 된다. 실제로 C를 선택하는 사람은 없지만, C의 존재 때문에 사람들은 B를 훨씬 더 좋아하게 된다.

20. Itamar Simonson and Amos Tversky, "Choice in Context: Tradeoff Contrast and Extremeness Aversion", *Journal of Marketing Research*, 29, August 1992: 281–295.

더 선호하게 된 것이 아닐까 하는 가설을 제시했다. 참치 샌드위치도 있다는 말에 처음 결정했던 로스트 비프를 치킨 샌드위치로 바꾼 것도 이와 비슷한 효과가 발생했기 때문인지도 모른다. 이러한 행태를 보이는 이유가 무엇이든지 간에, 의사결정에서 관련이 없는 대안으로부터 독립적이어야 한다는 공리가 위배된 것은 확실하다.

생활 속의 경제행태 7.3

왜 부동산 중개업자들은 종종 고객들에게 거의 비슷해 보이지만 한 주택이 다른 주택보다 더 싸면서도 상태가 좋은 두 채의 주택을 보여주는 것일까?

방금 우리가 살펴본 예들과 같이, 첫 번째 주택이 두 번째 주택에 비해서 모든 면에서 우월하다는 사실로 인해 첫 번째 주택은 최소한 한 가지 이상 더 나은 다른 주택들에 비해 더 매력적으로 보이게 되는 후광 효과를 얻게 된다. 예를 들어, 그리스식 복고풍 주택과 빅토리아풍 주택 사이에서 좀처럼 결정을 내리지 못하고 있는 고객이 있다고 하자. 이 고객에게 이와 거의 똑같은 빅토리아풍 주택이지만 가격은 더 비싸고 상태는 더 안 좋은 또 다른 주택을 보여줌으로써, 처음 보았던 빅토리아풍 주택이 마음에 들도록 할 수 있는 것이다. 다시 한 번 강조하거니와, 사람들은 비교하기 힘든 대안들을 놓고 선택을 해야 하는 경우를 좋아하지 않는 것으로 보인다. 노련한 부동산 중개인들은 이런 문제를 피하기 위해 고객들에게 더 쉽게 결정할 수 있는 대안들에 집중할 수 있는 기회를 제공한다.

왜 부동산 중개인은 명백히 열위인 대안을 먼저 보여주는 것일까?

7.9 자제심이라는 함정

사람들이 기본적인 합리적 선택 모형이 예측하는 대로 행동하지 않는 또 다른 이유는 사람들이 스스로에게 이익이 된다고 믿는 계획을 실천하는 데 자주 어려움을 겪기 때문이다. 토머스 셸링(Thomas Schelling)은 흡연자들도 금연하고 싶다고 말한다는 점을 예로 들었다.[21] 그리고 엄청난 노력을 기울인 끝에 많은 이들이 금연에 성공한다. (셸링과 나도 성공한 사람

---

21. Thomas Schelling, *Choice and Consequence*, Cambridge, MA: Harvard University Press, 1984.

들에 속하지만, 금연이 얼마나 어려운 일인지 생생하게 증언할 수 있다.) 하지만 더 많은 이들이 금연을 시도하지만 실패하고 만다.

자제심 부족의 문제를 해결하는 방법이 호머의 율리시스에 등장한다. 율리시스는 사이렌들이 사는 위험한 암초지대를 배로 통과하게 된다. 율리시스는 사이렌의 노랫소리를 듣게 되면 저항하지 못하고 끌려들어가 암초에 배가 부딪쳐 죽음에 이를 것임을 깨닫는다. 일시적으로 자신의 판단능력에 이상이 생길 것을 예상한 그는 이에 대비하기 위해 효과적인 대응 수단을 생각해 낸다. 동료 선원들에게 자신을 돛대에 꽁꽁 묶은 뒤, 모두가 안전하게 암초지대를 벗어날 때까지는 자신이 아무리 풀어달라고 간청해도 절대로 풀어주지 못하도록 한다.

이와 비슷하게 일종의 서약을 통해 자제심 부족에 대처하는 예들은 우리의 삶에서 흔히 찾아볼 수 있다. 저축액을 흥청망청 쓰게 될 것을 걱정하는 이들은 "크리스마스 클럽"이라는, 늦가을까지 인출이 불가능한 저축 상품에 가입한다. 사람들은 은퇴 전에 계약을 해지할 경우 상당한 위약금을 물어야 하는 평생 보험에 가입한다. 저녁식사 때 입맛이 없어지지 않도록 사람들은 볶은 땅콩을 눈에 보이지 않게 치워 놓는다. 도박에 지나치게 빠져들지 못하도록 사람들은 적당한 금액만 지갑에 넣고 강원랜드 카지노에 간다. 너무 늦게까지 TV를 시청하지 않으려고 사람들은 텔레비전을 침실이 아니라 거실에 둔다.

나날이 증가하는 자제심 관련 도서들에서 우리가 얻을 수 있는 교훈이 있다면, 그것은 합리적 기간 간 소비 계획을 고안하는 것(*devising*)만이 우리가 해결해야 할 문제는 아니라는 점이다. 그 계획을 실행에 옮기는 일(*implementing*)이 중요한 것이다. 하지만 여기에서도 합리적인 심사숙고를 통해 우리는 가장 중요한 함정들을 상당수 피할 수 있다. 예를 들어, 담배를 막 끊은 소비자는 자신이 친구들과 금요일 밤에 술을 마시러 나가는 경우 미치도록 담배를 피우고 싶어질 것임을 쉽게 예측할 수 있다. 그렇다면 그는 앞으로 한두 달 동안 주

DANGER:
POTATO CHIPS
AHEAD

1998 . Mick Stevens/The New Yorker Collection/www.
cartoonbank.com

말에 음주가 아닌 다른 활동을 함으로써 유혹으로부터 자신을 지킬 수 있다. 이와 마찬가지로 월급을 헤프게 쇼핑에 쓰지 않도록 스스로를 유혹으로부터 지키고 싶은 사람은 월급 중 일부를 저축 통장에 자동 이체되도록 해놓을 수 있다. 사실 수백 만 명이 이런 방법들을 이미 사용하고 있다.

지금까지 살펴본 논의들은 우리가 제1장에서 공부한 합리적 선택 모형이 현실을 설명하는 실증적인 역할과 어떻게 선택해야 하는지를 알려주는 규범적인 역할 사이에서 어떤 간극을 보여주는지 다시 한 번 분명하게 보여준다. 합리적 선택 모형은 자제심의 문제 등을 고려하지 않기 때문에 사람들이 현실에서 어떻게 행동하는지를 예측하는 데 때때로 실패하기도 한다. 그러나 그렇다고 해서 합리적 선택 모형이, 아무리 기본적인 수준의 단순한 모형이라고 해도, 틀렸다거나 쓸모가 없다는 것은 아님을 명심하기 바란다. 합리적 선택 모형은 사람들이 더 나은 의사결정을 내리도록 이끌어 실제로 원하는 목표에 더욱 근접할 수 있도록 하는 데 있어서 중요한 규범적인 역할을 할 수 있기 때문이다.

- 모두가 기회주의적으로 행동한다고 가정하는 자기이익 모형은 우리가 현실에서 목격하는 사

▪ 요약 ▪

람들의 행태와 배치되는 예측들을 많이 내놓는다. 자기이익 모형이 예측하는 바대로 행동하지 않는 이들은 설령 자신이 그렇다는 것을 알더라도 대개 후회하지 않는다. (학습목표 1)

- 사람들이 미래에 자신의 편협한 이익에 반하여 행동하도록 요구하는 믿을만한 약속이나 위협을 하지 못할 때, 서약의 문제가 자주 발생한다. 서약을 지키지 못하면 비용이 발생한다. 철저하게 자기이익을 추구하는 선호를 가지고 있지 않다고 알려지는 것이 오히려 서약의 문제를 해결하는 데 크게 유용할 수 있다. (학습목표 2)

- 철저하게 자기이익만을 추구하지 않을 수도 있는 선호가 현실적으로 유리하게 작용하려면, 다른 이들이 그 사실을 발견할 수 있어야 한다. 아무런 비용이나 불확실성이 없이 선호를 관측할 수 있다면, 세상에는 협조적인 사람들만이 존재할 것이다. 그러나 선호를 관측하는 데에는 비용이 발생하는 동시에 불확실성이 내재되어 있기 때문에, 일반적인 자기이익 모형에서 가정하는 기회주의적인 사람들이 늘 얼마간 존재할 것이다. (학습목표 3)

- 타인들의 이익을 걱정하는 사람들이 그로 인해서 심지어 순전히 물질적인 차원에서라도 손해를 감수할 필요는 없다. 타인들은 이렇게 이타적인 사람들을 식별해 낼 수 있기 때문에, 기회주의자들에게는 허용되지 않는 기회가 이타적인 사

람들에게 주어질 것이다. (학습목표 3)

- 사람들이 자신의 목표를 달성하기 위해 효율적인 방식을 찾지 못하기 때문에, 우리가 현실에서 보는 사람들의 실제 행동들이 기본적인 합리적 선택 모형이 예측하는 많은 바와 배치되는 경우가 많다. 사람들은 종종 매몰비용을 무시하지 못한다. 사람들은 날씨 좋은 날 야외 코트에서 테니스를 즐기는 것을 더 선호한다고 말하면서도 매몰비용을 무시하지 못해 실내 코트에서 테니스를 한다. 사람들은 연주회 입장권을 분실했을 때, 동일한 가격의 현금을 분실했을 때와 다르게 행동한다. 이러한 경우에 사람들은 자신들이 합리적인 선택에서 벗어난 행동을 보였다는 점을 나중에 종종 후회한다. (학습목표 4)

- 사람들은 결정을 내릴 때 복잡성을 줄이기 위해서 심적 회계 체계를 자주 사용한다. 그러다가 합리적 선택의 공리들을 위배하는 모습을 보인다. (학습목표 4)

- 합리적 선택에서 벗어나는 몇몇 중요한 사례들은 카너먼과 트버스키가 묘사한 비대칭적 가치함수 때문에 나타나는 것으로 보인다. 총재산에 대해서 정의된 효용함수를 사용하는 합리적 선택 모형과는 대조적으로, 카너먼과 트버스키는 사람들의 실제 행태를 묘사하는 데 유용한 이론을 제시하였고, 총재산이 아니라 재산의 변화에 대해서 정의되는 가치함수

를 사용하였다. 가치함수는 전통적인 모형과 달리 이득보다 손실에 훨씬 더 큰 결정 가중치를 둔다. 이로 인해서 사람들의 결정은 다양한 대안들을 어떤 틀에 의해서 바라보느냐에 따라 극도로 예민하게 반응하게 된다. 예를 들어, 어떤 종류의 손실이 이보다 약간 더 큰 이득과 결합되어 나타나는 경우, 합리적 선택 모형에서는 순효과에 의거하여 이를 긍정적으로 평가한다. 그러나 카너먼과 트버스키는 이득과 손실이 개별적으로 발생하는 경우에 사람들이 두 사건의 영향을 결합하여 순효과를 생각하기보다는 따로 떼어내어 평가하는 경향이 있기 때문에, 이득의 영향력보다 손실의 영향력을 더 중요하게 여긴다고 보았다. 그래서 어떤 손실이 이보다 약간 더 큰 이득과 결합되어 순효과가 분명히 양의 결과로 나타난다고 해도, 사람들은 손실과 이득을 별개로 평가한 뒤 두 결과를 합치므로 순효과가 음이라고 인식한다. (학습목표 4)

- 최적의 결정을 내리지 못하게 되는 또 다른 요인은, 우리가 다양한 소비 유형을 통해 시간이 흐름에 따라 상이한 경험을 한다는 점을 제대로 예상하지 못하기 때문이다. 두 개의 상품을 놓고 선택할 때, 사람들은 결정의 순간에 더 큰 만족을 주는 대안을 선호하는 경향이 있다. 그러나 우리의 경험에 따르면, 어떤 상품이나 활동이 주는 만족은 시간이 흐르면서 급격히 감소하는 데 비해서, 다른 상품이나 활동은 시간이 지나면서 만족감이 천천히 줄어들거나 오히려 더 큰 만족감을 주기도 한다. 문제는 우리가 전자에 속하는 상품이나 활동을 너무 많이 소비하고, 후자를 너무 적게 소비한다는 점이다. (학습목표 5)

- 합리적 선택에서 벗어나는 또 다른 중요한 요인은, 사람들이 중요한 결정 요인들을 추정하는 데 사용하는 의사결정의 지름길인 휴리스틱들 때문이다. 특히 사람들은 특정 범주의 사건들이 얼마나 자주 발생하는지 추정하면서 적절한 예를 얼마나 쉽게 떠올리는지에 따라 추정하는 가용성 휴리스틱을 사용한다. 이로 인해 예측가능한 편의가 발생하는데, 사람들이 사건을 얼마나 쉽게 떠올리는지는 실제 빈도가 아니라 다른 요인들에 의해서 큰 영향을 받기 때문이다. 사람들은 생생한 사건이나 중요 사건들 그리고 쉽게 기억을 떠올릴 수 있는 사건들의 빈도를 과대 추정하는 경향이 있다. (학습목표 6)

- 또 다른 중요한 휴리스틱은 대표성 휴리스틱이다. 사람들은 어떤 항목이 특정 범주에 속할 확률을 추정할 때, 그 항목이 해당 범주를 얼마나 잘 대표하는지에 따라 판단한다. 이러한 사고방식 때문에 상당한 편의가 자주 발생하는데, 대표성은 실제 확률을 결정하는 여러 요인들 중 하나에 불과하기 때문이다. 예를 들어, 수줍음이 분명 사서들의 성격 특성을 나타낼 수도 있지만, 현실에서는 사서보다 영업직 사원이 훨씬 많기 때문에 무작위로 뽑힌 수줍은 사람은 사서보다는 영업직 사원일 가능성이 훨씬 높다. (학습목표 6)

- 기준점 설정과 조정은 중요한 결정 요인들의 예측에 편의를 발생시키는 세 번째 휴리스틱이다. 사람들은 자주 편리한 (그러나 때때로 관계가 없는) 기준점을 정한 뒤 거기서부터 잠재적으로 관련이 있는 다른 정보들을 이용해서 (대개는 불충분하게) 조정을 해 나가는 방식으로 예측을 한다. (학습목표 6)

- 합리적 선택에서 벗어나는 또 다른 요인으로는 인식의 정신물리학을 들 수 있다. 정신물리학자들은 어떤 자극의 간신히 감지해 낼만한 변화는 그 자극의 처음 수준에 비례한다는 점을 알아냈다. 이는 단순히 소리나 무게 등의 물리적인 자극뿐만이 아니라, 재화와 서비스의 가격인 경우에도 타당한 것으로 보인다. 사람들은 $25짜리 라디오를 $5 싸게 사려고 시내까지 나가는 수고는 개의치 않으면서, $1,000짜리 TV 세트를 $5 싸게 사기 위해서 시내에 나갈 생각은 절대로 하지 않는다. (학습목표 7)

- 합리적 선택이 어려운 이유는 사람들이 비교하기 까다로운 대안들을 놓고 선택하는 데 어려움을 겪기 때문일 수도 있다. 합리적 선택 모형에서는 우리가 선호 순위를 완전하게 매길 수 있다고 가정한다. 그러나 현실적으로 우리는 매우 단순한 선택의 문제에 직면하는 경우에도 상당한 노력을 기울여야 하는 때가 많다. (학습목표 7)

- 마지막으로, 합리적 선택이 어려운 이유는 사람들이 자신에게 이득이 된다고 믿는 계획을 실행에 옮길 의지력이나 자제심이 충분하지 못하기 때문일 수도 있다. 그런 경우에 사람들은 유혹에 빠지기 쉽지만 분명히 자신에게 득이 되지 못하는 대안을 아예 접하지 못하도록 멀찍이 떼어놓는 방식을 사용하기도 한다. (학습목표 8)

- 사람들의 선택 행태를 설명하는 여러 행태 모형들은 합리적 선택 모형보다 실제 결정을 훨씬 더 잘 예측하는 경우가 많다. 그러나 행태 모형들은 결코 규범적인 처방을 내리지 않는다는 점을 잊지 말아야 한다. 예를 들어, 사람들이 때때로 **매몰비용을 무시한다**고 행태 모형들이 예측한다는 사실을 우

리가 매몰비용을 무시해야 한다는 결론으로 받아들여서는 안 된다. 합리적 선택 모형은 우리가 매몰비용을 무시함으로써 더 나은 의사결정을 내릴 수 있다고 주장하며, 이 점에 대해서 심사숙고해 본 사람들은 대부분 강하게 동의한다. 그런 의미에서 선택에 관한 행태 모형들은 우리가 의사결정을 내리는 데 있어서 자주 빠지는 함정을 피하도록 돕는 중요한 도구인 셈이다. (학습목표 8)

1. 합리성의 현재목표 기준과 자기이익 기준의 주요 차이점들을 요약하여 설명하라. (학습목표 1)

▪ 복습문제 ▪

2. 인간 동기에 관한 심리학자들의 모형에서 합리적 분석(rational analysis)이 하는 역할을 설명하라. (학습목표 1)

3. 지난해 여러분이 경험한 서약의 문제를 두 가지 예를 들어 설명하라. (학습목표 2)

4. 서약의 문제를 해결할 때, 선호의 관측 가능성(observability)은 어떤 역할을 하는가? (학습목표 2)

5. 소상공인인 여러분에게 전통적인 합리적 선택 이론 강좌를 수강하기 위해 지불할 의향이 있는 최대금액이 얼마인지 알려달라는 요청이 들어왔다고 가정하자. 다음 중 어느 경우에 여러분의 지불의사액이 더 크겠는가? (1) 사람들은 언제나 합리적 선택 이론에 따라 행동한다는 것이 알려져 있는 경우, (2) 여러분을 포함해서 사람들의 행태는 합리적 선택 이론이 예측하는 바로부터 종종 체계적으로 벗어난다는 것이 알려져 있는 경우. (학습목표 4)

6. 불완전한 정보하에서도 결정을 내리는 것이 합리적인 이유는 무엇인가? (학습목표 4)

7. 손실보다 이득에 더 높은 가중치를 두는 행동은 비합리적인가? (학습목표 4)

8. 어떤 학교는 지각을 하면 벌칙을 내리는 것이 교칙인 반면, 그 학교와 모든 면에서 동일한 다른 학교는 제시간을 지키는 학생에게 상을 주는 것이 교칙이다. 이러한 교칙이 효과가 있는지에 대한 기준은 벌칙이나 상을 준 다음날 학생들의 행태라고 하자. 어떤 교칙이 더 효과가 클까? 교칙의 효과성에 대한 이러한 기준은 좋은 기준인가? (학습목표 6)

▪ 연습문제 ▪

1. 아영의 효용함수는 다음과 같다.

$$U_A = M_A M_G.$$

여기서 M_A는 아영의 재산 수준이고, M_G는 가인의 재산 수준이다. 만약 아영의 초기 재산 수준이 100이고, 가인의 재산 수준이 20이라면, 아영은 자신의 재산 중 얼마를 가인에게 줄 것인가? (학습목표 1)

2. 아영의 효용함수는 다음과 같다.

$$U_A = M_A{}^2/M_B.$$

여기서 M_A는 아영의 재산 수준이고 M_B는 병재의 재산 수준이다. 그리고 병재의 효용함수는 다음과 같다.

$$U_B = M_B{}^2/M_A.$$

초기에 $M_A = M_B = 10$이라고 하자. 그리고 아영과 병재가 공동 작업을 하면 추가로 10단위의 재산을 얻어 서로 나눌 수 있다고 하자. 이 공동 작업은 즐겁지도 불쾌하지도 않은 일이다. 아영이 이 작업을 공동으로 수행하겠다고 동의하도록 만들기 위해서 아영에게 지불해야 하는 최소 금액은 얼마인가? 병재에게 지불해야 하는 최소 금액은 얼마인가? 두 사람은 이 공동 작업을 수행할까? (**학습목표 1**)

3. 2번 문제에서 이번에는 병재의 효용함수가 $U_B = M_B{}^2$로 주어졌다고 하자. 그리고 아영은 병재와 수행하는 공동 작업에서 버는 돈의 90퍼센트 미만을 받는 경우에는 자신이 지지하지 않는 자선단체에 $20을 기부하겠다는 계약서에 서명한다고 가정하자. 아영이 병재에게 $1 를 주면서 마음에 들면 받아들이고 싫으면 관두라고 제안하는 경우, 병재는 이 제안을 받아 들일까? (**학습목표 1**)

4. 외국의 도발 행위에 대해서 자국민들의 이익에도 큰 해를 끼치게 되는 강력한 군사적 응징을 선호하는 것으로 알려진 정치 지도자를 뽑는 경우의 장점과 단점은 무엇인가? (**학습목표 2**)

5. 혜리의 효용함수는 $U = 3M + 60V$로 주어져 있다. 여기서 M은 혜리가 복합재 소비에 지출 하는 연간 지출액이고, V는 혜리가 투표에 참가하는 경우 1의 값을 갖고 그렇지 않은 경우 0 의 값을 갖는다고 하자. 혜리는 원하는 시간만큼 일을 할 수 있는 직장에서 시간당 $30를 받고 일하여 번 돈으로 소비를 한다. 투표에 참가하려면 투표소와 직장을 왕복하는 시간이 총 20분 이 걸리며, 투표소에 도착하면 투표하기 전 다른 사람들과 함께 줄을 서서 기다려야 한다. 혜 리에게 왕복시간과 대기시간이 이에 상응하는 근무시간보다 더 힘들거나 덜 힘들지 않다면, 혜리가 투표를 하지 않겠다고 결정하려면 대기시간이 얼마나 길어야 하는가? (**학습목표 1**)

6. 여러분의 행복이 아래 그래프에 제시된 것처럼 카너먼–트버스키 가치함수로 주어졌다고 하 자. (**학습목표 4**)

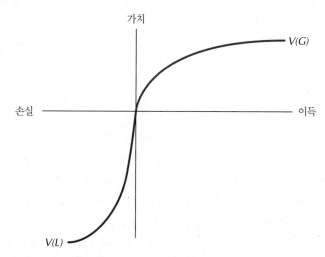

여러분은 자신의 삶에서 일어나는 다양한 사건의 조합들을 가장 유리하게 해석하기로 결심 했다. 아래에 제시된 사건의 조합들에 대해서, 여러분은 그 효과들을 개별적으로 고려할 때 더 행복하겠는가, 아니면 사건들을 모두 합하여 순효과만을 고려할 때 더 행복하겠는가?

a. $500의 이득과 $50의 손실

b. $50의 이득과 $500의 손실

c. $500의 이득과 $600의 이득

d. $500의 손실과 $600의 손실

7. 모 백화점에서는 여러분을 컨설턴트로 고용하여 새로 출시된 다목적 차량을 어떻게 팔 것인 지에 대한 마케팅 조언을 받기로 했다. 이번 장에서 다룬 내용을 바탕으로, 백화점 측에 전달 할 구체적인 마케팅 전략을 두 가지 제시하라. (학습목표 6, 7)

8. 대안들을 어떻게 틀짓기 하느냐에 따라 사람들의 선택이 체계적으로 달라지는 예를 두 가지 제시하라. (학습목표 4)

9. 연구 결과들에 따르면 서울시 지하철에서는 경찰이 순찰 횟수를 늘린 이듬해에는 범죄율이 하 락한다. 이러한 경향은 순찰 횟수의 증가가 범죄 감소의 원인임을 시사하는가? (학습목표 6)

10. 준하는 미식가이다. 그에게는 첫 방문 때 탁월한 요리를 내오지 않는 식당에는 두 번 다시 방 문하지 않는다는 원칙이 있다. 그는 얼마나 자주 두 번째 방문 때 나오는 요리의 질이 첫 번 째 방문 때 나오는 요리의 질에 못 미치는지 궁금하다. 그는 궁금해 할 필요가 있을까, 없을 까? (학습목표 6)

11. 탐정 대준은 인간 본성을 잘 간파해내는 능력이 있다고 자신한다. 무작위로 고른 용의자가 거 짓말을 하고 있다고 대준이 판단하는 경우, 그가 대략 80퍼센트 맞다는 점을 최첨단 검사를 통해서 알게 되었다. 대준은 준영이 거짓말을 하고 있다고 판단한다. 용의자가 거짓말을 하고 있는지 아닌지 100퍼센트 맞추는 거짓말 탐지기 전문가는 대준이 심문한 이들의 40퍼센트가 진실을 말하고 있다고 얘기한다. 준영이 거짓말을 하고 있을 확률은 얼마인가? (학습목표 6)

12. 어두운 골목에서 수진을 치어서 다치게 한 택시는 초록색이라고 한 목격자가 증언했다. 초록 택시 회사의 변호사는 그 목격자가 어두운 골목에서 택시의 색깔을 제대로 식별해 내는 확률 이 80퍼센트라는 것을 조사 결과 알아냈다. 도시에는 초록과 파랑 두 개의 택시회사들이 영 업 중이다. 초록 택시 회사는 도시 전체의 택시들 중 15퍼센트를 운영하고 있다. 법에 따르 면 초록 택시 회사가 수진에게 부상을 입힐 확률이 0.5보다 큰 경우에 그리고 바로 그 경우 에만 초록 택시 회사에게 배상 책임이 있다고 명시되어 있다. 초록 택시 회사는 책임이 있는 가? 설명하라. (학습목표 6)

13. 지난주에 여러분이 거래하는 여행사 직원이 이번 달 하순에 잡힌 여러분의 영국 여행을 위 해 $667라는 매우 저렴한 항공권을 찾아냈다고 전화했다. 이 요금은 APEX (advance purchase excursion, 항공권 사전 구입 할인제) 요금보다 무려 $400나 싸다. 여러분은 대리 인에게 당장 예약을 하라고 말한 뒤, 직장 동료들에게 기가 막히게 저렴한 항공권을 사게 되 었다고 자랑을 했다. 그런데 한 시간 뒤 여행사 직원이 다시 전화하더니 브리티시 항공의 예 약 담당자가 실수로 항공권 가격을 잘못 공시했기 때문에 $677짜리 항공권은 존재하지 않는 다고 말했다. 여행사 직원은 최선을 다해 다른 저렴한 항공권을 찾아보겠노라고 말했다. 며칠 뒤 그 직원은 똑같은 브리티시 항공의 항공권을 $708에 사줄 수 있는 대량 할인 취급업자를 찾아냈다고 보고했다. 그 가격이라면 원래 예상했던 항공권 가격보다 여전히 훨씬 저렴한 가 격이다. 이번에는 여러분도 항공권을 싸게 샀다고 동네방네 자랑을 하고 다니지 않았다. 이번 장에서 공부한 내용을 이용하여 여러분의 행태를 설명할 수 있는가? (학습목표 4)

14. 다음번 휴가 계획을 짜면서, 여러분은 대안들을 여행사에서 제공하는 두 가지 패키지 상품들

로 좁혔다. 하나는 $1,200에 하와이 일주일 여행 상품이고, 다른 하나는 $900에 멕시코 칸쿤 일주일 여행 상품이다. 여러분은 이 두 패키지들에 대해서 무차별하다. 그런데 신문 광고를 보니 여행사 패키지 상품과 똑같은 숙소를 제공하는 하와이 일주일 상품이 $1,300에 나와 있는 것이 아닌가. 합리적 선택 이론에 따르면, 신문 광고에 나온 정보가 여러분의 휴가 계획에 영향을 미쳐야 하는가? 설명하라. (학습목표 6)

15. 민서는 $40짜리 블라우스를 40퍼센트 세일하는 기회를 놓치지 않기 위해 시내까지 차를 몰고 나갈 것이다. 그러나 $1,000짜리 스테레오를 10퍼센트 세일하는 기회가 있다 해도 차를 몰고 시내까지 갈 생각은 없다. 그녀가 선택할 수 있는 대안이 집 바로 옆에 있는 백화점에서 블라우스와 스테레오를 모두 정가를 주고 사야 하는 것이라면, 그녀의 행태는 합리적인가? (학습목표 7)

16. 하니는 테니스 라켓 A와 B 두 개를 놓고 어느 것을 살까 고민 중이다. B는 A보다 훨씬 힘이 좋지만, 정교한 타격은 A에 훨씬 미치지 못한다. 합리적 선택 모형에 따르면, B보다 힘이 약간 약하고 정교한 타격 면에서 성능이 떨어지는 제3의 라켓 C의 존재는 하니가 라켓을 최종 선택하는 데 어떤 영향을 미칠까? 만약 하니가 이 상황에서 대부분의 평범한 의사 결정자들처럼 행동한다면, 선택 집합에 라켓 C가 추가된다는 것은 하니가 라켓을 최종 선택하는 데 어떤 영향을 미칠까? (학습목표 6)

17. 가을에 크루소는 50개의 코코넛을 수확하여 동굴에 저장했는데, 곰 일가족이 그 동굴에 들어와 동면을 하게 되었다. 그 결과, 곰이 이듬해 봄 동면에서 깨어나기 전까지 크루소는 코코넛을 꺼내지 못하게 되었다. 코코넛은 저장 장소와 무관하게 일정한 속도로 부패한다. 그런데도 그는 매년 같은 짓을 되풀이한다. 크루소는 왜 그러는 것일까? (학습목표 8)

▪ 개념 확인 해답 ▪

7.1 만약 사서의 숫자보다 영업직 사원의 숫자가 4배 더 많다면, 사서 20명당 영업직 사원은 80명이 있을 것이다. 80명의 영업직 사원들 중에서 20퍼센트 또는 16명은 수줍은 성격일 것이다. 20명의 사서들 중에서 90퍼센트 또는 18명은 수줍은 성격일 것이다. 그러므로 성격이 수줍은 어떤 이가 사서일 가능성은 18/(18 + 16) = 0.53이 된다. (학습목표 6)

PART THREE

기업과 시장구조 이론
THE THEORY OF THE FIRM AND MARKET STRUCTURE

기업에 관한 경제이론에서 기업의 주요 목적은 이윤을 극대화하는 것으로 가정한다. 이윤 극대화는 편익이 비용을 초과하는 한 기업이 산출량을 확대하는 것을 요구한다. 3부의 첫 두 개 장은 비용측면을 다룬다. 8장은 생산이론으로부터 출발하는데 노동, 자본 그리고 다른 투입물들이 산출물을 생산하기 위하여 어떻게 결합되는지 살펴본다. 이 이론을 사용하기 위하여 9장은 기업의 비용이 산출량 수준에 따라 어떻게 변하는지 서술한다.

다음의 세 장들은 서로 다른 네 가지 형태의 시장 구조하에서 기업의 편익 측면을 고려한다. 10장은 완전경쟁 기업을 살펴보는데, 이때 추가적으로 한 단위의 산출물을 판매하는 편익은 정확히 그 상품의 가격과 같다. 11장은 독점기업을 살펴보는데 독점기업이란 밀접한 대체재가 없는 재화의 유일한 공급자이다. 독점기업의 경우 추가적으로 한 단위의 산출물을 판매하는 편익은 일반적으로 그 상품의 가격보다 낮다. 왜냐하면 독점기업이 판매량을 확대하기 위하여 기존의 판매량에 대한 가격을 인하해야 하기 때문이다. 12장은 시장구조의 두 중간적인 형태인 독점적 경쟁시장과 과점시장을 살펴본다. 산출량 수준에 대한 의사결정을 할 때, 독점적인 경쟁 기업들은 독점기업처럼 행동한다. 반면에 과점기업들은 산출량 확대의 편익을 계산할 때 경쟁 기업들의 전략적인 반응들을 고려해야 한다.

13장은 3부의 결론 부분으로서, 게임이론의 수학적 분석은 사람들과 기업들이 전략적 설정에 있어 어떻게 상호작용을 하는지 이해하는 데 도움을 준다.

생산
Production

사람들은 원재료가 완성품으로 전환되는 생산을 매우 조직적이고 기계적인 과정으로 생각하는 경우가 많다. 하지만 경제학자들은 생산은 보통 생산으로 간주되지 않는 활동들도 포함하고 있는 매우 일반적인 개념이라고 강조한다. 우리는 현재 또는 미래의 효용을 창출하는 활동이라면 어떠한 것이라 하더라도 그것을 생산이라고 정의한다.

따라서, 농담을 이야기하는 단순한 행동도 생산에 해당된다. 우디 앨런은 심리상담사에게 고민을 털어놓는 어떤 사람에 대해서 이야기를 한 적이 있다. 그는 동생이 자신을 병아리로 생각한다고 심리상담사에게 말한 것이다. 이에 대해 심리상담사가 그 사람에게 "왜 당신은 당신 동생에게 병아리가 아니다"라고 말하지 않았느냐고 하자, 그 사람은 "그럴 순 없죠. 저도 달걀이 필요하니까요"라고 대답했다. 일단 농담이 알려지면, 유쾌한 기억 이상의 유형의 행적을 남기지는 않는다. 그러나 생산에 대한 경제적 정의하에서, 우디 앨런도 연장도구를 이용하여 목재를 야구 방망이로 만들어 내는 기술공과 같은 생산 근로자(production worker)이다. 우편물을 배달하는 사람도 생산에 관련되어 있다. 그리고 파상풍 예방주사를 놓는 의사, 유언장을 작성하는 변호사, 쓰레기를 수거해 가는 청소부, 심지어 생산이론을 작성하는 경제학자도 생산 근로자이다.

8.1 개요

앞의 소비자 선택에 관한 논의에서 현존하는 재화와 용역의 목록을 주어진 것으로 받아들였다. 그러나 재화와 용역은 어디에서 오는 것인가? 본 장에서, 재화와 용역의 생산은 앞에서 논의한 소비자 이론과 매우 유사한 의사결정과 관련되어 있음을 우리는 알게 될 것이다. 소비자이론에서는 시장관계에 있어 수요측면에서의 경제적 의사결정에 초점을 두었다면, 다음의 8개 장들에서는 공급측면에서의 경제적 의사결정에 중점을 둔다.

8장은 기술과 자원 부존량(resource endowment)이 주어진 상태에서 우리에게 이용 가능한 생산가능성(production possibilities)을 서술한다. 단기와 장기에 있어 생산요소의 적용에 따라 산출량이 어떻게 변하는지 우리는 알고자 한다. 이러한 질문에 대한 해답으로

학습목표

1 산출량과 그에 대한 생산요소들 사이의 관계를 생산함수의 형태로 어떻게 요약할 수 있는지 설명할 수 있다.

2 수확 체감의 법칙을 서술하고, 생산요소들 중 일부가 고정되어 있을 때 어떻게 병목현상이 일어나는지 설명할 수 있다.

3 시간이 흐름에 따라 기술진보를 통해 생산함수가 어떻게 이동하는지 묘사할 수 있다.

4 가변요소의 평균생산과 한계생산 사이의 관계를 설명할 수 있고, 다수의 생산 활동에 생산요소들을 배분하는 경우 생산요소들 사이의 한계생산이 모두 같아지도록 배분하는 것이 최적인 이유를 설명할 수 있다.

5 생산에서 단기와 장기의 공식적인 차이점을 묘사할 수 있다.

6 장기에서 규모에 대한 수확 체감, 불변, 그리고 체증을 구분할 수 있다.

9장은 일정한 산출량을 생산하는 실행 가능한 여러 대안들 중에서 기업들이 어떻게 선택하는지를 서술한다.

8.2 투입-산출 관계: 생산함수 _____

생산을 정의하는 방법들 중의 하나는 앞에서 언급하였듯이, 현재 또는 미래의 효용을 창출하는 활동(activity)이다. 이와 동등한 의미로서 생산은 투입물(생산요소)을 산출물로 전환시키는 과정이다. 이 두 설명은 동등하다고 볼 수 있다. 왜냐하면 산출물은 현재 또는 미래의 효용을 창출하는 것이기 때문이다. 토지, 노동, 자본, 그리고 파악하기 어려운 범주에 속하는 기업가 정신(entrepreneurship) 등이 경제학에서 전통적으로 포함되는 생산에 사용되는 투입물이다.[1] 이와 더불어 지식, 기술, 조직, 그리고 에너지 등과 같은 요소들을 생산요소로 추가하는 것이 점차 일반화되고 있다.

생산함수(production function)는 산출물(output)을 생산하기 위하여 투입물(input)이 결합된 관계이다. 생산함수를 그림으로 표현하면, 그림 8.1에서 상자와 같다. 투입물이 상자 속으로 흘러들어가 산출물이 흘러나온다. 상자는 암묵적으로 기술의 현재 상태를 나타내는데, 시간이 흐름에 따라 안정적으로 기술진보가 일어난다. 따라서 일정한 생산요소가 1970년대의 기술과 결합될 때보다 오늘날의 기술과 결합될 때 더 많은 자동차를 생산할 것이다.

생산함수는 요리 조리법(recipe)으로 간주될 수 있다. 요리 조리법은 요리 재료를 나열하고, 재료들을 어떤 방법으로 처리하면 팬케이크(pancake)를 얼마나 만들어 낼 수 있는지

생산근로자

생산함수
자본과 노동과 같은 투입물이 산출물로 어떻게 변환되는지를 설명하는 관계이다.

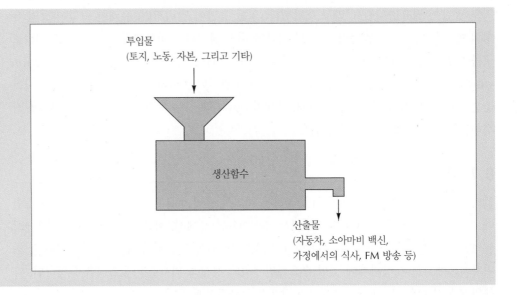

그림 8.1

생산함수

생산함수는 토지, 노동, 자본, 그리고 기업가 정신 등과 같은 투입물을 산출물로 변환시킨다. 그림 속의 상자는 현재의 기술 지식의 상태를 실현한다. 지식은 시간의 흐름에 따라 축적되어 왔기 때문에 주어진 투입물의 조합을 이용하여 과거보다 오늘날 더 많은 산출물을 우리는 생산할 수 있다.

투입물
(토지, 노동, 자본, 그리고 기타)

생산함수

산출물
(자동차, 소아마비 백신, 가정에서의 식사, FM 방송 등)

---

1. "기업가 정신"(entrepreneurship)은 "사업 기획에 책임감에 대한 조직(organizing), 운영(managing), 그리고 책무(assuming)의 과정"으로 정의된다(*Random House College Dictionary*). 따라서 정의에 의하면, 기업가(entrepreneur)는 위험 수용자(risk-taker)이다.

알려준다.[2]

생산함수를 표현하는 또 다른 방법으로 방정식의 형태가 있다. 빵(Q)을 생산하기 위하여 두 투입물, 자본(K)과 노동(L)을 사용하는 생산과정을 고려하자. K, L, Q 간의 관계는 다음과 같이 표현될 수 있다.

$$Q = F(K, L). \qquad (8.1)$$

여기에서 F는 그림 8.1에서 표현된 생산과정을 요약하는 함수 형태이다. 이것은 우리가 특정 수량의 자본과 노동을 고용할 때 우리가 얼마만큼의 빵을 얻을 수 있는지를 나타내는 단순한 규칙에 불과하다. 설명을 위해 빵에 대한 생산함수가 $F(K, L) = 2KL$로 주어졌다고 가정하자. 단, K는 1주일 동안의 설비운전 시간을 나타내고[3], L은 1주일 동안의 노동 시간을 나타낸다. 그리고 Q는 1주일 동안의 빵 생산량을 측정한다. 예컨대, 1주일 동안 설비운전 2시간과 노동 3시간이 결합되면 1주일에 12단위의 빵이 생산된다. 생산함수를 $Q = 2KL$로 정의할 때, K와 L의 관계에 따른 빵 생산량은 표 8.1에 제시되어 있다.

중간재

자본(예컨대, 스토브 또는 프라이팬 형태)과 노동(예컨대, 요리사의 노동 시간)만으로 빵을 생산하기에 충분하지 않고 식재료도 필요하다. 식 (8.1)에 의해 표현된 생산과정은 식재료를 빵으로 전환시키는 한 방법이다. 이러한 생산과정에서 식재료는 **중간재**(*intermediate product*)이며, 많은 경제학자들에 의해 투입물로 다루어진다. 하지만 단순화를 위해서 본 장에서 논의하는 예들에서 중간재를 무시하기로 한다.

표 8.1

생산함수 Q = 2KL

	노동(노동시간/주)				
	1	**2**	**3**	**4**	**5**
1	2	4	6	8	10
2	4	8	12	16	20
자본(설비운전 시간/주)　　　**3**	6	12	18	24	30
4	8	16	24	32	40
5	10	20	30	40	50

> 표 안에 있는 숫자들은 주당 빵 생산량으로 측정되는 산출량을 나타내는데, 이것은 식 Q = 2KL을 이용하여 계산된 것이다.

---

2. 조리법 중에는 재료들을 일정 비율로 혼합해야만 하는 경우도 있다. 또 다른 조리법으로서 재료들 간의 대체를 허용하는 경우도 있다. 예컨대, 팬케이크 조리법에 달걀 대신에 우유와 식용유를 사용하는 것이 이에 해당된다. 생산함수는 이러한 두 방법 중 하나일 수 있다.

3. 여기서 1 프라이팬 시간/주는 한 개의 프라이팬이 일주일 동안 1시간 동안 사용되는 것을 의미한다. 따라서 주중 5일 동안 매일 8시간 사용되는 프라이팬은 40 프라이팬 시간/주의 자본 투입물을 구성한다.

고정 투입물과 가변 투입물

생산함수는 투입물들 중 일부 또는 전체가 변하면, 산출물이 어떻게 변화하는지를 알려준다. 실제로 많은 생산과정에 있어 대규모 일부 투입물의 수량을 신속하게 바꾸기 어려운 경우가 존재한다. FM 라디오 방송을 통해 클래식 음악을 보내는 과정도 이에 속한다. FM 라디오 방송을 위해서 복잡한 전자기기가 필요하고, 음악 자료실과 대규모 송신탑도 필요하다. 송출 시간에 맞추어 녹음과 CD를 구입해야 한다. 그러나 새로운 방송국을 짓기 위하여 필요한 설비를 구입하는 데 몇 주가 소요된다. 그리고 적절한 장소를 매입하고 새로운 송신탑을 건설하는 데 몇 개월, 심지어 몇 년이 걸리기도 한다.

특정의 생산과정에 대한 **장기**(long run)는 모든 투입물의 투입량을 변화시키기 위해 요구되는 최소한의 기간으로 정의된다. 이에 반해, **단기**(short run)는 하나 이상의 투입물을 변화시킬 수 없는 기간으로 정의된다. 단기에 투입량을 변화시킬 수 있는 투입물을 **가변 투입물**(variable input)이라 한다. 주어진 기간 동안 내에 엄청난 비용을 지불하지 않고는 투입량을 변화시킬 수 없는 투입물은 **고정 투입물**(fixed input)이라 불린다. 정의에 의하면, 장기에 모든 투입물은 가변 투입요소이다. 클래식 음악 방송의 예에서 CD는 단기에서는 가변 투입물이지만, 송신탑은 고정 투입물이다. 그러나 충분한 시간이 경과된다면, 송신탑도 가변 투입물이 된다. 다음 절에서 단기 생산을 고려한 후, 장기 생산을 살펴볼 것이다.

장기

생산과정에서 사용되는 모든 투입요소의 투입량을 변경시키는 데 필요한 가장 짧은 기간

단기

생산과정에서 사용되는 투입물 가운데 적어도 하나의 투입물이 변경될 수 없는 가장 짧은 기간

가변 투입물

단기에 변경될 수 있는 투입물

고정 투입물

단기에 변경될 수 없는 투입물

8.3 단기 생산

앞에서와 마찬가지로 표 8.1에서 생산요소가 두 개인 단순한 생산함수 $Q = F(K, L) = 2KL$을 고려하자. 그리고 단기 생산함수를 가정하여 노동은 가변 투입물이고, 자본은 고정 투입물이다. 즉, $K = K_0 = 1$이다. 자본의 투입량이 고정되어 있기 때문에 실질적으로 산출물은 가변 요소인 노동만의 함수가 된다. 즉, $F(K, L) = 2K_0L = 2L$이다. 따라서 그림 8.2a와 같이 2차원 공간에 생산함수를 그릴 수 있다. 이에 해당하는 단기 생산함수는 원점을 통과하는 직선이고 기울기 2에 자본의 고정 투입량을 곱한 값이다. 즉, $\Delta Q/\Delta L = 2K_0$

그림 8.2

단기 생산함수의 예

그림 (a)는 자본 투입량이 $K_0 = 1$로 고정된 상태에서 생산함수 $Q = 2KL$을 나타낸다. 그림 (b)는 자본 투입량이 $K = 3$으로 증가할 때 단기 생산함수가 어떻게 이동(shift)하는지를 보여주고 있다.

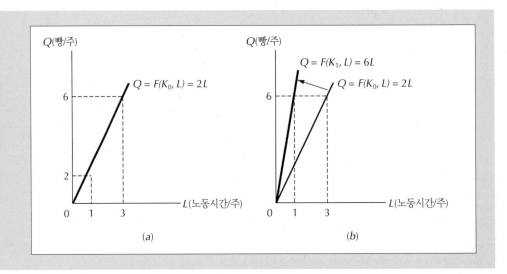

이다. 그림 8.2*b*에서 *K*가 $K_1 = 3$으로 증가하면, 단기 생산함수는 시계반대 방향으로 회전한다.

개념 확인 8.1

자본 투입량이 $K_0 = 4$로 고정되어 있을 때, $F(K, L) = \sqrt{K}\sqrt{L}$에 대한 단기 생산함수를 그려라.

개념 확인 8.1에서 볼 수 있듯이, 단기 생산함수가 항상 직선인 것은 아니다. 그림 8.3에 나타난 단기 생산함수는 몇 가지 성질을 갖고 있는데, 이러한 성질은 실제로 관찰되는 생산함수에서 공통적으로 발견된다. 첫째, 생산함수는 원점을 통과한다. 즉, 가변 투입물이 사용되지 않으면 산출물은 없다는 것을 의미한다. 둘째, 초기에 가변 요소를 추가하면 산출물이 증가한다. 노동이 1단위에서 2단위로 증가하면, 산출물이 추가적으로 10단위 증가한다. 그리고 노동 투입량이 2단위에서 3단위로 증가하면, 산출량이 추가적으로 13단위 증가한다. 마지막으로 어느 일정 수준(그림에서 $L = 4$)을 지나면, 가변 투입물의 추가적 증가에 따른 산출물의 증가량이 점차 작아진다. 따라서 노동 투입량이 5단위에서 6단위로 증가할 때, 산출량의 추가적인 증가량은 14이지만, 노동 투입량이 6단위에서 7단위로 증가하면, 산출량의 추가적인 증가량은 9에 불과하다. $L > 8$일 때 발생한 것처럼 일부 생산함수의 경우 일정 지점을 지나면 가변 투입물이 추가적으로 늘어나더라도 산출량 수준은 실제로 감소할 수 있다.

산출물이 초기에 체증하는 특성은 노동의 특화(specialization of labor)와 업무의 세분화(division of task)에 따른 편익으로부터 발생할 수 있다. 노동자가 한 명만 고용될 때, 모든 업무는 한 사람에 의해 이루어져야 한다. 반면에 둘 이상의 노동자가 고용되면, 업무는 세분화되고 노동자들은 그들의 세분화된 업무를 더 잘 수행할 것이다. (이러한 논리가 일정

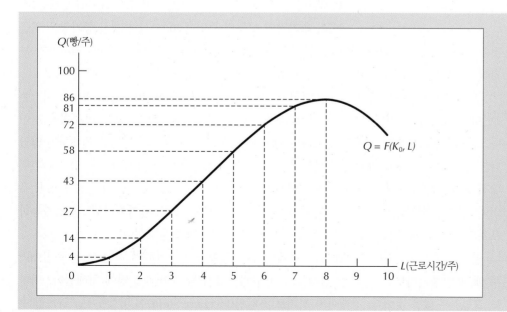

그림 8.3

다른 형태의 단기 생산함수

그림과 같이 곡선 형태의 단기 생산함수가 일반적이라 할 수 있다. 산출량이 처음에는 체증한다. 그러나 $L = 4$를 초과하면 $L = 8$일 때까지 노동이 증가함에 따라 산출량은 체감한다.

수확 체감의 법칙

다른 생산요소의 투입량은 고정되어 있는 상태에서 어느 한 가변 투입물의 투입량이 증가하면 산출량이 결국에는 감소해야 한다.

기간 내에 어느 한 업무에 특화하는 경우에도 똑같이 적용된다.)

그림 8.3에서 단기 생산함수에 나타난 마지막 성질, 즉 가변 투입량의 추가적인 증가에 대해 산출물의 증가량이 점차 감소하는 성질은 **수확 체감의 법칙**(law of diminishing returns)으로 알려져 있다. 이 법칙은 단기 생산함수가 갖는 보편적인 성질은 아닐지라도, 매우 일반적이라 할 수 있다. 수확 체감의 법칙은 단기적인 현상이다. 이에 대한 공식적인 서술은 다음과 같다:

다른 모든 투입요소들의 투입량이 고정되어 있는 상태에서 어느 한 가변 투입요소의
투입량이 동일하게 증가할 때 그에 따른 산출물의 증가량이 궁극적으로 감소한다.

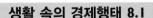

생활 속의 경제행태 8.1

왜 세상의 모든 사람들은 단일 농장에서 재배한 밀 생산량만으로 살아갈 수 없는가?

수확 체감의 법칙은 노동이 얼마이든 관계없이, 비료, 물, 씨앗, 자본 설비 그리고 기타 투입물들이 사용되고 오직 한정된 양의 밀만이 단일 농장에서 재배될 수 있다는 것을 암시하고 있다. 토지 투입량이 낮은 수준에서 고정된 상태에서 다른 투입물들이 급속히 증가하면 전체 산출량에 미치는 효과는 미미할 것이다.

생활 속의 경제행태 8.1의 논리를 적용하여 영국의 경제학자 토마스 맬서스(Thomas Malthus)는 1798년에 다음과 같이 주장하였다. 수확 체감의 법칙은 인류에게 어쩔 수 없는 불행이다. 우리가 처한 어려움은 농지가 고정되어 있다는 것이고, 추가적인 노동의 투입에 따른 식량 생산 증가량은 적을 것이다. 인구 증가가 평균 식량 소비량을 기아 수준으로까지 떨어뜨리는 것은 맬서스가 보기에 불가피한 일이었다.

맬서스의 예측이 미래에 정말로 실현될지는 아직 두고 봐야 할 일이다. 그러나 맬서스는 1인당 식량 생산이 지난 2세기 동안 20배 이상 증가할 것으로 상상하지는 못하였을 것이다. 그러나 주의해야 할 점은 지난 200년 동안의 경험은 수확 체감의 법칙을 위배하지 않았다는 것이다. 맬서스가 예측하지 못했던 것은 고정된 토지 공급을 능가하는 농업기술의 폭발적 성장이었다. 하지만 맬서스의 관찰에 따른 잔인할 정도의 논리는 여전히 유효하다. 우리의 기술이 어떻게 진보를 하든지 관계없이, 인구가 계속적으로 증가한다면, 경작 가능한 토지의 한계가 지속적인 식량 부족을 가져오는 것은 단지 시간 문제이다.

맬서스가 책을 쓴 이후 수년 동안 세계 인구는 급속하게 증가하여 지난 50년 동안에만 두 배 이상 증가하였다. 우리는 실제로 언젠가 일어나게 될 기아의 운명에 처해질까? 아마도 그렇지는 않을 것이다. 경제학자 허버트 스타인(Herbert Stein)이 말했듯이, "영속할 수

없는 것은, 언젠가는 멈추기 마련이다." 실제로 인구 전문가들의 예측에 따르면, 지구의 인구는 금세기 말에 최고에 다다르고 그 이후 감소할 것이다.[4] 따라서 우리가 인구를 잠시 동안 증가시키지 않는다면, 맬서스가 예측했던 비참한 운명으로부터 탈출할 기회가 있을 것이다.

생산에서의 기술진보(technological improvement)는 생산함수의 상향 이동으로 표현된다. 예컨대, 그림 8.4에서 곡선 F_1과 F_2는 1808년과 2008년의 농업생산함수를 각각 표현하고 있다. 수확 체감의 법칙은 각 곡선에 적용되고 있으며, 식량 생산의 증가는 주어진 기간 동안 노동 투입량의 증가와 함께 보조를 맞추어 움직이고 있다.

맬서스는 인구 증가와 함께 생산성 증가의 능력을 예측하지 못했다. 그러나 고정된 자원을 갖고 있는 지구는 많은 사람들을 부양할 수 없다는 그의 통찰력은 여전히 유효하다.

8.4 총생산, 한계생산, 그리고 평균생산

그림 8.3과 8.4와 같이 표현되는 단기 생산함수를 **총생산곡선**(total product curve)이라 한다. 총생산곡선은 가변 투입요소의 투입량과 산출량 간의 관계를 나타낸다. 그리고 다양하게 적용되는 개념으로는 가변 투입요소의 한계생산(*marginal product*)을 들 수 있다. 가변 투입물을 제외한 다른 모든 투입요소들의 투입량이 고정되어 있는 상태에서 가변 투입요소의 투입량이 한 단위 변화할 때 이에 반응하여 발생하는 총생산의 변화량으로 정의되는 것이 한계생산이다. 노동자를 추가적으로 고용할지, 또는 해고할지를 의사 결정하고자 하는 기업 관리자는 노동의 **한계생산**이 얼마인지 관심을 갖는다.

이를 수학적으로 정의하여 ΔL은 가변 투입물의 변화량을 나타내고, ΔQ는 투입물의 변화량에 따른 산출물의 변화량을 나타낸다면, 노동의 한계생산(MP_L)은 다음과 같이 정의된다.

$$MP_L = \frac{\Delta Q}{\Delta L}. \tag{8.2}$$

총생산곡선
가변 투입요소의 투입량의 함수로 나타나는 산출량을 나타내는 곡선

한계생산
가변 투입요소의 투입량이 한 단위 변할 때 총생산의 변화량

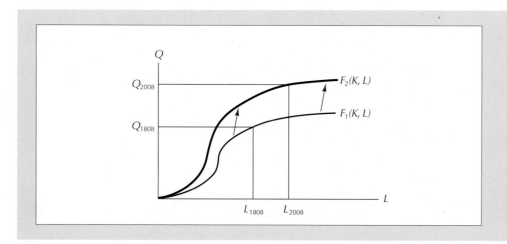

그림 8.4

식량 생산에서 기술진보의 효과

F_1은 1808년의 식량 생산함수를 나타낸다. F_2는 2008년의 생산함수를 나타낸다. 식량 생산의 기술진보로 인해 F_2가 F_1보다 더 위쪽에 있게 된다. 두 곡선에 수확 체감의 법칙이 적용되더라도 1808년과 2008년 사이의 식량 생산의 증가는 같은 기간 동안에 노동의 증가로 인해 그 차이는 더 벌어지고 있다.

4. Wolfgan Lutz, Warren Sanderson and Sergei Sherbov, "The Uncertain Timing of Reaching 8 billion, Peak World Population, and Other Demographic Milesones," *Population & Development Review*, 37(3), September 2011: 571–578 참조.

기하학적으로 그림 8.5의 윗부분에 있는 그림에서 어느 한 점에서의 노동의 한계생산은 그 점에서의 총생산곡선의 기울기이다.[5] 예컨대, $L = 2$일 때 노동의 한계생산은 12이다. 마찬가지로 $L = 4$일 때, $MP_L = 16$, $L = 7$일 때 $MP_L = 6$이다. 마지막으로 $L > 8$이면, MP_L은 음이다.

노동의 한계생산곡선은 그림 8.5의 아랫부분에 그려져 있다. 한계생산곡선은 처음에는 증가하면서 $L = 4$일 때 가장 크고, 점차 감소하면서 $L > 8$이면 음의 값을 갖는다. 또한 총생산곡선이 볼록(즉, 증가율이 증가)하다가 오목(즉, 증가율이 감소)하게 곡면이 변경되는 변곡점(inflection point)에서 한계생산곡선은 최댓점(maximum point)을 보인다. 마지막으로 총생산곡선이 최댓값에 도달하는 L의 값에서 한계생산곡선은 0이다.

다음 장에서 좀 더 자세히 살펴 보겠지만, 한계생산 개념의 중요성은 기업 운영에 대한 의사결정이 변화(Δ)에 대한 의사결정의 형태로 자연스럽게 발생할 때 나타난다. 우리는 기술자와 회계사 중 누구를 추가적으로 고용해야 하는가? 일반 관리직의 규모를 줄여야 하는가? 복사기를 추가적으로 설치해야 하는가? 운반용 트럭을 추가적으로 임대해야 하는가?

이러한 질문들에 대한 해답을 얻기 위하여 우리는 변화에 따른 편익(benefit)과 비용

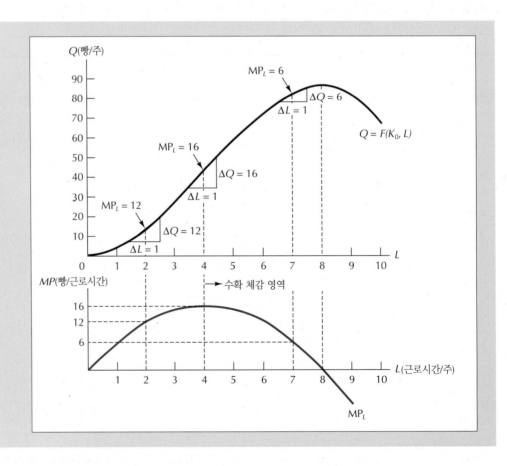

그림 8.5

가변 투입물의 한계생산

어느 한 점에서 노동의 한계생산 MP_L은 그 점에서 총생산곡선의 기울기이다(윗부분). 윗부분에 나타낸 생산함수에 대한 한계생산곡선(아랫부분)은 처음에는 노동의 투입량이 증가함에 따라 증가한다. 그러나 $L = 4$를 초과하면 노동의 한계생산은 노동이 증가함에 따라 감소한다. $L > 8$인 경우에 총생산곡선은 노동이 증가함에도 불구하고 감소하여 이 구간에서 노동의 한계생산은 음이다.

---

5. 가변 투입물의 한계생산에 대한 수학적 정의는 다음과 같다. $MP(L) = \partial F(K, L)/\partial L$.

(cost)을 함께 비교해야 한다. 생산요소의 투입량 변화에 따른 편익을 계산할 때 한계생산 개념은 매우 핵심적인 역할을 한다는 것을 알게 될 것이다. 그림 8.5에서 합리적인 기업 관리자가 결코 고용해서는 안 되는 가변 투입물의 범위를 식별할 수 있다. 특히 임금이 0보다 큰 경우에 합리적인 관리자는 노동의 한계생산이 음인 영역(그림 8.5에서 $L > 8$인 영역)에서 가변 투입물을 결코 고용하지 않을 것이다. 즉, 기업 관리자는 총생산곡선이 최댓값에 도달하는 지점($MP_L = 0$) 이후부터는 가변 투입물을 고용하지 않을 것이다.

개념 확인 8.2

그림 8.2*a*에 나타난 단기 생산함수에서 $L = 1$인 경우와 $L = 3$인 경우 노동의 한계생산은 각각 얼마인가? 이 단기 생산함수는 노동에 대한 수확 체감(diminishing returns to labor)을 나타내고 있는가?

가변 투입물의 **평균생산**(average product)은 총생산을 가변 투입물의 투입량으로 나눈 값으로 정의된다. 즉 노동의 평균생산(AP_L)은 다음과 같이 정의된다.

$$AP_L = \frac{Q}{L}. \tag{8.3}$$

가변 투입물이 노동인 경우 평균생산은 노동생산성(labor productivity)이라고도 불린다.

평균생산
총산출량을 가변요소의 투입량으로 나눈 값

기하학적으로 평균생산은 총생산곡선상의 한 점에서 원점까지 연결한 직선의 기울기이다. 평균생산을 보여주는 직선 R_1, R_2 그리고 R_3를 총생산곡선에 덧대어 그린 것이 그림 8.6의 상단에 제시되어 있다. $L = 2$인 경우 평균생산은 R_1의 기울기로 $\frac{14}{2} = 7$이다. 직선 R_2는 총생산곡선과 두 곳에서 교차하는데 $L = 4$인 경우와 $L = 8$인 경우이다. 따라서 L에 대한 두 곳에서의 평균생산의 값은 $\frac{86}{8} = 10.75$로 같다. 직선 R_3는 $L = 6$인 경우 한 점에서만 총생산곡선과 교차하는데 이때 평균생산의 값은 $\frac{72}{6} = 12$이다.

개념 확인 8.3

그림 8.2*a*에 제시된 단기 생산함수에서 $L = 1$인 경우와 $L = 3$인 경우, 노동의 평균생산은 각각 얼마인가? 두 점에서 평균생산과 한계생산을 비교하라.

총생산, 한계생산, 그리고 평균생산곡선 간의 관계

총생산, 한계생산, 그리고 평균생산의 정의에 따르면, 이들 간에 체계적인 관계가 존재한다. 그림 8.6의 윗부분은 총생산곡선과 가변 투입물의 평균생산을 나타내는 세 직선들을 나타낸다. 기울기가 가장 가파른 R_3는 $L = 6$일 때 총생산곡선과 접한다. 이때의 기울기 $\frac{72}{6} = 12$는 $L = 6$인 경우 노동의 평균생산에 해당한다.

$L = 6$에서 노동의 한계생산은 $L = 6$에서 총생산곡선의 기울기로 정의되는데, R_3는 총생산곡선과 접하고 있기 때문에 $L = 6$에서 노동의 한계생산은 정확히 R_3의 기울기와 일치한다. 따라서 그림 8.6의 아랫부분에서 $L = 6$일 때 AP_L과 MP_L이 서로 교차하고 있듯이 $AP_{L=6} = MP_{L=6}$이다.

그림 8.6

총생산, 한계생산, 그리고 평균 생산곡선

총생산곡선상의 어느 한 점에서의 평균생산은 원점에서 그 점까지 연결한 직선의 기울기이다. 윗부분에 나타낸 총생산곡선에 대한 노동의 평균생산은 $L = 6$일 때까지 증가하지만 그 이후에는 감소한다. $L = 6$에서는 $AP_L = MP_L$이고, $L < 6$이면 $AP_L < MP_L$이며, $L > 6$인 경우 $AP_L > MP_L$이 성립한다.

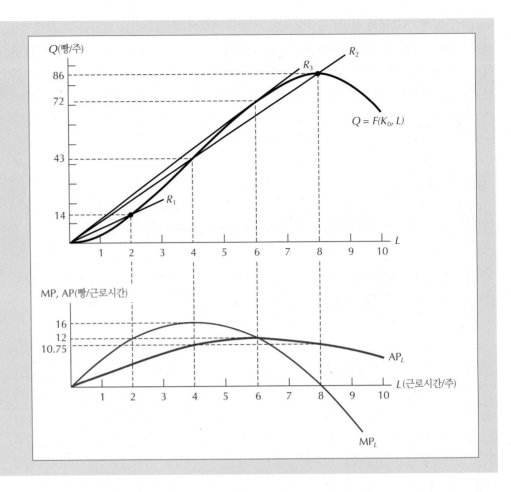

활동의 마지막 단위가 그 활동의 평균수준을 초과하면 평균은 증가하고, 반대로 마지막 단위가 평균보다 작으면 평균은 감소한다.

노동 투입량이 6단위보다 적은 경우, 그림 8.6의 윗부분에서 각 노동 투입량에 대해 총생산곡선의 기울기는 원점을 통과하는 직선의 기울기보다 크다. 따라서 그림 8.6의 아랫부분에 나타나 있듯이 $L < 6$인 경우 $MP_L > AP_L$이다. 반면에 노동 투입량이 6단위보다 큰 경우 그림 8.6의 윗부분에서 각 노동 투입량에 대해 총생산곡선의 기울기는 원점을 통과하는 직선의 기울기보다 작다. 따라서 그림 8.6의 아랫부분에서 볼 수 있듯이 $L > 6$인 경우 $MP_L < AP_L$이다.

마지막으로, 그림 8.6에서 노동의 투입량이 아주 미미한 경우, 총생산곡선상의 원점에서의 직선의 기울기는 총생산곡선 자체와 구분할 수 없게 된다. 즉, $L = 0$인 경우 평균생산과 한계생산은 동일하다. 따라서 그림 8.6의 아랫부분에서 두 곡선은 동일한 위치에서 뻗어 나오고 있다.[6]

평균생산곡선과 한계생산곡선 간의 관계는 다음과 같이 요약할 수 있다. 한계생산곡선이 평균생산곡선보다 위에 위치하는 경우, 평균생산곡선은 상승한다. 그리고 한계생산곡선이 평균생산곡선보다 아래에 위치하는 경우, 평균생산곡선은 오른쪽으로 가면서 감소하는 모습을 보인다. 또한 두 곡선은 평균생산곡선이 최댓값을 가질 때 서로 교차한다. 가변 투입물이 추가적으로 한 단위 증가

---

6. 생산함수에서 해당되는 점들은 원점에서 출발하고 있으나, 일반적으로 반드시 그럴 필요는 없다.

할 때 산출물의 변화량(=한계생산)이 가변 투입물의 평균 변화량(=평균생산)을 초과하면, 평균변화량은 증가한다. 이러한 효과는 평균 학점이 3.8인 한 학생이 학생들의 평균학점이 2.2인 모임에 가입하는 경우와 유사하다. 새로운 회원의 가입은 모임 전체의 평균학점을 상승시킨다. 반대로, 가변 투입물의 추가적인 증가에 따른 한계생산이 투입물의 추가 이전까지의 평균생산보다 작은 경우는, 평균학점이 1.7인 신입회원을 모임에 가입시키는 것과 같다. 이 경우, 평균학점은 하락하는 효과가 있다.[7]

개념 확인 8.4

$AP_{L=10} = 7$이고 $MP_{L=10} = 12$인 단기 생산과정을 고려하자. $AP_{L=10.1}$이 $AP_{L=10}$보다 큰가, 아니면 작은가?

평균생산과 한계생산 구분의 중요성

평균생산과 한계생산의 구별은 희소한 자원을 둘 이상의 생산 활동에 배분해야만 하는 사람에게 매우 중요하다. 총생산을 극대화시키기 위한 자원 배분 문제에 대하여 제기되는 이슈들과 해결하기 위한 일반적인 규칙을 도출하는 데 있어 다음의 사례들은 이러한 문제들을 명확하게 해준다.

다음의 시나리오를 주의 깊게 읽고 마지막에 있는 질문에 대한 답을 제시하라.

> 당신은 일정한 수의 어선으로 구성된 선단을 소유하고 있으며, 긴 호수의 양 끝인 동쪽과 서쪽 중 어느 쪽이든 당신이 원하는 수만큼의 어선을 보낼 수 있다고 가정하자. 현재 동쪽과 서쪽에 할당된 어선들 중에 동쪽 끝으로 보낸 어선들은 어선 한 대당 100 kg의 고기를 매일 잡아 돌아오고, 서쪽 끝으로 보낸 어선들은 어선 한 대당 120 kg의 고기를 매일 잡아온다. 호수의 양 끝에 있는 물고기의 숫자는 완전히 독립적이고 당신의 현재 수입은 시간과 무관하게 안정적으로 유지될 수 있다. 당신은 현재의 어선 할당을 바꿔야 하는가?

대부분의 사람들은, 특히 미시경제학에 대한 이해가 부족한 사람들은 현재의 어선의 분포를 바꿔야 한다고 확신을 갖고 대답할 것이다. 특히 선단 소유자는 더 많은 어선을 호수의 서쪽으로 보내야 한다고 사람들은 말할 것이다. 하지만 평균생산과 한계생산에 대한 이해가 부족하더라도 다음에 설명되는 예를 통해서 이와 같은 대답은 정당화되지 못한다는 것을 알 수 있다.

내부해 ■ 예 8.1

위에서 서술된 고깃배 시나리오에서 호수 양쪽에 보낸 어선의 수와 어선당 물고기 수확량 간의 관계는 표 8.2에 요약되어 있다고 가정하자. 그리고 현재 당신은 4대의 어선을 소유하고 있으며, 동쪽 끝에 2

---

7. 수학적으로 설명하자면, AP의 최댓값에서 MP와 AP가 교차하는 결과는 AP가 최댓값을 갖기 위한 필요조건이다. 즉, AP에 대하여 L에 대한 1계 편미분(partial derivative)의 값을 0으로 놓는 것이 1계 필요조건이다. $\partial(Q/L)/\partial L = [L(\partial Q/\partial L) - Q]/L^2 = 0$. 따라서 $\partial Q/\partial L = Q/L$이다.

표 8.2

두 어획지역에서의 평균생산, 총생산 그리고 한계생산(kg/1일)

어선 수	동쪽 끝			서쪽 끝		
	AP	TP	MP	AP	TP	MP
0	0	0		0	0	
			100			130
1	100	100		130	130	
			100			110
2	100	200		120	240	
			100			90
3	100	300		110	330	
			100			70
4	100	400		100	400	

> 호수 동쪽 끝에서의 어선당 하루 평균 어획량은 100 kg으로 일정하다. 하지만 서쪽 끝에서의 어선당 하루 평균 어획량은 어선의 수가 증가함에 따라 감소한다.

대의 어선을 보내고, 나머지 2대는 서쪽 끝에 보냈다고 가정한다(이러한 가정은 시나리오의 내용과 일관성을 갖고 있음에 주목하자). 당신은 동쪽에 있는 어선을 서쪽 끝으로 이동시켜야 하는가?

표 8.2를 통해서 알 수 있듯이, 현재 배의 분포 상태에서 총생산은 매일 440 kg의 어획량이다(동쪽 끝의 각 배에서 100 kg, 서쪽 끝의 각 배에서 120 kg). 이제 동쪽 끝에서 서쪽 끝으로 한 대의 어선을 이동시켰다고 가정하자. 따라서 서쪽에 3대의 어선이 있고, 동쪽에 1대의 배가 있다. 이 경우에 총어획량은 매일 430 kg이며 이전에 비해 매일 10 kg씩 적다. 따라서 어선을 추가적으로 서쪽으로 이동시켜서는 안 된다. 반대로 서쪽 끝에 있는 어선을 동쪽 끝으로 이동시켜서도 안 된다. 서쪽 끝에 있는 배가 동쪽 끝으로 이동하면, 서쪽 끝에서 어획량이 매일 110 kg(= 240 kg − 130 kg) 줄어드는데, 이 감소량은 동쪽 끝에서 추가적으로 잡게 될 어획량 100 kg보다 크다. 따라서 현재 호수 양쪽 끝에 2대씩의 어선을 할당하는 것이 최적(optimal)이다.

예 8.1은 관리자가 일정량을 생산하기 위한 여러 생산 공정들 간에 투입물을 어떻게 배분해야 하는지를 결정하는 문제의 중요성을 보여주는 사례이다. 이러한 경우에 투입물을 효율적으로 배분하는 일반적인 규칙은 투입물의 한계생산이 가장 큰 생산 활동에 투입물을 추가로 배분하는 것이다. 이러한 규칙은 어선처럼 완전히 쪼갤 수 없는(indivisible) 자원을 배분하는 경우에 적용할 수 있으며, 자원의 한계생산이 다른 생산 활동보다 항상 큰 생산 활동에도 적용할 수 있다.[8] 완전히 쪼갤 수 있는 자원에 대한, 그리고 자원의 한계생산이 다른 생산 활동보다 항상 크지 않은 경제 활동에 대한 자원 배분의 법칙은 모든 경제 활동의 한계생산이 동일하도록 자원을 배분하는 것이다.

그러나 많은 사람들은 평균생산이 가장 큰 경제 활동에 자원을 배분함으로써, 또는 모든 활동들의 평균생산이 동일하도록 자원을 배분함으로써 이런 종류의 문제들을 "해결"하려 한다. 이러한 잘못된 답이 그럴듯해 보이는 이유는 관련된 생산 공정의 일부에만 사람들이 집중하기 때문이다. 위의 예에서 오직 2대의 어선만을 서쪽 끝으로 보내면, 서쪽에서의 평균 어획

---

8. 예 8.2 참조.

량은 동쪽 끝에서의 어선당 평균 어획량보다 하루에 20 kg 더 많다. 그러나 당신이 세 번째 어선을 서쪽 끝으로 보내면, 서쪽 끝에서의 전체 어획량에 세 번째 어선이 기여하는 어획량은 하루 90 kg(＝어선 3대의 어획량 330 kg과 어선 2대의 어획량 240 kg의 차)에 불과하다.

　서쪽 끝으로 보낸 세 번째 어선의 기회비용을 표 8.2에 표시되어 있는 숫자들을 이용하여 계산하면, 동쪽 끝에서 더 이상 잡지 못하게 될 100 kg의 어획량이다. 그러나 세 번째 어선이 서쪽 끝에서의 하루 어획량에 기여하는 양은 90 kg이다. 따라서 최선의 자원 배분 방법은 호수의 양쪽 끝에 각각 2대의 어선만을 계속해서 보내는 것이다. 동쪽 끝에서 현재 고기잡이를 하는 두 어선 중 어느 하나가 서쪽 끝으로 이동함으로써 하루에 10 kg을 더 잡을 수 있다는 사실은 평균생산과 한계생산을 구별할 줄 아는 선단 소유자에게는 아무런 문제가 되지 않는다.

개념 확인 8.5

다음의 시나리오에서 투수는 더 많은 직구를 던져야만 한다는 결론을 맺을 필요가 없다는 것을 설명하라. 투수가 두 종류의 구질, 즉 직구와 커브를 던지고 있다. 투수의 팀 통계 분석가에 의하면, 현재 투수의 투구 비율에서 투수의 커브에 대해 타자들은 2할 7푼 5리를 나타내고 있고, 직구에 대해서는 2할의 타율을 보이고 있다. 투수는 현재의 투구 비율을 바꿔야 하는가?

　예 8.1은 경제학자들이 말하는 내부해(*interior solution*)를 갖는다. 이것은 각 생산 활동이 실제로 사용되고 있음을 의미한다. 그러나 이런 종류의 모든 문제들이 내부해를 갖지는 않는다. 다음의 예를 통해서 하나의 활동이 다른 활동을 압도하는 경우가 가끔 있다는 것을 알게 된다.

생산결정　예 8.2

호수의 서쪽 끝에서 고기잡이를 하는 각 어선의 한계생산이 하루 *120 kg*이라는 가정을 제외하고 모든 점이 예 *8.1*과 동일하다.

두 예의 차이점은 더 많은 배가 호수의 서쪽 끝으로 이동함에 따라 잡히는 어획량이 감소하지 않는다는 것이다. 따라서 서쪽 끝에 있는 어선들의 평균생산은 한계생산과 동일하다. 그리고 서쪽 어선들의 한계생산이 동쪽 어선의 한계생산보다 항상 크기 때문에 어선의 최적 배분은 네 척의 모든 어선들을 서쪽 끝으로 보내는 것이다.

　예 8.2와 같은 경우는 결코 드물지 않다. 하지만 좀 더 일반적이고 흥미를 끄는 생산 결정은 예 8.1과 같이 내부해와 관련되는 것이다. 즉, 어느 정도 양의 생산요소들이 각 생산 활동에 배분되는 것이다.

효율적인 자원배분　예 8.3

첫 번째 경제학 시험에 여러분이 소비한 마지막 몇 분으로부터 추가적으로 **4**점을 획득했으나, 두 번째 경제학 시험에서 소비한 마지막 몇 분으로부터는 추가적으로 **6**점을 받았다고 가정하자. 두 시험으로부터 여러분이 획득한 총 점수는 각각 **20**점과 **12**점이었고, 각 시험에 소비한 전체 공부시간은 동일하였다. 각 시험에서 얻을 수 있는 전체 점수는 **40**점이었다. 공부시간을 재분배해야 한다면, 여러분은 두 시험에 공

부시간을 어떻게 재분배해야 하는가?

시험 준비를 위해 사용할 시간의 효율적인 배분을 위한 규칙은 자원의 효율적인 배분을 위한 규칙과 동일하다. 자원의 한계생산이 각 활동에 대해 동일해야 한다. 위의 주어진 정보로부터 알수 있듯이, 두 번째 시험에 사용한 시간의 한계생산은 첫 번째 시험에 투자한 시간의 한계생산보다 크다. 따라서 첫 번째 시험에 사용한 공부 시간의 평균생산이 두 번째 시험보다 크더라도, 첫번째 시험을 준비하기 위한 공부시간을 줄이고 두 번째 시험의 공부시간을 더 늘리면 당신은 더높은 점수를 얻을 수 있을 것이다.

8.5 장기 생산

지금까지 논의된 예들은 생산에 사용되는 생산요소의 투입량이 적어도 하나의 생산요소에대해 고정되어 있는 단기 생산과 관련되어 있다. 이에 반해 장기에 모든 생산요소들은 정의에 의하면 가변적이다. 단기에 생산함수 $Q = F(K, L)$에서 자본 투입량 K는 고정되어 있기때문에 우리는 생산함수를 2차원에 표현할 수 있었다. 하지만 K와 L이 가변적이면, 우리는2차원 대신에 3차원 공간을 사용해야 한다. 그리고 3개 이상의 가변 투입물이 사용되면 고차원이 사용되어야 한다.

이 경우는 3장에서 여러 상품들 중에서 선택해야 하는 소비자 문제에서 우리가 직면했던 것과 유사한 문제를 발생시킨다. 3차원 이상에서 우리는 그림을 사용하기 어렵다. 두 개의 가변투입요소를 갖는 생산의 경우, 문제에 대한 해답은 3장에서 채택한 것과 비슷하다.

이를 설명하기 위하여 앞에서 사용된 생산함수를 고려하자.

$$Q = F(K, L) = 2KL. \tag{8.4}$$

그리고 우리는 특정의 산출량, 예컨대 $Q = 16$을 생산하기 위한 K와 L의 모든 가능한 조합(combination)을 나타내고자 한다고 가정하자. 이를 위해 우리는 $Q = 2KL = 16$을 K와L에 대해 해를 구해야 한다. 즉,

$$K = \frac{8}{L}. \tag{8.5}$$

식 (8.5)를 충족시키는 순서쌍 (L, K)는 그림 8.7에서 $Q = 16$인 곡선에 의해 나타나있다. 32와 64단위의 산출량을 생산하는 (L, K) 순서쌍들은 그림 8.7에서 $Q = 32$와 $Q = 64$인 곡선들에 의해 표현되고 있다. 이러한 곡선들을 **등량곡선**(isoquant curve)이라 하는데, 이것은 일정한 산출량 수준을 생산하는 모든 가능한 가변 투입물들의 조합으로 정의된다.[9]

등량곡선과 소비자 이론의 무차별곡선은 매우 유사하다. 무차별지도가 소비자의 선호를대표하여 표현되듯이, **등량지도**(isoquant map)는 생산 공정을 간결하게 대표하여 나타낸다.

무차별지도 내에서 무차별곡선이 북동쪽으로 이동할수록 더 높은 만족도를 나타낸다.마찬가지로 등량지도 내에서 등량곡선이 북동쪽 방향으로 이동할수록 더 높은 생산수준을

등량곡선
일정한 수준의 산출량을 생산하는 모든 투입물의 조합을 나타낸집합

---

9. "Iso"는 "same"을 뜻하는 그리스어로부터 유래한다.

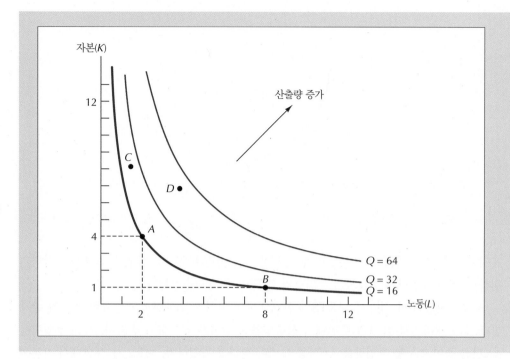

그림 8.7

생산함수 _Q_ = 2_KL_에 대한 등량지도의 일부분

일정 수준의 산출량을 생산하는 모든 (_L_, _K_)의 순서쌍의 집합을 등량곡선이라 한다. 예컨대, _Q_ = 32인 등량곡선상의 각 순서쌍 (_L_, _K_)는 32단위의 산출물을 생산한다. 무차별지도가 소비자의 선호를 표현하듯이, 등량지도는 생산 공정의 특성을 반영한다.

나타낸다. 무차별곡선상의 한 점은 그 무차별곡선 아래에 있는 점들보다 더 선호되고, 그 무차별곡선 위쪽의 점들보다 덜 선호된다. 이와 유사하게, 등량곡선 상의 투입물 묶음(input bundle)은 해당 등량곡선 아래에 있는 투입물 묶음보다 더 많은 산출을 생산하고, 해당 등량곡선 위에 있는 투입물 묶음보다 덜 생산한다. 따라서 그림 8.7에서 투입물 묶음 점 _C_는 점 _A_보다 더 많은 산출물을 생산하지만, 점 _D_보다는 적게 생산한다.

등량지도와 무차별지도 사이의 가장 두드러진 차이점은 등량곡선과 무차별곡선에 붙는 이름의 중요성이다. 3장에서 무차별곡선에 붙는 숫자들은 서로 다른 무차별곡선들의 상대적인 우선 순위만을 나타내는 반면에, 등량곡선에 부여되는 숫자들은 등량곡선상에서 투입물 묶음들로부터 실제로 우리가 얻을 수 있는 산출량 수준에 해당한다는 것이다. 무차별지도 내에서 원래의 상품묶음들의 순위를 유지하면서 무차별곡선에 새로운 이름을 부여할 수 있으나, 등량지도 내에서 등량곡선의 이름은 생산함수에 의해 유일하게 결정된다.

기술적 한계대체율

3장의 소비자 이론에서 한계대체율은 동일한 무차별곡선상에서, 즉 소비자가 동일한 만족을 유지하면서 한 상품을 다른 상품으로 대체하고자 하는 비율이다. 생산자이론에서 이에 상응하는 개념이 **기술적 한계대체율**(MRTS: marginal rate of technical substitution)이다. 기술적 한계대체율은 산출량 수준을 유지하면서 한 생산요소의 투입량을 다른 생산요소의 투입량으로 대체되는 비율이다. 예컨대, 그림 8.8의 점 _A_에서 MRTS는 점 _A_에서 등량곡선 기울기의 절댓값, |Δ_K_/Δ_L_|이다.

소비자 이론에서, 한 무차별곡선상에서 오른쪽으로 움직임에 따라 한계대체율이 체감한다. 대부분의 생산함수에 대해 MRTS도 비슷한 성질을 나타낸다. 산출량 수준을 일정하게

기술적 한계대체율(MRTS)

총 산출량 수준을 변화시키지 않고 한 투입물이 다른 투입물로 교환되는 비율

그림 8.8

기술적 한계대체율

MRTS는 총 산출량을 변화시키지 않으면서 한 투입물이 다른 투입물로 대체되는 비율을 의미한다. 등량곡선상의 어느 한 점에서의 MRTS는 그 점을 통과하는 등량곡선의 기울기에 대한 절댓값이다. 점 A에서 자본 투입량이 ΔK만큼 줄어들고, 노동 투입량이 ΔL만큼 늘어나면, 산출량은 Q_0로 일정하게 유지될 것이다.

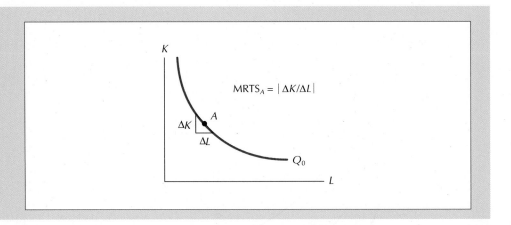

$$\text{MRTS}_A = |\Delta K / \Delta L|$$

유지시킨 후, 한 투입요소의 투입량을 한 단위씩 줄이면 투입량을 줄인 투입물을 보상하기 위하여 한 단위당 다른 투입물의 투입량이 더 많이 추가되어야 한다.

등량곡선상의 한 점에서 MRTS와 한계생산 사이에 단순하면서도 중요한 관계가 존재한다. 그림 8.8에서 점 A의 주변에서 산출량을 동일하게 유지하기 위하여, 자본 투입량을 ΔK만큼 줄이고 노동 투입량을 ΔL만큼 늘려야 한다고 가정하자. MP_{KA}가 점 A에서 자본의 한계생산을 나타낸다면, 자본 투입량이 ΔK만큼 줄어듦에 따른 산출물의 감소량은 MP_{KA} × ΔK와 같다. 점 A에서 노동의 한계생산을 MP_{LA}로 표현할 때, 추가적으로 노동 투입량을 ΔL만큼 늘리면 산출량은 MP_{LA} × ΔL만큼 증가한다. 이제 자본의 투입량 감소에 따른 산출량 감소분은 노동의 투입량을 증가시킴에 따른 산출량 증가분과 서로 상쇄되기 때문에 다음의 조건이 성립한다:

$$\text{MP}_{KA}\Delta K = \text{MP}_{LA}\Delta L. \tag{8.6}$$

즉,

$$\frac{MP_{LA}}{MP_{KA}} = \frac{\Delta K}{\Delta L}. \tag{8.7}$$

식 (8.7)은 점 A에서의 MRTS가 단순히 자본의 한계생산에 대한 노동의 한계생산의 비율임을 보여준다. 이러한 관계는 다음 장에서 주어진 산출량을 가장 저렴한 비용으로 생산하는 방법을 다룰 때 매우 중요한 의미를 갖는다.

개념 확인 8.6

기업에게 현재의 자본과 노동의 투입량 수준이 주어진 상태에서 노동의 한계생산은 3단위의 산출량과 같다. 자본과 노동의 기술적 한계대체율이 9라면, 자본의 한계생산은 얼마인가?

소비자 이론에서 무차별곡선의 형태는 동일한 효용을 유지하기 위하여 한 재화를 다른 재화로 어떻게 대체해야 하는지를 보여준다. 생산이론에서 등량곡선의 형태도 기본적으로 비슷한 의미를 갖는다. 그림 8.9는 투입물 간의 완전 대체(a)와 완전 보완(b)이라는 극단적인 경우의 등량곡선을 보여준다. 그림 8.9a는 여행이라는 상품을 생산하기 위하여 자

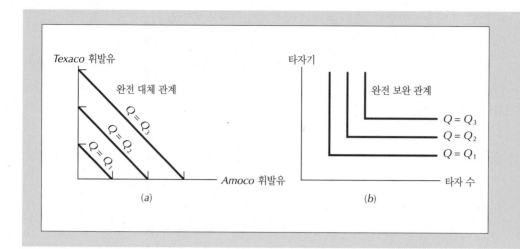

그림 8.9

완전 대체 관계와 완전 보완 관계의 등량지도

그림 (a)에서 휘발유의 전체 양이 일정하게 주어진다면 두 정유회사의 휘발유를 어떤 비율로 사용하든 우리는 동일한 여행 거리를 갈 수 있다. 이 경우 자가용 여행이라는 생산에 대해 두 정유회사의 휘발유는 서로 완전 대체 관계에 있다. 한편 그림 (b)에서 문서 작성이라는 공정에서 타자기와 타자수는 완전 보완 관계에 있다.

가용과 휘발유의 결합을 나타내는 생산과정을 나타낸다. 그리고 휘발유 투입물은 두 상표, Texaco와 Amoco로 구성되어 있다. 두 상표의 휘발유는 서로에 대해 완전 대체 관계에 있다. 1리터의 Texaco사 휘발유를 Amoco사 휘발유로 대체하더라도 여행 거리는 이전과 동일하다. 이 경우에 두 회사 휘발유 간의 기술적 한계대체율은 등량곡선상에서 아래로 이동함에 따라 1로 일정하다.

그림 8.9b는 두 투입물인 타자기(typewriter)와 타자수(typist)에 의해 문서 작성이라는 생산과정을 보여준다. 이 생산과정에서 두 투입물은 완전 보완 관계에 있다. 왜냐하면, 두 투입물은 일정한 고정 비율에 의해 가장 효율적으로 결합되기 때문이다. 즉, 한 명의 타자수가 타자기를 두 대 이상 갖고 있거나, 한 대의 타자기를 두 명 이상의 타자수가 공유한다고 해서 문서 작성이 더 많이 이루어지는 것은 아니다.

8.6 규모에 대한 수확

산업 조직에 대한 가장 중요한 질문 중의 하나는 생산이 소규모보다 대규모에서 좀 더 효율적으로 이루어지는지 여부이다("대규모"와 "소규모"는 관련 시장의 상대적 규모에 의해 정의된다). 이 질문이 중요한 이유는 그 산업이 결국에는 다수의 소기업에 의해 구성되어야 하는지, 아니면 소수의 대규모 기업들에 의해 이루어져야 하는지에 대한 답을 제공하기 때문이다.

규모와 효율성 간의 관계를 설명하기 위하여 사용되는 생산함수의 기술적인 특성은 규모에 대한 수확(*returns to scale*)이라고 불린다. 이 용어는 모든 투입물들이 정확히 동일한 비율로 증가할 때 산출량이 어떻게 변하는지를 우리에게 설명해 준다. 규모에 대한 수확은 모든 투입물들이 가변적인 상황을 가리키기 때문에 규모에 대한 수확의 개념은 본질적으로 장기 개념이다.

모든 투입물들을 어느 일정한 비율로 증가할 때 산출물이 그 비율 이상으로 증가하는 생산함수는 **규모에 대한 수확 체증**(increasing returns to scale)을 나타낸다고 한다. 예컨대, 규모에 대한 수확 체증의 생산함수에서 모든 투입물들이 두 배 증가하면, 산출물은 이전에

규모에 대한 수확 체증
모든 생산요소들이 일정한 비율로 증가할 때 산출량이 더 큰 비율로 증가하는 생산과정의 성질

비해 두 배 이상 증가한다. 제11장과 제12장에서 살펴보겠지만, 이러한 생산함수는 일반적으로 소수의 기업들이 관련 시장의 공급 대부분을 담당하는 조건을 발생시킨다.

규모에 대한 수확 체증은 대규모 조직에서 특화(specialization)에 의해 종종 이루어진다. 아담 스미스(Adam Smith)는 이러한 상황을 핀(pin) 공장에서의 분업(division of labor)을 예로 들어 설명하였다.[10]

> 한 사람은 쇠줄을 뽑아내고, 다른 사람은 쇠줄을 펴고, 세 번째 사람은 그것을 자르고, 네 번째 사람은 뾰족하게 하고, 다섯 번째 사람은 핀 머리를 고정시킬 수 있도록 끝을 깎는다. 핀 머리를 만드는 일도 둘 또는 세 가지 공정으로 나뉜다. 나는 이런 종류의 작은 공장을 봐 왔는데, 이 공장에서는 단지 10명의 사람들이 고용되어 있었다. 그들이 노동을 할 때 하루에 약 12파운드의 핀을 만들 수 있었다. 1파운드에는 중간 크기의 핀이 4천 개 이상 들어 있다. 그러므로 10명의 사람이 하루에 4만 8천 개의 핀을 만들 수 있다. 결국 4만 8천 개의 핀을 만드는 데 10분의 1만큼 기여하므로, 한 사람이 하루에 4천 8백 개의 핀을 만들고 있다고 볼 수 있다. 하지만 그들이 각자 독립적으로 작업을 하면, 하루에 20개는커녕 핀 하나도 제대로 만들지 못할 것이다.

항공 산업은 종종 규모에 대한 수확 체증을 갖는 산업으로 분류된다. 항공사가 많은 수의 여객기를 보유함으로써 착륙하거나 이륙하는 여객기에 승객들을 채우는 데 도움을 준다고 항공 산업 기술전문가들이 오랫동안 강조해 왔다. 국내 공항 업무들도 규모에 대한 수확 체증을 보여준다. 대수의 법칙 때문에,[11] 유지보수, 승무원 스케줄, 그리고 기타 재고 관련 업무들은 소규모일 때보다 대규모일 때 좀 더 효율적으로 수행된다. 이와 마찬가지로 발권 공간, 발권 취급, 항공권 예약 설비, 화물취급 설비, 지상 요원, 그리고 승객 탑승 시설들은 고도의 업무 수준에서 좀 더 효율적으로 이용될 수 있는 자원들이다. 규모에 대한 수확 체증은 지난 십 년 동안 항공사들이 왜 덩치를 더욱 키우는 방향으로 움직여왔는지를 설명해 주고 있다.

모든 투입물이 일정 비율로 동일하게 변할 때 산출물이 같은 비율로 변하는 생산함수는 **규모에 대한 수확 불변**(constant returns to scale)이라고 불린다. 이 경우에 모든 투입물이 두 배 증가하면, 산출물도 두 배 증가한다. 생산함수가 규모에 대한 수확 불변인 산업에서 대규모는 장점이 되지도 않고 단점이 되지도 않는다.

마지막으로 모든 투입물이 특정의 비율로 똑같이 변할 때 산출물이 이보다 적게 변하는 생산함수를 **규모에 대한 수확 체감**(decreasing returns to scale)이라고 한다. 이 경우 규모를 키우는 것은 오히려 불리하다. 생산이 규모에 대한 수확 체감 속에서 이루어지는 산업에서 큰 기업들을 보기는 어렵다. 10장에서 보겠지만, 규모에 대한 수확 불변과 규모에 대한 수확 체감으로 인해 협소하게 정의되는 동일 시장 내에서 많은 기업들이 공존할 수밖에 없게 된다.

규모에 대한 수확 불변
모든 생산요소들이 일정 비율로 증가할 때 산출량도 같은 비율로 증가하는 생산과정의 성질

규모에 대한 수확 체감
모든 생산요소들이 일정 비율로 증가할 때 산출량은 이보다 작은 비율로 증가하는 생산과정의 성질

---

10. Adam Smith, *The Wealth of Nations*, New York: Everyman's Library, 1910(1776), Book 1, p. 5.

11. 제6장 참조.

생산함수는 산출량의 전체 범위에 대해 규모에 대한 수확의 정도가 항상 똑같이 나타날 필요는 없다. 즉, 산출량이 낮은 수준에서는 규모에 수확 체증이 발생하고, 중간 수준의 산출량에서는 규모에 대한 수확이 불변이며, 산출량이 큰 수준에서는 규모에 대한 수확 체감이 일어날 수 있다.

생활 속의 경제행태 8.2

왜 건축업자들은 지붕은 조립식 틀을 사용하지만 벽에 대해서는 그렇게 하지 않는가?

건설공사 노동자들은 목재로 집을 지을 때, 대체로 건설 현장에서 벽틀을 만든다. 이와 반대로, 그들은 사전에 조립된 지붕틀을 자주 사용한다. 이러한 차이는 무슨 이유 때문인가?

벽틀과 지붕틀에는 두 가지 중요한 차이점이 존재한다: (1) 지붕틀을 만들기 위한 목재를 절단하는 것은 다수의 복잡한 각도 절단과 관련되어 있다. 반면에 벽틀을 만들기 위해 필요한 직각 절단은 훨씬 단순하다. (2) 일정한 크기의 지붕틀 부분은 모두 같다. 그러나 벽 부분은 창문의 위치나 문의 개폐 위치에 따라 다르다. 지붕틀이 갖는 이러한 두 가지 특징은 생산에 있어 상당한 규모의 경제(economies of scale)를 이끌어낸다. 첫째, 적당한 각도에서 목재가 톱날을 지나가도록 안내하는 고정용 공작기구를 가지고 있는 경우, 목재의 각도 절단은 훨씬 더 빠르게 이루어질 수 있다. 매일 수천 번의 절단이 이루어지는 공장에서 이러한 고정용 공작기구를 보유하는 것은 매우 경제적이다. 이러한 균일성 덕분에 지붕틀을 위한 자동화된 방법은 채택하기 쉽다. 반면에 벽틀의 이질적인 특성은 자동화된 방법의 사용을 어렵게 한다.

따라서 벽틀보다 지붕틀의 건설에 훨씬 큰 규모의 경제가 존재한다. 그 결과, 벽틀은 대체적으로 건설현장에서 만들어지고, 지붕틀은 조립식을 사용하는 경우가 훨씬 많다.

왜 건축업자들은 벽은 맞춤식으로 짓지만, 지붕은 사전에 조립된 틀을 사용하는가?

등량지도와 규모에 대한 수확

생산함수의 규모에 대한 수확과 등량곡선의 공간 사이에 단순한 관계가 존재한다.[12] 그림 8.10의 등량지도를 고려하자. 등량지도상에서 원점에서 출발한 직선 R을 따라 북동쪽으로 움직임에 따라 각 투입물은 같은 비율로 증가한다. 등량곡선이 점 A에서 점 C로 이동하는 구역에서 규모에 대한 수확 체증이 일어나고 있다. 예컨대, 생산 활동이 점 A에서 점 B로 이동할 때, 노동과 자본의 투입물은 두 배 증가하였으나, 산출물은 3배 증가했다. 마찬가지로 점 B에서 점 C로 생산 활동이 이동되었을 때, 두 투입물은 50퍼센트씩 증가하였으나 산출물은 100퍼센트 증가하였다. 점 C에서 점 F로 이동하는 구역에서는 동일한 생산함수가 규모에 대한 수확 불변을 나타내고 있다. 예를 들면, 점 D에서 점 E로 이동함에 따라 투입물은 25퍼센트씩 증가하였고, 산출물도 25퍼센트 증가하였다. 마지막으로 그림 8.10에서 점 F 이후의 북동쪽 지역은 규모에 대한 수확 체감을 나타낸다. 따라서 점 F에서 점 G로 생

---

12. 이 절은 **동조적**(*homothetic*) 생산함수에 해당되는 내용인데, 동조적 생산함수란 등량지도 공간에서 원점에서 그은 직선과 등량곡선이 서로 교차하는 점들에서 모든 등량곡선의 기울기가 일정하다는 성질을 의미한다.

그림 8.10

등량지도에 나타낸 규모에 대한 수확

A부터 C까지의 영역에서 이 생산함수는 규모에 대한 수확 체증을 나타내고 있다. 즉, 투입물의 증가 비율보다 산출량이 더 큰 비율로 증가한다. C부터 F까지의 영역은 규모에 대한 수확 불변을 띠고 있다. 이 영역에서 투입물과 산출물이 동일한 비율로 증가한다. F의 북동쪽 지역은 규모에 대한 수확 체감을 나타내고 있다. 두 생산요소의 증가율이 산출량의 증가율보다 더 크다.

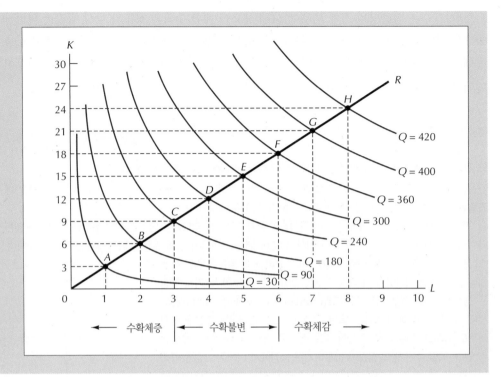

산점이 이동하면 두 투입요소의 투입량은 16.7퍼센트씩 증가하였으나, 산출량은 11.1퍼센트 증가에 그쳤다.

수확 체감과 규모에 대한 수확 체감의 차이

규모에 대한 수확 체감과 수확 체감의 법칙은 서로 관련이 없다는 것을 기억하는 것이 중요하다. 규모에 대한 수확 체감은 모든 투입요소들의 투입량이 일정한 비율로 변할 때 산출량이 어떻게 변하는지를 가리키는 것이다. 반면에 수확 체감의 법칙은 하나의 투입물만 변하고 나머지 투입요소들의 투입량이 고정되어 있을 때 산출량이 어떻게 변하는지를 의미한다. 경험적으로 볼 때, 규모에 대한 수확 체증, 불변, 또는 체감을 보이는 생산함수 모두에 대해서 수확 체감의 법칙이 적용된다.

규모에 대한 수확 체감의 논리적 수수께끼

생산함수 $Q = F(K, L)$이 상응하는 생산과정을 완전하게 나타내 준다면, 특정 생산함수가 실제로 어떻게 규모에 대한 수확 체감을 나타내는지를 알기 어렵다. 일정한 수준의 산출물을 생산하기 위하여 사용되는 생산 공정을 복제할 수 있어야 하고, 그럼으로써 규모에 대한 수확 불변을 달성해야 하는데, 이것은 쉽지 않은 일이다. 이를 설명하기 위하여 우선 생산함수 $Q_0 = F(K_0, L_0)$를 가정하자. 이제 우리가 $2Q_0$만큼의 산출량을 생산하기 원한다면, 처음에 했던 것처럼 Q_0를 생산하기 위하여 K_0와 L_0를 다시 결합하고 이를 이전에 생산한 Q_0에 추가하면 된다. 마찬가지로 우리가 $F(K_0, L_0)$를 세 번 연속적으로 반복하여 생산을 수행하면 $3Q_0$만큼의 산출량을 생산할 수 있다. 우리는 생산 공정을 반복하여 수행하면 투입물과 같은 비율로 산출물을 증가시킬 수 있다. 즉, 이러한 생산과정은 규모에 대한 수확 불변을 의미한다.

자본과 노동을 두 배로 늘림으로써 산출량이 적어도 두 배가 될 수 없는 경우, 자본과 노동 이외에 우리가 동시에 증가시키지 못한 중요한 생산요소가 있을 것으로 생각할 수 있다. "조직"(organization)이나 "의사소통"(communication)이라는 명칭으로 이러한 생산요소를 지칭해 왔다. 기업이 어느 정도 생산 규모가 커지면, 이유는 모르지만 통제 불능이 되는 경우가 있다. 생산에서 병목현상(bottleneck)을 만들어내는 관리적인 또는 기업가적인 자원이 부족하기 때문에 이런 현상이 나타난다고 보는 이들도 있다. 우리가 자본과 노동을 늘리지만 측정이 안 되는 특정 투입물이 고정되어 있다면, 우리는 여전히 단기(short run)에 머물러 있는 셈이다. 따라서 자본과 노동 투입물만을 두 배 늘림으로써 산출물을 두 배로 늘릴 수 있다고 기대할 이유가 없다.

본 장의 부록은 생산이론의 여러 확장된 형태를 수학적으로 다룬다. 주요 내용은 평균–한계생산의 적용, 생산함수에 대한 특정의 수학적 형태, 그리고 생산에서의 규모에 대한 수확의 수학적 설명 등이다.

▪ 요약 ▪

- 생산은 현재 또는 미래의 효용을 창출하기 위한 활동이다. 생산함수는 투입물들과 산출물들 사이의 관계를 축약하여 나타낸다. 단기는 그 기간 동안 최소한 몇몇 투입물들이 고정되어 있는 기간으로 정의된다. 투입물이 두 개인 경우에 그 기간 동안 하나의 투입물은 고정되어 있고 다른 하나는 가변적이다. (학습목표 1)

- 가변 투입물의 한계생산은 다른 투입물들은 고정되어 있는 상태에서 가변 투입물이 추가적으로 한 단위 증가할 때 산출물의 변화량으로 정의된다. 수확 체감의 법칙이란 어느 일정 지점을 지나면 가변 투입물이 한 단위 추가적으로 증가할 때 한계생산이 하락하는 것을 말한다. (학습목표 2, 4)

- 가변 투입물의 평균생산은 총산출물을 가변 투입물의 수량으로 나눈 값이다. 한계생산이 평균생산보다 위쪽에 있을 때 평균생산은 가변 투입물의 증가와 함께 커진다. 이와는 반대로, 한계생산이 평균생산보다 아래쪽에 있을 때 평균생산은 가변 투입물의 증가와 함께 하락한다. (학습목표 4)

- 실제에 있어 중요한 문제는 두 종류의 생산 활동에 하나의 투입물을 어떻게 배분하여 가능한 최대의 산출물을 만들어내는가 하는 것이다. 일반적으로 두 유형의 해법이 가능하다. 모서리해는 어느 한 생산 활동보다 다른 생산 활동에서

그 투입물의 한계생산이 항상 큰 경우에 발생한다. 이 경우에 최선의 해법은 더욱 생산적인 해당 생산 활동에 모든 투입물을 집중하는 것이다. (학습목표 4)

- 내부해는 가변 투입물을 모두 하나의 생산 활동에 투입했을 때 그 가변 투입물의 한계생산이 다른 생산 활동에 사용된 해당 투입물의 첫 번째 한 단위의 한계생산보다 낮을 때 발생한다. 이 경우에 산출물 극대화 법칙은 가변 투입물의 한계생산이 두 생산 활동에 동일하도록 투입물을 분배하는 것이다. 심지어 경험 많은 의사결정자마저도 이러한 단순한 법칙을 위배한다. 함정에 빠지지 않으려면 두 생산 활동의 평균생산을 서로 같게 하는 것이 아니라 한계생산을 같게 해야 한다. (학습목표 4)

- 장기는 모든 투입물들이 가변적일 수 있도록 요구되는 기간으로 정의된다. 단기와 장기에 해당하는 실제의 기간은 경우에 따라 다르다. 두 투입물의 경우에 장기 생산과 관련된 모든 정보는 등량지도에 의해서 기하학적으로 요약될 수 있다. 기술적 한계대체율은 산출량의 수준을 변화시키지 않고 하나의 투입물을 다른 투입물로 대체하는 비율로 정의된다. 어느 한 점에서의 MRTS는 그 점에서의 등량곡선의 기울기의 절댓값이다. 대부분의 생산함수에서 MRTS는 등량곡선을 따

라 오른쪽으로 내려갈수록 감소한다. (학습목표 5, 6)

- 모든 투입물들이 일정한 비율로 증가할 때 산출물이 동일한 비율로 증가하면 생산함수는 규모에 대한 수확 불변이라 불리고, 산출물의 증가율이 투입물들의 증가율보다 낮을 때 생산함수는 규모에 대한 수확 체감이라 불린다. 그리고 산출물의 증가율이 모든 투입물들의 일정한 증가율보다 더 크다면 생산함수는 규모에 대한 수확 체증이라 불린다. 또한 규모에 대한 수확 체증을 갖는 생산함수는 규모의 경제를 나타낸다고 일컫는다. 규모에 대한 수확은 산업조직의 구조를 결정하는 데 있어 매우 중요한 요소이다. (학습목표 7)

▪ 복습문제 ▪

1. 보통 사람들이 일반적으로 생산으로 생각하지 않는 생산의 세 가지 예들을 나열하라. (학습목표 1)

2. 단기가 최소한 1년간 지속되는 생산의 예를 제시하라. (학습목표 5)

3. 생산 투입물을 고용해야 하는 책임을 지고 있는 관리자가 평균생산보다 한계생산에 더 유의해야 하는 이유는 무엇인가? (학습목표 4)

4. 어느 정부 관료가 뉴욕에서 캘리포니아로 이사했더니 두 주에서의 평균 IQ 수준이 모두 상승했다고 어떤 코미디언이 비꼰 적이 있다. 본 장에서 논의했던 평균–한계 관계의 맥락에서 이 말을 해석하라.

5. 등량지도는 무차별지도와 어떻게 같은가? 어떤 면에서 두 지도는 다른가? (학습목표 6)

6. 가변요소에 대한 수확 체감과 규모에 대한 수확 체감을 구별하라. (학습목표 2, 7)

7. [참 또는 거짓] 한계생산이 감소하면 평균생산도 감소해야 한다. 설명하라. (학습목표 4)

8. 어느 한 공장이 노동자 한 명을 추가적으로 고용했을 때 공장 근로자들의 평균생산이 증가하는 것을 발견한다. [참 또는 거짓] 새로운 노동자의 한계생산은 새로운 노동자가 고용되기 이전의 공장 노동자들의 평균생산보다 낮다. (학습목표 4)

9. 현재 두 단위의 노동과 한 단위의 자본이 한 단위의 산출물을 생산한다. 두 투입물들을 두 배(4단위의 노동과 2단위의 자본)로 증가시킨다면 규모에 대한 수확 불변하에서 생산되는 산출물에 대해서 여러분은 어떤 결론을 내릴 수 있는가? 규모에 대한 수확 체감의 경우는? 규모에 대한 수확 체증의 경우는? (학습목표 7)

▪ 연습문제 ▪

1. $K_0 = 4$로 고정되어 있는 상태에서 다음의 각 생산함수에 대한 단기 총생산곡선을 그려라. (학습목표 1)

  a. $Q = F(K, L) = 2K + 3L$.

  b. $Q = F(K, L) = K^2L^2$

2. 1번 문제에서 제시된 두 생산함수는 수확 체감의 법칙을 충족하고 있는가? (학습목표 2)

3. 현재 노동의 한계생산이 평균생산과 같다고 가정하자. 여러분이 기업이 고용하려고 하는 열 명의 신규 노동자 중 한 사람이라면, 여러분은 여러분의 평균생산의 가치와 한계생산의 가치 중 어느 것으로 지불받기를 선호하는가? 기업은 여러분에게 평균생산의 가치로 지불하는 것에 관심을 갖겠는가? (학습목표 4)

4. 다음의 표는 어느 생산함수에 대한 총생산, 평균생산, 그리고 한계생산에 관한 정보의 일부를 나타낸다. 이들 간의 관계를 이용하여 빈 칸을 채워라. (학습목표 4)

노동 투입량	총생산	평균생산	한계생산
0		0	
1	180		
			140
2			
3	420		
4		120	

5. 어느 시의 경찰서는 시의 서부지역과 중심지 간에 경찰관을 어떻게 배치해야 할지를 결정해야 한다. 각 지역에서 시간당 범인 체포 건수로 측정되는 평균생산, 총생산 그리고 한계생산이 다음 표와 같이 주어졌다. 현재 경찰서는 200명의 경찰관을 중심지에 배치하고 300명의 경찰관을 서부지역에 배치하고 있다. 경찰서가 100명의 경찰관을 재배치할 수 있다면, 시간당 범인 체포 건수를 최대로 달성하기 위하여 경찰서에서는 경찰관을 어떻게 재배치해야 하는가? (학습목표 4)

경찰관 수	서부지역			중심지		
	AP	TP	MP	AP	TP	MP
0	0	0		0	0	
			40			45
100	40	40		45	45	
			40			35
200	40	80		40	80	
			40			25
300	40	120		35	105	
			40			15
400	40	160		30	120	
			40			5
500	40	200		25	125	

6. 범죄 발생이 시의 서부지역을 강타했다고 가정하자. 이에 따라 경찰관들의 한계생산과 평균생산은 경찰관 숫자와 무관하게 시간당 범죄 체포 건수로 60이다. 이제 500명의 경찰관에 대한 두 지역 간 최적 배치는 어떻게 되는가? (학습목표 4)

7. 기업의 단기 생산함수는 각 노동 투입량에 대해 다음과 같다.

$$Q = \tfrac{1}{2}L^2, \quad \text{for } 0 \le L \le 2$$

$$Q = 3L - \tfrac{1}{4}L^2, \quad \text{for } 2 < L \le 7.$$

a. 생산함수를 그려라.

b. 최대로 달성할 수 있는 생산량은 얼마인가? 최대 생산량 수준에서 노동의 투입량은 얼마인가?

c. 노동의 한계생산이 체증하고 체감하는 영역에 대한 노동 투입량의 범위를 식별하라.

d. 노동의 한계생산이 음인 영역을 식별하라. (학습목표 1, 4)

8. 어느 시험에서 한 문제당 20점이 배정되어 있다. 당신은 시험에서 10번 문제에 사용한 마지막 몇 초로부터 2점을 추가적으로 얻었고, 8번 문제에 사용한 마지막 몇 초로부터 4점을 추가적으로 획득했다고 가정하자. 이 두 문제로부터 당신이 얻은 총 점수는 각각 8점과 6점이

었고, 각 문제에 투입한 시간은 동일하였다. 만약에 당신이 두 문제에 대해 시간을 재할당할 수 있다면 어떻게 해야 하는가? (학습목표 4)

9. 생산함수 $Q = KL$에서 자본 투입량이 4단위로 고정되어 있다고 가정하자. 노동 투입물에 대한 총생산, 한계생산, 그리고 평균생산을 도출하라. (학습목표 1)

10. 다음의 등량지도에서 규모에 대한 수확 체증, 불변 그리고 체감의 영역을 식별하라.

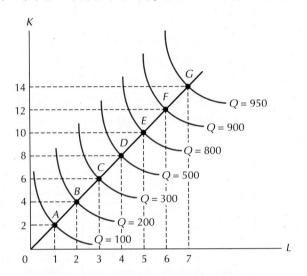

11. 노벨 경제학상 수상자인 폴 새뮤얼슨(Paul Samuelson)이 물리학에서 경제학으로 전공을 바꿨을 때 두 학과에서 모두 평균 IQ가 올라갔다고 또 다른 노벨 경제학상 수상자인 로버트 솔로(Robert Solow)가 말했다고들 한다. 사람들은 그의 말이 틀렸다고 반응했다. 왜냐하면 전과로 인해 물리학과와 경제학과의 평균 IQ 수준이 모두 상승했다면, 학계 전체의 평균 IQ 수준도 상승한 것으로 나타나야 하는데, 이는 분명 불가능한 일이기 때문이다. 사람들의 주장이 옳았나? 설명하라.

▪ 개념 확인 해답 ▪

8.1 $K = 4$인 경우, $Q = \sqrt{4}\sqrt{L} = 2\sqrt{L}$이다. (학습목표 1)

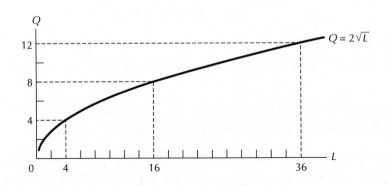

8.2 그림 8.3a에서 총생산곡선의 기울기는 모든 L의 값에 대하여 2이다. 따라서 $MP_{L=3} = 2$ 이다. (학습목표 4)

8.3 원점에서 총생산곡선상의 어느 한 점까지의 기울기는 2이다. 따라서 $AP_{L=3} = 2$이다. 총 생산곡선이 원점에서 출발한 직선일 때 모든 L의 값에 대하여 $AP_L = MP_L$이고 일정하다. (학습목표 4)

8.4 $AP_{L=10} < MP_{L=10}$이기 때문에 L이 증가하면 AP는 상승할 것이다. 따라서 $AP_{L=10.1} >$ $AP_{L=10}$이다. (학습목표 4)

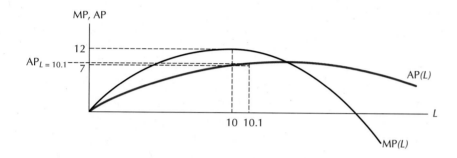

8.5 투수의 투구 비율 변화가 두 유형(현재의 투구 비율과 변화 이후의 투구 비율)의 투구 효 과를 어떻게 변하게 하는지 알 수 없는 상태에서 투수가 더 많은 직구를 던져야 한다고 우리는 말할 수 없다. 특히 더 많은 직구를 던지는 것이 추가적인 직구 투구의 효과뿐만 아니라 기존에 던지던 직구 투구의 효과도 감소시킬 가능성이 있다. 그리고 이러한 효과 의 감소가 커브에서 직구로 전환함으로써 얻게 되는 이득을 초과한다면, 직구를 더 많이 던져서는 안 된다. (학습목표 4)

8.6 $MP_L / MP_K = MRTS_{LK}$의 관계로부터 $3/MP_K = 9$이다. 따라서 $MP_K = \dfrac{1}{3}$이다. (학습목표 4)

생산이론의 수학적 확장
Mathematical Extensions of Production Theory

8A.I 응용 : 평균생산과 한계생산의 구별

테니스 경기에서 상대방이 네트 앞으로 다가왔다고 가정할 때, 당신의 최선의 반응은 테니스 공을 상대방 머리 위로 높이 띄워서 뒤로 보내거나(로빙), 상대방의 팔이 미치지 않을 정도로 옆으로 보내는 것(패싱)이다. 그러한 반응이 상대방을 당황하게 했다면 어느 것이든 효과적이라 할 수 있다. 항상 머리 위로 공을 올려 상대방 뒤로 공을 보내는 사람이 로빙을 했을 때 주어진 점수를 획득할 비율이 10퍼센트이지만, 로빙을 전혀 하지 않는 사람이 로빙을 할 때 주어진 점수를 얻을 비율은 90퍼센트라고 가정하자. 마찬가지로 항상 패싱을 하는 사람이 패싱을 할 때 주어진 점수를 얻을 비율은 30퍼센트이지만, 패싱을 결코 하지 않는 사람이 패싱을 할 때 점수를 얻을 비율은 40퍼센트라고 가정하자. 마지막으로 각 공격을 사용함에 따른 효과성 비율은 선수가 그것을 사용하는 횟수에 비례하여 감소한다.[1]

두 유형의 공격에 대한 점수 획득표(payoff)는 그림 8A.1에 요약되어 있다. 여기서 "생산"이란 상대방이 네트 앞으로 접근했을 때 가장 높은 비율로 이길 수 있는 공격을 만들어내는 것이다. $F(L)$은 당신이 로빙(L)을 통해 이길 수 있는 비율을 나타내는데, 이것은 로빙의 사용 비율(L)의 함수이다. 따라서 $F(L)$은 실제로 로빙의 평균생산이다. $G(L)$은 패싱을 했을 때 점수를 획득하는 비율이며, 이것도 로빙의 사용 비율의 함수이다. $F(L)$이 음의 기울기를 갖는 이유는 로빙을 사용하는 횟수가 늘어남에 따라 그 효과성은 떨어지기 때문이다. 마찬가지로 $G(L)$의 기울기가 양인 이유는 로빙을 사용하는 비율이 증가할수록 패싱의 효과가 증가하기 때문이다. 이제 여러분의 문제는 최선의 로빙 사용 비율, L^*를 선택하는 것이다.

최적의 L 값을 찾기 위하여, 먼저 우리는 L의 변화에 따라 총점수의 획득 비율(P)이 어떻게 변하는지를 알아야 한다. L의 값에 대해 P는 각 유형의 공격으로 이길 비율의 가중평균이다. 각 유형에 사용될 가중치는 단순히 각 유형이 사용되는 비율이다. L이 로빙의 사용

---

1. 이 예는 하버드대 심리학자 Richard Herrnstein & James Mazur의 "Making Up Our Minds: A New Model of Economic Behavior," *The Science*, November/December 1987: 40–47에 등장한다.

그림 8A.I

로빙과 패싱의 효과성과 사용 비율

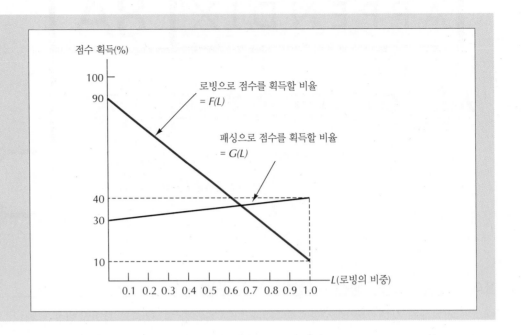

비율이라면, $(1 - L)$은 패싱이 사용되는 비율이다. 따라서

$$P = LF(L) + (1 - L)G(L). \qquad (8A.1)$$

$LF(L)$는 로빙을 통해 얻을 수 있는 총점수의 비율이고, $(1 - L)G(L)$는 패싱을 통해서 획득할 총점수의 비율이다. 그림 8A.1에서 $F(L) = 90 - 80L$이고, $G(L) = 30 + 10L$로 각각 수식이 주어졌다. 이 두 식을 식 (8A.1)에 대입하면 다음의 식을 얻는다.

$$P = 30 + 70L - 90L^2. \qquad (8A.2)$$

위 식을 그림으로 나타내면 그림 8A.2과 같고, P를 극대화시키는 L의 값으로 $L^* = 0.389$이며, 이때 $P = 43.61$이다.[2]

그림 8A.3에서 L의 최적값에서 로빙으로 점수를 얻을 가능성(58.9퍼센트)은 패싱으로 이길 가능성(33.9퍼센트)보다 거의 두 배에 이른다. 따라서 많은 사람들은 이러한 상황을 받아들이기 쉽지 않을 수 있다. 좀 더 확장된 실험에서 하버드대 심리학자 리처드 헤른슈타인(Richard Herrnstein)과 제임스 마주어(James Mazur)에 의하면, 사람들은 점수를 얻을 전체적인 기회를 극대화하기 위하여 그들의 공격을 둘로 나누는 경향은 적고, 각 공격 유형의 **평균생산**을 같게 하는 경향이 있다. 그림 8A.3에서 이러한 결과는 $L = 2/3$일 때 발생하는데, 이때 로빙이나 패싱으로 점수를 획득할 수 있는 비율은 36.7퍼센트이다. 그러나, $L = 2/3$일 때 패싱의 **한계생산**은 로빙보다 훨씬 더 크다. 왜냐하면, 다른 모든 로빙의 효과성이 크게 증가하기 때문이다(물론 추가적인 패싱은 로빙의 효과성을 감소시키겠지만, 감소 가능성은 훨씬 적을 것이다).

_____

2. 미분 개념을 적용하면, 식 (8A.2)를 L에 대해 1계 미분한 식을 0으로 놓고 L에 대해 정리하면 된다. 즉, $dP/dL = 70 - 180L = 0$이다. 이로부터 $L^* = 7/18 = 0.389$이고 이 값을 식 (8A.2)에 대입하면 $P = 43.61$이다.

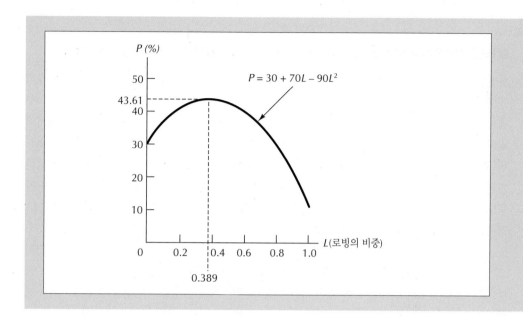

그림 8A.2

로빙의 최적 비율

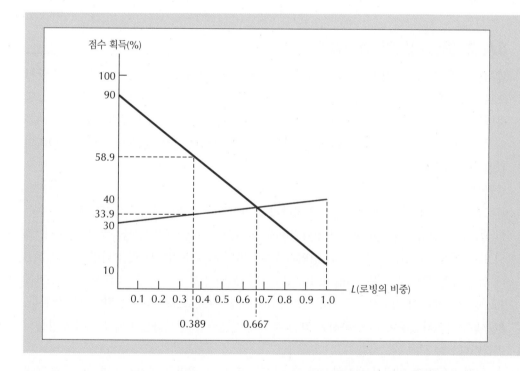

그림 8A.3

최적점에서 로빙으로 점수를 얻을 가능성은 패싱보다 훨씬 크다

이러한 상황은 8장에서 살펴본 어선의 할당 예와 유사하다. 호수의 양쪽 끝에서의 평균생산이 서로 같기를 원하지 않듯이, 각 유형의 공격에 대한 평균생산이 서로 같기를 원할 이유가 없다. 그럼에도 불구하고 한계생산보다 평균생산을 같게 하려는 경향은 매우 일반적인 유혹이라 할 수 있다. 예를 한 가지 더 들어 보자.

예 8A.1

참 또는 거짓? 언제나 최대 전진을 노리는 플레이를 선택하는 사람이야말로 가장 훌륭한 감독이다.

당신이 만약 "참"을 선택했다면, 지금까지의 설명에 주의를 기울이지 않은 것이다. 최선의 공격 유형 혼합(mix)을 선택하는 선수가 가장 우수한 선수이듯이, 최선의 공격 유형 혼합(mix)을 선택하는 코치가 가장 훌륭한 코치이다. 미국의 내셔널 풋볼 리그(National Football League)에 의하면, 패싱은 런닝(running)보다 평균적으로 거의 두 배 이상 전진 거리를 획득한다. 그렇다면 코치들은 왜 더 많은 패싱을 선택하지 않는가? 왜냐하면, 패싱을 너무 자주 선택하면 패싱의 효과성이 떨어지기 때문이다. 두 공격 유형의 평균 획득 전진 거리 간에 큰 차이가 존재하기 때문에 패싱을 성공시키기 위해서라도 런닝이 필요하다는 것을 대부분의 코치들은 알고 있다. 그러나 많은 미식축구 팬들은 이 점을 완전히 무시하는 것 같다. 마지막 4번째 공격 기회를 갖고 있는 상황에서 상대팀 엔드존 앞 4야드에서 터치다운을 하려는데 20초를 남겨두고 4점을 뒤지고 있는 상태라고 하자. 공격 팀이 패싱 공격을 하면 터치다운으로 점수를 얻을 가능성은 더 크다. 그럼에도 불구하고 공격 팀이 짧은 기간 동안에 매번 이러한 상황에서 런닝 공격을 사용하면 장기적으로 더 많은 경기를 이길 수 있을 것이다. 하지만, 코치가 런닝 공격을 하도록 했는데, 터치다운을 못했다고 하자. 그러면 두 팀의 팬들과 해설자들은 코치가 멍청하다고 떠들 것이다.

8A.2 등량지도와 생산함수

앞서 우리는 생산함수에서 산출량 수준을 일정하게 유지시킨 상황에서 등량곡선을 수학적으로 도출하였고, K를 L의 함수로 정리하였다. 3장의 부록에서 무차별지도의 도출을 설명하였듯이, 기하학적 접근방식을 통해 등량지도를 도출할 수 있다. 이 접근법은 그림 8A.4와 같이 생산함수의 3차원 그림으로 시작한다. 그 모습은 생산함수의 경사면을 닮았다. Q축의 값은 생산함수의 높이, 즉 총산출량을 측정하는데, K와 L의 투입량이 늘어나면 산출량도 증가한다.

그림 8A.4에서 산출량을 Q_0로 일정하게 고정시켰다고 가정하자. 즉, KL 평면과 수평이 되도록 생산함수를 절단하였다고 가정하자. 따라서 그 절단면 위는 산출량이 Q_0이다. 그림 8A.4에서 선 AB는 생산함수의 평면과 KL 평면이 서로 교차하는 것을 나타낸다. 선 AB에 있는 모든 투입물 묶음들(input bundles)은 Q_0의 산출량 수준을 생산한다. 선 AB를 KL 평면을 향하여 직각으로 투사하면 그림 8A.5에서 Q_0로 표시되는 등량곡선을 얻는다. 8장에서 정의하였듯이, 등량곡선은 같은 수준의 산출량을 생산하는 K와 L의 순서쌍들의 궤적이다.

이제 KL 평면 위에서 생산함수와 Q_1이라는 또 다른 평면을 교차시키면, 두 번째 평면은 선 CD를 따라 생산함수를 교차한다. 선 CD를 KL 평면을 향해 직각으로 내리면 그림 8A.5에서 Q_1이라는 등량곡선이 도출된다. 이 등량곡선은 Q_1을 생산하는 모든 투입물 묶음들을 나타낸다. 같은 방법을 이용하여, 생산함수 $Q = F(K, L)$에 해당하는 전체 등량지도를 도출할 수 있다.

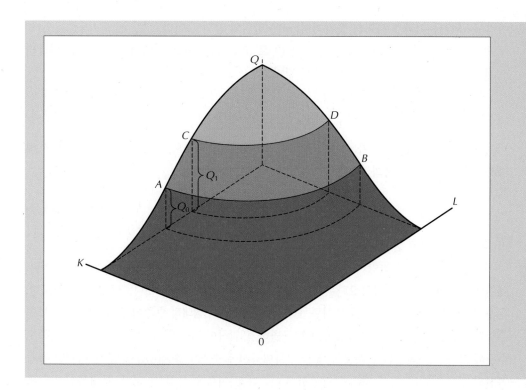

그림 8A.4
생산함수

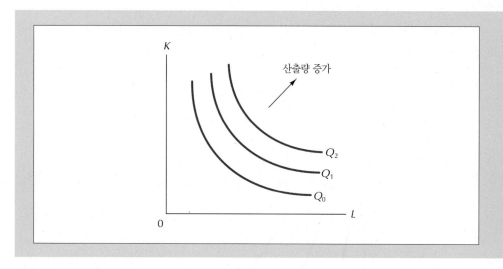

그림 8A.5
생산 함수에서 도출된 등량지도

8A.3 생산함수의 예

본 절에서는 경제학 분석에서 널리 사용되는 두 개의 생산함수를 설명한다.

콥–더글러스 생산함수

가장 널리 사용되는 생산함수는 콥–더글러스(Cobb-Douglass) 생산함수인데, 투입물이 2개인 경우에 다음과 같은 형태를 갖는다.

$$Q = mK^{\alpha}L^{\beta}. \qquad (8A.3)$$

여기서 α와 β는 0과 1 사이의 숫자이며, m은 임의의 양의 수이다.

등량곡선 Q_0를 도출하기 위하여 Q를 Q_0로 고정시킨 후, K에 대해서 푼다. 콥-더글러스 생산함수의 경우에 그 결과는 다음과 같다.

$$K = \left(\frac{m}{Q_0}\right)^{-1/\alpha}(L)^{-\beta/\alpha}. \tag{8A.4}$$

콥-더글러스 생산함수가 $Q = K^{1/2}L^{1/2}$의 형태로 구체적으로 주어져 있다면, Q_0에 해당하는 등량곡선은 다음과 같다.

$$K = \frac{Q_0^2}{L}. \tag{8A.5}$$

이 특정 생산함수의 등량지도의 일부분은 그림 8A.6에 표시되어 있다.

그림 8A.6에서 각 등량곡선에 부여된 숫자들은 정확히 그에 해당하는 산출량 수준이다. 예컨대, 자본과 노동이 각각 2단위씩 투입되면, $Q = \sqrt{2}\sqrt{2} = 2$이다. 3장을 돌이켜보면, 무차별지도에서 무차별곡선에 부여된 숫자들은 만족감의 상대적 수준에 관한 정보만을 보여주었다. 이러한 관점에서 무차별곡선을 구별하기 위하여 표시할 때 요구되는 것은 만족도 수준에 상응하는 적절한 순서를 반영한 무차별곡선에 숫자의 순서(*order*)였다. 하지만 등량곡선의 경우는 다르다. 우리는 등량곡선에 마음대로 이름을 붙일 수 없다. 등량곡선마다 특정 생산수준이 결정되어 있기 때문이다.

미분법칙을 적용하여 노동의 한계생산과 자본의 한계생산에 관한 식들을 도출하면 다음과 같다.

$$\text{MP}_K = \frac{\partial Q}{\partial K} = \alpha m K^{\alpha-1}L^{\beta}, \tag{8A.6}$$

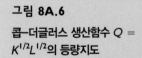

그림 8A.6

콥-더글러스 생산함수 $Q = K^{1/2}L^{1/2}$의 등량지도

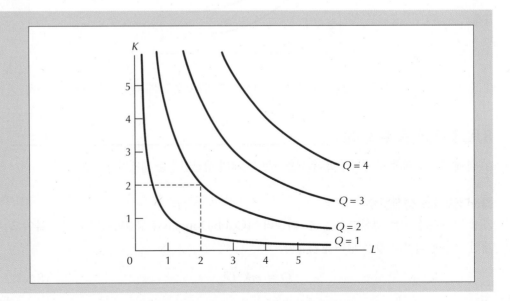

$$\text{MP}_L = \frac{\partial Q}{\partial L} = \beta m K^\alpha L^{\beta - 1}. \qquad (8A.7)$$

레온티에프, 또는 고정투입비율 생산함수

폭넓게 사용되고 있는 생산함수들 중에서 가장 단순한 것이 노벨 경제학상을 수상한 바실리 레온티에프(Wassily Leontief)가 고안한 레온티에프 생산함수인데, 투입물이 2개인 경우 그 형태는 다음과 같다.

$$Q = \min(aK, bL). \qquad (8A.8)$$

이 함수의 의미는 단순히 $Q = ak$, 또는 $Q = bL$ 중 어느 하나라는 것이다. 단, 여기서 aK와 bL 중 보다 작은 값이 생산량을 결정하게 된다. 예를 들어 $a = 2$, $b = 3$, $K = 4$, $L = 3$이라 가정하자. 그러면 $Q = \min(2 \times 4, 3 \times 3) = \min(8, 9) = 8$이다. $Q = \min(2K, 3L)$의 등량지도는 그림 8A.7에 그려져 있다.

레온티에프 생산함수가 고정투입비율(fixed-proportions) 생산함수라고 불리는 이유를 살펴보도록 하자. 우선 그림 8A.7에서 자본은 3단위, 그리고 노동은 2단위인 경우 산출량은 6단위이다. 그런데 노동 투입량을 2단위 대신에 3단위로 늘려도 $Q = \min(2 \times 3, 3 \times 3) = \min(6, 9) = 6$이기 때문에 산출량은 여전히 6단위이다. 마찬가지로 $(K, L) = (3, 2)$에서 자본 투입량을 증가시켜도 산출량은 같다. 즉, 레온티에프 생산함수의 경우에 자본과 노동은 $aK = bL$일 때 가장 효과적으로 사용될 것이다. 예에서 $2K = 3L$일 때. 그림 8A.7에서 $2K = 3L$에 대한 점들의 궤적은 $K = (\frac{3}{2})L$로서 원점에서 출발한 직선이다. 이 레온티에프 생산함수의 직각의 등량곡선들이 이 직선을 따라 놓이게 된다.

3장의 내용을 회상하면, 완전 보완재인 경우에 무차별곡선은 레온티에프 생산함수의 등량곡선과 같은 직각 모양이다. 따라서 무차별곡선의 수직선상에서 한계대체율(MRS)은 무

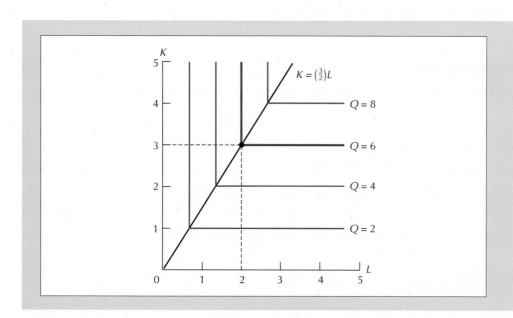

그림 8A.7

레온티에프 생산함수 $Q = \min (2K, 3L)$의 등량지도

한대, 수평선상에서는 0, 그리고 꺾인 부분에서는 정의가 되지 않는다. 마찬가지로 레온티에프 생산함수인 경우 기술적 한계대체율(MRTS)은 등량곡선의 수직선상에서는 무한대, 수평선상에서는 0, 그리고 꺾인 부분에서는 정의가 되지 않는다.

8A.4 규모에 대한 수확의 수학적 정의

수학적으로 모든 투입물을 동일한 비율로 증가시킨다는 것은 단순히 모든 투입물에 같은 숫자($c > 1$)를 곱해 주는 것을 의미한다. 8장에서 논의한 생산함수 $Q = F(K, L) = 2KL$을 고려하자. 이 생산함수에서 각 투입물에 c를 곱하면, 생산함수는 다음과 같다.

$$F(cK, cL) = 2(cK)(cL) = c^2 2KL = c^2 F(K, L). \tag{8A.9}$$

따라서 위 생산함수에서 각 투입물에 c를 곱한 결과는 원래의 생산수준에 c^2을 곱한 것과 일치한다. 그러므로 이 경우에 산출량은 투입물의 증가 비율보다 더 증가한다(비례적으로 증가한다면, 산출량은 $cF(K, L)$이 되어야 한다). 이 경우에 생산함수는 규모에 대한 수확 체증의 성질을 갖고 있다. 예컨대 $c = 2$라면, 즉 각 투입물을 2배로 늘리면, $F(2K, 2L) = 2(2K)(2L) = 4(2KL)$이기 때문에 산출량은 4배 증가한다.

위의 구체적인 예를 통해서 규모에 대한 수확의 세 유형은 다음과 같이 요약된다.

$$규모에 대한 수확 체증 : F(cK, cL) > cF(K, L), \tag{8A.10}$$

$$규모에 대한 수확 불변 : F(cK, cL) = cF(K, L), \tag{8A.11}$$

$$규모에 대한 수확 체감 : F(cK, cL) < cF(K, L). \tag{8A.12}$$

다음은 규모에 대한 수확에 관한 정의를 구체적인 생산함수에 적용하기 위한 예이다.

개념 확인 8A.1
생산함수 $Q = \sqrt{K}\,\sqrt{L}$은 규모에 대한 수확 체증, 불변, 또는 체감 중 어디에 해당하는가?

개념 확인 8A.2
생산함수 $Q = K^{1/3}L^{1/3}$은 규모에 대한 수확 체증, 불변, 또는 체감 중 어디에 해당하는가?

콥–더글러스 생산함수 $Q = mK^{\alpha}L^{\beta}$의 경우에 식 (8A.10)~(8A.12)는 파라미터 α와 β 사이의 단순한 관계와 규모에 대한 수확의 정도를 나타낸다. 특히 $\alpha + \beta > 1$이면, 규모에 대한 수확 체증, $\alpha + \beta = 1$이면 규모에 대한 수확 불변, 그리고 $\alpha + \beta < 1$이면 규모에 대한 수확 체감을 뜻한다. 규모에 대한 수확 불변을 설명하기 위하여 $Q = F(K, L) = mK^{\alpha}L^{\beta}$이고, $\alpha + \beta = 1$이라고 가정하자. 그러면 K를 cK로, 그리고 L을 cL로 대체하면 다음과 같다.

$$F(cK, cL) = m(cK)^{\alpha}(cL)^{\beta}. \tag{8A.13}$$

이를 재배열하여 정리하면 다음과 같다.

$$c^{(\alpha+\beta)}mK^\alpha L^\beta = cmK^\alpha L^\beta = cF(K, L). \tag{8A.14}$$

위 식은 식 (8A.11)에 의해서 규모에 대한 수확 불변의 정의에 해당한다.

▪ 연습문제 ▪

1*. 다음의 생산함수들이 규모에 대한 수확 체증, 불변, 체감인지 식별하라. 다음 중 어느 것이 수확 체감의 법칙을 만족시키지 못하는가?

    a. $Q = 4K^{1/2}L^{1/2}$

    b. $Q = aK^2 + bL^2$

    c. $Q = \min(aK, bL)$

    d. $Q = 4K + 2L$

    e. $Q = K^{0.5}L^{0.6}$

    f. $Q = K_1^{0.3}K_2^{0.3}L^{0.3}$

2*. 생산함수 $Q = 2K^{1/3}L^{1/3}$에서 $K = 27$일 때 노동의 한계생산은 얼마인가?

3. 콥−더글러스 생산함수는 낮은 산출량 수준에서 규모에 대한 수확 체증, 그리고 높은 산출량 수준에서 규모에 대한 수확 불변 또는 체감인 생산과정을 나타내는 데 사용될 수 있는가?

4. 어느 기업의 생산함수는 다음과 같다.

$$Q = \min(2K, 3L).$$

현재 이 기업은 6단위의 자본과 5단위의 노동을 사용하고 있다. 이 경우에 자본의 한계생산과 노동의 한계생산은 각각 얼마인가?

5. 대학 미식축구 팀이 패싱을 통해 얻을 수 있는 평균 거리는 $8 + 12r$이다. 여기서 r은 총공격 중 런닝이 차지하는 비중이다. 런닝당 평균 획득 거리는 $10 - 8r$이다. 이 팀의 최적 런닝 공격의 비율은 얼마인가? 최적의 r 값에서 패싱당 평균 획득 거리는 얼마인가? 그리고 런닝당 평균 획득 거리는 얼마인가? (이 문제와 다음 문제는 테니스 예와 유사하다.)

6. 당신은 야구에서 두 유형의 투구, 즉 직구와 커브를 구사하는 투수이다. 당신과 대결할 타자들의 두 투구에 대한 평균 타율은 그림과 같다. 당신의 목표가 타자들의 전체 평균 타율을 최소화하는 것이라면, 최적의 직구 비율은 얼마인가? 이때 당신의 두 투구에 대한 타자들의 평균 타율은 얼마인가?

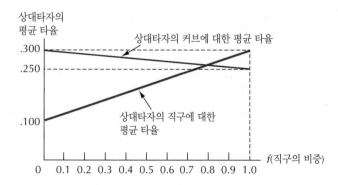

* 이 문제는 한계생산에 대한 미분을 이용한 정의를 이용하여 쉽게 풀 수 있다.

▪ 부록 개념 확인 해답 ▪

8A.1 $F(K, L) = \sqrt{K}\sqrt{L}$이다. 따라서 $F(cK, cL) = \sqrt{cK}\sqrt{cL} = \sqrt{c^2}\sqrt{K}\sqrt{L} = cF(K, L)$이다. 따라서 규모에 대한 수확 불변의 생산함수이다.

8A.2 $F(K, L) = K^{1/3}L^{1/3}$이다. 따라서 $F(cK, cL) = (cK)^{1/3}(cL)^{1/3} = c^{2/3}K^{1/3}L^{1/3} = c^{2/3}F(K, L) < cF(K, L)$이다. 따라서 규모에 대한 수확 체감의 생산함수이다.

CHAPTER 9

비용
Costs

대학을 졸업한 직후, 나는 네팔 동쪽의 사니스차레(Sanischare)라는 조그마한 마을에 있는 고등학교에서 수학과 과학 선생이었다. 그곳에서의 2년 동안 이 마을을 통과하는 도로가 건설되고 있었다. 일단 통행권 문제가 해결되고, 배수도랑과 다리가 놓인 뒤, 도로 표면에 자갈을 깔기 시작했다. 거의 모든 공정이 지난 세기에나 볼 수 있었던 방식으로 이루어졌다. 네팔 노동자들은 타오르는 태양 속에서 도로 옆에 쭈그리고 앉아 해머로 큰 돌들을 두드려 깨고 있었다. 하루에 12시간씩 노동자들은 큰 돌을 깨서 작은 자갈 더미를 만들어냈지만, 한 사람이 만든 자갈더미로는 도로면의 30 cm를 포장하기에도 부족했다. 하지만 많은 노동자들이 있기 때문에 결국에는 자갈로 도로를 포장하는 작업이 마무리되었다.

물론 미국에서는 수작업으로 해머를 이용하여 돌을 깨서 자갈을 얻기 위해 사람을 고용하지는 않는다. 그 대신 미국에서는 대규모 기계로 1분만에 몇 톤짜리 바위를 분쇄한다. 그 당시 이러한 차이가 나는 원인에 대해 내가 명확하게 이해를 했다고 생각했다. 즉, 매우 가난한 나라인 네팔은 산업화된 국가에서 사용되는 비싼 기계 설비를 지불할 능력이 없었기 때문이라고 생각했던 것이다. 그러나 나는 이러한 설명은 잘못되었음을 이제야 깨달았다. 우리가 앞으로 알게 되겠지만, 네팔의 국가 재정이 대규모 흑자를 내고 있다고 하더라도 수작업으로 자갈을 만들어 내는 것은 여전히 유효하다. 왜냐하면, 네팔에서 노동은 자본 설비보다 상대적으로 매우 저렴하기 때문이다.

9.1 9장 미리보기

본 장의 목적은 8장에서 다룬 생산이론을 일관성 있게 비용이론으로 연결하는 것이다. 8장에서 우리는 고용된 투입량과 이에 상응하는 산출량 수준 간의 관계를 확립하였다. 본 장에서는 생산된 산출량과 이를 생산하기 위한 비용 간의 관계를 세울 것이다.

우선 우리는 단기에 비용이 산출량에 의해 어떻게 변하는지를 다룰 것이다. 이와 관련하여 7개의 서로 다른 유형의 비용—총비용(total cost), 가변비용(variable cost), 고정비용(fixed cost), 한계비용(marginal cost), 평균총비용(average cost), 평균가변비용(average variable cost), 그리고 평균고정비용(average fixed cost)—이 존재한다. 이러한 일련의 비

학습목표

1 생산의 단기 총비용을 고정비용과 가변비용으로 나눌 수 있다.

2 단기 생산함수의 형태에 따른 단기 총비용곡선의 형태를 설명할수 있다.

3 평균가변비용, 평균총비용 그리고 한계비용 사이의 상호관계를 설명할 수 있다.

4 다수의 생산시설 사이의 최적의 생산배분은 각 시설의 한계비용이 같게 하는 것임을 설명할 수 있다.

5 가변 투입물의 평균생산과 한계생산 사이의 상호관계는 평균비용과 한계비용곡선 사이의 상호관계에 어떻게 반영되어 있는지 설명할 수 있다.

6 장기에서 주어진 산출량 수준을 생산하기 위한 최적의 투입물 조합의 특징을 설명하고, 투입물 가격으로 나눈 한계생산이 모든 투입물에 대해 동일해야 하는 이유를 설명할 수 있다.

7 생산에서 규모에 대한 수확의 정도가 장기 생산비용과 어떻게 관련되어 있는지 설명할 수 있다.

용 개념들 때문에 혼란스럽겠지만, 서로 다른 비용 개념들 사이의 연계는 실제로는 명확하고 단순하다. 그리고 각 개념은 기업 행동을 연구하는 데 중요하고, 향후의 내용에서도 중요하게 고려된다.

산업 구조와 행태에 있어서 좀 더 중요한 것은 장기에 산출량 수준에 따라 비용이 어떻게 변하는지를 다루는 데 있다. 우리는 일정한 산출량, 즉 1 km의 도로를 어떻게 가능한 한 가장 낮은 비용으로 만들지에 대한 질문으로부터 시작할 것이다. 일정하게 주어진 산출량은 여러 방법으로 생산될 수 있다. 그 중에서도 우리는 가장 저렴한 방법, 즉 현재 주어진 생산요소들의 가격들에 대해서 가장 적당한 방법을 찾아야 한다. 이 질문에 대한 해답을 찾기 위하여 비용이 생산에서 규모에 대한 수확과 어떻게 연결되는지 알아내야 한다.

9.2 단기 비용

단기에 산출량에 따라 비용이 어떻게 변하는지를 알기 위하여, 8장에서 논의했던 것처럼 단순한 생산 예제로부터 시작하는 것이 편리하다. 켈리라는 세탁소는 노동(L)과 자본(K)을 이용하여 한 바구니의 세탁물을 세탁한다. 노동은 경쟁시장에서 시간당 $10의 임금률($w$ = 노동자 한 명의 시간당 $10로 채용된다.[1] 자본 투입량은 단기에 고정되어 있다. 가변 투입물과 시간당 세탁할 바구니의 전체 수 사이의 관계는 표 9.1에 요약되어 있다. 산출량은 초기에는 가변 투입물이 추가적으로 고용됨에 따라 (즉, L이 0에서 4단위로 증가함에 따라) 체증적으로 증가하지만, 그 이후에는 (L이 4에서 8단위로 증가함에 따라) 증가량이 둔화된다.

표 9.1
켈리 세탁소의 단기 생산함수

노동 투입량 (시간당 노동자 수)	산출량 (바구니/시간)
0	0
1	4
2	14
3	27
4	43
5	58
6	72
7	81
8	86

> 오른쪽 열의 각 행에 있는 숫자는 왼쪽 열에 있는 각 가변 투입량에 의해 생산되는 산출량을 나타낸다. 이 생산함수는 초기에는 가변 투입물이 추가적으로 증가함에 따라 체증적으로 증가하다가 나중에는 체감적으로 증가한다.

---

1. "시간당 근로자 수(인-시간)"이란 근로자 한 명이 한 시간 동안 일하는 것을 의미한다. 14장에서 투입물 가격이 어떻게 결정되는지 다루게 된다. 당분간 투입물 가격은 주어진 것으로 가정한다.

각 산출량 수준을 생산하기 위한 총비용은 생산과정에 사용된 모든 생산요소들의 비용이다. 켈리가 자기 자신의 자본을 소유하고 있다면, 자본의 암묵적 임차 가치(rental value)는 기회비용이다. 즉, 켈리가 자본을 매각하여 그 자금을 예컨대 정부채권(국채)에 투자했을 때 벌어들일 수 있는 수익금이다(1장 참조). 켈리의 자본은 1시간당 120대의 세탁기로 고정되어 있고, 전체 자본 임차료는 $30/시간이고 이에 따라 각 기계의 임차료는 $r =$ 세탁기 1대의 시간당 $0.25이다.[2] 이 비용은 **고정비용**(FC: fixed cost)으로, 산출량 수준이 변하더라도 단기에는 변하지 않는다. K_0가 자본량이고 단위당 임차 가격이 r이라면 고정비용은 다음과 같다.

$$FC = rK_0. \tag{9.1}$$

고정비용을 구성할 수 있는 다른 예들은 재산세(property tax), 보험료(insurance payment), 대출이자(interest on loans), 그리고 기업이 단기에서 산출량 수준이 변하더라도 지불해야 하는 기타 지출액 등이다. 사업 관리자들은 종종 고정비용을 간접비(*overhead cost*)라고 한다.

가변비용(VC: variable cost)은 각 산출량 수준에서 가변 생산요소의 총비용으로 정의된다.[3] 지금의 예제에서 각 주어진 산출량 수준에 대한 가변비용은 각 산출량 수준을 생산하기 위하여 고용되는 노동량을 시간당 임금률로 곱하여 계산된다. 따라서 27바구니/시간의 가변비용은 (근로자 1명의 시간당 임금률 $10) × (시간당 근로자 3명) = 시간당 $30이다. 일반적으로 L_1이 Q_1 수준의 산출량을 생산하기 위하여 필요한 노동 투입량이고, w가 시간당 임금률이라면, 가변비용은 다음과 같이 계산된다.

$$VC_{Q1} = wL_1. \tag{9.2}$$

위의 식에서 가변비용이 산출량에 의존한다는 것은 명시적으로 식 (9.2)의 좌변에 하첨자로 표시되어 있다. 하지만 식 (9.1)에는 이러한 표시가 없다. 그 이유는 가변비용은 생산되는 산출량 수준에 의존하지만, 고정비용은 그렇지 않기 때문이다.

총비용(TC: total cost)은 고정비용과 가변비용의 합이다. 켈리가 43바구니/시간을 세탁하고자 한다면, 이를 위한 총비용은 $30/시간 + ($10/인−시간) × (4인−시간/시간) = $70/시간이 될 것이다. 좀 더 일반적으로 정의하면, Q_1의 산출량 수준을 생산하기 위한 총비용을 계산하기 위한 식은 다음과 같다.

$$TC_{Q1} = FC + VC_{Q1} = rK_0 + wL_1. \tag{9.3}$$

표 9.2는 표 9.1에 제시되어 있던 각 산출량 수준에 해당하는 고정비용, 가변비용, 그리고 총비용을 보여주고 있다. 이러한 비용들 사이의 관계를 표보다는 그림을 통해 표현하면 훨씬 더 명확하게 알 수 있다. 표 9.1의 단기 생산함수는 그림 9.1로 제시되어 있다. 8장에서 알 수 있듯이, $0 \leq L \leq 4$인 생산함수의 초기 영역은 가변요소에 대한 수확 체증에 해당한

고정비용(FC)

단기에 산출량 수준에 따라서 변하지 않는 비용(고정생산요소의 모든 비용)

가변비용(VC)

단기에 산출량 수준에 따라서 변하는 비용 (가변생산요소의 모든 비용)

총비용(TC)

생산에 소요되는 모든 비용으로 가변비용과 고정비용의 합

---

2. "시간당 세탁기 한 대"는 1시간 동안 한 대의 기계(세탁기)가 작동하는 것을 의미한다. 그리고 켈리의 자본이 1시간당 120대의 세탁기로 고정되어 있다는 것은 동시에 작동시킬 수 있는 120대의 세탁기를 소유하고 있다는 뜻이다.

3. 하나 이상의 가변 투입물을 갖는 생산 공정에서는 가변비용이 모든 가변 투입물들의 비용을 가리킨다.

표 9.2

산출량과 생산비용

Q	FC	VC	TC
0	30	0	30
4	30	10	40
14	30	20	50
27	30	30	60
43	30	40	70
58	30	50	80
72	30	60	90
81	30	70	100
86	30	80	110

> 자본의 고정비용은 $30/시간이고, 가변요소의 단위당 비용($L$)은 $10/시간이다. 총비용은 고정비용과 가변비용의 합으로 계산된다.

다. 하지만 $L = 4$인 지점을 지나면 생산함수는 가변요소에 대한 수확 체감을 보여준다.

9.3 총비용, 가변비용, 그리고 고정비용곡선 도출

당연한 말이지만 가변비용곡선의 형태는 단기 생산함수의 형태와 체계적으로 관련되어 있다. 이러한 연결고리의 이유는 생산함수는 일정 수준의 산출량을 생산하기 위하여 요구되는 노동 투입량이 어느 정도 되는지를 우리에게 알려주고, 이 노동 투입량에 임금률을 곱하면 가변비용이 계산되기 때문이다. 예를 들어, 우리가 58단위의 산출량을 생산하기 위한 가변비용을 그림에 표시하려 한다고 가정하자(그림 9.1과 그림 9.2 참조). 우선 그림 9.1의 생산

그림 9.1

단일 가변요소의 함수로 표시한 산출량

이 생산과정은 $L = 4$일 때까지 가변요소에 대한 수확 체증을 나타내지만, 그 이후에는 수확 체감을 보여준다.

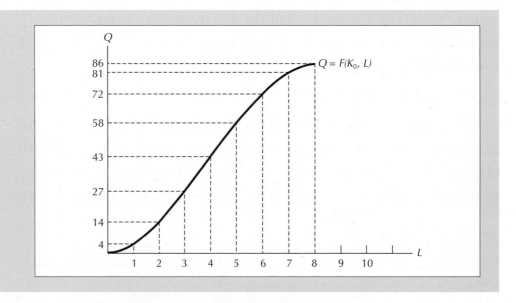

함수로부터 58단위의 산출량을 생산하기 위하여 5단위의 노동이 필요하다는 것을 알 수 있다. 그리고 임금률이 ($10/인−시간)으로 주어진 상태에서 가변비용은 ($10/인−시간) × (5인−시간/시간) = $50/시간이다. 따라서 58단위의 산출량 수준과 이에 해당하는 $50/시간의 가변비용이 그림 9.2에 표시되어 있다. 마찬가지로 생산함수로부터 알 수 있듯이, 43단위의 생산량은 4단위의 노동 투입량이 필요하기 때문에 임금률이 $10/시간일 때 가변비용은 $40/시간이다. 이와 같은 방법으로 가변비용곡선 위에 추가적인 점들을 도출할 수 있다.

우리에게 관심 있는 부분은 생산함수의 곡면형태와 가변비용의 곡선형태 사이의 관계이다. 그림 9.1에서 $L = 4$인 지점에서 가변 투입요소에 대한 수확 체감이 시작된다. $L < 4$인 경우 노동에 대한 수확 체증이 존재하는데, L이 추가적으로 한 단위씩 증가할 때 산출량은 추가적으로 이보다 더 많이 증가하는 것을 의미한다. 부연하자면, 이 영역에서 산출량 Q가 일정하게 증가할 때 이를 생산하기 위해 필요한 가변요소인 노동의 추가적인 투입량은 점점 줄어든다는 것을 뜻한다. 그 결과로서 43단위 미만의 산출량 수준에서 가변비용은 체감한다. 따라서 그림 9.2에서 $0 < Q < 43$인 영역에서 가변비용곡선은 오목한(concave) 형태를 보인다.

그림 9.1에서 노동 투입량이 4단위를 초과하면, 생산함수는 수확 체감의 영역에 진입한다. 이 경우에 산출량이 일정한 크기로 증가하면 이를 생산하기 위한 추가적인 노동 투입량은 커진다. 따라서 이 영역에서 가변비용은 체증한다. 이에 따라 그림 9.2에서 $Q > 43$인 영역에서 가변비용곡선은 볼록한(convex) 형태를 갖고 있다.

고정비용은 산출량 수준에 따라 변하지 않기 때문에 고정비용곡선은 단순히 수평선으로 나타난다. 그림 9.2는 그림 9.1에 나타난 생산함수에 대한 고정비용(FC), 가변비용(VC), 그리고 총비용(TC)곡선들을 나타낸다. 그림에서 가변비용곡선은 원점을 통과하는데, 그 이

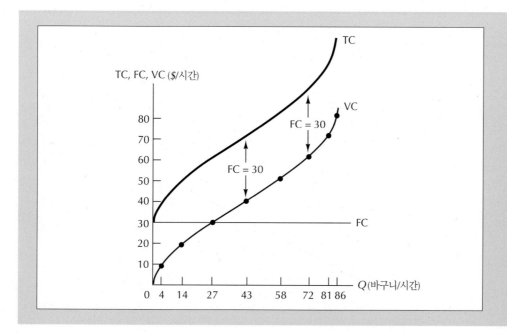

그림 9.2

총비용, 가변비용, 그리고 고정비용곡선

이 비용곡선들은 그림 9.1에 나타난 켈리의 세탁소에 대한 생산함수에 해당하는 것들이다. 가변비용(VC)곡선은 원점을 통과하는데 이는 산출량이 0일 때 가변비용도 0임을 뜻한다. FC곡선과 VC곡선의 합인 TC곡선은 VC곡선과 평행이고 FC = 30 위에 놓여 있다.

유는 산출량이 0인 경우 이를 생산하기 위한 가변비용도 0이기 때문이다. 따라서 산출량이 0인 경우 총비용은 고정비용과 같다. 또한 VC곡선과 TC곡선의 수직 거리는 모든 위치에서 FC와 일치한다. 따라서 이것이 의미하는 것은 총비용곡선은 가변비용곡선과 평행이고, 고정비용 위에 놓여 있다는 것이다.

| 예 9.1 | 비용함수 그리기 |

생산함수가 $Q = 3KL$로 주어졌다고 가정하자. 여기서 K는 자본이고 L은 노동을 나타낸다. 자본의 가격이 $2/대−시간, 노동의 가격은 $24/인−시간, 그리고 자본은 4대−시간/시간으로 고정되어 있다. 이러한 생산과정에 대한 TC, VC, 그리고 FC곡선들을 그려라.

그림 9.1에 나타난 생산과정과는 다르게, 이 예에서 생산과정은 모든 곳에서 가변 생산요소에 대해 수확 불변이다. 그림 9.3에 나타나 있듯이 산출량은 가변 투입량에 정확하게 비례한다.

이 생산함수에 대한 총비용함수를 도출하려면 우선 단기에 일정한 수준의 산출량을 생산하기 위하여 요구되는 자본과 노동의 양을 알아야 한다. $K = 4$대−시간/시간으로 고정되어 있기 때문에 요구되는 노동 투입량은 다음과 같이 계산된다. $Q = 3KL = 3 \times 4 \times L$로부터 $L = Q/12$이다. 시간당 산출량 Q단위를 생산하기 위한 총비용은 다음과 같이 주어진다.

$$TC(Q) = (\$2/\text{대}-\text{시간})(4\text{대}-\text{시간/시간})$$
$$+ (\$24/\text{인}-\text{시간})(\frac{Q}{12}\text{인}-\text{시간/시간}) = \$8/\text{시간} + \$2Q/\text{시간}. \quad (9.4)$$

자본에 대한 지출액 $8/시간은 고정비용을 구성하고, 가변비용은 총비용에서 고정비용을 제외하면 된다. 즉,

$$VC_Q = 2Q. \quad (9.5)$$

총비용, 가변비용, 그리고 고정비용곡선들은 그림 9.4에 그려져 있다.

그림 9.3

$Q = 3KL$인 생산함수($K = 4$ 일 때)

단기 생산함수는 모든 L에 대해 수확 불변을 띠고 있다. L에 대해 수확 체증 또는 수확 체감 영역은 존재하지 않는다.

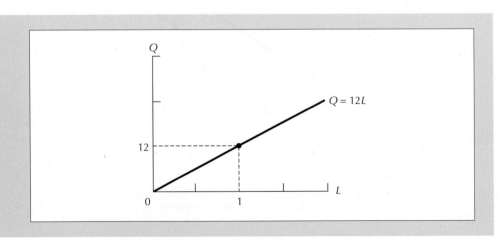

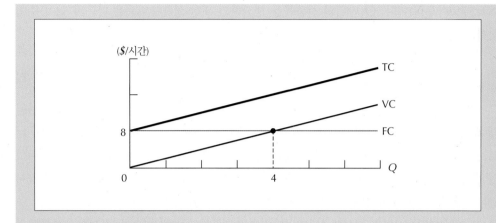

그림 9.4

$Q = 3KL$인 생산함수의 총비용, 가변비용, 그리고 고정비용곡선

단기에 K는 4대−시간/시간으로 고정되어 있고, 자본 가격 $r = \$2$/대−시간이기 때문에 고정비용은 $8/시간이다. 시간당 Q단위의 산출량을 생산하기 위하여 $Q/12$인−시간/시간의 노동 투입량이 필요하다. 노동 가격이 $24/인−시간이라면, 가변비용은 $2Q/시간이다. 따라서 총비용은 $8/시간 + $2Q/시간이다.

개념 확인 9.1

자본의 가격만 $r = \$4$/대−시간이고 나머지는 예 9.1과 같다. TC, VC, 그리고 FC곡선들을 그려라.

9.4 기타 단기 비용

평균고정비용(AFC: average fixed cost)은 고정비용을 산출량으로 나눈 값이다. 예를 들면, 표 9.1에 나타난 생산함수에서 (58바구니/시간)을 세탁하기 위한 평균고정비용은 ($30/시간) ÷ (58바구니/시간) = ($0.517/바구니)이다. 좀 더 일반적인 방법으로 나타내면, Q_1 수준의 산출량을 생산하기 위한 평균고정비용은 다음과 같다.

평균고정비용(AFC)
고정비용을 산출량으로 나눈 값으로서 산출량 한 단위당 고정비용

$$\text{AFC}_{Q_1} = \frac{\text{FC}}{Q_1} = \frac{rK_0}{Q_1}. \tag{9.6}$$

FC와는 다르게 식 (9.6)에서 AFC는 생산되는 산출량 수준에 의존한다. 그리고 산출량 수준이 증가함에 따라 평균고정비용은 감소한다. 왜냐하면 단기에 고정비용은 일정하기 때문에 산출량 수준이 증가하면 생산된 산출량의 한 단위당 고정비용은 줄어들기 때문이다.

평균가변비용(AVC: average variable cost)은 가변비용을 산출량으로 나눈 값이다. 켈리가 시간당 72바구니를 세탁한다면, 그의 평균가변비용은 ($10/인−시간)(6인−시간/시간) ÷ (72바구니/시간) = ($0.833/바구니)이다. Q_1 수준의 산출량을 생산하기 위한 평균가변비용은 다음과 같다.

평균가변비용(AVC)
가변비용을 산출량으로 나눈 값으로서 산출량 한 단위당 가변비용

$$\text{AVC}_{Q_1} = \frac{\text{VC}_{Q_1}}{Q_1} = \frac{wL_1}{Q_1}. \tag{9.7}$$

평균총비용(ATC: average total cost)은 총비용을 산출량으로 나눈 것이다. 그리고 총비용은 총고정비용과 총가변비용의 합이기 때문에 ATC는 AFC와 AVC의 합이다. 예컨대, 시간당 58바구니를 세탁하기 위한 평균총비용은 ($30/시간) ÷ (58바구니/시간) + ($10/인−시간)(5인−시간) ÷ (58바구니/시간) = ($0.517/바구니) + ($0.862/바구니) =

평균총비용(ATC)
총비용을 산출량으로 나눈 값

($1.379/바구니)이다. Q_1단위의 산출물을 생산하기 위한 평균총비용은 다음과 같이 주어진다.

$$\mathrm{ATC}_{Q_1} = \mathrm{AFC}_{Q_1} + \mathrm{AVC}_{Q_1} = \frac{rK_0 + wL_1}{Q_1}. \tag{9.8}$$

한계비용(MC)
산출량이 한 단위 변할 때 총비용의 변화량

　　마지막으로 **한계비용**(MC: marginal cost)은 추가적으로 한 단위의 산출량이 생산될 때 요구되는 총비용의 변화량이다.[4] 예를 들어, 시간당 산출량이 58바구니에서 72바구니로 증가하면, 총비용은 시간당 $10 증가한다. 이 비용은 산출물의 증가량을 생산하기 위하여 필요한 추가적인 근로자의 고용 비용이다. 추가적인 근로자는 추가적으로 (14바구니/시간)을 세탁해야 하기 때문에 바구니로 환산한 추가적인 산출량의 한계비용은 ($10/시간) ÷ (14바구니/시간) = ($0.714/바구니)이다. 일반적으로 ΔQ은 최초의 산출량 Q_1으로부터의 변화량을 나타내고, $\Delta \mathrm{TC}_{Q1}$은 이에 대응하는 총비용의 변화량을 나타낸다면, Q_1에서 한계비용은 다음과 같다.

$$\mathrm{MC}_{Q_1} = \frac{\Delta \mathrm{TC}_{Q_1}}{\Delta Q}. \tag{9.9}$$

고정비용은 산출량 수준에 따라 변하지 않기 때문에 추가적인 산출량 ΔQ를 생산할 때 총비용의 변화량은 가변비용의 변화량과 같다. 따라서 한계비용은 다음과 같이 나타낼 수 있다.

$$\mathrm{MC}_{Q_1} = \frac{\Delta \mathrm{VC}_{Q_1}}{\Delta Q}. \tag{9.10}$$

여기서 ΔQ단위의 산출량을 추가적으로 생산할 때 $\Delta \mathrm{VC}_{Q1}$은 가변비용의 변화량이다.

단기 평균비용과 한계비용곡선 그리기

FC는 산출량에 따라 변하지 않기 때문에 평균고정비용은 산출량이 증가함에 따라 완만하게 감소한다. 본 교재를 생산하기 위한 출판사의 고정비용이 약 $200,000라고 가정하자. 만약에 1000권만 출판된다면, 이때의 평균고정비용은 ($200/권)일 것이다. 그러나 출판사가 20,000권을 출판하면, AFC는 한 권당 $10로 하락할 것이다. 산출량이 증가함에 따라 AFC가 하락하는 과정을 종종 "간접비의 분산"(spreading overhead cost)이라 한다.

　　그림 9.5의 윗부분에서 FC곡선에 대응하는 평균고정비용곡선은 아랫부분에서 AFC라고 붙인 곡선이다. 이 AFC곡선은 직각 쌍곡선의 형태를 취하고 있다. 즉, 산출량이 0으로 줄어들면 AFC는 수직축에 접하지 않고 증가하고, 산출량이 증가함에 따라 AFC는 0으로 접근해 가면서 작아진다. 한편, AFC곡선의 수직축의 측정 단위는 산출량 한 단위당 화폐액($/산출물 단위)이지만, FC곡선의 수직축 단위는 시간당 화폐액($/시간)으로 측정되는 것에 주의하라.

　　기하학적으로, 임의의 산출량 수준 Q에서 평균가변비용인 VC/Q는 점Q에서 가변비

---

4. 미분 개념을 이용하면, 한계비용의 정의는 단순히 $\mathrm{MC}_Q = d\mathrm{TC}_Q/dQ$이다.

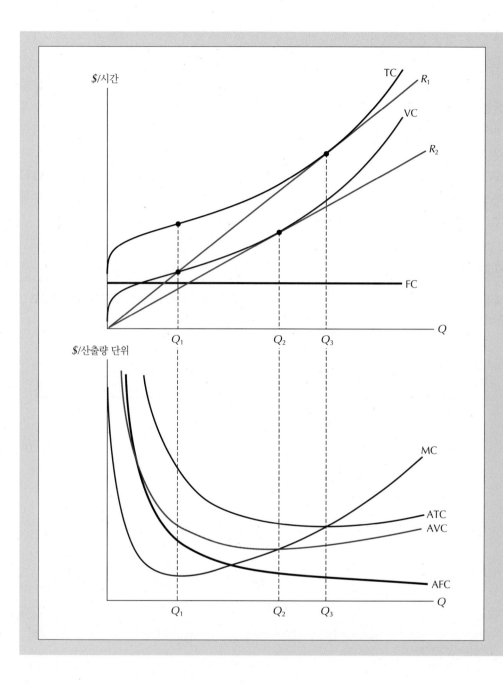

그림 9.5

한계비용, 평균총비용, 평균가변비용, 그리고 평균고정비용곡선

MC곡선은 ATC곡선과 AVC곡선의 최저점에서 교차한다.

용곡선의 원점에서 그은 직선의 기울기로 해석될 수 있다. 그림 9.5의 윗부분에서 원점에서 VC곡선상의 한 점에 그은 직선의 기울기는 산출량 수준이 Q_2까지 증가함에 따라 하락하다가, 그 이후 상승한다. 그림 9.5의 아랫부분에서 이에 해당하는 AVC곡선은 Q_2에서 최저점인데, 이 산출량에서 원점에서 출발한 직선 R_2는 VC곡선과 접한다. 그리고 이 점 이후에서 AVC곡선은 산출량과 함께 상승한다.

ATC곡선도 AVC곡선과 유사한 방법으로 도출된다. 원점에서 TC곡선상의 임의의 산출량 수준까지 그은 직선의 기울기가 이 산출량 수준에 대응하는 ATC이다. 그림 9.5의 윗부분에 있는 총비용곡선에 해당하는 ATC곡선은 아랫부분에 그려져 있다. ATC의 최솟값은 Q_3의 산출량 수준에서 발생하는데, 원점에서 출발한 직선 R_1이 이 산출량 수준에서 TC 곡선과 접하고 있다.

TC = FC + VC이기 때문에 ATC = AFC + AVC이다(즉, 전자의 식의 양변을 Q로 단순히 나눈 것이다). 이것은 임의의 산출량 수준에서 ATC곡선과 AVC곡선 사이의 수직 적인 거리는 그 산출량 수준에 해당하는 AFC이다. 따라서 산출량이 0으로 접근하면 ATC 와 AVC 간의 수직적 거리도 무한대로 접근하고, 산출량이 무한대로 늘어나면, ATC와 AVC 간의 수직적 거리는 0으로 접근한다. 또한, 그림 9.5에서 AVC곡선의 최저점은 ATC 곡선의 최저점보다 산출량이 좀 더 적을 때 발생한다. AFC는 지속적으로 하락하기 때문에 AVC가 하락하다가 상승으로 반전한 이후에도 ATC는 계속 하락한다.

예 9.2 생산비용 결정

켈리 세탁소에 대한 표 9.2에 있는 정보를 이용하여 평균고정비용, 평균가변비용, 평균총비용, 그리고 한계비용을 표에 채워 넣어라. 그리고 이들 평균비용들을 그림으로 그려라.

산출량과 비용

Q	AFC	AVC	ATC	MC*
0	∞	—	∞	
				2.50
4	7.50	2.50	10.00	
				1.0
14	2.14	1.43	3.57	
				0.77
27	1.11	1.11	2.22	
				0.63
43	0.70	0.93	1.63	
				0.67
58	0.52	0.86	1.38	
				0.71
72	0.42	0.83	1.25	
				1.11
81	0.37	0.86	1.23	
				2.0
86	0.35	0.93	1.28	

*바구니당 비용이 앞의 산출량 수준에서 다음 산출량 수준으로 이동하는 과정에서 나타나는 것을 표현하기 위하여 한계비용 항목들은 줄 사이에 놓여져 있다.

AFC = FC/Q, AVC = VC/Q, 그리고 ATC = TC/Q를 이용하여 각 평균비용을 계산할 수 있다. 그리고 한계비용은 ΔTC/ΔQ를 이용하여 계산할 수 있다. 각 평균비용곡선들은 그림 9.6 에 제시되어 있다.

개념 확인 9.2

FC = 20이라면, 그림 9.5에서 Q = 10인 경우 ATC곡선과 AVC곡선 사이의 수직적인 거리는 얼마인가?

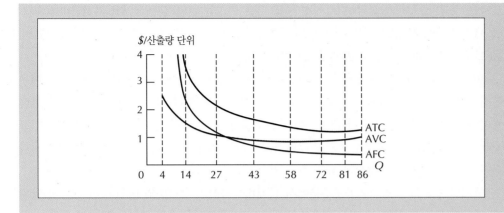

그림 9.6

산출량과 여러 평균비용들의 관계

ATC는 AVC와 AFC의 합이다. AFC는 Q의 모든 값들에서 하락한다.

얼마나 많은 산출량을 생산해야 하는지에 대한 기업의 의사결정에 있어 지금까지 7가지 비용곡선들 중에서 가장 중요한 것은 한계비용곡선이다. 앞으로 알게 되겠지만, 그 이유는 기업의 전형적인 경영에 관한 의사결정이 현재의 산출량 수준을 확장해야 하는지, 아니면 축소해야 하는지에 대한 질문과 관련되어 있기 때문이다. 이러한 의사결정을 현명하게 수행하기 위하여 기업은 관련 비용과 편익을 비교해야 한다. 산출량 증대에 따른 비용(또는 산출량 축소에 따른 절약)은 정의에 의해서 한계비용과 같다.

기하학적으로 임의의 산출량 수준에서의 한계비용은 그 산출량 수준에서의 총비용곡선의 기울기로 해석된다. 그리고 총비용곡선과 가변비용곡선은 서로 평행하기 때문에 한계비용은 가변비용곡선의 기울기와 일치한다(가변비용의 구성은 총비용이 변할 때 변하는 모든 것이다. 따라서 이것은 산출물 한 단위당 총비용의 변화는 산출물 한 단위당 가변비용의 변화와 일치한다는 것을 의미한다).

그림 9.5의 윗부분에서 총비용곡선의 기울기는 Q_1에 이를 때까지 하락한 이후 산출량과 함께 상승한다.[5] 이에 따라 한계비용곡선인 MC곡선은 Q_1 수준까지 우하향하는 기울기를 보인 후 우상향하는 기울기를 갖게 된다. 산출량 Q_1은 생산함수의 수확 체감이 시작되는 지점이고, 수확 체감에 의해 단기한계비용곡선은 우상향의 기울기를 보이게 된다.

산출량 수준 Q_3에서 총비용곡선의 기울기는 원점에서 총비용곡선상의 Q_3에 그은 직선인 R_1의 기울기와 정확히 같다. 이것은 한계비용과 평균총비용이 Q_3에서 일치한다는 것을 의미한다. 산출량 Q_3의 왼쪽에서는 총비용곡선의 기울기는 그에 대응하는 원점에서 그은 직선의 기울기보다 작은데, 이것은 이 영역에서 한계비용이 평균총비용보다 작다는 것을 말한다. 산출량 수준이 Q_3를 초과하면 총비용곡선의 기울기는 이에 대응하는 원점에서 그은 직선의 기울기보다 크다. 따라서 Q_3보다 큰 산출량 수준에 대해 한계비용은 평균총비용보다 크다. 이러한 관계는 그림 9.5의 아랫부분에 그려져 있는 평균총비용곡선과 한계비용곡선에 반영되어 있다. MC곡선과 AVC곡선 사이의 관계는 MC곡선과 ATC곡선 간의 관계와 정성적으로 비슷하다. 한 가지 공통점은 MC곡선이 곡선의 최소점에서 각 곡선과 교차

---

5. 곡선의 곡면(curvature)이 변하는 지점을 **변곡점**(*inflection point*)이라고 한다.

한다는 것이다. AVC곡선과 ATC곡선은 또 다른 특성을 갖고 있는데, MC가 평균비용(ATC나 AVC 중 어느 하나)보다 작을 때 평균비용곡선은 산출량이 증가함에 따라 하락하고, MC가 평균비용(AVC나 ATC)보다 크면 평균비용은 산출량과 함께 상승한다.

이러한 두 관계들은 8장에서 논의된 한계생산곡선과 평균생산곡선 간의 관계들과 매우 흡사하다. 이는 한계비용의 정의와 직접적으로 관련되어 있다. 추가적으로 한 단위의 산출량을 생산하는 비용이 평균비용(평균총비용이나 평균가변비용 중 어느 하나)보다 크면, 그것은 평균비용을 끌어올리는 효과를 갖는다. 반대로, 추가적인 생산의 비용이 평균비용보다 작다면 그것은 평균비용을 끌어내리게 될 것이다.

마지막으로 그림 9.5의 아랫부분에서 한계비용곡선의 수직축의 단위는 산출물 한 단위당 화폐액($/unit)인데, 이것은 3개의 단기 평균비용곡선들에 대해서도 똑같이 적용된다. 따라서 4개의 곡선들은 하나의 그림 내에 표현될 수 있다. 그러나 이들 곡선들을 총비용, 가변비용, 또는 고정비용곡선들과 동일한 축들을 이용하여 함께 표현하려 해서는 안 된다. 수직축상에 측정되는 단위는 그런 식으로 간단하게 상호 교환이 가능하지 않다.

| 예 9.3 | 비용곡선 그리기 |

산출량은 생산함수 Q = 3KL에 의해 주어진다고 가정하자. 여기서 K는 자본 투입량, L은 노동 투입량을 각각 나타낸다. 자본의 가격은 $2/대−시간, 노동의 가격은 $24/인−시간, 그리고 자본은 단기에 4단위에 고정되어 있다(이것은 예 9.1에서의 생산함수와 투입물 가격들과 동일하다). ATC, AVC, AFC, MC곡선들을 그려라.

예 9.1로부터 총비용곡선은 다음과 같이 주어져 있다.

$$\text{TC}_Q = 8 + 2Q. \tag{9.11}$$

단기 총비용곡선은 고정비용과 가변비용의 합으로 정의할 수 있는데, 식 (9.11)에서 8은 산출량 수준과 관계없이 소요되는 비용이기 때문에 고정비용(FC)이고, 2Q는 산출량 수준에 의해 영향을 받기 때문에 가변비용(VC)이다.

한계비용은 총비용곡선의 기울기이며, 이는 산출량 한 단위당 $2이다. 즉,

$$\text{MC}_Q = \frac{\Delta \text{TC}_Q}{\Delta Q} = 2. \tag{9.12}$$

평균가변비용은 VC_Q/Q로 주어지고, 이는 산출량 한 단위당 $2이다.

$$\text{AVC}_Q = \frac{2Q}{Q} = 2. \tag{9.13}$$

위에서 알 수 있듯이 한계비용이 일정할 때, 이는 AVC와 항상 일치할 것이다.

이 예에서 평균고정비용과 평균총비용은 각각 다음과 같이 주어진다.

$$\text{AFC}_Q = \frac{8}{Q}, \tag{9.14}$$

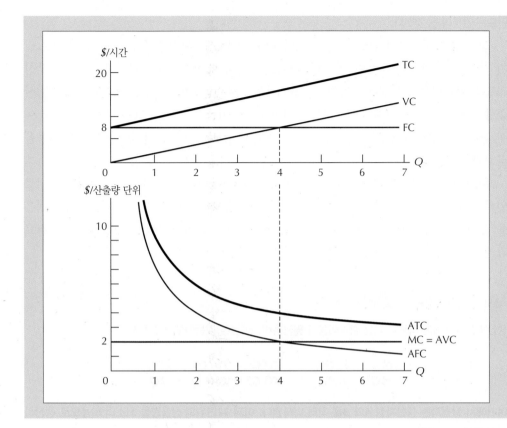

그림 9.7

특정 생산과정에 대한 비용곡선들

한계비용이 일정한 생산과정에 대해, 평균가변비용과 한계비용은 같다. 한계비용은 항상 ATC 아래에 위치한다.

$$\text{ATC}_Q = 2 + \frac{8}{Q}. \tag{9.15}$$

한계비용곡선과 평균비용곡선은 그림 9.7의 아랫부분에 그려져 있고, 윗부분은 이에 해당하는 총비용, 가변비용, 그리고 고정비용곡선들이 그려져 있다.

9.5 두 생산과정 사이의 생산 배분

8장에서 두 생산 활동에 고정된 자원을 배분하는 문제는 각 생산 활동에 대한 자원의 한계생산을 서로 같게 함으로써 해결할 수 있었다. 9장에서는 비용 개념을 이용하여 이와 유사한 방식으로 문제를 해결할 수 있다. 여기서 문제 해결의 핵심은 가능한 가장 낮은 비용에 할당된 산출량을 생산하는 방법으로 두 생산과정 사이에 주어진 생산량을 나누는 방법이다.

Q_T는 생산할 총량이고, Q_1과 Q_2는 첫 번째와 두 번째 생산과정에서 각각의 생산량이라 하자. 그리고 매우 낮은 수준의 산출량에서 각 생산과정의 한계비용은 Q_T의 산출량 수준에서의 한계비용보다 낮다고 가정하자(이 가정은 두 생산과정이 확실히 사용되도록 하기 위한 것이다).[6] 그러면, 이 문제를 해결하는 Q_1과 Q_2의 값들은 두 생산과정의 한계비용이 같아지게

---

6. $Q = Q_T$에서 생산함수 A의 한계비용이 $Q = 0$에서 생산함수 B의 한계비용보다 낮다고 가정하자. 즉 $\text{MC}^A_{Q_T} < \text{MC}^B_0$이면, 가장 저렴하게 Q_T를 생산하기 위해서는 오직 생산과정 A만을 이용하게 될 것이다.

만드는 값들이 될 것이다.

그 이유를 알아보기 위하여, 앞에서와는 다르게 두 생산과정에서의 한계비용이 서로 같지 않다고 가정하자. 즉 비용 극소화의 결과로서 어느 한 생산과정의 한계비용이 다른 생산과정의 한계비용보다 크다고 가정하자. 이 경우, 높은 한계비용을 갖는 생산과정에서의 산출량 한 단위를 낮은 한계비용을 갖는 생산과정으로 이동시킴으로써, 총비용을 낮추면서 이전과 동일한 수준의 총산출량을 생산할 수 있게 된다. 따라서 처음의 생산량 배분은 비용을 극소화시키는 생산 배분이 될 수 없다.

8장에서 비록 두 생산과정의 평균생산이 서로 간에 매우 다르더라도 한계생산이 서로 일치할 수 있었다. 마찬가지로 두 생산과정의 평균비용이 서로 다르더라도 동일한 한계비용을 갖는 것이 가능하다. 비용 극소화 조건은 평균비용 수준이 두 생산과정에서 똑같을 필요가 없다. 실제로도 평균비용들은 서로 다를 것이다.

예 9.4 | 최소 비용에 의한 생산 배분

생산과정 **A**와 **B**는 다음과 같은 한계비용과 평균총비용곡선을 갖는다고 가정하자.

$$MC^A = 12Q^A, \qquad ATC^A = 16/Q^A + 6Q^A,$$
$$MC^B = 4Q^B, \qquad ATC^B = 240/Q^B + 2Q^B,$$

여기에서 상첨자는 생산과정 **A**와 **B**를 각각 나타낸다. 이제 **32**단위의 산출량을 최소의 비용으로 생산하는 방법은 무엇인가?

비용 극소화 조건은 $MC^A_{Q^A} = MC^B_{Q^B}$와 $Q^A + Q^B = 32$이다. 한계비용 균등화 조건으로부터

$$12Q^A = 4Q^B. \tag{9.16}$$

두 번째 조건으로부터 얻은 $Q^B = 32 - Q^A$를 식 (9.16)에 대입하면

$$12Q^A = 128 - 4Q^A. \tag{9.17}$$

이제 식 (9.17)을 Q^A에 대해서 풀면 $Q^A = 8$이다. 따라서 $Q^B = 32 - 8 = 24$이다. 이러한 각 산출량 수준에서 두 공장에서의 한계비용은 산출물 한 단위당 $96가 될 것이다(그림 9.8 참조). 직선 $MC^T = 3Q^T$는 MC^A와 MC^B의 수평적인 합이다.[7]

이러한 산출량 배분에 따른 평균총비용의 값은 $ATC^A = 50/개이고, $ATC^B = 58/개이다. 우리는 평균총비용에 산출량을 곱하면 총비용곡선을 계산할 수 있는데, 이에 따르면, $TC^A = 16 + 6(Q^A)^2$이고, $TC^B = 240 + 2(Q^B)^2$이다.[8] 따라서, 생산 비용을 최소화시키는 산출량 배분으로부터 $TC^A = 400이고, $TC^B = 1392이다. 즉, 생산 비용 극소화를 위해 각 생산과정의 총비용이 서로 똑같을 필요는 없다.

---

7. $Q^T = Q^A + Q^B = MC/12 + MC/4 = MC/3$을 MC^T에 대해서 정리하면, $MC^T = 3Q^T$를 구할 수 있다.

8. $MC^A = dTC^A/dQ^A = d[16 + 6(Q^A)^2]/dQ^A = 12Q^A$이고, $MC^B = dTC^B/dQ^B = d[240 + 2(Q^B)^2]/dQ^B = 4Q^B$이다.

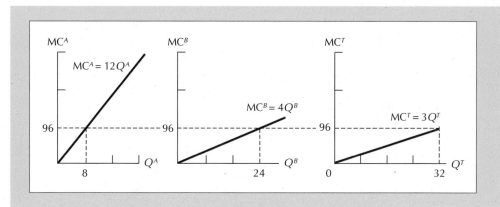

그림 9.8

비용 극소화에 의한 생산 배분

주어진 총산출량을 최소의 비용으로 생산하기 위해서 각 생산 활동의 한계비용이 서로 일치하도록 각 생산 활동에 산출량을 배분해야 한다.

개념 확인 9.3

총산출량이 12이며, 다른 조건들은 예 9.4와 동일한 경우, 예 9.4를 다시 시도해 보아라.

9.6 MP, AP, MC 그리고 AVC 사이의 관계

8장에서 우리는 한계생산곡선은 평균생산곡선의 최댓값에서 평균생산곡선을 통과한다는 것을 배웠다(그림 8.6 참조). 이번 장에서는 한계비용곡선이 평균가변비용곡선의 최저점에서 평균가변비용곡선을 통과하는 것을 살펴보았다. 이러한 관계들 사이에 직접적인 연결 고리가 존재하고 있다. 이러한 연결 관계를 알아보기 위하여 한계비용의 정의(MC = ΔVC/ΔQ)에 주목할 필요가 있다. 노동이 유일한 가변 생산요소인 경우, ΔVC = ΔwL이다. 따라서 ΔVC/ΔQ는 $\Delta wL/\Delta Q$와 같고, 임금률이 고정되어 있다면 $\Delta wL/\Delta Q$는 $w\Delta L/\Delta Q$이다. $\Delta L/\Delta Q$은 1/MP이기 때문에 다음의 식이 성립한다.

$$\text{MC} = \frac{w}{\text{MP}}. \tag{9.18}$$

같은 방법으로 평균가변비용의 정의(AVC = VC/Q = wL/Q)와 L/Q = 1/AP로부터 다음의 관계를 얻을 수 있다.

$$\text{AVC} = \frac{w}{\text{AP}}. \tag{9.19}$$

식 (9.18)로부터 한계비용의 최솟값은 한계생산이 최댓값일 때 발생한다는 것을 알 수 있다. 마찬가지로 식 (9.19)를 통해서 알 수 있듯이 AVC의 최솟값은 AP의 최댓값에 대응한다. 그림 9.9의 윗부분은 L의 함수로서 AP와 MP곡선을 나타내고, 아랫부분은 L의 함수로서 식 (9.18)과 식 (9.19)에 대응하는 MC와 AVC곡선을 나타내고 있다. (관례에 따르면, MC와 AVC곡선은 Q의 함수로 표현된다. 아랫부분에서 주어진 L의 값에 대응하는 Q의 값을 계산하려면 L과 이때의 AP값을 곱하면 된다.) 윗부분에서 MP곡선은 $L = L_1$에서 최댓값을 취하고, 아랫부분에서 MC곡선의 최솟값은 $L = L_1$에 해당하는 Q_1에서 발생한다. 또한 윗부분에서 AP곡선은 $L = L_2$일 때 최댓값을 보이며, 아랫부분에서 AVC곡선의 최솟값은 $L = L_2$에서 생산되는 산출량 Q_2에서 발생한다.

그림 9.9

MP, AP, MC 그리고 AVC 사이의 관계

일반적으로 MC와 AVC곡선은 수평축에 Q와 함께 나타내지만, 아랫부분에서 L의 함수로 표현되어 있다. 주어진 노동 투입량 L에 대응하는 산출량의 값은 L과 이때의 AP_L값을 곱하면 구해진다. $L = L_1$에서 MP곡선의 최댓값은 $Q = Q_1$에서 MC곡선의 최솟값에 대응한다. 마찬가지로 $L = L_2$에서 AP곡선의 최댓값은 $Q = Q_2$에서 AVC곡선의 최솟값에 대응한다.

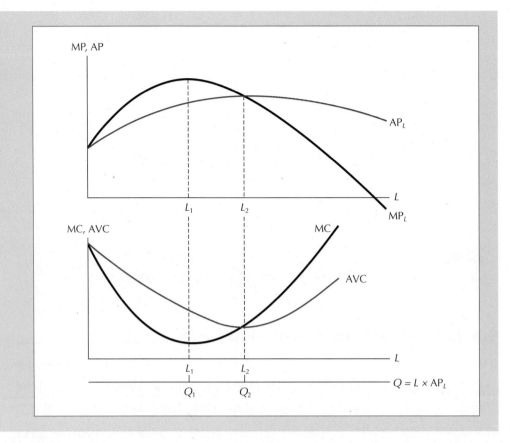

개념 확인 9.4

단기에서 산출량 수준이 일정하게 주어진 생산함수에 대해 노동의 한계생산은 노동의 평균생산보다 높다. 이 산출량 수준에서 한계비용은 평균가변비용과 어떻게 비교되는가?

9.7 장기 비용

장기에서는 정의에 의해서 모든 투입물들이 가변적이다. 기업의 관리자가 일정 수준의 산출량을 가능한 한 가장 낮은 비용에 생산하고자 한다면, 그 관리자는 임의의 투입물 조합을 어떻게 선택해야 하는가? 다음 절에서 알게 되겠지만 이 질문에 대한 해답은 자본과 노동의 상대가격에 달려있다.

최적의 투입물 조합 선택

산업 구조가 독점적이거나 경쟁적이거나, 자본주의적이거나 사회주의적이거나, 산업화되었거나 덜 산업화되었든 간에 상관없이, 대부분의 생산자들의 목표는 주어진 산출량 수준과 품질을 가능하면 가장 낮은 비용으로 생산하는 것이다. 이를 다르게 표현하자면, 생산자는 주어진 투입물 지출액으로부터 가능한 한 산출물을 최대로 생산하고자 할 것이다.

우선 주어진 지출액 수준에서 산출량을 극대화하려는 기업의 경우를 고려해 보자. 이 기업은 오직 두 투입물, 자본(K)과 노동(L)만을 사용하고, 두 투입요소의 가격은 하루 투입물 한 단위당 화폐액으로 측정되는데 $r = 2$이고 $w = 4$이다. 하루 총지출액 $C = \$200/$일로 이 기업이 구입할 수 있는 서로 다른 투입물들의 조합은 어떻게 되는가? 이 질문은 3장에서 우리가 소비자 행태이론을 통해 알게 된 것과 동일한 구조를 갖고 있음에 주목해야 한다 ("주어진 가격 P_X와 P_Y에 직면한 소비자는 소득 M을 가지고 X와 Y의 어떤 조합을 구입해야 하는가?"). 소비자의 경우에 그 해답은 예산제약(budget constraint)에 의해 쉽게 요약되었다. 기업의 경우에 이와 유사한 정보가 **등비용선**(isocost line)에 의해 요약되어 나타나는데, 주어진 예에 대한 등비용선은 그림 9.10에 제시되어 있다. 직선 B상의 임의의 한 점은 하루 총지출액 $200로 구입 가능한 투입물들의 조합이다. 예산제약의 경우와 마찬가지로 등비용선의 기울기는 $-w/r$이다.

등비용선(isocost line)
비용이 동일한 각 투입물의 묶음들의 집합

개념 확인 9.5

$w = 3$이고, $r = 6$일 때, 시간당 총비용 $90과 $180에 해당하는 등비용선을 각각 그려라.

주어진 비용으로 생산할 수 있는 최대 산출량을 찾아내는 분석적인 접근방법은 최적의 소비묶음을 찾아내는 방법과 유사하다. 일정한 만족 수준은 (동일한 무차별곡선상에 놓여 있는) 다수의 가능한 소비꾸러미들로부터 달성될 수 있듯이, 일정하게 주어진 산출량은 (동일한 등비용선상에 있는) 무수히 많은 서로 다른 투입물 조합들로부터 생산될 수 있다. 소비자 문제의 경우에는 예산제약식을 무차별지도에 겹쳐 놓고 관련 접점을 찾아내어 최적의 소비꾸러미를 찾아낼 수 있었다.[9] 생산자 문제에서는 등비용선을 등량지도에 겹쳐 놓는다. 그림 9.11에서 접점(L^*, K^*)는 지출액 C로 생산할 수 있는 최대 산출량(Q_0)을 제공하는 투입물 조합이다.

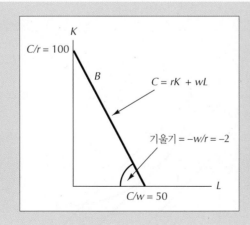

그림 9.10

등비용선

투입물 가격이 주어진 상태($r = 2$이고 $w = 4$)에서 등비용선은 주어진 총지출액 $C(= \$200)$로 구입할 수 있는 모든 가능한 투입물 묶음의 궤적이다. 등비용선의 기울기는 $-w/r$이다.

---

9. 물론 모서리해의 경우에는 예외이다.

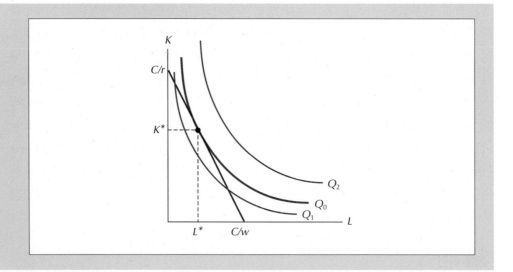

그림 9.11

주어진 생산비에서의 최대 산출량

생산비 C로 최대한 생산하려는 기업은 C에 해당하는 등비용선이 등량곡선과 접하는 점에서의 투입물 조합을 선택할 것이다.

이미 언급했듯이, 주어진 생산비 수준에서 최대한의 산출량을 생산하는 문제는 주어진 산출량 수준을 가능한 최소한의 비용으로 생산하는 문제와 본질적으로 동일한 방법으로 해결할 수 있다. 유일한 차이점은 후자의 경우에 특정 등비용선으로부터 출발하여 서로 다른 수준의 비용에 해당하는 각 등비용선을 겹쳐 놓는다(등비용선 지도)는 점이다. 앞에서는 비용이 고정되어 있고 산출량이 변하였지만, 이제는 산출량이 고정되어 있고 비용이 변한다. 그림 9.12에 나타나 있듯이, 최소 비용의 투입물 묶음(L^*, K^*)은 등비용선과 특정 등량곡선(Q_0)의 접점에 해당한다.

8장에서 우리가 배운 바에 따르면, 어느 한 점에서의 등량곡선의 기울기는 $-\mathrm{MP}_L/\mathrm{MP}_K$였다. (이 기울기의 절대값을 기술적 한계대체율(MRTS)이라 하였다.) 등량곡선의 기울기를 등비용선과 접하는 점에서의 비용 최소화 점(이때의 기울기는 $-w/r$이다)과 결합하면 다음과 같다.

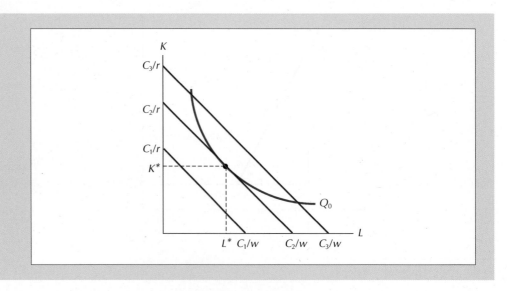

그림 9.12

주어진 산출량 수준에 대한 비용 극소화

가능한 한 최소한의 비용으로 주어진 산출량 Q_0를 생산하려는 기업은 등비용선이 등량곡선 Q_0와 접하는 점에서 투입물 조합을 선택할 것이다.

$$\frac{MP_{L^*}}{MP_{K^*}} = \frac{w}{r}. \tag{9.20}$$

여기서 K^*와 L^*는 비용을 최소화하는 K와 L의 값들을 각각 나타낸다. 이를 정리하면,

$$\frac{MP_{L^*}}{w} = \frac{MP_{K^*}}{r}. \tag{9.21}$$

식 (9.21)의 경제적 의미는 확실하다. 우선 MP_{L^*}는 비용 극소화 점에서 노동 한 단위의 추가적인 증가로부터 얻게 되는 추가적인 산출량이다. 이 때 w는 L 한 단위의 추가적 증가에 수반되는 비용($)이다. 그러므로 MP_{L^*}/w는 L에 지출된 마지막 금액으로부터 얻게 되는 추가적인 산출량(즉, w의 단위가 $라면, $1를 지출하여 추가적으로 얻게 되는 산출량)이다. 마찬가지로 MP_{K^*}/r는 K에 지출된 마지막 금액으로부터 얻게 되는 추가적인 산출량이다. 그러므로 식 (9.21)는 비용이 최소화될 때 어떤 투입물에 지출되는 마지막 금액으로부터 얻는 추가적인 산출량이 모든 투입물들에 대해 동일해야 한다는 것을 의미한다.

그 이유를 설명하는 것은 어렵지 않다. 만약 어떤 투입물에 지출한 마지막 금액으로부터 얻는 추가적인 산출량이 모든 투입물들에 대해서 동일하지 않다면, 비용은 극소화되지 않은 상태이다. 예를 들어, 노동과 자본의 마지막 단위 모두가 산출량을 4단위만큼 증가시켰다고 가정하자. 즉, $MP_L = MP_K = 4$라고 가정하자. 또한 $r = \$2$이고, $w = \$4$라고 가정하자. 그러면 우리는 L에 지출된 마지막 금액에 대한 산출량으로 오직 1단위를 받지만, K에 지출된 마지막 금액에 대한 산출량으로 2단위를 받는다. 이때 L에 대한 지출을 $1만큼 줄이고, K에 대한 지출을 $0.5만큼 늘리면 이전과 동일한 산출량 수준을 얻으면서도 지출액을 $0.5만큼 절약할 수 있다. 따라서 투입물 가격에 대한 한계생산의 비율이 모든 투입물에 걸쳐 동일하지 않은 경우, MP/P가 높은 투입물로의 대체를 통해서 비용을 절약하는 것이 항상 가능하게 된다.[10]

좀 더 일반적으로 N개의 투입물, $X_1, X_2, \ldots, X_N$을 사용하는 생산과정을 고려할 수 있다. 이 경우, 생산비를 극소화시키는 생산을 위한 식 (9.21)의 일반화된 조건은 다음과 같다.

$$\frac{MP_{X_1}}{P_{X_1}} = \frac{MP_{X_2}}{P_{X_2}} = \cdots \frac{MP_{X_N}}{P_{X_N}}. \tag{9.22}$$

어떤 투입물에 지출된 마지막 $1로부터 얻게 되는 산출량이 다른 투입물에 지출된 마지막 $로부터 얻게 되는 산출량보다 더 많으면, 우리는 첫 번째 투입물에 더 많이 지출해야 하고, 두 번째 투입물에 대한 지출을 줄여야 한다.

생활 속의 경제행태 9.1

네팔에서는 수작업으로 자갈을 만들지만, 미국에서는 왜 기계로 자갈을 만드는가?

단순화를 위해서 두 생산요소인 자본(K)과 노동(L)이 바위를 깨서 자갈로 만드는 생산 공정에 사용된다고 가정하자. 그리고 그림 9.13에서 $Q = 1$톤인 등량곡선상의 임의의 투입물 조합은 1톤의 자갈을 만든다고 가정하자. 따라서, $(L^*_{U.S.}, K^*_{U.S.})$로 표현되는 투입물 조합은 미국에서 가장 자본 집약적인 기술에 해당될 것이고, $(L^*_{Nepal}, K^*_{Nepal})$은 네팔에서 가장 자본 집약적인 기술을 나타내는 투입물 조합에 해당될 것이다.

선택되는 기술이 국가마다 다른 이유는 미국이 부유하기 때문이 아니라, 자본과 노동의 상대적인 가격이 이 두 국가에서 매우 다르기 때문이다. 네팔에서 노동은 다른 어떤 국가보다 저렴하다. 내가 네팔에서 거주할 때, 이발과 목 경추 마사지(모두 한 사람이 서비스를 제공함)에 10센트를 지불하였다. 그 반면에, 미국은 임금

---

10. 이 주장은 모서리해인 경우를 제외하고 사실이다.

네팔에서는 왜 수작업으로 자갈을 만드는가?

이 세계에서 가장 비싼 곳에 속한다. 국제 시장에서 거래되는 건설장비의 가격은 운송비를 제외하면 국가마다 큰 차이가 없다. 따라서 자본의 가격 r이 두 국가에서 거의 같은데, 노동의 가격 w가 미국에서 훨씬 높다면, 네팔의 등비용선은 훨씬 완만할 것이다. 그리고 그림 9.13에 제시되어 있듯이, 이 사실만으로도 생산 기술의 차이를 설명할 수 있다.

그림 9.13

1톤의 자갈을 생산하기 위한 생산기술의 차이

노동이 자본보다 상대적으로 저렴한 국가는 노동 집약적인 생산 기술을 선택할 것이다. 노동이 좀 더 비싼 국가들은 상대적으로 좀 더 자본 집약적인 기술을 선택할 것이다.

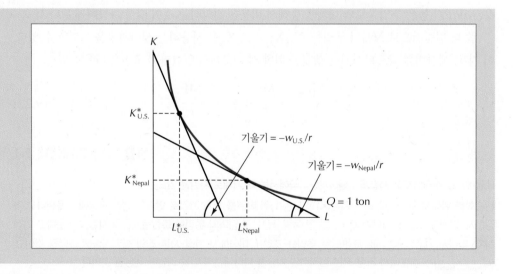

개념 확인 9.6

자본과 노동이 1:1로 완전 보완 관계에 있다고 가정하자. 즉, $Q = \min(L, K)$이라고 가정하자. 현재 $w = 5$이고 $r = 100$이다. $Q = 20$ 단위를 생산하기 위한 방법과 최소 비용은 무엇인가? 임금이 $w' = 20$으로 상승하였다고 가정하자. 총비용을 동일하게 유지하려면 이제 산출량 수준은 얼마가 되어야 하는가? 이때 사용되는 생산 방법, 즉 투입물 결합은 무엇인가?

개념 확인 9.7

앞의 예를 반복하자. 하지만 이번에는 자본과 노동이 1:1로 완전 대체 관계, 즉 생산함수가 $Q = K + L$이다.

생활 속의 경제행태 9.2

왜 노동조합들은 최저임금제를 강력히 지지하는가?

미국의 노동조합들은 최저임금제 법안을 역사적으로 가장 강력히 옹호하는 집단에 속한다. 그들은 높은 최저 임금 수준을 선호할 뿐만 아니라 폭넓은 적용을 지지한다. 그러나 전미 트럭운전자 조합(Teamsters), 미국노동총연맹(AFL-CIO: American Federation of Labor-Congress of the Industrial Organization), 또는 전미 자동차 노동조합(United Auto Workers)의 조합원들은 이미 최저 임금보다 훨씬 더 많은 급여를 받고 있어서, 최저임금법이 변하더라도 직접적으로 영향을 받지 않는다. 그럼에도 불구하고 왜 이 노동조합들은 최저임금제의 지지를 위해 많은 노력과 자금을 쏟아 붓고 있는가?

그 이유 중 하나는 조합원들이 자신들보다 못한 일반 근로자들의 경제적 복지를 진정으로 염려하기 때문일 수도 있다. 의심할 여지 없이 많은 이들이 그렇게 느낀다. 하지만 형편이 어려운 집단들은 훨씬 더 많다. 사실 이들에게는 저임금 노동자들보다 더 큰 도움이 필요하다. 노동조합들은 이들을 위해 다양한 노력을 더 열심히 기울였어야 하는 것 아닐까? 하지만 AFL-CIO가 집 없는 어린이나 장애인들이 추가적인 혜택을 얻을 수 있도록 열심히 로비를 하지 않는 이유는 무엇인가?

최저임금보다 훨씬 더 많이 받는 노동조합의 조합원들이 최저임금 인상에 찬성하는 이유는 무엇인가?

최소 비용에 생산하기 위한 조건을 이해하면 이 질문들에 대한 답을 얻는 데 도움이 될 것이다. 첫째, 노동조합원들은 비노동조합원보다 평균적으로 더 숙련된 경향이 있다. 비숙련 노동자들과 숙련 노동자들은 그림 9.14에 나타나 있는 등량곡선과 같은 많은 생산 공정에서 서로 대체관계이다. 기업이 두 노동자 유형에 대해 어떤 조합(mix)을 선택할지는 상대적인 임금의 차이에 의해 결정된다. 그림 **9.14**는 최저임금법안의 제정 이전과 이후의 경우 $Q = Q_0$를 생산하기 위하여 비용을 적게 투입하는 두 유형의 노동자의 조합을 나타내고 있다. 숙련 노동자에 대한 임금률은 w이다. 그리고 법안이 제정되기 이전에 비숙련 노동자의 임금률은 w_1인데, 최저임금법안이 제정된 이후 w_2로 증가하였다. 이에 따른 즉각적인 효과로서 등비용선의 기울기의 절대값이 w_1/w에서 w_2/w로 증가한다. 따라서 기업으로 하여금 숙련 노동자의 고용을 S_1에서 S_2로 증가시키게 된다. 이와 동시에 비숙련 노동자(비노동조합원)의 고용이 U_1에서 U_2로 줄어든다.

대부분의 노동조합 노동자들은 최저임금법에 의해 직접적으로 영향을 받지 않더라도, 이 법안은 노동조

그림 9.14

최저임금법이 숙련 노동자의 고용에 미치는 효과

비숙련 노동자들과 숙련 노동자들은 많은 생산과정에 있어 서로 대체적인 관계에 있다. 비숙련 노동자들의 임금이 상승하면, 등비용선의 기울기가 가파르게 되어 기업들은 숙련된 (노동조합화된) 노동자의 고용을 증가시키게 된다.

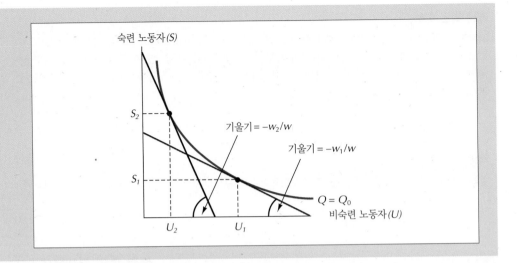

합 노동자들에 대한 수요를 간접적으로 증가시키는 결과를 낳는다.[11] 노동조합은 비숙련, 대체적으로 비노동조합 노동자들의 복지에 관심이 없음에도 불구하고 최저임금법의 연장을 지지하기 위하여 많은 자금을 지출하는 이유가 조금도 이상하지 않을 것이다.

생활 속의 경제행태 9.3

공중 화장실 변기 제조업자가 소변기 중앙에 파리 사진을 새기는 이유는 무엇인가?

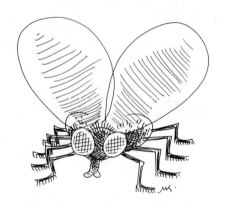

파리 사진이 공항의 유지비용을 어떻게 감소시키는가?

노동을 자본으로 대체하는 일은 생산요소의 가격 변화보다는 새로운 아이디어의 도입에 의해 발생하기도 한다. 예컨대, 암스테르담에 있는 쉬폴 공항의 청소 수석 관리자였던 요스 반 베다프(Jos van Bedaf)가 주도한 "공공 화장실 프로젝트"를 고려해 보자.[12] 그의 문제는 연간 10만 명 이상이 이용하는 남자 화장실이었다. 남자 화장실은 자주 점검하고 청소를 해도 늘 지저분했다. 베다프의 해법은 청소원들의 관리를 한층 더 강화하는 것이 아니라 화장실 설비에 조그마한 변화를 주는 것이었다. 그는 위생 설비 제조업자에게 요구하여 공항에 공급하는 각 소변기 표면의 중앙에 파리 사진을 새기도록 했다. 목표물인 파리를 맞추려고 여행객들이 소변기를 좀 더 정확하게 사용하게 될 것이라고 그는 생각했다. 그 결과는 어땠을까? 놀랍게도 청소원은 편해지고, 청소비는 20퍼센트 감소하였다. 네덜란드의 한 일간지는 쉬폴 공항의 화장실을 세계에서 가장 청결한 화장실로 선정하였다.

---

11. 이 예에서 기업은 최저임금법안 이후에도 이전과 동일한 수준의 산출량을 생산한다고 가정하고 있다. 그러나 다음 장에서 알게 되겠지만, 기업은 일반적으로 이전보다 덜 생산하게 될 것이다. 만약에 산출량 감소가 충분히 크다면, 숙련 노동자로의 대체가 상쇄될 것이다.

12. 이 사례는 *Cornell Business* (April 21, 1992)에 실린 Stefan Verhagen의 "Fly in the Pot"에 기초하고 있다.

최적 투입물 선택과 장기비용 간의 관계

조정할 수 있는 충분한 시간이 주어진다면, 기업은 특정 산출량 수준과 투입요소의 상대 가격에 맞는, 비용을 최소화하는 투입물 묶음을 선택할 수 있다. 기업의 생산비용이 산출량에 따라 장기에 어떻게 변하는지를 알아보려면, 우리는 단순히 각각의 최적의 투입물 묶음들의 비용만을 비교하면 된다.

그림 9.15의 EE곡선은 기업의 **산출물 확장경로**(output expansion path)를 보여준다. 투입물 가격비율이 w/r로 고정되어 있을 때, 이 확장경로는 비용을 극소화시키는 투입물 묶음들의 집합이다. 따라서 자본의 가격이 r이고, 노동의 가격이 w일 때, Q_1의 산출량 수준을 가장 저렴하게 생산하는 방법은 투입물 묶음 S를 사용하는 것이다. 이때 자본은 K_1^*, 노동은 L_1^*, 그리고 생산비용은 TC_1이다. 따라서 투입물 묶음 S는 산출물 확장경로상의 한 점이다. 마찬가지로 산출량 수준 Q_2는 투입물 묶음 T와 연관되어 있는데, 이때 총비용은 TC_2이다. 그리고 산출량 수준 Q_3는 투입물 묶음 U와 연관되어 있는데 이때의 생산비용은 TC_3이다. 기업 행동 이론에서 산출물 장기 확장경로는 소비자 이론에서 소득–소비 곡선과 유사하다.

장기 확장경로에서 장기 총비용곡선으로 이동하기 위하여 우리가 관련 산출량–비용 순서쌍을 그림 9.15에서 그려보면 된다. 즉, 산출량 수준 Q_1은 장기 총비용 TC_1에 해당하고, Q_2는 TC_2, 그리고 Q_3는 TC_3 등이다. 그 결과는 그림 9.16의 윗부분에 LTC (long-run total cost)로 표현되어 있다. 장기에는 모든 비용들이 가변적이기 때문에 총비용, 고정비용, 그리고 가변비용 등을 구분할 필요가 없다.

LTC곡선은 항상 원점을 통과하는데, 그 이유는 기업은 장기에서 모든 투입물을 청산할 수 있기 때문이다. 기업이 산출물을 생산하지 않는다면, 어떠한 투입물이라 하더라도 그 투입물의 서비스를 유지하거나 지불할 필요가 없다. LTC곡선의 형태는 그림 9.2의 단기 총비용곡선의 형태와 매우 비슷하지만, 우리가 현재 보고 있는 것처럼 항상 그럴 필요는 없다. 그러나 당분간 LTC곡선의 형태가 그림 9.16의 윗부분으로 주어졌다고 가정하고, 그것이

산출물 확장경로

생산과정에 대한 등량지도에서 등비용선이 등량곡선과 접하는 점들(즉, 각 등량곡선에 대한 비용 최소화의 투입물 조합들)을 연결한 궤적

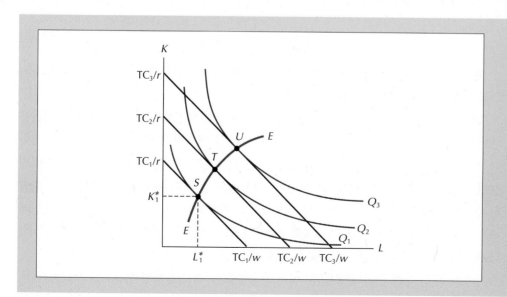

그림 9.15

장기 확장경로

투입물 가격 r과 w가 고정되어 있을 때, EE곡선상의 투입물 묶음들 S, T, U 등은 각 산출량을 최소의 비용으로 생산하는 궤적을 나타낸다.

그림 9.16

장기 총비용, 평균비용 그리고 한계비용곡선

장기에 기업은 작동을 중지하거나 모든 투입물들을 자유롭게 할 수 있다. 따라서 이것은 장기 총비용곡선(윗부분)이 원점을 통과하는 것을 의미한다. 단기의 경우와 마찬가지로 장기 평균비용과 장기한계비용곡선(아랫부분)은 단기의 경우와 완전히 유사한 방법으로 장기 총비용곡선으로부터 도출된다.

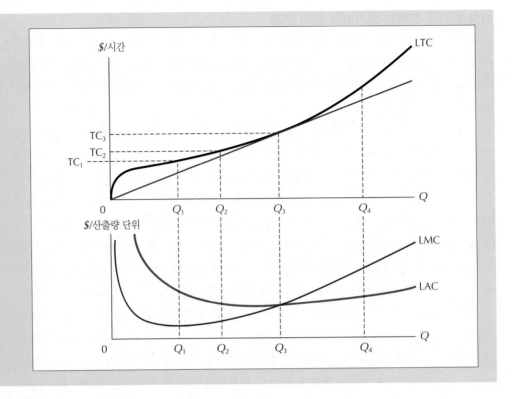

장기 평균비용과 한계비용곡선에 어떤 의미를 갖는지 알아보자.

단기의 경우와 마찬가지로 장기한계비용(LMC)은 장기 총비용곡선의 기울기이다.

$$\mathrm{LMC}_Q = \frac{\Delta \mathrm{LTC}_Q}{\Delta Q}. \tag{9.23}$$

즉, LMC는 기업이 장기에 산출량을 한 단위씩 확장할 때의 비용이다.

장기 평균비용(LAC)은 산출량에 대한 장기 총비용의 비율이다.

$$\mathrm{LAC}_Q = \frac{\mathrm{LTC}_Q}{Q}. \tag{9.24}$$

다시 한 번 강조하거니와, 모든 장기비용은 가변적이기 때문에, 평균총비용, 고정비용, 그리고 가변비용을 구분할 필요가 없다.

그림 9.16의 아랫부분은 윗부분에 있는 LTC곡선에 대응하는 LMC와 LAC곡선들을 나타낸다. LTC곡선의 기울기는 산출량이 Q_1 수준일 때까지 하락하다가, 그 이후 증가한다. 이것은 Q_1에서 LMC곡선이 최솟값을 보인다는 것을 의미한다. LTC상의 Q_3에서 원점에 그은 직선의 기울기와 LTC의 기울기는 Q_3에서 같다. 이는 LAC와 LMC가 이 산출량 수준에서 서로 교차하는 것을 의미한다. 그리고 이전과 마찬가지로 일반적인 평균–한계비용 사이의 관계가 성립한다. 즉, LMC곡선이 LAC곡선 아래에 있으면 LAC이 감소하고, LMC곡선이 LAC 위에 있으면 LAC는 상승한다.

규모에 대한 수확 불변의 생산함수에서 산출량을 두 배로 늘리면 생산비도 정확히 두 배 증가한다.[13] 모든 투입요소의 투입량을 세 배로 늘리면, 산출량도 세 배가 되고 비용도 세 배가 된다. 따라서 규모에 대한 수확 불변의 경우, 장기 총비용은 산출량에 정확히 비례한다. 그림 9.17*a*에 나타나 있듯이, 규모에 대한 수확 불변의 생산함수에 대응하는 LTC곡선은 원점을 통과하는 직선이다. LTC곡선의 기울기는 일정하기 때문에, 그림 9.17*b*에 제시되어 있듯이 이와 관련된 LMC곡선은 수평선이고 LAC곡선과 정확히 같다.

생산함수가 규모에 대한 수확 체감인 경우, 산출량이 일정한 비율로 증가하면 모든 투입요소의 투입량은 그 이상의 비율로 증가하므로, 생산비용도 그 이상의 비율로 상승한다. 규모에 대한 수확 체감을 갖는 생산함수의 LTC, LMC, 그리고 LAC곡선들은 그림 9.18에 나타나 있다. 그림 9.18*a*와 같은 LTC곡선의 경우, 이와 관련된 LMC와 LAC곡선들은 그림 9.18*b*처럼 선형으로 우연히 그려져 있지만, 항상 그런 것은 아니다. 규모에 대한 수확 체감의 경우에 비용함수들이 갖는 일반적인 특징으로 LTC곡선은 우상향하는 형태를 보이고, LMC와 LAC곡선들도 우상향의 기울기를 보인다. 그리고 평균-한계 관계의 다시 한 번 적용하면, LMC가 LAC를 초과하면 LAC는 산출량과 함께 증가한다.

마지막으로 생산함수가 규모에 대한 수확 체증인 경우를 고려하자. 이 경우에 산출량은 투입요소의 투입량 증가에 비례하여 그 이상으로 증가한다. 그 결과, 그림 9.19*a*에 나타나 있듯이 장기 총비용은 생산량 증가에 비해서 덜 상승한다. 이에 대한 LMC와 LAC곡선들은 그림 9.19*b*에 나타나 있다. 규모에 대한 수확 체증하에서 LMC와 LAC곡선들의 특성은 특정의 예로서 나타나 있는 것처럼 선형은 아니지만, 우하향하는 기울기를 보인다.

그림 9.17~9.19와 같은 장기 비용곡선들을 보이는 생산과정은 산출량 전체의 영역에 대해서 규모에 대한 수확 불변, 체감, 그리고 체증의 "순수한 경우들"에 해당한다. 그러나 8장에서 논의하였듯이 생산함수의 규모에 대한 수확의 정도는 전체 산출량 영역에서 동일할 필요가 없다.

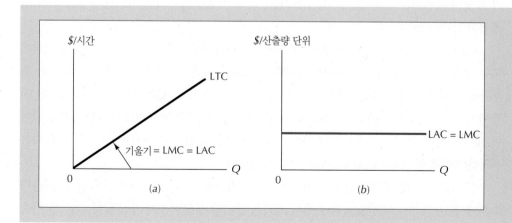

그림 9.17

규모에 대한 수확 불변하에서 LTC, LMC 그리고 LAC곡선

(*a*) 규모에 대한 수확 불변하에서 장기 총비용은 산출량에 정확히 비례한다.
(*b*) 장기한계비용은 일정하고 장기 평균비용과 같다.

---

13. 산출량이 변할 때 투입요소의 가격은 변하지 않는다고 가정한다.

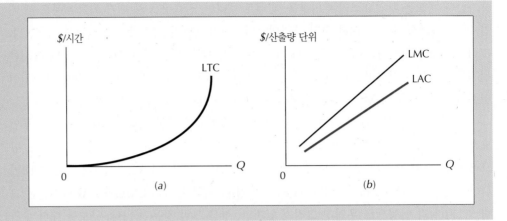

그림 9.18

규모에 대한 수확 체감하에서의 LTC, LAC 그리고 LMC곡선

규모에 대한 수확 체감하에서 산출량은 투입량의 증가에 비해 덜 증가한다. 따라서 장기 총비용은 산출량의 증가에 비해 더 비례하여 증가한다.

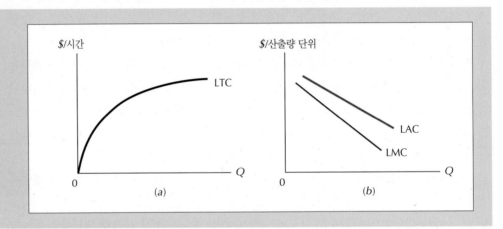

그림 9.19

규모에 대한 수확 체증하에서의 LTC, LAC 그리고 LMC곡선

규모에 대한 수확 체증하에서 대규모 기업은 중소 규모의 기업보다 평균비용과 한계비용이 낮다.

9.8 장기비용과 산업 구조

이번 장의 서두에서 언급했듯이, 장기비용은 산업 구조에 영향을 미치기 때문에 중요하다. 그 역할에 대해서는 추후 상세히 다루겠지만, 주요 사항들을 미리 살펴보면 추후 논의의 단계에서 도움이 될 것이다.

그림 9.20a처럼 장기 평균비용이 감소하는 경우에는 하나의 기업만이 시장에 존재하게 되는 경향이 있다. 두 기업이 이러한 시장에 존재하게 되면, 각 기업이 전체 시장 규모의 일부분만을 생산할 때의 평균비용이 하나의 기업만이 시장에 존재할 때보다 높다. 이러한 시장에서 기업은 비용 우위(cost advantage)를 갖고 경쟁 기업을 시장에서 퇴출시키기 위하여 대규모 생산 시설을 갖추려는 경향이 있다. 이 때문에 장기 평균비용곡선이 우하향하는 시장은 **자연독점**(natural monopoly)이라 불린다.

이제 그림 9.20b에 제시된 LAC곡선을 고려하자. 이 곡선상에서 최저점은 Q_0의 산출량 수준에서 일어난다. 이 산출량 수준에서 기업은 단위당 생산비용이 가장 낮다. 이러한 산출량 수준 Q_0을 **최소 효율 규모**(*minimum efficient scale*) 또는 **최적 시설 규모**(*optimal scale of plant*)라고 한다. 이 최적 시설 규모는 LAC가 최소 수준에 이르게 되는 생산 수준이다. Q_0의

자연독점(natural monopoly)

생산이 하나의 기업에 의해 집중될 때 시장 산출량이 가장 낮은 비용으로 생산되는 산업

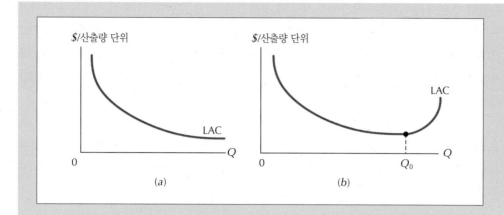

그림 9.20

매우 집중화된 산업 구조하에서의 LAC곡선

(a) 우하향하는 기울기를 갖는 LAC곡선은 자연독점적인 경향이 있다. 하나의 기업만이 전체 시장을 담당할 때 단위당 비용이 가장 낮다. (b) U자형의 LAC곡선에서 최저점은 전체 시장 산출량이 매우 큰 지점에서 발생하는데 이때 소수의 기업만이 시장 공급을 담당한다.

산출량 수준이 산업 산출량의 상당한 부분—예컨대 20% 이상—을 차지한다면, 이 산업은 소수의 기업에 의해 지배되는 경향이 있다. 자연독점의 경우와 마찬가지로 다수의 작은 기업들은 이 시장에서 생존할 수 없게 된다. 왜냐하면 작은 규모의 개별 기업들은 큰 규모의 기업에 비해 평균비용이 매우 높기 때문이다. 그러나 자연독점의 경우와는 다르게 Q_0의 산출량 수준을 초과하여 LAC가 상승하는 부분에서는 단일 기업이 전체 시장을 차지하기가 어려울 것이다. 그림 9.20b와 같은 LAC를 보이는 기업들로 구성된 시장은 "매우 집중화"될 수 있다. 이는 소수의 기업들이 판매되는 모든 산출량의 대부분을 공급한다는 것을 의미한다.

다수의 기업들이 시장을 구성하는 경우에 이와 관련되는 장기 평균비용곡선은 그림 9.21에 나타난 세 형태 중 하나를 보이기 쉽다. 그림 9.21a처럼 U자 형태의 평균비용곡선의 최소점인 Q_0의 산출량 수준이 전체 산업 산출량의 작은 부분을 구성한다면, 매우 많은 기업들로 구성된 산업을 기대할 수 있다. 이 경우에 개별 기업은 전체 시장 산출량의 매우 적은 부분만을 생산하게 된다. 생산 공정이 그림 9.21b처럼 수평선의 LAC곡선인 경우에도 작은 규모가 불리하지 않다. 이러한 생산 공정의 경우, 규모가 크든 작든 모든 기업들은 동일한 단위당 생산비용을 보인다. 그림 9.21c와 같이 우상향하는 기울기를 보이는 LAC

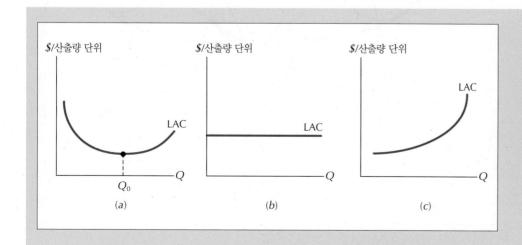

그림 9.21

집중화되지 않은 산업 구조하에서의 LAC곡선의 특성

어느 시장에서든 생존을 위해서는 기업이 가능한 한 가장 낮은 단위당 비용을 보여야 한다. U자 형태의 LAC곡선의 최소점이 시장 산출량의 작은 부분에서 발생한다면(그림 a에서 Q_0), 또는 LAC곡선이 모든 부분에서 수평이거나 상승한다면(그림 b 또는 그림 c), 작은 규모를 생산하더라도 시장에서 생존할 수 있다. 이때 개별 기업은 시장 총산출량의 작은 부분만을 생산한다.

곡선의 경우, 작은 규모는 시장에서 생존과 양립할 수 있을 뿐만 아니라 어느 정도 요구되기도 한다. 왜냐하면 대규모 기업들은 작은 규모의 기업들보다 평균비용이 높기 때문이다. 그러나 실재에 있어서 상당히 매우 낮은 산출량 수준에서 우상향하는 기울기를 갖는 LAC곡선이 존재하는 경우는 매우 드물다. (예컨대, 1/100 kg의 설탕을 생산하려는 기업의 단위당 비용을 상상해 보기 바란다.)

시장 구조와 장기 평균비용곡선의 형태 사이의 관계는 다음의 사실에서 도출된다. 즉, 경쟁에 직면하는 경우에 시장에서 살아남기 위해 기업들은 현존 생산 기술하에서 가능하면 가장 낮은 단위당 비용을 실현해야 한다. 그것이 낮은 산출량 수준에서 일어나느냐, 높은 산출량 수준에서 일어나느냐는 전적으로 LAC곡선의 형태에 달려 있다.

장기비용곡선과 단기비용곡선 간의 관계

LAC곡선은 단기 평균총비용(ATC)곡선들의 "포락선"(envelope)으로 간주되기도 한다. 10,000개의 서로 다른 수준의 자본에 대응하는 ATC곡선들이 그림 9.22에 그려져 있다고 가정하자. 이 경우에는 줄을 ATC곡선들의 바깥에 걸쳐 놓는다면, 우리는 LAC곡선의 형태를 추적해 낼 수 있다. 그림 9.22에서 어느 한 ATC가 LAC와 접하는 지점에서의 산출량 수준에서 장기한계비용(LMC)은 단기한계비용(SMC)과 같다. 따라서 $LMC(Q_1) = SMC(Q_1)$, $LMC(Q_2) = SMC(Q_2)$, 그리고 $LMC(Q_3) = SMC(Q_3)$이다.[14] 또한 접하는 점을 제외하고 주어진 ATC곡선상의 각 점은 LAC곡선의 윗부분에 있다는 점에 주의해야 한다. 마지막으로 주의해야 할 점은, 그림 9.22에서 LAC곡선의 최소점($Q = Q_2$)에서 장기와 단기한계비용, 그리고 평균비용이 모두 똑같은 값을 갖는다는 것이다.

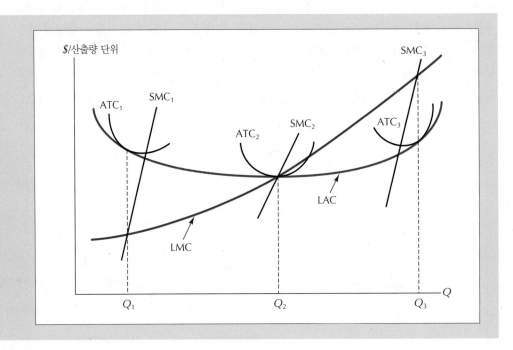

그림 9.22

U자 형태의 LAC와 관련된 비용곡선들

LAC곡선은 ATC곡선들의 "외곽의 포락선"이다.
ATC가 LAC와 접하는 Q 값에서 LMC = SMC이다. LAC의 최소점에서 LMC = SMC = ATC = LAC이다.

---

14. 이러한 관계는 이번 장의 부록에서 좀 더 상세히 다룬다.

주어진 한 ATC곡선에 대해 ATC-LAC 관계에 관한 직관적인 설명은 ATC-LAC 접점의 왼쪽에서 기업이 "너무 많은" 자본을 갖고 있어서, 그 결과 고정비용이 필요 이상으로 많이 발생한다는 것이다. 그리고 접점의 오른쪽에서 기업은 "너무 적은" 자본을 갖고 있어서, 노동에 대한 수확 체감이 자본의 비용을 상승시키게 된다. 접점에서만 기업은 해당 산출량 수준에 맞는 최적의 노동과 자본 투입량을 갖는다.

이번 장의 부록에서는 장기와 단기 비용 간의 관계를 좀 더 상세히 다룬다. 또한 비용 극소화 문제와 대한 미분적 접근도 다루게 된다.

▪ 요약 ▪

- 본 교재에서 지금까지 다루고 있는 주제들 중에서 학생들은 비용곡선들과 관련된 내용들을 이해하는 데 어려움을 겪는다. 특정 개념들에 대한 많은 분량은 처음 접하는 학생들을 쉽게 압도할 수 있기 때문에 이는 당연하다고도 볼 수 있다. 그러므로 단순하면서 간단한 방법으로 생산 관계들로부터 모든 다양한 비용곡선들이 도출될 수 있다는 것을 마음에 새겨두는 것이 중요하다. (학습목표 1, 2)

- 예컨대, 단기비용곡선들은 단기 생산함수와 직접적으로 관련되어 있다. 본 교재에서 다룬 모든 단기 생산함수들은 하나의 고정 투입요소와 하나의 가변 투입요소와 관련되어 있으나, 하나 이상의 고정 투입요소의 경우에도 비용곡선 이론은 마찬가지로 적용된다. 단기 총비용들은 고정비용과 가변비용으로 구성되어 있고, 이들은 생산의 고정요소와 가변요소에 대한 지불에 해당한다. 수확 체감의 법칙으로 인해 어느 생산 수준을 지나면 추가적으로 한 단위의 산출물을 더 생산하기 위하여 훨씬 더 많은 양의 가변 투입요소의 증가가 필요하다. 그로 인해 단기한계비용, 즉 단기 총비용곡선의 기울기는 수확 체감의 영역에서 산출량이 증가함에 따라 커진다. 또한 수확 체감으로 인해 단기 평균총비용곡선과 단기 가변비용곡선은, 즉 원점에서 출발한 단기 총비용곡선과 가변비용곡선의 기울기들은 산출량과 함께 증가한다. 평균고정비용은 항상 직각 쌍곡선의 형태를 취하면서 산출량이 무한대로 접근함에 따라 평균고정비용이 0에 근접하게 된다. (학습목표 2, 3)

- 두 개의 서로 다른 생산 시설들에 산출량을 할당하는 문제는 서로 다른 두 시설들에 이용 가능한 투입물을 할당하는 문제와 유사하다. 후자는 일정한 투입량으로 생산할 수 있는 산출량을 최대로 생산하는 것이 목적이고, 전자의 목적은 일정

한 산출량을 가장 낮은 총비용으로 생산하는 것이다. 이에 대한 해답은 각 생산과정에 대한 한계비용이 일치하도록 생산량을 할당하는 것이다. 이때 평균비용이 각 생산과정에서 일치할 필요는 없으며, 실제로도 평균비용들은 생산과정마다 서로 완전히 다를 수 있다. (학습목표 4)

- 장기에서 일정한 산출량 수준을 생산하기 위한 최적의 투입물 묶음은 생산 요소들의 상대가격에 의존할 것이다. 이러한 상대가격들은 등비용선의 기울기를 결정하는데, 등비용선의 기울기는 일정한 총비용으로 구입할 수 있는 투입물 묶음의 궤적이다. 최적의 투입물 묶음은 등비용선과 등량곡선 간의 접점에 위치한다. 비용 최저점에서 어느 한 투입물의 가격에 대한 한계생산의 비율은 모든 투입물에 대해서 동일하다. 달리 설명하자면, 하나의 투입물에 지출된 마지막 1원으로부터 생산된 추가적인 산출량은 다른 투입물에 지출된 마지막 1원으로부터 얻게 되는 추가적인 산출량과 같아야 한다. 즉, 비용 극소화 조건의 측면에서 서술하자면, 최적의 투입물 묶음에서의 기술적 한계대체율은 등비용선의 기울기와 같아야 한다. (학습목표 6)

- 비용의 최소점에서 생산의 이러한 특성들은 생산요소의 상대가격이 급격히 달라질 때 생산방법들도 급격히 변하는 이유를 이해하는 데 도움을 준다. 예컨대, 개발도상국들은 노동집약적인 기술을 사용하고 선진국들은 훨씬 더 자본집약적인 기술을 사용하는 이유와 노동조합들은 조합원들이 최저임금보다 더 높은 임금을 받고 있음에도 불구하고 최저임금이 인상되도록 로비를 하는 이유를 설명하는 데 도움이 되는 것을 우리는 알 수 있다. (학습목표 6)

- 일정 산출량 수준에 대해서 장기 총비용은 단기 총비용보다 결코 더 클 수 없다. 그 이유는 아주 단순한데, 기업들은 단

기에서는 모든 투입요소들 중 일부만 조정할 수 있지만 장기에서는 모든 투입요소들을 조정할 수 있기 때문이다. 장기평균비용(LAC)곡선의 기울기는 생산에 있어 규모에 대한 수확의 정도를 직접적으로 반영한다. 규모에 대한 수확 체증의 경우 LAC는 산출량이 증가함에 따라 감소한다. 반면에 규모에 대한 수확 체감의 경우, LAC는 산출량이 증가함에 따라 증가한다. 그리고 마지막으로 생산에 있어 규모에 대한 수확 불변은 수평의 LAC를 낳는다. U자 형태의 LAC는 처음에는 규모에 대한 수확 체증, 그 다음에는 수확 불변, 그리고 마지막으로 수확 체감을 나타내는 생산과정에 해당한다. LAC가 어떤 형태를 갖는지와 관계없이 LAC곡선은 항상 평균총비용곡선들의 포락선(envelope curve)이 될 것이다. 즉, 개별 평균총비용곡선은 오직 한 점에서 LAC에 접한다. 이러한 접점들에 대응하는 산출량 수준에서 장기한계비용과 이에 대응하는 단기한계비용은 같게 될 것이다. (학습목표 7)

- 시장구조와 장기비용들 사이의 관계는 시장에서 생존하기 위하여 기업들이 이용 가능한 생산 기술들을 이용하여 가능한 한 가장 낮은 비용을 보여야 한다는 사실로부터 도출된다. LAC곡선이 우하향하는 기울기를 보인다면, 가장 낮은 비용은 오직 하나의 기업이 시장을 맡을 때 발생한다. LAC곡선이 U자의 형태이고, 그 최저점은 전체 시장 산출량의 상당한 크기의 점유율에 해당하는 산출량에서 일어난다면, 가장 낮은 비용은 몇몇 소수의 기업들이 시장을 맡을 때 발생한다. 반면에 U자 형태의 LAC곡선의 최저점이 전체 산업 산출량의 낮은 부분에서 발생한다면, 시장은 다수의 경쟁 기업들에 의해 구성될 가능성이 높다. 이러한 특성은 LAC곡선이 수평이거나 우상향하는 기울기를 보이는 경우에도 동일하게 해당된다. (학습목표 7)

▪ 복습문제 ▪

1. 수확 체감의 법칙과 가변비용곡선의 곡률 사이의 관계는 무엇인가? (학습목표 1)

2. 수확 체감의 법칙과 단기한계비용곡선의 기울기 사이의 관계는 무엇인가? (학습목표 2)

3. 책 출판과 정원 조망 관리 중 어떤 생산 공정에서 고정비용이 단기 총비용의 큰 부분을 차지하겠는가? (학습목표 1)

4. 왜 단기 MC곡선은 ATC와 AVC곡선의 최소점을 통과하는가? (학습목표 3)

5. LAC곡선이 일정 지점 수준의 생산량 이후부터 증가하는 모습을 보인다면, 생산에 있어 규모에 대한 수확의 정도에 대해 우리는 무엇을 말할 수 있는가? (학습목표 7)

6. 왜 고정된 산출량의 생산은 두 생산 활동들의 한계비용이 서로 같도록 배분되어야 하는가? (학습목표 4)

▪ 연습문제 ▪

1. 어느 기업의 비용 자료가 다음 표에 일부 입력되어 있다. 기업의 회계 담당자가 갑작스럽게 사망하게 되어 당신은 입력되지 않은 부분을 채우도록 지시받았다. 빈 칸을 채워라. (학습목표 3)

Q	총비용	고정비용	가변비용	ATC	AVC	AFC	MC
0	24			–	–	–	
							16
1							
2			50				
3	108						
							52
4							
5					39.2		
6			47				

2. 다음의 생산함수에 대한 단기 TC, VC, FC, ATC, AVC, AFC 그리고 MC곡선들을 그려라. (학습목표 3)

$$Q = 3KL,$$

이때 단기에서 $K = 2$으로 고정되어 있고, $r = 3$ 그리고 $w = 2$이다.

3. 노동의 평균생산이 노동의 한계생산과 같을 때, 한계비용은 평균가변비용과 어떻게 비교되는가? (학습목표 3)

4. 기업은 다음의 한계비용곡선을 갖는 두 생산과정에 접근할 수 있다. $\text{MC}_1 = 0.4Q$와 $\text{MC}_2 = 2 + 0.2Q$. (학습목표 4)

   a. 기업이 8단위의 산출량을 생산하고자 한다면, 기업은 각 생산과정에서 얼마씩을 생산해야 하는가?

   b. 기업이 4단위의 산출량을 생산하고자 한다면, 기업은 각 생산과정에서 얼마씩을 생산해야 하는가?

5. 기업은 생산과정에서 두 투입물, 자본(K)과 노동(L)을 사용한다. 그리고 기업이 얼마를 생산하든지, 또는 투입물 가격이 어떻게 변하든지, 기업은 두 투입요소 중 어느 하나만을 구입함으로써 항상 비용을 최소화시킬 수 있다는 것을 알고 있다. 이 기업의 등량지도를 그려라. (학습목표 6)

6. 기업이 얼마를 생산하든지, 그리고 투입물 가격이 어떻게 변하든지, 노동 투입량의 1/2에 해당하는 자본을 구입함으로써 기업은 비용을 최소화시킬 수 있다는 것을 알고 있다. 이 기업의 등량지도를 그려라. (학습목표 6)

7. 어느 기업이 경쟁적인 시장에서 $r = 6$과 $w = 4$에 자본과 노동을 구입한다. 현재의 투입물 배합하에서 자본의 한계생산은 12이고, 노동의 한계생산은 18이다. 이 기업은 생산비를 극소화하고 있는가? 만약에 그렇다면, 당신은 그렇다는 것을 어떻게 알게 되었는지 설명하라. 만약에 그렇지 않다면, 이 기업은 어떻게 해야 하는지 설명하라. (학습목표 6)

8. 어느 기업이 규모에 대한 수확 불변의 생산함수 $Q = F(K, L)$를 보인다. 투입물 가격은 $r = 2$이고 $w = 1$이다. 이러한 투입물 가격에서 생산함수에 대한 산출량 확장경로는 원점을 통과하는 직선이다. 5단위의 산출량을 생산할 때 기업은 2단위의 자본과 3단위의 노동을 이용한다. 장기 총비용이 70일 때, 기업은 자본과 노동을 얼마 이용해야 하는가? (학습목표 7)

9. 기업은 생산함수 $Q = F(K, L)$을 가지고 장기에 비용이 최소일 때 Q^* 수준을 생산하고 있다. K가 고정되어 있을 때의 단기한계비용과 L이 고정되어 있을 때의 단기한계비용을 어떻게 비교하는가? (학습목표 6)

10. 오직 K_1과 K_2라는 두 가지 자본량만을 이용할 수 있는 생산함수 $Q = F(K, L)$를 보이는 기업이 있다고 하자. $K = K_1$일 때 $\text{ATC}_1 = Q^2 - 4Q + 6$이고, $K = K_2$일 때 $\text{ATC}_2 = Q^2 - 8Q + 18$이다. 이 기업의 LAC곡선은 무엇인가? (학습목표 7)

11. 기업의 LMC곡선이 어느 산출량 수준에서 SMC곡선 위에 놓여 있다. 이 산출량 수준에서 ATC와 LAC곡선 사이에는 어떤 관계가 있는가?

12* 어느 기업이 다음과 같은 장기 총비용함수를 보이고 있다.

$$LTC(Q) = Q^3 - 20Q^2 + 220Q.$$

장기 평균비용과 한계비용의 식을 도출하고, 이 곡선들을 그려 보아라. (학습목표 7)

13* 다음의 장기 총비용함수에 대해, ATC, AVC, AFC, 그리고 MC곡선들을 그려 보아라. (학습목표 7)

$$LTC(Q) = Q^2 + 10,$$

---

* 이러한 문제들은 한계비용의 미분정의를 이용하여 대부분 쉽게 풀린다.

■ 개념 확인 해답 ■

9.1 가변비용곡선은 이전과 동일하다. FC곡선과 TC곡선은 8단위만큼 위쪽으로 이동한다. (다음의 그림을 참조하라.) (학습목표 1)

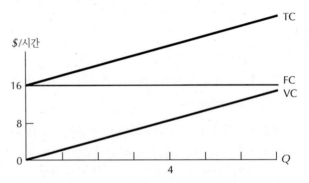

9.2 ATC곡선과 AVC곡선 사이의 수직 기리는 AFC이다. 따라서 $ATC_{10} - AVC_{10} = FC/10 = 20/10 = 2$. (학습목표 1)

9.3 한계비용을 동일하게 일치시킬 때 $12Q^A = 4Q^B$이다. 이제 $Q^B = 12 - Q^A$를 대입하면 $12Q^A = 48 - 4Q^A$이다. 따라서 $Q^A = 3$이고 $Q^B = 12 - 3 = 9$이다. 이 산출량 수준에서 두 공장에서의 한계비용은 단위당 36원이다. (학습목표 4)

9.4 한계생산이 평균생산 위에 놓여 있을 때 한계비용은 평균가변비용 아래에 위치한다. (그림 9.9 참조) (학습목표 5)

9.5

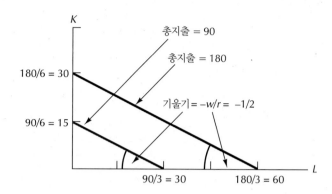

9.6 20단위의 산출물을 생산하기 위하여 $L = K = 20$이 필요하다. $r = 10$이고 $w = 5$일 때, 비용은 다음과 같다.

$$C = 10K + 5L = 200 + 100 = 300,$$

따라서 $K = 30 - \frac{1}{2}L$로 표현할 수 있다. 임금이 $w = 20$으로 증가할 때 비용을 $C = 300$으로 유지하려면, 새로운 등비용선상에서 $K = L$을 충족하는 점을 찾아야 한다. 따라서 등비용선은 다음과 같다.

$$C = 10K + 20L = 300,$$

이로부터 $K = 30 - 2L$로 나타낼 수 있다. 그리고 $K = L$ 조건으로부터 $10K + 20L = 300 = 10L + 20L = 300 = 30L$이다. 따라서 $L = 10$이다. 또한 $L = K = 10$이고 $Q = 10$이다. (학습목표 6)

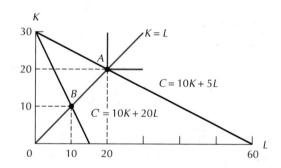

9.7 20단위의 산출물을 생산하기 위하여 $L = 20$ 또는 $K = 20$이 필요하다. $r = 10$이고 $w = 5$이기 때문에 비용은 다음과 같다.

$$C = \min\{10K, 5L\} = \min\{200, 100\} = 100.$$

임금이 $w = 20$으로 증가할 때 비용을 $C = 100$으로 유지하려면,

$$Q = \max\left\{\frac{100}{r}, \frac{100}{w}\right\} = \max\{10, 5\} = 10.$$

따라서 노동은 사용되지 않고($L = 0$), 자본만 사용된다($K = 10$). 따라서 산출량 Q = 10이다. (학습목표 6)

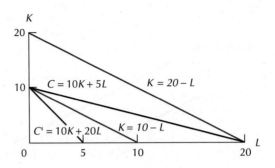

비용이론의 수학적 확장
Mathematical Extensions of the Theory of Costs

9A.1 장기비용곡선과 단기비용곡선 간의 관계

장기와 단기 총비용 간의 관계를 좀 더 자세히 살펴보도록 하자. LTC곡선은 등비용선과 등량곡선이 접하는 총비용 수준에 해당하는 주어진 등량곡선상의 Q 값들을 연결함으로써 만들어진다. 따라서, 예를 들면 그림 9A.1에서 $Q = 1$은 LTC$_1$과 연관되어 있으며, $Q = 2$는 LTC$_2$와 연관되어 있다.

K가 가변적일 때, 다른 모든 생산요소들도 장기에 존재하고, 확장경로는 직선 $0E$에 의해 주어진다. 그러나 이제 K는 K_2^*로 고정되어 있고, 이 자본량은 $Q = 2$를 생산하기 위한 최적의 수준이라고 가정하자. 그러면 단기 확장경로는 $(0, K_2^*)$를 지나는 수평선이 될 것이다. 이 확장경로는 투입물 묶음 X, T 그리고 Z를 포함한다. 주어진 산출량 수준, 예컨대 $Q = 1$을 생산하는 단기 총비용(STC)은 단지 단기 확장경로와 $Q = 1$인 등량곡선이 교차하는 점(그림 9A.1에서 점 X)을 통과하는 등비용선과 관련되어 있는 총비용이다.

그림 9A.1에서 단기와 장기 확장경로가 서로 교차하는 점에서의 산출량 수준인 $Q = 2$에 대해서 단기와 장기 총비용이 서로 일치함에 주의해라. 하지만 다른 모든 산출량 수준(그림 9A.1에서 $Q = 1$과 $Q = 3$)에 대해서 등량곡선과 단기 확장경로의 교차점(그림 9A.1에서 점 X와 점 Z)을 통과하는 등비용선은 등량곡선과 접하는 등비용선 위에 위치할 것이다(점 X는 점 S보다 위에, 점 U는 점 Z보다 위에 있다.) 따라서 $Q = 2$를 제외한 다른 산출량 수준에 대해서 단기 총비용은 장기 총비용보다 클 것이다.

그림 9A.1의 등량지도에 대응하는 단기와 장기 총비용곡선들은 그림 9A.2에 나타나 있다. 그림 9A.1에서 산출량이 $Q = 2$에 접근할수록 장기와 단기 총비용 간의 차이는 줄어들고 있음을 알 수 있다. ($Q = 1$과 $Q = 2$ 사이에 다른 등량곡선—예컨대 $Q = 1.5$인 등량곡선—을 그려 넣어서 이를 확인할 수 있다.) 이 성질은 그림 9A.2에서 볼 수 있듯이 $Q = 2$에서 STC곡선이 LTC곡선에 접하고 있는 것에 반영되어 있다. 즉 산출량 Q가 2에 접근함에 따라 STC$_Q$가 STC$_2$에 가까워지고 있다. 또한 그림 9A.2에서 STC곡선은 K_2^*의 자본투입량에 해당하는 고정비용인 rK_2^*에서 수직축과 교차하고 있음에 주목하라.

그림 9A.1에 나타나 있는 등량지도의 생산과정은 우연히도 규모에 대한 수확 불변을 보

그림 9A.1

단기와 장기 확장경로

장기 확장경로는 직선 0E이다. $K = K_2^*$로 고정되어 있는 단기 확장경로는 $(0, K_2^*)$를 지나는 수평선이다. K_2^*는 2단위의 산출량을 생산하기 위한 최적의 자본량이기 때문에 단기와 장기 확장경로는 점 T에서 서로 교차한다. 주어진 산출량 수준을 생산하기 위한 단기 총비용은 이 산출량의 등량곡선과 단기 확장경로의 교차점을 지나는 등비용선과 연관되어 있는 비용이다. 따라서 예컨대, STC_3는 3단위의 산출량을 생산하기 위한 단기 총비용이다.

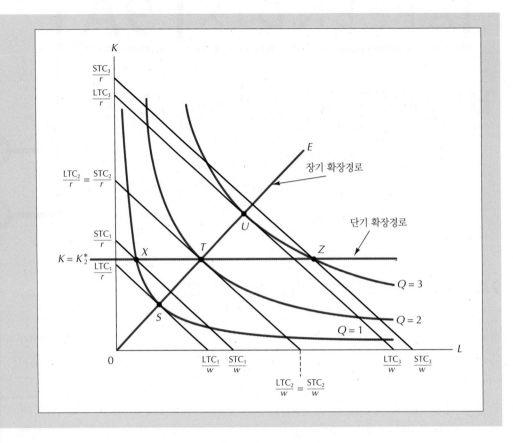

그림 9A.2

그림 9A.1에서 등량지도와 연관되어 있는 LTC와 STC곡선

Q가 고정된 투입요소에 대한 최적 산출량 수준인 2에 접근함에 따라, STC_Q가 LTC_Q에 접근한다. 이 두 곡선은 $Q = 2$에서 접하고 있다.

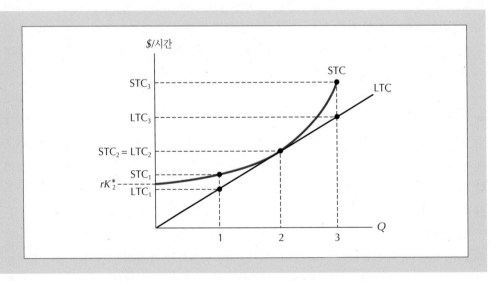

이고 있다. 따라서 이에 대한 장기 평균과 한계비용곡선들은 동일한 수평선이 될 것이다. 이 직선의 위치는 그림 9A.2에서 LTC곡선의 기울기에 의해 결정된다. 이와 관련되어 있는 ATC곡선은 그림 9A.3에서처럼 U자 형태이고 $Q = 2$에서 LAC곡선에 접할 것이다.

단기비용곡선들은 $K = K_2^*$뿐만 아니라, K의 모든 다른 고정 투입량 수준에 대해서도 존

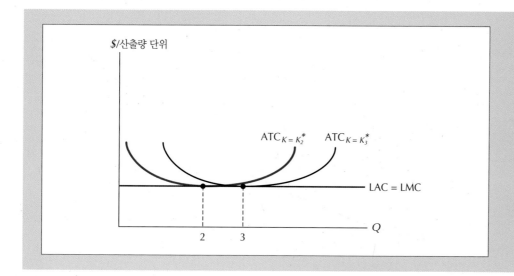

그림 9A.3

그림 9A.2로부터 비용곡선들과 연관된 LAC, LMC, 그리고 두 ATC곡선들

LTC와 STC곡선들이 접하는 동일한 산출량 수준에서 단기 평균비용은 장기 평균비용과 접하고 있다.

재한다. 예컨대, $K = K_3^*$($Q = 3$을 생산하는 데 최적의 자본 투입량 수준)로 고정되어 있을 때 단기 평균비용곡선이 그림 9A.3에서 $\text{ATC}_{K=K_3^*}$로 표시된 곡선으로 나타나 있다. K_2^*와 연관되어 있는 ATC곡선처럼, $\text{ATC}_{K=K_3^*}$곡선도 U자형이고 $Q = 3$에서 LAC곡선과 접하고 있다. ATC곡선들은 일반적으로 U자형이고 고정 투입요소의 투입량이 최적이 되는 산출량 수준에서 LAC곡선과 접한다.

이와 유사한 관계는 U자 형태의 LAC곡선을 야기하는 생산과정의 경우에서도 존재한다. 이러한 생산과정에서 LAC곡선과 이와 관련된 세 개의 ATC곡선들은 그림 9A.4에 그려져 있다. LAC곡선이 U자형일 때 LAC와 ATC곡선의 접점은 일반적으로 ATC곡선들의 최저점들에서 발생하지 않는다. 오직 하나의 ATC곡선만 U자형의 LAC곡선의 최저점에서 접한다(그림 9A.4에서 ATC_2). LAC곡선의 우하향하는 기울기를 보이는 부분에서는 ATC곡선의 최저점의 왼쪽에서 LAC와 ATC가 서로 접하고, LAC곡선의 우상향하는 기울기를 보이는 부분에서는 ATC곡선의 최저점의 오른쪽에서 LAC와 ATC가 서로 접한다.

그림 9A.4에 나타나 있듯이 LAC곡선은 모든 ATC곡선들의 "포락선"이라고 하였다. 주어진 ATC가 LAC에 접하는 산출량 수준에서 이 산출량을 생산하는 장기한계비용(LMC)은 단기한계비용(SMC)과 같다. 그 이유를 알아보기 위하여 우선 접점이 특정 ATC곡선에 대응하는 고정 투입량 수준에 대한 최적의 산출량임을 상기하자. 이제 우리가 단기에 가변 투입량을 증가시키거나 감소시킴으로써 산출량을 미세하게 조금씩 변화시키면, 투입물 결합(mix)은 최적의 결합으로부터 한계적으로 조금씩 다를 뿐이기 때문에 이에 따른 비용은 최적 수준과 거의 유사할 것이다. 따라서 접점에 매우 가까이 있는 산출량 수준에 대하여 SMC와 LMC는 거의 동일하다.

그림 9A.4에서 SMC곡선들은 LMC곡선보다 항상 가파르다는 것에 주의하라. 그 이유는 LMC와 SMC가 접점 근처에서는 거의 동일한 이유를 논의할 때 명시적으로 설명되지 않았다. 이를 설명하기 위하여 그림 9A.4에서, 예컨대 Q_1에서의 접점으로부터 출발하자. 이제 우리는 단기에 추가적으로 한 단위의 산출량을 생산하고자 한다고 가정하자. 이렇

그림 9A.4

U자형의 LAC와 관련된 비용곡선들

LAC곡선은 ATC곡선들의 포락선이다. 즉, ATC가 LAC에 접하는 산출량 값에서 LMC = SMC이다. LAC의 최저점에서 LMC = SMC = ATC = LAC이다.

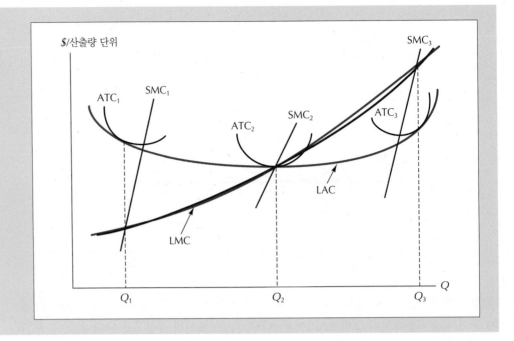

게 하기 위해 우리는 최적의 투입물 혼합에서 L을 약간 더 포함시키고 K를 조금 덜 포함시킨 투입물 결합으로 이동해야 한다. 그리고 새로운 투입물 혼합은 장기에 $Q_1 + 1$을 생산하기 위한 최적이다. 따라서 추가적인 단위의 비용은 장기보다 단기에 높을 것이다. 이것이 $SMC_{Q_1+1} > LMC_{Q_1+1}$를 설명하는 또 다른 방법이다.

이제 Q_1에서 출발하여 산출량이 이전보다 한 단위 적게 생산된다고 가정하자. 이렇게 하기 위하여 L을 약간 덜 포함시키고 K를 조금 더 포함시킨 투입물 묶음으로 이동해야 한다. 이 새로운 투입물 혼합은 $Q_1 - 1$을 생산하기 위한 최적 투입물 조합이 될 것이다. 그 결과, 비용 절약액은 K와 L의 투입량을 자유롭게 조정할 수 있는 장기보다 단기에 더 적을 것이다. 따라서 $LMC_{Q_1+1} > SMC_{Q_1+1}$이다. 산출량이 Q_1보다 적을 때는 LMC가 SMC를 초과하지만, 산출량이 Q_1보다 클 때는 LMC가 SMC보다 적다고 말하는 것은 Q_1에서 LMC곡선이 SMC곡선보다 덜 가파르다고 말하는 것과 동일하다.

개념 확인 9A.1

K의 두 값에 대한 생산함수 $Q = F(K, L)$을 고려하자. K의 서로 다른 두 값은 그림과 같은 ATC곡선을 낳는다. 이 기업의 LAC곡선은 어떻게 되는가?

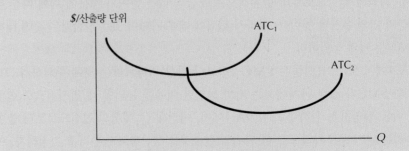

9A.2 미분을 이용한 비용 극소화 문제 해결 _____

3장의 부록에서 논의했던 라그랑지 방법을 이용하여 우리는 식 (9.22)를 다음과 같은 비용 극소화 문제의 필요조건으로 유도할 수 있다.

$$\min_{K,\,L} P_K K + P_L L \qquad \text{subject to } F(K, L) = Q_0. \tag{9A.1}$$

비용을 최소화시키는 K와 L의 값을 찾기 위하여, 라그랑지 승수 λ를 이용한 라그랑지 함수는 다음과 같이 표현할 수 있다.

$$\pounds = P_K K + P_L L + \lambda[F(K, L) - Q_0]. \tag{9A.2}$$

비용 극소화의 1계 필요조건은 다음과 같다.

$$\frac{\partial \pounds}{\partial K} = P_K + \frac{\lambda \partial F}{\partial K} = 0, \tag{9A.3}$$

$$\frac{\partial \pounds}{\partial L} = P_L + \frac{\lambda \partial F}{\partial L} = 0, \tag{9A.4}$$

$$\frac{\partial \pounds}{\partial \lambda} = F(K, L) - Q_0 = 0. \tag{9A.5}$$

식 (9A.3)과 식 (9A.4)를 생산요소 가격에 대해 정리한 후, 식 (9A.3)을 식 (9A.4)로 나누어 재정리하면 다음과 같다.

$$\frac{\partial F / \partial K}{P_K} = \frac{\partial F / \partial L}{P_L}, \tag{9A.6}$$

이때 정의에 의하여 $\partial F / \partial K = \text{MPK}$이고 $\partial F / \partial L = \text{MPL}$이다. 따라서 위의 결과는 식 (9.21)과 같다. (연습문제로 총비용이 C로 제약되어 있는 상태에서 산출량 수준을 극대화하기 위한 1계 조건이 위의 1계 조건과 동일함을 보여라.)

라그랑지 기법의 대체 방법은 식 (9A.1)의 생산함수 제약을 L의 함수로 푼 후(즉, K에 대해서 전개한 후), 총비용의 식에 그 결과를 대입하는 것이다. 이 방법을 적용하기 위하여 다음의 예를 생각해 보자.

예 9A.1

$P_K = 4$, $P_L = 2$, 그리고 생산함수 $Q = F(K, L) = \sqrt{K}\sqrt{L}$에 대해서 2단위의 산출량을 생산하기 위하여 비용을 극소화시키는 K와 L의 값을 구하라.

위의 문제는 $F(K, L) = \sqrt{K}\sqrt{L} = 2$의 제약하에서 $4K + 2L$을 극소화시키는 것이다. 생산함수 제약 $Q = 2 = \sqrt{K}\sqrt{L}$을 K에 대해서 전개하면 $K = 4/L$이다. 따라서 비용 극소화 문제는 이제 $4(4/L) + 2L$을 L에 대해서 극소화시키는 것이다. 극소화를 위한 1계 조건은 다음과 같다.

$$\frac{d[(16/L) + 2L]}{dL} = 2 - \frac{16}{L^2} = 0, \tag{9A.7}$$

위의 식으로부터 $L = 2\sqrt{2}$이다. 이 값을 생산함수 제약식에 대입하면 $K = 4/(2\sqrt{2}) = \sqrt{2}$이다.

▪ 연습문제 ▪

1. 기업이 다음의 생산함수를 이용하여 산출물을 생산한다.

$$Q = \sqrt{K}\sqrt{L}.$$

   이때 K는 자본 투입량이고, L은 노동 투입량이다. 노동의 가격이 1이고, 자본의 가격은 4일 때, 기업의 목표가 2단위의 산출량을 생산하는 것이라면, 기업이 고용해야 할 자본과 노동 투입량은 얼마가 되어야 하는가?

2. 2번 문제에서 주어진 생산함수 $Q = 3KL$을 이용하여 LTC, LAC, 그리고 LMC곡선들을 구하고 이들을 그려 보아라. 이 생산함수는 규모에 대한 수확 불변, 체증, 또는 체감 중 어느 것인가?

3. 기업이 다음의 생산함수를 갖고 있다고 가정하자.

$$Q(K, L) = 2L\sqrt{K}.$$

   a. 노동의 가격이 2이고 자본의 가격이 4이면, 최적의 K/L 비율은 무엇인가?
   b. $Q = 1000$일 때, 각 투입요소의 투입량은 얼마인가?

4. 기업이 다음의 생산함수를 갖고 있다고 가정하자.

$$Q(K, L) = 2L\sqrt{KL}.$$

   현재 기업이 8단위의 노동과 2단위의 자본을 사용하고 있다. 이 상태가 최적의 투입물 묶음이라면 그리고 총비용이 16이라면, 자본과 노동의 가격은 각각 얼마인가?

5. 기업이 다음의 생산함수를 갖고 있다고 가정하자.

$$Q(K, L) = 3 \ln K + 2 \ln L.$$

   이때 $\ln$은 자연로그를 의미한다. 자본의 가격이 4이고 노동의 가격이 6일 때, 최적 비율 K/L를 구하라.

▪ 부록 개념 확인 해답 ▪

9A.1 LAC곡선(아랫부분 그림)은 두 ATC곡선들의 포락선 바깥부분(윗부분 그림)이다.

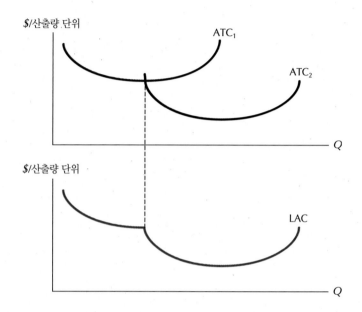

CHAPTER 10

완전경쟁시장
Perfect Competition

여러분이 국회의원이라고 상상해 보자. 이제 여러분은 농부들의 빈곤을 완화시키려는 예산안에 대해 투표를 해야 한다. 농부들은 농지를 지주들로부터 빌려서 경작한 수확물을 판매하여 먹고 산다. 그러나 강수량이 적어서 수확은 신통치 않고, 농부들은 저소득에 허덕이고 있다. 예산안에는 관개수로 시설을 건설하기 위한 공공 자금을 승인하여 농촌지역의 경작물 수확을 두 배로 늘리는 방안이 담겨 있다.

여러분은 이 예산안에 매우 우호적이며, 경제학을 전공한 입법 보좌관에게 찬성표를 던지겠다고 말한다. 그러나 보좌관은 그 법안에 투표하지 말라고 강력하게 주장한다. 보좌관도 그 관개수로사업이 수확물을 두 배로 증가시킬 것으로 인정하며, 농부들에게 개선된 경작 조건을 제공하는 일에도 호의적이다. 그렇다 하더라도, 그 예산안은 농부들의 소득증대에 거의 효과가 없거나 있더라도 장기적인 효과는 없다고 단언한다. 보좌관은 과거에도 유사한 문제들에 대해 당신에게 논리적으로 옳은 조언을 해왔고, 이번에도 여러분은 그의 조언을 수용하기로 마음 먹는다.

10.1 10장 미리보기

이번 장에서 우리는 가상의 국회의원이 보좌관의 조언을 평가하는 데 필요한 분석 틀을 개발할 것이다. 그리고 이 분석 틀에는 완전경쟁시장에서 가격과 산출량을 결정하는 모형도 포함되어 있다. 우선 첫 번째 단계는 경쟁적인 기업의 목표는 가능한 한 최대의 이윤을 얻는 것임을 살펴보는 일이다. 이윤 극대화가 기업들이 추구하는 유일한 목표는 아니지만, 이윤이야말로 전부인 것처럼 기업들이 행동하는 몇 가지 이유를 살펴볼 것이다.

그 다음에 우리는 완전경쟁시장을 정의하는 네 가지 조건들을 고려한다. (1) 표준화된 상품의 존재, (2) 기업들의 입장에서 가격 순응적인 행태, (3) 생산요소들의 완전한 장기 이동성, 그리고 (4) 소비자들과 생산자들이 보유한 완전 정보. 그러나 네 가지 조건들이 모든 산업들에서 늘 충족되는 것은 아니다. 그럼에도 불구하고, 완전경쟁시장의 구조적인 선결조건들이 오직 일부만 만족되더라도 완전경쟁시장의 경제 모형을 통해 우리가 유용한 통찰력을 얻을 수 있음을 알게 될 것이다.

학습목표

1 서로 다른 세 유형의 이윤들을 식별할 수 있다.

2 완전경쟁시장을 위한 네 가지 조건을 안다.

3 경쟁적인 기업은 단기에 이윤을 극대화하기 위하여 단기한계비용이 상품의 가격과 일치하는 수준에서 산출량을 생산해야 하는 이유를 설명할 수 있다.

4 산업공급곡선을 도출하기 위하여 경쟁적인 개별 기업의 공급곡선을 어떻게 합쳐야 하는지 안다.

5 경제적 이윤은 당근처럼 작동하고, 경제적 손실은 채찍처럼 작동하는 Adam Smith의 보이지 않는 손의 의미를 설명할 수 있다.

6 경쟁적인 산업에서 장기에 가격은 장기와 단기한계비용과 일치하고 평균비용과도 일치하며, 그 결과로서 기업들은 오직 정상이윤만을 얻게 되는 이유를 설명할 수 있다.

7 경쟁은 생산요소에 어떻게 영향을 미치고, 비용 절감의 기술혁신은 가격과 산업 이윤에 어떻게 영향을 미치는지 설명할 수 있다.

그 다음 단계로 9장에서 논의한 비용곡선들을 이용하여 우리는 단기에서 이윤 극대화를 위한 필요조건(necessary condition)을 도출할 것이다. 이 규칙에 의하면, 기업은 단기한계비용이 재화의 가격과 일치할 때의 산출량 수준을 생산해야 한다. 하지만 다행스럽게도 이 규칙을 실행하기 위하여 기업이 경제학자들처럼 한계비용 개념을 상세히 이해할 필요는 없다는 것을 우리는 알게 될 것이다.

그 다음 우리는 개별 기업의 공급 의사결정으로부터 산업전반의 공급 문제로 옮겨 갈 것이다. 산업공급곡선을 도출하기 위한 기법은 개별수요곡선을 집계하여 시장수요곡선을 도출하는 기법과 유사하다. 즉 단순히 개별 기업의 공급곡선들을 수평으로 더하면 된다.

단기 산업공급곡선과 수요곡선이 서로 교차하는 지점에서 단기 시장가격이 결정된다. 그리고 단기 시장가격은 개별 기업들이 산출량을 결정하는 근거가 된다. 기업의 단기 수익성이 신호처럼 작동하여 자원이 산업으로 투입되거나 퇴출되도록 한다. 이윤이 발생하면 자원이 산업으로 유입되고, 손실이 발생하면 산업에서 유출되는 것이다.

또한 장기에서 선호(taste)와 기술이 변하지 않는다면, 기업들이 U자 형태의 LAC곡선들을 갖는 경쟁적인 산업에서는 LAC곡선의 최저값과 일치하는 균형가격에 안착하게 된다는 것을 우리는 알게 될 것이다. 마지막으로 특정 조건에서 이러한 시장에서 어느 누구도 다른 사람들에게 손해를 입히지 않으면서 어떤 사람들을 이롭도록 하는 추가적인 거래를 하기가 불가능하다는 것을 우리는 알게 될 것이다.

10.2 이윤 극대화의 목적

완전경쟁시장뿐만 아니라 다른 다양한 시장 구조를 공부할 때 경제학자들은 전통적으로 기업의 가장 중요한 목적이 이윤을 극대화하는 것이라고 가정한다. 이 가정과 관련하여 두 가지 사항을 먼저 명확히 밝혀야 한다. 첫째, "이윤"이 무엇인지 명확히 해야 한다. 둘째, 기업이 이윤을 극대화한다고 가정하는 것이 왜 그럴듯한 가정인지를 설명해야 한다.

이윤, 좀 더 정확히 말하자면, 경제직인 이윤(*economic profit*)은 총수입(total revenue)에서 총비용(total cost)을 뺀 것으로 정의된다. 이때 총비용은 기업이 사용하는 자원들과 관련되어 있는 모든 비용—명시적 비용과 암묵적 비용—을 포함한다. 이 정의는 회계사와 비경제학자들에 의해 사용되는 이윤과는 확실히 다르다. 이들은 총수입에서 기회비용, 또는 암묵적 비용을 차감하지 않는다. 회계적인 이윤(*accounting profit*)은 단지 총수입에서 발생한 명시적 비용을 차감한 것으로 정의된다.

이러한 차이를 좀 더 명확히 이해하기 위해 기업이 10단위의 자본과 10단위의 노동을 사용하여 1주일에 100단위의 산출량을 생산한다고 가정하자. 각 요소의 주급 가격은 단위당 $10이고, 기업은 10단위의 자본을 소유하고 있다고 가정하자. 산출량이 개당 $2.50에 팔린다면, 기업의 총수입은 주당 $250가 될 것이다. 총수입 $250에서 노동에 지출한 $100(명시적 비용)와 $100의 자본에 대한 기회비용(암묵적 비용)을 차감하면, 나머지 $50가 경제적 이윤이 된다. (단, 이 기업이 소유한 자본을 다른 기업에게 1주일에 단위당 $10로 임대할 수 있다는 가정하에서 이때 $100의 기회비용은 자본을 직접 사용함으로써 포기하게 된 수입이다.) 반면에 이 기업의 주당 회계적인 이윤은 $250의 총수입에서 노동에 대한 지출액 $100를 차감한 나머지 $150이다.

회계적인 이윤은 다음과 같은 두 요소의 합계로 간주될 수 있다. (1) 정상이윤(*normal profit*), 즉 기업이 소유한 자원의 기회비용(이 예에서 $100), 그리고 (2) 위에서 정의한 경제적 이윤(이 예에서 $50). 경제적 이윤은 정상이윤 수준에 추가되는 이윤이다. 회계적 이윤과 경제적 이윤을 이렇게 꼼꼼하게 구분하는 것이 왜 중요한 지는 다음의 예를 통해서 분명해질 것이다.

회계적 이윤 vs 경제적 이윤   예 10.1

미국에 살고 있는 어느 개인이 조지아 주의 발도스타라는 한적한 시에서 소형 골프장을 운영한다. 그는 골프 코스와 장비를 대규모 레크리에이션 공급회사로부터 빌리고 자신의 노동을 공급한다. 그의 월 수입─임차료 지불 후 금액─은 $800이고, 그는 골프장에서 일하는 것만큼 매력적인 다른 일자리, 즉 식료품 가게에서 직원으로 일하면 월 $800를 받는 일자리를 고려하고 있다.

그런데 그는 삼촌으로부터 뉴욕 시에 있는 그림 10.1에 제시된 조그마한 땅을 물려받게 되었다. 잘 정리된 이 땅에, 어느 건설회사가 월 $4,000를 지불하고 소형 골프장을 짓고자 한다는 것을 그는 알아냈다. 그는 시장조사를 통해서 소형 골프장을 만들어 운영하면 월 $16,000의 수입을 올릴 수 있다는 것을 알게 되었다. (맨해튼에는 발도스타보다 골프 고객이 훨씬 많다.) 따라서 건설회사에 지불할 월 $4,000를 차감하면 그에게 월 $12,000가 남게 된다. 그리고 발도스타나 뉴욕 시의 생활비는 똑같다고 가정하자. 이 상황에서 이윤 극대화를 추구하는 이 개인은 사업을 맨해튼으로 옮겨야 하는가?

그는 이윤 극대화를 추구하는 사람이기 때문에 경제적 이윤이 발도스타에서보다 맨해튼에서 더 높다면 이사해야 할 것이다. 그러나 그는 경제적 이윤에 대한 개념에 익숙하지 않아 두 지역에서의 회계적 이윤을 비교한다고 가정하자. 발도스타에서 회계적 이윤은 월 $800이다. 이 금액은 그가 모든 비용을 지불한 후 남은 것이다. 맨해튼에서 회계적 이윤은 월 $12,000이다. 이러한 비교를 통해서 그는 뉴욕 시로 이사할 것이다.

그러나 경제적 이윤을 비교한다면, 그는 정확히 반대의 결론에 도달하게 된다. 노동에 대한 기회비용을 고려하면 발도스타에서 그의 경제적 이윤은 0이다. (그가 식료품 가게에서 직원으로 일하면 월 $800를 받을 수 있는데 이 금액은 정확히 그의 회계적 이윤과 동일하다.) 뉴욕에서 그의 경제적 이윤을 계산하기 위하여 회계적 이윤 $12,000에서 노동에 대한 기회비용 월 $800

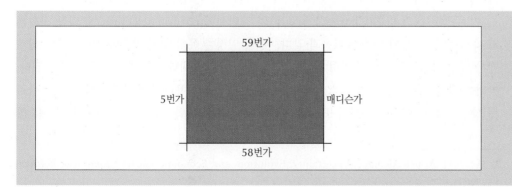

그림 10.1
맨해튼 소형 골프코스를 위한 부지 예정

뿐만 아니라 땅에 대한 기회비용도 함께 차감해 주어야 한다. 보수적으로 추정하여 그의 땅은 현재 부동산 시장에서 $100,000,000에 팔릴 수 있다고 가정하자. 또한 이자율이 월 1퍼센트라고 가정한다. 그러면 토지를 소형 골프장으로 사용할 때의 기회비용은 $0.01 \times \$100,000,000 = \$1,000,000$/월이다. 따라서 맨해튼에서 그의 월 경제적 이윤은 $\$12,000 - \$800 - \$1,000,000 = \$988,800$이다. 따라서 토지의 기회비용에 합리적 수준의 가치를 부여한다면, 그 토지를 타인에게 팔거나 임대하고 그냥 발도스타에 머물러 있는 것이 훨씬 나은 결론이 될 것은 명확하다. 맨해튼의 부동산이 매우 비싼 이유는 사람들이 부지에 고층 건물을 짓고 많은 임차인들에게 높은 임대료를 부과하기 때문이다. 맨해튼 복판에 소형 골프장을 짓는 것은 신발에 다이아몬드를 두르는 것과 같을 것이다.

개념 확인 10.1

예 10.1에서 그가 맨해튼으로 이사하기 위해서는 월 이자율이 어느 수준까지 낮아야 하는가?

이제 이윤 극대화를 위한 가정으로 관심을 돌려보자. 어떤 경제 주체—기업, 개인, 위원회, 또는 정부—가 구체적인 조건들하에서 무엇을 할지를 예측하기 위하여 경제 주체의 목적에 대하여 일정한 가정을 해야 한다. 결국 사람들이 어디에 가고자 하는지 우리가 안다면 그들이 그곳에 도달하기 위해 무엇을 할지 예측하기가 훨씬 쉽다. 경제학자들은 기업의 목적이 경제적 이윤을 극대화하는 것이라고 가정한다. 그런 다음에 그 목적을 달성하기 위해 사람들이 어떤 행동을 하는지 경제학자들은 알아내려고 시도한다.

이윤 극대화 가정과 관련하여 다양한 논의들이 이루어져 왔다. 기업의 목적은 시장에서의 생존을 극대화하는 것이라고 어떤 비평가들은 말한다. 다른 사람들은 기업이 총매출액, 즉 총수입을 극대화하기를 원한다고 말하기도 한다. 그리고 심지어 기업들은 어떠한 것도 극대화하려 하지 않는다고 주장하는 사람들도 있다.

이처럼 다양한 목적들이 논의되는 이유는 기업 경영진들이 이윤 극대화에 부합되지 않는 행동을 취한다는 증거들이 매우 많기 때문이다. 그러나 기업 경영진들이 무능하다고 해서 이윤 극대화 가정이 틀렸다고 주장해서는 안 된다는 점을 명심하기 바란다. 반면에 기업들의 행동이 초기에는 일정한 목적 없이 이루어지는 실제 세계라 하더라도 결국에는 이윤 극대화 행동을 위한 장기적인 경향이 우위를 점하게 될 것이라고 주장할 수 있다.[1]

이 주장은 찰스 다윈(Charles Darwin)의 자연선택(natural selection)에 의한 진화론과 유사한데, 그 주된 내용은 다음과 같다. 첫째, 일정한 목적 없이 이루어지는 행동의 세계에서 일부 기업들은 아주 우연히 다른 기업들보다 이윤 극대화 행동에 훨씬 근접하게 된다. 이러한 기업들은 더 큰 잉여금을 갖게 되고, 이 잉여금을 이용하여 경쟁 기업들보다 더 빠르게 성장하게 될 것이다. 동전의 또 다른 측면에서 이윤 극대화로부터 매우 벗어난 행동을 하

---

1. 예를 들어, Armen Alchian, "Uncertainty, Evolution, and Economic Theory," *Journal of Political Economy*, 1950 참조.

는 기업들은 파산의 길로 들어설 가능성이 높다. 동물의 왕국에서, 식량은 생존을 위한 필수적인 자원이고, 경쟁적인 시장에서 이윤은 식량에 버금가는 역할을 한다. 이윤이 가장 큰 기업들은 생존할 가능성이 매우 높다. 진화론적인 주장에 의하면, 오랜 기간에 걸쳐 경쟁적인 환경에서 선택의 압력으로 인해 기업의 행동이 순수하게 이윤 극대화의 경향으로 기울게 될 것이다.

그러나 이윤 극대화를 지지하는 원동력은 자연선택의 의도하지 않은 압력에만 국한되지 않는다. 그들 자신의 관심사를 매우 의식적으로 추구하는 사람들의 행동도 원동력에 포함된다. 예를 들어, 은행과 같은 자금 대여자들은 자신의 위험을 최소화하려 한다. 그리고 바로 그 때문에 자금 대여자들은 수익성이 매우 높은 기업들과 사업하기를 선호한다. 따라서 수익성이 높은 기업들은 더 많은 내부 자원을 보유하고 있을 뿐만 아니라 성장을 위해 조달하고자 하는 외부 자본에 더 쉽게 접근할 수 있다. 이윤 극대화 행동을 지지하는 또 다른 중요한 원동력은 외부로부터의 탈취 위협이다. 기업의 주식 가격은 이윤 가능성(15장에서 이에 대해서 좀 더 다룬다)에 따라 결정된다. 따라서 이윤 극대화를 하지 않는 기업들의 주식은 잠재적인 가치보다 훨씬 싸게 판매될 것이다. 이 경우에 외부 투자자들이 해당 주식을 할인 가격에 구입한 후 기업의 행동을 변화시켜 주식 가격을 높여서 판매할 기회를 만들어낼 수 있다.

이윤 극대화를 지지하는 또 다른 견해로, 많은 기업들의 소유자들은 기업 이윤의 일부를 관리자에게 줌으로써 그들의 관리자들에게 부분적으로 보상한다는 것이다. 관리자들이 기회가 있을 때마다 수익성을 향상시키도록 하는 금전적 동기를 제공하는 것이다.

마지막으로 이윤 극대화를 가정한다고 해서 기업들이 항상 가장 효율적인 방법으로 기업을 운영한다는 것을 의미하는 것은 아니다. 우리가 살고 있는 세계에는 지적이고 경쟁력을 갖춘 수많은 관리자들도 있지만 이러한 능력을 갖추지 못한 사람들도 있다. 두 말할 필요 없이, 가장 높은 경쟁력을 갖춘 사람에게 모든 업무가 주어질 수는 없다. 실제로도 가장 중요한 업무는 최고의 관리자에 의해서 수행될 것이고, 덜 중요한 업무들은 능력이 조금 떨어지는 사람에게 맡겨질 것이다. 따라서 기업들이 보잘것없는 업무들만 수행하는 모습을 우리가 종종 관찰한다는 사실만으로 기업들이 이윤을 극대화하지 않는다고 단정할 수는 없다. 이윤을 극대화하는 것은 이러한 사정하에서 기업이 최선을 다하는 것을 의미할 뿐이며, 그러려면 의욕없는 관리자들과 멍청해 보이는 일도 꿋꿋하게 처리해 나가야 할 때가 있다.

전술한 내용들은 전체적으로 이윤 극대화의 가정을 지지하는 것들이다. 심지어 우리는 기업들이 이윤을 극대화하지 않는다고 주장을 하는 사람들이야말로 증명의 짐을 져야 하는 것이 아니냐고 감히 주장할 수도 있을 것이다. 그러나 기업들이 항상 다른 모든 목적들을 포기하고 이윤만을 추구한다는 주장들이 의심의 여지없이 입증되는 것은 아니다. 이는 여전히 실증적인 문제로 남아 있으며, 기업들이 때때로 이윤 극대화를 제대로 추구하지 못하고 있다는 증거를 우리가 보게 되는 경우도 있다. 그럼에도 불구하고, 이윤 극대화 가정은 기업의 행태를 분석하는 데 있어 좋은 출발점이다. 그리고 이윤 극대화 가정은 의심의 여지 없이 투입물이나 상품의 가격, 세금 그리고 기업의 경영 환경에 미치는 기타 중요한 요소들의 변화에 기업들이 어떻게 반응하는지에 대한 유용한 통찰력을 제공한다.

10.3 완전경쟁을 위한 네 가지 조건

경쟁적인 기업이 산출량을 얼마나 생산할지 예측하기 위해 경제학자들은 **완전경쟁이론**을 개발하였다. 다음과 같은 네 가지 조건들을 통해서 완전경쟁시장의 존재를 정의할 수 있다. 하나씩 살펴보기로 하자.

1. 기업들은 표준화된 상품(standardized product)을 판매한다. 완전경쟁시장에서 어느한 기업이 판매하는 제품은 다른 기업들이 판매하는 제품들과 완전 대체 관계에 있다고 가정한다. 이 조건은 매우 드물게 충족되는 조건이다. 예를 들어, 포도주 전문가들은 단지 수백 미터 떨어진 토지에서 자란 동일 품종의 포도로 만든 포도주들의 차이를 식별할 수 있다고 주장한다. 셔츠와 같은 단순한 상품의 시장에 대해서도 표준화된 상품이라고 말하기는 어렵다. 셔츠에도 매우 다양한 스타일과 품질이 있기 때문이다. 그러나 우리가 시장을 충분히 협소하게 정의한다면, 경쟁적인 기업들이 생산하는 상품들 사이에 높은 정도의 유사성을 찾아내는 것이 때때로 가능하다. 예를 들어, "미국 중서부의 봄 밀"이라고 해도 농장마다 조금씩 다르겠지만, 대부분의 구매자들은 어느 농장에서 그 밀이 재배되었는지에 대해 별로 신경을 쓰지 않을 것이다.

완전경쟁을 위해 필요한 조건들을 완전히 만족시키는 상품시장은 거의 없지만, 많은 농산물 시장들은 완전경쟁시장에 매우 가깝다.

2. 기업들은 가격 순응자(price taker)이다. 이는 개별 기업이 제품의 시장가격을 주어진 것으로 취급한다는 의미이다. 좀 더 구체적으로 설명하자면, 기업은 자신이 얼마나 많은 산출량을 생산하느냐가 시장가격에 아무런 영향을 미치지 않을 것이라고 믿어야 한다. 많은 수의 기업들에 의해서 시장이 이루어져 있고 개별 기업이 전체 산업 산출량의 극히 일부분만을 생산한다면 이 조건은 충족될 가능성이 높다. 그러나 가격을 수용하는 행태를 보장하기 위해서 많은 수의 기업들이 항상 필요한 것은 아니다. 예를 들어, 시장에 단 두 개의 기업만 있더라도 다른 기업들이 한순간에 시장에 진입할 준비 자세가 되어 있다고 믿는다면, 개별 기업은 가격 순응자로 행동할 것이다.

3. 장기에서 생산요소들의 완전히 자유로운 이동과 더불어 자유로운 진입과 퇴출이 가능하다. 어느 기업이 주어진 시간과 장소에서 수익성 있는 사업을 감지한다면, 이러한 이점을 이용하기 위하여 필요한 생산요소들을 고용할 수 있다는 것을 이 조건은 함축한다. 이와 마찬가지로 현재 사업이 다른 사업과 비교하여 더 이상 매력적이지 않은 것으로 드러나면, 기업은 생산요소를 자유롭게 퇴출시킬 수 있다. 그리고 사업 기회가 더 좋은 산업으로 생산요소들을 이동시킬 수 있다. 물론 자원들이 완전하게 이동 가능하다고 믿는 사람은 아무도 없을 것이다. 특히 노동은 이 조건을 충족시키지 못할 가능성이 크다. 사람은 주택을 구입하고, 친구를 사귀고, 자녀들을 학교에 등록시키고, 다른 많은 관계들을 맺고 있어서, 한 곳에서 다른 곳으로 이동하는 것이 어렵다. 그럼에도 불구하고, 완전한 이동성(mobility) 가정은 실제로 대개 잘 충족된다. 특히 노동이 경제적 의미에서의 이동성을 보이기 위해서 지리적으로 이동할 필요가 없다는 점을 고려하는 경우, 이 조건은 특히 잘 충족된다. 신발과 섬유 공장들이 임금이 싼 지역으로 이전하는 현상이 발생하는 것처럼 실제로 기업은 노동자가 있는 곳으로 이동할 수 있다.

4. 기업들과 소비자들은 완전한 정보를 갖고 있다. 기업이 다른 지역에서 좀 더 수익성 있는 기회의 존재에 대해서 알 수 있는 방법을 갖고 있지 않다면, 기업은 현재의 산업에서 이탈할 이유가 없다. 마찬가지로 소비자가 가격이 좀 더 싼 제품의 존재에 대해서 알고 있지 않다면, 소비자는 높은 가격의 제품을 가격이 싼 제품으로 변경할 유인이 없다. 여기서도 이 조건은 엄밀한 의미에서 결코 충족되지 않는다. 완전한 정보라는 가정이 의미하는 것은 사람들이 큰 어려움 없이 그들의 선택과 가장 밀접하게 관련된 대부분의 정보를 얻을 수 있다는 것이다. 이렇게 조건을 완화하더라도 많은 경우에 완전 정보의 가정은 성립하지 않을 것이다. 우리가 7장에서 보았듯이, 사람들이 관련 정보들을 즉시 이용할 수 있더라도 이를 분별 있게 이용하지 못하는 경우가 많다. 이러한 관찰에도 불구하고, 현재 가용한 지식만으로도 완전한 정보 조건에 매우 근접하기에 충분하다.

완전경쟁의 모형을 떠받치고 있는 가정들이 도저히 받아들일 수 없을 만큼 제한적인 가정들인지 평가하기 위해서, 이 조건들을 물리학자의 운동 물체의 모형을 떠받치고 있는 가정들과 비교하는 것이 유용할 것이다. 여러분은 고등학교 또는 대학교의 물리 과목을 이수한 경우에, 마찰력이 없는 표면 위에 있는 물체에 힘을 가하면 질량에 반비례하는 속도로 가속도가 붙게 된다는 것을 한 번쯤 들었을 것이다. 따라서 10 kg의 물체에 가해진 힘은 20 kg의 물체에 동일한 힘을 가했을 때보다 두 배 더 속도를 내게 만들 것이다.

이 이론을 설명하기 위하여 드라이 아이스의 넓은 표면 위에 있는 하키 퍽에 다양한 힘들이 가해졌을 때 어떤 일이 발생하는지를 보여주는 필름을 물리 선생님이 보여준다. 퍽과 드라이 아이스 사이에 쉽게 측정이 가능한 마찰의 크기가 존재한다는 것을 물리학자들은 완벽하게 잘 이해하고 있다. 또한 마찰 수준이 매우 낮기 때문에 모형은 여전히 매우 정확한 예측을 제공한다는 것도 잘 알고 있다.

우리가 현실에서 흔히 직면하는 상황에서 마찰력이 퍽과 드라이 아이스 표면 사이에서만큼 낮은 경우는 매우 드물다. 예를 들어, 여러분이 할리 데이빗슨 오토바이를 몰다가 아스팔트 도로 위로 떨어지는 엄청나게 고통스러운 경우를 당했다고 생각해 보자. 하지만 이 경우에도 물리학의 운동법칙은 고스란히 적용된다. 우리는 오토바이에서 떨어진 여러분이 얼마나 멀리 미끄러져 나갈지 추정하기 위해서 마찰력 계수를 조정할 수 있다. 심지어 마찰 모형을 정확히 조정할 수 없는 경우라도, 운전자가 빠르게 달리다가 떨어졌다면 더 멀리 미끄러져 나갈 것이고, 도로가 깨끗하고 마른 상태일 때보다 젖어 있거나 모래나 자갈로 덮여 있는 경우에는 더 멀리 미끄러져 나갈 것이라는 것쯤은 예측할 수 있다.

완전경쟁에 관한 경제 모형에서도, 우리가 직면한 현안들은 유사하다. 농산물 시장과 같은 몇몇 시장에서는 네 가지 조건들이 거의 만족스럽게 충족된다. 이러한 경우에 경쟁적 모형의 예측은 여러 면에 있어서 드라이 아이스 위의 퍽에 적용되는 물리학자들의 모형이 예측하는 것만큼이나 정확하다. 그러나 쓰레기 운송 트럭이나 토양 운송 장비와 같은 또 다른 시장에서는 네 가지 조건들 중 일부는 아예 충족되지도 않는다. 그러나 심지어 이러한 경우라도 주의 깊게 해석한다면 경쟁 모형을 통해 우리는 뭔가 유용한 것을 알 수 있다.

10.4 이윤 극대화를 위한 단기 조건 _____

경쟁적인 기업의 행태 모형을 통해서 우리가 답하려는 첫 번째 질문은 "기업이 단기에서 산출량 수준을 어떻게 선택하는가?"이다. 기업의 목적이 경제적 이윤을 극대화하는 것이라는 가정하에서, 기업은 총수입과 총비용의 차를 가장 크게 하는 산출량 수준을 선택할 것이다.

그림 10.2의 윗부분에서 단기 총비용곡선인 TC곡선을 보이는 기업을 고려하자. 우리가 9장에서 논의했던 많은 기업들처럼, 이 기업은 가변 투입물에 대해 처음에는 수확이 증가하다가 나중에 감소하는 모습을 보이고 있다. 이 기업은 산출량을 한 개당 $18의 가격, 즉 P_0 = $18/개에 판매할 수 있다고 가정하자. 그러면 기업의 주당 총수입은 가격에 주당 판매 개수를 곱한 값이다. 예를 들어, 기업이 산출량을 판매하지 않으면 총수입은 0이다. 그러나 기업이 주당 10단위를 판매하면 주당 총수입은 $180이다. 그리고 20단위를 팔면 주당 총수입은 $360이다. 따라서 일정한 시장가격에 많든 적든 기업이 선택한 산출량만큼 판매할 수 있는 완전경쟁 기업의 총수입은 산출량에 정확히 비례한다. 예로 든 기업의 경우에 총수입곡선은 그림 10.2의 윗부분에 있는 직선 TR이다. 원점에서 나온 이 직선의 기울기는 상품의 가격 P_0 = 18이다.

그림 10.2의 아랫부분에서, 경제학에서 전통적으로 경제적 이윤을 표현하는 데 사용하는

그림 10.2

수입, 비용, 그리고 경제적 이윤

총수입곡선은 TR(상단), TR에서 TC(총비용곡선)를 차감한 값은 경제적 이윤인 Π_Q이다(하단). $Q = 0$에서 $\Pi_Q = -FC = -30$이다. 경제적 이윤은 $Q = 7.4$에서 최댓값($12.60/주)에 도달한다.

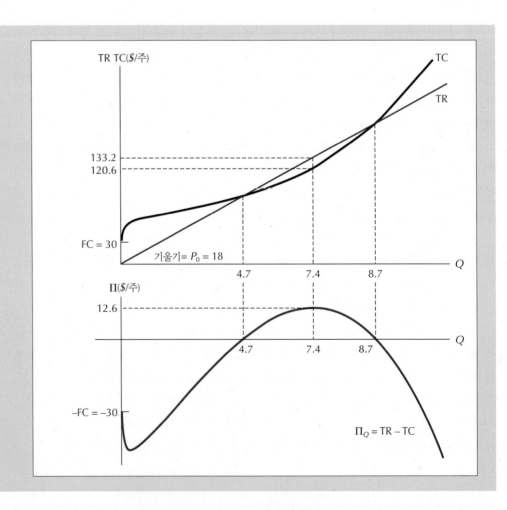

Π_Q는 TR에서 TC를 차감한 값을 나타내고 있다. 산출량이 4.7과 8.7 사이에서 Π_Q는 양의 값을 보이고 Q = 7.4에서 최댓값을 보인다. 산출량이 4.7보다 작거나 8.7보다 크면, 기업은 경제적 손실을 보이는데, 이는 기업의 경제적 이윤이 음이라는 의미이다.

그림 10.2의 하단에서 이윤곡선의 수직축 절편은 $-$30/주인데, 이것은 이 기업의 고정비용을 나타낸다. 생산을 하지 않으면, 수입이 없고 가변비용도 발생하지 않지만, 여전히 고정비용을 지불해야 한다. 따라서 Q = 0일 때, 이 기업의 이윤은 단순히 $-$FC이다. 만약에 $-$FC보다 높은 이윤을 얻을 수 있는 양의 산출량이 존재하지 않는다면 이 기업의 최선의 선택은 단기에 생산을 하지 않는 것이다.

이윤의 극대점은 산출물 가격과 단기한계비용 사이의 관계를 이용하여 설명할 수 있다. 총수입곡선의 기울기와 같은 상품의 가격은 사실 **한계수입**(MR: marginal revenue)이다.[2] 한계수입은 산출물의 판매량이 한 단위 변할 때 발생하는 총수입의 변화로 정의된다. 1장의 비용-편익 개념을 사용해서 표현하자면, MR은 기업이 추가적으로 한 단위의 산출물을 판매할 때의 편익에 해당한다. 이윤을 극대화하고 싶다면, 기업은 추가적으로 한 단위의 산출량을 판매할 때의 비용, 즉 한계비용 대비 한계수입과 비교해야 한다.

그림 10.2의 TC곡선에 대응하는 단기한계비용과 평균가변비용곡선들은 그림 10.3에 제시되어 있다. 다시 한 번 기업은 여전히 산출물 한 단위를 P_0 = $18에 판매할 수 있다고 가정하자. 이윤을 극대화하기 위하여 기업은 다음의 규칙을 따라야 한다. P_0가 AVC의 최저값보다 크면(이 조건에 대한 이유는 다음에 상세히 설명함), 기업은 MC곡선이 올라가는 부분에서 한계수입인 P_0 = $18가 한계비용과 일치하는 수준의 산출량을 생산해야 한다. 그림 10.3에서 P_0 = $18는 AVC의 최솟값보다 확실히 크고, 산출량 Q^* = 7.4에서의 한계비용과 같다. 한계비용이 상승하는 구간에서 한계수입이 한계비용과 교차해야 한다는 조건은 한계수입이 한계비용을 윗부분에서 아래쪽으로 관통해야 한다는 것을 의미한다. 따라서 한계수입이 교차점을 지날 때 한계비용 아래에 있기 때문에 기업은 이 수준을 초과하여 생산을 확대할 유인이 없다(추가적인 산출량은 이윤을 오히려 감소시킬 것이다).

다음 예를 통해서 알 수 있듯이, MR와 MC에 대한 정의는 그림 10.2에 있는 이윤 극대화 점에서 TR곡선과 TC곡선의 기울기들의 상대적인 값에 대해 중요한 점을 우리에게 알려준다.

한계수입
판매량이 한 단위 변할 때 발생하는 총수입의 변화액

개념 확인 10.2

그림 10.2에서 Q = 7.4일 때 TC곡선과 TR곡선의 기울기를 비교하라.

"가격 = 한계비용"은 왜 이윤 극대화를 위한 필요조건인가? 우리가 Q_1과 같은 산출량 수준을 선택했다고 가정하자. 이 산출량은 Q^* = 7.4보다 작다. 기업이 추가적으로 한 단위의 산출량을 판매할 때 기업에게 돌아가는 편익은 P_0 = $18이다. 이것이 바로 기업의 한계수입이다. 그리고 기업이 Q_1에서 산출량을 추가적으로 한 단위 더 생산할 때의 추가적인 총비

---

2. 다음 장에서 알게 되겠지만, 독점시장에서는 상품의 가격과 한계수입이 서로 일치하지 **않는다.**

그림 10.3

단기에서 이윤을 극대화하는 산출량 수준

이윤 극대화를 위한 필요조건은 MC 곡선이 상승하는 부분에서 P = MC 이다. 이 그림에서 산출량 수준이 $Q^* = 7.4$에서 이 조건이 충족된다.

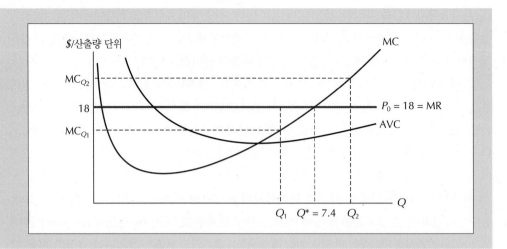

용은 이 산출량 수준에서의 한계비용 MC_{Q_1}이 될 것이다. 그림 10.3에서 이는 \$18보다 작다. 그러므로 $Q^* = 7.4$ 왼쪽의 MC곡선이 상승하는 부분에서의 산출량 수준에 대해서 (한계수입으로 측정되는) 생산 확대의 편익이 (한계비용으로 측정되는) 비용보다 클 것이다. 따라서 기업이 Q_1에서 생산량을 더 늘리는 것이 기업의 이윤을 증가시킨다.

이제 $Q^* = 7.4$의 오른쪽에서 Q_2와 같은 산출량 수준을 고려하자. 산출량 Q_2에서 기업이 추가적으로 산출량을 한 단위 줄일 때, 기업에게 발생하는 편익은 생산비용의 절약, 즉 이 산출량 수준에서의 한계비용 MC_{Q_2}가 될 것이다. (여기서 비용과의 혼란을 피하기 위하여 "편익"이란 용어를 사용하고 있음에 주의하라.) 그리고 기업이 산출량을 한 단위 줄일 때 발생하는 비용은 한계수입 P_0 = \$18가 될 것이다. 이것은 기업이 한 단위를 덜 판매할 때 발생하는 총수입의 손실분이다. (편익을 얻지 못하는 것이 곧 비용이다.) 따라서 MC_{Q_2}(추가적 편익) > \$18(추가적 비용)이기 때문에 기업은 산출량을 한 단위 줄일 때 잃는 것보다 절약한 것이 더 크다. 이에 따라 산출량이 $Q^* = 7.4$보다 높은 수준에서 산출량을 줄이면 기업의 이윤은 증가하게 된다. 산출량을 늘리거나 줄임으로써 기업이 더 높은 이윤을 얻을 수 없는 유일한 산출량 수준은 $Q^* = 7.4$이다. 이 산출량 수준에서 생산 변화에 따른 비용이 편익과 정확히 같아진다.[3]

---

3. 기업의 문제는 $\Pi = PQ - TC_Q$를 극대화하는 것이다. 여기서 TC_Q는 기업이 산출량 Q를 생산하는 데 드는 단기 총비용이다. 극대화를 위한 1계 조건은 다음과 같다.

$$\frac{d\Pi}{dQ} = P - \frac{dTC_Q}{dQ} = P - MC_Q = 0.$$

즉, $P = MC_Q$이다. 극대화를 위한 2계 조건은 다음과 같이 주어진다.

$$\frac{d^2\Pi}{dQ^2} = \frac{-dMC_Q}{dQ} < 0$$

즉,

$$\frac{dMC_Q}{dQ} > 0.$$

이 조건은 이윤을 극대화하기 위하여 우리가 한계비용곡선이 상승하는 부분에 있어야 하는 이유를 말해준다.

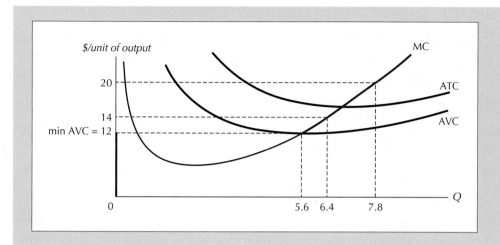

그림 10.4

완전경쟁 기업의 단기 공급곡선

가격이 AVC의 최저점보다 아래에 있으면(여기서는 \$12/단위), 기업은 모든 산출량 수준에서 손실을 입게 되어 생산을 하지 않는 것이 손실을 최소화하는 것이다. 가격이 AVC의 최저점보다 위에 있으면, 기업은 MC곡선이 상승하는 부분에서 P = MC인 산출량을 공급할 것이다.

조업중단 조건

단기 이윤 극대화 조건은 가격이 평균가변비용의 최저값보다 높을 때 P = MC임을 앞에서 설명했다. 가격이 평균가변비용곡선의 최솟값보다 커야 하는 이유는 무엇인가? 이에 대한 답변은, 만약 이 조건이 충족되지 않는 경우에, 기업은 단기에서 생산을 중단하는 편이 더 낫다는 것이다. 판매되는 산출물 한 단위당 기업의 **평균수입**(AR: *average revenue*)은 기업이 제품을 판매할 때의 가격이다. (모든 산출량 수준에 대해서 가격이 고정되어 있을 때, 평균수입과 한계수입은 같다.)[4] 평균수입이 평균가변비용보다 작다면, 기업은 판매하는 산출물의 각 단위에 대해서 손실을 입게 된다. 즉, 기업의 총수입(= AR × Q)은 총가변비용(= AVC × Q)보다 작을 것이기 때문에 산출물을 생산하지 않는 편이 기업에게 더 유리하다. 이러한 의미에서 조업중단(shutdown)은 단순히 단기에서 생산을 하지 않는다는 것을 의미한다. 가격이 다시 AVC의 최저점보다 높아지면, 기업은 다시 생산을 시작할 것이다. 따라서 AVC의 최저점이 기업의 **조업중단 조건**의 유발점이 된다.

그림 10.2에서 보았듯이, 산출물을 생산하지 않는 기업은 고정비용만큼의 음의 경제적 이윤을 얻을 것이다. 상품의 가격이 AVC의 최저점보다 낮은 상태에서 양의 산출량을 생산하면 기업은 훨씬 더 큰 경제적 손실을 입을 것이다.

(1) 가격은 한계비용이 상승하는 구간에서 한계비용과 일치해야 한다. 그리고 (2) 가격은 평균가변비용곡선의 최저점보다 커야 한다는 두 조건들로부터 완전경쟁 기업의 단기공급곡선이 정의된다. 기업의 공급곡선은 여러 가격들에 대해서 기업이 얼마만큼의 산출량을 생산하기를 원하는지를 말해준다. 그림 10.4에서 굵은 붉은색의 궤적으로 나타낸 것처럼, 단기공급곡선은 평균가변비용곡선의 최저점(이 경우 산출물 단위당 \$12)의 윗부분에서 상승하고 있는 단기 한계비용곡선이다. P = 12 아래에서 공급곡선은 수직축에 해당하고 이것은 가격이 평균가변비용의 최저점보다 낮으면 기업이 생산을 하지 않는다는 것을 나타낸다. P = 12 윗부분에서 기업은 P = MC를 충족시키는 산출량 수준을 공급할 것이다. 따라서 가격이 \$14와 \$20

조업중단 조건

가격이 평균가변비용의 최저값보다 아래에 있으면, 기업은 단기에서 생산을 중단해야 한다.

---

4. AR = TR/Q = PQ/Q = P임에 주목하라.

일 때 기업은 6.4단위와 7.8단위의 산출물을 각각 공급할 것이다. 여기에서 경쟁적인 기업은 가격순응자인 동시에 이윤 극대화를 추구하는 자로 행동한다. 즉, 기업은 시장가격을 주어진 것으로 받아들이고, 그 주어진 가격에서 경제적 이윤을 극대화하는 산출량 수준을 선택한다.

그림 10.4에서 가격이 AVC의 최저점을 초과할 때마다 기업은 양의 산출량을 공급하고, 평균가변비용은 평균고정비용만큼 평균총비용보다 낮다. 평균고정비용이 얼마나 작은지와 무관하게 AVC곡선과 ATC곡선 사이에 가격이 놓이는 구간이 존재한다. 이 범위 내의 가격에서 기업은 $P = MC$에 맞추어 산출량 수준을 공급한다. 하지만 P가 ATC보다 낮기 때문에 기업에게 손실이 발생한다. 예컨대, 그림 10.4에서 제시된 비용곡선들을 보이는 기업은 가격이 $14일 때 모든 비용을 충당할 수 없다. 그럼에도 불구하고 이 기업의 최선의 선택은 주당 6.4단위의 산출량을 공급하는 것이다. 생산을 중단하면 더 큰 손실이 발생하기 때문이다. 가변비용을 회수할 수 있다는 것이 기업에게 양의 경제적 이윤을 보장해 주지는 못한다. 그렇지만 기업이 단기에서 산출물을 공급하도록 하는 데에는 충분하다.

또한 그림 10.4에서 기업의 단기 공급곡선은 우상향하고 있다. 이는 기업의 단기한계비용 곡선이 해당 부분에서 우상향의 기울기를 보이기 때문인데, 이는 수확 체감의 법칙에 의한 직접적인 결과라고 할 수 있다.

10.5 경쟁 산업의 단기 공급

경쟁 산업의 단기 공급곡선은 5장에서 시장수요곡선을 도출했던 방식과 유사한 방법으로 도출된다. 이 경우에 우리는 단순히 가격을 발표한 뒤 개별 기업들이 그 가격에 공급하고자 하는 산출량을 모두 더해주면 된다. 그리고 그 결과로 얻게 된 합계가 바로 그 가격에서의 산업 공급이 된다. 산업공급곡선의 추가적인 점들은 다른 가격들에서 개별 기업들의 공급량을 더하여 구할 수 있다.

그림 10.5는 가장 단순한 경우로 오직 두 개의 기업들만으로 구성된 산업의 공급곡선을 도출하는 과정을 보여준다. 산출물 단위당 가격이 $2일 때, 오직 기업 1(왼쪽)만이 주당

그림 10.5

경쟁 산업의 단기에서의 공급 곡선

산업공급곡선(오른쪽 그림)을 얻으려면 개별 기업의 공급곡선을 수평으로 더해 주면 된다(왼쪽 그림들).

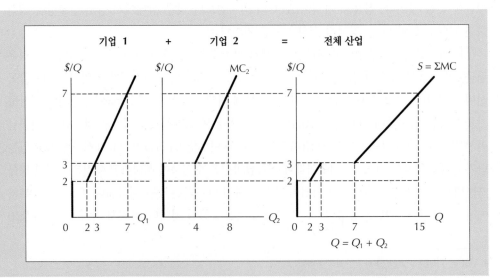

$Q_1 = 2$를 공급할 것이다. 이 공급량이 $P = 2$에서 전체 산업공급이 된다(오른쪽). $P = 3$이면, 기업 2도 시장에 진입하여 $Q_2 = 4$를 공급하고(중앙), 기업 1도 $Q_1 = 3$을 공급한다. 따라서 $P = 3$에서 시장 공급은 7이다. 이와 같은 방법으로 $P = 7$에서 산업 공급량은 $Q = 7+8 = 15$이다. 5장에서 우리는 시장수요곡선은 개별 소비자의 수요곡선의 수평적인 합이라는 점을 살펴 보았다. 여기에서는 시장공급곡선은 개별 기업들의 공급곡선의 수평적인 합임을 알 수 있다.

산업을 구성하고 있는 기업들이 동일하다면, 산업공급곡선을 도출하기 위해 개별 기업들의 공급곡선을 수평적으로 합하는 작업은 매우 쉽다. n개의 기업들이 산업 공급을 구성하고 있으며 개별 기업의 공급곡선은 $P = c + dQ_i$라고 가정하자. 이제 산업 공급을 도출하기 위해 n개의 기업들의 산출량을 더하려면 기업의 공급곡선 $P = c + dQ_i$를 Q_i에 대해서 정리하여 $Q_i = -(c/d) + (1/d)P$를 얻는다. 이제 산업공급은 n개의 개별 기업이 공급하는 Q_i를 모두 더하면 된다.

$$Q = nQ_i = n\left(-\frac{c}{d} + \frac{1}{d}P\right) = -\frac{nc}{d} + \frac{n}{d}P.$$

위의 산업공급을 P에 대해서 정리하면 $P = c + (d/n)Q$이 된다. 따라서 산업에 공급되는 한 단위의 산출량은 개별 기업이 $1/n$만큼 공급한다는 것을 의미한다. 따라서 n개의 기업들이 동일한 공급곡선을 갖는 경우, 산업공급곡선을 구하는 일반적인 규칙은 n개의 개별 기업들의 공급곡선이 모두 $P = c + dQ_i$로 모두 동일하다면, $P = c + (d/n)Q$이 된다.

산업공급곡선   예 10.2

어떤 산업 내에 _200_개의 기업이 존재한다고 가정하자. 그리고 각 기업의 공급곡선은 _P = 100 + 1000Q_ᵢ이라고 하자. 이 경우에 산업공급곡선을 구하라.

우선 개별 기업의 공급곡선을 산출량에 대해서 다음과 같이 정리한다.

$$Q_i = -\frac{1}{10} + \frac{1}{1000}P.$$

이제 산업공급량은 개별 기업들의 공급량을 더하면 된다.

$$Q = nQ_i = 200Q_i = 200\left(-\frac{1}{10} + \frac{1}{1000}P\right) = -20 + \frac{1}{5}P.$$

이를 가격에 대해서 정리하면, 산업공급곡선으로 $P = 100 + 5Q$를 얻는다.

개념 확인 10.3

어떤 산업에 30개의 기업이 있다고 가정하자. 각 기업의 공급곡선은 $P = 20 + 90Q_i$이다. 이 경우에 산업공급곡선을 구하라.

단기에서의 경쟁 균형

경쟁적인 개별 기업은 주어진 가격에 반응하여 이윤을 극대화하는 산출량 수준을 선택해야 한다. 하지만 주어진 가격은 어디에서 오는가? 2장에서 보았듯이, 가격은 상품에 대한 수요 곡선과 공급곡선이 교차하는 점에서 온다. 균형가격에서 판매자들은 팔고자 하는 수량을 판매하고 구매자들은 구매하고자 하는 수량을 구입한다는 점을 상기하기 바란다.

그림 10.6의 왼쪽에서 직선 D는 완전경쟁 산업에서 판매되는 상품에 대한 시장수요곡선이다. 그리고 직선 S는 이에 대응하는 단기 산업공급곡선으로 개별 기업의 단기한계비용곡선의 관련 부분을 수평으로 합한 것이다.[5] 두 곡선이 교차하는 점에서 단기 경쟁 균형가격은 $P^* = \$20$이고, 이 가격이 개별 기업의 산출량 수준에 관한 의사결정의 기초가 된다.

전형적인 기업이 직면하는 조건들은 그림 10.6의 오른쪽에 나타나 있다. 이 기업이 직면하는 수요곡선은 $P^* = \$20$에서 수평선이다. 즉, 기업은 이 시장가격에서 많든 적든 기업이 원하는 수량만큼 팔 수 있다. 부연하자면, 어떠한 기업이든 시장가격에 영향을 미치지 않고 기업이 원하는 수량만큼 판매할 수 있다. 상품의 가격을 $20 이상으로 부과하면 기업은 전혀 판매할 수 없다. 왜냐하면 구매자들은 $20에 판매하는 경쟁 기업에서 구매할 것이기 때문이다. 물론 기업은 상품의 가격을 $20 미만으로 부과할 수도 있다. 그러나 기업의 목적이 경제적 이윤을 극대화하는 것이라면, 그럴 유인이 없을 것이다. 왜냐하면 기업은 $20에 이미 원하는 수량만큼 판매할 수 있기 때문이다. 그 결과, 시장수요곡선은 우하향하는 기울기를 보이지만 개별 기업이 직면하는 수요곡선은 완전 탄력적으로 나타난다. (5장에서 살펴본 가격탄력성의 정의에 의하면 수평인 수요곡선은 무한대의 가격탄력성, 즉 "완전 탄력적"이다.)

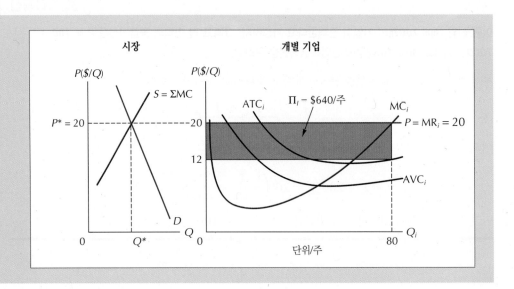

그림 10.6

완전경쟁하에서 단기 가격 및 산출량의 결정

단기 공급곡선과 수요곡선이 교차하는 곳에서 단기 균형가격이 $P^* = \$20$로 결정된다(왼쪽). 기업의 수요곡선은 $P^* = \$20$에서 수평선이다(오른쪽). $P^* = \$20$를 주어진 것으로 받아들이고, 기업은 주당 $Q_i^* = 80$단위를 생산함으로써 경제적 이윤을 극대화한다. 이때 경제적 이윤 $\Pi_i = \$640/주$이다(오른쪽 그림에서 사각형의 초록색 부분).

---

5. 여기서 "관련 부분"이란 AVC 최저점의 윗부분을 의미한다.

그림 10.6의 오른쪽에서 기업은 $P^* = \$20$와 한계비용을 일치시키는 $Q_i^* = 80$단위/주를 생산함으로써 이윤을 극대화한다. 이 산출량 수준에서 총수입은 주당 $P^*Q_i^* = \$1600/$주이다. 그리고 이때의 총비용은 $\mathrm{ATC}_{Q_i^*} Q_i^* = \$12 \times 80/$주 $= \$960/$주이다. 따라서 이윤은 $\$1600/$주 $- \$960/$주 $= \$640/$주이고, 그림에서 Π_i로 표시된 사각형 면적에 해당한다. 이윤을 계산하는 또 다른 방법으로 가격($\$20$)과 평균총비용($\$12$)의 차이와 판매량(80단위/주)을 곱하는 방식을 사용할 수도 있다.

기업이 소유한 자원의 기회비용은 평균총비용곡선에 포함되어 있는 비용의 일부를 구성한다. 그렇기 때문에 총비용을 초과하는 총수입은 경제적 이윤이 된다. 따라서 기업의 총수입이 총비용과 정확히 일치하면 기업은 정상이윤(normal profit)만을 얻으며 경제적 이윤(economic profit)은 0이다.

그리고 가격이 평균총비용과 일치한다는 것은 총비용이 총수입과 같고, 기업의 경제적 이윤은 0임을 의미한다. 따라서 가격이 평균총비용의 최소점과 같아지는 점을 손익분기점(breakeven point)이라고 부른다. 이 손익분기점은 기업이 단기에 음의 이윤을 얻지 않게 되는 가장 낮은 가격 수준이다.

그림 10.6과 표 10.1은 단기 균형가격에서 기업이 양의 경제적 이윤을 얻을 수 있다는 것을 보여준다. 또 다른 가능성으로는 단기공급과 수요곡선들이 교차하는 균형가격에서 이 균형가격이 충분히 높아 기업이 산출량을 공급하기는 하지만, 그렇다고 해서 모든 비용을 회수하기에 충분할 정도로 가격이 높은 수준은 아닌 경우를 생각해 볼 수 있다. 그림 10.7과 표 10.1은 이러한 상황을 보여준다. 왼쪽 그림에서 공급과 수요는 $P^* = \$10/$단위에서 서로 교차한다. 이 균형가격은 오른쪽 그림에서 기업의 AVC곡선의 최저점보다 높지만, 이윤극대화($P = \mathrm{MC}$)의 산출량 수준 $Q_i^* = 60$단위/주에서는 ATC곡선보다 낮다. 따라서 기업은 $P^*Q_i^* - \mathrm{ATC}_{Q_i^*} Q_i^* = \$120/$주만큼의 경제적 손실을 입게 된다. 이 경제적 손실은 그림 10.7의 오른쪽에 직사각형의 면적 Π_i로 표시되어 있다. 하지만 이 손실은 산출량이 0일 때 경제적 이윤인 $-\mathrm{TFC}$보다 적다. 따라서 경제적 이윤이 단기에서 0 이하로 떨어지더라도 계속 생산하는 것이 기업 입장에서는 합리적이다.

표 10.1

경제적 이윤 대 경제적 손실

Q	ATC	MC	$\Pi(P = 20)$	$\Pi(P = 10)$
40	14	6	240	−160
60	12	10	480	−120
80	12	20	640	−160
100	15	31	500	−500

가격이 20일 때, 기업은 경제적 이윤을 획득한다. 그러나 가격이 10인 경우에 기업은 경제적 손실을 입는다.

그림 10.7

경제적 손실을 가져오는 단기 균형 가격

단기 공급 및 수요곡선들이 균형가격이 $P^* = \$10$단위에서 서로 교차한다(왼쪽). 이 균형가격은 ATC의 최솟값 아래에 있지만 AVC곡선의 최솟값보다는 위에 있다. 이윤 극대화 산출량 수준 $Q_i^* = 60$단위/주에서 기업의 경제적 손실은 $\Pi_i = \$120/$주이다.

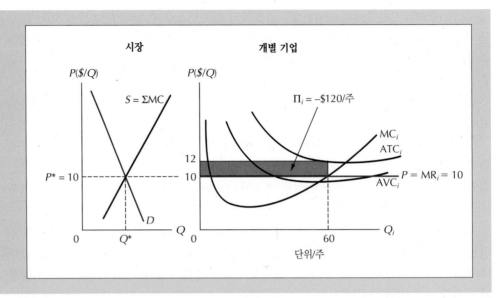

개념 확인 10.4

경쟁적인 기업의 단기한계비용과 평균가변비용곡선이 MC = 2Q, 그리고 AVC = Q로 주어졌다. 가격이 12일 때 기업의 생산량은 얼마인가? 기업의 경제적 이윤이 0이 되려면 고정비용은 얼마가 되어야 하는가?

단기 경쟁 균형의 효율성

경쟁시장의 가장 매력적인 특성 중 하나는 **배분 효율성**(allocative efficiency)이다. 이는 기업들이 교환을 통해서 상호 이익의 가능성을 완전히 이용한다는 것을 의미한다. 이를 설명하기 위하여 그림 10.8의 왼쪽에 있는 단기 균형을 고려하자. 기업의 비용곡선들은 그림의 오른쪽에 제시되어 있으며, 산업 내 1000개의 기업이 동일한 비용곡선들을 갖고 있다고 가정하자.

배분 효율성

교환으로부터 모든 가능한 이득이 실현되는 조건

단기에서 경쟁적인 시장에서 소비자들은 기업들에게 돈을 지불하고, 기업들은 소비자들에게 소비하는 산출물을 생산하기 위하여 가변 투입물을 구입하여 사용한다. 경쟁적인 균형이 상호 이익이 되는 교환을 할 여지를 더 이상 남겨놓지 않는다는 것은 $10 이외의 다른 가격 수준에서 생산자와 소비자가 사적 거래(private transaction)에 동의할 방법이 없다는 뜻이다. 물론, 소비자는 추가적인 한 단위의 산출량에 대해 $10보다 낮은 가격을 기꺼이 지불하고자 할 것이다. 그러나 $10는 추가적으로 한 단위를 생산하기 위하여 요구되는 자원의 가치(그림 10.8의 오른쪽에서 MC_i)이기 때문에 어느 기업도 그 가격에 공급하지 않을 것이다. 기업의 입장에서 가격이 $10보다 높다면 추가적인 산출량 한 단위를 기꺼이 생산할 것이다. 그러나 시장에는 이미 100,000단위의 산출량이 있기 때문에 $10 이상을 지불하려는 소비자들은 없다(그림 10.8의 왼쪽 부분). 단기 균형가격과 균형수량에서 (단기한계비용으로 측정되는) 마지막 단위의 산출량을 생산하기 위하여 사용되는 자원들의 가치는 (소비자들이 그것에 기꺼이 지불하고자 하는 가격으로 측정되는) 그 마지막 산출물 단위의

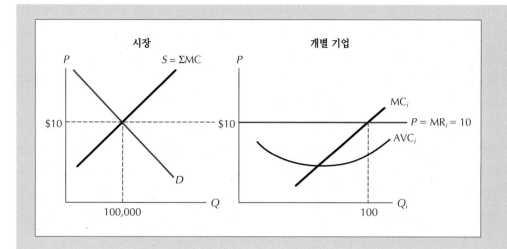

그림 10.8

단기 경쟁 균형의 효율성

균형가격과 균형수량에서 각 기업에 의해 생산되는 마지막 단위의 산출량을 만들기 위하여 요구되는 추가적인 자원의 가치(오른쪽에서 MC)는 구매자에게 있어 마지막 단위의 산출량의 가치(왼쪽에서 수요 가격)와 정확히 같다. 따라서 더 이상의 상호 이익이 되는 교환은 존재하지 않는다는 것을 의미한다.

가치와 정확히 같다. 기업들은 가격이 좀 더 높았으면 하고 기대하고 소비자들은 가격들이 이미 너무 높다고 불평할지 모른다. 그러나 두 거래 당사자들은 균형가격 이외의 가격에서 거래할 유인을 갖지 않는다.

생산자 잉여

경쟁 시장이 효율적이라는 것은 경쟁적인 시장이 시장 참여자들의 순편익(net benefit)을 극대화한다는 뜻이다. 정책 분석에서는 소비자들과 기업들이 특정 시장에 참여할 때 얻는 실제 이득(gain)의 크기를 추정하는 것이 종종 유용할 때가 있다. 예를 들어, 어느 제3세계 국가가 해안부터 내륙지역까지 도로를 건설하여 수산물 시장을 새로 개방하려 한다고 하자. 정부의 목표가 자국의 자원을 최대한 효율적으로 사용하는 것이라면, 도로의 건설 여부는 시민들과 기업들이 새로운 수산물 시장들로부터 얻는 편익이 도로건설 비용을 초과하는지의 여부에 의해 결정될 것이다.

　4장에서 우리는 소비자 잉여의 개념을 시장 교환과 관련된 소비자의 편익을 측정하는 것으로 정의했다. 이와 유사하게 측정되는 편익이 생산자들에게도 존재하는데, 경제학에서는 이를 **생산자 잉여**(producer surplus)라고 한다. 생산자 잉여는 기업이 이윤을 극대화하는 산출량 수준을 공급함으로써 기업의 형편이 얼마나 나아졌는지를 측정한다. 생산자 잉여를 단순히 기업의 경제적 이윤이라고 말하기 쉽지만, 생산자 잉여와 이윤은 종종 다를 수 있다. 그 이유를 알아보기 위해 우선 단기에서 기업이 생산을 전혀 하지 않으면 고정비용만큼 손실을 입게 된다는 것을 상기하자. 그러나 가격이 AVC의 최저점보다 높으면, 양의 산출량 수준을 공급하는 것이 기업에 유리하다. 그렇다면 기업의 형편은 얼마만큼 좋아지는가? 생산을 전혀 안 하는 경우와 비교할 때 기업의 이득은 P = MC의 산출량 수준에서 총수입과 총가변비용의 차이만큼 발생한다. 이제 경제적 이윤은 총수입과 총비용의 차이이며, 총비용은 고정비용만큼 가변비용과 차이가 난다는 것을 기억하자. 따라서 생산자 잉여는 경제적

생산자 잉여

기업이 이윤 극대화의 산출량 수준을 생산함으로써 기업이 이익으로 얻게 되는 금액

이윤과 고정비용의 합이다.[6] 그림을 이용하여 설명하면, 그림 10.9의 왼쪽에서 생산자 잉여는 짙게 표시한 직사각형 면적이다. 단기에서 생산자 잉여는 경제적 이윤보다 크다. 왜냐하면 시장에 참여하지 못하는 경우, 기업은 경제적 이윤보다 더 큰 손실을 입을 것이기 때문이다. 장기에서 모든 생산요소들은 가변적이다. 따라서 장기에서 생산자 잉여는 경제적 이윤과 같다.

그림 10.9b는 생산자 잉여를 측정하는 또 다른 방법을 보여준다. 이 방법은 모든 산출량 수준에서 가변비용이 한계비용곡선 아래의 면적과 동일하다는 사실을 이용한 것이다(오른쪽 그림에서 짙게 표시한 부분의 아랫부분). 산출물 한 단위를 생산하는데 드는 가변비용은 한계비용 MC_1과 같다. 두 단위를 생산할 때의 VC는 MC_1과 MC_2의 합이다. 이와 같은 방법으로 $VC_Q = MC_1 + MC_2 + \cdots + MC_Q$이며, 이는 MC곡선의 아래 면적이다. 따라서 총수입과 총가변비용의 차이는 그림 10.9b에서 짙게 표시한 부분과 동일하다.

생산자 잉여를 측정하는 두 가지 방법 중 어느 쪽이 더 유용한지는 상황에 따라 다르다. 우리가 현존하는 생산자 잉여의 변화에 관심이 있다면, 그림 10.9b의 방법이 가장 쉽게 접근할 수 있는 방법이다. 그러나 우리가 전체 생산자 잉여를 측정하고자 한다면, 그림 10.9a의 측정방법을 이용하여 생산자 잉여를 계산하는 것이 좀 더 쉬울 것이다.

시장의 총 생산자 잉여를 측정하려면 시장에 참여하는 개별 기업들의 생산자 잉여를 단순히 더하면 된다. 개별 기업의 한계비용곡선이 우상향하는 기울기를 보이는 경우에 총 생산자 잉여는 그림 10.10에 나타난 것처럼 공급곡선과 균형가격 P^* 사이의 면적과 비슷할 것이다.

4장에서 그림 10.11의 윗 삼각형에 의해 표시되었듯이 시장에 대한 소비자 잉여는 수요곡선과 균형가격선 사이의 면적으로 측정된다는 것을 우리는 이미 알고 있다.[7] 그러므로 시장에서의 교환으로부터 얻는 전체 편익은 소비자 잉여와 생산자 잉여의 합으로 측정될 수 있다.

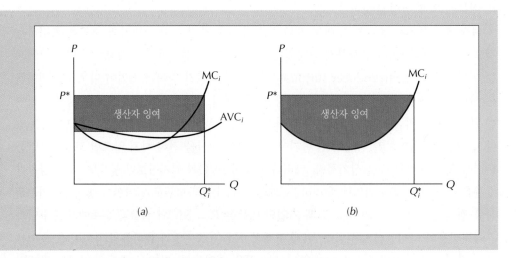

그림 10.9
생산자 잉여를 측정하는 두 가지 방법

총수입과 총가변비용의 차이가 생산자 잉여를 측정한다. 이것은 생산을 하지 않는 것보다 Q_i^*를 생산함으로써 기업이 얻은 이득이다. 이것은 $P^*Q_i^*$와 $AVC_{Q_i^*} \cdot Q_i^*$의 차이(왼쪽 색칠한 부분)로 정의될 수 있거나, $P^*Q_i^*$와 한계비용곡선의 아랫부분의 차이(오른쪽 색칠한 부분)로 정의될 수 있다.

(a)　　　　*(b)*

---

6. $\Pi = TR - TC$이고 $TC = VC + FC$이면, 생산자 잉여 $= TR - VC = TR - TC + FC = \Pi + FC$이다.

7. 이 소비자 잉여 측정방법은 소득효과(income effect)가 작을 때 가장 정확하다.

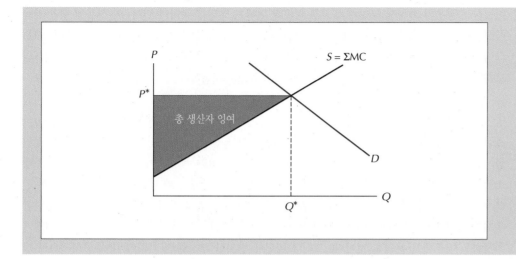

그림 10.10

개별 한계비용곡선들이 우상향할 때의 총 생산자 잉여

어느 산출량 수준에서든 공급곡선은 기업들이 해당 산출량 수준을 공급하고자 하는 최소한의 가격을 측정한다. 시장가격과 공급가격의 차이는 그 산출량 수준에서 총 생산자 잉여에 한계적으로 기여하는 부분이다. 이러한 한계적 기여들을 균형 수량인 Q^*까지 모두 합하면, 총 생산자 잉여인 짙게 표시한 부분을 얻는다.

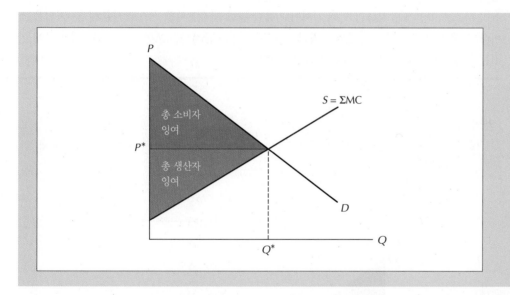

그림 10.11

시장 교환으로부터의 총편익

생산자 잉여(초록색으로 표시한 아래 삼각형 면적)와 소비자 잉여(파란색으로 표시한 윗삼각형 면적)의 합계는 교환으로부터의 총편익을 측정한다.

소비자 잉여와 생산자 잉여 | **예 10.3**

불꽃 사용자들 사이에 조심스럽지 않은 집단과 조심스러운 집단의 두 유형이 존재한다고 가정하자. 조심스러운 사용자들에게는 결코 사고가 발생하지 않지만, 조심스럽지 않은 사용자들은 가끔 자신들뿐만 아니라 구경꾼에게까지도 부상을 입힌다. 불꽃 제조 산업에 1000개의 기업들이 있는데 개별 기업의 한계비용곡선은 $MC = 10 + Q$로 주어진다. Q는 kg으로 측정되는 연간 불꽃 생산량이고 MC는 불꽃 kg당 화폐액이다. 조심스러운 집단의 불꽃에 대한 수요곡선은 $P = 50 - 0.001Q$ (MC곡선과 동일한 단위를 사용함)로 주어진다. 국회의원들은 조심스러운 사용자들에게 계속해서 불꽃 사용을 허용하고자 한다. 그러나 두 유형의 사용자들을 실질적으로 구분하기 어렵기 때문에 국회에서는 모두에게 불꽃놀이를 금지하기로 결정했다. 만약 국회에서 불꽃놀이를 부분적으로 금지하는 법안을 제정할 수 있다면 소비자들과 생산자들의 복지는 얼마나 나아지겠는가?

전체 불꽃놀이 시장을 완전히 금지한다면, 소비자 잉여와 생산자 잉여의 합은 0일 것이다. 그러므로 부분적인 금지의 편익을 측정하기 위해, 조심스러운 사용자들에게 제한적으로 불꽃놀이를 허용하는 경우의 소비자 잉여와 생산자 잉여를 더하는 방법을 찾아야 한다. 이 시장에 대한 공급곡선을 도출하기 위해 우리는 개별 기업의 한계비용곡선을 수평으로 단순히 더하면 된다. 이는 그림 10.12에서 직선 S로 표시되었다. 조심스러운 사용자들에 대한 수요곡선이 공급곡선 S와 교차할 때 균형가격은 $30이고 균형수량은 연간 20,000 kg이다.

불꽃 판매를 전면 금지함으로써 국회의원들은 그림 10.12에 표시한 생산자 잉여와 소비자 잉여의 합계인 연간 $40,000를 사라지게 만든다. 비용–편익 분석의 측면에서 이는 생산자들과 조심스러운 사용자들에게 부과된 비용이다. 불꽃놀이를 전면 금지하는 법안이 주는 편익은 전면 금지로 미연에 방지하게 된 부상에 대해 일반 대중이 부여하는 가치이다. (여기에서 물론 조심스럽지 않은 사용자들이 불꽃놀이를 계속할 수 있는 권리를 잃는 데 따르는 비용은 빼주어야 한다.) 하지만 불꽃놀이 사고로 인해 발생한 부상의 고통에 금전적 가치를 부여하는 작업이 간단한 문제가 아닌 것은 명백하다. 14장에서 우리는 이와 유사한 상황에서 최소한 대략적으로 어떻게 추정하는지에 대해 논의할 것이다. 그러나 미연에 방지한 부상들의 가치에 대해 공식적으로 정량적인 수치를 부여하기 어렵다고 하더라도 일반 대중은 연간 $40,000의 사라진 잉여가 불꽃놀이 사고를 미연에 방지하기 위해 기꺼이 지불할 만한 댓가인지를 스스로 자문해 볼 수 있을 것이다. 결국 모든 지역에서 불꽃의 사적인 판매 및 사용을 금지하는 법안이 발효되었기 때문에 이 질문에 대한 답변은 명확하게 "예"로 판명된 것 같다.

개념 확인 10.5
예 10.3에서 조심스러운 불꽃 사용자들의 수요곡선이 $P = 30 - 0.001Q$로 주어진다면 소비자 잉여와 생산자 잉여의 합은 얼마인가?

그림 10.12

조심스러운 사용자들로 구성된 불꽃놀이 시장에서의 생산자 잉여와 소비자 잉여

윗부분의 삼각형은 소비자 잉여(= 연간 $200,000)이고, 아랫부분의 삼각형은 생산자 잉여(= 연간 $200,000)이다. 시장을 계속 여는 경우의 총편익은 이 두 가지 잉여의 합계로 연간 $400,000이다.

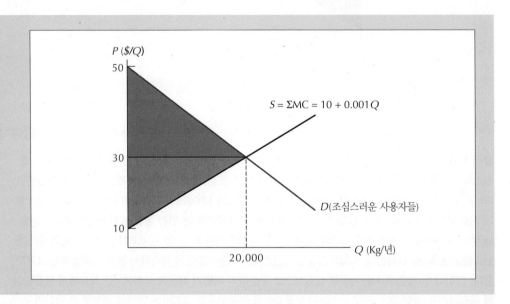

장기 조정

장기이든 단기이든 기업의 목적은 가능한 한 가장 큰 경제적 이윤을 얻는 것이다. 앞 절에서 보았듯이, 단기에서 기업이 경제적 손실을 입고 있더라도 계속해서 산출량을 공급하는 것이

기업에게 유리한 경우가 때로 발생한다. 그러나 장기에는 기업이 현재 활동 중인 산업에서 최소한 정상이윤을 얻을 수 없다면 사업을 그만두는 것이 나을 것이다.

그림 10.13의 왼쪽 그림에 나타나 있듯이 가격 수준 $P = 10$에서 산업 공급과 수요가 교차한다고 가정하자. 대표적인 기업의 비용곡선들은 그림 10.13의 오른쪽 그림에 제시되어 있다. 산출량 $Q = 200$에서 산출물 단위당 $10의 가격은 ATC_2를 초과한다. 따라서 기업은 각 기간 동안 $600의 경제적 이윤을 얻는다. 경제적 이윤은 초록색 직사각형 면적으로 표시되어 있다.

그림 10.13에 제시된 상황은 본질적으로 안정적이지 않다. 왜냐하면 양의 경제적 이윤으로 인해 외부에서 기업들이 이 산업에 진입할 유인이 발생하기 때문이다. 평균총비용곡선은 이미 기업이 사업을 하기 위해 필요한 자본의 기회비용을 포함하고 있다는 것을 상기하자. 이는 외부의 기업들이 산업 내에서 활동하는 기업들의 사업을 따라하기 위해 필요한 모든 것을 구입할 수 있으며, 그 과정에서 $600의 경제적 이윤을 매 기간마다 얻는다는 뜻이다.

추가적인 기업들이 시장에 진입함에 따라, 그들의 단기 한계비용곡선들은 현존하는 기업들의 한계비용곡선들에 추가되어 산업공급곡선이 오른쪽으로 이동한다. 오직 하나의 기업만이 시장에 진입한다면, 가격에 유의미한 효과가 없을 것이다. 그리하여 궁극적으로 가격은 이전과 동일할 것이고 산업 내의 개별 기업은 계속해서 매 기간마다 $600의 경제적 이윤을 얻는다. 이러한 이윤은 계속해서 당근과 같은 역할을 하여 추가적인 기업들을 산업으로 유혹할 것이다. 이에 따라 개별 기업의 한계비용이 누적되어 공급곡선이 오른쪽으로 이동하면서 가격이 점차 하락하게 된다.

그림 10.14의 왼쪽은 상당수의 기업들이 진입하면서 산업공급곡선이 오른쪽으로 이동하는 모습을 보여준다. 새로운 공급곡선 S'은 가격 $P = 8$에서 수요곡선과 교차하며, 균형가격 수준이 낮아짐에 따라 기업들은 자신의 자본량을 재조정할 유인을 갖는다. 그림

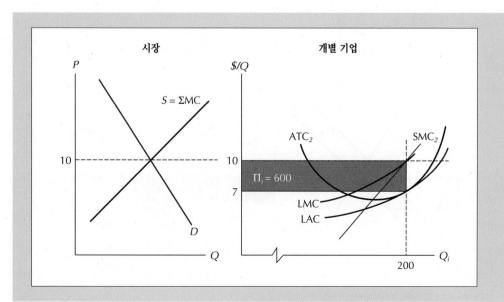

그림 10.13

경제적 이윤을 발생시키는 가격 수준

가격 $P = 10에서 기업은 설비 규모를 조정하여 $SMC_2 = LMC = 10$이 되도록 한다. 이윤을 극대화하는 산출량 수준 $Q = 200$에서 기업은 초록색 직사각형의 면적으로 표시된 $600의 경제적 이윤을 매 기간마다 얻는다.

10.14의 오른쪽에서 단기 비용곡선들 ATC_3와 SMC_3를 발생시키는 자본량은 가격 $P = 8$에서 최적 수준이다. $P = 8$인 가격 수준에서 이윤 극대화 산출량 수준은 $Q = 180$이고, 이에 따라 경제적 이윤은 초록색 직사각형 면적으로 매 기간마다 $540이다.

현존하는 기업들이 낮아진 가격 수준에 맞추어 생산량을 조정하면, 단기 한계비용곡선들은 왼쪽으로 이동한다. 산업공급곡선에 미치는 효과의 측면에서 볼 때, 이러한 조정은 새로운 기업들의 진입에 의해 발생되는 조정과 반대 방향으로 작동한다. 그러나 두 조정의 순효과는 산업공급곡선을 오른쪽으로 이동시켜야만 한다. 그렇지 않다면, 가격이 우선적으로 하락하지 않을 것이고 현존하는 기업들이 자본량을 축소시킬 이유가 없다.

위에서 서술된 조정들이 일어난 이후에도 산업 내의 새로운 기업들과 기존의 기업들이 계속해서 양의 경제적 이윤을 얻는다. 새로운 이윤 수준은 이전보다 줄어들었지만 여전히 새로운 기업들이 산업 내에 진입할 유인을 제공한다. 더 많은 진입이 새로운 조정 국면을 유발하여 가격이 계속 하락하게 되면, 현재의 자본 스톡은 너무 많게 된다. 기업들이 U자 형태의 장기 평균비용곡선을 보이는 산업에서 진입, 가격하락, 그리고 자본스톡 조정은 다음의 두 조건이 충족될 때까지 지속된다. (1) 가격이 LAC곡선의 최저점에 이른다(그림 10.15의 오른쪽에서 P^*). 그리고 (2) 모든 기업들은 단기 평균총비용곡선이 LAC곡선의 최저점에서 접하도록 자본스톡의 규모를 조정한다(그림 10.15의 오른쪽에서 ATC^*). 그림 10.15의 오른쪽에서 모든 기업들이 일단 이 지점에 도달하면 개별 기업의 경제적 이윤은 0이 된다. 그림의 오른쪽에 있는 단기 한계비용곡선이 산업 내의 다른 모든 기업들의 단기 한계비용곡선이라면, 이 곡선들이 수평으로 더해질 때 그림의 왼쪽에 있는 산업공급곡선이 된다. 이 산업공급곡선은 장기 균형가격 P^*에서 시장수요곡선과 교차한다. 이것이 산업의 장기에서의 경쟁적인 균형점이다. 일단 이 균형점에 이르게 되면, 새로운 기업들이 시장에 진입할 유인은 더 이상 존재하지 않는다. 왜냐하면 현존하는 모든 기업들의 경제적 이윤이 0이기 때문이다.

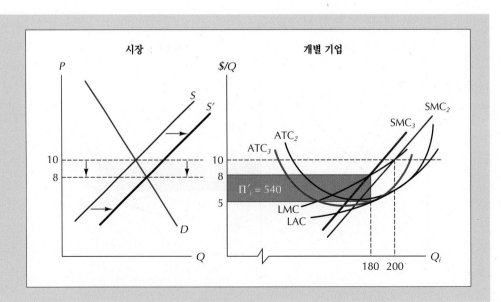

그림 10.14

장기 균형으로 이동하는 과정

새로운 기업들의 진입은 공급곡선을 오른쪽으로 이동시켜 가격을 10에서 8로 하락시킨다. 가격이 하락하면 현존하는 기업들은 그들의 자본량을 축소시켜 새로운 단기 비용곡선들 ATC_3와 SMC_3를 낳는다. 가격이 단기 평균비용보다 위에 머물러 있다면(이 경우에 $ATC_3 = 5$) 경제적 이윤은 양으로 매 기간 동안 $\Pi = $540이다. 이러한 양의 경제적 이윤은 새로운 기업들이 시장에 진입할 유인이 된다.

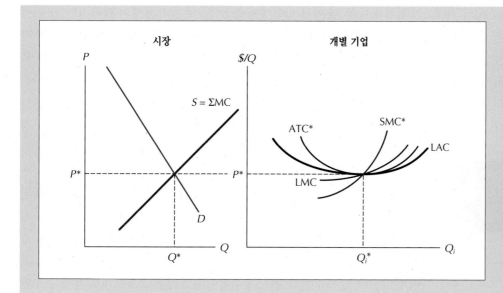

그림 10.15

완전경쟁하에서의 장기 균형

가격이 *P**위에서 출발하면 진입이 계속 발생하여 현존하는 기업들의 자본 스톡이 조정되어 산업공급곡선이 오른쪽으로 이동하게 된다. 이에 따라 가격은 *P**로 하락하여 이윤을 극대화시키는 산출량 수준은 *Q** 이다. 이때 *P** = SMC* = LMC = ATC* = LAC이다. 모든 기업들의 경제적 이윤은 0이다.

장기 경쟁균형으로의 이동을 논의할 때, 우리는 가격이 장기 평균비용의 최솟값보다 위에 있어서 현존하는 기업들이 양의 경제적 이윤을 얻고 있는 상황에서 출발하였다. 반대로 가격이 장기 평균비용의 최저값보다 아래에 있는 상황을 가정하자. 이 경우에는 현존하는 기업들이 음의 경제적 이윤을 얻을 것이다. 따라서 경제적 손실은 현존하는 기업들의 일부가 시장에서 떠나게 만드는 유인으로 작용할 것이다. 이러한 퇴출은 공급곡선을 왼쪽으로 이동시켜 가격을 상승시키고, 현존하는 기업들은 조정을 통해 자본스톡을 증가시킬 것이다. 이러한 과정은 모든 기업들이 그림 10.15의 오른쪽에 나타낸 장기 균형점에 이를 때까지 계속될 것이다.

10.6 보이지 않는 손

아담 스미스가 오래 전에 명확히 파악했던 것처럼, 경제적 이윤이라는 당근과 경제적 손실이라는 채찍은 자기이익을 추구하는 동기의 보이지 않는 손이 되어 경쟁산업들이 장기 균형에 도달하도록 이끈다. 하지만 기업들이 설령 의식적으로 사회 복지를 전체적으로 증진하려는 의도가 없을지라도, 장기 경쟁균형에는 놀랄 만큼 매력적인 특성들이 있다. 이와 관련하여 아담 스미스는 기업들의 행동을 다음과 같이 묘사하였다.

> 기업가는 자신의 재정적인 안정에만 관심을 쏟는다. 그래서 자신에게 가장 큰 이득을 안겨주는 상품을 생산하는 방식으로 사업을 운영함으로써, 그는 오로지 자기 자신의 이득만을 추구한다. 그리고 그렇게 하는 과정에서 (또한 다른 많은 경우에 있어서) 자신이 결코 의도하지 않았던 결과를 증진하도록 보이지 않는 손에 의해 이끌려 간다. 의도하지 않았더라도 결코 사회의 복지가 악화되지 않는다. 자기 자신의 이익을 추구함으로써, 기업가는 일부러 사회 복지를 증진하려 할 때보다 오히려 훨씬 더 자주 효과적으로 사회 복지를 증진하게 된다.[8]

8. Adam Smith, *The Wealth of Nations*, 제2장, http://www.online-literature.com/view.php/wealth_nations/24?term=invisible%20hand.

사회 전체적인 관점에서 볼 때 어떤 의미에서 경쟁시장의 장기 균형이 매력적인가? 가격이 한계비용과 일치하면 장기와 단기에서 모두 균형이 효율적이다. 즉, 호혜적인 거래의 가능성이 더 이상 존재하지 않는다. 마지막으로 소비되는 산출물 단위는 그것을 생산하기 위하여 필요한 자원만큼 구매자에게 동일한 가치를 준다. 더구나, 가격은 장기 평균비용곡선의 최저점과 일치하기 때문에, 그 상품을 더 적은 비용으로 생산하는 방법은 존재하지 않는다. 마지막으로, 모든 생산자들은 오직 그들이 기업에 투자한 자원들에 대한 기회비용인 정상이윤만을 얻는다. 소비자는 기업들이 상품을 공급하기 위해 투입한 비용보다 단 한 푼도 더 지불하지 않는다.

효율성 특성 이외에 더 주목할 점은 시장 메커니즘에 의해 조정되는 광범위한 활동들이다. 이타카에서는 엄동설한에도 음식 트럭이 코넬 대학교의 기숙사 밖에서 밤새 영업을 한다. 따라서 새벽 3시에도 학생들은 몇 발자국만 걸어 나오면 $1에 신선한 커피를 구입할 수 있다. 그 어떤 학생도 음식 트럭 기사에게 그곳에 있어야 한다거나, 종이컵이나 휴대용 스토브에 사용할 프로판 가스를 구입할 장소를 지시할 필요가 없다. 집 근처 가게에서는 언제든지 나에게 새로운 프린터 카트리지를 판매할 것이다. 슈퍼마켓의 정육점은 금요일과 토요일에 신선한 육류를 판매한다. 또한 매일 아침 메인 주의 해안가에서 잡아 올린 신선한 생선들을 트럭이 싣고 온다. 몇 시간 전까지만 미리 예약하면 나를 뉴욕이나 로스앤젤레스로 태우고 갈 항공기들이 준비되어 있다. 이보다 훨씬 많은 활동들이 중앙의 아무런 통제가 없이도 일어나며, 이는 무수히 많은 경제 주체들이 경제적 이윤을 얻기 위하여 노력하는 과정에서 발생한 결과물이다.

통제 경제체제에서 자원들은 시장에 의해서 배분되지 않고 중앙 계획 위원회에 의해 배분된다. 이러한 위원회가 처리할 수 있는 정보량에는 어쩔 수 없이 한계가 있기 때문에 위원회는 계획에 필요한 상품들에 대한 특성을 정확히 파악할 수 없다. 그러므로 계획 경제하에서 노동자들과 관리자들은 종종 생산명령을 자신에게 유리한 방식으로 해석하게 된다.

예를 들어, 왼쪽에 제시된 유명한 러시아 만화는 지붕 못 공장에서 관리자가 8월 한 달 동안 10,000 kg의 지붕 못을 출하하라는 명령을 받은 뒤 보이는 반응을 제대로 풍자하고 있다. 할당량을 가장 쉽게 수행하는 방법은 10,000 kg짜리 대형 못 한 개를 생산하는 것임을 그는 재빠르게 알아낸 것이다.

시장기구의 작동구조에는 여러 문제점들이 있지만, 적어도 시장체제가 사람들이 원치 않는 상품들을 만들어낸다는 비난만큼은 피해 갈 수 있다. 시장체제에서 소비자는 왕이고, 소비자들이 원하는 것을 제공하지 못하는 기업들은 경제적 죽음에 직면한다.[9] 중앙 계획자들이 시장 유인들(market incentives)

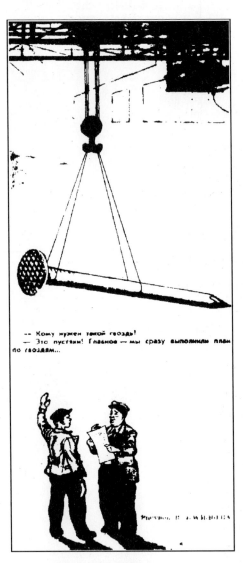

"누가 이렇게 큰 못을 필요로 하지?"
"누가 신경 쓰나? 중요한 것은 우리가 못에 대한 할당량을 단 한 번에 수행했다는 것이지."

---

9. 하버드대 경제학자 故 존 케네스 갈브레이드(John Kenneth Galbraith)는 이러한 시각에 의문을 제기했다. 우리는 그의 주장을 12장에서 살펴 볼 것이다.

보다 더 효율적인지에 대한 질문은 20세기 내내 뜨거운 논쟁 거리였다. 하지만 이제 그러한 논쟁은 끝이 났다. 1980년대 말 이 논쟁이 종식되기 전에 통제 경제체제들은 시장과 같은 유인들을 도입하여 후퇴하는 총생산량을 회복시키기 위해 필사적으로 시도한 바 있다.

그렇다고 해서 경쟁적인 시장들이 모든 경우에서 가장 최선의 결과를 이끌어낸다고 말하는 것은 아니다. 그와는 달리 교재 후반부에서 우리는 시장 체제가 다양한 측면에서 보이는 문제점들을 살펴볼 것이다.

게다가 경쟁적인 자원배분을 대신하는 효율성에 관한 주장은 사회 구성원들 간에 자원이 애당초 어떻게 분배되어 있었는지에 달려 있다. 사람들이 시장에서 원하는 것을 생산할 때 시장은 효율적이고, 생산된 것을 얻는 것은 특정의 사람들이 얼마나 많은 소득을 갖고 있느냐에 달려 있다. 자원 분배가 공정하다고 당신이 믿지 않으면, 경쟁적인 시장에 의해 재화와 용역이 제공되는 방식을 지지할 이유는 존재하지 않는다. 그러나 현실의 복잡성에 질서를 부여하는 경쟁 과정의 놀라운 힘을 높이 평가하느라 경쟁 과정에 대해 우리가 과도하게 낙관적인 견해를 취할 필요는 없다.

응용 : 특별한 생산요소의 비용

관개수로사업

이제 본 장의 서두에서 제기되었던 질문, 즉 수확물을 두 배로 증가시키는 관개수로사업이 가난한 농부들의 소득을 증대시킬 것인지에 대한 문제로 되돌아가 보자. 농부들은 외진 곳에서 거주하고 있으며 농지를 토지주인으로부터 임차하고 있음을 상기하자.

첫째, 관개수로체계가 없는 현재의 상황을 고려하자. 여기에서 농부들을 소규모 경쟁적인 기업들의 운영자로 간주할 수 있다. 그들은 농지를 임차하여 자신의 노동력을 공급하고, 시장에서 곡물을 판매하여 수입을 얻는다. 그리고 수확량은 곡물 가격에 영향을 미칠 정도로 많지 않다. 시장가격은 곡물 1 kg에 $10이다. 단순화를 위해서, 종자, 농기구, 그리고 다른 투입물의 비용을 일단 무시하자.

농부 한 사람이 40에이커(acre)를 경작할 수 있으며 관개수로가 없으면 농지는 1에이커당 연간 30 kg의 곡물을 생산한다고 가정하자. 따라서 농부의 총수입은 연간 $12,000가 될 것이며, 이 총수입에서 농부는 토지 임차료를 지불해야 한다. 이 임차료는 어떻게 결정되겠는가?

농부로 일하는 대신에 연간 $6,000를 받고 공장에서 일할 수 있다고 가정하자. 그리고 공장 일은 일반적으로 농사를 짓는 것보다 좋지 않은 것으로 간주된다고 가정하자. 토지 임차료가 40에이커에 대해 연간 $5,000라면, 노동자들은 공장에서 일하는 것보다 농사짓는 것을 선호할 것이다. 왜냐하면 그들의 순수입은 $6,000 대신에 $7,000이기 때문이다. 제한된 농지를 경작할 수 있는 사람보다 공장 노동자들이 훨씬 많이 존재한다고 가정하자. 따라서 연간 $5,000의 임차료에서는 농지에 대한 초과수요가 존재한다. 공장 노동자들은 농지에 대한 경매에 참여할 것이고, 이 경매는 40에이커에 대한 연간 임차료가 $6,000에 이를 때까지 계속될 것이다. 이 임차료에서 농부는 그의 수확물 판매로부터 $6,000만 얻게 되므로, 농사와 공장 일 사이에서 무차별하게 느낄 것이다. 토지 임차료는 조건하에서 $6,000를 결코 초과할 수 없다. 만약 토지 임차료가 연간 $6,000를 초과하게 되면, 농사의 순소득은 연간 $6,000 아래로 떨어질 것이고, 그 경우 모두 농사를 짓는 대신에 공장에서 일하고자 할 것이다.

이제 관개수로사업이 도입되면 어떤 일이 일어날지 살펴보자. 관개수로로 인해 곡물 수확량은 이제 30 kg이 아니라 60 kg으로 늘어나 40에이커를 경작하는 농부의 연간 총수입은 $12,000가 아니라 $24,000가 될 것이다. 토지 임차료가 원래대로 연간 $6,000로 유지된다면, 농부는 연간 $6,000 대신에 $18,000을 얻는다. 농가 소득의 이러한 극적인 상승 전망이야말로 애초에 관개수로 사업에 대한 예산안을 적극 지지하도록 만든 매력이었다.

그러나 법안의 지지자들은 관개수로체계의 도입 이후 토지 임차료가 연간 $6,000에 머물지 않을 것이라고 인식하지 못하였다. 두말할 필요도 없이, 공장 노동자들은 농지를 임차하기 위한 기회를 얻기 위해 적극적으로 경매에 참여할 것이다. 왜냐하면 그들의 연간 소득이 $6,000에서 $18,000로 증가할 것이기 때문이다. 이러한 경매 과열로 농지의 임차료는 연간 $18,000 수준에 도달할 때까지 계속 상승할 것이다. (임차료가 $17,000만 되더라도 공장 노동자는 농사를 지어 연간 소득을 $6,000에서 $7,000로 증가시킬 것이다.) 일단 40에이커에 대한 연간 임차료가 $18,000에 도달하게 되면 농사와 공장 일 간의 균형이 다시 회복된다.

의원 보좌관은 관개수로가 장기적으로 농부들의 소득을 증대시키지 않을 것이라는 근거 하에서 관개수로사업에 반대할 것을 권고하였다. 이 보좌관은 관개수로사업의 수혜자들은 가난한 농부들이 아니라 농지 소유자들이라는 점을 정확히 파악했다. 토지 소유자들이 이미 충분히 높은 소득을 얻고 있다는 점을 고려할 때, 그들의 소득을 더욱 증가시키기 위해 세금을 이러한 곳에 지출하는 것은 사회적으로 아무 쓸모가 없다.[10]

이 예는 강력한 힘에 의해 경쟁적인 산업 내에서 서로 다른 기업들의 평균총비용이 균등화되는 경향이 있다는 중요한 아이디어를 잘 보여준다. 이 예에서는 관개수로에 의한 농사의 평균비용이 다른 곳에서 농작물을 경작하는 평균비용과 균형이 될 때까지 토지 가격이 조정되었다.

애플사의 공동창업자이자 오랫동안 CEO를 지냈던 스티브 잡스는 기업의 금전적 성공에 대한 주요 근거로 묘사되었다.

효율적인 관리자

어느 한 기업이 다른 모든 기업들과 비슷한데, 이 기업만 매우 효율적인 관리자를 고용하고 있다고 가정하자. 이 관리자는 매우 효율적이어서 다른 기업들의 경제적 이윤은 거의 0에 가까운데도 이 관리자를 고용한 기업만은 이 산업에서 연간 $500,000의 경제적 이윤을 얻고 있다. 이 관리자는 다른 관리자들과 동일한 연봉을 받고 있기 때문에, 이 관리자를 고용한 기업은 산업 내 다른 기업들보다 훨씬 낮은 비용을 부담하고 있다. 그러나 일부 다른 기업들은 이 관리자에게 경매(bid)를 통해 좀 더 높은 연봉을 제시하여 고용하고자 하는 강한 유인이 존재한다.

어느 새로운 기업이 이 관리자에게 현재의 연봉보다 $300,000 더 많은 연봉을 제시했고, 이 관리자는 이 제안을 받아들였다고 가정하자. 그러면 이 새로운 기업은 연간 $200,000의 경제적 이윤을 얻을 것이다. 연간 $500,000보다 좋지는 않지만, 그래도 연간 $200,000는 이 관리자를 고용하지 않았을 때 이 기업이 얻고 있던 정상이윤보다 큰 금액이다.

---

10. 물론 관개수로 비용이 관개수로 덕분에 추가로 생산되는 곡물의 가치보다 적다면, 관개수로사업은 여전히 매력적인 사업일 수도 있을 것이다.

다른 기업들은 여전히 이 관리자에게 훨씬 많은 연봉을 제시할 유인을 갖고 있다. 경제 이론에 의하면, 비용 절감액이 이 관리자의 연봉에 반영될 때까지, 즉 이 관리자의 연봉이 일반 관리자의 연봉보다 연간 $500,000 더 많아질 때까지 경매는 계속될 것이다. 그리고 관리자의 연봉이 그 수준에 일단 도달하게 되면 이 관리자를 고용하는 기업은 산업 내 다른 기업들에 대해 비용 우위(cost advantage)를 더 이상 보일 수 없을 것이다. 이처럼 생산요소에 대한 경쟁적인 경매가 존재하면, 경쟁 산업 내의 모든 기업들이 균형 상태에서 거의 동일한 평균총비용을 보이게 된다는 가정이 그럴듯해 진다.

개념 확인 10.6

산업 내 모든 기업들이 "유능한" 관리자들을 고용하고 있고, 0의 경제적 이윤을 얻고 있다고 가정하자. 이 기업들 가운데 어느 한 기업의 관리자가 갑자기 회사를 그만두게 되어 이 기업이 원래의 연봉 $50,000(산업 내의 유능한 관리자들에게 지불되는 연봉)에 구인 광고를 냈으나 오직 한 명만 지원하였고, 이 지원자가 전임 관리자보다 덜 유능하다는 것을 해당 기업이 알고 있다고 하자. 유능하지 않은 관리자가 이 연봉을 받는 상황에서 이 기업은 연간 $20,000의 경제적 손실을 입게 될 것이다. 이 기업이 유능하지 않은 관리자를 어느 정도 수준의 연봉에서 고용해야 합리적이라 할 수 있는가?

10.7 경쟁 산업의 장기 공급곡선

완전경쟁 산업의 단기 공급곡선은 개별 기업들의 단기 한계비용곡선의 수평적인 합이란 것을 우리는 이미 살펴보았다. 그러나 경쟁 산업의 장기 공급곡선은 개별 기업들의 장기 한계비용곡선의 수평적인 합이 아니다. 다음 절에서 우리는 다양하게 서로 다른 비용 조건들하에서 경쟁 산업들의 장기 공급곡선을 도출할 것이다.

U자 형태의 LAC곡선을 보이는 경우의 장기 공급곡선

모든 기업들이 동일하게 U자 형태의 장기 평균비용(LAC)곡선을 보일 때 산업의 장기공급곡선은 어떤 모양일까? 특히 그림 10.16의 오른쪽처럼 기업들의 LAC곡선이 LAC_i와 같다고 가정하자. 산업이 직면한 수요곡선은 그림 10.16의 왼쪽에서 처음에는 D_1이라고 가정하자. 수요곡선이 이처럼 주어지면, 개별 기업이 단기한계비용 SMC_i를 유발하는 자본스톡을 갖출 때 산업은 장기 균형에 있게 될 것이다. 왼쪽에 표시한 단기 공급곡선 S_{SR}이 가격이 LAC_i의 최저점과 일치하는 수준에서 D_1과 교차하도록 산업 내 기업의 수는 조정될 것이다. (이 조건을 충족하는 기업 수보다 실제 기업들의 수가 많거나 적은 경우, 개별 기업은 경제적 손실 또는 경제적 이윤을 얻을 것이다.)

이제 수요가 증가하여 수요곡선이 오른쪽으로, 즉 D_1에서 D_2로 이동하여 가격이 P_2에서 단기 산업공급곡선과 교차한다고 가정하자. 단기에서는 개별 기업의 산출량이 Q_{i1}^*에서 Q_{i2}^*로 증가하여, 그림 10.16의 오른쪽에 색칠된 부분만큼의 경제적 이윤이 발생한다. 시간이 경과함에 따라 이러한 경제적 이윤 때문에 다시 가격이 LAC의 최저점에 도달하게 될 때까지 추가적인 기업들이 산업 내로 진입하여 왼쪽 그림에서 공급곡선을 S^*로 이동시키게 될 것이다. 따라서 수요 증가에 따른 장기적인 반응은 산업 내 기업의 수를 증가시켜 산업 산출량을 증가시키는 것이다. 산업 산출량의 확대가 자본, 노동, 그리고 다른 투입물의 가격

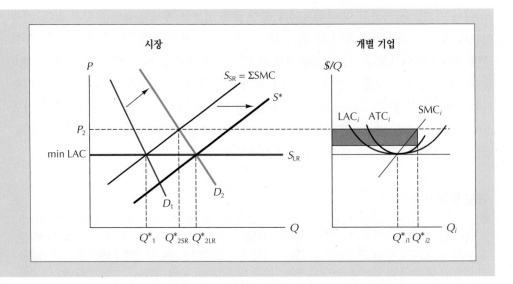

그림 10.16

경쟁 산업의 장기 산업공급곡선

기업이 시장에 진입하거나 철수하는 것이 자유로울 때, 가격은 장기에 LAC곡선의 최솟값에서 벗어날 수 없다. 투입물 가격들이 산업 산출량에 의해 영향을 받지 않는다면, 장기 공급곡선은 LAC의 최솟값에서 수평선을 보이는 S_{LR}이 된다.

인상을 유발하지 않는 한, 상품의 가격은 장기적으로 증가하지 않을 것이다.[11]

수요가 D_1에서 왼쪽으로 이동하는 경우 역시 앞의 경우와 유사하게 설명할 수 있다. 즉, 가격은 단기에 하락할 것이고 기업들은 공급량을 조절하여, 그 결과 발생하는 경제적 손실로 인해 일부 기업들은 산업에서 철수할 것이다. 이러한 기업들의 이동은 가격이 다시 LAC곡선의 최저 수준으로 상승할 때까지 산업공급곡선을 왼쪽으로 이동시킬 것이다. 여기에서 또 다시 수요곡선의 이동에 의한 장기적인 반응은 기업 수의 변화에 의해 조정된다. U자 형태의 LAC곡선이 있을 때, 수요의 감소가 장기적으로 가격을 하락시키는 성향은 존재하지 않는다.

요약하자면, LAC곡선이 U자 형태를 띠고 있고 투입요소의 가격들이 고정되어 있을 때, 경쟁 산업의 장기 공급곡선은 LAC곡선의 최저점에서 수평선이다. 장기에서 수요 변화에 대한 모든 조정은 가격의 변화를 통해서 발생하지 않고 시장에 있는 기업 수의 변화를 통해서 발생한다. 단기에서는 아마도 상당한 등락을 보일 수 있지만 가격은 장기 평균비용의 최솟값 수준으로 돌아가려는 성향이 강하다.

개별 LAC곡선이 수평인 경우의 시장공급곡선

U자 형태의 LAC곡선을 보이는 경우처럼 개별 기업의 LAC곡선이 수평선일 때 장기 산업 공급곡선은 수평선이다(여기서도 산업 산출량의 변화에 의해 투입요소의 가격들이 변하지 않는다고 가정한다). 그러나 두 경우에 뚜렷하게 다른 점은 다음과 같다. 기업들이 동일한 U자 형태의 LAC곡선들을 보일 때 개별 기업은 LAC곡선의 최저점에 대응하는 수량을 생산할 것으로 우리는 예상할 수 있다. 따라서 산업은 모두가 동일한 산출량 수준을 생산하는 기업들로 구성된다.

이와는 달리 LAC곡선이 수평선일 때에는 최소 비용점이 단 하나가 아니게 된다. LAC곡선은 모든 산출량 수준에서 동일하다. 그로 인해 앞의 경우에 나타났던 불확정적인 결과

---

11. 산업 산출량의 변화가 투입물 가격들을 변화시킬 경우에 어떻게 되는지에 대해서는 추후 다루게 된다.

는 나타나지 않는다. 따라서 LAC곡선들이 수평선인 경우에 기업 규모의 분포가 어떤 모양이 될지 우리는 예측할 수 없다. 아마도 소수의 대규모 기업들과 다수의 소규모 기업들이 공존하거나 서로 다른 규모의 기업들이 혼재할 것이다. 우리가 확실하게 말할 수 있는 것은 장기에서 가격은 LAC의 값으로 되돌아가려 한다는 것이다.

투입물 가격의 변화가 장기공급에 미치는 영향

완전경쟁하 공급 분석의 기초를 이루는 9장의 비용곡선들에 대한 분석에서, 중요한 가정은 산출량의 변화에 의해 투입물의 가격들은 변하지 않는다는 것이다. 어느 한 기업의 투입물 구입이 전체 투입물 시장에서 극히 일부를 차지하는 경우, 이는 매우 설득력이 있는 가정이다. 어느 한 투입물에 대한 산업의 수요는 모든 투입물들에 대한 전체 시장에서 일부분만을 차지할 뿐이다. 예를 들어, 보험 산업이 작년보다 올해에 20퍼센트 더 보험증서를 발급하더라도, 사무원, 컴퓨터, 임원, 그리고 다른 여러 투입물의 이용 가능한 공급량 중 극히 작은 비율만이 고용되므로 투입물들의 가격은 그다지 영향을 받지 않는다. 따라서 투입물 가격이 산출량에 의존하지 않는다고 가정하는 것은 상당히 설득력이 있다.

그러나 적어도 몇몇 산업들에서는 구입하는 투입물의 양이 전체 투입물 시장에서 큰 부분을 차지한다. 예컨대 상업용 항공기 산업은 매년 티타늄(titanium) 전체 판매량의 상당한 부분을 소비한다. 이 경우에 산업 산출량이 대폭 증가하면 투입물 가격은 상당히 상승할 것이다.

이러한 경우를 **금전적 불경제**(pecuniary diseconomy)— 산업 산출량이 증가할 때 투입물 가격들의 상승—라고 한다.[12] 투입물을 더 이상 추가로 사용하지 않고 산출량을 무한대로 확장할 수 있다고 하더라도 개별 기업의 LAC곡선상의 최저점은 산업 산출량의 증가함수이다. 예를 들어, 그림 10.17의 왼쪽에서 산업 산출량 Q_2에 대한 기업의 LAC곡선은 산업 산출량 $Q_1 < Q_2$에 대한 기업의 LAC곡선보다 위에 놓여 있다. 그리고 산업 산출량 $Q_3 > Q_2$에 대한 기업의 LAC곡선은 여전히 더 높다. 각 산업 산출량 수준에 대해서 다른 LAC곡선이 존재한다. 왜냐하면 투입물 가격들이 모든 산업 산출량 수준에 대해서 다르기 때문이다. 이 산업에 대한 장기 공급곡선은 이러한 LAC곡선들의 최저점들의 궤적이다. 따라서 장기 산업공급곡선 S_{LR}(그림의 오른쪽)상에서 산업 산출량이 Q_1일 때 Q_1은 기업의 LAC곡선의 최저점에 해당하고, Q_2는 Q_2에 대한 기업의 LAC곡선의 최저점에 해당한다. 따라서 금전적 불경제하에서 개별 기업의 LAC곡선은 U자 형태라 하더라도 장기 공급곡선은 우상향하는 기울기를 가질 것이다. 또한 개별 기업의 LAC곡선이 수평선일 때도 금전적 불경제는 우상향하는 기울기를 보이는 산업공급곡선을 낳는다. 투입물 가격들의 상승으로 인해 경쟁 산업의 공급곡선이 우상향하는 경우, **비용 증가 산업**(*increasing cost industry*)이라고 부른다.

또한 산업 산출량이 확장되더라도 투입물 가격들이 상당히 하락하는 경우도 발생할 수 있다. 예를 들어, 규모의 경제가 큰 기술을 이용하여 투입물을 제조하는 경우, 산업 산출량

금전적 불경제
산업 산출물의 확장이 투입물 가격들을 상승시킬 때 생산비용의 상승이 발생하는 현상

---

12. 따라서 **금적적 불경제**는 산업 산출량이 축소되면 투입물 가격들이 하락하는 현상을 가리킨다.

그림 10.17

비용 증가 산업의 장기 공급곡선

산업 산출량의 증가로 인해 투입물 가격들이 상승할 때 개별 기업의 LAC곡선도 산업 산출량과 함께 상승한다(왼쪽). 따라서 산업 산출량이 Q_2일 때의 기업의 LAC곡선은 왼쪽 그림에서 산업 산출량 Q_1일 때의 기업의 LAC곡선보다 위에 놓여 있다. 기업들은 여전히 자신의 LAC곡선의 최저점(왼쪽 그림에서 Q_i^*)까지 움직여가게 된다. 그러나 이 최저점은 산업 산출량에 의존하기 때문에 장기 산업공급곡선 S_{LR}(오른쪽)은 우상향하는 기울기를 보이게 될 것이다.

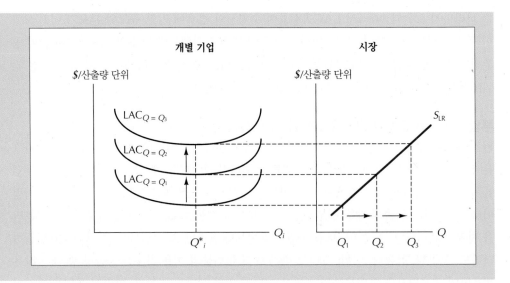

이 늘어나면 투입물 가격이 하락하게 된다. 예를 들어, 도로 건설이 급격히 증가하면 불도저와 같은 건설 장비의 생산에서 규모의 경제를 이용하기가 매우 용이하게 된다. 따라서 이와 같은 투입물의 가격은 하락할 수 있다. 이러한 경우를 금전적 경제(*pecuniary economy*)라고 부른다. 그리고 이러한 경우에 개별 기업의 LAC곡선이 수평적인지 또는 U자 형태인지에 상관없이 장기 산업공급곡선은 우하향하는 모습을 보인다. 투입물 가격들이 하락하는 경쟁적인 산업은 공급곡선이 우하향하는 모습으로 나타나는데, 이러한 산업을 비용 감소 산업(*decreasing cost industry*)이라고 부른다.

생활 속의 경제행태 10.1

컬러 사진이 흑백 사진보다 비용이 적게 드는 이유는 무엇인가?

왜 컬러 사진이 흑백 사진보다 현상하는 데 비용이 적게 들어가는가?

어린 시절, 컬러 사진은 흑백 사진보다 현상하는 데 몇 배의 비용이 더 드는 사치품이었다. 수십 년 후 집 근처의 사진관에서는 36장짜리 흑백 필름을 인화하는 데 $15를 받는다. 그러나 동일한 장수의 컬러 필름을 현상하는 데에는 $7만 받는다. 컬러 사진의 인화 과정이 흑백 사진의 인화 과정보다 훨씬 복잡한 데도 컬러 사진의 상대적 가격은 하락한 것이다.

왜 그런 것일까? 이에 대한 답변은 부분적으로는 두 가지 유형의 사진들을 인화하는 데 사용되는 기계를 생산할 때 발생하는 규모의 경제 때문이다. 컬러 사진 인쇄가 걸음마 단계에 있을 때 필름은 비쌌고 사진 색깔은 빠르게 흐릿해졌다. 그래서 대부분의 사람들은 흑백으로 사진을 인화했다. 이에 따라 상당량의 흑백 사진 인화과정은 규모의 경제 때문에 인화 기계들을 저렴하게 생산할 수 있다. 컬러 필름의 가격이 시간이 지나면서 하락하고 품질이 상승함에 따라, 더 많은 사람들이 컬러 필름을 이용하기 시작했고 컬러 사진 인화 기계 설비에 대한 수요가 점차 증가했다. 그리고 다시 컬러 사진 인화 설비 생산에서 규모의 경제 때문에 컬러 사진 인쇄를 위한 주요 투입물의 비용이 하락하

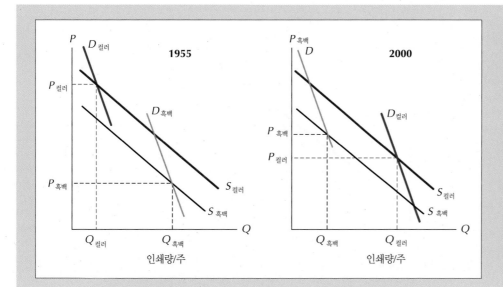

그림 10.18

금전적인 경제와 컬러와 흑백 사진의 가격

필름을 인쇄하기 위하여 사용되는 기계 설비의 생산에 있어 규모의 경제로 인해 컬러와 흑백 인쇄의 장기 공급곡선들은 우하향하는 기울기를 갖는다. 1955년에 컬러 필름의 품질이 좋지 않을 때 대부분의 사람들은 흑백 필름을 사용해서 가격이 낮았다. 이와는 달리 2000년에 컬러 필름에 대한 수요는 흑백 필름보다 훨씬 컸다. 그럼으로 인해 컬러 인쇄 설비가 훨씬 복잡하더라도 컬러 인쇄가 흑백 인쇄보다 저렴하게 되었다.

게 되었다. 즉, 금전적 경제가 발생하였다. 동시에 흑백 사진 인화 기계 설비의 생산 감소는 설비의 가격을 상승시켰다(금전적인 불경제).

이러한 결과로 인한 두 유형의 인화에서 발생한 균형가격과 균형 수량의 변화가 개략적으로 그림 10.18에 제시되어 있다. 두 공급곡선들의 상대적인 위치가 두 연도에 모두 같았다는 점을 눈여겨보기 바란다. 이는 두 연도 모두에서 사진 인화 산업이 흑백 사진의 특정한 총수량을 같은 수량의 컬러 사진보다 더 낮은 가격에 공급할 의향이 있었을 것임을 뜻한다. 수요 패턴의 변화가 두 시장 모두에서 우하향하는 공급곡선들과 결합하면서, 흑백 사진과 컬러 사진의 상대가격에 역전 현상이 나타나게 된 것이다.

지난 10년간 디지털 사진이 폭발적으로 증가하면서, 흑백 필름과 컬러 필름의 사용은 완전히 사라지게 되었다. 한때 전 세계적인 주요 필름 생산기업이었던 코닥(Kodak)은 2012년 파산했다. 공교롭게도 같은 해에 사람들이 아이폰으로 찍은 사진의 수는 그 어떤 다른 카메라들로 찍은 사진의 수보다 많았다.

공급의 가격탄력성

5장에서 우리는 수요의 가격탄력성을 이용해 가격 변화에 따른 수요량의 반응도를 측정하는 법을 공부했다. 이와 마찬가지로 가격 변화에 따른 공급량의 반응의 정도를 측정할 수 있다. 이를 **공급의 가격탄력성**(price elasticity of supply)이라고 한다. 그림 10.19에서 산업 공급곡선상의 한 점(Q, P)에 우리가 있다고 가정하자. 여기에서 가격의 변화 ΔP로 인해 공급량은 ΔQ만큼 변한다. 공급의 가격탄력성 ϵ^S는 다음과 같이 정의된다.[13]

공급의 가격탄력성

상품 가격의 1퍼센트 변화에 반응하여 발생하는 산출량의 퍼센트 변화

$$\epsilon^S = \frac{\Delta Q}{\Delta P}\frac{P}{Q} \tag{10.1}$$

수요의 가격탄력성과 마찬가지로 공급의 가격탄력성은 산업 공급곡선을 기하학적으로 해석

---

13. 미분 개념을 이용하면 공급의 가격탄력성은 다음과 같이 정의된다.

$$\epsilon^S = \frac{P}{Q}\frac{dQ}{dP}.$$

그림 10.19

공급의 가격탄력성

점 A에서 공급의 가격탄력성은 $\epsilon^s = (\Delta Q/\Delta P)/(P/Q)$로 정의된다. 단기 공급곡선은 항상 우상향의 기울기를 보이기 때문에 단기에서의 공급의 가격탄력성은 항상 양이다. 장기에서는 공급의 가격탄력성이 양, 0, 또는 음일 수 있다.

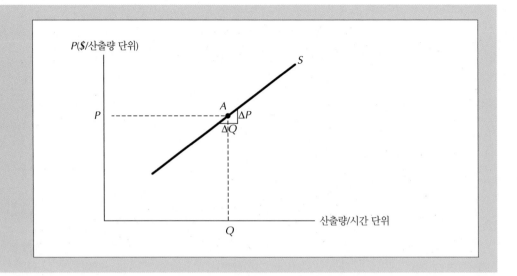

하면 쉽게 이해할 수 있다. ΔP가 작을 때, $\Delta P/\Delta Q$는 공급곡선의 기울기이므로 $\Delta Q/\Delta P$는 그 기울기의 역수가 된다. 따라서 공급의 가격탄력성은 수량에 대한 가격의 비율에 공급곡선의 기울기의 역수를 곱한 값으로 해석할 수 있다.

$$\epsilon^s = \frac{P}{Q}\frac{1}{기울기} \tag{10.2}$$

수확 체감의 법칙 때문에 단기에서 경쟁 산업의 공급곡선은 항상 우상향하는 기울기를 보인다. 따라서 단기공급의 가격탄력성은 항상 양일 것이다. 장기 공급곡선이 수평인 산업에서 장기공급의 탄력성은 무한대이다. 산출량은 가격의 변화 없이도 무한대로 확장될 수 있다. 금전적 경제와 불경제 때문에 어떤 경우에는 장기에서 경쟁 산업공급곡선은 우하향하거나 우상향하는 기울기를 갖는다. 이에 대응하는 장기공급 탄력성들은 음 또는 양 가운데 어느 하나가 될 것이다.

앞에서 언급했듯이 대부분의 산업들은 시장에서 거래되는 투입물의 전체량 중에서 상대적으로 작은 부분만을 고용하기 때문에 산업 산출량의 작은 변화는 대부분의 산업들에서 투입물의 가격들에 큰 영향을 미치지 않는다. 그러므로 경쟁 모형을 현실에 적용할 때 대부분의 경제학자들은 장기 공급곡선들은 수평이라는 가설을 채택한다. 물론 금전적 경제 또는 불경제가 중요하다는 증거가 확고한 경우, 이 가설은 항상 수정될 수 있다.

10.8 경쟁 모형의 응용

앞서 언급하였듯이, 경제학자들은 완전경쟁시장의 네 가지 조건—표준화된 상품, 가격수용자로서의 기업, 요소의 완전 이동성, 그리고 완전한 정보—을 엄격하게 충족시켜주는 산업은 없다고 본다. 경쟁 모형을 적용할 수 없는 일반적인 경향을 말하기에 앞서, 실제적인 적용을 위해 어떤 산업이 이러한 조건들에 얼마나 미치지 못하는지를 묻는 것이 오히려 더욱 중요한 사항이 될 것이다. 그러나 불행하게도 이러한 판단을 내리기 위한 확실하고 신속한 규칙은 존재하지 않는다. 항공 산업처럼 진입과 퇴출이 특히 쉬운 산업에서는 경쟁자라고는 자신뿐인 시장에서조차 기업이 가격 수용자처럼 행동할 수도 있다.[14] 진입과 퇴출이 좀 더 어려운 산업에서는 상대적으로 다수의 기업들이 존재하더라도 가격 수용적인 행태가 보장되지 못한다. 특히 단기에서 기업들은 초과이윤이 존재하는 경우에도 가격 경쟁을 제한하고자 암묵적 담합을 추진할 수도 있다.

이러한 어려움에도 불구하고, 경쟁 모형의 가장 중요한 장기적인 특성들의 많은 부분들이 대부분의 산업들에 적용될 수 있다는 것이 경험을 통해 알려져 있다. 물론 이 경우에 정부가 합법적인 진입 장벽을 설정하는 산업들은 예외이다(예컨대, 항공 산업의 경우처럼 시장에 참여하려면 정부 허가권이 필요한 경우).

완전경쟁 모형이 제공하는 통찰력 중 일부를 살펴보기 위해, 응용 사례들을 세 가지 들어보자.

가족농들을 구제하기 위한 장치로 사용되는 가격 지원

20세기 초에는 미국 노동력의 20퍼센트 이상이 농업을 통해 생계를 유지했다. 그러나 오늘날에는 그 비중이 3퍼센트 미만으로 줄었다. 이러한 변화는 식량 소비의 급격한 감소 때문이 아니다. 그보다는 지난 한 세기에 거쳐 오면서 영농법이 엄청나게 생산적으로 변한 결과라고 할 수 있다.

영농기계들이 더욱 커지고 성능이 개선되면서, 더 이상 장기 평균비용곡선이 하락하지 않는 농지 크기는 계속 커져만 갔다. 한때 미국 중서부 곡창지대에서는 면적이 100에이커 미만인 가족농장들이 흔했지만, 지금은 수천 에이커를 자랑하는 대규모 기업농들이 훨씬 더 많다.

본 장에서 설명한 경쟁 모형의 관점에서 살펴보면, 가족농은 그림 10.20에서 ATC_F와 SMC_F로 제시된 단기비용곡선들을 보여주는 자본스톡을 보유하고 있다고 가정하자. 이에 상응하는 기업농의 비용곡선들은 ATC_C와 SMC_C이다. 경쟁으로 인해 LAC곡선상의 최저점에서 장기 균형가격은 P^*가 될 것이다. P^*에서 기업농은 정상이윤을 획득하지만, 높은 비용을 보이는 가족농은 그림 10.20에서 색칠한 직사각형으로 $\prod_F$만큼의 경제적 손실을 보인다.

가업을 유지하려는 가족농의 강한 의지에도 불구하고, 대규모 손실로 인해 시간이 흐르면서 농부들은 단순히 생존하기에도 어렵게 될 것이다. 대부분의 농부들은 시간이 경과함에 따라 토지에 대한 기회비용에 일치하는 이윤조차 더 이상 얻을 수 없게 된다. 많은 농부들은 그들 자신의 노동에 대한 기회비용만큼의 이윤을 얻지 못한 채 좀 더 긴 기간 동안 농장에 매달릴 것이다. 그리고 상당수의 농부들은 유일한 자산인 토지를 담보로 자금을 조달하여 농사일을 계속하고자 할 것이다. 그러나 신용을 무제한 연장할 수 없으므로, 정부 개입이 없다면 장기적으로 농사를 그만두고 보유한 토지를 좀 더 효율적인 기업형 농업에 매각하게 될 것이다.

---

14. 대규모 공항의 수가 제한되어 있어 항공 산업에서마저 진입이 어렵다. 항공사에 편의를 제공하기 위하여 새로운 시설이 건설되어야 하지만 그러려면 수년 또는 10년 이상 소요될 수 있다.

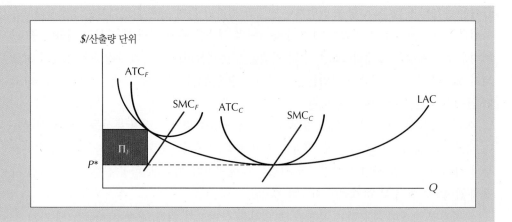

그림 10.20

가족농과 기업농의 비용 곡선

현대 농법이 이용 가능한 경우 대규모 농업은 소규모 농업보다 단위비용이 훨씬 낮다. 대규모 기업농들의 비용을 감당할 만한 가격수준에서 가족농들은 큰 경제적 손실을 입게 된다.

완전경쟁 모형의 일반화된 가정들과 반대로, 이러한 자원 이동의 과정은 결코 완전하지 않다. 교환조건이 불리한 상황에서조차 즉시 포기하지 않는 것도 가족농의 한 가지 생존 방법이라 할 수 있다: 가족농이 처한 어려움에 대해 미국 유권자들 상당수가 애석해 한다. 우리는 농부들이 마지막으로 남아 있는 토지를 경매로 매각하며 눈물 흘리는 장면을 저녁 뉴스 시간에 목격하고 싶지 않다. 다른 많은 사람들이 편의점을 강탈하거나 총으로 타인을 위협하면서 살아가는 시대에, 가족농들이 일생 동안 열심히 일한 것에 우리는 높은 경의를 표한다. 가족농들에 대한 우리의 공감대는 의회를 통해 그들이 농지와 함께 남아 있을 수 있도록 하는 입법 프로그램으로 발전하였다.

농산물에 대한 가격 지원은 이러한 프로그램들 중에서 가장 중요하다. 가격 지원 프로그램에 대한 상세한 내용은 매우 복잡하지만, 간략히 서술하자면 정부가 특정 농산물에 대한 가격을 발표하고, 그 가격이 유지되기 어려운 경우 정부가 나서서 부족한 수요를 채워 주는 식이다.[15] 항상 명시적으로 드러나지는 않았지만, 가격 지원 프로그램의 가장 중요한 목표는 소규모 가족농들이 파산하지 않을 징도로 가격을 충분히 높게 유지시키는 것이나.

안타깝게도 이러한 프로그램들은 처참하게 실패했다. 경쟁시장의 역동성에 대해 아주 기초적인 이해만 갖추었더라도 왜 이러한 쟁책 실패가 불보듯 뻔한 것이었는지 의회는 알 수 있었을 것이다. 이를 설명하기 위하여 가격 지원 정책이 없었을 때의 가격이 P^*인 시장에서 지원 가격이 P_G로 설정되었다고 가정하자. 이로 인해 그림 10.21에서 단기에서 가족농은 산출량을 Q_F까지 증가시킬 것이고, 기업농의 산출량은 Q_C까지 증가할 것이다. 이 산출량 수준에서 가족농은 그림 10.21에 Π_F로 표시된 크기만큼의 경제적 손실을 입게 되는 반면, 기업농은 색칠한 직사각형 Π_C만큼의 경제적 이윤을 얻게 된다.

단기에서 새로운 손실이 가족 농업이 겪고 있는 이전의 손실보다 작은 한 가격 지원제도는 가족농들에 대한 지원이라는 의도했던 효과를 발휘한 셈이다. 그러나 지원 효과는 일시

---

15. 대출 결손(loan deficiency) 프로그램과 같은 최근 농산물 가격 지원 프로그램은 목표가격과 실제 시장가격의 차액만큼을 농부들에게 지불한다. 이러한 프로그램하에서 소비자들이 지불하는 가격은 규제가 없는 경우의 균형가격보다 실제로 낮을 수 있다.

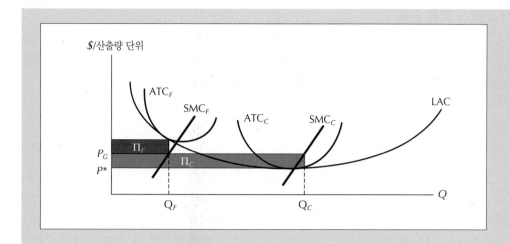

그림 10.21

농산물 가격 지원의 단기 효과

가격 지원은 초기에는 가족 농업의 손실을 감소시키고, 기업농의 경제적 이윤을 창출한다. 그러나 장기적으로 이 제도는 토지 가격만을 상승시키는 역할을 한다.

적일 뿐이다. 그 이유를 살펴보기 위해 우선 가족농의 단기 손실을 줄이는 동일한 수준의 가격 지원이 기업형 농업에게 양의 경제적 이윤을 창출하는 것에 주목하자. 그러나 우리가 알고 있듯이 양의 경제적 이윤은 시장 진입의 자유가 있는 산업에서 지속적으로 유지될 수 없다. 양의 경제적 이윤으로 인해 시장 외부에 있는 기업들이 농지를 구입하려고 할 것이다. 그리고 이들도 정상적인 수익률보다 더 큰 수익률을 얻을 것이다. 이러한 토지 경매의 효과는 기업농이 더 이상의 경제적 이윤을 획득할 수 없는 수준까지 토지 가격을 상승시킬 것이다. 토지 가격이 이전보다 상승함에 따라 기업농과 가족농 모두의 비용곡선이 상승할 것이다. 토지 소유자들에게 이러한 경제적 손실 중 일부는 토지의 암묵적 가치의 상승에 의해 완화될 것이다. 그러나 토지를 임차하고 있는 많은 가족농들에게는 그러한 보상이 주어지지 않는다.

기술이 지속적으로 발전함에 따라 그리고 이와 더불어 가장 효율적인 농업의 규모가 증가함에 따라 정부 가격 지원 수준을 상승시켜야 하는 새로운 단계로 진입하게 된다. 이처럼 가격 지원이 반복적으로 계속 상승하면서 토지 가격의 상승이 유발된다. 가족농의 장기적인 경제적 자생력을 보호하기 위한 정책으로 도입된 농산물 가격 지원 프로그램이 오히려 더 큰 문제를 야기하는 것이다.

경제학자들은 가족농을 유지하려는 시도가 가치 있는 목표인지의 여부에 대해 의회에 말할 위치에 있지는 않다. 그것은 정치적 문제이다. 그러나 의회가 이 목표를 추구하기로 결정했다면, 경제학자들은 어떤 정책이 가장 효과적인지에 대해 조언을 해줄 수 있다. 가격 지원 제도는 실패했다. 가격 지원으로 유발된 토지에 대한 경쟁적 경매 때문이었다. 이 제도의 장기적 효과는 토지 가격의 상승을 이끌었고, 소규모 가족농의 생존을 보장하는 데 거의 아무런 역할을 하지 못했다. 가족농을 지원하기 위한 훨씬 더 직접적이고 효율적인 방법은 그들의 소득세를 경감해 주거나, 좀 더 절박한 경우에는 즉각적인 현금 보조를 해 주는 것이다.

법인세에 대한 유혹

2장에서 언급했듯이, 정치 지도자들은 종종 기업에게 새로운 세금을 부과하겠다고 제안하는 것이 개인들로부터 추가적인 세금을 징수하는 것보다 더 쉽다고 여긴다. 기업에게 세금을 부과하려는 세제 개편안들은 대체적으로 "부유한 기업들이 추가적인 세금을 지불할 여력이 근로자들보다 더 양호하다"는 관념에 따른 것이다. 그러나 우리가 2장에서 살펴보았듯이, 시장에서 판매되는 상품에 부과되는 세금의 적어도 일정 부분은 대개 소비자에게 전가된다.

개별 기업들이 그림 10.22의 오른쪽에 있는 LAC_i와 같은 U자 형태의 동일한 LAC곡선을 보이는 완전경쟁 산업을 검토해 보자. 일반적으로 산업의 산출량에 발생하는 적당한 수준의 변화는 투입물 가격들에 그다지 영향을 미치지 않을 것이다. 그 결과, 이 산업의 장기 공급곡선은 LAC_i의 최저점(왼쪽 그림에서 S_{LR}곡선)에서 수평선이 될 것이다. D가 시장수요곡선이라면 균형가격은 P^*가 될 것이다.

이제 시장에서 판매되는 산출량 한 단위당 $\$T$만큼의 세금이 부과된다고 가정하자. 조세 부과로 인해 개별 기업의 LAC와 SMC곡선들이 $\$T$만큼 위로 이동할 것이다. 새로운 장기 산업공급곡선은 LAC곡선의 최저점, 즉 $S_{LR} + T$(왼쪽)에서 수평선이 될 것이다. 세금으로 인해 상품의 가격은 정확히 T만큼 상승한다. 산업 산출량은 Q^*_1에서 Q^*_2로 축소되었고 이러한 축소는 기업들이 시장에서 퇴출된 결과이다.

기업들이 U자 형태의 LAC곡선들을 보이고(실증적으로 가장 타당한 경우로) 투입물 가격들이 고정되어 있는 경쟁적인 산업들에 대해서 산출량에 세금을 부과하면 전적으로 소비자들에게 전가된다는 것을 우리는 알 수 있다. 나중에 더 자세히 살펴보겠지만, 특정 산업들의 산출물에 세금을 부과하는 데에는 합법적인 다양한 이유들이 있다. 그러나 기업들이 일반 소비자들보다 더 많은 돈을 갖고 있다는 주장이 그 이유가 되지는 않는다. 그런데도 이런 주장을 되풀이하는 것은 그저 사기일 뿐이다. 경제학 지식을 갖춘 유권자라면 그런 주장을 펼치는 정치인들을 절대로 뽑아주지 않을 것이다.

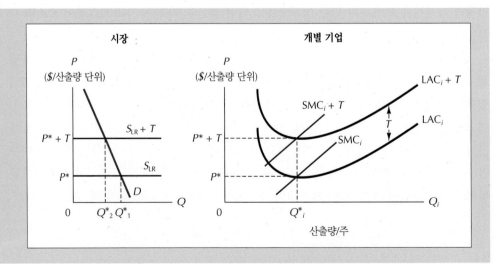

그림 10.22

완전경쟁 산업에서 산출물에 대한 세금 부과의 효과

산출물 한 단위당 $\$T$만큼의 세금을 부과하면 LAC와 SMC곡선들이 $\$T$만큼 상승한다(오른쪽 그림). 새로운 장기 산업공급곡선은 LAC곡선의 최저점에서 다시 수평선이 된다(왼쪽 그림). 균형가격은 $\$T$만큼 상승하는데, 이는 세금이 소비자에게 100퍼센트 전가됨을 의미한다.

일정한 비용을 보이는 경쟁적인 산업들이 세금을 전부 소비자에게 전가할 수 있다면, 왜 산업측 로비스트들은 세금에 대해 그렇게 강하게 반대하는가? 그림 10.22에서 알 수 있듯이, 세금 부과의 효과 중 하나는 전체 산업 산출량이 감소한다는 것이다. 이러한 산출량 감소는 기업들 중 일부가 사업에서 배제됨으로써 이루어진다. 파산은 기업 소유자들에게 결코 즐거운 일이 아니다. 그러므로 여러 산업 협회들이 새로운 세금에 강하게 반대하는 것은 결코 놀라운 일이 아니다.

비용 절약 기술혁신의 채택

경제학자들이 경쟁기업들이 가격 수용자임을 강조하다 보면, 기업들이 환경에 의해 조성된 비인간적인 가격 신호에 수동적으로 반응하는 것 이외에는 거의 하는 일이 없다는 인상을 때때로 받게 된다. 하지만 이러한 인상은 매우 잘못된 것이다. 예를 들어, 개별 트럭 운전자가 경쟁시장에서 결정되는 트럭 요금에 영향을 미칠 수 없다는 것은 사실이지만, 그가 계속 생존하기 위해 할 수 있고 또 해야만 하는 일이 있다.

1970년대 연료 가격의 급격한 상승에 대한 단기적인 반응은 경쟁 모형이 예측하는 바대로의 조정으로 나타났다. 즉, 단기적인 손실, 산업으로부터 퇴출, 점차적인 가격 인상, 그리고 생존한 기업들의 점진적인 이윤 회복이 차례로 나타났다. 그러나 환경의 변화를 틈타 일부 기업들은 자신만의 장점을 적극적으로 이용하여 기회를 창출해 냈다. 그러한 사례들 중 하나가 다음에 소개되어 있다.

생활 속의 경제행태 10.2

초대형 화물트럭에 *1970년대* 중반부터 갑자기 에어포일(*airfoil*)이 설치된 이유는 무엇인가?

1970년 이전까지 바퀴가 18개나 달린 초대형 화물트럭의 모습은 다음 그림의 윗부분과 같았다. 넓고 평평한 트럭의 윗부분은 맞바람에 직접적으로 노출되어 있었다. 이 맞바람은 고속도로에서 달리는 속도를 고려하면 상당한 공기저항을 만들어 냈다. 그러나 1970년에 경유 가격은 갤런당 $0.30에 불과했으므로, 연료 부담은 별로 크지 않았다.

그러나 1980년대 초 경유 가격이 갤런당 $1 이상으로 상승하자, 공기 저항이 훨씬 중요해졌다. 그래서 사업주들은 이를 줄이기 위한 방안들을 고안했다. 그 가운데 가장 성공적인 혁신은 오늘날 도로 위의 모든 대형 트럭의 앞부분을 장식하고 있는 단순한 에어포일이었다. 그림의 하단에 나타나 있듯이, 이 장치의 목적은 트럭 윗부분의 공기저항을 줄이기 위한 것이다. 트럭 운전자들이 추정한 결과에 의하면, 공기 저항의 감소로 인해 고속도로상에서 운행 거리(연비)가 15퍼센트 정도 증가하였다.

그 당시 운송 시장에서 화물 요금 수준은 에어포일을 설치하지 않은 트럭들의 높은 운영비 수준에 맞춰져 있었기 때문에 에어포일을 처음 설치한 트럭 운전자들은 연비 개선의 혜택을 받게 되었다. 그 결과, 초기에 에어포일을 장착한 운전자들은 이로 인해 경제적 이윤을 얻었다. 그러나 시간이 지남에 따라 점점 더 많은 트럭들이 에어포일을 설치하기 시작했고, 비용이 낮아짐에 따라 운송 요금은 점차 하락했다. 지금은 에어포일을 장착하지 않은 화물차를 찾아보기 어렵다. 이제는 비용 절약이 운송 요금을 낮추는 데 완전히 반영되었다고 가정해도 무리가 아니다. 따라서 오늘날 트럭 소유자는 단순히 정상이윤이라도 얻기 위해서 에어포일을 설치해야만 한다. 에어포일을 설치하지 않은 트럭 소유자들은 경제적 손실을 감수해야 한다.

1970년대 중반에 초대형 화물트럭에 에어포일이 갑자기 등장하게 된 이유는 무엇인가?

앞의 예로부터 얻게 되는 교훈은 경쟁에 직면하여 비용 절약을 위한 혁신(innovation)을 받아들이는 기업가야말로 경제적 이윤을 얻는 사람이 될 수 있다는 것이다. 심지어 가격 수용자인 기업이라 하더라도 통제 불가능한 경제적인 힘에 수동적으로 반응하지 않고 그러한 혁신들을 찾아내야 하는 것이다.

▪ 요약 ▪

• 기업의 목적은 기업의 경제적 이윤을 극대화하는 것이라고 가정된다. 비록 많은 관리자들의 행동들에 지나치게 목적성을 부여하는 것이 비현실적으로 보이겠지만, 시장에서의 경쟁 압력은 이러한 가정을 그럴듯하게 만든다. 경제적 이윤은 총수입에서 생산에 사용된 모든 자원들의 (명시적 및 암묵적) 비용을 차감한 것이다. 경제적 이윤과 회계적 이윤을 혼동해서는 안 된다. 회계적 이윤은 총수입에서 사용된 자원의 명시적 비용을 뺀 나머지이다. (학습목표 1)

• 완전경쟁의 경제모형은 표준화된 제품, 기업의 입장에서 가격 수용적인 행태, 자원들의 완전 이동성, 그리고 구매자와 판매자의 입장에서 완전한 정보를 가정한다. 이는 어떤 면에서 물리학자의 마찰 없는 표면에서의 운동법칙 모형과 유사하다. 두 모형 모두 현실에서는 접하기 힘든 매우 이상적인 조건들을 열거하고 있다. 그러나 각 모형은 우리가 현실에서 목격하는 유용한 예측과 설명을 제시한다. (학습목표 2)

• 단기 이윤 극대화 조건은 한계비용곡선이 상승하는 구간에서 가격과 단기한계비용이 일치하는 산출량 수준을 생산하는 것이다. 가격이 평균가변비용의 최솟값보다 아래에 있으면, 기업은 단기에 산출물을 생산하지 않는 것이 최선의 방법이다. 따라서 개별 기업의 단기 공급곡선은 평균가변비용곡선의 최저점보다 윗부분에 위치하는, 단기한계비용이 상승하는 부분이다. (학습목표 3)

• 단기 산업공급곡선은 개별 기업의 공급곡선들을 수평으로 합한 것이다. 산업공급곡선과 산업수요곡선이 서로 교차하는 지점에서 단기 균형가격이 결정된다. 경쟁적인 개별 기업이 직면하는 수요곡선은 균형가격에서 수평선이다. 이 균형가격이 장기 평균비용곡선의 최솟값보다 높은 수준에 있으면, 각 기업은 양의 경제적 이윤을 얻는다. 하지만 균형가격이 장기 평균비용곡선의 최솟값보다 낮은 수준이면, 해당 기업은 경

제적 손실을 입는다. (학습목표 4)

• 장기 조정은 현존하는 기업들의 자본스톡 규모의 조정뿐만 아니라 기업들의 진입과 퇴출로 이루어진다. 기업들이 동일한 U자형의 LAC곡선들을 보인다면, 장기 균형가격은 LAC곡선의 최솟값이 될 것이고 각 기업은 이에 해당하는 산출량을 생산할 것이다. (학습목표 6)

• 산출물의 마지막 한 단위를 생산하기 위해 사용되는 자원들의 가치가 구매자에게 그 산출물의 가치와 정확히 일치한다는 의미에서 장기와 단기 균형은 효율적이다. 이는 균형점이 상호이익을 주는 교환의 모든 가능성들을 없앤다는 것을 의미한다. 장기 균형은 두 가지 매력적인 특성을 더 보여준다. (1) 산출물이 가장 낮은 단위당 비용에서 생산된다. (2) 판매자는 그 산출물을 생산하는 비용만큼만 보상받는다. 구매자로부터 경제적 이윤을 얻어 낼 수는 없다. (학습목표 5)

• LAC곡선들이 수평인 경우뿐만 아니라 U자형인 경우에도 투입물의 기격이 일정한 상태에서의 완선경쟁하에서 장기 산업공급곡선은 수평선이다. 투입요소들의 가격이 산업 산출량의 증가함수일 때, 두 경우의 산업공급곡선들은 모두 우상향하는 모습을 보인다. 그러나 투입요소들의 가격이 산업 산출량의 감소함수일 때에는 경쟁 산업공급곡선은 우하향하는 모습을 보인다. (학습목표 6)

• 이례적으로 고품질인 투입물들을 구입할 때 경쟁이 존재하면, 이러한 투입물들의 가격은 기업들이 투입물들로부터 더 이상의 경제적 이윤을 얻을 수 없을 때까지 상승한다. 이는 장기 조정 과정에서 매우 중요한 부분이다. 그리고 이를 제대로 고려하지 못한 경우, 좋은 의도로 실행된 많은 경제정책들이 실패로 돌아갔다. (학습목표 7)

• 가격 수용자인 기업들이라 하더라도 사업을 경영하는 비용을 줄이는 수단들을 찾아내야 한다. 비용을 절감하는 혁신들을

발 빠르게 채택하는 기업들에게는 일시적이나마 경제적 이윤이 돌아간다. 하지만 늦게 혁신들을 채택하는 기업들은 경제적 손실의 고통을 받게 될 것이다. (학습목표 7)

▪ 복습문제 ▪

1. 경제적 이윤과 회계적 이윤의 차이점은 무엇인가? 그리고 이러한 차이점이 실제 기업의 의사결정에 왜 중요한가? (학습목표 1)

2. 산업 내에 적은 수의 기업들이 있더라도 어떤 조건들하에서 기업들이 가격 수용자처럼 행동할 것으로 기대할 수 있는가? (학습목표 2)

3. 샌프란시스코나 뉴욕 시와 같은 대도시에서 세탁 산업은 완전경쟁적인가? 그 이유는? 또는 그렇지 않은 이유는? 오하이오의 에이슨즈나 뉴햄프셔의 메레디스와 같은 중소 도시에서는 어떤가? (학습목표 2)

4. 기업의 총수입곡선이 다음과 같이 주어졌다. $TR = aQ - 2Q^2$. 이 기업은 완전경쟁적인가? 그 이유는? 또는 그렇지 않은 이유는? (학습목표 2)

5. 기업 관리자가 한계비용의 개념을 모른다는 사실이 완전경쟁 이론에 모순인가? (학습목표 1)

6. [참 또는 거짓] 한계비용이 평균고정비용 아래에 있다면 기업은 단기에 조업을 중단해야 한다. 설명하라. (학습목표 3)

7. 경제학자들이 단기에서의 경쟁 균형이 효율적이라고 말할 때, 그 말이 의미하는 바는 무엇인가? (학습목표 3)

8. [참 또는 거짓] 비용이 일정한 산업에서 생산하는 산출물 한 단위에 일정한 세금(종량세)을 부과하는 것은 장기적으로 완전경쟁 기업이 판매하는 산출량에 영향을 미치지 않는다. 설명하라. (학습목표 3)

9. 경쟁적인 산업에서 모든 기업들은 장기한계비용과 일치하는 가격에서 산출량 수준을 생산한다고 가정하자. [참 또는 거짓] 이 산업은 반드시 장기 균형에 있다. (학습목표 6)

10. [참 또는 거짓] 소비자 잉여는 수요곡선과 가격선 사이의 면적이다. 완전경쟁 기업의 경우, 수요곡선은 가격선과 같다. 따라서 완전경쟁 산업은 소비자 잉여를 창출하지 않는다. (학습목표 5)

11. 금전적 경제와 불경제를 규칙이라고 하기보다는 예외라고 말하는 이유는 무엇인가? (학습목표 2)

12. 산업 내의 모든 기업들 중 80퍼센트보다 비용 절약적인 혁신을 먼저 도입한 기업은 경제적인 이윤을 얻을 것으로 기대할 수 있는가? 만약에 그렇다면, 이러한 이윤들이 사라지는 경향이 있는가? (학습목표 7)

▪ 연습문제 ▪

1. 경쟁적인 기업이 다음 표와 같은 비용 구조를 보인다고 하자. 한계비용, 평균가변비용, 그리고 평균총비용곡선들을 그려라. 시장가격이 32일 때 이 기업의 산출량은 얼마인가? 이 기업의 이윤을 계산하고 이를 그래프에 나타내라. (학습목표 3)

Q	ATC	AVC	MC
1	44	4	8
2	28	8	16
4	26	16	32
6	31	24	48
8	37	32	64

2. 경쟁적인 기업의 단기한계비용곡선은 $SMC = 2 + 4Q$, 평균가변비용곡선은 $AVC = 2 + 2Q$로 주어졌다. 시장가격이 0일 때 기업의 산출량은 얼마인가? 고정비용이 얼마일 때 이 기업의 경제적 이윤이 0이 되는가? (학습목표 3)

3. 경쟁적인 땅콩버터 산업에서 1000개의 동일한 기업들의 단기한계비용곡선은 다음과 같다.

$$SMC = 4 + Q.$$

이 산업의 수요곡선은 다음과 같다.

$$P = 10 - \frac{2Q}{1000},$$

아플라톡신(aflatoxin)이라는 발암성 독소의 갑작스러운 발생으로 기업들이 땅콩 버터를 전혀 생산할 수 없는 경우, 단기에서의 생산자 잉여와 소비자 잉여의 손실은 얼마인가? (학습목표 4)

4. 3번 문제에서 아플라톡신의 발병이 지속적이라고 가정하면, 장기에서의 생산자 잉여와 소비자 잉여의 손실은 단기에서의 손실보다 큰가, 작은가, 또는 동일한가? (학습목표 5)

5. 완전경쟁 기업이 직면하는 가격은 10이고, 현재 단기한계비용이 상승하는 구간에서 한계비용이 10인 상태에서 기업이 생산하고 있다. 기업의 장기한계비용이 12이고 단기 평균가변비용은 8이다. 이 기업의 장기 평균비용곡선의 최저점은 10이다. 이 기업은 단기에서 경제적 이윤을 얻고 있는가? 단기에서 이 기업은 산출량을 변경해야 하는가? 장기에서 이 기업은 무엇을 해야 하는가? (학습목표 6)

6. 경쟁 산업에 있는 모든 기업들의 장기 총비용곡선은 다음과 같다.

$$LTC_Q = Q^3 - 10Q^2 + 36Q.$$

여기서 Q는 기업의 산출량 수준이다. 산업의 장기 균형가격은 얼마인가? (힌트 : 장기 평균비용곡선의 최솟값을 찾기 위해 미분이나 그림을 사용하라.) 대표적인 개별 기업의 장기 균형 산출량은 얼마인가? (학습목표 6)

7. 문제 6과 동일하고, 다만 장기 총비용곡선만이 다음과 같이 달라졌다.

$$LTC_Q = Q^2 + 4Q.$$

어느 기업이든 실제로 이러한 LTC곡선을 가질 수 있는가? 그렇다면 그 이유는? 그렇지 않다면 그 이유는? (학습목표 6)

8. 어느 도시에서 택시에 대한 한계비용곡선과 평균비용곡선은 $0.2/km로 일정하다. 대도시에서 택시에 대한 수요곡선은 $P = 1 - 0.00001Q$이다. 여기서 P는 1 km당 요금이고, Q는 연간 택시 운행 거리(km)이다. 택시 산업이 완전경쟁적이고 각 택시는 정확히 연간 10,000 km를 영업한다면, 균형 상태에서 얼마나 많은 택시가 있겠는가? 그리고 균형 요금은 얼마인가? (학습목표 6)

9. 시 의회가 도심지에서의 거리 혼잡을 억제하기 위하여 택시의 수를 6대로 제한하였다고 가정하자. 신청자들은 추첨에 참여하여 6명이 택시를 영업할 수 있는 택시 영업 면허증을 획득하였다. 이제 균형 요금은 얼마인가? 각 면허 소유자는 얼마만큼의 경제적 이윤을 얻겠는가?

영업 면허증이 시장에서 거래된다면, 그리고 연 이자율이 10퍼센트라면, 면허증은 얼마에 거래되겠는가? (힌트 : 연간 이자소득이 택시 영업 면허증의 이윤과 같아지려면 당신은 얼마의 돈을 은행에 예치해야 하는가?) 이 가격에 영업 면허증을 구입한 사람은 양의 경제적 이윤을 얻는가? (학습목표 6)

10. 민호는 완전경쟁 산업에서 한 가지만 제외하고 다른 모든 관리자들과 동일하다. 그 한 가지는 바로 그의 탁월한 유머감각으로, 사람들은 임금의 절반만을 받고라도 그와 함께 일하고 싶어 한다. 산업 내의 다른 모든 기업들의 단기 총비용곡선은 다음과 같다.

$$STC_Q = M + 10Q + wQ^2 .^{16}$$

여기서 M은 일반적인 관리자에게 지급되는 급여이고 w는 산업의 임금률이다. 산업 내의 모든 기업들에게 산출물 가격은 28이고 $w = 2$라면, 산업 내에서 민호는 다른 관리자들보다 얼마나 더 받겠는가? (학습목표 7)

11. 당신은 페인트를 제조하는 소규모 경쟁 기업의 관리자이다. 당신과 1,000명의 경쟁자들의 총비용곡선은 다음과 같다.

$$TC = 8 + 2Q + 2Q^2.$$

그리고 산업은 장기 균형상태이다.

　　이제 각 산출물 단위당 생산비를 반으로 줄일 수 있는 생산 공정관련 특허를 갖고 있는 어느 발명가가 당신에게 접근하였다. (학습목표 7)

a. 이 발명을 독점적으로 사용할 수 있는 권리를 구입하기 위해 당신은 최대 얼마를 지불하겠는가?

b. 발명가는 이 가격에 자신의 특허를 팔겠는가?

12. 단기에서 완전경쟁 기업은 자본(고정요소)과 노동(가변요소)을 이용하여 산출물을 생산한다. 이 기업의 이윤 극대화 산출량 수준에서 노동의 한계생산은 노동의 평균생산과 같은가? (학습목표 3)

a. 이 기업의 평균가변비용과 한계비용 간의 관계는 어떤지 설명하라.

b. 기업이 10단위의 자본을 갖고 있으며 한 단위당 가격이 하루에 $4이라면, 기업의 이윤은 얼마인가? 단기에서 이 이윤이 유지되겠는가?

13. 경쟁 산업에 있는 기업의 총비용함수는 $TC = 0.2Q^2 - 5Q + 30$이고, 이에 대응하는 한계비용곡선은 $MC = 0.4Q - 5$이다. 기업이 직면하는 가격이 6이라면, 기업은 얼마의 산출량을 판매하겠는가? 이 가격에서 기업의 이윤은 얼마인가? 이 기업은 조업을 중단해야 하는가? (학습목표 3)

14. 휘발유에 대한 수요는 $P = 5 - 0.002Q$이고, 공급은 $P = 0.2 + 0.004Q$이다. 여기서 P는 $이고, Q는 갤런(gallon)이다. 휘발유 갤런당 $1의 세금이 부과된다면, 세금은 누가 얼마나 부담하겠는가? 소비자 잉여와 생산자 잉여의 손실은 각각 얼마인가? (학습목표 4)

---

16. 이와 관련된 한계비용곡선은 $dSTC_Q/dQ = MC_Q = 10 + 2wQ$이다.

15. 자전거가 완전경쟁적이고 일정한 비용을 보이는 산업에서 생산된다고 가정하자. 다음 중 자전거의 장기 가격에 더 큰 영향을 미치는 것은 어느 것인가? (1) 자전거의 건강에 대한 편익을 홍보하는 정부 프로그램 또는 (2) 비용이 상승하는 산업에서 생산되는 자전거 제조의 투입요소인 철강에 대한 수요를 증가시키는 정부 프로그램. (학습목표 6)

16. 완전경쟁적이고 비용이 일정한 산업에 속한 어느 대표적인 기업의 비용함수는 다음과 같다. TC = $4Q^2$ + 100Q + 100. (학습목표 6)

    a. 이 산업의 장기 균형가격은 얼마인가?

    b. 시장 수요가 Q = 1,000 − P로 주어졌다면(단, P는 가격이다), 얼마나 많은 기업들이 장기 균형에서 존재하겠는가?

    c. 정부가 산출물을 제조하는 각 기업에게 일정액의 보조금(lump-sum subsidy)을 지급한다고 가정하자. 이 보조금이 36이라면, 이 산업의 새로운 장기 균형가격은 얼마인가?

17. Jolt 커피 원두에 대한 국내 공급과 수요곡선은 다음과 같이 각각 주어졌다. 공급곡선 : P = 10 + Q, 수요곡선 : P = 100 − 2Q. 여기서 P는 kg당 가격이고, Q의 단위는 연간 백만 kg이다. 미국은 전 세계 Jolt 원두 산출량의 일부분만을 생산하여 소비하고 있고 현재 세계 가격은 kg당 $30이다. 이 가격은 미국 시장에 의해 영향을 받지 않으며 운송비도 무시할 만큼 작다. (학습목표 6)

    a. 미국 소비자들은 Jolt 커피 원두를 위해 얼마를 지불하겠는가? 그리고 연간 얼마를 소비하겠는가?

    b. 미국 의회가 kg당 $20의 관세를 법률로 정한다면, (a)의 답변이 어떻게 변하는가?

    c. 관세 부과가 국내 생산자와 소비자 잉여에 미치는 총효과는 얼마인가? 관세 부과로 얻을 수 있는 세수입은 얼마인가?

18. 호주의 한 연구자가 양의 피부 바로 윗부분에서 털의 섬유조직을 약하게 만드는 약을 발견했다. 이 약으로 양의 전체 털을 한꺼번에 쉽게 깎을 수 있게 되어 양털을 깎는 비용이 급격히 감소했다. 세계 양털 시장은 산출물과 생산요소 모두 완전경쟁시장모형에 매우 가깝다. 이 새로운 약의 도입에 따른 모든 효과를 추적하여 설명하라. (학습목표 6)

▪ 개념 확인 해답 ▪

10.1 r^*는 그의 경제적 이윤을 0으로 만드는 월 이자율이다. 그러면 r^*는 다음을 만족시킨다. $16,000 − $4,000 − $800 − r^* × ($100,000,000) = 0. 따라서 r^* = 0.000112, 즉 월 이자율이 0.0112퍼센트이다. 이자율이 r^*보다 낮은 경우에만 그는 맨해튼으로 이주할 것이다. (학습목표 1)

10.2 한계비용은 총비용곡선의 기울기이고, 한계수입은 총수입곡선의 기울기이다. 이윤 극대점에서 Q = 7.4이고 두 곡선의 기울기는 정확히 동일하다. (학습목표 3)

10.3 첫째로 대표적 기업의 공급곡선 P = 20 + 90Q_i를 생산량에 대해 정리한다.

$$Q_i = -\frac{2}{9} + \frac{1}{90}P.$$

여기에 기업 수 $n = 30$을 곱하면,

$$Q = nQ_i = 30Q_i = 30\left(-\frac{2}{9} + \frac{1}{90}P\right) = -\frac{20}{3} + \frac{1}{3}P.$$

마지막으로 산업 공급곡선 $Q = -\frac{20}{3} + \frac{1}{3}P$를 가격에 대해 정리한다. 그 결과, $P = 20 + 3Q$. (학습목표 *4*)

10.4 완전경쟁 기업의 단기 이윤 극대화는 $P = $ MC인 수량에서 발생한다. 단 $P > \min$ AVC 이다(그렇지 않으면 기업은 조업을 중단해야 한다). MC $= 2Q$이기 때문에 시장가격 $P = $ 12는 MC와 같아야 한다. 즉 12 = 2Q. 따라서 $Q = 6$이다. 여기서 min AVC $= 0$임에 주의하라. 이윤 $\pi = (P - $ AVC$) \times Q - $ FC로 표현할 수 있는데, 평균가변비용 AVC $= Q = 6$이므로 기업의 이윤은 다음과 같다.

$$\pi = (12 - 6)6 - \text{FC} = 36 - \text{FC}.$$

따라서 FC $= 36$인 경우, 기업은 0의 이윤을 얻는다. (학습목표 *3*)

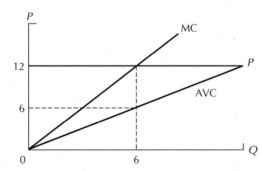

10.5 총잉여는 색칠한 두 삼각형의 면적을 더한 것으로 연간 $100,000이다. (학습목표 *5*)

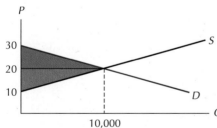

$CS = \frac{1}{2}(30 - 20)\,10{,}000 = 50{,}000$

$PS = \frac{1}{2}(20 - 10)\,10{,}000 = 50{,}000$

10.6 기업이 능력이 부족한 관리자에게 단지 $30,000만 지불한다면, 기업은 계속해서 0의 경제적 이윤을 얻을 것이다. 기업이 그 이상을 지불하면, 경제적 손실을 입게 된다. (학습목표 *7*)

CHAPTER 11

독점시장
Monopoly

사 실상 모든 영화관은 서로 다른 연령대에 속한 관람객들에게 차별화된 관람료를 책정한다. 학생들은 학생 요금을, 일반 성인은 성인 요금을, 일정 나이 이상의 노인들은 경로 요금을 내고 있다. 일부 영화관은 정상요금보다 한 매당 낮은 가격에 "10매 입장권"을 한 묶음으로 판매한다. 저녁 식사 시간대에 쇼를 관람하는 사람들은 늦은 밤 시간대에 관람하는 사람들보다 가끔 훨씬 적은 요금을 지불한다. 이러한 사례들은 완전경쟁모형하에서는 기대하지 못하는 것들이다. 왜냐하면 완전경쟁모형에서 모든 구매자들은 완전히 표준화된 상품에 대해서 하나의 가격[이를 一物一價의 법칙(*law of one price*)이라 한다]만을 지불하기 때문이다.

소비자 집단에 따라 다른 관람료를 책정하는 영화관 운영자들은 영화관 내의 매점에서 판매되는 상품들에 대해서는 완전히 다른 사례를 제공한다. 이곳에서는 일물일가의 법칙이 항상 나타나고 있다. 학생이든, 일반 성인이든, 노인이든, 유명 야구선수든 관계없이 팝콘에 대해 똑같은 가격을 지불한다. 이것은 청량음료나 캔디에도 마찬가지로 적용된다. 그러나 이들 품목에 대한 가격들은 식료품 가게나 다른 소매점에서 판매되는 같은 상품의 품목에 대한 가격보다 보통 훨씬 더 비싸며, 확실히 한계비용보다 더 크다.

한쪽에선 차별화된 입장료를 부과하고, 다른 한쪽에선 구내매점 상품에 훨씬 높은 같은 가격을 부과하는 것은, 우리가 앞으로 보게 되겠지만, 재화나 용역의 독점 판매자에 대한 경제모형이 예측하는 내용들과 완전한 일관성을 띠고 있다.

11.1 11장 미리보기 _____

본 장은 완전경쟁과 전혀 다른 시장 구조인 **독점시장**, 즉 밀접한 대체재를 갖지 않은 상품에 대해서 단 하나의 판매자만 있는 시장을 살펴본다. 이러한 시장 구조를 이끌어내는 다섯 가지 요인들인 (1) 주요 투입물에 대한 통제, (2) 규모의 경제, (3) 특허권, (4) 네트워크 경제, (5) 정부 인허가권에 대해서 살펴보게 될 것이다. 그런 후 단기에 독점기업의 이윤 극대화 원칙은 완전경쟁 기업의 것과 같다는 것을 우리는 알게 될 것이다. 독점기업은 산출량 증가에 따른 비용 증가보다 수입 증가가 더 크면 산출량을 늘릴 것이다. 그리고 수입 감소가 비용 감소보다 적다면 독점자는 산출량을 줄일 것이다.

다음으로 여러 개로 분리된 시장에서 판매할 수 있는 선택권을 갖고 있을 때 독점기업의 행태를 우리는 검토할 것이다. 여기서 다시 기업이 현재의 행태를 바꿀지의 여부에 대한 의사결정을 분석하기 위하여 비용−편익 분석기법을 사용할 것이다.

다음 단계에서 표준화된 독점 균형의 효율성 특성을 검토하게 될 것이다. 완전경쟁의 경우와는 달리 독점 균형은 교환을 통해서 얻을 수 있는 잠재적 이득의 가능성을 완전히 없애지는 않는다. 일반적으로 산출량을 추가적으로 한 단위 늘릴 때의 사회적 가치는 그것을 생산하기 위한 자원의 독점자 비용을 초과한다. 이러한 이유 때문에 독점은 완전경쟁보다 덜 효율적인 것으로 해석되고 있다. 그러나 이러한 해석은 오직 제한적으로만 적용된다. 왜냐하면 독점을 유발시키는 조건들이 완전경쟁을 위해 요구되는 조건들과 거의 양립하지 않기 때문이다.

본 장에서 우리의 정책적 초점은 정부가 자연독점(natural monopoly), 즉 장기 평균비용곡선이 우하향하는 기울기를 갖는 시장을 어떻게 다루어야 하는지에 대한 질문에 있다. 우리는 다섯 가지 정책 대안들에 고려할 것이다. (1) 국유화, (2) 정부의 가격 규제하의 민영화, (3) 공급 독점자가 되기 위한 권리에 대한 민간 기업 간의 경쟁적인 경매, (4) 독점을 방지하기 위한 독점금지법의 제정, 마지막으로 (5) 완전한 자유방임정책. 각 대안마다 문제점들이 내재되어 있기 때문에 최선의 정책은 일반적으로 처해 있는 환경에 따라 다를 것이다.

11.2 독점에 대한 정의

독점(monopoly)은 밀접한 대체재를 갖지 않은 상품의 유일한 판매자가 시장 전체의 공급을 차지하는 시장 구조이다. 이 정의는 더 이상 간단하게 나타내기 어렵지만 실제로 적용하기 쉽지 않은 것이 사실이다. 앞에서 언급된 영화관의 예를 생각해보자. 우리의 정의에 따르면 동네 영화관은 독점인가? 조그마한 도시에서 동네 영화관은 적어도 주어진 시간에 특정 영화를 유일하게 상영하는 곳일 가능성이 높다. 동네 영화관이 독점인지의 여부는 명백히 밀접한 대체재의 의미가 무엇인지에 달려 있다. 예컨대, 그 영화관이 할로윈(*Halloween*)을 상영하고 있다면, 이 영화에 대한 많은 종류의 밀접한 대체재가 있다고 볼 수 있다. 실제로 매년 수백 편의 낮은 등급의 잔혹한 폭력 영화가 상영되고 있으며, 잠재적인 관객들이 어느 특정의 영화관에서 상영되는 영화들에 만족하지 않는다면, 관객들은 일반적으로 멀리까지 가서 관람할 필요가 없다.

그러나 영화 스파이더맨(*Spiderman*)을 6개월간 독점적으로 상영할 수 있는 영화관은 어떤가? 이 시리즈를 좋아하는 관객들에게 실제로 밀접한 대체재는 없을 것이다. 이 영화를 보고자 하는 사람들은 오직 유일한 판매자를 갖게 된다.

경쟁 기업과 독점을 구별하는 중요한 특성은 기업이 직면하고 있는 수요의 가격탄력성이다. 완전경쟁 기업이 직면하는 수요의 가격탄력성은 무한대임을 상기하자. 경쟁 기업들은 가격을 아주 조금만 인상시켜도 그 기업이 판매하는 모든 것을 잃게 된다. 반면에 독점기업은 책정하는 가격에 대해 지배력을 갖고 있다.

실증적으로 어떤 기업이 유의미한 독점력을 즐기고 있는지의 여부를 결정하기 위한 측정 수단은 그 기업의 상품과 가장 밀접한 대체재에 대한 수요의 교차 가격탄력성(cross-price elasticity)을 측정하는 것이다. 반독점으로 유명한 일례로 듀폰(DuPont)사는 셀로판(cellophane) 판매에 대한 독점을 소유했는지에 대해서 혐의를 받게 되었다. 듀폰사가 거래되는 셀로판의 80퍼센트 이상을 점유하고 있다고 하더라도 셀로판과 밀접한 대체재—그 당시에 주로 밀랍 처리된 종이와 알루미늄 호일— 사이의 교차 가격탄력성이 매우 크기 때문에 유연성 있는 포장지 제품들을 하나의 시장으로 묶는 것이 타당하다고 주장함으로써 이 혐의로부터 벗어날 수 있었다. 시장을 좀 더 광범위하게 정의함으로써 듀폰사는 전체 산업 산출량의 20퍼센트 이하를 점유하는 것으로 뒤바뀌었다. 이에 따라 법원은 효과적인 경쟁을 유지하는 데 충분히 낮은 시장점유율이라고 판단했다.

그러나 교차 가격탄력성이 밀접한 대체재가 있는 상품과 그렇지 않은 상품을 구별하는 명확하고 확실한 측정 수단이라고 말하는 것은 아니다. 최신 영화 스파이더맨과 같은 영화는 없을지라도 두 시간 동안 즐길 수 있는 많은 다른 대안들은 항상 존재한다. 스파이더맨을 관람하기로 마음 먹은 사람에게 영화관 관리자는 독점자이다. 그러나 좋은 영화를 찾아 나서는 사람에 대해서 그 영화관 관리자는 여전히 경쟁에 직면해 있다. 완전경쟁과 독점의 차이점은 이러한 두 유형의 구매자들 중 어느 구매자가 더 많으냐의 질문으로 축소된다. 경제학에서 다른 많은 사례들에서처럼 경쟁과 독점을 구별하는 것은 과학 속의 예술과 같은 상태로 남아 있다.

독점과 경쟁 사이의 구분은 두 시장수요곡선의 개별 가격탄력성의 차이에 있지 않다. 그와는 반대로 경쟁 기업들에 의해 공급되는 제품들에 대한 수요의 시장가격탄력성은 독점기업이 직면하고 있는 수요의 가격탄력성보다 훨씬 작은 경우가 많다. 밀은 거의 완전경쟁적인 조건들하에서 생산되고 마이클 코넬리(Michael Connelly)는 저작권(copyright)으로 인해 그의 저서에 대한 유일한 합법적인 판매자이지만, 밀에 대한 수요의 가격탄력성은 코넬리의 소설에 대한 수요의 가격탄력성보다 작다. 독점과 경쟁 사이의 중요한 구분은 개별 경쟁 기업이 직면하는 수요곡선은 (이에 대응하는 시장수요곡선의 가격탄력성과 관계없이) 수평선이고, 독점 기업의 수요곡선은 전체 시장에 대해서 우하향하는 기울기를 갖는다는 점이다.

11.3 독점의 다섯 가지 원천

하나의 기업이 어떻게 시장에서 유일할 수 있는가? 경제학자들은 다섯 가지 요소들을 논의하는데, 이들 중 하나 또는 이들 간의 결합으로 인해 하나의 기업이 독점자가 될 수 있다. 이러한 요소들에 대해 고려해 보도록 하자.

1. 중요한 투입물들에 대한 독점적 통제. 프랑스의 페리에(Perrier)사는 병에 든 미네랄 생수를 판매한다. 이 생수의 특별한 특성들, 예컨대 자신들이 생산해 낸 미네랄 생수는 지질적인 요소들의 결합에 의해서 생산된 것이라고 홍보하는 데 페리에사는 매년 수백만 달러를 지출한다. 뉴욕 주의 청량음료 회사 아디론닥(Adirondack)은 탄산가스가 농축된 수돗물 제품을 공급한다. 나는 아디론닥 셀쳐(Adirondack Seltzer)와 페리에(두 제품 모두 탄산수이

다) 사이의 차이점을 구별할 수 없다. 그러나 어떤 사람들은 그 차이점을 느끼고, 많은 사람들은 만족스러운 페리에의 대체 품목을 찾지 못한다. 이러한 소비자들에 대한 페리에의 독점적 지위는 쉽게 모방할 수 없는 투입물에 대한 독점적 통제의 결과라 할 수 있다.

이와 유사한 독점적 지위에 해당하는 것이 세계에 다이아몬드 원석의 대부분을 공급하는 드비어스 광산회사(deBeers Diamond Mines)이다. 이제는 합성 인조 다이아몬드가 품질 측면에서 숙련된 보석 전문가들도 속일 수 있는 수준까지 성장하였지만, 많은 구매자들의 경우에 지하에서 채굴된 다이아몬드에 대한 선호는 보다 견고하고 굴절하는 광택에 대한 단순한 문제가 아니다. 그들은 실제 다이아몬드를 원하고 드비어스는 그러한 것들을 갖고 있는 유일한 회사이다.

중요한 투입물에 대한 독점적 통제는 영원한 독점력을 보장하지는 않는다. 예컨대, 진정한 다이아몬드를 갖고자 하는 선호는 채굴된 다이아몬드가 역사적으로 인조 다이아몬드보다 아주 뛰어나다는 사실에 근거를 두고 있다. 그러나 인조 다이아몬드가 궁극적으로 실제 다이아몬드와 전혀 구분할 수 없다면 실제 다이아몬드의 선호에 대한 근거가 더 이상 존재하지 않게 된다. 그 결과로 드비어스사는 원석 다이아몬드 공급에 대한 통제를 통해 독점력의 지위를 더 이상 누릴 수 없게 된다. 현재의 제품을 생산하는 새로운 방법들이 지속적으로 고안되고 있고, 오늘의 독점을 낳는 독점적 투입물이 내일에는 쓸모없게 될 수 있다.

2. 규모의 경제. 장기 평균비용곡선은 (투입물 가격이 고정된 상태에서) 우하향하는 기울기를 갖고 있을 때 최소의 비용으로 시장수요를 공급하기 위한 방법은 하나의 기업이 생산을 집중하는 것이다. 예컨대, 그림 11.1에서 LAC_{Q*}의 평균비용에서 산업 산출량 $Q*$를 하나의 기업이 생산할 수 있음에 주목하자. 그러나 두 기업이 하나의 시장수요를 나누어 갖는 경우에 평균비용은 $LAC_{Q*/2}$로 증가한다. 하나의 단일 기업에 의해 가장 저렴하게 제공되는 시장을 **자연독점**(natural monopoly)이라 한다. 이에 대하여 자주 인용되고 있는 예가 전력공급선이다.

10장에서 알 수 있듯이 규모의 경제가 존재하지 않더라도 LAC곡선이 우하향하는 것은 가능하다. 예컨대, 산업 산출량이 확대됨에 따라 중요한 투입물의 가격이 하락한다면 (10장에서 **금전적 경제**) 이러한 경우가 발생한다. 그러나 주의해야 할 점은 이러한 경우가 자연독

그림 11.1

자연독점

LAC곡선이 우하향할 때 단일 기업이 전체 시장을 담당하는 것이 항상 더 저렴하다.

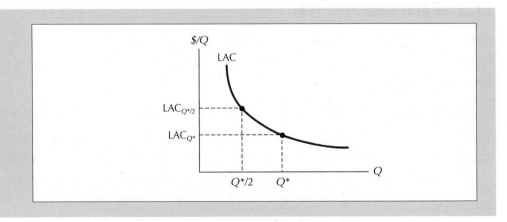

점을 발생시키지는 않는다는 것이다. 왜냐하면 이 경우에 투입물 가격은 산업 산출량 수준에 의존하는 것이지 어떤 단일 기업의 산출량에 의존하지 않기 때문이다. 금전적 경제는 하나의 기업 또는 다수의 기업들이 시장을 점유하는 것과 관계없이 동일한 원리로 적용된다.

엄격히 말하자면, 자연독점의 존재 여부를 결정하는 것은 LAC곡선의 기울기가 아니라 규모에 대한 수확의 정도이다. 투입물 가격이 고정되어 있을 때 규모에 대한 수확과 LAC곡선의 기울기 사이에 1:1 관계가 항상 존재한다(9장 참조).

3. 특허권. 대부분의 국가들은 일종의 특허제도를 통해서 발명을 보호한다. 일반적으로 특허는 그 발명이 적용되는 모든 거래들로부터 발생하는 편익에 대한 배타적인 권리를 부여한다. 특허권은 편익뿐만 아니라 비용도 존재한다. 특허의 비용 측면에서 보면, 특허가 창출한 독점은 우리가 나중에 살펴볼 것이지만 대개 소비자들에게 높은 가격을 부과시킨다. 그리고 특허의 편익 측면에서 살펴보면, 특허가 존재하지 않았으면 발생하지 않았을 많은 발명들을 가능하게 하는 것이 특허이다. 일부 발명들은 우연일 수 있더라도 대부분의 발명들은 실험실에서의 오랜 노력과 희생의 결과물이다. 기업이 이러한 비용을 회수할 수 있을 정도로 충분히 높은 가격에 제품을 판매할 수 없다면, 기업은 첫 단계에서 연구개발을 수행할 아무런 경제적 이유도 갖지 않을 것이다. 특허가 없다면, 경쟁에 의해 가격이 한계비용까지 하락하고 발명의 속도는 급속히 더디어질 것이다. 특허에 의한 경쟁을 통해 기업은 발명 비용을 회수할 수 있게 된다. 미국에서 특허 보호 기간은 17년이다. 타협의 산물인 이 숫자는 많은 발명품들에게 너무 길지만, 어떤 발명품들에게는 너무 짧기도 하다. 특히 의약품 산업에서 특허 수명이 연장되어야 한다는 주장이 설득력 있게 받아들여지고 있다. 왜냐하면 임상실험과 승인과정에 많은 기간을 소비하고 실제 특허보호 기간은 얼마 되지 않기 때문이다.[1]

4. 네트워크 경제. 많은 시장의 수요 측면에서, 제품을 사용하는 소비자들의 숫자가 많아질수록 그 제품의 가치가 상승한다.[2] 초기의 생생한 예로, 가정용 비디오 녹화장치인 VHS 기술이 경쟁기술인 베타(Beta) 형식을 제압한 사례가 있다. 초기 베타 형식에 비해 VHS의 매력은 좀 더 긴 녹화 시간이었다. 나중에 베타는 이에 대한 결점이 보완되었고, 전문가들에 의해서 대부분의 기술 측면에서 VHS보다 우월하게 평가되었다. 하지만 VHS가 구축한 초기 판매상의 우위를 극복할 수 없었다. 일단 VHS를 보유하고 있는 소비자들의 비율이 일정 수준을 넘어서면, 그것을 선택하는 이유는 견고하게 되었다(다양성, 테이프 렌트의 접근성, 수리점의 접근성, 친구들과 테이프의 상호 교환의 용이성 등등).

극단적인 경우에 이러한 **네트워크 경제**(*network economy*)는 자연독점의 원천인 규모의 경제처럼 작동한다. 예컨대, 마이크로소프트(MS)사의 윈도우즈(Windows) 운영체제는 강력한 네트워크 경제의 힘에 의해서 독보적인 시장 지위를 획득했다. 왜냐하면 MS사의

---

1. Henry Grabowski, *Drug Regulation and Innovation*, Washington, DC: American Enterprise Institute, 1976.

2. 이에 대한 예로서 Joseph Farrell and Garth Saloner, "Standardization, Compatibility, and Innovation," *Rand Journal of Economics*, 16, 1985: 70–83; M. L. Katz and Carl Shapiro, "Systems Competition and Network Effects," *Journal of Economic Perspectives*, Spring 1994: 93–115 참조.

안녕. 나 빌게이츠야.
아무도 안전을 독점할 수는 없다는 걸 명심해. 그러니까 안전 벨트를 매지 그래.

1998 © Mick Stevens/The New Yorker Collection/www.cartoonbank.com

초기 판매의 우위로 인해 소프트웨어 개발자들은 윈도우즈 포맷을 사용할 강력한 유인을 갖게 되었기 때문에 그 포맷에 맞게 이용 가능한 소프트웨어가 점차 다른 경쟁 운영체계에 비해 엄청나게 많아지게 되었다. 그리고 비록 워드 프로세서와 스프레드시트(spreadsheet)와 같은 일반 목적용의 소프트웨어는 지속적으로 다른 운영체제에서 이용 가능하게 되었지만, 특화된 전문가용 소프트웨어와 게임들은 대개 처음에는 윈도우즈 포맷으로 출시되었거나, 혹은 종종 윈도우즈 포맷으로만 출시되기도 하였다. 이러한 소프트웨어의 격차로 인해 많은 일반 사람들뿐만 아니라 심지어 애플 매킨토시(Apple Macintosh) 사용자들마저도 윈도우즈를 선택하게 되었다. 그 결과, 전 세계 개인용 컴퓨터의 90퍼센트 이상이 MS사의 윈도우즈 운영체제를 탑재하고 있다. MS사가 순수한 독점은 아니지만, 이는 독점이나 진배없다.

5. 정부 허가권 또는 독점 판매권. 많은 시장에서 정부 허가를 받은 기업들을 제외하고 어느 누구도 사업을 하는 것을 법으로 금지한다. 예컨대 메사추세츠 고속도로 휴게실에서 패스트푸드 식당을 운영하는 것은 자유롭지 않다. 고속도로 관리당국은 몇몇 기업들과 협상을 하여 어느 한 기업을 선정하면 그 기업은 특정 지역에서 영업할 수 있는 배타적인 허가권을 부여받는다. 빅맥(Big Mac)보다 와퍼(Whopper)를 더 좋아하는 나로서는 고속도로 관리당국이 맥도날드 대신에 버거킹을 선정하는 것에 대해 만족한다. 그러나 관리당국의 이러한 선택은 다른 많은 구매자들을 실망시킬 것이다. 관리당국의 이러한 접근 제한의 목적은 이러한 지역에 하나 이상의 식당을 설치할 공간이 없기 때문이다. 그러한 경우에 독점의 원천이라 할 수 있는 정부의 허가권은 또 다른 형태의 규모의 경제에 해당한다. 그러나 정부의 허가권은 규모의 경제가 중요한 요소가 아닐 것 같은 택시 업종과 같은 다양한 여러 시장들에서도 요구된다. 총수입을 증가시키기 위하여 많은 대학들은 자동판매기 매출에 대한 (코카콜라만 판매하거나 펩시만 판매하는) 배타적 권리를 매각한다.

정부 허가권은 때때로 허가권이 할 수 있는 것과 할 수 없는 것이 상세하게 기술된 엄격한 규제사항들을 담고 있는 경우가 많다. 예컨대, 정부가 체인점 식당에게 배타적인 허가권을 부여하는 곳의 식당은 규제를 받지 않은 곳에서 부과되는 가격보다 이를테면 10퍼센트를 초과한 가격을 부과하지 못하도록 규제를 받는다. 혹은 정부는 허가권에 대해 매우 높은 수수료를 부과함으로써 허가권을 받은 사람으로 하여금 프리미엄 가격을 부과할 수밖에 없도록 하기도 한다.

지금까지 독점을 설명한 다섯 가지 요소들 중에서 가장 중요한 것은 규모의 경제이다. 생산 공정은 시간이 지남에 따라 변하기 때문에 중요한 투입물들에 대한 배타적인 통제는 독점의 일시적인 원천에 지나지 않는다. 특허권 역시 궁극적으론 일시적이다. 네트워크 경제는 일단 견고하게 확립되면 규모의 경제만큼이나 자연독점의 원천으로 지속적일 수 있다. 엄격히 말하자면 네트워크 경제는 구매자가 특정의 상품에 대해 얼마까지 지불하고자 하는지에 영향을 미침으로써 시장의 수요 측면을 통해서 작동한다. 그러나 네트워트 경제는 제품의 품질에 대한 또 다른 특성으로서 공급 측면에서 개념적으로 설명 가능하다. 그 제품을 많은 사람들이 소유하면 할수록 그 제품의 실제 품질 수준은 높아질 것이다. 따라서 일정 품질 수준에서 네트워크 경제를 통해 편익을 얻은 제품은 판매량이 증가함에 따라 좀 더 낮은 가격에 생산될 수 있다. 이러한 관점에서 볼 때 네트워크 경제는 생산에 있어 규모의 경제의 또 다른 형태에 불과하다. 정부 허가권은 기간을 연장하면 지속될 수 있지만, 이에 해당하는 많은 허가권들은 특정 사건으로서 독점으로 진행되는 규모의 경제에 대한 암묵적인 승인에 불과하다.

규모의 경제의 원천으로서 정보

개인용 컴퓨터 시대의 여명기라 할 수 있는 1984년에 개인용 컴퓨터 비용의 약 80퍼센트가 하드웨어에 해당하고 단지 20퍼센트만이 소프트웨어에 해당했다. 불과 6년 후에 이러한 비율은 완전히 뒤바뀌었다. 이제는 시장에 출하되는 개인용 컴퓨터의 전체 비용의 극히 일부를 제외한 나머지는 어떻게든 정보의 생산과 관련되었다. 비록 이러한 변환이 개인용 컴퓨터의 경우에 연극처럼 매우 극적이지만, 대부분의 다른 상품들의 경우에서도 이와 유사한 일이 발생하고 있다.

정보에 관한 유별난 특징은 하드웨어와는 달리 정보의 생산과 관련되어 있는 모든 비용들이 궁극적으로 고정되어 있다는 것이다. 따라서 생산비용의 가장 큰 부분은 생산량에 비례하게 된다. 궁극적으로 정보가 풍부한 제품의 생산은 대규모의 규모의 경제와 깊은 관련이 있다.

규모의 경제에 관한 개념은 정의에 의해 장기적이기 때문에 규모의 경제와 고정비용을 같은 선상에 놓는 것은 일관적이지 않다. 왜냐하면, 고정비용은 고정 투입물과 관련된 지출이고 우리가 8장에서 보았듯이 장기에는 어떤 투입물도 고정되어 있지 않기 때문이다.

그러나 실제로 정보 창출과 관련되어 있는 제품 연구와 기타 비용들을 포함하여 단 한번의 대규모 비용은 제품이 출시되기 이전에 종종 발생한다. 전형적으로 이러한 비용은 다시 발생하지 않으며, 심지어 제품 생애 주기(product life cycle)가 수십 년 지나는 동안에도 또 다시 일어나지 않기도 한다. 엄격히 말하자면, 이러한 비용은 고정되어 있지 않다. 왜냐하면 정보를 만들어내기 위하여 사용된 투입물들은 원칙적으로 변동할 수 있기 때문이다. 그러나 상품이 출하될 때 이러한 투입물들을 변동시킬 경제적 이유가 존재하지 않는다. 따라서 실제상의 목적 때문에 이러한 비용들은 본질적으로 고정되어 있다. 어느 경우이든 중요한 점은 기업의 총비용의 상당한 비율이 정보의 초기 투자와 관련되어 있다하더라도 기업의 장기 평균비용곡선은 우하향하는 기울기를 갖는다는 것이다.

이에 대한 적절한 사례가 개인용 컴퓨터와 다른 제품들에 동력을 공급하는 마이크로프로세서(microprocessor)이다. 최신의 인텔(Intel) 칩을 생산하기 위하여 요구되는 고정 투자는 약 20억 달러이다. 그러나 일단 칩이 디자인되고 제조 설비가 갖추어지면, 칩 하나를 생산하기 위한 한계비용은 매우 작다. 그러므로 현재 서버(server)에서 사용되고 있는 마이크로프로세서들의 90퍼센트 이상을 인텔이 공급하는 것은 놀라운 일이 아니다.

규모의 경제는 현대의 산업 환경에서 항상 중요한 특성을 갖는다. 그러나 제품에 담겨지는 더욱 더 많은 가치들이 정보로 구성됨에 따라 규모의 경제에 대한 중요성은 더욱 증가할 수밖에 없다.

독점의 원인들에 대하여 대략적으로 살펴보았으니, 이제 독점의 결과는 무엇인지에 대해서 살펴보도록 하자. 이를 위하여 완전경쟁 기업에 대해 공부했을 때 했던 것과 동일한 방법이 사용될 것이다. 즉, 우리는 기업의 산출량 결정을 살펴보고, 이러한 결정이 교환으로부터 얻을 수 있는 모든 가능한 이익들이 소진되는 상황을 이끌어내는지 질문할 것이다. 이에 대한 답은 일반적으로 "아니다"이다. 그러나 규제를 받지 않은 독점의 결과를 개선하기 위한 정부정책을 수립하는 과정에서 독점의 원천을 이해하는 것이 매우 중요하다는 것을 우리는 알게 될 것이다.

11.4 독점기업의 이윤 극대화

경쟁의 경우와 마찬가지로 독점기업의 목적은 경제적 이윤을 극대화하는 것이다. 또한 이전과 마찬가지로 이것은 단기에 총수입과 총비용 간의 차이가 최대가 되도록 하는 산출량 수준을 선택하는 것을 의미한다. 이러한 동기는 완전경쟁의 경우에 비해 설득력이 약하다. 결국 독점기업의 생존은 경쟁 기업의 생존에 비해 덜 위협적이다. 따라서 이윤 극대화에 대한 논쟁은 독점의 경우 설득력이 약하다. 그럼에도 불구하고 이윤 극대화라는 독점기업의 목표가 어떤 행동을 뒤따르게 하는지 우리는 살펴보게 될 것이다.

독점기업의 총수입 곡선

독점기업과 완전경쟁 기업 사이의 주요 차이점은 총수입(total revenue)과 그에 따른 한계수입이 산출량에 의해서 어떻게 변화하는지에 있다. 10장에서 완전경쟁 기업이 직면하는 수요곡선은 단기 균형시장가격, 즉 P^*에서 수평선이라는 사실을 기억하라. 경쟁 기업은 가격 순응자이다. 왜냐하면 일반적으로 경쟁 기업 자신의 산출량은 시장가격에 영향을 미치기에는 너무 작기 때문이다. 이러한 상황하에서 완전경쟁 기업의 총수입은 그림 11.2에 제시되어 있듯이 기울기가 P^*인 직선이다.

이제 그림 11.3의 상단에 제시되어 있듯이 우하향하는 수요곡선인 $P = 80 - (\frac{1}{5})Q$를 갖는 독점기업을 고려하자. 이 독점기업의 경우에도 총수입은 가격과 수량의 곱으로 계산된다. 예컨대, 수요곡선상의 점 A에서 독점기업은 단위당 $60의 가격으로 일주일에 100단위를 판매한다. 이에 따라 총수입은 일주일에 $6,000이다. 점 B에서 독점기업은 $40의 가격에 200단위를 판매하여 총수입은 일주일에 $8,000이다. 독점기업과 완전경쟁 기업의 차이는 독점기업의 경우에 더 많은 산출량을 판매하기 위하여 마지막의 한 단위뿐만 아니라 이전의 모든 판매량에 대해서도 가격을 낮추어야 한다는 것이다. 우리가 5장에서 보았듯이, 우하향하는 기울기를 갖는 수요곡선의 효과는 총수입이 산출량에 따라 더 이상 비례적이지

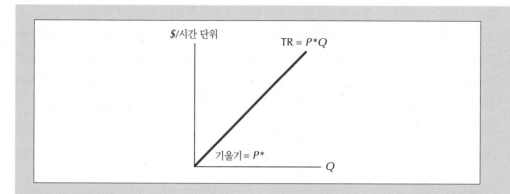

그림 11.2

완전경쟁 기업의 총수입곡선

완전경쟁 기업의 가격은 산출량과 관계없이 단기균형가격인 P^*에 머물러 있다. 따라서 총수입은 가격과 판매량의 곱이다. 즉 TR = $P^* \times Q$이다.

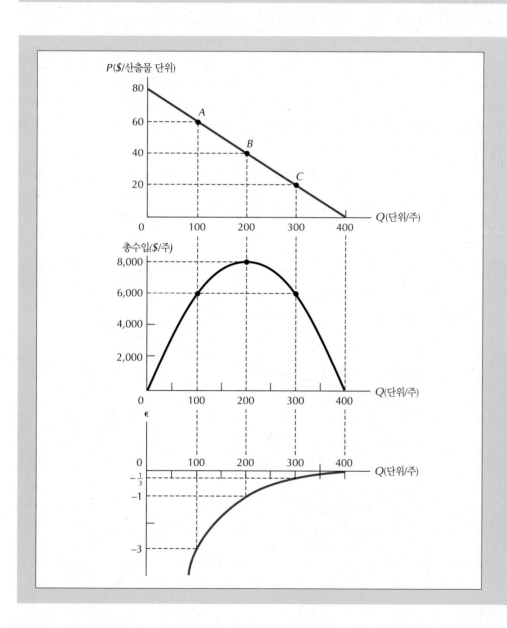

그림 11.3

수요, 총수입, 그리고 탄력성

독점기업은 판매량을 늘리기 위하여 가격을 인하해야 한다(윗그림). 총수입은 판매량과 함께 증가하여 극대점에 도달한 후 감소한다(중간 그림). 수요의 가격탄력성이 단위 탄력적인 산출량 수준은 수요곡선의 중간 지점에 해당하고, 이 지점에서 총수입은 극대가 된다.

않다는 것이다. 경쟁의 경우에서처럼 독점기업의 총수입곡선(그림 11.3의 중간 그림)은 원점을 통과한다. 왜냐하면 경쟁 기업이든 독점기업이든 판매량이 없으면 수입도 발생하지 않기 때문이다. 그러나 가격이 하락함에 따라 독점기업의 총수입은 산출량에 따라 선형적으로 증가하지 않는다. 그 대신에 수요곡선의 중간 지점(그림에서 점 B)에 해당하는 산출량에서 총수입이 최고에 도달하고 그 이후 다시 하락하기 시작한다. 각 경우에 해당하는 수요의 가격탄력성의 값은 그림 11.3의 하단에 제시되어 있다. 수요의 가격탄력성이 단위 탄력적일 때 총수입은 극대값에 도달하는 것에 주목하자.

개념 확인 11.1

수요곡선이 $P = 100 - 2Q$로 주어진 독점기업에 대한 총수입곡선을 그려보아라.

그림 11.4의 윗부분은 그림 11.3에 그려진 수요곡선에 직면한 독점기업의 단기 총비용곡선과 총수입곡선을 보여주고 있다. 아랫부분에 그려진 경제적 이윤은 $Q = 45$와 $Q = 305$ 사이에서 양이고, 그 밖의 영역에서 음이다. 이윤이 극대가 되는 지점은 산출량이 주당 175단위에서 발생한다. 이 지점은 총수입이 극대가 되는 $Q = 200$의 산출량 수준의 왼쪽에 위치한다.

그림 11.4에서 단기 총비용과 총수입곡선이 서로 평행일 때 (즉, $Q = 175$일 때) 두 곡선의 수직적 차이가 가장 크다는 것에 주목해라. 이제 그렇지 않은 경우를 가정하자. 예컨

그림 11.4

독점기업의 총비용, 총수입, 그리고 이윤곡선

(아랫부분에서 $\Pi(Q)$인) 경제적 이윤은 (윗부분에서 TR과 TC인) 총수입과 총비용의 수직적 거리이다. 이윤 극대점인 $Q^* = 175$는 TR이 최대가 되는 $Q = 200$의 왼쪽에 위치함에 주목하라.

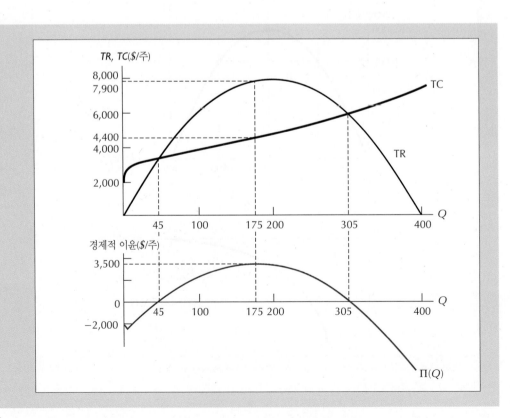

대, 이윤의 극대점에서 총비용곡선이 총수입곡선보다 가파르다고 가정하자. 이러한 경우에 산출량을 줄임으로써 더 높은 이윤을 획득할 수 있게 될 것이다. 왜냐하면 총수입의 감소보다 비용이 더 크게 감소할 것이기 때문이다. 반대로, 총비용곡선이 총수입곡선보다 덜 가파르다면, 독점기업은 산출량을 확대하면 더 높은 이윤을 얻을 수 있다. 왜냐하면 총비용의 증가보다 총수입이 더 크게 증가하기 때문이다.

한계수입

각 산출량 수준에서 총비용곡선의 기울기는 정의에 의해서 해당 산출량에서의 한계비용과 일치한다. 이와 마찬가지로 총수입곡선의 기울기는 한계수입(*marginal revenue*)이다.[3] 완전경쟁 기업의 경우와 마찬가지로 한계수입은 산출물의 판매량이 한 단위 변할 때 총수입의 변화로 생각할 수 있다. 좀 더 정확히 하자면, ΔTR_Q는 산출량의 조그마한 변화인 ΔQ에 대응하여 발생하는 총수입의 변화라고 가정하자. 이 경우에 MR_Q로 정의되는 한계수입은 다음과 같이 주어진다.

$$MR_Q = \frac{\Delta TR_Q}{\Delta Q}. \qquad (11.1)$$

위의 정의를 이용하면, 단기에 이윤을 극대화하는 독점기업은 다음 조건을 충족하는 산출량 수준 Q^*를 선택할 것이다.

$$MC_{Q^*} = MR_{Q^*}{}^4 \qquad (11.2)$$

위 조건에서 한계수입은 한계비용과 서로 교차한다. 식 (11.2)는 **독점기업의 최적 조건** (optimality condition)을 정의하고 있다. 독점기업은 한계수입이 한계비용을 초과하는 모든 산출량을 판매하고자 한다. 따라서 한계수입은 한계비용과 서로 교차하기 이전에는 위에 위치해야 한다(한계비용이 처음에는 감소하다가 증가하는 비용구조를 갖는 경우에 두 곡선은 서로 교차하게 된다).

완전경쟁 기업은 가격이 한계비용과 일치하는 산출량 수준을 선택하는 것에 주목하자. 완전경쟁 기업의 경우 한계수입이 가격(P)과 정확히 같다(완전경쟁 기업이 산출량을 1단위 증가시키면, 총수입도 P만큼 증가한다)는 것을 회고할 때, 완전경쟁 기업의 이윤 극대화 조건은 식 (11.2)의 특별한 경우에 해당한다.

독점기업의 경우에 한계수입은 항상 가격보다 낮다.[5] 이에 대한 이유를 살펴보기 위하여, 그림 11.5에 제시된 수요곡선을 고려하자. 그리고 독점기업은 산출량을 $Q_0 = 100$에서 $Q_0 + \Delta Q = 150$단위/주로 증가시키려 한다고 가정하자. 1주일 동안 100단위를 판매할 때 독

독점기업의 최적 조건
독점기업은 한계수입이 한계비용과 일치하는 곳에서 산출량을 선택할 때 이윤의 극대화를 달성한다.

---

3. 미분의 용어를 사용하자면, 한계수입은 도함수 dTR/dQ로 정의된다.

4. 이 조건은 이윤 극대화를 위한 1계 조건(first-order condition)에 의해 도출된다:

$$\frac{d\Pi}{dQ} = \frac{d(TR - TC)}{dQ} = MR - MC = 0.$$

5. 독점기업이 완전한 가격차별을 실시하는 예외적인 경우가 있는데, 이에 대해서는 추후에 논의할 것이다.

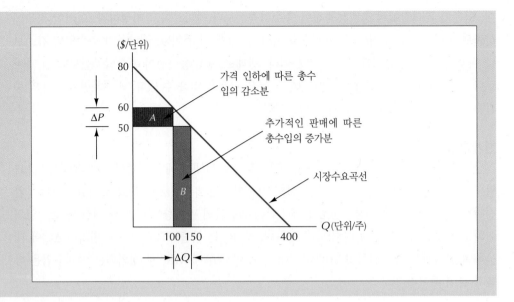

그림 11.5

가격 인하에 따른 총수입의 변화
직사각형 A의 면적($1,000/주)은 가격을 인하함에 따라 이전에 판매된 산출량에 대한 총수입의 감소분이다. 직사각형 B의 면적($2,500/주)은 새로운 낮은 가격에서 추가적으로 판매된 산출량에 대한 총수입의 증가분이다. 한계수입은 두 면적의 차이, 즉 ($2,500 − $1,000 = $1,500/주)를 산출물의 변화량(50단위/주)으로 나눈 것이다. 이 경우에 MR은 단위당 $30인데, 이 값은 단위당 새로운 가격 $50보다 낮다.

점기업이 얻은 총수입은 $60/단위 × 100단위 = $6,000이다. 추가적으로 $\Delta Q = 50$단위/주를 판매하기 위하여 독점기업은 가격을 $60 − ΔP = $50/단위까지 낮추어야 한다. 따라서 새로운 총수입은 ($50/단위)×(150단위/주), 즉, $7,500/주이다. 한계수입을 계산하기 위하여 우리는 단순히 새로운 총수입에서 원래의 총수입을 차감한 후 산출량의 변화량, ΔQ = 50단위/주으로 나누어주면 된다. 즉, $\text{MR}_{Q_0 = 100}$ = ($7,500/주 − $6,000/주) ÷ 50단위/주 = $30/단위이다. 이 값은 원래의 가격 $60/단위보다 확실히 작다.

한계수입에 대하여 생각할 수 있는 또 하나의 유용한 방법은 새로운 매출에 따른 총수입의 증가분에서 새롭게 낮아진 가격에서 이전의 산출량 수준의 판매로부터 잃게 되는 총수입의 감소분을 차감하는 것이다. 그림 11.5에서 직사각형 B의 면적은 가격이 낮아진 상태에서 추가적인 매출로부터 발생한 총수입의 증가분($2,500/주)을 나타낸다. 직사각형 A의 면적($1,000/주)은 단위당 $60 대신에 단위당 $50에서 이전에 판매된 주당 산출량 100단위의 매출로부터 발생한 총수입의 감소분을 나타낸다. 한계수입은 추가적인 판매로부터의 총수입의 증가분에서 가격 인하에 따른 기존 판매량의 총수입 감소분을 차감한 값을 매출의 변화량으로 나눈 값이다. 즉, ($2,500/주 − $1,000/주) ÷ 50단위/주 = 단위당 $30이다.

직선의 수요곡선상에서 위치를 이동함에 따라 한계수입이 어떻게 변하는지를 알 수 있다. 우선 그림 11.6에 그려진 수요곡선을 고려하자. 이제 독점기업은 산출량을 Q_0에서 $(Q_0 + \Delta Q)$로 증가시키려 한다고 가정하자. Q_0로부터 독점기업의 총수입은 $Q_0 \times P_0$이다. 독점기업이 추가적으로 ΔQ만큼 판매하기 위하여 가격을 $(P_0 − \Delta P)$로 내려야 한다. 따라서 독점기업의 새로운 총수입은 $(Q_0 + \Delta Q) \times (P_0 − \Delta P)$이다. 즉 $(P_0 Q_0 + P_0 \Delta Q − \Delta P Q_0 − \Delta P \Delta Q)$이다. 한계수입을 계산하기 위하여 새로운 총수입에서 최초의 총수입, $P_0 Q_0$을 뺀 값을 산출량의 변화량 ΔQ로 나누면 된다. 따라서 $\text{MR}_{Q_0} = P_0 − (\Delta P/\Delta Q)Q_0 − \Delta P$인데 이 값은 확실히 P_0보다 낮다. ΔP가 0으로 접근함에 따라 한계수입에 관한 식은

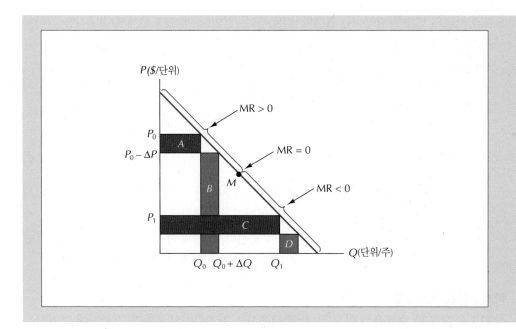

그림 11.6

수요곡선상에서 한계수입과 위치

직선의 수요곡선의 중간지점(*M*)의 왼쪽에 *Q*(예컨대, $Q = Q_0$)가 있을 때 추가적인 판매로부터 얻은 이익 (면적 *B*)은 가격인하로 인한 현재 매출의 손실(면적 *A*)보다 많다. *Q*가 중간지점의 오른쪽(예컨대, $Q = Q_1$)에 있을 때, 추가적인 판매로부터 얻은 이익(면적 *D*)은 가격인하로 인한 현재 매출의 손실(면적 *C*)보다 적다. 수요곡선의 중간지점에서 이익과 손실은 같다. 즉 한계수입은 0이다.

다음과 같이 접근한다.[6]

$$\mathrm{MR}_{Q_0} = P_0 - \frac{\Delta P}{\Delta Q} Q_0. \tag{11.3}$$

$\Delta Q = 1$단위라면, 식 (11.3)은 직관적으로 그럴듯하다. 왜냐하면 $\Delta Q = 1$단위라면 P_0는 추가적인 단위의 판매로부터 발생한 총수입의 증가분이 되고, $(\Delta P/\Delta Q)Q_0 = \Delta P Q_0$는 낮아진 가격에서 현재의 판매로부터 발생한 총수입의 감소분이 될 것이다. 식 (11.3)에서 다시 알 수 있듯이, 한계수입은 모든 양(+)의 산출량 수준에 대해서 가격보다 낮다.

그림 11.6에서 면적 *B*가 면적 *A*보다 크다는 것은 한계수입이 Q_0에서 양이라는 것을 의미한다. 그러나 산출량이 직선의 수요곡선상에서 중간점(그림 11.6에서 점 *M*)을 일단 지나면 한계수입은 음이 될 것이다. 따라서 그림 11.6에서 면적 *C*는 면적 *D*보다 크기 때문에 한계수입은 Q_1에서 0보다 작다.

한계수입과 탄력성

또 하나의 유용한 관계는 수요곡선 위의 한 점에 대응하는 한계수입을 수요의 가격탄력성과 연관 짓는 것이다. 5장에서 점 (Q, P)에서 수요의 가격탄력성은 다음과 같이 정의되었다.

$$\epsilon = \frac{\Delta Q}{\Delta P} \frac{P}{Q}. \tag{11.4}$$

식 (11.4)에서 ΔQ와 ΔP는 서로 반대되는 부호를 갖는다. 왜냐하면 수요곡선은 우하향의 기울기를 갖기 때문이다. 이와는 달리 식 (11.3)에서 수요곡선 위에서 움직임에 따라 수

---

6. ΔP가 0으로 접근할 때, ΔQ도 0으로 접근한다. ΔP와 ΔQ 모두 0보다 크기 때문에 $\Delta P/\Delta Q$는 수요곡선 기울기의 (−)의 값이다.

요량과 가격의 변화를 나타내는 ΔQ와 ΔP는 모두 양이다. 식 (11.4)에서 절대값을 취하여 정의를 다시하면 다음과 같다.

$$|\epsilon| = \frac{\Delta Q}{\Delta P} \frac{P}{Q}. \tag{11.5}$$

이제 식 (11.3)과 식 (11.5)로부터 다음의 식 (11.6)을 얻을 수 있다.

$$\text{MR}_Q = P\left(1 - \frac{1}{|\epsilon|}\right). \tag{11.6}$$

식 (11.6)에서 수요가 가격에 대해 비탄력적일수록 가격은 한계수입을 더욱 초과하게 된다는 것을 보여주고 있다.[7] 또한 수요의 가격탄력성이 무한대라는 극단적인 경우에 한계수입과 가격은 정확히 일치한다. (10장에서 수평선의, 또는 무한 탄력적인 수요곡선에 직면하는 경쟁 기업의 경우에 가격과 한계수입이 같다는 것을 되새겨보자.)

한계수입곡선의 도출

식 (11.6)은 또한 수요곡선 위의 각 점에 대응하는 한계수입의 값들을 간편하게 추적하는 방법을 제공하고 있다. 이를 위해 그림 11.7에서 직선의 수요곡선을 고려하자. 이 직선의 수요곡선은 $P = 80$에서 수직축과 교차하고 있다. 이 점에서 수요의 가격탄력성은 무한대이다. 즉, $\text{MR}_0 = 80(1 - 1/|\epsilon|) = 80$이다. 독점기업의 경우 한계수입은 일반적으로 가격보

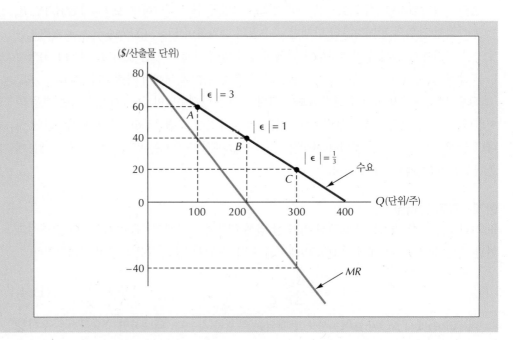

그림 11.7

수요곡선과 한계수입곡선

직선의 수요곡선의 경우에 이에 대응하는 한계수입곡선도 직선이다. 이것은 직선의 수요곡선과 마찬가지로 동일한 수직축의 절편을 갖고, 수평축의 절편은 수요곡선의 절반이다.

---

7. 식 (11.6)은 미분을 이용하여 다음과 같이 도출될 수 있다:

$$\text{MR} = \frac{d\text{TR}}{dQ} = \frac{d(PQ)}{dQ} = P + Q\frac{dP}{dQ} = P\left(1 + \frac{Q}{P}\frac{dP}{dQ}\right) = P\left(1 + \frac{1}{\epsilon}\right) = P\left(1 - \frac{1}{|\epsilon|}\right).$$

다 작지만, 수량이 0일 때 이들은 정확히 동일하다. 왜냐하면, 판매량이 0일 때 가격 하락에 영향을 미칠 수 있는 현재 판매량이 없기 때문이다.

이제 점 $A(100, 60)$으로 수요곡선이 움직일 때 $|\varepsilon| = 3$이다. 따라서 $MR_{100} = 60(1 - 1/3) = 40$이다.

그리고 점 $B(200, 4)$에서 $|\varepsilon| = 1$이기 때문에 $MR_{200} = 40(1 - 1/1) = 0$이다. 이러한 결과는 5장에서 알 수 있었듯이 수요의 가격탄력성이 단위탄력적인 수요곡선의 중간점에서 총수입이 극대가 된다는 것을 확인시키고 있다.

마지막으로 점 $C(300, 20)$을 고려하자. 이 점은 수요곡선의 3/4 지점으로 $|\varepsilon| = 1/3$이다. 이때, $MR_{300} = 20[1 - 1/(1/3)] = (20)(-2) = -40$이다. 따라서 $Q = 300$일 때 산출물을 추가적으로 한 단위 판매할 때 총수입은 주당 $40만큼 감소한다.

동일한 방법으로 이러한 점들을 추가하면, 직선의 수요곡선과 관련된 한계수입곡선 자체도 직선이고 기울기는 수요곡선 기울기의 두 배이다. 한계수입곡선은 수요곡선의 중간점 바로 아래에서 가로축을 통과하고, 그 한계수입보다 많은 모든 판매수량에 해당하는 한계수입은 음이다. 수요곡선의 중간점에서 오른쪽에 있는 모든 점들은 수요의 가격탄력성이 절대값으로 1보다 작다. 따라서 이 지역에서 한계수입이 음이라는 사실은 수요가 가격에 대해 비탄력적인 경우에 가격 인하는 총수입을 감소시킬 것이라는 5장에서 우리가 얻은 결과와 일치한다.

한계수입곡선 예 11.1

수요곡선 $P = 12 - 3Q$에 대응하는 한계수입곡선은?

한계수입곡선은 수요곡선과 동일한 세로축 절편을 갖고 한계수입곡선의 기울기는 수요곡선의 기울기의 두 배이다. 따라서 그림 11.8에 표시되어 있듯이 $MR = 12 - 6Q$이다.

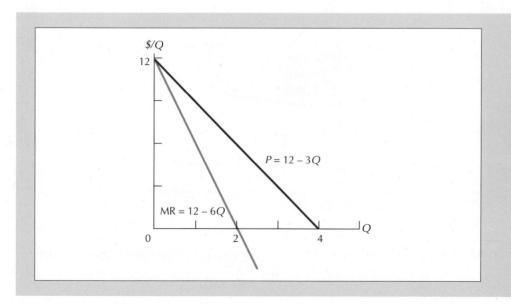

그림 11.8

직선의 수요곡선과 이에 대응하는 한계수입곡선

한계수입곡선은 직선의 수요곡선과 동일한 세로축 절편을 가지며, 그 기울기는 수요곡선 기울기의 두 배이다.

직선의 수요곡선의 일반적인 형태는 $P = a - bQ$(단 a와 $b > 0$)이다. 이에 대응하는 한계수입곡선은 $\text{MR} = a - 2bQ$이다.[8]

개념 확인 11.2

시장수요곡선이 $P = 100 - 2Q$인 독점기업에 대한 수요곡선과 한계수입곡선을 그려보아라.

단기 이윤 극대화 조건의 기하학적 의미

10장에서 단기에 경쟁 기업에 대한 이윤 극대화 점이 갖는 기하학적 의미를 상기해 보자. 독점기업의 경우에도 이에 대응하는 기하학적 의미가 존재한다. 그림 11.9에 제시되어 있는 수요곡선, 한계수입곡선, 그리고 단기 비용곡선을 갖는 독점기업을 고려해보자. 이 독점기업의 이윤 극대화 산출량 수준은 Q^*이다. 이 산출량에서 한계수입곡선과 한계비용곡선이 서로 교차한다. 이 산출량 수준에서 독점기업은 P^*의 가격을 부과하여 색칠한 직사각형 Π 부분만큼의 경제적 이윤을 얻을 것이다.

예 11.2   **이윤 극대화**

독점기업이 직면한 수요곡선은 $P = 100 - 2Q$이고, 단기 총비용곡선 $TC = 640 + 20Q$이다. 이와 관련된 한계비용곡선 $MC = 20$이다. 이윤 극대화 가격은 얼마인가? 그리고 독점기업의 판매량은 얼마이며, 이윤 극대화 가격에서 경제적 이윤은 얼마인가?

그림 11.9

독점기업의 이윤 극대화 가격과 산출량

극대 이윤은 Q^*의 산출량 수준에서 발생하는데, 이 점에서 산출량 증가로부터 얻는 수입(또는 산출량 축소에 따른 수입 손실)인 MR은 산출량 증가에 따른 비용(산출량 축소에 따른 비용 절감)인 SMC와 정확히 일치한다. Q^*에서 독점기업은 P^*의 가격을 부과하여 Π만큼의 경제적 이윤을 획득한다.

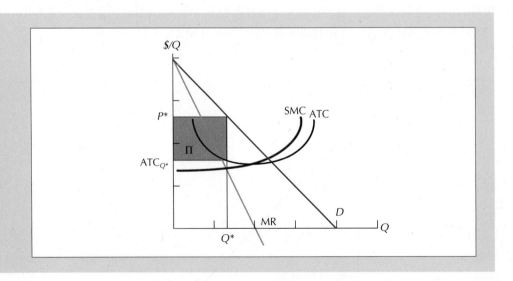

---

8. 수요곡선 $P = a - bQ$에 대한 총수입은 $\text{TR} = aQ - bQ^2$이다. 이에 해당하는 한계수입곡선은 다음과 같다:

$$\text{MR} = \frac{d\text{TR}}{dQ} = a - 2bQ.$$

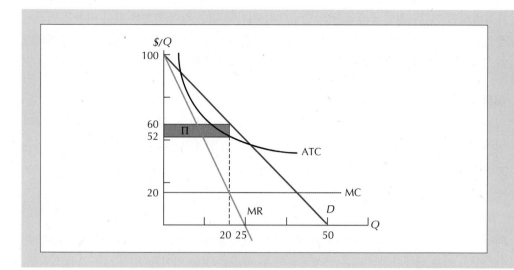

그림 11.10
특정 비용과 수요함수에 대한 이윤 극대화 가격과 산출량

이 수요곡선으로부터 얻게되는 한계수입곡선 MR = 100 − 4Q이다. 한계비용은 총비용곡선의 기울기로서 20으로 일정하다. MR = MC로부터 즉, 100 − 4Q = 20으로부터 이윤 극대화 산출량 Q* = 20. 이 값을 수요곡선에 대입하면 이윤 극대화 가격 P*=60이다. 이 값들이 그림 11.10에 제시되어 있는데, 독점기업의 평균 총비용곡선(ATC)도 제시되어 있다. Q* = 20에서 ATC는 52이기 때문에 독점기업은 판매하는 한 단위당 8(= 60 − 52)만큼의 경제적 이윤을 얻고 있다. Q* = 20에서 경제적 총이윤은 160이다.

그림 11.10에서 독점기업의 고정비용은 이윤 극대화 산출량 수준및 가격의 결정과 관련 없었다는 점에 주목하자. 직관적으로 생각하면, 고정비용은 산출량이 변할 때 발생하는 경제적 이윤의 획득이나 손실에 반영되지 않기 때문에 그럴 것이다.

> **개념 확인 11.3**
> 독점기업의 총비용곡선이 TC = 640 + 40Q라면 예 11.2에서 이윤 극대화 가격과 산출량은 어떻게 변하겠는가? 이와 관련된 한계비용곡선은 MC = 40이다.

이윤 극대화를 위한 독점기업의 생산영역 : 수요곡선이 탄력적인 영역

독점기업의 목표가 이윤을 극대화하는 것이라면, 독점기업은 수요곡선이 비탄력적인 부분에서 산출물을 결코 생산하지는 않을 것이다. 독점기업이 그러한 산출량 수준에서 가격을 인상하면 총수입이 증가할 것이다.[9] 가격 인상은 수요량도 감소시키지만 그로 인해 독점기업의 총비용도 감소하게 된다. 경제적 이윤은 총수입에서 총비용을 차감하는 것이기 때문에

---

9. [역주] 수요의 가격탄력성이 비탄력적인 구간에서 가격이 인상되면 가격상승률이 수요량 감소율보다 크기 때문에 기업의 총수입은 증가한다.

수요곡선이 비탄력적인 구간의 어느 한점에서 시작할 경우 가격 인상에 따라 이윤은 반드시 증가할 것이다. 따라서 이윤 극대화의 산출량 수준은 수요곡선의 탄력적인 구간에 있어야만 하고 이 경우 가격을 인상하면 총수입과 총비용 모두 감소할 것이다.

이윤 극대화 이윤율

이윤 극대화 조건 MR = MC를 식 (11.6) 즉, $MR = P[1 − (1/|\epsilon|)]$과 결합하면 독점기업에 대한 이윤 극대화의 이윤율(markup), 즉 가격과 한계비용의 차를 가격으로 나눈 이윤율 식을 도출할 수 있다

$$\frac{P − \text{MC}}{P} = \frac{1}{|\epsilon|}. \tag{11.7}$$

예컨대, 독점기업이 직면하고 있는 수요의 가격탄력성이 −2이면, 이윤 극대화의 이윤율은 1/2인데, 이윤 극대화의 가격은 한계비용의 두 배라는 것을 의미한다. 식 (11.7)에 의하면, 수요가 탄력적일수록 이윤 극대화의 이윤율은 작아진다. 수요가 무한 탄력적인 극단적인 경우에 이윤 극대화의 이윤율은 0(즉, $P = \text{MC}$)이고, 이러한 결과는 완전경쟁시장인 경우와 동일하다.

독점기업의 조업중단 조건

완전경쟁 기업의 경우에 가격이 평균가변비용(AVC)의 최솟값 아래로 떨어질 때 단기에는 생산을 중단한다. 독점기업의 경우, 이에 대응하는 조건은 수요곡선이 평균가변비용곡선 아래에 놓여 있을 때 산출량이 존재하지 않는 경우이다. 예컨대, 그림 11.11은 독점기업의 수요, 한계수입, 단기한계비용(SMC), 그리고 평균가변비용(AVC) 곡선들이 표시되어 있는데, 독점기업은 가격이 AVC를 초과하는 양(+)의 산출량 수준을 갖지 못하고 있다. 따라서 독점기업은 단기에 생산을 중단하는 것이 최선이다. 그리고 독점기업은 고정비용에 해당하는 부분만 경제적 손실을 입게 될 것이다. 그러나 독점기업이 생산을 할 경우 그 수준이 어떠하는 경제적 손실은 더 커지게 될 것이다.

독점기업의 경우 조업중단 조건을 나타내는 또 다른 방법은 각 산출량 수준에서 평균수입이 평균가변비용보다 낮다는 것이며, 이때 독점기업은 생산을 그만두어야 한다. 평균수입은

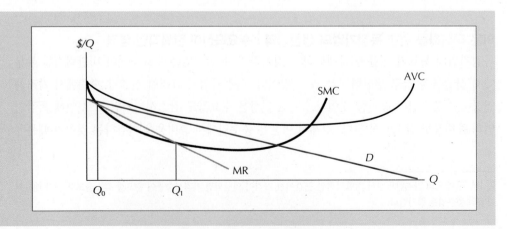

그림 11.11

독점기업의 단기 생산중단

각 산출량 수준에서 평균 수입(수요곡선상의 가격)이 평균가변비용보다 낮을 때마다 독점기업은 단기에 생산을 그만두는 것이 최선이다.

가격에 대한 또 다른 명칭으로서 가격의 크기는 독점기업의 수요곡선의 높이이다.[10]

그림 11.11은 MR = MC가 이윤 극대를 위한 필요조건이지 충분조건은 아니라는 중요한 점을 보여주고 있다. 그림 11.11에서 산출량 수준 Q_0에서 한계수입은 한계비용과 일치함에 주목하자. 이것이 왜 이윤 극대점이 아닌가? 완전경쟁 기업의 경우, 이윤 극대화 조건은 한계비용곡선이 상승하는 영역에서 가격이 한계비용과 일치해야 하고, 그 가격은 AVC의 최솟값보다 높아야 한다는 점을 상기하자. 독점기업의 경우, 좀 다른 조건이 적용된다. 그림 11.11에서 산출량 수준 Q_0에서 MR곡선은 MC곡선을 아래로부터 교차한다.[11] 이는 Q_0가 이윤 극대점이 아닐 뿐더러 Q_0 근처의 어느 산출량보다 이윤 수준이 낮다는 것을 의미한다. 예컨대, Q_0보다 약간 낮은 산출량 수준을 고려하자. 이러한 산출량 수준에서 산출량을 축소시킴으로써 얻은 이득(MC)이 손실(MR)을 초과할 것이다. 따라서 기업은 Q_0로부터 산출량을 축소시키는 것이 바람직하다. 이제 산출량 수준이 Q_0보다 약간 큰 경우를 고려하자. 이러한 산출량 수준에서 산출량 확대로부터 얻는 이득(MR)이 비용(MC)을 초과하므로 독점기업은 산출량을 확대하는 것이 낫다. 따라서 독점기업이 Q_0에 머물러 있을 때 산출량을 축소하거나 확대함으로써 독점기업은 보다 많은 이윤을 얻을 수 있다. 이러한 산출량 Q_0는 국지적인 최소 이윤점(*local minimum profit point*)이라 불린다.[12]

그림 11.11에서 산출량 수준 Q_1에서 MR곡선은 MC곡선과 두 번째로 교차하고 있다. 두 번째 교차는 위로부터 발생하고 있다. Q_1은 이 주위의 어느 산출량 수준보다 더 높은 이윤을 낳는다는 것을 여러분은 쉽게 보여줄 수 있을 것이다. (이러한 주장은 앞 절에서 했던 것과 정확히 동일한 방법으로 증명할 수 있다.) Q_1과 같은 점은 국지적인 이윤 극대점(*local maximum profit point*)이라 불린다. 그러나 Q_1이 어떤 다른 산출량 수준보다 더 많은 이윤을 낳지만, 독점기업은 이 산출량 수준에서 평균가변비용을 회수할 수 없다. 따라서 독점기업은 생산을 하지 않는 것이 최선이다. 앞서 그림 11.9에서 제시되었던 Q^*는 국지적인 이윤 극대점이었을 뿐만 아니라 전역적인(*global*) 이윤 극대점이고, 후자는 산출량 0을 포함한 어떤 산출량 수준도 더 많은 이윤을 낳지 못한다는 것을 의미한다. 독점기업의 경우 전역적인 이윤 극대점은 MC곡선이 상승하거나 하락하는 부분에서 발생할 수도 있다. 그러나 그것은 MR곡선이 MC곡선을 위에서부터 교차하는 점이어야 한다.

개념 확인 11.4
다음 표에 있는 정보로 제시된 독점기업의 최적 가격과 산출량을 결정하라.

---

10. 좀 더 수학적으로 말하자면, 평균수입 = TR/Q = PQ/Q = P.

11. "Q_0에서 아래로부터 교차한다"는 것은 Q가 Q_0의 왼쪽으로부터 접근함에 따라 MR이 MC 아래에 놓여 있으면서 $Q = Q_0$일 때 MC를 지난다는 것을 의미한다.

12. 이윤 극대를 위한 2계 조건은 다음과 같다.

$$\frac{d(\mathrm{MR} - \mathrm{MC})}{dQ} = \frac{d\mathrm{MR}}{dQ} - \frac{d\mathrm{MC}}{dQ} < 0,$$

이 조건은 한계수입곡선의 기울기가 한계비용곡선의 기울기보다 작아야 한다는 것을 의미한다.

Q	P	MR	SMC	AVC
0	100	100	150	150
15	86	71	71	107
25	75	50	41	84
34	66	33	33	72
50	50	0	63	63

간략히 요점만을 말하자면, 독점기업은 산출량을 확대할 때 (또는 축소할 때) 발생하는 편익과 이에 상응하는 비용을 비교하여 산출량 수준을 선택한다는 의미에서 완전경쟁기업과 마찬가지로 행동한다는 것을 살펴 보았다. 완전경쟁 기업과 독점기업 모두에게 한계비용은 산출량 확대 시 소요되는 적절한 비용 측정 수단이다. 두 경우에 고정비용은 단기 산출량 결정과 무관하다. 두 경우에 산출량 확대의 편익은 한계수입에 의해 측정된다. 경쟁 기업의 경우, 한계수입과 가격은 똑같다. 이와 대조적으로 독점기업의 경우, 한계수입은 가격보다 낮다. 경쟁 기업은 한계비용과 가격이 서로 일치할 때까지 산출량을 확대함으로써 이윤을 극대화한다. 독점기업은 한계비용이 한계수입과 일치할 때까지 산출량을 확대함으로써 이윤을 극대화한다. 따라서 독점기업은 경쟁 기업의 기준을 사용했을 때보다 낮은 산출량 수준을 선택한다. 모든 가능한 산출량 수준에서 가격이 가변비용보다 낮다면 독점기업과 경쟁 기업 모두 단기에 생산을 하지 않는 것이 최선이다.

11.5 독점기업은 공급곡선을 갖지 않는다

10장에서 우리가 살펴보았던 것처럼, 경쟁 기업은 공급곡선을 갖고 있다. 경쟁 기업은 가격을 주어진 것으로 받아들이고, 한계비용과 가격을 일치시키는 산출량 수준을 선택함으로써 그 가격에 반응한다. 산업수준에서 수요곡선은 산업공급곡선을 따라 이동하는데, 이것은 개별 기업의 공급곡선들의 수평 합이다.

독점기업의 경우 이와 유사한 공급곡선은 존재하지 않는다. 왜냐하면, 독점기업은 가격수용자가 아니기 때문이다. 이것은 시장수요곡선이 이동할 때 가격과 한계수입 사이에 유일한 대응관계가 존재하지 않는다는 것을 의미한다. 따라서 하나의 수요곡선에 대응하는 하나의 한계수입은 하나의 가격에 대응할 수 있고, 두 번째 수요곡선에 대응하는 한계수입은 또 다른 가격에 대응한다. 그 결과, 한 기간에 Q_1^*를 생산하여 P^*에 판매하고, 그러면서 또 다른 기간에는 Q_2^*를 생산하여 P^*에 판매하는 독점기업을 관찰할 수 있다.

이를 설명하기 위하여 수요곡선이 $P = 100 - Q$이고, 예 11.2와 동일한 비용곡선들을 갖고, 특히 MC = 20인 독점기업을 고려하자. 이 독점기업의 한계수입곡선은 MR = 100 − 2Q로 주어지고 MR = MC에 의해 이윤 극대화 산출량 수준은 $Q^* = 40$이다. 이에 따라 이윤 극대화 가격은 $P^* = 60$이다. 비록 이 수요곡선이 예 11.2의 수요곡선 보다 오른쪽에 놓여 있다 하더라도, 이 결과는 예 11.2에서 독점기업에 대해서 우리가 봤던 이윤 극대화 가격과 동일하다는 점에 주목하자.

독점기업의 수요곡선이 이동할 때, 어느 주어진 가격에서 수요의 가격탄력성도 일반적으로 이동할 것이다. 그러나 이러한 이동들은 동일한 방향으로 발생할 필요는 없다. 예컨대, 수요가 오른쪽으로 이동할 때 어떤 주어진 가격에서의 탄력성은 증가할 수도 있고 감소할 수도 있다. 그리고 이러한 현상은 수요곡선이 왼쪽으로 이동할 때도 마찬가지이다. 그 결과로 인해 독점기업이 책정하는 가격과 선택하는 생산량 사이에 유일한 대응관계가 존재할 수 없다는 것이다. 따라서 독점기업은 공급곡선을 갖지 않는다고 우리는 말하는 것이다. 오히려 독점기업은 **공급규칙**(*supply rule*)을 갖고 있는데, 그것은 한계수입과 한계비용을 일치시킨다는 것이다.

장기 조정

장기에 독점기업은 경쟁 기업과 마찬가지로 모든 투입물들을 조정하는 것이 자유롭다. 기술이 주어진 상태에서 독점기업의 장기 최적 산출량은 어느 수준에서 결정될까? 독점기업이 최선으로 할 수 있는 것은 장기한계비용과 한계수입이 일치하는 산출량을 생산하는 것이다. 이것은 그림 11.12에서 단기 평균비용곡선 ATC*와 한계비용곡선 SMC*를 낳는 자본스톡을 선택하는 것을 의미한다. 이러한 자본스톡 수준에서 단기 한계비용곡선은 장기 한계비용곡선과 한계수입곡선을 교차하는 점을 통과한다. Q^*는 장기 이윤 극대화 산출량이고 이 산출량은 P^*에 팔릴 것이다. 그림 11.12에 표시된 곡선들에 대해서 장기 경제적 이윤수준 Π는 양이고 직사각형의 색칠된 면적으로 표시된다.

10장에서 보았듯이, 완전경쟁시장에서 장기에서는 경제적 이윤은 사라지는 경향이 있다. 이러한 경향은 독점에서도 때때로 존재할 수 있다. 기업의 독점력을 일으키는 요소들이 장기에 위협을 받게 되는 만큼 독점기업의 이윤이 하향하는 압력을 받게 될 것이다. 예컨대, 이전에 독점기업의 통제하에 있었던 중요한 투입물들에 대한 대체재를 경쟁 기업들이 개발

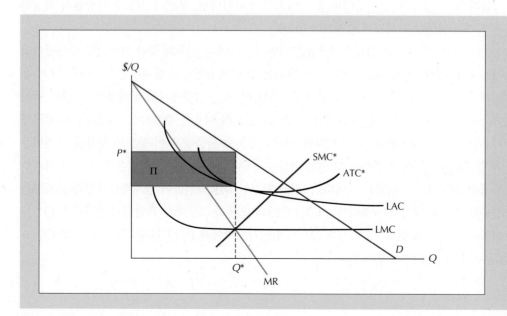

그림 11.12

독점기업의 이윤 극대화를 위한 장기 균형

장기에 이윤 극대화 산출량은 LMC = MR인 산출량 Q^*이다. 장기에 이윤 극대화 가격은 P^*이다. 장기에 최적의 자본스톡은 단기 한계비용곡선 SMC*를 발생시키는데 이것은 LMC와 MR의 교차점을 통과한다.

할 수 있다. 또는 특허 제품들의 경우 경쟁하는 기업들이 매우 일시적일 수 있는 현존하는 특허를 침해하지 않으면서 매우 밀접한 대체재를 개발할 수도 있다.

그러나 어떤 특별한 경우 독점이윤이 지속되는 경향이 있을 수 있다. 예를 들면, 그림 11.12에 나타난 기업의 장기 평균비용곡선이 감소하고 있는데, 이것은 독점기업이 잠재적 인 경쟁자들보다 지속적인 비용 우위(cost advantage)를 누리고 있는 것을 의미한다. 이러 한 자연독점의 경우 경제적 이윤은 장기에 걸쳐 매우 안정적일 수 있다. 물론 정부 허가권을 통하여 독점력을 갖는 기업도 이와 마찬가지일 것이다. 지속적인 경제적 이윤은 독점에 대 한 주요 정책 관심사들 중의 하나이다. 이에 대해서는 본 장에서 나중에 서술될 것이다.

11.6 가격차별화

지금까지 우리의 논의에서 독점기업들이 모든 산출량을 하나의 단일가격에 판매한다고 가 정해 왔다. 그러나 현실에 있어서 독점기업들은 종종 서로 다른 소비자들에게 다른 가격을 부과하기도 하는데 이것을 **가격차별**(*price discrimination*)이라고 한다. 본 장의 시작 부분 에서 논의했던 영화 할인권이 하나의 예이다. 다음 절에서 독점기업이 서로 다른 소비자들 에게 다른 가격을 부과할 수 있을 때 이윤 극대화를 추구하는 독점기업이 어떻게 행동하는 지를 분석할 것이다. 가격차별이 가능할 때 독점기업은 소비자들의 이익을 자신의 이윤으 로 이전시킬 수 있다. 그러나 가격차별하에서 발생하는 더 큰 이윤이 소비자들의 희생에 의 해서만 이루어지지는 않는다는 것을 여러분은 알게 될 것이다. 수요가 한계비용과 교차하는 지점까지 독점기업이 산출량 수준을 확대함에 따라 효율성이 증진된다.

서로 다른 시장에서의 판매

독점기업이 두 개의 완전히 분리된 시장에서 상품을 판매할 수 있다고 가정하자. 아마도 독 점기업이 자신의 제품에 대해 국내 시장에서 유일한 공급자이자, 해외 시장에서도 유일한 공급자일 수 있다. 독점기업이 이윤 극대화를 추구한다면, 독점기업은 각 시장에서 책정하 는 가격과 판매량을 어떻게 결정해야 할까?

두 시장에서 수요와 한계수입곡선은 그림 11.13에서 왼쪽과 중간 그림으로 주어졌다고 가정하자. 첫째, 독점기업이 이윤을 극대화한다면, 독점기업의 한계수입은 각 시장에서 동 일해야 한다. (그렇지 않다면, 독점기업은 MR이 낮은 시장에서의 판매량을 한 단위 줄이 고, MR이 높은 시장에서 한 단위를 더 판매함으로써 이윤을 증가시킬 수 있다.) 두 시장에 서 MR이 동일해야만 한다면, 이윤을 극대화하는 총산출량은 이 동일한 MR이 한계비용 과 일치하는 수준에서 결정될 것이다. 그림을 통해서 살펴보면, 그 해답은 두 시장의 한계수 입곡선을 수평으로 더하는 것이다. 그리고 합산한 MR곡선들이 한계비용곡선과 교차하는 산출량 수준을 생산하는 것이다. 그림 11.13의 오른쪽 그림에서 최적의 총산출량은 $Q^* = 10$으로 표시되어 있다. 그 가운데 $Q_1^* = 4$는 시장 1에서 P_1^*에 판매되고, 나머지인 $Q_2^* = 6$은 시장 2에서 P_2^*에 판매된다.

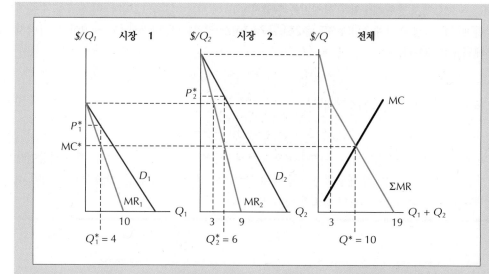

그림 11.13
두 시장에서 독점기업의 이윤 극대화

두 시장에서 판매하는 독점기업의 경우 이윤 극대화 산출량 수준은 ΣMR곡선이 MC곡선과 교차하는 지점이다. 이 경우에 $Q^* = 10$이다. 시장 1에서 P_1^*의 가격에 $Q_1^* = 4$가 판매되고 시장 2에서 P_2^*의 가격에 $Q_2^* = 6$이 판매될 것이다.

| 다른 두 시장에서의 이윤 | 예 11.3 |

독점기업은 한계비용 $MC = Q$를 갖고 있고, 국내 시장수요 $P = 30 - Q$이다. 또한 독점기업은 해외 시장에서 고정된 가격 $P_F = 12$에 판매할 수 있다. 생산량과 국내 시장에서의 판매량, 해외 시장에서의 판매량, 그리고 국내 시장에서 부과되는 가격을 계산하고 그림으로 나타내라. 독점기업이 동일한 수량을 생산하고 국내 시장에서 더 많이 판매하면 독점기업의 이윤이 감소하는 이유를 설명하라.

선형의 수요곡선 $P = 30 - Q$는 $MR = 30 - 2Q$라는 한계수입곡선을 갖는다. 분리된 시장에서 판매하는 독점기업의 이윤 극대화 산출량 수준은 $\Sigma MR = MC$에서 결정된다. 각 시장에 걸쳐 한계수입의 수평적 합은 $MR_F = MR_H$가 되는 국내 산출량까지는 국내 한계수입함수 MR_H이고, 그 이상의 산출량에 대해서는 해외 한계수입함수 $MR_F = 12$이다(그림 11.14 참조).

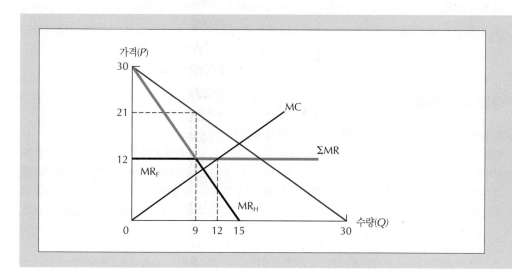

그림 11.14
완전 탄력적인 해외 시장을 갖고 있는 독점기업

$MR_H \geq MR_F$인 경우에는 ΣMR곡선은 MR_H를 따라가고 그 이후에 MR_F를 따라간다. 이윤을 극대화하는 산출량 수준은 ΣMR곡선이 MC곡선과 교차하는 지점에서 결정되고 이때 $Q^* = 12$이다.

MR_F = MC에서 총한계수입은 한계비용과 일치하고 해(解)는 Q = 12이다. 이 산출량 수준에서 한계비용은 국내 한계수입과 $30 - 2Q_H = 12$에서 일치한다. 따라서 Q_H = 9이고, 나머지는 해외에 판매된다.

$$Q_F = Q - Q_H = 12 - 9 = 3.$$

즉, 국내 시장에서 독점기업이 부과하는 가격은 다음과 같다.

$$P_H = 30 - Q_H = 30 - 9 = 21.$$

국내에서 그 이상으로 판매하는 수량에 대해서 한계수입은 12보다 적을 것이다. 해외 시장에서 한계수입 = 12로 일정하기 때문에 판매를 국내 시장으로 전환하면 전환된 산출량 한 단위에 대한 한계수입 손실로 인해 이윤이 감소할 것이다.

개념 확인 11.5

독점기업이 두 개의 분리된 시장에서 각각 $P_1 = 10 - Q_1$과 $P_2 = 20 - Q_2$로 판매한다고 가정하자. 독점기업의 총비용곡선 TC = 5 + 2Q(그리고 이에 대한 한계비용곡선 MC = 2)로 주어졌다면, 독점기업이 두 시장에서의 판매량과 책정하는 가격은 얼마인가?

개념 확인 11.5에서 두 시장에서 판매하는 독점기업은 가격에 대한 수요가 비탄력적인 시장에서 높은 가격을 부과한다는 점에 주목하자.[13] 완전히 분리된 시장들의 소비자들에게 서로 다른 가격을 책정하는 것을 종종 *3차 가격차별(third-degree price discrimination)*이라고 한다. "3차"라는 용어에 특별한 의미가 있는 것은 아니다. 단지 이러한 유형의 가격차별이 앞의 분류에서 세 번째 나타났던 사실에 근거할 뿐이다.

3차 가격차별의 사례들은 주위에 많다. 예를 들어, 본 교재는 종종 미국 내에서의 가격에 비해 1/3의 가격으로 판매되는 해외판도 제공되고 있다. 일반적으로 학생들의 소득이 미국보다는 해외 시장에서 훨씬 낮기 때문에 수요의 가격탄력성이 미국 시장보다 해외 시장에서 훨씬 높은 경향이 있다. 대부분의 제3세계 학생들은 미국 시장에서 이윤을 극대화하는 가격으로 구입하는 것을 부담스럽게 느낄 것이다.

생활 속의 경제행태 11.1

왜 일부 의사들과 변호사들은 소득이 낮은 사람들에게 할인을 해 주는가?

의학, 법률, 치과, 그리고 기타 다른 전문직 종사자들은 수수료를 소득 수준에 따라 "차등적"으로 적용한다. 즉, 실제로 소득 수준이 낮은 고객들에게 상당히 할인된 가격에 서비스를 제공한다. 이러한 사례는 가난한 사람들이 직면하고 있는 경제적 어려움에 대한 전문직 종사자들의 염려에서 출발한 것으로 알려져 있다. 이러한 염려는 의심의 여지없이 진심에서 우러나오는 것이다. 그러나 이러한 전문직 종사자들에 의해 제공되는 서비스

---

13. 이러한 결과는 식 (11.6)인 MR = $P(1 - 1/|\epsilon|)$로부터 알 수 있다. $MR_1 = MR_2$로 놓으면, $P_1/P_2 = (1 - 1/|\epsilon_2|)/(1 - 1/|\epsilon_1|)$를 얻을 수 있다. 따라서 수요의 가격탄력성이 낮은 소비자들에게 보다 높은 가격이 책정될 것이다.

들은 정상재임에 주목하자. 즉, 저소득 소비자들의 수요곡선은 부유계층의 수요곡선보다 훨씬 아래에 있을 것이다. 따라서 차등요금제(sliding-scale fees)는 서로 다른 집단의 소비자들 사이의 가격탄력성의 차이를 이용함으로써 그들의 이윤을 증가시키고자 하는 전문직 종사자들의 노력으로 간주할 수도 있다. 이와 유사한 유형이 영화관람 시장에서 관찰된다. 영화관 소유자들은 일반적으로 학생, 노인, 그리고 매우 높은 수요의 가격탄력성을 갖고 있는 것으로 여겨지는 집단들에게 좀 더 낮은 가격을 책정하고 있다.

또한 소비자들이 서로 거래하는 것이 불가능하거나, 적어도 비현실적일 때도 가격차별이 가능하다. 예컨대, 다른 나라에 살고 있는 학생들이 미국에 살고 있는 학생들과 거래를 할 수 있다면, 동일한 교재를 캘커타에서 $30에 판매하고, 뉴욕에서 $100에 판매하는 것은 본질적으로 불가능하다. 기업가 정신이 있는 학생들은 해외에서 $30에 구입해서 미국 학생들에게 예컨대 $95에 판매할 것이다; 이런 행동에 끼어들고자 하는 다른 학생들은 가격을 훨씬 더 낮출 것이고, 결국에 가격차별은 사라질 것이다. 다른 곳에서 낮은 가격에 구입하여 그것을 높은 가격에 재판매하는 것을 종종 **차익거래**(arbitrage)라고 부른다. 차익거래가 실질적으로 가능한 곳에서 단일 상품에 대해 큰 가격차별은 지속될 수 없다. 예를 들어, 차익거래로 인해 런던에서의 금 가격은 뉴욕에서의 금 가격과 매우 다를 수 없다.

왜 의사들은 종종 가난한 환자들에게 낮은 의료비를 책정하는가?

차익거래

비용을 수반하지 않고 무위험으로 구입한 것을 더 높은 가격에 재판매하는 것

생활 속의 경제행태 11.2

왜 영화관이 학생들에게 입장권은 할인을 하면서 팝콘에 대해서는 할인을 하지 않는가?

차익거래가 어떤 경우에는 실제로 가능하지만, 다른 경우에는 그렇지 못하다. 영화표에 대한 학생 할인은 영화관 운영자가 그들의 시장을 분리할 수 있게 한다. 왜냐하면, 어느 한 사람이 낮은 가격에 영화를 관람한 후에 영화 본 경험을 다른 사람에게 높은 가격에 판매하는 것이 불가능하기 때문이다. 마찬가지로 변호사들과 의사들은 실제로 수요의 가격탄력성의 차이에 근거하여 서로 다른 사람들에게 서로 다른 가격을 부과한다. 그러나 이러한 시장 분리는 팝콘과 같은 상품들에 대해서는 훨씬 더 어렵다. 영화관 운영자가 팝콘을 학생들에게 $1에, 그리고 성인에게는 $3에 판매하려고 할 때, 사업수완이 있는 학생은 차익거래의 기회, 즉 기분 상한 어른에게 $2에 판매하는 기회를 잡게 될 것이다. 그리고 차익거래를 하려는 다른 사람들 사이의 경쟁 압력으로 인해 가격차별이 거의 무용지물이 되는 수준이 될 때까지 학생들의 차익거래는 계속될 것이다.

영화관은 학생들에게 영화표는 할인을 하면서 스낵에 대해서는 왜 그렇게 하지 않는가?

완전 가격차별의 독점기업

1차 가격차별은 시장 분리의 범위가 가장 크게 가능한 것을 설명하기 위하여 사용되는 용어이다. 이를 설명하기 위하여 독점기업이 N명의 잠재 소비자들을 갖고 있다고 가정하자. 또한 각 개인은 그림 11.15에서 D_i와 같은 우하향하는 수요곡선을 갖는다고 가정하자. 독점기업이 이 소비자에게 산출량 Q'을 판매할 때 독점기업의 최대 가능한 수입은 얼마인가? 독점기업이 모든 단위의 산출량을 동일한 가격에 판매해야 한다면, 독점기업의 최선은 P'을 부과하여 $P'Q'$의 총 수입을 얻는 것이다. 그러나 독점기업이 각 산출량 수준에 대해 다른 가격을 부과할 수 있다면, 훨씬 나은 결과를 얻을 수 있다. 예컨대, 독점기업이 최초의 Q_1을 P_1에 판매하고 다음의 $Q_2 - Q_1$의 단위를 P_2에 판매하는 등의 행동을 할 수 있다. 독점기업이 산출물을 분할하는 구간이 임의로 작으면, 이러한 형태의 가격 책정은 그림 11.15에서 음영으로 표시된 삼각형 면적만큼 총 이윤이 확대될 것이다.

만약에 독점기업이 모든 산출량 단위에 대해서 단일가격을 부과해야만 했다면, 이 삼각형은 소비자 잉여였을 것이다. 그러나 독점기업이 각 단위에 대해 다른 가격을 부과할 수 있을 때 독점기업은 모든 소비자 잉여를 가져간다. 소비자는 각 산출량 단위에 대해 본인이 지불하고자 하는 최댓값을 지불하고 그 결과로 소비자 잉여를 얻지 못한다.

이윤 극대화를 추구하면서 완전 가격차별을 하는 독점기업은 얼마나 많은 산출량을 생산할까? 다른 경우와 마찬가지로 그 규칙은 한계수입과 한계비용을 일치시키는 것이다. 그림 11.16은 완전 가격차별을 하는 독점기업에 대한 수요, 단기한계비용, 평균 총비용곡선들을 보여주고 있다. 그러나 독점기업의 한계수입곡선은 어떻게 될까? 그것은 정확히 독점기업의 수요곡선과 동일하다. 독점기업은 완전히 가격차별을 할 수 있기 때문에 처음에 판매된 산출량에 대해 가격을 인하하지 않아도 추가적인 산출량에 대한 판매 가격을 낮출 수 있다. 완전경쟁의 경우와 마찬가지로 가격과 한계수입은 하나이고 동일하다. 독점기업이 할 수 있는 최선은 Q^*만큼의 산출량을 생산하는 것이다. 그리고 독점기업은 각 산출량을 소비자들이 지불하고자 하는 최고 가격에 판매하는 것이다.

완전 가격차별을 하는 독점기업과 전혀 그렇지 못한 독점기업 사이에 두 가지 두드러진

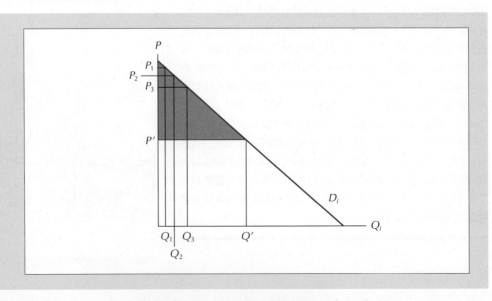

그림 11.15

완전 가격차별

독점기업이 산출물의 각 단위를 다른 가격에 판매할 수 있다면, 소비자가 각 단위에 대해 지불용의가 있는 최댓값으로 독점기업은 가격을 책정할 것이다. 이러한 상황에서 독점기업은 모든 소비자 잉여를 차지하게 된다.

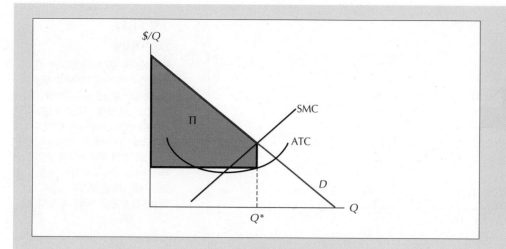

그림 11.16
완전 가격차별을 하는 독점기업
완전 가격차별을 할 수 있는 독점기업의 한계수입곡선은 정확히 독점기업의 수요곡선과 같다. 이윤 극대화 산출량은 Q*인데 이때 SMC곡선과 수요곡선이 서로 교차한다. 경제적 이윤(Π)은 음영으로 표시된 면적만큼 주어진다.

차이점이 있다. 첫째, 완전 가격차별을 실시하는 독점기업은 좀 더 높은 수준의 산출량을 생산한다. 왜냐하면 가격차별을 하는 독점기업은 산출량을 추가할 때 가격인하로 인해 그때까지 생산한 산출물의 판매수입에 미치는 효과를 염려할 필요가 없기 때문이다. 완전 가격차별을 하는 독점기업은 가격차별을 하지 않으면 구입하지 못하는 사람들에게 가격을 인하할 수 있고, 지불할 용의가 있는 사람들에게는 더 높은 가격을 유지할 수 있다.

둘째로 중요한 차이점은 가격차별을 하지 않는 독점기업에서는 일반적으로 양의 소비자 잉여가 존재한다는 것이다. 그러나 완전 가격차별을 하는 독점기업에서는 소비자 잉여가 존재하지 않는다. 비가격차별의 독점기업은 모든 구매자들에게 동일한 가격을 부과해야 하기 때문에 가격을 너무 높이 설정하지 못하도록 하는 압력이 독점기업에게 존재한다. 만약에 독점기업이 가장 낮은 탄력성을 가진 수요자들이 지불하고자 하는 수준에서 가격을 설정하면, 독점기업은 다른 모든 고객들을 잃게 될 것이다. 그 결과로 독점기업은 이렇게 할 수 없을 것이고, 가장 낮은 탄력성을 가진 수요자들은 결국에 그들의 개별 유보가격(resevation price)보다 훨씬 낮은 가격을 지불할 것이다. 따라서 소비자 잉여가 존재하게 된다.

완전 가격차별은 결코 획득할 수 없는 이론적인 한계상황이다. 소비자의 수요곡선이 그의 이마에 새겨져 있다면, 판매자는 모든 구매자로부터 가능한 최대치로 가격을 적용하는 것이 가능할 것이다. 그러나 일반적으로 개별 수요의 상세한 내용들은 판매자에게 불완전하게 알려져 있다. 판매자들은 종종 개인들이 속한 집단에 대해서 알려진 정보에 근거하여 개별 탄력성을 추정한다. 예컨대, 카탈로그 판매자는 캘리포니아의 비버리힐스(Beverly Hills)와 같은 고소득 지역에 배송하기 위하여 더 비싼 가격들이 들어있는 특별판을 인쇄할 수 있다.

아마도 개별 탄력성들에 대한 심도 있는 분석에 대해 우리가 가장 밀접하게 목격하는 것은 중동 지역에 있는 시장 상인들의 행동일 것이다. 약삭빠른 낙타 거래자들은 수년 동안의 경험을 바탕으로 어느 인구학적 및 심리적인 배경을 갖고 있는 구매자가 지불하고자 하는 것이 얼마인지 알아내려고 시도한다. 그들이 사용하는 상투적인 수법은 어정쩡한 몸짓이나 수상쩍은 눈동자의 움직임을 해석하는 것이다. 그러나 이러한 경우에도 교활한 구매자는 낙타를 소유하고자 하는 열망을 숨기는 방법을 알고 있을 수 있다.

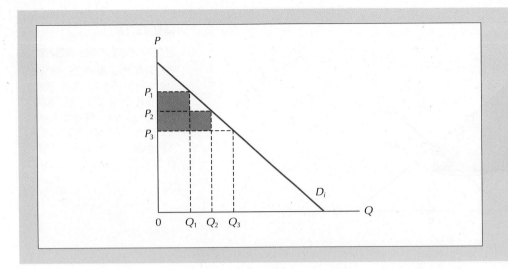

그림 11.17

2차 가격차별

판매자는 첫 구간의 산출량($0 \sim Q_1$)을 높은 가격(P_1)에 제공하고, 두 번째 구간($Q_1 \sim Q_2$)을 낮은 가격(P_2)에 제공하고, 세 번째 구간($Q_2 \sim Q_3$)에서는 더 낮은 가격(P_3)에 제공한다. 비록 2차 가격차별은 개인들 또는 특정 집단들의 특성을 소매요금에 적용하려는 것은 아니지만, 독점기업은 가끔 상당한 크기의 소비자 잉여(색칠한 부분)를 획득할 수 있다.

2차 가격차별

또 다른 형태의 가격차별은 많은 판매자들이 단일가격을 책정하지 않고 소비자가 구입하는 수량에 따라 가격을 인하하는 것이다. 따라서 다수의 전력회사들은 소매구간할인요금 체계(*declining tail-block rate structure*)라 불리는 방식을 채택하고 있다. 예컨대, 월간 첫 300킬로와트까지는 1킬로와트당 10센트, 그 다음 700킬로와트까지는 1킬로와트당 8센트, 그리고 1,000킬로와트를 초과하는 모든 전력 소비량에 대해서 1킬로와트당 5센트를 부과하는 것이다. 이러한 요금구조는 2차 가격차별의 형태이다.

그림 11.17은 D_i의 수요곡선을 갖는 소비자에 대한 이러한 요금구조의 효과를 보여주고 있다. 모든 단위에 대해 P_3의 가격을 부과하는 경우와 비교해볼 때 수량 할인요금표는 색칠한 부분에 해당하는 부분만큼 소비자의 총지출을 증가시킨다.

2차 가격차별은 각 구매자로부터 소비자 잉여를 뺏어 오려고 한다는 점에서 1차 가격차별과 같다. 두 가지 중요한 차이점은 다음과 같다. 첫째, 2차 가격차별에서 모든 소비자에게 동일한 요금체계가 이용될 수 있다. 이는 구매자들의 탄력성 차이에 따라 가격을 부과하려고 하지 않는다는 것을 의미한다. 둘째, 제한된 수의 요금 구간은 2차 가격차별에서 뺏어올 수 있는 소비자 잉여의 크기를 제한하는 경향이 있다. 그림 11.17에서 1차 가격차별은 삼각형 전체를 획득하지만, 2차 가격차별은 삼각형의 일부만을 획득한다.

가격차별의 장애물 모형

모든 판매자는 완전한 가격차별을 실시하고 싶어 한다. 앞에서 살펴본 바와 같이 문제는 그렇게 하기 위하여 필요한 개별수요곡선들에 관한 정보가 독점기업에게 부족하다는 것이다. 또 다른 중요한 형태의 가격차별은 기업이 가장 탄력적인 구매자들을 스스로 드러내도록 유도하는 기법에 관한 것이다. 이것을 가격차별의 장애물 모형(hurdle model)이라고 한다. 기본 아이디어는 판매자는 일종의 장애물을 설치하고, 그것을 뛰어넘는 구매자들에게 할인가격을 제공하는 것이다. 이 논리에 따르면, 가격에 가장 민감한 구매자들은 다른 사람들보다 그 장애물을 넘을 가능성이 더 높다는 것이다.

장애물의 한 가지 예는 상품 패키지에 포함되어 있는 할인권(rebate form)이다. 여기서 장애물을 넘는다는 것은 할인권을 작성하여 우표와 편지봉투를 찾아 우체국에 가서 그것을 발송하는 것을 의미한다. 기업의 희망사항은 가격에 그리 신경을 쓰지 않는 사람들이 이러한 귀찮은 과정을 다른 사람들보다 덜 하는 것이다. 그렇게 되면, 수요가 비탄력적인 사람들은 결국에 "정상" 가격(regular price)을 지불하는 반면에, 좀 더 탄력적인 사람들은 할인가격을 지불하게 된다.

희귀한 제품에 대해서는 판매자가 가격차별의 장애물 모형을 사용하지 않는다. 도서 판매자들은 고가의 양장본(hardback)만을 출간 첫 해에 판매한다. 가격에 크게 신경을 쓰지 않는 소비자들은 먼저 출간된 양장본을 구입한다. 가격에 민감한 사람들은 1~2년을 기다린 후 훨씬 저렴한 보

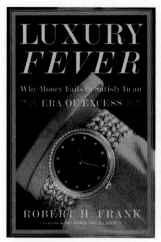
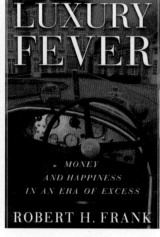

양장본 $25   보급판 $15

1년을 기꺼이 기다릴 수 있는 독자들은 할인가격에 보급판을 살 수 있다.

급판(paperback)을 구입한다. 여기서 장애물은 참고 기다리는 것이다. 전자제품 판매자들은 외형상 "사소한 흠집"이 있는 제품을 정상가격의 50퍼센트 이하에 판매하는 할인판매를 실시한다. 여기에는 두 가지 일반적인 장애물이 존재한다: 할인판매가 실시되는 시간과 장소를 찾아내는 것과 흠집을 감수하는 것(대부분의 경우에 잘 보이지 않는 곳에 있음)이다. 항공사들은 일반석의 정상가격보다 50퍼센트까지 저렴한 "파격할인"(super-saver) 항공권을 판매한다. 여기서도 두 가지 일반적인 장애물이 존재한다: 일주일 또는 그전에 사전 예약을 해야 하는 것과 토요일 밤 동안 머물러야 한다는 것이다. 많은 소매업자들은 할인쿠폰을 신문의 광고면에 실어 놓는다. 이 경우에 장애물은 광고를 읽고, 쿠폰을 오려내어 할인기간 내에 상점에 와야 한다는 것이다.

어떤 판매자들은 계산대 뒷면에 "우리의 특별 할인가격에 대해서 물어보세요"라는 게시판을 세워놓기도 한다. 이 경우에 장애물은 단지 문의하는 것이다. 그러나 심지어 이러한 사소한 장애물이 매우 놀라운 효과를 낼 수 있다. 왜냐하면 다수의 돈 많은 사람들은 특별가격을 문의하는 것조차 생각하기를 싫어하기 때문이다.

이러한 설정의 어떠한 것도 가격탄력성이 낮은 구매자로부터 탄력성이 높은 구매자들을 완전히 분리하지는 않고 있다. 예를 들면, 심지어 할인이 없어도 수건을 다량 구매할 사람들도 신년 세일을 기다리기도 한다. 그러나 대체적으로 장애물은 의도했던 역할을 하는 것 같다. 완벽한 장애물은 구매자가 그것을 뛰어넘는 데 매우 적은 비용만을 부과하지만, 소비자들의 수요의 가격탄력성에 따라 구매자들을 완전히 분리시킨다. 분석을 위해서 이러한 장애물의 효과가 그림 11.18에 제시되어 있다. P_H는 "정상"가격을 나타내고, P_L은 할인가격을 나타낸다. 완벽한 장애물이 있는 경우에 할인가격을 지불하고자 하는 사람들 중에는 정상가격과 같거나 이보다 더 큰 유보가격을 갖는 사람은 아무도 없다. 즉 오직 정상가격만 적용되는 시장이었다면 이들 모두는 배제되었을 것임을 의미한다.

장애물 모형은 그림 11.18처럼 이중 가격모형에 국한할 필요는 없다. 이와는 달리 많은

그림 11.18

완벽한 장애물

장애물이 완벽할 때, 장애물을 뛰어넘어 할인가격(P_L)에 구매할 수 있는 자격을 갖춘 구매자들은 정상가격(P_H)을 지불하고 싶지 않은 사람들이다. 또한 완벽한 장애물은 장애물을 뛰어넘으려는 사람들에게 매우 적은 비용만을 부담시킨다.

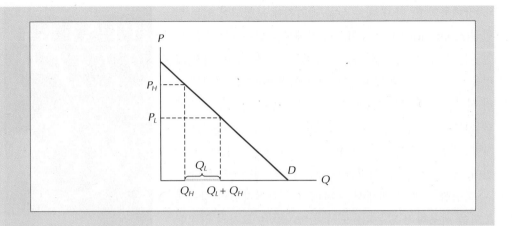

판매자들은 장애물을 매우 복잡한 형태로 고안하여 십여 개의 가격–장애물 조합을 구성하기도 한다. 예컨대, LA-호놀룰루 노선에 대해서 유나이티드 항공사(United Airlines)는 십여 개의 서로 다른 항공료를 제시하는데 제각각 다른 제한을 갖고 있다. 그러나 장애물이 단순하거나 복잡하여도 그 목적은 장애물이 없으면 그 제품을 구입하지 않을 소비자들에게 할인을 해주려고 한다는 점에서 같다.

장애물 모형은 1차 가격차별과 같다. 왜냐하면 장애물은 개별 구매자들의 가격탄력성에 따라 가격을 맞추어주려고 하는 것이기 때문이다. 아무리 정교한 형태라 할지라도 장애물 모형은 모든 소비자 잉여를 손에 넣는 것을 기대할 수 없다는 차이가 있다.

11.7 독점의 효율성 손실

10장에서 완전경쟁은 자원의 효율적 배분을 낳는다고 하였다. 이러한 주장은 장기적인 경쟁균형 상태에서 교환으로부터 추가적인 편익을 얻을 수 있는 가능성이 더 이상 없다는 관찰에 근거를 두고 있다. 마지막 단위의 산출물에 대하여 구매자가 매기는 가치는 그것을 생산하기 위하여 요구되는 자원의 시장가치와 정확히 일치한다.

독점시장에서 장기 균형은 동일한 기준에 의해서 어떻게 측정되는가? 독점시장에서 그것은 매우 잘 측정하지는 못하는 것으로 판명되었다. 이를 설명하기 위하여, 그림 11.19에 나타나 있듯이 장기 평균비용과 한계비용이 일정한 독점기업과 수요구조를 고려하자. 이 독점기업의 이윤 극대화를 위한 산출량은 Q^*이고, 이것을 P^*에 판매할 것이다. 주목할 점은 Q^*에서 구매자들에게 추가적인 한 단위의 산출량의 가치는 P^*인데, 이 가격은 추가적인 단위를 생산하는 비용인 LMC보다 크다. 이것이 의미하는 것은 단일가격의 독점기업은 교환으로부터 모든 가능한 이익을 남김없이 뽑아내지는 못한다는 것이다. 우리가 앞에서 보았듯이, 만약에 독점기업이 모든 구매자에게 다른 가격을 부과하는 것이 가능했다면 산출량은 Q_C까지 확대되는데, 이 산출량은 동일한 수요와 비용 조건하에서 완전경쟁 산업에서 우리가 보았던 것과 동일한 산출량이다. 완전 가격차별에 의해 산출량이 Q^*에서 Q_C로 확대된다면, 생산자잉여의 추가적인 획득은 삼각형 S_1과 S_2의 합일 것이다. 완전경쟁하에서 삼각

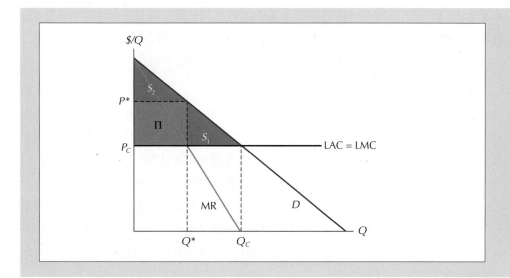

그림 11.19
단일가격의 독점에 의한 후생 손실

모든 구매자들에게 단일가격을 부과하는 독점기업은 Q^*를 생산하고, P^*에 판매할 것이다. 동일한 비용 조건 하에 있는 경쟁산업은 Q_C를 생산하여 P_C에 판매할 것이다. 완전경쟁의 결과와 비교했을 때 단일가격의 독점은 $\Pi + S_1$만큼의 소비자 잉여 손실을 초래한다. 독점기업은 Π만큼 이윤을 얻기 때문에 사회적 손실은 S_1이다. 이것을 독점에 따른 사회적 후생의 순손실(deadweight loss)이라고 한다.

형 S_1은 소비자 잉여의 일부이다. 완전경쟁적인 판매자들이 아니라 단일가격의 독점기업에 의해 공급되는 산업을 갖는 사회가 치루어야 하는 비용은 이 소비자 잉여의 손실일 것이다.

따라서 순수한 효율성의 관점에서 완전 가격차별의 독점기업과 완전경쟁산업은 동일한 결과를 낳는다. 차이점은 전자의 경우에 모든 편익은 생산자잉여의 형태로 나타나고, 후자의 경우에 모든 편익은 소비자 잉여의 형태로 나타난다는 것이다. 독점으로 인한 효율성 손실은 완전한 가격차별의 실패의 결과이다. 이 손실(그림 11.19에서 삼각형 S_1의 면적)은 독점에 따른 사회적 후생의 순손실(*deadweight-loss from monopoly*)이라 불린다.

앞의 분석에서 비용 구조는 완전경쟁의 존재와 함께 비교하여 독점인 경우 후생 손실에 대하여 언급하였다. 그러나 이러한 종류의 비용 구조를 갖는 경우 오직 법적인 장벽만이 경쟁의 출현을 막을 수 있다. 경제적 이윤(그림 11.19에서 Π)의 존재는 가격과 산출량이 각각 P_C와 Q_C에 이르게 될 때까지 경쟁 기업들이 산업에 진입하도록 유혹할 것이다.

독점기업이 평평한 LAC곡선을 갖는 이유가 기업이 자기 제품에 대한 특허권 보호를 받기 때문이라고 가정하자. 이제 단일가격에 의한 독점의 후생 손실이 그림 11.19에서 측정된 소비자 잉여의 손실과 일치한다고 말할 수 있는가? 이에 대한 답변을 하기 전에 우리가 먼저 질문해야 할 것은 "현재 상황에 대한 대안은 무엇인가?"이다. 특허권 보호가 없는 사회라면, 우리는 무엇보다도 그 제품을 결코 획득할 수 없었을 것이다. 그래서 순수 경쟁과 비교하여 독점이 후생 손실을 초래한다고 불평하는 것은 거의 이치에 맞지 않다. 특허 보호를 받는 단일가격에 의한 독점이 교환으로부터 모든 가능한 이득을 획득하지는 못한다는 것은 분명한 사실이다. 그러나 특허 보호를 받는 독점으로부터 우리는 S_2와 Π의 소비자 잉여와 생산자 잉여를 갖는다. 특허권 보호가 없었다면 우리가 이 잉여들을 전혀 가질 수 없었을지 모른다.

11.8 자연독점에 대한 공공정책 _____

이러한 관찰들로부터 명확한 것은 우리가 도달할 수 없는 이론적인 이상과 비교하여 독점이 효율적인지를 묻는 것이 아니라 우리가 실제로 직면한 대안들과 독점을 어떻게 비교할지를 묻는 것이 적절한 질문이다. 이 질문은 자연독점의 경우보다 더 중요한 경우는 없다.

분석을 단순화시키기 위하여 총비용이 다음과 같이 주어진 기술을 고려해보자:

$$TC = F + MQ. \tag{11.8}$$

여기서 Q는 산출량 수준이다. 그리고 이 기술로 생산하고 있는 단일가격의 독점기업에 대한 수요와 한계수입은 그림 11.20에 제시되어 있다고 가정하자. 이 시장에 대해 이론적으로 이상적인 배분은 산출량 Q^{**}를 생산하고 그것을 한계비용인 M에 판매하는 것이다. 이와 대조적으로 단일가격의 독점은 Q^*를 생산하여 P^*에 판매하는 것이다.

기본적으로 단일가격에 의한 자연독점의 균형가격-균형수량에 두 가지 주장이 제기된다. (1) 생산자는 경제적 이윤(Π)을 획득한다는 **공평성 반론**(*fairness objection*), (2) 가격이 한계비용을 초과하여 소비자 잉여의 손실(S)을 초래한다는 **효율성 반론**(*efficiency objection*).

정책 입안자들은 다양한 방법을 이용하여 공평성과 효율성 반론에 반응할 수 있다. 다음에 고려되고 있는 다섯 가지 선택은 가장 중요한 대안들을 나타낸다.

I. 국가 소유 및 경영

효율성을 달성하기 위해서 가격이 한계비용과 일치해야 한다. 이 대안이 초래하는 문제점은 자연독점의 경우 한계비용이 평균 총비용 아래에 위치하고 있다는 것이다. 민간 기업들은 가격을 평균비용보다 낮게 부과하면서 장기적으로 경영을 유지할 수 없기 때문에 단일가격 기업은 한계비용보다 높게 가격을 책정하는 것 이외의 대안을 선택할 수 없다. 이러한 문제점을 해결할 수 있는 방안은 국가가 이 산업을 인수하는 것이다. 이러한 방안이 갖는 매력적인 특성은 정부는 민간 기업과는 다르게 적어도 정상 이윤을 획득해야 하는 제약에 갇혀 있

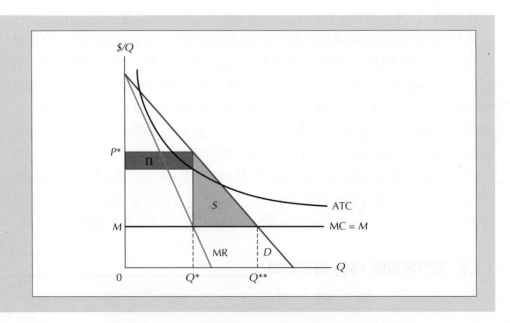

그림 11.20

자연독점

단일가격의 자연독점에 대한 두 가지 주요한 반론은 자연독점은 경제적 이윤(Π)을 획득하고 있으며, 그것은 소비자 잉여의 손실(S)을 초래한다는 것이다.

지는 않다는 것이다. 따라서 가격을 한계비용과 일치하도록 설정할 수 있고, 그에 따른 경제적 손실을 일반적인 조세수입을 통해 흡수할 수 있다.

그러나 국가 소유가 매력적이지 않은 특성도 존재한다. 그 가운데 중요한 것은 비용을 의식하는 효율적인 운영에 대한 동기부여가 약할 수 있다는 사실이다. 하버드 대학교 경제학 교수였던 하비 리벤스타인(Harvey Leibenstein)이 강조한 것처럼, 조직의 비용은 기술뿐만 아니라 효율성을 추구하고자 하는 열정에도 의존한다. 그의 표현에 의하면, 비용을 억제하기 위하여 열정적으로 행동하지 못하는 조직을 **X**-비효율성(**X**-inefficiency)을 드러낸다고 한다.[14]

X-비효율성
기업이 주어진 투입물 조합으로부터 최대의 산출물을 얻지 못하는 상태

X-비효율성은 정부의 배타적인 영역이 결코 아니다. 그 정도가 매우 다르기는 하지만 **X**-비효율성은 민간 기업에서도 발견된다. **X**-비효율성이 문제가 되는 정도는 경제적 동기에 의존한다고 리벤스타인은 주장하였다. 이는 경제적 동기는 정부에 좀 더 폭넓게 **X**-비효율성이 있을 가능성이 있다고 믿는 이론적 근거를 시사하고 있다. 민간 기업이 비용을 $1 절감하면, 이윤은 $1만큼 증가한다. 이와 반대로 정부 기관의 책임자가 그 기관의 예산을 $1 삭감하면 그 효과는 단지 그 책임자의 권한이 축소될 뿐이다.

대부분의 관료들의 목표는 그들의 운영 예산을 극대화하는 것이라고 몇몇 유명한 학자들이 주장해 왔다.[15] 이는 관료들이 대부분 성실하고 헌신적인 공무원이라는 것을 부정하는 것은 아니다. 그러나 관료 자신의 기관이 정부 내에서 가장 중요한 임무를 맡고 있다고 생각하고 있으며, 또 그렇게 되도록 로비를 하는 것은 인간의 본성에 불과할지도 모른다.

다음에서 우리는 정부가 운영하는 기업과 민간 기업 사이의 상대적 효율성과 관련 있는 정량적인 증거들을 살펴볼 것이다. 예컨대, 미국 북부 도시들에서 매년 봄에 시정부 도로관리인들은 겨울 동안 도로에 생긴 웅덩이를 보수한다. 이와 동시에 슈퍼마켓이나 쇼핑센터의 주차장, 그리고 기타 정부가 관리하지 않는 도로 표면 등은 민간 도로포장 회사들이 보수한다. 두 집단 사이의 차이는 종종 놀랍다. 시정부 도로 관리인 8명 중 7명이 삽에 몸을 기댄 채

수년 동안 사업에 실패한 후에서야 Bertram은 결국 우편제도에 행운의 문구를 제시하는데 그 내용은 "미안합니다. 이 창구는 마감되었습니다"였다.

Drawing by Schrier. Copyright © 1981 Saturday Review, Inc.

14. Harvey Leibenstein, "Allocative Efficiency vs. X-Efficiency," *American Economic Review*, June 1966: 392–415.

15. 예컨대, William Niskanen, *Bureaucracy and Representative Government*, Chicago: Aldine-Atherton, 1971, 그리고 Gordon Tullock, *The Politics of Bureaucracy*, Washington, DC: Public Affairs Press, 1965. 그러나 반론의 관점에 대해서 다음을 참조: Albert Breton and Ronald Wintrobe, *The Logic of Bureaucratic Conduct*, Cambridge University Press, 1982.

담배를 피우거나 천천히 구멍에 아스팔트를 채워 다지면서 가끔씩 그들 중 신참에게 조언을 하는 모습을 보는 것은 일반적이다. 그러나 주차장에서 일하는 민간 관리인들은 비록 구성 인원 수는 반에 불과하지만 대체로 하루에 더 많은 구덩이를 메운다.

정부 관리의 효과성에 관한 또 다른 사례연구는 도로교통과(DMV: department of motor vehicle)이다. 여러분이 마지막으로 DMV를 직접 방문했던 때를 기억해 보도록 하라. 여러분은 방문할 필요가 없었는데 그곳을 다시 방문했었는가? 여러분이 다른 사람들과 비슷하다면, 심지어 온화한 성품을 가진 관리자마저 좀 더 신속하게 서비스를 제공할 수 있었을 것이란 인상을 받고 돌아왔을 것이다. DMV가 대부분 생산성이 높은 사람들로 구성되어 있는 사회 속에서 살기 위하여 투표하는 사람은 거의 없을 것이라고 우리는 충분히 추측할 수 있다.

X-비효율성의 문제에도 불구하고, 국가가 운영하는 자연독점은 몇몇 경우에 최선의 해법일지 모른다.[16] 그러나 보다 적은 비용으로 동일한 편익을 제공하는 다른 정책 대안들이 존재한다.

2. 민간 독점의 정부규제

독점에 대한 또 하나의 대안은 민간인의 손에 소유권을 남겨 놓고, 가격 결정에 대한 재량권을 제한하는 기준 또는 규제를 하는 것이다. 이러한 접근법의 전형적인 예는 전력, 수도, 그리고 통신 서비스를 제공하는 민간 기업들에 대한 공공 규제이다.

미국에서 채택되고 있는 정부의 가격규제의 주요한 형태는 **수익률**(*rate of return*) 규제로 알려져 있다. 이 제도에서 가격은 기업이 투자된 자본에 대하여 사전에 결정된 수익률을 얻는 것을 허용하도록 설정되어 있다. 이러한 수익률은 기업이 정확히 자본의 기회비용만큼을 회수할 수 있도록 허용하는 것이 이상적이다. 즉, 그것은 이상적으로 말하자면 경쟁적인 투자의 수익률과 동일해야 한다.

그러나, 현실적으로 규제위원회는 경쟁적인 수익률이 특정 기간에 얼마인지를 결코 확신할 수 없다. 그들이 설정한 가격이 경쟁 수익률보다 낮다면, 기업은 서비스의 질을 저하시킬 유인을 갖는다. 그리고 결국에는 사업을 폐쇄할 것이다. 이와는 반대로 규제위원회가 수익률을 너무 높게 설정하면, 가격은 필요 이상으로 높게 될 것이고 기업은 추가적인 정상이윤을 얻게 될 것이다. 이러한 결과들의 어떠한 것들도 매력적이지 않다. 그러나 초과 수익률에 의해 발생된 문제점들보다 불충분한 수익률에 의해 발생되는 문제점들이 훨씬 더 심각하다고 규제위원회는 전통적으로 단정해 왔다.

하비 아베크(Harvey Averch)와 랜드 존슨(Leland Johnson)은 최초로 자본비용보다 높게 설정된 규제 수익률의 결과를 상세히 조사했다.[17] 그들의 결론을 요약하자면, 이러한

---

16. Elliott D. Sclar, *You Don't Always Get What You Pay For*, Ithaca, NY: Cornell University Press, 2000 참조.

17. Harvey Averch and Leland Johnson, "Behavior of the Firm under Regulatory Constant," *American Economic Review*, December 1962: 1052–1069. 또한 R. M. Spann, "Rate of Return Regulation and Efficiency in Production: An Empirical Test of the Averch-Johnson Thesis," *Bell Journal of Economics*, Spring 1974: 38–52 참조.

관행은 기업들로 하여금 사업 비용을 부풀리기 위하여 자본을 다른 투입물로 대체하도록 유인을 제공한다는 것이다. 공공사업 규제의 목표가 이윤을 극대화하는 것이라면, 그것이 따라야 할 행동 경로는 "수익률 기반"을 가능하면 크게 만드는 것이다. 여기서 수익률 기반이란 기업이 허용된 수익률을 획득하게 하는 투자자본을 말한다. 규제받는 독점기업이 자본을 연 8퍼센트에 대출을 받을 수 있고, 투자된 1달러당 연 10퍼센트의 수익률을 얻으면, 독점기업이 추가적으로 투자하는 100만 달러의 대출자금에 대해서 2만 달러의 추가 이윤을 얻을 수 있는 것은 명백하다.

허용된 수익률과 실제 자본비용 사이의 불일치로 인해 적어도 두 가지 중요한 왜곡이 발생한다. 첫째는 금도금 물 냉각기 효과(*gold-plated water cooler effect*)라고 불리는 것이다. 이것은 규제받는 독점기업은 일정 수준의 산출량을 생산하기 위하여 실제로 필요한 것보다 더 많은 자본설비를 구입할 유인을 갖는다는 사실을 지칭한 것이다. 예컨대, 보통 물 냉각기와 좀 더 비싼 금이 도금된 물 냉각기 사이의 선택에 직면했을 때 규제받는 독점기업은 후자를 선택할 가능성이 높다. 이를 설명하기 위하여 자본에 대해서 허용된 수익률이 연간 10퍼센트이고, 실제 자본비용은 8퍼센트라고 가정하자. 금도금 물 냉각기가 보통 냉각기보다 1000달러 더 비싸다면, 독점기업은 더 비싼 냉각기를 설치함으로써 매년 20달러씩 더 많은 이윤을 얻을 것이다. 규제위원회는 불필요한 설비의 구입을 못하게 하려고 하지만, 매일매일의 업무가 복잡하기 그지 없기 때문에 모든 의사결정을 일일이 감사하는 것은 불가능하다.

수익률 규제에 의해 유발되는 두 번째 왜곡은 두 개 이상 분리된 시장에 공급하는 독점기업에게 특유한 것으로서, 이것을 교차보조효과(*cross-subsidy effect*)라 부른다. 허용된 수익률은 자본비용을 초과하기 때문에 이러한 독점기업은 좀 더 탄력적인 시장에서 비용보다 낮은 가격에 판매하고 덜 탄력적인 시장에서 비용보다 높은 가격에 판매함으로써 전자의 시장에서 발생한 손실을 교차로 보조하는 유인을 갖는다. 이러한 착상은 덜 탄력적인 시장에서 비용 이상의 가격으로 인한 판매 감소량보다 탄력적인 시장에서 비용 이하의 가격으로 인한 판

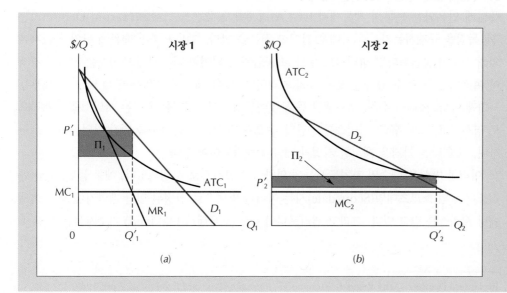

그림 11.21

총산출량을 증대하기 위한 교차보조

규제받는 독점기업은 일반적으로 자본의 실제 비용을 초과하는 수익률을 획득하는 것이 허용된다. 이러한 규제가격정책은 많은 자본을 획득할 유인을 제공한다. 산출량을 늘리기 위하여(그럼으로써 필요한 자본스톡을 증가시킨다) 독점기업은 덜 탄력적인 시장(그림 *a*의 시장 1)에서 비용 이상으로 판매할 수 있고 그 결과로 얻는 이윤($\Pi_1 > 0$)을 보다 탄력적인 시장에서 비용 이하로 판매함으로써 발생된 손실($\Pi_2 < 0$)을 보조하는 데 사용한다.

매 증가량을 더 많게 하는 것이다. 이에 따라 산출량 증가의 결과는 그것을 생산하기 위하여 필요한 자본에 대한 요구를 증가시키고, 그 결과로 규제에 의해 허용된 이윤을 증가시킨다.

이를 설명하기 위하여 그림 11.21에서 보듯이 두 시장에 대한 수요와 비용곡선을 갖는 규제받는 독점기업을 고려하자. 자본비용을 초과하는 허용된 이윤율을 포함할 수 있도록 ATC곡선이 설정되었다. 따라서 그림 11.21에서 나타난 비용곡선에 의하면 독점기업이 0의 이윤을 얻지만, 이 기업은 실제로 다음의 이윤을 얻고 있다:

$$\Pi = (r^a - r^c)K, \tag{11.9}$$

여기서, r^a는 허용된 수익률, r^c는 자본의 실제 비용, 그리고 K는 총자본스톡의 크기이다. 따라서 이윤을 극대화하기 위하여 독점기업은 가능하면 K를 크게 하고자 할 것이다. 그리고 이것은 두 시장에서 판매되는 산출량의 합을 가능하면 크게 하는 것을 의미한다. 이를 위해서 덜 탄력적인 시장(그림 a의 시장 1)에서 독점기업은 MR = MC로 설정할 것이고, 이 시장에서 획득한 이윤(Π_1)을 사용하여 더 탄력적인 시장(그림 b의 시장 2)에서 평균비용보다 낮은 가격을 보조할 것이다. 거듭 말하지만, 이러한 목적은 전자의 시장에서 감소된 판매량보다 더 많은 판매량을 후자의 시장에서 확보하기 위한 것이다. 가능하면 최대한의 산출량을 판매함으로써 독점기업은 최대한으로 가능한 자본스톡을 사용할 수 있고, 그럼으로써 최대한으로 가능한 이윤을 얻을 수 있다.

규제의 유혹 때문에 사실상 세계 어디서나 정부가 전력회사나 통신회사와 같은 주요 자연독점기업들의 가격과 산출량에 관한 의사결정에 계속해서 간섭하는 것을 막지는 못해 왔다. 순수한 경제학적 관점에서 이러한 간섭들이 부정적인 역할보다 긍정적인 역할을 더 했는지 여부는 여전히 해결되지 않은 질문으로 남아 있다. 그러나 긴요한 상품이나 서비스 그 자체와 이것의 유일한 공급자 사이의 완충영역을 갖지 않는 것에 대해서 이해할 수는 있지만 불편함을 느끼는 대중들을 대신하여 이러한 간섭들은 확실히 중요한 심리적 역할을 하고 있는 것 같다.

3. 자연독점에 대한 배타적인 계약

폭넓게 인용되는 논문의 제목에서 UCLA 경제학자 해롤드 뎀세츠(Harold Demsetz)는 "왜 독점을 규제하는가?"라는 매우 간단한 질문을 한다.[18] 비용 조건 때문에 단일 공급자에 의해 시장이 공급된다고 하더라도 누가 그 공급자가 되어야 하는지에 대해서는 강력한 경쟁이 여전히 존재할 수 있다는 것이 그의 지적이다. 그가 제안하고 있는 바에 따르면, 정부는 ―화재 예방, 쓰레기 수거, 우편배달 등 무엇이든지―제공되기를 원하는 서비스를 구체적으로 명시하고, 그런 후 그 서비스를 공급할 수 있는 입찰을 제출하도록 민간 기업들에게 요구하며, 그중 낮은 가격을 제시한 기업과 계약이 체결되어야 한다.

이러한 방식은 다수의 자치도시들에 의하여 성공적으로 시행되었다. 예를 들면, 미국 애리조나 주의 스코츠데일(Scottsdale)시는 이러한 방법으로 선정된 민간 계약자에 의해 화재 예방 서비스를 받고 있다. 그리고 캘리포니아 주의 오클랜드(Oakland) 거주자들은 시청 소

---

18. Harold Demsetz, "Why Regulate Monopoly?" *Journal of Law and Economics*, April 1968: 55–65.

속의 쓰레기 수거 근로자들보다 이윤 극대화를 추구하는 민간 기업인 오클랜드 스캐빈저(Oakland Scavenger)사에 의해 매주 쓰레기 수거 서비스를 받는다. 두 경우에 있어 이러한 서비스를 제공하는 데 발생하는 비용은 시 자치정부에 의해 직접 제공되는 서비스 비용의 약 절반에 불과하다. 더군다나, 화재예방의 경우에 비용 감축이 서비스 품질의 저하를 통해서 이루어지지 않았다는 확실한 증거가 있다. 이윤을 추구하는 화재 보험 회사들의 생존여부는 위험을 정확히 평가할 수 있는 능력에 달려있는데 그들은 시의 소방서들을 갖고 있는 공동체들보다 스코츠데일에서 더 높은 화재 보험료를 청구하고 있지 않다.[19] 자연독점의 서비스를 공급하기 위한 민간 계약의 이점은 비용을 줄이는 것에 능숙하지 않은 관료들의 손을 떠나서 생산이 이루어진다는 것이다.

이윤 추구 민간회사인 루럴 메트로(Rural-Metro)는 1952년 이후부터 미국 애리조나 주의 스코츠데일에서 화재 예방 서비스를 제공해 왔다.

그러나 공공 서비스에 대한 계약의 장점은 실제보다 더 명백한 경우가 종종 있다고 정치학자 엘리엇 스클라(Elliott Sclar)는 경고한다(각주 16 참조). 예를 들어 민간 공급자들과 체결하는 대부분의 계약들은 예상하지 못한 환경의 변화가 발생한 경우에 보다 높은 수수료를 허용하는 부대조항들을 포함하고 있다. 민간 계약의 이행을 감시하는 정부 관리들은 엄격한 통제하에서 추가 수수료를 허용하지 않을 수도 있다. 이때 발생하는 것이 부패의 문제이다. 실제로 공공 계약은 가장 낮은 입찰 가격을 제시한 기업에게 돌아가는 것이 아니라 가장 높은 뇌물을 제공하는 기업에게 종종 돌아가기도 한다.

비록 우리가 이러한 문제들을 다루고 있지 않지만, 민간 계약은 많은 경우에 있어 매력적인 선택이 아닐 수 있다. 계약은 제공될 서비스를 상세히 명시해야 하며, 통신과 같은 복잡한 서비스의 경우에는 특히 더 상세해야 한다. 더군다나, 신규 계약자들이 어떻게 선정되어야 하는지에 대한 규정이 마련되어야 한다. 전력 공급의 경우에 계약자들을 변경할 때 일련의 대규모 복잡한 발전과 배전 설비의 이전이 필연적으로 수반된다. 이 설비들이 어떤 가격에 팔려야 하는가? 독점적인 서비스를 제공하기 위한 배타적인 계약들이 마지막 자구 한 자까지 상세히 서술되어 있어서 직접적인 경제 규제와 구별할 수 없을 정도가 되어야 한다.

4. 반독점법의 강력한 집행

독점을 다루고 있는 정책 자료의 주요 요소는 국가의 반독점법(anti-trust law)들이다. 이러한 법들 중에서 가장 중요한 것이 셔먼 법(Sherman Act, 1890)과 클레이튼 법(Clayton Act, 194)이다. 셔먼 법은 "미국의 몇몇 주들에서 거래(trade) 또는 상업(commerce)의 일부분을 독점화하거나 독점을 시도하는 것"을 불법으로 규정하고 있다. 그리고 클레이튼 법은 기업이 경쟁자의 지분을 획득하여 "경쟁을 상당히 위축시키거나 독점화하는 것"을 방지하는 법률이다.

반독점법을 해석하는 데 있어서, 미국 법무부는 경쟁 기업들이 합병된 경우 시장점유율이 전체 산업 산출량에 대해 사전에 결정된 일정 비율을 초과하는 경우에 합병을 금지하는

---

19. 민간 비용과 공공기관 비용을 비교하는 연구들을 확대하기 위하여 E. S. Savas, *Privatizing the Public Sector,* Chatham, NJ: Chatham House Publishers, 1982 참조.

지침을 마련하였다. 이러한 지침들은 정치적으로 다른 미국 행정부들에서 매우 다양한 열의를 갖고 적용되었다. 대체적으로 민주당 행정부는 공화당 행정부에 비해 합병에 대해 훨씬 덜 관대한 입장을 취해왔다.

장기 평균비용이 감소하는 산업들의 경우에 소수 기업들보다 다수의 기업들에 의해 공급될 때 생산비는 훨씬 높을 것이다. 반독점법을 가장 열정적으로 찬성하는 사람들은 이 법들이 자연독점의 형성을 방해하지 않을 것이라고 주장한다. 그러나 우리가 12장에서 보게될 것처럼 이 법들은 규모의 경제가 완전히 실현되는 시점을 상당히 늦출 것이다.

이러한 문제점에 대한 대응방식으로 경쟁 기업들의 합병이 상당한 비용 절감으로 실현되지 않은 경우에만 반독점법을 적용하는 것이다. 그러나 행정부는 그러한 경우를 구분하기에 적절한 위치에 있지 않다. 의회는 이런 점을 잘 알고 있었고, 비용 절감을 합병을 허용하는 논거로서 비용 절감을 고려하는 것을 명시적으로 배제하였다. 그 결과로 반독점 정책은 모든 합병, 심지어 상당한 이끄는 합병마저도 금지한다.

5. 자연독점에 대한 자유방임

자연독점을 다루는 다섯 번째이자 마지막 대안으로서 자유방임의 가능성을 고려해보자. 즉 아무것도 하지 않고 시장이 부담하는 어떠한 가격에서든지 독점기업이 선택하고 판매하는 산출량을 독점기업이 생산하도록 하는 것이다. 이러한 정책에 대한 명백한 반론들이 공평성(fairness)과 효율성(efficiency) 문제들이다. 그러나 본 절에서 이러한 문제들이 그렇게 중요하지 않은 환경이 적어도 존재할 수 있다는 것을 우리는 보게 될 것이다.

특히 가격차별의 장애물 모형을 사용하고 있는 자연독점기업을 고려하자. 논의를 단순하게 하기 위하여 자연독점기업이 정상가격과 할인가격을 부과하는 것을 가정하자. 후자는 리베이트(rebate) 신청서를 발송하는 것과 같은 장애물을 제거하는 고객들에게 적용되는 가격이다. 이러한 가격차별 수단의 존재가 자연독점에 대한 공평성과 효율성 반론에 어떤 영향을 주는가?

우선 효율성 반론을 생각해보자. 단일가격 자연독점기업은 한계비용보다 높은 수준에서 가격을 책정하기 때문에 상품을 생산하기 위하여 요구되는 자원의 가치보다 훨씬 더 높은 가치를 부여하는 많은 잠재적 구매자들이 시장에서 배제되는 문제점이 있다는 것을 기억하자.

설명을 위하여 총비용곡선이 $TC = F + MQ$로 주어지고 선형의 수요곡선이 $P = A - BQ$로 주어진 자연독점기업을 살펴보자. 그림 11.22a는 이러한 독점기업의 수요곡선과 한계비용곡선을 나타낸다. 독점기업이 단일가격에 의한 이윤 극대화를 추구한다면, 이 독점기업은 Q^*를 생산하여 P^*에 판매한다. 그러나 독점기업이 수요곡선의 위쪽 부분에 속한 구매자들에게 높은 가격을 부과할 수 있고, 다른 모든 소비자들에게 낮은 가격을 부과할 수 있다면(그림 11.22b), 독점기업의 이윤 극대화를 위한 전략은 가격 P_H에 산출량 Q_H를 판매하고 가격 P_L에 산출량 Q_L을 판매하는 것이다.[20]

---

20. 단일가격 독점기업의 경우에 이윤함수는 다음과 같다.

$$\Pi_1 = (A - BQ)Q - F - MQ.$$

이윤 극대화를 위한 1계 조건은

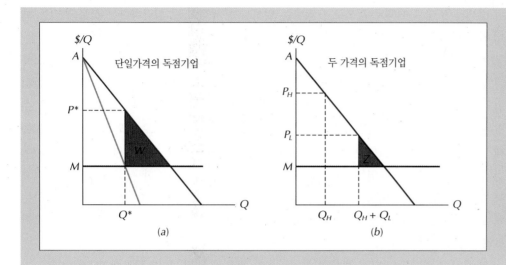

그림 11.22

단일가격과 두 가격 독점의 효율성 손실

수요곡선의 가장 탄력적인 부분에 대해 할인가격을 제공할 수 있음으로 인해 두 가격의 독점기업(그림 *b*)은 시장을 확대할 수 있다. 그럼으로써 단일가격 독점기업의 경우(그림 *a*의 면적 *W*)보다 훨씬 적은 효율성 손실(그림 *b*의 면적 *Z*)을 발생시킨다.

두 가격의 독점기업과 관련된 효율성 손실(그림 *b*에서 삼각형 면적 Z인 소비자 잉여 손실)은 단일가격의 독점기업의 효율성 손실(그림 *a*에서 삼각형 면적 W인 소비자 잉여 손실)보다 훨씬 작다는 것을 알 수 있다.

일반적으로 독점기업이 장애물 모형하에서 좀 더 정교하게 시장을 분할할수록, 효율성 손실은 더 작아질 것이다. 앞서 주목했듯이, 대부분의 기업들에서 단일가격보다는 서로 다른 유형의 할인가격들을 볼 수 있는 것이 일반적이다. 그리고 각 할인가격은 서로 다른 제약들을 갖는데, 할인 폭이 클수록 제약이 더 엄격해진다. 많은 기업들은 장애물 가격을 통해서 상당히 자유롭게 그들 시장을 확대하고 있다는 점을 고려하면, 자연독점의 효율성 문제는 단지 부차적으로 중요한 관심사일 뿐이다.

공평성 문제는 어떤가? 첫째, 문제점은 무엇인가? 이와 관련하여 대중적인 인식은 독점기업은 자원을 몹시 필요로 하는 사람들(즉, 가난한 소비자들)로부터 필요 이상으로 많이 소유하고 있는 사람들(즉, 부유한 사람들)에게 자원을 이전한다는 것이다. 이와 같이 정의

$$\frac{d\Pi_1}{dQ} = A - 2BQ - M = 0.$$

따라서 이윤 극대화를 위한 산출량 $Q' = (A - M)/2B$이고, 이에 해당하는 가격 $P' = (A + M)/2$이다.

이와 대조적으로 두 가격의 자연독점기업의 이윤함수는 다음과 같다.

$$\Pi_2 = (A - BQ_H)Q_H + (A - BQ_H - BQ_L)Q_L - F - M(Q_H + Q_L).$$

이윤 극대화를 위한 1계 조건은

$$\frac{\partial \Pi_2}{\partial Q_H} = A - 2BQ_H - BQ_L - M = 0.$$

$$\frac{\partial \Pi_2}{\partial Q_L} = A - BQ_H - 2BQ_L - M = 0.$$

따라서 이에 대한 해는 $Q_H = \dfrac{A - M}{3B} = Q_L$, $P_L = \dfrac{A + 2M}{3}$, 그리고 $P_H = \dfrac{2A + M}{3}$이다.

된 방법을 토대로 때때로 겉으로 드러나는 것보다 문제점이 덜 심각하다는 것을 우리는 보게 될 것이다.

사회 자원들에 대한 공평한 분배를 구성하는것이 무엇인지에 대해 좀 더 일반적인 질문은 심오하고 철학적인 질문이기 때문에 우리의 논의 범위에서 벗어난다. 그러나 최소한의 범위 내에서 말하자면, 무력이나 강압을 통해서 다른 사람들로부터 초과 자원들을 뺏을 수 있는 권력이 주어진 기업은 결코 없다. 그러나, 독점기업이 전적으로 호의적인 수단들을 통해서 독점시장에서 유일한 판매자가 되었다고 가정하자. 이러한 가정은 현실적이지는 않다. 정의(定義)에 의하면 자연독점기업의 비용은 다른 기업들이 동일한 시장에 공급하는 것보다 더 적다. 그리고 아마도 독점기업의 밝고 예의바른 서비스는 그 지위를 공고히 확립하는 데 도움이 되었을 것이다. 그런 후에 독점기업은 한계비용을 초과하는 가격을 책정함으로써 불공정을 초래할 것인가?

확실히 소비자들은 단지 생산의 한계비용만 지불하게 될 때 더 행복해 할 것이다. 그러나 자연독점에서 한계비용은 평균비용보다 낮다. 따라서 모든 사람이 한계비용을 지불하고, 공급자는 시장에 남아 있게 만드는 것은 불가능하다. 기껏해야 일부 소비자들은 한계비용에 근접한 가격을 지불할 수 있으나, 그렇지 못한 사람들은 그보다 훨씬 높은 가격을 지불해야 할 것이다. 그렇다 하더라도 독점기업이 여전히 경제적 이윤을 얻고 있다면, 구매자들은 자원을 제공하기 위하여 요구되는 비용보다 평균적으로 더 많이 지불하고 있다는 것을 우리는 알고 있다. 이러한 현상은 공평성의 이름으로 어떻게 정당화될 수 있겠는가?

앞에서 장애물 가격은 독점의 자원배분을 더 효율적으로 만든다는 것을 우리는 살펴보았다. 이러한 장애물 모형이 독점이윤의 존재를 전적으로 정당한 것으로 만들 것이라고 말하는 것은 과장일 것이다. 그러나 이것은 독점에 대한 가장 심각한 반론을 약간이나마 완화시키는 데 도움을 주고 있다.

먼저 특정한 크기의 독점이윤이 어디에서 비롯되는지 생각해보자. 먼저 어느 구매자들로부터 이 돈이 왔는가? 이것이 할인가격을 지불하는 구매자로부터 올 수 없다는 것은 지명하다. 전형적인 할인율은 소위 정상가격의 15~50퍼센트 범위에 있고, 모든 구매자들의 절반 이상이 할인가격을 지불하는 경우는 드물다. 할인율이 30퍼센트이고 모든 구매자들의 50퍼센트가 이 할인을 받는 경우를 고려했을 때, 독점기업의 수입은 15퍼센트만큼 하락할 것이다. 총수입이 15퍼센트 감소하는 상황에 직면하게 되는 기업들 중 극히 소수의 기업들만이 수익성을 유지할 것이다.

독점기업이 현재 경제적 이윤을 획득하고 있다면, 그 이윤의 원천은 정상가격을 지불하는 소비자이다. 구매자가 장애물을 기꺼이 뛰어넘고자 한다면 이 구매자는 할인가격을 지불할 수 있었다는 사실로부터 우리가 말할 수 있는 것은 이 구매자에게 부과된 부담은 장애물을 뛰어넘는 수고보다 더 크지 않다는 것이다. 이는 정상가격을 지불하는 구매자가 독점기업에게 자발적인 자선 기부를 하고 있다고 말하는 것은 분명 아니다. 그러나 이것은 독점기업의 고객들이 잔혹하게 희생되고 있다는 인식을 적어도 일부 완화시킨다.

독점이윤의 원천에 대해서는 이쯤에서 그만 두자. 독점이윤의 처분에 대해서는 어떠한

가? 누가 그것을 가져가는가? 법인세율이 40퍼센트라고 가정하면, 독점이윤 1달러당 40센트는 국고에 귀속된다. 그 나머지는 배당금의 형태로 직접적으로 또는 기업에 재투자의 형태로 간접적으로 주주에게 지불된다. 주주의 평균소득은 일반 시민들의 소득보다 분명 크다. 그러나 미국에는 저소득 주주들이 많이 있다. 예컨대, 많은 저소득 개인들의 개인 보험료가 재투자되듯이 대부분의 노동자 연금 펀드는 주식시장에 재투자된다. 이에 따라 독점이윤의 상당한 부분이 저소득 주주들의 손에 들어갈 것이다.

그러나 분배의 관점에서 최악의 경우를 고려하기 위하여 독점이윤의 남은 부분이 맨해튼의 가장 부유한 사람에게 모두 귀속된다고 가정하자. 중앙 정부가 아직 가져가지 않은 60센트에 대해 33퍼센트의 세율로 소득세를 그(녀)가 지불하고 40센트가 남았다고 가정하자. 주 정부와 지방 정부의 소득세와 판매세로 추가적으로 7센트가 납부되고 오직 33센트만이 이 부유한 주주의 손에 남게 된다.

요약하자면, 독점이윤 1달러의 원천은 정상가격을 지불하는 구매자인데, 이 구매자는 약간의 추가적인 수고를 감수했다면 할인가격을 지불할 수 있었다. 1달러 중 60센트는 중앙 정부의 국고에 귀속되고 또 다른 7센트는 주 정부와 지방 정부에 귀속된다. 따라서 1달러 중 2/3 이상의 처분이 정부의 통제에 의해 결정된다. 나머지는 주주들의 손에 소득으로 남는데, 적어도 그들 중 일부는 저소득자들이다. 따라서 자연독점과 연관되어 있는 경제적 이윤이 통상적으로 인식되고 있는 분배의 불평등을 초래하는지는 결코 명확하지 않다.

물론 장애물들은 결코 완벽하지 않다. 확실히 장애물들은 정상가격에 지불하지 않을 구매자들을 식별한다. 그리고 많은 경우에 이러한 장애물들을 뛰어넘기 위하여 실질적인 자원들이 투입되어야 한다. 리베이트 쿠폰을 발송하는 것은 많은 시간을 필요로 하지는 않지만 이에 소요되는 시간은 확실히 더 나은 곳에 사용될 수 있다. 그리고 적어도 일부의 경우에, 조세 회피로 인해 정부는 세율표가 명시하고 있는 만큼의 세금을 징수하지 못할 것이다.

따라서 자연독점을 다루기 위한 다섯 가지의 정책 방안에 대한 간략한 분석으로부터 내릴 수 있는 우리의 결론은 무엇인가? 간략히 답변하자면, 각 방안이 문제점을 가지고 있다는 것이다. 단일 판매자가 시장을 맡게 될 때 발생하는 문제점들을 어떤 방안으로도 완전히 제거하지 못한다. 최소의 비용이 소요되는 해법은 경쟁적인 계약이 될 때도 있고, 직접적인 정부 소유가 될 때도 있을 것이다. 특히 전통적인 공공사업과 같은 특정의 산업 내에서 규제는 계속 그 역할을 할 것이다. 그리고 반독점법은 많은 단점을 갖고 있음에도 불구하고 가격을 고정하거나 기타 반독점적인 행동을 하지 못하도록 함으로써 일반 대중에게 이로운 역할을 한다. 그러나 어떤 경우엔, 특히 독점기업이 시장을 다양하게 분리시킬 수 있는 수단들을 고안해낸 경우엔 최선의 방안은 단순히 전혀 간섭하지 않는 것일 수도 있다.

독점은 혁신을 억누르는가?

경제학적 음모설을 얘기하는 것을 매우 좋아하는 사람들 사이에서 가장 끈질기게 행해지는 대화 주제 중의 하나는 독점기업들이 소비자들에게서 매우 가치가 큰 기술혁신을 광범위하게 박탈해간다는 것이다. 예컨대, 백열전등 제조업자들이 수명이 긴 백열전등의 혁신적인 새로운 디자인이 시장에 등장하지 못하도록 어떻게 공모해 왔는지 들어본 적이 없는 사람들이 있을까?

혁신의 억제는 공공정책의 대응방안에 대한 분석에 있어 우리가 고려했어야 하는 또 하나의 독점 비용인가? 다음의 예에서 분명해지는 바와 같이 이윤 극대화의 논리는 독점기업들이 항상 혁신을 억누르는 일에 열중하지 않는다는 것을 시사하고 있다.

| 예 11.4 | **혁신이 이윤에 미치는 영향** |

현재, 백열전등의 수명은 *1,000*시간이라고 가정하자. 이제 백열전등을 독점하는 기업은 이전과 동일한 평균비용으로 *10,000*시간 지속되는 백열전등을 제조하는 방법을 개발하였다. 독점기업은 새로운 백열전등을 도입하겠는가?

독점기업에 의해 생산되는 수량을 백열전등 그 자체가 아니라 전등 서비스의 전등 시간으로 측정된다고 해보자. 따라서 현재 디자인의 전등을 생산하는 비용이 전등 시간당 $1.00라고 한다면, 새로운 디자인의 전등 비용은 전등 시간당 $0.10이다. 그림 11.23에서 전등에 대한 시장수요곡선은 D이고 이에 대한 한계수입곡선은 MR이다.

한계비용이 전등 시간당 $1.00인 현재 디자인에 대한 이윤 극대화 가격과 산출량은 각각 P_1과 Q_1이다. 한계비용이 전등 시간당 $0.10인 새로운 디자인에 대한 이윤 극대화 가격과 수량은 각각 P_2와 Q_2이다. 현재 전등 디자인에 대한 독점기업의 이윤은 직사각형 $ABCE$의 면적이다. 새로운 디자인에 대한 독점기업의 이윤은 직사각형 $FGHK$의 면적이다. 그리고 독점기업의 이윤은 새로운 디자인의 경우에 더 크기 때문에, 새로운 디자인을 이용 가능하도록 하는 매우 큰 유인(incentive)을 갖는다. 실제로 이러한 효율적인 새로운 전등의 이용 가능성에 대해 몇 년 전에 발표되었던 것을 기억하고 있는 사람이 있을 것이다.

이 예는 독점기업이 혁신을 도입할 유인이 언제 어디서나 경쟁 기업의 유인만큼 크다는 것을 의미하는 것은 아니다. 그러나 이 예는 독점기업이 항상 소비자들로부터 최신 기술로 얻을 수 있는 편익을 빼앗는다는 주장에 대한 무비판적인 수용에 대하여 우리의 주의를 환기시키고 있다.

그림 11.23

독점은 혁신을 억제하는가?

새로 개발된 효율적인 전등의 생산비는 전등 시간당 $0.10인데, 이것은 현재의 디자인 전등의 생산비인 전등 시간당 $1의 1/10에 불과하다. 효율적인 전등에 대한 독점기업의 이윤(*FGHK* 면적)은 현재 디자인에 대한 이윤(*ABCE* 면적)을 초과하기 때문에 독점기업은 새로운 디자인의 전등을 공급할 것이다.

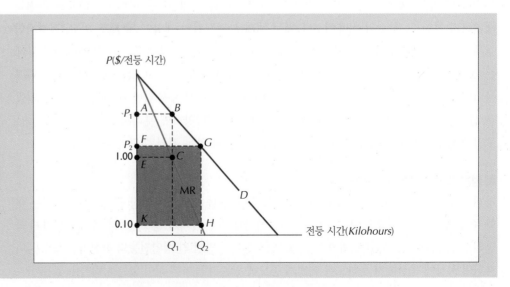

▪ 요약 ▪

- 독점은 단일 기업이 전체 시장을 공급하는 시장 구조에 붙여진 이름이다. 하나 또는 결합된 다섯 가지 요소들은 독점을 야기한다. (1) 주요 투입물들에 대한 통제, (2) 규모의 경제, (3) 특허, (4) 네트워크 경제, 그리고 (5) 정부 인허가권. 장기적 관점에서 이들 중 단연 가장 중요한 요소는 규모의 경제이다. 왜냐하면 부분적으로 이것은 네트워크 경제와 정부 인허가권을 설명하는 데에도 일조하기 때문이다. (학습목표 1, 2)

- 독점기업은 시장에서 유일한 판매자이기 때문에 독점기업의 수요곡선은 우하향의 기울기를 갖는 시장수요곡선이다. 시장가격으로 원하는 만큼 판매할 수 있는 완전경쟁 기업과는 달리, 독점기업은 판매량을 확대하기 위하여 가격을 인하해야 한다. 독점기업의 이윤 극대화 규칙은 완전경쟁 기업에 의해 사용되는 것과 동일하다. 수입 증가분(한계수입)이 비용 증가분(한계비용)을 초과하면 독점기업은 산출량을 증가시켜야 하고, 수입 손실이 비용 감축보다 작으면 산출량을 축소시켜야 한다. 독점기업의 경우 한계수입이 가격보다 작지만, 완전경쟁 기업의 경우 한계수입은 가격과 일치한다는 것이 핵심적인 차이점이다. (학습목표 3)

- 독점기업이 몇 개의 분리된 시장에서 판매할 수 있을 때 독점기업은 한계수입이 각 시장에서 동일해질 수 있도록 이 경우에도 산출량을 이들 시장에 배분한다. 비용-편익분석의 논리가 기업이 현재의 행위를 변화시켜야 할지의 여부에 대한 기업의 의사결정을 분석하기 위한 편리한 분석틀을 제공한다. (학습목표 3)

- 완전경쟁 기업과는 다르게, 독점 균형은 일반적으로 교환으로부터의 잠재적 이득의 가능성을 소진시키지 않는다. 일반적으로 산출량의 추가적인 한 단위의 사회적 가치는 독점기업이 이것을 생산하기 위하여 요구되는 비용을 초과할 것이다. 이러한 결과는 독점이 완전경쟁보다 비효율적임을 의미하는 것으로 종종 해석되어 왔다. 그러나 이러한 해석은 오직 제한적인 중요성을 띠고 있다. 왜냐하면 독점을 일으키는 조건들, 특히 생산에 있어 규모의 경제는 완전경쟁을 위해 요구되는 조건들과 양립하는 경우가 드물다. (학습목표 4)

- 가격을 할인하지 않으면 상품을 구입하지 않을 고객들을 할인가격으로 추려낼 수 있다면 독점기업들은 가격할인을 제공할 유인을 갖는다. 효율적인 하나의 기법은 리베이트 쿠폰을 발송하는 것과 같은 장애물을 뛰어넘을 의향이 있는 사람들에게만 적용 가능한 할인을 하는 것이다. (학습목표 5)

- 본 장에서 정책의 초점은 우하향하는 장기 평균비용곡선의 특성을 갖는 자연독점을 정부가 어떻게 다루어야 하는지에 대한 질문이다. 우리는 다음의 다섯 가지 정책 방안들을 고려했다. (1) 국유화, (2) 정부의 가격 규제하의 민영화, (3) 서비스의 독점 공급자가 될 권리를 얻기 위한 민간 기업들에 의한 경쟁적 경매, (4) 독점을 방지하는 반독점법의 엄격한 집행, 그리고 (5) 완전 자유방임정책. 이들 방안들은 모두 문제점을 갖고 있으며, 최선의 정책은 일반적으로 환경에 따라 다를 것이다. 자유방임 정책은 독점기업이 가격차별의 장애물 모형을 채택할 수 있는 시장에서 가장 매력적이다. 구매자들이 스스로 할인가격에 적임자인지를 결정하는 것이 허용된다면, 자연독점에 대한 효율성과 공평성 반론이 완화될 것이다. (학습목표 6)

▪ 복습문제 ▪

1. 독점을 낳는 다섯 가지 요인들은 무엇인가? 규모의 경제가 가장 중요한 요인인 이유는 무엇인가? (학습목표 2)

2. 미국에는 수천 개의 시멘트 생산자들이 있으나, 작은 도시에는 한 개의 생산자밖에 없다면, 이 생산자는 독점기업인가? 설명하라. (학습목표 1, 2)

3. 독점기업의 경우 한계수입이 가격보다 낮을 때는 언제인가? 설명하라. (학습목표 3)

4. 이윤 극대화를 추구하는 독점기업은 수요곡선의 비탄력적인 부분에서 결코 생산하지 않는 이유는 무엇인가? 수입 극대화를 추구하는 독점기업이 수요곡선의 비탄력적인 부분에서 생산하겠는가? (학습목표 3)

5. MR이 아래로부터 MC와 교차할 때의 산출량 수준은 결코 이윤 극대화의 산출량 수준이 아닌 이유는 무엇인가? (학습목표 3)

6. 경제적 이윤에 50퍼센트의 세금 부과는 독점기업의 가격과

산출량 결정에 어떤 효과를 갖는가? (힌트: 독점기업의 목표는 경제적 이윤을 극대화하는 산출량 수준을 선택하는 것이라고 가정하고 있음을 상기하라.) (학습목표 3)

7. 수요의 탄력성 $\epsilon = -3$이라고 가정하자. 이윤 극대화를 추구하는 독점기업의 가격은 한계비용을 얼마만큼 초과하고 있는가? 이러한 가격의 한계비용에 대한 이윤율(markup)은 완전경쟁과 어떻게 비교되는가? (학습목표 3)

8. [참 또는 거짓] 독점기업에 대한 종량세(lump-sum tax)는 독점기업에 의해 책정되는 가격을 항상 인상시키고 판매되는 산출량을 낮춘다. (학습목표 3)

9. [참 또는 거짓] 독점기업이 완전히 수평적인 수요곡선에 직면한다면, 경제적 순손실(deadweight loss)은 0이다. (학습목표 4)

10. 민간에 의해 소유된 독점에서 X-비효율성을 억제하는 어떤 힘이 작동하는가? (학습목표 4)

11. 가격차별의 장애물 모형은 독점과 관련된 효율성과 공평성 문제를 어떻게 완화시키는가? (학습목표 5)

▪ 연습문제 ▪

1. 당신은 독점에 특화되어 있는 이윤 극대화에 관하여 자문을 해주는 자영업자이다. 다섯 개의 단일가격을 갖고 있는 이윤 극대화의 독점기업들이 현재 당신의 자문을 구하고 있다. 그리고 그들이 당신에게 제공하고 있는 정보가 비록 불완전하지만, 당신의 전문적인 지식을 갖고서 각 경우에 명확한 추천을 할 수 있다. 단기에 있어 각 기업에 대한 다음의 추천 내용 중 하나를 선택하라. (학습목표 3)

   a. 현재의 산출량 수준을 유지하라.
   b. 산출량을 증가시켜라.
   c. 산출량을 감소시켜라.
   d. 생산을 중단하라.
   e. 당신이 제공한 장부상 수치들이 전혀 맞지 않으므로 다시 장부를 작성하여라.

기업	P	MR	TR	Q	TC	MC	ATC	AVC	당신의 추천
A	3.90	3.00		2000	7400	2.90		3.24	
B	5.90			10000		5.90	4.74	4.24	
C		9.00	44000	4000		9.00	11.90	10.74	
D	35.90	37.90		5000		37.90	35.90		
E	35.00		3990	1000	3300		최솟값	23.94	

2. 독점기업의 수요곡선은 $P = 100 - Q$이고, 총비용곡선은 $TC = 16 + Q^2$이다. 이와 관련된 한계비용곡선은 $MC = 2Q$이다. 독점기업의 이윤 극대화의 수량과 가격을 계산하라. 독점기업이 얻게 되는 경제적 이윤은 얼마인가? (학습목표 3)

3. 이제 문제 2에서 독점기업의 총비용곡선은 $TC = 32 + Q^2$이다. 이에 대응하는 한계비용곡선은 여전히 $MC = 2Q$이지만, 고정비용은 두 배이다. 독점기업의 이윤 극대화의 수량과 가격을 계산하라. 독점기업이 얻게 되는 경제적 이윤은 얼마인가? (학습목표 3)

4. 이제 문제 2에서 독점기업의 총비용곡선은 $TC = 16 + 4Q^2$이다. 이에 대응하는 한계비용곡선은 이제 $MC = 8Q$이지만, 고정비용은 처음과 같다. 독점기업의 이윤 극대화의 수량과 가격을 계산하라. 독점기업이 얻게 되는 경제적 이윤은 얼마인가? (학습목표 3)

5. 이제 문제 2에서 독점기업은 외국 시장에 접근할 수 있는데 외국 시장에서 독점기업은 일정한 가격 60에 원하는 만큼의 선택한 수량을 판매할 수 있다. 독점기업은 외국 시장에서 얼마나 판매하겠는가? 원래의 시장에서 독점기업의 새로운 수량과 가격은 얼마인가? (학습목표 3)

6. 이제 문제 2에서 독점기업의 장기한계비용곡선은 MC = 20이다. 독점기업의 이윤 극대화의 수량과 가격을 계산하라. 독점으로 인한 효율성 손실은 얼마인가? (학습목표 3, 4)

7. 완전히 가격을 차별하는 독점기업이 직면하고 있는 수요곡선은 $P = 100 - 10Q$이고 (고정비용은 없으며) 한계비용 MC = 20으로 일정하다고 가정하자. 독점기업은 얼마나 판매하겠는가? 독점기업이 얻는 이윤은 얼마인가? 정부가 매 기간에 독점기업에게 부과할 수 있는 최대의 인허가 수수료는 얼마인가? 기업은 여전히 사업을 계속하는가? (학습목표 5)

8. 노년층의 지역 영화관에 대한 수요는 일정한 수요의 가격탄력성 −4를 갖는다. 다른 모든 관객에 대한 수요곡선은 일정한 수요의 가격탄력성 −2를 갖는다. 관객당 한계비용이 편당 $1라면, 영화관은 각 그룹의 관객들에게 얼마를 부과해야 하는가? (학습목표 3)

9. 이란–이라크 전쟁 동안에 동일한 무기 제조사는 두 분쟁국가에 무기를 종종 팔았다. 이러한 상황에서 각 진영에 다른 가격이 제시될 수 있었다. 왜냐하면 낮은 가격을 제안받은 국가가 가격 차이로 이윤을 얻기 위하여 적대 국가에 무기를 판매할 위험은 거의 없기 때문이다. 프랑스 무기 제조사는 엑조세(Exocet) 대함 미사일의 독점을 갖고 있고, 이 미사일을 두 국가에 판매할 의향이 있다고 가정하자. 이라크의 이 미사일에 대한 수요는 $P = 400 - 0.5Q$이고, 이란은 $P = 300 - Q$이다. 단, P의 단위는 백만 달러이다. 이 미사일의 한계비용 MC = Q이다. 각 국가에 책정된 가격은 각각 얼마인가? (학습목표 3)

10. 당신이 예전에 식품점에 쇼핑을 갔었다면, 당신은 아마도 나이 드신 분들이 그들이 구입하는 상품과 쿠폰을 확인해 가면서 식품점 통로를 지나다니는 것을 목격했을 것이다. 이러한 행위는 가격차별의 장애물 모형에 의해 어떻게 설명되는가? (학습목표 5)

11. 독점기업의 가격은 $10이다. 이 가격에서 수요의 가격탄력성의 절대값은 2이다. 독점기업의 한계비용은 얼마인가? (학습목표 3)

12. 정부가 독점기업에게 (독점기업이 책정할 수 있는 가격의 상한인) 가격 상한(price ceiling)을 부과했다고 가정하자. $\bar{P}$가 가격 상한을 나타내고, 독점기업은 상품을 생산할 때 비용이 발생하지 않는다고 가정하자. [참 또는 거짓] 독점기업이 직면하고 있는 수요곡선이 $\bar{P}$에서 비탄력적인 경우에 정부가 가격 상한을 철회했다면, 독점기업의 수입은 나아지지 않을 것이다. (학습목표 3)

13. 이윤 극대화를 추구하는 신문사인 뉴욕 타임즈(*The New York Times*)는 광고에 대해 우하향하는 기울기를 갖는 수요곡선을 갖고 있다. 뉴욕타임즈가 자신의 지면에 예컨대, "Maureen Dowd(뉴욕타임즈의 유명 칼럼니스트)의 칼럼을 일요일판 뉴욕 타임즈에서 읽으세요"라는 광고를 게재했을 때, 일정한 크기의 광고에 대한 기회비용은 단지 다른 외부의 광고주에게 뉴욕 타임즈가 부과하는 가격인가? 설명하라. (학습목표 3)

14*. 크레이지 해리(Crazy Harry)라는 독점기업은 총비용곡선 TC = $5Q + 15$를 갖고 있다. 이 기업은 자사 제품에 대해 두 개의 가격, 정상가격 P_H와 할인가격 P_L을 설정한다. 모든 사

람은 P_H에 제품을 구입할 수 있는 자격이 주어져 있다. P_L에 구입할 자격을 얻기 위하여 가장 최신의 크레이지 해리 신문 광고문을 계산대에 제시하여야 한다. 그 광고문을 제시하는 구매자만 P_H에 제품을 구입하고자 하지 않는 사람들이라고 가정하자. (학습목표 5)

a. 크레이지 해리의 수요곡선은 $P = 20 - 5Q$로 주어졌다면, P_H와 P_L의 이윤 극대화 값은 얼마인가?

b. 이 기업은 얼마만큼의 경제적 이윤을 얻는가?

c. 이 기업이 모든 구매자들에게 동일한 가격을 책정하도록 압력을 받았다면 이 경우에 이 기업의 이윤은 얼마인가?

d. 이 기업이 두 개의 가격을 책정할 수 있음으로 인해서 구매자들은 이득을 보는가, 손해를 보는가?

15. 한 작가는 자신의 저서에 대해 $10,000와 함께 총판매액의 20퍼센트를 지불할 것을 약속한 출판사와 계약을 체결하였다. [참 또는 거짓] 출판사와 작가 모두 그 계약으로부터 각자 자신만의 금전적 수익에 대해서만 관심을 갖는다면, 출판사보다는 작가가 더 높은 가격을 선호할 것이다. (학습목표 3)

16. 한 영화감독은 자신이 연출한 영화에 대해 $1,000,000와 그 영화로 벌어들인 임대수입 중 5퍼센트를 지불하기로 약속한 영화 제작사와 계약을 체결하였다. 단, 영화 제작과 배포 비용은 고정되어 있다. [참 또는 거짓] 감독과 영화 제작사 모두 이 계약으로부터 그들 자신만의 금전적 수입만을 고려한다면, 감독은 제작사보다 낮은 영화임대가격을 선호할 것이다.

*이 문제는 각주 20에서 설명된 미분법을 사용하여 가장 쉽게 풀 수 있다.

▪ 개념 확인 해답 ▪

11.1 (학습목표 3)

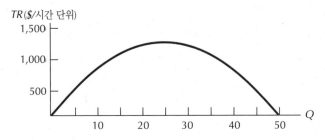

11.2 (학습목표 3)

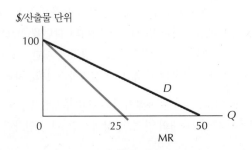

11.3 MC $= 40 = 100 - 4Q$. 이 경우에 $Q^* = 15$, $P^* = 100 - 2Q^* = 70$. (학습목표 3)

11.4 단일가격의 독점기업에 대한 이윤 극대화의 산출량 수준은 MR $=$ MC에서 발생한다. $Q = 15$와 $Q = 34$에서 MR $=$ MC이지만, $Q = 34$는 MR이 위로부터 교차한다. 따라서 최댓값이다. 그러나 $Q = 34$에서도 가격은 평균가변비용($66 = P <$ AVC $= 72$)을 회수하지 못한다. 평균가변비용곡선은 모든 위치에서 수요곡선 위에 있다(그림 참조). 따라서 기업은 고정비용만큼 손실을 보는 것보다 좋을 수 없다. 그러므로 최적 수량은 $Q = 0$이다. 즉 기업은 조업 중단을 해야 한다. (학습목표 3)

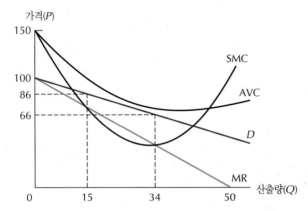

11.5 MR$_1 = 10 - 2Q_1$(왼쪽 그림), 그리고 MR$_2 = 20 - 2Q_2$(가운데 그림). 따라서 MR곡선의 수평 합은 $\sum$MR로 주어진다(오른쪽 그림). 이윤 극대화 산출량은 13이고, 그 가운데 4는 시장 1에서 판매되어야 하고, 나머지 9는 시장 2에서 판매되어야 한다. 이윤 극대화 가격은 $P_1^* = 6$이고, $P_2^* = 11$이다. (학습목표 3)

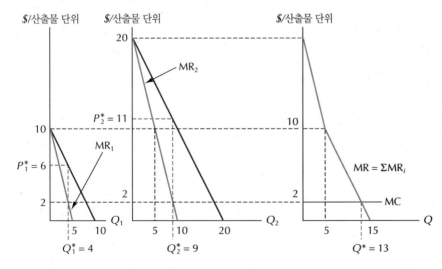

CHAPTER 12

전략적 행동에 대한 게임 이론적 접근
A Game-Theoretic Approach to Strategic Behavior

법 경제학회 연례 학술대회에 참석하려고, 법률가들 셋과 경제학자들 셋이 아침 일찍 필라델피아 30번가 기차역에서 뉴욕 행 특급열차를 기다리고 있다. 법률가들은 열차표를 편도로 각자 구입한다. 그런데 바로 옆 창구에 서 있는 경제학자들은 편도표를 달랑 한 장만 사는 것이 아닌가! "도대체 어쩌자는 거야?" 여섯 명 모두 열차에 오를 때, 법률가 한 명이 중얼거린다.

열차가 출발하자, 법률가들 눈에 차장이 열차표에 도장을 찍으며 다가오는 모습이 보인다. 바로 그 순간, 경제학자들 셋이 열차 뒤쪽 화장실 한 칸에 몸을 구겨 넣는다. 이제 차장은 법률가들에게 다가와 각자의 표를 검사하고 도장을 찍어준 뒤, 열차 뒤편으로 걸어가더니 사용 중 표시가 뜬 화장실 문을 두드리며 말한다. "표 보여주세요." 그러자 화장실 문이 살짝 열리고 문틈으로 손이 삐져나오더니 열차표 한 장을 내민다. 차장은 아무 의심도 하지 않은 채 표에 도장을 찍어준다.

나흘 뒤, 같은 여섯 사람이 집으로 돌아가기 위해 뉴욕의 펜스테이션에 도착한다. 경제학자들의 행태를 이미 본 법률가들은 머리를 써서 돈을 아끼게 되었다고 낄낄대며 열차표를 달랑 한 장만 산다. 하지만 경제학자들 셋은 아예 표를 사지 않는 것이 아닌가!

여섯 명은 열차에 오른다. 검표하러 다가오는 차장 모습이 눈에 띄자마자, 법률가들 셋은 허겁지겁 화장실 한 칸에 몸을 구겨넣는다. 바로 이때 경제학자들 셋이 일어나더니 열차 뒤로 간다. 그중 두 사람이 맞은편 화장실로 숨고, 세 번째 경제학자가 법률가들이 숨어있는 화장실 문을 두드리며 말한다. "표 보여주세요." 법률가 한 명이 손만 내밀어 표를 보여주자, 경제학자가 표를 낚아채더니 동료 둘이 미리 들어가 있던 화장실로 숨는다.

12.1 12장 미리보기

법률가들과 경제학자들에 관한 우화가 말해 주듯이, 어떤 행동에 대한 대가(또는 보수)는 그 행동 자체만 아니라 같은 환경하에서 다른 사람들이 취하는 행동과도 관련되어 있다. 지금까지 우리는 본질적으로 수동적인 환경에 직면해 있는 경제적 의사결정자들을 살펴보았

학습목표

1. 게임의 세 가지 기본 요소인 참여자들, 선택 가능한 전략들, 그리고 각 선택 조합이 주는 보수를 이해한다.

2. 다른 게임 참여자들의 선택과 상관없이 결정되는 더 높은 보수를 가져다주는 전략인 우월 전략과 더 낮은 보수를 가져다주는 전략인 열등 전략을 이해한다.

3. 용의자의 딜레마가 성립할 수 있는 조건들을 살펴보고, 왜 개별적인 집단적 이해가 상충되는 상황에 대한 강력한 비유가 되는지 그 이유를 설명할 수 있다.

4. 게임에서의 내쉬 균형을 정의할 수 있다.

5. 참여자들이 선택하는 순서가 중요한 게임에서 보수를 묘사하는 게임 나무를 설명할 수 있다.

6. 특정한 선호가 미치는 영향이 그 선호를 갖고 있는 참여자들이 차지하는 비중에 따라 어떻게 달라지는지 설명하는 진화론적 게임 이론을 이해한다.

다. 예를 들어, 10장의 완전 경쟁적 환경하에서 기업들은 경쟁 기업들의 행동을 무시한다고 가정했다. 그리고 11장의 독점적 환경하에 있는 기업에게는 걱정해야 할 경쟁 기업들이 존재하지 않았다. 완전경쟁과 독점은 이상적인 시장 형태들이다. 이 형태들은 일반적인 경향에 대한 통찰력을 제공하는 데에는 유용하지만, 설령 존재한다 하더라도 실제로 우리가 마주칠 일이 거의 없는 매우 드문 형태들이다.

이 장에서 우리는 개인들과 기업들이 다른 개인들과 기업들의 선택에 따라 선택하는 결과가 달라진다는 것을 알고 있는 상황을 고려하는 이론적 틀을 정립할 것이다. 우리는 게임에 관한 수학적 이론에서 사용하는 몇 가지 기초적 개념들을 소개하는 것으로 시작할 것이다. 그 다음, 전략적 세팅하에서 사람들이 어떠한 결정을 내릴지 예측하고 설명하는 데 이 개념들을 적용해볼 것이다. 각 개인에게 가장 매력적으로 보이는 선택들이 더 광범위한 집단의 입장에서는 매력적이지 않은 결과를 낳는 경우가 자주 발생한다는 것을 배울 것이다. 마지막으로, 우리는 진화론적 게임 이론을 통해 사람들의 선호의 근원에 대한 고찰에 있어서 더욱 든든한 기초를 정립할 것이다.

12.2 용의자의 딜레마 : 게임 이론의 소개

커피에 대한 전 세계적인 수요는 가격에 비탄력적이다. 따라서 전 세계적인 커피 공급량에서 큰 비중을 수출하고 있는 국가에서 한파로 인해 수확량이 절반으로 줄어들게 되면 커피 가격은 급등하여, 그 나라의 농부들은 한파가 없었을 때에 비해 더 높은 이윤을 얻을 수 있게 된다. 커피 경작자들이 더 적은 양의 커피를 판매함으로써 더 많은 소득을 올릴 수 있다면, 그들은 한파가 수확량을 절반으로 떨어뜨리도록 기다릴 필요가 있지 않을까? 무엇보다도 왜 그들은 더 적은 양의 커피를 경작하지 않는 것일까?

물론 이 질문에 대한 대답은, 농부들 전체적으로는 생산량을 감축하는 것이 유리하겠지만 어느 농부도 그렇게 할 유인이 없다는 것이다. 각 농부는 자신을 제외하고 다른 모든 농부들이 생산량을 줄일 때에만 가장 높은 이윤을 얻을 수 있다. 그런 상태라면 예전보다 더 높은 가격으로 예전과 동일한 양의 커피를 판매할 수 있게 된다. 커피 경작과 같은 경쟁 산업에는 다수의 독자적인 소규모 생산자들이 존재하기 때문에 생산량을 줄이기 위해 담합을 하기가 어렵다.

그러한 담합은 소수의 기업만 존재하는 산업의 과점기업들 사이에 행해지는 것이 더 수월한 일이다. 담합이 성공적으로 이루어지는 경우에 기업들이 이득을 얻는 경우도 간혹 있지만 통상적으로 이를 유지하는 것이 매우 어렵다. 실제로, 과점의 경제학에서 자주 등장하는 주제는 개별적으로 행동하는 기업에게 이득을 가져다주는 상황이 기업들 전체적으로는 해로운 영향을 미치는 결과로 이어지는 경우가 빈번하다는 것이다.

담합을 도모하는 과점기업들이 당면한 기본적인 문제는 용의자의 딜레마 게임과 동일한 구조를 보인다.[1] 용의자의 딜레마를 설명하기 위해 사용된 원래의 예에서는, 두 용의자들이

---

1. [역주] 우리나라에서는 죄수의 딜레마(Prisoners dilemma)라고 직역되기도 하지만, 이론의 내용상 혐의를 받고 있는 용의자들 사이의 전략적 행동을 다루므로, 용의자의 딜레마라고 번역했다.

표 12.1

용의자의 딜레마

		용의자 Y	
		자백	침묵
용의자 X	자백	각자 5년 형	용의자 X: 무죄 방면 용의자 Y: 20년 형
	침묵	용의자 X: 20년 형 용의자 Y: 무죄 방면	각자 1년 형

> 각 용의자에게 우월 전략은 자백하는 것이다. 하지만 각자가 자백할 경우에 각자가 침묵을 할 때보다 더 나쁜 결과가 초래된다.

중범죄 혐의를 받고 각자 격리된다. 하지만 검사는 1년의 징역형에 불과한 경범죄로만 기소할 수 있는 증거밖에 가지고 있지 않다. 각 용의자는 자신이 자백을 하고 다른 용의자가 침묵할 경우 자백을 한 자신은 무죄 방면되지만 침묵한 사람은 20년의 징역형에 처해질 것이라는 이야기를 듣는다. 만약 두 사람 모두 자백을 하게 되면 5년 형의 선고를 받게 될 것이다. 이러한 상황이 표 12.1에 요약되어 있다. 이때 두 용의자들은 서로 의사소통을 할 수 없다.

용의자의 딜레마와 같은 상황은 1940년대에 노이만과 모르겐슈테른에 의해 개발된 게임에 관한 수학적 이론을 사용하여 분석될 수 있다.[2] 이 이론은 모든 게임에서 공통적인 세 가지 요소를 기술하는 것으로 시작한다. (1) 참가자들, (2) 가능한 전략들, 그리고 (3) 전략들의 각 조합에 대한 보수. 각 참가자들은 자백 혹은 침묵이라는 두 가지 전략을 갖고 있다. 전략들의 각 조합에 대한 보수는 그들이 받게 되는 형벌로 표 12.1의 보수 행렬(*payoff matrix*)로 나타난다.

용의자의 딜레마와 같은 게임에는 **우월 전략**이 존재한다. 여기서 우월 전략이란 상대방이 어떤 전략을 취하는지와 상관없이 나에게 더 좋은 결과를 가져다주는 전략을 말한다. 용의자의 딜레마에서 우월 전략은 자백하는 것이다. Y가 어떠한 행동을 취하든 X는 자백함으로써 더 가벼운 처벌을 받는다. Y 역시 자백하게 되면 X는 20년 대신 5년 형의 처벌을 받는다. 그리고 만일 Y가 침묵을 하면 X는 무죄방면된다. 이러한 보수는 완벽하게 대칭적이므로 Y 또한 X가 어떠한 행동을 하든 자백하는 것이 더 좋다. 문제는 각자가 이기적인 방식으로 행동할 때가 각자가 인내심을 보여주는 경우에 비해 더 나쁜 결과를 초래한다는 것이다. 즉, 두 사람 모두 자백을 하는 경우에는 두 사람이 침묵을 지키는 경우에 얻을 수 있는 1년 형의 처벌 대신에 5년 형의 처벌을 받게 된다는 것이다. 일반적으로, 두 가지 단순한 조건을 충족시키는 게임은 용의자의 딜레마가 될 것이다.

우월 전략

상대방에 의해 선택된 전략과 관계없이 더 좋은 결과를 낳는 게임에서의 전략

2. John von Neumann and Oskar Morgenstern, *Theory of Games and Economics Behavior*, 3rd ed., Princeton, NJ: Princeton University Press, 1953 참조.

1. 각 참가자는 우월 전략을 가지고 있어야 한다.
2. 두 참가자가 모두 우월 전략을 택하는 경우 각자가 우월 전략을 택했다면 얻을 수 있었을 보수보다 더 적은 보수를 두 사람 모두 받게 된다.

따라서 용의자의 딜레마는 각 개인이 합리적으로 이기심을 추구하지만, 참가자들 전체의 견지에서는 바람직하지 않은 결과를 초래하는 상황을 묘사하고 있다.

용의자의 딜레마와 담합을 시도하는 과점기업들이 당면한 문제점 사이의 유사성을 이해하기 위해 어떤 시장에서 광천수를 독점적으로 공급하고 있는 두 개의 기업을 생각해보자. 시장수요 곡선은 $P = 20 - Q$라는 특정한 형태를 보이고 있고, 각 기업은 0의 한계비용으로 자기 소유의 수원지에서 광천수를 생산할 수 있다고 가정하자. 이 두 기업은 각자 독점 생산량의 절반씩을 생산하고 독점가격으로 판매하는 담합행위를 고려하고 있다고 가정하자. 여기서 가정한 수요곡선에 대한 독점 생산량(즉, MR = MC = 0을 만족시키는 생산량)은 10이고, 독점가격 또한 10이 될 것이다. 이 기업들이 담합을 준수할 경우, 각 기업은 10의 가격으로 5단위를 판매함으로써 각각 50의 경제적 이윤을 얻을 것이다. 순전히 이윤 기준에서만 보면, 각 기업이 이보다 더 높은 이윤을 얻을 수 있는 가능성은 전무하다.

하지만 이러한 이윤이 각 기업으로 하여금 합의를 준수토록 하는지는 확신할 수 없다. 각 기업에게 돌아가는 보수는 그들이 선택하는 행동의 조합에 따라 달라진다는 점에 유의하라. 각 기업은 합의를 준수하거나 배신하는 두 가지 옵션을 갖고 있다. 편의상, 가격을 10에서 9로 1단위만큼 인하하는 것을 배신이라고 정의하자. 만일 한 기업은 합의를 준수하지만 다른 기업은 배신한다면 어떠한 일이 발생할까? 두 기업은 똑같은 생산물을 판매하고 있기 때문에 배신하는 기업은 더 낮은 가격을 이용하여 시장 전체를 장악하게 될 것이다. 9의 가격으로 11단위를 판매하게 되면 이 기업의 이윤은 99가 될 것이다. 그에 비해서 합의를 준수한 상대기업은 판매량이 0이고 이윤도 0이 될 것이다.

만일 두 기업이 모두 배신하면 그들은 9의 가격으로 11단위의 생산물 중 절반씩 나누어 판매하게 되므로 각자의 경제적 이윤은 49.50이 될 것이다. 각 기업은 (1) 합의한 대로 10의 가격을 제시함으로써 협조하거나, (2) 9의 가격을 제시함으로써 배신하는 두 가지 옵션을 갖고 있으므로, 가능한 행위 조합은 네 가지가 된다. 각 조합에 대한 이윤이 표 12.2에 요약되어 있다.

이 표에서 각 기업이 배신하는 것이 우월 전략임에 주목하라. 즉, 각 기업은 상대기업이 어떠한 선택을 하든 상관없이 배신함으로써 더 높은 보수를 얻는다. 이를 이해하기 위해 기업 2가 직면하는 선택을 생각해보자. "기업 1이 협조한다고 생각해보자. 그때 우리는 어떤 선택이 최선일까?" 기업 1이 협조할 때 같이 협조함으로써 얻는 결과는 표 12.2에 제시된 보수 행렬의 좌상방 칸에 해당하고, 이는 각자가 50의 이윤을 얻게 된다는 것을 의미한다. 하지만 기업 2가 배신한다면 그 결과는 좌하방 칸에 해당되고, 기업 2는 99의 이윤을 얻는다. 이번에는 "기업 1이 배신한다고 생각해보자. 어떤 선택이 우리 기업에게 최선이 될까?" 만일 기업 2가 협조한다면 그 결과는 이윤 행렬의 우상방 칸에 해당되고, 이 경우에 이윤은 0이 될 것이다. 하지만 기업 2가 배신할 경우 이윤은 49.50이 된다. 따라서 기업 1이 어떠

표 12.2

협조와 배신에 따른 이윤의 변화

		기업 1	
		협조 (P = 10)	배신 (P = 9)
기업 2	협조 (P = 10)	$\Pi_1 = 50$ $\Pi_2 = 50$	$\Pi_1 = 99$ $\Pi_2 = 0$
	배신 (P = 9)	$\Pi_1 = 0$ $\Pi_2 = 99$	$\Pi_1 = 49.50$ $\Pi_2 = 49.50$

우월 전략은 각 기업이 배신하는 것이다. 왜냐하면 각 기업은 배신함으로써 상대기업이 어떠한 행동을 취하든 더 높은 이윤을 얻을 수 있기 때문이다. 하지만 두 기업 모두 배신할 경우 각 기업이 얻는 이윤은 모두 협조할 경우보다 더 낮아진다.

한 선택을 하든 상관없이 기업 2는 배신함으로써 더 높은 이윤을 얻는다.

이와 동일한 논리로 기업 1의 우월 전략 역시 배신하는 것이다. 하지만 각 기업이 배신할 경우에는 협조할 때보다 이윤이 더 낮아진다는 점을 잊지 말기 바란다. 이런 상황에서는 각 기업의 이익에 기반을 둔 행위가 전체 기업들의 이익으로 귀결되지 않는다.

이 예에서 설정된 바에 따르면 각 기업이 배신할 경우와 각 기업이 협조할 경우의 이윤에 별다른 차이가 없다. 하지만 일단 배신할 경우에 이익을 얻을 수 있다는 것을 알게 되면 다시 배신할 가능성이 높다. 예를 들어, 한 기업은 8의 가격을 제시하고 다른 기업은 9의 가격을 유지하는 경우, 8의 가격을 제시한 기업의 이윤은 96이 되지만 다른 기업의 이윤은 0이 될 것이다. 어떤 기업이 상대기업을 물리쳐 이기겠다는 강력한 욕구를 느껴야만 배신에 이끌리게 되는 것이 아니다. 이와는 반대로 오히려 그 동기는 상대기업이 배신할 것이라는 합리적 두려움으로부터 야기된 순수하게 자기방어적인 것에 불과할 수 있다. 경쟁적으로 가격을 인하하는 과정은 결국 가격이 한계비용까지 추락할 때에야 비로소 종결이 될 것이다. 그 지점에서는 어떤 기업도 이윤을 얻지 못한다. 그러므로 담합을 준수하지 않을 때 치러야 하는 비용은 실제로 매우 높을 수 있다.

과점기업들은 가격을 통해 서로 경쟁을 하기도 하지만 광고를 통해서도 경쟁한다. 이 경우에도 다음 생활 속의 경제행태 12.1에서 예시하고 있는 바와 같이 개별 기업의 이익이 기업 전체의 이익과 상충되는 경우가 자주 발생한다.

생활 속의 경제행태 12.1

왜 담배회사들은 광고를 "그토록 많이" 할까?

어떤 기업이 상품을 광고하게 되면 그 상품에 대한 수요는 두 가지 이유로 증가한다. 첫째, 이전에 그 상품을 사용한 적이 없는 사람들이 그 상품에 대하여 알게 되고, 이는 그들 중 일부가 그 상품을 구매하게 만든다. 둘째, 동일한 상품의 다른 브랜드를 이미 소비하고 있는 사람들이 광고로 인하여 브랜드를 교체할 수도 있다. 첫 번째 효과는 산업 전체의 판매량을 제고시킨다. 두 번째 효과는 기업들 사이의 기존 판매량을 재분배하는 효과만을 발생시킨다.

표 12.3

용의자의 딜레마 게임으로 살펴 본 광고

		기업 1	
		광고하지 않는다	광고한다
기업 2	광고하지 않는다	$\Pi_1 = 500$ $\Pi_2 = 500$	$\Pi_1 = 750$ $\Pi_2 = 0$
	광고한다	$\Pi_1 = 0$ $\Pi_2 = 750$	$\Pi_1 = 250$ $\Pi_2 = 250$

광고의 주요 효과가 브랜드의 교체일 경우에 기업들 전체적으로는 광고를 하지 않을 때(좌상방 칸) 더 많은 이윤을 낼 수도 있음에도 불구하고 우월 전략은 광고를 많이 하는 것이다(우하방 칸).

왜 담배회사들은 광고를 그토록 많이 할까?

미국의 담배산업은 광고의 가장 중요한 효과가 브랜드의 교체에 있다고 여겨지는 산업이다. 이런 산업에서는 광고를 할지의 여부에 대한 결정이 개별 기업들로 하여금 용의자의 딜레마에 봉착하게 만드는 경우가 자주 발생한다. 표 12.3은 가상적인 두 개의 담배회사가 광고를 하거나 하지 않는 의사결정의 네 가지 가능한 조합에 상응하는 이윤을 보여주고 있다. 두 기업 모두 광고를 하는 경우(우하방 칸) 각 기업은 250의 이윤밖에 얻지 못하지만, 두 기업 모두 광고를 하지 않는 경우에는(좌상방 칸) 500의 이윤을 얻는다. 그러므로 두 기업이 모두 광고를 하는 것보다 광고를 하지 않는 것이 분명 더 좋다.

하지만 개별 기업이 직면하는 유인에 유념하자. 만일 기업 2가 광고를 하지 않으면, 기업 1은 광고를 하지 않을 때보다(500) 광고를 할 때(750) 더 많은 이윤을 얻을 있다는 것을 기업 1은 알고 있다. 또한 만일 기업 2가 광고를 하면, 기업 1은 광고를 하지 않을 때보다(0) 광고를 할 때(250) 여전히 더 많은 이윤을 얻을 수 있다는 것을 기업 1은 알고 있다. 그러므로 기업 1의 우월 전략은 광고를 하는 것이다. 그리고 보수는 대칭적이므로, 기업 2의 우월 전략 역시 광고를 하는 것이다. 따라서 이 경우 역시 각 기업의 관점에서는 합리적인 행동을 하지만 기업 전체적으로는 공조해서 행동했을 때 얻을 수 있었을 결과보다 더 나쁜 결과를 얻게 된다.

이 의회는 1971년 1월부터 텔레비전을 통한 담배 광고를 금지하는 법안을 통과시켰다. 이 법안이 표명한 목적은 건강에 해로운 것으로 밝혀진 제품을 소비하도록 부추기는 메시지를 사람들에게 전달하지 못하도록 하는 데 있었다. 이 법안은 미국인들의 흡연율이 감소한 점에 비추어 볼 때 최소한 부분적으로는 그 목적을 달성한 것으로 보인다. 그러나 이 법안은 그와 동시에 의도하지 않은 효과를 가져왔는데, 미국 담배 제조회사들이 당면한 용의자의 딜레마에서—최소한 일시적으로는—벗어날 수 있도록 해준 것이다. 법안이 발효되기 직전년도에 담배회사들은 제품 광고비로 300만 달러 이상을 지출하였다. 그 이듬해의 광고비 지출은 60만 달러 이상 감소하여 이윤 증가에 기여하였다. 따라서 광고 금지조치는 담배 제조회사들로 하여금 개별적으로 이윤을 추구하는 행위 대신에 광고 경쟁을 제한하는 효과적인 방안을 제공하는 역할을 하였다. 하지만 다음 해부터는 경쟁의 압력으로 인하여 담배 제조회사들이 합법적인 범주 안에서 광고비에 대한 지출을 증가시킴에 따라 초과이윤은 사라졌다.

개념 확인 12.1

어떤 게임의 참가자인 폴과 톰을 생각해보자. 각자는 두 가지 전략을 갖고 있다. 톰은 위로 가거나 아래로 가는 것을 선택할 수 있고, 폴은 왼쪽이나 오른쪽으로 갈 수 있다. 보수 행렬이 다음과 같을 때 이 게임이 용의자의 딜레마 게임이 되려면, A는 어떤 범위에 있어야 할까?

		폴 왼쪽	폴 오른쪽
톰	위쪽	톰 : 2 폴 : 2	톰 : 1 폴 : 5
	아래쪽	톰 : 5 폴 : 1	톰 : A 폴 : A

내쉬 균형의 개념

용의자의 딜레마에서처럼 게임 참가자들이 게임에서 우월 전략을 갖고 있는 경우에는 각자가 그 우월 전략을 사용할 경우에 게임의 균형이 달성된다. 하지만 모든 참가자가 우월 전략을 갖고 있지 않은 게임들이 많다. 예를 들어, 표 12.4처럼 광고 게임이 변형된 경우를 생각해보자. 기업 2가 어떠한 행동을 취하든 기업 1은 광고를 하는 것이 더 좋다. 그러므로 기업 1로서는 광고를 하는 것이 우월 전략이다. 그러나 기업 2에 관해서는 이와 사정이 다르다. 만일 기업 1이 광고를 한다면, 기업 2 역시 광고를 하는 것이 최선이다. 하지만 기업 1이 광고를 하지 않는다면, 기업 2 역시 광고를 하지 않는 것이 최선이다. 용의자의 딜레마에서와는 달리 여기에서 기업 2가 취할 수 있는 가장 좋은 전략은 기업 1이 선택한 특정 전략에 따라 달라진다.

이 게임에서 비록 기업 2가 우월 전략을 갖고 있지 않지만 우리는 어떤 일이 발생할지 알 수 있다. 특히, 기업 2는 기업 1이 우월 전략인 광고를 할 것이라고 예상할 수 있다. 그리고 기업 2도 이러한 사실을 알고 있으므로 자신의 가장 좋은 전략 역시 광고를 하는 것임을

표 12.4

기업 2가 우월 전략을 갖고 있지 않은 경우의 게임

		기업 1 광고하지 않는다	기업 1 광고한다
기업 2	광고하지 않는다	$\Pi_1 = 500$ $\Pi_2 = 400$	$\Pi_1 = 750$ $\Pi_2 = 100$
	광고한다	$\Pi_1 = 200$ $\Pi_2 = 0$	$\Pi_1 = 300$ $\Pi_2 = 200$

> 기업 1의 우월 전략은 광고를 하는 것이다. 하지만 기업 2는 우월 전략을 갖고 있지 않다. 만일 기업 1이 광고를 한다면 기업 2도 광고를 하는 것이 최선이지만, 만일 기업 1이 광고를 하지 않는다면 기업 2 역시 광고를 하지 않는 것이 최선이다.

알고 있다. 이 게임에서 우하방의 칸이 **내쉬 균형**(Nash equilibrium)이다.[3] 내쉬 균형이란 상대방이 선택하는 전략이 주어져 있을 때 본인이 선택할 수 있는 최선의 전략 조합을 의미한다. 그러므로 내쉬 균형 상태에서는 어떤 참가자도 현재의 전략에서 벗어나고자 하는 유인을 갖지 않는다. 용의자의 딜레마에서는 각 참가자가 본인의 우월 전략을 선택한 결과가 내쉬 균형이라는 점을 유의하라. 그러나 우리가 살펴본 바와 같이 내쉬 균형은 두 참가자 모두 우월 전략을 갖고 있을 필요가 없다.

특정한 전략 조합이 내쉬 균형인지 판단하는 좋은 방법은 각 참가자에게 다른 전략을 선택할 유인이 있는지 물어보는 것이다. 예를 들어, 표 12.4의 좌상방 칸에 있는 전략 조합을 생각해보자. 둘 중 어떤 참가자라도 다른 선택을 할 유인이 있는가?

이 질문에 대답하기 위해서 먼저 각 참가자는 표의 다른 칸 중에 단 하나의 다른 칸으로밖에 이동할 수 없다는 점을 명심하라. 예를 들어, 기업 2는 위쪽 행이나 아래쪽 행만 선택할 수 있으므로 다른 열에 있는 칸으로 이동할 수 없다. 만일 이 기업이 좌상방 칸에서 이동하기를 원한다면 선택 가능한 유일한 곳은 좌하방 칸이다. 하지만 이 칸에서 이 기업의 이윤(0)은 좌상방 칸에서의 이윤(400)보다 낮으므로 이 기업은 이동을 하지 않으려고 할 것이다.

이와 마찬가지로, 기업 1은 왼쪽 열이나 오른쪽 열 중에서만 선택할 수 있으므로 다른 행에 있는 칸으로 이동할 수 없다. 좌상방 칸에서 출발할 때 기업 1이 취할 수 있는 유일한 선택은 우상방 칸으로 이동하는 것이다. 그리고 이 칸에서 얻을 수 있는 이윤(750)이 좌상방 칸에서의 이윤(500)보다 높으므로, 이 기업은 이동을 하려고 할 것이다. 따라서 좌상방 칸에서 출발할 때 최소한 한 참가자(기업 1)는 이동을 원하게 되므로, 이는 좌상방 칸이 내쉬 균형이 될 수 없음을 의미한다.

이와 대조적으로, 표 12.4의 우하방 칸을 생각해보자. 행만을 선택할 수 있는 기업 2는 우상방 칸으로만 이동할 수 있으며, 이 칸에서의 이윤(100)은 우하방에서의 이윤(200)보다 낮으므로 이 기업은 이동을 원하지 않을 것이다. 마찬가지로, 열만을 선택할 수 있는 기업 1은 좌하방 칸으로만 이동할 수 있으며, 이 칸에서 이 기업의 이윤(200)은 우하방 칸에서의 이윤(300)보다 낮으므로 이동을 원하지 않을 것이다. 결국 표 12.4의 우하방 칸에서는 어느 기업도 이동을 원하지 않으므로, 이 전략 조합은 내쉬 균형의 정의를 충족시킨다.

개념 확인 12.2

아래의 게임에서 어떤 기업이 우월 전략을 갖고 있는가? 이 게임에서 내쉬 균형은 존재하는가?

		기업 1	
		높은 연구 예산	낮은 연구 예산
기업 2	높은 연구 예산	$\Pi_1 = 200$ $\Pi_2 = 40$	$\Pi_1 = 60$ $\Pi_2 = 100$
	낮은 연구 예산	$\Pi_1 = 0$ $\Pi_2 = 30$	$\Pi_1 = 40$ $\Pi_2 = 80$

---

3. 1951년에 이 개념을 도입한 미국 수학자 존 내쉬(John F. Nash)의 이름을 딴 것이다.

최소극대화 전략

표 12.4의 게임에서는 기업 1이 광고를 하는 우월 전략을 취할 경우에 기업 2 역시 광고를 함으로써 더 나은 결과를 얻을 수 있다는 것을 살펴보았다. 따라서 만약 기업 1이 합리적으로 행동할 것으로 기업 2가 믿고 있다면, 기업 2가 취할 수 있는 최선의 선택은 광고를 하는 것이다. 하지만 기업 2는 기업 1이 합리적으로 행동할 것인지에 대해서 확신하지 못할 수도 있다. 이 경우에 기업 2는 기업 1이 광고를 하지 않기로 선택할 가능성에 대하여 최소한 고려를 해볼 수 있다. 이 경우, 만일 기업 2가 광고를 하면 0의 이윤을 얻을 것이고, 이는 이 기업이 광고를 하지 않을 때 얻을 수 있는 400의 이윤보다 훨씬 나쁜 결과를 초래한다.

기업 2가 우월 전략을 갖고 있지 않으며 기업 1의 선택에 대한 확신이 없을 때, 기업 2는 어떻게 행동해야 할까? 그 대답은 기업 2가 기업 1의 가능한 선택에 부여하는 가능성과 기업 2의 보수가 그런 선택에 어떻게 영향을 받는지에 달려 있다. 이런 상황하에서 기업 2가 어떤 행동을 취할지 예상하는 것은 극히 어렵다.

하지만 기업 2가 그런 불확실성에 직면했을 때 매우 조심스러운 접근을 한다고 생각해보자. 이때 기업 2의 선택은 가장 낮은 보수의 크기를 극대화하는 **최소극대화 전략**(maximin strategy)을 취할 수 있을 것이다. 표 12.4를 다시 참조해보면, 기업 2가 광고를 하지 않는 선택을 할 때 이 기업이 얻을 수 있는 가장 낮은 보수는 100(기업 1이 광고를 할 때 기업 2가 얻을 수 있는 이윤)이라는 것을 유의하라. 그러나 만일 기업 2가 광고를 한다면, 기업 1이 얻을 수 있는 가장 낮은 보수는 0(기업 1이 광고를 하지 않을 때 얻을 수 있는 이윤)이다. 그러므로 이런 상황에서 만일 기업 2가 최소극대화 전략을 취한다면 우리는 기업 2가 광고를 하지 않을 것이라고 예상할 수 있다.

최소극대화 전략
게임 참여자가 받을 수 있는 가장 낮은 보수를 가능한 한 크게 하는 옵션을 선택하는 것

용의자의 딜레마에서 게임을 반복할 때의 전략

지금까지 논의한 게임에서는 두 명의 참가자만 존재하였다. 하지만 이런 게임들은 다수의 참가자가 존재하는 게임으로 쉽게 확장시킬 수 있다. 예를 들어, 다수의 참가자가 존재하는 용의자의 딜레마에서 두 가지 선택 가능한 전략은 협조하거나 배신하는 것이라고 하자. 그리고 이 게임의 조건은 여전히 각 참가자가 배신할 때보다 협조할 때 더 높은 보수를 받는다는 것이다.

용의자의 딜레마에서 협조를 하지 않을 때 감수해야 하는 비용이 높다고 말하는 것은 서로 담합을 유지하려고 하는 강력한 금전적 동기가 있다고 말하는 것과 같은 뜻이다. 담합에 참여하고자 하는 당사자들에게 필요한 것은 배신자들을 처벌하는 방법을 찾는 것이고, 이렇게 함으로써 배신하지 않는 것이 그들의 이해에 부합하도록 만들 수 있다. 당사자들이 한 번만 게임에 참여하는 용의자의 딜레마의 경우에는 그런 방법을 찾는 것이 매우 어렵다. 하지만 참가자들이 미래에 반복적으로 게임에 참여할 것이 기대되는 상황에서는 새로운 가능성이 등장한다.

1960년대에 행해진 실험연구에 의하면, 매우 단순한 전략으로 잠재적 배신자들을 매우 효과적으로 방지할 수 있다는 것이 증명되었다.[4] 이 전략은 보복 전략 또는 맞대응 전략(*tit-for-tat*)

4. Anatol Rapoport and A. Chammah, *Prisoner's Dilemma*, Ann Arbor: University of Michigan Press, 1965 참조.

이라고 불리우는데, 그 작동방식은 다음과 같다. 누군가와 처음 상호교류할 때에 당신은 협조한다. 이어지는 교류를 할 때마다 당신은 단순하게 직전 교류에서 그 사람이 했던 것과 동일한 행동을 한다. 따라서 상대방이 첫 번째 교류에서 배신을 했다면 당신은 다음 교류에서 배신을 할 것이다. 만일 상대방이 협동를 한다면 당신의 다음 행동은 그와 마찬가지로 협조를 할 것이다.

보복 전략은 첫 번째 교류에서 참가자들이 협조를 하려는 성향을 보이기 때문에 "다정한"(nice) 전략으로 묘사된다. 보복 전략을 구사하는 두 참가자가 장기간 서로 교류를 할 경우에는 교류할 때마다 협조하는 결과로 이어질 것이다. 하지만 한 참가자가 배신하면 다음 교류에서 상대방은 항상 배신으로 대응을 하기 때문에 보복 전략은 "거친"(tough) 전략이기도 하다. 마지막으로, 이전에 배신했던 사람이 협조를 할 의사가 있다는 증거를 보여주기만 하면 상대방은 기꺼이 그에게 협조해준다는 점에서 보복 전략은 "관대한"(forgiving) 전략이다.

미시간 대학교의 정치학자인 로버트 액슬로드는 반복적인 용의자의 딜레마 게임에서 다른 전략들에 비해 보복 전략이 얼마나 잘 작동되는지에 대해 광범위한 분석을 행하였다.[5] 액슬로드가 행한 컴퓨터 모의실험의 초기 단계에서 보복 전략을 택한 사람들이 평균적으로 다른 전략들을 택한 사람들보다 더 높은 수익을 올렸다는 점에서 보복 전략이 가장 성공적인 전략인 것으로 밝혀졌다. 액슬로드가 이러한 결과를 발표하자 세계 도처의 전문가들은 더 나은 전략을 고안하기 위해 노력하였다. 그의 시도는 다수의 창의적인 반응들을 가져왔다. 하지만 액슬로드는 이 전략들조차도—이들 중 대부분은 보복 전략을 무너뜨릴 특정한 목적으로 고안되었다—보복 전략을 능가하지 못한다는 것을 발견하였다.

보복 전략이 성공하기 위해서는 참가자들이 어느 정도 안정적인 성향을 보여야 한다. 즉, 각 참가자는 다른 참가자들이 이전 교류에서 어떤 행동을 취했는지 기억할 수 있어야 한다. 또한 보복 전략에서는 참가자들이 미래에 발생할 사건들에 대하여 상당한 이해관계를 가지고 있어야 한다. 왜냐하면 사람들이 배신을 하지 않도록 만드는 것은 보복에 대한 두려움밖에 없기 때문이다. 이런 조건들이 충족된 때 협조자들은 서로를 식별할 수 있고 배신자들을 차별할 수 있다.

보복 전략에서 요구되는 조건들은 인간 집단에서 충족되는 경우가 많다. 많은 사람들은 반복적으로 교류하며, 대부분은 다른 사람들이 그들을 어떻게 대우하는지 기억한다. 액슬로드는 이런 요인이 사람들이 실제로 어떻게 행동하는지를 설명하는 데 도움을 주는 설득력 있는 증거를 수집하였다. 아마도 이 모든 증거 중 가장 인상적인 것은 제1차 세계대전 중 유럽의 참호전에서 전개된 "나도 살고 너도 살기"(live-and-let-live) 체계에 관한 이야기에서 비롯된 것이다. 이 전쟁 중 많은 지역에서 똑같은 부대원들이 동일한 적군들과 여러 해 동안 참호에서 서

5. Robert Axelrod, *The Evolution of Cooperation*, New York: Basic Books, 1984 참조.

로 진을 치고 있었다. 이들은 전력이 서로 비등했기 때문에 어느 쪽도 신속하게 상대방을 패퇴시킬 가능성이 높지 않았다. 그들이 취할 수 있었던 선택은 격렬하게 전투를 함으로써 양쪽에서 심각한 사상자가 발생하도록 하거나, 아니면 자제심을 발휘하는 것이었다.

역사학자 토니 애쉬워쓰가 참호전에 관해 기술하고 있는 교류의 조건들을 살펴보면 보복전략이 성공하기 위하여 요구되는 조건들과 매우 유사하다.[6] 전투 참여자들은 바뀌지 않고 다소 안정적으로 유지되었다. 그들 사이의 교류는 오랜 기간 동안 하루에 수차례씩 반복되었다. 각 진영은 상대방이 자리에서 이탈했을 때 이를 쉽게 알아차릴 수 있었다. 그리고 각 진영은 미래의 손실을 최소한으로 유지하고자 하는 분명한 의도를 갖고 있었다.

보복 전략이 제1차 세계대전 중에 연합군과 독일군이 자주 선택했던 전략인 것은 의심의 여지가 없다. 비록 공식적인 정책에서는 절대로 그렇게 하지 못하도록 명령을 받고 있었지만, 서로 자제심을 발휘하는 모습이 뚜렷이 나타났다. 애쉬워쓰는 참호 밖에서 활동하는 야간순찰대에 대해 다음과 같이 기술하고 있다:

> 조용한 전투지역에서 임무를 수행 중인 영국군과 독일군들은 설령 서로 직접 대면하는 일이 발생하게 되더라도 어느 쪽도 공격을 개시하지 않고 서로 피해서 다니곤 하였다. 양쪽 순찰대는 서로가 지킬 것을 지켜준다는 조건하에서는 공격이 가능할 뿐만 아니라 공격을 하도록 규정되어 있는 곳에서도 상대방과 평화를 유지하였는데, 그 이유는 한 쪽 순찰대가 발포하면 다른 쪽도 그렇게 할 것이기 때문이다.[7]

그 전투에 참전했던 군인들 중의 한 사람은 이렇게 증언했다.

> 우리는 둔덕이나 구덩이 근처에서 독일군 순찰대와 급작스럽게 마주쳤어요... 우리는 약 20 야드 정도 떨어져 있어서 서로 분명히 알아볼 수 있었어요. 나는 "우리가 서로 죽여본들 무슨 소용이 있겠어?"라고 말하는 듯이 힘없이 손을 흔들었어요. 그 독일군 병사는 이해한 듯 했고, 양쪽 순찰대는 몸을 돌려 각자의 진지로 돌아갔지요.[8]

폭격은 하루 중 정해진 시간에만 행해지거나 가장 취약한 위치에서 멀리 떨어진 곳에 행해지는 경우가 많다. 예를 들어, 식사시간이나 응급텐트들은 암묵적으로 폭격 대상에서 제외되는 경우가 일반적이었다.

액슬로드에 의해 언급된 조건들은 사람들이 협조를 할 때뿐만 아니라 협조를 하지 않으려고 할 가능성이 높은 경우에도 적용될 수 있다. 예를 들어, 참호전에서 상호 간에 발휘되는 자제심은 종전(終戰)이 가시화되자 즉시 무너지기 시작했다고 그는 지적한다.

비즈니스 세계에서도 전쟁과 비슷한 현상이 발생한다. 액슬로드가 시사하는 바에 따르면 기업들이 제시간에 대금을 지불하는 이유는 그렇게 하는 것이 옳은 행위여서가 아니라 똑

---

6. Tony Ashworth, *Trench Warfare: The Live and Let Live System*, New York: Holmes and Meier, 1980 참조.

7. 같은 책, p. 103.

8. Herbert Read, 같은 책, p. 104에서 인용.

같은 공급자들로부터 앞으로도 계속 상품을 공급받아야 하기 때문이다. 앞으로는 교류가 더이상 없을 것으로 생각될 때에는 협조하려는 경향이 붕괴되는 경우가 자주 발생한다. 한 가지 예는 어떤 사업이 부도의 위기에 처해 있어서 외상매출금을 "중매인"(factor)에게 판매하는 경우이다. 이러한 판매는 대폭 할인된 가격으로 이루어지는데, 그 이유는 다음과 같다.

> 일단 어떤 제조업체가 파산할 기미를 보이기 시작하면 이 업체의 가장 우수한 고객들조차도 상품의 질적 결함, 세부사항 미충족, 배송 지연 등을 주장하면서 상품에 대한 대금 지불을 거절하기 시작한다. 상도덕을 준수하게 만드는 강력한 힘은 관계의 지속성, 즉 같은 고객 또는 공급자와 다시 거래를 해야 할 것이라는 믿음에 있다. 파산에 직면한 기업이 이러한 자동적인 집행력을 상실하게 되면 실력이 있는 중매인조차도 매수자를 찾지 못할 가능성이 높다.[9]

보복 전략이 성공하기 위한 또 하나의 요건은 미래의 교류 횟수가 알려져 있거나 고정되어 있지 않아야 한다는 것이다. 실제로 참가자들이 앞으로 몇 번이나 교류하게 될지 정확하게 알고 있는 경우에는 매번 협조하는 것이 내쉬 균형이 될 수 없다. 그 이유를 이해하기 위해 각 기업이 상대방과 예를 들어 정확히 1,000번 더 교류하게 될 것임을 알고 있다고 가정해보자. 그러면 각 기업은 마지막 교류에서 배신을 하더라도 처벌을 받을 가능성이 전혀 없기 때문에 상대방이 배신을 하리라는 것을 안다. 그러나 각 기업은 또한 999번째 교류에서 배신을 하지 않을 아무런 이유가 없다는 것을 깨닫는다. 각 기업이 마지막 교류 이전에 어떤 행동을 취하든 1,000번째 교류에서는 어쨌건 배신이 발생할 것이기 때문이다. 이와 동일한 논리를 한 단계씩 앞서 적용하다 보면 결국 첫 번째 교류에 도달하게 되고, 그 결과로 보복 전략은 무용지물이 된다.

교류의 횟수가 알려져 있거나 고정되어 있지 않은 경우에는 이런 문제가 발생되지 않는다.[10] 예를 들어, 앞으로 교류가 추가로 발생할 가능성이 항상 존재한다고 가정할 때 어떤 교류도 미지막이 될 수 없을 것이고, 이는 향후 처벌이 이루어질 위협이 언제나 적어도 어느 정도 힘을 발휘하게 된다는 것을 의미한다. [이러한 상황에 놓여 있다는 것을 깨닫는 대부분의 기업들은(앞서 언급되었던 파산의 경우는 예외이다) 향후에 교류가 일어날 가능성이 항상 존재한다고 생각하는 것이 현실적으로 타당성이 있어 보인다].

그렇다면 보복 전략은 기업들 사이에 광범위한 담합을 필연적으로 이끌어 낼까? 결코 그렇지 않다. 문제는 보복 전략이 게임 당사자가 단 둘일 때에만 유효하다는 것이다. 경쟁 산업이나 독점적 경쟁 산업에서는 일반적으로 다수의 기업이 존재하며, 과점산업에서도 여러 기업이 존재하는 경우가 많다. 세 개 이상의 기업이 존재할 때, 그중 한 기업이 이번 기간에 배신을 하게 되면 다음 기간에 협조자들은 배신 기업을 어떻게 선별적으로 처벌할 것인가? 가

---

9. Mayer, Axelrod, op. cit., pp. 59, 60에서 인용.

10. 이런 문제를 피할 수 있는 또 하나의 방법은 상대방이 엄격하게 말해서 보복 전략을 취하는 것이 합리적인 행위가 아님에도 불구하고 그 전략을 취할 가능성이 있는 경우이다. David Kreps, Paul Milgrom, John Roberts, and Robert Wilson, "Rational Cooperation in Finitely Repeated Prisoner's Dilemmas," *Journal of Economic Theory*, 27, 1982, pp. 245–252 참조.

격을 인하하는 방법을 통해서? 이 방법은 배신한 기업뿐만 아니라 모든 기업들에게 불이익을 가져다 줄 것이다. 어떤 산업에 두 기업만 존재하는 경우라 할지라도 다른 어떤 기업이 그 산업에 진입할 수 있다는 문제점이 여전히 존재한다. 그러므로 협조자가 되려고 하는 기업들은 서로에 대해서 생각할 뿐만 아니라 그들과 경쟁을 결심할지도 모르는 모든 기업들에 대해서도 고려해야 한다. 물론 개별 기업은 이러한 시도를 부질없는 것으로 판단하고, 단기적으로나마 최소한 얼마간의 초과이윤을 얻으려고 지금 당장 배신을 하기로 결심할 수도 있다.

우리는 다음 몇 개의 절에서 잠재적 진입이 가져다주는 위협에 대해서 상세하게 살펴볼 것이다. 일단은 순전히 실증자료만을 토대로 말한다면 카르텔이나 다른 형태의 담합이 과거에 빈번하게 나타났지만 매우 불안정적인 경향이 있다는 것만 유념하도록 하자. 보복 전략을 실행에 옮기는 과정에서 발생하는 실제적인 문제들 때문에 기업들이 담합을 장기간 유지하기가 매우 어렵다는 것은 분명하다.

12.3 순차 게임

지금까지 살펴본 게임들은 두 참가자 모두 자신의 전략들을 동일한 시점에 선택해야 하는 경우였다. 각 참가자는 상대방이 실제로 선택한 전략이 아니라 상대방이 직면하고 있는 유인만을 알고 있는 상태에서 자신의 전략을 선택했다. 그러나 한 참가자가 먼저 행동을 취하면 다른 참가자는 첫 번째 참가자의 선택을 충분히 알고 있는 상태에서 본인의 전략을 선택할 수 있는 게임도 많이 있다. 이는 냉전시대 대부분에 걸쳐 미국과 옛 소련이 처했던 상황에 대체적으로 부합한다.

그 당시 양국의 군사전략은 상호확증파괴(MAD: mutually assured destruction)의 원칙에 기반을 두고 있었다. MAD의 아이디어는 단순하였다. 양국은 충분히 많은 핵무기를 비축해놓고 상대국이 먼저 공격을 감행할 경우 즉시 보복을 할 수 있도록 하는 것이다. MAD 이론에 따르면 파멸적인 반격이 예상되는 상황에서는 어느 쪽도 먼저 공격을 시도하지 못한다는 것이다.

어느 쪽도 먼저 공격을 감행한 적이 없다는 사실은 MAD 전략이 성공적이었다는 증거로 해석될 수 있다고 주장하는 사람들도 있다. 그런데도 이 전략에는 명백한 논리적 결함이 있으며, 자제력이 발휘될 수 있었던 실제 이유는 다른 곳에 있는 것이 틀림없음을 시사한다. 이 문제를 살펴보기 위해 당신이 러시아가 선제공격을 감행했다는 것을 방금 알게 된 미국 대통령이라고 가정해보자. 이 순간 당신은 MAD 전략이 이미 실패했다는 것을 알게 된다. 이유가 어떻든 간에 반격의 위협이 러시아의 선제공격을 제지하지 못한 것은 사실이다. 당신은 어쨌든 반격 명령을 내릴 것인가? 그렇게 하는 것은 전 세계의 파괴 가능성을 높일 뿐이라는 것을 당신은 깨닫게 될 것이다. 그 공격으로 미국의 이익이 심각한 타격을 받았다는 것은 너무나도 분명하다. 하지만 바로 그 시점에서의 반격은 미국에게 더 큰 피해만 안겨줄 것이다.

따라서 MAD가 갖고 있는 논리적 문제점은 일단 선제공격이 감행되면 보복하는 것이 공격을 당한 측의 이익에 부합되지 않는다는 것을 각자가 너무나 잘 알고 있다는 것이다. 각 당사자는 이를 알고 있기 때문에 반격의 위협은 억제력을 완전히 상실하고 만다.

설령 현실이 그렇지 않다 하더라도 최소한 이론적으로는 그렇게 보인다. 그 위협이 억제력을 발휘할 수 있는 것은 아마도 상대방이 선제공격의 희생양이 되었을 때 합리적으로 대응하지 않을 수도 있다는 두려움을 각자가 갖고 있기 때문일 것이다. (2차 세계대전 이후 미국과 소련 지도자들에 대해 대략적으로 살펴보기만 해도 이런 해석이 어느 정도 신빙성이 있다는 것을 알 수 있을 것이다.) 하지만 MAD가 효과적인 방어 전략인지의 여부와는 상관없이 이 이론은 분명 결함을 지니고 있다. MAD 전략의 약점을 드러내는 데 도움이 된 논리를 이용하면 이에 대한 간단한 해결책을 찾을 수 있다. 그 방법은 선제공격이 감행되면 자동적으로 보복하도록 세팅된 채로, 이후 조작이 불가능하도록 만든 소위 인류파멸의 무기를 설치하는 것이다. 상대방이 그런 장치를 설치해 놓았다는 것을 알게 되면 각 진영은 선제공격을 생각조차 할 수 없게 될 것이고, MAD 전략은 완벽해질 것이다.

경제학자들이 순차 게임을 어떻게 분석하는지 살펴보기 위해, 옛 소련이 미국에게 핵 공격을 감행할 것을 고려하고 있다고 가정해보자. 이런 결정은 그림 12.1의 "게임 나무" 그림으로 묘사할 수 있다. 소련이 먼저 행동을 취하는 경우, 게임 나무는 점 A에서 시작한다. 게임 나무의 첫 두 개의 가지는 소련이 공격을 하거나 하지 않는 선택을 보여준다. 소련이 공격을 감행하면 미국은 게임 나무의 맨 위 가지에 있는 점 B에 있게 되고, 여기서 미국은 반격을 할지 말지를 결정해야 한다. 만일 미국이 보복을 한다면 결국 점 D에 도달하게 되고, 이 경우 각국이 얻는 보수는 −100이다. 만일 미국이 보복을 하지 않는다면 결국 점 E에 도달하게 되고, 이 경우 소련이 얻는 보수는 100이고 미국이 얻는 보수는 −50이다. (보수의 크기는 순전히 임의적이다. 그 크기들은 여러 결과에 대해 각국이 매기는 가상적인 상대가치를 반영하여 선정했다.) 게임 나무의 아래쪽 절반은 소련이 공격을 감행하지 않는 경우를 나타내고 있다. 소련이 이런 선택을 하는 경우 미국은 점 C에 있게 되고, 여기에서 미국은

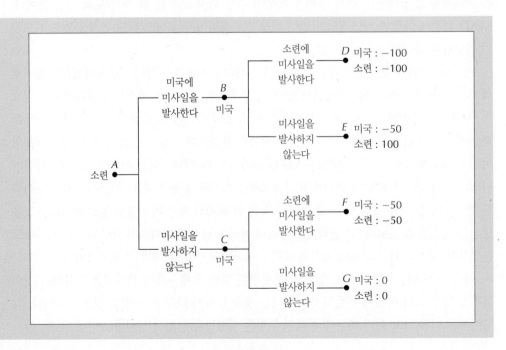

그림 12.1

순차 게임으로 풀어본 핵 억제력

소련이 공격하면 미국이 취할 수 있는 최선의 선택은 보복하지 않는 것이다(점 E). 소련이 공격하지 않으면 미국이 취할 수 있는 최선의 선택은 역시 보복하지 않는 것이다(점 G). 소련은 G보다 E에서 더 높은 보수를 얻기 때문에 공격할 것이다. 미국이 보수를 극대화한다고 여겨질 때 선제공격에 대하여 보복을 감행하겠다는 위협은 설득력이 없다.

다시 소련을 향하여 미사일을 발사할지 말지에 대한 의사결정에 직면하게 된다. 논의의 전개를 위하여 각 대안에 대한 양국의 보수가 게임 나무의 아래쪽 두 가지와 같이 각각 F와 G라고 가정해보자. 게임 나무에서 묘사된 네 가지 가능한 결과에 대한 보수가 주어져 있다고 가정할 때, 소련은 미국이 각 대안에 대해서 어떻게 행동할지 분석할 수 있다. 소련이 공격하면(점 B), 미국이 취할 수 있는 최선의 선택은 보복하지 않는 것이다(점 E). 소련이 공격을 하지 않으면(점 C), 미국에게 최선의 선택은 역시 공격하지 않는 것이다(점 G). 그러므로 미국이 보수를 극대화한다면 소련이 공격할 때 게임은 점 E에서, 그리고 소련이 공격하지 않으면 점 G에서 종결될 것임을 소련은 알고 있다. 그리고 소련은 점 E에서 더 높은 보수를 얻으므로 공격하는 것이 최선이다. 미국은 보복하겠다고 위협을 가할 수도 있지만, 미국이 보수를 극대화한다는 것을 상대방이 믿는 한 그런 위협은 신뢰를 얻지 못할 것이다.

이제는 소련이 공격하는 사건이 발생할 때 자동적으로 보복하도록 세팅이 되어 있는 무기인 "인류파멸의 무기"를 설치할 수 있다고 가정해보자. 그 결과 그림 12.1의 게임 나무의 윗가지 중 아래쪽 가능성에서 제외될 것이다. 그러면 소련이 공격을 감행하는 경우 게임은 점 D에서 종결될 것이고, 이때 소련은 −100의 보수를 얻는다. 그리고 이 보수는 소련이 공격하지 않을 때의 결과(점 G)보다 더 적으므로 소련이 취할 수 있는 최선의 선택은 미사일들을 격납고에 그대로 놔두는 것이 될 것이다.

생활 속의 경제행태 12.2

왜 기업은 결코 사용되지 않을 것임을 알고 있으면서도 투자를 하는 것일까?

시카고에 있는 윌리스 타워는 현재 미국에서 가장 높은 빌딩이다. 이는 그 빌딩에게 특별한 명성을 부여하며, 이로 인해 그 빌딩 소유주는 다른 유사한 사무용 빌딩들보다 더 높은 임대료를 받을 수 있다. 이제 기업 X가 이보다 더 높은 빌딩을 지을 것인지 고려하고 있다고 가정해보자. 어떤 기업이든 가장 높은 빌딩을 영구적으로 소유하게 되면 커다란 경제적 이윤을 남길 수 있다는 것을 이 기업은 알고 있다고 가정하자. 이 기업이 우려하는 것은 씨어스(또는 다른 어떤 기업)가 더 높은 빌딩을 지어 기업 X에게 돌아가는 보수를 상당히 감소시킬 수도 있다는 것이다.

씨어스와 기업 X는 그림 12.2에서 묘사된 유형의 순차 게임의 참여자들이라는 것을 인식하고 있다. 이 게임은 점 A에서 시작되고, 여기에서 X는 더 높은 빌딩을 지을것인지 결정해야 한다. 만일 X가 빌딩을 짓지 않으면(진입하지 않으면), 씨어스는 100의 보수를 얻지만 X는 0의 보수를 얻을 것이다. 그러나 만일 X가 빌딩을 지으면(진입하면) 이 게임은 점 B로 이동하고, 여기에서 씨어스는 더 높은 빌딩을 지을 것인지 아니면 그대로 있을지를 결정해야 한다. 씨어스가 더 높은 빌딩을 지을 경우 그 보수는 30이지만 X가 얻는 보수는 −50이며, 씨어스가 더 높은 빌딩을 짓지 않을 경우 그 보수는 40이지만 X가 얻는 보수는 60이라고 가정해보자. 씨어스는 당연히 X가 빌딩을 짓지 않기를 원한다. 씨어스는 X가 빌딩을 지을 경우 그보다 더 높은 빌딩을 지을 의도가 있음을 천명할 수도 있다. 하지만 씨어스가 직면한 보수를 X가 알고 있는 한, 일단 X가 진입하면 X는 씨어스가 선택할 수 있는 최선의 선택은 진입하지 않는 것이라는 결론을 내릴 수 있다. 이 순차 게임에서 내쉬 균형은 점 E이며, 이 점에서 X는 진입하고 씨어스는 진입하지 않는다.

이번에는 씨어스가 원래 그 타워를 짓기 전에 빌딩 꼭대기에 플랫폼을 설치하여 층수를 추가함으로써 빌딩을 더 높게 만들 수 있는 옵션을 갖고 있었다고 가정해보자. 이 플랫폼을 설치하는 데 10단위의 비용이 소요되지만 더 높은 빌딩을 짓는 데 드는 20단위의 비용을 줄일 수 있다. 씨어스가 이 플랫폼을 설치하였을 경우, 씨어스와 기업 X 사이의 순차 게임은 그림 12.3의 게임 나무로 묘사될 수 있을 것이다. 이제 점 D에서 씨

그림 12.2

가장 높은 건물을 짓는 의사결정

기업 X가 씨어스 타워보다 더 높은 건물을 지을 경우, 씨어스는 그보다 더 높은 빌딩을 지을지(점 D), 아니면 가장 높은 빌딩으로서의 지위를 양보할지(점 E) 결정해야 한다. 씨어스는 점 D보다 점 E에서 더 높은 보수를 얻을 수 있기 때문에 더 높은 빌딩을 짓지 않을 것이다. 그리고 기업 X는 이러한 사실을 알고 있기 때문에 씨어스가 더 높은 빌딩을 짓겠다는 위협에도 불구하고 시장에 진입할 것이다.

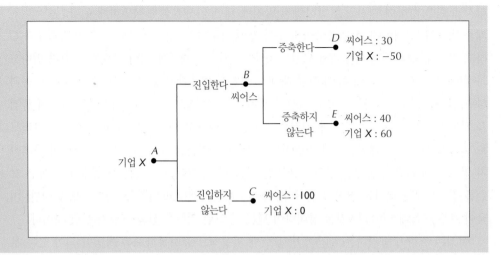

그림 12.3

전략적 진입 저지

씨어스가 애초에 10단위의 비용을 들여 빌딩 꼭대기에 플랫폼을 설치해 놓았다면 더 높은 빌딩을 짓는 데 소요되는 비용을 20단위 줄일 수 있었을 것이다. 그러면 씨어스는 증축을 하는 것으로 반응하기 때문에 기업 X는 더 높은 빌딩을 지을 가치가 없다. 변경된 게임에서는 점 C에서 내쉬균형이 발생한다.

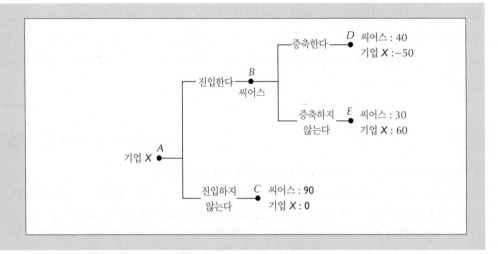

어스의 보수는 40이다(씨어스는 플랫폼을 짓는 데 10단위의 비용이 드는 대신에 더 높은 빌딩을 짓는 데에는 20단위의 비용을 절약할 수 있다). 점 C와 점 E에서 씨어스의 보수는 (플랫폼 설치비용이 반영되어야 하므로) 그림 12.2에서보다 각각 10단위씩 적다. 보수의 변동은 그 크기가 작음에도 불구하고 플랫폼의 존재로 인해 게임의 결과가 극적으로 바뀐다. 이제는 X가 가장 높은 건물을 지을 경우 씨어스는 기존 빌딩을 증축하는 식으로 대응할 것이고, 이는 X가 −50의 보수를 얻는다는 것을 의미한다. 그 결과, X는 시장에 진입할 가치가 없다는 것을 알게 될 것이고, 따라서 게임은 점 C에서 종결될 것이다. 점 C에서 씨어스의 보수는 90(원래의 보수 100에서 플랫폼 설치비용 10단위를 뺀 값)이다. 따라서 플랫폼 설치에 10단위를 투자한 결과 씨어스의 순보수는 50만큼 증가(플랫폼이 있을 경우의 보수 90단위와 플랫폼이 없을 경우의 보수 40단위와의 차이)한다.

방금 논의된 플랫폼에 대한 투자는 경제학자들이 말하는 *전략적 진입 저지*의 한 예이다. 그런 투자가 효과적일 수 있는 이유는 어떤 기업의 시장 지위가 위협받을 때 어떻게 대응할 것인지에 대한 잠재적 경쟁 기업의 예상을 바꿀 수 있기 때문이다.

생활 속의 경제행태 12.3

왜 기업은 필요한 것 이상의 설비를 갖춘 공장을 짓는 것일까?

대규모 생산설비는 일반적으로 소규모 설비에 비해 고정비용이 높고 한계비용은 낮다. 그러므로 이 질문은 다음과 같이 수정될 수 있다. 소규모 공장을 지을 때보다 대규모 공장을 짓게 되면 설령 한계비용은 낮출 수 있더라도 총비용이 늘어날텐데 왜 기업은 대규모 공장을 짓는 것일까?

한 가지 가능한 대답은 더 큰 공장은 전략적 진입 저지의 또 하나의 예가 된다는 것이다. 어떤 기존기업이 매우 낮은 한계비용을 갖고 있다는 것을 잠재적 진입기업들이 알고 있는 경우, 진입기업들이 정상이윤을 얻을 수 없을 정도로 매우 낮은 수준의 가격에서도 그 기존기업은 살아남을 수 있을 것으로 잠재기업들은 예상할 수 있다. 이 경우에 경쟁 기업들이 시장에 진입하는 것은 합리적이지 못한 행위가 될 것이다. 이는 또한 경쟁 기업들이 없는 경우 기존기업은 대규모 설비비용을 충당할 수 있을 만큼 충분히 높은 가격을 매길 수 있다는 것을 의미한다.

왜 기업은 필요한 것보다 더 큰 공장을 짓는 것일까?

12.4 전략적 선호의 진화

7장에서 우리는 사람들의 사회적 상호교류의 문제를 해결하는 데 도움을 주는 전략적 선호의 개념에 대하여 살펴보았다. 게임 이론의 한 분야인 "진화적 게임 이론"은 전략적 선호가 어떻게 발현될 수 있는지에 대해 체계적으로 사고할 수 있게 해준다. 그 유례는 공격적 행동에 대한 선호의 기원에 대한 생물학 문헌의 접근방식에서 찾아볼 수 있다. 이런 선호의 진화에 대한 생물학적 모형을 유심히 살펴보면 우리는 7장에서 논의된 비표준적 선호 현상 중의 일부에 대해 더욱 유익한 통찰을 얻을 수 있을 것이다.

매와 비둘기에 관한 우화

먼저, 공격적인 행동을 제외하고는 모든 면에서 동일한 개체들로 구성된 집단을 생각해보자. "매"라고 불리는 이 유형은 그런 행동에 강한 선호를 갖고 있다.[11] "비둘기"라고 불리는 다른 유형은 공격적인 행동을 회피하는 것을 선호한다. 어떤 개체가 어느 유형에 속하는지는 먹이와 짝 등과 같은 자원을 놓고 다른 개체와 대립할 때에만 드러난다. 이때 매의 전략은 그런 자원을 놓고 항상 다투는 것이다. 이때 비둘기의 전략은 절대 싸우지 않는 것이다.

---

11. 여기에서 "매"와 "비둘기"라는 명칭은 공격적 행동에 대해 서로 다른 취향을 보이는 동일한 종의 개체들을 묘사하기 위해 은유적으로 사용되고 있다.

이 두 유형이 생존을 위해 필요한 희소자원을 놓고 경쟁을 벌인다면 어떤 유형이 승리할 것인가? 언뜻 생각하기에 매는 비둘기와의 싸움에서 항상 우위를 점하기 때문에 매가 승리할 것으로 여길 수도 있다. 하지만 이런 견해는 두 마리의 매가 서로 마주칠 때 발생하는 상황을 간과한 것이다. 두 마리의 매는 공격적인 성향을 띠고 있으므로 싸움이 격렬하게 진행될 가능성이 있다. 그러므로 싸움에서 패배할 수도 있다는 점을 생각하면, 매가 된다는 것은 실로 위험한 일이 될 수도 있다.

두 마리의 비둘기가 중요한 자원을 놓고 서로 마주칠 때 어떤 일이 발생할지 살펴보면 매가 된다는 것이 지니는 잠재적 약점이 더욱 분명해진다. 비둘기들은 서로 마주치게 되면 유혈이 낭자한 싸움 대신에 자원을 공유한다.

우리의 가상적인 모집단에서는 두 개체가 서로 무작위로 교류하므로 세 가지 가상적인 조합들이 일어날 수 있다. (1) 두 마리의 비둘기, (2) 두 마리의 매, 그리고 (3) 한 마리의 매와 한 마리의 비둘기. 이 모집단이 어떻게 진화할 것인지 살펴보기 위해서는 세 가지 유형의 교류 각각에 대한 보수를 알아야 한다. 분석을 관리가 가능한 수준으로 유지하기 위해 어떤 생물학자가 어떤 공통의 측정단위, 예를 들어 칼로리로 이 보수를 표현할 수 있는 자료를 수집하였다고 가정해보자. 12칼로리에 해당하는 먹이를 놓고 벌어지는 갈등을 생각해보자. 두 마리의 비둘기가 교류할 때에는 먹이를 공유하므로 각자 6칼로리의 보수를 얻는다. 한 마리의 매와 한 마리의 비둘기가 교류할 때에는 비둘기가 매에게 먹이를 양보하므로 매는 12칼로리를 얻지만 비둘기는 아무것도 얻지 못한다. 마지막으로, 두 마리의 매가 교류할 때에는 싸움의 승자가 12칼로리를 얻지만 패자는 아무것도 얻지 못한다. 하지만 싸움 자체는 각 매에게 10칼로리를 소모하게 만들어, 이는 승리한 매가 얻는 순 보수는 12 − 10 = 2칼로리이지만 패배한 매의 경우에는 보수가 −10칼로리라는 것을 의미한다. 매들끼리 조우하는 횟수가 많아지면서 특정한 매가 승리하거나 패할 가능성은 반반이 될 것으로 예상할 수 있다. 그러면 매들 전체를 고려할 때 매들끼리 조우할 경우 한 마리의 매가 얻을 수 있는 보수의 평균은 (2 − 10)/2 = −4칼로리이다.

X와 Y로 무리의 두 개체를 표시하면 각 조합에 대한 평균 보수는 표 12.5에서처럼 나타낼 수 있다.

표 12.5

매와 비둘기의 보수 행렬

		개체 Y	
		매	비둘기
개체 X	매	각자 −4 칼로리	X : 12 칼로리 Y : 0 칼로리
	비둘기	X : 0 칼로리 Y : 12 칼로리	각자 6 칼로리

두 개체가 12칼로리의 먹이를 두고 갈등을 일으킨다. 두 마리의 매가 만나면 10칼로리가 소모되는 싸움이 일어나고 매 한 마리당 평균 순 보수는 −4칼로리가 된다. 비둘기와 매가 만나면 비둘기가 양보하므로 매는 12칼로리를 얻지만 비둘기는 0칼로리를 얻는다. 두 마리의 비둘기가 만나면 먹이를 공유하므로 비둘기 한 마리당 6칼로리를 얻는다.

생물학자들의 관점에서 판단할 때 매가 되는 것이 더 좋은지 아니면 비둘기가 되는 것이 더 좋은지라는 질문에 대한 대답은 평균적으로 어떤 유형이 더 많은 칼로리를 얻는지를 계산하면 된다. 이를 위해서 먼저 각 유형과 교류할 가능성을 알고 있어야 한다. 집단의 절반은 매이고 나머지 절반은 비둘기로 구성되어 있다고 가정하자. 그러면 각 개체의 교류 중 절반은 매와, 그리고 나머지 절반은 비둘기와 이루어질 것이다. 매가 얻는 평균 보수 P_H는 두 보수를 가중평균한 값이 될 것이다.

$$P_H = (\tfrac{1}{2})(-4) + (\tfrac{1}{2})(12) = 4. \tag{12.1}$$

마찬가지로, 비둘기가 얻는 평균 보수 P_D는

$$P_D = (\tfrac{1}{2})(0) + (\tfrac{1}{2})6 = 3. \tag{12.2}$$

매와 비둘기 사이의 경쟁에 대한 생물학자의 견해에 담긴 암묵적인 가정은 어느 유형이든지 더 많은 칼로리를 획득하는 유형이 더 많은 가족을 부양할 수 있고, 따라서 집단에서 차지하는 비중이 증가한다는 것이다. 방금 살펴보았듯이, 두 유형이 집단에서 각각 50 대 50의 비중을 차지하고 있는 경우 매가 비둘기보다 더 많은 칼로리를 얻게 되며, 이는 집단 중에서 매가 차지하는 비중이 증가한다는 것을 의미한다.

모집단에서 매가 차지하는 비중을 h라고 하자. (방금 고려했던 예에서는 $h = \tfrac{1}{2}$였다.) 두 유형이 차지하는 비중을 합하면 1이 되어야 하므로 $1 - h$는 모집단에서 비둘기가 차지하는 비중이 될 것이다. 이러한 모집단에서 매가 얻을 수 있는 평균 보수는 매가 얻는 두 유형의 보수의 가중평균이므로 그 가중치는 무리에서 차지하는 각 비중인 h와 $(1 - h)$가 된다.

$$P_H = (h)(-4) + (1 - h)(12) = 12 - 16h. \tag{12.3}$$

마찬가지 방식으로 비둘기가 얻는 평균 보수를 일반식으로 나타내면

$$P_D = (h)(0) + (1 - h)6 = 6 - 6h. \tag{12.4}$$

예를 들어, 매가 차지하는 비중이 4/5라면 어떤 매가 다른 매를 만날 확률은 4/5이고 비둘기를 만날 확률은 1/5이므로, 매가 얻는 평균 보수는 $P_H = (\tfrac{4}{5})(-4) + (\tfrac{1}{5})(12) = -0.8$이 된다. 마찬가지로 비둘기가 얻는 평균 보수는 $P_D = (\tfrac{4}{5})(0) + (\tfrac{1}{5})(6) = 1.2$가 될 것이다. 그러므로 매의 비중이 4/5일 때 이들이 얻는 평균 보수는 비둘기들이 얻는 평균 보수보다 적을 것이고, 이는 집단에서 매가 차지하는 비중이 감소하기 시작한 것임을 의미한다.

집단에서 차지하는 비중이 균형으로 안착될지의 여부를 살펴보기 위해서는 두 유형의 평균 보수 곡선들을 그려 두 곡선이 교차하는 점을 확인하면 된다. 그림 12.4에서 교차점은 $h = 0.6$일 때 발생한다. 이는 모집단에서 매가 차지하는 비중이 60퍼센트이고 나머지는 비둘기가 차지하는 비중일 때, 각 유형은 평균 2.4칼로리의 보수를 얻을 것임을 의미한다. 평균 보수가 동일하므로 두 유형은 동일한 수의 새끼들을 갖게 될 것이고, 이는 각 유형이 집단에서 차지하는 비중이 변화되지 않고 그대로 유지된다는 것을 의미한다.

그림 12.4에서 균형점은 안정적이라는 점에 주목하라. 이는 집단에서 매가 차지하는 비

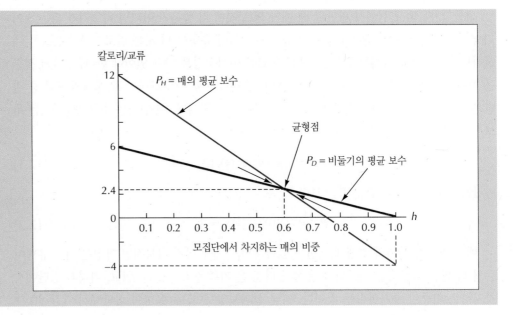

그림 12.4

매와 비둘기의 평균 보수

매와 비둘기의 평균 보수는 매가 집단에서 차지하는 비중의 감소함수이다. 두 유형의 혼합은 두 유형의 평균 보수가 일치할 때 균형에 도달한다.

중이 0.6에서 벗어나는 일이 생긴다고 하더라도 다시 0.6으로 복귀하려는 힘이 즉각적으로 작용한다는 뜻이다. 예를 들어, 어떤 이유로 인해서 매의 비중이 0.5로 떨어질 경우, 그림 12.4에 있는 평균 보수 곡선들을 통해서 볼 수 있듯이 매의 평균 보수는 비둘기의 평균 보수를 초과하게 되고, 따라서 매가 차지하는 비중은 증가할 것이다. 이와 반대로, 어떤 이유에서건 매의 비중이 0.7로 증가할 경우, 매의 평균 보수는 비둘기의 평균 보수보다 작을 것이고, 따라서 매가 차지하는 비중은 감소할 것이다.

개념 확인 12.3

위에서 논의한 예제에서 보수가 다음과 같이 바뀌었다고 가정해보자. 두 마리의 비둘기가 만날 때 각자 3단위를 얻는다. 두 마리의 매가 만났을 때 각자는 1단위를 얻는다. 그리고 비둘기와 매가 만날 때 비둘기는 2단위를 얻지만 매는 6단위를 얻는다. 각 유형이 집단에서 차지하는 균형 비중은 얼마일까?

매와 비둘기에 관한 예는 특정한 행동양식에 대한 선호의 유용성이 모집단 내의 다른 개체들이 그 행동을 선호하는 비중에 따라서 어떻게 달라질 수 있는지 보여준다. (공격을 선호하는) 매가 된다는 것은 유리할 수 있지만 일정 정도까지만 그러하다. 일단 매의 숫자가 충분히 많아지게 되면 비둘기가 되는 것이 유리하다. 두 선호에 대한 평균 보수가 동일해질 때 모집단은 균형 상태가 된다.

또한 매와 비둘기에 관한 예는 자연선택에 의한 진화의 중요한 특성을 보여준다. 즉, 어떤 속성은 모집단 전체의 보수에 미치는 영향이 아니라 각 개체의 보수에 미치는 영향에 따라서 자연선택에 의해 유리한 속성이 된다는 것이다. 그림 12.4에서 볼 수 있듯이, 매가 한 마리도 존재하지 않는 경우($h = 0$) 모집단 전체적으로는 더 많은 칼로리를 얻을 수 있다. 즉, 집단이 비둘기로만 구성되어 있을 때 각 개체는 다른 개체를 만날 때마다 6칼로리를 얻을 수 있고, 평균값인 2.4에서 극적인 개선을 이룰 수 있다. 하지만 비둘기로만 구성된 모집단은 안정적이지 못할 것이다. 한 마리의 매가 이 집단에 침입한다면, 비둘기들과 대결할 때마다 승리할 것이므로 매의 비중은 빠른 속도로 늘어날 것이다.

3장에서 소개한 합리적 선택 모형에서는 소비자의 취향, 즉 소비자가 도달하려고 노력하는 일련의 목표들을 주어진 것으로 간주한다. 매와 비둘기 예와 같은 생태학적 모형에서는 한 걸음 뒤로 물러나서 그런 취향(선호)이 어디에서 비롯된 것인지 묻는다. 이런 모형에서는 선호가 그 자체로 목적이 아니라 개체들이 중요한 물질적 목적(매와 비둘기 사례에서 생존과 번식을 위해 요구되는 칼로리의 획득)을 달성하는 수단으로 파악한다.

모든 개체들이 비둘기일 때 모집단 전체적으로 가장 많은 칼로리를 섭취한다. 그러나 이러한 모집단에서 한 마리의 매는 비둘기보다 칼로리를 더 잘 섭취한다.

이제 매와 비둘기 모형의 작동원리를 확실하게 파악하였으므로, 우리는 다양한 종류의 다른 취향들이 어떻게 발현되어 왔는지 분석할 수 있다. 특히 우리는 특정한 비이기적 동기들을 통해 사람들이 경제적 및 사회적 상호교류 과정에서 발생하는 중요한 문제들을 해결하는 데 어떻게 도움이 되었는지에 대해 살펴볼 것이다.

서약에 관한 문제

앞에서 살펴본 바와 같이 용의자의 딜레마에서 이기심의 추구는 스스로를 패배시키는 결과를 낳는다.

용의자의 딜레마에서 우월 전략은 자백하는 것이다. 앞서 살펴본 바와 같이 상대방이 어떤 선택을 하든 상관없이 각 용의자는 자백을 함으로써 더 경미한 처벌을 받는다. 문제는 각자가 이기적인 방식으로 행동할 때 두 용의자는 각자가 자제심을 보이는 경우보다 더 나쁜 결과를 얻는다는 것이다.

서로 의사소통이 허락되지 않는 것이 용의자들을 진정으로 곤란한 상황에 빠지게 만드는 근본적인 이유라고는 할 수 없다. 그들의 문제는 오히려 신뢰의 부족에서 비롯된 것이다. 자백을 하지 않겠다는 단순한 약속은 이 게임의 물질적 보수에 영향을 미치지 못한다. (각자가 자백을 하지 않는다는 약속을 할 수는 있지만 각자가 약속을 어길 때 여전히 더 높은 보수를 얻을 것이기 때문이다.)

용의자의 딜레마는 서약의 문제(*commitment problems*)라고 불리는 더 광범위한 부류의 문제 중의 한 예이다. 이 문제의 공통적인 특성은 사람들이 자기 자신의 물질적 이해와 상반되는 방식으로 행동할 때 더 큰 보수를 얻을 수 있다는 것이다. 예를 들어, 용의자의 딜레마 게임의 예에서 용의자들이 침묵을 지키도록 할 수 있다면 그들이 편협한 물질적 이득을 추구하도록 방치하는 것보다 더 좋은 결과를 얻을 수 있을 것이다.

매릴랜드 대학교의 경제학자인 토마스 셸링은 서약의 문제에 관한 생생한 예를 제시하였다.[12] 셸링은 갑자기 겁을 집어먹는 유괴범에 대하여 묘사하였다. 유괴범은 인질을 풀어주기를 원하지만 그 인질이 경찰에 신고할까봐 두려워한다. 그 인질은 자신을 풀어주면 경찰에 신고하지 않겠다고 기꺼이 약속한다. 하지만 문제는 일단 인질이 풀려나면 그의 약속은 더 이상 인질에게 이득이 되지 않는다는 것을 두 사람 모두 인지하고 있다는 것이다. 그래서 유괴범은 내키지는 않지만 인질을 죽여야 한다는 결론을 내린다. 인질이 합리적이고 이기적인 방식으로 행동할 것이라는 유괴범의 믿음은 인질에게는 명백히 최후를 맞이할 운명이라는 것을 의미한다.

셸링은 이 딜레마에서 벗어날 수 있는 방법을 다음과 같이 제시하였다. "만일 인질이 나중에 폭로되면 큰 해를 입을 수도 있는 짓을 저질렀다면, 그러한 사실을 털어놓을 수도 있다. 만일 그런 행동을 한 적이 없다면 자신이 침묵을 지킬 것이라는 확신을 줄 수 있는 행동을 유괴범 앞에서 할 수도 있다."[13] (예를 들어 인질은 자신이 말로 표현할 수 없을 정도의 모멸적인 행위를 하는 것을 유괴범이 촬영할 수 있도록 허락할 수 있다.) 여기서 나중에 협박을 받을 수도 있는 행위는 인질이 약속을 지키도록 하는 동기를 제공하는 어떤 것, 즉 **서약 장치**(commitment device)로 작용한다. 일단 그가 풀려나면 약속을 지키는 것이 그에게는 여전히 불쾌한 일이지만, 무엇보다도 신뢰할 만한 약속을 할 수 없는 것에 비하면 확실히 덜 불쾌할 것이다.

우리는 매일 경제적 및 사회적 교류를 하는 과정에서 용의자의 딜레마나 셸링의 유괴범과 인질이 직면하는 문제와 같은 서약의 문제에 봉착하는 경우가 많다. 셸링이 제시했던 해결책은 물질적 유인을 변경함으로써 그 문제를 해결하려고 시도하는 것이다. 하지만 불행하게도 이런 접근방법이 항상 실용적인 것은 아니다.

또 하나의 접근방법은 행동을 지배하는 심리적 보상을 바꿔주는 것이다. 경제학적 용어를 사용하면, 사람들로 하여금 편협한 이기심과 상반되는 행동을 하게 만드는 선호를 갖도록 하는 것이다. 예를 들어, 인질은 약속을 어겼을 때 기분이 우울해지는 사람으로 알려져 있다고 생각해보자. 그러한 감정이 충분히 강하다면 경찰에 알리는 것이 그에게 물질적 이득을 가져다줌에도 불구하고 그러한 행동을 하지 않도록 작용할 것이다. 유괴범이 이런 사실을 알게 된다면 그는 인질을 풀어줄 것이다.

예시 : 속임수에 관한 문제

비이기적인 동기의 역할은 생존을 위한 투쟁에서 비이기주의자들에 대항하는 이기주의자들이 함정에 빠지게 되는 단순한 생태학에서의 예를 통해서 분명하게 살펴볼 수 있다. 그들이 직면하는 서약의 문제는 두 명으로 구성된 협력 사업에서 발생한다. 이 사업에서 각자는

서약 장치
어떤 개인이 아무리 싫더라도 미래에 특정 방식으로 행동하도록 서약을 하도록 만드는 장치

---

12. Thomas Shelling, *The Strategy of Conflict*, Cambridge, MA: Harvard University Press, 1960.

13. 같은 책, pp. 43-44.

다음 두 가지 중 한 가지 방식으로 행동할 수 있다. 각자는 파트너와 정직하게 거래를 한다는 것을 의미하는 "협조"를 하거나, 또는 파트너를 속이는 것을 의미하는 "배신"을 할 수 있다. 표 12.6에서 볼 수 있듯이, 두 명의 파트너인 스미스와 존스에게 돌아가는 보수는 두 사람이 선택한 행동의 조합에 따라 달라진다. 여기서 파트너들에게 돌아가는 보수는 용의자의 딜레마에서의 보수를 화폐 단위로 환산한 것이다. 스미스가 어떤 행동을 취하든 존스는 배신을 함으로써 더 높은 보수를 얻고, 이는 스미스에게도 마찬가지라는 점을 명심하자. 만일 스미스가 이기적으로 행동할 것이라고 존스가 믿고 있다면, 존스는 스미스가 배신할 것으로 예측한다. 따라서 존스는 자신을 보호하기 위해서 역시 배신을 하고자 하는 강한 욕구를 느낄 것이다. 두 사람이 배신하면 각자가 얻는 보수는 2단위에 불과하다. 이러한 부류의 딜레마에서 항상 그렇듯이, 두 사람은 더 나은 결과를 얻을 수 있는 행동을 할 수도 있었지만 그렇게 하지 못한다. 그들이 협조를 했더라면 각자가 얻는 보수는 4단위가 되었을 것이다.

이번에는 단지 스미스와 존스 두 사람만 존재하는 것이 아니라 커다란 모집단이 있는 경우를 생각해보자. 이 사람들 중 2명씩 짝을 이루어 협력 사업을 할 경우 각 쌍의 멤버들이 취하는 행동과 그들에게 돌아가는 보수와의 관계는 여전히 표 12.6의 상황과 동일하다. 이 집단에 속해 있는 모든 사람들은 두 가지 유형—협조자 혹은 배신자— 중의 하나라고 가정하자. 협조자는 집중적인 문화적 조건화를 통해 협조 성향을 보이도록 만드는 도덕 감정을 느낄 수 있는 유전가능한 역량을 개발한 사람이다. 배신자는 이러한 능력이 결여되어 있거나 아니면 이 능력을 개발시키지 못한 사람이다.

이 경우, 협조자들은 배신한 것이 들통날 가능성이 전혀 없는 경우에도 남을 속이려고 하지 않는다는 점에서 이타주의자들이다. 현재 고려하고 있는 좁은 맥락에서의 선택이라는 관점에서 살펴볼 때, 이런 행동은 분명 물질적 이해와 상반된다. 이와 반대로, 배신자들은 분명한 기회주의자들이다. 그들은 항상 자신의 보수를 극대화하는 선택을 할 것이다. 앞서 살펴보았던 매와 비둘기의 예에서와 마찬가지로 여기서 우리가 할 일은 두 유형의 사람들이 서로 생존을 위한 투쟁을 벌일 때 무슨 일이 벌어질지 파악하는 것이다. 앞으로 알게 되겠지만 그 대답은 결정적으로 두 유형이 서로를 얼마나 쉽게 식별할 수 있는지에 달려 있다. 우리는 여러 가능성들을 차례로 생각해볼 것이다.

표 12.6

협력 사업에서의 금전적 보수

		스미스	
		배신	협조
존스	배신	각자 2단위	스미스 : 0단위 존스 : 6단위
	협조	스미스 : 6단위 존스 : 0단위	각자 4단위

이 표에서 보수는 용의자의 딜레마에서의 보수와 동일한 구조를 보인다. 상대방의 행동을 주어진 것으로 볼 때 각자는 배신을 하는 것이 최선이다. 배신할 때 각자는 2단위밖에 얻지 못하지만, 두 사람 모두 협력할 때에는 4단위를 얻는다.

협조자와 배신자를 구별할 수 없을 때, 모집단의 변화

순전히 가상적인 경우이지만, 협조자들과 배신자들이 너무나 흡사하여 두 유형을 구별하는 것이 불가능한 경우를 생각해 보자. 이러한 가상적인 생태환경에서, 이는 매와 비둘기의 예에서와 마찬가지로 각 개인들이 무작위로 짝을 이루게 된다는 것을 의미한다. 당연히 협조자들은(그리고 마찬가지 이유로 배신자들은) 협조자들을 만나는 경우 더 좋은 결과를 얻겠지만 지금으로써는 짝을 선택할 수가 없다. 모두가 외견상 동일하므로 그들은 운에 의지할 수밖에 없다. 그러므로 배신자와 협조자들 모두에게 기대되는 보수는 협조자와 짝을 이룰 가능성에 달려 있으며, 이는 또한 모집단에서 협조자들이 차지하는 비중에 달려 있다.

c를 협조자들이 모집단에서 차지하는 비율이라고 하자. 어떤 협조자가 모집단에서 무작위로 선택된 사람과 교류한다면 그 사람 역시 협조자일 확률은 c가 될 것이다. 그리고 그 사람이 배신자일 확률은 $1 - c$가 될 것이다. 어떤 협조자가 다른 협조자와 만날 때 얻을 수 있는 보수는 4이고 배신자와 만날 때 얻을 수 있는 보수는 0이므로, 각 협조자에게 돌아가는 보수의 기댓값은 다음과 같이 표현할 수 있다.

$$P_C = c(4) + (1 - c)(0) = 4c. \tag{12.5}$$

그러므로 협조자가 모집단에서 차지하는 비중이 절반일 때($c = 1/2$), 어떤 협조자가 다른 협조자를 만날 가능성은 50 대 50이므로 이 경우 그는 4단위의 보수를 얻을 것이며, 그가 배신자를 만날 확률 역시 50 대 50이므로 이 경우 그는 0단위의 보수를 얻을 것이다. 따라서 그가 얻는 보수의 기대값은 두 결과의 가중평균인 2단위가 된다.

개념 확인 12.4

$c = 0.97$일 때 어떤 협조자의 평균 보수는 얼마인가?

배신자들이 얻는 평균 보수에 대한 식은 다음과 같다.

$$P_D = 6c + 2(1 - c) = 2 + 4c. \tag{12.6}$$

이 예시에서 가정된 금전적 크기에 대한 평균 보수의 관계는 그림 12.5에 그려져 있다.

협조자들과 배신자들을 전혀 구별하지 못할 때 시간이 흐름에 따라서 모집단은 어떻게 진화할까? 매와 비둘기 예에서와 마찬가지로 여기에 적용되는 법칙은 각 개인이 평균 보수에 비례하여 번식한다는 것이다. 즉, 더 많은 보수를 얻는 쪽은 더 많은 자손을 부양하는 데 필요한 자원을 갖는다.[14] 매와 비둘기 예에서는 두 유형에 대한 평균 보수 곡선들이 서로 교차하여 각 유형이 집단에서 차지하는 비중이 안정화되었음을 상기하라. 하지만 지금은 평균 보수 곡선들이 서로 교차하지 않는다. 배신자들은 항상 더 높은 평균 보수를 얻으므로 모집

---

14. 물론 아주 최근에는 소득과 가족 규모 사이에 부(*negative*)의 상관관계가 나타나고 있다. 하지만 자연선택에 의해 선호가 결정된다면, 그 관계에서 중요한 것은 진화의 역사 대부분의 기간 동안에 존재했던 관계이다. 그리고 그러한 관계는 논쟁의 여지 없이 정(*positive*)이다. 과거에는 기근이 자주 발생했고, 그래서 더 많은 물질적 자원을 갖고 있던 사람들은 자녀를 성년이 될 때까지 성장시킬 수 있었다. 게다가 대부분의 초기 사회는 일부다처제였으므로, 가장 부유한 사람들은 여러 명의 아내를 둘 수 있었지만, 가난한 사람들 대부분은 아예 아내를 가질 수 없었다.

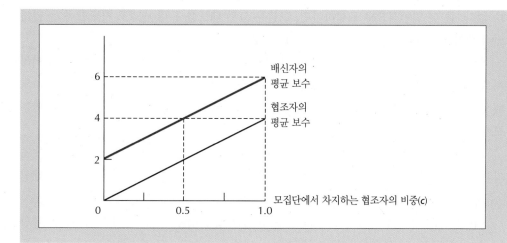

그림 12.5

협조자들과 배신자들을 구별하지 못할 때의 평균 보수

협조자들과 배신자들 모두에게 기대되는 보수는 모집단에서 협조자들이 차지하는 비율이 높을수록 증가한다. 하지만 협조자들이 집단에서 차지하는 최초의 비율이 얼마가 되든지 상관없이 협조자들은 배신자들보다 낮은 평균 보수를 얻는다. 이는 협조자들이 멸종될 운명에 처해있음을 의미한다.

단에서 이들이 차지하는 비중은 시간이 흘러가면서 높아진다. 모집단의 거의 모든 구성원들이 협조자들인 상황에서 시작한다 해도 협조자들은 결국 멸종될 운명에 처한다. 협조자들과 배신자들을 구별할 수 없는 경우에 진정한 협조는 나타날 수 없다. 대략적이기는 하지만 이 경우는 자기이익모형에서 이기적 행동을 가정하는 데 대한 정당성을 부여한다고 볼 수 있다.

그림 12.5에서 모집단이 협조자들로만 구성되어 있을 때($c = 1.0$) 각자의 보수는 4가 되거나, 혹은 배신자들로만 구성되는 균형 상태에서 각자가 얻는 보수의 두 배만큼 높다는 점에 주목하라. 매와 비둘기 예에서와 마찬가지로 이 경우에도 역시 기호가 집단이 아니라 개인에 미치는 영향에 따라 진화한다는 것을 알 수 있다.

협조자들을 쉽게 식별할 수 있을 때, 모집단의 변화

이제는 협조자들과 배신자들을 서로 완벽하게 식별할 수 있다고 해보자. 좀 더 구체적으로, 동정심은 협조를 유발하는 감정이며, 이러한 감정을 경험하는 사람들에게서 이런 징후(아마도 "동정적인 태도")를 발견할 수 있다고 해보자. 배신자들로부터는 이런 징후를 발견할

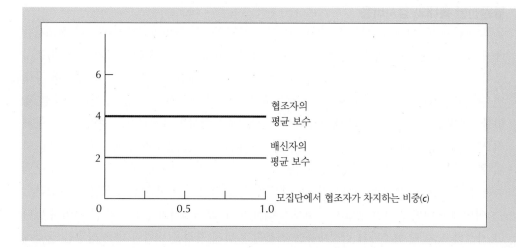

그림 12.6

협조자들과 배신자들을 완벽하게 식별할 수 있을 때의 평균 보수

협조자들을 한눈에 식별할 수 있을 때 그들은 항상 자기들끼리 교류할 수 있으므로 4단위의 보수를 얻는다. 배신자들은 자기들끼리밖에 교류할 수 없게 되므로 2단위의 보수를 얻는다. 이 경우에 멸종되는 당사자는 배신자들이다.

수 없다. 좀 더 일반적으로 표현하자면, 그들은 그런 태도를 흉내 내려고 시도할 수는 있지만 정확하게 그러한 태도를 보이는 데에는 실패한다.

한눈에 이런 징후를 알아차릴 수 있다면 이제 결과는 정반대가 된다. 이제는 협조자들끼리 서로 선택적으로 교류할 수 있게 되므로 4단위의 보수를 확실히 얻을 수 있다. 어떤 협조자도 배신자와 교류할 필요가 없다. 배신자들은 자기들끼리밖에 교류할 수 없으므로 그들이 얻는 보수는 2단위에 불과하다.

교류 과정에서 행운의 요소는 모두 제거되므로 보수는 더 이상 집단에서 차지하는 협조자들의 비중에 의존하지 않는다(그림 12.6 참조). 협조자들은 항상 4의 보수를 얻고, 배신자들은 항상 2의 보수를 얻는다.

이제는 협조자들이 더 많은 보수를 얻을 수 있으므로 이들은 더 큰 규모의 가족들을 부양할 수 있게 되고, 모집단에서 이들이 차지하는 비중은 지속적으로 증가하게 된다. 협조자들을 쉽게 식별할 수 있을 경우, 멸종의 운명을 맞이하는 당사자는 배신자들인 것이다.

비용을 들이거나 지체하지 않고 흉내를 낼 수 있는 경우

그러나 배신자들은 싸우지 않고 포기할 필요가 없다. 배신자들 중 어떤 돌연변이종이 출현하였다고 해보자. 이들은 배신자들과 똑같이 행동하지만 각자는 협조자들과 아주 동일한 신뢰성의 징후를 보인다. 이 특별한 돌연변이종은 협조자들과 똑같아 보이기 때문에 협조자들이 그들을 식별해내는 것은 불가능하다. 그러므로 이들은 진짜 협조자들과 마찬가지로 협조자들과 똑같이 교류할 수 있다. 이는 또한 돌연변이 배신자들이 협조자들보다 더 높은 기대보수를 얻을 수 있음을 의미한다.

여전히 협조자들과는 다르게 보이는 돌연변이가 아닌 배신자들은 돌연변이 배신자들과 협조자들보다 더 낮은 보수를 얻게 될 것이며, 이전과 마찬가지로 멸종할 운명에 처한다. 그러나 협조자들도 역시 어떤 방식으로든 적응하지 않으면 그들 역시 동일한 운명에 직면한다. 배신자들이 협조자들에게 나타나는 특성을 아무런 비용을 들이지 않고 즉각적으로 완벽하게 흉내 낼 수 있을 때 그 특성은 식별력을 완전히 상실한다. 협조자들과 살아남은 배신자들은 완전히 똑같아 보이므로, 결국 협조자들이 최후의 운명을 맞게 된다.

불완전한 흉내와 감시비용

물론 배신자들만이 적응하는 것은 아니다. 만일 무작위적인 돌연변이가 발생하여 협조자들에게 나타나는 특성이 바뀐다면 배신자들은 이제 움직이는 표적을 좇는 신세가 된다. 협조자들이 원래 자신들을 식별할 수 있도록 해주었던 징후들을 배신자들이 불완전하게 밖에 흉내낼 수 없다고 해보자. 이 두 유형을 한 눈에 구별할 수 있다면 배신자들은 여전히 최후를 맞이할 것이다. 그러나 협조자와 배신자를 식별하는 데 노력이 필요하다고 해보자. 좀 더 구체적으로, 식별을 위해서는 1단위의 비용이 소요된다고 해보자. 이 비용을 지불한다는 것은 마치 협조자들과 배신자들을 한 눈에 식별할 수 있게 만드는 특수한 콘택트렌즈 한 쌍을 구매하는 것과 같다. 이 비용을 지불하지 않은 사람들은 여전히 두 유형을 전혀 식별할 수 없다.

이번에는 어떤 일이 발생할지 살펴보기 위하여 표 12.6에서와 같은 보수가 주어져 있다고 가정하고, 어떤 협조자가 감시비용을 지불할지 말지 결정을 내려야 하는 상황을 생각해보자. 만일 그가 비용을 지불하면 확실하게 다른 협조자들과 교류할 수 있게 되고, 따라서 4 − 1 = 3단위의 보수를 얻을 것이다. 만일 그가 비용을 지불하지 않는다면 그가 얻는 보수는 불확실하다. 그에게 협조자들과 배신자들은 똑같아 보이므로 그는 운에 따를 수밖에 없다. 만일 다른 협조자와 교류하게 된다면 그는 4단위의 보수를 얻을 것이다. 하지만 배신자와 교류하게 되면 그는 아무런 보수도 얻지 못할 것이다. 따라서 1단위의 감시비용을 지불하는 것이 현명한 선택인지는 이 두 결과의 발생 가능성에 달려 있다.

협조자가 모집단에서 차지하는 비중이 90퍼센트라고 하자. 감시비용을 지불하지 않을 때 협조자가 다른 협조자와 교류할 가능성은 90퍼센트이고 배신자와 교류할 가능성은 10퍼센트에 불과하다. 그러므로 그가 받는 보수는 평균값 (0.9)(4) + (0.1)(0) = 3.6이 될 것이다. 이는 그가 감시비용을 지불하는 경우 얻을 수 있는 순 보수인 3단위보다 높으므로 그는 비용을 지불하지 않는 편이 더 낫다.

이번에는 협조자들이 집단에서 차지하는 비중이 90퍼센트가 아니라 50퍼센트라고 해보자. 만일 협조자가 감시비용을 지불하지 않으면 그는 협조자와 교류할 가능성은 50 대 50에 그친다. 따라서 그가 받을 수 있는 평균 보수는 2단위로, 그가 그 비용을 지불했다면 얻을 수 있었을 보수보다 1단위 적다. 이 차이 때문에 명백히 그는 비용을 지불하는 것이 더 낫다.

이 예에서의 수치들은 다음 식을 c에 대해서 풀 때 얻을 수 있는 "손익분기점"을 의미한다.

$$4c = 3. \tag{12.7}$$

이 식을 풀면 $c = 0.75$가 된다. 그러므로 협조자들이 집단에서 차지하는 비중이 75퍼센트일 때 감시비용을 지불하지 않은 협조자의 기대 보수($4c$)가 감시비용을 지불했을 때 확실히 얻을 수 있는 보수(3)와 정확히 일치한다. 그 비용을 지불하지 않는 협조자는 75퍼센트의 가능성이 있는 4단위의 보수와 25퍼센트의 가능성이 있는 0단위의 보수에 직면하게 되므로, 그 평균 보수는 3이 된다. 협조자의 비중이 75퍼센트를 밑도는 경우 감시비용을 지불하는 것이 항상 더 낫다. 협조자의 비중이 75퍼센트를 넘으면 그는 이 비용을 지불하지 않는 것이 낫다.

개념 확인 12.5

협조자가 모집단에서 60퍼센트의 비중을 차지하고 있고, 감시비용이 1.5일 때 협조자는 이 감시비용을 지불해야 할까?

손익분기점 규칙을 염두에 둔다면 우리는 이제 모집단이 시간이 흘러감에 따라 어떻게 진화할 것인지에 대해서 말할 수 있다. 집단에서 협조자의 비중이 75퍼센트를 하회할 때 협조자들은 모두 감시비용을 지불할 것이고, 자기들끼리 협조함으로써 3단위의 보수를 얻을 것이다. 협조자들이 이 비용을 들이는 것은 배신자들에게 이득을 가져다주지 못할 것이다. 왜냐하면 경계심을 늦추지 않는 협조자들은 어쨌든 배신자들과 교류하지 않을 것이기 때문이다. 배신자들은 자기들끼리만 교류하게 되므로 2단위의 보수밖에 얻지 못한다. 따라서 협조자들이 집단에서 차지하는 비중이 75퍼센트를 하회하는 상황에서 시작하면 협조자들은 더 높은 평균 보수를 얻게 될 것이고, 이는 그들이 모집단에서 차지하는 비중이 증가하게 된다는 것을 의미한다.

집단에서 협조자들이 75퍼센트를 초과할 경우에는 상황이 정반대로 바뀐다. 이제는 감

그림 12.7

감시비용이 있을 때의 평균 보수

협조자들의 비중이 75퍼센트를 상회할 때 협조자들은 감시비용을 들일 필요가 없다. 그 결과 배신자들이 얻는 기대 보수는 협조자들이 얻는 기대 보수를 초과하게 되고, 협조자들의 비중은 감소한다. 협조자들의 비중이 75퍼센트보다 작을 때 협조자들은 감시비용을 지불하여 배신자들과의 교류를 회피한다. 이 경우 협조자들은 배신자들보다 높은 보수를 받고, 그 결과 협조자들의 비중은 증가한다. 결국 어느 점에서 출발하든 모집단은 75퍼센트의 협조자 비중에서 안정을 찾는다.

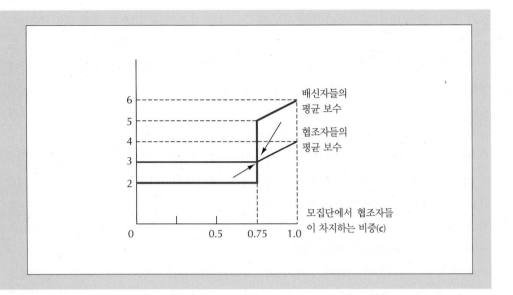

시비용을 지불하는 것이 더 이상 타당하지 않다. 따라서 협조자들과 배신자들은 서로 무작위로 교류하게 될 것이고, 이는 배신자들이 더 높은 평균 보수를 얻게 된다는 것을 의미한다. 또한 모집단에서 협조자들이 차지하는 비중을 하락시킬 것이다.

이 예에서 가정한 수치들을 적용할 때 두 유형의 평균 보수 곡선이 그림 12.7에 그려져 있다. 이미 지적한 바와 같이 협조자들의 비중이 75퍼센트보다 작을 때 협조자 곡선이 배신자 곡선보다 위에 있지만, 이보다 큰 비중일 때에는 아래에 위치해 있다. 배신자들의 곡선이 급격하게 불연속을 보이는 이유는 75퍼센트의 왼쪽에서는 모든 협조자들이 감시비용을 지불하는 반면에, 75퍼센트의 오른쪽에서는 아무도 감시비용을 지불하지 않기 때문이다. 일단 협조자들이 모집단에서 차지하는 비중이 75퍼센트를 넘어서면 배신자들은 갑자기 그들의 희생양에게 접근하여 이득을 얻는다. 다시 한 번 더 상대적으로 더 높은 보수는 모집단에서 차지하는 비중을 높인다는 진화의 법칙이 적용된다. 이 법칙으로 인해 이 예에서 집단은 분명히 75퍼센트의 협조자들로 안정화될 것이다.

여기서 75퍼센트라는 수치가 마법의 수치인 것은 절대 아니다. 예를 들어 감시비용이 1보다 작았더라면 협조자들의 모집단에서 차지하는 비중은 더 높아졌을 것이다.

개념 확인 12.6

만일 감시비용이 0.5라면, 협조자들이 모집단에서 차지하는 균형 비중은 얼마일까?

협조자들끼리 짝을 이룰 때의 보수가 증가하면 협조자들이 모집단에서 차지하는 균형 비중 또한 상승할 것이다. 이 예의 핵심은 감시비용이 존재할 때 모집단은 협조자와 배신자들이 안정적으로 섞여있는 지점으로 도달하게 하는 압력이 작용한다는 것이다. 앞에서 살펴보았던 매와 비둘기 예에서처럼, 일단 모집단이 이 혼합비율 지점에 안착하게 되면 두 유형의 멤버들은 동일한 평균 보수를 얻게 되고, 따라서 생존할 가능성 역시 동등해질 것이다. 달리 말해서 두 유형 모두에게 생태적으로 생존할 여지가 있다는 것이다. 이런 결과는 지극히 경쟁적인 물질세계에서는 오직 기회주의자만 살아남을 수 있다는 견해와 극명한 대조를 이룬다.

특정한 비이기주의적인 동기나 선호가 서약의 문제를 해결하는 데 도움이 될 수 있다는 주장의 이면에 있는 핵심 가정은, 이런 동기의 존재를 다른 사람들이 어떻게 해서든 알아챌 수 있다는 것이다. 7장에서 논의한 바와 같이, 심리학자들은 특정 감정에 특징적인 표정이 있다는 찰스 다윈의 주장이 옳다는 것을 확인하였다. 안면 근육의 움직임이 복잡하게 어우러진 결과인 이러한 표정들은 타인의 감정 상태에 대한 신뢰 할만한 정보를 제공해준다.

▪ 요약 ▪

- 사람들의 선택이 상호 영향을 주는 상황은 게임에 관한 수학적 이론으로 분석하는 것이 유익하다. 게임의 세 가지 기본 요소는 참여자들, 가능한 전략 조합, 보수 행렬이다. 상대방의 선택은 주어진 것으로 가정하고, 각 참여자의 선택이 최적일 때 내쉬 균형이 달성된다. (학습목표 1, 2)

- 어떤 전략이 다른 참여자들이 어떠한 선택을 하든지 상관없이 최적일 때 그 전략은 우월전략이다. 열등 전략은 다른 참여자들이 어떠한 선택을 하든 상관없이 더 낮은 보수를 주는 전략이다. (학습목표 2)

- 용의자의 딜레마는 두 가지 특성으로 정의되는 게임이다. 첫째, 각 참여자는 우월 전략을 갖고 있다. 둘째, 각자가 그 전략을 구사할 때 각자가 열등 전략을 구사했을 때보다 더 낮은 보수를 각자에게 가져다준다. 보복 전략은 용의자의 딜레마

가 반복될 때 협조적 행위를 이끌어내는 데 효과적인 경우가 많다. (학습목표 3)

- 참여자들이 선택을 하는 시점은 여러 게임들의 결과에 큰 영향을 끼친다. 이런 게임의 보수 행렬은 게임 나무라는 도구로 요약하면 유용하다. (학습목표 5)

- 현재 활동 중인 기업들은 가끔 잠재적 경쟁 기업들이 자기들 시장에 진입하는 것을 전략적으로 억제하기도 한다. 이런 행위는 그렇게 하지 않을 때 필요한 비용보다 더 많은 비용을 수반하는 경우가 많다. (학습목표 5)

- 진화론적 게임 이론은 일회성 용의자의 딜레마와 같은 경우에 왜 비이기적인 행위를 유발하는 선호를 견지하는 것이 유리할 수 있는지 그 이유를 밝혀준다. (학습목표 6)

▪ 복습문제 ▪

1. 미국과 옛 소련 간의 군비경쟁이 어떻게 용의자의 딜레마와 동일한 구조를 보이는지 설명하라. (학습목표 3)

2. A와 B가 용의자의 딜레마 게임을 정확하게 네 차례 한다고 가정하자. 왜 보복 전략이 협조를 이끌어내는 효과적인 수단이 될 수 없는지 그 이유를 설명하여라. (학습목표 3)

3. 세 명 이상의 참여자가 있는 용의자의 딜레마에 관한 예를

두 가지 제시하라. (학습목표 3)

4. 서약의 문제와 관련된, 작년에 당신이 겪었던 개인적 경험담을 두 가지 제시하여라. (학습목표 5)

5. 전략적 선호의 진화 모형에서 그런 선호를 식별할 수 있는 능력이 하는 역할은 무엇인가? (학습목표 6)

▪ 연습문제 ▪

1. 한 교수가 기말시험을 채점하는 도중에 두 학생의 답안지가 똑같다는 것을 발견한다. 그는 그 학생들을 따로 불러 두 명이 정답을 공유했다는 것은 확신하지만 누가 누구의 답안지를 베꼈는지는 확신할 수 없다고 말한다. 그는 만일 부정행위를 인정하는 자술서에 두 학생 모

두 서명을 하면 F 학점을 받을 수 있다는 거래를 두 학생에게 제안한다. 만일 한 명만 자술서에 서명하면 그는 수강포기를 하는 것이 허용되겠지만, 서명을 하지 않은 다른 학생은 퇴학을 당할 것이다. 마지막으로, 그 교수는 부정행위가 있었다고 증명할 수 있는 충분한 증거를 가지고 있지 않기 때문에 두 학생 모두 서명을 하지 않을 경우에는 모두 C 학점을 받을 것이다. 두 학생 사이에 의사소통이 허용되지 않는다고 가정할 때, 적절한 보수 행렬을 만들어 보라. 각 학생은 우월 전략을 갖는가? (학습목표 3)

2. 키플링거와 인튜이트는 세금계산 소프트웨어 산업에서 활동하는 두 경쟁 기업들이다. 이 두 기업은 다음 해에 간단한 세금계산 프로그램을 개발할지 아니면 대규모 종합 프로그램을 개발할지 선택해야 한다. 아래에 있는 행렬은 두 기업이 선택한 조합에 따라서 각 기업의 이윤이 어떻게 달라지는지 보여준다. (학습목표 2, 4)

		키플링거	
		간단	종합
인튜이트	간단	$\Pi_I = 120$ $\Pi_K = 120$	$\Pi_I = 110$ $\Pi_K = 200$
	종합	$\Pi_I = 220$ $\Pi_K = 80$	$\Pi_I = 50$ $\Pi_K = 100$

a. 만일 이 게임에서 내쉬 균형들이 존재한다면 찾아내라.

b. 재능이 뛰어난 한 프로그래머가 있는데, 그를 고용하는 기업은 경쟁 기업이 개발전략을 선택할 기회를 갖기도 전에 제품을 시장에 출시할 수 있다고 가정하자. 어떤 기업이든 이 프로그래머를 고용하지 못하면 다른 기업이 그를 고용하게 된다. 그 프로그래머의 의사결정 원칙은 가장 높은 급여를 제시하는 기업에서 일을 하는 것이고, 두 기업은 합리적으로 이윤극대화를 추구한다면, 그는 어느 기업에서 일을 하게 될까? 그리고 얼마의 급여를 받게 될까?

3. 기업 1과 기업 2는 자동차 생산기업들이다. 각 기업은 대형차를 생산할지 소형차를 생산할지 선택할 수 있다. 가능한 네 가지 선택 조합들에 대한 보수가 다음 보수 행렬처럼 주어져 있다. 각 기업은 상대기업이 어떤 선택을 했는지 알지 못하는 상태에서 선택을 해야 한다. (학습목표 2, 4)

a. 우월 전략을 갖고 있는 기업이 있는가?

b. 이 게임에서는 두 개의 내쉬 균형이 존재한다. 찾아내라.

		기업 I	
		대형차	**소형차**
기업 2	**대형차**	$P_1 = 400$ $P_2 = 400$	$P_1 = 800$ $P_2 = 1000$
	소형차	$P_1 = 1000$ $P_2 = 800$	$P_1 = 500$ $P_2 = 500$

4. 이제는 기업 1이 먼저 행동을 취하며, 기업 2는 어떤 유형의 차를 생산할지 결정하기 전에 기업 1이 선택한 결과를 보게 될 것임을 기업 1이 알고 있다고 가정하자. (**학습목표** *5*)

    a. 이 순차 게임의 게임 나무를 그려라.

    b. 이 게임에서 내쉬 균형은 무엇인가?

5. 필과 캐씨는 함께 경제학 수업을 듣는 룸메이트들이다. 오늘 아침 필은 깨어나서 수업을 갈지 말지 결정하려고 한다. 만일 캐씨가 수업을 간다면 그녀가 아침식사를 준비하는 소리가 들릴 것임을 그는 알고 있다. 캐씨는 필이 수업을 갈지 아니면 가지 않을지가 자신의 행동에 따라 달라진다는 것을 알고 있다. 그들의 의사결정 시점과 그에 따른 보수가 아래의 그림으로 묘사되어 있다. 여기서 위의 경로는 수업에 참여하는 것이고 아래 경로는 수업에 참여하지 않는 것을 의미한다. 캐씨는 먼저 결정을 내리고, 필은 그가 결정을 내리기 전에 그녀가 어떤 결정을 내렸는지 알 때까지 기다린다. 각 경우의 보수가 그림에서와 같다면 이 게임의 균형은 무엇일까? (**학습목표** *5*)

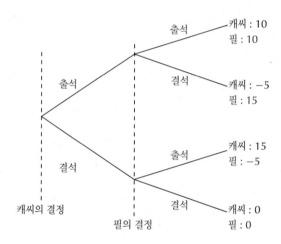

6. 팻과 크리스는 오늘밤 데이트를 하기로 하고, 만날 장소를 제안하는 이메일을 서로 보냈다. 팻은 룰로프에서 만나기를 원하고, 크리스는 조에서 만나기를 원한다. 그런데 그들이 만날 장소가 결정되기 전에 학교 이메일과 전화가 불통이 되어 그들은 더 이상 서로 연락을 주고받지 못하고 만날 장소를 선택해야 한다. 각각의 잠재적 결과에 대한 보수가 아래의 행렬로 주어져 있다. 각자는 합리적이고 이기적이며, 각자는 상대방의 보수를 알고 있고 게임 이론을 이해하고 있다면, 어떤 일이 발생할까? (**학습목표** *2, 4*)

		크리스	
		룰로프	조
팻	룰로프	팻 : 20 크리스 : 10	팻 : 0 크리스 : 15
	조	팻 : 5 크리스 : 5	팻 : 10 크리스 : 20

7. AT&T와 MCI는 장거리 통화 시장에서 서로 경쟁을 한다. 두 기업은 새로운 고객들을 유치하기 위해 할인요금제를 제공할 것을 고려 중이다. 그들이 얻는 보수는 선택된 전략 조합에 따라서 다음과 같이 달라진다.

만일 두 기업 모두가 할인요금제를 제공하면 각 기업은 8백만 달러의 손실을 입는다. 만일 AT&T는 할인요금제를 제공하지만 MCI는 제공하지 않는다면, AT&T는 1천5백만 달러의 이윤을 얻고 MCI는 1천2백만 달러의 손실을 입는다.

만일 MCI가 할인요금제를 제공하고 AT&T는 제공하지 않는다면, MCI는 5백만 달러의 이윤을 얻고 AT&T는 6백만 달러의 손실을 입는다. 어느 기업도 할인요금제를 제공하지 않으면, 각 기업은 6백만 달러의 이윤을 얻는다.

다음 주장 중 옳은 것은? (학습목표 2, 3, 4)

a. AT&T의 우월 전략은 할인요금제를 제공하는 것이다.
b. 내쉬 균형을 가져다주는 전략 조합은 하나밖에 존재하지 않는다.
c. 만일 AT&T가 할인요금제를 제공하면, MCI가 취할 수 있는 가장 좋은 전략은 할인요금제를 제공하지 않는 것이다.
d. 이 게임은 용의자의 딜레마이다.
e. 위의 주장들 모두 옳지 않다.

8. 여행객이 주간(interstate) 고속도로변에 있는 식당에서 저녁을 먹는다. 그와 웨이터는 좁은 의미에서 합리적이고 이기적이다. 그 웨이터는 먼저 좋은 서비스를 제공할지 아니면 나쁜 서비스를 제공할지 선택하여야 하는 반면에, 그 여행객은 보통 수준의 팁을 남길지 아니면 전혀 팁을 주지 않을지 선택해야 한다. 그들의 상호작용에 따른 보수는 게임 나무에 요약되어 있는 바와 같다. 그 여행객이 좋은 서비스를 받았을 경우 식사 후 그가 보통 수준의 팁으로 지불할 의사가 있는 최고금액은 얼마일까? (학습목표 5)

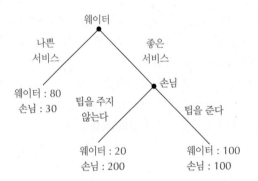

9. 리차드와 샬로트는 각자 금을 캘 수 있는 두 장소 중 한 장소만 선택할 수 있다. 가능한 각 선택 조합에 대하여 각자가 얻을 수 있는 보수는 아래의 보수 행렬과 같이 주어져 있다. 다음 주장 중 옳은 것은? (학습목표 4)

샬로트

	장소 A	장소 B
장소 A	리차드 : 5 샬로트 : 3	리차드 : 8 샬로트 : 2
장소 B	리차드 : 4 샬로트 : 6	리차드 : 7 샬로트 : 7

리차드 (세로축 라벨)

a. 보수 행렬의 좌상방 칸은 내쉬 균형이다.

b. 보수 행렬의 우상방 칸은 내쉬 균형이다.

c. 보수 행렬의 우하방 칸은 내쉬 균형이다.

d. 보수 행렬의 좌하방 칸은 내쉬 균형이다.

e. 이 게임은 내쉬 균형이 전혀 없거나, 두 개 이상의 내쉬 균형을 갖고 있다.

10. 어떤 모집단은 "친화적인 사람들"과 "공격적인 사람들"이라는 두 가지 유형의 사람들로 구성되어 있다. 각자는 이 모집단에서 무작위로 선택된 사람과 교류한다. 두 명의 친화적인 사람들이 교류할 때 각자는 3단위를 얻는다. 두 명의 공격적인 사람들이 교류할 때 각자는 0단위를 얻는다. 친화적인 사람과 공격적인 사람이 교류할 때 전자는 1단위의 보수를 얻지만 후자는 5단위의 보수를 얻는다. 각 유형의 증가는 평균 보수에 비례한다. 각 유형이 집단에서 차지하는 균형 비중은 얼마가 될까? (**학습목표 6**)

11. 두 가지 유형의 사람들, 즉 C와 D로 구성된 집단을 생각해보자. 두 유형의 다양한 조합에 따른 상호작용은 다음의 보수를 가져다준다.

  C-C : 각 6단위

  C-D : D는 8단위, C는 0단위

  D-D : 각 4단위

1단위의 비용을 들여 눈에 보이지 않는 콘택트렌즈를 구입하여 착용하면 각각의 유형을 확실히 식별할 수 있다. 그 렌즈가 없으면 이 두 유형을 식별할 수 없다. (**학습목표 6**)

a. 이 두 유형이 모집단에서 차지하는 균형 비중은 얼마가 될까?

b. 만일 D-D 상호작용에 대한 보수가 5.5라면 당신의 대답은 어떻게 달라질까?

▪ 개념 확인 해답 ▪

12.1 A가 1보다 크지만 2보다 작은 값을 가질 때, 톰의 우월 전략은 아래쪽을 선택하는 것이고 폴의 우월 전략은 오른쪽을 선택하는 것이다. 그리고 이런 전략들을 선택할 때 각자 열등 전략을 선택했을 때보다 더 낮은 보수를 얻는다. (**학습목표 2**)

12.2 기업 1의 전략에 상관없이 기업 2는 높은 연구 예산을 선택하는 것이 최선이다. 그러므로 기업 2의 우월 전략은 높은 연구 예산을 선택하는 것이다. 기업 1은 우월 전략을 갖고 있지 않다. 만일 기업 2가 낮은 연구 예산을 선택하는 경우, 기업 1은 낮은 연구 예산을 선택하는 것이 최선이다. 그러나 만일 기업 2가 높은 연구 예산을 선택한다면, 기업 1은 높은 연

구 예산을 선택하는 것이 최선이다. 기업 1은 기업 2가 높은 연구 예산을 선택할 것임을 예상할 수 있기 때문에, 기업 1의 최선의 전략은 높은 연구 예산을 선택하는 것이다. 그러므로 "높은 연구 예산–높은 연구 예산" 조합이 내쉬 균형이다. (학습목표 2, 4)

12.3 모집단에서 매가 차지하는 비중을 h, 비둘기가 차지하는 비중을 $1 - h$라고 하자. 이 두 유형은 모집단의 다른 멤버들과 무작위로 교류하므로 비둘기의 기대 보수는 다음과 같다.

$$P_D = 3(1 - h) + 2(h) = 3 - h.$$

마찬가지로 매의 기대 보수는

$$P_H = 6(1 - h) + 1(h) = 6 - 5h.$$

두 유형의 기대 보수가 동일할 때 이 모집단의 구성은 균형에 도달한다. 만일 h^*가 매가 차지하는 균형 비중이라면, $3 - h^* = 6 - 5h^*$이 되고, 이를 풀면 $h^* = \frac{3}{4}$이 된다.

비둘기가 차지하는 균형 비중은 $1 - h^* = \frac{1}{4}$이다. (학습목표 6)

12.4 $P_C = 0.9(4) + 0.1(0) = 3.6$. (학습목표 6)

12.5 만일 모든 협조자들이 감시비용을 지불하면 각자는 $4 - 1.5 = 2.5$의 보수를 얻을 것이다. 만일 아무도 감시비용을 지불하지 않는다면 기대 보수는 다음과 같이 2.5보다 작다.

$$P_C = 0.6(4) + 0.4(0) = 2.4,$$

따라서 그들은 감시비용을 지불할 것이다. (학습목표 6)

12.6 이제 감시비용을 차감한 순 보수는 $4 - 0.5 = 3.5$이다. 만일 C들이 감시비용을 지불하지 않는다면 그들이 얻는 기대 보수는 또다시 $P_C = 4c$가 된다. 손익분기가 되는 c의 수준을 알기 위해서 $4c' = 3.5$를 풀면 $c' = \frac{7}{8}$이 된다.

$c < \frac{7}{8}$일 때 C들이 감시비용을 지불하면 더 높은 기대 보수를 얻는다. $c > \frac{7}{8}$일 때 그들이 단순히 운에 맡긴다면 더 높은 기대 보수를 얻는다. $c < \frac{7}{8}$일 때 D들은 자기들끼리 교류를 해야 하므로 그들이 얻는 보수는 2이다. 그러나 일단 $c > \frac{7}{8}$이면 C들은 감시비용을 지불하지 않으므로 D들이 얻는 기대 보수는

$$P_D = c6 + (1 - c)2 = 2 + 4c.$$

이제 C와 D들이 얻는 기대 보수 함수는 다음 그림과 같다.

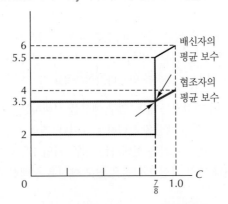

$c < \frac{7}{8}$일 때에는 언제나 C들이 얻는 평균 보수가 D들이 얻는 평균 보수보다 큰 반면에, $c > \frac{7}{8}$일 때에는 언제나 D들이 얻는 평균 보수가 C들이 얻는 평균 보수를 초과한다. $c > \frac{7}{8}$에서 출발할 때 D들의 증가속도는 C들보다 빠르기 때문에 집단에서 차지하는 C들의 비중은 $\frac{7}{8}$로 줄어들 것이다. $c < \frac{7}{8}$에서 출발할 때 C들의 비중은 $\frac{7}{8}$로 증가할 것이다. (학습목표 6)

CHAPTER 13

과점과 독점적 경쟁

Oligopoly and Monopolistic Competition

어느 마을의 주유소는 갤런당 $4의 가격으로 일 년에 200,000 갤런의 휘발유를 판매한다. 다른 모든 주유소들이 현재 가격 $4를 유지하겠다고 하고 있음에도 불구하고 이 주유소는 가격을 갤런당 $4.08로 인상하겠다고 발표하였다.

이제 어떤 사람이 여러분에게 다음과 같은 내기를 제안하였다고 가정해보자. 만일 가격 변화의 결과로 내년에 그 주유소의 판매량이 0으로 떨어진다면 당신은 $,1000을 받는다. 그러나 만일 판매량이 100,000 갤런을 초과하는 상태가 유지된다면 여러분은 $1,000을 잃는다. 여러분은 이 내기를 받아들일 것인가?

10장에서 살펴본 바와 같이 완전경쟁 기업 이론에 의하면 그 기업이 완전경쟁시장에서 제품을 판매하고 있었을 경우 그 제품에 대한 수요의 가격탄력성이 무한대이므로 가격이 조금만 상승해도 판매는 0으로 급락할 것으로 예측할 수 있다.

동네의 주유소들은 완전경쟁시장에서 판매하고 있는가? 최소한 외면적으로는 그들은 그런 시장을 정의할 때 전통적으로 거론되는 조건들을 만족시키고 있는 것처럼 보인다: 그들이 판매하는 제품은 상당히 표준화되어 있다. 소규모 판매자들이 다수 존재하며, 각자는 시장에서 미미한 부분만을 차지하고 있을 뿐이다. 이 산업에의 진입과 퇴출은 본질적으로 규제받지 않는다. 그리고 소비자들은 일반적으로 휘발유 값과 어디에서 그 휘발유를 얻을 수 있는지에 대한 정보를 잘 알고 있다.

그러나 예전에 경제학 수업을 들은 적이 있고 상식이 지극히 결여된 사람만이 멍청하게 이 내기를 수락할 것이다. 지구상의 어떤 도시에서도 한 주유소가 휘발유 값을 2퍼센트 인상했을 때 판매량이 전무하기는커녕 그보다 훨씬 덜한 절반까지 위축되는 경우는 결코 없을 것이다.

모든 소비자들이 모든 주유소에서 똑같은 휘발유를 판매하고 있다는 것을 확실하게 알고 있다 하더라도 최소한 몇 사람은 다른 주유소로 바꾸기보다는 약간의 가격 상승을 무시할 것이다. 아마도 이들은 출퇴근길에 있는 주유소에서 편하게 구입하는 것에 익숙해져 있어서 이보다 훨씬 큰 가격 상승에도 그 주유소를 기꺼이 계속 이용할 것이다.

경제학 교재에서 서술하고 있는 완전경쟁 기업이라는 것은 존재하지 않는다는 것은 너무도 분명한 사실이다. 또한 어떤 순수 독점기업도 존재하지 않는다. 사실상 모든 제품에는

학습목표

1. 과점기업들이 순수 독점기업들과 어떻게 다르며, 독점적 경쟁 기업들이 완전경쟁 기업들과 어떻게 다른지 살펴본다.

2. 꾸르노, 버트란드 및 스타켈버그 과점기업들에게서 예측되는 행동들을 비교하고 대조해본다.

3. 생산에서 규모에 대한 보수 증가가 경쟁구조에 어떻게 영향을 미치는지 살펴본다.

4. 챔벌린 모형에서 단기 및 장기 균형의 특성들을 살펴본다.

5. 독점적 경쟁에 관한 입지 모형에서 제품의 다양성 증가와 낮은 가격 사이의 존재하는 상충관계에 대하여 살펴본다.

6. 소비자들이 상품의 질의 한 가지 측면에 대해서만 관심을 갖는다고 가정할 때 최적의 상품 다양성 정도를 살펴본다.

7. 다수의 구매자들에게 제품의 다양성을 증가시키는 데 소요되는 비용을 없애기 위해 기업들이 사용하는 방법들을 살펴본다.

8. 일반적으로는 제품 광고가 소비자들의 후생을 악화시킨다는 주장을 비판적으로 평가해본다.

다양한 대체재들이 있으며, 소비를 하지 않는 선택은 항상 존재한다. 요약하자면, 사실상 우리가 구입하는 모든 제품들은 완전경쟁과 순수 독점이라는 두 가지 극단적인 형태의 중간 어딘가에 위치해 있는 기업에 의하여 판매된다.

13.1 13장 미리보기

이 장에서 우리가 할 일은 우리가 매일 마주하고 있는 시장조직의 혼합된 형태, 즉 과점과 독점적 경쟁에 대해서 살펴보는 것이다. 과점이란 소수의 기업들이 판매하는 제품들이 상당히 표준화되어 있는 경우도 있지만 때로는 매우 차별화되어 있는 경우도 있는 산업을 말한다. 독점적 경쟁 산업은 기업들이 제공하는 제품들이 최소한 몇 가지 측면에서 다르다는 것을 제외하고는 완전경쟁과 상당히 유사하다.

　　우리는 19세기에 꾸르노, 버트란드 및 스타켈버그가 소개했던 몇 개의 초기 모형들을 복습하는 것으로 시작할 것이다. 이 경제학자들은 동일한 제품을 판매하는 과점기업들 사이의 경쟁에 대하여 연구하였다. 나중에 보게 되겠지만, 이들 모형에서 예측하고 있는 것들은 기업들이 다른 기업의 선택에 어떻게 반응하는가에 대하여 그들이 설정하고 있는 특정한 가정들에 따라서 달라진다.

　　다음에 우리는 기업들이 경쟁 기업들의 가격 인하에는 따라가지만 가격 인상은 무시하는 기업들을 가정하고 있는 챔벌린의 독점적 경쟁을 살펴볼 것이다. 그리고 나서 우리는 구매자들이 소매점의 위치와 같은 제품의 질의 특정한 측면에 초점을 맞출 때 기업들이 어떻게 경쟁하는지를 다루고 있는 좀 더 최근의 시도들을 고찰할 것이다. 우리는 제품 광고에 관한 간략한 논의로 끝맺음을 할 것이다.

13.2 몇 개의 과점 모형

만일 한 기업이 생산수준이나 판매가격을 변경할 것을 고려하고 있다면 이 기업의 경쟁 기업들의 반응에 대하여 설정할 수 있는 가정들은 많다. 예를 들어, 이 기업은 경쟁 기업들이 현재수준에서 생산을 계속할 것으로 가정할 수 있다. 아니면, 그들이 현재가격을 고수할 것으로 가정할 수 있다. 혹은 여러 가지 특정한 방식으로 그들이 가격과 생산을 변경시키는 것으로 가정할 수 있다. 다음 절에서는 각 가정이 함축하고 있는 것들을 살펴볼 것이다.

꾸르노(Cournot) 모형
경쟁기업들이 현재의 산출량 수준을 유지하는 것으로 각 기업이 가정하는 과점 모형

꾸르노 모형

각 기업은 경쟁 기업들이 현재의 생산수준을 계속 유지할 것이라고 가정하는 소위 **꾸르노 모형**이라고 불리는 가장 단순한 경우부터 시작하기로 하자. 이 모형은 1838년에 이를 소개한 프랑스 경제학자 오거스떼 꾸르노(Auguste Cournot)의 이름을 딴 것으로, 광천수에서 병에 담긴 물을 판매하는 두 기업의 행태에 대하여 묘사하고 있다. 두 기업으로 구성된 과점을 **복점**(*duopoly*)이라고 하며, 이 꾸르노 모형의 결론은 두 개 이상의 기업인 경우로 쉽게 일반화될 수 있지만 가끔은 꾸르노 복점 모형으로 지칭되기도 한다.

　　꾸르노 모형의 핵심 가정은 각 복점기업의 생산에 관한 의사결정에 상대 기업이 반응하

지 않을 것이라고 가정함으로써 상대 기업의 생산량을 주어진 것으로 간주한다는 것이다. 이는 약한 형태의 상호의존 관계에 해당되지만, 각 기업의 행위가 경쟁 기업에게 상당한 영향을 미치게 되는 결과로 이어진다는 것을 우리는 보게 될 것이다.

광천수에 대한 총시장수요곡선이 다음과 같이 주어져 있다고 가정하자.

$$P = a - b(Q_1 + Q_2). \tag{13.1}$$

여기서 a와 b는 양수이며 Q_1과 Q_2는 각각 기업 1과 기업 2의 산출량이다. 꾸르노는 한계비용을 전혀 들이지 않고 물을 생산할 수 있다고 가정하였지만, 이 가정은 단순히 편의를 위한 것이다. 각 기업이 일정한 양(+)의 한계비용을 갖고 있다고 하더라도 결론은 본질적으로 비슷할 것이다.

먼저, 기업 1의 이윤 극대화 문제를 살펴보기로 하자. 기업 2의 산출량이 Q_2로 주어져 있다고 가정할 때 기업 1이 생산하는 물의 수요곡선은 다음과 같다.

$$P_1 = (a - bQ_2) - bQ_1. \tag{13.2}$$

이 식은 기업 1이 Q_2를 주어진 것으로 간주한다는 점을 강조하여 다시 쓴 것이다.

식 (13.2)가 보여주고 있는 것처럼 기업 1의 수요곡선은 시장수요곡선의 세로축 절편에서 bQ_2만큼 차감하여 얻을 수 있다. 아이디어는 기업 2가 시장수요곡선의 첫 Q_2단위를 빼고 남은 나머지를 기업 1이 담당한다는 것이다.

만일 Q_2가 0이라면, 기업 1은 그림 13.1의 D로 나타난 바와 같이 전체 시장수요를 자신의 것으로 차지하게 될 것이다. 만일 Q_2가 양수라면, 기업 1의 수요곡선은 이 수요곡선의 세로축을 Q_2단위만큼 우측으로 이동시켜 얻을 수 있다. 기업 1의 수요곡선은 원래의 수요곡선 중 이 새로운 세로축의 오른쪽에 있는 부분을 의미하기 때문에 가끔은 잔여수요곡선(*residual demand curve*)으로 불리기도 한다. 이 경우 한계수입곡선은 MR_1이다. 기업 1의 이윤 극대화 원칙은 우하향의 기울기를 가진 수요곡선을 갖고 있는 다른 기업처럼 소위

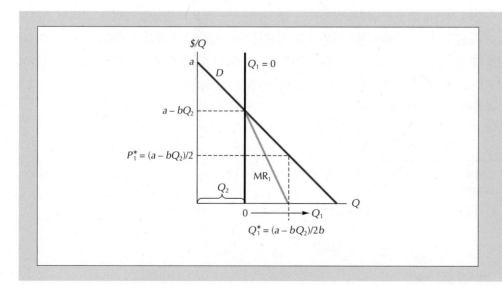

그림 13.1

이윤을 극대화하는 꾸르노 복점기업

꾸르노 복점기업의 수요곡선은 세로축을 상대 복점기업의 산출량(그림에서는 Q_2)만큼 우측으로 이동시킴으로써 얻을 수 있다. 원래의 시장수요곡선에서 이 새로운 세로축의 우측에 있는 부분이 기업 1이 직면하는 수요곡선이다. 따라서 기업 1은 한계수입과 0의 한계비용을 일치시킴으로써 이윤을 극대화한다.

한계수입과 한계비용을 일치시키는 것이다. 이 예에서 한계비용은 0이므로 기업 1의 이윤 극대화 생산수준은 한계수입곡선이 0의 값을 갖는 수준이다.

꾸르노 복점에서 균형 산출량은 잔여수요곡선에서 구할 수 있다. 기업 2가 Q_2를 생산하고 있다고 가정하고, 기업 1은 한계수입이 한계비용과 일치하는 곳에서 생산함으로써 이윤을 극대화한다. 기업 1의 한계수입은 $MR_1 = (a - bQ_2) - 2bQ_1$이다. 한계수입은 수요곡선보다 기울기가 두 배 크므로 한계수입곡선은 $Q_1 = 0$ 축과 수요곡선의 가로축 절편의 중점에서 0의 한계비용과 교차한다. 마찬가지 논리로(이 두 개의 기업은 동일하므로 행동 패턴도 같을 수밖에 없다), $Q_2 = Q_1$이고, 이는 그림 13.1의 가로축 세 마디는 모두 길이가 같다는 것을 의미한다. 그리고 이는 각 기업이 원점과 수요곡선의 가로축 절편과의 거리의 1/3에 해당하는 산출물을 생산한다는 것을 의미한다. 수요곡선 $P = a - bQ$의 가로축 절편은 $Q = a/b$이다. 그러므로, $Q_1 = Q_2 = (a/3b)$이다. 좀 더 일반적인 접근방법은 한계수입과 한계비용을 같게 놓고 기업 1의 산출량을 기업 2의 산출량으로 구하는 것이다.[1]

$$Q_1^* = \frac{a - bQ_2}{2b}. \tag{13.3}$$

반응함수

다른 과점기업에 의해서 공급되는 각 산출량에 대하여 또 다른 과점기업의 이윤 극대화 산출량을 나타내는 곡선

경제학자들은 식 (13.3)을 기업 1의 **반응함수**(reaction function)라고 부르는 경우가 자주 있으며, 이를 $Q_1^* = R_1(Q_2)$로 나타낸다. 이 반응함수는 기업 1의 생산량이 기업 2에 의해 제시된 산출량에 어떻게 반응할지를 보여주고 있기 때문에 이러한 표시법은 시사적이다.

꾸르노 복점 문제는 완벽하게 대칭적이기 때문에 기업 2의 반응함수 역시 똑같은 구조를 갖고 있다.

$$Q_2^* = R_2(Q_1) = \frac{a - bQ_1}{2b}. \tag{13.4}$$

그림 13.2에 이 두 개의 반응함수가 그려져 있다. 반응함수라는 개념이 어떻게 작동하는지 이해하기 위하여 최초에 기업 1이 Q_1^0의 양을 생산하고 있다고 가정하자. 그러면 기업 2는 자신의 반응함수에서 Q_1^0에 상응하는 산출량 수준을 생산할 것이다. 기업 1은 이 산출량 수준에 자신의 반응함수에서 상응하는 점을 선택하는 것으로 반응할 것이다. 그러면 기업 2는 자신의 반응함수에서 상응하는 점을 선택할 것이고, 이러한 과정이 계속될 것이다. 이 과정의 결과, 최종적으로 이 두 반응함수의 교차점에서 안정적인 균형이 달성된다. 두 기업이 모두 $a/3b$단위의 산출량을 생산할 때 어떤 기업도 그 생산량을 변경시키길 원하지 않는다.[2] 따라서 이러한 산출량 수준들은 꾸르노 복점기업들의 내쉬 균형이 된다.

---

1. 예를 들어, 기업들이 비대칭적이어서(동일하지 않아서) 산출수준이 같지 않을 때 이러한 좀 더 일반적인 접근방법이 요구된다.

2. 기업 1의 균형 산출수준에 대하여 대수학적으로 풀기 위하여, $Q_1^* = Q_2^*$를 반응함수에 대입하고,

$$R_1(Q_2^*) = \frac{a - bQ_2^*}{2b} = \frac{a - bQ_1^*}{2b} = Q_1^*,$$

이를 풀면 $Q_1^* = a/3b$가 된다.

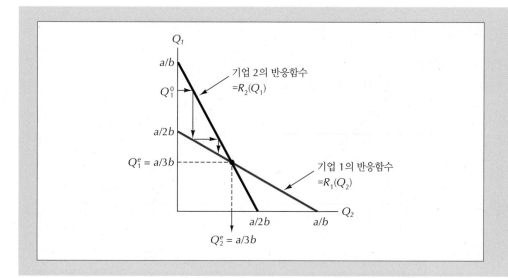

그림 13.2

꾸르노 복점기업들의 반응함수

각 복점기업의 반응함수는 이윤 극대화 산출수준이 상대 기업 산출수준의 함수로 주어진다. 복점기업들은 그들 반응함수들의 교차점에서 안정적인 균형이 달성된다.

꾸르노 복점기업들은 얼마나 많은 이윤을 얻고 있을까? 그들의 산출량을 합하면 $2a/3b$ 이므로, 시장가격은 $P = a - b(2a/3b) = a/3$가 될 것이다. 이 가격에서 각 기업은 $(a/3)$ $(a/3b) = a^2/9b$의 총수입을 얻을 것이다. 그리고 어느 기업도 생산비용이 전혀 들지 않으므로 여기에서 총수입과 경제적 이윤은 동일하다.

꾸르노 모형   예 13.1

꾸르노 복점기업들은 $P = 56 - 2Q$라는 시장수요곡선에 직면하고 있다. 여기서 Q는 총시장수요이다. 각 기업은 한 단위당 20의 일정한 한계비용으로 산출물을 생산할 수 있다. 이들의 반응함수들을 그리고, 균형가격과 생산량을 구하여라.

그림 13.3a는 기업 2가 Q_2단위를 생산할 때 기업 1이 직면하는 잔여수요곡선을 보여주고 있다. 기업 1의 한계수입곡선 $MR_1 = 56 - 2Q_2 - 4Q_1$은 수입곡선과 세로축 절편이 같고, 수요곡선보다 두 배 더 가파르다. MR_1을 한계비용(20)과 같게 놓고, 기업 1의 반응함수를 구하면 $Q_1^* = R_1 = 9 - (Q_2/2)$이다. 마찬가지 방법으로 기업 2의 반응함수를 구하면 $R_2 = 9 - (Q_1/2)$이다. 이 두 개의 반응함수들이 그림 13.3b에 그려져 있고, $Q_1 = Q_2 = 6$에서 두 함수들이 교차한다. 총시장산출량은 $Q_1 + Q_2 = 12$가 될 것이다. 시장수요곡선을 토대로 하면, 시장가격은 $P = 56 - 2(12) = 32$가 될 것임을 알 수 있다.

개념 확인 13.1

두 기업이 직면하고 있는 시장수요곡선이 $P = 44 - Q$일 때 예 13.1의 과정을 반복해보아라.

당신은 왜 꾸르노 복점기업 자신들 생산량이 상대 기업에 의해 무시되는지 의문을 가질 수 있다. 만일 그러하다면, 당신은 꾸르노의 비판자인 프랑스 경제학자 조세프 버트란드

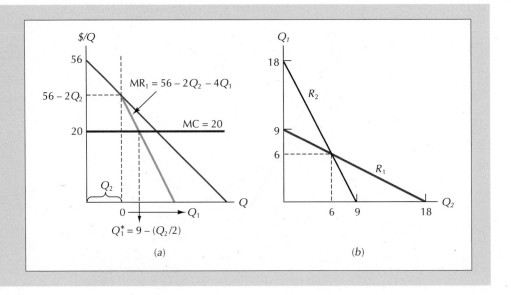

그림 13.3

특정 복점기업들의 반응함수의 도출

그림 *a*는 기업 2가 Q_2를 생산할 때 기업 1의 이윤 극대화 산출량(Q_1^*)을 보여주고 있다. 기업 2도 이와 대칭적인 식으로 표현될 때의 반응곡선들이 그림 *b*에 그려져 있다.

(Joseph Bertrand)가 제기했던 것과 동일한 예리한 질문을 한 것이다. 지금부터는 복점 문제에 대한 그의 또 다른 해결책을 생각해보자.

버트란드 모형

버트란드 모형

경쟁 기업들이 현재의 가격을 유지한다고 각 기업이 가정하는 과점 모형

버트란드가 간파하였던 것은, 구매자의 관점에서 진정으로 고려해야 할 점은 이 두 기업이 부과하는 가격을 어떻게 비교할 것인가이다. 이 복점기업들은 동일한 광천수를 판매하고 있으므로 각 구매자는 당연히 가격이 더 낮은 판매자로부터 구입하고자 할 것이다. **버트란드 모형**(Bertrand mode)에서는, 각 기업은 상대 기업의 가격이 그대로 유지될 것이란 가정하에 가격을 선택하는 것을 제안하였다. 겉으로 보기에는 이 가정이 꾸르노 모형보다 더 나을 것이 없어 보이며, 가격과 산출량은 시장수요곡선을 따라서 유일하게 대응되므로, 버트란드의 가정이 다른 결과로 이어질지에 대하여 의문을 갖는 것은 당연하게 보일 수 있다. 하지만 분석해보면, 그 결과가 정말로 매우 다르다는 것을 알 수 있을 것이다.

이를 이해하기 위해서 시장수요와 비용 조건들이 꾸르노의 예에서와 같다고 해보자. 그리고 기업 1이 최초로 매기는 가격은 P_0^1이라고 해보자. 그러면 기업 2는 기본적으로 세 가지 대안에 직면한다. (1) 이 기업이 기업 1보다 더 높게 가격을 정하면 아무것도 팔지 못할 것이다; (2) 이 기업이 기업 1과 동일하게 가격을 정하면 이 두 기업은 시장수요를 그 가격에서 분할할 것이다; 혹은 (3) 이 기업이 기업 1보다 한계적으로 더 낮은 가격으로 판매하면 이 가격에서 시장 전체 수요를 차지할 것이다. 이 대안들 중 세 번째가 훨씬 많은 이윤을 이 기업에게 항상 가져다줄 것이다.[3]

꾸르노 모형에서처럼, 버트란드 모형에서도 경쟁 기업보다 한계적으로 더 낮은 가격으로 판매하는 대안은 두 기업 모두가 선택할 수 있는 전략을 의미한다는 점에서 복점기업들

---

3. 기업 1의 가격보다 아주 미세하게 가격이 낮을 때에 기업 2의 이윤은 두 번째 대안보다 세 번째 대안에서 실질적으로 두 배가 더 높을 것이다.

의 상황은 완전히 대칭적이다. 각 기업이 상대 기업보다 더 낮은 가격에 팔려고 하므로 안정적인 균형이 존재할 수 없다는 것은 말할 필요도 없다. 가격 인하를 주고받는 과정에서 결국에는 경제적 한계, 즉 광천수의 예에서는 0이라는 한계비용에 도달할 때까지 계속될 것이다. (그 대신에 두 기업 모두가 동일한 양의 한계비용을 가지고 있는 예를 고려하고 있었다면, 가격은 그 값까지 하락했을 것이다.) 일단 각 기업이 한계비용까지 가격을 인하하면 더 이상의 가격 인하를 할 동기가 없어질 것이다. 각 기업이 한계비용으로 판매하고 있을 때 그 복점기업들은 시장을 동등하게 나누어가질 것이다.

버트란드 모형 | **예 13.2**

버트란드 복점기업들은 $P = 56 - 2Q$라는 시장수요곡선에 직면하고 있다. 각 기업은 한 단위당 20의 일정한 한계비용으로 산출물을 생산할 수 있다. 균형가격과 생산량을 구하여라.

그 해답은 두 기업의 가격이 한계비용과 같은 $P = MC = 20$이다. 산업 산출량은 시장수요에 의하여 결정된다. $20 = 56 - 2Q$은 $Q = 18$임을 의미한다. 두 기업은 시장을 동등하게 양분하므로 각 기업은 산업 산출량의 절반인 $Q_1 = Q_2 = Q/2 = 9$를 생산한다.

개념 확인 13.2

만일 버트란드 복점기업들이 직면하고 있는 시장수요곡선이 $P = 10 - Q$이고, 각 기업의 한계비용은 2로 일정하다면, 각 기업의 균형가격과 생산량은 얼마가 될까?

따라서 기업의 행태에 대한 초기 가정에서 외견상 사소하게 보이는 변화—각 복점기업이 경쟁 기업의 생산량이 아닌 가격을 주어진 것으로 하는—만 발생하여도 전혀 다른 균형으로 귀결된다는 것을 알 수 있다. 이제는 기업의 행태에 대한 초기 가정들의 또 다른 조그만 변화가 어떻게 또 다른 균형으로 귀결될 수 있는지 생각해보자.

스타켈버그 모형

1934년에 독일 경제학자인 하인리히 폰 스타켈버그(Heinrich von Stackelberg)는 "만일 어떤 기업의 경쟁 기업이 순진한 꾸르노 복점기업이라는 것을 알고 있다면 그 기업은 어떤 행동을 할까?"라는 단순하면서도 도발적인 질문을 하였다. 그 기업은 자신이 정한 산출량 수준이 경쟁 기업의 산출량 수준에 미치는 영향을 고려하여 자신의 산출량 수준을 정하려고 한다는 것이 그 질문에 대한 답이다.

꾸르노 모형으로 돌아가서, 기업 2가 기업 1의 산출량 수준을 주어진 것으로 간주할 것이라는 것을 기업 1이 알고 있다고 해보자. 이 기업은 이런 정보를 어떻게 활용하는 전략을 세울 수 있을까? 이 질문에 대답하기 위해서 기업 2의 반응함수가 $Q_2^* = R_2(Q_1) = (a - bQ_1)/2b$라는 것을 상기하도록 하자. 기업 2의 산출량이 Q_1에 달려있다는 것을 알고 있다면, 기업 1은 시장수요곡선에 관한 식에서 Q_2를 $R_2(Q_1)$로 대체할 수 있고, 따라서 자기 자신의 수요곡선에 관한 다음과 같은 식을 도출할 수 있다.

$$P = a - b[Q_1 + R_2(Q_1)] = a - b\left(Q_1 + \frac{a - bQ_1}{2b}\right) = \frac{a - bQ_1}{2}. \tag{13.5}$$

이 수요곡선과 이에 상응하는 한계수입곡선은 그림 13.4에서 D_1과 MR_1로 그려져 있다. 광천수에 관한 예에서 한계비용은 0인 것으로 가정하고 있으므로 기업 1의 이윤 극대화 산출수준은 MR_1이 0이 되는 수준, 즉 $Q_1^* = a/2b$가 될 것이다. 따라서 시장가격은 $a/4$가 될 것이다.

예 13.3 **스타켈버그 모형**

스타켈버그 선도기업과 추종기업이 직면하는 시장수요곡선은 $P = 56 - 2Q$이다. 각 기업은 한 단위당 20의 일정한 한계비용으로 산출물을 생산할 수 있다. 균형가격과 생산량을 구하여라.

기업 2의 반응함수 $Q_2 = 9 - Q_1/2$을 기업 1이 직면하는 수요 $P = (56 - 2Q_2) - 2Q_1$에 대입하여 풀면 $P = 38 - Q_1$과, 이에 대응하는 한계수입 $MR_1 = 38 - 2Q_1$을 구할 수 있다. 한계수입과 한계비용을 같게 놓으면 기업 1의 산출량 $Q_1 = 9$를 얻는다. 기업 1의 산출량을 기업 2의 반응함수에 대입하면 기업 2의 산출량 $Q_2 = \frac{9}{2}$를 구할 수 있다. 총 산업 산출량은 $Q = Q_1 + Q_2 = \frac{27}{2}$이고 가격은 $P = 56 - 2Q = 56 - 27 = 29$이다.

개념 확인 13.3

스타켈버그 선도기업과 추종기업에 대한 시장수요곡선은 $P = 10 - Q$이다. 만일 각 기업의 한계비용이 2라면, 각 기업의 균형가격과 산출량은 얼마가 될까?

명백한 이유로, 기업 1은 스타켈버그 선도기업(*Stackelberg leader*)으로 지칭된다. 스타켈버그 추종기업(*Stackelberg follower*)은 기업 2를 가리키는 데 사용되는 용어이다. 스타켈버그 선도기업의 행태를 좀 더 분명한 시각으로 살펴보기 위해 그림 13.5에서 다시 그려진 바와 같이 두 기업의 꾸르노 반응함수에 관한 그래프를 한 번 더 생각해보자. 그림 13.4에서

그림 13.4

스타켈버그 선도기업의 수요 및 한계수입곡선

기업 1은 기업 2가 꾸르노 복점기업이라는 것을 알고 있을 때, 이 기업은 자신의 행동이 기업 2의 생산량 선택에 미치는 영향을 고려할 수 있다. 그 결과 그 기업은 자신의 수요곡선이 어떻게 될지 정확하게 알게 된다.

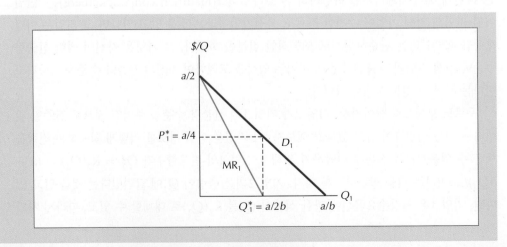

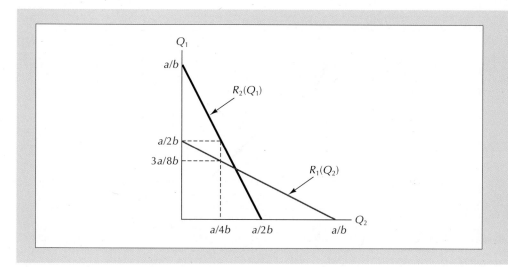

그림 13.5

스타켈버그 균형

스타켈버그 모형에서 기업 1은 꾸르노 모형에서의 자기 자신의 반응함수를 무시한다. 이 기업은 자기가 선택한 생산량이 기업 2가 제공하는 생산량에 미치는 영향을 고려하면서 이윤 극대화 산출량을 선택한다.

살펴보았던 것처럼 기업 2가 반응함수 $R_2(Q_1)$을 이용하여 기업 1의 선택에 반응할 것을 고려할 때 기업 1의 최적 산출량은 $a/2b$이다. 일단 기업 1이 $a/2b$를 생산하면, 기업 2는 R_2를 참고하여 $a/4b$를 생산한다. 이제 매우 중요한 단계에 와 있다. 만일 기업 1은 기업 2가 어떤 일이 발생하든 $a/4b$를 고수할 것이라고 생각하고 있다면 최선의 선택은 반응함수를 참조하여 $3a/8b$을 생산하는 것이 될 것이다. 그렇게 함으로써 이 기업은 $a/2b$를 생산할 때보다 더 많은 이윤을 얻을 것이다. 문제는 기업 1이 $3a/8b$로 생산량을 줄이면 기업 2의 추가적인 반응을 불러일으킬 것이라는 것을 기업 1은 알고 있으므로, 결국에는 두 반응함수의 교차점까지 생산량이 감소할 것이다. 기업 1은 기업 2가 $a/4b$에 머물 수 있도록 만들 수 있기만 한다면 기업 1은 $3a/8b$로 이동하는 것이 더 나을 것이다. 하지만 기업 1은 그렇게 할 수가 없다. 따라서 기업 1이 취할 수 있는 최선의 선택은 이를 악물고 $a/2b$를 고수하는 것이다.

결과의 비교

지금까지 복점기업들의 행위에 대한 세 가지 다른 유형을 살펴보았으므로, 이제는 각 모형의 결과들을 서로 비교해 보도록 하자. 꾸르노 복점기업들과 동일한 수요와 비용 조건들에 직면해 있는 독점기업은 $a/2$의 가격으로 $a/2b$단위의 산출량을 생산함으로써, $a^2/4b$의 경제적 이윤을 얻을 것이다(그림 13.6 참조). 그러므로 상호의존적인 꾸르노 복점기업들은 독점의 경우에 비하여 가격은 1/3만큼 낮고, 생산량은 1/3만큼 많게 된다.[4] 꾸르노 모형에서의 균형가격과 생산량은 독점의 경우에 비해서 1/3만큼만 차이가 있지만, 버트란드 모형에서는 가격과 생산량이 완전경쟁의 경우와 같다.[5]

---

4. 꾸르노 복점하의 산출량은 N개의 기업이 있을 경우 완전경쟁 산업에서의 산출량의 $N/(N+1)$이다. 기업의 숫자 N이 커짐에 따라 꾸르노 산업 산출량(따라서 가격과 이윤)은 완전경쟁 산업의 산출량에 접근한다. 이런 의미에서 꾸르노 복점은 독점과 완전경쟁 사이에 놓여 있는 것이 사실이다.

5. 만일 기업들이 생산능력을 선택한 다음에 가격을 결정한다면 그 결과는 꾸르노 균형과 대등하다. David Kreps and Jose Scheinkman, "Quantity Precommitment and Bertrand Competition Yield Cournot Outcomes," *Bell Journal of Economics,* 14, 1983: 326–337 참조.

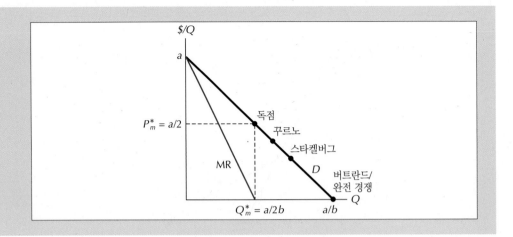

그림 13.6

균형가격과 생산량 비교

한계생산비용이 전무하므로 독점기업은 한계수입이 0이 되는 점에서 이윤을 극대화할 것이다. 그러므로 꾸르노 모형에서보다 균형가격은 더 높을 것이고 균형 산출량은 더 낮을 것이다.

스타켈버그 복점기업들은 얼마나 잘하고 있을까? 당연히 선도기업은 추종기업의 행태를 전략적으로 조종하기 때문에 더 좋은 결과를 얻는다. 그림 13.4를 보면 기업 1의 이윤은 $a^2/8b$로서, 기업 2의 이윤보다 2배 더 많다. 공교롭게도 이 이윤은 기업 1이 기업 2와 담합하여 독점 가격 $a/2$를 매겼다면 얻을 수 있었을 이윤과 똑같다(그림 13.6 참조). 스타켈버그 사례의 경우 두 기업의 산출량 합계는 $3a/4b$로서 꾸르노 사례에서보다 약간 더 많고, 그 결과 시장가격 $a/4$는 꾸르노의 사례($a/3$)에서보다 약간 낮다. 지금까지 고려되었던 네 가지 가능성에 대한 결과가 표 13.1에 요약되어 있다.

스타켈버그 모형에서는 최소한 한 개의 기업이 전략적으로 행동할 수 있도록 허용하고 있다는 점에서 분명 꾸르노와 버트란드 모형보다 개선된 모형이다. 하지만 한 기업만 이런 방식으로 행동해야 할 이유가 있을까? 만일 기업 1이 경쟁상대 기업의 반응함수를 전략적으로 이용할 수 있다면, 왜 기업 2도 똑같이 행동할 수 없는 것일까? 사실상 두 기업 모두가 스타켈버그 신도기업이 되려고 시도한다고 생각해보자. 그러면 각 기업은 자기 자신의 반응함수를 무시하여 $a/2b$를 생산하게 되고, 그 결과 총산업 산출량과 가격은 각각 버트란드 모형에서와 동일한 a/b와 0이 될 것이다. 물론 소비자의 관점에서 본다면 이 결과는 매우 바

표 13.1

과점 모형들의 비교

모형	산업 산출량 Q	시장가격 P	산업 이윤 Π
공유된 독점	$Q_m = a/(2b)$	$P_m = a/(2)$	$\Pi_m = a^2/(4b)$
꾸르노	$(4/3)Q_m$	$(2/3)P_m$	$(8/9)\Pi_m$
스타켈버그	$(3/2)Q_m$	$(1/2)P_m$	$(3/4)\Pi_m$
버트란드	$2Q_m$	0	0
완전경쟁	$2Q_m$	0	0

네 가지 모형 모두에서 시장 수요곡선은 $P = a - bQ$이고, 한계비용은 0인 것으로 가정한다. (물론 한계비용이 0이 아니라면 표에서 보여주고 있는 모든 항목들의 수치가 바뀔 것이다.)

람직하다. 그러나 기업 소유주들은 기업 모두가 전략적으로 행동할 때에 최악의 결과를 얻는다.

13.3 규모에 대한 보수 증가가 있을 때의 경쟁

규모에 대한 보수가 증가하는 산업에서 활동하고 있는 복점기업에 관한 예를 생각해보자. 비용조건으로 인해 자연독점이 되는 산업에서 두 기업은 어떻게 생존할 수 있을까? 신제품 개발의 초기 단계에서 출발한 두 기업의 시장점유율은 상당한 차이를 보이는 경우를 쉽게 상상할 수 있다. 하지만 지금은 이 산업이 성숙되어 있어서 이 제품에 대한 유일하고 전국적인 시장이 존재한다고 생각해보자. 한 기업이 다른 기업을 시장에서 몰아내고 자연독점 기업의 역할을 차지할 것으로 예상할 수 있을까? 만일 그렇다면 이 기업은 가격을 얼마로 책정할까?

논의를 구체화하기 위해 그림 13.7에서 보여주고 있는 것처럼 생산기술 면에서 한계비용은 일정하고 평균총비용은 하락한다고 가정하자. 단순화를 위해 시장 전체의 규모는 Q_0으로 고정되어 있다고 가정하자. 이 산업에는 두 기업이 존재하고 있고, 각 기업이 절반씩 생산하면 평균비용은 AC'이 된다. 만일 한 기업만 존재한다면 이 기업의 평균비용은 AC_0밖에 되지 않을 것이다. 어떤 과정을 통해서 한 기업이 다른 기업을 퇴출할 수 있을 것으로 예상되는가?

두 기업이 취할 수 있는 명백한 전략은 합병하는 것이다. 문제는 통합된 시장점유율이 시장 전체 생산량의 작은 부분을 초과하게 되는 기업들끼리의 합병을 법무부의 독점금지 정책상 허용되지 않을 것이라는 점이다. 여기서, 통합된 시장점유율은 100퍼센트가 될 것이고, 따라서 승인이 절대로 통과될 수 없다.

두 번째 가능성은 두 기업들 중 한 기업이 다른 기업을 몰아내기 위해 선제적인 가격 인하를 발표하는 것이다. 예를 들어 이 기업의 전략이 사실상 성공했을 때의 평균비용인 AC_0의 가격을 매겼다고 가정하자. 경쟁상대 기업은 어떻게 반응할까? 이 기업도 똑같이 가격 인하를 단행하여 다시 시장을 양분하거나, 아니면 가격 인하를 거부하여 아무것도 팔지 않

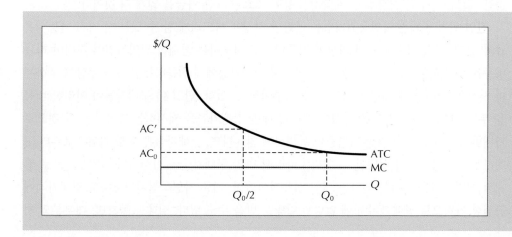

그림 13.7

규모에 대한 보수가 증가할 때 시장의 공유

시장에 두 개의 기업이 존재할 때의 비용은 한 개의 기업만 존재할 때보다 높다. 하지만 한 기업이 다른 기업을 퇴출시키는 경향성은 없을 수 있다.

는 선택을 할 수 있다. 이 기업의 한계비용은 AC_0보다 낮으므로 가격 인하로 대응하는 것이 더 낫다. 그러나 이 가격에서 두 기업은 모두 손해를 본다; 그리고 그 가격이 유지될 경우 두 기업 중 한 기업이 퇴출되는 것은 시간문제일 뿐이다. 하지만 시간이 오래 걸릴 수 있으며, 이 경우 살아남은 기업조차도 그 동안 상당한 손실을 입을 수 있다.

가격 인하를 먼저 단행할 것을 고려하고 있는 기업의 관점에서 더욱 중요한 것은 이 기업이 살아남는 기업이 될 수 있을지 확신할 수 없다는 점이다. 그러므로 이 기업의 관점에서 그 의사결정을 바라보게 되면 가격전쟁을 시작한다는 것은 실로 매우 위험한 일로 보인다. 진입에 대한 위협이 없을 때 왜 방임전략이 매우 매력적인 전략이 될 수 있는지 그 이유를 쉽게 알 수 있다.

그러나 논의를 계속하기 위해서 한 기업이 어쨌든 시장 전체를 장악하기 위해 노력하고 있다고 가정하자. 그리고 또한 잠재적 기업들이 시장에 진입하면 상당한 매몰비용에 직면한다고 가정하자. 그러면 생존 기업은 마음대로 독점 가격을 매길 수 있을까?

복점기업이 가격전쟁을 시작하는 것을 꺼려하는 것과 마찬가지 이유로 외부 기업은 이 산업에 진입하여 기존 기업과 파멸을 불러올지도 모를 싸움을 하는 것을 꺼려할 것이다. 하지만 외부 기업이 구매자들과 계약을 체결하는 것은 가능할 수 있다. 이 기업이 기존 기업보다 낮은 가격을 제시할 경우 시장 전체를 장악할 수 있다는 확신을 가질 수도 있다. 그러나 외부 기업이 제시할 수 있는 가격과 동일하거나 아니면 그보다 더 낮은 가격을 기존 기업이 제시하는 것이 기존 기업에게 이득이 된다는 점을 외부 기업은 인식하고 있다. 결국 잠재적 진입기업이 시장진입으로 이윤을 얻기 위해서는 예상되는 매몰비용을 충분히 충당할 수 있을 정도의 가격을 제시하여야 하는 반면에, 기존 기업은 가변비용만 충당할 수 있으면 된다는 것이다. 물론 기존 기업은 모든 비용을 충당할 수 있는 상황을 좋아할 것이다. 그러나 기존기업은 시장에서 퇴출당하기보다는 가변비용을 간신히 충당할 수 있는 가격을 수용하는 것이 합리적일 것이다.

이러한 비대칭성 때문에 새로운 기업이 (어떤 이유로 이 기업이 상당한 비용상의 우위를 갖고 있지 않는 한) 자연독점시장에 진입을 시도하는 것은 결코 이롭지 못할 것이다. 기존 기업은 더 낮은 가격을 제시함으로써 항상 이득을 얻을 수 있으며, 기존 기업이 그렇게 하는 순간 새로운 기업은 시장조사, 계약체결 등에 소요된 모든 자금을 잃게 될 것이다.

진입 위협이 기존 자연독점기업을 곤란한 지경에 빠뜨리게 할 수 있는 한 가지 가능성은 남아 있다. 비록 이런 유형의 시장에 침투하려고 시도하는 잠재적 진입기업이 치러야 하는 비용을 보상해주는 일은 결코 없지만, 잠재적 진입기업에게 접근하는 비용을 부담해야 하는 이 시장의 **구매자들**에 대한 보상은 쉽게 이루어질 수 있다. 만일 이 구매자들이 이러한 비용을 부담한다면, 그들은 기존 기업이 제품에 대한 경쟁가격을 제시하는 데에 동의할 것으로 기대할 수 있다. (만일 기존 기업들이 동의하지 않는다면, 구매자들은 외부 기업으로부터 구매하겠다는 합의서에 서명할 수 있다.) 따라서 만일 구매자들이 합심하여 자기부담으로 잠재적 진입기업들과 협상을 하는 것이 실용적이라면, 기존 자연독점기업조차도 경쟁가격에 근접한 가격으로 판매할 수밖에 없다는 압박을 받을 수도 있다. 실례를 들자면, 대부분의 지방 정부들은 공동체를 대리하는 구매자로서 공공 서비스의 잠재적 독점 공급자들과 계약을 협상하는 역할을 한다.

재화가 사적으로 판매되는 시장에서는 구매자들이 너무 많아서 그들 스스로 이런 방식으로 집단행동을 하지 못하는 경우가 많다. 셀 수 없을 정도로 다양한 제품의 잠재적 공급자들과 협상을 하기 위해 매일 밤 회의에 참석하기를 원하는 사람은 거의 없다. 그럼에도 불구하고 구매자들이 직접적인 집단행동을 조직하는 것이 비현실적인 경우에도 사적 대리인이 그들을 대신하여 아주 흡사한 목적을 달성하는 것이 가능할 수 있다.

예를 들어, 일부 백화점들이 이런 역할을 하는 것으로 해석될 수 있다. 시어스 로벅 (Sears, Roebuck) 체인점은 "질 높은 제품을 적정가격으로 공급해 드립니다"(Quality at a fair price)는 슬로건으로 유통업계에서 일찍이 성공을 거두었다. 이 업체의 역할은 단일 공급자들과 계약을 협상함으로써 공동체를 위한 구매 대리인으로서의 기능을 하는 것이었다. 이 업체는 공급자들과 협상을 매우 잘하여 여기서 절약한 돈을 고객들에게 돌려주는 것으로 명성을 얻었다. 이 업체와 다른 백화점들은 더 낮은 가격이라는 형태로 절약한 돈을 넘겨주는 것일까? 소매기업들은 자연독점기업이 생산한 제품뿐만 아니라 경쟁적으로 생산된 수많은 제품들의 판매를 위해 서로 경쟁한다. 합리적인 가격으로 질이 우수한 제품을 공급한다는 명성을 얻는 것은 다수의 이런 소매기업들의 마케팅 전략에서 핵심적인 요소이며, 소비자들은 궁극적인 수혜자들이다.

13.4 독점적 경쟁

완전경쟁과 유사한 시장구조를 갖는 독점적 경쟁은 다수의 기업들이 시장에 자유로이 진입하거나 퇴출될 수 있지만 각 기업의 제품이 다른 기업들의 제품과 완벽한 대체재가 아닌 시장구조를 일컫는다. 따라서 제품들 사이의 대체가능성의 정도는 이 산업이 완전경쟁과 얼마나 유사한지를 결정한다.

챔벌린 모형

독점적 경쟁에 관한 전통적 경제 모형은 1930년대에 에드워드 챔벌린(Edward Chamberlin)과 조안 로빈슨(Joan Robinson)에 의해서 독립적으로 개발되었다. 이 경제 모형은 서로 유사하지만 불완전한 대체재들을 생산하는 다수의 기업들로 구성된 "산업 집단"(industry group)이라는 명료하게 정의된 가정에서 출발하고 있다. 남성 와이셔츠 시장은 훌륭한 예시가 된다. 갠트(Gant)가 만든 셔츠는 반 호이젠(Van Heusen), 세로(Sero), 랄프 로렌(Ralph Lauren), 애로우(Arrow) 혹은 타미 힐피거(Tommy Hilfiger)가 만든 셔츠와 본질적으로 그 목적이 동일하다. 하지만 다수의 소비자들에게 어떤 브랜드를 구매할지에 대해서 무관심한 경우가 거의 없다.

산업 구조에 대한 이런 가정들로부터 두 가지 중요한 시사점을 얻을 수 있다. 첫째는 제품들이 유사한 대체재들이기 때문에 각 기업은 우하향의 수요곡선에 직면한다는 것이다. 갠트 셔츠를 특별히 좋아하는 사람은 다른 제조업체가 만든 셔츠보다 더 많은 금액을 기꺼이 지불하려고 할 것이다. 그러나 갠트가 셔츠 가격을 인상하면 이런 구매자들조차도 결국에는 다른 브랜드로 교체할 것이다. 다수의 독립적인 기업들이 존재한다는 가정에서 비롯된 두 번째 함의로서 각 기업은 마치 각자의 가격과 생산량에 관한 의사결정이 산업 내의 다른 기업들의 시사점에 아무런 영향을 미치지 않는 것처럼 행동한다는 것이다. 그리고 그 제품들은 서로 유사한 대체재들이기 때문에 각 기업은 자신의 수요곡선이 매우 탄력적이라는 것을 인지하고 있다는 것을 의미하기도 한다.

챔벌린 모형의 기본적인 특성은 산업 내의 모든 기업들의 지위가 완전히 대칭적이라는 것이다. 비유적인 용어를 사용하자면, 챔벌린 유형의 기업은 각자 수많은 낚싯줄을 물속에 드리우고 있는 다수의 고기잡이배들 중의 하나로 생각할 수 있다. 만일 어떤 고기잡이배가 낚시 바늘에 더 좋은 미끼를 끼운다면 총어획량 중에서 그 배가 차지하는 비중이 상당히 증가하는 효과가 발생할 것이다. 결국 그 배의 낚싯줄들은 절대적으로뿐만 아니라 다른 배들의 낚싯줄과 비교했을 때 상대적으로도 더 많은 물고기를 잡을 수 있게 된 것이다. 그러나 이런 상황은 완벽히 대칭적이기 때문에, 만일 한 배가 더 좋은 미끼를 사용하는 것이 유리하다면 다른 배들도 마찬가지로 유리할 것이다. 하지만 모든 배들이 더 좋은 미끼를 사용하면 그 배의 낚싯줄들은 예전처럼 상대적인 우위를 갖지 못하게 된다. 그러므로 다른 배들이 원래의 행태를 그대로 유지하는 경우에 비해서 총어획량의 증가는 훨씬 작아질 것이다.

고기잡이배에 관한 예와 챔벌린 유형의 독점적 경쟁 기업의 가격설정 행태는 더할 나위 없이 유사하다. 자신의 제품에 대한 수요를 심사숙고하는 기업은 경쟁 기업들이 가격과 생산량에 관한 결정에 어떤 방식으로든 반응하지 않을 것으로 가정한다. 고기잡이배의 선주와 마찬가지로 그 기업이 행태를 변화시켜도 다른 기업들의 행태에 영향을 미치지 않을 것이라는 가정을 하는 것은 타당하다. 기업들끼리의 대칭성은, 만일 한 기업이 가격을 변경시키는 것이 합리적이라면 다른 모든 기업들도 마찬가지 행동을 하는 것이 합리적이라는 것을 의미한다.

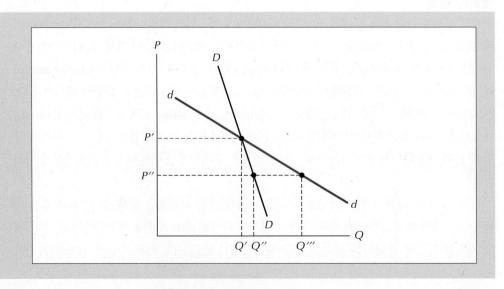

그림 13.8

독점적 경쟁 기업의 두 개의 수요곡선

한 기업이 직면하는 수요는 모든 기업들이 똑같이 가격을 변경시키는 경우(DD)보다 그들이 가격을 일정하게 유지하는 경우(dd) 더욱 탄력적이 될 것이다.

그 결과 그 기업은 실제로 두 가지 다른 수요곡선에 직면한다. 하나는 그 기업이 홀로 가격을 변경시킬 때 어떤 일이 발생할지를 나타내며, 다른 하나는 모두가 동조하여 가격을 변경시킬 때 어떤 일이 발생할지를 나타낸다. 예를 들어, 그림 13.8에서 dd곡선은 한 기업만 가격을 변경시킬 경우 챔벌린 유형의 그 기업이 직면하는 수요곡선을 표현하고 있다. DD곡선은 모든 기업들이 같이 가격을 변경시킬 때의 수요곡선이다. 모든 기업들이 P'의 가격을 매기고 있는 최초의 상황에서 각 기업은 Q'을 판매할 것이다. 만일 한 기업만 가격을 P''로 인하하면 그 기업은 Q'''을 판매할 것이다. 하지만 만약 다른 기업들이 모두 덩달아 그 가격으로 인하하면 각 기업은 Q''밖에 판매하지 못할 것이다.

개별 기업들은 비슷한 상황에 놓여 있는 기업들의 가격이 서로 함께 움직이는 경향이 있다는 것을 깨닫지 못할 필요가 없다는 점을 강조하는 것은 중요하다. 이와는 반대로, 오히려 각 기업은 그것을 완벽하게 인지하고 있을지도 모른다. 그러나 각 기업은 또한 그 자신의 가격 변경이 다른 기업들의 행태를 변화시키는 요인이 되지 않는다는 것을 인지하고 있기도 하다. 그러므로 그 기업의 가격만 변할 때 초래되는 결과만을 고려할 때 이 기업은 모든 가격이 함께 움직일 때의 수요곡선(DD)을 따르지 않고 dd곡선을 따라서 움직이는 것으로 생각하기 마련이다.[6]

단기 챔벌린 균형

이해를 돕기 위한 사례로서, 그림 13.9에 그려진 것과 같은 수요(dd곡선), 한계수입, 평균총비용 및 단기 한계비용곡선들을 갖는 독점적 경쟁 기업을 생각해보자. 순수 독점의 경우에 우리가 사용했던 것과 아주 똑같은 주장을 따른다면, 단기 이윤 극대화 생산량은 한계수

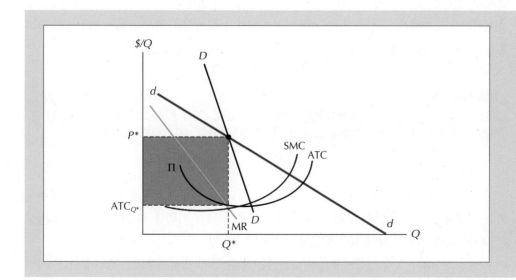

그림 13.9

챔벌린 유형의 기업의 단기 균형

챔벌린 유형의 독점적 경쟁 기업은 단기적으로 한계수입과 단기한계비용을 일치시킴으로써 경제적 이윤을 극대화한다. 경제적 이윤은 색칠된 사각형의 면적인 Π이다.

---

6. 여기서 이 문제는 용의자의 딜레마에서 참가자들이 직면하는 상황과 매우 유사하다. 각자는 다른 사람이 배신하는 것이 합리적이라는 것을 알고 있을지도 모르며, 따라서 상대방이 배신할 것으로 예상할 수도 있다. 하지만 각자는 그 자신의 행위가 다른 사람의 행위에 영향을 미치지 않을 것이라는 것 또한 알고 있다.

입곡선과 단기 한계비용곡선이 교차하는 Q^*가 되는 것을 쉽게 알 수 있다. 이윤 극대화 가격은 dd수요곡선상에 있는 Q^*에 상응하는 가격인 P^*이다.

그림 13.9에서 DD 수요곡선은 dd 수요곡선과 이윤 극대화 가격 P^*에서 교차하고 있다는 점을 유의하자. 이것은 챔벌린 유형의 기업들 사이에 존재하는 기본적 대칭성의 또 다른 결과물이다. 기억하다시피, DD곡선은 모든 기업들의 가격이 함께 변할 때 각 기업이 직면하는 수요량이 가격 변화에 따라서 변동되는 궤적이다. 반면에, dd곡선은 다른 모든 기업들의 가격이 고정되어 있을 때 한 기업이 직면하는 수요량이 가격 변화에 따라서 변동되는 궤적이다. 각 기업은 동일한 상황에 처해 있으므로, 만일 P^*가 이 기업의 이윤 극대화 가격이라면 다른 모든 기업들에게도 이윤 극대화 가격이 되어야 한다. 따라서 다른 기업들의 가격이 dd곡선을 따라서 고정되어 있는 가격 수준은 P^*이고, 이는 dd상의 P^*에서 모든 기업들의 가격은 P^*가 될 것이라는 것을 의미한다. 이것이 바로 dd가 DD와 P^*에서 교차하는 이유가 된다.

챔벌린 모형에서의 장기 균형

완전경쟁의 경우와 마찬가지로, 단기적으로 경제적 이윤이 존재한다는 사실은 독점적 경쟁 산업에 추가적으로 기업들을 끌어들이는 효과를 가져 올 것이다. 이 기업들의 진입이 가져오는 효과는 무엇일까? 완전경쟁의 경우에 산업공급곡선이 우측으로 이동하여 단기 균형가격의 하락을 가져온다는 것을 우리는 살펴보았다. 달리 말해서, 완전경쟁모형에서 진입이 가져오는 효과는 각 기업의 수평적 수요곡선을 밑으로 이동시키는 원인이 되는 것이다. 챔벌린 모형에서는 이와 유사한 효과로 각 기업의 수요곡선이 왼쪽으로 이동한다. 좀 더 구체적으로 말하자면, 각 기업이 산업 전체 수요 중의 일부를 차지하기 위해 동등하게 경쟁한다는 가정 하에서, 진입의 효과는 각 기업이 어떤 주어진 가격에서 판매할 수 있는 수량을 비례적으로 감소시킨다는 것이다. 시장에서 각 기업은 본질적으로 산업 수요에서 각자가 차지하는 몫이 동등하므로, 산업 내에 기업들이 더 많아짐에 따라 그 몫은 반드시 감소할 수밖에 없다.

> **개념 확인 13.4**
>
> 20개의 기업이 존재하는 챔벌린 유형의 독점적 경쟁 산업에서 각 기업은 $P = 10 - 0.001Q$라는 dd곡선에 직면하고 있다. 다섯 개의 신규 기업이 진입함에 따라 각 기업의 dd곡선은 어떻게 변할까?

진입으로 인하여 수요가 좌측으로 이동하면 각 기업은 자본스톡의 크기를 재조정하여 이윤 극대화를 달성시켜주는 새로운 산출량 수준을 선택할 기회를 갖는다. 만일 정상 이상의 초과이윤이 여전히 남아 있다면 진입은 계속될 것이다.

수요곡선 dd가 장기 평균비용곡선에 접하는(또한 단기 평균비용곡선에도 접하는) 지점까지 좌측으로 이동할 때 장기 균형이 달성된다. 그림 13.10에서 MR = MC 기준에 의한 이윤 극대화 산출량 수준인 Q^*는 dd곡선이 장기 및 단기 평균비용곡선과 접할 때의 산출량 수준과 정확히 일치하고 있다는 것을 유의하자. 이것은 결코 단순한 우연의 산물이 아니다. 우리는 MR = MC 조건과는 상관없이 그 접점이 이윤극대점이 되어야 한다고 주장할

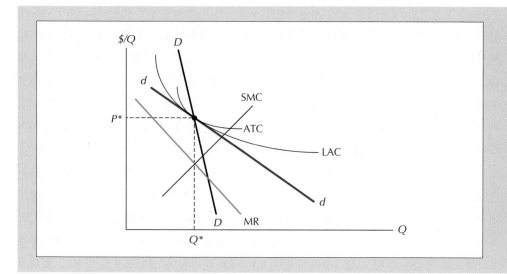

그림 13.10

챔벌린 모형에서의 장기 균형

진입이 발생하면 *dd*는 *LAC*곡선과 접할 때까지 좌측으로 이동한다. 이 기업은 *Q**를 생산하여 *P**로 판매하므로 경제적 이윤은 0이 된다.

수 있다. 그 점에서 기업이 얻는 이윤은 0인 반면에, 다른 어떤 산출량 수준에서도 평균비용이 평균수입을 초과하여 경제적 이윤은 음(−)이 된다는 것을 의미한다.

그림 13.10에서 수요곡선 *DD*는 앞서 논의된 이유들 때문에 *dd*와 균형가격 *P**에서 교차한다는 점을 다시 유념하자. 만일 모든 기업들이 가격을 *P**에서 인상하면 각 기업은 *DD*를 따라서 위로 움직일 것이므로 각자는 경제적 이윤을 얻을 것이다. 그러나 구속력 있는 담합이 존재하지 않는 한 가격을 *P**보다 높게 유지하는 것은 어떤 기업의 이득에도 부합하지 않는다. 그 이유는 *P**보다 높은 어떤 가격에서도 한계수입(*dd*와 연관된 MR곡선을 따라서)은 한계비용을 초과할 것이기 때문이다. *P**보다 높은 어떤 가격에서도 각 기업은 가격을 인하하여 더 많이 판매함으로써 더 높은 이윤을 얻을 수 있을 것이다. 안정적인 결과는 그림 13.10에서 접점이 유일하다.

완전경쟁과 챔벌린 유형의 독점적 경쟁의 비교

완전경쟁과 챔벌린 유형의 독점적 경쟁의 장기 균형 상태 사이에는 분명하게 비교되는 사항들이 몇 가지 있다. 첫째, 경쟁은 배분상의 효율성에 대한 테스트를 충족시키는 반면에, 독점적 경쟁은 그렇지 못하다. 완전경쟁하에서는 가격이 장기한계비용과 정확히 일치하는데, 이는 교환을 통해 상호이득을 얻을 수 있는 더 이상의 가능성이 없다는 것을 의미한다. 이와는 대조적으로 독점적 경쟁하에서는 장기에서조차도 가격이 한계비용을 초과한다. 이는 상품 1단위를 추가로 생산하는 데 소요되는 가치보다도 더 높게 그 상품의 가치를 평가하는 사람들이 사회에 존재한다는 것을 의미한다. 만일 독점적 경쟁 기업들이 기존에 판매되고 있는 제품들의 가격을 인하하지 않고도 구매자들에게 가격을 인하할 수 있는 방법을 찾을 수 있다면 그들은 기꺼이 그렇게 할 것이며, 이 과정에서 모든 사람들의 복지는 증가할 것이다. 독점의 경우에 우리가 살펴본 바와 같이 그러한 선별적인 가격 인하가 가능할 때가 있다. 하지만 이는 본질적으로 불완전하며, 이런 이유로 독점적 경쟁은 좁은 의미의 효율성이라는 기준에서 볼 때 완전경쟁에 미치지 못할 수밖에 없는 운명에 놓여 있다.

독점적 경쟁의 경우에는 장기 평균비용(LAC)곡선의 최저점에서 생산하지 않기 때문에 완전경쟁보다 효율성이 떨어진다고 주장하는 경제학자들도 있다. 하지만 다른 측면들에 대해서는 이 두 경우가 매우 다르기 때문에 이러한 비교는 설득력이 그렇게 높지 않다. 모든 제품들이 정확하게 동질적이며 생산비용이 약간 덜 소요될 때 사람들이 독점적 경쟁 기업들로부터 상품을 지금 구매하는 사람들이 더 행복해질 것인지의 여부를 물어보는 것이 적절하다. 이 질문에 대한 대답은 쉽지 않으며, 그 대답이 궁색하다고 해서 기업들이 단지 LAC곡선의 최저점에서 생산하지 않는다는 이유로 독점적 경쟁이 비효율적이라고 단정할 수는 없다.

앞 단락에서 논의된 바와 같이, 챔벌린 모형은 완전경쟁모형보다 훨씬 더 현실적이라는 점에서 중요한 의미가 있다. 기억하다시피, 완전경쟁의 경우 가격과 한계비용은 균형 상태에서 동일하다. 이는 기업이 현재 시장가격에서 새로운 주문이 들어와도 대수롭지 않게 반응할 것이라는 것을 의미한다. 이와 대조적으로, 독점적 경쟁의 경우에 가격이 한계비용을 초과하므로 기업은 현재 시장가격에서 들어오는 새로운 주문을 열광적으로 반긴다. 일시적인 초과 수요가 있는 기간을 제외하고는, 대수롭지 않은 반응을 보이는 사례를 우리는 거의 알지 못한다. 지금까지 살아온 거의 모든 사업가들은 현재 시장가격에서 들어오는 새로운 주문을 기쁜 마음으로 받아들인다.

마지막으로, 이윤 획득 가능성의 견지에서 볼 때 완전경쟁 기업과 챔벌린 유형의 독점적 경쟁 기업의 균형 상태는 아주 똑같다. 두 경우 모두 진입의 자유가 있으므로 장기적으로 경제적 이윤은 0이 된다. 마찬가지로, 퇴출의 자유는 어느 경우에서든 장기적으로 경제적 손실을 입지 않도록 보장한다.

챔벌린 모형에 대한 비판

노벨 수상자인 조지 스티글러(George Stigler)를 비롯한 여러 사람들은 챔벌린 모형을 다양한 관점에서 비판하였다. 무엇보다도 먼저, "산업 집단"이라는 애매모호한 개념을 정의하기가 곤란하다는 것이다. 챔벌린은 그 개념을 일종의 명시되지 않은 방식으로 상품 집단이 서로 질적으로 다름에도 불구하고 구매자들에게는 똑같은 흥미를 유발하는 것으로 서술하고 있다. 이런 방식으로 상품 집단들을 구별하는 것은 현실적으로 불가능하다고 스티글러는 지적하였다. 한 가지 관점에서 바라볼 때 코카콜라와 같은 제품은 그 자체로 독특하다. [따라서 코카콜라 회사가 전통적인 제조법을 약간 변경하였을 때 구매자들이 격한 반응을 보이자 회사는 "클래식 코크"(Coke Classic)를 다시 도입하였다.] 그러나 약간 다른 관점에서 볼 때 코카콜라는 펩시의 대체재이고, 펩시는 우유의 대체재이며, 우유는 다시 아이스크림의 대체재이다. 아이스크림은 초콜릿 케이크의 대체재이지만, 초콜릿 케이크는 분명 코카콜라의 대체재가 되지는 않을 것이다. 이런 논리를 극단까지 몰고 갈 경우, 챔벌린이 정의하는 상품 집단은 사실상 경제 내에 존재하는 모든 소비재를 포함하는 것으로 확장될 수 있다고 스티글러는 주장하였다.

방법론적인 관점에서 볼 때, 이론이란 가정의 기술적 정확성에 의해서가 아니라 경제 환경의 변화에 대한 반응을 예측할 수 있는 능력에 의해서 판단되어야 한다고 주장하는 밀튼 프리드만(Milton Friedman)의 의견에 스티글러는 동조하였다(1장 참조). 챔벌린의 이론은 완전경쟁 이론에서 도출된 가장 중요한 예측들을 크게 바꾸지 않고 그 이론을 상당히 복잡하게 만들어버렸다고 스티글러는 믿었다. 많은 구체적인 사례와 관련지어 생각해 볼 때, 이런 비난은 분명한 근거가 있다. 예를 들어, 두 이론 모두에서 경제적 이윤은 진입을 가져오고, 이는 가격을 떨어뜨려 장기적으로 이윤을 사라지게 한다.

하지만 챔벌린 모형에 대한 가장 설득력 있는 비난은 이 모형이 완전경쟁모형과 지나치게 유사하다는 데에 있는 것이 아니라 최소한 한 가지 중요한 측면에서조차도 경쟁 모형에서 크게 벗어난 것이 없다는 것이다. 문제는 산업 내에서 구매자들을 끌어들일 수 있는 기회가 각 기업에게 동등하게 주어져 있다는 중요한 가정에 있다. 어떤 경우에는 이런 가정이 합리적으로 옳을 때가 있지만, 분명히 그렇지 않은 경우가 훨씬 더 많다. 예를 들어, 아침 시리얼 산업에서 프루트 앤 파이버(Fruit-'n-Fiber)를 구매하는 사람이 그레이프 넛츠(Grape-Nuts)나 슈레디드 위트(Shredded Wheat)로 바꿀 것을 고려할 수도 있지만, 캡틴 크런치(Captain Crunch)나 프루트 룹스(Fruit Loops)로 바꾸는 것은 꿈도 꾸지 않는다.

최근의 독점적 경쟁 이론에 관한 연구에서 구매자들로 하여금 다른 모든 상품들 대신에 선택하도록 만드는 상품의 특정한 특성을 반영하는 모형에 초점을 두고 있다. 챔벌린 모형과는 대조적으로, 이런 모형들은 완전경쟁모형에서의 결론과는 매우 다른 결론이 도출되는 경우가 많다. 지금부터는 독점적 경쟁에 관한 또 하나의 사고방식에 대하여 살펴보기로 하자.

13.5 독점적 경쟁에 대한 공간적 해석

앞에서 지적한 바와 같이, 어느 독점적 경쟁 기업 제품이 다른 기업 제품의 효과적인 대체재가 되는 정도가 이 산업이 얼마나 가깝게 완전경쟁을 닮았는지 결정한다. 완전한 대체성의 결여에 관한 한 가지 구체적인 사고방식은 거리이다. 특히 여러분 자동차의 휘발유통이 거의 비어있을 때 도시 저편에 있는 휘발유는 가장 가까운 모퉁이에 있는 휘발유의 완벽한 대체재가 아니다.

여러분 자신이 한 가운데에 커다란 호수가 있는 조그만 섬나라 주민이라고 상상해보자. 그곳에서 사업활동은 섬 주변을 구성하고 있는 도넛 모양의 토지에 자연적으로 한정되어 있다. 여러분 섬에서는 노동이 상당히 전문화되어 있다. 사람들은 하루 종일 자신에게 주어진 일을 매우 열심히 하며 저녁에는 식당에서 식사를 한다. 여러분 섬에 사는 사람들은 습관적으로 다양한 요리를 즐기지 않는다. 그 대신에, 여러분과 여러분 이웃들은 매일 저녁 구운 감자와 그릴에 구운 쇠고기 스테이크를 즐긴다. 어떤 식당에서 제공되는 음식이든 생산 측면에서 모두 규모에 대한 보수 증가―더 많은 음식이 생산될수록 1인분 식사 준비에 소요되는 평균비용은 감소―를 보인다.

이 섬나라에는 몇 개의 식당이 있어야 할까? 1인당 식사 제공비용을 최소로 하기 위해서는 식당 1개만 필요할 것이라고 여러분은 대답하기 쉽다. 만일 섬 둘레가 예를 들어 300야드밖에 되지 않는다면 이 대답이 옳다는 것이 거의 확실하다. 하지만 섬이 훨씬 더 큰 경우에는 음식 값이 여러분이나 여러분 이웃사람들의 유일한 관심사가 아닐 가능성이 높다. 여러분은 가장 가까운 식당으로 오고가는 비용에 대해서도 고려할 것이다. 예를 들어, 섬의 둘레가 300마일이라면 단 하나의 식당만 존재할 때에 절약할 수 있는 비용은 섬의 먼 쪽에 살고 있는 사람들이 부담해야 하는 이동비용을 거의 보상하지 못할 것이다.

이 섬에서의 저녁식사 시장은 우리가 앞 장들에서 살펴보았던 시장과 한 가지 측면에서 동일하다. 단 하나의 표준화된 식사가 모든 식당에서 제공된다. 그러나 제공되는 음식 유형이 유일하게 중요한 식사의 특성이 아니다. 구매자들은 식사가 어디에서 제공되는지에 대해서도 신경을 쓴다. 제품들이 한 가지 이상의 측면—위치, 양, 맛, 질 등—에서 차이가 있을 때 제품 다양성이 얼마나 많이 존재해야 하는가 하는 일반적인 질문에 우리는 즉각적으로 직면한다. 한 경제에 필요한 자동차 브랜드는 5종, 10종, 아니면 50종이어야 할까? 얼마나 많은 종류의 테니스 라켓이 있어야 할까?

사고를 정립시키기 위하여, 우선 그림 13.11의 네모난 짙은 녹색 점들로 표시된 네 개의 식당들이 섬 주변에 똑같은 간격으로 위치하고 있다고 가정하자. 섬의 둘레는 1마일이라고 가정하자. 인접한 식당들끼리의 거리는 $\frac{1}{4}$마일이 될 것이고, 아무도 가장 가까운 식당에서 $\frac{1}{8}$마일—두 식당의 딱 중간에 거주하는 사람에게 요구되는 이동거리—보다 멀리 떨어져서 살 수 없다.

L명의 소비자들이 원 주위로 균일하게 분포되어 있으며, 이동비용은 1마일당 t라고 해보자. 그러므로 예를 들어, 만일 t가 \$24라면 가장 가까운 식당에서 $d = \frac{1}{16}$마일 떨어진 곳에 살고 있는 사람의 교통비용은 왕복거리($2d$)와 단위 교통비용(t)을 곱한 2(\$24/마일)($\frac{1}{16}$ 마일) = \$3가 될 것이다.

또한 각 소비자는 (음식가격과 이동비용을 합산한) 총가격이 가장 낮은 식당에서 하루에 한 끼만 식사를 한다고 가정하자. 마지막으로 각 식당의 총비용곡선은 다음과 같이 가정하자.

$$TC = F + MQ. \tag{13.6}$$

앞 장들로부터 알 수 있는 바와 같이, 식 (13.6)의 총비용곡선은 고정비용 F와 일정한 한

그림 13.11

입지가 중요한 차별적 특성이 되는 산업

식당(짙은 녹색 사각점)들은 지리적 입지를 제외하고는 모두 동일하다. 각자는 집에서 가장 가까운 식당에서 식사를 한다. 만일 고리의 둘레가 1마일이라면, 이는 식당들 사이의 거리는 $\frac{1}{4}$마일이고, 편도로 최장 이동거리는 $\frac{1}{8}$마일이라는 것을 의미한다.

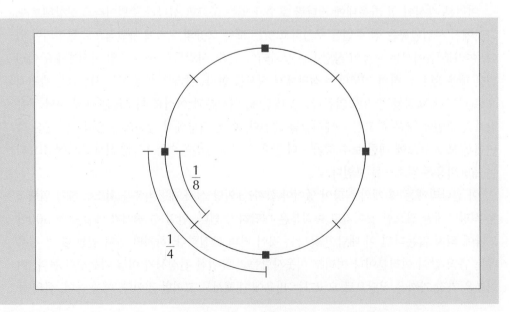

계비용 M이 있는 곡선이다. 여기서 F는 설비 임대료, 투자 자본의 기회비용, 그리고 식당을 운영과 관련된 기타 고정비용의 합으로 생각할 수 있다. 그리고 M은 노동, 재료 및 음식을 추가로 생산할 때 발생하는 기타 비용을 합한 것이다.

또한 평균총비용(ATC)은 단순히 총비용을 산출량으로 나눈 것임을 기억하자. 따라서 총비용 함수가 $TC = F + MQ$로 주어져 있을 때 평균 총비용은 $F/Q + M$과 같다. 이는 장소에서 식사를 제공받은 소비자가 많을수록 평균 총비용은 감소한다는 것을 의미한다.

예를 들어, 네 개의 식당 각각은 달러로 측정된 하루의 총비용곡선이 $TC = 30 + 5Q$라고 가정하자. 여기서 Q는 각 식당이 하루에 제공하는 식사 수량이다. 만일 인구 L이 100명이라면, 각 식당은 하루에 (100/4) = 25끼의 식사를 제공할 것이며, 이때 총비용은 하루에 $TC = 50 + 5(25) = \$175$가 될 것이다. 각 식당의 평균 총비용은 한 끼당 TC/25 = (\$175/일)/(25끼/일) = \$7가 될 것이다. 그에 비해서 만일 두 개의 식당만 존재한다면 각 식당은 하루에 50끼의 식사를 제공할 것이고, 따라서 평균 총비용은 한 끼당 \$6에 불과할 것이다.

네 개의 식당이 있을 때 평균 이동비용은 얼마가 될까? 이 비용은 단위 교통비용(t)과 식당들이 서로 얼마나 떨어져 있는지에 달려 있다. 네 개의 식당이 있을 때 인접한 식당들끼리의 거리는 $\frac{1}{4}$마일이 된다. 어떤 사람들은 식당 바로 옆에 살고 있어서 이들에게는 이동비용이 전혀 들지 않을 것이다. 네 개의 식당이 있을 때 누군가가 식당으로부터 가장 멀리 떨어진 곳에 살 때의 거리는 $\frac{1}{8}$마일이며, 이 거리는 두 개의 인접한 식당들의 딱 중간에서 살고 있는 사람에게 소요되는 편도거리이다. 이 사람에게 왕복거리는 $\frac{1}{4}$마일이다. 그리고 t가 1마일당 \$24라면, 이 단골 고객의 이동비용은(\$24/마일)($\frac{1}{4}$마일) = \$6이다. 사람들은 고리 주변으로 균일하게 흩어져 있으므로 평균 왕복거리는 이 두 극단적인 경우의 중간이 될 것이다. 따라서 이 거리는 $\frac{1}{8}$마일이며, 그 비용은 \$3가 될 것이다.

한 끼당 전체 평균비용은 평균 총비용(네 개의 식당을 가정한 예에서는 한 끼당 \$7)과 평균 이동비용(여기서는 한 끼당 \$3)을 합한 \$10가 될 것이다.

입지의 최적 숫자

만일 단위 이동비용(t)이 0이라면, 단 한 개의 식당만을 갖는 것이 분명 최적이 될 것이다. 왜냐하면 이 경우에 한 끼당 전체 평균비용이 최소가 될 것이기 때문이다. 그러나 이동비용이 충분히 높을 때에는 한 개의 식당으로는 단골손님들이 평균적으로 너무 먼 거리를 이동해야 하기 때문에 최적이 되지 않을 것이다. 그러므로 최적의 식당 숫자는 한편으로는 개업하는 데 소요되는 초기 및 기타 고정비용(F)과 다른 한편으로는 이동비용을 낮춰서 절감되는 비용 사이의 상충관계의 결과이다.

몇 개의 아울렛을 갖는 것이 가장 좋을까? 이 질문에 대답을 하는 우리의 전략은 식당이 한 개 더 증가할 때 제공되는 식사 한 끼당 전체 평균비용(평균 총비용과 평균 이동비용의 합)이 현재보다 감소할 것인지를 물어보는 것이다. 만일 그 비용이 감소한다면 우리는 식당을 한 개를 더 추가할 것이고, 동일한 질문을 다시 하여야 한다. 일단 전체 평균비용 감소가 멈추게 되면 우리는 식당의 최적 숫자에 도달한 것이다.

이해를 돕기 위하여, 앞의 예에서 식당 숫자를 네 개에서 다섯 개로 늘려보자. 이 경우 전체 평균비용은 어떻게 영향을 받을까? 다시 한 번 더 식당들이 고리 주위로 균일하게 분포되어 있다고 가정하면, 각 식당은 100명의 섬 주민들 중의 $\frac{1}{5}$만을 끌어올 수가 있을 것이며, 이는 각 식당이 하루에 20끼의 식사를 제공할 것임을 의미한다. 따라서 각 식당의 ATC는 한 끼당 [50 + 5(20)]/20 = $7.5로서 이전보다 한 끼당 $0.50 더 높은 수치이다. (식당이 네 개 있었을 때의 ATC는 한 끼당 $7이었다는 것을 상기하라.) 식당이 다섯 개 있을 때 식당들 사이의 거리는 $\frac{1}{5}$마일이다. 이는 다섯 개의 식당이 있을 때 평균 편도거리는 $\frac{1}{20}$마일이고, 이는 또한 평균 왕복거리는 $\frac{1}{10}$마일이라는 것을 의미한다. 그러므로 평균 이동비용은 ($\frac{1}{10}$마일)($24/마일) = $2.40이다. 이 수치는 이전의 평균 이동비용 $3보다 $0.60 낮은 것으로, 이는 평균 이동거리가 짧아진 현상을 반영하고 있다는 것을 유념하자. 평균 총비용과 평균 이동비용을 더하면 다섯 개의 식당이 있을 때 전체 평균비용은 한 끼당 $7.50 + $2.40 = $9.90이라는 것을 알 수 있다.

개념 확인 13.5
앞의 예에서, 고리 주위로 여섯 번째 식당이 추가될 때 한 끼당 전체 평균비용은 얼마가 될까?

식당의 숫자를 다섯 개에서 여섯 개로 늘릴 때 한 끼당 전체 평균비용은 증가한다는 것을 개념 확인 13.5에서 계산을 통해 알 수 있다. 그리고 식당 숫자를 네 개에서 다섯 개로 늘렸을 때 전체 평균비용이 감소하였으므로, 이는 곧 우리의 섬나라에서 식당의 최적 숫자는 다섯 개라는 것을 의미한다.

그림 13.12에서 짙은 녹색 사각점들로 나타나 있듯이 고리 주위로 N개의 아울렛이 있다고 가정함으로써 우리의 분석을 좀 더 일반화시킬 수 있다. 이제는 근처의 아울렛들 사이의 거리가 $1/N$이 될 것이고, 최장 편도거리는 그 절반인 $1/2N$이 될 것이다. 또 다시 사람들

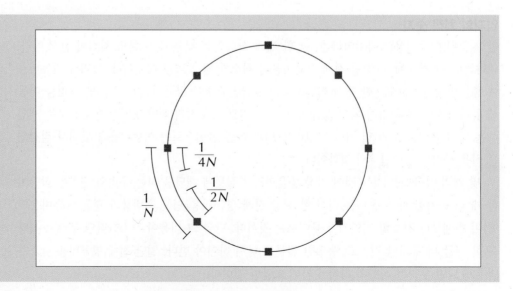

그림 13.12

N개의 아울렛이 있을 때의 거리

N개의 아울렛이 있을 때 이웃 아울렛과의 거리는 $1/N$이 될 것이다. 어떤 사람이 아울렛에서 가장 멀리 거주할 수 있는 거리는 $1/2N$이다. 그리고 사람들이 가장 가까운 아울렛까지 가는 데 필요한 평균 편도거리는 $1/4N$이다. 따라서 평균 왕복거리는 $1/2N$이다.

이 고리 주위로 균일하게 분포되어 있다고 가정하면 가장 가까운 아울렛까지의 평균 편도거리는 $1/4N$(이 수치는 어떤 아울렛에서 가장 가까운 곳에 살고 있는 사람의 거리인 0과 가장 멀리 사는 사람의 거리인 $1/2N$을 평균한 것)이다. 그러므로 평균 왕복거리는 평균 편도거리의 두 배인 $1/2N$과 같다.

식당 숫자가 증가함에 따라 식당들 사이의 거리는 감소하므로 총이동비용 C_{trans}은 아울렛 숫자의 감소함수가 될 것이다. 한 사람이 1마일을 이동할 때 소요되는 이동비용은 $\$t$이므로 총이동비용은 1마일당 비용$(t)$, 인구$(L)$, 및 평균 왕복거리$(\frac{1}{2N})$를 곱한 값이 될 것이다:

$$C_{trans} = tL\frac{1}{2N}. \tag{13.7}$$

제공된 식사의 총비용 C_{meals}은 또한 인구와 아울렛의 숫자에 달려있으므로 그 비용은 다음과 같다.

$$C_{meals} = LM + NF, \tag{13.8}$$

여기서 우변의 첫째 항은 L명의 사람들 각자는 한계비용이 M인 식사를 하고, 두 번째 항은 N개의 아울렛에 대한 총고정비용이다. 우리의 목적은 이 두 가지 유형의 비용의 합인 C_{trans} + C_{meals}를 최소화하는 N을 찾는 것이다.

이 두 비용함수와 그 합이 그림 13.13에서 그림으로 나타나 있는데, 여기서 N^*는 비용을 최소화하는 아울렛의 숫자를 가리킨다.[7]

C_{meals} 곡선의 기울기는 F와 같고, 이는 추가되는 아울렛이 필요로 하는 비용을 나타낸다. C_{trans}의 기울기는 $-tL/2N^2$과 같고, 이는 아울렛이 추가될 때 절약되는 이동비용을 나타낸다.[8] 만일 C_{meals}의 기울기가 C_{trans}의 기울기의 절댓값보다 작다면, 아울렛을 하나 더 추가할 때 발생하는 절약되는 이동비용이 그 아울렛을 추가할 때 소요되는 추가적인 고정비용을 보상하고도 남음이 있을 것이다. 아울렛 최적 숫자 N^*는 C_{meals} 곡선의 기울기가 C_{trans}의 기울기의 절댓값과 같을 때의 값이다. 따라서 N^*는 다음 식을 만족해야 한다.

$$\frac{tL}{2N^{*2}} = F, \tag{13.9}$$

---

7. 이 함수들은 N이 정수가 아닌 연속변수인 것으로 간주하여 그려졌다. 다수의 기업들이 존재하는 산업에서는 연속적인 근사법은 아주 미미한 오차만 발생시킬 것이다.

8. 이 기울기는 N이 마치 연속변수인 것으로 간주하여 미분을 취함으로써 얻을 수 있다.

$$\frac{d(C_{trans})}{dN} = \frac{-tL}{2N^2},$$

미적분을 배워본 적이 없는 학생들은 ΔN을, 예를 들어 0.001로 놓고, 이때 C_{trans}의 변화를 계산하면 이 식이 옳다는 것을 확인할 수 있다.

$$\Delta C_{trans} = \frac{tL}{2(N + 0.001)} - \frac{tL}{2N} = \frac{-0.001tL}{2N(N + 0.001)}.$$

그러므로 비율 $\Delta C_{trans}/\Delta N$은 다음과 같다.

$$\frac{\Delta C_{trans}}{0.001} = \frac{-tL}{2N(N + 0.001)} \approx \frac{-tL}{2N^2}.$$

그림 13.13

아울렛의 최적 숫자

총이동비용(C_{trans})은 아울렛의 숫자 (N)가 증가함에 따라 감소하지만, 제공되는 식사의 총비용(C_{meals})은 N이 증가함에 따라 증가한다. 아울렛의 최적 숫자(N^*)는 이 두 비용의 합을 최소화하는 숫자이다.

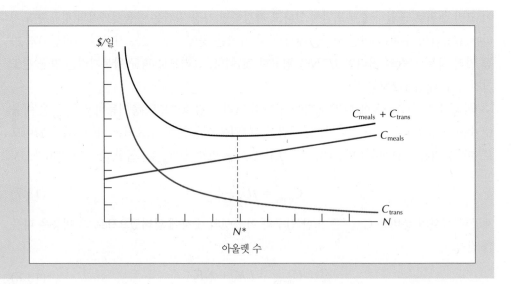

이 식을 N에 대하여 풀면 다음과 같다.

$$N^* = \sqrt{\frac{tL}{2F}}. \qquad (13.10)$$

아울렛의 최적 숫자에 대한 이 식은 분명한 경제적 의미를 가지고 있다. 먼저, 만일 이동비용이 증가하면 N^* 또한 증가한다. 아울렛을 추가하는 전적인 이유는 이동비용을 절약하기 위한 것이라는 점에서 이는 직관적으로 맞다. 인구밀도 L이 증가함에 따라 N^* 또한 증가한다. 고리의 각 구간에 살고 있는 사람들이 많아져서 가장 가까운 아울렛과의 평균거리가 짧아지는 사람이 점점 더 많아질수록 그 혜택을 입는 사람 역시 점점 더 많아질 것이다. 마지막으로, 아울렛을 추가할 때의 초기비용인 F가 커질수록 N^*는 예상되는 바와 같이 감소한다.

식 (13.10)을 $L = 100$, $t = 24$ 및 $F = 50$인 우리의 식당에 관한 예에 적용하면, $N^* = \sqrt{(2400/100)} = 4.9$를 얻는다. 말할 필요도 없이 4.9개의 식당을 갖는다는 것은 불가능하므로 4.9에 가장 가까운 5를 선택한다. 그리고 실제로, 앞에서 우리가 계산한 결과에서 알 수 있는 것처럼, 5개의 식당을 가질 때 네 개나 여섯 개의 식당을 가질 때보다 전체 평균비용이 더 낮아진다.

개념 확인 13.6

앞의 예에서 만일 섬의 인구가 100명이 아닌 400명이라면 N^*는 어떻게 변할까?

사적이고 이윤을 추구하는 기업들의 독자적인 행동이 고리 주위로 최적의 아울렛 숫자를 이끌어낼까? 이 질문은 매우 단순하게 들리지만, 대답하기가 꽤 곤란하다. 이제 우리는 어떤 조건에서는 최적 숫자보다 많아지는 경향이 있지만, 어떤 다른 조건에서는 적어지는 경향이 있다는 것을 알고 있다.[9] 그러나 잠시 이윤을 추구하는 기업들의 독자적 행동으로 나타나는 아울렛의 숫자는 다음과 같은 단순한 방식으로 아울렛의 최적 숫자와 일반적으로 관련되어 있다는 점을 유의하자. 아울렛의 최적 숫자를 변하게 만드는 어떠한 환경적 변화(여기서는 인구밀도, 이동비용 혹은 고정비용의 변화)도 아울렛의 균형 숫자와 같은 방향으로 변하게 할 것이다. 예를 들어, 이동비용의 감소는 아울렛의 최적 숫자와 우리가 실제로 목격할 수 있는 아울렛의 숫자를 감소시키는 경향을 보일 것이다.

생활 속의 경제행태 13.1

대부분의 도시에서 *1930*년대보다 지금이 훨씬 적은 수의 식료품가게들이 있는 이유가 무엇일까? 그리고 뉴욕 시의 주거지역이 *LA*의 주거지역에서보다 더 많은 식료품가게들이 있는 이유는 무엇일까?

다른 유형의 소매업과 마찬가지로 식료품 소매업은 규모의 경제가 강하다는 특징을 갖는다. 따라서 식료품 소매업은 한편에서는 직접 생산비용과 다른 한편에서는 이동비용이라는 통상적인 상충관계에 직면한다. 금세기를 통틀어서 미국에서는 자동차 소유 유형의 변화에 따라 식료품가게의 규모와 입지의 유형에 영향을 미쳐왔다. 1920년대에는 대부분의 가정이 자동차를 소유하고 있지 않기 때문에 걸어서 쇼핑을 다녀와야 했다. 최적 아울렛 숫자에 대한 식 (13.10)에 의하면, 이는 단위 이동비용 t의 값이 높은 것을 의미했다. 물론 오늘날에는 사실상 모든 가정들이 자동차를 소유하고 있고, 따라서 사람들은 더 큰 가게에서나 가능한 낮은 가격의 혜택을 누릴 수 있게 되었다. 이런 일반적인 유형의 한 가지 예외는 맨해튼이다. 오늘날조차도 대부분의 맨해튼 거주민들은 자동차를 소유하고 있지 않다. 또한 그곳의 인구밀도는 엄청 높고, 이는 식 (13.10)에서 L이 높은 값을 갖는다는 것을 의미한다. 높은 값의 L과 t가 합쳐진 효과는 가장 가까운 식료품가게에 가기 위해 두 블록 이상을 걸어가야 하는 맨해튼 거주민들이 거의 없다는 것이다. *LA*의 총인구 또한 매우 많지만 훨씬 넓은 지역에 산재해 있기 때문에 대부분의 가정들은 최소한 한 대의 자동차를 소유하고 있다. 그 결과 *LA*의 식료품가게들은 뉴욕 시의 가게들에 비해 규모가 더 크고 서로 멀리 떨어져 있다.

제품 특성의 유사성

독점적 경쟁에 관한 공간적 해석이 가져다주는 강점은 이 해석을 지리적 입지뿐만 아니라 다른 제품 특성의 다양성에도 적용이 가능하다는 것이다. 예를 들어 어떤 날에 두 도시 사이를 연결하는 다양한 항공노선을 생각해보자. 사람들은 어디에서 먹고 쇼핑을 할지에 대한 선호도가 서로 다르듯이 하루 중 어느 시간에 여행을 할지에 대해서도 서로 다른 선호도를 갖고 있다. 그림 13.14는 자정, 오전 6시, 정오 및 오후 6시 등 하루 네 편의 운항 스케줄이 편성되어 있는 (예를 들어, 캔자

왜 뉴욕 시는 *LA*보다 식료품가게들이 서로 더 가까이 있는 것일까?

9. 이에 관한 자세하고 기술적인 논의는 Avinash Dixit and Joseph Stiglitz, "Monopolistic Competition and Optimal Product Diversity," *American Economic Review*, 1977: 297–308; 및 A. Michael Spence, "Product Selection, Fixed Costs, and Monopolistic Competition," *Review of Economic Studies*, 1976: 217–235 참조.

그림 13.14

항공 운항 스케줄의 공간적 해석

하루에 네 편의 비행이 있는 항공시장에서, 여행객이 가장 선호하는 출발 시간에서 전후 3시간 이내에 출발하는 비행기가 없다면 아무도 비행기를 이용하지 않을 것이다.

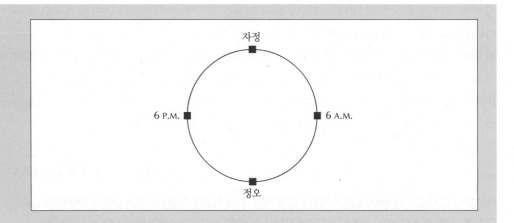

스 시티와 미네아폴리스를 연결하는) 항공여행 시장을 보여주고 있다. 사람들이 식사할 장소를 선택할 때와 마찬가지로 항공노선을 선택할 때에 그들은 가장 선호하는 옵션에 가장 가까이 있는 대안을 선택하는 경향이 있을 것이다. 그러므로 오후 7시에 가는 것을 가장 선호하는 사람은 오후 6시 비행기를 선택할 가능성이 높다. 우리의 공간 모형에 의하면 비행기를 기다려야 하는 것은 가게에 도착하기 위해 일정한 거리를 이동해야 하는 것과 유사하다.

왜 5분 간격으로 비행기를 출발하게 함으로써 그 누구도 불편한 시간에 여행을 해야 하는 상황을 만들지 않는 것일까? 그 대답은 또다시 비용과 편리함 사이의 상충관계와 관련이 있다. 항공기가 클수록 좌석당 평균비용은 낮아진다. 만일 사람들이 더 많은 비행기 편수를 원한다면 항공회사들은 더 작은 비행기를 사용하고 더 높은 요금을 매길 수밖에 없다. 이와는 반대로, 만일 사람들이 언제 여행할지에 대해서 신경을 쓰지 않는다면 항공회사들은 가능한 가장 큰 항공기(오늘날에는 853석 규모의 에어버스 A380)를 사용하여 그 비행기를 다 채울 수 있을 정도로 충분한 시간 간격을 두고 비행할 수 있다. [파두카(역주 : 오하이오 강과 테네시 강이 만나는 지점에 있는 관광지), 켄터키-클라매쓰 폭포, 오레곤을 연결하는 노선을 한 번 걸러 2월 29일마다(즉, 8년 간격으로) 운항하는 것을 의미할 것이다!] 그러나 대부분의 승객들은 지켜야 할 스케줄을 갖고 있고 좀 더 편리한 시간에 비행기를 타기 위하여 기꺼이 추가 요금을 지불할 용의를 갖고 있다. 그 결과는 식당과 식료품가게에 관한 예에서 우리가 보았던 것과 같은 유형의 타협이다.

사실상 모든 소비재는 공간 모형의 맥락 안에서 유용하게 해석될 수 있다. 자동차 시장을 예로 들면, 터보엔진 대 일반엔진, 자동변속 대 수동변속, 쿠페 대 컨버터블, 세단 대 스테이션왜건, 2도어 대 4도어, 1인용 좌석 대 벤치 좌석, 에어컨 대 비 에어컨, 금속성의 남색 대 짙은 녹색 등의 가능한 조합은 그 가능성이 엄청 다양하다. 물론 한 가지 표준 모형만 갖고 있다면 자동차 가격은 훨씬 저렴해질 것이다. 그러나 사람들은 좀 더 편리한 곳에 위치하고 있는 가게에게 기꺼이 조금 더 지불할 용의가 있는 것과 마찬가지로, 다양성이 추가될 때 기꺼이 더 지불할 용의를 갖고 있다. 공간 모형에서 사용하는 용어를 사용하면, 자동차 제조회사들은 "제품-공간"(product-space)에서 자신들 모델들을 "입지시키고 있다"(locate)고 말할 수 있다. 그들의 목표는 구매자들에게 가장 적합한 자동차에 "가깝게" 있는 선택을 하지 않고 방치되는 사람들이 거의 없도록 하는 데에 있다. 사람들이 다양성에 대한 선호를 갖고 있는 카메라, 스테레오, 휴가, 자전거, 손목시계, 결혼반지 및 사실상 모든 상품에 이러한 해석을 적용할 수 있다.

다양성에 대한 지불

우리가 보았던 바와 같이, 다양성에는 비용이 수반된다. 시장경제에서는 높은 수준의 제품 다양성을 위하여 지나치게 낭비되고 있다고 많은 사람들이 비판한다. 만일 우리가 선택할 수 있는 제품의 수를 더욱 단순화해서, 오늘날 우리가 목격하고 있는 매우 특화된 모형들보다 더 저렴하게 제품을 생산할 수 있다면 더 좋은 세상이 되지 않겠냐고 이 사람들은 묻는다. 제품 다양성으로 생기는 추가비용은 다양한 제품을 원하지도 않고 그런 제품을 쉽게 구매할 능력이 없는 소비자들에게는 실제로 불필요한 부담을 지우는 것일 수 있다. 하지만 공간적 경쟁에 관한 조금 더 상세한 모형에서 이러한 문제들이 훨씬 덜 심각하게 나타난다.

우리의 단순한 모형에서 각 구매자들이 동일한 단위 이동비용에 직면하고 있다고 가정하였다. 이러한 가정은 지리적 입지가 다양성의 유일한 측면인 모형에서조차도 비현실적이다. 예를 들어 자동차를 소유하고 있는 구매자들은 자동차를 소유하고 있지 않은 사람들보다 훨씬 낮은 이동비용을 갖고 있을 것이다. 마찬가지로, 기회비용의 관점에서 시간가치가 거의 없는 구매자들은 시간가치가 더 높은 사람들보다 이동비용이 더 낮다. 이러한 논점은 제품의 다양성에 대해서도 동일하다. 제품의 특별한 특성에 대해서 매우 신경을 쓰는 사람들은 그렇지 않은 사람들보다 "이동비용"이 높을 것이고, 이는 전자의 집단에 속한 사람들은 제품의 특별한 특성이 특정 선호에 적합할 경우 그 제품에 대하여 다른 사람들보다 더 많은 금액을 기꺼이 지불할 용의를 갖는다는 것을 의미한다.

일반적 명제로서 다양성에 대한 수요는 소득 증가에 따라 급격하게 증가하는 것 또한 사실이다. 5장에서의 용어를 사용하자면, 다양성은 필수재가 아닌 사치재이다. 소득과 다양성에 대한 수요 사이의 관계는 대부분의 생산자들의 그들 제품을 출시하는 데 핵심적 역할을 한다. 이해를 돕기 위하여 소형 시보레부터 대형 캐딜락 STS에 이르는 제너럴모터스사의 다양한 자동차들을 생각해보자. 이 모든 자동차들은 다양하게 분화된 특성들을 수용한 것이며, 이는 값비싼 연구개발의 결과물이다. 연구개발비는 대체적으로 고정되어 있으며, 자동차 생산과정에서 상당한 규모의 경제를 가져다준다. 만일 GM(혹은 어떤 다른 회사)이 어떤 해에 더 많은 자동차를 판매할 수 있다면, 이 회사는 더 낮은 비용으로 자동차를 생산할 수 있다.

한계비용이 평균비용보다 낮을 때에는 각 소비자들에게 한계비용과 동일한 가격을 청구하고도 여전히 정상이윤을 얻는 것은 불가능하다. (9장에서 기업의 평균비용은 정상이윤율을 포함하고 있다는 것을 기억하라.) 11장에서 살펴본 바와 같이, 규모의 경제를 갖고 있는 기업은 현재의 판매량에서 가격을 변경하지 않고도 한계비용에 가까운 가격을 설정할 수 있다면, 그렇게 함으로써 시장점유율을 높이고자 하는 동기를 갖는다. 하지만, 만일 일부 구매자들이 평균비용 미만의 가격을 지불하고 있다면, 다른 소비자들은 평균비용을 상회하는 가격을 지불해야 한다는 것 또한 살펴보았다.

이러한 상황에 대한 자동차 제조업체들의 반응은 더 좋은 모형에는 평균비용을 상회하는 가격을 정하는 반면에, 이보다 덜 좋은 모형에 대해서는 평균비용 미만의 가격을 책정하는 것이다. 예를 들어, 그림 13.15의 그림 *a*와 그림 *b*는 시보레와 캐딜락에 대한 비용과 수요조건들을 각각 보여주고 있다. 캐딜락을 한 대 생산하는 데 소요되는 한계비용은 시보레를 한 대 생산하는 데 소요되는 한계비용보다 약간 더 높은 것에 불과하다. 디자인에 대한 기초적인 혁신은 두 자동차 회사 모두 가능하며, 캐딜락을 위해 생산된 하드웨어는 시보레에 사용된 것보다 비용이 단지 약간 더 들 뿐이다. 하지만 다양성에 대해 매우 신경을 쓰는 구매자들은 시보레보다 캐딜락에 훨씬 더 많은 돈을 기꺼이 지불할 용의가 있기 때문에 기업은 이 두 모형에 대해서 매우 다른 가격을 정할 수가 있다. 평균 년도에, 모든 모델에 대하여 가변비용을 상회하는 총수입의 잉여분(그림 13.15에서 색칠한 두 직사각형의 합)은 단지 기업의 연구개발비와 기타 고정비용을 충분히 충당할 수 있을 정도에 불과하다.

비판자들이 지적하는 것처럼, 다양성은 비용을 수반한다. 하지만 다양성에 따른 비용은 모든 구매자들에게 균등하게 분산되지 않는다. 위에서 든 예에서, 그 비용은 시보레 구매자들이 아니라 캐딜락 구매자들에 의해서 지불되었다. 이와 마찬가지로, BMW 328i를 구매하는 사람들은 이보다 힘이 약간 더 센 엔진이 장착되어 있다는 차이만 있는 BMW 330i를 구매하는 사람들보다 $6,000 정도 적은 금액으로 광범위한 BMW 연구 프로그램이 가져다주는 거의 모든 혜택을 입는다. 시장제도를 비판하는 사람들이 사용하는 잣대를 적용한다 해도, 이런 결과는 모든 구매자들이 표준화된 "국민 차"(people's car)를 소유해야 한다는 그들의 주장보다 더 나아 보인다. 현재의 마케팅 계획하에서 다양성에 높은 가치를 부여하지 않는 사람들은 그것을 몹시 신경 쓰는 사람들의 희생을 토대로 그 다양성을 즐기게 된다. 다양성을 몹시 원하는 사람들에게 그 다양성을 제공하지 않음으로써 표준화된 제품에 만족하는 구매자들에게 실질적 비용 절감을 안겨주지 않게 하는 방법도 있을 것이다. 한때 단 하

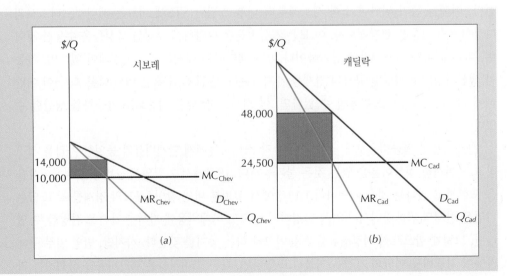

그림 13.15

다양성에 대한 비용의 배분

다양성에 매우 큰 관심을 보이는 구매자들은 일반적으로 할증 특성이 있는 모형을 선택할 것이다. 그 모형에 대하여 가격을 달리 설정함으로써, 판매자들은 다양성으로 인해 생기는 추가비용 대부분을 그 비용을 생기게 만든 구매자들로부터 회수한다.

나의 표준화된 모델의 장점들을 강조했던 폭스바겐조차도 이제는 골프, 제타 및 파사트 계열 수십 종을 제공하고 있다.

이와 유사한 가격 설정 전략이 사실상 모든 산업에서 다양성이 초래하는 비용 회수에 영향을 미친다. 음식 산업을 다시 생각해보자. 대부분의 사람들이 자동차를 소유하고 있는 도시에서, 바꾸어 말하면 사실상 모든 도시에서, 식당 음식을 가장 저렴하게 공급하는 방법은 메뉴에 단 한 가지 음식만 적혀 있는 한 개의 식당만 갖는 것이다. 요리사 집단은 콩과 으깬 감자가 들어있는 거대한 가마솥과 씨름을 하고, 다른 사람들은 볶음 닭으로 가득 찬 커다란 오븐을 가지고 일을 할 것이다. 하지만 사람들이 모두가 똑같은 종류의 자동차를 원하지 않는 것 이상으로 매일 똑같은 음식을 원하지 않는다. 뉴욕 주에 있는 이타카와 같은 작은 도시에서조차도, 일상적인 가정요리와 패스트푸드 체인점들과 더불어 인도, 멕시코, 태국, 중국, 일본, 한국, 그리스, 이태리, 프랑스, 케이전(역주 : 앨라배마 주 남서부 및 미시피 주 남동부의 백인과 인디언 및 흑인의 혼혈을 일컬음), 베트남 및 스페인 식당들이 있다.

이러한 모든 다양성으로 생기는 추가비용을 어떻게 할당할 것인가? 대부분의 식당들은 메뉴에 있는 음식들에 대하여 그 한계비용의 배수들을 차별적으로 적용하여 가격을 정한다. 특히 알콜 음료, 디저트 및 커피는 거의 항상 한계비용에 몇 배에 해당하는 가격을 책정하는 반면에, 대부분의 주요 요리에 대한 이윤 폭은 훨씬 낮다. 대부분의 식당들은 또한 일종의 데일리 스페셜을 제공하며, 이 요리들은 한계비용에 매우 가깝게 가격이 매겨진다. 그 결과 소득이 낮거나 아니면 다른 어떤 이유에서건 외식비를 아끼길 원하는 고객들은 기본요리만 주문하고, 식사 전 음료 및 디저트, 그리고 커피는 집에서 해결할(혹은 이런 것들을 먹지 않을) 것이다. 이 사람들은 제공받는 요리의 한계비용보다 크게 높지 않은 가격을 지불하게 된다. 외식을 즐길 용의가 있거나 그럴 능력이 있는 다른 사람들은 식당에서 더 비싼 돈을 들여 패키지 요리를 사먹을 것이다. 후자의 전략을 추구하는 사람들은 다른 사람들보다 다양성에 대한 강한 선호(여기서도, 다양성에 대한 선호는 소득과 강한 연관성을 갖고 있기 때문에)를 가지고 있을 가능성이 매우 높다. 현재의 마케팅 계획하에서 그들은 그 비용의 대부분을 지불하게 되는 사람들이다. 다양성에 신경을 덜 쓰는 사람들은 여전히 하루 저녁은 양고기 빈달루(역주 : 인도식 카레)를 즐기고, 다음날 저녁에는 사천 치킨을 즐길 수 있다. 그리고 만일 그들이 음료수와 디저트를 주문하지 않는다면 그들은 표준화된 급식시설에서보다 약간 더 돈을 지불하면 된다.

다양성에 대한 비용이 독점적 경쟁시장에서 어떻게 할당이 되는지에 대한 마지막 예시로서, 항공티켓의 가격결정에 관한 사례를 생각해보자. 앞에서 논의되었다시피, 이 경우에 다양성의 중요한 측면은 탑승시각이다. 모든 여행자들이 빈번한 비행편수에 대하여 강한 필요를 동일하게 갖고 있는 것은 아니다. 어떤 사람들은 약간 더 일찍 출발할 수 있을 때 상당한 할증요금을 기꺼이 지불할 용의가 있는 반면에, 다른 사람들은 기껏 $5를 더 지불하기보다는 일주일이라도 기다리려고 할 것이다. 항공회사들이 좀 더 빈번한 비행편수를 제공하기 위하여 더 작고, (좌석당) 더 비용이 드는 비행기를 사용하는 것은 전자 집단의 욕구를 수용하기 위한 것이다.

소형비행기로 인해 추가로 소요되는 비용은 누가 부담할까? 사실상 모든 항공회사들은 11장에서 기술된 차별적 가격설정에 관한 장애물 모형(hurdle model)을 채용하고 있다. 항공회사들이 사용하는 특별한 방식은 두 가지 제약조건을 충족시키는 승객들에게 약 50퍼센트의 할인요금을 제공하는 것이다. (1) 그들은 탑승시각보다 통상적으로 최소 7일 전에 미리 티켓을 구매하여야 한다. 그리고 (2) 그들의 여행일정에 토요일 저녁이 반드시 포함되어 있어야 한다. 이 두 가지 제약조건은 여행의 융통성을 최대한 요구하는 사람들을 제외시키는 효과를 가져다준다. 특히, 휴가 여행객들보다 훨씬 빡빡한 스케줄을 갖는 경향이 있는 출장 여행객들은 현 마케팅 시스템하에서 거의 항상 정상요금을 지불하기 마련이다. 이와 대조적으로, 최소한 어떤 형태의 할인도 받지 못하는 휴가 여행객들은 매우 적다.

만일 더 작고, 더 비용이 드는 항공기의 사용을 좌지우지하는 것이 주로 출장 여행객들의 스케줄에 따른 요구 때문이라면, 이 비용을 이런 방식으로 할당하는 것은 공정할 뿐만 아니라 효율적이기도 하다. 할인티켓은 정상티켓으로는 탑승하지 않을 승객들을 끌어들일 수 있게 하고, 이런 승객들 때문에 더 크고, 비용이 덜 드는 항공기의 사용을 가능하게 한다. 결국 출장 여행객들은 그들이 원하는 만큼 자주 서비스를 얻을 수 있으며, 휴가 여행객들은 추가비용을 지불하지 않아도 되는 것이다.[10]

역사 노트 : 호텔링의 핫도그 노점상들

해롤드 호텔링(Harold Hotelling)은 독점적 경쟁의 공간 모형에 관한 영향력 있는 논문[11]에서, 길게 펼쳐져 있는 해변을 따라 어느 곳이든 원하는 곳에 자유로이 자리를 잡을 수 있는 두 핫도그 노점상의 문제에 대하여 기술하였다. 해변의 길이는 1마일이며 양쪽 끝은 천연장애물로 막혀 있다고 가정하자. 또한 이 노점상들은 같은 가격에 핫도그를 팔고, 고객들은 해변을 따라서 균일하게 분포되어 있으며, 각 고객은 가장 가까운 노점에서 한 개의 핫도그를 구입한다고 가정하자. 만일 이 노점상들의 목표가 가능한 한 많은 핫도그를 파는 것이라면 그들은 어디에 자리를 잡아야 할까?

그림 13.16에서처럼 노점상 1은 점 A에서, 그리고 노점상 2는 점 B에서 자리를 잡으며, A와 B는 모두 해변 중앙에 위치하고 있는 중점 C로부터 $\frac{1}{4}$마일 떨어져 있다고 가정하자. 이러한 공간 배열에서 C의 좌측에 있는 모든 고객들은 노점상 1에 더 가깝기 때문에 그로부터 구입을 하고, 반면에 C의 우측에 있는 사람들은 노점상 2로부터 구입을 할 것이다. 따라서 각 노점상은 시장의 절반씩을 차지하게 된다. 어떤 고객이 이동해야 하는 가장 먼 편도거리는 $\frac{1}{4}$마일이므로 고객과 가장 가까운 노점상과의 평균 편도거리는 그 절반인 $\frac{1}{8}$마일이다.

수학에 능한 독자들은 A와 B는 사실상 모든 고객들의 평균 이동거리를 최소화시켜주는 지점들임을 증명할 수 있을 것이다. 하지만 이 위치들은 분명 각 노점상의 견지에서는 최적이 아니다. 그 이유를 살펴보기 위해, 노점상 1이 B쪽으로 열 걸음 이동했다고 가정하자. C

---

10. 이 문제에 관한 좀 더 구체적인 논의는 Frank, "When Are Price Differentials Discriminatory?" *Journal of Policy Analysis and Management*, 2, Winter 1983: 238–255 참조.

11. Harold Hotelling, "Stability in Competition," *The Economic Journal*, 39, 1929: 41–57.

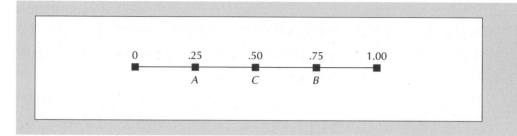

그림 13.16
핫도그 노점상의 입지 문제
비록 해변 중앙이 손님들의 평균 이동 거리를 최소화시켜주지는 못하지만 각 핫도그 노점상은 그곳에 자리를 잡으면 가장 많은 매출을 올릴 수 있다.

의 왼쪽에 있는 고객들은 이 노점상이 여전히 가장 가까이에 있다는 것을 발견할 것이다. 그러나 이제 C의 오른쪽으로 다섯 걸음 이내에 있는 고객들—노점상 2에 가장 가까이 있었던 사람들—은 갑자기 노점상 1로 바꾸는 자신들을 발견하게 될 것이다. 오른쪽으로 더 이동하면 노점상 1의 판매는 더욱 더 증가할 것이다. 노점상 1은 노점상 2가 있는 쪽 중 해변 중앙에 가까운 쪽에서 노점상 2에 되도록 가까이 자리를 잡으면 그의 매출액을 극대화시킬 수 있을 것이다.

노점상 2 역시 이와 동일한 논리를 적용할 수 있으므로, 그의 전략은 완벽하게 대칭적이다. 노점상 2는 노점상 1이 있는 쪽 중 해변 중앙에 가까운 쪽에서 노점상 1에 되도록 가까이 자리를 잡으려고 할 것이다. 그리고 두 사람 모두 이런 방식으로 행동할 때 유일한 안정적인 결과는 각자가 해변 중앙인 C에 자리를 잡는 것이다. C에서 각자는 처음에 그랬던 것처럼 시장의 절반씩을 차지한다. 하지만 지금은 고객들이 이동해야 하는 평균 거리가 $\frac{1}{4}$마일로서, 이 노점상들이 A와 B에 자리를 잡았을 때보다 두 배 먼 거리이다.

그러므로 해변 중앙에 두 노점상이 자리를 잡는 것은 고객들의 관점에서 볼 때 최적이 아니며, 그렇다고 어느 노점상이든 일방적으로 자리를 옮기면 노점상들은 더 좋은 결과를 얻을 수 없을 것이다. 따라서 핫도그 노점상의 입지 선정 문제는 아담 스미스의 보이지 않는 손이 모든 사람들에게 가장 큰 이득을 가져다 줄 수 있도록 자원을 배분하는 사례에 해당되지 않는다.

13.6 소비자 선호와 광고

완전경쟁시장에서는 자신의 제품을 광고하는 생산자에게 아무런 대가를 주지 않는다. 동일한 제품을 판매하는 다수의 생산자들 중 단 하나의 기업에 불과하다는 것은 광고를 통해 수요가 증가하더라도 그중 미미한 몫밖에 차지하지 못한다는 것을 의미한다. 독점적 경쟁과 과점시장에서는 생산자들의 동기가 다르다. 제품들이 차별화되어 있기 때문에 생산자들은 광고를 통해 자신들의 수요곡선을 바깥으로 크게 이동시킬 수 있는 경우가 자주 발생한다.

광고가 어떻게 시장에서 자원배분의 효율성에 영향을 미칠까? 합리적 선택 이론에서 제기한 세상에 관한 설명에 따르면, 생산자들은 본질적으로 소비자들의 대리인들이다. 소비자들은 구매하는 돈으로 투표를 하며, 생산자들은 재빠르게 입찰을 한다. 이러한 묘사는 전통적 순서(*traditional sequence*)로 불려왔으며, 하버드 경제학자였던 존 케네스 갈브레이스(John Kenneth Galbraith)는 이 순서에 대해 가장 두드러지게 비판하였던 학자들 중의 한 사람이다. 그 대신에, 그는 소비자가 아닌 생산자가 운전석에 앉아 있다는 수정된 순서 (*revised sequence*)를 제안하였다. 갈브레이스가 구상했던 바에 따르면, 기업은 어떤 제품 이 가장 저렴하며 생산하기가 가장 편리한지를 결정하고, 그 다음에 제품에 대한 수요를 창 출시키기 위하여 광고 및 다른 홍보수단들을 이용한다.

갈브레이스의 수정된 순서는 아담 스미스의 보이지 않는 손을 새로운 시각에서 과장하 지 않고 고쳐 쓴 것이다. 기억하다시피, 스미스는 이기심에 의해서만 동기를 부여받은 생산 자들은 소비자들의 욕구를 가장 잘 충족시켜주는 제품들을 공급할 것이라고 하였다. 이런 욕구를 충족시키지 못하는 생산자들이 소비자들을 끌어들이는 데 실패하여 도산할 것이다. 하지만 만일 갈브레이스가 옳다면, 이 이야기는 근본부터 달라진다: 매디슨 가의 너무나 분 명하게 보이는 손이 소비자들로 하여금 대기업들의 이익에 봉사하도록 인도한다고 말하는 것과 같다.

갈브레이스의 수정된 순서는 직관적인 호소력이 결여된 것이 아니다. 예를 들어, 광고의 목적이 소비자들에게 더 많은 정보를 제공하는 데 있다고 어떤 경제학자가 주장한다면, 많 은 사람들은 분명 이 말에 회의적인 태도를 보일 것이다. 결국, 분명한 사실은 광고는 그런 의도를 갖고 있지 않다는 것이다. 예를 들어, 유명인의 우유수염은 우리가 우유 소비로 인해 얻을 수 있는 영양상의 장점에 대하여 더 많은 지식을 얻게 되는 과정의 일부가 되는 것은 분명 아니다.

하지만 광고 메시지가 명백한 과대 선전을 하고 있음에도 불구하고 그 과정에 대한 갈브 레이스의 견해는 좋은 제품은 나쁜 제품보다 더 쉽게 팔린다는 기본적인 사항을 간과하고 있다. 광고를 통해 합리적으로 성취하고자 하는 모든 것은 소비자가 그 제품을 **사용해보도록** 유인하는 것이다. 만일 그 제품을 그(녀)가 사용해본 결과 좋아하게 된다면, 그(녀)는 아마 도 그것을 계속 구입할 것이다. 그(녀)는 친구들에게 그 제품을 추천하기도 할 것이다. 그러 나 그것이 그(녀)가 좋아하지 않는 제품이라면, 그 과정은 보통 거기에서 끝이 난다. 비록 어 떤 기업이 **모든 사람**들로 하여금 그 제품을 한번 사용해보도록 하는 데 성공한다 할지라도 수 익성 있는 사업으로 그 지속성을 유지하지 못할 것이다.

어느 하나는 실제 인간의 욕구에 부합하지만 생산비용이 많이 들며, 다른 하나는 실제 욕구에 전혀 부합하지 않지만 약간 더 저렴한 두 개의 대체재를 생각해보자. 이 두 가지 유 형 중 어느 쪽이 이윤에 굶주린 생산자가 광고를 하는 것이 가장 좋을까? 반복 사업과 구두 보증이 중요하다는 점을 전제로 한다면, 첫 번째 유형의 제품은 상당한 마진을 남길 수 있다 는 점에서 일반적으로 더욱 매력적일 것이다. 이런 유형의 제품이 가져다주는 추가적인 혜 택이 추가적인 비용보다 작지 않은 한 이 제품을 생산하는 데 비용이 더 든다는 이유 때문에 기업이 소비자들을 포기하지는 않을 것이다.

신제품들은 진열대 위에 놓이기 전에 광범위한 시장 테스트를 거친다. 이 제품들의 테스 트 대상자들의 반응을 분석하는 데 수백만 달러가 지출된다. 결국 이런 테스트 과정을 거친 대부분의 제품들은 결코 빛을 보지 못한다. 어떤 제품이 시장에서 잘 팔릴 가능성이 충분히 높다는 구체적인 증거를 기업이 갖고 있는 경우에만 집중적으로 전국적인 광고 캠페인을 벌이는 데 소요되는 수백만 달러의 돈을 과감하게 지출한다.

이런 자세를 수용하지 못하는 기업들은 모진 대가를 치르는 경우가 많다. 예를 들어, 로터스(Lotus) 소프트웨어 회사는 애플 매킨토시용 스프레드시트 프로그램인 재즈(*Jazz*)를 광고하는 데 일천만 달러를 지출하였다. 그런데 이 프로그램은 많은 사용자들이 매우 중요하다고 여기는 특정한 특성을 갖고 있지 못하다는 분명한 증거가 있었다. 로터스의 광고는 믿을 수 없을 정도로 세련되었으며 상당히 많은 프로그램들을 판매하는 데 성공하였다는 것은 의심의 여지가 없다. 하지만 재즈의 주요 경쟁상대인 마이크로소프트 엑셀(Microsoft's *Excel*)은 훨씬 더 뛰어난 제품이어서 로터스의 광고비 지출액의 몇 분의 일에 해당하는 광고비만 지출했음에도 불구하고 시장을 빠르게 잠식하였다.

광고나 소비자를 설득하기 위한 기타 노력들은 마중물을 붓는 과정의 일부분으로 보는 견해가 가장 타당하다. 막대한 비용을 들인 결과 소비자들이 반복적으로 구매하기를 원하거나 친구들에게 좋은 평을 해줄 가능성이 높은 제품들에 대해서만 통상적으로 홍보활동의 대가를 가져다준다. 그리고 실제로 대부분의 기업들이 정확하게 이러한 전략을 따르고 있다는 분명한 증거가 있다. 냉동식품 생산자들은 치킨 팟 파이가 아닌 고급 민족음식을 광고한다. 출판사들은 제한된 매력을 가진 책들보다는 베스트셀러가 될 것으로 예상되는 책들을 광고한다. 영화사들은 저예산 영화보다 블록버스터가 되기를 기대하는 영화를 제작한다.

생산자들은 소비자들이 가장 만족할 것으로 보이는 제품들만 광고를 하고자 하는 동기를 갖고 있기 때문에, 갈브레이스와 여러 비판가들이 주장하는 것보다 소위 전통적 순서가 현실적으로 더욱 타당하다. 경쟁 상품 간의 질적 차이가 크지 않은 경우에 소비자가 어떤 브랜드를 선택할지에 대해 광고가 상당한 영향력을 미칠 수 있다는 것은 분명 사실이다. 하지만 짐작하건대, 소비자들은 그들이 좋아하는 것에 대하여 합리적으로 분명한 인식을 갖고 있으며, 생산자들은 그런 인식을 수렴하기 위하여 많은 노력을 쏟는다고 가정하는 것은 여전히 이치에 맞다.

"위대한 빈스 롬바르디의 말을 바꾸어 표현한다면, 포장은 전부가 아니라 유일한 것이라네."

그러나 시장 유인(market incentives)들이 사회적 관점에서 최적 광고량을 이끌어낸다고 말하는 것은 아니다. 이 장의 앞에서 보았듯이, 경쟁상대 기업들끼리의 전략적 경쟁으로 인해 기업들은 광고에 지나치게 많은 비용을 지출한다.

▪ 요약 ▪

- 과점시장의 특성은 기업들 사이의 상호의존성이다. 과점기업들이 어떻게 행동할지에 대한 예측은 이러한 상호의존성의 특징에 대한 구체적 가정에 대부분 달려 있다. (학습목표 1)

- 담합을 시도하는 기업들이 직면하는 동기는 용의자의 딜레마에서 참가자들이 직면하는 동기와 유사하다. 카르텔을 서로 유지하는 것이 어려운 이유는 각 회원들의 우월 전략은 합의를 깨트리는 것이기 때문이다. 매우 적은 수의 기업들이 반복적으로 상호작용하는 경우에는 보복과 같은 전략이 효과적으로 작동되므로 담합 행위가 유지될 수 있다. (학습목표 2)

- 소수의 기업들 각자의 규모에 대한 보수가 급격히 증가하는 경우에는, 이들 기업들의 상호작용으로 자연독점이 출현하는 강한 경향성이 항상 존재하는 것은 아니다. 이 경우에 매몰비용이 중요한 역할을 하게 된다. 만일 구매자들이 잠재적으로 취할 수 있는 대안들 중 가장 적은 비용이 소요되는 것을 확보하고자 한다면 그들이 주도권을 행사하는 것이 때로는 필요할 수도 있다. (학습목표 3)

- 꾸르노 모형에서 각 기업은 경쟁상대 기업의 생산량을 주어진 것으로 받아들인다. 이와 대조적으로, 버트란드 모형에서 각 기업은 경쟁상대 기업의 가격을 주어진 것으로 받아들인다. 이 두 경우에 기업들의 행동이 지향하는 바가 매우 유사하게 보이지만 그 결과는 매우 다르다. 꾸르노 모형에서는 기업들이 독점의 결과를 성취하기 위해 담합을 하는 경우에 비하여 약간 낮은 가격과 약간 많은 생산량이 나타난다. 반면에, 버트란드 모형에서는 완전경쟁하에서 우리가 보았던 것과 동일한 결과를 얻는다. (학습목표 2)

- 스타켈버그 모형에서는 한 기업이 선도자 역할을 하고 경쟁기업들은 단순히 추종자 역할을 하는 약간 더 세련된 형태의 상호의존성을 가정하고 있다. 꾸르노 기업들은 경쟁상대 기업의 생산량을 주어진 것으로 받아들이고, 스타켈버그 선도기업은 경쟁상대 기업의 생산량에 대한 결정을 전략적으로 조종한다는 점을 제외하고는, 스타켈버그 모형은 구조상으로 꾸르노 모형과 유사하다. (학습목표 2)

- 독점적 경쟁은 두 가지 단순한 조건으로 정의된다. (1) 다른 기업들 제품들과 유사하지만 불완전한 대체재를 생산하는 다수의 기업들이 존재한다. 그리고 (2) 진입과 퇴거가 자유롭다. 독점적 경쟁에 관한 공간 모형에서, 고객들은 가장 선호하는 특정 장소나 제품 특징을 갖고 있다. 그 결과 기업들은 자신의 제품과 가장 유사한 제품들의 고객들을 쟁탈하기 위하여 서로 가장 격렬하게 경쟁하는 경향이 있다. (학습목표 1, 4)

- 독점적 경쟁의 가장 중요한 특성은 한편으로는 비용을 낮추고자 하는 욕구, 다른 한편으로는 다양성의 확대 혹은 입지상의 편의성 사이에 상충관계가 있다는 것이다. 최적 수준의 제품 다양성은 여러 요인들에 달려 있다. 인구밀도가 높고 이동비용(여기서, 일반적인 경우, "이동비용"은 원하는 제품의 특성에 대하여 기꺼이 지불할 용의가 있는 금액을 지칭한다)이 높은 곳에서는 다양성의 확대가 예상된다. 최적의 제품 다양성은 새로운 제품 특성이나 입지를 추가하는 데 소요되는 초기비용과 음의 상관관계를 갖고 있다. 다양성을 확대하는 데 소요되는 비용은 그 다양성을 가장 중요하게 여기는 사람들이 가장 많이 부담하도록 만드는 경향이 있다는 점에서 시장은 어느 정도 공정한 할당을 하는 역할을 수행한다. (학습목표 5, 6, 7)

▪ 복습문제 ▪

1. 과점에 관한 꾸르노, 버트란드 및 스타켈버그 모형들 사이의 기본적 차이점은 무엇인가? (학습목표 2)

2. 구조상으로 용의자의 딜레마와 유사한 과점 담합의 문제점은 무엇인가? (학습목표 2)

3. 과점 담합의 문제점에 대응하여 취할 수 있는 해결책으로서 보복 전략이 지니는 문제점은 무엇인가? (학습목표 2)

4. 꾸르노 모형에서의 균형은 내쉬 균형의 정의를 충족시키는가? (학습목표 2)

5. 비용과 다양성 사이의 상충관계에 대하여 기술하여라.

6. 최적 수준의 제품 다양성은 인구밀도와 어떻게 관련되어 있는가? (학습목표 5, 6)

▪ 연습문제 ▪

1. 광천수에 대한 시장수요곡선은 $P = 15 - Q$로 주어져 있다. 광천수를 생산하는 두 개의 기업이 있으며, 각 기업은 1단위당 한계비용이 3으로 일정할 때 표에서 나타난 네 가지 모형에서의 빈 칸들을 채워라. (학습목표 2)

모형	Q_1	Q_2	$Q_1 + Q_2$	P	Π_1	Π_2	$\Pi_1 + \Pi_2$
담합독점							
꾸르노							
버트란드							
스타켈버그							

2. 두 개의 꾸르노 복점기업들이 직면하는 시장수요곡선은 $P = 36 - 3Q$(여기서 $Q = Q_1 + Q_2$)로 주어져 있다. 각 복점기업의 단위당 한계비용은 18로 일정하다. 꾸르노 균형가격, 생산량 및 이윤을 구하여라. (학습목표 2)

3. 버트란드 복점기업일 경우에 앞의 문제를 풀어라. (학습목표 2)

4. 두 개의 복점기업들이 직면하는 시장수요곡선은 여기서 $Q = Q_1 + Q_2$이다. 각 복점기업의 단위당 한계비용은 18로 일정하다. 이 기업들이 스타켈버그 선도기업과 추종기업으로 행동한다는 가정하에 각 기업의 균형가격, 생산량 및 이윤을 구하여라. (학습목표 2)

5. 잠비노 브라더스는 폭발물에 관한 독자적인 전문기술을 갖고 있어서 미국에서 수십만 명 이상의 군중들을 위한 공개 폭죽놀이 시장에서 독점의 지위를 누려오고 있다. 폭죽놀이에 대한 연간 수요는 $P = 140 - Q$이다. 폭죽놀이를 개최하는 데 소요되는 한계비용은 20이다. 가족 간의 분쟁으로 이 기업이 둘로 쪼개졌다. 알프레도 잠비노는 지금 한 기업을 운영하고 있고, 루이기 잠비노는 다른 기업을 운영하고 있다. 그들은 여전히 동일한 한계비용을 갖고 있지만, 지금은 꾸르노 복점기업들이다. 이 가족은 얼마나 많은 이윤을 잃었을까? (학습목표 2)

6. 주정부는 두 기업에게 수요곡선이 $P = 100 - Q$인 시장에서 영업할 수 있는 허가권을 부여할 계획임을 공표하였다. 생산기술의 특성상 각 기업은 비용을 전혀 들이지 않고 어떤 수준의 산출도 가능하지만 일단 각 기업의 산출량이 결정되면 그것을 변경할 수 없다. (학습목표 2)

a. 당신이 먼저 산출수준을 선택할 수 있다(당신의 선택을 경쟁상대 기업이 관찰할 수 있다

고 가정한다.)는 것을 당신이 알고 있다면 허가권을 획득하기 위해 지불할 용의가 있는 최고 금액은 얼마인가?

b. 당신의 경쟁상대 기업이 두 번째로 선택할 수 있는 권리를 얻기 위해 지불할 용의가 있는 금액은 얼마일까?

7*. 기업 1과 기업 2는 케이블 티브이 독점판매권을 얻기 위해 경쟁하고 있다. 독점판매권으로 얻을 수 있는 순수입의 가치는 R이다. 각 기업이 독점판매권을 획득할 확률은 이 권리를 부여하는 지방정부 위원회에 두 기업이 로비자금으로 지출하는 총액에서 차지하는 비율과 같다. 즉, 기업 1이 그 권리를 획득할 확률은 $I_1/(I_1 + I_2)$이고, 기업 2의 확률은 $I_2/(I_1 + I_2)$이다. 만일 각 기업이 지출액이 다른 기업의 지출액과 관계없이 독자적으로 결정된다고 가정하면, 각 기업의 균형 지출수준은 얼마가 될까? (학습목표 2)

8. 다음 서술이 옳은지 아니면 그른지를 말하고, 간략하게 그 이유를 설명하여라: 만일 어떤 사업 소유주가 현재 가격에서 주문을 추가로 받는 것을 반긴다면, 그(녀)는 이윤을 극대화하는 완전경쟁 생산자였을 리가 없다. (학습목표 3)

9. 유료도로 위원회는 길이가 100마일인 순환 고속도로를 따라서 견인차량들을 위한 차고지를 지을 계획을 하고 있다. 각 차고지에는 하루 $5,000의 고정비용이 소요된다. 견인하는 일은 고속도로의 어느 지점에서든 똑같이 발생할 수 있으며, 견인 비용은 1마일당 $50이다. 만일 하루에 5,000건의 견인이 발생한다면, 고정비용과 견인비용을 최소화시키는 차고지의 숫자는 얼마가 되어야 할까? (학습목표 3)

10. 그레잇 도넛 아일랜드(Great Donut Island)에 거주하는 1,000명의 주민들은 모두 어부들이다. 그들은 매일 아침 가장 가까운 항구로 가서 어선을 띄우고, 저녁에는 잡은 고기들을 싣고 되돌아온다. 주민들은 10마일에 이르는 섬 둘레로 균일하게 분포되어 있다. 각 항구는 하루에 $1,000의 고정비용이 소요된다. 만일 항구의 최적 숫자가 2라면 1마일당 이동비용은 얼마가 되어야 할까? (학습목표 6)

* 이 문제는 최댓값을 찾기 위한 미적분 기법의 사용이 요구된다.

▪ 개념 확인 해답 ▪

13.1 (학습목표 2)

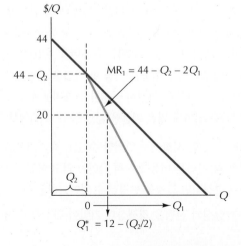

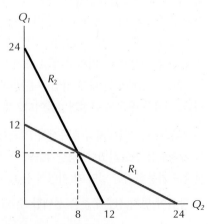

13.2 가격은 한계비용에 안착할 것이므로 $P = 2$이다. 이에 상응하는 시장수요량 $Q = 8$은 두 기업이 똑같이 나누어 가질 것이다: $Q_1 = Q_2 = 4$. (학습목표 2)

13.3 기업 2의 한계수입곡선은 $MR_2 = 10 - Q_1 - 2Q_2$이다. $MR_2 = MC = 2$로 놓으면 기업 2의 반응함수 $R_2(Q_1) = Q_2^* = 4 - (Q_1/2)$을 얻을 수 있다. 이를 기업 1의 수요함수에 대입하면 $P_1 = 10 - Q_1 - 4 + (Q_1/2) = 6 - (Q_1/2)$을 얻고, 이에 상응하는 한계수입곡선은 $MR_1 = 6 - Q_1$이다. $MR_1 = MC = 2$이므로 $Q_1^* = 4$를 얻을 수 있다. 이는 Q_2가 2단위가 될 것이고, 시장 총산출량은 6단위가 될 것이라는 것을 의미한다. 시장가격은 $10 - 6 = 4$가 될 것이다. (학습목표 3)

13.4 최초에 각 기업은 총수요의 $\frac{1}{20} = 5$퍼센트를 차지하였으나, 지금은 $\frac{1}{25} = 4$퍼센트만 차지할 것이다. 이는 각 가격에서 수요량은 이전보다 20퍼센트 감소했다는 것을 의미한다(아래의 그림을 볼 것). 새로운 dd곡선은 $P = 10 - 0.00125Q$이다. (학습목표 2)

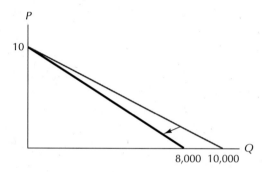

13.5 여섯 개의 식당이 있을 경우 평균 왕복거리는 $\frac{1}{12}$마일이므로, 평균 이동비용은 $2가 된다. 평균적으로 각 식당은 하루에 100/6명의 고객을 맞이할 것이므로 평균 총비용은 하루에 $[50 + 5(100/6)]/(100/6) = 8가 될 것이다. 따라서 여섯 개의 식당이 있을 때 전체 평균비용은 하루에 $10이다. (학습목표 6)

13.6 지금은 N^*가 $\sqrt{[(24)(400)/100]} \approx 9.8$이 되므로, 10개의 식당이 있어야 한다. (학습목표 6)

PART FOUR

요소시장

FACTOR MARKETS

다음 두 개의 장에서 우리는 생산요소 시장의 작동원리에 대해서 살펴볼 것이다. 14장에서는 노동시장이 여러 측면에서 통상적인 재화 및 서비스 시장과 유사하게 작동하지만 다른 중요한 측면에서는 매우 다르다는 것을 살펴볼 것이다. 15장에서는 실물 및 금융 자본에 대해서 논의할 것이다. 자본이 다른 투입요소와 구별되는 한 가지 특징으로서, 다른 투입요소들이 통상적으로 기간별로 고용되는 데 반해서 자본장비는 기업에 의해 완전히 소유되는 경우가 빈번하다는 점을 살펴볼 것이다.

노동시장

Labor

1931년 시즌 동안에 뉴욕 양키즈의 강타자 베이브 루스(Bave Ruth)는 야구선수들 중 최고액인 연봉 $85,000을 받고 있었다. 허버트 후버(Herbert Hoover) 대통령보다 더 높은 보수를 받는 기분이 어떤지에 대한 질문을 받고 루스는 의기양양하게 자기는 그럴 만한 값어치가 있다고 대답하였다. "나는 후버보다 훨씬 훌륭한 한 해를 보냈잖아요." 라고 그는 말하였다.

하지만 생산성 격차가 항상 노동자들 사이의 급여 격차를 충분히 설명해주는 것은 아니다. 예를 들어, 공적 및 사적 부문 사이에서 피고용인들이 광범위하게 이동할 경우, 매우 생산성이 높은 사람들도 공적 부문에서는 현격하게 낮은 보수를 받는 경우가 다반사이다. 따라서 연준위(Fed) 전 의장인 앨런 그린스펀(Alan Greenspan)은 미국 정부에서 가장 중요한 자리를 차지하고 있었음에도 불구하고 월스트리트에서 받았던 보수의 십분의 일도 받지 못하였다.

사람들은 왜 그렇게 막대한 보수를 포기하면서까지 정부의 요직을 받아들이는 것일까? 그것은 말할 것도 없이 고위 관료에게 부여되는 권력과 대중의 관심을 받을 수 있다는 매력 때문일 것이다. 그린스펀은 컨설팅 회사로 복귀하여 그가 정부에서 받았던 급여의 몇 배를 다시 벌기 시작하였지만 그가 내리는 결정은 더 이상 수백만 명의 삶에 영향을 미치지 못하게 되었다. 그의 견해와 결정에 열광하던 사람들도 순식간에 사라져버렸다. 그린스펀이 대폭적인 보수의 감소를 감수하면서 연준위 의장직을 수락한 이유는 그 자리가 다른 어떤 자리도 제공할 수 없었던 혜택이 있었기 때문이다. 전반적인 고용계약 조건이 그에게는 매력적이었던 것이다.

대중에게 노출되는 정도가 높은 일자리가 항상 보수의 감소로 이어지는 것은 아니다. 뉴욕 양키즈의 3루수인 알렉스 로드리게스(Alex Rodriguez)는 일 년 중 최소 6개월 이상 매일 뉴스에 등장한다. 의심할 여지도 없이 그의 인터뷰는 대중의 열렬한 관심을 받고 있지만 $2,500만의 연봉을 받는 그가 실질적으로 경제적 희생을 감수하고 있는 것으로 보이지는 않는다. 나를 포함하여 많은 사람들은 로드리게스의 일자리를 적은 보수를 받고도 기꺼이 수용하려 할 것이다. 로드리게스 자신도 민간 부문 어딘가에서 무명의 일자리를 평생 동안

학습목표

1 완전경쟁기업의 노동수요곡선의 형태를 이해한다.

2 불완전경쟁기업의 노동에 대한 수요곡선의 형태를 이해한다.

3 소비자 선택 이론을 적용하여 개별 노동자의 공급곡선을 도출한다.

4 개별 기업들의 노동에 대한 수요 및 공급곡선을 총합하여 시장 수요 및 공급곡선을 도출한다.

5 수요독점 노동시장이 완전경쟁시장과 어떻게 다르게 작동하는지 살펴본다.

6 다양한 노동시장에서 최저임금법이 임금과 고용에 미치는 효과를 분석한다.

7 노동조합이 임금, 고용 및 생산성에 미치는 영향을 설명한다.

8 노동시장에서의 경쟁 제고가 여러 형태의 차별 감소로 이어질 수 있는 이유를 살펴본다.

9 한 기업 내에서 노동자들 사이의 임금 격차가 그들 사이의 생산성 격차를 과소평가하는 경우가 자주 발생하는 이유를 살펴본다.

갖기보다는 최저생계 임금을 받고도 그 일자리를 가지려고 할 것임이 분명하다.

그가 받는 매우 높은 급여는 두 가지 중요한 요소에 기인한다. (1) 그는 우리가 할 수 없는 매우 값어치 있는 일을 할 수 있다. (2) 로드리게스에게 각광을 받을 수 있는 자리를 제공할 수 있는 고용주가 한 사람 이상 존재한다. 앨런 그린스펀의 경우에는 첫 번째 요소만 적용 가능하다는 점을 유의하자. 당신이 미연방준비제도 이사회의 의장이 되려고 한다면 미국 정부만이 유일한 고용주가 될 수 있다. 하지만 당신이 메이저 리그의 야구선수가 되려고 한다면 30개의 팀이 당신을 고용하기 위해 경쟁할 것이다. 로드리게스의 경우에 양키즈가 그에게 그와 같이 높은 급여를 제시하지 않았다 하더라도 다른 어떤 팀이 기꺼이 높은 급여를 제시했을 것이다. 수만 명의 극성팬들이 베스트 올라운드 플레이어들을 보기 위해 야구장에 모여든다. 양키즈 구단은 로드리게스에게 지급되는 급여보다 훨씬 낮은 급여로 나를 고용할 수 있다는 것을 알고 있다. 하지만 설령 무급으로 나를 고용하더라도 그러한 선택은 잘못된 계약이라는 것을 구단은 충분히 잘 알고 있기도 하다.

14.1 14장 미리보기

이 장의 목표는 임금과 고용의 여러 조건들을 지배하는 경제적 요소들을 살펴보는 데에 있다. 노동시장에 관한 비교적 단순한 모형을 이용하여 다음과 같은 흥미로운 질문들에 대한 해답을 제시할 수 있다. 특정 기술을 갖고 있는 노동자는 얼마나 많은 보수를 받을 수 있을까? 근로조건이 직업마다 다른 이유가 무엇일까? 노동조합은 무엇을 하는가? 등등.

우리는 단기 및 장기 노동에 대한 수요곡선을 도출하는 것으로부터 출발할 것이다. 그 다음에 주어진 임금 수준에서 개별 노동자가 얼마나 많이 일하고자 하는지를 살펴봄으로써 노동시장의 공급측면을 살펴볼 것이다.

다음 단계로 보상임금 격차, 즉 사람들이 일하는 환경의 차이를 반영하는 임금 지급의 차이에 대한 문제를 다룰 것이다. 일반적으로 내릴 수 있는 결론은 임금 및 환경 요인을 두루 감안한 전반적인 보상 패키지가 가져다주는 매력은 어떤 주어진 숙련도를 가진 노동자들을 고용하는 일자리들을 균등화하는 경향이 있다는 것이다. 보상 격차에 대한 개념을 심층적으로 이해하기 위하여 우리는 작업장에서의 안전수준의 문제를 살펴볼 것이다.

우리는 또한 노동시장에 대한 경제이론을 차별과 최저임금법과 같은 주제에도 적용해 볼 것이다. 마지막으로 우리는 어떤 경우에 왜 임금 격차가 생산성 격차보다 큰지, 그리고 어떤 경우에는 왜 그보다 작은지에 대하여 살펴보는 것으로 결론을 맺을 것이다.

14.2 완전경쟁기업의 노동수요

단기 수요

자본(K)과 노동(L)이라는 두 가지 생산요소를 사용하여 상품을 생산하는 기업을 생각해보자. 단기적으로 자본스톡은 고정되어 있다고 가정하자. 이 기업이 시장가격으로 완전경쟁시장에서 상품을 모두 판매한다면, 그리고 시간당 $12의 임금으로 원하는 만큼 얼마든지 노동을 고용할 수 있다고 한다면 이 기업은 몇 단위의 노동을 고용할까?

이 기업의 관리자가 경제학자처럼 사고한다면 그는 다음과 같은 논리를 적용할 것이다. "노동을 한 단위 더 고용할 때의 이득은 추가적으로 생산되어 팔 수 있는 산출물의 양이 될 것이고, 그 비용은 임금률이 될 것이다. 따라서 이득이 비용을 초과하면 나는 노동을 추가로 고용할 것이다. 하지만 비용이 이득을 초과하면 나는 노동 고용을 줄일 것이다."

이러한 추론은 단순한 그래프를 이용하여 쉽게 적용할 수 있다. 그림 14.1a는 자본이 고정되어 있을 때 노동 투입요소의 한계생산물 곡선을 보여주고 있다(제8장 참조). 한계생산물 곡선은 기업이 노동 한 단위를 추가로 고용할 때 얼마나 많은 산출물을 추가로 얻을 수 있는지를 보여준다. 예를 들어, 40단위의 노동이 고용되어 있을 때 노동을 한 단위 더 고용하면 산출물은 8단위 증가할 것이다. 우하향하는 한계생산물 곡선은 수확체감의 법칙을 반영한다.

그림 14.1b는 한계생산물 곡선에 산출물의 가격(여기서는 \$2)을 곱해준 것에 불과하다. 산출물 가격과 한계생산물을 곱한 $P \times \text{MP}_L$을 **노동의 한계생산물가치**(VMP_L)라고 하며, 이는 기업이 노동 한 단위를 더 투입했을 때 추가로 생산된 산출물을 판매하여 얻을 수 있는 추가적인 수입이다. 기업이 노동을 고용하는 원칙은 임금률이 VMP_L과 일치하는 노동량을 고용하는 것이다. 그림 14.1b에서는, 이 원칙에 따라 임금률이 \$12일 때 이 기업은 80단위의 노동을 고용해야 한다는 것을 보여주고 있다.

이 원칙에 대한 논리를 이해하기 위하여, 기업이 80단위가 아닌 40단위의 노동만 고용했다고 가정해보자. 그 고용수준에서 추가로 고용된 노동자가 생산하는 추가 생산물의 가치(\$16)는 그 노동자를 고용하는 데 소요된 비용(\$12)보다 크므로, 이 기업은 노동자를 더 고용하면 이윤을 증가시킬 수 있다. 반대로, 이 기업이 120단위의 노동을 고용하였다고 가정해보자. $L = 120$일 때 VMP_L은 \$8에 불과하고, 이는 임금률 \$12에 미치지 못하므로 이 기업은 노동 고용을 줄이게 되면 이윤을 증가시킬 수 있다. $L = 80$일 때에만 이 기업은 이윤을 증가시킬 수 있는 여지가 없게 된다.[1] 그림 14.1a는 $\text{MP}_L = 10 - (\frac{1}{20})L$인 경우를 그린 것이다. 그림 14.1b에서, $P = 2$일 때, 노동의 한계생산물가치는 다음과 같다.

$$\text{VMP}_L = P(\text{MP}_L) = 2(10 - \tfrac{1}{20}L) = 20 - \tfrac{1}{10}L.$$

만일 $w = 12$라면, 이 기업의 노동수요량은 다음과 같이 계산할 수 있다.

$$w = \text{VMP}_L \Rightarrow 12 = 20 - \tfrac{1}{10}L \Rightarrow 8 = \tfrac{1}{10}L \Rightarrow L^* = 80.$$

> **한계생산물가치**
> 현재의 시장가격에서 투입물의 추가적인 단위에 의해서 생산되는 추가적인 산출물의 가치

개념 확인 14.1

노동 한 단위당 \$12의 임금률에서, 그림 14.1의 기업은 생산물의 가격이 \$2가 아닌 \$3일 때 몇 단위의 노동을 고용할까?

---

1. $w = \text{VMP}_L$ 원칙을 적용할 때 한 가지 중요한 한계가 있다. 임금률이 가격과 노동의 평균생산물의 곱인 노동의 평균생산물가치(VAP_L)보다 높다고 가정해보자. 만일 기업이 VAP_L보다 높은 임금을 지급하게 되면, 이는 노동자들이 생산해낸 가치보다 더 많은 보수를 지급하는 셈이 되어 결국 기업이 고용하는 노동자에 대하여 손실이 발생한다는 의미가 된다. 따라서 w가 VAP_L보다 높을 때 완전경쟁기업은 노동을 전혀 고용하지 않을 것이다.

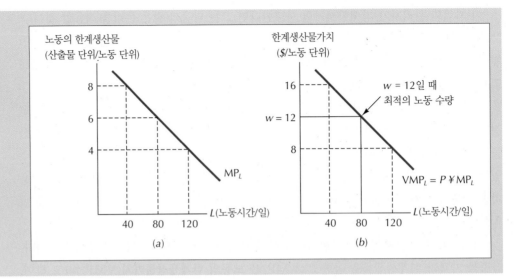

그림 14.1

완전경쟁기업의 단기 노동수요

임금률이 노동 한 단위당 $12일 때 (그림 b) 완전경쟁기업은 80단위의 노동을 고용할 것이고, 이때 VMP_L은 임금률과 같다.

장기 노동수요

단기적으로 임금률의 하락에 대응하는 기업의 유일한 길은 더 많은 노동을 고용하는 것이다. 하지만, 장기적으로는 모든 투입요소들이 가변적이다. 8장에서 살펴본 바와 같이 노동의 가격이 하락하면 기업들은 자본을 노동으로 대체할 것이고, 이는 한계비용을 더욱 낮춰줄 것이다. 이러한 추가적인 비용 감소는 이전보다 산출량을 더욱 확대시켜줄 것이다. 따라서 임금률의 하락에 따라 기업은 단기보다 장기적으로 더욱 많이 고용량을 늘릴 것이다. 두 가지 노동수요곡선의 관계는 그림 14.2에 나타나 있다.

어떤 생산물에 대한 수요가 탄력적일수록 기업의 노동수요 역시 더욱 탄력적이 되는 경향이 있다. 가격 하락이 생산물에 대한 수요량을 증가시키면 그것을 생산하기 위하여 요구되는 노동량 역시 증가할 것이다. 마지막으로, 노동 서비스를 다른 투입요소의 서비스로 대체하는 것이 쉬워질수록 기업의 노농수요는 더욱 탄력적이 되는 경향이 있다. 다른 조건이 일정할 때, L자형의 등량곡선을 가진 기업의 노동수요에 대한 탄력성은 매우 작을 것이다.

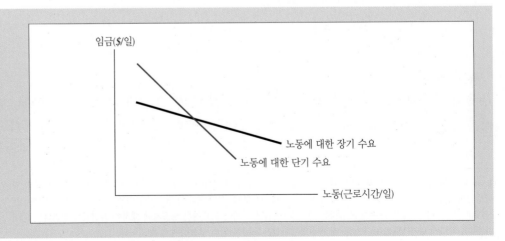

그림 14.2

노동에 대한 단기 및 장기 수요곡선

노동에 대한 수요는 장기에 더욱 탄력적이다. 왜냐하면, 기업은 노동을 자본으로 대체할 수 있는 기회를 가질 수 있기 때문이다. 단기에 기업의 유일한 대응방법은 산출량을 늘리는 것이다.

노동에 대한 시장수요곡선

어떤 생산물에 대한 시장수요곡선을 도출하는 방법은 개별 소비자의 수요곡선들을 수평적으로 합산하는 것임을 5장에서 살펴보았다. 노동에 대한 시장수요곡선을 도출하는 방법 역시 한 가지 중요한 차이점을 제외하고는 이와 유사하다. 그림 14.3에서 $\sum VMP_L, P = P_1$로 불리는 곡선은 생산물의 가격이 P_1일 때 개별 VMP_L곡선들을 수평적으로 합산한 것이다. 그 산출물 가격에서 임금률이 w_1일 때 전체 기업들은 매 기간 L_1단위의 노동을 고용한다. 이제 임금률이 w_2로 떨어졌다고 해보자. 각 기업은 더 많은 노동을 고용할 것이고, 이는 그 기업의 노동수요곡선을 따라서 우하향의 방향으로 이동할 것이다. 개별 기업들이 이러한 방식으로 반응하므로 시장에서 생산물의 판매량이 증가할 것이다. 경쟁시장에서는 어느 한 기업의 이러한 행위가 생산물의 가격에는 아무런 영향을 미치지 못할 것이다. 하지만 모든 기업들이 동일한 행동을 취한다면 산업의 생산물수요곡선을 따라서 우하향의 방향으로 생산하게 될 것이다.

이러한 생산물의 증가는 필연적으로 생산물의 가격을 떨어뜨릴 것이다. 이는 또한 각 기업의 VMP_L곡선을 하방으로 이동시킬 것이다. 생산물의 가격이 P_1에서 P_2로 떨어지면 노동에 대한 총수요는 $\sum VMP_L, P = P_2$로 명명된 곡선에서 w_2에 상응하는 점이 될 것이다. 이러한 이유 때문에 노동에 대한 시장수요곡선(DD로 명명된 곡선)은 VMP_L곡선들을 수평적으로 합산한 것보다 더욱 가팔라질 것이다.

지금까지의 논의는 오직 한 가지 유형의 노동만 존재하며 모든 노동이 단 하나의 경쟁 산업에서만 고용된다는 암묵적인 가정을 토대로 한 것이다. 물론, 현실 세계에서는 상황이 더욱 복잡하다. 거의 셀 수 없을 만큼 다양한 유형의 노동—목수, 전기 기술자, 물리학자, 변호사, 고등학교 교사 등등—이 존재하며 어떤 유형의 노동이라도 다양한 많은 산업에서 고용될 수 있다. 즉, 전기 기술자들은 주택 건설, 자동차, 상업적 사무용 빌딩, 철강, 컴퓨터 및 수산업 분야에서 고용될 수 있으며, 이는 단지 몇 가지 예를 제시한 것에 불과하다. 따라서 전기 기술자에 대한 시장수요곡선은 한 산업이 아닌 수많은 산업에서 기업들의 개별 수요들을 합산한 것

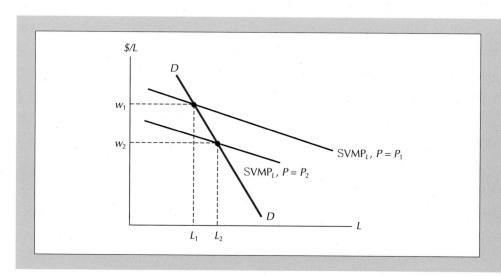

그림 14.3

노동에 대한 시장수요곡선

임금률이 w_1에서 w_2로 떨어질 때 각 기업은 노동을 더 고용하여 생산을 늘린다. 산출의 증가는 산출물의 가격을 떨어뜨리고, 이는 노동의 한계생산물가치를 떨어뜨린다. 따라서 노동에 대한 시장수요곡선은 개별수요곡선들을 수평적으로 합산한 것보다 더욱 가팔라진다.

이다.

각 산업에서 기업들이 전기 기술자들에게 지급하는 급료가 총비용의 매우 작은 부분—예를 들어, 0.1퍼센트—밖에 차지하지 않는다고 가정하자. 전기 기술자들에게 지급되는 임금이 약간 변화—예를 들어 10퍼센트—했을 때 각 산업에서 총비용은 인지할 수 없을 정도의 작은 변화—즉, 0.01퍼센트—밖에 되지 않을 것이고, 따라서 생산물의 가격에는 미미한 영향밖에 미치지 못할 것이다. 이러한 상황에서 전기 기술자에 대한 수요가 개별 기업들의 수요곡선을 수평적으로 합산한 것과 매우 유사해질 것이고, 그림 14.3에서 논의된 복잡한 면들은 무시해도 좋을 것이다.

14.3 불완전경쟁기업의 노동수요

지금까지 노동에 대한 수요를 논의하는 과정에서 기업들이 직면하는 생산물에 대한 수요가 완전 탄력적이라는 가정을 하였으므로 추가로 투입된 노동자가 생산한 추가 생산물은 기존 생산물과 동일한 가격으로 판매될 수 있다. 물론 불완전경쟁기업의 경우 그것이 가능하지 않을 것이다. 불완전경쟁기업들은 우하향의 수요곡선에 직면하게 되고, 이 기업들이 추가로 노동자들을 고용하게 되면 추가되는 생산물을 팔기 위하여 가격을 낮추어야 한다.

완전경쟁기업의 경우 추가로 고용한 노동자가 생산한 추가 생산물의 가치는 상품 가격에 노동의 한계생산물을 곱한 것과 같다는 것을 살펴보았다. 이와 대조적으로, 불완전경쟁기업의 경우 그 가치는 한계수입에 한계생산물을 곱한 것으로서, 이를 일컬어 **노동의 한계수입생산물(MRP$_L$)**이라고 한다. 한계수입과 한계생산물의 정의에 따라 MRP$_L$은 다음과 같다.

$$\text{MRP}_L = \frac{\Delta Q}{\Delta L}\frac{\Delta \text{TR}}{\Delta Q}. \tag{14.1}$$

이는 다음과 같이 줄일 수 있다.

$$\text{MRP}_L = \frac{\Delta \text{TR}}{\Delta L}. \tag{14.2}$$

VMP$_L$과 MRP$_L$은 모두 노동 한 단위를 추가로 투입했을 때 총수입의 증가량을 나타낸다는 점에서 동일하다. 이 둘의 차이점은, MRP$_L$의 경우 불완전경쟁기업이 추가적인 생산물을 판매하기 위해서는 가격을 인하해야 한다는 점을 고려하고 있다는 것이다. 반면에, VMP$_L$의 경우 완전경쟁기업이 생산량을 증가시켜도 기존 생산물의 가격에는 아무런 영향을 미치지 못한다는 점을 감안한 것이다. MRP$_L$은 추가된 생산물의 한계수입을 측정한 것이며, 이 한계수입은 생산물의 가격보다 낮다.

만일 어떤 기업이 생산물에 대하여 우하향의 기울기를 갖는 수요곡선에 직면한다면 그 기업은 얼마나 많은 노동을 고용할까? 그 대답은 임금률이 MRP$_L$과 일치하는 수준까지 노동을 고용한다는 것이다. 이러한 주장은 완전경쟁기업의 경우에 제시된 $w = \text{VMP}_L$이라는 조건과 본질적으로 유사하다.

완전경쟁기업의 경우 수확체감의 법칙 때문에 노동에 대한 단기 수요는 우하향의 기울

한계수입생산물
투입물을 추가적으로 한 단위 고용했을 때 총수입의 증가량

기를 갖는다. 이 기업이 노동을 더 고용할수록 MP_L은 낮아질 것이므로 VMP_L 역시 낮아질 것이다. 독점기업의 경우에도 수확체감의 법칙으로 인하여 노동에 대한 단기 수요곡선은 우하향의 기울기를 갖는다. 하지만 독점기업의 경우 한 가지 이유가 더 있는데, 그것은 한계수입곡선 역시 우하향의 기울기를 갖는다는 점이다.

좀 완전경쟁의 경우와 마찬가지 이유로 독점기업의 노동에 대한 장기 수요는 단기 수요에 비해 더욱 탄력적이 될 것이다. 하지만 MRP_L에 대해서는 기업에서 산업 수요곡선으로 이동할 때 장기이든 혹은 단기이든 간에 어떠한 추가적인 조정도 필요로 하지 않는다. 독점기업의 노동수요는 곧 노동에 대한 산업의 노동수요인 것이다. MRP_L에는 생산물을 추가적으로 생산하면 생산물의 가격이 떨어진다는 사실이 이미 감안되어 있다.

14.4 노동공급

단순화를 위해, 노동은 한 가지 유형밖에 없으며 각 노동자가 직면하는 선택은 매일 몇 시간을 일할지를 결정하는 것이다. 노동의 대안으로는 놀고, 자고, 먹는 "여가활동"과 노동시장에서 유급 노동이 아닌 기타 활동에 보내는 시간이다. 노동자가 시간당 $10의 급여를 받고 있다면, 그는 몇 시간을 일해야 할까?

좀 더 생각해보면 이 문제는 우리가 3장에서 다루었던 것과 같은 부류의 단순한 소비자 선택의 문제와 같다는 것을 알 수 있다. 우리가 "소득"과 "여가"라고 부를 수 있는 두 가지 상품 사이의 선택의 문제와 맥락을 같이 한다고 볼 수 있는 것이다. 전형적인 소비자 선택의 문제와 마찬가지로 개인은 무차별 지도의 형태로 요약될 수 있는 두 가지 상품 사이에 특정한 선호를 갖고 있는 것으로 간주된다. 그림 14.4에서 I_1, I_2 및 I_3로 불리는 곡선들은 가상의 노동자의 세 가지 무차별곡선들을 나타내고 있다.

이 그림에서 직선 B는 개인의 예산제약을 나타내고 있다. 그가 하루를 전부 여가활동으

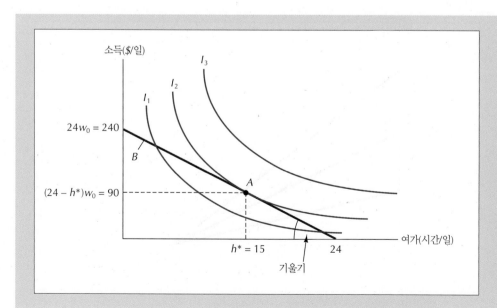

그림 14.4

여가와 소득의 최적 선택

여가의 최적량인 일일 $h^* = 15$시간은 예산제약선(B)과 무차별곡선(I_2)의 접점에 상응한다. 이에 상응하는 유급 노동량은 일일 $24 - h^* = 9$시간이고, 이때 일일 임금소득은 $(24 - h^*)w_0 = \$90$이다.

로 소비한다면 소득은 전혀 없게 될 것이고, 이 경우 점 (24, 0)은 예산제약선 B의 가로축 절편이 될 것이다. 그 대신에 시간당 $10의 임금률로 24시간 일을 한다면 그의 하루 소득은 $24w_0 = \$240$이 되어, 점 (0, 240)은 B의 세로축 절편이 된다. B의 나머지는 이 두 점을 연결하는 직선이다. 예산제약식은 $M = w(24 - h) = 10(24 - h) = 240 - 10h$이고, 여기서 M은 달러로 표시한 일일 소득이다. B의 기울기는 단순히 시간당 임금률에 마이너스 부호를 붙인 $-w_0 = -10$이다.

소비자의 선호체계와 예산제약이 주어져 있을 경우 이 소비자가 취할 수 있는 최선의 선택은 그림 14.4에서 B와 무차별곡선 I_2가 접하는 점 A가 된다. 이 최적점에서 소비자가 하루 $h^* = 15$시간의 여가와 나머지 $24 - h^* = 9$시간의 유급 노동을 택하고 있다. 따라서 이 소비자의 하루 소득은 $(24 - h^*)w_0 = \$90$이다. 점 A에서 여가와 소득 사이의 한계대체율은 시간당 임금률인 w_0와 정확하게 같다. 이는 최적점에서 한 시간의 추가적인 여가가 가져다주는 한계가치가 그 여가시간을 즐김에 따라 치러야 하는 기회비용, 즉 소비자가 여가를 즐기는 대신에 일을 했다면 벌 수 있었을 $10과 정확하게 일치한다.

개념 확인 14.2

임금이 시간당 $w = \$20$이라고 가정하자. 소득/여가 예산제약식을 도출하고 이를 그려라. 이 임금수준에서 어떤 개인이 $h = 14$시간의 여가를 선택하였다고 가정하자. 이 노동자가 이만큼의 여가를 택했을 경우 일일 소득 M을 구하여라.

한 노동자의 노동공급곡선을 도출하기 위하여 최적의 유급 노동량이 임금률 변화에 따라 어떻게 달라지는지 살펴보도록 하자. 그림 14.5는 세 가지 다른 시간당 임금 $w = \$4$, $w = \$10$ 및 $w = \$14$일 때의 최적 여가시간들을 보여주고 있다. $w = \$4$일 때의 노동공급

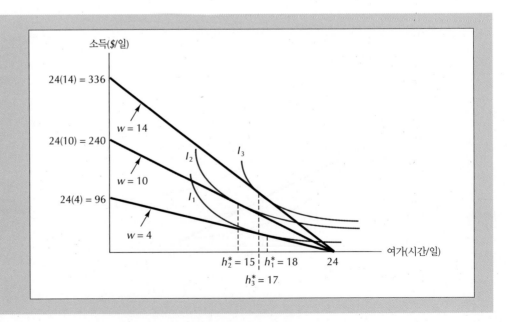

그림 14.5

임금률 변화에 따른 최적 여가시간의 선택

시간당 임금이 $4에서 $10로 상승할 때, 최적 여가시간은 하루 18시간에서 15시간으로 감소한다. 하지만 임금이 시간당 $14로 더욱 상승하게 되면, 최적 여가시간은 하루 17시간으로 증가한다.

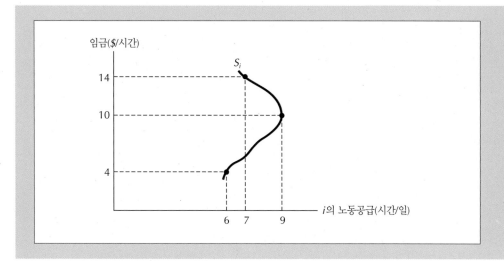

그림 14.6

i번째 노동자의 노동공급곡선

이 노동자의 경우 임금이 상승하면 시간당 임금이 $10 미만일 때에는 노동공급을 늘리지만, 시간당 임금이 $10을 초과하면 노동공급을 줄인다.

은 $24 - h_1^* = 6$시간이고, $w = \$10$일 때의 노동공급은 $24 - h_2^* = 9$시간, 그리고 $w = \$14$일 때의 노동공급은 $24 - h_3^* = 7$시간이다.

그림 14.6은 임금률과 그림 14.5의 무차별지도로 표현되는 가상의 노동자가 공급하는 하루 노동시간과의 관계를 보여주고 있다. 이 사람을 다수의 노동자 중에서 i번째 노동자라고 부르고, 그의 공급곡선을 S_i라고 하자. 우리가 지금까지 마주쳐온 공급곡선들과 비교해보면 S_i의 독특한 특징은 어디에서나 우상향의 기울기를 갖고 있는 것은 아니라는 것이다.[2] 특히, 시간당 임금이 $10을 초과할 경우 곡선이 "후방굴절"하고 있으며, 이는 이 영역에서 임금이 상승함에 따라 오히려 노동공급 시간은 감소하고 있다는 것을 말해주고 있다.

저개발국에서 비숙련 노동을 고용했던 식민주의자들은 임금이 상승할 때마다 그들이 고용한 노동자들의 노동시간이 감소하면 이러한 후방굴절의 신호로 생각한 적이 있었다. 하지만 다음의 예에서 명료해지는 바와 같이 이러한 행동은 완벽하게 일관된 목표를 합리적으로 추구하는 행동과 궤를 같이 한다.

노동공급곡선 **예 14.1**

스미스는 하루 $200의 수입을 원하는데, 그 이유는 그 금액으로 편안하게 생활할 수 있으며 재정적 요구를 충족시킬 수 있기 때문이다. 스미스의 노동공급곡선을 그려라.

L^S가 스미스가 택하는 하루 노동시간이라면, $wL^S = 200$을 충족시켜야 하며, 여기서 w는 달러로 표시한 스미스의 시간당 임금률이다. 그러므로 스미스의 노동공급곡선은 $L^S = 200/w$이며, 이는 그림 14.7에서 보여주고 있다.

하나의 목표 임금수준을 얻기 위하여 노력하는 것은 합리적인 개인이 추구하는 유일한 목표가 아니다. 하지만 이에 대하여 역행하는 사람도 없다는 것은 확실하다. 이러한 목표를 추구하는 개인은 임금률이 상승할 때마다 항상 일을 덜 할 것이다.

---

2. 5장에서 저축의 경우 공급곡선이 이와 유사한 형태를 띠었음을 상기하라.

그림 14.7

특정 목표 수준의 임금을 추구하는 노동자의 노동공급곡선

스미스의 시간당 임금이 상승할수록 하루 목표치인 $200의 소득을 얻기 위하여 그가 일하는 시간은 감소한다.

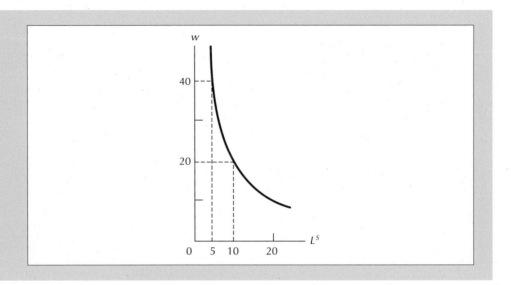

개념 확인 14.3

하루 목표 소득이 $120인 개인의 노동공급곡선을 그려라.

생활 속의 경제행태 14.1

비오는 날에 택시를 잡는 것이 왜 그토록 힘들까?

뉴욕, 시카고 그리고 여타 대도시에서 날씨가 좋을 때에는 손을 흔들어 택시를 잡을 수 있는 시간이 단 몇 초밖에 걸리지 않는다. 하지만 비오는 날에는 택시를 잡기가 엄청 힘이 드는 것이 보통이다. 왜 이런 차이가 있는 것일까?

아마도 많은 사람들이 날씨가 좋은 날에는 기꺼이 걸어갈 만큼 가까운 거리인데도 비오는 날에는 택시를 선호하는 데에 그 이유가 있는 것이 분명하다. 하지만 궂은 날씨에는 택시 운전기사들이 일을 적게 하려고 하는 경향도 있기 때문이다. 최근의 연구에 따르면 많은 운전기사들이 하루 목표 임금수준에 도달하는 데 필요한 시간만큼만 일을 하기 때문인 것으로 밝혀졌다.[3] 택시 수요가 적은 화창한 날에는 손님을 잡기 위해 많은 시간을 돌아다녀야 하므로 목표 임금수준에 도달하는 데에 훨씬 더 많은 시간이 든다. 택시 수요가 많은 비오는 날에는 택시들이 대부분의 시간을 손님을 태우고 운행하기 때문에 이와 동일한 목표 임금수준에 훨씬 빨리 도달한다.

비가 오기 시작하면 왜 많은 택시들이 사라지는 것일까?

3. L. Babcock, C. Camerer, G. Loewenstein, and R. Thaler, "Labor Supply of New York Cab Drivers: One Day at a Time," *Quarterly Journal of Economics*, 111, 1997: 408–441.

어떤 택시 운전기사가 수입 목표수준을 하루 단위가 아닌 일주일 단위로 정하고 있다고 가정하자. 이 운전기사는 또한 그의 목표를 도달하는 데 필요한 시간 이상은 노동을 하지 않으며, 그가 일하는 도시는 항상 매주 이틀씩 비가 온다. 이 운전기사가 비오는 날에 운전하는 시간과 화창한 날에 운전하는 시간을 어떻게 비교할 수 있을까?

모든 개인의 노동공급곡선이 모두 후방굴절의 형태를 보이는 것은 아니다. 임금 상승은 소득효과와 대체효과에 의해 여가의 수요량에 영향을 미친다. 임금 상승은 여가를 더욱 비싸게 만들고, 이는 사람들로 하여금 여가를 덜 소비하고, 그 대신에 일을 더 하도록 하는 대체효과가 발생한다. 하지만 임금 상승은 또한 사람들의 실질 구매력을 증진시켜주고, 여가는 정상재라는 그럴듯한 가정하에서 그들로 하여금 더 많은 여가를 즐기도록 만드는 소득효과도 발생한다. 어떤 임금률 영역에서 소득효과가 대체효과를 능가한다면 그 영역에서 노동공급곡선은 후방굴절의 형태를 보인다. 그 반대의 경우에 노동공급곡선이 어디에서나 우상향하는 기울기의 형태를 보일 것이다.

여가 수요 **예 14.2**

시간당 임금 $w = \$20$일 때 소득과 여가가 서로 10대 1의 비율로 완전 보완재로 여기는 사람(즉, 그는 $\$10$의 소득에 대하여 1시간의 여가를 요구한다)의 최적 여가 수요를 도출하여라.

소득/여가 예산제약식은 다음과 같다.

$$M = w(24 - h) = 20(24 - h) = 480 - 20h.$$

개인은 $\$10$의 소득마다 1시간의 여가를 요구하기 때문에, 소비점은 직선 $M = 10h$상에 있어야 한다. 그림 14.8의 예산제약선과 소비선의 교차점에서 여가 수요가 결정된다:

$$480 - 20h = 10h \Rightarrow 480 = 30h \Rightarrow h = 16\text{시간/일}$$

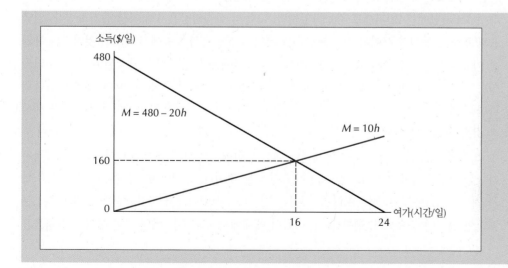

그림 14.8

여가와 소득이 서로 완전 보완재인 경우

소득과 여가가 서로 10대 1의 비율로 완전 보완재인 경우, 개인은 예산제약선상의 $M = 10h$를 충족시키는 점에서 여가를 소비할 것이다.

　　많은 사람의 경우 임금률은 초과 근무시간에 대하여 더 높은 임금이 적용되는 것처럼 그들이 일하는 시간에 따라서 변한다. 초과 근무 시 할증 임금을 받을 수 있는 기회를 가지고 있는 사람들의 예산제약선은 개념 확인 14.6에서 예시된 바와 같이 굴절된 모양을 갖는다.

　　우리는 어느 개인의 선호에 대하여 자세한 정보를 알고 있지 못하는 경우에도 소득의 변화가 사람들의 형편을 더 좋게 만들었는지 아니면 더 나쁘게 만들었는지 판단할 수 있는 경우가 종종 있다. 변화 이전과 이후의 두 예산제약선과 최초에 선택된 여가시간을 아는 것으로 충분하다. 만일 최초에 선택된 여가시간이 새로운 예산제약선상에 놓여 있지만 그 점에서 임금이 변화하였다면 그 사람의 형편은 틀림없이 나아진 것이다. 그는 여전히 이전과 동일한 여가와 소득을 구가할 수 있기 때문에 형편이 결코 나빠질 수 없다. 이제는, 그가 여가시간을 조정하여(즉, 임금이 하락하면 더 많은 여가를, 상승하면 더 적은 여가를 선택함으로써) 더 높은 무차별곡선에 도달할 수 있다. 이러한 논리를 사용하면 개념 확인 14.6을 해결하는 데 도움이 될 것이다.

　　미국 노동시장을 통틀어서 주당 평균 노동시간은 꾸준히 감소하였지만, 동시에 실질임금은 상승하는 추세를 보여 왔다. 예를 들어, 제조업 노동자들의 노동시간은 1914년에 비해서 1980년에는 20퍼센트 감소하였지만, 그들의 실질임금은 4배 이상 증가하였다. 임금률과 평균 노동시간 사이의 이러한 음의 관계가 실질임금의 상승에서 비롯된 것이라는 유일한 이유가 되는 것은 아니다. 하지만 개별 노동공급에 관한 이론에서 제시된 바와 같이 임금 상승이 일정한 역할을 하였다고 가정하는 것은 타당해 보인다. 1985년 이래 제조업 임금의 완만한 하락이 약간의 주당 노동시간의 증가를 수반하였다는 것을 감안한다면 이러한 해석은 더욱 설득력을 얻게 된다.

　　노동공급에 관한 이론은 복지 개혁에 대한 논리에 핵심적인 역할을 한다. 복지의 목적은 가난한 사람들에게 추가 소득을 제공하고자 하는 것이다. 하지만 한 가지 우려되는 점은 복지 지원이 노동의욕을 떨어뜨릴 수 있다는 것이다. 이런 점에서 복지지원으로 채택되는 구체적인 형식이 중요하다. 예를 들어, 다음의 예제에서 보여주는 바와 같이 정액 이전지불은 임금 보조보다 노동공급을 더 많이 감소시킬 가능성이 높은데, 그 이유는 이전지불은 노동 공급에 있어서 대체효과에 비해 더 큰 소득효과를 유발하기 때문이다.

개념 확인 14.7

일일 $24을 지급하거나 혹은 임금소득의 40퍼센트를 지급하는 두 가지 빈곤퇴치 프로그램을 생각해보자. 가난한 사람들은 시간당 $5의 임금으로 일을 할 수 있는 선택권이 있다고 가정할 때, 두 프로그램이 대표적인 가난한 노동자의 예산제약에 어떻게 영향을 미치는지 살펴보아라. 어떤 프로그램이 노동시간을 더욱 많이 감소시킬 가능성이 높은가?

여가는 기펜재일까?

3장에서 살펴본 전형적인 소비자 선택의 문제에서 우리는 어느 생산물에 대한 개별수요곡선은 이례적인 기펜재의 경우를 제외하고는 우하향의 기울기를 갖고 있음을 살펴보았다. 이 장에서는 노동공급곡선이 후방굴절할 수 있으며, 이는 여가에 대한 수요곡선이 우상향의 기울기를 가질 수 있다는 것을 다른 방식으로 표현한 것에 지나지 않는다는 것을 살펴보았다. 이 경우에 여가는 기펜재라는 것을 의미할까?

그 대답은 "아니오"이다. 기펜재는 전형적으로 매우 열등한 재화로서, 매력적이지만 고가의 대체재를 갖고 있는 재화이다. 이런 재화의 경우 화폐소득은 일정하게 유지한 채 가격이 상승하면 소득효과가 대체효과를 압도하기 때문에 수요량은 증가한다. 반면에, 여가의 경우 임금률이 상승하면 여가의 가격(혹은 기회비용)이 상승할 뿐만 아니라 (근로시간이 일정하게 주어져 있다고 가정하면) 화폐소득 또한 증가한다. 모든 다른 재화와 마찬가지로 여가의 상대가격 상승에 따른 대체효과는 여가에 대한 수요량을 감소시킨다. 하지만 여가가 정상재라면 그 추가된 소득은 여가에 대한 수요를 증가시킬 것이다. 임금 상승에 따른 소득효과가 대체효과를 압도하는 경우에만 노동공급곡선은 후방굴절될 수 있다. 따라서 여가가 열등재라면 노동공급곡선은 결코 후방굴절될 수 없다. 노동공급곡선이 후방굴절되어 있다면 여가는 열등재가 될 수 없다. 그리고 오직 열등재만 기펜재가 될 수 있기 때문에 여가는 기펜재가 될 수 없다.

노동공급 모형에 대한 일반인의 반응

노동공급에 관한 경제 모형을 처음으로 접하게 되는 많은 비경제학자들은 그 모형을 사람들이 실제로 노동과 여가 사이에 시간을 할당하는 방식을 매우 비현실적으로 묘사하고 있다고 생각한다. 결국 대부분의 직업들은 하루 노동시간에 대하여 선택의 여지가 거의 없다. 물론 사람들은 비정규직과 정규직 중에서 선택할 수는 있지만, 비정규직은 인기가 없는 경우가 다반사이기 때문에 많은 노동자들은 이런 직종은 선택할 값어치조차 없다고 여긴다.

노동공급 모형에 대한 이러한 비판이 어느 정도는 그 모형에 대한 이해의 부족에서 기인한다. 이 모형에서 사람들이 사실상 하루 근로시간을 선택할 수 있다고 전제하지 않는다. 근로시간의 선택이 대부분의 노동자들에게 선택의 여지가 없다는 이들의 비판은 옳다. 하지만 기간을 몇 개월 혹은 몇 년으로 확장하면 사람들이 직장에서 보내는 시간을 조절할 수 있는 여지가 상당부분 생기게 된다. 예를 들어, 로스쿨 졸업생들은 일주일에 7일간 하루 14시간 씩 일을 시키는 속성 로펌에 취업할 수도 있고, 혹은 오후 5시에 퇴근할 수 있는 직장을 선택할 수도 있다. 사람들은 교사직과 같이 여름에는 쉴 수 있는 직장을 선택할 수 있다. 사람들은 야간 아르바이트를 선택할 수도 있다. 그들은 야간에 부업을 할 수 있다. 그리고 사람들은 직업을 자주 바꾸면서, 중간 중간에 휴식을 취할 수도 있다.

이렇게 근무시간을 조정할 수 있는 여지가 다양함에도 불구하고, 대부분의 사람들에게는 선택의 여지가 제한적이라는 주장은 여전히 타당하다. 기업들이 노동자들의 근무시간을 자유로이 조정할 수 있도록 허용하여도 생산성의 저하가 전혀 초래되지 않는다면, 기업들은 그렇게 하는 것이 유리하다. 하지만 대부분의 기업들은 상호교류를 하여야 하는 노동자 집단을 고용하며, 노동자들이 모두 같은 시간에 같은 장소에 있지 않으면 업무가 마비되기 시작한다. 일부 기업들은 주중 근무시간과 근무일을 다르게 책정하기도 하지만, 이 경우에도 종종 제약이 뒤따른다. 어떤 기업의 노동자들이 다른 기업의 노동자들과 상호교류를 할 필요가 있는 경우에 전화상으로만 정보를 교환하여도 되는 경우라 할지라도 그들이 근무하는 시간이 겹쳐야 한다.

그러므로 많은 사람들은 근로시간을 그들 스스로 심사숙고하여 결정하는 것이 아니라 고용주에 의하여 강제된 경우가 대부분이다. 동료 노동자들과 상호교류를 할 필요가 있다는 것은 공통 근무시간이 존재하여야 한다는 것을 의미하지만, 왜 주당 근무시간이 30시간이 아니라 40시간인지에 대해서는 설명해주지 못한다. 노동공급에 관한 경제 모형은 이 질문에 대한 대답에 실제적으로 도움을 준다. 주당 근무시간이 40시간인 이유는 노동자들이 평균적으로 그만큼의 시간을 원하기 때문이라고 모형에서는 주장한다. 만일 대부분의 노동자들이 추가 근로로 얻을 수 있는 임금보다 추가로 즐기는 여가의 가치를 더 높게 부여하고 있다면, 이윤을 추구하는 고용인들은 주당 근무시간을 줄이고자 하는 유인(incentive)을 갖게 될 것이다. 사람들이 취하는 행동의 직접적인 원인이 그들이 통제 범위 밖에 있다는 것을 제대로 인식하고 있는 경우에도, 다시 한 번 단순한 이론이 사람들의 행태를 실명하는 데 도움이 된다는 것을 알 수 있다.

14.5 시장공급곡선

어느 범주의 노동에 관한 시장공급곡선은 그 범주의 잠재적인 노동공급자들의 개별 공급곡선들을 수평적으로 합산하여 얻어진다. 설령 다수의 개인들의 공급곡선이 후방굴절의 형태를 보이는 경우라 할지라도—국가 전체의 공급곡선이 후방굴절의 형태를 보이는 경우조차도—특정 범주의 노동공급곡선은 우상향의 기울기를 갖고 있을 확률이 대단히 높다. 그 이유는 한 범주의 노동에 대한 임금 인상이 이루어지면 그 범주에 속해 있는 사람들의 노동시간이 변할 뿐만 아니라 다른 범주에 속한 사람들을 그 범주로 끌어들일 수 있기 때문이다. 콩의 가격이 상승하면 목화 재배 농부들이 콩 재배로 전환하는 것처럼 미용사들의 임금이 상승하면 서류정리 사원, 백화점 판매원 등에 종사하는 사람들은 미용사가 되려고 시도한다.

MBA 프로그램에 등록하려는 사람들이 많아지면서 경영대학원에서 경제학 교수에 대한 수요가 증가하였다. 대부분의 경제학자들이 현재 교양대학에서 가르치고 있다면 경영대학원에서 경제학자들에 대한 수요의 증가가 두 장소에서 그들의 급여와 고용에 어떤 영향을 미칠까?

그림 14.9의 오른쪽 그림은 경제학자들의 시장공급곡선 S를 보여주고 있다. 경제학자들에 대한 임금률 상승은 사람들로 하여금 다른 직종보다 경제학을 선택하도록 만든다는 가정하에 공급곡선은 우상향의 기울기를 갖는다. 교양대학에서 경제학자들에 대한 수요곡선은 왼쪽 그림에 나타나 있다. 가운데 그림에서는 경영대학원에서 원래 수요곡선과 새로운 수요곡선이 각각 D_{B1}과 D_{B2}로 그려져 있다. (경제학자들에게 지급되는 급여가 대학 전체 비용에서 차지하는 비중이 너무 작아서 등록금에는 커다란 영향을 미치지 못한다는 가정하에) 교양대학과 경영대학원에서의 수요곡선들을 수평으로 합산하면 오른쪽 그림에서 경제학자들에 대한 원래 및 새로운 총 수요곡선들인 $D_A + D_{B1}$ 및 $D_A + D_{B2}$를 각각 얻을 수 있다.

경영대학원에서 수요의 증가가 경제학자들의 임금률이 두 곳 모두에서 w_1에서 w_2로 상승하였다는 점에 주목하자. 두 곳에서 고용이 어떻게 영향을 받았는지 살펴보기 위하여 w_2를 왼쪽의 두 그림의 수요곡선에 연결시켜보자. 경영대학원에서 경제학자들에 대한 고용은 $Q_{B2} - Q_{B1}$만큼 증가하였지만, 교양대학에서 고용은 $Q_{A1} - Q_{A2}$만큼 감소하였다. 경영대학원에서 고용증가폭은 교양대학에서 고용 감소폭($Q_{A1} - Q_{A2}$)과 다른 직종에서 경제학 직종으로 이동한 폭($Q_2 - Q_1$)을 합한 것과 같다.

이 예는 두 가지 특별히 흥미를 유발할 만한 점을 예시하고 있다. 첫 번째는 어떤 직종의 노동자가 받는 급여가 그 직종을 채용하는 경제 부문들에 두루 균등화되는 경향이 있다는 점이다. 상업용 건축 프로젝트의 붐으로 목수에 대한 수요가 증가하는 경우 지하실에 오락실을 마련하고자 하는 주택소유자들은 목수에게 더 많은 보수를 지급해야 한다는 것을 곧 알게 될 것이다. 여기서 아이디어는 단순하다. 주택건축 부문에 고용된 목수의 임금이 상승하지 않으면 그들 중 많은 사람들이 상업용 건축 부문으로 떠나버릴 것이다. 두 곳에서 근무 환경이 동일하다면 두 곳에서의 임금이 같아져야 한다는 것은 당연한 귀결이다.

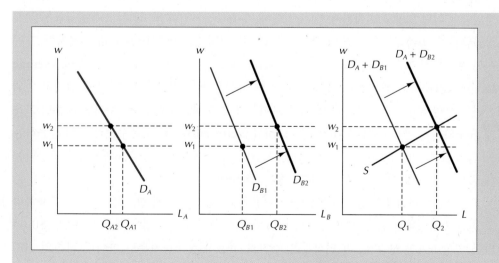

그림 14.9

한 부문의 고용주에 의한 수요의 증가

경영대학원에서 경제학 교수에 대한 수요가 증가하면(가운데 그림), 경제학자들에 대한 총시장수요가 증가한다(오른쪽 그림). 더 높아진 임금 하에서 고용은 교양대학 부문(왼쪽 그림)과 경영대학원 부문(가운데 그림)에서의 수요곡선에 의해서 결정된다.

이 예가 제시하는 두 번째 흥미로운 점은 어떤 부문 전체 직종의 임금이 크게 상승하지 않았음에도 불구하고 그 부문의 하위 직종에 대한 수요가 크게 증가할 수 있다는 것이다. 전체 경제학자들 중에서 경영대학원이 채용하는 비중은 미미한 수준에 불과하기 때문에 경영대학원들은 그들에게 지급하는 임금을 크게 인상시키지 않고도 고용을 상당한 수준으로 증가시킬 수 있다. 어느 부문의 소규모 하위 직종에 대한 공급 탄력성은 부문 전체 직종의 탄력성보다 훨씬 높다는 것이 일반적 법칙이다.

실증연구에 따르면 경영대학원에서 가르치는 경제학자들은 교양대학에서 가르치는 학자들보다 평균 20퍼센트 정도 높은 급여를 받고 있는 것으로 나타나고 있다. 이러한 임금 격차는 각 부문에서 임금이 동일해져야 한다는 이론 어딘가에 허점이 있다는 것을 시사하고 있다. 경영대학원은 재정상황이 더 "풍부"하기 때문에 더 높은 급여를 지급할 수 있다고 주장하는 것으로는 충분하지 않다. 의문스러운 점은 경제학자들이 택할 수 있는 유일한 대안은 교양대학에서 근무하는 것밖에 없는데도 불구하고 왜 경영대학원에서 더 높은 급여를 지급해야 하는가이다.

모형에서 가장 타당하지 못한 암묵적 가정은 경제학자들이 두 곳에서의 근무환경을 동일한 것으로 바라보고 있다는 점이다. 이 장에서 앞으로 살펴보게 될 여러 이유들 때문에 경제학자들로 하여금 교양대학에서 경영대학원으로 옮기도록 하기 위해서는 더 높은 급여를 지급할 필요가 있다.

14.6 수요독점

고용주가 1인인 노동시장에 관한 고전적인 예시는 소위 한 기업에 의존하는 회사도시이다. 노동자들은 그 지역을 떠날 수 없거나 혹은 떠나려고 하지 않으며, 새로운 기업들은 그 지역에 진입하지 못한다. 이러한 위치에 있는 기업을 일컬어 노동시장에서 **수요독점기업**—"유일한 구매자"—라고 한다. 이 수요독점기업은 노동자들에게 지나치게 낮은 급여를 지급하거나 지나치게 허술한 안전망을 제공하게 될까?

우선 임금 문제부터 살펴보기로 하자. 완전경쟁 노동시장에서 노동을 고용하는 기업은 시장임금 수준에서 수평인 노동공급곡선에 직면한다. 그 기업의 고용에 관한 의사결정은 시장임금에 어떤 영향도 미치지 못한다. 반면에, 수요독점기업이 직면하는 노동공급곡선은 시장공급곡선 그 자체이다. 논의의 편의성을 위하여 그림 14.10에서 S로 나타난 것처럼 그 곡선이 우상향의 기울기를 갖고 있다고 가정하자. S를 일컬어 **평균 요소비용**(AFC: average factor cost)곡선이라고 하는데, 그 이유는 이 곡선은 어떤 주어진 고용수준을 달성하기 위하여 필요한 노동자 1인당 평균 급여를 보여주고 있기 때문이다. 어떤 주어진 수준의 고용에 요구되는 총비용—**총요소비용**(TFC: total factor cost)—은 고용수준과 그에 상응하는 AFC의 값을 곱한 것이다. 따라서 그림 14.10에서 시간당 100명의 노동자들을 고용하는 데 필요한 총요소비용은 시간당 $100 \times \$4 = \$400$이다.

이 기업은 이미 100명의 노동자들을 고용하고 있으며, 이제 한 명을 추가로 고용하려고 한다고 가정해보자. 한 명을 추가로 더 고용하기 위해서 이 기업은 임금을 시간당 $0.04만큼 인상하여야 하는데, 이 인상분은 추가로 고용하는 노동자뿐만 아니라 기존의 100

평균 요소비용

투입물에 대한 공급곡선의 또 다른 이름

총요소비용

투입물의 고용수준과 이에 대한 평균 요소비용의 곱

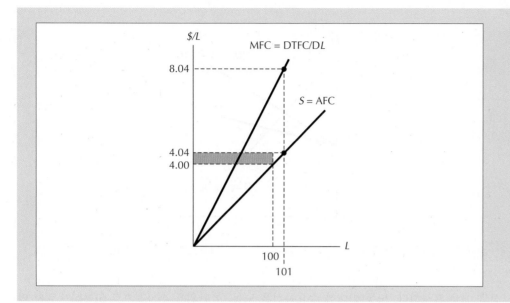

그림 14.10

평균 및 한계요소비용

수요독점기업이 직면하는 공급곡선
(S)이 우상향의 기울기를 갖고 있을
때, 노동 한 단위를 추가로 고용하는
데에 소요되는 비용(MFC)은 더 이
상 단순하게 추가된 노동에 지불되
는 임금이 아니고, 그 임금에 기존 노
동자들에게 지급되어야 할 추가적인
비용(색칠된 사각형)을 더해야 한다.

명의 노동자들에게도 적용해야 한다. 101명을 고용하는 데 필요한 총요소비용은 $4.04
× 101 = $408.04이다. 101번째 노동자를 고용하는 데 필요한 **한계요소비용**(MFC :
marginal factor cost)은 그 노동자를 고용함에 따라 발생하는 총요소비용의 변화량이다.

한계요소비용

투입물을 추가적으로 한 단위를 고
용했을 때 총요소비용의 변화량

$$\text{MFC} = \frac{\Delta\text{TFC}}{\Delta L}. \tag{14.3}$$

그림 14.10에서 주어진 예에서, 시간당 MFC = $408.04 − $400 = $8.04이 된다.
101번째 노동자의 MFC는 그에게 지급되는 $4.04에서 100명의 기존 노동자들에게 나누
어서 지급되는 추가적인 $4를 합계한 것이다. 노동자를 추가로 고용할 때 항상 기존 노동자
들에게도 지급을 늘려야 하므로 MFC곡선은 항상 AFC곡선보다 위에 위치하게 된다. 만일
AFC곡선이 AFC = $a + bL$로서 직선이라면, 이에 상응하는 MFC곡선은 절편은 AFC곡
선과 같지만 기울기는 그 두 배인 MFC = $a + 2bL$이 된다.[4]

그림 14.11은 수요독점기업의 균형 임금과 고용수준을 나타내고 있다. 수요독점기업의
노동에 대한 수요곡선은 다른 어떤 기업의 그것과 다름이 없다. 생산물 시장이 완전경쟁적
일 경우 이 기업의 노동수요는 VMP_L이 되고, 이 기업의 생산물에 대한 수요곡선이 우하향
의 기울기를 갖고 있다면 노동수요는 MRP_L이 될 것이다. 수요곡선이 주어져 있다면 그림
14.11에서 최적 고용수준은 MFC와 노동수요가 교차하는 수준인 L^*가 될 것이다. 이 고
용수준에서 이 기업은 공급곡선상의 값인 w^*의 임금을 지불하여야 한다.

L^*가 이윤을 극대화시키는 고용수준이라는 주장은 다른 노동시장 구조에서 택했던 방

---

4. 미분 용어를 사용하면 MFC는 다음과 같이 정의된다.

$$\text{MFC} = \frac{d(\text{TFC})}{dL}.$$

그러므로 AFC = $a + bL$일 때, TFC = AFC × L = $aL + bL^2$이므로 MFC = $a + 2bL$이 된다.

그림 14.11

수요독점기업의 이윤 극대화 임금 및 고용수준

L^*에서 고용을 늘리거나 줄이는 데 소요되는 비용은 그 이득과 정확하게 일치한다. 비용과 이득은 모두 이윤을 극대화시켜주는 임금 w^*보다 높다.

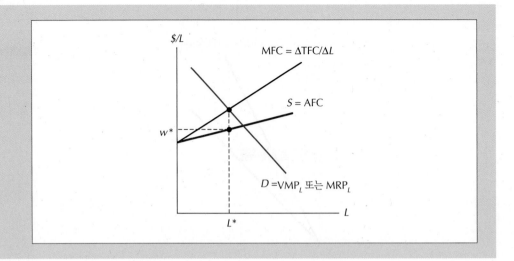

식과 매우 흡사하다. 노동에 대한 수요곡선은 노동 한 단위를 추가적으로 고용함으로써 얻게 되는 기업의 총수입의 증가를 나타내는 것인 반면에, MFC곡선은 이에 상응하는 총비용의 증가를 나타낸다. L^*의 왼쪽에서는 총수입의 증가가 총비용의 증가를 초과하므로 고용을 늘리면 이 기업의 이윤은 증가할 것이다. 그 오른쪽에서는 총비용의 증가가 총수입의 증가를 초과하므로 고용을 줄일 때 이 기업의 이윤은 증가할 것이다.

개념 확인 14.8

어떤 수요독점기업의 노동수요는 $w = 12 - L$로 주어져 있다. 만일 이 기업의 AFC곡선은 $w = 2 + 2L$이고, 이에 상응하는 MFC $= 2 + 4L$로 주어져 있을 때, 이 기업은 얼마의 임금률을 제안할 것이며, 그리고 얼마나 많은 노동을 고용할 것인가?

수요독점과 경쟁적 노동시장에서 임금과 고용수준을 서로 어떻게 비교할 수 있을까? 전체 수요가 한 기업이 아닌 다수의 기업에 의하여 고용된 결과라면 그림 14.12에서 수요와 공급곡선이 교차하는 점인 L^{**}에서 고용수준이 결정될 것이다. 따라서 임금률은 w^*에서 w^{**}로 상승할 것이다.

경쟁시장인 경우와 비교해 볼 때, 수요독점 균형은 생산물 시장에서 독점 균형과 동일한 의미로 효율적이지 못하다. 즉, 교환으로부터 얻을 수 있는 모든 잠재적 이득을 최대한 이끌어내지 못한다. 그림 14.12에서 고용수준이 L^*일 때 노동자들은 단지 시간당 w^*의 임금으로 1시간의 노동을 추가로 기꺼이 공급하려고 하는 반면에, 그 1시간의 추가 노동으로 생겨나는 추가적인 수입은 MFC*이다. 만일 이 기업이 기존 노동자들의 급여를 인상시키지 않고 고용을 한 단위 더 증가시킬 수 있다면 그 기업과 추가적으로 고용된 노동자 모두의 형편은 더 나아진다. 하지만 수요독점 구조하에서는 이러한 이윤 극대화의 논리가 적용될 수 없으므로 경쟁시장에서보다 효율성이 떨어진다.

따라서 수요독점기업이 지급하는 임금은 완전경쟁기업이 지급하는 임금보다 낮을 것이

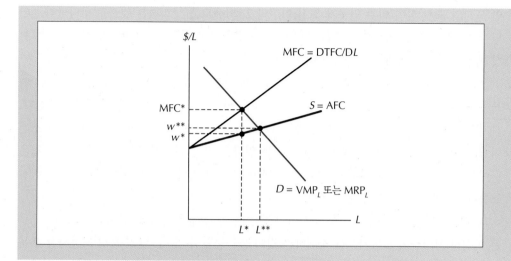

그림 14.12
**노동시장에서 수요독점기업과
완전경쟁기업의 비교**
수요독점기업은 고용을 늘릴 때 기
존 노동자들에게 지급되는 임금에
미치는 영향을 감안하여야 하기 때
문에 완전경쟁기업보다 적게 고용하
고 낮은 임금을 지급한다.

며, 이는 이 기업이 착취의 당사자라는 비판에 힘을 실어주는 근거가 되기도 한다. 안전설비
와 같은 다른 보상적 요소는 어떠할까? 여기서도 역시 수요독점기업은 안전설비를 적게 제
공하려는 경향이 있다. 그러나 추가적인 안전설비를 요구하는 규제가 도입되었다고 해서 수
요독점기업의 노동자들의 형편이 나아지는 것은 아니다. 이 경우 수요독점기업이 제공하고
자 하는 보상 패키지―임금, 안전설비 및 복리후생으로 구성된―는 경쟁하에서의 보상 패키
지보다 그 가치가 낮다. 하지만 수요독점기업은 보상 패키지를 이행하는 데 소요되는 총금
액을 노동자들이 원하는 방향으로 배분하려고 한다. 예를 들어, 어떤 안전장비가 노동자 1
인에게 주당 $10의 가치를 가져다주지만 이 장비를 설치하고 운전하는 데에는 노동자 1인
당 $9의 비용만 수반한다고 해보자. 이 장비는 전형적인 비용-편익 테스트를 충족시키고
있으므로 수요독점기업은 이 장비를 설치함으로써 더 높은 이윤을 얻을 수 있을 것이지만,
노동자들은 주당 $10의 임금 삭감을 감수하여야 할 것이다. 그 대신에 그 장비의 비용이 주
당 $11이라면, 기업과 노동자들 모두는 그 장비를 설치하지 않을 때에 모두 혜택을 얻을 수
있을 것이다.

　총보상금액의 분배에 관한 한 기업과 노동자들의 입장은 정확하게 일치한다. 기업으로
하여금 그 장비를 설치하도록 의무화하는 규제는 임금을 더욱 떨어뜨릴 것이다. 만일 수요
독점기업의 임금이 애초부터 지나치게 낮다면 노동자들은 그 장비를 설치하지 않는 것을 홀
륭한 해법으로 반드시 여길 필요가 없을 것이다.

　수요독점기업의 문제는 얼마나 중요한 것일까? 노동시장이 완전경쟁적이 되기 위해서
는 노동자들의 자유로운 이동이 담보되어야 한다는 것을 기억하자. 많은 노동자들, 특히 나
이가 많은 노동자들은 친구들과의 관계, 담보대출 상환, 학교에 다니는 자녀 등 의무적으로
해야 할 일들이 있기 때문에 이사를 하기가 어렵다. 하지만 이러한 요인으로 수요독점기업
이 착취를 할 수 있는 힘을 가질 수 있다고 단언할 수도 없다. 신참 노동자들은 상대적으로
이주가 자유롭고 대부분은 그들이 최종적으로 수락하는 직장을 신중하게 고른다. 고인이 된
스테판 마스톤(Stephen Marston)이 추정한 바에 따르면 1970년에서 1978년의 기간 동

안 도시와 도시 사이 이주 인구가 도시 인구의 25퍼센트를 상회하는 것으로 나타났다.[5] 어떠한 기업도 신규 노동자의 꾸준한 유입 없이 장기간 살아남을 수 없으며, 경쟁력이 있는 보상 패키지 없이 신규 노동자들을 끌어들이기가 어렵다.

이러한 관점에서 기업들이 신규 노동자들에게 경쟁력 있는 조건을 제시하지만, 일단 이 노동자들이 정착하게 되면 임금이나 복리 수준을 낮추거나 혹은 충분하지 않게 인상한다. 하지만 기업들은 생산물 시장에서와 마찬가지로 노동시장에서도 명성을 쌓는다. 다른 조건이 일정할 때 모든 노동자들에게 경쟁력 있는 임금을 지급하는 것으로 명성이 있는 기업은 나이가 많은 노동자들을 착취하는 것으로 명성이 자자한 기업에서 일하는 가장 유능한 신참 노동자들을 끌어올 수가 있게 될 것이다.

하지만 어떤 노동자도 이주할 의사나 혹은 이주할 수 없는 경우라 할지라도 장기적으로는 여전히 기업들이 노동자들을 착취하는 것이 불가능할 수 있다. 만일 특정 노동시장 부문에 속한 어떤 기업이 노동자들이 생산해내는 가치보다 훨씬 적은 임금을 지급하고 있다면 신규 기업들이 그 부문에 진입하여 이 노동자들의 노동 서비스를 얻기 위하여 경쟁할 것이다. 따라서 1970년대에 수천 명의 실업자들을 양산한 항공우주산업의 침체가 시작되자 많은 엔지니어링 회사들은 시애틀 지역으로 이주하였다.

수요독점기업들이 광범위하게 착취를 하고 있다는 혐의에 대하여 제기할 수 있는 가장 설득력 있는 반론은 이들이 상당한 정도의 수요 독점력을 갖고 있다고 여길 수 없을 정도로 이들이 얻고 있는 실제 수익률이 너무 낮다는 것이다. 수요독점기업이 경쟁적 노동시장에서 지급되는 수준보다 단 10퍼센트 낮은 임금을 유지한다고 가정할 때 이 기업의 수익률은 경쟁기업보다 대략 50퍼센트 정도 높은 수익률을 얻을 수 있을 것이다.[6] 하지만 지속적으로 그와 같이 높은 수익률을 얻는 기업들은 거의 없다.

더욱 중요한 것은, 평균 수익률보다 높은 수익률을 갖는 산업들은 모두 저임금이 아닌

---

5. Stephen T. Marston, "Two Views of the Geographic Distribution of Unemployment," *Quarterly Journal of Economics*, 1985 참조.

6. 이러한 주장을 설명하기 위하여 경쟁시장에서 연 임금률 w로 노동을 고용할 수 있고, 연 이자율 r로 차입할 수 있는 기업의 경우를 생각해보자. L은 이 기업의 고용수준이고 K는 자본스톡의 크기이며, 이 두 요소만 생산과정에 투입된다고 할 때 총비용(TC)은 다음과 같다.

$$TC = wL + rK.$$

$r = 0.10$이고 노동비용은 총비용의 70퍼센트라고 가정하면,

$$TC = 0.7TC + 0.1K$$

따라서 $K = 3TC$, 즉 이 기업의 자본스톡의 가치는 연간 총생산비용의 3배가 된다.

이제는 어떤 기업이 위에서 제시된 조건과 같지만 노동시장에서 수요 독점력을 갖고 있어서 노동자들에게 경쟁임금 수준의 90퍼센트만 지급할 수 있다고 가정하자. 수요 독점력으로 인해 얻게 되는 이 기업의 초과이윤을 Π라고 하자. Π를 계산하기 위해서, 이 수요독점기업의 총수입(이는 경쟁기업의 총비용과 같을 것이다)은 총비용과 정상이윤을 초과하는 부분을 합한 것과 같다는 사실에 유념하자. 즉,

$$(0.9)(0.7)TC + (0.1)3TC + \Pi = TR = TC$$

따라서 $\Pi = 0.07TC$이다. 이 기업의 자본스톡 중 절반(1.5TC)은 주주들이 소유하고 있고, 나머지 절반은 자금 대출로 마련된 것으로 가정하자. 그러면 이 기업의 수익률은 자본에 대한 경쟁수익($0.10 \times 1.5TC = 0.15TC$)과 초과수익($0.07TC$)을 합한 것을 기업소유 자본(1.5TC)으로 나누어준 $0.22TC/1.5TC \approx 0.147$, 즉 경쟁 수익률보다 47퍼센트 높다.

고임금 산업들이라는 사실이다. 임금률은 수익률과 음이 아닌 양의 상관관계를 갖고 있다는 것이 실증분석에 의하여 재차 밝혀지고 있다.[7] 물론, 웨스트 버지니아의 어느 광산 도시에서 일하는 석탄 광부는 낮은 임금을 받는다. 하지만 그를 고용하는 광산의 경제적 수익성은 한계선상에 있을 가능성이 높다. 만일 높은 임금을 지급한 결과, 그 광산이 파산의 위험에 직면하게 된다면 그 광산이 낮은 임금을 지급하고 있다는 사실로 착취를 행하고 있다고 말하는 것은 어설퍼 보인다.

이윤획득 가능성을 중시하는 측에서는 기업들이 결코 우상향의 기울기를 갖는 노동공급곡선에 직면하지 않는다고 주장하지 않는다. 하지만 노동시장에서 그러한 조건이 중요하게 작용하는 것은 아니지만, 자본소유자들이 노동자들로부터 부당한 이득을 취하고 있다는 것을 시사하고 있다. 그리고 작업장에서 안전 절차의 규제에 대한 설득력 있는 정당성을 제공해주는 것은 분명 아니다(우리는 17장에서 고용주가 시장지배력을 갖고 있지 않은 경우의 안전 규제에 대한 또 하나의 합리적 근거를 살펴볼 것이다).

14.7 최저임금법

1938년 의회는 공정노동에 관한 표준법률(the Fair Labor Standards Act)을 통과시켰는데, 이 법률의 조항 중 하나는 법률에 규정된 모든 고용인들을 위한 최저임금에 관한 것이다. 처음에는 주와 주 사이를 넘나드는 상업 활동을 하는 대기업에 종사하는 노동자들에게 그 적용 범위가 한정되었으나 지금은 거의 모든 기업에 적용되고 있다. 이 법의 취지는 비숙련 노동자들의 임금을 끌어올려 그들을 빈곤으로부터 벗어날 수 있도록 하기 위한 것이었다. 하지만 경제학자들은 정부가 어느 것이든 그 가격을 법률로 제정할 수 있는 권한을 갖고 있는지에 대하여 오랫동안 의구심을 가져왔다. 그리고 실제로 최저임금법은 의도하지 않았으며 바람직하지도 않은 다양한 결과를 그동안 초래해온 것으로 보인다.

그림 14.13은 비숙련 노동에 대한 수요와 공급곡선을 보여주고 있는데, 이 두 곡선의 교차점에서 균형 실질임금 w_0과 고용량 L_0이 결정되고 있다. 만일 법정 최저임금이 w_m이라면 고용은 D_m으로 감소하는 반면에 노동공급량은 S_m으로 증가한다. 이 둘의 차이인 $S_m - D_m$은 최저임금으로 발생하는 실업이다.

그림 14.13에서 단순한 모형에 따르면 최저임금의 시행으로 승자와 패자 모두가 생긴다. 직장을 유지하는 비숙련 노동자는 결과적으로 더 많은 보수를 받지만, 직장을 잃어버린 사람들은 분명 보수가 감소한다. 비숙련 노동자들이 벌어들이는 소득이 증가할지의 여부는 이 분야의 노동에 대한 수요의 탄력성의 크기에 달려 있다. 만일 그 탄력성이 1보다 크다면 소득은 감소하겠지만, 1보다 작으면 소득이 증가할 것이다.

최저임금을 옹호하는 사람들은 암묵적으로 비숙련 노동에 대한 수요곡선이 거의 수직인

7. 예를 들어, George J. Stigler, "The Economics of Minimum Wage Legislation," *American Economic Review*, 36, 1946: 358–365; Laurence Siedman, "The Return of the Profit Rate to the Wage Equation," *Review of Economics and Statistics*, 61, 1979: 139–142; 및 Alan Kreuger and Lawrence Summers, "Reflections on the Interindustry Wage Structure," *Econometrica*, 1987 참조.

그림 14.13

법정 최저임금

최저임금으로 인하여 비숙련 노동의 고용은 L_0에서 D_m으로 감소하는 반면에, 공급은 L_0에서 S_m으로 증가한다. 이에 따라 발생하는 차이 $S_m - D_m$은 최저임금으로 발생하는 실업이다.

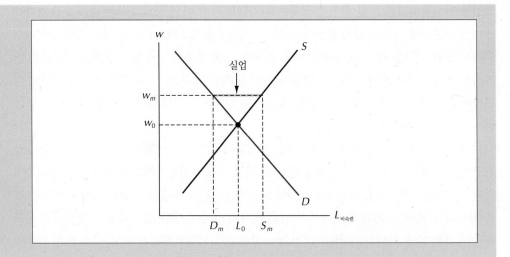

것으로 가정한다. 이와 대조적으로, 반대하는 사람들은 노동수요가 매우 탄력적인 것으로 가정하는 경향이 있다. 실증적 추정치들이 상당히 가변적이기는 하지만 대부분의 경우 1을 약간 밑도는 것으로 추정되고 있다는 것은 비숙련 노동에 지급되는 임금은 증가한다는 것을 시사하고 있다.[8] 또한 최저임금이 전체 실업을 증가시키지 않을 수 있다는 일부 연구 결과도 있다.[9]

하지만 최저임금의 제정이 10대들의 고용을 감소시켰다는 것은 누구나 다 동의하고 있다. 어느 그룹의 고용이 감소하는 크기는 수요의 탄력성뿐만 아니라 최저임금이 시장균형 수준을 초과하는 정도에도 의존한다. 10대들은 전반적으로 성인들에 비해서 교육수준이나 경험이 적다는 이유로 생산성이 훨씬 낮기 때문에 최저임금으로 인하여 다른 그룹에 비하여 고용 격차가 훨씬 커진다. 최근 미국 의회에서 10대들을 최저임금의 적용대상에서 완전히 제외시키거나 혹은 "최저 이하"(subminimum)의 임금을 적용하자는 안건이 제시되기도 하였다. 이런 안건에 반대하는 사람들은 기업들로 하여금 성인 노동자들을 10대들로 대체하도록 만들지도 모른다는 우려를 하고 있지만, 그럼에도 불구하고 이러한 안건은 상당한 지지를 얻고 있다.

최저임금이 고용 감소를 초래한다는 일반적 명제에는 흥미로운 예외가 존재한다. 그림

8. 예를 들어, Daniel Hamermesh, "Economic Studies of Labor Demand and Their Applications to Public Policy," *Journal of Human Resources*, Fall 1976: 507-525; Edward M. Gramlich, "Impact of Minimum Wages on Other Wages, Employment, and Family Incomes," *Brookings Papers on Economic Activity*, 2, 1976; Jacob Mincer, "Unemployment Effects of Minimum Wages," *Journal of Political Economy*, August 1976; Sar Levitan and Richard Belous, *More Than Subsistence: Minimum Wages for the Working Poor*, Baltimore: Johns Hopkins University Press, 1979; 및 Finis Welch, *Minimum Wages: Issues and Evidence*, Washington, DC: American Enterprise Institute, 1978 참조. 복습을 위해서는 Ronald Ehrenberg and Robert S. Smith, Modern Labor Economics, Glenview, IL: Scott, Foresman, 1982의 제4장 참조.

9. David Card, "Using Regional Variations in Wages to Measure the Effects of the Federal Minimum Wage," *Industrial and Labor Relations Review*, October 1992: 22-37 참조.

14.14에서 볼 수 있듯이 수요독점기업은 최저임금이 존재하지 않을 때에는 w^*의 임금으로 L^*의 노동자들을 고용할 것이다. 최저임금이 w_m에서 결정되면 이 기업의 한계요소비용 곡선은 0과 L_1의 영역에서 곧바로 수평이 되어버린다. 그 영역에서 노동을 얼마만큼 고용하든지 간에 추가되는 노동자의 한계비용은 w_m으로 일정하다. 만일 이 기업이 L_1을 초과하여 고용을 늘리고자 한다면 원래의 공급곡선을 따라서 w_m보다 높은 임금을 지급하여야 한다. 최저임금이 시행되고 있는 경우에 수요독점기업의 노동수요곡선은 새로운 MFC곡선과 L_m에서 교차한다. 따라서 최저임금법은 수요독점기업의 임금과 고용수준을 모두 높이는 효과를 가져온다.

최저임금이 수요독점하에 있는 노동시장에서 고용을 항상 증가시키지는 않을 것이다. 예를 들어, 최저임금이 MFC*보다 위에서 설정되었다면 고용이 감소하는 효과가 발생할 것이다. 최저임금이 w^*보다 높게 설정되어 있는 한 수요독점기업의 투자 수익률은 감소하는 효과가 발생한다. 애초에 수요독점기업의 이윤이 정상 수준에 근접해 있었다면 장기적으로는 이 기업이 시장을 떠나도록 만드는 효과가 발생할 것이다. 이런 경우 비숙련 노동자의 고용이 감소하는 결과가 발생하리라는 것은 말할 필요조차 없다.

개념 확인 14.9

어떤 수요독점기업의 노동수요곡선이 $w = 12 - L$로 주어져 있다. 애초에 이 기업이 직면한 AFC곡선이 $w = 2 + 2L$이고, 이에 상응하는 MFC = $2 + 4L$일 때, $w \geq 8$을 요구하는 법률이 통과되었다면 이 기업의 임금과 고용에 어떻게 영향을 미칠까? $w \geq 10$을 요구하는 법률이 통과된 경우는?

최저임금의 제정은 현재보다 과거에 한때 훨씬 더 뜨거운 주제였는데, 그 이유는 인플레이션으로 인해 최저임금의 실질 가치가 감소하여 많은 비숙련 노동시장에서 균형임금을 밑도는 결과가 초래되었기 때문이다. 예를 들어, 보스턴 지역의 패스트푸드 식당에서 일하는 신참 노동자들은 대략 최저임금의 두 배를 받는다. 의회가 최저임금을 대폭 인상하지 않는

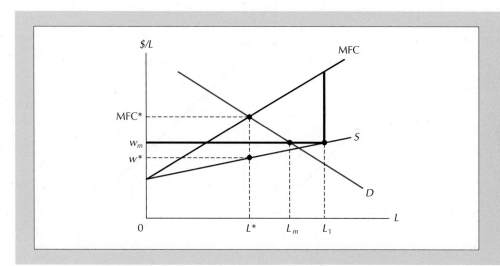

그림 14.14

수요독점인 경우의 최저임금법

최저임금 w_m의 시행으로 수요독점 기업의 MFC곡선은 0과 L_1의 영역에서 수평이 되어버리므로 고용은 L^*에서 L_m으로 증가한다.

다면 그러한 인상이 이루어질 때까지 이 주제에 대한 관심은 지속적으로 쇠퇴될 가능성이 높다.

14.8 노동조합

미국 경제의 비농업 부문에서 일하는 노동자 6명 중 약 1명은 노동조합원이다. 노조에 가입된 고용과 가입되지 않은 고용 사이의 차이는 단순하다. 노조 노동자들은 고용계약 조건에 대하여 집단적으로 협상을 한다. 반면에 비노조 노동자들은 그 기업에 남아 있거나 혹은 떠남으로써 기업이 제시한 근로조건을 수락하거나 거부한다. 노동조합은 노사 간의 소통을 원활하게 하는 역할을 하기도 한다.

20세기의 대부분 기간 동안 경제학자들은 거의 전적으로 노조의 활동에 있어서 단체교섭에만 그 초점을 맞추어 왔다. 경제학계에서 노동조합은 생산물시장에서의 카르텔과 유사한 단체로서 경제 전체의 복지를 희생시키면서 그들 회원의 이익을 증진시키는 데에만 관심을 갖는 조직이라는 공감대가 형성되어 있었다. 이러한 주장을 뒷받침하는 논거는 분명하다.

이를 이해하기 위하여 두 부문, 즉 노조화된 부문과 비노조화된 부문으로 구성된 단순한 경제를 생각해보자. 두 부문에 공급되는 총노동은 S_0로 고정되어 있으며, 노조 노동과 비노조 노동에 대한 수요곡선이 각각 D_U와 D_N으로 그림 14.15의 왼쪽 그림과 오른쪽 그림으로 나타나 있다고 가정하자. 노조의 교섭이 없는 경우 두 부문에서의 임금은 w_0로 같을 것이며, 따라서 두 부문에서의 고용수준은 각각 L_{U0}와 L_{N0}가 될 것이다. 여기서 $L_{U0} + L_{N0} = S_0$이다.

단체교섭은 노조 부문의 임금을 $w_u > w_0$에서 고정시킨다. 노동에 대한 수요는 우하향의 기울기를 갖기 때문에 노조 부문의 기업들은 고용을 L_{U0}에서 L_{U1}까지 줄이게 된다. 노조 부문에서 이렇게 교체된 노동자들은 비노조 부문에서 일자리를 찾을 수밖에 없게 된다. 따라서 비노조 부문에서 임금이 w_N까지 하락한다.

이러한 과정은 언뜻 노조 노동자가 얻는 이득이 비노조 노동자가 입는 손실로 정확하게

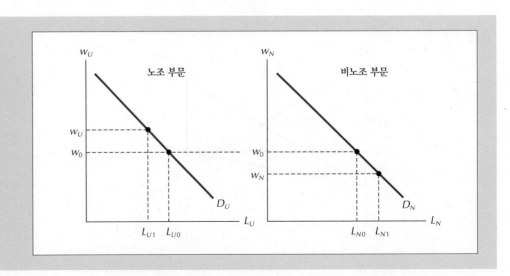

그림 14.15

단체교섭의 배분효과

단체교섭이 없는 경우 두 부문에서의 임금은 w_0로 동일하다. 노조 부문의 임금이 w_u로 고정되어 있으면 고용은 감소한다. 노조 부문에서 해고된 노동자들이 비노조 부문에서 일자리를 찾기 시작하면서 이 부문에서의 임금은 하락한다. 그 결과 경제 전체의 산출량은 감소한다.

상쇄되는 제로섬 게임인 것으로 여겨질 수도 있다. 하지만 조금만 더 들여다보면 이 과정은 실제로 총산출물의 가치를 감소시키고 있다는 것을 알 수 있다. 8장에서 살펴보았듯이 두 가지 생산과정이 존재하는 경우 산출물을 극대화하기 위한 조건은 각 과정에서 자원의 한계 생산물가치가 동일해야 한다. 하지만 두 부문에서 최초에 w_0에서 임금이 결정될 때 이 조건이 충족되어 있다. 단체교섭에 의해 두 부문에서 임금이 벌어지면 총산출물의 가치는 더 이상 극대가 되지 않는다. 만일 비노조 노동자 중 한 명이 노조 노동자로 전환되었다면 산출물의 가치는 w_N만큼 감소하는 대신에 그 이득은 이보다 큰 w_U가 된다.

그림 14.15의 분석에 내포된 경제적 왜곡은 과장되어 있다. 노조 기업의 임금이 상승하면 그 기업에 유입되는 노동공급은 초과 상태가 된다. 실제로 노동자들의 숙련도에는 매우 큰 차이가 있으며, 노조 기업이 질적으로 가장 우수한 지원자들을 선발하려고 하는 것은 자연스러운 현상이다. 반면에 비노조 기업은 평균 이하의 생산성을 지닌 노동자들을 고용하게 될 것이다. 실증분석에 의하면 노동자의 자질 차이를 감안하지 않았을 때 노조 임금 프리미엄은 10퍼센트 정도에 불과한 것으로 나타났다. 이는 비노조 노동자가 노조 노동자로 전환되었을 때 얻을 수 있는 이득은 언뜻 보이는 것보다 작을 것이라는 것을 의미한다.

노조 임금 프리미엄이 10퍼센트에 불과하지만 그럼에도 불구하고 노조 기업이 비노조 기업들과 어떻게 성공적으로 경쟁을 할 수 있는지에 관해서는 마치 수수께끼처럼 이해하기가 매우 어렵다. 물론 섬유산업이 뉴잉글랜드의 높은 노조 임금 부담을 피하여 남쪽으로 이주하는 현상이 나타났던 것처럼 때로는 비노조 기업들이 노조 기업들을 파산으로 몰고 가는 경우도 있다. 그러나 대부분의 경우 노조와 비노조 기업들은 직접적으로 오랜 기간 동안 서로 경쟁한다. 노조 기업들은 비용이 상당히 높음에도 불구하고 생존할 수 있는 이유는 어디에 있을까?

학자들은 노조가 실제로 생산성을 제고하는 다양한 방법을 발견하였다.[10] 수정주의적인 견해에서 노동자들이 원하는 조건들을 회사측에 전달하는 노조의 역할을 강조한다. 노사 간의 소통 경로가 원활하게 작동되지 않을 때에는 불만이 있는 노동자가 취할 수 있는 유일한 대안은 더 나은 직장을 찾아서 회사를 떠나는 것이다. 수정주의자들의 설명에 따르면 노조의 역할이란 회사를 떠나는 대신에 노동자들의 목소리를 회사에 전달하는 것이다. 더 높은 수준의 금전적 보상과 더불어 공식적인 고충처리 위원회를 결성함으로써 노동자들 사이의 사기를 북돋아주어 생산성의 제고를 이끌어낸다. 예를 들어 노조 기업의 이직률은 비노조 기업들보다 상당히 낮고, 이는 고용이나 훈련비용을 낮추어준다. 최근의 연구 결과는 노조 기업의 생산성이 노조 임금 프리미엄을 사실상 보상할 수 있을 정도로 충분히 높다는 것을 시사하고 있다. 이를테면 노조 기업들의 금전적 임금이 더 높음에도 불구하고 산출물 한 단위당 노동비용은 오히려 더 낮을 수 있다는 것이다. 이러한 결론이 옳다면 노조 기업들이 비노조 기업들과의 경쟁에서 어떻게 살아남을 수 있는지에 관한 수수께끼에 대한 의문이 해소된다.

하지만 우리는 더욱 대답하기 곤란한 질문에 부닥친다: 노조가 사기를 북돋아주고 임금

---

10. 특히 Albert O. Hirschman, *Exit, Voice, and Loyalty*, Cambridge, MA: Harvard University Press, 1973 과 Richard B. Freeman and James Medoff, *What Do Unions Do?*, New York: Basic Books, 1985 참조.

을 상승시키며, 노동 한 단위당 비용을 상승시키지 않음에도 불구하고 왜 모든 기업들이 노조를 갖고 있는 것이 아닐까? 수정주의 이론이 기대하는 바와는 정반대로 2차 세계대전 이후의 기간 동안 미국에서 노조 가입률은 감소 추세를 보여 왔다. 어떤 산업에서는 임금 상승을 충분히 상쇄시킬 수 있을 정도로 노조가 생산성을 제고시키는 반면에, 다른 산업에서는 그렇지 않을 것이라는 결론을 문헌을 통해 내리기 십상이다. 하지만 노조가 어떠한 역할을 하는지 제대로 이해하기 위해서는 더 많은 연구가 이루어질 필요가 있다.

14.9 노동시장에서의 차별

경제학의 모든 분야에서 감성적으로 가장 민감한 주제 중의 하나는 노동시장에서의 차별 현상이다. 차별에 관한 논의는 언제나 노동시장의 서로 다른 집단 사이에 존재하는 커다란 소득 불평등으로부터 출발하는 경우가 대부분이다. 예를 들어, 흑인 남성의 평균 소득은 백인 남성 소득의 70퍼센트 정도이다. 이러한 비율은 여성과 남성 사이에도 대충 비슷하다.

이러한 소득 격차가 전적으로 고용주의 차별에 기인하는 것은 아니라는 것은 누구나 인식하고 있다. 예를 들어 흑인과 백인 사이의 소득격차는 부분적으로 흑인 남성의 중위 연령이 백인 남성에 비해서 거의 10년 정도 낮다는 사실을 반영하고 있다. 경험을 쌓아갈수록 소득은 증가하므로 백인 남성들은 더 나이가 들었다는 이유만으로도 소득이 더 높다. 마찬가지 논리로, 남성과 여성 사이의 소득격차는 여성들의 노동시장 참여가 항상 남성들에 비해 훨씬 단절적이라는 사실을 부분적으로 반영하고 있다. 남성고용 패턴에서 특징적으로 나타나는 바와 같이 순차적으로 경력을 쌓아갈 때 임금은 가장 빠른 속도로 상승한다. 출산 때문에 노동시장에서 수차례 퇴출되어야 하는 것이 전통적인 여성고용 패턴이므로, 이는 매번 고용의 가장 낮은 사다리부터 다시 출발해야 한다는 것을 의미한다.

각각의 효과는 피해를 입는 집단에 대한 일종의 차별의 결과임이 거의 확실하다. 예를 들어 흑인 남성들의 중위 연령이 더 낮은 이유가 부분적으로는 이들이 가난한 환경에서 성장하는 경우가 많아서 백인들과 동일한 기대수명을 달성할 수 있을 만큼 충분한 교육이나 의료 혜택을 받을 수 없다는 데에 있다. 이러한 환경은 흑인에 대한 차별이 역사적으로 그 뿌리를 두고 있다는 것에 아무도 부인하지 않는다. 육아에 대한 책임이 성별에 따라 불균등하게 적용된다는 것은 최소한 부분적으로는 성에 대한 사회의 차별적 태도의 결과라는 점에 대해서도 많은 사람들이 부인하지 않는다. 하지만 이 절의 목적에 걸맞게 어느 개별 고용주의 관점에서도 이런 효과들은 **비시장적 차별**, 즉 구직자가 고용주와 접촉하기 이전부터 이미 생산성을 떨어뜨리는 효과에 대한 사례들이라는 것을 강조할 필요가 있다. 비시장적 차별 때문에 생기는 임금 격차는 논리적으로 고용주의 현행 채용행위 탓으로 돌릴 수 없다. 완전히 비차별적인 고용주라 할지라도 이러한 효과들 때문에 임금에 차별을 둘 수밖에 없을 것이며, 차별을 두지 않을 경우 차별을 두는 기업들과의 경쟁에서 밀려나 도태될 수밖에 없게 될 것이다.

여기서 우리가 관심을 갖는 것은 비시장적 차별 탓으로 돌릴 수 없는 임금 격차에 관한 것이다. 특히, 우리는 백인 남성들과 생산성이 동일함에도 불구하고 흑인, 여성, 라틴계 혹은 기타 소수인종에게 더 낮은 임금을 지급하는(혹은, 더 극단적인 경우로서 이런 집단에 속한 사람들을 고용하기조차 거부하는) 기업들에 관심을 갖고 있다. 기업들이 왜 이런 방식으로 행동하는지에 대하여 설명해주는 여러 이론들이 있다.

한 가지 이론은 기업의 고객들이 소수인종 직원들을 상대하길 원하지 않는다는 것이다. 소위 **고객에 의한 차별행위**(*customer discrimination*)는 1960년대 중반 이전에 미국 남부의 간이식당에서 발생한 분리차별이 그 생생한 예이다. 어느 미국 남부의 간이식당 주인의 경우 일방적으로 유색인종을 채용한 결과, 백인 직원들로만 운영하는 전통을 유지한 식당들과의 경쟁에서 밀려날 위기에 몰렸다. 1964년의 시민권법에서는 그러한 차별을 불법으로 규정하여, 어떤 기업도 흑인을 채용하는 것을 거부함으로써 경쟁기업보다 우월한 지위를 유지하지 못하도록 하였다.

어느 기업의 고용 차별이 그 기업 고객의 태도로부터 연유되는 경우 법 제정을 통한 단체행동이 난국을 헤쳐 나갈 수 있는 논리적이면서, 아마도 유일한 방안이 될 것이다. 법 제정 없이 이윤 극대화와 생존을 도모하는 기업이 취할 수 있는 유일한 전략은 차별뿐일지도 모르기 때문이다. 흑인 직원은 음식을 준비하고 제공하는 데 백인 직원과 생산성이 같았을 수도 있다. 하지만 간이식당 주인의 관점에서 고객들이 갖고 있는 인종적 편견 때문에 흑인들은 덜 생산적이었다.

이와 비슷한 사례를 여성 법률가를 고용할지의 여부를 결정하는 법률회사에 적용할 수 있다. 만일 고객들, 혹은 판사들이 여성 변호사의 변론을 진지하게 받아들이지 않을 가능성이 높다면, 법률회사의 입장은 남부의 간이식당 주인들과 매우 흡사하다. 만약 고객들과 판사들이 여성 변호사들과 상담했던 경험이 풍부했다면 그들이 생각을 바꿀 수도 있다고 법률회사들은 굳게 믿을 수 있다. 하지만 이 법률회사는 여성 변호사를 고용하였지만 경쟁 회사는 그렇지 않을 경우 단기적으로 사업은 힘들어질 수 있다. 따라서 이 경우 고용에 있어서 동등한 대우가 규정된 법 제정이 난관을 헤쳐 나갈 수 있는 유일한 길일지도 모른다.

고객에 의한 차별은 이와 같은 경우에 고용차별을 매우 잘 설명해주고 있지만, 고객과 접촉할 일이 전혀 없는 제조업 생산노동자들의 경우 임금 격차가 생기는 이유를 설명할 수 없다. 이러한 경우의 임금 격차는 **동료노동자에 의한 차별**(*coworker discrimination*)의 결과로 설명되기도 했다. 예를 들어 흑인과 더불어 일하는 것을 불편하게 여기는 백인 노동자들은 백인 노동자만 고용하는 기업을 선호할 것이다. 혹은 불안정한 자아를 갖고 있는 어떤 남성들은 여성 관리자의 지시를 받는다는 것을 생각조차 하기 싫어할 수도 있다.

간이식당의 인종차별에 대한 시위. 미국 남부의 다수 식당 주인들은 모든 인종의 고객들을 접대할 것을 요구하는 법률을 환영하였다. 그들은 간이식당에서의 인종차별 폐지를 원하였으나 백인 고객들이 발길을 끊을까봐 두려웠다고 말했다.

이러한 성향들은 고용차별을 의미하기는 하지만, 동일한 생산성을 가진 노동자들에 대한 임금 격차의 유형은 아니다. 어느 기업이나 공장에서는 흑인들끼리 서로 같이 일을 할 수도 있고, 반면에 다른 곳에서는 백인들끼리 일을 할 수도 있다. 혹은 남성들은 여성들과 분리된 환경에서 일을 할 수도 있다. 이러한 부류의 차별은 가끔 목격되지만, 이는 관찰되는 임금 격차의 상당 부분을 동료노동자에 의한 차별 이론을 이용하여 설명하는 것을 어렵게 만든다. 흑인들만 혹은 여성들만 고용하는 기업은 동일한 생산성을 지닌 백인 남성들보다 더 낮은 임금을 지급함으로써 백인 남성만 고용하는 기업에 비하여 비용을 낮추고, 더 높은 이윤을 얻을 수 있다. 이는 신규 기업으로 하여금 그러한 기업의 노동자들을 채용하려는 유인을 제공하며, 이러한 유인은 모든 임금 격차가 해소될 때까지 지속될 것이다.

고용주에 의한 차별(*employer discrimination*)은 고용주가 한 노동자 집단을 다른 노동자 집단보다 선호함으로써 발생하는 임금 격차를 설명하는 데 일반적으로 사용되는 용어이다. 이러한 차별은 노동시장에서 차별을 대중적으로 설명하는 유형이므로 좀 더 자세하게 살펴보기로 하자. 두 노동자 집단 Ms와 Fs가 있는데, 이 두 집단 사이에는 생산성의 차이가 전혀 없다고 가정하자. 좀 더 구체적으로, 이 두 집단의 한계생산물가치가 같다고 가정하자:

$$\text{VMP}_F = \text{VMP}_M = V_0. \tag{14.4}$$

그리고 차별을 행하는 고용주는 Ms에게는 V_0의 임금을 지급하지만, Fs에게는 $V_0 - d$의 임금만 지급한다고 가정하자.

차별을 행하는 고용주의 노동비용은 V_0과 $V_0 - d$의 가중평균이며, 여기서 가중치는 고용주의 전체 노동자 중에서 각 집단이 차지하는 비중이다. 따라서 고용주가 Ms를 더 많이 고용할수록 노동비용은 상승할 것이다.

고객에 의한 차별이 행해지는 경우를 제외한다면, 소비자는 F가 생산한 생산물에 더 높은 금액을 지불하지 않을 것이다. 생산물의 가격이 그 생산물을 생산하는 데 투입된 두 집단의 구성비와는 상관없이 결정된다면 Ms의 고용을 늘릴수록 기업이윤은 감소할 것이다. 가장 높은 이윤을 얻는 기업은 Fs만 고용하는 기업일 것이다.

앞서의 가정에 의해 Ms는 한계생산물가치만큼 보수를 받으므로 Ms만 고용하는 기업들은 정상이윤을 얻게 될 것이지만, 두 집단을 혼합하여 고용하는 기업은 양(+)의 경제적 이윤을 얻을 것이다. 시초의 임금 격차로 인하여 주로 Fs를 고용하는 기업은 경쟁기업들을 누르고 성장할 수 있는 기회를 얻는다. 실제로 이러한 기업들은 산출물의 판매를 통해 정상 이상의 이윤을 얻을 수 있기 때문에 가능한 한 빠른 속도로 이를 늘리려고 노력한다. 이를 위해서는 결국 그들이 Fs만 계속하여 고용하려고 하는 것은 당연한 현상일 것이다.

하지만 이윤을 추구하는 기업들이 이러한 전략을 지속적으로 취하게 되면 $V_0 - d$의 임금률에서 Fs의 공급은 충분하지 않을 것이다. 단기 해결책은 Fs에게 약간 더 높은 임금을 지급하는 것이다. 하지만 이런 전략은 다른 기업들이 동조하지 않을 경우에만 유효하다. 일단 다른 기업들 역시 더 높은 임금을 지급하기 시작하면 Fs는 또 다시 공급 부족에 시달릴 것이다. 결국 유일한 해결책은 Fs를 추가적으로 고용하여도 이윤이 창출될 수 있는 기회가 소멸될 수 있도록 Fs의 임금이 V_0까지 상승하는 것이다.

Ms의 고용을 선호한다고 표명하고 싶은 고용주는 Ms에게 V_0를 상회하는 보수를 지급하면 된다. 고용주들은 그들이 원한다면 Fs를 차별할 수 있지만, 이윤 감소를 감수하면서까지 Ms에게 프리미엄 임금을 기꺼이 지불할 용의가 있는 경우에만 그럴 수 있다. 만일 수요독점기업이 시장임금(혹은 VMP_L)보다 10퍼센트 낮은 임금을 노동자들에게 지급하면 경쟁시장에서의 투자수익률보다 약 50퍼센트 더 높은 수익을 얻을 수 있다는 것을 앞서 살펴

보았다. 이러한 셈법을 적용하면 노동자들에게 VMP_L보다 10퍼센트 높은 임금을 지급하는 기업은 경쟁시장에서의 투자수익률보다 50퍼센트 낮은 수익밖에 얻지 못할 것이다. 정상보다 훨씬 낮은 수익률에도 불구하고 장기적으로 자본을 지속적으로 끌어들일 수 있는 기업은 거의 존재하지 않는다.

경쟁적 노동시장 모형에서 고용주에 의한 상당한 차별이 지속되기 위한 조건은 기업 소유주들이 자금을 어느 다른 곳에 투자했을 때 얻을 수 있는 수익보다 훨씬 낮은 수익률로 자본을 공급할 수 있어야 한다는 것이다. 경쟁적 노동시장 이론에 의하면 그들이 그럴 수 있다는 것을 뒷받침해주는 그럴듯한 근거가 제시되지 않는 한 고용주에 의한 차별이 아닌 다른 요인으로부터 임금 격차가 발생하는 요인을 찾는 데 집중하여야 할 것이다. 또는 경쟁적인 노동시장에 관한 이론이 현실을 제대로 설명하지 못하고 있다는 사실을 추가적으로 모색해야 할 것이다.

통계적 차별

6장에서 보험회사들이 개별 보험금 청구금액이 동일한 보험가입자들에게 적용될 보험료율을 결정하기 위하여 여러 그룹들의 평균 보험금 청구금액에 대한 자료를 어떻게 활용하는지에 대하여 살펴보았다. 이와 비슷한 통계적 차별을 노동시장에도 적용할 수 있다. 경쟁적 노동시장 이론에 의하면 노동자들은 각자의 한계생산물가치만큼 보수를 받는다. 하지만 고용인의 한계생산물은 모두가 한눈에 알아볼 수 있을 정도로 이마에 새겨져 있는 숫자가 아니다. 이와 반대로 사람들은 복잡한 팀 활동을 통해 공동으로 일을 하기 때문에 다년간 그 일에 종사한 이후에도 각 노동자가 기여한 바를 정확하게 측정하기가 매우 어려운 경우가 많다. 구직자의 경우에는 고용주가 직접 경험을 해본 적이 없기 때문에 그들의 생산성을 측정하는 것은 더욱 힘들다는 것은 명약관화하다.

평균적으로 십대 남성들은 다른 운전자들에 비해 사고를 일으킬 가능성이 더 높다. 보험회사들은 개별 운전자의 안전성을 측정하는 좋은 방법을 잘 알지 못하기 때문에 매우 안전하게 운전하는 십대 남성들에게도 높은 보험료를 부과하게 된다.

하지만 그러한 작업이 절망적인 것은 아니다. 청소년기에 있는 남성들이 다른 운전자들에 비하여 사고를 일으킬 확률이 훨씬 크다는 것을 보험회사들은 오랜 경험을 통해서 알고 있다. 이와 마찬가지로, 예를 들어 비록 다수의 고졸자들이 대졸자들에 비해 훨씬 생산성이 높은 경우가 있음에도 불구하고 고용주들 역시 평균적으로 대졸자들이 고졸자들보다 생산성이 높을 것이라는 것을 알고 있다.

보험의 경우 두 사람이 동일한 운전 기록을 갖고 있는 경우에도 그들이 서로 다른 사고 기록을 가진 집단에 속하게 되는 경우 보험료율이 달라질 수 있음을 살펴보았다. 노동시장에서도 이와 매우 유사한 결과를 살펴볼 수 있다. 고용주가 갖고 있는 정보에 따르면 두 개인이 정확하게 동일한 생산성을 갖고 있음에도 불구하고 더 높은 평균 생산성을 지닌 집단에 속한 사람에게 더 높은 급여를 지급하게 된다. 각 개인의 생산성에 관하여 고용주가 갖고 있는 정보가 완벽하지 않을 경우 어떤 집단에 속해 있는지를 바탕으로 생산성의 차이에 관하여 적절한 정보를 전달해줄 수 있다는 것인데, 이러한 견해는 기업에게 위험을 가져다 줄 수 있다는 문제점이 발생한다.

집단 구성원이 각 개인의 생산성의 측정에 어떻게 영향을 미치는지 살펴보기 위하여 그림 14.6에서 보여주는 것처럼 한계생산물가치가 시간당 $10에서 $30 사이에 균등하게 분포되어 있는 노동시장의 집단—이를 집단 A라고 하자—을 생각해보자. 이는 집단 A에서 무작

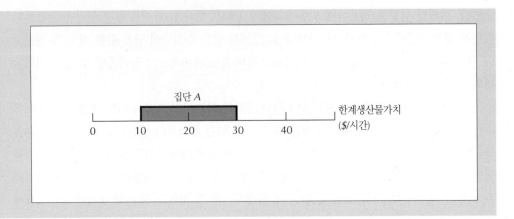

그림 14.16

이론적인 균등 생산성 분포

이 집단 구성원들의 생산성 가치는 시간당 $10에서 $30 사이에 균등하게 분포되어 있다. 이는 이 그룹에서 무작위로 선택된 사람의 VMP가 시간당 $10에서 $30 사이의 어느 곳에나 속할 가능성이 동일하다는 것을 의미한다. 이 집단 구성원들의 평균 VMP는 시간당 $20이다.

위로 한 사람을 선택할 때 그의 한계생산물가치는 시간당 $10에서 $30 사이의 어느 곳에나 속할 가능성이 동일하다는 것을 의미한다. 만일 이 사람이 집단 *A*에 속하고 있다는 것을 제외하고는 알고 있는 것이 전혀 없다고 가정하면 이 사람의 생산성에 대한 예상되는 가치는 단순히 이 그룹 구성원들의 평균인 시간당 $20이 될 것이다.

특정 개인의 생산성에 대하여 알 수 있는 실질적인 방법이 없는 경우, 그리고 이 집단의 생산성 분포를 알고 있는 경우에는 집단 *A*에 속한 구성원들은 시간당 $20의 급여를 받게 될 것이다.[11] 어떤 고용주가 불행하게도 이 집단 내에서 가장 생산성이 낮은 사람을 고용할지도 모른다는 불안감에서 그 보다 낮은—예를 들어 시간당 $15— 보수를 제시했다고 가정하자. 이는 경쟁기업이 시간당 $16을 제시하여 이 사람을 꾀어 데려갈 수 있기 때문에 이 고용주는 그 사람을 붙잡아둘 수 없다는 것을 의미한다. 그리고 이 집단 *A*에 속한 노동자들은 시간당 평균 $20의 가치를 지니고 있기 때문에 이 경쟁기업은 고용하는 노동자 한 사람당 $4의 이윤을 기대할 수 있다. 하지만 이와 마찬가지 이유로 이 기업 역시 궁극적으로는 다른 경쟁기업에게 노동자들을 빼앗길 수 있다.

그 대신에 어떤 기업이 집단 *A*에 속한 생산성이 더 높은 노동자에게 낮은 보수를 지급하게 될지도 모른다는 불안감 때문에 시간당 $25의 급여를 지급하였다고 가정하자. 이 기업은 집단 *A*에 속한 노동자를 고용할 때마다 시간당 평균 $5의 손실을 입을 것이고, 이 기업이 정상 이상의 이윤을 얻을 수 있는 또 다른 출처가 없는 한 얼마 못가서 파산을 하고 말 것이다.

각 개인의 생산성의 가치를 측정할 수 없다면 가장 안정적인 결과는 집단 *A*의 구성원들에게 시간당 $20의 보수를 지급하는 것이다. 결국 그들 중 일부는 그들이 갖고 있는 크기보다 더 높은 급여를 받겠지만 다른 일부는 더 적게 받게 될 것이다. 하지만 시간당 $20의 급여를 지급하는 기업들은 평균적으로 그들의 모든 비용을 충당할 수 있게 되고, 따라서 사업을 지속할 수 있게 될 것이다. 다른 어떤 정책도 실패로 귀결될 것이다.

이제는 고용주들이 생산성 테스트를 할 수 있다고 가정해보자. 이 테스트는 완벽하지는 않지만 각 개인의 생산성의 가치에 대한 정보를 제공해줄 수 있다. 분석을 단순화하기 위해

---

11. 이 분석에는 다음 절에서 논의될 내부 순위에 따라 지급되는 보상임금 격차의 복잡한 면을 무시하고 있다.

이 테스트의 절반은 그 정확성이 100퍼센트이지만 나머지 절반은 정확성이 전무하다고 가정해보자. (즉, 이 테스트의 결과는 이 집단의 생산성 분포가 확률변수라는 것이다.) 그리고 고용주는 언제 그 테스트가 정확한지 알 수 있는 방법이 없다고 가정하자.

또한 집단 A에 속한 어떤 노동자에게 이 테스트를 시행한 결과, 시간당 $24의 가치를 얻었다고 가정하자. 이 노동자의 진정한 생산성에 관한 가장 훌륭한 추정치는 몇일까? 이 테스트의 절반은 100퍼센트 정확하고, 만일 이러한 경우에 해당된다는 것을 우리가 알고 있다면 그 답변은 물론 $24이다. 하지만 이 테스트가 무용지물인 경우에 해당되고 있다는 것을 알고 있다면 가장 훌륭한 추정치는 $10에서 $30 사이의 균등분포에서 추출된 확률변수의 기댓값, 즉 집단 A의 평균생산성가치인 시간당 $20이 될 것이다. 문제는 이 테스트가 어떤 경우에 해당되는지 알 수 없다는 데에 있다. 따라서 우리가 취할 수 있는 최선의 방법은 두 결과의 가중평균(여기서 가중치는 각각의 결과가 나올 수 있는 확률이다)을 구하는 것이다. 시간당 $24의 테스트 점수를 얻은 집단 A의 노동자의 가장 훌륭한 VMP 추정치 VMP(24)는 다음과 같이 구할 수 있다.

$$VMP(24) = (\tfrac{1}{2})(\$24/hr) + (\tfrac{1}{2})(\$20/hr) = \$22/hr \text{[12]}. \tag{14.5}$$

이는 우리가 집단 A에서 테스트 점수가 시간당 $24로 그 수치가 큰 사람을 선택하게 되면 그 평균 생산성이 시간당 $22가 된다는 것을 의미한다.

그 대신에 그 집단 A에 속한 어떤 구성원의 테스트 점수가 시간당 $16이라고 가정하자. 그러면 이 사람의 VMP에 관한 가장 훌륭한 추정치는 다음과 같다.

$$VMP(16) = (\tfrac{1}{2})(\$16/hr) + (\tfrac{1}{2})(\$20/hr) = \$18/hr. \tag{14.6}$$

이번에는 테스트의 불확실성으로 인하여 개인의 생산성에 관한 추정치가 상향 조정되는 효과가 발생하고 있다는 사실에 주목하자. 일반적으로, 테스트가 완벽하게 정확하지 않을 때 어느 노동자의 생산성에 관한 가장 훌륭한 추정치는 그의 실제 테스트 점수와 그가 속한 집단의 평균 생산성 사이에 놓이게 된다는 것이 그 기본 원리이다. 다시 한 번 경쟁적 노동시장 이론에서 예측하는 바는 어떤 기업이든 노동자의 가장 훌륭한 VMP 추정치에 근거하여 급여를 지급하지 않으면 경쟁의 힘에 의해 결국에는 퇴출될 것이라는 점이다.

개념 확인 14.10
위의 예에서, 테스트 점수가 12인 사람의 가장 훌륭한 VMP 추정치는 얼마인가?

이제는 어떤 고용주가 집단 A뿐만 아니라 집단 B에서 온 구직자와 대면하게 되었다고 가정하자. 그리고 집단 B의 VMP 분포는 그림 14.17에서 볼 수 있는 것처럼 시간당 $20에서 $40 사이에서 균등하게 분포되어 있다고 가정하자. 마지막으로 집단 A와 집단 B에 속

---

12. 8장에서 어떤 내성적인 사람이 도서관 사서일 가능성을 추정했던 것과 그 도출 과정이 유사하다는 것을 주목하기 바란다.

그림 14.17

두 집단의 생산성 분포

집단 A에 속한 사람들의 VMP 값은 시간당 $10에서 $30 사이에 균등하게 분포되어 있고, 반면에 집단 B에 속한 사람들은 시간당 $20에서 $40 사이에 균등하게 분포되어 있다. 우리는 오직 사람들이 어느 집단에 속해 있는지에 대해서만 알 수 있다면, 각 개인의 가장 훌륭한 VMP 추정치는 각 집단의 평균 VMP, 즉 집단 A는 시간당 $20, 그리고 집단 B는 시간당 $30이 될 것이다.

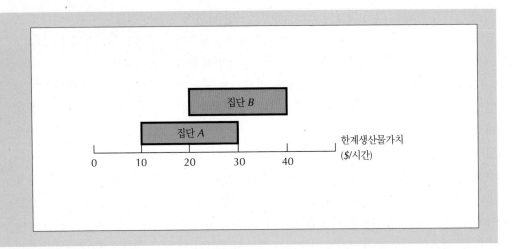

한 구직자 두 사람이 어느 날 아침 찾아왔는데 두 사람 모두 테스트(이전과 동일한 테스트)에서 28점을 받았다고 가정하자. 두 사람의 생산성 가치에 관하여 고용주의 가장 훌륭한 추정치는 얼마일까?

두 경우 모두에 있어서 테스트의 불완전성으로 인해 해당 집단의 평균값으로 조정하는 것이 필요하다. 구체적으로, 집단 A에 속한 노동자의 가장 훌륭한 VMP 추정치인 $VMP_A(28)$는 다음과 같다.

$$VMP_A(28) = (\tfrac{1}{2})(\$28/hr) + (\tfrac{1}{2})(\$20/hr) = \$24/hr. \tag{14.7}$$

반면에 집단 B에 속한 노동자의 가장 훌륭한 VMP 추정치는 다음과 같다.

$$VMP_B(28) = (\tfrac{1}{2})(\$28/hr) + (\tfrac{1}{2})(\$30/hr) = \$29/hr. \tag{14.8}$$

따라서 두 노동자가 테스트에서 똑같은 점수를 획득했음에도 불구하고 고용주는 한 노동자에 대해서는 하향 조정을, 그리고 다른 노동자에 대해서는 상향 조정을 하게 된다. 그리고 이 경우에도 만약 그 기업이 각자의 가장 훌륭한 VMP 추정치에 근거해서 노동자들에게 보수를 지급하지 않는다면 도태의 위험에 빠지게 될 것이다. 경쟁은 필연적으로 고용주와 고용인에게 상당한 고통을 안겨준다는 사실은 너무나 분명한 사실이다. 집단 A에 속한 많은 유능하고 생산적인 구성원들은 단지 그 집단에 속하고 있다는 것 때문에 다른 집단에 속한 사람들과 다르게 대우를 받고 있다는 사실에 대하여 분통함을 느낄 수밖에 없다. 그리고 테스트 점수가 같은 사람들에게 다른 급여를 제공하는 데에 대하여 편안함을 느끼는 고용주들은 많지 않을 것이다.

통계적 차별은 집단들 사이의 평균 생산성 차이에 의한 결과이지 그 원인이 아니라는 사실에 주목할 필요가 있다. 이 차별이 가져다주는 유일한 효과는 각 집단 내의 임금 격차를 줄여주는 데에 있다. 만일 고용주들이 개인의 구체적인 정보를 기초로 해서 엄격하게 임금을 결정하는 정책으로 급선회한다면 집단들 간의 평균 임금 격차는 이전과 동일하게 유지될 것이다.

14.10 내부 임금 구조

조사 결과에 의하면 많은 민간 기업들 내부의 임금 구조는 임금에 관한 한계생산성 이론에서 주장되는 것보다 훨씬 평등한 것으로 드러났다. 예를 들어, 많은 기업들은 경험, 교육수준 및 회사 내에서의 근무연수에 근거한 엄격한 보수체계를 따르고 있음에도 불구하고 동일한 임금을 받는 노동자들의 생산성 차이가 가시적으로 큰 것으로 나타났다. 사실, 한계생산성 이론으로 예측되는 부류의 보수 유형은 실제로 전혀 관찰되지 않았다.

우리의 이론을 약간 수정하면 우리가 실제로 관찰하는 임금 분포를 이끌어낼 수 있다.[13] 수정과정에서 필요한 것은 그럴듯한 가정 두 가지이다. (1) 대부분의 사람들은 동료 노동자들 사이에서 하위직보다 고위직을 선호한다. 그리고 (2) 그 누구도 노동자의 의사에 반해서 기업에 머물도록 강요하지 못한다.

간단한 산술 법칙에 의거하면 기업의 고위직 임금 분포에 대하여 모든 사람의 선호를 만족시켜줄 수는 없다. 결국, 어떤 집단이라도 단 50퍼센트의 사람들만 상위 절반에 속할 수 있다. 하지만 만일 사람들이 원하는 대로 자유롭게 소속을 결정할 수 있다면 왜 집단에서 하위직에 있는 사람들이 그대로 남아 있길 원할까? 왜 그들 모두는 더 이상 최하위직 가까이에 소속되는 것을 거부하고 그들 자신의 새로운 집단을 만들려고 하지 않을까? 물론 많은 노동자들이 그런 행동을 취한다. 그러나 우리는 또한 많은 안정적이고 이질적인 집단을 관찰하기도 한다. 제너럴 모터스의 모든 회계사들이 모두 동등한 재능을 갖고 있는 것은 아니다. 그리고 어떤 법률회사에서든 어느 변호사들은 다른 변호사들보다 훨씬 많은 일거리를 끌어온다. 만일 모든 사람들이 집단 내에서 상위 그룹에 속하는 것을 선호한다면 이렇게 이질적인 집단들을 결속시키는 것은 무엇일까?

이 질문에 대한 분명한 대답은 하위직에 있는 사람들은 추가적인 보상을 받는다는 것이다. 만일 그들이 떠나기로 작정하면 하위직을 더 이상 감수하지 않아도 되는 이득을 얻을 수 있을 것이다. 하지만 마찬가지 논리로, 최고위직에 있는 사람들은 손해를 볼 것이다; 그들은 더 이상 고위직을 즐길 수 없게 될 것이다. 만일 높은 직위를 갖는 데에 따른 이득이 하위직을 가진 사람들에 의해서 생긴 손실보다 더 크다면 그 집단이 와해될 수 없다. 만약 최고위직에 있는 노동자들이 하위직에 있는 동료들에게 보수의 일부를 나누어줌으로써 그들을 회사에 머물게 만들 수 있다면 그들 모두는 혜택을 입을 수 있다.

물론, 누구나 다 고위직을 갖는 것에 대해서 동일한 가치를 부여하는 것은 아니다. 고위직에 대해서 상대적으로 덜 관심을 갖는 사람들은 대부분의 노동자들이 자신보다 더 생산성이 높은 기업에 소속되기 위하여 최선을 다할 것이다. 이러한 기업 내에서 하위직 노동자로서 그들은 추가적인 보상을 받을 것이다. 이와 대조적으로, 직위에 대하여 강한 집착을 보이는 사람들은 대부분의 다른 노동자들이 자신보다 덜 생산적인 기업에 합류하길 원할 것이다. 그런 기업에서 최고위직에 점유하고 있다는 특권 때문에 그들은 자기들보다 생산성이 낮은 사람들을 위해 일을 해야 할 것이다.

---

13. 지금부터 주장하게 될 내용에 관한 자세한 사항은 R. Frank, *Choosing the Right Pond*, New York: Oxford University Press, 1985 참조.

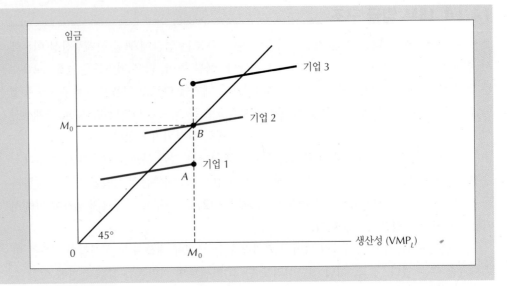

그림 14.18

기업 내 직위에 따른 임금 구조

어떤 기업의 평균 생산성이 높을수록 어떤 노동자의 직위는 더 낮을 것이다. 고위직을 선택한 노동자들(A)은 하위직에 있는 동료들에게 보수의 일부를 나누어주어야 한다. 하위직을 선택한 사람들(C)은 동료들로부터 보수의 일부를 보상받는다.

그러므로 노동자들은 기업 내부의 직위에 대한 스스로의 요구에 부합하도록 회사 위계구조상 자신의 소속을 정할 수 있다. 그림 14.18은 생산성의 크기가 M_0인 노동자들이 직면하는 선택 메뉴들이 그려져 있다. 색칠한 선들은 세 개의 다른 기업들에 의해 제시된 임금선을 나타낸다. 이 선들은 어떤 주어진 생산성을 갖고 있는 노동자가 각 기업에서 얼마나 많은 보수를 받을 수 있는지를 보여주고 있다. 기업 3의 평균 생산성이 가장 높으며, 다음으로 기업 2, 그리고 기업 1의 평균 생산성이 가장 낮다. M_0 수준의 생산성을 갖고 있는 노동자가 당면하고 있는 문제는 이들 세 개의 기업들 중 어느 기업에서 일을 할 것인지 선택하는 것이다.

직위에 강한 선호를 보이는 노동자들은 기업 1의 점 A처럼 고위직을 "구매"하고자 할 것이다. 이 직위에서 그들은 그들보다 생산성이 낮은 사람들을 위해서 일을 한다. 이와 대조적으로 직위에 별 관심이 없는 사람들은 기업 3의 점 C처럼 하위직에서 근무를 함으로써 프리미엄 임금을 받는 것을 선택할 것이다. 직위에 대하여 중간 정도의 관심을 갖고 있는 노동자들은 기업 2의 점 B처럼 중간직을 선택할 것이고, 따라서 그들은 그 직위로 인하여 어떠한 보상을 지불하지도 받지도 않을 것이다.

그림 14.18에서 각 기업의 모든 노동자들이 그들이 생산한 가치만큼 보수를 받는 것은 아니지만 평균적으로는 그들이 생산한 가치만큼 보수를 받는다. 각 기업의 하위직에 있는 사람들이 받는 추가적인 보상의 크기는 고위직에 있는 사람들의 보수 부족분에 의해서 정확히 상쇄된다.

기업 내부에서 직위에 따른 보상임금 격차가 얼마나 클까? 직업 유형에 따라 그 격차는 달라질 것이다. 동료들 사이에 긴밀하게 교류할 필요가 없는 직업의 경우에는 사람들이 고위직에 대하여 많은 대가를 지불하려고 하지 않을 것이다. 결국 사람들이 얼마나 긴밀하게 상호교류를 하는지를 비교하는 것이 가장 중요한 관건이다. 고위직이 지불하는 대가(하위직이 지불받는 대가)는 동료들이 오랜 시간 동안 가까이서 일을 하는 직업에서 가장 클 것이다.

이 확장된 한계생산성 모형으로 예측할 수 있는 것은 한계생산물이 $1 증가하여도 임금

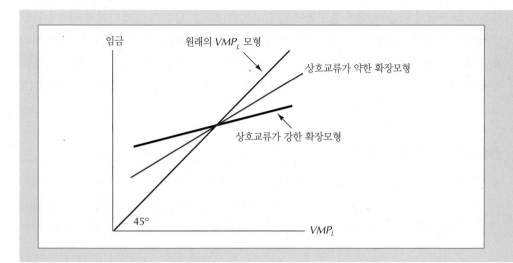

그림 14.19

임금 구조와 상호교류의 강도

동료 노동자들끼리의 상호교류가 강할수록 내부 임금 분포에서 직위에 따른 보상임금 격차는 커질 것이다.

은 그 미만으로 상승할 것이며, 노동자들 사이의 상호교류의 정도가 높을수록 생산성과 보수 사이의 격차는 커질 것이다. 원래 모형에서 예측되는 바와 확장된 모형에서 예측되는 바가 그림 14.19에서 비교되고 있다.

표 14.1은 세 종류의 직업에서 생산성 증가에 따른 임금의 증가 속도에 대한 추정치를 보여주고 있다. 직업들은 상호교류의 밀접도가 낮은 것에서 높은 순서로 나열되어 있다. 상호교류가 가장 낮은 부동산 중개업자들은 고위직에 대해 가장 낮은 대가를 지불한다. 그러나 장시간 동안 매우 밀접하게 상호교류하는 연구소 화학자들은 매우 높은 대가를 지불한다. 조사된 표본 중에 가장 생산성이 높은 화학자는 가장 생산성이 낮은 동료보다 $200,000 이상의 수입 증가에 기여하였으나 약간 높은 급여를 받았을 뿐이었다.[14] 자동차 영업사원들은 화학자들만큼 밀접하게 교류를 하지는 않았지만 부동산 중개업자들과는 달리 같은 장소에서 근무를 같이 한다. 예측되는 바와 같이, 자동차 영업사원의 고위직에 대한 대가는 다른 두 직업에서의 대가 사이에 놓여 있다.

표 14.1에서 나타난 수치들은, 최소한 일부 직업의 경우, 내부 직위에 대한 보상 임금 격차가 상당하다는 것을 시사하고 있다. 이러한 보상 격차를 감안한다면 민간기업 내부에서 평등주의적인 임금 구조는 임금에 관한 한계생산성 이론에 완벽하게 부합하는 듯이 보인다. 따라서 비판자들이 경제모형을 너무 성급하게 무시해버렸다는 인상을 받는다.

내부 임금 분포에서 지위에 대한 관심을 고려했을 때 일찍이 살펴보았던 바와 같이 경영대학원에서 일하는 경제학자들이 교양대학에서 일하는 학자들에 비해 20퍼센트 높은 보수를 받고 있는 의문을 해소하는 데 도움이 된다. 경영대학원은 회계사, 마케터, 금융분석가 등처럼 민간 부문에서 높은 보수를 받을 수 있는 기회가 있는 교수진들에게 높은 급여를 지급해야 한다. (어느 법학대학원 학장은 법학대학원의 높은 급여에 대하여 불만을 털어놓는

---

14. 같은 책, 제4장.

고전학 교수에게 다음과 같이 응수했다고 알려지고 있다. "당신이 불행하다고 생각한다면 밖에 나가서 고전학 컨설팅 회사를 차려 보시는 것이 어떨까요?") 경영대학원에서의 일자리를 수락한 경제학자들은 동료들 사이에서 가장 낮은 급여를 받고 있음을 알게 된다. 교양대학에 소속된 경제학자들에 비해서 그들이 받는 프리미엄 급여는 부분적으로 하위직을 갖고 있는 데에 따른 보상 격차로 해석될 수 있다.

14.11 승자독식 시장

이 절에서 직위의 차이가 가끔은 조그마한 능력의 차이에도 불구하고 한계생산물가치에는 커다란 차이를 유발할 수 있다는 것을 살펴볼 것이다.[15] 이 아이디어의 핵심은 다음과 같은 간단한 예를 통해 얻을 수 있다. 당신의 회사인 제너럴 모터스가 포드에 의해 특허권 침해

표 14.1

세 가지 직업에 대한 생산성 VS 지불

> 내부 직위에 대한 보상 임금 격차는 동료 노동자들 간의 상호교류가 가장 밀접할 경우에 가장 높다.

직업	\$1어치의 추가 생산에 따른 추가적인 보수	
	실제치	원래 모형에서의 예측치
부동산 중개업자	\$0.70	\$1
자동차 영업사원	\$0.24	\$1
연구소 화학자	<\$0.09	\$1

로 \$10억의 소송을 당했다고 상상해보자. 편의상 이 소송은 매우 접전이어서 더 나은 변호사를 고용하는 쪽이 이기는 것이 확실하다고 해보자. 전국적으로 최고의 변호사는 더쇼비츠(Dershowitz)와 자마일(Jamile)이고, 이 두 사람이 모든 면에서 능력은 거의 같으나 자마일이 약간 더 직관력이 우수하다고 가정하자.

당연히 포드와 지엠은 모두 자마일을 고용하고자 할 것이며, 이 두 기업은 이를 위해 필사적으로 경쟁할 것이다. 이 경쟁에서 승자는 그에게 얼마를 지불해야 할까? 언뜻 생각해보아도 그 해답은 \$10억이 될 것이 분명하다. 만일 포드가 9억 9천 9백만 달러를 제의했다면 지엠으로서는 이 소송에서 패소하지 않기 위하여 그보다 높은 액수를 제시하는 것이 이득이 될 것이기 때문이다. 하지만 포드 역시 소송에 패소하지 않기 위하여 제시 금액을 올리는 것으로 반응할 것이다. 포드와 지엠이 성공적으로 합의에 도달하지 못한다면 자마일이 \$10억의 보수를 받는 것으로 귀결될 것이다. 더쇼비츠는 단지 종이 한 장 차이로 재능이 모자랄 뿐이지만 그의 가치는 0이 되는데, 그 이유는 그를 고용하면 소송에서 진다는 가정 때문이다.

---

15. 이 절에서 논의되는 것은 R. Frank, "The Economics of Buying the Best," Cornell University Department of Economics Working Paper, 1978; Sherwin Rosen, "The Economics of Superstars," *American Economic Review*, September 1981; 및 R. Frank and P. Cook, *The Winner-Take-All Society*, New York: The Free Press, 1995를 토대로 한 것이다.

이 예는 어설픈 희화에 불과하지만 노동시장에서도 무슨 일이 일어날지에 대한 단서를 제공해주고 있다. 예를 들어 프로 테니스계의 보수 구조를 생각해보자. 대부분의 사람들이 테니스 경기를 TV로 시청하기를 원하지만 시간이 많지 않다는 이유로 그들은 한 해 동안 단 몇 명의 선수들의 경기밖에 시청할 수 없다. 이러한 상황에서 대부분의 사람들은 최고 순위에 랭크된 선수들의 경기만을 시청하려고 할 것이다. 그 결과, 랭킹 10위 안에 있는 테니스 선수들에 대한 수요는 랭킹 100위 근처에 있는 선수들보다 수백 배는 더 높다. 이 두 그룹에 있는 선수들의 경기 능력의 차이는 미세한 경우가 많다. 랭킹 101위와 랭킹 102위의 선수들의 경기가 랭킹 1위와 2위의 선수들의 경기와 흥미 면에서 거의 차이가 없다고 해보자. 문제는 대부분의 사람들이 한 경기밖에 볼 시간적 여유가 없을 때 그들은 최고 순위에 랭크된 선수들의 경기를 관람하기를 선호한다는 것이다. 그 결과, 최고 순위에 랭크된 선수들은 매년 수백만 달러를 벌지만 낮은 순위에 랭크된 선수들은 투어 비용을 겨우 감당할 수 있을 정도의 수입밖에 벌 수 없게 된다.

이와 유사한 슈퍼스타 효과(*superstar effects*)는 거의 모든 프로 스포츠 분야에서, 연예계에서, 그리고 일반적인 비즈니스 분야에서도 관찰되고 있다. 세 명의 테너 가수는 오페라 애호가들이 구입하는 CD로부터 발생하는 로열티의 대부분을 벌어들인다. 규제를 받는 기업들은 전문가의 서비스를 받기 위해 엄청난 금액을 지출한다. 소수의 배우들만이 가장 좋은 역할을 독식한다.

슈퍼스타 효과가 나타나려면 승자독식 효과가 생산과정 어디에선가 존재해야 한다. 테니스의 경우 최고 순위의 선수들이 사실상 모든 시청자들을 흡수하고 있다. 소송에 관한 예에서는 더 나은 변호사가 승소한다는 것이다. 슈퍼스타 효과가 중요성을 가지려면 우리가 모든 예에서처럼 경쟁에 걸려 있는 돈의 액수가 커야 한다.

거의 동등한 능력을 갖고 있는 노동자들의 급여 차이가 매우 크다는 사실에 근거하여 보수 결정에 관한 한계생산성 이론은 비판을 받아 왔다. 언뜻 보기에도 그러한 사실은 이론과 배치된 듯하다. 하지만 조금 더 유심히 살펴보면 비판자들은 이 모형을 너무 성급하게 매도해온 것으로 보인다. 우리가 살펴본 바와 같이, 조그마한 능력의 차이가 때로는 한계생산물 가치에 커다란 차이를 유발한다.

이 장의 부록에서 안전과 관련된 보상 임금 격차와 안전 수준을 선택할 때 상대소득에 대한 고려가 가져다주는 효과를 살펴볼 것이다.

▪ 요약 ▪

- 이 장의 목표는 임금과 고용의 여러 조건들을 지배하는 경제적 힘을 살펴보는 것이었다. 완전경쟁기업의 단기 고용 원칙은 마지막 노동자가 생산한 가치—VMP_L가 임금률과 정확히 일치할 때까지 고용을 계속한다는 것이다. 장기적으로 노동을 자본으로 대체할 수 있는 여지가 더 커지므로 이 기업의 노동에 대한 수요곡선은 단기곡선보다 더욱 탄력적이 된다. *(학습목표 1)*

- 노동에 대한 기업의 개별 수요곡선을 합산한다는 것은 개별기업의 수요곡선들을 단순히 수평적으로 합산하는 것 이상을 내포하고 있다. 산업 전체의 산출량이 증가하면 생산물의 가격

이 하락하는 현상을 감안하여 조정되어야 한다. (학습목표 4)

- 생산물 시장에서 독점기업의 수요곡선은 임금과 노동자의 한계생산물가치를 비교하여 도출되는 것이 아니라 임금과 그 노동자의 산출물에 의한 총수입 변화의 크기—MRP_L—를 비교하여 도출된다. 완전경쟁기업과 달리 독점기업은 생산량을 증가시키기 위해서 기존 생산물을 더 낮은 가격으로 판매해야 한다는 사실을 감안하여야 한다. (학습목표 3)

- 우리는 개별 노동자가 어떤 주어진 임금률 수준에서 얼마나 근로를 할지에 대한 의사결정을 고려하는 것으로부터 노동시장의 공급측면에 대한 접근을 시작하였다. 노동자가 더 많이 일을 할수록 더 많이 벌기는 하겠지만 다른 활동을 하기 위해 필요한 시간은 줄어든다. 그 결과는 우리가 3장에서 살펴본 종류의 표준적인 소비자 선택의 문제와 같다. 소비자의 경우 생산물 가격이 상승하면 (기펜재의 경우를 제외하고) 수요량이 감소한다. 이와 대조적으로, 노동공급의 경우 임금률이 상승할 때 사람들이 공급을 줄이는 것이 이상한 일이 아니다. 시장공급곡선을 도출하기 위해 우리는 개별 공급곡선들을 수평적으로 합산한다. 시장공급 및 시장수요 곡선들의 교차점에서 산업의 임금수준과 산업의 총고용량이 결정된다. (학습목표 3, 학습목표 4)

- 노동조합에 대한 전통적인 견해는 조합이 사용자에 대한 노동자 측의 협상력을 제고시켜 고정된 경제적 파이에서 노동자가 차지하는 몫을 증가시킨다는 것이다. 하지만 최근 연구에 따르면 노동조합은 노동자들의 생산성을 실제로 향상시킬 수 있고, 따라서 경제적 파이에서 차지하는 그들 몫뿐만

아니라 사용자 측의 몫도 증가시킨다는 것을 시사하고 있다. (학습목표 7)

- 최저임금법을 옹호하는 사람들은 노동자들이 지나친 시장지배력을 갖고 있는 고용주들에 의해서 착취당하지 않도록 보호하기 위해서 이 법이 필요하다고 주장한다. 하지만 법제화가 실제로 이러한 목표에 기여하는지의 여부는 실증적으로 밝히기 어려운 문제이다. 그러나 10대들을 최저임금법에서 배제시키기 위한 시도가 있다. (학습목표 6)

- 비판자들은 많은 기업들이 특정 집단에 속한 사람들—특히 흑인과 여성들—에게 동일한 생산성을 갖고 있는 백인 남성들보다 낮은 보수를 지급하고 있다고 주장한다. 이러한 주장은 기업들이 이윤을 증가시킬 수 있는 기회를 그냥 흘려보내는 것을 의미하기 때문에 미시경제 이론의 핵심에 대한 근본적 도전을 하는 셈이다. 우리는 기업이 아닌 기관에 의한 차별을 포함하여 관련된 집단에 속한 사람들이 더 낮은 급여를 받는 여러 가지 이유들을 살펴보았다. (학습목표 8)

- 능력의 차이는 거의 없는 사람들인데도 불구하고 급여의 차이가 매우 큰 경우가 종종 발생하는 현상은 분명 이례적이다. 이러한 모순을 해결할 수 있는 핵심적인 관점은 어떤 사람의 한계생산물가치는 그 사람이 지니고 있는 절대적 수준의 기술뿐만 아니라 다른 사람들의 기술과 비교되는 방식에도 달려 있다는 것이다. 팔씨름에서 당신의 힘이 상대방보다 약간만 강해도 당신은 거의 매번 이기게 된다는 것이다. 노동시장에서도 경쟁상대들보다 약간만 우위에 있어도 그들보다 훨씬 많은 소득을 올릴 수 있다. (학습목표 9)

▪ 복습문제 ▪

1. 완전경쟁기업의 VMP_L곡선과 불완전경쟁기업의 MRP_L곡선 사이에는 어떤 차이가 있는가? (학습목표 1, 학습목표 2)

2. 만일 어떤 독점기업이 이전에 경쟁산업에서 활동하던 모든 기업들을 매수하고 새로운 기업의 진입을 금지할 수 있는 법적 권리를 획득하였다면 노동고용량에는 어떻게 영향을 미칠까? (학습목표 5)

3. 어떤 지역의 고용주가 노동자들이 더 나은 직장을 얻기 위하여 다른 지역으로 이주를 할 수도 없거나 혹은 그럴 의사가 없는데도 불구하고 그들에게 한계생산물가치만큼 보수를 지급하는 이유는 무엇인가? (학습목표 1)

4. 경제이론에서는 왜 생산성 격차를 초과하는 임금 격차의 원인으로 고용주에 의한 차별보다는 사람 혹은 기관에 의한 차별에 더 중점을 두는 것일까? (학습목표 8)

▪ 연습문제 ▪

1. 다음 표에 있는 정보를 이용하여 가격 $P = 4$일 때 노동의 한계생산물가치들을 구하여라. 임금이 시간당 $4일 때 완전경쟁기업의 최적 노동수요량을 구하여라. (학습목표 1)

L	MP	VMP
0	4	
10	3	
20	2	
30	1	
40	0	

2. 아래의 표에서 주어진 정보를 이용하여 시간당 임금이 $w = $6일 때의 예산제약선을 그려라. (단, h는 일일 여가시간을, 그리고 M'은 일일 소득을 의미한다.) 시간당 임금이 $w = $12일 때의 새로운 예산제약선을 그려라. (단, 이 경우의 일일 소득 = M이다.) 두 예산제약선의 기울기들을 어떻게 비교할 것이며, 그 이유는 무엇인가? (학습목표 3)

h	M	M'
0	144	
6	108	
12	72	
18	36	
24	0	

3. 다음 표에서 주어진 정보를 이용하여 독점기업의 최적 노동수요와 임금을 구하여라. (학습목표 5)

L	AFC	TFC	MFC	VMP
0	0	0	0	16
10	2	20	4	12
20	4	80	8	8
30	6	180	12	4

4. 어떤 완전경쟁기업의 $MP_L = 22 - L$이다. 생산물의 가격 $P = 5$일 때, 노동의 한계생산물가치 곡선을 그려라. 임금이 시간당 $10일 때 이 기업의 최적 노동수요량을 구하여라. (학습목표 1)

5. 현 직장에서 스미스는 그가 원하는 시간만큼 일을 할 수 있으며, 첫 8시간 동안의 시간당 임금은 $1이고 8시간을 초과하는 시간 동안의 시간당 임금은 $2.5이다. 이러한 임금 체계에서 스미스는 하루에 12시간을 일하기로 결정하였다. 만일 스미스가 일한 시간만큼 일을 하고 시간당 $1.5를 지급하는 새 직장을 제안받았다면 그는 이 제안을 받아들일까? 설명하여라. (학습목표 3)

6. 다음과 같은 두 가지 빈곤퇴치 프로그램을 생각해보자. (1) 지난해에 저소득층으로 분류된 모든 사람들에게 금년도에 하루 $10씩 지급한다. (2) 저소득층으로 분류된 모든 사람들에게 금년도 임금 소득의 20퍼센트에 해당하는 복지수당을 지급한다. (학습목표 3)

   a. 저소득자들이 시간당 $4의 임금으로 일을 할 수 있는 선택권이 있다고 가정할 때, 각 프로그램이 대표적인 저소득 노동자의 금년도 일일 예산제약에 어떤 영향을 미칠지 보여라.
   b. 어떤 프로그램이 근로시간을 더 감소시킬 가능성이 큰가?

7. 어떤 독점기업의 노동수요곡선은 $w = 12 - 2L$(여기서 w는 시간당 임금률이고 L은 고용된 노동시간이다)이다. (학습목표 5)

   a. 만일 이 독점기업의 공급곡선(AFC)이 $w = 2L$이라면 한계요소비용 곡선 MFC $= 4L$이 된다. 이때 이 독점기업은 몇 단위의 노동을 고용할 것이며 몇 달러의 임금을 지급할까?
   b. 만일 최저임금법에 의거하여 이 기업이 최소한 시간당 $7의 임금을 지급해야 한다면 위 (a)에 대한 대답은 어떻게 달라질까?
   c. 만일 이 기업이 노동시장에서 독점기업이 아니고 완전경쟁 기업이라면 위 (a)와 (b)에 대한 대답은 어떻게 달라질까?

8. 애크미는 생산물시장에서 안전시스템의 유일한 공급자이고, 노동시장에서는 열쇠공들의 유일한 고용주이다. 안전시스템에 대한 수요곡선은 $P = 100 - Q$(여기서 Q는 매주 설치되는 시스템의 숫자를 의미한다)이다. 안전시스템에 대한 단기 생산함수는 $Q = 4L$(여기서 L은 매주 고용되는 전업 열쇠공들의 숫자를 의미한다)이다. 열쇠공들에 대한 공급곡선은 $W = 40 + 2L$(여기서 W는 각 열쇠공의 주급을 의미한다)이다. 애크미는 몇 명의 열쇠공들을 고용할까? 그리고 얼마의 임금을 지급할까? (학습목표 2, 5)

9. 어떤 독점기업이 직면하는 노동수요곡선은 $W = 35 - 6L$이다. 이 독점기업의 공급곡선 (AFC)은 $W = 3 + L$(여기서 W는 시간당 임금이고 L은 고용된 노동시간이다)이고, 따라서 MFC $= 3 + 2L$이다. (학습목표 5)

   a. 이윤 극대화를 추구하는 이 수요독점기업의 최적 노동고용량과 임금률을 구하여라.
   b. 최저임금법에 의하여 시간당 최소 $17의 임금을 지급하여야 한다고 가정하자. 이 법의 영향으로 이 기업이 고용하는 노동량에는 어떻게 영향을 미칠까?

10. 어떤 독점기업은 시간당 $10의 임금으로 원하는 양의 노동을 얼마든지 고용할 수 있다. 이 기업의 노동의 한계생산물이 현재 2이고, 이 기업 상품의 현재 가격이 $5라면 이 기업은 노동고용을 늘려야 할까 아니면 줄여야 할까? (학습목표 6)

11. 아작스 석탄회사는 어떤 지역에서 유일한 고용주이다. 이 회사의 유일한 가변 투입요소는 노동이고, 그 한계생산물은 항상 5로 일정하다. 이 회사는 이 지역에서 유일한 고용주이므로 이 기업이 직면하는 노동공급곡선은 $W = 10 + L$(여기서 W는 임금률이고 L은 고용된 노동시간이다)이다. 따라서 한계요소비용 곡선 MFC $= 10 + 2L$이다. 이 회사는 일정한 가격 $P = \$8$로 원하는 만큼 모두 판매할 수 있다고 가정하자. (학습목표 1, 5)

   a. 이 회사는 노동을 얼마나 고용할까? 생산량은 얼마가 될까? 그리고 임금은 얼마로 결정될까?
   b. 이제 이 기업이 우하향의 기울기를 갖는 특별한 종류의 석탄을 판매하고 있다고 가정하자. 특히, 아작스가 직면하는 수요곡선은 $P = 102 - 1.96Q$이다. 이 회사는 노동을 얼마나

고용할까? 생산량은 얼마가 될까? 그리고 생산물의 가격과 임금은 얼마로 결정될까?

c. 아작스가 직면하는 수요곡선은 여전히 $P = 102 - 1.96Q$이지만, 15의 임금으로 석탄을 생산하기로 계약한 5명의 노동자를 고용하고 있다고 가정하자. 만일 이미 고용하고 있는 이 5명의 임금을 인상하지 않고도 더 높은 임금으로 노동을 추가로 고용할 수 있다면, 아작스는 고용을 늘릴까? 설명하여라.

12. 휴가기간은 1주일 간격으로 얻을 수 있으며, 경쟁산업에서 청년 노동자와 노년 노동자가 총 휴가기간에 대해서 지불할 의사가 있는 금액이 다음 표에서 주어져 있다. (학습목표 1)

총휴가기간(주)	총지불용의 금액	
	청년 노동자	노년 노동자
1	300	500
2	475	800
3	600	1050
4	700	1250
5	750	1400

청년 노동자의 VMP = 150/주이고, 노년 노동자의 VMP = 175/주이며, 현존 기업들은 1년에 5주 동안의 휴가기간을 청년 및 노년 노동자 모두에게 제공하고 있다고 가정하자. 이 기업들은 이윤을 극대화하고 있는가? 만약 그렇다면 그 이유를 설명하여라. 만약 그렇지 않다면 그들은 어떠한 변화를 필요로 하며 그 결과 이윤을 추가로 얼마나 얻을 수 있을까?

13. 청색과 녹색이라는 두 개의 집단에 속한 사람들의 시간당 한계생산물가치는 $5에서 $15 사이에 놓여있다고 가정하자. 청색 집단의 평균 생산성은 시간당 $6이며, 녹색 집단의 평균 생산성은 시간당 $12이다. 비용이 들지 않는 생산성 테스트는 생산성의 가치를 정확하게 측정될 확률은 1/3이며, 해당 집단의 분포에서 무작위적으로 그 가치가 측정될 확률이 2/3라고 알려져 있다. (학습목표 8)

a. 노동시장이 경쟁적이라고 가정할 때, 테스트의 값이 9인 청색 노동자는 얼마의 임금을 받을 수 있을까?

b. 테스트의 값이 동일한 녹색 노동자는 얼마의 임금을 받을 수 있을까?

c. 집단 전체적으로 청색 노동자들이 녹색 노동자들보다 더 높은 임금을 받는 이유를 통계적 차별로 설명할 수 있다는 것은 옳은 주장일까?

14. 어떤 기업은 완수해야 할 과제가 있는데, 그 과제를 맡은 노동자들은 들킬 가능성이 거의 없이 게으름을 피울 수 있다. 만일 이 기업이 게으름을 피우지 않는 노동자들에게 이 과제를 맡길 수 있다면 많은 돈을 벌 수 있다. 이 기업이 게으름을 피우지 않는 노동자들을 찾는 전략은 처음에는 매우 낮은 임금을 지불하고, 매년 점차적으로 임금을 인상하여 근속년수가 10년이 되는 시점에는 다른 기업에서보다 더 높은 소득을 얻을 수 있도록 하는 것이다. 10년 이후의 임금 할증액의 현재가치는 첫 10년 동안의 임금부족액의 현재가치보다 크다. (학습목표 8)

a. 이런 전략으로 게으름을 피우지 않는 노동자를 끌어들이는 데 어떤 도움이 되는지 설명하여라. 게으름을 적발할 확률이 전무할 경우에도 이와 동일한 전략이 유효할까?

b. 이 기업이 이러한 전략을 수행할 수 있는 능력이 어느 정도는 노동시장에서 이 기업이 갖고 있는 명성에 의존하는 이유는 무엇인지 설명하여라.

15. 유일한 투입요소인 노동을 총 80단위 고용하는 두 부문으로 구성된 경제를 생각해보자. N_1 단위의 노동이 부문 1에 할당되어 있으며, 이 부문에서 상위 5명의 노동자들의 임금은 100이지만 나머지 노동자들 임금은 0이다. (상위 노동자들의 임금과 이 임금을 받는 노동자들의 수는 N_1의 변동에 상관없이 일정하다.) 나머지 $N_2 = 80 - N_1$ 단위의 노동은 부문 2에 속해 있고, 이 부문 노동자들은 모두 10의 임금을 받는다. 부문 1의 모든 노동자들이 상위 5명의 노동자가 될 확률은 모두 $5/N_1$로 동일하고, 모든 노동자들은 위험 중립적이다. (학습목표 9)

a. 부문 1에서 일하는 노동자는 몇 명일까?

b. 이 경제의 GNP는 얼마일까?

c. 부문 1에 속한 노동자들 소득 중 50퍼센트를 세금으로 납부해야 한다면 (a)와 (b)에서의 대답은 어떻게 달라질까?

16*. 어떤 기업의 생산함수는 $Q = K^{1/2}L^{1/2}$이다. 이 기업이 완전경쟁 시장에서 10의 가격으로 생산물을 판매하고 있으며 K는 4단위로 고정되어 있다면, 이 기업의 단기 노동수요는 얼마일까? (학습목표 1)

17*. 만일 기업이 직면한 수요곡선 $P = 20 - Q$를 토대로 상품을 판매하고 있다면 문제 16에 대한 대답은 어떻게 달라질까?

*이 문제는 노동의 한계생산물에 대한 미분 정의를 필요로 한다: $MPL = \partial Q/\partial L$.

■ **개념 확인 해답** ■

14.1 생산물의 가격이 $3로 상승했을 때 VMP_L 곡선은 아래 그림의 패널 (b)에 나타나 있다. w = $12일 때 새로운 노동수요량은 120단위이다.

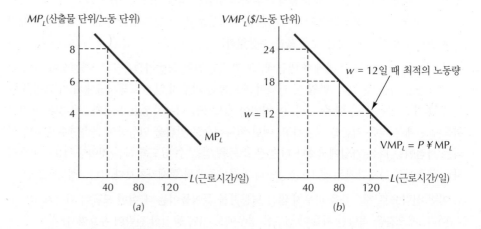

한계생산물가치는 다음과 같다.

$$\text{VMP}_L = P(\text{MP}_L) = 3(10 - \tfrac{1}{20}L) = 30 - \tfrac{3}{20}L.$$

최적 노동량은 다음과 같이 구할 수 있다.

$$w = \text{VMP}_L \Rightarrow 12 = 30 - \tfrac{3}{20}L \Rightarrow 18 = \tfrac{3}{20}L \Rightarrow L^* = 120. \text{ (학습목표 1)}$$

14.2 시간당 w = \$20일 때 소득/여가 예산제약식은 다음과 같다.

$$M = w(24 - h) = 20(24 - h) = 480 - 20h.$$

일일 여가시간 h = 14일 때, 일일 소득은 다음과 같다.

$$M = 20(24 - h) = 20(24 - 14) = 20(10) = \$200. \text{ (학습목표 3)}$$

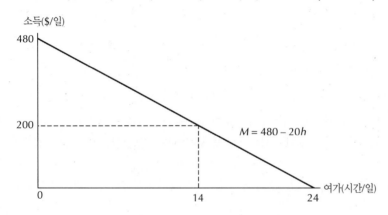

14.3 (학습목표 3)

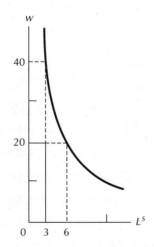

14.4 운전기사는 비오는 날에는 더 오랜 시간 일하고 맑은 날에는 더 적은 시간 일하게 되면 주당 총노동시간을 줄이고도 매주 목표로 하는 소득을 달성할 수 있다. (학습목표 3)

14.5 예산제약선은 $M = 480 - 20h$로 그대로 유지된다. 개인이 \$10의 소득을 위해서 1시간의 여가를 기꺼이 포기할 의사가 있으므로 무차별곡선의 일반식은 $M = a - 10h$로 직선이다. 소득/여가제약선과 만나는 가장 높은 무차별곡선은 $M = 480 - 10h$로서, 최적 여

가 수요 $h = 0$이다. 이런 형태의 선호는 극단적인 대체효과를 보여주고 있다. 즉, $w > 10$ 일 때에는 여가를 전혀 즐기지 않고, $w < 10$일 때에는 여가만 즐긴다. (학습목표 3)

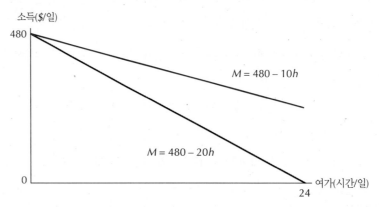

14.6 현재 직장에서 메이나드가 24시간을 일했을 때 얻을 수 있는 최대 소득은 시간당 $5로 일하는 8시간의 소득과 시간당 $20로 일하는 16시간의 소득을 합산한 것이다.

$$8(5) + 16(20) = 40 + 320 = \$360/일$$

$h = 16$시간이 될 때까지는 1시간의 여가를 즐길 때마다 $20을 포기하여야 하지만, 16시간을 초과하는 여가에 대해서는 시간당 $5만 포기하면 된다. $h = 16$시간의 여가를 소비하고 $24 - h = 24 - 16 = 8$시간을 일하게 되면 $8(5) = 40$의 소득(예산제약곡선이 굴절되는 점)을 얻을 수 있으므로 메이나드의 원래의 예산제약식은 다음과 같다.

$$M_1 = \begin{cases} 360 - 20h; & 0 \leq h \leq 16 \\ 40 - 5h; & 16 \leq h \leq 24 \end{cases}$$

예산제약식은 두 가지 임금(정규 및 초과 근무)을 반영하여 두 부분으로 구성되어 있다. 만일 메이나드가 12시간을 일한다면 그는 하루에 $h_1 = 12$시간의 여가를 즐길 수 있으므로 원래의 예산제약하에서 얻을 수 있는 소득은 다음과 같다.

$$M_1 = 360 - 20h = 360 - 20(12) = 360 - 240 = \$120/일$$

메이나드가 얻을 수 있는 새 직장에서 그가 24시간 일해서 벌 수 있는 최대 소득은 $24(10) = \$240$이다. 1시간의 여가를 즐기기 위해서 24시간이 될 때까지 시간당 $10의 소득을 포기해야 한다. 메이나드의 새로운 예산제약식은 다음과 같다.

$$M_2 = 240 - 10h.$$

이 경우에 예산제약식은 간단한 직선이다. 메이나드가 원래 선택한 최적의 노동공급 시간은 새로운 예산제약하에서도 여전히 가능하다: 메이나드는 새로운 예산제약하에서 동일한 여가를 즐기고도 동일한 소득을 얻을 수 있다.

$$M_2 = 240 - 10h = 240 - 10(12) = 240 - 120 = \$120/일$$

따라서 새로운 예산제약하에서 형편이 결코 나빠질 수 없다. 하지만, 메이나드의 여가시간의 기회비용은 원래의 예산제약하에서의 $w = \$20$가 아니라 새로운 예산제약하에서의 $w = \$10$이다. 그러므로 메이나드는 노동을 공급하는 대신에 더 많은 여가를 즐기는 방향으로 조정하는 것이 최적이다. 메이나드는 새로 선택한 최적 노동공급으로 더 행복해질 것이다. 그는 소득과 여가 사이의 더 높은 무차별곡선(I_2)에 도달할 수 있으므로 새로운 일자리를 수락할 것이다. (학습목표 3)

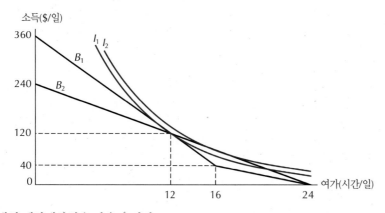

14.7 원래의 예산제약식은 다음과 같다.

$$M_0 = w(24 - h) = 5(24 - h) = 120 - 5h.$$

첫 번째 프로그램에 상응하는 예산제약식은 다음과 같다.

$$M_1 = S + w(24 - h) = 24 + 5(24 - h) = 144 - 5h.$$

두 번째 프로그램에 상응하는 예산제약식은 다음과 같다.

$$M_2 = (1 + s)w(24 - h) = (1 + 0.4)5(24 - h)$$
$$= 7(24 - h) = 168 - 7h.$$

첫 번째 프로그램은 소득을 증가시키지만 여가의 기회비용에는 아무런 변동이 없으므로 근로시간을 감소시킬 가능성이 높다. 여가를 정상재라고 가정하면 소득 증가는 여가시간을 늘린다. 이와 대조적으로, 두 번째 프로그램은 여가의 기회비용을 상승시킨다. 낮은 수준의 임금하에서 임금 상승은 일반적으로, 대체효과가 소득효과를 압도하므로 노동공급을 증가시킨다. 따라서 가난한 사람들은 첫 번째 프로그램하에서는 근로시간을 줄이지만 두 번째 프로그램하에서는 근로시간을 늘릴 것이다. (학습목표 3)

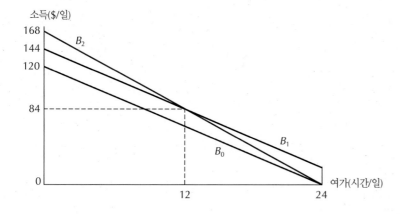

14.8

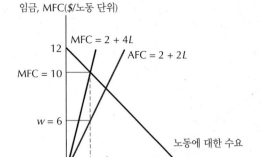

(학습목표 *5*)

14.9 최저임금이 $8일 때 이 수요독점기업의 MFC곡선은 $L = 3$에서 분리되어 있는 굵은 선이다. 노동수요곡선은 이 분리된 부분(굵은 점선)을 통과하고 있고, 이는 이 수요독점기업이 $8의 임금에서 3단위의 노동을 고용할 것임을 의미한다. 최저임금이 $10일 때 이 기업은 $w = \$10$을 지불하고 2단위의 노동을 고용할 것이며, 이 수준의 노동고용량은 최저임금이 존재하지 않는 경우에 이 기업이 고용했을 양과 같다. (학습목표 6)

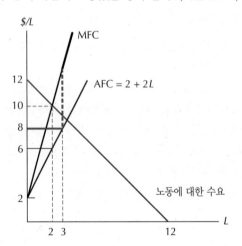

14.10 VMP(12) = $\left(\frac{1}{2}\right)$($12/시간) + $\left(\frac{1}{2}\right)$($20/시간) = $16/시간. (학습목표 *8*)

APPENDIX 14A

작업장 안전의 경제학
The Economics of Workplace Safety

14A.1 보상임금 격차 : 안전의 경우

의회에서든 혹은 다른 어떤 곳에서든 비경제학자들은 비용에 상관없이 어떤 상황에서나 될 수 있는 한 안전해야 한다고 주장하는 경우가 많다. "인간의 안전은 단순히 경제학에서의 문제가 아니다."라고 이 사람들은 말하길 좋아한다. 하지만 약간만 유심히 살펴보아도 안전에 관한 의사결정에 비용은 아무런 고려사항이 되지 못한다는 인식은 잘못된 것임을 금방 알 수 있다. 제대로 된 인식이 무엇인지 알기 위해서 안전에 관한 의사결정에서 비용은 고려할 필요가 없다는 인식에서 도출된 결론들을 살펴볼 필요가 있다.

예를 들어 자동차 안전 문제에 대하여 생각해보자. 어떤 자동차에서나 브레이크가 파열될 가능성은 조금이나마 항상 존재한다. 이런 일이 발생했을 때 그 결과는 비참한 경우가 많다. 사람들이 숙련된 자동차공에게 하루에 한 번씩 브레이크를 정밀하게 검사하도록 한다면 자동차 사고로 사망할 가능성을 줄일 수 있다. 그러나 아무도 그렇게 자주 브레이크를 검사할 꿈조차 꾸지 않는다. 그 이유는 검사 비용이 그로 인해 얻을 수 있는 혜택보다 매우 높기 때문이다. 대부분의 사람들은 일 년에 한두 번 정도만 자동차 점검을 받으며, 어느 누구도 그보다 더 합리적인 행위가 존재한다고 주장하지 않는다.

안전은 대부분의 사람들이 중요하게 생각한다. 안전을 확보하기 위해서는 실물 자원이 소비되어야 한다. 자원의 사용과 관련된 모든 다른 질문과 마찬가지로, 얼마만큼의 안전이 확보되는 것이 최상일 것인가하는 것은 비용과 편익을 비교함으로써 해결될 수 있다.

안전비용과 그 혜택 모두는 사람들에 따라 관점을 달리할 수 있다. 예를 들어 번개를 맞을까 두려워하는 사람은 폭풍우를 흥미진진한 것으로 생각하는 사람보다 피뢰침을 설치함으로써 얻는 마음의 평온이 더 클 것이다. 이런 형태의 안전의 적정 수준은 후자보다 전자의 사람이 더 높을 것이다.

이 이슈는 작업장에서 안전에 관한 의사결정과 본질적으로 동일하다. 많은 생산 활동들은 건강과 안전에 위험을 수반한다. 이러한 위험들은 통상적으로 안전장치와 생산과정을 통해 줄일 수 있다. 이러한 조치는 추가비용을 필요로 하며, 대부분의 경우 위험을 완전히 제거시키는 것은 불가능하다. 이러한 조치가 취해져야 하는 것인지, 만일 그렇다면 어느 정도의 조치가 취해져야 하는 것인지에 대해서는 그 조치가 가져다주는 가치와 비용을 비교하는 방식에 달려 있다.

논의를 좀 더 구체적으로 하기 위해, 공기에서 석탄 먼지를 제거시켜주는 공기 여과기를 설치할지의 여부를 고려하고 있는 석탄 광산의 경우를 생각해보자. 이 공기 여과기들을 설치하고 작동시키는 데 소요되는 비용은 광부 1인당 매주 $50이다. 공기 여과기가 설치되면 광부들의 기대수명은 사무직으로 일하는 사람들과 같아지지만, 공기 여과기가 설치되지 않으면 기대수명이 10년 감소한다. 공기 여과기가 설치되어야 하는지의 여부에 관한 질문은 연장된 기대수명에 대하여 광부들이 생각하기에 그 가치가 주당 $50달러보다 높은지에 관한 질문으로 전환될 수 있다. 만일 그렇다면 공기 여과기들은 설치되어야 할 것이며, 그렇지 않을 경우에는 설치되지 말아야 할 것이다. 예를 들어 광부들은 추가된 10년이 단지 주당 $40의 가치밖에 되지 않는 것으로 생각하고 있다고 가정하자. 공기 여과기들을 설치한 광산 운영자는 추가비용을 부담하기 위해 (석탄 구입자들이 공기 여과기가 설치된 광산에서 채굴된 석탄에 대하여 가격을 추가로 지불할 용의가 없는 것으로 가정할 때) 노동자들에게 주당 $50을 덜 지급해야 할 것이다. 하지만 가정에 의해 광부들은 설치된 공기 여과기로 보호를 받기보다는 $50을 받고자 할 것이다.

물론 현실적으로 어떤 광부들은 공기 여과기가 설치되는 것을 원하겠지만 다른 광부들은 원하지 않을 가능성이 높다. 예를 들어 광부들 중 30퍼센트는 공기 여과기의 가치가 주당 $60이지만, 나머지 70퍼센트는 $40로 생각하고 있다고 가정하자. 그러면 시장의 작동 원리에 의해 30퍼센트의 광산은 공기 여과기를 설치할 것이고 나머지 70퍼센트는 설치하지 않게 될 것이다. 공기 여과기를 설치한 광산들은 설치하지 않은 다른 광산들보다 임금을 주당 $50 덜 지급할 것이다. 공기 여과기의 가치를 주당 $60로 여기는 광부들은 공기 여과기가 설치된 광산으로 일자리를 찾아갈 것이고 나머지 광부들은 공기 여과기가 설치되지 않은 광산으로 몰려갈 것이다.

그림 14A.1

최적 임금-안전 조합

위험수용자들(생존확률에 대한 임금의 한계대체율이 낮은 사람들)은 위험이 높지만 임금도 높은 일자리(점 *A*)를 선택할 것이다. 위험기피자들은 위험도 낮고 임금도 낮은 일자리(점 *C*)를 선택할 것이다.

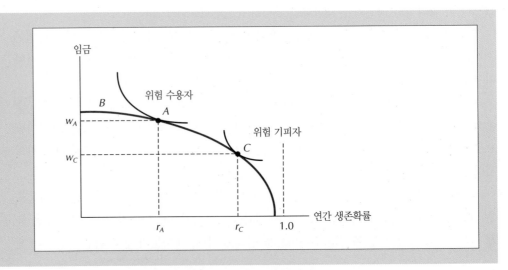

선택 대안이 두 가지 이상인 경우가 좀 더 일반적일 것이다. 그림 14A.1의 곡선 B는 기술적으로 가능한 임금-안전 조합점들의 궤적이다. 가로축은 작업장에서 생존할 확률을 나타내고 있다. (완벽하게 안전한 직장의 경우 그 확률은 1.0이 될 것이다.) 세로축은 시간당 임금률을 나타내고 있다. 안전을 강화하기 위해서 자원이 소비되어야 하므로 B는 우하향의 기울기를 갖고 있다. 우리는 가장 저렴하면서도 가장 효과적인 안전장치를 처음에 설치한 다음에 점차적으로 비싼 장치를 설치하기 때문에 B는 원점에 대하여 오목한 모양을 보이고 있다. 생존확률이 1.0에 접근함에 따라 B의 기울기가 완전히 수직이 되지 않는 이유는 안전을 위해 아무리 많은 비용을 지출하더라도 생존을 100퍼센트 보장해주지 못하기 때문이다.

기술적으로 가능한 일자리들이 이렇게 주어져 있는 경우에 어느 근로자에게 적합한 일자리는 그가 위험과 실물 재화 사이의 상충관계를 어떻게 느끼고 있는지에 달려 있다. 위험을 극도로 싫어하는 사람은 생존확률이 높아지는 대가로 감수하고자 하는 임금 삭감이 크기 때문에 상대적으로 가파른 무차별곡선을 가질 것이다. 이러한 사람에게 최적의 일자리는 그림 14A.1의 점 C로 나타나 있다.

이와 대조적으로, 위험을 중시하지 않는 사람은 강화된 안전을 대가로 포기하고자 하는 임금이 낮기 때문에 좀 더 완만한 기울기를 갖는 무차별곡선을 갖는다. 이런 사람에게 적합한 일자리는 점 A로 나타나 있다.

보상임금 격차 이론에서 예측하는 바에 따르면, 다른 조건이 일정할 때 위험이 큰 일자리일수록 임금률 역시 높아야 한다는 것이다. 코넬대학의 노동경제학자인 로버트 스미스(Robert Smith)는 임금률과 직업의 위험도 사이의 관계를 고찰한 8개의 실증 연구들을 검토하였다.[1] 모두 다른 자료들을 이용하여 분석한 이 연구들은 임금률과 직장에서 사망할 확률 사이에는 양의 상관관계가 있는 것을 발견하였다.

직장에서 사망할 확률이 10,000명당 1명씩 증가할 때마다 보상임금 격차에 대한 추정치는 연간 $20에서 $300 사이에 분포되어 있었다. 이러한 확률을 적용해보면 10,000명의 철강노동자들 중 1명이 매년 근무 중 사망하고, 반면에 10,000명의 벌목꾼들 중 10명이 매년 사망한다. 예시를 위해 근로자들은 사망확률이 10,000명당 1명씩 감소하는 것에 대하여 평균적으로 연간 $100의 가치를 부여하고 있다고 가정하자. 이는 안전에 대한 보상임금 격차가 철강노동자들보다 벌목꾼들이 $900만큼 더 높아야 한다는 것을 의미한다. 그 이유는 벌목꾼들의 연간 사망확률이 10,000명당 9명이 더 많기 때문이다. 물론 어떤 두 직업 사이의 전반적인 임금 격차는 사망이나 부상의 위험이 아닌 다른 많은 요인들의 결과물이므로 철강노동자와 벌목꾼들 사이의 임금격차는 연간 $900보다 클 수도 있고 작을 수도 있다. 이 이론이 우리에게 말해주는 것은 어쨌든 벌목작업이 제철소에서 일하는 것만큼 안전해지기 위해서는 벌목꾼들이 받는 임금은 연간 $900만큼 감소하여야 한다는 것이다.

나는 내가 참석했던 학술회의에서 어떤 경제학자가 안전에 따른 보상임금 격차의 개념에 대하여 언급하는 것을 보았다. 이 순간에 청중석에 앉아 있었던 한 사회학자가 화를 내면

1. Robert S. Smith, "Compensating Wage Differentials and Public Policy. A Review," *Industrial and Labor Relation Review*, 32, April 1979: 339-352 참조.

서 "그 이론은 전혀 사리에 맞지 않습니다. 왜냐하면 모두가 알고 있듯이 가장 위험하거나 마음에 들지 않는 일자리는 항상 가장 낮은 보수를 받는 노동자들이 차지하고 있으니까요." 라고 의기양양하게 말을 하였다. 가장 위험한 일자리는 실제로 저소득 노동자들이 차지하고 있는 경향이 있지만, 그렇다고 이런 견해가 이론을 무력화시키는 데에는 아무런 역할도 하지 못한다. 이 이론에서 주장하는 바는 **다른 요소들이 일정할 때**, 마음에 덜 드는 일자리일수록 임금은 더 높을 것이라는 것이다. 미국 노동자들 전체에 대한 표본을 살펴보면 다른 요소들이 노동자들 사이에 결코 동일하지 않다. 특히 교육, 지식, 경험, 열정 등 모든 면에서 그 수준 차이가 매우 크며, 그로부터 시장에서 노동의 판매를 통해 소득을 얻을 수 있는 능력이 결정된다. 안전은 정상재라는 그럴듯한 가정하에서 높은 생산성을 갖고 있는 노동자들은 임금률과 안전수준이 모두 높은 일자리를 선택할 것이다. 마찬가지 이유로, 낮은 생산성을 갖고 있는 근로자들은 안전도와 임금률이 모두 낮은 일자리를 선택할 것이다. 하지만 이런 일자리를 선택함으로써 이들이 더 안전한 일자리를 선택했다면 얻을 수 있었을 임금보다 더 높은 임금을 받을 수 있는 것이다.

앞서의 주장은 최적 임금-안전 선택을 나타내주는 그림을 통하여 쉽게 설명할 수 있다. 그림 14A.2의 곡선 B_1은 생산성이 높은 노동자가 선택할 수 있는 기술적으로 가능한 임금-안전 조합점들의 궤적이다. 아래에 있는 곡선 B_2는 훨씬 낮은 생산성을 가진 노동자가 선택할 수 있는 조합점들의 궤적이다. B_1과 B_2는 분석과정에서 예산제약선의 역할을 하고 있으며, 생산성이 높은 노동자의 곡선이 원점에서 더 멀리 떨어져 있다. 두 노동자가 동일한 무차별곡선들을 갖고 있으며 안전은 정상재라고 가정하면 생산성이 높은 노동자(A)에게 적합한 일자리는 생산성이 낮은 근로자(C)에게 적합한 일자리보다 임금과 생존확률이 모두 높을 것이다.

다수의 경제학자들은 보상임금 격차가 존재하기 때문에 경쟁적 노동시장에서 안전 규제는 불필요하다고 주장해왔다. 이 주장을 이해하기 위해서 벌목과 제철소에 관한 예를 한 번 더 생각해보자. 벌목 작업에서 연간 사망확률을 제철소에서와 동일한 10,000명당 1명씩

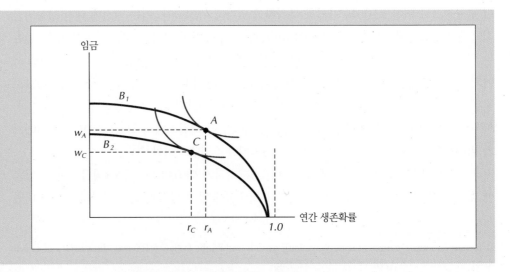

그림 14A.2

생산성이 최적 안전 선택에 미치는 효과

생산성이 높은 근로자의 예산제약선 (B_1)은 생산성이 낮은 근로자의 예산제약선(B_2)보다 양호한 선택조합점들을 제공해준다. 만약 안전이 정상재라면 생산성이 더 높은 근로자는 생산성이 낮은 근로자들에 의해서 선택되는 일자리(C)보다 임금과 안전도가 모두 더 높은 일자리(A)를 선택하는 경향이 있다. 하지만 어떤 생산성 수준하에서도 임금과 안전 사이에는 여전히 상충관계가 존재한다.

으로 줄이기 위해서 취해져야 할 조치들(더 안전한 장비를 구입하거나 더 엄격한 안전 규정을 수립하는 등)이 있다고 해보자. 사망확률이 10,000명당 1명씩 줄어들 때마다 근로자들은 연간 $100을 지불할 용의가 있다고 가정하면 벌목 노동자들은 이러한 추가적인 안전조치들이 취해지도록 하기 위해서 기꺼이 포기할 의사가 있는 임금 삭감액은 연간 $900이 될 것이다. 그러면 이윤 극대화를 추구하는 기업들은 비용이 노동자 1인당 연간 $900 미만일 경우에는 이런 조치들을 취할 것이다. 하지만 그 비용이 노동자 1인당 연간 $900을 초과할 경우에는 기업과 근로자들 그 어느 누구도 이러한 조치로 이득을 보지 못할 것이다. 이러한 조치가 벌목 작업을 더 안전하게 만들 것이란 점에 대해서 너무나도 분명하지만 벌목꾼들 자신들도 그 비용을 들이고 그 조치를 취할 가치가 충분히 높지 않다고 여길 것이다.

1970년에 미국의회에서 통과된 직업 안전 및 규제에 관한 법률(OSHA)에서 작업장의 엄격한 안전기준을 규정하고 있다. 이 법에서 명시하고 있는 목표는 "고용인들을 위해 가장 높은 수준의 건강과 안전을 보장하는 것"이다. 다수의 경제학자들은 이 법률이 다수의 노동자들이 스스로 선택하게 될 안전 수준보다 더 높은 수준을 구매하도록 강요한다는 점에서 OSHA에 비판적인 태도를 견지해왔다. 예를 들어, 그림 14A.3에서 이 법이 시행되기 전에 점 A를 선택했던 근로자를 생각해보자. 하지만 OSHA의 시행으로 모든 일자리들은 연간 생존확률이 최소한 r_c 수준에 있어야 한다고 가정하자. 이 요건으로 인하여 이 근로자는 점 A의 일자리를 포기하고 점 C의 일자리를 선택해야 할 것이다. 하지만 점 C에서의 일자리는 더 안전하기는 하지만 이 노동자를 더 낮은 무차별곡선으로 옮겨 놓는다. 점 C에서 안전의 증가로 그가 기꺼이 지불하고자 하는 금액은 안전을 증가시키기 위해 소요되는 비용보다 적다. 두 가지 대안에 대하여 이 노동자가 매긴 가치를 토대로 할 때 법률에서 요구하는 안전 요건 때문에 그의 후생은 감소하게 된다.

건강 및 안전 규제를 지지하는 사람들은 경제학자들의 OSHA에 대한 비판은 정보가 완전하고, 매우 경쟁적인 노동시장에서만 정당화될 수 있다고 주장하기도 한다. 하지만 그들은 이러한 조건들이 실제로 충족되는 경우가 거의 없다고 말한다. 전반적인 건강 문제에 관

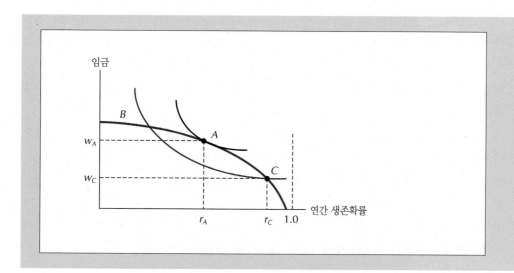

그림 14A.3

효용을 감소시키는 안전 규제

법적 요건이 없는 경우에 근로자는 점 A의 일자리를 선택할 것이다. 하지만 최소 생존확률 요건이 r_c인 경우에 그는 점 C에서의 일자리를 선택하여야 할 것이고, 이로 인해 그는 점 A의 일자리보다 더 낮은 무차별곡선으로 옮겨가야 한다.

해서, 그리고 특히 유독성 물질의 유해성에 대해서 근로자들은 완전히 무지한 경우가 많기 때문에 여러 보상 패키지들 중에서 현명한 선택을 내릴 수가 없다. 이런 측면에서, 근로자들은 정부로 하여금 그들을 위한 전문 조언자로서 행동하고, 그들 스스로 현명한 평가를 내리기에 너무나 복잡한 위험으로부터 보호를 해주도록 정부기관에게 권한을 위임한다.

건강 및 안전 규제를 지지하는 사람들의 이러한 반응은 많은 경우에 간섭이 정당하다는 인상을 주기에 충분하다. 하지만 그렇지 않은 경우도 많다. 다시 한 번 먼지가 가득한 광산과 공기가 깨끗한 광산 중에서 선택을 해야 하는 석탄 광부의 경우를 생각해보자. 사실상 모든 광부들은 먼지가 가득한 광산에서 일을 하면 심각하게 몸이 쇠약해지고 때로는 치명적인 질병인 진폐증에 걸릴 수 있다는 것을 알고 있다. 어느 광부든 직계가족 구성원들에게 진폐증을 전염시킬 가능성이 높기 때문에 먼지가 가득한 광산에서 작업했을 때 초래되는 결과를 무시하고 여과기의 설치를 원하지 않을 수 있다는 논리는 설득력이 떨어진다.

만약 건강 및 안전 규제에 관한 경제학자들의 비판이 석탄 광부들을 겨냥한 것이라면 광산 노동자들은 이러한 규제에 반대할 것으로 예상할 수 있다. 그러나 규제조치의 영향을 받는 노동자들은 이 규제를 광범위하고 열렬하게 지지하고 있는 것으로 보인다. 그러면 광부들이 여과기의 설치를 원하고, 그리고 여과기 설치비용을 충당할 수 있을 정도로 충분한 임금 삭감을 기꺼이 수용할 의사가 있음에도 불구하고, 왜 극대이윤을 추구하는 광부 소유주들은 이러한 광부들을 끌어들이기 위하여 여과기를 설치하지 않는지 의문이 들지 않을 수 없다.

안전 규제와 여타 조건들을 담은 노동계약이 필요한 또 다른 근거는 노동시장이 사실상 경쟁적으로 작동되지 않을 수 있다는 것이다. 이러한 견해에 찬성하는 사람들은 노동자들이 다양한 직업 선택을 하는 데 필요한 주거이전의 자유가 충분하게 주어져 있지 않으므로 고용주의 착취 대상이 될 가능성이 높다고 주장한다.

14A.2 안전 선택과 상대 소득

안전 규제가 정당화될 수 있는 또 다른 근거는 노동자들이 개별적으로 내리는 선택과 공동으로 내리는 선택이 다를 수 있다는 것이다. 특히, 광부들이 안전과 그들이 벌어들이는 소득의 절대수준뿐만 아니라 공동체 안에서 다른 사람들의 소득과 어떻게 비교되는지에 대해서도 관심을 갖고 있다고 가정해보자. 아마도 그들의 목표는 자녀들을 좋은 학교에 보내는 것이고, 따라서 최고 학군 지역에 있는 주택을 구입하기 위해서 다른 사람들보다 구매력이 좋아야 한다는 것을 그들은 인식하고 있다.

예를 단순화하기 위해서 존스와 스미스라는 두 명의 동질적인 노동자로 구성된 공동체를 생각해보자. 이들은 각각 주당 $200을 지급하는 깨끗한 광산과 주당 $250을 지급하는 먼지가 많은 광산 중에서 하나를 선택해야 한다. 주당 $50의 임금 격차는 각 근로자가 먼지를 여과시키는 데 소요되는 비용을 반영한 것이다. 그들은 상대임금을 중시하기 때문에 자기가 내린 선택에 대한 호감도는 상대방이 내린 선택에 따라 달라진다. 네 가지 가능한 선택 조합들에 대한 순위가 표 14A.1에서처럼 제시되어 있다고 가정하자.

표 14A.1

상대적인 소득이 중시될 경우의 직업 안전 선택

존스		스미스	
		안전한 광산, $200/주	**위험한 광산, $250/주**
	안전한 광산, $200/주	각자에게 차선	존스 : 최악 스미스 : 최선
	위험한 광산, $250/주	존스 : 최선 스미스 : 최악	각자에게 차차선

> 상대방이 어떤 선택을 하든지 간에 각자는 위험한 광산을 선택하는 것이 좋다. 그러나 각자가 위험한 광산을 선택하면 각자가 안전한 광산을 선택했을 경우보다 두 사람 모두 더 나쁜 결과를 얻는다.

먼저 두 노동자가 같은 유형의 일자리, 즉 일자리 선택 조합이 두 노동자에게 동일한 소득수준을 가져다주는 경우 그 두 개의 일자리가 어떻게 비교되고 있는지 살펴보자. 표의 좌상단에 있는 칸은 두 사람이 모두 안전한 광산을 선택하는 경우로서, 이 대안은(각자에게 차선의 선택임) 우하방에 있는 칸에 나타나 있듯이 두 사람이 모두 위험한 광산을 선택하는 경우(각자에게 차차선의 선택임)보다 우월하다. 이는 곧 상대적인 소득을 고려하지 않는 경우 안전의 제고가 각 근로자에게 주당 $50보다 더 높은 가치를 가져다준다는 것을 의미한다.

하지만 스미스가 안전한 광산에서 일자리를 갖는다고 가정해보자. 이 경우 존스가 얻을 수 있는 가장 우월한 결과는 위험한 광산에서 일하는 것이다. 그렇게 함으로써 존스는 단 $50의 대가를 얻기 위해 주당 $50 이상의 가치를 지닌 안전을 포기하고 있는 셈이다. 하지만 이 과정에서 그는 스미스보다 더 높은 소득을 얻는다. 존스의 선호도 순서에 의하면 더 높은 임금은 안전의 감소를 보상하고도 남는데, 그 이유는 이제 그가 자녀들을 가장 좋은 학교에 보낼 수 있게 되었기 때문이다.

그 대신에, 스미스가 위험한 광산을 선택하였다고 가정해보자. 존스는 이 경우에도 위험한 광산을 선택하는 것이 더 좋다. 그렇게 함으로써 그는 차차선의 결과를 얻을 수 있지만, 안전한 광산을 선택하게 되면 최악의 결과에 도달하게 된다. 간단히 말해서, 스미스가 어떠한 선택을 하든지 간에 존스는 위험한 광산을 선택함으로써 더 좋은 결과를 얻는다.

스미스가 직면하는 유인들도 이와 정확히 동일하다. 그 역시 존스가 어떠한 선택을 하든 위험한 광산을 선택하는 것이 더 좋다. 결론은 두 사람 모두 위험한 광산을 선택하는 것이고, 이는 두 사람이 모두 안전한 광산을 선택하는 것보다 열악한 결과를 얻는다. 이 노동자들이 직면하는 선택의 문제는 12장에서 살펴본 죄수의 딜레마와 같다. 즉, 두 사람은 각자 독자적으로 행동하기 때문에 모든 용의자의 딜레마에서와 마찬가지로 두 사람 모두에게 더 나은 결과를 가져다주는 대안을 선택하지 않는 문제가 발생하는 것이다. 만일 그게 가능하다면 존스와 스미스가 안전한 광산에서 일을 하자는 구속력 있는 합의를 원할 수도 있다는 것은 자명하다.

또한 상대임금에 대한 관심을 고려하지 않는 분석자들이 왜 광산 안전 규제가 두 사람의 복지를 악화시킨다는 결론을 내리는지 그 이유를 쉽게 알 수 있다. 규제가 시행되기 이전에 두 사람은 자유롭게 위험한 광산에서 일하는 것을 선택하였다. 이 선택으로부터 안전의 추가적인 증가가 두 노동자에게 주당 $50을 넘지 못한다는 것을 알 수 있다. 결국 분명히 내릴 수 있는 결론은 안전 규제가 노동자들로 하여금 비용보다 가치가 낮은 안전을 구매하도록 함으로써 노동자들에게 손해를 입힌다는 것이다.

이런 주장은 자유를 사랑하는 많은 사람들의 마음속에 울려 퍼지는 멋진 화음과 같은 소리일 것이다. 하지만 개인의 선택은 항상 근원적인 선호를 드러내고 있다고 가정하는 것은 옳지 않다. 상대임금이 중시될 때 개인의 선택을 토대로 그 선택이 가져오는 종합적인 결과에 대하여 자신이 어떻게 느끼고 있는지 우리가 알 수 없다는 데에 문제가 있다.

▪ 연습문제 ▪

1. A와 B는 주당 $200로 안전한 광산에서 일할 수도 있고 혹은 주당 $300로 위험한 광산에서 일할 수도 있다. 두 광산에서의 임금격차는 안전한 광산에 설치된 안전장비의 구입에 소요된 비용을 반영하고 있다. 위험한 광산에서 일을 할 때 감수해야 하는 유일한 결과는 기대수명이 10년 짧아진다는 것이다. A와 B의 효용함수는 다음과 같다.

$$U_i[X_i, S_i, R(X_i)] = X_i + S_i + R(X_i) \text{ (단, } i = A, B)$$

$$X_i = i\text{의 주당 소득($)}$$

$$S_i = i\text{의 광산이 안전하면 200, 그렇지 않으면 0,}$$

$$R(X_i) = X_i > X_j \text{이면 200, } X_i = X_j \text{이면 0, } X_i < X_j \text{이면 } -250 (i, j = A, B; j \neq i)$$

   a. 만일 두 사람이 독자적으로 선택을 한다면 어느 광산에서 그들은 일할까? 설명하여라. (힌트 : 교재에서 사용된 것처럼 효용함수를 이용하여 보수행렬 표를 작성하여라.)

   b. 만일 그들이 비용을 들이지 않고 구속력 있는 합의에 도달할 수 있다면 그들의 선택이 a에서의 선택과 같을까? 설명하여라.

CHAPTER 15

자본
Capital

포 춘(*Fortune*)지는 재계의 리더들을 대상으로 "미국에서 가장 경영을 잘하는 기업"을 선정하는 설문조사를 실시한 적이 있다. 이 조사에서 응답자들에게 자기 회사는 선정하지 못하도록 하였고, 그들이 응답한 리스트에는 중복되는 회사가 많았다. 프록터 앤 갬블(Procter & Gamble)과 같은 몇 개의 기업들은 거의 모든 리스트에 이름이 올려졌다.

조사에 참여한 사람들은 이 분야에 가장 정통한 지식을 갖고 있는 당사자들이며, 그들이 거명한 기업들은 실제로 가장 경영을 잘하는 기업들이라고 믿을 만한 충분한 이유가 있다. 후속 연구에 따르면, 이 설문조사 결과가 발표된 이후에 이 기업들의 주식을 매입한 사람들은 주식시장 전체의 평균수익률에 약간 못 미치는 투자수익률밖에 얻지 못한 것으로 밝혀졌다.

투자정보지에 게재된 투자에 관한 조언에 대해서도 이와 유사한 사례를 살펴볼 수 있다. 이 정보지들은 국내 최고의 금융분석가들에 의하여 작성되며, 연간 구독료가 수백 달러에 달하는 경우가 많다. 구독자들 중에는 투자업계의 최고 전문가도 포함되어 있다. 하지만 대부분의 정보지들이 추천하는 주식 종목들은 원숭이가 신문의 금융면을 향하여 다트를 던져서 선택된 종목보다 평균적으로 별로 나을 게 없다.

언뜻 보기에는 이런 현상이 이례적인 현상으로 보일지 모르지만, 자본시장을 유심히 분석하면 충분히 예측할 수 있는 현상에 불과하다는 사실을 알게 될 것이다. 실제로 투자정보지와 관련된 이례현상은 그들이 추천하는 종목의 투자성과가 다른 종목보다 별로 나을 게 없다는 데에 있는 것이 아니라, 사람들이 지금도 그런 거액을 지불하면서까지 이런 종류의 자문을 계속 받고 있다는 데 있다.

15.1 15장 미리보기

이 장에서는 자본 투입물의 서비스 시장에 대하여 살펴볼 것이다. 이때 노동 투입물에 관한 고찰에서 얻은 결과들을 그대로 이용하는 경우들이 많을 것이다. 자본이 다른 투입물들과 다른 한 가지 특징은 다른 투입물들은 통상적으로 기간별로 고용되는 데 반해, 자본장비는 기업에 의하여 온전히 소유되는 경우가 많다는 점이다. 우선 우리는 자본장비를 구입하는 기업의 의사결정을 지배하는 요인들에 대하여 살펴볼 것이다.

그 다음에는 실질이자율과 명목이자율 사이의 차이점에 대해 살펴볼 것이다. 이 차이점은 왜 은행과 다른 대부자들이 청구하는 이자율이 전반적인 물가상승률과 함께 상승하는 경향이 있는지를 명료하게 이해하는 데 도움을 줄 것이다.

그 다음으로 우리는 대부자금시장에서 이자율이 어떻게 결정되는지에 대하여 살펴볼 것이다. 특별히 주목할 대상은 주식 및 채권 시장과 이 장의 서론에서 언급된 이례현상이다. 추가적으로 살펴볼 사항은 경제적 지대와 첨두부하 요금제에 관한 것이다.

15.2 금융자본과 실질자본

금융자본

화폐처럼 기능하는 지폐 자산

실물자본(물적자본)

서비스의 흐름을 창출하는 생산 장비

사람들이 "자본"이라는 용어를 사용할 때 통상적으로 매우 다른 두 가지를 의미한다. 그들 마음속으로는 **금융자본**, 즉 화폐 혹은 화폐처럼 기능하는 다른 형태의 지폐 자산을 의미할 수 있다. 또는 **실물자본**(혹은 **물적자본**), 즉 선반이나 인쇄기처럼 생산 서비스를 계속하여 창출하는 생산 장비를 의미할 수도 있다. 우리가 생산요소로서 자본을 지칭할 때에는 거의 언제나 실물자본을 가리킨다.[1] 사람들이 "자본시장"에 대해서 말할 때에는 일반적으로 은행 대출, 기업주식 및 채권과 같은 금융자본시장을 의미한다. 우리가 이 장에서 직접적으로 관심을 갖는 것은 실물자본이지만, 기업들은 실물자본을 구매하기 위해 금융자본을 필요로 하기 때문에 금융자본시장에 대해서도 살펴본다.

실물자본에 대한 수요

14장에서 논의된 개별 기업의 노동수요에 대한 이론을 수정하지 않은 채 다른 투입물에 대한 수요 이론에 적용할 수 있다. 단기적으로, 기업이 일정한 연간 임대료율 r로 원하는 만큼의 자본 서비스를 얻을 수 있다면, 이 기업은 자본의 한계수입생산물(MRP_K)이 임대료율과 정확하게 일치될 때까지 자본을 고용할 것이다.

$$\text{MRP}_K = \text{MR} \times \text{MP}_K = r. \tag{15.1}$$

여기서 MR은 이 기업의 한계수입이며, MP_K는 자본의 한계생산물이다.

이 기업이 생산물시장에서 완전경쟁 기업이라면 한계수입은 생산물의 가격과 동일하므로 식 (15.1)은 다음과 같이 간단한 형태가 된다.

$$\text{VMP}_K = P \times \text{MP}_K = r. \tag{15.2}$$

여기서 VMP_K는 자본의 한계생산물가치를 의미하고, P는 이 기업 산출물의 가격이다.

기업들이 완전경쟁 산업에서 활동하고 있을 때, 개별 기업들의 수요곡선들을 합산하여 자본에 대한 산업수요곡선을 도출하는 과정에서 노동의 경우에 나타났던 복잡한 상황이 필연적으로 수반된다. 산업 전체의 생산량이 증가하면 재화의 가격이 하락하고, 동시에 자본 수요량이 감소하는 현상을 감안해야 한다. 이전과 마찬가지로 독점기업의 자본 수요곡선을

---

1. 현재 수입이 부족할 때 채무를 적기에 상환하는 데 사용하기 위해 기업이 수중에 보유하는 화폐인 "유동자본"은 예외이다. 기업이 좀 더 효율적으로 작동되도록 한다는 점에서 이 유동자본은 노동이나 기계와 같은 생산요소에 못지않은 역할을 한다.

도출하는 과정에서는 이 효과가 이미 감안되어 있다.

자본시장과 노동시장을 차별화하는 두드러진 특징으로 노동자들은 특정한 유형의 활동에 특화되는 경향이 있는 반면에, 새로운 자본 자원들(금융자본)은 거의 완벽하게 대체가 가능하다는 점을 들 수 있다. 따라서 일정 금액의 금융자본으로 아이스크림 생산기계를 제조하는 데에 사용할 수도 있고, 혹은 인쇄기나 애니메이션을 제작하는 데 사용할 수도 있다. 하지만 일단 금융자본이 실물자본을 구매하는 데 사용되면 기업이 취할 수 있는 융통성에는 제약이 생긴다. 노동은 상황이 변했을 때 일정한 비용을 들여서 새로운 업무를 수행할 수 있도록 재훈련을 시킬 수 있는 반면, 드릴 프레스를 재봉틀로 변환시키는 것은 훨씬 더 어렵다.

15.3 임대료율과 이자율 사이의 관계

한 단위의 실물자본장비의 임대가격은 돈을 빌릴 수 있는 이자율과 어떤 관계를 갖고 있을까? 이 질문에 대답하기 위해서 당신은 기계를 임대하는 사업을 하는 기업에서 일을 하고 있다고 해보자. 어떤 기계의 구매가격은 $1,000이고 이자율은 연 5퍼센트라고 가정하자. 기계에 묶인 $1,000의 기회비용을 커버하기 위해 그 기계에 대하여 연 $50의 임대료를 청구해야 할 것이다. 하지만 일반적으로 비용이 추가로 더 소요된다. 그 기계의 연간 유지비용이 $100라고 가정하자. 그러면 손익분기가 되는 임대료는 연간 $150로 상승할 것이다. 마지막으로, 그 기계의 미래가격의 변화를 고려하여야 한다.

자동차 렌트 기업은 유지비, 감가상각비, 그리고 자동차 구입에 따라 표기된 이자 등을 회수하기에 충분한 수수료를 소비자에게 부과해야 한다.

단순화를 위해 경제 전체의 물가수준이 안정적이라고 가정하자. (이 가정을 완화했을 때 어떤 일이 발생할지에 대해서는 나중에 살펴보기로 한다.) 유지보수가 잘 된 기계라 할지라도 매년 그 가치가 어느 정도는 상실될 것이다. 실제로 더 새롭고 더 좋은 기계들이 매년 제작되고 있다면 기존 기계가 새로 구입했을 때와 다름없이 여전히 제대로 기능을 하고 있는 경우라 할지라도 그 경제적 가치는 하룻밤 만에 상실될 수도 있다. 이런 현상을 일컬어 **기술적 구식화**(technological obsolescence)라고 한다. 물리적 마모와 기술적 구식화 때문에 우리가 예로 들고 있는 기계 가격이 연간 $100 하락한다면, 이 기계의 총공급비용은 연간 $250—포기한 이자소득 $50, 유지비용 $100, 그리고 상실된 시장가치 $100—가 될 것이다. 임대사업을 하기 위해 소요되는 추가적인 비용—예를 들어, 직원들 임금—이 이 수치에 더해져야 할 것이다.

기술적 구식화
재화의 물리적 감가상각에 의해서가 아니라, 그 재화의 대체재를 더욱 매력적이게 만드는 기술진보에 의해서 재화의 가치가 하락하는 과정

자본재의 가격 대비 연간 유지비용이 차지하는 비율을 m이라고 하고, 물리적 및 기술적 감가상각을 ∂라고 하자. i를 소수로 표시된 시장이자율이라고 하면, 연간 자본임대료율 k는 m, ∂, 그리고 i의 합이 될 것이다.

$$k = i + m + \partial. \tag{15.3}$$

간혹 어떤 기계의 가치가 시간이 지날수록 하락하기보다는 실제로 상승하기도 한다. 예를 들어, 기계를 만드는 데 사용되는 핵심 투입물 가격이 상승하는 경우에 이런 일이 발생할 수 있다. 그 경우 식 (15.3)의 ∂는 음수가 될 것이다. 만일 우리가 예로 든 임대기업이 내년에는 기계의 가격이 $100 상승할 것으로 예상한다면, 손익분기 임대료는 기계 가격이 $100 하락할 때보다 $200 더 낮은 $50이 될 것이다. 자산 가격이 상승할 것이라는 예상은 주택

가격이 빠른 속도로 상승하고 있을 때, 임대료가 주택담보대출금 상환액보다 낮은 경우가 자주 발생하는 이유를 설명해주는 것 같다.

개념 확인 15.1

콜라 기계의 구매가격이 $5,000라고 가정하자. 만일 연 이자율이 0.08, 유지보수율이 0.02, 그리고 물리적 및 기술적 감가상각률이 0.10이라면, 이 기계의 연 임대료는 얼마가 될까?

15.4 자본재의 구입 기준

자본을 노동과 구별 짓는 또 하나의 요소는 기업들이 자본장비의 구매여부를 선택할 수 있다는 것이다. 프로 운동선수들은 가끔 마치 기계와 다를 바 없이 사거나 팔리기도 하지만, 그들의 의사에 반해서 팀을 위해 무한정 경기를 하도록 강제할 수가 없다. 일반적으로 노동계약은 노동자들로 하여금 고용조건이 더 이상 마음에 들지 않을 때마다 이직하는 것을 허용하고 있다. 그렇게 하는 주된 이유는 불만이 있는 노동자들을 회사를 위해 열심히 일을 하도록 강제할 방법이 없기 때문이다. 물론 기계는 그런 자유가 없다. 단지 가장 비싼 값을 부른 사람에게 팔려갈 뿐이다.

기업이 자본장비 한 대를 구매할지 결정할 때 어떤 요인들이 영향을 미칠까? 여느 때와 마찬가지로 기업은 그 기계를 소유함에 따른 편익과 비용을 저울질할 것이다. 편익으로는 이 기계로 인해 기업 생산이 현재뿐만 아니라 미래에도 늘어난다는 점을 들 수 있다. 이 기계로 가능해진 추가 생산으로 기업의 총수입이 N년 동안 매해 R만큼 증가할 것이라고 가정하자. 또한 이 기계의 연간 유지비용은 M이며, N년이 경과한 후 폐기처분 가격은 S라고 가정하자. 마지막으로, 기업이 이 기계를 구입하여 N년 동안 가동시키고 난 후 폐기처분할 수 있을 것으로 기대하고 있다고 가정하자. 이 기업이 매해 얻는 이윤의 현재가치는 얼마만큼 증가할까?

이 질문에 대답하기 위해서는 이 기업이 미래에 수령하게 될 순수입을 현재가치로 환산해야 한다. 6장에서 살펴보았듯이, 1년 후 수령하게 될 $1의 현재가치는 $1/(1 + i)$이다. 여기서 i는 시장이자율이다. 2년 후 수령하게 될 $1의 현재가치는 $1/(1 + i)^2$이다. (이를 이해하기 위해서 스스로에게 다음과 같이 묻기 바란다. "연 이자율이 i일 때 2년 후 통장 잔액이 $1가 되기 위해서는 오늘 얼마의 돈을 은행에 예금해야 할까?") 이 기계에 의해 창출된 수입의 순현재가치는 폐기처분에 따른 수입을 포함하면 다음과 같다.

$$PV = \frac{R - M}{1 + i} + \frac{R - M}{(1 + i)^2} + \cdots + \frac{R - M}{(1 + i)^N} + \frac{S}{(1 + i)^N} \qquad (15.4)$$

이 기계의 비용은 단순히 그 구매가격인 P_K이다. 기업은 PV가 P_K보다 크거나 같은 경우에만 기계를 구입할 것이다. 식 (15.4)에서 PV는 시장이자율과 역의 관계를 갖고 있음을 알 수 있다. 따라서 기업이 장비를 임대하는 것과 마찬가지로, 시장이자율이 낮을수록 기업들은 더 많은 자본을 소유하려고 할 것이다.

> **개념 확인 15.2**
> 어떤 기계가 향후 2년 동안 매해 연말에 $121의 수입을 창출하고, 2년이 경과된 시점에 폐품회사에 $242에 팔 수 있다고 가정하자. 연 이자율이 0.10이라면, 이 기계로 얻을 수 있는 최대 수익은 얼마일까?

15.5 이자율의 결정

복습하자면, 한 기업의 자본장비에 대한 수요는 이자율과 자본 구입가격 그리고 기술적 및 물리적 감가상각률에 의하여 결정된다. 이자율은 대부자금에 대한 공급과 수요곡선의 교차점에서 결정된다. 금융자본은 완벽하게 대체 가능하기 때문에, 대부자금시장은 완전하게 동질적이고 표준적인 생산물의 이상적인 모습이 실제로 구현된 것이나 마찬가지이다. 그 결과, 한 국가의—실제로는 세계적인—대부자금시장에서는 특정 유형의 차입자에게 청구되는 이자율이 사실상 어느 곳에서나 같다.

대부자금 수요는 자본 수요와 어떤 관계를 갖고 있을까? 어떤 기업의 자본 수요는 특정 자본임대료율 k에서 얼마나 많은 자본을 고용하고 싶어 하는지를 알려준다. 만일 어떤 기업이 이미 일정 기간 동안 운영되어왔다면 이 기업은 필요로 하는 자본 중 상당량을 이미 보유하고 있을 가능성이 높다.

단순화를 위해, 올해 이 기업이 이미 보유하고 있는 자본량과 필요로 하는 자본량과의 차이를 메꾸길 원한다고 가정하자. 이 차이가 기업의 대부자금에 대한 수요에 해당한다. 마찬가지로, 대부자금에 대한 산업 전체의 수요는 기업들 전체가 보유하기를 원하는 자본량과 이미 보유하고 있는 자본량의 차이가 된다. 대부자금시장에 자금이 할당되기 위해 사용되는 가격이 바로 이자율이다.

대부자금시장에서 기업들만이 유일한 차입자는 아니다. 소비자들은 주택이나 여타 재화들을 구매하기 위해 차입한다. 정부는 도로나 학교를 짓기 위해, 그리고 재정적자를 메꾸기 위해 차입한다. 대부자금에 대한 수요곡선은 이 모든 수요들을 수평적으로 합산한 것이다.

공급 측면에서도 대부자금의 출처는 다양하다. 소비자 저축은 기업 이윤으로 조성된 자금을 보완해준다. 최근에는 미국의 대부자금시장에서 해외 대부자들의 활발한 참여가 점점 더 중요성을 더해가고 있다. 소비자 행태 이론에 따르면, 이자율의 상승은 소비자 저축을 증가시킬 수도 있고 감소시킬 수도 있다. 서로 상충되는 소득효과와 대체효과의 상대적인 크기에 의해 총효과가 결정되지만, 이론만으로는 어느 쪽이 더 큰지 알 수 없다. 실증연구에 의하면, 소비자 저축의 이자율 탄력성이 가끔은 양일 때도 있고 음일 때도 있으나 거의 모든 경우에 탄력성 크기는 매우 작은 것으로 나타났다.

민간기업들의 경우에는 소비자들의 경우처럼 소득효과와 유사한 현상이 나타나지 않으므로 기업에 의해 공급된 대부자금의 양은 이자율 변화에 정의 방향으로 반응한다. 해외 대부자들은 미국 이자율이 자국 이자율보다 높거나 같을 때마다 미국 차입자들에게 기꺼이 자금을 공급하려고 한다. 모든 자금 공급원들을 수평적으로 더하면 대부자금의 총공급곡선을 얻을 수 있다. 최근 해외 대부의 규모가 커졌다는 것은 대부자금시장의 공급 탄력성이 거의 전적으로 해외로부터 공급되는 자금의 탄력성에 의하여 결정된다는 것을 시사한다. 그림

그림 15.1

대부자금시장에서의 균형

어떤 이자율에서 대부자금에 대한 수요량(D)은 그 이자율에서 보유하고자 하는 자본의 양과 이미 보유하고 있는 자본의 양과의 차이이다. 대부자금의 공급(S)은 소비자, 기업 및 해외 대부자로부터 이루어진다. 해외 대부자들의 중요성이 커져감에 따라 대부자금의 공급곡선은 우상향의 기울기를 갖는다.

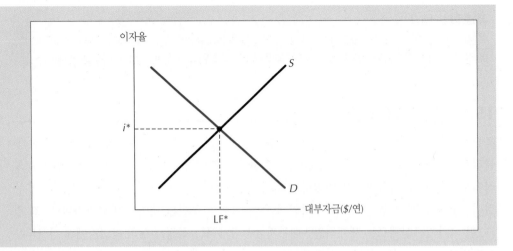

15.1에서 볼 수 있듯이, 대부자금에 대한 총공급곡선과 총수요곡선의 교차점에서 시장이자율 i^*와 자금의 총거래량 LF^*가 결정된다.

15.6 실질이자율 대 명목이자율

당신이 은행에서 $1000을 빌리고 연 5퍼센트의 이자율로 1년 후 상환하기로 했다고 가정하자. 그리고 1년이 경과한 시점에서 경제 전체의 물가수준이 10퍼센트 상승(예를 들어 모든 상품들의 가격이 10퍼센트씩 상승)했다고 가정하자. 당신이 빌린 대출금의 실질비용은 얼마였을까?

이 질문에 대답하기 위해, 당신이 처음 그 돈을 빌렸을 때 그 돈으로 온스당 $10의 가격으로 은을 100온스 구입하였다고 상상해보자. 다른 모든 상품들과 마찬가지로 은 가격이 연간 10퍼센트 상승하였다고 가정했으므로, 대출금을 상환할 시점에 당신은 그 은을 온스당 $11에 팔 수 있다. 은을 팔아서 들어오는 금액은 $1100이고, 이는 당신이 은행에 상환해야 하는 금액인 $1050보다 $50 더 많은 금액이다. 그러므로 만기일에 이 대출에 대해서 당신이 치르게 되는 실질비용은 −$50이다. 당신이 그 돈을 빌리는 데 어떤 실질자원도 필요로 하지 않았을 뿐만 아니라 실제로는 $50의 이득을 얻은 것이다. 반면에 이 거래의 상대방이었던 은행은 당신에게 돈을 빌려준 결과로 $50 손실을 입게 되었다.

그렇게 불리한 조건으로 돈을 계속 빌려주는 은행이 업계에서 살아남을 수 있는 희망이 거의 없다는 것은 말할 나위도 없다. 은행들은 전반적인 물가수준이 상승할 것으로 예상할 때에는 미래의 대출금 상환액의 실질 구매력이 손상되는 것을 막기 위해 이자 프리미엄을 청구한다. 은행의 대출계약서에 기재된 실제 수치를 일컬어 **명목이자율**(*nomimal interest rate*)—우리의 예에서는 5퍼센트—이라고 한다. n을 소수로 표시된 연간 명목이자율, q 또한 소수로 표시된 연간 인플레이션율이라고 하면, **실질이자율**(*real interest rate*)은 다음과 같이 표현할 수 있다.

$$i = \frac{n - q}{1 + q}. \tag{15.5}$$

우리가 가상적으로 든 예에서, $i = (0.05 - 0.10)/1.10 = -0.0455$, 또는 −4.55퍼센트

이다. 식 (15.5)로부터 인플레이션율이 낮을 때 실질이자율은 명목이자율과 인플레이션율의 차이인 $n - q$와 거의 같다는 것을 알 수 있다. 우리가 든 모든 예에서 이자율은 암묵적으로 실질이자율인 것으로 가정하였다. 투자에 관한 의사결정에서, 기업은 자본의 실질비용과 실질편익을 비교하려고 하며, 후자가 전자보다 큰 경우에만 투자를 실행에 옮긴다.

15.7 주식 및 채권 시장

기업들이 신규투자에 필요한 자금을 마련하기 위해 통상적으로 사용하는 방법은 회사채를 발행하는 것이다. 채권이란 본질적으로 기업에 의해 발행된 약속증서이다. 투자자는 기업에게 일정금액—예를 들어 $10,000—을 주고, 그 대가로 기업은 그 투자자에게 일정 기간 동안 고정이자율—예를 들어 10퍼센트—로 지급하겠다는 인쇄된 증서를 전달한다. 채권의 액면가(*face value*)는 기업이 투자자에게 채권을 팔 때의 금액이다. 회사채들의 수명은 그 차이가 매우 다양하다. 단기채(*short-term bond*)는 90일 이내에 액면금액을 돌려주는 경우가 많다. 장기채(*long-term bond*)는 30년이 경과한 이후에 만기에 도달하는 경우가 많으며, 어떤 장기채는 이보다 만기가 더 긴 경우도 있다.

일단 매입된 채권은 공개시장에서 거래할 수 있다. 단기채의 경우 그 가격은 액면가에 근접한 경우가 거의 대부분이다. 하지만 장기채의 경우에는 공개시장에서 낙찰되는 가격이 액면가와 상당히 다를 수 있다.

그 이유를 살펴보기 위해 어떤 투자자가 한 기업으로부터 액면가가 $10,000인 채권을 매입했을 때 시장이자율이 10퍼센트라고 가정하자. 이 채권은 투자자에게 향후 30년 동안 연 $1,000의 이자를 지급하며 만기 시점에 $10,000을 상환할 것을 약속하고 있다. 시장이 자율이 10퍼센트를 유지하는 한, 이 채권은 $10,000의 "값어치"를 계속 유지할 것이다. 왜냐하면 연 이자지급액인 $1,000는 투자자가 자기 돈 $10,000 없이 생활할 때 포기해야 하는 기회비용을 전부 보상해주는 금액이기 때문이다. 하지만 시장이자율이 갑자기 5퍼센트로 하락하였다고 가정하자. 이제 $10,000 없이 생활할 때 포기해야 하는 기회비용은 연간 $1,000에서 $500로 급작스럽게 감소한다. 매년 $1,000를 지급할 것을 약속하는 채권을 소지하고 있는 투자자는 그 채권을 $10,000에 팔려고 하지 않을 것이다. 그 이유는 5퍼센트의 이자율에서 이 투자자가 채권을 보유할 때 수령할 수 있는 연 $1,000의 이자 소득을 얻기 위해서 $20,000가 필요하기 때문이다.

하지만 이 예에서 들고 있는 채권의 경우 만기에 도달하면 $10,000의 가치밖에 안 된다는 것을 새로운 구매자가 알고 있기 때문에, 그 가격은 $20,000까지 상승하지는 않을 것이다. 만기일이 임박하면 이자율이 얼마인지에 상관없이 가격은 $10,000에 가까워질 것이다. 그러나 채권 만기일에서 멀어질수록 액면가가 현재 시장가격에 미치는 영향은 감소할 것이다. 실제로 액면가는 전혀 문제가 되지 않는 특별한 유형의 채권으로 **영구채**(*perpetual bond*) 혹은 **콘솔**(*consol*)이 있다. 영구채는 그 소지자에게 매년 고정된 금액을 영원히 지불하겠다는 약속증서이다. 콘솔의 현재 시장가격은 현재 이자율에서 콘솔 보유 시 수령할 수 있는 이자금액을 창출하기 위해 필요한 금액과 근사적으로 같다. 따라서, 예를 들어 이자율

영구채
영구적으로 매년 일정한 금액을 지불하는 채권

이 10퍼센트일 때 연간 $1,000을 지급하는 콘솔의 가격은 $10,000이며, 이자율이 5퍼센트일 때에는 그 가격이 $20,000이다. 좀 더 일반적으로, I를 콘솔의 연간 지급액이라 하고, i를 시장이자율이라고 하면, 콘솔의 가격 P_C는 다음과 같다.

$$P_C = \frac{I}{i}. \tag{15.6}$$

개념 확인 15.3

채권 보유자에게 매년 $120를 지급하는 영구채를 생각해보자. 만일 이자율이 10퍼센트에서 5퍼센트로 하락한다면 이 채권의 가격은 얼마나 상승할까?

채권을 발행하는 유일한 기관이 기업들만은 아니다. 중앙정부나 지방정부도 채권을 발행한다. 앞에서 든 예에서는 유일하고 동일한 시장이자율이 존재하는 것으로 암묵적으로 가정하였지만, 실제로는 서로 다른 다양한 이자율이 존재한다. 일반적 원칙은 차입자가 대출금을 상환하지 않을 위험성이 크면 클수록 그 차입자가 지불해야 하는 이자율이 더 높아진다는 것이다. 미국 국채는 채권시장에서 채무불이행 위험이 가장 낮으므로, 미국 연방정부는 다른 채권의 발행자들보다 낮은 이자율을 지불한다. 예를 들어, 30년 만기 액면가 $10,000인 제너럴 모터스 회사채의 연 이자율이 8퍼센트이고, 그 반면에 동일한 조건으로 발행된 미국 연방정부 채권은 5퍼센트의 이자율만 지불한다고 해보자. 이 3퍼센트의 이자율 격차를 일컬어 **위험 프리미엄**(risk premium)이라고 하며, 그 차이는 제너럴 모터스가 연방정부보다 대출금을 상환하지 않을 가능성이 높다는 사실에 대해 투자자들에게 부여하는 보상이다.

회사채를 보유하고 있는 사람은 그 채권을 발행한 기업에 대한 소유지분이 없다. 채권보유자의 금융적 지위는 기업에게 대출을 해준 기업의 지위와 유사하다. 기업의 주식보유자들은 실제로 기업을 소유하고 있는 사람들이다. 자본장비 투자에 필요한 자금을 조달하고자 하는 기업은 신주 발행을 수행할 중개업자를 고용할 수 있다. 중개업자는 기업의 투자제안서를 준비하고 다른 중개업자들과 연대하여 신주를 공모한다.

만일 어떤 기업이 100 만주의 주식을 팔았다면 1주는 그 기업의 현재 및 미래 수익의 $\frac{1}{1,000,000}$ 에 대한 청구권을 갖는다. 수익은 주주들에게 배당금의 형태로 직접 분배되거나, 그 회사에 재투자되어 미래 수익의 가치를 증가시키는 데 사용되기도 한다.

주식 1주의 가격은 어떻게 결정되는 것일까? 우리가 예를 들고 있는 100 만주를 발행한 가상적인 기업의 현재 및 미래 수익의 현재가치가 100퍼센트 확실하게 $5억인 것으로 알려져 있다고 가정하자. 그러면 이 기업의 주식은 정확하게 1주당 $500에 거래될 것이다. 투자자들은 이보다 낮은 가격으로 이 주식을 매입함으로써 즉각적으로 부를 증대시킬 수 있다. 그러나 $500보다 높은 가격으로는 어느 누구도 이 주식을 매입할 경제적 유인을 갖지 않을 것이다.

기업의 미래 수익의 흐름을 100퍼센트 확실하게 알 수 있는 경우는 결코 존재하지 않는다. 주식에 대하여 사람들이 기꺼이 지불하고자 하는 가격은 기업 전망에 대한 최선의 추정

위험 프리미엄
위험을 감수하면서 보유한 재화나 서비스의 공급자들을 보상하기 위하여 필요한 지불 격차

치에 의존한다. 신생기업이나 혹은 향후 전망이 불투명한 사업에 뛰어든 기업들의 경우 수익 악화가 가져올 위험은 대단히 클 수 있다. 어떤 유전공학 기업이 에이즈(AIDS) 바이러스를 파괴하는 무해한 단백질을 복제하는 방법을 개발해낸다면, 이 기업의 미래 수익은 사실상 무한대일 것이다. 그러나 많은 기업들이 이런 싸움에서 승자가 되려고 온갖 노력을 다 기울이지만 거의 모든 기업들의 운명은 파산으로 그 끝을 맺는다.

경제의 다른 부문에서는 기업의 경제적 전망을 예측하기가 더 수월하다. 허츠(Hertz)는 자동차 렌트업계에서 수십 년 동안 활동해왔고 앞으로도 크게 깜짝 놀랄만한 일이 이 회사에 발생할 것 같아 보이지는 않는다. 허츠가 대박을 터뜨릴 가능성은 거의 전무하다. 하지만 마찬가지 논리로 앞으로도 계속 생존해 있을 가능성은 비교적 높다.

현재 및 미래 수익에 대한 예측치가 동일한 두 개의 기업을 생각해보자. 기업 1의 수익흐름의 현재가치는 100퍼센트 확실하게 $1억이다. 이와 대조적으로, 기업 2의 수익흐름의 현재가치는 $2억이거나 혹은 $0일 가능성이 각각 50퍼센트이다. 만일 두 기업의 주식 가격이 같다면 당신은 어느 주식을 매입할 것인가? 만일 당신이 여느 투자자들과 마찬가지로 위험 회피적(6장 참조)이라면 더 안전한 기업 1을 선호할 것이다.

대부분의 사람들은 위험 회피적인 선호를 갖고 있기 때문에, 위험이 더 큰 채권은 더 높은 이자율을 지급해야 하고, 미래 소득이 더 위험한 기업 주식은 일반적으로 더 낮은 가격에 팔릴 것이다. 주식시장에서 활동하는 투자자는 그림 15.2의 곡선 BB와 같은 예산제약에 직면한다. 곡선 BB을 따라서 우하방으로 갈수록 투자는 점점 더 안전해지지만 기대수익은 점점 더 감소한다. 수익성과 안전성 사이의 한계대체율이 상대적으로 낮은 투자자는 점 A처럼 위험은 높지만 상대적으로 기대수익이 높은 투자를 선택할 것이다. 수익성과 안전성 사이의 한계대체율이 높은 투자자는 점 C처럼 좀 더 안전한 투자를 선택할 것이다. 실제로 모든 사람들이 기대수익이 더 높으면서도 안전성이 높은 주식을 보유하려고 하지만, 시장의 힘은 사람들로 하여금 이 두 가지 특성 중에 한 가지만 선택하도록 강요한다.

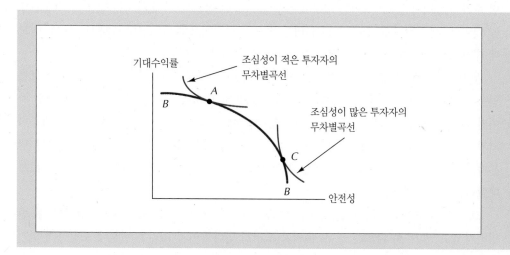

그림 15.2

안전과 기대수익 사이의 상충관계

대부분의 투자자들은 위험 회피적이므로, 위험한 주식의 기대수익이 그보다 덜 위험한 주식의 기대수익보다 크지 않은 한 위험한 주식을 매입하지 않을 것이다. 어떤 유형의 주식을 구입할지는 구매자의 선호에 의해서 결정된다. 상대적으로 조심성이 많은 투자자는 C처럼 더 안전한 주식을 선호할 것이다. 조심성이 적은 투자자는 A처럼 기대수익이 더 높은 주식에 투자하고 안전성을 포기할 것이다.

효율적 시장가설

대부분의 경제학자들은 주식시장이 효율적이라고 믿는다. 이것이 의미하는 바는 어떤 주식의 가격은 현재 및 미래 수익 전망에 관하여 얻을 수 있는 모든 정보를 반영하고 있다는 것이다. 이를 이해하기 위하여 매우 성공적인 유전공학 기업인 지넨테크(Genentech)라는 가상적인 예를 생각해보자. 수익에 대한 전망에 힘입어 지넨테크 주식의 현재 가격이 $100라고 가정하자. 이제 지넨테크의 연구원 중 한 명이 느닷없이 기적적인 암 치료법을 발견하였다고 가정하자. 이 발견은 매우 쉽게 특허를 받을 수 있다. 이 기업은 이 발견에 대한 정부의 특허승인을 틀림없이 받을 것이며, 그 시점에 이 기업의 수입은 천정부지로 치솟을 것이다. 하지만 번거로운 행정절차 때문에 승인절차가 최소 3년은 걸린다. 당신은 뉴스위크(Newsweek)지에서 지넨테크의 발견에 대한 기사를 읽고 그 기업 주식을 구입하기로 결정한다. 당신은 민첩하게 행동을 취했다고 볼 수 있을까?

이에 대한 대답은 "아니오"가 거의 확실한데, 그 이유는 이 회사가 지금까지 그래왔던 것처럼 장밋빛 미래를 갖고 있지 않기 때문이 아니다. 효율적 시장가설에 의하면 새로운 발견이 지니는 가치는 주식의 시장가치에 거의 순식간에 반영되어 버린다는 것이다. 당신이 그 소식을 들었을 때쯤에는 그 발견으로 인한 주가 상승이 이미 오래전부터 진행되어 온 뒤라는 것이다.

효율적 시장가설을 비판하는 사람들은 이 가설이 마찰이 없는 이상적인 세계를 지칭하고 있다는 점에서 동의할 수 없다고 주장한다. 그들 주장에 의하면 실제 세계에서는 새로운 정보가 퍼져나가는데 상당한 시간이 걸리며, 주식가격에 미치는 효과는 점진적이고 장기간 지속될 수 있다고 한다. 따라서 그들은 지넨테크의 발견에 관한 뉴스가 나온 지 몇 주밖에 지나지 않았다면 주가가 앞으로도 계속 상승할 수 있는 여력이 아직 충분하다는 결론을 내린다.

이러한 견해는 잘못된 것임이 거의 확실하다. 새로운 정보는 위의 예에서와 같이 매우 확실한 형태로 다가오기보다는 매우 불확실한 형태로 다가오는 경우가 많기 때문에 사람들이 효율적 시장가설이 틀렸다고 믿는 것으로 보인다. 실제로는 단지 지넨테크의 한 연구원이 암 치료에 관하여 선두를 달리고 있음을 시장이 알고 있다고 생각하는 것이 매우 흔한 일이다. 이렇게 제한된 정보로 인하여 그 기업 주가는 아주 조금밖에 상승하지 않을 것이며, 개발 가능성이 지속됨에 따라 주가는 더욱 상승한다. 하지만 그 개발이 용두사미 격이 되어버리면 주가는 급락할 것이다. 어떤 경우에든 활용 가능한 정보의 최대 가치는 현재 주가에 반영될 것이다. 새로운 이윤 창출 기회에 대한 정보가 점진적으로 나타난다고 해서 새로운 정보에 대한 시장의 반응 또한 점진적일 것이라고 많은 사람들이 잘못된 결론을 내린다.

우리의 가상적인 예에서 설정된 조건과 달리, 현실 세계에서는 특정시점에 어떤 정보를 얻을 수 있는지 정확하게 알지 못하는 것이 보통이다. 더욱이 어떤 정보에 대한 해석상의 차이가 생길 가능성이 매우 높다. 이런 이유들 때문에 효율적 시장가설을 실증적으로 입증하기가 지극히 어렵다. 그럼에도 불구하고 대부분의 경제학자들은 이 가설을 옳은 것으로 믿는다. 이 가설을 직접적으로 입증하는 것이 불가능하다면, 경제학자들이 이 가설에 그토록 매달리는 이유가 무엇일까?

그 대답은 효율적 시장가설에 대한 대체가설—즉, 주가는 활용 가능한 모든 정보를 반영하지 않고 있다—을 따르는 경우, 우리가 도저히 받아들이기 어려운 결론에 도달하게 되기 때문이다. 이를 이해하기 위하여 암 치료에 관한 예를 다시 생각해보자. 시장은 새로운 발견으로 가능해질 미래 수익의 증가를 반영하여 주가를 즉각적으로 끌어올리지 않는다고 가정해보자. 그러면 당신이나 나는 전화수화기를 들어 주식중개회사로 하여금 재정상태가 허용할 수 있는 만큼 지넨테크의 주식을 되도록 많이 매입하도록 지시할 것이다. 우리는 느긋하게 앉아서 시장이 이 주식의 가격을 최대한 올려줄 때까지 기다리기만 하면 상당한 이득을 얻을 수 있을 것이다.

다른 무엇보다도 경제학자들이 굳게 갖고 있는 믿음이 있다면 그것은 바로 이러한 이득을 얻을 수 있는 유일한 길은 재능과 노력과 행운이 모두 겸비되어야 한다는 것이다. 하지만 우리가 효율적 시장가설을 부인한다면 아무나 가져갈 수 있도록 테이블 위에 놓여 있는 현금이 존재할 수 있다는 것을 의미한다. 우리는 재능을 필요로 하지 않는다, 우리는 어떤 노력도 기울일 필요가 없다, 그리고 정보가 확실하기 때문에 우리는 행운조차도 필요 없다, 우리는 단지 주식중개회사에 전화를 하고 돈이 굴러들어오기를 기다리기만 하면 된다는 식이다. 이렇게 편안한 방법으로 생계를 꾸려나가는 것을 좋아할 사람들은 주위에 널려 있다. 일반적으로는 이렇게 하는 것이 불가능하므로 대부분의 경제학자들은 효율적 시장가설에 대한 전적인 확신에 기댈 수밖에 없는 것이다.

효율적 시장가설에서 주가는 일반적으로 고평가되거나 저평가되는 경우가 결코 없다는 것을 의미할까? 일부 경제학자들은 이러한 의미를 가진 엄격한 버전의 효율적 시장가설을 좋아한다. 하지만 대부분의 경제학자들은 낙관적이거나 비관적인 분위기로 인하여 주가가 장기수익 전망을 토대로 형성된 가치와는 다르게 오랫동안 지속될 가능성이 있다는 덜 엄격한 버전을 좋아한다.

모든 버전의 효율적 시장가설이 공통적으로 갖고 있는 중요한 특징은, 개별 주식투자자들이 앞에서 언급한 재능, 노력 및 행운이 어우러지는 경우를 제외하고는 결코 시장을 이길 수 없다는 것이다. 예를 들어, 1990년대 말과 2000년대에 분명히 나타났던 바와 같이 낙관적인 분위기로 인하여 주가가 전반적으로 고평가되어 있다고 가정해보자. 주식을 보유하고 있는 사람들은 그 주식을 팔아야 할까? 그렇게 하는 것이 최선일 수도 있겠지만, 만일 주가가 향후 몇 년 동안 예상보다 더 빠른 속도로 상승한다면 그 주식을 팔지 않고 조금 더 보유하는 것이 더 좋을 것이다.

반면에 비관적인 분위기로 인해 어떤 회사의 장기수익 전망을 토대로 예측된 것보다 그 회사의 주가가 낮게 형성되어 있다고 가정하자. 당신은 이 주식을 매입해야 할까? 그렇게 하는 것이 좋을 수도 있겠지만, 비관적인 분위기가 지속되어 당분간은 국채를 보유하는 것이 더 좋은 선택이 될 수도 있다.

요약하자면, 시장에서 주가의 전환시점을 예측하는 것은 극히 어렵다. 금융시장에는 주식을 적기에 사고팔아서 시장을 이길 수 있다고 생각하는 빈털터리 투자자들이 널려 있다. 효율적 시장가설에 의하면 시장 분위기의 전환시점을 알아내려고 노력하는 것은 잘못된 전략이라는 것을 시사한다. 왜냐하면 매매를 너무 자주 반복하면 거래비용만 많이 들기 때문이다. 좀 더 신중한 전략은 다양한 주식과 채권으로 구성된 포트폴리오에 투자하여 그 상태를 오랜 시간 동안 유지하는 것이다. 이런 전략을 취하면 당신은 지금까지 상당히 높았던 것으로 판명된 시장 장기평균 수익률에 근접하는 수익을 올릴 수 있을 것이다. 시장 분위기에 맞춰 투자하는 사람들은 장기적으로 볼 때 좋은 성과를 거두기보다는 오히려 더 나쁜 성과를 거둘 가능성이 매우 높다.

생활 속의 경제행태 15.1

독점기업의 주식을 사는 것이 좋을까?

왜 독점기업 주식을 보유하는 것이 완전경쟁 기업 주식을 보유하는 것보다 좋지 않은가?

많은 사람들은 평균 수준의 이윤밖에 얻지 못하는 완전경쟁 산업 내 기업보다 이윤이 매우 높은 독점 기업의 주식을 매입하는 것이 더 좋다고 믿는다. 하지만 효율적 시장가설에서 시사하는 중요한 점은 이런 믿음이 잘못된 것이라는 것이다. 그 이유를 알기 위해, 두 개의 기업 중 한 기업은 독점기업이며 다른 기업보다 이윤이 두 배 더 높다는 것만 제외하고는 모든 면에서 동일하다고 가정하자. 두 기업 주가가 같다면 누구나 독점기업 주식을 보유하고자 하는 것은 당연하다. 하지만 바로 그 이유 때문에 두 주식의 가격은 같을 수가 없다. 독점기업은 초과이윤을 얻고 있으므로 주가는 다른 기업 주가보다 두 배 더 높은 가격으로 팔린다. 따라서 주식을 매입하는 사람의 입장에서는 그 두 기업 주식에 대한 수익률이 정확하게 동일하다. 독점기업의 이윤이 두 배 더 높은 것은 분명한 사실이지만 그 기업 주식을 매입하기 위해서는 두 배 더 높은 비용이 들기 때문이다.

생활 속의 경제행태 15.1은 이 장의 서두에서 언급했던 명백하게 이례적인 현상 중의 하나를 이해하는 데 도움을 준다. 경영을 가장 잘하는 기업들의 주식이 주식시장 전체보다 투자성과가 그다지 나을 게 없다는 것을 상기하도록 하자. 사실은 이 기업들의 투자성과가 약간 더 저조한 것으로 드러났다. 이는 경영을 가장 잘하는 기업들이 다른 기업들보다 더 높은 이윤을 얻고 있지 않다는 것을 의미하는 것은 아니라는 것을 이제는 알 수 있다. 만일 이 기업들이 경영을 더 잘하고 있어서 더 높은 이윤을 얻고 있으며, 투자자들이 이미 이런 사실을 알고 있다면, 이 기업들의 주가는 시작부터 높은 수준에 있었을 것이다. 이 기업들의 주가가 다른 기업들 주가보다 더 빠른 속도로 상승할 것으로 예상할 아무런 이유가 없는 것이다.

투자 정보지의 이례 현상

사람들이 얼마나 자주 나에게서 주식시장에 관한 조언을 들으려하거나 조언을 주겠다고 하는지 돌이켜 볼 때면 웃음을 참기가 어렵다. 예를 들어, 파티에서 사람들이 내가 경제학자라는 것을 알게 되면 어떤 주식을 매입해야 하는지 자주 묻는다. 그때마다 나는 만약 내가 그 질문에 대한 답을 알고 있다면 먹고살기 위해 일을 할 필요가 없을 것이라고 대답한다.

내가 경제학자라는 것을 알지 못하는 주식중개회사들은 여러 메일 목록에 올라가 있는 내 전화번호로 연락을 해서는 투자조언을 받을 생각이 있는지 자주 물어본다. 그때마다 나는 거절할 수밖에 없는데, 내가 특별히 어느 종목을 사야할지 잘 알고 있어서는 결코 아니다.

효율적 시장가설을 신뢰하는 대부분의 경제학자들은 투자조언에 따라 행동하는 것은 헛된 일이라고 생각한다. 이러한 일반적인 원칙에 한 가지 중요한 예외가 있다면 그것은 그 조언이 다른 투자자들이 얻을 수 없는 정보에 기반하고 있을 때이다. 예를 들어, 기적적인 암 치료법을 고안해낸 지넨테크 연구원이 당신 동생이라고 가정해보자. 그가 사무실에서든 나와 함께 살고 있는 집에서든 줄곧 이 문제에 매달려온 것을 당신은 알고 있고, 그의 경쾌한 발걸음을 보고 그가 방금 그 문제를 해결했다는 것을 알아차렸다고 가정하자. 당신은 다른 누구보다도 먼저 이 사실을 알게 되었기 때문에 지넨테크 주식을 매입하면 큰돈을 벌 수 있을 것이라는 강한 확신을 갖게 된다. 하지만 이 예에서조차 상당한 이득을 얻기 위해서는 재능, 노력, 혹은 행운이 필요하다는 원칙이 무용지물로 변하는 것은 아니다. 이 예에서 당신은 운 좋게도 다른 누구보다도 먼저 그 발견을 알아차렸을 뿐이다.

하지만 우리가 얻는 이윤창출 기회에 관한 정보는 며칠, 몇 주, 심지어는 몇 달이 지난 정보인 경우가 대부분이다. 그렇게 시간이 경과된 정보가 여전히 경제적 가치를 지니고 있는지를 파악하는 것은 매우 어렵다. 하지만 겉보기에 세련된 투자자들도 마치 낡은 뉴스가 투자정보로서의 가치가 있는 것처럼 행동하는 경우가 많다.

이러한 행동 중에서 가장 이해할 수 없는 예로는 투자정보지들을 들 수 있다. 대부분의 주요 주식중개회사들은 이 분야에서 뒤처지지 않기 위해 분석전문가들을 고용한다. 이 전문가들의 분석 결과는 투자정보지에 실려 구독자들에게 발송된다. 한 달에 한 번 정도 드문드문 출간되는 투자정보지의 구독료는 연간 수백 달러에 달하는 경우가 보통이다. 왜 사람들이 정보지에 게재되어 있는 투자정보를 가치가 있는 것으로 생각하는지 경제학자들로서는 의문이 들지 않을 수 없다.

이 의문을 이해하기 위하여, 한 분석전문가가 6월 1일에 어떤 기업의 이윤이 회계상의 오류로 실제보다 낮게 계산되었다는 것을 발견했다고 가정하자. 투자자들은 그 회사의 이윤 가능성이 실제보다 낮은 것으로 여기고 있었기에 그 기업의 주식은 지나치게 낮은 가격으로 거래되고 있었다. 이 전문가는 동료들과 상사에게 자신이 찾아낸 사실을 전달하고, 모두 달려들어 재차 살핀 끝에 정말 그렇다는 것이 확인된다. 6월 15일, 이 전문가는 그가 발견한 사항을 기사로 작성한다. 6월 22일에 투자정보지 초본이 편집실로 넘겨지고, 7월 6일 시안의 교정본이 되돌아온다. 오류가 시정되고, 7월 20일에 인쇄소는 완성본을 넘겨준다. 직원들은 그 정보지의 발송을 준비하고, 8월 1일에 구독자들은 투자정보지를 손에 넣는다.

그 정보를 최초로 발견한 시점부터 구독자에게 전달하는 시점까지 소요된 거의 두 달이라는 기간 동안 이미 많은 사람들이 그 정보를 토대로 투자를 할 수 있는 상황에 놓이게 된다. 예를 들어, 그 중개회사의 모든 직원들은 저평가된 해당 주식을 매입할 수 있는 기간이 두 달 가까이 있었다. 대형 중개회사들은 정보를 획득할 수 있는 풍부한 자원을 갖고 있으므로, 그 정보를 완전히 이용하기 위해 필요한 시간은 60분이면 충분하다. 물론 많은 투자정보지들은 한 달에 한 번 이상 출간되지만, 설령 투자정보지가 일간지라 하더라도 문제의 본질은 여전히 남는다. 즉각적으로 정보가 유통되는 인터넷상에서조차도 당신이 새로운 소식을 처음으로 접하는 사람이 될 가능성은 희박하다. 결국 여러분이 인터넷에서 읽은 정보를 누군가가 웹 페이지에 올린 것이 아닌가!

왜 사람들은 투자정보지에 게재되어 있는 정보를 이용해 돈을 벌 수 있다고 생각하는 것일까? 그리고 왜 이런 종류의 정보를 얻기 위해 일 년에 수백 달러에 달하는 구독료를 지불하는 것일까? 아마도 많은 사람들이 투자정보지를 구입하는 이유는 투자정보를 얻기 위해서가 아니라 시장의 흐름에서 뒤처지지 않기 위해서일 것이다. 자본시장에서 자산을 사고파는 것은 실제 사람들 틈에서 거래를 하는 것이다. 자본시장에서 열리는 사교모임이나 사업 관련 모임에서 사람들은 투자와 관련된 정보를 많이 아는 것이 유리하다는 것을 깨닫게 되고, 투자정보지는 이런 목표를 달성하는 데 도움이 될 수 있다. 하지만 투자정보지에 실린 투자조언을 이용하여 돈을 벌 수 있으리라고 믿는 것은 진정 순진한 생각이다.

투자자들을 위한 건전한 조언

앞 절에서의 논의는 투자 조언자들이 아무런 도움을 주지 못한다는 인상을 준다. 이와는 반대로, 많은 투자자들이 희망하는 것과는 다른 측면에서 전문적 투자조언이 하는 분명한 역할이 있다. 효율적 시장가설이 시사하는 바에 의하면, 투자 조언자들은 시장 전체보다 더 나은 성과를 가져다주는 주식들을 집어낼 수 있는 능력이 없다. 하지만 그들은 당신의 투자목적에 맞게 종목들을 선별하는 방법을 알려줄 수 있다. 좀 더 구체적으로 말하자면, 그들은 투자목적에 가장 잘 부합되도록 위험과 기대수익을 조합할 수 있게 현명한 결정을 내리도록 당신에게 도움을 줄 수 있다. 만일 당신이 은퇴 후를 대비하여 저축을 많이 하고자 하는 젊은이라면, 위험이 높지만 평균 이상의 수익을 올릴 수 있는 주식으로 포트폴리오를 구성하는 것이 좋을 것이다. 한동안은 그 성과가 저조할 수도 있겠지만, 당신이 실제로 갖고 있는 관심사가 장기간에 걸쳐서 가장 높은 수익을 올리는 것이라면 이 포트폴리오가 최상이 될 것이다.

이와 대조적으로, 만일 당신이 은퇴하는 날짜가 얼마 남지 않은 사람이라면, 좀 더 안전하지만 기대수익이 낮은 주식을 선택하라는 조언을 받을 가능성이 높다. 왜냐하면 이런 경우에 당신의 주요 관심사는 장기적으로 고수익을 올리기보다는 저축해 놓은 금액이 큰 폭으로 감소하지 않도록 보호하는 것이 중요하기 때문이다.

당신이 사회에 첫 발을 내딛게 되면 중개회사들로부터 전화가 와서는 시장을 이길 수 있도록 도움을 줄 수 있다는 말을 할 것이다. 그들의 제의를 정중하게 거절하고, 좀 더 현실적인 의미에서 어떠한 성과를 얻을 수 있는지를 말해주는 조언자를 수소문하기 바란다.

조세정책과 자본시장

투자소득에 대한 정부의 조세정책은 사람들의 자원배분 방식에 커다란 영향을 미치는 경우가 많다. 미국의 경우에는, 지방채를 보유하고 있는 사람들에게 적용되는 연방세를 면제해주는 것이 그 예이다. 지방채는 기업이 아닌 지방정부에 의해서 발행된다는 점을 제외하고는 모든 면에서 회사채와 같다. 투자자는 정부에게 일정 금액의 돈—예를 들어 $10,000—을 지불하고, 지방정부는 그 투자자에게 통상 10년이라는 특정 기간 동안 고정이자율—예를 들어, 5퍼센트—을 지급하고, 만기 시점에 원금 $10,000를 상환한다.

미국의회는 지방정부가 자금을 좀 더 쉽게 조달할 수 있도록 하기 위해 지방채의 투자로 벌어들인 이자에 대하여 연방소득세를 면제해주고 있다. 위의 예에서 지방채를 보유한 사람은 매년 소득세가 면제된 $500의 이자소득을 얻는다. 이와 대조적으로 연방채로부터 벌어들이는 이자에 대해서는 회사채 보유로부터 벌어들이는 이자와 마찬가지로 소득세를 내야 한다.

만일 당신이 정부의 이러한 정책에 대해서 처음 알게 되었다면, 왜 사람들은 지방채가 아닌 다른 종류의 채권을 사는지 의문이 들 것이다. 왜 사람들은 연방국채나 회사채를 사서 이자에 대한 세금을 낼까? 만일 지방채에서 제시된 조건들이 연방국채나 회사채에서 제시되는 조건들과 다른 면에서는 모두 동일하다면, 사람들은 지방채만 매입하려고 할 것이다. 하지만 다른 조건들이 동일하지 않다. 특히 지방정부들은 다른 채권의 발행자들과 동일한 이자율을 지급할 필요가 없다는 것을 곧바로 깨닫는다. 따라서 10년 만기 재무성증권(일반적인 연방국채)은 6퍼센트의 이자를 지급하지만, 아이오와 시(Iowa City) 채권은 5퍼센트만 지급할 수도 있다.

당신이 어떤 종류의 채권을 매입할지는 당신의 한계소득 세율에 달려 있다. 당신의 한계소득 세율이 33퍼센트라고 가정해보자. 연간 $600의 이자를 지급하는 연방채는 세금 납부 후에는 연간 $400의 이자밖에 남지 않는다. 이 경우에는 이자가 연간 $500로 더 작지만 세금을 낼 필요가 없는 지방채를 구입하는 것이 더 좋다. 이와는 달리, 당신의 한계세율이 10퍼센트에 불과하다고 가정해보자. 이때 연방국채의 세후 소득($540)은 지방채의 소득(여전히 $500이다)보다 높을 것이다.

조세정책은 기업이 자본장비를 구입할지 또는 임대할지를 결정하는 데에도 영향을 미친다. 연방조세법에 의해 기업들은 그들이 소유하고 있는 모든 자본장비에 대해 감가상각 충당금을 적립할 수 있다. 이 충당금의 세부내용은 복잡하지만 간단한 예를 통해 핵심적인 내용을 파악할 수 있다. 만일 어떤 기업이 10년의 수명을 가진 기계를 소유하고 있다면 기계의 가치가 마모되는 것을 반영하여 매해 기계 구입가격의 10퍼센트를 기업이윤에서 공제할 수 있다. 이렇게 함으로써 이윤 중 일부에 대한 세금 납부를 피할 수 있다. 장비의 마모는 기업의 합법적인 운용비용이므로 이는 경제학적으로도 타당하다. 기업은 노동, 종이 또는 다른 종류의 투입물의 구입비용과는 달리 감가상각비용에 대해서는 더 이상 세금을 납부할 필요가 없을 것이다.

감가상각 충당금은 무엇보다도 기업이 소득세를 납부해야 하는 경우에만 세금 납부액을 줄여줄 수 있다. 만일 어떤 기업이 이윤이 아닌 손실을 보고 있거나 또는 부실기업이라면, 이 기업은 연방정부에 세금을 납부할 필요가 없으므로 감가상각 충당금에 대한 청구권이 행사될 기회조차 없다. 이런 사실은 법인소득세를 조금밖에 내지 않거나 전혀 낼 필요가 없는 기업들에게 자본장비를 임대해주는 기업이 등장할 수 있는 기회를 제공한다. 임대회사는 감가상각 충당금 전부에 대해 청구권을 행사할 수 있기 때문에 고객들에게 그들 스스로 구입할 때보다 더 저렴하게 자본을 공급할 수 있다. 그러나 사회전체적인 관점에서는 자원이 절약되는 현상이 생기지 않는다. 이 과정에서 기업들이 절약하는 만큼 정부의 조세수입이 감소한다. 이 두 가지 상반된 효과로 인해, 실제로는 일부 자원이 임대회사를 설립하는 데 소요되었다는 점을 감안한다면 산출물의 총가치는 오히려 감소했다고 보는 것이 옳다.

기업들은 소득세를 줄이기 위해 다양한 방법으로 실물 자원구입에 자금을 지출한다. 기업이윤에 대한 과세가 폐지되는 경우 이러한 낭비를 없앨 수 있을 것이다. 그렇게 되면 더 많은 소득이 기업의 주주들에게 돌아가게 될 것이고, 이 소득에 대해서는 정부가 적당하다고 판단하는 어떤 수준의 세율로도 과세가 가능할 것이다.

15.8 경제적 지대

경제적 지대

생산요소에 지불되는 것과 생산요소를 현재 용도로 묶어두기 위해 요구되는 최저금액과의 차이

일상생활에서 "임대료"라는 용어는 지주, 렌터카회사, 또는 어떤 다른 소유자가 실질 경제 자산을 사용하는데 대한 대가로 받는 금전을 일컫는다. 하지만 경제 분석에서는 이 용어의 정의가 약간 다르다. **경제적 지대**(economic rent)란 생산요소의 소유자가 실제로 수령하는 금액과 그의 유보가격(그로 하여금 생산요소를 현재 용도에 사용하게끔 만드는 최저 금액)과의 차이이다. 예를 들어, 만일 어떤 지주가 월 $100 이하로는 토지를 누군가에게 경작하도록 하기보다는 그냥 놀리는 것이 더 낫다고 판단한다면, 현재 그가 수령하는 월 $250의 임대료 중 $150가 경제적 지대가 된다.

만일 어떤 투입물의 공급이 완전 비탄력적이라면(즉, 소유자는 가격이 아무리 낮아도 그 투입물을 공급한다면), 그 소유자가 수령하는 금액 전부가 경제적 지대가 된다. 이런 상황이 그림 15.3a에 나타나 있다. 그러나 어떤 투입물 소유자의 공급곡선이 우상향의 기울기를 갖고 있다고 가정하면, 그림 15.3b에서 볼 수 있듯이 그 투입물의 수요곡선과 가격이 r_1^*에서 교차하게 된다. 만일 구매자들이 담합하여 소유자로 하여금 K_1^* 단위의 투입물을 공급하든지 말든지 둘 중에 하나를 선택하라고 강요할 수 있다면, 소유자가 수락할 수 있는 최저금액은 K_1^*까지의 공급곡선 아래 면적(그림 b에서 색칠된 공급곡선의 아래 영역)과 같을 것이다. 하지만 구매자들이 담합하지 않을 경우 소유자는 각 단위에 대하여 r_1^*의 가격을 받을 수 있으므로, 이 최저금액보다 더 큰 금액을 받을 수 있다. 그 경우 그의 경제적 지대는 공급곡선 위의 색칠된 영역이다.

요소시장에서의 경제적 지대는 생산물시장에서의 생산자 잉여와 유사하다. 앞서 공부한 내용을 다시 떠올려 보면, 생산자 잉여란 생산물시장에서 특정한 양의 산출물을 공급하는

그림 15.3

경제적 지대

(a) 투입물 공급이 완전 비탄력적일 때에는 소유자가 받는 금액 전부가 경제적 지대이다. (b) 공급곡선이 우상향의 기울기를 보이는 투입물의 소유자가 수령하는 경제적 지대는 공급곡선 위의 색칠된 영역이다.

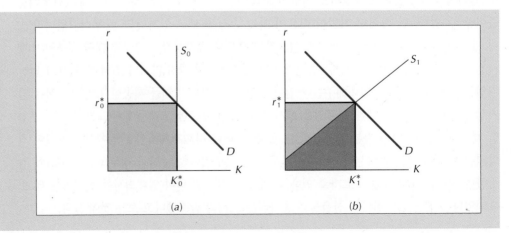

데 요구되는 최저금액을 초과하는 수입을 말한다. 생산자 잉여와 마찬가지로, 다른 조건이 일정할 때 생산물의 공급곡선이 비탄력적일수록 경제적 지대는 더 커질 것이다.

생산요소에 지급되는 금액이 경제적 지대에 해당하는지의 여부는 거래를 바라보는 관점에 달려 있다. 예를 들어 맥그로힐(McGraw-Hill) 본사가 들어서 있는 한 구획의 토지를 생각해보자. 토지 소유자의 관점에서는 그 부지를 사용하는 대가로 맥그로힐이 지급하는 월 임대료 중 경제적 지대에 해당하는 것은 전무하다. 왜냐하면 맥그로힐이 이보다 낮은 임대료를 지급하고자 한다면, 토지 소유주는 이와 동일한 임대료로 다른 기업에게 부지를 임대해줄 수 있기 때문이다. 그런 의미에서 맥그로힐은 필요한 것 이상의 임대료를 내고 있지 않다. 하지만 이 거래를 경제 전체의 관점에서 바라보면 임대료 전액이 사실상 경제적 지대이다. 그 이유는 토지소유자는 임대료가 아무리 많이 하락하여도 누군가에게 결국 토지를 임대해줄 것이기 때문이다.

사람들은 임대료를 자본투입물 소유자에게 지급하는 금전과 관련된 것으로 여기지만, 경제적 지대는 노동시장에서 더욱 중요한 의미를 지니는 경우가 많다. 특히 14장에서 공부한 승자독식 시장의 경제학에 대한 논의를 상기해보자. 희귀한 재능이나 능력을 가진 사람들은 거의 무료로 주어진 일을 기꺼이 수행할 의사가 있는 경우에도 엄청나게 높은 급여를 받는 경우가 많다. 예를 들어, 최고의 연예인들과 프로 운동선수들이 받는 수백만 달러의 급여 중 대부분은 경제적 지대인데, 그 이유는 이 부분이 여가를 포기한 대가로 받는 보상이 아니기 때문이다.

15.9 첨두부하 요금제

한 기업의 자본에 대한 수요는 자본 임대료율뿐만 아니라 이 기업이 생산물의 구매자들에게 자본 임대비용을 할당하는 방식에도 의존한다. 이 관계가 갖고 있는 특성을 이해하기 위해, 그리고 동시에 매우 중요한 정책적 이슈에 대한 이해를 돕기 위해 하루 중 시간대별로 그 수요가 매우 다른 전력의 경우를 생각해보자. 지금까지는 전력회사들을 주정부의 규제하에 두고, 그들로 하여금 하루 또는 연중 내내 판매되는 전기에 대해 동일한 요금을 받도록 하였다. 이 요금은 일반적으로 기업들이 노동, 장비, 연료 및 기타 비용에다가 정상적인 투자 수익을 더한 금액을 충분히 충족시킬 수 있는 수준에서 책정되었다.

하지만 최근에 규제위원회는 요금을 소비가 이루어지는 시점의 전반적인 사용 강도와 직접 결부시키는 방식으로 요금체계 정책의 변화를 꾀하기 시작했다. 예를 들어, 일과시간인 오전 8시부터 오후 8시 사이에는 전기사용량이 가장 많으므로 다른 시간보다 더 높은 요금을 부과하도록 하는 것이다. 이러한 요금체계를 일컬어 **첨두부하 요금제**(peak-load pricing)라고 한다.

첨두부하 요금제의 효과를 이해하기 위하여 발전기와 연료라는 두 가지 종류의 투입물만 사용하는 전력회사를 생각해보자. 단기적으로 고객들의 전기수요가 시간대별로 그림 15.4에서 나타난 패턴에 따라 달라진다고 생각해보자. 일과시간 동안의 수요곡선은 "첨두 수요"(peak demand)라고 부르고, 하루 중 나머지 시간 동안의 수요곡선은 "비첨두 수요"(off-peak demand)라고 부른다. 이 전력회사가 처음에는 킬로와트당 10센트라는 한

첨두부하 요금제

재화나 서비스가 가장 집중적으로 사용되는 시간대에 좀 더 높은 요금을 부과하는 방식

가지 요금으로 전력을 공급하고 있으며, 이 요금으로 벌어들이는 판매수입은 모든 비용을 정확하게 충당할 수 있다고 가정하자. 그림에서 보듯이 전력요금이 킬로와트당 10센트로 동일하게 부과될 경우, 첨두 수요는 월 250 메가와트이다.

만일 평균 생산비용이 킬로와트당 10센트라면 비첨두 사용자들에게 공급하는 한계비용은 킬로와트당 10센트 미만이지만, 첨두 사용자들에게 공급하는 한계비용은 그 이상이라는 것을 알 수 있다. 왜냐하면 비첨두 사용자들에게는 발전 장비를 추가로 가동시키지 않고도 전기를 공급할 수 있지만, 첨두 사용자들에게는 장비를 추가로 가동시켜야 전기를 추가로 공급할 수 있기 때문이다. 비첨두 사용자들에게 공급할 때 소요되는 유일한 비용은 이 시간 동안에 놀고 있던 발전기를 추가로 가동시키는 데 소요되는 추가 연료뿐이다. 비첨두 한계비용은 킬로와트당 5센트라고 하자. 첨두 시간 동안의 추가 비용은 연료비뿐만 아니라 추가적으로 필요한 자본비용도 포함될 것이다. 이해를 돕기 위해 첨두 시간 동안의 한계비용이 킬로와트당 12센트라고 하자.

마지막으로, 전력회사는 첨두 시간 사용자에 대해 킬로와트당 12센트를, 비첨두 사용자에게는 킬로와트당 5센트의 요금만 부과한다고 가정하자. 그림 15.4에서 볼 수 있듯이, 첨두 시간 동안의 소비는 월 45메가와트가 감소하였고, 이 감소량 중 대부분은 비첨두 시간으로 이동하였다. 이러한 이동은 다양한 방식으로 이루어진다. 예를 들어, 사람들은 온수기, 에어컨, 난방기 등이 비첨두 시간 동안에만 가동되도록 하는 타이머를 구매할 수 있다. 첨두 시간에는 식기세척기, 세탁기 및 건조기의 사용을 자제할 수도 있다. 이렇게 소비패턴을 바꾼 결과, 전력회사는 훨씬 작은 발전 능력으로도 고객들에게 전력을 공급할 수 있게 된다. 이러한 비용 절감의 결과는 소비자들의 생활수준 향상으로 나타난다.

첨두부하 요금제는 전력산업 분야에만 국한되지 않는다. 항공회사들은 성수기에 할인좌석제도를 일부 또는 전부 중지하는 첨두부하 요금제를 실시한다. 많은 스키장에서는 주말에 리프트 요금을 올려 받는다. 리조트 호텔은 계절에 따라 숙박료를 달리 받는다. 워싱턴 메트로(Washington Metro)는 출퇴근시간에는 더 높은 버스 요금을 받는다. 그리고 11장에서 살펴본 바와 같이 많은 영화관들은 저녁식사 시간에는 낮은 관람료를 받는다. 자본비용을 그 비용을 유발한 사용자에게 할당하는 방식으로 요금체계를 적용해본 결과, 필요한 자본 총량을 상당히 줄일 수 있다는 것을 경험을 통해 알게 되었다.

그림 15.4

첨두부하 요금제의 효과

전력회사가 첨두 시간에는 높은 요금(P = 12)을, 그리고 비첨두 시간에는 낮은 요금(P = 5)을 부과할 경우 소비자들은 비첨두 시간으로 전기소비를 이동하게 된다. 첨두 시간 동안의 전기사용이 줄어든 결과 전력회사들은 훨씬 적은 양의 전력 장비를 가지고도 소비자들에게 전기를 공급할 수 있다.

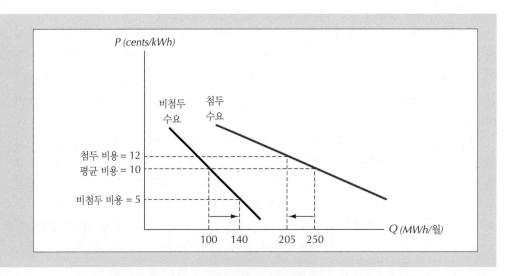

15.10 생산투입물로서의 재생불가능한 자원 _____

인간이 만든 기계 및 장비와 더불어 천연자원 또한 많은 생산과정에서 중요한 역할을 하는 투입물이다. 미시경제학적 분석은 재생불가능한 자원의 경우에 특별히 흥미로운 통찰력을 제공해준다. 재생불가능한 자원은 사람들이 다시 보충할 수 없는 자원을 말한다. 석유, 금, 티타늄, 알루미늄 등이 그 예이다. 일단 지구에 있는 이 물질들의 재고량이 고갈되면, 이러한 것들이 없어도 우리가 할 수 있는 최선의 방책을 강구해야 한다. 경쟁시장은 어떻게 재생불가능한 자원을 배분할까?

재생불가능한 자원의 소유자는 두 가지 선택권을 갖고 있다. (1) 그 자원을 당분간 보유할 수 있다. 또는 (2) 그는 그 자원을 팔 수 있다. 첫 번째 선택에 내포된 기회비용은 그 자원을 팔아서 얻은 수입을 은행에 예금했다면(또는 그 돈으로 주식이나 채권을 구매했다면) 얻을 수 있었을 이자소득이다. 재생불가능한 자원의 소유자가 그 자원을 보유하는 유일한 경제적 이유는 그 자원의 가격이 다른 재화나 서비스의 가격보다 상대적으로 더 많이 상승할 것이라고 기대하기 때문이다. 당신이 현재 배럴당 \$60인 석유 수백만 배럴을 보유하고 있다고 가정하자. 실질이자율이 5퍼센트일 때 당신이 석유를 일부라도 보유하게 만들려면 내년에 석유 가격이 얼마나 상승하여야 할까? 유가가 배럴당 \$66로 상승한다고 가정하자. 만일 지금 당신이 석유를 전부 팔고 그 수익금 전액을 5퍼센트의 이자율로 예금한다면, 당신의 재산 총액은 내년에 5퍼센트 증가할 것이다. 하지만 석유를 팔지 않고 계속 보유하면 당신의 재산 총액은 10퍼센트 증가할 것이다. 두 번째 선택이 더 좋다는 것은 말할 나위도 없으므로, 당신은 석유를 한 방울도 팔지 않을 것이다. 그 반면에 유가가 내년에 배럴당 \$61.5까지만 상승할 것으로 예상한다면, 지금 석유를 전부 팔고 5퍼센트의 이자율로 그 수익금을 투자하는 것이 가장 확실한 선택이다. 유가가 배럴당 \$60에서 \$61.5로 상승했다는 것은 당신이 보유하는 석유의 가치가 2.5퍼센트밖에 증가하지 않을 것임을 의미한다.

이 예로부터 분명히 알 수 있는 것은 재생불가능한 자원시장이 균형에 도달하기 위해서는 자원의 가격이 실질이자율과 정확하게 같은 속도로 상승하여야 한다는 것이다. 실질이자율보다 느린 속도로 가격이 상승하면 모든 소유자들은 자원을 팔려고 할 것이고, 그보다 빠른 속도로 가격이 상승하면 거래가 완전히 실종될 것이다. P_0를 재생불가능한 자원의 가격, 예를 들어 석유의 현재 가격이라고 하자. 이 가격이 연 i의 비율로 상승한다면, t년이 경과한 뒤의 가격을 수학적으로 표현하면 다음과 같으며, 그 가격 경로가 그림 15.5에 나타나 있다.[2]

$$P_t = P_0(1 + i)^t. \tag{15.7}$$

재생불가능한 자원의 가격이 실질이자율의 속도로 상승하는 경향이 있다는 사실로부터 두 가지 중요한 결론을 얻을 수 있다. 첫째, 재생불가능한 자원에 대한 수요곡선은 다른 곡선과 마찬가지로 우하향의 기울기를 가지므로, 이 자원의 가격이 점차적으로 상승함에 따라

---

2. 만일 가격 상승이 연속적이라면 정확한 관계식은 다음과 같을 것이다.

$$P_t = P_0 e^{it}.$$

여기서 e는 상수 2.7183이다. 식 (15.7)은 이 관계의 근사식이다.

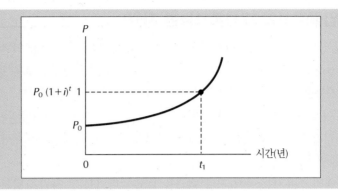

그림 15.5

재생불가능한 자원의 균형가격 경로

재생불가능한 자원시장이 균형에 있을 때, 가격은 실질이자율의 속도로 상승할 것이다.

수요량은 점차적으로 감소할 것이라는 것이다. 이는 자원의 최초 재고량이 서서히 고갈되기는 하겠지만 급격하게 고갈되지는 않을 것임을 의미한다. 남아 있는 재고량이 점점 감소할수록 가격상승에 따라 자원이 추출되는 속도는 감소할 것이다.

가격 상승이 가져오는 두 번째 중요한 효과는 재생불가능한 자원의 대체재 생산을 촉진시킨다는 것이다. 지구상의 석유는 얼마 안 가서 고갈될 것이다. 오늘날 우리가 석유를 이용하는 활동들은 언젠가는 다른 수단을 사용하는 방식으로 바뀌어야 하며, 그렇지 않다면 그런 활동들은 사라져버릴 것이다. 석유가 점점 더 비싸짐에 따라 기업가들은 석유를 필요로 하는 활동에 필요한 대체수단을 발견하기 위하여 많은 노력을 기울일 것이다.

현재 저장되어 있는 석유의 양이나 대체기술의 미래 비용에 대해 확실히 알지 못하고 있음에도 불구하고, 석유시장이나 다른 재생불가능한 자원시장은 대부분 상당히 원활하게 작동하고 있다. 이 시장에서 발생하는 심각한 교란 현상은 보통 정치적 이유로 인한 공급물량 감축에 따른 것이다. 공급상의 교란 외에도 이 시장의 작동을 방해하는 가장 큰 위협은 재생불가능한 자원 가격의 자연스런 상승을 억제하려고 시도하는 정책이다.

가난한 사람들에게 저렴한 에너지 공급을 유지하기 위해, 카터 행정부는 1970년대 말에 복잡한 연료가격 통제정책을 실시하였다. 에너지 가격을 평균가격보다 훨씬 낮은 가격에 묶어둠으로써 시장배분의 특징이라 할 수 있는 에너지 공급원의 점진적인 이행을 방해하였다. 에너지 가격의 변화는 시장의 힘에 맡겨두고, 그 대신에 가난한 사람들의 짐을 덜 수 있는 다른 방법을 찾는 것이 훨씬 좋은 정책이었을 것이다.

이 장의 부록에서는 재생불가능한 자원의 이용에 대해 더욱 자세히 살펴볼 것이다.

▪ 요약 ▪

- 이 장에서 우리는 자본투입물 서비스시장을 고찰했다. 노동투입물에 관한 고찰에서 얻은 여러 결과들이 자본에도 그대로 적용된다. 그러므로 한 기업의 자본투입물 서비스에 대한 수요는 이 투입물의 한계수입생산물—완전경쟁 기업의 경우에는 한계생산물가치—이다. (학습목표 1)

- 자본을 다른 투입물과 구별 짓는 한 가지 특징은 다른 투입물들이 통상 기간별로 고용되는 데 비해, 자본장비는 기업에 의

해 온전히 소유되는 경우가 많다는 것이다. 기계를 구입해야 할지 말아야 할지에 대해 고려 중인 기업은 산출량이 현재 기간뿐만 아니라 미래 기간에도 얼마나 증가할지 검토해야 한다. 이 기업의 의사결정 원칙은 기계로 창출된 현재 및 미래 수입의 현재가치가 기계의 구매가격보다 큰 경우에만 그 기계를 구입하는 것이다. 이 원칙은 자본 임대료율을 결정하는 요소들이 무엇인지 알 수 있게 해준다. 이 요소들로는 이자율

(또는 차입금의 기회비용), 물리적 및 기술적 감가상각률, 그리고 미래에 예상되는 자본 가격의 움직임이다. (학습목표 3)

- 실질이자율은 실질 재화 혹은 서비스와 동등한 가치에 해당하는 이자율이다. 예를 들어, 만일 한 은행이 100온스의 금을 빌려주고 1년 후 105온스를 상환할 것을 요구한다면, 실질이자율은 5퍼센트가 될 것이다. 인플레이션율이 낮을 때, 명목이자율은 근사적으로 실질이자율에 인플레이션율을 더한 값이다. 이런 관계는 왜 은행이나 다른 대부자들이 청구하는 이자율이 전반적인 인플레이션과 동반하여 움직이는 경향이 있는지 분명하게 밝혀준다. (학습목표 5)

- 한 기업의 차입자금에 대한 수요는 이 기업이 보유하고자 하는 자본장비의 양과 실제로 보유하고 있는 양과의 차이에 의해서 결정된다. 대부자금의 공급은 이 시장에서 차지하는 해외 대부자들의 중요성 때문에 이자율에 매우 민감하게 반응한다. 시장이자율과 균형 차입량은 대부자금의 공급 및 수요 곡선의 교차점에서 결정된다. (학습목표 4)

- 주식 및 채권 시장은 새로운 자본장비를 구입하는 데 필요한 자금을 조달하는 주요 공급원 중 하나이다. 회사채는 본질적으로 채권 매입자가 기업에게 제공하는 대출이다. 채권은 만기가 가까워질수록 그 가격이 액면가로 수렴한다. 하지만 만기가 아직 많이 남아 있는 채권은 현재 이자율과 채권가격 사이에 상당한 음의 상관관계를 보일 것이다. 어떤 주식의 가격은 현재 및 미래 이윤을 위험에 대해 적절하게 할인한 현재가치이다. (학습목표 6)

- "효율적 시장가설"에서는 위험이 일정할 때 한 기업의 현재 및 미래 수익과 관련하여 얻을 수 있는 모든 정보가 주가에 즉각적으로 반영된다고 주장한다. 이 주장이 함축하는 바는, 투자자가 어떤 주식을 매입하더라도 그 성과에는 아무런 차이가 없다는 것이다. 따라서 효율적 시장가설은 왜 "전문가들"의 투자 조언이 거의 또는 전혀 쓸모가 없는지 설명해준다.

- 조세정책은 자본시장에서의 의사결정에 다양한 영향을 미친다. 지방채의 경우 세금을 면제시켜준다는 사실은 왜 지방채 이자율이 일반적으로 과세가 되는 채권들보다 낮은지 설명해준다. 또한 조세정책은 가끔 기업들로 하여금 자본장비를 구입하기보다는 임대하도록 유인한다.

- 경제학자들에 의해 사용되는 "지대"라는 용어는 일상생활에서 친숙하게 사용하는 의미와 약간 다르다. 경제적 지대는 어떤 생산요소에게 지급되는 금액에서 그 생산요소를 현재 용도에 묶어두기 위해 요구되는 최저금액을 차감한 값이다. 이 정의에 따르면, 자본 소유자들이 수령하는 금액 중 상당 부분은 경제적 지대이다. 지대는 노동시장에서도 소득의 상당 부분을 차지하는 경우가 있다. (학습목표 7)

- 첨두부하 요금제에서 기업들과 규제기관들은 자본장비에 대한 수요의 강도가 매우 크게 달라질 때 장비 사용에 대해 얼마를 청구해야 할지 결정해야 한다. 언제나 그렇듯, 효율적 배분의 원칙은 한계비용에 근거하여 가격을 결정하는 것이다. 첨두부하 요금제는 자본장비의 사용량을 현격하게 줄이면서 시장수요를 충족시킬 수 있도록 해준다. (학습목표 8)

- 원유 또는 티타늄처럼 재생불가능한 자원들의 경쟁적인 시장에서는 가격이 실질이자율과 같은 속도로 상승하는 경향이 있다. 이런 경향은 재생불가능한 자원이 고갈되는 속도를 늦춰 줄 뿐만 아니라 새로운 대체재가 개발되는 속도를 촉진시킨다. 그리고 재생불가능한 자원의 사용과 이 자원의 궁극적인 대체재 사이의 원활한 이행을 보장해준다. (학습목표 9)

▪ 복습문제 ▪

1. 실물자본과 금융자본의 차이점은 무엇인가? 왜 한 유형의 자본에 대한 관심은 반드시 다른 유형의 자본에 대한 관심과 결부되는가? (학습목표 1)

2. 감가상각이 다른 비용과 마찬가지로 경제적 비용이 되는 이유를 설명하여라. (학습목표 2)

3. 왜 이자율이 상승하면 경제학적으로 미래의 사건이 덜 중요해질까? (학습목표 6)

4. 왜 명목이자율은 대체로 인플레이션율과 같은 속도로 상승할까? (학습목표 5)

5. 왜 채권가격과 이자율은 반대 방향으로 움직일까?

6. 왜 공표된 투자정보는 큰 값어치를 갖고 있지 못할까?

7. 우리나라에서 시행되고 있는 첨두부하 요금제의 예를 세 가지 제시하라. (학습목표 8)

8. 젊은 투자자와 은퇴소득을 즉시 필요로 하는 나이든 투자자 중 통상적으로 누가 더 높은 기대수익을 달성하겠는가?

▪ 연습문제 ▪

1. 당신은 두 대의 컴퓨터 중 어느 쪽을 구입해야 할지 결정해야 한다. 이자율은 0.09이고, 두 컴퓨터의 유지보수비율(구입가격 대비 유지보수비용이 차지하는 비율)은 0.01이다. 첫 번째 컴퓨터의 구매비용은 $4,000이고 물리적 및 기술적 감가상각률은 0.10이다. 구식 컴퓨터가 되기 직전인 두 번째 컴퓨터는 물리적·기술적 감가상각률이 0.30이다. 두 컴퓨터의 연간 임대료가 같다면, 구매가격이 얼마일 때 당신은 두 번째 컴퓨터를 기꺼이 구입하겠는가? (학습목표 3)

2. 구매비용이 $100인 기계는 향후 3년 동안 매년 $30의 수익을 창출하고, 3년이 경과한 시점에서 $30의 가격으로 폐기처분될 것이다. 만일 이 기업이 직면하고 있는 이자율이 10퍼센트라면, 이 기업은 이 기계를 구입해야 할까? (학습목표 3)

3. 어떤 영구채가 그 보유자에게 연 $3,000을 지급한다고 가정하자. 5퍼센트의 이자율에서 이 채권의 가격은 얼마일까? 이자율이 6퍼센트일 때에는? (학습목표 6)

4. 만일 모든 사람의 한계세율이 50퍼센트이고, 과세가 되는 국채에 대한 이자율이 8퍼센트라면 비과세 되는 국채에 대한 이자율은 얼마일까? (학습목표 6)

5. 만일 과세가 되는 정부 콘솔에 대한 이자율이 10퍼센트라면, 정부가 모든 사람의 한계세율을 50퍼센트에서 30퍼센트로 인하하는 경우, 과세가 되지 않는 정부 콘솔의 가격에 어떤 일이 발생할까? (학습목표 6)

6. 투자자들 대부분은 그들이 보유하고 있는 주식의 발행 기업들이 중국에서 사업을 하는 것에 대하여 신경을 쓰지 않는다고 가정하자. 중국에서 사업을 하고 있는 주식 수익률은 중국에서 사업을 하고 있지 않은 주식 수익률과 어떻게 다를까? (학습목표 6)

7. 토니가 운영하는 이발관에는 의자 네 개와 네 명의 이발사가 있다. 네 명 모두가 계속 머리를 깎아야 하는 토요일 오전을 제외하고, 대부분의 시간은 최소한 한 명의 이발사는 머리를 깎지 않는다. 토요일 오전의 이발비용이 다른 시간보다 왜 더 비싼지 그 이유를 경제학을 모르는 사람들이 이해할 수 있는 용어를 사용하여 설명하라. (학습목표 8)

8. 1890년경에 보르도(Bordeaux)의 포도농장들이 뿌리진디병(포도나무 뿌리를 공격하는 진디)에 걸렸다. 포도 품종들을 보호하기 위해 보르도 포도나무를 미국산 포도나무 뿌리에 접목시켰다. 1890년 이래로 모든 보르도 포도주는 미국산 포도나무 뿌리에 접목시킨 포도나무로부터 수확한 포도로 제조된다. 이 포도주의 맛은 뿌리진디병에 걸리기 전에 제조된 포도주의 맛과 다르다. 진디병에 걸리기 전에 제조된 보르도 포도주 한 병의 가격은 수천 달러에 달한다. 당신이 이 포도주 한 병을 갖고 있는데, 그 가격은 현재 $2,000이며 당신은 투자 목적으로만 이 포도주에 관심을 갖고 있다고 가정하자. 시장이자율이 i일 때, 투자 목적으로 이 포도주를 보유하는 것이 유리해지기 위해서는 n년 후 기대가격이 얼마가 되어야 할까? (학습목표 6)

▪ 개념 확인 해답 ▪

15.1 $k = i + m + \partial$이므로, $k = 0.08 + 0.02 + 0.10 = 0.20$이 된다. 그러므로 연 임대료는 $k(\$5,000) = \$1,000$가 될 것이다. (학습목표 2)

15.2 $PV = (121/1.1) + (121/1.1^2) + (242/1.1^2) = 110 + 100 + 200 = \$410.$ (학습목표 6)

15.3 10퍼센트일 때 가격은 $\$120/0.10 = \$1,200$이다. 5퍼센트일 때 가격은 $\$120/0.05 = \$2,400$가 되므로, 가격은 $\$1,200$ 만큼 상승한다. (학습목표 6)

APPENDIX 15A

재생불가능한 자원의 배분에 관한 심층적 고찰

A More Detailed Look at Exhaustible Resource Allocation

15A.1 생산 투입물로써의 천연자원

인간이 만든 기계 및 여타 장비와 더불어 천연자원 역시 많은 생산과정에서 중요한 투입물 역할을 한다. 분석을 위해 천연자원을 대개 두 가지 범주로 구분한다. (1) 나무와 같은 재생가능한 자원, (2) 재생불가능한 자원, 즉 그 양이 한정되어 있어서 한 번 소비되면 대체할 수 없는 것들. 재생불가능한 자원의 흔한 예가 석유이다. 이 두 가지 종류의 자원을 차례대로 살펴보자.

재생가능한 자원

투입물로써의 재생가능한 자원과 관련하여 발생하는 경제적 이슈를 이해하기 위해, 자신이 소유한 땅에서 자란 나무로 목재를 생산하는 사업을 하는 목재회사의 경우를 생각해보자. 이 기업의 목표는 현재와 미래 이윤의 현재가치를 극대화하도록 나무를 심고, 관리하고, 벌목하는 것이다.

농업 전문가는 어느 간격으로 나무를 심을지, 어떤 비료를 쓸지 등에 대해 기업에게 조언해준다. 경제학자가 전문적으로 하는 일은 언제 벌목할지에 대한 질문에 답하는 것이다. 매년 기업은 벌목을 할 것인지 아니면 일 년 더 자라게 둘지 결정해야 한다. 지금 벌목해서 얻을 수 있는 혜택은 당장 수입을 얻을 수 있다는 것이다. 만일 기업이 일 년을 더 기다린다면 당분간은 수입이 없겠지만 그 동안 나무는 계속 자랄 것이다.

나무들이 그림 15A.1의 B로 표시한 성장곡선처럼 시간이 흐르면서 자란다고 가정하자. 또한 그 기간 동안 목재 가격에는 변동이 없고, 소수로 표시된 실질 시장이자율은 연 i로 일정하다고 가정하자. 그렇다면 목재를 만들기 위해 나무가 몇 살이 되었을 때 벌목되어야 할까?

나무 한 그루를 판매하여 얻는 수입은 그 나무의 목재량에 비례한다. 성장곡선의 기울기 $\Delta B/\Delta t$는, 기업이 Δt년만큼 더 기다릴 때 추가로 얻을 수 있는 목재의 양을 의미한다. 나무를 베지 않고 그대로 둘 때 수입성장률은 추가된 목재량을 나무의 크기로 나누어준 $(\Delta B/\Delta t)/B$이다. 그러므로 만약 Δt가 1년이고 $\Delta B = 0.10B$라면 목재의 성장속도(즉 총수입의 성장률)는 연 0.10이 될 것이다. 시간이 흐르면서 곡선 B의 기울기는 결국 감소하기 때문에

(그림 15A.1 참조), 그림 15A.2에서 볼 수 있듯이 $(\Delta B/\Delta t)/B$ 역시 시간이 흐르면서 결국 감소할 것이다.

기업이 나무를 계속 자라게 놔두는 대신 지금 벌목하고 그 수익금을 시장이자율로 투자한다면, 수입증가율은 연 i가 될 것이다. 그러므로 벌목시점은 다음 식이 성립할 때이다.

$$\frac{\Delta B/\Delta t}{B} = i. \qquad (15A.1)$$

그림 15A.2에는 이 시점이 $t = t^*$이다. t의 값이 t^*보다 왼쪽에 있을 때 나무의 성장속도가 예금액의 성장 속도인 i보다 더 빠르므로, 기업은 조금 더 기다리는 것이 좋다. 한편 t가 t^*보다 클 때에는 i의 실질이자율로 예금한 돈이 불어나는 속도가 목재의 성장속도보다 더 빠르므로, 이 기업은 벌목시점을 앞당기는 것이 좋다.

개념 확인 15A.1

어떤 나무에서 나오는 목재의 양은 $B = 80\sqrt{t}$이고, 이 곡선의 기울기는 $\Delta B/\Delta t = 40/\sqrt{t}$이다. 연 이자율이 0.02일 때, 이 나무를 몇 년차에 벌목해야 할까?

그림 15A.1

나무의 성장곡선

곡선 B는 한 나무의 목재량이 그 나무의 연령의 함수라는 것을 보여준다. 이 곡선의 어느 한 점에서의 기울기는 $\Delta B/\Delta t$이다.

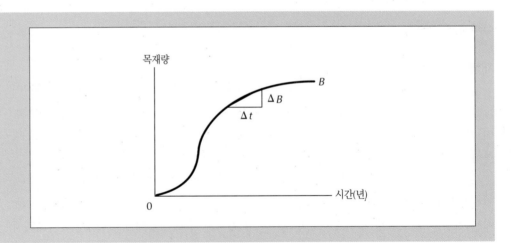

그림 15A.2

최적 벌목시점

최적 벌목시점 t^*는 나무의 성장속도 $(\Delta B/\Delta t)/B$가 실질이자율 i와 일치하는 때이다. 그 시점에서 나무를 Δt년 동안 더 키운 뒤 팔 때 추가되는 수입은 벌목한 나무를 팔아 얻은 수입을 투자할 때 얻을 수 있는 이자소득과 똑같다.

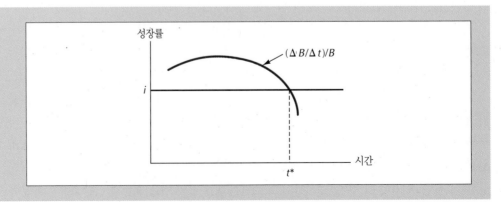

나무의 최적 벌목시점은 나무의 크기가 가장 클 때가 아니라는 점에 유의하자. 오히려 최적 벌목시점에서 나무는 여전히 $i > 0$의 속도로 성장하고 있다. 기업의 목표는 어떤 나무에서 가능한 한 많은 목재를 얻는 것이 아니라 지속적으로 성장하는 나무로부터 얻을 수 있는 순수입을 극대화하는 것이다. 이는 곧 성장속도가 빠른 어린 나무들을 위한 공간을 확보하기 위해 성장속도가 느린 성숙한 나무를 베어낸다는 것을 의미한다.

식 (15A.1)에서 제시된 기준으로 판단하더라도 목재회사들이 나무를 함부로 베어낸다고 사람들은 자주 불평한다. 이런 일이 발생하는 이유는 일반적으로 나무가 자라고 있는 토지의 소유주와 벌목업자가 다르기 때문이다. 예를 들어, 목재가 공동 소유인 토지에서 재배되어 선착순 원칙에 따라 벌목해 가져갈 수 있는 경우에는 나무가 경제적으로 충분히 자라기 훨씬 전에 벌목되는 되는 일이 매우 흔하게 발생한다. 각 기업은 나무들이 조금 더 자라도록 놔두는 것을 선호할 수 있다. 그러나 이러한 경우에 각 기업은 오늘 한 기업이 베어내지 않은 나무는 다른 기업이 베어낼 것이라는 것을 알고 있다. 그래서 내키지는 않지만, 각 기업은 벌목 비용을 충당할 수 있을 만큼 나무가 충분히 자라는 즉시 벌목해버린다. 그러나 벌목 회사가 소유하거나 관리하는 토지에서 나무가 자라고 있다면, 너무 일찍 벌목하지 않으려는 재정적 유인이 항상 존재한다. 나무를 너무 일찍 베어내면 기업의 미래 수익의 현재 가치가 감소하는 현상만 초래되기 때문이다.

15A.2 재생불가능한 자원에 대한 추가 논의 _____

모든 재생불가능한 에너지는 결국 고갈될 것이고, 그때가 되면 우리는 재생가능한 에너지 자원에 의존하지 않을 수 없게 될 것이다. 이 절에서 우리는 재생불가능한 에너지 자원에서 재생가능한 자원으로 이행하는 과정을 좀 더 상세하게 살펴보고자 한다.

다시 한 번 단순화를 위해, 석유가 유일한 재생불가능한 에너지 자원이고 석유가 전부 고갈되면 태양 에너지로 전환할 것이라고 가정해보자. 교재에서 배웠다시피 석유시장이 균형에 도달하기 위해서는 유가가 이자율과 같은 속도로 상승해야 한다는 사실을 상기하자. 석유의 수요곡선이 D로 표시된 그림 15A.3은 유가 상승이 석유가 소비되는 속도에 미치는 영향을 보여준다.

시간이 흐름에 따라 유가가 어떻게 상승할지 알고 있다면, 그리고 석유 수요곡선이 어떻게 생겼는지 알고 있다면, 특정 시점에 남아 있는 석유의 재고량을 간단히 계산할 수 있다. 현재의 석유 재고량을 S_0라고 하고, 현재 가격을 P_0라고 하자. 그림 15A.3에 제시된 석유 수요곡선을 살펴보면, 소비자들은 금년도에 Q_0단위의 석유를 사용할 것이고 내년 초에 남아 있는 석유 재고량은 $S_0 - Q_0$라는 것을 알 수 있다. 내년도의 유가인 P_1에서 소비자들은 Q_1단위를 사용하므로, 그 다음해 초에 남아 있는 석유 재고량은 $S_0 - Q_0 - Q_1$이 될 것이다. 매 시점마다 남아 있는 석유의 재고량을 추적하면, 우리는 그림 15A.4에 그려진 재고 고갈 경로(*stock exhaustion path*)를 얻을 수 있다.

태양 에너지 가격이 단위당 P^*이고, 시간이 흘러도 가격이 일정하게 유지될 것으로 예상된다고 가정하자. 또한 현재 석유 재고량이 S_0단위의 에너지에 해당한다고 가정하자.

그림 15A.3

재생불가능한 자원의 가격 상승이 그 이용에 미치는 효과

재생불가능한 자원에 대한 수요곡선은 다른 곡선들과 마찬가지로 우하향하는 기울기를 보인다. 가격이 점진적으로 상승함에 따라 재고량이 매년 줄어드는 양도 점차 감소한다.

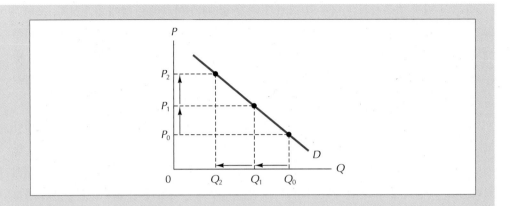

재생불가능한 자원시장에 대한 이론에 의하면 석유와 같은 에너지 가격은 실질이자율과 같은 속도로 상승한다는 것을 이미 살펴보았다. 그러나 이 이론에 의하면, (에너지 한 단위당 달러의 크기로 측정된) 유가가 태양 에너지를 사용하는 것이 더 경제적이 되는 P^*에 도달하는 바로 그 순간 석유가 완전히 소진되어 버릴 것이라고 예측할 수 있다.

이 두 번째 예측이 성립할 수밖에 없는 이유를 살펴보기 위해, 석유 소유주들은 그렇지 않을 것이라고 예상한다고 해보자. 우선 유가가 P^*에 도달할 때, 그들은 석유가 일정량 남아 있을 것으로 예상한다고 가정하자. 그림 15A.5의 위쪽 그림에 있는 SEP_0곡선은 초기 재고량이 S_0이고 초기 가격이 P_0일 때의 재고 고갈 경로를 보여준다. 가격은 P_0에서 시작하여 시간이 흐름에 따라 실질이자율과 같은 속도로 상승하여 t_1시점에 P^*에 도달한다(그림 15A.5의 아래쪽 그림). 위쪽 그림에서는 t_1시점에 석유 재고량이 S_1이라는 점을 주목하자. 하지만 석유 소유주들은 유가가 일단 P^*에 도달하면 더 이상 가격이 상승하지 않을 것임을 알고 있다. 그런데 태양 에너지를 P^*의 가격으로 구입할 수 있음에도 불구하고 이보다 더 높은 가격으로 석유를 구입하려는 사람들이 있을까? 가격이 P^*에 도달할 때 남아 있는 석유가 있다면, 소유주들은 사람들이 원하는 가격인 P^*로만 석유를 판매할 수 있을 것이다. 이 말은

그림 15A.4

재고 고갈 경로

현재 시점($t = 0$)에서 석유 재고량은 S_0이다. 석유의 현재 가격이 P_0일 때 수요곡선(그림 15A.3)으로부터 금년도의 소비량(Q_0)을 얻을 수 있다. 내년도($t = 1$) 초에 남아 있는 재고량은 $S_0 - Q_0$가 될 것이다. 내년도의 유가 $P_0(1 + i) = P_1$에서 소비량은 Q_1이 될 것이고, 이는 그 다음 해 초에 남아 있는 재고량은 $S_0 - Q_0 - Q_1$이 될 것임을 의미한다.

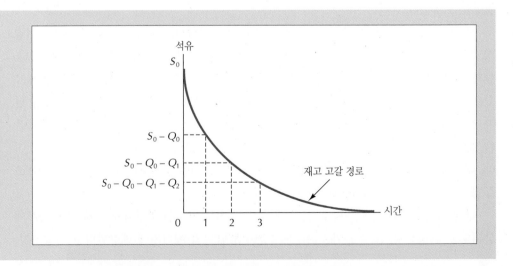

결국 그들은 가격이 오르지 않는 자산—즉, 그들이 갖고 있는 석유 재고량—을 보유하고 있어야만 함을 의미하고, 어떤 소유주도 그렇게 하고 싶지 않을 것이다.

소유주들은 각자 보유하고 있는 석유를 당장 팔아야겠다는 생각을 똑같이 할 것이고, 그림 15A.5의 아래쪽 그림에서 보듯이 가격은 P_0에서 P_0'로 하락할 것이다. 이러한 가격 하락으로 인해 두 가지 현상이 나타날 것이다. (1) 가격이 여전히 실질이자율과 같은 속도로 상승하더라도 P^*에 도달하는 데 이전보다 시간이 더 걸릴 것이고, (2) (석유 수요곡선은 우하향하는 기울기를 보이기 때문에) 현재와 미래의 석유 소비량은 모두 증가할 것이다. 그림 15A.5에서 첫 번째 효과는 $t_2 > t_1$이라는 사실로 반영되어 있으며, 두 번째 효과는 새로운 재고 고갈 경로(SEP$_1$)가 원래 경로보다 아래에 놓여 있다는 사실로 반영되어 있다. 이 두 가지 효과로 인해 가격이 P^*에 도달할 때 석유 재고량은 감소하는 경향이 있다. 그림 15A.5에서 볼 수 있듯이 새로운 가격 경로가 P^*에 도달하는 바로 그 순간까지 석유가 소비될 것이다. 만일 소유주들이 t_2시점에도 석유가 남아 있을 것으로 예상한다면 현재 가격은 더욱 더 하락할 것이다.

이와는 반대로, 소유주들이 가격이 P^*에 도달하기 전에 석유가 고갈될 것이라고 생각하고 있다고 가정해보자. 즉, 그림 15A.6에서처럼 최초의 재고량 S_0와 P_0에서 출발하여 가격이 P^*에 도달하기 이전인 t_1시점에 석유가 고갈된다고 가정하자. 일단 석유가 고갈되고 나면 구할 수 있는 유일한 에너지 자원은 태양 에너지밖에 없으므로, 에너지 한 단위당 P^*의 가격을 지불해야 할 것이다. 그래서 소유주들은 t_1시점에 자기들 석유를 p_{t_1}이 아니라 P^*의 가격으로 팔 수 있을 것이라는 사실을 예견할 수 있다. 이는 그들이 t_1시점까지 석유를 보유하고 있으면 실질이자율보다 더 많이 벌 수 있다는 것을 의미한다. 그래서 석유 소유주들은

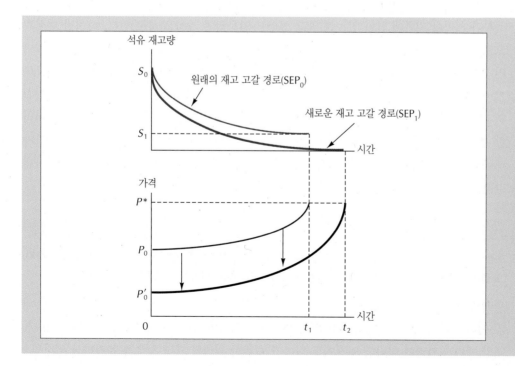

그림 15A.5

소유주들이 석유 재고가 남아 있을 것으로 예상할 때의 조정

유가가 P^*(태양 에너지 가격)에 도달할 때 자신들의 석유 보유량이 여전히 남아 있을 것으로 석유 소유주들이 믿는다면, 현재 보유량을 줄이려고 노력할 것이다. 그 결과 현재 유가는 하락하고(아래쪽 그림), 이는 현재 및 미래의 석유 소비를 증가시킨다. 석유 소비의 증가는 재고 고갈 경로곡선을 아래 방향으로 이동시킨다(위쪽 그림).

그림 15A.6

석유가 조기에 고갈될 것으로 소유주들이 예상할 때의 조정

유가가 P^*에 도달하기 이전에 석유가 고갈되어 버릴 것으로 예상되는 경우에 소유주들은 석유를 보유함으로써 실질이자율보다 더 높은 수익을 얻을 수 있다는 결론을 내린다. 이는 현재 가격을 상승시키고(아래쪽 그림), 이는 또한 재고 고갈 경로(위쪽 그림)를 위로 이동시킨다. 유가가 모든 재고가 고갈될 것으로 소유주들이 예상하는 P^*에 도달하는 순간까지 가격의 상향 조정은 계속될 것이다.

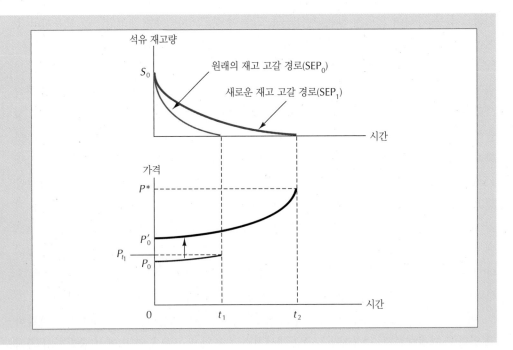

가격이 P^*에 도달하기 전에 석유가 고갈될 것으로 예상할 때에는, 석유판매를 지금 당장 중지할 것이다. 이는 그림 15A.6의 아래쪽 그림에서 보여주듯이, 현재 유가를 P_0에서 P_0'으로 상승시키고, 이는 또한 재고 고갈 경로(위쪽 그림)를 위쪽으로 이동시킨다. 새로운 가격 경로가 이에 상응하는 재고 고갈 경로가 0에 도달하는 바로 그 순간인 P^*에 도달할 것으로 소유주들이 예상할 때까지 가격 상승은 계속될 것이다.

위에서 논의한 재생불가능한 자원시장에 대한 이론에서는 투자자들이 어떤 시점에서든 석유가 얼마나 지하에 남아 있는지 알고 있다는 암묵적인 가정을 하고 있다. 하지만 현실적으로 어느 누구도 실제 재고량을 확실히 알 수 없다. 마찬가지로 석유가 고갈될 때 태양 에너지 가격이 정확하게 얼마가 될지 우리는 알 수 없는데, 그 이유는 태양 에너지 가격이 예측하기 어려운 기술 발전의 정도에 따라 달라지기 때문이다. 석유 재고량이나 대체 에너지 자원의 가격을 정확하게 알 수 없으므로 우리는 그 추정치들을 사용할 수밖에 없다. 하지만 이러한 추정치들은 매우 부정확하며 새로운 정보가 등장할 때마다 수정되기 마련이다. 누군가가 대규모의 유전을 새로 발견하거나 태양 에너지를 이용할 수 있는 아주 저렴한 방법을 찾아낸다면, 현재 에너지 가격은 다음 예에서 볼 수 있듯이 급격한 변동을 겪을 수 있다.

예 15A.1

초전도체 기술의 획기적 발전으로 태양 에너지 가격이 P^*에서 $P^*/2$로 절반으로 하락하였다고 가정하자. 그 결과로 유가의 시간 경로와 석유를 태양 에너지로 전환하는 시점이 어떻게 변할지 보여라.

원래의 재고 고갈 경로와 가격 경로가 그림 15A.7에서와 같이 주어져 있다고 가정하자. 태양 에너지 가격이 P^*일 때, 유가가 P^*에 도달하는 시점인 $t = t_1$에서 석유는 고갈될 것이다. 태양 에너지 가격이 하락한 이후에도 석유가 여전히 원래의 가격 경로를 유지하고 있다면 t

= t'에 유가는 $P^*/2$가 될 것이고, 이 시점에 석유 재고량은 S'_t단위가 될 것이다. 앞에서 논의했듯이 이는 현재 유가를 떨어뜨릴 것이다. 가격은 P'_0에 도달할 때까지 계속 하락할 것이고, 이에 대응하는 새로운 가격 경로가 $P^*/2$에 도달할 때 새로운 재고 고갈 경로는 0이 될 것이다. 그림에서 볼 수 있는 바와 같이 태양에너지 가격이 하락하면 석유에 대한 가격 경로와 재고 고갈 경로 모두가 아래로 이동한다. 원래는 태양에너지 시대가 시작되는 시점이 t = t_1이었지만, 이제는 그보다 훨씬 빠른 $t = t_2$가 될 것이다.

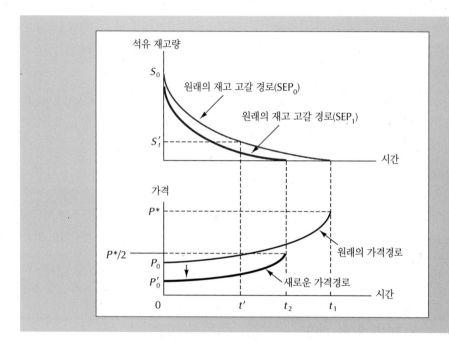

그림 15A.7
태양 에너지 가격의 하락에 대한 반응

■ **요약** ■

- 원유나 티타늄과 같은 재생불가능한 자원의 경쟁시장에서 가격은 실질이자율과 같은 속도로 상승하는 경향이 있다. 이는 재생불가능한 자원이 소비되는 속도를 늦출 뿐만 아니라 새로운 대체재의 개발을 촉진하기도 한다. 또한 재생불가능한 자원에서 궁극적인 대체재로 자연스럽게 이행할 수 있도록 해준다.

■ **복습문제** ■

---

1. 재생불가능한 자원이 균형에 도달하기 위해서는 왜 가격이 실질이자율과 같은 속도로 상승하여야 할까?

▪ 연습문제 ▪

1. 태양에너지를 한 단위당 $2의 비용으로 생산할 수 있다고 가정하자. 에너지 한 단위당 유가는 $1.8이고, 현재 소비 수준에서 향후 100년간 소비할 수 있을 만큼 석유 재고량이 충분하다고 가정하자. 실질이자율이 0.05라면, 석유의 현재 가격은 어떻게 변할 것으로 기대하는가?

2. 지하석유와 해양석유라는 두 종류의 재생불가능한 자원이 남아 있는데 각각의 채굴비용은 배럴당 $2과 $6이다. 또한 태양에너지도 있는데, 석유 1배럴이 창출하는 에너지와 같은 양의 태양에너지의 가격은 $12이다. 현재 모든 사람들이 지하석유는 S_1배럴, 그리고 해양석유는 S_2배럴이 남아 있다고 믿고 있다. A배럴의 지하석유가 추가로 발견된다면 해양석유가 최초로 추출되는 시점과 가격에 어떤 영향을 미칠까? 이 발견은 "해양석유 시대"의 기간, 즉 우리가 해양석유를 사용하는 기간에 어떤 영향을 미칠까?

3. 어떤 종의 나무에 대한 성장 함수가 $B = 20\sqrt{t}$라고 하자. 여기서 B는 그 나무의 1제곱피트에 두께가 1인치인 보드 풋(board foot)으로 측정한 목재량이고, t는 수령이다. 이자율이 0.05일 때 장기 이윤을 극대화가 목표라면 나무는 몇 살일 때 벌목해야 할까?

4. 지하석유와 혈암석유(shale oil)라는 두 종류의 석유가 남아 있다고 가정하자. 1배럴의 지하석유 추출비용은 $2이고, 혈암석유 추출비용은 $10이다. 일단 추출하고 나면 두 종류의 석유는 동일하다. 지하석유가 모두 고갈되기 전에 혈암석유를 사용하기 시작하는 것이 왜 이치에 맞지 않는지, 경제학을 배우지 않은 사람들이 이해할 수 있는 용어를 사용하여 설명하여라.

▪ 개념 확인 해답 ▪

15A.1 $(\Delta B/\Delta t)/B = (40/\sqrt{t})/80\sqrt{t} = 1/2t = 0.02$이므로, $t = 25$년이다.

PART FIVE

일반균형과 복지
GENERAL EQUILIBRIUM AND WELFARE

마지막 남은 몇 개의 장에서 우리가 해야 할 일은 규제를 받지 않는 시장이 효율적인 결과를 가져 올 수 있는 조건들을 좀 더 자세하게 살펴보는 것이다. 16장에서는 시장의 작동과 긍정적 및 부정적 외부성이 초래하는 결과에서 잘 정립되어 있는 재산권 제도가 어떠한 역할을 하는지 살펴본다. 17장에서는 소비자 및 기업의 행태이론을 이용하여 아담 스미스의 보이지 않는 손 이론의 토대를 고찰한다. 18장에서는 정부의 역할에 관하여 미시경제 이론에서 이야기해 주는 바를 자세하게 살펴보는 것으로 결론을 맺는다.

CHAPTER 16

외부성, 재산권, 그리고 코우즈 정리

Externalities, Property Rights, and the Coase Theorem

위싱턴 DC 북서지구 22번가와 M 거리 모퉁이에는 블랙키의 맥주집(Blackie's House of Beef)이라는 오래된 식당이 있었다. 1970년대 부동산 붐이 일어났을 때, 이 장소는 고층 상업빌딩이 들어설 수 있는 최적의 장소로 떠올랐다. 한 달이 지날 때마다 단층짜리 식당 운영을 지속하는 데 따르는 기회비용은 천정부지로 치솟았다. 하지만 블랙키 소유주들은 그 장소를 포기할 마음이 전혀 없었다. 그 식당은 오랫동안 운영해 온 가족 사업이었고 가족들은 그 사업을 계속할 생각이 확고했다.

결국 그들은 창의적인 해결책을 찾아냈다. 수백만 달러의 계약을 체결하면서, 그들은 단 한 장의 식당 벽돌도 건들지 말고 기둥을 박아 그 위로 고층빌딩을 짓도록 한 것이다. 블랙키는 2006년까지 고층의 매리어트 호텔 아래 둥지를 틀고 있는 고풍스럽고 시골스런 풍미를 주는 여인숙으로 영업을 계속하였다. 이와 유사한 수백만 달러의 거래를 통해, 한 부동산 개발업자는 맨해튼 중심부에 있는 현대미술관을 품은 모양으로 고층빌딩을 지을 수 있는 권리를 구입하였다.

법적으로 부동산 소유자에게는 그 부동산 상공에 건물을 짓지 못하도록 할 수 있는 권리가 부여된다. 하지만 이와 유사한 권리가 동일한 상공에서 이루어지는 다른 모든 활동에까지 확장되지는 않는다. 예를 들어, 주요 도시들을 연결하는 민간 항공기들의 항로들 아래로는 수십만 채의 미국 주택들이 들어서 있고, 매일 수천 대의 항공기들이 단 한 푼의 돈도 지불하지 않고 이 주택들 위의 영공을 사용한다. 이런 유형의 권리는 역사적 사건의 결과물이 아니다. 이런 권리는 개별적으로 협상을 끌어내기 어려울 때 가장 효율적으로 사유재산을 활용할 수 있는 방안으로 등장하였다.

16.1 16장 미리보기

이번 장의 주제는 외부성과 재산권이다. 우리는 어떤 이의 행동이 다른 사람에게 해를 끼치고, 두 사람이 비용을 들이지 않고 협상을 할 수 있을 때 무슨 일이 벌어지는지를 설명해주는 몇 가지 사례들을 먼저 살펴볼 것이다. 그 다음에 우리는 협상에 비용이 드는 경우로 논의를 확장할 것이다. 그리고 이 사례들로부터 얻을 수 있는 원리들을 재산권 설계와 관련하여 제기되는 여러 문제들에 적용해볼 것이다. 선착장을 소유하고 있는 사람에게 폭풍우를 피해 찾아온 보트가 정박하지 못하도록 막을 수 있는 권리를 주어야 할까? 어떤 경우에 토지소유자가 자기 땅을 가로질러 다른 사람들이 지나가지 못하도록 막을 수 있는 권리를 허용해야 할까? 혹은 조망을 방해하지 못하도록 할 수 있는 권리는? 목초지는 사적으로 소유되어야 할까, 아니면 공동으로 소유되어야 할까? 부동산 개발업자는 타인의 부동산 위로 허락도 받지 않고 사무용 건물을 지을 수 있도록 허락해야 할까? 항공기들이 주택들 위로 비행할 수 있도록 해야 할까? 앞으로 살펴보게 되겠지만, 이러한 질문들에 대한 대답은 사람들이 비용을 들이지 않고 협상을 자유롭게 할 수 있을 경우, 그들 스스로 합의에 도달할 수 있는지의 여부에 달려 있다.

또한 우리는 재산권과 외부성에 관한 이론을 상대적 우위를 차지하기 위한 콘테스트라는 주제에 적용해볼 것이다. 부정적 외부성의 문제를 해결할 수 있는 방안으로서 과세에 관하여 고찰해보는 것으로 이 장을 끝맺음할 것이다.

16.2 외부성의 상호적 특성

1990년에 나온 이 교재의 초판에서 나는 이 절을 다음과 같은 문장으로 시작한 바 있다.

> 학계에서 가장 정의롭지 못한 것 중의 하나는 로날드 코우즈(Ronald H. Coase)[1]가
> 지금까지 노벨경제학상을 수상하지 못했다는 것이다.

따라서 나는 1991년 코우즈가 마침내 이 상을 수상하게 되었다는 소식을 들었을 때 매우 기뻤다. 지금은 시카고대학 법학대학원에서 명예교수로 재직하고 있는 코우즈는 제2차 세계대전 이후 가장 영향력 있고 가장 널리 인용된 경제학 논문의 저자이다. "사회적 비용에 관한 문제"(The Problem of Social Cost)[2]라는 제목의 이 논문은 외부성과 이를 해결하기 위해 설립된 법적 및 사회적 제도와 관련하여, 경제학자, 법학자, 정치철학자 등 다방면의 사람들의 사고방식에 심대한 영향을 미쳤다.

코우즈는 바로 옆 건물의 제과점에서 작동하는 기계의 소음 때문에 환자를 진찰하는 데 방해를 받는 의사를 예로 드는 것으로 시작하였다. 역사적으로 이런 상황에 대한 경제학적 및 법적인 견해는 단순명료했다. 제과점의 소음은 의사에게 해를 끼치고 있으므로 억제되어야 한다. 이런 견해는 이 문제가 갖고 있는 상호적인 특성을 완전히 무시하고 있다는 것이 코우즈의 획기적인 통찰력이었다. 제과점이 그 의사에게 해를 끼치고 있다는 것은 너무나도 분명하다. 하지만 우리가 그 소음을 내지 못하도록 하면 제과점이 해를 입는다. 제과점이 소음을 내는 것은 의사에게 해를 끼치기 위한 것이 아니라 자기의 생계를 유지하기 위한 것이다. 이런 상황에서는 어떤 일이 발생하든 누군가는 손해를 입게 될 것이다. 소음으로 의사가 입게 되는 피해가 제과점이 그 소음을 내지 못하도록 금지시킬 때 제과점이 입게 되는 피해보다 큰

로날드 코우즈,
1991년 노벨 경제학상 수상자

---

1. "rose"와 운율이 같다.

2. *Journal of Law and Economics*, 3, 1960: 144–171.

지의 여부는 순전히 실증적으로 밝힐 필요가 있는 문제이다. 각 당사자의 공통 관심사는 이 두 가지 좋지 않은 결과 중 큰 쪽을 피하고자 하는 것으로 코우즈는 인식하였다.

외부성에 관한 그때까지의 일방적인 견해는 제과점이 소음으로 의사에게 끼친 손해에 대하여 책임을 져야 한다는 것이 일반적이었다. 그러나 만일 의사와 제과점이 비용을 들이지 않고 협상을 할 수 있다면, 제과점이 책임이 있는지 여부와 상관없이 가장 효율적인 결과를 이끌어낼 수 있다고 코우즈는 지적하였다. 그의 주장을 뒷받침하는 단순하고 명쾌한 예 몇 가지가 다음에 예시되어 있다.

| 폐업 결정(1부) | 예 16.1 |

제과점이 계속 소음을 내는 데에 따른 편익은 **40**인 반면에 그 소음이 의사에게 끼치는 비용은 **60**이라고 하자.[3] 만일 제과점이 소음을 내지 않을 경우에 택할 수 있는 유일한 대안이 아무 것도 만들지 않는 것이라면, 제과점이 소음으로 입힌 피해에 대하여 책임을 져야 할 때에는 어떤 일이 발생할까? *(피해에 대하여 책임을 진다는 것은 소음으로 인해 의사에게 끼친 피해를 보상해준다는 것을 의미한다.)*

제과점 운영자는 두 가지 옵션—폐업 혹은 의사에 대한 보상—을 살펴보고 자신에게 가장 좋은 쪽을 선택할 것이다. 그가 영업을 계속하면 40을 벌겠지만, 의사에게 60을 지불해야 하므로 20의 순손실이 발생한다. 만약 그가 문을 닫으면 그의 순이득은 0으로, 이는 20을 잃는 것보다 분명히 더 나은 결과를 가져오므로 그는 영업을 중지할 것이다.

이와 반대로, 제과점이 소음피해에 대한 책임이 없다고 가정하자. 즉, 의사에게 보상을 하지 않고 영업을 계속할 수 있는 법적 권리가 제과점 측에 있다고 하자. 이 경우에 의사는 제과점에게 돈을 지불하고 폐업하도록 한다고 코우즈는 주장하였다. 만일 제과점이 영업을 계속하면 40밖에 이득을 얻지 못하지만, 의사는 60을 잃는다. 하지만 의사가 제과점 폐업에 따른 손해를 보상해줄 수 있다면 제과점이 영업을 계속하는 경우보다 더 나은 결과를 얻을 수 있다. 예를 들어, 의사가 제과점에게 50을 보상하고 문을 닫도록 한다고 해보자. 제과점의 순이득은 영업을 계속하는 경우보다 10만큼 더 클 것이다. 또한 의사의 순이득도 소음이 계속되는 경우에 비해서 10만큼 더 클 것이다.

표 16.1

예 16.1에 대한 결과와 보수체계

법률체계	결과	순편익		
		의사	제과점	총액
책임이 있는 경우	제과점은 손해배상을 피하기 위해 폐업함	60	0	60
책임이 없는 경우	의사는 제과점에게 *P*를 지불하고 폐업시킴(이때 40 ≤ *P* ≤ 60)	60 − *P*	*P*	60

> 제과점의 영업에 따른 이득은 40이다. 소음으로 의사가 입는 손실은 60이다. 효율적인 결과는 제과점이 폐업하는 것이며, 이 결과는 두 법률체계에서 동일하다.

---

3. 이 예와 다음에 나오는 예들에서 사용되는 비용 및 편익의 크기는 관련 당사자들의 현재와 미래의 모든 비용과 편익의 현재가치를 나타낸다.

P를 의사가 제과점 폐업에 대하여 보상해주는 금액이라고 하면, P는 최소 40(제과점이 영업을 계속할 경우의 편익)과 최대 60(의사가 소음이 없을 경우의 편익) 사이에 있어야 한다는 것을 우리는 알고 있다. 두 가지 법률체계("제과점이 법적 책임을 지는 경우" 대 "제과점이 법적 책임을 지지 않는 경우")하에서의 순편익이 앞의 표 16.1에 요약되어 있다.

제과점이 기계를 작동시킬 때 얻는 이득(40)은 그로 인한 소음이 의사에게 입히는 피해액(60)보다 작기 때문에, 가장 효율적인 결과는 제과점이 문을 닫는 것임을 유의하라. 예 16.1에서는 의사와 제과점이 모두 합리적이고 서로 비용을 들이지 않고 협상을 할 수 있는 경우, 제과점이 소음피해에 대한 법적 책임이 있든 없든 상관없이 이런 결과가 도출된다는 것을 분명히 보여준다. 효율성의 관점에서 볼 때, 법률체계는 결과에 아무런 영향도 미치지 못한다. 하지만 분배의 관점에서 볼 때, 두 당사자는 법적 책임으로부터 결코 중립적이지 않을 것이다. 제과점측에 법적 책임이 없는 경우에 그의 이득은 $P \geq 40$인 반면에, 법적 책임이 있는 경우에는 폐업을 강요당하여 이득은 0이 될 것이다. 제과점이 법적 책임이 있는 경우에 의사의 순이득은 60이지만, 법적 책임이 없는 경우에는 $60 - P$ 밖에 되지 않는다.

예 16.2 — 폐업 결정 (2부)

다음 사항들을 제외하고는 예 16.1과 동일하다. 제과점이 영업을 할 때의 편익은 60이고, 소음이 없는 환경에서 의사가 얻는 편익은 40에 불과하다. 소음이 지속될 경우 의사가 폐업을 해야 한다고 가정한다.

이번에는 제과점의 이득이 의사에게 입히는 비용을 초과하므로, 효율적인 결과는 제과점이 영업을 계속하는 것이다. 제과점측에 소음피해에 대한 법적 책임이 없다면 제과점은 영업을 계속 할 것이고, 의사가 취할 수 있는 최선의 선택은 문을 닫는 것이다. 이와 반대로, 제과점측에 소음피해에 대한 법적 책임이 있는 경우에는, 여전히 영업을 계속하겠지만 의사에게 40을 손해 배상으로 지불할 것이다. 이 예의 결과가 표 16.2에 요약되어 있다. 예 16.1에서와 마찬가지로 두 법률체계 모두에서 가장 효율적인 결과를 이끌어냈으나, 분배 상황은 매우 다르다는 점에 유의하라.

표 16.2

예 16.2에 대한 결과와 보수체계

법률체계	결과	순편익		
		의사	제과점	총액
책임이 있는 경우	제과점은 의사에게 40을 지불하고 영업을 계속함	40	20	60
책임이 없는 경우	제과점은 영업을 계속하고, 의사는 폐업함	0	60	60

> 제과점의 영업에 따른 이득은 60이다. 소음으로 의사가 입는 손실은 40이다. 효율적인 결과는 제과점이 영업을 계속하는 것이며, 이 결과는 두 법률체계에서 모두 동일하다.

앞의 두 예에서 두 당사자가 택할 수 있는 유일한 대안은 현재대로 영업을 계속하거나, 아니면 완전히 폐업하는 것밖에 없는 것으로 가정하였다. 그러나 현실적으로는 두 당사자가 택할 수 있는 대안이 다양한 경우가 많다. 다음 예들을 통해 알 수 있겠지만, 비용을 들이지 않고 협상을 할 수 있는 경우에는 효율적인 결과가 도출된다.

효율적 협상 (1부) ▐ **예 16.3**

다음 사항들을 제외하고는 예 16.1과 동일하다. 제과점은 기계 소음을 완전히 제거해주는 방음장치를 설치할 수 있다. 그 장치의 설치비용은 20이고, 이는 그가 이 장치를 설치하면 제과점 운영에 따른 순이득이 40에서 20으로 감소한다는 것을 의미한다. 예 16.1에서와 마찬가지로, 의사가 얻는 이득은 소음이 없을 때에는 60이고, 소음이 있을 때에는 0이다.

제과점측에 소음피해에 대한 법적 책임이 있는 경우 그가 취할 수 있는 최선의 선택은 방음장치를 설치하는 것이다. 그가 선택할 수 있는 다른 대안들, 즉 폐업을 하거나 소음피해에 대한 보상으로 의사에게 60을 지불하는 것은 모두 더 나쁜 결과를 낳는다. 제과점에게 법적 책임이 없는 경우에는 제과점이 방음장치를 설치하도록 의사가 제과점에게 일정액을 지불하는 것이 의사로서는 오히려 이득이다. 의사가 선택할 수 있는 다른 대안들로는 폐업하거나 소음피해를 감수하는 것밖에 없기 때문이다. 제과점이 방음장치 설치를 받아들이도록 하기 위해 의사가 지불해야 하는 최소금액은 방음장치 설치비용인 20이다. 의사가 지불할 의사가 있는 최대금액은 방음 장치가 설치되지 않았을 때 입는 손실액인 60이다. 여기서도 P를 의사가 제과점에게 지불하는 금액이라고 할 때, 두 법률체계하에서의 결과와 순편익이 표 16.3에 요약되어 있다.

이번에는 의사도 제과점이 내는 소음으로 인한 피해로부터 벗어날 수 있는 조치를 취할 수 있을 때 어떤 일이 발생할 것인지 살펴보자.

표 16.3

예 16.3에 대한 결과와 보수체계

법률체계	결과	순편익		
		의사	제과점	총액
책임이 있는 경우	제과점은 스스로 비용을 들여 방음장치를 설치함	60	20	80
책임이 없는 경우	의사는 제과점에게 방음장치 설치비용 P(20 ≤ P ≤ 60)를 지불함	60 − P	20 + P	80

방음장치 없이 제과점의 영업에 따른 이득은 40이다. 방음장치 설치비용은 20이다. 제과점의 소음으로 의사가 입는 손실은 60이다. 효율적인 결과는 제과점이 방음장치를 설치하고 영업을 계속하는 것이며, 이 결과는 두 법률체계에서 동일하다.

예 16.4	**효율적 협상(2부)**

다음 사항들을 제외하고는 예 *16.3*과 동일하다. 의사는 진료실을 사무실의 반대편으로 옮김으로써 소음피해에서 벗어날 수 있다. 기존 진료실은 보관창고로 사용할 수 있다. 사무실을 재배치하는 데 소요되는 비용은 *18*이다.

의사는 그가 취할 수 있는 옵션이 새로 생겼기 때문에 가장 저렴한 비용으로 소음피해를 없앨 수 있는 당사자가 되었다. 제과점이 소음피해에 대한 법적 책임이 있는 경우에 그는 의사가 사무실을 재배치하는 데 대한 보상으로 의사에게 P를 지불하겠다는 제안을 할 것이다. 그 금액은 최소 18이어야 하며, 이보다 금액이 적을 경우 의사는 사무실을 재배치하지 않을 것이다. (제과점측에 법적 책임이 있는 경우, 의사는 소음피해액 전부를 보상받을 수 있는 옵션을 갖고 있다는 사실을 상기하라.) 그리고 그 금액은 20을 초과할 수 없는데, 그 이유는 금액이 이보다 클 경우에 제과점이 방음장치를 설치하여 스스로 이 문제를 해결할 수 있기 때문이다. 제과점측에 법적 책임이 없는 경우에는 의사가 본인부담으로 사무실을 재배치할 것이다. 이들 결과와 순편익이 표 16.4에 요약되어 있다. 이 경우에도 효율적인 결과는 어떤 법률체계에서든 동일하다는 것을 알 수 있다. 또한 어떤 법률체계를 선택하느냐에 따라 비용과 편익의 분배 상황이 달라지지만, 이번 예에서는 예 16.3에서보다 순편익의 편차가 훨씬 작다는 점을 유의하라. 이번 예에서는 각 당사자가 상대적으로 저렴한 방법으로 소음 문제를 일방적으로 해결할 수 있다는 점이 다르다. 예 16.3에서는 의사가 선택할 수 있는 대안이 부족했기 때문에, 제과점이 소음피해에 대한 법적 책임을 짊어지고 있지 않은 경우 제과점의 협상력이 매우 강했다. 그 반면에, 이번 예에서는 의사가 스스로 소음 문제를 해결할 수 있기 때문에 제과점은 소음을 제거하는 대가로 의사로부터 많은 금액을 받아내지 못한다.

표 16.4

예 16.4에 대한 결과와 보수체계

법률체계	결과	순편익 의사	순편익 제과점	순편익 총액
책임이 있는 경우	제과점은 의사의 사무실 재배치에 대한 대가로 $P(18 \leq P \leq 20)$를 지불함	$42 + P$	$40 - P$	82
책임이 없는 경우	의사는 본인부담으로 사무실을 재배치함	42	40	82

> 방음장치 없이 제과점의 영업에 따른 이득은 40이다. 방음장치 설치비용은 20이다. 소음으로 의사가 입는 손실은 60이다. 의사는 18의 비용으로 사무실을 재배치하여 소음 문제를 해결할 수 있다. 효율적인 결과는 의사가 사무실을 재배치하는 것이며, 이 결과는 두 법률체계에서 동일하다.

지금까지의 예에서 드러난 패턴은 다음과 같이 요약될 수 있다:

> **코우즈 정리** : 외부성의 영향을 받는 당사자들이 비용을 들이지 않고 서로 협상을 할
> 수 있는 경우에는 법률이 피해에 대한 책임을 누구에게 지우는지에 상관없이 효율적
> 인 결과가 도출된다.

코우즈의 논문이 출간된 뒤, 격렬한 논쟁이 벌어졌다. 많은 사람들은 그가 오염, 소음 및 기타 외부성과 관련된 문제를 해결하는 데 있어서 실제로 정부가 하는 역할이 전혀 없다는 주장을 하는 것으로 받아들였다. 이러한 해석에 따르면, 정부가 한 발 물러서 있는 경우에도 사람들은 항상 그들 스스로 가장 효율적인 결과를 도출할 수 있다는 것이 코우즈의 메시지인 셈이다. 그러나 이런 결과는 당사자들이 서로 비교적 낮은 비용으로 협상을 할 수 있는 경우에만 성립한다고 코우즈는 분명하게 밝혔다. 그는 중요한 외부성 문제의 경우에 이러한 가정이 충족되지 않을 때가 많다는 것을 잘 알고 있었다. 아주 단순하게 생각해보아도, 협상에는 시간과 에너지를 필요로 하며, 잠재적 편익이 작을 때에는 협상을 할 필요조차 없게 된다. 이와 달리, 한 오염배출 기업이 다수의 사람들에게 피해를 입히는 경우도 있다. 다수와 협상을 진행하는 것은 힘들고 비용이 많이 들기 마련이며, 이 집단에 속해 있는 개인들은 협상비용을 부담하지 않으려는 욕구가 강하다. 협상에 대한 또 하나의 장애물은 잉여를 어떻게 분배하는가 하는 문제이다. 예 16.3에서 효율적인 결과는 의사가 제과점에게 방음장치 설치비용을 지불하는 것이었음을 상기하라. 제과점이 수용할 수 있는 최저금액은 방음장치 설치비용인 20이었다. 제과점이 의사로부터 받아내고자 희망하는 최대금액은 소음제거로 의사에게 돌아가는 편익인 60이었다. 당연히 의사는 20만 지불하려고 할 것이고, 제과점은 60을 받으려고 할 것이다. 협상 과정에서 각자가 강경한 입장을 취하면 서로 증오심만 생겨 결국 협상이 완전히 결렬될 수 있다. 이런 이유 말고도 협상에 많은 비용이 소요되는 이유는 아주 많다. 이렇게 협상비용이 소요되는 경우, 다음 두 가지 예에서 볼 수 있듯이, 어떤 법률 체계를 채택하고 있는지가 실제로 매우 중요하게 작용한다.

협상비용이 있는 경우   예 16.5

예 *16.2*에서처럼, 소음이 없는 환경이 의사에게 주는 이득은 *40*인 반면에, 제과점이 법적 책임을 지지 않고 영업을 할 때 얻는 이득은 *60*이라고 하자. 또한 제과점은 *20*의 비용으로 모든 소음피해를 제거해 주는 방음장치를 설치할 수 있다고 가정하자. 그리고 마지막으로 의사와 제과점이 서로 사적 합의에 도달하는 데에 *25*의 비용이 소요된다고 가정하자. 협상이 선택할 가치가 있는 대안이 되기 위해서는 그들이 협상을 하지 않았을 때보다 더 나은 결과를 도출할 수 있는 방식으로 이 비용을 나누어 부담할 수 있어야 한다.

만일 제과점이 소음피해에 대한 법적 책임을 져야 하는 경우라면 그가 방음장치를 설치할 것이다. 그가 택할 수 있는 차선책은 소음피해에 대하여 의사에게 40을 지불하는 것이지만,[4] 방음장

---

[4] 제과점이 기계를 사용하고 의사에게 소음피해에 대한 보상을 지불하는 경우에는 사적 합의에 소요되는 협상비용이 불필요해진다.

표 16.5

예 16.5에 대한 결과와 보수체계

법률체계	결과	순편익		
		의사	제과점	총액
책임이 있는 경우	제과점은 본인부담으로 방음장치를 설치함	40	40	80
책임이 없는 경우	제과점은 방음장치를 설치하지 않음; 의사는 폐업함	0	60	60

> 방음장치 없이 제과점의 영업에 따른 이득은 60이다. 방음장치 설치비용은 20이다. 소음으로 의사가 입는 손실은 40이다. 사적 합의에 도달하는 데 소요되는 협상비용은 25이다. 효율적인 결과는 제과점이 방음장치를 설치하는 것이지만, 이는 제과점이 소음피해에 대한 법적 책임이 있는 경우에만 해당된다.

치 설치비용은 20밖에 들지 않기 때문이다. 법적 책임이 있는 제과점은 스스로 방음장치를 설치하게 되므로 의사와 합의를 할 필요가 없으며, 따라서 협상비용이 들지 않는다.

하지만 이제는 제과점이 소음피해에 대한 법적 책임이 없다고 가정해보자. 협상비용이 없는 경우에 의사는 제과점측에 P(여기서 $20 \leq P \leq 40$)를 지불하여 방음장치를 설치하도록 할 것이다. 하지만 25의 협상비용이 소요된다면, 더 이상 의사가 제과점에게 방음장치를 설치하도록 보상을 해줄 수 없게 된다. 방음장치로 의사가 얻는 이득은 40이지만, 이 금액은 방음장치 설치비(20)와 협상비용(25)을 합한 금액(45)을 충당할 만큼 충분히 크지 않다. 협상에 비용이 들 때에는 어떤 법률체계를 채택하고 있는지와 무관하게 우리는 더 이상 효율적인 결과를 얻을 수 없게 된다. 이 예의 결과는 표 16.5에 요약되어 있듯이, 제과점측에 법적 책임이 있는 경우에만 가장 효율적인 결과를 얻을 수 있다.

예 16.5에서, 사회 전체의 총이득은 제과점측에 법적 책임이 있는 경우에는 80이고, 책임이 없는 경우에는 60이다. 하지만 다음 예에서 알 수 있듯이, 협상에 장애물이 있을 때에는 외부성으로 인한 피해를 유발한 당사자가 법적 책임을 지도록 만들더라도 항상 효율적인 결과를 담보하지 못한다.

예 16.6 **협상에 장애물이 있는 경우**

다음 사항들을 제외하고는 예 *16.5*와 동일하다. 제과점은 더 이상 방음장치를 할 수 있는 옵션이 없다. 하지만, 의사는 *18*의 비용으로 사무실을 재배치하여 소음에서 벗어날 수 있는 옵션이 있다.

제과점측에 소음피해에 대한 법적 책임이 없는 경우, 의사는 본인부담으로 사무실을 재배치한다. 하지만 제과점측에 법적 책임이 있는 경우에는 협상비용이 그가 의사에게 사무실을 재배치하도록 일정 금액을 지불하는 데 장애물로 작용한다. 협상비용(25)과 재배치 비용(18)을 합하면

표 16.6

예 16.6에 대한 결과와 보수체계

법률체계	결과	순편익		
		의사	제과점	총액
책임이 있는 경우	제과점은 의사에게 소음피해에 대해 40을 지불하고 영업을 계속함	40	20	60
책임이 없는 경우	의사는 본인부담으로 사무실을 재배치함	22	60	82

> 제과점의 영업에 따른 이득은 60이다. 소음으로 의사가 입는 손실은 40이다. 의사는 18의 본인부담으로 사무실을 재배치하면 소음에서 벗어날 수 있다. 사적 합의에 도달하는 데 소요되는 협상비용은 25이다. 효율적인 결과는 의사가 사무실을 재배치하는 것이지만, 이는 제과점측에 소음피해에 대한 법적 책임이 없는 경우에만 해당된다.

43이 되고, 이 금액은 소음에 대한 배상액 40보다 3만큼 크다. 따라서 제과점측에 법적 책임이 있는 경우, 그가 취할 수 있는 최선책은 의사에게 소음피해에 대해 40을 배상하고 영업을 계속하는 것이다.[5] 이 경우, 예 16.5에서와는 달리, 제과점측에 법적 책임이 없는 경우에 효율적 결과를 얻을 수 있다. 예 16.6의 결과는 표 16.6에 요약되어 있다.

개념 확인 16.1

협상비용으로 25가 아니라 20이 소요된다면, 표 16.6의 수치들은 어떻게 변할까?

16.3 응용 : 핵발전소의 외부성

오스트리아는 1978년 이래로 핵발전소를 법적으로 금지하고 있지만 주변국들은 총 41기에 달하는 발전소를 운영하고 있다. 그중 슬로바키아와의 국경선에서 불과 35마일 떨어진 곳에 있는 두 기의 발전소는 설계상 중요한 특징이 1986년 역사상 최악의 핵 사고를 경험한 불운의 체르노빌 발전소와 같다. 따라서 당연히 오스트리아 국민들은 이와 유사한 재난을 당할 위험이 크다는 것을 우려하고 있었다.

코우즈가 시사했던 논리를 과감하게 응용하여, 1991년 1월 오스트리아 관리들은 슬로바키아(당시에는 체코슬로바키아)에게 소비에트가 설계한 두 기의 원자로를 폐쇄하는 대가로 무료로 전기를 공급해주겠다고 제안했다.[6] 오스트리아 경제장관 볼프강 슈셀은 대체 전

---

5. 이 경우에도, 법적 책임에 따른 배상을 해버리면 당사자들은 협상비용을 필요로 하지 않는다.

6. Michael Z. Wise, "Prague Offered Payoff to Shut Nuclear Plant," *The Washington Post*, January 30, 1991 참조.

기 비용이 연 3억 5천만 달러 정도가 될 것으로 추산하였다.

체코 수상 마리안 칼파는 오스트리아의 제안에 관심을 표명하면서 실무진에게 세부사항을 검토할 것을 지시하였다. 하지만 실행에 옮길 수 있는 합의에는 결코 도달하지 못했다. 이 경험에서 알 수 있듯이, 합의에 이르는 경우 양 당사자가 상당한 혜택을 얻을 수 있음에도 불구하고 협상비용 때문에 합의에 도달하지 못하는 경우가 간혹 있다.

협상에 비용이 들지 않을 때에는 효율적인 결과를 얻을 수 있다는 코우즈의 견해는 광범위하게 적용되고 있다. 이는 외부성과 관련된 협상비용이 합의에 도달할 때 얻을 수 있는 편익보다 상대적으로 작은 경우가 많다는 것을 시사한다. 하지만 코우즈의 연구를 원용한 사례는 예 16.5와 16.6에서 소개된 유형인데, 이 예들을 통해서 우리는 법률적 및 사회적 제도의 기본적 토대가 되는 강력한 이론을 찾아낼 수 있다. 그 이론의 핵심은 다음과 같은 원리로 설명할 수 있다.

> 효율적인 법적 제도 및 사회적 제도란 외부성에 따른 조정을 가장 저렴한 비용으로 수행할 수 있는 측이 그 조정을 부담하도록 하는 것이다.

이 원칙이 직접적으로 함축하고 있는 사항 중의 하나는 해로운 결과를 회피하기 위해 당사자들이 치러야 하는 비용이 얼마인지 알지 못하는 경우, 해로운 결과를 해소할 수 있는 최선의 법률을 강구해내지 못한다는 것이다. 예 16.5에서처럼 소음을 유발한 사람이 더 낮은 비용을 보인다면, 그로 하여금 피해에 대하여 법적 책임을 지도록 함으로써 효율적인 결과에 도달할 수 있다. 하지만 예 16.6에서 볼 수 있는 바와 같이, 소음으로 피해를 입는 사람이 더 낮은 소음회피 비용을 보인다면, 소음 유발자가 법적 책임을 지지 않도록 하는 것이 낫다.

이 효율성 원칙은 매우 다양한 상황에 적용할 수 있는데, 다음 몇 개의 절에서 이를 살펴볼 것이다.

16.4 재산권

사유재산법 및 그 예외조항들

그 어떤 자유 시장경제도 사유재산의 사용을 규정하는 법률이 없이는 성공적으로 기능할 수 없다. 이 법은 사람들이 어떻게 다양한 유형의 재산을 합법적으로—절도나 기타 강제력을 사용하지 않고 상속, 매입 또는 증여를 통해—취득할 수 있는지 규정한다. 대부분의 경우에 이 법은 재산소유자의 허락이 없이는 타인이 그 재산을 사용하지 못하도록 할 수 있는 권리를 부여한다. 하지만 상세하게 규정된 많은 예외조항들이 있어서 이 권리를 상당히 제약하기도 한다. 아래에 소개된 생활 속의 경제행태의 사례에서 시사하듯이, 이러한 예외조항들은 우연의 산물이 아니라, 오히려 코우즈의 통찰을 통해 우리가 이해할 수 있는 체계적인 패턴을 보여 준다.

생활 속의 경제행태 16.1

사유재산법은 왜 항공기가 허락을 받지 않고 사유지 위를 비행할 수 있도록 허용하는가?

우리가 이 장의 서두에서 언급했던 여러 구획의 토지 위 상공을 이용할 수 있는 권리에 대한 논의를 다시 생각해보자. 내 토지 위 상공에 호텔을 짓고자 하는 개발업자는 먼저 나의 허락을 받아야 할 것이고, 나는 상당한 금액을 받아야 이를 허락해줄 것이다. 하지만 2001년 9월 11일 테러리스트의 공격이 있고 난 후에도 사유재산법은 민간 항공기들이 내 토지 위를 아무런 대가도 지불하지 않고 지나갈 수 있도록 허용하고 있다. 왜 이런 차이가 있는 것일까?

두 경우 모두 외부성—첫 번째 사례에서는 지붕 위에 있는 호텔로 인해 경관 훼손과 불편함이 초래되고, 두 번째 사례에서는 항공기들로 인한 소음과 위험발생 가능성이 초래된다—이 발생하고 있다는 점을 주목하라. 개발업자가 내 토지 위로 건물을 지을 때 얻을 수 있는 편익 또한 클 가능성이 높기 때문에, 첫 번째 외부성이 나에게 유발하는 비용이 두 번째보다 훨씬 크다는 것만으로는 우리가 왜 두 가지 사례를 다르게 취급해야 하는지 설명할 수 없다. 결정적인 차이는 항공기 사례보다 개발업자 사례에서 개별적인 협상이 이루어질 가능성이 훨씬 높다는 것이다. 개발업자 사례의 경우, 두 명의 당사자밖에 없으므로 효율적 결과로 인한 편익이 협상비용을 충당하고도 남을 가능성이 높다. 그러므로 이 경우에는 재산권으로 개발업자가 내 집 위 상공에 건물을 짓지 못하도록 규정하는 것이 대부분의 경우에 효율적인 결과를 얻을 수 있을 것으로 우리는 확신할 수 있다. 그 반면에, 항공기 사례의 경우에는 어떤 주택 한 채 위를 지나가는 데에 따른 편익은 매우 작지만, 피해자가 될 만한 모든 당사자들과의 협상비용은 감당할 수 없을 정도로 클 것이다. 상공비행에 따른 총편익은 주택소유자들에게 끼치는 총비용보다 상대적으로 크므로, 토지소유자들이 재산권을 행사하여 항공기들이 위로 지나가지 못하도록 하는 것을 허용하지 않고 있다.

민간 항공기가 토지소유자의 허락을 받지 않고 사유지 위를 비행할 수 있도록 허용해야 할까?

그러나 이러한 일반적 원리가 적용되지 않는 예외적인 경우들이 있으며, 이런 경우에도 코우즈의 효율성 원칙이 해결 실마리를 제공해주는 역할을 한다. 가장 두드러진 사례는 근처 주요 대도시 지역의 공항을 오고가는 데 사용되는 활주로에 관한 것이다. 제트비행기는 이륙 직후나 착륙 직전에 지면 위를 낮게 비행하며, 그 때 발생되는 소음은 귀가 멍멍할 정도로 크다. 이런 상황에 대하여 지방조례에서는 통상적으로 재산소유자가 소음에 대처하는 데 비용이 들거나 대처하기 어려운 시간—즉, 주로 취침시간—동안에는 이착륙을 금지하고 있다. 이 경우 역시 개별적으로 협상을 하는 것이 매우 어려우므로 우리가 취할 수 있는 최선책은 최저비용으로 조정할 수 있도록 제반 권리들을 규정하는 것이다.

생활 속의 경제행태 16.2

왜 무단침입죄는 물가에 있는 사유지에는 적용이 되지 않는가?

세계의 많은 국가에서 사람들은 자기 사유지를 가로질러 가는 낯선 사람을 침입자로 간주한다. 경제학자들이 사용하는 용어를 빌리면, 그 침입자는 토지소유자에게 부정적 외부성을 끼쳤다고 한다. 그런 외부성은 다양한 방식으로 해결할 수 있다. 예를 들어, 내 이웃들은 사람들이 자기 사유지를 가로질러 지름길로 지나가지 못하

물가에 있는 사유지에 대한 무단침입은 허용되어야 할까?

도록 그 둘레로 울타리를 쳐놓는다. 어떤 사람은 사나운 개를 조심하라는 푯말을 세워두기도 한다. 대부분의 사법관할 지역에서는 타인이 당신 재산을 이용하지 못하도록 조치를 취하는 것이 전적으로 합법적인 행위이다. 하지만 우리 지역의 법률에서는 카유가 호수(Cayuga Lake) 근처 기슭에 있는 별장을 소유하고 있는 사람들에게 이와 동일한 권리를 부여하지 않고 있다. 오히려 누구나 호숫가에 있는 사유지를 가로질러 지나갈 수 있도록 명시적으로 허용하고 있다.

이러한 차이가 있는 것은 호숫가의 토지소유자들이 다른 사람들보다 사생활을 소중하게 생각하고 있지 않기 때문이 아니라, 한 개인의 사유지를 가로질러 지나갈 수 없을 때에 초래되는 비용이 너무나 크기 때문이다. 이를 이해하기 위해 그림 16.1의 A, B 및 C가 소유하고 있는 세 군데의 사유지가 있고, A가 C를 방문하려고 한다고 가정해보자. 도로로 호숫가의 사유지로 가려면 주요 간선도로와 길고 가파르며 때로는 위험한 진입로를 경유해야 한다. B의 사유지를 가로질러 가지 못할 경우에 A는 자기 소유지의 진입로를 빠져나와 주요도로를 거쳐 C의 진입로를 따라가야 할 것이다. 이렇게 우회하는 경로를 택할 경우의 비용이 호숫가를 따라 직접 가는 경로를 택할 때보다 비용이 훨씬 많이 들기 때문에 이런 상황에서는 무단침입죄를 적용하지 않는다. 토지소유자들은 가끔씩 사생활이 방해를 받는 상황을 달가워하지 않지만 호숫가를 따라서 자유롭게 지나다닐 수 있는 편리함에 대해 지불하는 조그마한 대가라고 생각한다.

그 반면에 우리 동네 이웃의 사유지를 통과할 수 있는 권리가 가져다주는 가치는 미미하다. 도로들이 모두 가까운 거리에서 연결되어 있기 때문에 지름길을 택하지 않고도 당신은 가고자 하는 곳에 비교적 쉽게 도달할 수 있다. 호숫가와 여타 사유지에 무단침입죄가 적용된다고 하더라도 사안별로 협상을 하기에는 비용이 너무 많이 소요된다. 따라서 사유재산법에서는, 평균적으로, 효율적인 결과에 도달할 수 있는 방향으로 접근권을 규정하고 있다. 대부분의 토지소유자들에게 접근을 제한할 수 있는 권리를 부여하지만, 이 권리를 호숫가의 토지소유자들에게는 적용하지 않는다.

그림 16.1

호숫가의 토지와 무단침입죄

B의 사유지를 지나가지 않고 A의 사유지에서 C의 사유지로 가는 비용은 호숫가를 따라 직접 가는 길을 택할 때보다 훨씬 높다. 이런 이유 때문에 법에서는 호숫가의 주택소유자들이 그들 사유지를 사람들이 가로질러 지나가지 못하도록 하는 것을 허용하지 않고 있다.

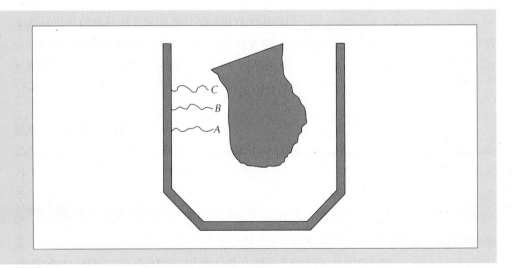

생활 속의 경제행태 16.3

왜 폭풍우가 몰아칠 때에는 사유재산권을 제한할까?

1804년 11월 13일 플루프(Ploof) 가족은 버몬트의 챔플레인(Champlain) 호수에 보트를 타고 나갔다. 그런데 갑작스럽게 심한 폭풍우가 불어 자기 네 항구로 되돌아갈 수 없게 되었다. 그들은 필사적으로 피난처를 찾아 호수에 있는 한 선착장에 그들 보트를 매어 놓았다. 그 선착장은 푸트남 (Putnam) 씨의 소유였는데, 그는 하인을 보내 플루프 가족에게 자기 사유 지를 떠나라고 명령하였다. 플루프 가족은 보트를 묶은 밧줄을 풀어 폭풍 우 속으로 다시 들어갔고, 얼마 못 가 돛대가 부러지면서 가족 몇 명이 부 상을 당하였다. 나중에 플루프 가족은 푸트남에게 손해배상 소송을 제기 하여 승소하였다. 법정은 푸트남이 평상시에는 사람들이 그의 선착장을 사용하지 못하도록 할 권리를 갖고 있지만, 폭풍우라는 예외적인 상황에 서는 그 권리가 적용될 수 없다고 판단하였다. 버몬트 주 법정이 내린 이 판결은 선착장 소유자와 보트 소유자가 폭풍우가 몰아치는 동안에도 비 용을 들이지 않고 침착하게 그들 스스로 협상이 가능하다면 도달하게 될 결과를 고스란히 빼닮은 결정임을 주목하라. 위기상황에 있는 보트 주인 에게 주는 선착장의 가치는 선착장 소유주가 그를 쫓아낼 수 있는 권리로 부터 얻는 가치보다 높은 것은 당연하며, 버몬트 주 법정은 이 점을 염두 에 두고 사유재산법을 규정하고 있는 것이다.

사유재산 소유자는 언제든지 낯선 사람들이 그의 선착장을 사용하지 못하도록 할 수 있는 권리를 갖고 있을까?

생활 속의 경제행태 16.4

왜 빌딩 고도제한은 도시마다 다를까?

그림 16.2에 제시된 상황을 생각해보자. 주민 A는 바다를 바라볼 수 있을 뿐만 아니라 거실 창문을 통해 멋 진 일몰도 감상할 수 있는 주택을 언덕 위에 소유하고 있다. 그런데 B는 A의 집 바로 아래에 있는 토지를 매입 하여 두 종류의 집 중 한 채를 지으려고 하고 있다. 첫 번째는 A의 조망을 침해하지 않는 단층짜리 주택이다. 두 번째는 A의 조망을 완전히 방해하는 2층짜리 주택이다. A가 방해받지 않는 조망으로 얻을 수 있는 이득은 100이고, B가 단층짜리 주택으로부터 얻는 이득은 200, 그리고 2층짜리 주택으로부터 얻는 이득은 280이라 고 가정하자. 사유재산법상 사람들이 원하는 어떤 높이의 주택도 지을 수 있다면, 그리고 재산 소유자들이 비 용을 들이지 않고 협상을 할 수 있다면, B는 어떤 집을 지을까?

이 질문에 답하기 위해서, 우선 B가 더 높은 집을 지을 때 이득은 80만큼 커지고, 이는 A가 잃게 되는 조 망으로 초래되는 비용보다 20만큼 작다는 점에 주목하자. 그러므로 효율적인 결과는 B가 단층집을 짓는 것이 다. 그리고 이것이 바로 두 사람이 비용을 들이지 않고 협상을 할 수 있을 때에 도달하는 결과이다. B가 2층집 을 짓게 놔두는 것보다는 그에게 단층집을 짓도록 하고 보상을 해주는 것이 A에게는 유리할 것이다. 그렇게 하기위해서 A는 최소한 80을 주어야 할 것이다. 그 이유는 이 금액이 바로 B가 2층집을 짓지 않을 때 포기해 야 하는 금액이기 때문이다. A가 B에게 지불할 의사가 있는 최대금액은 100이다. 그 이유는 이 금액이 A에게 주는 조망의 가치이기 때문이다. 일정 금액 P(여기서 $80 \leq P \leq 100$)를 지불하면 A는 조망을 계속 즐길 수 있 을 것이다.

그러나 두 당사자들이 협상을 할 수 없다고 가정하자. 그러면 B는 2층집을 지을 것이다. 왜냐하면 2층집 이 가장 높은 가치를 그에게 가져다주기 때문이다. 이 경우 B가 얻는 이득은 80이지만, A는 100을 잃게 될 것

그림 16.2

방해받지 않는 조망의 가치

B가 더 높은 주택을 지을 때 얻을 수 있는 추가적인 가치가 A가 조망을 유지할 때의 가치보다 클 때에만 B가 2층집을 짓는 것이 효율적이다.

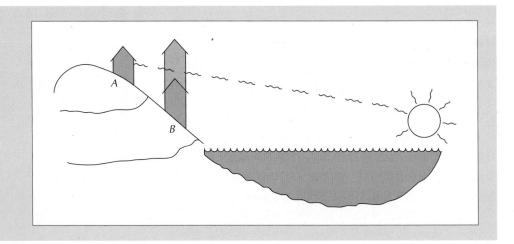

왜 대부분의 중서부 도시들보다 샌프란시스코에서 토지이용제한법(zoning law)이 더 엄격한가?

이다. 이 경우에는 사유재산법으로 이웃의 조망을 침해하는 집을 짓지 못하도록 하는 것이 최선이다.

물론 이 당사자들이 매기는 가치가 달라지면 결과 역시 달라질 수 있다. 예를 들어, 만일 B는 2층집의 가치를 300으로 매기고, A가 매기는 조망의 가치는 여전히 100이라면, 사람들이 원하는 높이의 집을 지을 수 있도록 사유재산법으로 허용하는 것이 최선이 될 것이다. 어느 경우든 최선의 사유재산법은 조정(조망을 잃거나 또는 원하는 집을 짓지 못하는 것)을 가장 적은 비용으로 수행할 수 있는 당사자에게 그 조정비용을 부담하도록 하는 것이다.

실제로, 다수의 사법관할 지역에서 사유재산법은 이 원칙을 그대로 구현하고 있는 경우가 대부분이다. 바다와 만의 조망이 매우 아름다운 샌프란시스코와 같은 도시에서는 토지이용제한법을 엄격하게 규정하여 기존 빌딩의 시야를 방해하는 건축 행위를 규제하고 있다. 아름다운 경관이 별로 없는 도시에서의 토지이용제한법에서는 지을 수 있는 건축물의 종류를 훨씬 자유롭게 허용하는 것이 일반적이다. 그러나 보호할 만한 특별한 경관을 갖고 있지 않은 도시에서조차도 토지이용제한법은 인공 구조물로 부지를 점유할 수 있는 면적을 제한하는 것이 일반적이다. 대부분의 사람들은 최소한의 일조권을 소중하게 여기며, 이런 종류의 조례들은 사람들이 최소한의 일조권을 확보할 수 있도록 하고 있다.

미국과 같은 시장경제에서 자란 대부분의 사람들은 사유재산권 제도를 당연한 것으로 받아들인다. 하지만 앞의 예들을 통해서 분명하게 드러났듯이, 다양한 사유재산법에서 규정하고 있는 세부사항들은 많은 경제학적 사고방식을 체계화한 내용들을 내포하고 있다. 어떻게 하면 외부성과 관련된 현실적 문제들을 가장 효율적으로 해결할 수 있는지에 대한 세련되면서도 때로는 암묵적인 사항들이 이 법들에 구현되어 있다. 실제로, 다음 절에서 예시하고 있는 것처럼 사유재산권이 존재하는 이유는 일찍이 외부성을 해결하기 위한 시도에서 그 근원을 찾을 수 있다.

공유지의 비극

사유재산제도의 기원을 살펴보기 위해서, 다음 예에서 볼 수 있는 것처럼 사유재산권 제도가 발달되지 않은 사회에서는 무슨 일이 발생할지 생각해보는 것이 유익할 것이다.

| 공유지의 비극 | 예 16.7 |

한 마을에 주민 여섯 명이 있는데, 각자가 갖고 있는 부는 100이다. 각자는 연 12퍼센트를 지급하는 정부국채에 그 돈을 투자하거나, 1년생 비육우를 구입하는 데 사용할 수 있다. 비육우는 마을 공유지 (이 마을에는 개인 소유의 목초지가 없다)에서 방목할 수 있다. 1년생 비육우와 정부국채의 가격은 모두 100이다. 비육우를 보살피는 데에는 아무런 노력도 필요 없으며 1년 동안 늘어난 몸무게에 따라 결정된 가격으로 팔 수 있다. 또한 연간 체중 증가량은 공유지에서 방목되는 비육우의 숫자에 따라 달라진다. 표 16.7에 2년생 비육우의 가격이 비육우 전체 숫자의 함수로 주어져 있다. 마을사람들이 의사결정을 독립적으로 할 수 있다면 몇 마리의 비육우가 공유지에서 방목될까?

마을주민 각자가 다른 사람들이 소유하고 있는 가축을 공유지에 들여놓지 못하도록 통제할 수 없다면, 소득을 극대화하는 방법은 내년도 비육우의 가격이 최소한 112가 되는 한 비육우를 추가로 공유지로 보내는 것이 될 것이다. (그 가격에 비육우를 소유함으로써 얻는 이득이 채권을 구입함으로써 얻는 이득과 같다.) 이렇게 계산하면 세 마리의 비육우가 공유지에 보내지게 될 것이고 나머지 마을사람들의 돈은 정부국채에 투자될 것이다. 이렇게 투자가 이루어질 경우, 3마리의 비육우 각각에 대해서는 14, 그리고 정부국채 석 장 각각에 대해서는 12의 소득이 생기므로 마을 총소득은 78이 될 것이다.

하지만 이것이 마을 사람들이 얻을 수 있는 최대 소득이 아니라는 점에 유의하라. 마을 전체의 관점에서는 비육우에 대한 투자 원칙이 다음과 같아야 한다. 일 년 후 비육우 전체의 가치 증대에 기여하는 크기가 112보다 크거나 같을 경우에만 비육우 1마리를 추가적으로 더 공유지로 보낸다. 세 번째 비육우를 공유지로 보내면 비육우의 총 가치는 3 × 114 = 342가 되고, 비육우가 두 마리일 때의 총가치 2 × 118 = 236보다 106밖에 더 크지 않다. 그러므로 채권 넉 장

표 16.7

방목 밀도에 따른 비육우의 가격

비육우의 수	2년생 비육우의 가격
1	120
2	118
3	114
4	111
5	108
6	105

> 점점 더 많은 수의 비육우가 공유지에 방목될수록 각 비육우의 체중 증가는 감소하여, 비육우 1마리당 가격은 하락한다.

을 구입하고 비육우 두 마리를 공유지로 보낼 때, 마을의 총소득은 극대화된다. 이 경우 채권투자 소득은 48이고 비육우 두 마리의 소득은 36이므로, 총소득은 84가 된다.

보이지 않는 손이 사회적으로 최선의 결과를 낳는 데에 실패한 이유는 마을사람들이 중요한 외부성 현상을 개별적으로 무시하였기 때문이다. 추가로 비육우를 보내는 결정을 할 때, 마을사람들은 제각각 그 특정한 비육우의 가격이 상승하는 것만 고려했다. 비육우 한 마리를 더 보내면 기존 가축의 체중 증가가 줄어든다는 점은 감안하지 못한 것이다. 이 예에서 목초지는 희소자원이며, 마을사람들은 공동 소유인 목초지를 자유롭게 이용하느라 그 자원을 효율적으로 배분하는 데 실패하였다.

마을사람들 각자가 목초지를 소유하여 타인이 이용하지 못하도록 할 수 있다면 이 문제는 해결될 것이다. 예를 들어, 마을 정부가 그 목초지를 경매에 붙이기로 결정했다고 하자. 목초지는 얼마의 가격에 낙찰될까? 목초지를 누가 구매하든 비육우의 수를 소득을 극대화시켜주는 두 마리로 제한할 수 있다. 이 경우 연 200(비육우 두 마리의 가격)의 투자로 연 36의 소득을 창출할 수 있다는 것을 보았다. 그 대신에 200을 정부국채를 구입하는 데 사용한다면 24의 소득밖에 얻지 못하였을 것이다. 공유지에 대한 통제권을 갖게 되는 사람은 정부국채에만 투자가 가능한 경우에 비하여 소득이 연 12만큼 증가하였다. 경매에서 이 목초지는 100(연 12의 이자를 지급하는 채권의 가격)에 낙찰될 것이다. 목초지의 가격이 100보다 작으면 모든 투자자들은 정부국채를 매입하는 대신에 그 목초지를 사려고 할 것이다. 목초지가 100보다 높은 가격으로 팔리면 정부국채를 매입한 사람들의 소득이 더 높아질 것이다. 마을 정부는 그 목초지 경매로 조성된 100을 여섯 명의 마을사람들에게 평균 $\frac{100}{6}$씩 분배할 수 있을 것이다.

개념 확인 16.2

방목 요금이 얼마일 때 예 16.7에서 논의된 공유지의 문제가 해결될 수 있을까?

초기사회에서는 목초지와 낚시터와 같이 중요한 자원들은 공동으로 소유하는 것이 관행이었다. 이런 소유제도의 문제점은 그 자원들이 과도하게 활용될 수 있다는 것이다. 그림 16.3은 마을사람들이 일일 W의 임금으로 공장에서 일을 하거나, 마을 호수에서 원하는 대로 마음껏 고기를 잡을 수 있는 옵션이 있을 때 발생할 수 있는 문제를 보여준다. 곡선 AP는 낚시꾼 한 사람의 평균 어획량이 낚시꾼들 수에 따라 달라진다는 것을 보여주며, 곡선 MP는 총어획량의 변동이 낚시꾼들 수의 함수라는 것을 보여주고 있다. 낚시꾼들이 자신이 잡은 물고기는 전부 자신이 가질 수 있다면, AP = W가 되는 점인 X′에 도달할 때까지 고기를 잡을 것이다. 낚시꾼의 수가 X*일 때의 총어획량의 가치는 낚시를 하는 마을사람이 공장에서 일을 했다면 벌 수 있었을 총소득과 정확히 일치한다.

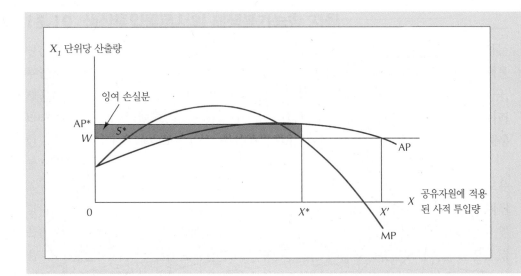

그림 16.3

공유자원의 비극

어장이나 목초지와 같은 공유자원의 경우에 각 개인은 자기가 그 자원에 사용하는 생산투입물에 대해서는 평균 생산성을 유지하려고 한다. 사적으로 소유된 투입물은 평균생산물이 기회비용 W와 같아지는 X'에 도달할 때까지 그 자원에 사용되고, 그 결과 경제적 잉여는 0이 된다. 사회적으로 최적 배분인 X^*는 W가 사적으로 소유된 투입물의 한계생산물과 같아지는 수준으로, 이때 경제적 잉여의 크기는 S^*가 된다.

그림 16.3에서 사회적으로 최적인 배분은 $W = MP$가 되는 점인 X^*까지의 사람들만 낚시를 하고, 나머지 마을사람들은 공장에서 일을 하는 것이다. 이 배분 상황에서 낚시를 하는 마을사람들의 총소득은 S^*(색칠된 부분)가 되고, 이는 그들이 공장에서 일을 했으면 벌 수 있었을 소득보다 높다.

마을사람들이 호숫가에서 마음대로 낚시를 할 수 있다면, 낚시꾼의 수 X^*는 안정적으로 유지되지 못할 것이다. 낚시꾼 한 사람의 소득이 공장에서 일을 하는 마을사람들의 소득보다 높기 때문에 공장노동자들은 낚시로 전환하고자 할 것이다. 이러한 전환은 낚시꾼의 수가 X'가 되어 두 가지 대안에서 벌 수 있는 소득이 같아질 때까지 계속될 것이다. 앞의 목초지에 관한 예에서와 마찬가지로, 각자가 낚시로 전환할 때 기존 낚시꾼들에게 미치는 외부성을 무시하고 있다. 각자는 자기 자신의 어획량에만 관심을 가질 뿐 그의 참여가 모든 다른 사람들의 어획량을 떨어뜨린다는 사실을 무시하는 것이다.

효율적 배분 상태를 유지하기 위해서는 호숫가에 대한 접근권을 제한하는 조치가 필요하다. 가장 간단한 방법은 사람들에게 낚시요금을 부과하는 것이다. 낚시요금을 $AP^* - W$(그림 16.3 참조)로 책정하면 마을사람들이 각자 소득을 극대화하기 위한 의사결정을 하더라도 최적 배분을 자동적으로 달성할 수 있게 된다. 목초지에 관한 예에서와 마찬가지로 이 사례에서의 문제점은 사람들에게 생산자원을 마음껏 이용할 수 있도록 하면 그 자원이 지나치게 이용된다는 것이다. 보이지 않는 손이라는 장치는 모든 자원들의 가격이 진정한 경제적 가치를 반영할 때에만 정상적으로 작동할 수 있다.

현대경제에서 지속적으로 제기되는 비효율성의 근원 중 하나는 단일 국가의 재산권 관련 법률로는 통제할 수 없는 자원의 배분에 관한 것이다. 예를 들어, 여러 종의 고래가 멸종의 위기까지 도달할 정도로 남획되어 왔다. 그 이유는 사람들이 고래를 사냥하고자 하는 욕구를 억제할 수 있는 재산권과 관련된 국제법이 없기 때문이다. 그리고 지중해는 심각한 오염으로 몸살을 앓아왔다. 왜냐하면 지중해와 접해 있는 많은 나라들 중 어느 나라도 바다에

1999 © Mick Stevens/The New Yorker Collection/www.cartoonbank.com

"여러분, 기후변화의 영향에 대해 진지하게 고민해야 할 시점입니다."

쓰레기를 버리는 행위가 다른 나라들의 경제적 유인에 미치는 영향을 고려하지 않았기 때문이다. 지구오염의 정도가 계속 커지면서 국제적 재산권에 관한 효과적인 시스템의 부재는 경제문제로 그 중요성이 점점 더 커질 것이다.

주목할 만한 또 하나의 중요한 사례는 기후변화 추세이다. 과학자들은 이산화탄소와 기타 온실가스들이 현재 속도로 대기상에 계속 축적되면 지구의 평균온도는 금세기 만에 화씨 8도(섭씨 4.4도)까지 상승—이 수치는 극지방의 만년설을 녹여 수천 평방 마일의 연안지역을 물에 잠기게 할 수 있을 정도로 높은 온도 상승이다—할 것으로 예측하고 있다. 만일 독립적인 단일 기구에게 전 세계적으로 구속력이 있는 환경법을 시행할 수 있는 권리가 부여된다면, 비록 비용이 많이 들기는 하겠지만 온실가스의 축적을 분명히 줄일 수 있을 것이다. 그러나 독립적인 주권국가들로 이루어진 현실 세계에서 그러한 권한은 존재하지 않는다.

외부성, 효율성, 그리고 언론자유

다음 논의에서 알 수 있듯이 코우즈의 효율성 원리는 재산권 설계뿐만 아니라 헌법 설계에도 적용될 수 있다. 특히 이 원리는 사회가 어느 정도 언론자유를 보장해주어야 하는지에 대한 문제에까지도 실마리를 제공해준다.

미국 수정헌법 제1조에서는 타인에게 심각한 피해를 미치는 경우까지도 포함하는 거의 모든 형태의 언론 및 의사표현의 자유를 보장해주고 있다. 한 남자가 수십 년 전인 고등학교 3학년 때에 저질렀던 잔인한 행동을 고백하는 글을 어떤 신문의 상담 칼럼니스트에게 보냈던 적이 있다. 그는 친구들과 함께 학교앨범 책장을 넘기면서 반에서 자신들이 보기에 가장 못생겼다고 여기는 여학생 사진을 골라냈다. 그리고 그 여학생에게 전화를 걸어 가장 못생긴 여학생으로 선택된 것을 축하한다고 말했다. 그는 그 여학생이 그 말을 듣고 괴로워하며 터뜨렸던 울음소리를 그 후 수십년 간 결코 잊을 수 없었다. 그는 시간을 뒤로 돌려 그 전화를 취소할 수 있다면 그 어떤 것이라도 내줄 수 있을 것이라고 고백하였다.

그런 전화를 받는 것과 막대기로 팔을 세게 얻어맞는 것 중에 선택하라면 많은 사람들은 즉각 후자를 선택할 것이다. 그 남학생들이 그 여학생을 막대기로 때렸다면 그들은 감옥에 갔을 것이다. 하지만 그들이 전화로 저지른 못된 짓은 수정헌법 제1조에서 제시하고 있는 권리의 테두리 안에 완벽하게 속해 있는 것이었다.

왜 우리 헌법에서는 어떤 형태의 위해행위는 금지하면서 다른 형태의 위해행위는 금지하지 않는 것일까? 코우즈의 원리에 따르면, 첫 번째로 인식해야 하는 사항은 나쁜 결과를 가져오는 두 가지 유형에 대하여 사안별로 해답을 제시하는 것은 거의 불가능하다는 것이다. 그 여학생이 모욕적인 말을 듣지 않기 위해서 또는 막대기로 맞지 않기 위해서 무엇을 지불할 용의가 있는지 그 남학생들과 흥정을 하는 상황을 우리는 상상조차 할 수 없다. 따라서 법체계는 어떤 권리체계가 사안별 협상이 불가능할 경우에 최선의 결과를 도출할 수 있는지에 대한 판단에 의거해야 한다.

대부분의 사람들은 장난전화와 같은 언론자유를 금지시키면 세상은 더 나아질 것이라는 주장에 분명히 동의할 것이다. 그러면 현실적으로 제기되는 질문은, 우리가 높은 가치를 두는 다른 의사표현을 방해하지 않으면서 그런 의사표현을 금지하는 법률을 제정할 수 있는가 하는 것이다. 애석하게도, 그 대답은 "아니오"일 것이다. 사람들이 타인에게 잔인한 말을 하지 못하도록 법률로 금지하면 매우 값어치가 높은 수많은 의사표현 역시 금지될 것이 분명하다. 정당한 비판은 허용하되 근거가 없거나 또는 고약한 성질의 비판은 금지하는 법률을 제정할 수 있다면, 우리는 그런 법률을 시행하고 싶은 진지한 유혹에 사로잡힐 것이다. 하지만 지금껏 그러한 법은 구상된 적이 없었다.

그렇다 하더라도 수정헌법에서의 언론자유 보장이 무제한적으로 적용되는 것은 아니다. 예를 들어, 사람들로 꽉 찬 극장에서 누군가에게 "불이야!"라고 소리칠 수 있는 권리를 보장하지 않는다. 사람들이 다니는 길거리에서 욕설로 소리칠 수 있는 권리 역시 허용되지 않는다. 폭력적인 수단을 동원한 정부의 전복을 옹호하는 것도 허용되지 않는다. 이런 경우들은 언론자유의 혜택이 외부에 끼치는 비용을 정당화하기에는 너무 작다는 것을 주장하고 있는 것이 아닐까?

공공장소와 사적공간에서의 흡연권

타인이 내뿜은 담배연기에 노출되는 것도 건강에 해로울 수 있다는 연구결과가 있다. 이런 연구결과는 공공장소에서 흡연을 금지하는 법률을 제정하는 최근 추세에 상당한 지지기반이 되었다. (1) 공공장소에서 낯선 사람들과 협상을 하는 것은 일반적으로 불가능하며, (2) 담배연기에 노출되는 비흡연자에게 미치는 손해가 공공장소에서 담배를 피우지 못하게 된 흡연자들이 겪는 손해보다 더 중요하다는 현실적인 전제하에서 이런 법률은 코우즈의 원리에 부합한다.

하지만 아직까지는 민간주택에서도 흡연을 금지하는 법률이 제안된 적은 없다. 그 결과 사람들은 룸메이트가 피우는 담배연기에 노출되는 경우가 생기기도 한다. 룸메이트가 될 사람과 협상을 하는 데 비용이 상대적으로 적게 든다는 현실적인 전제하에, 다음의 예는 그런 법률의 부재가 바람직하지 않은 결과를 초래할 것 같지는 않다는 점을 보여준다.

예 16.8	**타협을 할 것인가, 비용을 치를 것인가?**

스미스와 존스는 방 *1개짜리* 아파트에서 같이 살 것인지 아니면 방 *1개짜리* 아파트에서 따로 살 것인지 결정을 하려고 한다. 임대료는 방 *1개짜리* 아파트가 월 *$300*이고, 방 *2개짜리* 아파트는 월 *$420*—또는 *1인당* 월 *$210*—이다. 흡연자인 스미스는 집에서 흡연을 하는 것을 포기하기보다는 월 *$250*을 기꺼이 포기할 의사가 있다. 하지만 비흡연자인 존스는 흡연자와 같이 사는 것보다는 월 *$150*까지 포기할 의사가 있다. 흡연과 임대료 문제를 제외하고는 이 두 사람은 같이 살든 혼자 살든 아무런 상관이 없다. 두 사람 어느 누구도 다른 룸메이트를 찾을 수 없다. 이들은 같이 살까 아니면 따로 살까?

그들이 따로 살면 흡연문제에 대해서는 각자가 원하는 길을 택할 수 있다. 단점은 혼자 살면 비용이 더 많이 든다는 것이다. 그들이 함께 살면 임대료를 절약할 수 있지만 둘 중의 한 사람은 양보를 해야 할 것이다. 스미스가 흡연을 포기하든지, 존스가 스미스의 담배연기를 참아야 하는 것이다. 존스가 원하는 길을 택할 때 지불할 의사가 있는 금액이 스미스의 그것보다 작으므로 양보를 하는 쪽은 존스가 될 것이다. 둘이 같이 살면 각자는 월 임대료를 $90 절약할 수 있다. 만일 협상이 이루어질 가능성이 없다면, 같이 살 때 절약할 수 있는 금액이 흡연자와 같이 살 때 존스가 치러야 하는 비용보다 작으므로 두 사람은 같이 살지 않을 것이다.

하지만 이들이 비용을 들이지 않고 협상을 할 수 있다고 가정하자. 그러면 현실적으로 제기되는 질문은 절약되는 임대료 **총액**이 존스의 양보 비용보다 더 큰가 하는 것이다. 절약되는 임대료 총액은 월 $180인데, 이는 따로 살 때 지불하게 될 월 임대료 총액 $600에서 같이 살 때의 임대료 $420을 차감한 금액이다. 이 금액은 존스의 양보비용보다 월 $30 더 많으므로 두 사람이 같이 살기로 합의할 가능성이 있다. 스미스는 그가 절약하는 월 $90 중 일부를 존스에게 주어야 할 것이다.

표 16.8

예 16.8의 보수체계

	순임대료($/월)		순이득($/월)		
	존스	스미스	존스	스미스	총계
따로 살 때	300	300	–	–	–
같이 살 때, 스미스는 존스에게 흡연에 따른 보상으로 *X*를 지불함(이때 $60 \leq X \leq 90$)	$210 - X$	$210 + X$	$X - 60$	$90 - X$	30

> 스미스가 흡연하지 않을 때의 비용은 월 $250이다. 존스가 흡연자와 같이 살 때의 비용은 월 $150이다. 같이 살 때 절약되는 임대료 총액은 월 $600 − $420 = $180로, 이는 존스가 흡연자와 같이 살 때 요구되는 최소 양보 비용 월 $150보다 월 $30가 더 크다.

X를 스미스가 존스에게 주는 금액이라고 하자. 존스가 흡연자와 같이 살 때의 비용이 월 $150이고, 절약되는 임대료는 $90밖에 되지 않으므로 X는 최소한 월 $60이 되어야 한다. 스미스는 같이 사는 아파트에서 계속 흡연을 할 수 있게 되었으므로 절약되는 임대료 월 $90는 순이득이 되며, 이는 그 금액이 X의 최대치가 된다는 것을 의미한다. 이 예와 관련된 세부사항들이 표 16.8에 요약되어 있다.

예 16.8은 외부성이 완전히 상호적이라는 점을 보여준다. 이 문제에 관한 전통적인 논의에서와 마찬가지로 스미스의 흡연은 존스에게 해를 입힌다. 하지만 스미스에게 흡연을 하지 못하도록 하면, 최소한 그가 판단하는 관점에서는, 그는 손해를 볼 것이다. 주거지를 공유하는 문제는 필연적으로 흡연문제가 공동으로 수반된다. 사람들은 서로가 동의할 수 있는 주거환경을 선택할 수 있는 자유가 있으므로, 존스는 자기 의사에 반해 담배연기를 참도록 강요받을 수 없다. 마찬가지 논리로, 스미스는 흡연을 포기하도록 강요받을 수 없다. 그들이 같이 삶으로써 임대료를 절약하고자 한다면, 그들 중 한 명은 흡연문제에 대해서 양보를 하여야 하며, 다른 한 명은 금전적으로 양보하여야 한다. 그들이 동의하는 조건이 양자 모두에게 혼자 사는 것보다 더 나은 결과를 가져올 수 없다면 합의에 결코 도달하지 못할 것이다.

> **개념 확인 16.3**
> 만일 흡연 피해를 완전히 제거할 수 있는 환기장치를 월 $60의 비용으로 설치할 수 있다면, 표 16.8에 있는 수치들이 어떻게 변할까?

16.5 긍정적 외부성

코우즈의 정리는 부정적 외부성뿐만 아니라 긍정적 외부성에도 적용될 수 있다. 양봉업자와 사과재배업자가 근처에서 사업을 할 때, 각자의 활동은 다른 사람에게 긍정적 외부성을 가져온다. 양봉업자가 벌통을 더 들여놓으면 근처 과수원의 사과나무들이 더욱 많이 수정되어 사과 수확량이 증가한다. 과수원 주인이 사과나무를 더 심으면 양봉업자는 더 많은 꿀을 생산할 수 있다. 이러한 외부성이 무시될 경우, 사과와 꿀은 최적 생산량보다 적게 생산된다. 하지만 이들이 비용을 들이지 않고 협상을 할 수 있다면, 양봉업자는 과수원 주인에게 더 많은 나무를 심도록 일정 금액을 지원하겠다고 제안할 수 있다. 마찬가지로, 과수원 주인은 양봉업자가 더 많은 벌통을 들여올 수 있도록 일정 금액을 지원하겠다고 제안할 수 있다. 외부성이 부정적이든 긍정적이든 문제를 시정하는 방법에 관해 합의하는 데 비용이 들거나 불가능한 경우에만 비효율성이 초래된다.

16.6 상대적 지위의 외부성

노력을 필요로 하는 많은 분야에서는 절대적 성과가 아니라 다른 사람들과의 비교를 통한 상대적 성과에 의해 보상의 크기가 결정된다. 예를 들어, 수영 챔피언이 되기 위해서는 당신이 절대적으로 얼마나 빨리 수영을 했느냐가 아니라 다른 사람과 비교한 기록에서 앞서야 한다. 수영선수 마크 스피츠(Mark Spitz)는 1972년 올림픽에서 7개의 금메달을 획득했지만, 그의 당시 기록은 2012년이었다면 미국 대표팀에도 선발되지 못했을 실력에 불과하였다.

상대적 성과에 의해서 보상이 결정되는 상황을 콘테스트(contest)라고 한다. 어떤 콘테스트에서건 참가자들은 승리의 가능성을 높이기 위하여 다양한 행동을 시도한다. 사실, 그러한 행동을 하는 것이 콘테스트의 핵심이다. 이러한 행동들 중 어떤 것은 비용이 거의 들지 않는다. 예를 들어, 수영선수들은 물살을 좀 더 부드럽게 헤쳐 나가기 위해 머리와 몸에 있는 털을 면도하기도 한다.

그러나 중요한 것이 걸려 있는 콘테스트에서는 참가자들이 승리하기 위해 여지없이 훨씬 값비싼 비용을 치른다. 전국 단위의 정치선거에 출마한 사람들은 광고비로 수백만 달러를 지출한다. 군비경쟁에서 우위를 점하기 위해 국가들은 신무기를 개발하고 생산하는 데 수십억 달러를 투자한다.

콘테스트에서 보상은 상대적 우위에 의해 결정되므로, 간단한 셈법에 의하더라도 한 참가자가 승리할 가능성이 높아진다는 것은 필연적으로 다른 사람들이 승리할 가능성이 줄어든다는 것을 알 수 있다. 이러한 점을 고려할 때, 성과를 높이기 위한 행동들은 **상대적 지위의 외부성**(*positional externalities*)을 가져오는 것으로 생각할 수 있다. 단 한 사람에게만 수여되는 상을 받기 위해 *A*와 *B*가 경쟁하고 있다면, *A*에게 도움이 되는 것은 무엇이든지 필연적으로 *B*에게는 해가 된다.

많은 보상이 주어지면서도 규제가 없는 콘테스트는 상대적 지위를 높이기 위한 **무한경쟁**(*positional arms race*)으로 치달을 가능성이 매우 높다. 예를 들어, 약물금지 규정이 없다면 전미풋볼리그(National Football League)에서 뛰고 있는 많은 수비수들은 분명히 스테로이드를 사용하여 체격을 키우고 근력을 강화하고 싶은 유혹을 느낄 것이다. 그 이유는 단순하다. 거대한 체격이 핵심적 역할을 하는 영역에서, 위험한 호르몬 주사를 사용하지 않은 선수는 팀 내에서 자기 포지션을 위협받을 수 있기 때문이다.

하지만 다른 많은 무한경쟁과 마찬가지로 경쟁이 점점 확대되고 심화되면 참가자들 모두에게 돌아가는 실질적인 혜택은 별로 없게 된다. 결국, 각 팀 수비수의 평균 몸무게가 300파운드이든 240파운드이든 상관없이 경쟁선상에 있는 선수들 중 단 한 사람만 승리하게 된다. 그와 동시에 이러한 경쟁은 상당한 비용을 수반하기도 한다. 지금껏 스테로이드는 간암이나 여타 심각한 건강상의 문제를 가져왔다.

하키 경기에서는 수비수가 상대방 슛이 골인되는 것을 막기 위해 얼음 위로 몸을 던지는 경우가 다반사이다. NCAA 하키 경기에서는 선수들이 얼굴 쪽의 트인 곳에 단단한 철망이 있는 헬멧을 의무적으로 착용하도록 하고 있기 때문에 이런 행동이 더 이상 심각한 부상을 초래하지 않는다. 하지만 이런 헬멧이 등장하기 전에는 그것은 정말로 위험한 행동이었다. 시속 100마일 이상의 속도로 날아오는 하키 퍽으로 얼굴을 맞게 되면 그 결과는 끔찍하

하키 헬멧 착용이 의무화되지 않으면 대부분의 선수들은 헬멧을 결코 착용하지 않는다. 그러나 대부분의 선수들은 헬멧 의무화 규정에 우호적이다. 상대적 지위의 외부성을 통해 이러한 명백한 역설을 설명할 수 있다.

다. 실제 그라운드에서 퍽을 향해 얼굴을 내던지는 선수는 불구가 될 위험을 자초하는 바보로 보일 수 있다. 하지만 그런 행동을 취하는 것을 주저하는 선수는 별로 없다. 이기고자 하는 욕구—상대적으로 더 잘하고자 하는 욕구—는 강력한 인간 본성이다. 승리에 대한 물질적 보상이 매우 큰 상황에서는 이런 행동이 전혀 놀랍지 않다. 하지만 보상이 표면적으로 보잘것없는 경우에도—예를 들어, 뉴욕 주 북부의 연맹 비공식 고교하키 경기에서조차도—선수들은 승리하기 위해 사력을 다한다.

보상의 크기가 주어져 있을 때 자발적인 절제만으로는 상대적으로 우위를 점하기 위한 무한경쟁의 부작용을 효과적으로 해결할 수 있는 가능성이 극히 희박하다. 따라서 신체를 사용하는 많은 스포츠 분야에서는 오늘날 모든 운동선수들에게 엄격한 약물검사를 받도록 하고 있다. 이와 유사하게, NCAA의 규정은 명백히 얼굴을 보호하기 위한 해결책이다. 이 규정이 없다면 스스로 철망이 있는 헬멧을 착용하고자 하는 선수들은 몇 사람이 되지 않을 것이다. (유사한 규정이 없는 전미하키리그에서는 수비수들의 앞니만큼이나 철망이 달린 헬멧은 찾아보기 힘들다.)

상대적 지위의 외부성을 좀 더 자세히 이해하기 위해 예전의 결투관행에 대해 생각해보자. 과거에는 신사가 상대방으로부터 모욕을 당하는 경우 자기의 명예를 지키기 위해 해 뜨는 시각에 권총 결투를 신청하는 관행이 있었다. 결투자들과 이들을 돕는 친구들은 곧 이런 식의 규제받지 않는 결투가 감당할 수 없을 정도로 비싼 대가를 치르게 만든다는 것을 깨닫게 되었다. 그 결과 시간이 흐르면서 사망률을 줄이는 방향으로 규칙이 바뀌었다. 예를 들어, 권총이 발사되는 거리가 점차적으로 멀어졌다. 그리고 나선형으로 홈이 파여져 있는 총신이 있는 권총은 금지되었다. (나선형 홈은 총알을 회전시켜 총알 궤도의 정확성을 높여준다.) 이러한 규제가 자리를 잡게 되면서 6명의 결투자 중 한 명 정도만 실제로 총알을 맞았고, 14명 중의 한 사람 정도만 사망하였다. 물론 이 정도의 대가도 매우 값비싼 것이기에, 결국에는 결투를 완전히 금지시키는 단계에까지 도달하였다. 엄격한 법적 처벌이 자리를 잡게 되면서 현재는 부상을 입지 않는 다양한 방식으로 우리의 명예를 지킬 수 있게 되었다.

사람들이 일생 중에 맞이하는 가장 중요한 콘테스트 중의 하나는 자녀들이 좋은 교육을 받고 노동시장에 진출할 수 있도록 하는 임무이다. "좋은" 교육이라는 것은 "유능한" 수비수처럼 피할 수 없는 **상대적** 개념이기 때문에, 이러한 임무는 콘테스트에 해당한다. 유능한 수비수라는 것이 다른 라인맨들보다 더 크고, 더 강하고, 더 빠른 선수라는 것을 의미한다면, 좋은 교육이란 다른 대부분의 사람들이 받는 교육보다 더 나은 교육을 의미한다. 우리의 지향점이 보이는 이런 상대적인 특성 때문에 상대적 우위를 점하기 위한 무한전쟁에 노출되는 현상은 어디에서나 목격된다.

교육 측면에서 이러한 무한경쟁은 어떠한 형태를 띠고 있을까? 미국에서 공립학교는 주로 해당 지자체의 재산세로 재원을 조달하기 때문에, 교육수준과 동네의 질적 수준이 아주 밀접한 관련을 보인다. 신분상승을 위한 경쟁은 가능한 한 가장 좋은 동네로 이사를 가는 형태로 나타나는 경우가 많다. 가정에서는 더 나은 학군으로 이사하는 데 필요한 돈을 마련하기 위해 많은 고통—장시간 노동, 위험한 직장, 휴가 없는 생활, 절약을 통한 저축 등—을 감내하는 것이 보통이다. 하지만 간단한 셈법을 재차 동원하더라도, 사회구성원 모두가 상대적으로 모두 신분이 상승되는 것은 불가능하다는 점을 기억하자. 아무리 우리 자녀들 모두가 노력을 한다고 해도 그들 중 단 10퍼센트만 학교에서 상위 10퍼센트를 차지할 수 있다.

걸려 있는 보상이 얼마 되지 않는 콘테스트에서도 사람들은 승리 가능성을 높이기 위해 상당한 희생과 위험을 감수하는 경우가 많다는 것을 우리는 이미 살펴보았다. 우리의 자녀들이 편안한 삶을 살도록 준비를 시켜주는 임무는 보상이 높은 콘테스트에 속한다. 어떤 가정이 상대적 신분상승을 이루기 위해 기울이는 노력은 다른 가정들에게 부정적 외부성을 미친다. 다양한 분야에서 외부성의 효율적 해결을 증진시키는 방향으로 사회제도가 진화해왔다는 것을 지금까지 살펴보았다. 이런 관점에서, 가족들 간에 신분상의 상대적 우위를 점하고자 하는 경쟁을 제한하는 다양한 사회제도에 대한 새로운 통찰을 얻을 수 있다. 우리가 앞으로 살펴보게 되겠지만 이런 제도들에 대한 전통적인 설명들은 속 시원한 답변보다는 의문을 더 많이 제기하는 경우가 많다.

근무일수의 규제

공정노동기준법(Fair Labor Standard Act, 우리나라에서는 근로기준법)에서는 다른 무엇보다도 노동자들이 일일 8시간 또는 주 40시간 노동을 초과할 때마다 고용주들이 노동자들에게 50퍼센트의 초과임금을 추가로 지급하도록 규정하고 있다. 이 규제는 지나친 초과근무를 하지 못하도록 하며, 규제하지 않으면 수요독점기업들이 수용할 수 없을 정도의 장시간 노동을 요구할 것이라는 근거를 토대로 그 정당성이 인정되었다.

초과노동을 규제하는 법규를 비판하는 사람들은 만일 노동자들이 장시간 일하는 것을 싫어한다면 규제가 없어도 경쟁의 논리에 의해 초과수당이 지급될 것이라고 주장한다. 이와 반대로, 만일 노동자들이 장시간 일을 하는 것을 원한다면 고용주들로 하여금 노동자들이 자발적으로 원하는 일을 금지하는 법을 지지할 이유가 어디에 있는가? 비판자들의 시각에서 보면 공정노동기준법은 타당하지 않거나 도움이 되지 않는다는 것이다.

상대적 지위의 외부성은 노동시간 규제에 대한 또 하나의 정당한 근거를 제시한다. 어떤 사람이 몇 시간 더 일을 하면 그녀의 소득은 절대적으로뿐만 아니라 상대적으로도 증가할 것이다. 그 결과, 그녀는 더 좋은 학군에 집을 장만할 수 있을 것이다. 하지만 이 경우에도 한 가정의 지위상승은 상대적으로 다른 가정들의 지위하락을 가져오는 문제가 발생한다. 다른 가정들은 자기들 지위가 하락하는 것을 그냥 지켜보기보다는 그들 스스로 장시간 일을 해야 한다는 압박을 느낄 것이다. 결국 이런 효과들은 대부분 상쇄된다. 앞에서와 마찬가지로 우리 자녀들 중 10퍼센트만이 상위 10퍼센트의 학교에 다닐 수 있을 뿐이다.

매일 10시간씩 일을 하면 8시간만 일을 할 때보다 더 높은 소득을 올릴 수 있다. 그러나 그 과정에서 가족이나 친구들과 같이 지낼 시간이 줄어든다. 모두가 5시에 일을 마치는 공동체에서 사는 것을 사람들이 선호하리라는 것은 너무나 분명하다. 그리고 공정노동기준법이 없을 때에 그런 공동체를 거의 찾아볼 수 없으리라는 것 또한 자명하다.

저축

국민연금제도가 사람들로 하여금 은퇴에 대비하여 언제 그리고 얼마나 저축을 할지 스스로 의사결정을 내릴 수 없도록 만든다고 많은 사람들이 불평한다. 옵션이 많은 것이 적은 것보다 낫다는 전통적인 견해를 따른다면, 순전히 자발적으로 국민연금에 가입하도록 하는 편이 더 낫다. 하지만 대부분의 사회에서는 은퇴소득을 보완하기 위하여 강제적으로 이 프로그램을 운영한다. 이 경우에도 상대적 지위의 외부성 이론을 이용하면 그 이유를 쉽게 이해할 수 있다.

이 주장은 노동시간 규제의 경우와 본질적으로 차이가 없다. 부모는 현재 소득을 은퇴에 대비해서 저축을 하거나 아니면 더 좋은 학군에 있는 주택을 구입하는 데 쓸 수 있다. 많은 부모들이 두 번째 옵션을 더 중요한 사안이라고 생각한다.

하지만 많은 부모들이 두 번째 옵션을 선택하게 되면 부모들이 원래 의도했던 바를 달성하지 못하는 결과가 발생한다. 모두가 더 좋은 학군에 있는 집을 사려고 하면 그 지역의 집값 상승만 부채질한다. 이 과정에서 아무도 교육 측면에서 지위 상승을 이루지 못하게 되고, 단지 부모들의 은퇴를 대비한 저축액만 줄어들 뿐이다. 각자 개별적으로 행동을 하게 되면, 그들이 실제로 선택할 수 있는 유일한 대안은 그들 자녀를 수준이 낮은 학교에 보내는 것밖에 없다.

국민연금제도는 각자의 소득 중 일부를 지출하지 못하도록 함으로써 이런 딜레마를 완화시켜준다. 이 제도는 상대적 지위의 외부성 문제들을 해결하는 데에도 도움을 준다. 예를 들어, 어떤 구직자가 취업 인터뷰에서 되도록이면 좋은 인상을 보여주는 것이 중요하다는 조언을 받았다고 해보자. 그러나 좋은 인상을 보여준다는 것은 깔끔하고 세련된 옷을 입는 것과 같은 단순한 일이 아니다. 좋은 교육과 마찬가지로 우아한 외모는 상대적 개념이다. 좋은 인상을 준다는 것은 다른 사람들보다 더 나은 인상을 준다는 것을 의미하고, 따라서 그러기 위해서 현실적으로 가장 좋은 방법은 다른 사람들보다 옷을 사는 데 더 많은 돈을 지출하는 것이다. 문제는 이와 동일한 셈법이 모든 사람들에게 적용된다는 것이다. 결국, 초라한 인상을 보여주지 않기 위해 의상에 점점 더 많은 돈을 헛되이 지출해야 하는 결과만 초래되는 것이다. 구직자 전체의 관점에서 보면 저축을 더 많이 하고 의상에 돈을 덜 쓰는 것이 이치에 맞다. 하지만 개별적으로 행동하면 누구에게도 이득이 되지 못할 것이다. 국민연금제도는 우리 소득 중 일부를 보호해줌으로써 이런 상황이나 다른 비슷한 상황에서 사람들이 지출하는 금액을 줄여주는 역할을 한다.

작업장 안전

상대적 지위의 외부성에 관한 마지막 예로, 작업장 안전규제를 생각해보자. 노동시간 규제에서와 마찬가지로, 안전규제를 찬성하는 사람들은 이 규제가 없으면 수요독점기업들이 노동자들을 도저히 받아들일 수 없을 정도로 위험한 환경에서 일하도록 강요할 것이라고 주장한다. 하지만 우리가 14장에서 살펴본 바와 같이, 이런 주장은 노동시장에서 경쟁의 힘이 가져다주는 효과를 지나치게 과소평가하고 있다. 안전규제를 비판하는 사람들은 이런 힘을 근거로 삼아, 이러한 규제가 노동자들로 하여금 스스로 작업장 안전수준을 선택할 수 있는 권리를 박탈하고 있다고 주장한다.

하지만 상대적 지위의 외부성을 고려하면 안전규제 제도에 대한 의문점을 해소할 수 있다. 한 근로자가 위험이 더 높은 일자리를 선택하면 다른 노동자들이 가장 좋은 학군에서 집을 구입할 수 있는 가능성이 예전보다 줄어든다. 심적 부담감을 느끼는 다른 노동자들 역시 더 위험한 일자리를 선택하려고 한다. 상대적인 관점에서 이러한 개별 행동으로 인한 효과가 대부분 서로 상쇄되는 것은 당연하다. 사람들은 작업장 안전에 관한 최소기준을 채택하여 이러한 무한경쟁을 해소하는 것을 오히려 선호할 수 있다.[7]

16.7 외부성에 대한 과세

코우즈의 1960년 논문이 출간되기 전에는 경제학 분야에서 영국 경제학자 피구(A. C. Pigou)가 제창한 "부정적 외부성에 대한 최선의 해결책은 과세를 하는 것"이라는 견해가 압도적인 지지를 받고 있었다. 아이디어는 간단하다. A의 행동이 B에게 비용을 유발할 때에는, 그 비용만큼 A에게 세금을 부과하면 그는 자신이 유발하는 외부성을 감안하여 생산수준을 결정하게 된다는 것이다. 다음 예에서 분명해지겠지만, 그러한 세금은 때때로 우리가 아무 것도 하지 않을 때보다 오히려 상황을 더 악화시키기도 한다.

예 16.9	외부성에 대한 과세

예 16.1에서 16.6까지의 의사와 제과점에 대한 예들을 다시 생각해보자. 의사가 소음이 없는 환경에서 진료할 때 얻을 수 있는 이득이 60이고, 제과점이 소음을 일으키는 생산장비를 사용할 때 얻을 수 있는 이득은 40이라고 가정하자. 또한 의사는 18의 비용을 들여 그의 사무실을 재배치하면 소음문제를 해소할 수 있다고 가정하자. 마지막으로, 의사와 제과점의 협상은 불가능할 정도로 그 비용이 높다고 가정하자. 세금을 부과하게 된다면, 제과점의 행동이 초래한 피해와 동일한 금액의 세금을 제과점이 납부해야 하므로, 의사가 아무런 조치를 취하지 않을 경우 세금의 크기가 60이 된다. 세금을 부과하는 경우의 결과와 세금이 없을 경우의 결과에는 어떤 차이가 있을까?

협상비용이 없는 경우, 제과점이 의사에게 일정 금액을 지불하여 사무실을 재배치하도록 하면 그가 영업을 해도 아무런 소음피해를 주지 않게 되므로 세금을 납부하지 않고도 영업을 할 수 있다. 하지만 협상이 불가능할 경우, 의사는 스스로 이 비용을 부담할 아무런 이유가 없다. 그는 가만히 있어도 제과점이 영업을 하게 되면 60의 세금을 내야 할 것이므로, 제과점이 택할 수 있는 최선의 선택은 문을 닫는 것이라는 것을 의사는 알고 있기 때문이다. 제과점은 영업을 했을 때 얻을 수 있는 이득이 40밖에 되지 않은 것이다. 제과점이 더 이상 영업을 하지 않으면 의사가 얻는 이득은 60이고, 제과점의 이득은 0이다.

그러나 세금이 없다면 제과점은 영업을 계속하여 40의 이득을 얻을 수 있다. 이 경우에 의사가 취할 수 있는 최선은 18의 비용을 들여 사무실을 재배치하는 것이고, 이때 그의 순이득은 42가 된다. 따라서 세금이 없는 경우에는 가장 효율적인 결과에 도달하게 되는 반면에, 세금이 있는 경우에는 이득 총액이 훨씬 작아진다. 이 예와 관련된 수치들이 표 16.9에 요약되어 있다.

---

7. 그런 기준이 작업장을 더욱 안전하게 만들고자 하는 당초의 목표를 달성했는지의 여부는 실증적으로 밝혀야 할 문제이다. 몇몇 학자들은 안전규제에 관련된 관료적 비효율성으로 인해 실제로는 안전수준이 오히려 낮아지는 결과가 초래되었다고 주장하였다. Albert Nichols and Richard Zeckhauser, "Government Comes to the Workplace: An Assessment of OSHA," *The Public Interest*, 49, 1977: 39–69 참조.

표 16.9

예 16.9에 대한 결과와 보수체계

법률체계	결과	순편익		
		의사	제과점	총액
제과점에게 60의 세금을 부과하는 경우	제과점은 문을 닫음	60	0	60
세금이나 책임이 없는 경우	의사는 본인부담으로 사무실을 재배치함	42	40	82

> 제과점의 영업에 따른 이득은 40이다. 소음으로 의사가 입는 손실은 60이다. 의사는 18의 본인부담으로 사무실을 재배치하면 소음을 피할 수 있다. 효율적인 결과는 의사가 사무실을 재배치하는 것이고, 이런 일은 제과점에게 세금을 부과하지 않을 때에만 발생한다.

예 16.9을 통해 충분히 알 수 있는 것처럼, 오염에 대한 세금은 세금이 전혀 없을 때보다 더 나쁜 결과를 초래할 수 있다. 오염에 대한 세금은 오염 배출자가 오염 피해에 대한 책임을 지도록 하는 것과 본질적으로 동일한 효과를 가져온다는 사실을 일단 인지하면 이는 그리 놀랄 일도 아니다. 하지만 이러한 인식은 과세가 **항상** 비효율적인 것은 아니라는 점도 함축하고 있다. 예 16.9에서 과세가 비효율적이었던 이유는 의사가 소음문제를 가장 저렴하게 해결할 수 있는 당사자임에도 불구하고 세금 때문에 그가 이 문제를 해결할 유인이 사라져버렸기 때문이다. 이와 반대로, 의사에게 소음피해를 피할 수 있는 저렴한 수단이 없다고 가정해보자. 세금을 부과하면 여전히 제과점은 문을 닫을 것이지만, 이번에는 그 결과가 가장 효율적이 된다. (예 16.1을 살펴보라.)

이번에는 제과점에게 소음 문제를 해소할 수 있는 저렴한 수단이 있다고 가정해보자. 예를 들어, 제과점은 10의 비용으로 방음장치를 설치할 수 있다고 하자. 이 경우에도 역시 세금은 가장 효율적인 결과를 이끌어 낼 것이다. 제과점은 세금을 피하기 위해 방음장치를 설치할 것이고, 의사는 방해를 받지 않고 영업을 할 수 있게 될 것이다.

오염에 세금을 부과하는 것이 효율적인지의 여부는 현재 직면한 상황에 따라 달라진다. 만일 협상에 비용이 들지 않는다면, 과세는 항상 효율적인 결과로 인도한다. (하지만, 협상에 비용이 들지 않는 경우에는 세금을 부과하지 않아도 역시 효율적인 결과가 도출될 것이다.) 협상이 불가능한 경우에는 오염 배출자가 오염 피해를 가장 적은 비용으로 줄일 수 있는 방법을 갖고 있을 때에 오염에 대한 과세가 여전히 효율적인 결과를 이끌어낼 것이다. 협상이 불가능하며 희생자가 오염 피해를 가장 저렴하게 줄일 수 있는 수단을 갖고 있는 경우에만 오염에 대한 과세가 비효율적인 결과를 낳는다. 오염 피해를 줄이는 비용이 오염 배출자와 피해자 모두가 비슷한 경우에는 과세를 하든지 과세를 하지 않든지 본질적으로 비슷한 결과를 낳을 것이다.

오염 배출자가 사실상 가장 저렴한 비용으로 오염 피해를 완화할 수 있는 당사자라고 공동체에서 판단을 내렸다고 해보자. 그러면 공동체는 오염 배출자가 행동을 취할 수 있도록 유인하는 정책을 선택해야 할 것이다. 또는 오염 배출자에게 오염 한 단위 배출에 대한 수수료의 역할을 하는 오염세를 채택할 수도 있다. 다음 예에서 볼 수 있듯이, 세금을 부과하는 방식은 직접 규제 방식에 비해 상당한 이점을 갖고 있다.

예 16.10	**규제냐, 과세냐?**

X와 **Y**라는 두 개의 기업은 다섯 종류의 서로 다른 생산 공정을 택할 수 있는데, 공정마다 비용과 오염 배출량이 다르다. 각 공정의 일일 비용과 그에 상응하는 매연량이 표 **16.10**에 나열되어 있다. 만일 오염에 대한 규제가 없으며 이 기업들과 피해자들 간의 협상이 불가능하다면, 각 기업은 다섯 개의 공정 중 가장 비용이 적은 **A**를 사용할 것이고, 따라서 각 기업은 일일 **4**톤씩, 총 **8**톤의 오염을 배출할 것이다. 시 의회는 매연 배출량을 절반으로 줄이고 싶어 한다. 이 목표를 달성하기 위해 의회는 두 가지 옵션을 고려하고 있다. 첫 번째 옵션은 각 기업으로 하여금 배출량을 절반으로 줄이도록 요구하는 것이다. 두 번째 옵션은 매일 배출되는 매연 **1**톤당 **T**의 세금을 책정하는 것이다. 배출량을 절반으로 줄이기 위해 **T**는 얼마로 책정해야 할까? 그리고 사회가 부담하는 총비용은 두 옵션하에서 얼마나 다를까?

만일 각 기업이 오염을 절반으로 줄여야 한다면 모두가 공정 A에서 공정 C로 전환해야 한다. 그 결과로 각 기업은 하루 2톤의 오염물을 배출할 것이다. 기업 X의 전환 비용은 일일 $600 - 100 = 500$이고, 기업 Y는 일일 $140 - 50 = 90$이므로 두 기업의 총전환비용은 일일 590이 될 것이다.

오염 1톤당 T의 세금이 부과되면 각 기업은 어떻게 반응할까? 먼저 각 기업은 공정을 A에서 B로 전환할 때 추가되는 비용이 일일 세금보다 큰지 작은지의 여부를 자문해볼 것이다. 만일 세금보다 작으면 기업은 전환을 선택할 것이다. 그 이유는 매연 1톤을 덜 배출시키는 공정 B는 기업에게 일일 T의 세금을 절약시켜줄 것이기 때문이다. 하지만 공정 B가 공정 A에 비해 초과되는 비용이 T보다 큰 기업은 전환하지 않을 것이다. 그럴 경우 공정 A를 그대로 유지하면서 세금 T를 추가로 지불하면 오히려 비용을 절감할 수 있다. 공정 B에서 C로 전환할 때에도 이와 동일한 질문을 던질 것이다. 다음 공정에서 소요되는 추가비용이 더 이상 T보다 작지 않을 때까지 기업은 전환을 계속할 것이다.

이를 이해하기 위해 톤당 50의 세금이 부과된다고 가정해보자. 기업 X의 경우, 공정 A는 B에 비해서 일일 90의 비용이 적게 들지만, 오염 1톤을 더 배출하는 대가로 일일 50의 세금을 추가로 내면 되므로 공정 A를 계속 사용할 것이다. 그 반면에 기업 Y는 공정 B로 전환하면 30의

표 16.10

다섯 가지 생산 공정의 비용과 배출량

공정(매연)	A (4톤/일)	B (3톤/일)	C (2톤/일)	D (1톤/일)	E (0톤/일)
X의 비용	100	190	600	1200	2000
Y의 비용	50	80	140	230	325

> 각 기업은 다섯 종류의 생산 공정 A~E를 사용할 수 있다. 공정마다 비용과 오염배출량이 서로 다르다.

비용만 더 드는 대신에 50의 세금을 절약할 수 있으므로 공정 B로 전환할 것이다. 하지만 기업 Y는 공정 C로까지 전환을 하지는 않을 것이다. 왜냐하면 공정 B에서 C로 전환하면 비용은 60 만큼 더 들지만 세금은 50밖에 절감되지 않기 때문이다. 기업 X가 공정 A를 유지하고 기업 Y는 공정 B로 전환할 때, 오염의 총감소량은 일일 1톤이다. 따라서 1톤당 50의 세금으로는 목표로 하고 있는 50퍼센트의 오염 감축을 달성할 수 없다.

이에 대한 해결 방법은 우리가 원하는 결과에 도달할 때까지 세금을 계속 인상하는 것이다. 세금이 1톤당 91일 때 어떤 일이 발생할지 생각해보자. 이 세금으로 기업 X는 공정 B를, 그리고 기업 Y는 공정 D를 채택하도록 만들 수 있다. 이때 총배출량은 목표량인 일일 4톤이 될 것이다. 기업 X의 비용은 일일 190 − 100 = 90이며, 기업 Y의 비용은 일일 230 − 50 = 180이므로 두 기업의 총비용은 일일 270에 불과하다. 이 비용은 각 기업이 배출량을 절반씩 줄일 때보다 일일 320만큼 비용이 덜 든다. 기업이 납부하는 세금은 사회적 비용을 계산할 때 포함하지 않았다는 것을 유의하라. 그 이유는 기업이 납부한 세금은 정부에 의해서 사회로 환원되는 것이지 그냥 사라지는 것이 아니기 때문이다. 예를 들어, 오명에 대한 과세로 얻은 세수입을 이용해 다른 세금 부담액을 줄여줄 수 있을 것이다.

세금을 부과하는 방식이 유리한 이유는 가장 저렴하게 오염을 감축할 수 있는 기업에게 그 일을 집중적으로 수행하도록 할 수 있기 때문이다. 각 기업에게 배출량을 절반씩 줄일 것을 요구하는 직접규제 방식은 기업 Y가 기업 X보다 훨씬 더 저렴하게 오염을 감축시킬 수 있다는 사실을 고려하지 못한다. 세금을 부과하는 방식을 채택할 경우, 마지막 1톤의 매연을 줄이는 데 소요된 비용이 두 기업 사이에 동일하다는 것을 유의하라.

좀 더 일반적으로, 그림 16.4에서처럼 두 생산자, 기업 X와 기업 Y가 있으며, 매연 감축의 한계비용이 각각 MC_X와 MC_Y 곡선으로 나타난다고 가정하자. 만일 총매연배출량을 $Q = Q_X^* + Q_Y^*$만큼 감축하는 것이 목표라면 T^*의 세금을 매기는 경우 이 목표를 가장 저렴한 방법으로 달성할 수 있을 것이다. 이 방식의 특징은 모든 기업의 매연 감축에 따른 한계비용이 정확하게 동일하다는 점이다. 그렇지 않을 경우 오염감축량을 재조정하여 총비용을 줄일 수 있는 방법이 항상 존재할 것이다.

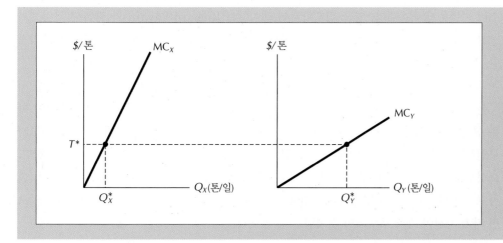

그림 16.4

세금을 이용한 오염감축 방법

MC_X와 MC_Y는 각각 기업 X와 Y의 오염감축에 따른 한계비용을 나타낸다. 오염세가 동일하게 부과될 경우, 각 기업은 오염을 추가적으로 감축하는 데 드는 한계비용이 세금의 크기와 정확하게 같아질 때까지 오염을 감축시킬 것이다. 그 결과, 총오염감축량을 가장 저렴한 방법으로 달성할 수 있다.

규제당국이 각 기업의 오염감축에 따른 한계비용을 알고 있을 때에는 직접규제 방식(각 기업에게 줄여야 할 오염량을 지시하는 방식)으로도 특정 수준의 오염감축량을 최소비용으로 달성할 있다. 규제당국은 각 기업의 한계 감축비용이 서로 같아지도록 할당량을 배정하면 된다. 하지만 문제는 일반적으로 규제당국이 각 기업의 한계비용에 대해 알 수 있는 방법이 전혀 없다는 것이다. 세금부과 방식이 매우 유리한 점은 규제당국의 입장에서는 효율성을 달성하기 위해 한계비용에 대한 어떠한 정보도 필요로 하지 않는다는 점이다.

정부가 외부성을 유발하지 않는 어떤 생산물에 대해 세금을 부과하는 경우, 그 생산물은 한계비용보다 높은 가격으로 판매될 것이다(2장 참조). 그리고 가격이 한계비용보다 높을 때, 산출량은 경제적 잉여를 극대화하는 수준보다 작다. 반대로, 부정적 외부성을 유발하는 생산물에 과세가 되지 않을 때, 그 상품의 산출량은 경제적 잉여를 극대화하는 수준보다 많다. 따라서 부정적 외부성에 대해 세금을 부과하는 경우, 효율성을 손상시키지 않고도 정부수입을 증대시킬 수 있다는 측면에서 또 한 가지 유리한 점이 생긴다. 오히려 부정적 외부성에 대한 과세는 실제로 효율성을 증진시킨다는 것을 우리는 살펴보았다. 부정적 외부성에 대해 과세를 하는 것이 정부가 업무를 수행하는 데 충분한 세수입을 얻도록 하는지 여부는 실증적 분석을 요하는 문제이다. 만일 그렇다면, 과세로 인해 비효율성이 초래될 수 있다는 염려는 더 이상 하지 않아도 될 것이다.

상대적 지위의 외부성에 과세하기

사람들이 소비로부터 얻는 효용의 크기는 절대적 소비수준뿐만 아니라 상대적 소비수준에 따라서도 달라진다는 증거가 많다. 19세기에는 그 누구도 자동차나 텔레비전을 갖고 있지 못하다고 해서 가난하다고 느끼지 않았지만, 오늘날에는 이런 것들을 갖지 못한 사람들은 정말 불행하다고 느끼는 경향이 있다. 사람들이 느끼는 이런 감정이 단순히 이웃 사람들이 이런 물건들을 소유하고 있다는 것을 부러워하기 때문만은 아니다. 만일 아무도 자동차를 소유하고 있지 않다면, 사회생활을 하는 데 필요한 최소 요건을 충족시키기 위하여 자동차 소유가 요구되지는 않을 것이다. 하지만 오늘날에는 거의 모든 사람들이 자동차를 소유하고 있기 때문에 자동차 없이 생활하는 것이 매우 힘들다.

상대소비가 중요하다면, 한 개인의 소비가 다른 사람들에게 부정적 외부성을 미친다는 논리가 성립된다. 어느 누군가가 소비를 늘릴 때, 그는 자기도 모르는 사이에 다른 사람들의 소비 기준을 끌어올린다. 영국 경제학자인 레이야드(Richard Layard)가 말한 것처럼, "가난한 사회에서는 남자가 아내를 사랑한다는 것을 증명하기 위해 장미 한 송이를 주면 되지만, 잘 사는 사회에서는 열 두 송이의 장미를 주어야 한다."

많은 유형의 소비가 부정적 외부성을 유발한다는 사실은 조세정책에 중요한 함의를 제공한다. 이를 이해하기 위해, 약혼녀에게 얼마나 큰 다이아몬드를 주어야 할지 결정해야 하는 한 젊은이를 생각해보자. 이 선물은 헌신에 대한 징표로서의 역할을 하기 때문에, 그가 구입하는 다이아몬드는 그에게 고통을 안겨줄 수 있을 정도로 충분히 가격이 비싸야 한다. 보석상인은 그에게 이 나라의 관행은 세공비를 포함한 보석 값이 두 달치 봉급은 되어야 한다고 말한다. 만일 그의 연봉이 $60,000라면 그는 $10,000를 준비해야 하고, 그렇지 않으면 자기 자신이 마치 구두쇠인 것처럼 느낄 것이다.

경제 전체의 관점에서 보면, 보석에 대해 400퍼센트의 세금을 매기는 경우 더 좋은 결과를 얻을 수 있을 것이다. 과세 전 $2,000짜리 보석의 가격이 과세 후에는 $10,000로 상승할 것이다. 예전보다 훨씬 작은 다이아몬드를 사면서도 이 젊은이는 이전과 똑같은 경제적 어려움을 겪을 것이다. 그리고 그것이야말로 바로 이 선물이 하는 역할의 핵심이므로 그의 목표는 세금이 부과되어도 바뀌지 않을 것이다. 이 젊은이의 약혼녀도 실질적으로는 아무런 손해를 입지 않을 것이다. 왜냐하면 이제 **모든 사람들**이 더 작은 다이아몬드를 구입하게 되었으므로, 다이아몬드의 크기는 작아졌지만 예전의 더 큰 다이아몬드와 똑같은 만족감을 가져다 줄 수 있기 때문이다. 정부는 $8,000의 추가 수입을 얻게 된다는 긍정적인 점이 추가되므로, 이를 지출 재원으로 사용하거나 다른 세금을 줄이는 데 쓸 수 있을 것이다. 유일한 피해자는 세금을 부과하기 전보다 수입이 $8,000 감소하는 남아프리카 공화국의 다이아몬드 생산업체 드비어스(deBeers) 카르텔 뿐이다.

학교, 집, 옷, 자동차, 휴가, 그리고 기타 중요한 지출 항목들의 수준을 결정하는 기준은 다른 사람들이 그런 항목들에 대하여 지출하는 크기와 밀접하게 관련되어 있다. 개별 소비자들은 그들이 선택을 할 때 대부분 상대적 지위의 외부성을 고려하지 않으므로, 그런 상품들이 사회 전체적으로보다는 개인들에게 훨씬 더욱 매력적인 것으로 보이게 되는 결과가 발생한다. 오염에 과세함으로써 효율성을 개선할 수 있는 것처럼, 마찬가지 이유로 이러한 유형의 소비에 과세를 함으로써 효율성을 개선할 수 있다. 효율성의 관점에서 보면, 이런 세금은 자원의 효율적 배분을 저해하는 기존 세금에 대해 매력적인 대체수단이 될 수 있다.

▪ 요약 ▪

- 어떤 당사자가 다른 당사자에게 해를 끼치고 이 당사자들이 비용을 들이지 않고 협상을 할 수 있을 때, 사람들로 하여금 그 행위에 대하여 법적 책임을 지도록 하는 것과 상관없이 그 외부성이 해결될 수 있다. 이 결과는 코우즈의 정리라고 알려져 있다. (학습목표 3)

- 코우즈 정리의 일반적 원리는 재산권의 설계에 관해 제기되는 다양한 문제들에 대한 해결의 실마리를 제공해준다. 이 원리로 설명할 수 있는 것들은 다음과 같다. 왜 선착장 소유자는 폭풍우가 몰아칠 때 보트를 타고 피신해 온 사람이 그 선착장에 밧줄을 묶는 것을 합법적으로 막지 못할까? 어떤 경우에 타인들이 자기 땅을 가로질러 지나가거나 조망을 방해하지 못하도록 허용될까? 왜 목초지는 공동 소유보다 사적 소유일 때 더 생산적이 될까? 왜 항공기들은 사람들의 사유지 위로 비행하는 것이 허용되지만, 개발업자들은 토지소유자의 허락 없이는 그 위로 건물을 짓지 못할까? 각 사례는 협상에 비용이 들지 않을 경우, 당사자들이 스스로 도달할 수 있는 결과

- 에 근접할 수 있도록 재산법에 규정되어 있다. (학습목표 3)

- 긍정적 외부성이 발생하는 상황에도 비슷한 결론을 적용할 수 있다. 한 사람의 행위가 간접적으로 타인에게 혜택을 주는 경우, 협상에 비용이 들지 않는다면 사람들은 효율적 결과를 가져올 수 있는 합의를 도출해낸다. 그리고 협상에 비용이 들 때에는 긍정적 외부성을 가져오는 행위를 장려하도록 제도가 개선되는 경향이 있다. (학습목표 3, 4)

- 유사한 원리가 사람들의 행동들에 정부가 가하는 다양한 규제에도 적용된다. 언론자유와 기타 헌법상의 자유의 경우, 사람들이 자기들끼리 협상을 할 때의 해결책과 가장 유사한 법적 해결책을 만드는 것이 최선이다. (학습목표 4)

- 협상에 비용이 들 때 누가 법적 책임을 짊어지도록 하는지가 중요하다. 일반적으로 부정적 효과를 가장 적은 비용으로 없앨 수 있는 당사자가 그 부담을 지도록 규정할 때 가장 효율적인 결과에 도달할 수 있다. (학습목표 4)

- 상대적 지위를 높이고자 하는 콘테스트에서는 한 참가자의 노력이 다른 참가자에게 부정적 외부성을 미친다. 한 당사자의 승리 가능성을 높이는 행위는 필연적으로 다른 참가자의 승리 가능성을 떨어뜨린다. 그 결과 참가자들끼리 무한경쟁을 하게 되고, 참가자들의 노력은 대부분 서로 상쇄된다. 외부성과 재산권에 관한 이론은 현대사회의 시민들이 그런 무한경쟁을 제한하도록 하는 법률을 제정하는 데에 실마리를 제공해준다. (학습목표 6)

- 과세는 부정적 외부성의 문제를 해결하는 한 가지 수단이다. 과세가 항상 이상적인 해결수단인 것은 아니지만, 직접규제 방식에 비해 많은 경우에 여러 가지 중요한 이점을 갖고 있다. (학습목표 7)

▪ 복습문제 ▪

1. 협상비용이 아주 적을 때, 효율성을 달성하기 위해서 외부성에 대한 법적 책임을 누가 짊어지는가 무관한 이유는 무엇일까? (학습목표 1)

2. 당신의 학교 안에서 발생하는 공유자원의 비극에 관한 예를 세 가지 제시하라. (학습목표 3)

3. 당신이 외부성을 가장 적은 비용으로 줄일 수 있는 당사자라고 하자. 피해를 가장 적은 비용으로 줄일 수 있는 당사자에게 책임을 지도록 하는 일반적인 원칙을 당신이 찬성하는 이유는 무엇인가? (학습목표 4)

4. 항공기는 사전 동의가 없이도 민간주택 위의 상공을 이용할 수 있지만 부동산 개발업자는 이용할 수 없도록 하는 이유는 무엇인가? (학습목표 4)

5. 대부분의 재산법에서 민간 소유의 해안가 재산을 만조일 때의 수선(waterline)으로 제한하는 이유는 무엇인가? (학습목표 4)

6. 법적 책임을 배정하는 것이 분배 논리에 중요한 영향을 미칠까? (학습목표 8)

▪ 연습문제 ▪

1. 매년 11월에 스미스와 존스는 낙엽들을 뒷뜰에서 태울 것인지 쓰레기 봉투에 담아 지자체에서 처리하도록 할 것인지 선택해야 한다. 낙엽을 태우는 것이 훨씬 쉽지만, 이 경우 유독가스가 생긴다. 네 가지 가능한 조합에 대한 각 개인의 효용을 유틸로 측정한 값들이 표에 제시되어 있다. (학습목표 1, 3)

		스미스	
		뒷뜰에서 태우기	쓰레기 봉투에 담아 처리하기
존스	뒷뜰에서 태우기	존스 : 4 스미스 : 4	존스 : 8 스미스 : 2
	쓰레기 봉투에 담아 처리하기	존스 : 2 스미스 : 8	존스 : 6 스미스 : 6

a. 스미스와 존스가 효용을 극대화하고자 한다면, 각자 어떤 의사결정을 내릴 것인가?

b. 스미스와 존스가 서로에게 구속력이 있는 합의를 할 수 있다면, (a)에 대한 당신의 대답이 어떻게 달라질 것인가?

이번에는 두 사람의 보수체계가 다음과 같다고 가정하자.

		스미스	
		뒷뜰에서 태우기	쓰레기 봉투에 담아 처리하기
존스	뒷뜰에서 태우기	존스 : 6 스미스 : 6	존스 : 8 스미스 : 2
	쓰레기 봉투에 담아 처리하기	존스 : 2 스미스 : 8	존스 : 4 스미스 : 4

c. 이들이 구속력 있는 합의를 할 수 있다면, 이번에는 어떻게 행동할까?

2. 스미스는 굴뚝에 필터를 설치하거나 설치하지 않은 채로 생산을 할 수 있다. 하지만 필터 없이 생산을 하는 경우, 존스에게 매연 피해를 더 많이 준다. 두 사람의 이득과 손실이 아래 표에 제시되어 있다. (학습목표 3)

	필터가 있을 때	필터가 없을 때
스미스의 이득	$200/주	$245/주
존스의 손실	$35/주	$85/주

a. 스미스가 매연 피해에 대한 책임을 지지 않아도 되며 협상비용도 없는 경우, 그는 필터를 설치할까? 자세히 설명하라.

b. 스미스가 모든 매연 피해에 대해 책임을 져야 하며 필터의 비용이 표에서 주어진 것보다 매주 $10 더 많을 때 결과는 어떻게 달라질까?

3. 스미스는 방음장치를 설치해서 제재소를 운영할 수도 있고 설치하지 않고 운영할 수도 있다. 방음장치 없이 운영하면 그의 이웃인 존스에게 소음피해를 준다. 이와 관련된 스미스와 존스의 이득과 손실이 표에 제시되어 있다: (학습목표 3, 4)

	방음장치가 있을 때	방음장치가 없을 때
스미스의 이득	$150/주	$34/주
존스의 손실	$125/주	$6/주

a. 스미스가 소음피해에 대한 책임을 지지 않아도 되며 협상에 비용이 들지 않을 때, 그는 방음장치를 설치할까? 설명하라.

b. 만일 합의를 유지하기 위한 협상비용이 주당 $4라면 당신의 대답은 어떻게 달라질까? 설명하라.

c. 이제 존스는 소음피해로부터 벗어나기 위해 주당 $120의 비용을 들여 새로운 장소로 이사를 갈 수 있다고 가정하자. 협상비용이 전혀 들지 않을 때, (a)에 대한 당신의 대답은 어떻게 달라질까? 설명하라.

4. 스미스와 존스는 한 아파트에서 같이 살지의 여부를 결정하려고 하고 있다. 따로 살게 되면 각자 임대료로 월 $300을 내야 한다. 같이 살 수 있을 만큼 넓은 아파트의 월 임대료는 $450이다. 비용문제 외에, 다음 두 가지 문제를 제외하고는 두 사람은 같이 살든 아니면 따로 살든 상관하지 않는다. 스미스는 밤에 스테레오로 음악을 감상하는 것을 좋아하고, 이는 존스의 잠을 방해한다. 그리고 존스는 오전 6시에 샤워하면서 노래를 하는 것을 좋아하

고, 이는 스미스를 잠에서 깨어나게 한다. 존스는 샤워 중에 노래하는 것을 그만두기보다는 월 $80까지 포기할 의향이 있고, 스미스는 밤에 음악을 감상하는 것을 그만두기보다는 월 $155까지 포기할 의향이 있다. 스미스가 존스의 노래를 참는 대가로 받고자 하는 최저 배상 금액은 월 $75이고, 존스가 스미스의 스테레오 소리를 참는 대가로 받고자 하는 최저 배상 금액은 월 $80이다. (학습목표 3)

    a. 두 사람은 같이 살아야 할까? 만일 그렇다면, 각자 사는 것보다 더 나은 결과를 얻기 위해 임대료를 어떻게 나누어 내야 할까? 만일 그렇지 않다면, 두 사람 모두에게 이득이 되는 임대료 배분이 불가능한 이유는 무엇일까?

    b. 이제 스미스가 공짜로 스테레오 헤드폰을 얻었다고 해보자. 그가 밤에 헤드폰을 끼고 있으면 존스는 잠을 설치지 않아도 된다. 스미스는 헤드폰으로 음악을 듣는 것도 꽤 좋아하기는 하지만 심야에 스피커를 통해서 음악을 듣는 데 월 $40를 기꺼이 지불할 용의가 있다. 이렇게 새로운 옵션이 주어질 때, (a)에 대한 당신의 대답은 어떻게 달라질까? 자세하게 설명하라.

5. A와 B는 월 $400의 임대료를 내고 따로 살거나, 월 $600의 임대료를 내고 같이 살 수 있다. 각자는 사생활 포기를 벗어날 수 있는 대가로 월 $30까지 지불할 용의가 있다. 사생활을 잃는 것과 더불어, 둘이 같이 살면 한 사람의 행위가 다른 사람을 불쾌하게 만드는 두 가지의 갈등 요소가 있다. B는 트럼펫 연주자이고, A는 흡연자이다. B는 집안에서 담배연기를 참는 것보다는 월 $60를 지불할 용의가 있고 트럼펫을 계속 연주하는 대가로 $120를 지불할 용의가 있다. A는 집에서 계속 흡연을 하는 대가로 월 $100를 지불할 의향이 있고 트럼펫 소리를 피하는 대가로 $90까지 지불할 용의가 있다. 두 사람은 같이 살게 될까? 자세하게 설명하라. 만일 A가 사생활이 침해당하는 것을 연연해하지 않는다면 당신의 대답은 달라질까? (학습목표 3)

6. A와 B는 서로 인접해 있는 토지에서 살고 있다. 각자의 토지는 두 가지 활용 가능한 용도가 있으며, 각 용도의 현재가치는 상대방이 채택한 용도에 따라 달라진다. 다음 표에서 나열된 모든 값들은 두 사람 모두에게 알려져 있다. (학습목표 3, 4)

		A	
		사과농장	양돈장
B	임대주택	A : $200 B : $700	A : $450 B : $400
	양봉	A : $400 B : $650	A : $450 B : $500

    a. 협상비용이 없다면, 두 사람은 각자의 토지에서 무슨 일을 하게 될까?

    b. 협상비용에 $150가 소요된다면, 두 사람은 각자의 토지에서 무슨 일을 하게 될까?

    c. 위 (a)와 (b)에서 A가 얻을 수 있는 순소득은 최대 얼마인가?

7. 한 마을에 여섯 명의 주민이 있는데, 각자 $1,000를 갖고 있다. 각 주민은 자기 돈을 연 11 퍼센트의 이자를 지급하는 정부국채에 투자하거나, 마을 공동목초지에서 키울 수 있는 한 살짜리 비육우를 구입하는 데 쓸 수 있다. 1년생 비육우와 정부국채의 가격은 모두 정확하게

$1,000이다. 비육우는 보살필 필요가 없으며, 1년 동안 불어난 체중에 따라 결정된 가격으로 팔 수 있다. 또한 연 체중증가량은 공동목초지에서 풀을 뜯는 비육우의 숫자에 따라 달라진다. 표에는 2년생 비육우의 가격이 비육우 총 두수의 함수로 주어져 있다. (학습목표 3)

비육우의 수	2년생 비육우의 가격
1	$1200
2	1175
3	1150
4	1125
5	1100
6	1075

a. 만일 마을주민들이 투자에 대한 결정을 독립적으로 한다면, 공유지에서는 몇 마리의 비육우가 풀을 뜯게 될까?

b. 만일 마을주민들이 투자에 대한 결정을 공동으로 한다면, 공유지에서는 몇 마리의 비육우가 풀을 뜯게 될까?

c. 비육우의 숫자가 사회적으로 최적이 되려면 풀을 뜯게 하는 요금으로 비육우 한 마리당 얼마를 책정하여야 할까?

8. 완전경쟁적인 수산업에는 독립적으로 소유되고 운영되는 다섯 척의 어선들이 있는데, 이들은 이타카 항구 밖에서 조업을 하고 있다. 그 이외에는 그 어떤 다른 어부도 고기를 잡지 않으며, 보트를 하루 운행하는 데에 소요되는 한계비용은 70파운드의 고기와 같다고 가정하자. (보트가 운행되지 않을 때에는 비용이 들지 않는다.) 각 해안선에서 파운드로 측정된 총어획량은 다음 표에서 호수의 동쪽과 서쪽 해안에서 조업하는 어선 숫자의 함수로 주어져 있다. (학습목표 3, 4)

각 해안의 어선 숫자	총어획량	
	동쪽 해안	서쪽 해안
1	100	85
2	180	150
3	255	210
4	320	260
5	350	300

a. 각 선주들은 호수의 어느 쪽에서 조업을 할지 독립적으로 결정할 수 있고, 각 어선은 모두 서로 분명하게 알아볼 수 있다면, 각 해안에서 몇 척의 어선이 조업을 할 것으로 예상되는가? 순어획량(즉, 두 해안에서의 총어획량에서 운행비용을 차감한 값)은 얼마가 될까?

b. 양쪽 해안에서 조업하는 어선의 분포상황이 사회적 견지에서 최적인가? 만일 그렇다면, 그 이유를 설명하라. 만일 그렇지 않다면, 사회적으로 최적인 분포는 어떻게 될 것이며,

이 경우의 순어획량은 얼마가 될까?

9. 두 개의 기업 *X*와 *Y*에게는 다섯 종류의 사용 가능한 생산 공정이 있는데, 각 공정마다 배출되는 오염량은 다르다. 각 공정의 운용비용과 오염배출량이 표에 제시되어 있다. (학습목표 7)

공정 (매연)	*A* (4톤/일)	*B* (3톤/일)	*C* (2톤/일)	*D* (1톤/일)	*E* (0톤/일)
X의 비용	100	120	140	170	220
Y의 비용	60	100	150	255	375

a. 오염배출에 대한 규제가 없을 때 각 기업은 어떤 공정을 사용할 것이며, 오염의 일일 총 배출량은 얼마가 될까?

b. 시 의회는 오염배출량을 절반으로 감축하고자 한다. 이 목표를 달성하기 위해, 시는 오염 1톤을 배출할 수 있는 면허를 발급하고 있으며, 면허의 개수는 목표로 하는 오염배출량으로 제한하고 있다. 그리고 이 면허는 경매에 붙여 가장 높은 가격을 제시한 입찰자에게 배부된다. *X*와 *Y*가 유일한 오염배출 기업들이라면 오염 면허 1장의 가격은 얼마가 될까? *X*는 몇 장의 면허를 살까? *Y*는 몇 장의 면허를 살까?

c. 면허경매 절차를 택할 때 소요되는 사회적 총비용과 각 기업으로 하여금 배출량을 절반으로 감축하도록 할 때 소요되는 사회적 총비용을 비교하라.

10. 정부는 각 기업이 배출할 수 있는 최대 오염량을 강제하는 방법으로 오염을 규제하려고 한다. 일반적으로 이런 방법은 오염규제 비용을 필요보다 더 증가하게 만드는 결과를 초래한다. 그 이유를 설명하라. (학습목표 7)

11*. 어느 작은 마을에 6명의 주민이 있다. 각자 근처 늪에서 물고기를 잡거나 공장에서 일을 할 수 있다. 공장에서의 임금은 하루 $4이다. 물고기는 경쟁시장에서 한 마리당 $1에 팔린다. *L*명의 사람들이 늪에서 물고기를 잡을 때, $F = 8L - 2L^2$마리의 물고기가 잡힌다. 사람들은 공장에서 일을 할 때 더 많은 돈을 벌 수 있다고 예상하지 않으면 물고기를 잡는 것을 선호한다. (학습목표 4)

a. 사람들이 물고기를 잡을지 공장에서 일을 할지 독립적으로 결정할 수 있다면, 몇 마리의 물고기가 잡힐까? 이 마을의 총 수입은 얼마가 될까?

b. 사회적으로 최적인 어부의 숫자는 얼마일까? 이때 최적 수준에서 이 마을의 총 수입은 얼마가 될까?

c. 어부의 균형 숫자와 사회적으로 최적인 숫자 사이에 차이가 발생하는 이유는 무엇인가?

12. 스미스는 일주일에 한 번 6개의 캔이 들어 있는 콜라 팩을 구입해서 나중에 그의 두 아이들이 마실 수 있도록 냉장고에 넣어둔다. 그는 언제나 여섯 캔 모두가 첫째 날에 다 없어진다는 것을 알게 되었다. 존스 또한 일주일에 한 번 6개의 캔이 들어 있는 콜라 팩을 그의 두 아이들을 위해서 구입한다. 하지만 그는 스미스와는 달리 아이들에게 하루에 세 캔 이상은 마실 수 없다고 말한다. 왜 스미스보다 존스의 집에서 콜라가 훨씬 더 오랫동안 남아 있는 것일까? (학습목표 3)

---

* 이 문제는 8장 부록에 있는 한계생산물의 미분 정의를 사용하면 쉽게 풀 수 있다.

13. 스미스는 제과점을 소유하고 거기에서 일을 하고 있으며, 바로 그 옆에는 존스가 소유하고 있는 야외카페가 있다고 가정하자. 야외카페의 손님들은 제과점에서 흘러나오는 냄새를 좋아한다. 스미스가 제과점 창문을 연 채로 놔둘 때, 그 카페가 직면하는 수요는 $P_C = 30 - 0.2Q_C$이지만, 창문이 닫혀 있을 때에는 수요가 $P_C = 25 - 0.2Q_C$이다. 그러나 스미스는 창문이 열려 있을 때 들려오는 길거리 소음을 싫어하며, 그때 그가 받는 비효용의 화폐가치는 5이다. 카페의 한계비용은 10으로 일정하며, 두 사람은 가게를 소유하여 직접 운영하는 것을 매우 즐기기 때문에 두 가게가 합쳐질 가능성은 전혀 없다고 가정하자. (학습목표 3)

　　a. 두 사람 사이에 계약이 없는 경우, 두 가게는 효율적인 방식으로 행동하고 있을까? 그렇지 않다면, 현재 상황에서 존재하는 외부성의 문제에 대응하여 체결할 수 있는 계약의 범위를 기술하여라. 질문에 대답하는 과정에서, 스미스는 제과점의 냄새가 카페에서의 수요에 어떻게 영향을 미치는지 알고 있으며, 존스는 스미스가 길거리 소음을 얼마나 싫어하는지 알고 있다고 가정한다.

　　b. 현재 카페의 좌석 배열 상태에서는 제과점 창문이 열려 있을 때에도 수요가 증가하지 않는다는 것을 제외하고는 위에서 열거한 모든 상황이 동일하다고 가정하자. 수요를 증가시키기 위해 존스는 테이블들을 제과점에 더 가까이 이동시키는 데 50의 매몰 투자비용이 필요하다. 스미스와 존스가 계약서에 서명을 하기 전에 존스가 이 투자를 하는 것이 현명한 일일까?

　　c. 처음의 설정으로 되돌아가되, 이번에는 길거리 소음으로 인한 스미스의 비효용이 5가 아니라 50이라고 가정하자. 더 나아가서, 두 사람이 계약에 동의하기 전에 존스가 시장이 되어 자기 자신에게 그 제과점이 창문을 열어놓아야 할지 혹은 닫아놓아야 할지에 관한 의사결정권을 부여하였다고 가정하자. 이는 두 사람이 효율적인 결과에 도달하는지의 여부에 영향을 미칠까? 설명하라.

14. 스미스와 존스는 자동차로 일찍 출근하거나 늦게 출근할 수 있다. 두 사람이 같은 시간에 자동차로 출근하면 두 사람은 도로에서 서로에게 방해가 되어 출근시간이 길어질 뿐만 아니라 짜증도 난다. 네 가지 가능한 조합에 대해 각자가 매기는 보수의 크기가 표에 제시되어 있다. (학습목표 3)

　　a. 스미스와 존스는 보수를 극대화하고자 하며 그들의 결정은 개별적으로 이루어진다면, 그들은 어떤 선택을 할까?

　　b. 스미스와 존스가 서로에게 구속력이 있는 계약을 맺을 수 있다면, 그들은 어떤 선택을 할까?

		스미스	
		일찍 출근할 때	늦게 출근할 때
존스	일찍 출근할 때	존스 : 30 스미스 : 30	존스 : 50 스미스 : 20
	늦게 출근할 때	존스 : 20 스미스 : 50	존스 : 10 스미스 : 10

15. 보수의 액수가 달라진 점을 제외하고는 문제 14와 동일하다. (학습목표 3)

		스미스	
		일찍 출근할 때	늦게 출근할 때
존스	일찍 출근할 때	존스 : 30 스미스 : 30	존스 : 50 스미스 : 20
	늦게 출근할 때	존스 : 20 스미스 : 60	존스 : 10 스미스 : 10

   a. 스미스와 존스는 보수를 극대화하고자 하며 그들의 결정이 개별적으로 이루어진다면, 그들은 어떤 선택을 할까?

   b. 스미스와 존스가 서로에게 구속력이 있는 계약을 맺을 수 있다면, 그들은 어떤 선택을 할까?

   c. 14번 문제에 대한 당신의 대답과 어떤 차이가 있으며 그 이유는 무엇인가?

16. 스미스는 개를 좋아하여 웨스트 하이랜드 테리어 두 마리를 가지고 있다. 존스는 개를 엄청 무서워하여 개들이 보이는 곳에 서 있지도 못한다. 스미스와 존스는 살 곳으로 알링턴 혹은 벡슬리 중 한 곳을 선택하려고 하고 있다. 그들이 도시의 같은 지역에 거주하게 되면 존스는 개를 산책시키고 있는 스미스와 마주치게 되어 겁을 집어먹게 될 것이다. 따라서 존스는 스미스와 거리상으로 멀리 떨어져 있는 것을 선호한다. 다음 표에는 네 가지 가능한 조합의 경우에 각자가 얻을 수 있는 보수가 제시되어 있다. (학습목표 3)

		스미스	
		알링턴	벡슬리
존스	알링턴	존스 : 0 스미스 : 800	존스 : 500 스미스 : 900
	벡슬리	존스 : 800 스미스 : 800	존스 : 0 스미스 : 900

   a. 스미스와 존스는 보수를 극대화하고자 하며 그들의 결정이 개별적으로 이루어진다면, 그들은 어떤 선택을 할까?

   b. 스미스와 존스가 서로에게 구속력이 있는 계약을 맺을 수 있다면, 그들은 어떤 선택을 할까?

		스미스	
		알링턴	벡슬리
존스	알링턴	존스 : 0 스미스 : 800	존스 : 500 스미스 : 1000
	벡슬리	존스 : 600 스미스 : 800	존스 : 1000 스미스 : 900

17. 보수의 액수가 달라진 점을 제외하고는 문제 16과 동일하다. (학습목표 3)

   a. 스미스와 존스는 보수를 극대화하고자 하며 그들의 결정은 개별적으로 이루어진다면, 그들은 어떤 선택을 할까?

b. 스미스와 존스가 서로에게 구속력이 있는 계약을 맺을 수 있다면, 그들은 어떤 선택을
할까?

c. 16번 문제에 대한 당신의 대답과 어떤 차이가 있으며 그 이유는 무엇인가?

▪ 개념 확인 해답 ▪

16.1 협상비용이 20에 불과할 때 제과점이 책임을 져야 할 경우에는 제과점이 의사에게 사무실을 재배치하도록 일정 금액을 지불하는 것이 현실적으로 타당하다. 하지만 아래의 표에서 볼 수 있듯이 제과점에게 법적 책임을 지우지 않는 것이 여전히 더욱 효율적이다. (학습목표 4)

법률체계	결과	순편익		
		의사	제과점	총액
책임이 있는 경우	제과점은 영업을 계속하고, 의사에게 사무실 재배치의 대가로 $P(18 \leq P \leq 20)$를 지불	$22 + P$	$40 - P$	62
책임이 없는 경우	의사는 본인부담으로 사무실을 재배치	22	60	82

16.2 비육우의 최적 숫자는 두 마리라는 것을 기억하라. 세 번째 비육우가 방목되는 것을 막기 위해서 방목 요금이 2보다 커야 한다. 두 번째 비육우가 방목되지 못하도록 하지 않고서는 요금이 6보다 더 클 수 없다. (학습목표 7)

16.3 이제 흡연문제의 해결 비용은 60이고, 이는 여전히 두 사람이 절약할 수 있는 임대료보다 적다. 환기시설을 설치하는 비용 중 존스가 부담하는 크기를 X라고 하면, $60 - X$는 스미스가 부담하는 몫이 된다. X는 90을 초과할 수 없는데, 그렇지 않으면 존스는 혼자 살 것이기 때문이다. 그리고 X는 -30보다 작을 수 없는데, 그렇지 않으면 스미스는 혼자 살 것이기 때문이다. 따라서 총이득은 $180 - 60 = 120$이다. (학습목표 3)

	순임대료($/월)		순이득($/월)		
	존스	스미스	존스	스미스	총계
따로 살 때	300	300	–	–	–
같이 살며, 흡연에 대한 환기 시설을 설치할 때($-30 \leq X \leq 90$)	$210 + X$	$270 - X$	$90 - X$	$30 + X$	120

CHAPTER 17

일반균형과
시장의 효율성
General Equilibrium and Market Efficiency

미 용사들은 50년 전에 비해서 요즘 돈을 더 많이 번다. 예전보다 이발 속도가 더 빨라져서가 아니라 다른 직업군에 비해서 생산성이 훨씬 빠르게 증가했기 때문이다. A4용지는 전보다 훨씬 더 많이 팔린다. 더 저렴하게 종이를 생산하게 되었기 때문이 아니라, 예전보다 훨씬 더 많은 사람들이 프린터와 복사기를 가지고 있기 때문이다. 또한 우리는 한파로 인해 브라질의 커피 생산량이 절반으로 줄어들면, 다르질링 홍차 가격이 상당 폭 오른다는 것도 알고 있다.

지금까지 우리는 현실 세계에서 여러 시장들이 복잡하게 연결되어 있는 모습을 살펴보았다. 그러나 우리는 경제학자들이 **부분균형분석**(*partial equilibrium analysis*)이라고 부르는, 개별 시장들이 독자적으로 어떻게 작동하는지를 분석하기 위한 방법을 주로 사용했기 때문에 시장들 사이의 복잡한 연결에 대해서는 관심을 두지 않았다. 이번 장에서 우리는 시장들의 상호연결 체계가 어떤 특성을 보이는지 학습할 예정이다. 이를 **일반균형분석**(*general equilibrium analysis*)이라고 부른다. 일반균형분석은 개별 시장들 간에 존재하는 연결 관계에 명시적인 초점을 맞춘다. 예를 들어, 일반균형분석에서는 어느 한 시장에 공급되는 투입재들이 다른 시장에는 공급되지 않으며, 어느 한 시장에서의 수요 증가는 다른 시장들에서의 수요 감소로 이어진다는 사실을 본격적으로 분석할 수 있다.

17.1 17장 미리보기

우리는 **일반균형분석**의 가장 단순한 형태인, 소비자 두 명에 상품 두 개로 이루어진 순수교환경제를 먼저 공부할 것이다. 두 소비자들 간에 두 상품이 초기에 배분되어 있는 상황에서, 소비자들이 교환을 통해 상호 간에 유익한 이득이 완전히 소진될 때까지 경쟁적인 교환 과정이 발생한다는 점을 살펴볼 것이다.

그리고 우리는 모형에 생산 가능성을 추가하여 분석할 것이다. 이번에도 투입재가 두 개만 있고 총공급도 고정된 매우 단순한 모형을 사용할 것이다. 그리고 경쟁적인 교환 과정을 통해 상호 간에 유익한 이득이 교환을 통해 완전히 소진된다는 점을 다시 한 번 확인할 것

학습목표

1 부분균형분석과 일반균형분석의 차이를 설명할 수 있으며, 에지워스 교환상자를 이용해서 단순교환경제를 묘사하고 분석할 수 있다.

2 파레토 우월성과 파레토 최적성의 개념을 정의하고 적용할 수 있다.

3 경쟁시장에서는 호혜적인 모든 가능한 이득이 사라질 때까지 교환이 발생한다는 보이지 않는 손 정리를 설명할 수 있다.

4 에지워스 생산상자를 이용하여 다양한 용도로 사용되는 생산요소들의 효율적인 배분에 필요한 조건들을 묘사하고 분석할 수 있다.

5 한 경제의 생산가능곡선이 어떻게 구성되는지 묘사하고, 한 경제의 가장 효율적인 생산물 구성조합의 특성을 묘사할 수 있다.

6 국제무역을 통해서 한 경제의 소비 가능성이 어떻게 확장되는지 묘사할 수 있다.

7 경쟁시장체제가 효율적으로 작동하지 못하도록 막는 요인들을 묘사하고 설명할 수 있다.

이다.

그 다음에 우리는 국제무역의 가능성까지 분석 범위를 확장할 것이다. 이때 가격은 전 세계 시장에서 결정되어 외부적으로 주어졌다고 가정한다. 국제무역을 고려한다고 해도 국내 생산 가능성이 변화하지는 않는다. 그러나 국제무역으로 인해서 국내에서 소비할 수 있는 상품의 가치는 즉각적으로 늘어나게 된다.

또한 우리는 조세가 자원배분에 어떤 영향을 미치는지 살펴볼 것이다. 그리고 마지막으로 자원의 효율적인 배분을 방해하는 여러 요인들에 대해서도 간략하게 논의할 것이다.

17.2 단순교환경제

소비자들이 아영(A)과 병재(B) 둘만 있고, 상품도 음식(F)과 옷(C) 두 가지만 있는 단순한 경제를 상상해 보자. 음식과 옷은 이 경제에서 생산되지 않는다. 하늘이 내려 준 양식처럼 매 기간 초에 정해진 양이 주어진다고 가정하자. 구체적인 숫자를 통해 살펴보자. 배분(*allocation*)은 상품 총량을 아영과 병재 사이에 나누는 일이다. 예를 들어, 아영이 70단위의 옷과 75단위의 음식을 받으면, 남는 130단위의 옷과 25단위의 음식은 병재에게 돌아간다. 일반적으로, 아영이 F_A단위의 음식과 C_A단위의 옷을 받으면, 병재는 $200 - C_A$단위의 옷과 $100 - F_A$ 단위의 음식을 받게 된다. 아영과 병재가 각 기간에 가지고 시작하는 두 상품의 양을 이들의 **초기 부존자원**(*initial endowments*)이라고 한다.

다음 절에서 우리는 초기 부존자원이 어디에서 오는지 더 자세히 살펴보겠지만, 지금 당장은 외부에서 주어진 것이라고 받아들이자. 우리의 질문은 "아영과 병재는 자신들의 초기 부존자원으로 무엇을 할 것인가?"이다. 한 가지 가능성은 이들이 그냥 자신이 보유한 상품을 소비하는 것이지만, 그것이 최선의 방식이 되기는 힘들 것이다. 왜 그러한지 보려면, 초기 부존자원을 그림으로 살펴보는 것이 좋다. 다시 한 번, 아영이 옷 70단위와 음식 75단위를 받고, 남는 옷 130단위와 음식 25단위는 병재에게 돌아가는 경우를 생각해 보자. 우리는 초기 부존자원을 음식과 옷으로 구성된 2차원 평면에 상품 묶음으로 표시할 수 있다. 아영과 병재의 배분 상황을 그림 17.1에 나타난 것처럼 직사각형 안의 한 점인 R로 표시할 수 있다. 이 직사각형의 높이는 기간당 가용한 음식의 총량 100단위에 해당한다. 그리고 직사각형의 너비는 옷의 총량 200단위에 해당한다. 아영에 대한 원점은 O^A로 표시되어 있고, 직사각형의 좌변은 음식, 하변은 옷을 측정하는 축들이다. 병재에 대한 원점은 O^B이고 O^B에서 왼쪽으로 움직이면 병재에게 배분된 옷의 양이 증가한다는 뜻이다. 그리고 O^B에서 아래쪽으로 움직이면 병재에게 돌아가는 음식의 양이 늘어난다는 뜻이다.

직사각형 안에 있는 각각의 점들은 가용한 음식과 옷의 총량을 사람들이 모두 나눠가지는 특정한 배분 상태에 해당된다. 점 R은 O^A의 오른쪽으로 70단위와 O^B의 왼쪽으로 130단위 지점에 있으므로, 아영의 옷 70단위와 병재의 옷 130단위를 의미한다. 그리고 두 사람의 보유량을 더하면 옷의 총량 200단위가 된다. 또한 점 R은 O^A의 위쪽으로 75단위와 O^B의 아래쪽으로 25단위 지점에 있으므로, 아영의 음식 75단위와 병재의 음식 25단위를 의미하며, 두 사람의 보유량을 더하면 음식의 총량 100단위가 된다. 이 방식을 처음 사용한

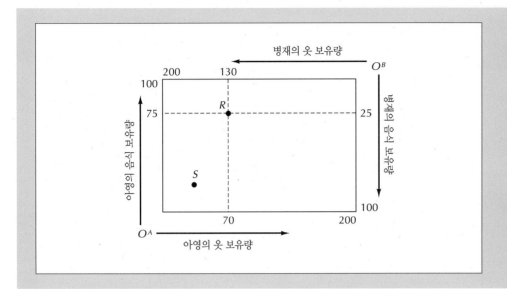

그림 17.1

에지워스 교환상자

어느 한 배분점에서 A의 음식 보유량은 그 점이 원점 O^A 위로 얼마나 멀리 떨어져 있는지에 따라 측정된다. 그 배분점에서 A의 보유량은 원점 O^A에서 그 점이 오른쪽으로 얼마나 멀리 떨어져 있는지에 따라 측정된다. 그리고 B의 옷 보유량은 O^B에서 왼쪽으로 얼마나 떨어져 있는지, 음식 보유량은 아래쪽으로 얼마나 떨어져 있는지에 따라 측정된다. 에지워스 상자 안의 어떤 점에서든, 개인들이 보유한 음식과 옷의 양을 모두 합치면 경제 내에 가용한 음식과 옷의 총량이 된다.

영국의 경제학자 프란시스 에지워스(Francis Y. Edgeworth)의 이름을 따서 그림 17.1에 제시된 직사각형을 **에지워스 교환상자**(Edgeworth exchange box)라고 부른다.

에지워스 교환상자
교환경제에서 일반균형을 분석하기 위해 사용되는 그림

개념 확인 17.1

그림 17.1에 표시된 점 S는 O^A 위쪽으로 25단위와 O^A 오른쪽으로 25단위 위치에 있다. S에서 병재의 초기 부존자원이 음식 75단위와 옷 175단위임을 확인하라.

만약 아영과 병재가 R로 표시된 초기 부존자원을 보유하고 있다면, 이들은 이제 어떻게 할까? 가능성은 가지고 있는 것을 그냥 소비하거나 서로 교환하거나 두 가지뿐이다. 아무도 교환을 강요할 수 없으므로, 두 사람 모두 교환을 통해 이득을 얻는 경우에만 교환이 발생할 것이다.

교환이 누군가의 복지(welfare)를 향상시킨다는 조건을 우리 경제학도들은 "교환을 통해서 그(녀)는 더 높은 무차별곡선으로 이동할 수 있다"라고 아주 간단하게 표현한다. 그림 17.2에 제시된 에지워스 상자에서, 아영의 무차별지도는 우리가 흔히 접하는 것처럼 왼쪽 아래편부터 원점이 시작되지만, 병재의 원점은 180° 회전된 모습이다. 그래서 I_{A1}, I_{A2}, I_{A3}로 표시된 곡선들은 아영의 무차별지도를 대표하는 곡선들인 반면, I_{B1}, I_{B2}, I_{B3}는 병재의 무차별곡선을 나타낸다. 아영의 만족도는 상자에서 북동쪽으로 이동할수록 커지고, 병재의 만족도는 남서쪽으로 이동할수록 커진다.

선호 순위는 완전하다고 가정하므로, 두 사람은 모두 초기 부존자원점 R을 꿰뚫고 지나가는 무차별곡선을 가질 것이다. 이러한 무차별곡선들을 그림 17.2에 I_{A2}와 I_{B2}로 표시하였다. R에서 아영의 음식과 옷에 대한 MRS는(아영의 무차별곡선의 기울기는) 병재의 MRS보다 훨씬 크다는 점에 주목하기 바란다(병재의 MRS는 원점 O_B를 기준으로 측정해야 한다). 예를 들어, 아영이 한 단위의 옷을 기꺼이 포기하면서 2단위의 음식을 요구하는 데 비

그림 17.2

교환을 통한 이득

*R*에서 *T*로 이동하면, 두 사람은 모두 더 높은 무차별곡선에 도달하게 된다.

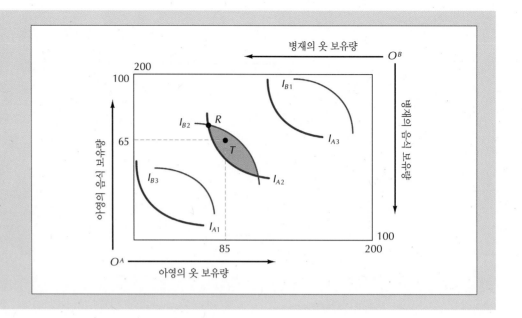

해서, 병재는 똑같은 교환에 오직 $\frac{1}{2}$ 단위의 음식만을 요구한다. 아영이 병재에게 한 단위의 음식을 주고 한 단위의 옷을 받는다면, 두 사람의 복지는 개선될 것이다. 실제로 그림 17.2 에서 렌즈 모양의 짙게 표시된 영역 안의 그 어떤 점도 두 사람에게는 *R*에 비해서 더 높은 무차별곡선으로 이동할 수 있게 해 준다. 아영이 65단위의 음식과 85단위의 옷을 소비할 수 있는 *T*가 바로 그런 점이다. 아영이 병재에게 10단위의 음식을 주고 15단위의 옷을 받는다면, 두 사람은 *R*에서 *T*로 이동할 수 있다.

그러나 *R*에서 *T*로 이동한다고 해서 교환을 통해 이득을 얻을 수 있는 가능성이 모두 소진되는 것은 아니다. 그림 17.3은 *T*를 관통하는 두 사람의 무차별곡선들로 둘러싸인, 전보다 줄어들기는 했지만 렌즈 모양의 지역이 여전히 남아 있음을 보여준다.

교환을 반복함으로써 아영과 병재는 교환을 통해서 더 이상 서로 이득을 얻을 수 없는 점에 이르게 될 것이다. 그러한 점을 관통하는 두 사람의 무차별곡선들은 반드시 서로 같은 기울기를 보여야 한다. 그런 점이 그림 17.4에 *M*으로 표시되어 있다. (만약 두 사람의 무차별곡선들이 서로 기울기가 같지 않다면, 두 곡선들 사이에 또 다른 렌즈 모양의 지역이 존재하여 추가적인 교환을 통해 두 사람이 이익을 얻을 수 있을 것이다.) *M*에서는 아영과 병재의 MRS가 서로 똑같다는 점을 잊지 말기 바란다. 애초에 교환이 발생하게 된 이유가 바로 두 사람의 MRS가 서로 달랐기 때문이므로, 두 사람의 MRS가 같게 되면 자발적인 모든 교환은 더 이상 발생하지 않게 된다.

파레토 우월한 배분

최소한 한 사람이 더 선호하고 다른 사람들은 무차별하게 여기는 배분 상황

파레토 최적인 배분

다른 사람들의 효용을 감소시키지 않으면서 어떤 한 사람의 효용을 더 좋게 하는 것이 불가능한 배분 상황

거래 당사자들 중 최소한 어느 한쪽이 더 선호하면서 다른 거래자들도 무차별하거나 더 선호하는 배분점이 있다면, 우리는 그 배분점이 다른 배분점들에 비해서 **파레토 선호된다** (*Pareto preferred*)고 하거나 **파레토 우월하다**(Pareto superior)고 표현한다. *M*과 같은 배분점들은 **파레토 최적**(Pareto optimal)이라고 부른다. 파레토 최적인 배분은 한 사람이 더 선호하면서 다른 사람들이 무차별하게 여기는 다른 실행 가능한 재배분이 더 이상 불가능

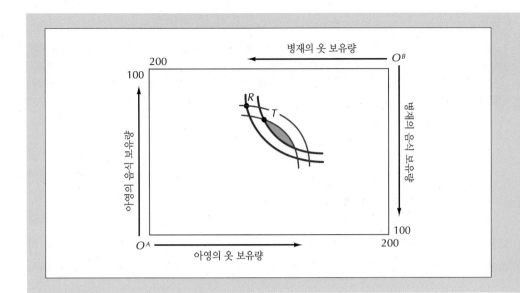

그림 17.3

교환을 통한 추가적인 이득

짙게 표시된 지역 안의 모든 점들은 T를 통과하는 무차별곡선들보다 두 사람 모두에게 더 큰 효용을 주는 무차별곡선들 위에 있다.

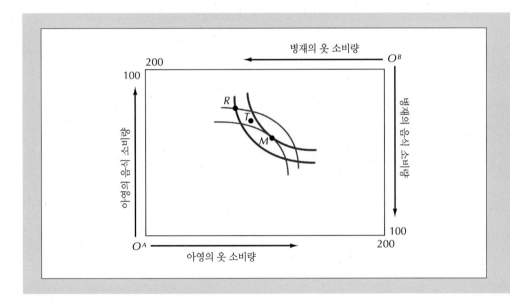

그림 17.4

파레토 최적인 배분

배분점 M에서는, 두 사람에게 모두 이득이 되는 교환은 더 이상 불가능하다. M에서는 옷에 대한 음식의 한 계대체율이 두 사람 모두 동일하다.

한 배분 상태를 의미한다.[1] 파레토 최적의 개념은 19세기 이태리 경제학자 빌프레도 파레토(Vilfredo Pareto)가 처음 도입했다.[2] 파레토 최적인 배분은 더 이상 상호 이익이 되는 변화가 불가능한 배분이다.

---

1. [역주] 다시 말해서, 파레토 우월하거나 파레토 최적인 다른 배분이 불가능한 배분 상태이다.

2. [역주] 빌프레도 파레토(1848~1923)는 이태리의 공학자, 사회학자, 경제학자, 정치학자이다. 경제학 분야에서 그는 새로운 선택이론(new theory of choice)을 통해 합리적 선택 모형의 광범위한 적용 가능성을 연구했으며, 경제학적 분석에서 심리학적 질문들에 거리를 두고 합리적 선택에 관한 수학적 이론을 개발하는데 집중했다. 그의 이러한 생각은 "나는 인간이 A와 B 사이에서 왜 무차별하게 느끼는지에 관해서는 관심이 없다. 나는 순수하고 날 것인 사실을 관찰할 뿐이다."라는 말에 잘 나타나 있다.

계약곡선

최종적이고 자발적인 모든 계약들이 놓여 있어야 하는 곡선

그 어떤 에지워스 교환상자라도, 두 사람의 무차별곡선들이 서로 접하는 (기울기가 같은) 점은 단 하나가 아니라 그림 17.5이 보여주듯이 무수히 많다. 이렇게 무차별곡선들이 서로 접하는 점들의 궤적(locus)을 **계약곡선**(contract curve)이라고 부른다.

아영과 병재의 공통 배분점이 계약곡선의 어디쯤에서 만날 것인지는 두 사람이 처음에 보유하고 있던 초기 부존자원에 따라 다르다. 초기 부존자원이 그림 17.6의 *F*로 표시한 지점에 있었다고 하자. 그렇다면 우리는 두 사람이 계약곡선에서 *U*와 *V* 사이의 어딘가에서

그림 17.5

계약곡선

에지워스 교환상자 내에서 두 사람의 무차별곡선들이 서로 접하는 점들의 궤적을 계약곡선이라고 부른다. 계약곡선상에 놓이지 않은 점들은 자발적인 교환의 최종 결과가 될 수 없는데, 이는 두 사람이 계약곡선상에 놓이지 않은 점에 비해서 계약곡선상에 놓은 점을 언제나 더 선호할 것이기 때문이다.

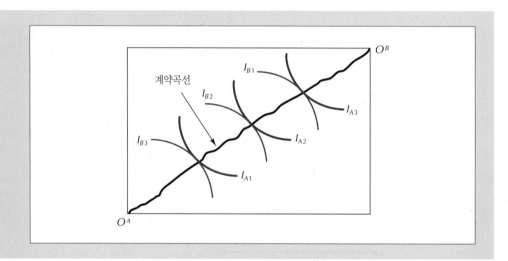

그림 17.6

초기 부존자원에 따라 배분의 최종결과는 달라진다

초기 부존자원이 *F*라면, 교환 거래의 두 당사자들은 *U*와 *V* 사이에 위치한 계약곡선상의 어느 한 점으로 움직일 것이다. 아영의 협상실력이 병재의 실력보다 더 낮다면 새로운 배분점은 *V*에 가깝게 결정될 것이다. 두 사람이 *G*에서 시작한다면, 계약곡선상의 *W*와 *Z* 사이의 한 점에서 만나게 될 것이다.

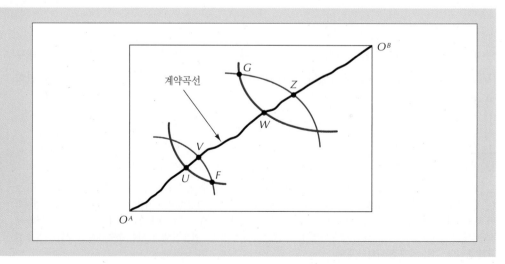

만날 것이라고 말할 수 있다. *F*에서 시작한다면, 아영의 입장에서 최선의 결과는 *V*가 될 것이다. 물론 병재 입장에서는 *U*를 가장 선호할 것이다. *U*에 가까운 지점에서 만나게 될 것인지 아니면 *V*에 가까운 지점에서 만나게 될 것인지는 두 교환거래 당사자들의 상대적인 협상력에 달려 있다. 두 사람이 배분점 *G*에서 시작했었다면, 계약곡선상의 *W*와 *Z* 사이 어딘가에서 만났을 것이다.

파레토 선호와 파레토 최적이라는 두 가지 파레토 기준들에 어떤 한계가 있는지는 그림 17.6에 제시된 몇 개의 배분점들을 살펴보면 알 수 있다. 예를 들어, *W*와 *Z*는 둘 다 최초의 배분점인 *G*보다 선호된다는 점을 눈여겨보기 바란다. 왜냐하면 병재의 관점에서 *G*보다 *W*는 분명히 낮고, 아영의 입장에서는 *G*보다 *W*가 못하지 않기 때문이다. 이와 마찬가지로 아영의 관점에서는 *G*보다 *Z*가 낮고, 병재의 입장에서는 *G*보다 *Z*가 못하지 않다. 그런데 *W*와 *Z*는 둘 다 파레토 최적이다. 두 가지 파레토 기준들은 근본적으로 상대적인 성격을 보이는 것이다. 그러므로 *U*가 *F*보다 파레토 선호된다고 말하거나 심지어 *U*가 파레토 최적이라고 우리가 말할 때, *U*가 절대적인 의미에서 좋다고 말하는 것이 아님을 분명히 알아야 한다. 오히려 그와는 반대로, 아영은 *U*를 정말 매력적인 배분점으로 여기지 않을 가능성이 높다. 게다가 그녀 입장에서는 파레토 최적이지도 않을뿐더러 *U*에 비해서 파레토 선호되지도 않는 *G*와 같은 배분점보다 *U*는 오히려 훨씬 못하다. 만약 아영이 *U*에서 넝마를 걸친 채 굶어죽기 직전이라면, *U*가 파레토 최적이라고 말하는 것이 그녀에게 무슨 위안이 되겠는가!

그러므로 파레토 기준들은 두 거래 당사자들이 처음 시작하는 배분점에 대해서만 효력을 미친다. 최초 배분점에 머물러 있기보다는 파레토 선호되는 배분점으로 옮겨가는 것에 두 사람은 언제나 동의할 것이고, 사실 그렇게 계속 옮겨간 끝에 파레토 최적인 배분점에 도달하게 될 것이다.

지금까지 우리가 사용한 단순한 2인 경제에서, 교환은 개인적인 협상과정을 통해서 이루어졌다. 하지만 시장경제에서는 대부분의 교환들이 특정 개인과 무관하게 이루어진다. 사람들은 저마다 주어진 부존자원을 가지고, 시장에서 주어진 가격들에 직면하여, 다양한 재화와 서비스를 얼마나 사고 팔 것인지 결정한다. 우리는 임시방편으로 경매인 역할을 하는 제3의 인물이 존재한다고 가정함으로써 이렇게 단순한 경제에 시장경제 유형의 교환을 도입할 수 있다. 경매인은 각 상품에 대한 수요량이 공급량과 일치할 때까지 상대가격들을 계속 조정해주는 역할을 한다.

아영과 병재가 각자 음식 50단위와 옷 100단위를 보유한 그림 17.7의 배분점 *E*에서 시작한다고 하자. 또한 경매인이 선언한 옷 가격에 대한 음식 가격의 비율이 $P_{C0}/P_{F0} = 1$이라고 가정하자. 이는 음식과 옷이 모두 같은 가격에 팔린다는 뜻이다. 두 상품의 가격들이 같을 때, 경매인은 1단위의 옷을 1단위의 음식과 교환할 준비가 되어 있다. (좀 더 일반적으로 얘기하면, 그는 옷 1단위에 대해서 음식 P_{C0}/P_{F0}단위의 비율로 옷을 음식과 교환할 것이다.) 초기 부존자원이 주어진 상황에서, 이러한 교환비율은 아영과 병재 두 사람에 대해서 예산 제약선이 딱 하나씩 나타나도록 결정해준다는 점을 염두에 두기 바란다. 우리는 두 사람이 자신의 초기 부존자원을 그냥 소비할 수 있기 때문에, *E*라는 배분점이 각자의 예산제약선상

그림 17.7

불균형에서의 상대가격 비율

가격비율 $P_{C0}/P_{F0} = 1$에서, 아영과 병재는 둘 다 20단위의 음식을 팔고 20단위의 옷을 더 사고 싶어 한다. 그러나 일반균형에서는 한 사람이 파는 양이 다른 사람이 사는 양과 같아야 한다. 그러므로 여기에서는 음식 시장과 옷 시장이 모두 불균형 상태이다.

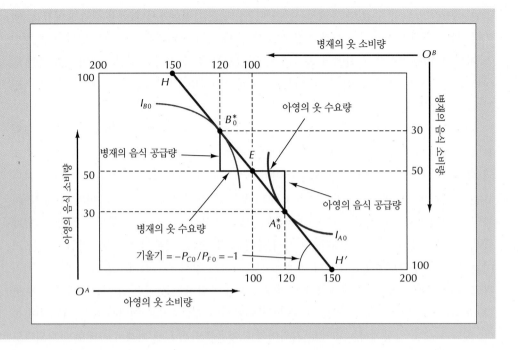

에 있어야 한다는 점을 안다. 그러나 아영은 음식 일부를 팔아 옷을 더 사고 싶어 한다고 가정하자. 아영은 E에서 HH'로 표시된 선을 따라 아래쪽으로 이동하면 음식을 팔아 옷을 더 살 수 있다. 이와 반대로 아영이 옷을 팔아 음식을 더 사고 싶다면, HH'를 따라 위쪽으로 이동하면 된다. 동일한 HH'가 병재의 관점에서 본다면 자신의 예산제약선이 된다.

각자의 예산제약선과 선호가 주어진 상태에서, 아영과 병재는 우리가 3장에서 논의했던 종류의 간단한 선택 문제에 직면해 있다. 예산제약선 HH'에서 아영의 최적 소비꾸러미는 그림 17.7에서 A_0^*로 표시된 점이다. 이 점에서 그녀는 음식 30단위와 옷 120단위를 소비한다. 이에 상응하는 병재의 최적 소비꾸러미는 B_0^*로, 역시 음식 30단위와 옷 120단위로 구성되어 있다. A_0^*를 선택함으로써 아영은 자신의 초기 음식 부존자원에서 20단위를 팔아 옷 20단위를 사고 싶다는 것을 표시한다. 마찬가지로 B_0^*를 선택함으로써 병재는 자신도 음식 20단위를 팔아 옷 20단위를 사고 싶다는 점을 표시한다.

하지만 이로 인해 문제가 생긴다. 애당초 옷은 200단위뿐이고, E에서 두 사람의 초기 옷 부존자원을 합하면 정확하게 200단위가 된다. 그러므로 두 사람이 모두 더 많은 옷을 가지는 것은 수학적으로 불가능하다. 같은 논리로, 두 사람 모두 음식을 파는 것도 불가능하다. 이 예에서 경매인은 단순히 상상의 산물로, 호혜적인 교환을 유도하고자 상대가격을 선언하는 가상적인 인물에 불과하다. 그는 그저 중개인으로서 옷이 동일한 가치의 음식과 교환되도록 주선하는 역할만 한다. 그러나 모두가 음식을 팔아 옷을 사고자 한다면, 경매인도 교환을 성사시킬 수 없다.

가격비율 $P_{C0}/P_{F0} = 1$에서는 옷에 대한 초과수요와 음식에 대한 초과공급이 존재한다. 이 가격비율에서 시장들은 일반균형 상태에 있지 않다. 이 문제를 해결하는 방법은 명확하다. 경매인이 음식 가격에 대한 옷 가격이 전보다 더 높아지도록 새로운 상대가격을 선언하면 된다. 그래도 여전히 옷에 대한 초과수요가 존재하면, 그는 더 높은 상대가격을 선언한다. 각 시장에서 초과수요가 정확히 0이 될 때까지 이런 식으로 계속한다.[3] 배분점 E에서 시작해서, 일반균형이 성립하도록 만들어주는 가격비율 $(P_C/P_F)^*$가 그림 17.8에 제시되어 있다. E를 통과하는 기울기가 $(P_C/P_F)^*$인 예산제약선상에서, 두 사람이 도달할 수 있는 가장 높은 무차별곡선들은 서로 접한다. E에서 A^*로 이동하기 위해, 아영은 병재가 팔고자 하는 음식량(12단위)과 정확히 같은 양을 사야 한다. 그리고 E에서 B^*로 이동하기 위해, 병재는 아영이 팔고자 하는 옷의 양(10단위)과 정확히 같은 양을 사야 한다. 이 예에서 두 상품들에 대한 초과수요는 가격비율이 $(P_C/P_F)^* = \frac{6}{5}$일 때 정확히 0이 된다.

오직 상대가격만이 결정된다

앞에서 살펴본 단순교환모형에서 주어진 정보로부터, 우리는 개별 가격들의 실제 값이 아니라 음식 가격에 대한 옷 가격의 비율만을 결정할 수 있다는 점이 중요하다. 예를 들어, 만약 $P_C = 6$이고 $P_F = 5$라서 예산제약선의 기울기가 그림 17.8처럼 나타난다면, $P_C = 12$와 $P_F = 10$이라는 가격들에서도 기울기는 같을 것이다. 사실 가격비율이 $\frac{6}{5}$인 다른 모든 가격 조합들도 똑같은 예산제약선의 기울기를 만들어낼 것이다. 모든 가격들이 두 배로 뛰어오르거나 절반으로 내려가면, 각 소비자의 초기 부존자원의 화폐가치도 두 배로 늘거나 절반으로 줄어든다. 실질 값으로 볼 때, 가격의 이런 변화들은 예산제약선에 아무런 변화를 초래하지 못한다.

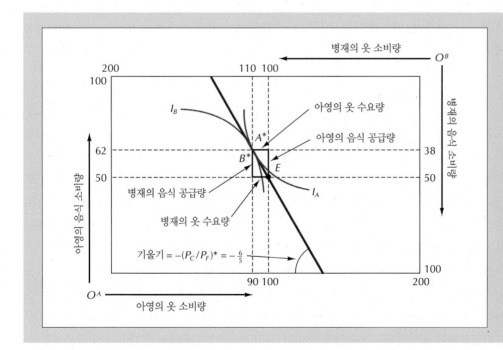

그림 17.8

일반균형

두 상품에 대한 초과수요가 모두 정확히 0이 될 때, 단순교환경제는 일반균형을 이룬다. 가격비율 $(P_C/P_F)^* = \frac{6}{5}$에서 아영은 음식을 12단위 사고 싶어 하는데, 이는 병재가 팔고자 하는 양과 정확히 같다. 또한 아영은 옷 10단위를 팔고 싶어 하는데, 이 역시 병재가 사고자 하는 양과 정확히 같다.

---

3. 고급 미시경제학 강의에서, 만약 모든 개별적인 초과수요의 합이 상대가격들의 연속함수라면, 단순교환경제에서 경쟁균형이 언제나 존재한다는 것을 증명할 수 있다. 개별 무차별곡선들이 보통의 볼록한 형태일 때는 언제나 그렇다.

17.3 보이지 않는 손 정리

이제 우리는 지성사(知性史)에서 가장 유명한 사상으로 꼽히는 아담 스미스의 보이지 않는 손 정리(*theorem of the invisible hand*)를 살펴볼 준비가 되었다. 단순교환경제의 맥락에서 이 정리는 다음과 같이 표현할 수 있다.

경쟁시장에 의해 달성된 균형에서는 교환을 통해 가능한 모든 이득이 소진될 것이다.

보이지 않는 손 정리는 복지경제학의 제1정리(*first theorem of welfare economics*)로도 알려져 있으며, 이를 경쟁시장에서의 균형은 파레토 최적이다라고 표현할 수 있다. 왜 파레토 최적이어야 하는지 살펴보기 위해서, 일반균형 배분점에서는 최적을 달성하는 무차별곡선들의 기울기가 서로 같다는 점을 떠올리기 바란다. 아영이 균형 배분점보다 더 낫다고 여기는 모든 가능한 배분점들은 예산제약선 너머에 있으며, 이는 병재에게도 마찬가지다. 그리고 에지워스 상자에서는 두 사람의 예산제약선들이 일치하므로, 두 사람 모두 균형 배분점보다 더 선호하는 배분점은 존재하지 않는다. 바로 그런 의미에서 두 사람의 균형 배분점은 파레토 최적이 된다.

보이지 않는 손 정리에 따르면, 그림 17.9의 *D*와 같은 모든 경쟁균형 배분점들은 효율적이다. 하지만 사회비평가인 여러분이 바로 그러한 배분점을 좋아하지 않는다고 생각해 보자. 여러분은 병재가 옷과 음식을 모두 너무 많이 가지고 있고 아영은 너무 적게 가지고 있다고 느낀다. 여러분이 보기에는, 그림에서 *J*로 표시된 초기 부존자원점이 불공평할 정도로 병재에게 유리하다. 계약곡선상에 *E*처럼 여러분이 느끼기에 훨씬 더 공평한 다른 배분점이 있다고 하자. 그렇다면 *E*와 같은 배분점이 경쟁균형이 되도록 해주는 초기 부존자원들과 상대가격들의 집합이 있을까? 복지경제학의 제2정리(*second theorem of welfare economics*)에 따르면, 상당히 느슨한 조건들만 충족된다면 이는 가능하다.

계약곡선상의 그 어떤 배분점이라도 경쟁균형으로서 유지될 수 있다.

이 결과를 보증하는 기본 조건은 소비자의 무차별곡선들이 원점에서 보았을 때 볼록한 모양이면 된다는 것이다. *E*와 같은 배분점이나 다른 모든 효율적인 배분점들은 무차별곡선들 사이의 접점에 존재한다는 것을 우리는 알고 있다. 그림 17.9에서 궤적 *HH′*는 무차별곡선 I_{A2}와 I_{B2}의 상호 접점이다. 만약 무차별곡선들이 볼록하다면, *M*과 같은 *HH′*상의 모든 초기 부존자원점들은 *E*의 경쟁균형으로 향할 것이다. 만약 우리가 초기 부존자원을 *J*로부터 *M*으로 이동시키고 가격비율이 *HH′*의 기울기와 같다고 선언한다면, 아영과 병재는 보이지 않는 손에 이끌려 *E*에 도달할 것이다. 초기 부존자원점과 상대가격을 적절히 선택한다면, 이런 방식으로 계약곡선상의 그 어떤 점에도 도달할 수 있다.

이러한 2상품 2인(人) 단순교환경제의 맥락에서, 복지경제학의 제2정리가 묘사하는 것처럼 모든 효율적인 배분점에 우리가 도달할 수 있음을 보여주는 작업이 뭐 그리 대단한 성과이겠느냐며 의아해 할 수도 있을 것이다. 우리가 초기 부존자원을 자유롭게 재분배할 수 있다면, 바람직한 최종 결과를 직접 달성하기 위해서 그냥 재분배를 해주면 되는 것 아닌가? 가격을 선언하고 사람들로 하여금 거래를 하도록 중간 과정들을 거칠 필요가 없지 않은

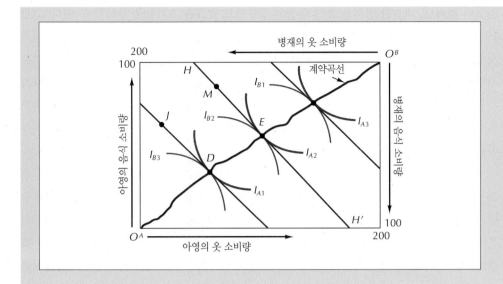

그림 17.9

효율적 배분의 유지

만약 무차별곡선들이 볼록하다면, 초기 부존자원점들과 상대가격들을 적절히 선택함으로써 그 어떤 효율적 배분점이라도 달성할 수 있다. 예를 들어, E를 달성하기 위해서 우리는 상대가격비율이 무차별곡선 I_{A2}와 I_{B2}가 서로 접하는 HH'의 기울기와 같다고 선언하고, HH'상에 있는 M과 같은 초기 부존자원점을 소비자들에게 주면 된다.

가? 그림 17.9에서 J로부터 M으로 자유롭게 이동할 수 있다면, 중간 과정들을 생략하고 직접 E로 이동할 수 있는 것 아닌가?

하지만 그렇게 하기에는 실질적인 어려움이 있다. 소득을 재분배하는 작업을 담당하는 사회제도들로는 개별 소비자들의 무차별곡선이 어떻게 생겼는지 그리고 어느 위치에 있는지 안다는 것이 거의 불가능하기 때문이다. 사람들은 정부보다 자신의 선호에 대해서 더 잘 안다. 그리고 초기 부존자원이 주어진 상황에서, 스스로 구매 결정을 자유롭게 하는 경우에 사람들은 일반적으로 더 나은 결과를 달성할 것이다. 복지경제학의 제2정리가 갖는 중요성은 분배에서의 형평성에 관한 논의를 자원배분에서의 효율성에 관한 논의로부터 논리적으로 분리해 낼 수 있다는 데에서 찾을 수 있다. 19세기 영국의 경제학자 존 스튜어트 밀(John Stuart Mill)이 정확히 꿰뚫어 보았듯이, 사회는 정의에 대해서 자체적으로 적절하다고 여기는 나름대로의 기준에 따라 소득을 재분배할 수 있으며, 그와 동시에 시장의 힘에 기대어 그런 방식으로 재분배된 소득이 가장 유용한 방식으로 지출되도록 할 수 있다.

17.4 생산에서의 효율성

우리가 살펴보고 있는 단순교환경제에서, 각 상품의 총공급은 외생적으로 주어져 있었다. 하지만 현실 경제에서는 생산에 사용되는 투입재들을 어떻게 배분할 것인지에 대한 의도적인 결정의 결과로 생산물 구성조합(product mix)이 나타난다. 교환경제에 두 개의 기업들이 각각 자본(K)과 노동(L)이라는 두 투입재들을 사용하여 음식(F)과 옷(C)을 생산하는 생산부문을 추가해보자. 기업 C는 옷을 생산하고, 기업 F는 옷을 생산한다고 가정하자. 모형을 단순화하기 위해, 두 투입재의 총량은 $K = 50$과 $L = 100$으로 고정되어 있다고 하자. 그리고 마지막으로 두 기업들이 채택한 생산과정은 볼록한 형태의 일반적인 등량곡선을 보인다고 가정하자.

에지워스 교환상자를 통해 소비에서의 효율성에 필요한 조건들을 편리하게 찾아낼 수 있었던 것처럼, 비슷한 방식을 통해 생산의 경우에도 필요한 조건들을 분석할 수 있다. 그림 17.10에 제시된 그래프는 에지워스 생산상자(*Edgeworth production box*)라고 한다. 여기서 O^C는 옷을 생산하는 기업의 등량곡선에 대한 원점을 의미하고, O^F는 음식을 생산하는 기업의 등량곡선에 대한 원점을 표시한다. 상자 안에 있던 모든 점들은 기업 C와 기업 F가 사용하는 총투입재의 배분상태들을 보여준다. 기업 C의 등량곡선들은 상자에서 북동쪽으로 이동함에 따라 늘어나는 옷의 생산량에 상응하고, 기업 F의 등량곡선은 남서쪽으로 이동함에 따라 늘어나는 음식의 생산량에 상응한다.

투입재들의 초기 배분점이 그림 17.10의 R이라고 하자. 우리는 짙은 색으로 처리된 렌즈 모양의 지역 내부의 어느 점으로 이동함으로써 더 많은 음식과 더 많은 옷을 획득할 수 있기 때문에, R은 효율적인 배분점일 리가 없다. 소비의 경우에서와 마찬가지로, 계약곡선은 효율적인 배분점들의 궤적이고, 여기서 효율적인 배분점들은 등량곡선들의 접점들의 궤적이다. 8장에서 우리는 어떤 점에서의 등량곡선의 기울기가 그 점에서의 한계기술대체율(MRTS)이라는 것을 배웠다. MRTS는 총생산량을 변화시키지 않으면서 노동을 자본으로 교환할 수 있는 비율이다. 그러므로 계약곡선상에 위치한 모든 점에서는 K와 L 사이의 MRTS가 두 기업에 대해서 같아야 한다.

균형 음식 가격이 P_F^*이고 균형 옷 가격이 P_C^*라고 하자. 또한 두 기업들은 노동과 자본을 완전경쟁시장에서 시간당 각각 w와 r을 지불하고 고용한다고 하자. 만약 두 기업들이 이윤을 극대화한다면, 이 경제에서 나타나는 일반균형이 생산에서의 효율성 조건을 만족시킬 것이라고 믿을 수 있을까? 즉, 자본과 노동 사이의 MRTS가 두 기업들 간에 똑같을 것이라고 믿을 이유가 있는가? 만약 두 기업들이 일반적인 볼록한 모양의 등량곡선을 갖는다면, 이에

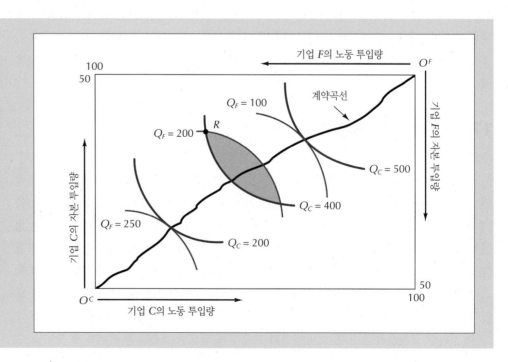

그림 17.10

에지워스 생산상자

생산상자 안에 있는 어떤 점에서의 기업 C의 자본량은 O^C 위쪽으로 그 점이 얼마나 멀리 떨어져 있는지에 따라 측정된다. 기업 C의 노동량은 O^C의 오른쪽으로 얼마나 멀리 떨어져 있는지에 따라 측정된다. 이에 상응하는 기업 F의 투입재 양은 원점 O^F의 아래쪽과 왼쪽으로 얼마나 떨어져 있는지에 따라 각각 측정된다. 그리고 에지워스 생산상자 안의 어떤 점에서 두 기업들에게 각각 나뉘어 있는 투입재 배분량을 합하는 경우, 가용한 투입재의 총량은 K = 50과 L = 100이 된다. 그리고 계약곡선은 두 기업의 등량곡선들이 서로 만나는 지점의 궤적이다.

대한 대답은 "그렇다"이다.

왜 그러한지 보기 위해서, 먼저 이윤을 극대화하는 기업은 비용을 최소화해야 한다는 점을 떠올리기 바란다. 9장에서 우리는 비용을 최소화하는 기업들이라면 다음과 같은 조건들을 만족시켜야 한다는 것을 배웠다.

$$\frac{\text{MPL}_C}{\text{MPK}_C} = \frac{w}{r} \tag{17.1}$$

그리고

$$\frac{\text{MPL}_F}{\text{MPK}_F} = \frac{w}{r}. \tag{17.2}$$

여기서 MPL_C와 MPK_C는 각각 옷 생산에서의 노동과 자본의 한계생산물이고, MPL_F와 MPK_F는 각각 음식 생산에서의 노동과 자본의 한계생산물이다. 그리고 우리는 두 투입재들의 한계생산물 비율은 한계기술대체율과 같다는 것도 배웠다. 두 기업들은 노동과 자본에 대해서 같은 가격을 지불하고 있으므로, 식 (17.1)과 식 (17.2)를 통해서 우리는 두 기업들에 대한 한계기술대체율이 경쟁균형에서 같을 것임을 알 수 있다. 그리고 마지막으로 이를 통해서 경쟁적인 일반균형은 소비재들의 주어진 부존량을 배분하는 경우에만 효율적인 것이 아니라, 그 소비재들을 생산하는 데 사용되는 생산요소들을 배분하는 경우에도 효율적이라는 것을 알 수 있다.

개념 확인 17.3

위에서 묘사한 것과 같은 경제에서, 노동의 단위가격과 자본의 단위가격이 모두 \$4/시간으로 같다고 하자. 옷 생산에서 $\text{MPL}_C/\text{MPK}_C = 2$이고 음식 생산에서 $\text{MPL}_F/\text{MPK}_F = 1/2$이라고 하자. 이 경제는 생산의 효율성을 달성하고 있는가? 그렇지 않다면, 투입재를 어떻게 재배분해야 하는가?

17.5 생산물 구성조합의 효율성

경제는 생산 측면에서 효율적인 동시에 소비 측면에서도 효율적이면서도, 경제 내 구성원들의 욕구를 만족시키는 일은 제대로 수행해내지 못할 수 있다. 예를 들어, 어떤 경제가 무슨 이유에서인지는 몰라도 거의 모든 자원을 옷 생산에 전념하고 음식은 거의 생산하지 않는 경우에 이런 일이 벌어질 수 있다. 물론 극소량의 음식을 효율적으로 배분할 수 있고, 이렇게 불균형적인 생산물 구성조합을 위해서 투입재들을 효율적으로 배분할 수 있다. 그러나 경제 내에 음식이 더 많이 있고 옷은 덜 있다면 모두가 더 행복해질 것이다. 그러므로 우리는 이 경제에서는 두 생산물들의 효율적인 구성조합(efficient mix)이 이루어지고 있는지를 묻는 효율성 조건을 하나 더 고려해야 한다.

효율적인 생산물 구성조합을 정의하기 위해서, 먼저 에지워스 생산상자의 계약곡선을 **생산가능경계**(production possibilities frontier)로 전환하는 작업이 필요하다. 생산가능경계는 주어진 자본과 노동의 양으로 생산할 수 있는 생산물들의 모든 가능한 조합들의 집합이다. 계약곡선상의 모든 점들은 각각 특정한 옷과 음식의 생산량에 해당된다. 예를 들어,

생산가능경계
주어진 생산요소 투입재들의 부존자원으로 생산할 수 있는 생산물들의 모든 가능한 조합들의 집합

$F_C(K, L)$은 기업 C의 옷에 대한 생산함수이고, $F_F(K, L)$은 기업 F의 음식에 대한 생산함수를 지칭한다고 하자. 그림 17.11의 위쪽 패널에서 O^C는 우리가 모든 투입재들(자본 50단위, 노동 100단위)을 전부 음식 생산에 투입하고 옷 생산에는 하나도 투입하지 않는 경우에 해당한다. 만약 $F_F(50, 100) = 275$라면, 이러한 투입재 배분은 옷 0단위와 음식 275단위라는 생산물 구성조합 결과를 초래하며, 그림 17.11 아래쪽 패널의 O^C에 해당한다. 그림 17.11 위쪽 패널에 O^F로 표시한 점은 우리가 모든 투입재들을 옷 생산에 배분하고 음식 생산에는 전혀 배분하지 않는 경우에 무슨 일이 벌어지는지를 보여준다. 만약 $F_C(50, 100) = 575$라면, 이러한 투입재 배분은 575단위의 옷과 0단위의 음식이라는 생산물 구성조합으로 나타나며, 아래쪽 패널의 O^F로 표시한 점에 해당된다. 위쪽 패널의 E에 상응하는 생산물 구성조합은 $F_C(14, 30) = 200$단위의 옷과 $F_F(36, 70) = 250$단위의 음식으로 구성되며, 아래쪽 패널에서 E에 해당된다. 마찬가지로 위쪽 패널에서 F로 표시한 생산물 구성조합은 $F_C(22, 53) = 400$단위의 옷과 $F_F(28, 47) = 200$단위의 음식으로 이루어져 있고, 아래쪽 패널의 F에 해당된다. 이와 마찬가지로 위쪽 패널에 G로 표시한 점은 $F_C(38, 76) = 500$단위의 옷과 $F_F(12, 24) = 100$단위의 음식으로 이루어진 생산물 구성조합이며, 아래쪽 패널의 G에 해당된다. 이런 방식으로 다른 생산물 구성조합들을 생산가능경계상의 점 사이의 대응관계로 그려주면, 우리는 아래쪽 패널에 표시된 전체 생산가능경계를 얻을 수 있다.

개념 확인 17.4

그림 17.11이 보여주는 경제에서, 옷 산업에 기술변화가 발생하여 노동과 자본의 특정 조합을 통해 전보다 2배나 더 많은 옷을 생산할 수 있게 되었다고 하자. 이러한 변화를 생산가능경계에 표시하라.

한계변환율
생산가능경계상의 어느 한 점에서 한 가지 생산물을 다른 생산물로 교환할 수 있는 비율

생산가능경계를 따라 아래쪽으로 움직인다는 것은 우리가 옷을 더 얻기 위해서 음식을 포기한다는 의미이다. 생산가능경계상의 점들에서의 기울기를 해당 점에서의 **한계변환율**(MRT: marginal rate of transformation)이라고 부르며, 이는 음식에 대한 옷의 기회비용을 나타내준다. 우리가 예로 든 경제에서는 생산가능경계가 원점으로부터 바깥쪽으로 둥글게 호를 보이는데, 이는 우리가 오른쪽으로 이동함에 따라 MRT가 증가함을 뜻한다. 두 기업의 생산함수들이 모두 규모에 대한 수익불변을 보이거나 규모에 대한 수익감소를 보이는 한, 생산가능경계는 원점을 향하여 안쪽으로 호를 그리는 모습을 보일 수 없다.

경제가 생산물 구성조합에 대해서 효율적이기 위해서는 모든 소비자들에 대해서 한계대체율이 한계변환율과 같아야 한다. 왜 그러한지 알아보기 위해서, 어떤 소비자의 MRS가 이에 상응하는 MRT보다 크거나 작은 경우의 생산물 구성조합을 생각해보자. 예를 들어, 그림 17.12의 위쪽 패널에 제시된 생산물 구성조합은 MRT가 1인 반면, 아래쪽 패널에서 아영의 소비꾸러미 W는 그녀의 MRS가 2임을 보여준다. 이는 아영은 옷을 추가로 1단위 얻기 위해 음식 2단위를 포기할 의향이 있으나, 옷 1단위를 추가적으로 생산하기 위해서는 오직 음식 1단위의 기회비용이 발생한다는 뜻이다. 아영을 위해 음식을 2단위 덜 생산함으로써 절약한 자본과 노동을 이용해서, 우리는 옷을 2단위 추가로 더 생산할 수 있다. 이렇게

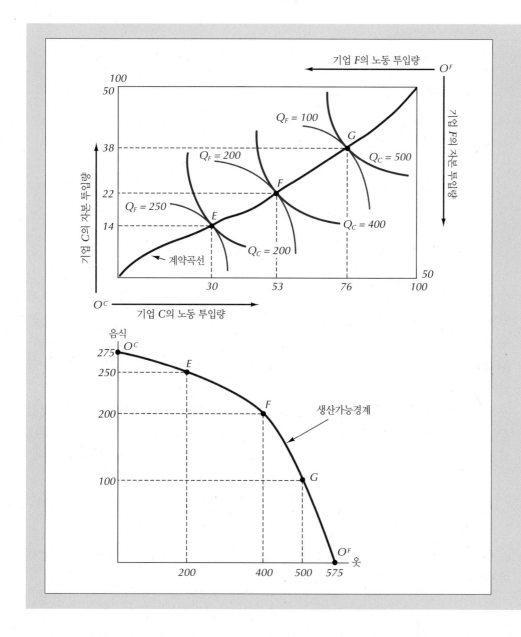

그림 17.11

생산가능경계 도출하기

위쪽 패널의 에지워스 생산상자 안에 있는 계약곡선상의 각 점은 음식과 옷 생산의 특정한 양에 해당한다. 계약곡선에 있는 음식과 옷의 여러 조합들은 아래쪽 패널에 제시되어 있으며, 이 조합들의 궤적을 생산가능경계라고 부른다. 계약곡선을 따라 북동쪽으로 이동하는 것은 생산가능경계를 따라 아래쪽으로 이동하는 것에 상응한다.

추가로 생산한 옷 중에서 1.5단위를 아영에게 주고 병재에게 나머지 0.5단위를 주면, 두 사람 모두 더 행복해진다. 그러므로 원래의 생산물 구성조합은 효율적이지 않았던 것이다. (여기서 효율적이라는 말은 파레토 최적을 의미한다.)

이제 마지막으로 일반경쟁균형에 있는 시장이 생산물 구성조합 측면에서 효율적일 것인지 물어볼 때가 되었다. 생산가능경계가 원점에서 바깥쪽으로 둥근 모양을 보인다면, 이번에도 대답은 그렇다이다. 경쟁균형에서 P_F^*를 음식의 가격, P_C^*를 옷의 가격이라고 하자. 단순교환경제에서 우리가 이미 살펴보았듯이, 균형에서 모든 소비자의 MRS는 가격비율인 P_C^*/P_F^*와 같을 것이다. 그렇다면 우리가 보여줘야 할 사항은 MRT도 상대가격 비율 P_C^*/P_F^*와 같을 것이라는 점이다.

그림 17.12

비효율적인 생산물 구성조합

왼쪽 패널 (a)의 생산물 구성조합 Z 에서의 MRT는 오른쪽 패널 (b)의 W 에서의 아영의 MRS보다 작다. 음식 2단위를 덜 생산함으로써 옷을 2단위 더 생산할 수 있다. 추가로 생산한 옷 중에서 1.5단위를 아영에게 주고 나머지 0.5단위를 병재에게 준다면, 두 사람은 더 행복해질 것이다. 효율성을 달성하려면 모든 소비자의 MRS가 경제 전체의 MRT와 정확히 같아야 한다.

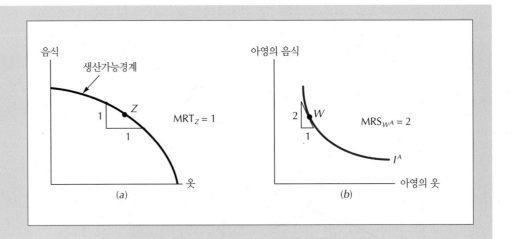

먼저 생산가능경계상의 그 어떤 점에서든 MRT는 음식의 한계비용(MC_F)에 대한 옷의 한계비용(MC_C)과 같다는 점을 잊지말기 바란다. 예를 들어, 그림 17.13의 Z에서 MC_C는 옷 한 단위당 $100이고, MC_F는 음식 한 단위당 $50이라고 하자. Z에서의 한계변환율은 $\Delta F/\Delta C$ 로, 옷 한 단위를 추가로 얻기 위해 우리가 포기해야 하는 음식의 양을 의미한다. 그런데 MC_C가 $100이므로, 옷 한 단위를 추가로 더 생산하기 위해서는 $100어치의 노동과 자본이 필요하다. 그리고 MC_F가 $50이므로, 우리는 $100어치의 노동과 자본을 다른 생산활동으로부터 빼오기 위해서 음식을 2단위 덜 생산해야 한다. 그러므로 Z에서의 MRT는 2와 같고, 이는 다시 MC_F에 대한 MC_C의 비율과 정확하게 같다.

$$\text{MRT} = \frac{\text{MC}_C}{\text{MC}_F}. \tag{17.3}$$

또한 경쟁시장의 음식과 옷 생산자들에 대한 균형조건으로 생산물 가격이 이에 상응하는 한계비용의 값과 같아야 한다는 것을 우리는 알고 있다. 그러므로 아래의 두 식이 성립해야 한다.

$$P_F^* = \text{MC}_F \tag{17.4}$$

그림 17.13

MRT는 한계비용의 비율과 같다

Z에서 옷 한 단위를 추가로 생산하기 위해서는 MC_c에 해당하는 노동과 자본이 필요하다. Z에서 우리가 음식을 한 단위 덜 생산하게 되면, MC_f에 해당하는 노동과 자본을 다른 곳에 사용할 수 있게 된다. C를 한 단위 더 얻으려면, 우리는 음식을 MC_c/MC_f단위만큼 포기해야 한다. 그러므로 한계대체율은 MC_c/MC_f와 같다.

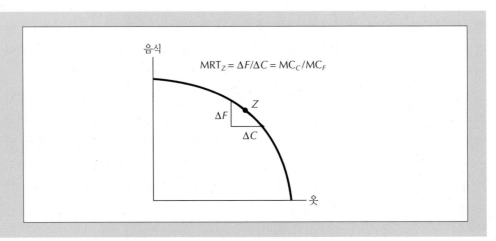

그리고

$$P_C^* = \mathrm{MC}_C. \tag{17.5}$$

식 (17.5)를 식 (17.4)로 나눠주면, 다음 식을 얻는다.

$$\frac{P_C^*}{P_F^*} = \frac{\mathrm{MC}_C}{\mathrm{MC}_F}. \tag{17.6}$$

식 (17.6)은 균형 생산물 가격비율이 정말로 한계변환율과 같다는 점을 확실하게 보여준다.

요약하자면, 경쟁적 일반균형 상태에 있는 경제는 특정한 조건하에서 소비, 생산 그리고 생산물 구성조합 선택에서 동시에 효율적(파레토 최적)일 것이라는 점을 우리는 확실히 보여주었다. 그러나 자원을 파레토 최적으로 배분하는 사회가 늘 좋은 사회인 것은 아니다. 시장에서의 최종 균형은 초기 부존자원이 어떻게 분배되어 있는지에 따라서 크게 달라질 수 있다. 그리고 만약 초기 부존자원의 배분이 공평하지 않다면, 효율적인 일반균형이 공평할 것이라고 기대하기는 어렵다. 그럼에도 불구하고, 아담 스미스가 주장했듯이 각 사람이 단순히 자기 자신의 이익을 추구함으로써 "자신의 의도에 들어있지 않은 결과를 증진하도록 보이지 않는 손에 이끌려" 간다는 점은 진정 놀랍기 짝이 없다. 주어진 초기 부존자원하에서 교환을 통해 얻을 수 있는 모든 이득을 이용할 수 있게 되는 것이다.

17.6 국제무역을 통한 이득

지금까지 살펴본 단순한 교환 및 생산 모형에서, 우리는 왜 효율성이 달성되기 위해서 모든 소비자들의 MRS가 경제의 MRT와 같아야 하는지 살펴보았다. 이와 똑같은 요구조건이 외국과 자유롭게 무역을 하는 경제에 대해서도 충족되어야 한다. 이를 살펴보기 위해서, 지금까지 우리가 사용한 경제를 예로 다시 들어보자. 그리고 국제무역이 없는 상태에서 이 경제의 경쟁적 일반균형은 그림 17.14의 V에서 발생한다고 하자. 이제 이 나라가 국경을 열어 국제무역을 시작한다고 가정하자. 이 나라가 세계경제에서 차지하는 비중이 작다면 생산물 가격은 더 이상 국내시장에서 결정되지 않고 훨씬 더 큰 국제시장에서 결정될 것이다. 특히 음식과 옷에 대한 국제가격이 각각 P_F^w와 P_C^w라고 하자. 이 경제에게 유효한 최선의 대안은 더 이상 V에서 생산하고 소비하는 것이 아니다. 그와는 정반대로 이 나라는 이제 Z에서 생산해야 한다. 생산가능경계상의 Z에서 MRT가 국제가격비율인 P_C^w/P_F^w와 정확히 일치하기 때문이다. Z야말로 이 나라의 생산물 가치를 국제시장에서 극대화하는 점이다. Z에서 생산한 다음, 이 나라는 "국제예산제약선"(international budget constraint) BB'상의 그 어떤 점이나 자유롭게 고를 수 있다. 원래의 경쟁 균형점인 V는 BB' 내부에 위치하므로, 이 경제 내 모든 사람들이 전보다 각 재화를 더 많이 가질 수 있음을 알 수 있다.

국제예산제약선 BB'상의 무수히 많은 상품꾸러미들 중에서 어느 꾸러미를 골라야 할까? 최선의 결과는 P_C^w/P_F^w가 각 소비자의 MRS와 같은 꾸러미이다. 국제무역이 없는 V에서 MRS의 일반값은 MRT와 같았음을 우리는 이미 알고 있다. 하지만 Z에서는 MRS가 MRT가 더 작다. V에서보다 Z에서 옷이 더 많고 음식이 더 적으므로, Z에서의 MRS는 V에서의 MRT보다 더 작을 것이다. 이는 사람들이 Z로부터 북서쪽으로 이동하면 형편이 더

그림 17.14

국제무역을 통한 이득

국제무역이 없을 때, 이 경제의 경쟁균형은 *V*이다. 국제무역이 가능한 경우, 이 경제는 *Z*에서 생산함으로써 생산물의 총가치를 극대화할 수 있다. 왜냐하면 *Z*에서 이 경제의 MRT는 국제가격비율 P_C^w/P_F^w와 같기 때문이다. 그렇다면 이 경제는 국제예산제약선 *BB'*상에서 각 소비자의 MRS가 P_C^w/P_F^w와 같아지는 소비 배분점을 선택한다. 각 소비자의 MRS가 P_C^w/P_F^w와 같아지는 소비 배분점을 *T*에서 선택하는 경우, 이 경제는 *C** − *C*** 단위의 옷을 수출하고 *F*** − *F**단위의 음식을 수입하게 될 것이다.

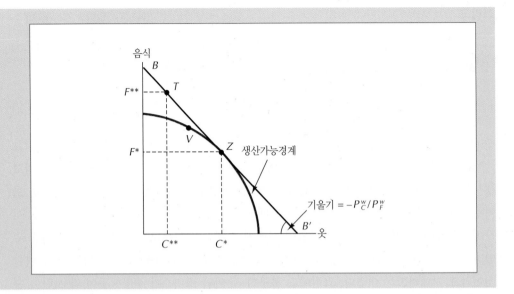

나아질 것임을 의미한다. 모든 이의 MRS가 P_C^w/P_F^w와 같아지도록 하는 음식과 옷의 조합을 *T*라고 하자. 그렇다면 이 경제는 *C** − *C***단위의 옷을 수출하고 그 돈으로 *F*** − *F**단위의 음식을 수입하는 경우, 더 나은 결과를 얻을 것이다.

앞서 언급한 것처럼, 국제예산제약선 안쪽에 원래의 경쟁균형점이 있다는 사실은 모든 이들의 형편을 전보다 더 낫게 만드는 것이 가능하다는 것을 의미한다. 그러나 국제무역시장은 특정한 개인의 형편과 무관하게 작동하기 때문에, 무역을 통해 단 한 사람의 예외도 없이 모든 사람들의 형편을 더 낫게 만들 것이라고 보장할 수 없다. 위의 예에서는 국제무역이 가능한 경우, 이 경제가 전보다 옷을 더 많이 생산하고 음식은 덜 생산하게 된다고 했다. 그로 인해 옷 생산에 사용되는 생산요소들에 대한 수요는 증가하겠지만, 음식 생산에 사용되는 생산요소들에 대한 수요는 감소할 것이다. 만약 음식 생산이 노동집약적이고 옷 생산이 자본집약적이라면, 생산물 구성조합의 변화로 인해 자본 가격은 상승하고 노동 가격은 하락할 것이다. 이 경우 무역의 주된 수혜자들은 자본 보유자들일 것이다. 이 경제가 생산하는 총생산물의 가치가 더 높아졌음에도 불구하고, 소득의 대부분을 자신의 노동을 판매하여 얻는 노동자들에게는 상황이 오히려 전보다 더 나빠질 것이다. 일반균형분석을 통해 우리가 알 수 있는 점은 무역으로 인해 모두에게 모든 것을 더 많이 줄 가능성이 높아진다는 것이지, 무역으로 인해 모두가 반드시 더 많은 것을 얻게 된다는 것은 아니다.

예 17.1   **무역을 위한 개방 결정**

여러분이 작은 섬나라의 대통령이라고 하자. 이 나라는 지금껏 다른 나라들과 무역을 해 본 적이 없다. 여러분은 경제를 개방하여 국제무역을 시작할 것인지 고민 중이다. 이 섬나라의 모든 노동자들이 가입해 있는 딱 하나뿐인 노동조합의 수석 경제학자는 자유무역을 하게 되면 노동의 실질구매력이 감소할 것이라고 주장한다. 그리고 대통령인 여러분은 수석 경제학자의 주장을 의심할 이유가 없다. 대통령직을 유지하려면 노동조합의 지지가 절대적으로 필요하다. 노동조합은 조합원들의 복지에 악영향을 미치는 정책을 펴려는 후보자를 절대로 지지하지 않을 것이다. 그렇다면 여러분은 국제무역을 하지 말아야 하는가?

무역으로 얻게 될 이득을 재분배할 방법이 없는 경우에만, 대답은 "예"가 된다. 일반균형분석에 따르면 무역을 통해 생산물의 총가치가 증가할 것이고, 이로 인해 모두의 형편이 더 나아질 가능성이 있다. 만약 이에 대한 대안이 무역을 하지 않는 것이라면, 자본 소유자들은 자신들이 얻는 이득 중 일부를 노동자들에게 이전하는 데 동의해야 한다. 모든 구성원들이 전보다 더 많은 것들을 가질 수 있는 협상인데도 경제를 개방하여 국제무역을 시작하지 않는다면 너무 게으르거나 상상력이 빈곤한 대통령이 아닐 수 없다.

공평성과 효율성 사이의 고민스러운 교환상충관계에 관해 지금까지 많은 이야기들이 나왔다. 특히 분배상의 공평성을 높이다보면 효율성 측면에서 어느 정도의 희생은 불가피하다는 주장이 지금껏 많이 제기되어 왔다. 예 17.1을 통해 우리가 배울 점은, 사람들이 아무런 비용을 들이지 않고 서로 협상을 할 수 있는 경우, 공평성과 효율성 간에는 사실 아무런 충돌도 없다는 것이다. 경제적 파이의 총량이 더 크게 자라날 때는 누구나 전보다 더 큰 파이 조각을 먹는 것이 늘 가능하다. 효율성은 우리가 경제적 파이를 되도록 크게 만들 때 달성된다. 일단 그렇게 해 놓은 뒤, 파이를 공평하게 나누려면 어떻게 해야 하는지를 마음껏 논의할 수 있을 것이다.[4]

17.7 일반균형과 조세

국제무역의 기회를 허용함으로써 모형이 복잡해지기 전으로 돌아가서 단순 생산경제의 경우를 다시 살펴보자. 이 경제는 그림 17.15의 V에서 경쟁 일반균형 상태에 있다. 이 점에서 한계변환율은 경쟁균형에서의 생산물 가격비율인 P_C^*/P_F^*와 같다. 이제 정부가 음식에 달러당 t의 비율로 조세를 부과하여 세수를 확보하기로 결정한다고 하자. 생산자가 음식 한 단위에 P_F^*를 받고 판매할 때마다 정부가 tP_F^*를 가져가므로, 생산자는 $(1 - t)P_F^*$만을 받게 된다. 이러한 조세는 자원배분에 어떤 영향을 미칠까?

조세 부과로 인한 즉각적인 효과는 생산자 입장에서 P_C^*/P_F^*에서 $P_C^*/(1 - t)P_F^*$로의 상대가격 상승으로 나타난다. 생산가능경계상의 V에서 생산하는 데 만족했던 생산자들은 옷을 더 많이 생산하고 음식을 덜 생산함으로써 이윤을 증가시킬 수 (또는 손실을 감소시킬 수) 있다는 것을 알게 될 것이다. 이러한 효과는 궁극적으로 생산자들이 생산가능경계상의 Z로 이동하도록 만든다. V에서의 MRT가 V에서의 모든 소비자들의 MRS 값과 같았다는 점을 상기하기 바란다. Z에서는 V에 비해서 옷을 더 많이 생산하고 음식을 덜 생산하므로,

---

4. [역주] 우리는 이 주장을 매우 조심스럽게 받아들여야 할 것이다. 복지경제학의 제2정리가 효율성과 공평성의 문제를 완전히 별개로 다룰 수 있음을 시사한다고 해도, 효율성과 공평성의 문제가 정말로 분리될 수 있는 성질의 것인지에 대해서는 여전히 논란의 여지가 많기 때문이다. 최근에는 형평성이 지나치게 저하되는 경우, 효율성 자체가 악화될 가능성을 탐구하는 연구들이 많이 있다.

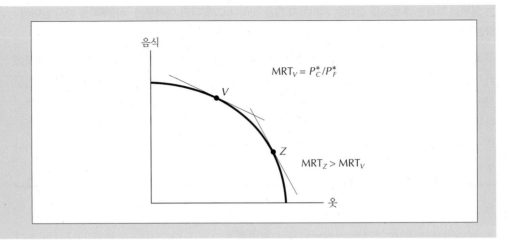

그림 17.15

조세는 생산물 구성조합에 영향을 미친다

음식에 조세를 부과하면 음식 소비는 줄고 옷 소비는 늘어난다. 원래의 자원배분점이 파레토 효율적이었다면, 새로운 자원배분점은 파레토 효율적이지 않을 것이다. 한계변환율은 한계대체율보다 크게 될 것이다. 그래서 옷은 너무 많이 생산되고, 음식은 너무 적게 생산될 것이다.

Z에서의 MRS는 V에서의 MRS보다 작을 것이다. 그렇다면 Z에서 MRT는 MRS보다 더 클 것이다. 이는 이 경제가 더 이상 효율적인 생산물 구성조합을 보이지 못한다는 것을 의미한다. V에서의 원래 자원배분 상태는 파레토 최적이었다. 그러나 새로운 자원배분점에서는 너무 많은 옷과 너무 적은 음식을 생산하게 된다.

음식에 조세를 부과하더라도 소비자들이 균형에서 모두 같은 MRS 값을 가질 것이라는 사실에는 아무런 변화가 없다. 또한 음식에 조세를 부과하더라도 생산자들이 균형에서 모두 같은 MRTS 값을 보일 것이라는 사실에도 아무런 변화가 없다. 조세가 부과되더라도, 이 경제는 소비와 생산 측면에서 여전히 효율적이다. 조세가 야기하는 진정한 문제는 생산자들이 직면하는 가격비율이 소비자들이 직면하는 가격비율과 달라진다는데 있다. 소비 결정은 **총가격**(*gross prices*), 즉 세금이 포함된 가격에 의해 이루어진다. 하지만 생산 결정은 순가격(*net prices*), 즉 세금이 지불된 이후에 생산자가 받는 금액에 따라 이루어진다. 생산자들이 소비자들과 다른 가격비율에 직면할 때, 균형에서 MRS는 절대로 MRT와 같아질 수 없다. 생산자들과 소비자들이 직면하는 가격비율 간에 쐐기 또는 격차(wedge)가 발생함에 따라, 조세는 비효율적인 생산물 구성조합을 초래한다.

보조금도 조세와 마찬가지로 효율성에 필요한 조건들에 혼란을 야기한다. 상품에 조세가 부과되면 생산자들은 자신들이 받는 가격이 너무 낮아서 생산을 피하려 들 것이다. 이와는 대조적으로 상품에 보조금을 지급하면 생산자들은 자신들이 받는 가격이 너무 높아서 더 많이 생산하려 들 것이다. 그러므로 일반균형에서, 보조금을 받는 생산물들은 너무 많이 생산되고 보조금을 받지 못하는 생산물들은 너무 적게 생산될 것이다.

간단한 일반균형분석을 통해서 우리가 확인한 조세와 보조금의 왜곡 효과는 소위 공급측면 경제정책의 근간을 이룬다. 공급측면 경제학자들은 조세가 거의 언제나 자원배분상의 비효율성을 어떤 식으로든 유발한다고 강하게 주장한다.

그렇다면 우리가 그냥 모든 조세를 폐지한다면 세상은 더 나은 곳이 될까? 십중팔구 그렇지 않을 것이다. 조세가 없다면 정부는 재화와 서비스를 공급할 수 없다. 우리가 일상생활에서 직접 경험하듯이, 정부가 아니면 공급하기 어려운 소중한 재화와 서비스는 매우 많다.

일반균형분석을 통해 얻을 수 있는 실질적인 메시지는 조세제도를 설계할 때 왜곡을 최소화하기 위해서 우리가 훨씬 더 주의를 기울여야 한다는 것이다. 우리가 예로 든 단순한 모형에서는 음식은 물론 옷에도 동일한 세율 t로 과세하는 경우, 아무런 효율성 손실도 발생하지 않게 될 것이다. 상대가격은 과세 전후에 같을 것이고, 생산자들과 소비자들은 동일한 가격신호에 의해 동기부여를 얻을 것이다.

그러나 좀 더 현실적인 일반균형모형에서는, 심지어 모든 상품에 대해서 똑같은 세율로 과세하는 일반상품세(general commodity tax)를 통해 과세하는 경제에서도 자원배분에 왜곡이 발생한다. 모든 상품들에 조세를 부과하는 것은 사람들의 근로소득을 포함한 모든 소득에 대해 과세하는 것과 근본적으로 동일하다. 우리가 사용한 단순한 모형에서는 노동공급이 고정되어 있다고 가정했지만, 현실에서는 노동공급이 실질 세후 임금률에 민감하게 반응한다. 이러한 관계까지 고려해주는 좀 더 완결된 모형에서는, 일반상품세 역시 노동과 여가 사이의 시간 배분과 관련된 의사결정에 왜곡을 발생시킨다. 예를 들어, 일반상품세를 부과하면 사람들은 일을 적게 하고 여가를 더 많이 소비할 수도 있다.[5]

효율성만을 따질 때, 일반상품세나 소득세보다 더 나은 조세는 사람들의 노동공급 결정과 무관하게 개인에게 부과되는 인두세(人頭稅, *head tax*) 또는 정액세(*lump-sum tax*)일 것이다. 하지만 이런 종류의 조세는 공평성 차원에서 거의 모든 사람들이 반대한다. 모든 사람들에게 똑같은 금액의 조세를 부과하는 경우, 빈곤층은 대체로 개인소득수준에 비례하여 조세를 부과하는 현 조세체계에서보다 훨씬 더 무거운 조세부담을 짊어지게 될 것이다. 효율성 차원에서 정말 좋은 조세는 조세를 부과하지 않는 경우 사회적으로 바람직한 수준보다 너무 많이 벌어지는 활동들에 부과하는 조세이다. 그리고 아래에서 살펴보겠지만, 그런 활동들은 필요 이상으로 많아서 제대로 과세하는 경우 우리가 필요로 하는 세수를 모두 얻을 수 있을 정도이다.

17.8 비효율성을 유발하는 다른 요인들 _____

독점

조세는 자원배분에서 파레토 최적을 달성하는 데 걸림돌이 되는 여러 요인들 중 하나에 불과하다. 비효율성을 유발하는 또 다른 요인은 독점이다. 독점의 일반균형 효과들은 상품세의 효과와 매우 흡사하다. 다시 한 번 2상품 생산경제를 상정해보자. 이때 음식 생산은 독점기업이 맡고, 옷 생산은 경쟁기업이 맡는다고 가정하자. 경쟁적 생산자는 옷에 대한 한계비용이 가격과 같은 수준에서 생산량을 결정한다. 하지만 독점기업은 우리가 11장에서 이미 살펴보았듯이 한계비용이 한계수입과 같아지는 수준에서 생산량을 결정한다. 수요곡선이 우하향할 때 가격은 언제나 한계수입을 초과하므로, 독점기업의 경우 가격은 한계비용을 초과할 것이다.

---

5. [역주] 더 자세한 사항은 재정학 교과서로 널리 읽히는 하비 로젠(Harvey S. Rosen)과 테드 게이너(Ted Gayer)의 「Rosen의 재정학 9판」(맥그로힐, 2011)이나 조나산 그루버(Jonathan Gruber)의 「재정학과 공공정책 3판」(시그마프레스, 2011)을 보기 바란다.

효율성 차원에서 가격과 한계비용 사이의 이러한 격차는 독점기업의 생산물에 조세를 부과하는 것과 정확히 동일한 효과를 초래한다. 음식의 한계비용에 대한 옷의 한계비용 비율인 한계변환율은 생산물 가격들의 비율과 달라질 것이다. 생산자들과 소비자들이 서로 다른 유인에 반응하는 것이다. 그 결과 (독점기업의) 음식 생산에는 자원이 너무 적게 투입되며, (경쟁기업의) 옷 생산에는 자원이 너무 많이 투입될 것이다.

독점의 영향에 대한 일반균형분석은 우리가 11장에서 공부한 부분균형분석에 중요한 사항을 추가해준다. 부분균형분석에서는 독점기업이 너무 적게 생산한다는 점에 초점이 맞춰졌지만, 일반균형분석에서는 독점기업의 과소생산으로 사용되지 않은 자원들이 경제의 경쟁부분에 의해서 사용됨으로써 발생하는 효과까지 고려할 수 있다. 독점 생산량이 너무 적다면, 경쟁 생산량은 너무 많은 것이다. 경쟁기업이 더 많이 생산했다고 해서 독점기업에 의해 발생한 피해가 완전히 상쇄되지는 않지만, 부분적인 보상은 이루어진다. 그러므로 일반균형의 견지에서는 독점으로 인한 복지비용(welfare cost)이 부분균형분석에서보다 더 적게 나타난다.

외부성

생산이나 소비 활동들이 해당 활동들과 직접적으로 연루되어 있지 않은 사람들에게 편익이나 비용을 유발하는 경우, 비효율성의 또 다른 원천으로 작용한다. 16장에서 논의했듯이, 이러한 편익과 비용을 대개 외부성이라고 부른다. 부정적인 외부성(*negative externality*)의 전형적인 예는 오염물질로서, 생산활동으로 인해 발생하는 배출물이 해당 상품을 소비하는 사람들 이외의 사람들에게 부정적인 영향을 미치는 경우이다. 그에 비해서 과수원에서 사과나무를 심어 근처 양봉장의 꿀 생산량이 증가하는 경우는 긍정적인 외부성(*positive externality*)의 전형적인 예라고 할 수 있다. 물론 양봉업자가 벌통에 더 많은 벌들을 키운다면, 근처 과수원에서는 수분(受粉, pollination)이 더 잘되는 긍정적인 외부성이 동시에 발생할 수도 있다.

외부성은 매우 광범위하게 발생하는 경제현상인 동시에 매우 심각한 사안이기도 하다. 외부성이 효율성에 미치는 영향은 조세와 마찬가지로 생산자들과 소비자들이 서로 다른 상대가격들에 반응하도록 만든다는 데 있다. 과수원 주인이 나무를 몇 그루 심을지 결정할 때, 그는 오직 사과 가격만을 고려할 뿐 꿀 가격에는 아무 관심이 없다. 이와 마찬가지로, 소비자들이 꿀을 얼마나 살 것인지 결정할 때, 그(녀)는 자신의 구입이 사과 가격과 생산량에 미칠 영향을 무시한다.

생산에서의 부정적인 외부성 문제는 보조금이 효율성에 미치는 악영향과 비슷하다. 생산자는 가격과 자신의 사적인 한계비용이 같아지는 지점에서 생산량을 결정한다. 하지만 문제는 부정적인 외부성으로 인해 타인에게 발생하는 비용을 생산자는 무시한다는 데 있다. 보조금이 지급되는 상품의 경우와 마찬가지로, 부정적인 외부성을 유발하는 상품은 너무 많이 생산되는 데 비해서, 다른 상품들은 너무 적게 생산되는 것이다. 긍정적인 외부성의 경우에는 정반대의 결과가 나타난다. 긍정적인 외부성을 유발하는 상품은 너무 적게 생산되는 데 비해서, 다른 상품들은 너무 많이 생산된다.

조세를 이용하여 외부성과 독점 문제를 해결하기

조세가 부과되지 않는 경우 너무 많이 발생하는 활동에 대해 조세를 부과하는 경우, 효율성 차원에서 가장 좋은 결과를 낳는다. 이는 경쟁 부문에서 생산되는 상품에 물품세(excise tax)를 부과함으로써 독점 때문에 발생하는 복지손실(welfare losses)을 완화시킬 수 있음을 시사한다. 적절하게 부과되기만 한다면, 그러한 조세는 독점기업의 가격과 한계비용 사이의 불균형으로 인해 발생하는 격차를 정확하게 상쇄해줄 수 있다.

부정적인 외부성의 경우, 문제는 사회 전체 차원에서 볼 때에는 매우 비싸게 인식해야 할 상품을 소비자들이 (타인에게 끼치는 비용을 감안하지 않기 때문에) 싼 것으로 받아들인다는데 있다. 부정적인 외부성을 유발하는 상품에 적절한 세율로 조세를 부과한다면 효율성 손실을 되돌릴 수 있다. 긍정적인 외부성을 유발하는 상품의 경우에는 보조금을 지급함으로써 마찬가지 효과를 거둘 수 있다.[6]

공공재

사적 시장들을 통해서 효율적인 자원배분을 달성하는데 걸림돌이 되는 또 다른 요인은 **공공재**(*public goods*)의 존재이다. 18장에서 논의하겠지만, 순수 공공재는 두 가지 특성을 가진 상품이다. (1) 비경합성(*non-competitiveness*) 또는 비감소성(*non-diminishability*)은 해당 상품을 어떤 사람이 사용한다고 해서 다른 사람들이 사용할 수 있는 양이 감소하지 않는 특성을 의미한다. (2) 비배제성(*non-excludability*)은 해당 상품을 사용하지 못하도록 다른 사람들을 배제하는 것이 불가능하거나, 배제할 수 있더라도 그러려면 엄청난 비용이 발생하는 특성을 의미한다. 주파수대(帶) 변환기가 개발되기 전 시기의 텔레비전 공중파 신호는 순수 공공재의 대표적인 예라고 할 수 있다. 여러분이 KBS 주말의 명화를 시청한다고 해서 이웃이 같은 영화를 볼 수 없는 것은 아니다. 주파수대 변환기와 케이블 TV가 등장하기 전에는 일단 방송이 나간 뒤 사람들이 텔레비전 전파 신호를 사용하지 못하도록 막을 실용적인 방법이 없었다. 국방도 순수 공공재의 또 다른 예이다. 수지가 국방으로부터 편익을 얻는다고 해서 주원이 그 혜택을 덜 받을 일은 없기 때문이다. 게다가 정부가 외적으로부터 국민 중 일부를 보호하면서 다른 일부의 국민들만을 보호로부터 제외하는 것은 극도로 어려운 일이기도 하다.

사적 시장들을 통해 순수 공공재가 최적의 규모로 공급될 수 있을 것이라고 추정할 근거는 없다. 특정 공공재를 사용하지 못하도록 사람들을 배제하는 것이 불가능한 경우, 이윤을 추구하는 사적 기업들은 손해를 감수하며 해당 공공재를 공급할 유인이 없다. 그러나 이윤을 추구하는 기업들이 순수 공공재를 제공하기 위해 종종 놀랄 만큼 창의적인 방법을 개발하는 경우가 있다. 예를 들어, 상업 방송사들은 사람들이 좋아할만한 방송 프로그램을 제공하여 시청자들을 끌어모은 뒤 광고주들에게 요금을 받아 비용을 충당한다. 그러나 그런 방식으로 공공재적인 성격을 띠는 방송 프로그램이 송출되어 우리가 시청하고 있다고 하더라

---

6. [역주] 외부성을 교정하는 조세의 역할에 관해서는 배리 필드(Barry Field)의 『환경경제학 6판』(시그마프레스, 2015)을 보기 바란다.

도 경제학적으로 볼 때 현재 효율적인 양과 종류가 방송되고 있는지는 여전히 의문스럽다.

비경합적이지만 비배재적이지 않은 성격을 보이는 공공재의 경우에는 비효율성의 문제가 조금 덜하다. 예를 들어, 전국적으로 유선방송망이 잘 갖춰져 있는 경우, 유선방송 이용료를 따로 내지 않는 이상 특정 프로그램을 보지 못하도록 하는 것이 가능할 것이다. 하지만이 경우에도 비효율성이 발생할 가능성이 높다. 일단 방송 프로그램이 제작된 뒤에는 시청자가 한 명 더 늘어난다고 해서 추가적으로 발생하는 사회적 비용은 없다. 그러나 만약 방송프로그램을 시청하는 요금이 0보다 크다면, 그 프로그램을 시청함으로써 얻는 편익이 시청요금보다 작은 사람들은 그 프로그램을 시청하지 않을 것이다. 하지만 그 사람들이 프로그램을 본다고 해서 다른 사람들의 시청에 아무런 방해를 주지 않으므로, 이들을 제외시키는것은 여전히 비효율적이다.

▪ 요약 ▪

- 가장 단순한 일반균형모형은 소비자 2인에 상품도 2개뿐인 순수교환경제이다. 이 모형에서 두 소비자에게 두 상품이 배분된 초기 상황이 주어졌다면, 호혜적인 거래를 통해서 얻을 수 있는 모든 가능한 이득이 사라질 때까지 경쟁적인 교환 과정이 발생할 것이다. 이러한 결과는 보이지 않는 손 정리라고 알려져 있으며, 때로는 복지경제학의 제1정리라고도 불린다. (학습목표 1)

- 소비자들이 볼록한 무차별곡선을 보인다면, 모든 효율적인 배분은 경쟁균형으로 유지될 수 있다. 이 결과는 복지경제학의 제2정리로 알려져 있다. 제2정리의 중요성은 효율성에 대한 논의와 분배상의 공평성에 대한 논의를 논리적으로 분리해서 다룰 수 있음을 보여준다는 데 있다. 사회는 고유한 분배 정의의 기준에 따라 초기 부존자원을 재분배할 수 있으며, 이때 시장을 이용해서 부존자원이 효율적으로 사용되도록 할 수 있다. (학습목표 1, 3)

- 만약 한계기술대체율이 모든 생산자들에 대해서 동일하다면, 그 경제는 생산측면에서 효율적이다. 투입재 시장에서도

호혜적인 모든 이득이 사라질 때까지 경쟁적인 거래가 발생할 것이다. (학습목표 4)

- 국제무역이 발생하더라도 국내 생산가능곡선에는 아무런 변화가 없지만, 국제무역은 국내소비를 위한 상품들의 가치를 즉각적으로 증가시킨다. 초기 부존자원을 적절하게 재분배하는 경우, 자유무역에 노출된 경제는 그렇지 않은 경제에 비해서 언제나 파레토 우월하게 될 것이다. (학습목표 1, 6)

- 조세는 자주 효율적인 자원배분을 방해하는데, 이는 조세가 대개 소비자들과 생산자들로 하여금 서로 다른 가격비율에 직면하도록 만들기 때문이다. 그러므로 우리는 자원배분에서의 왜곡을 최소화하는 조세를 찾는 노력을 기울여야 한다. 순전히 효율성 측면에서만 생각한다면, 조세가 부과되지 않는 경우 너무 많이 발생하는 활동에 부과되는 조세야말로 가장 좋은 조세이다. (학습목표 7)

- 독점, 외부성, 그리고 공공재는 자원의 효율적인 배분을 가로막는 세 가지 요인들이다. (학습목표 7)

▪ 복습문제 ▪

1. 소비에서의 효율성 조건이 충족되기 위해서 왜 소비자들의 MRS가 모두 같아야 하는가? (학습목표 1)

2. "파레토 우월"과, "파레토 선호", 그리고 "파레토 최적"이라는 용어들 사이에는 어떤 차이가 있는지 설명하라. (학습목표 7)

3. 왜 유권자들은 파레토 최적인 배분점 대신에 파레토 최적이 아닌 배분점을 선택하기도 하는 것일까? (학습목표 2)

4. 초기 부존자원은 계약곡선상의 특정 배분점으로 이동하는 것을 어떻게 제약하는가? (학습목표 1)

5. 일반균형에서 모든 상품에 대해 초과수요가 발생할 수 있는가? (학습목표 1)

6. 보이지 않는 손 정리를 신봉하는 이들이 정부가 경제에 간섭하는 것은 정당하지 않다고 주장하는 것에 대해 여러분이 사회비평가라면 어떻게 반응하겠는가? (학습목표 2, 7)

7. 왜 생산가능경계의 기울기는 한계생산비용의 비율과 같은가? (학습목표 4)

8. 조세는 언제나 자원배분을 비효율적으로 만든다는 주장에 대해 사회비평가는 어떻게 반응하겠는가? (학습목표 7)

▪ 연습문제 ▪

1. 병재는 음식 10단위와 옷 10단위로 구성된 초기 부존자원을 가지고 있다. 예린의 초기 부존자원은 음식 10단위와 옷 20단위로 구성되어 있다. 이러한 초기 부존자원들을 에지워스 교환상자를 이용하여 표시하라. (학습목표 1)

2. 병재는 음식과 옷을 1:1 완전대체재로 여긴다. 하지만 예린은 음식과 옷을 완전보완재로 여기며, 음식 2단위에 대해서 언제나 옷 3단위를 원한다. (학습목표 1)

   a. 1번 문제에서 주어진 배분점보다 파레토 선호되는 자원배분점들의 집합을 묘사하라.
   b. 그 자원배분점에 대한 계약곡선을 묘사하라.
   c. 계약곡선상의 어떤 자원배분점을 유지하기 위해 요구되는 가격비율은 무엇인가?

3. 만약 예린이 자신이 보유한 초기 부존자원 중에서 5단위의 옷을 병재에게 준다면, 2번 문제에 대한 여러분의 답변은 어떻게 달라지겠는가? (학습목표 1)

4. 음식(F)과 옷(C), 두 가지 상품과 두 명의 소비자들(A와 B)로 구성된 단순경제를 상정하자. 초기 부존자원이 주어져 있을 때, 옷 가격에 대한 음식의 가격비율이 3/1이라면, 소비자 A는 옷 6단위를 사고 싶어 하지만, 소비자 B는 음식 2단위를 팔고 싶어 한다. 그렇다면 P_F/P_C = 3은 균형가격비율인가? 만약 그렇다면, 왜 그러한지 설명하라. 만약 그렇지 않다면, 균형가격비율이 어느 방향으로 변할 것인지 답변하라. (학습목표 1)

5. 만약 소비자 A가 3단위의 옷을 팔고 싶어 하고, 소비자 B가 2단위의 음식을 팔고 싶어 한다면, 4번 문제에 대한 여러분의 답변은 어떻게 변하겠는가? (학습목표 1)

6. 설리는 초기 부존자원으로 2단위의 X와 4단위의 Y를 가지고 있으며, 3장에서 우리가 공부한 네 가지 가정을 만족시키는 무차별곡선을 보인다고 하자. 이에 비해서 보라는 4단위의 X와 2단위의 Y를 가지고 있으며, 선호가 효용함수 $U(X, Y) = \min\{X, Y\}$로 다음과 같이 주어져 있다고 하자.

$$\min(X, Y) = \begin{cases} X & \text{if } X \leq Y \\ Y & \text{if } Y \leq X \end{cases}$$

에지워스 상자 그림에 파레토 우월한 상품꾸러미들의 집합을 표시하라. (학습목표 1, 2)

7. 어떤 단순경제에서는 두 가지 투입재(자본과 노동)를 사용하여 두 가지 상품들(음식과 옷)을 생산한다. 두 산업들 간에 노동과 자본이 배분되어 있는 상황에서, 음식 생산에서의 자본과 노동 간 한계기술대체율은 4이고, 옷 생산에서의 자본과 노동 간 한계기술대체율은 2이다. 이 경제는 생산 측면에서 효율적인가? 만약 그렇다면, 왜 그러한지 설명하라. 만약 그렇

지 않다면, 파레토 개선을 가능하게 하는 자원 재배분을 묘사하라. (학습목표 *4*)

8. 생산을 위한 투입재들의 배분이 주어져 있는 상황에서, 두 가지 상품들로 이루어진 단순경제의 한계대체율은 2와 같다. 소비재들의 배분이 주어진 상황에서, 각 소비자의 음식과 옷 사이의 한계대체율은 1.5이다. 생산물 구성조합 측면에서 이 경제는 효율적인가? 그렇다면, 왜 그러한지 설명하라. 그렇지 않다면, 파레토 개선에 이를 수 있는 자원 재배분을 묘사하라. (학습목표 *5*)

9. 로빈슨 크루소는 자신의 모든 시간을 음식 생산에 쏟아 붓는 경우 하루에 음식 5단위를 만들 수 있다. 그리고 모든 시간을 옷 생산에 쏟아 붓는다면 하루에 옷 10단위를 만들 수 있다. 만약 그가 시간을 두 생산활동으로 나눈다면, 각 상품의 생산량은 생산에 쏟아 부은 시간에 비례할 것이다. 그에 비해서 프라이데이의 경우에는 모든 시간을 쏟아 붓는 경우 하루에 음식 10단위를 만들거나 옷 5단위를 만들 수 있다. 이들의 생산가능경계를 묘사하라. (학습목표 *5*)

10. 만약 크루소와 프라이데이가 음식과 옷을 1:1 완전대체재로 여긴다면, 각자 얼마를 생산해야 하는가? (학습목표 *5*)

11. 이제 무역선이 섬에 나타나 매일 $P_F = 4$와 $P_C = 1$의 가격에 음식과 옷을 사거나 판다고 하자. 무역선의 존재가 크루소와 프라이데이의 생산 및 소비 결정을 변화시킬까? 변화시킨다면 어떻게 변화시킬까? (학습목표 *6*)

12. 만약 프라이데이의 최대 생산량이 음식 20단위와 옷 50단위로 변한다면, 9번, 10번, 11번 문제들에 대한 여러분의 답변은 어떻게 달라지겠는가? (학습목표 *5, 6*)

13. 단순경제에 두 개의 산업이 존재하고, 각 산업은 동일한 한계비용에 직면해 있다고 하자. 두 개의 산업 중 하나는 완전경쟁적이고, 다른 하나는 순수 독점이다. 이 경제를 파레토 개선으로 이끌 자원의 재배분을 묘사하라. (학습목표 *7*)

14. 옷 생산에서 자본과 노동은 완전대체재로, 자본 2단위 또는 노동 2단위로 옷 1단위를 만들 수 있다고 하자. 하지만 음식 생산에서는 자본과 노동이 완전보완재로, 자본 1단위 그리고 노동 1단위로 음식 1단위를 만들 수 있다고 하자. 이 경제에는 자본 100단위와 노동 200단위의 부존자원이 있다고 가정하자. 두 생산부문에 대한 생산요소들의 효율적인 배분들 집합을 묘사하라. (에지워스 생산상자에 계약곡선을 그려라.) (학습목표 *4*)

15. 14번 문제에서 묘사한 경제의 생산가능경계를 그려라. 옷에 대한 음식의 기회비용은 무엇인가? (학습목표 *5*)

16. 14번 문제에서 묘사한 것과 똑같은 경제의 생산가능경계를 그려라. 하지만 이번에는 이 경제의 자본에 대한 부존자원이 200단위이다. (학습목표 *5*)

▪ 개념 확인 해답 ▪

17.1 병재의 음식 부존자원 = 100 − 아영의 부존자원 = 75이다. 병재의 옷 부존자원 = 200 − 아영의 부존자원 = 175이다. (학습목표 *1*)

17.2 초기 배분점을 M이라고 표시하자. M을 통과하는 아영의 무차별곡선은 기울기가 1인 직선이다. M을 통과하는 병재의 무차별곡선은 아래 그림에 나타난 것처럼 직각이다. 파레토 우월한 배분점들의 집합은 그림자로 짙게 처리한 삼각형 부분이다. (학습목표 1, 2)

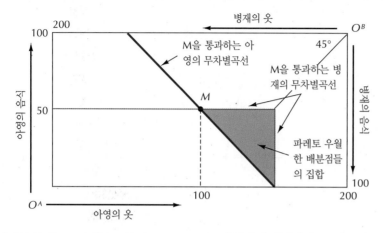

17.3 여기에서 $P_L/P_K = 1$이고, 이는 $\mathrm{MPL}_C/\mathrm{MPK}_C$의 절반에 해당한다. 그러므로

$$\frac{P_L}{P_K} = \frac{1}{2}\frac{\mathrm{MPL}_C}{\mathrm{MPK}_C},$$

이로부터

$$\frac{\mathrm{MPK}_C}{P_K} = \frac{1}{2}\frac{\mathrm{MPL}_C}{P_L}.$$

가 도출된다. 이를 말로 표현하면, 옷 생산을 위해 자본에 지출된 마지막 달러는 옷 생산을 위해 노동에 지출된 마지막 달러에 비해서 상품을 추가로 절반밖에 만들어 내지 못한다는 뜻이다. 그래서 옷 생산자들은 자본을 덜 고용하고 노동을 더 고용함으로써 같은 비용으로 더 많은 옷을 생산할 수 있다. 이와 같은 방식으로 설명하면, 음식 생산자들은 노동을 덜 고용하고 자본을 더 고용함으로써 비용을 추가로 들이지 않고서도 음식 생산을 증가시킬 수 있다. 이 생산자들이 경쟁균형의 특성인 비용을 최소화하는 투입재 구성조합에 도달할 때에만 생산 측면에서의 효율성이 달성된다. (학습목표 4)

17.4 새로운 생산가능경계상에서, 생산 가능한 음식의 최대량은 변함이 없다. 음식 생산의 모든 수준에서, 이에 상응하는 생산 가능한 옷 생산량은 원래 양의 정확히 두 배이다. (학습목표 5)

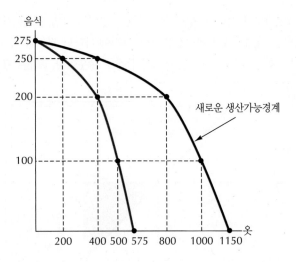

CHAPTER 18

정부
Government

미국의 지역 전화회사들은 규제를 받는 독점기업들이기 때문에, 정부 규제기관들은 이들이 책정하는 모든 요금들에 대해서 규제 및 판정을 내려야 한다. 과거에 규제 당국들은 "필수불가결한 공공 통신 네트워크의 가치를 훼손한다."는 신념에 따라 전화회사들이 전화번호 문의 서비스에 요금을 부과하지 못하도록 했다. 두말하면 잔소리겠지만, 이런 식의 논리는 대부분의 경제학자들에게 애매모호한 수사(修辭)에 불과한 것처럼 들린다. 전화회사들이 (그리고 결국 사회 전체가) 전화번호 문의 서비스를 제공하는 데에는 많은 돈이 든다. 경제학자들은 사람들이 비용을 지불하지 않아도 되는 경우에 전화번호 문의 서비스를 비롯한 다른 자원을 비경제적으로 소비할 것이라고 우려한다.

수년 전 뉴욕의 전화회사들을 규제하는 뉴욕 주 공공 서비스 위원회(New York State Public Service Commission)에서는 전화번호 문의 서비스 한 통에 10센트씩 요금을 받으라고 제안했다.[1] 사람들로 하여금 전화회사에 묻기 전에 자신이 직접 전화번호를 찾아보도록 하는 유인을 제공하는 이 정책에 대해서 경제학자들은 환호를 보냈지만, 소비자 권익단체들은 매우 다른 반응을 보였다. 이들은 사회학자들을 비롯한 여러 전문가들의 증언을 앞세워, 사람들이 상호 연락을 주고받으려는 행위에 부담을 지우는 정책은 사회 조직을 와해시키는 짓이라며 맹공격을 해댔다. 또한 여러 전문가들은 전화번호 문의 서비스에 요금을 부과하는 경우, 가난한 사람들이 받아들이기 어려운 부담을 짊어지게 될 것이라고 항의했다.

그렇게 10센트 요금 부과안이 좌초되기 직전, 위원회에서는 효율성 개선을 성취하면서도 저소득층에게 부담이 덜 가도록 하는 묘수를 생각해냈다. 위원회의 수정안은 전화번호 문의 서비스 유료화를 통해 발생한 비용 절약분을 사용하여 모든 전화 가입자들의 월 전화요금에서 30센트를 공제해 주는 방식이었다. 예를 들어, 한 달에 전화번호 문의 서비스 통화를 한 통만 사용한 사람은 10센트의 추가 요금을 내야 하지만, 30센트의 요금 공제를 받으면 오히려 매달 20센트씩 월 사용요금이 줄어드는 셈이다. 매달 세 통의 전화번호 문의 통화를 한다면, 30센트의 요금 공제와 서로 상쇄되어 추가부담은 없게 된다. 그리고 매달

학습목표

1 상품이 비감소적이고 비배제적이라는 것이 무슨 뜻인지 설명할 수 있다.

2 공공재와 집합재의 차이를 설명할 수 있다.

3 사적으로 공급되는 공공재의 예를 들고, 이를 공급하는 데 드는 재원을 어떻게 마련할 수 있는지 설명할 수 있다.

4 과반수 투표를 통해서는 공공정책의 여러 대안들에 대해서 선호순위가 명확하게 드러나지 않을 수도 있는 이유를 예를 들어 설명하고, 왜 비용-편익 검사를 통과하는 공공정책이 모든 시민들에게 편익을 주는 방식으로 실행될 수 있는지 설명할 수 있다.

5 많은 소득재분배 정책들이 의도하지 않게 국민소득을 줄이게 되는지 설명할 수 있고, 이러한 문제점을 제거할 수 있는 소득이전을 위한 다양한 정책 대안들을 평가할 수 있다.

---

1. [역주] 우리나라의 114 서비스에 해당한다.

네 통의 전화번호 문의 통화를 사용하는 이용자는 전보다 10센트를 더 부담하게 된다. 전화번호 문의 서비스를 이용하는 데 한 통에 10센트를 지불하도록 하면 아무래도 고소득층보다는 저소득층이 서비스를 덜 사용하게 될 가능성이 높다고 가정하는 것이 합리적이므로, 수정안은 저소득층의 실질 구매력을 높이는 순효과를 거둘 수 있는 방안이었다.

18.1 18장 미리보기 _____

전화번호 문의 서비스 예를 통해 우리는 정부 경제정책에 관한 두 가지 매우 중요한 사항들을 알 수 있다. (1) 심지어 매우 사소해 보이는 정책들에서조차 소득분배에 관한 우려가 논의를 압도할 수 있다. (2) 공공정책의 문제에 대한 가장 효율적인 해법은 고소득층과 저소득층의 형편을 모두 전보다 더 낮게 만드는 것이다. 이번 장에서 우리는 정부의 두 가지 중요한 기능들을 살펴본다. 첫째는 공공재의 공급이고, 둘째는 직접적인 소득재분배이다. 우리는 공평성과 효율성에 대한 우려가 두 영역 모두에서 서로 밀접하게 연결되어 있다는 점을 살펴볼 것이다.

또한 우리는 어떤 상품이 공공재의 특성들을 가지고 있다는 사실만으로 정부가 꼭 그 상품을 공급해야 하는 것은 아니라는 점도 살펴볼 것이다. 공중파 상업 텔레비전 방송으로부터 극도로 체계화된 법적 계약까지, 정부가 전혀 연루되지 않은 상태에서도 독창적인 방식을 통해 다양한 공공재들이 공급된다는 점도 살펴볼 예정이다.

우리는 사적 소비재를 생산할 때 심각한 비가분성(indivisibilities)이나 규모의 경제가 존재하는 경우에도, 공공재와 관련하여 발생하는 문제들과 유사한 문제들이 나타난다는 것을 공부할 것이다.

그 다음에 우리는 서로 우선순위를 다투는 공공 프로젝트들을 놓고 사회가 어떻게 결정을 내리는지를 다룰 예정인데, 특히 과반수 투표방식에 대한 대안으로 비용−편익 분석에 초점을 맞춰 살펴보고자 한다.

또한 우리는 사익을 추구하는 집단들의 자신들에게 유리한 결과를 이끌어내려는 인센티브로 인해서 공공 의사결정의 작동과정에서 문제가 발생할 수도 있는 점도 다룰 것이다. 이 문제는 지대추구(rent seeking)라는 용어로 널리 알려져 있으며, 사회복지에 심각한 위협으로 작용한다.

이렇게 분배 문제에 치중하는 공공선택(public choice)의 다양한 문제들을 다룬 뒤, 우리는 직접적인 소득이전 정책들도 살펴볼 예정이다. 이때 우리는 근로의욕과 위험을 감수하는 혁신에 대한 인센티브를 훼손하지 않으면서 여러 소득이전 정책들을 어떻게 실행할 것인지에 초점을 맞출 것이다.

18.2 공공재 _____

공공재란 정도의 차이는 있지만 비감소성(*non-diminishability*)과 비배제성(*non-exlcudability*)이라는 특성을 보이는 재화나 서비스이다.[2] 비감소성이라는 성질은 어떤 사

---

2. [역주] 비감소성을 비경합성(non-competitiveness)으로 표현하는 경우도 많다.

람이 공공재를 소비하는 행위가 다른 사람들의 소비량에 아무런 영향을 주지 못한다는 것을 의미한다. 그에 비해서 비배제성은 값을 지불하지 않은 이들이 해당 상품을 소비하지 못하도록 하는 것이 아예 불가능하거나, 기술적으로는 가능하더라도 그 비용이 너무 막대해서 실질적으로 불가능에 가까운 성질을 뜻한다.

비감소성과 비배제성의 정도가 모두 높은 상품들을 **순수 공공재**(pure public goods)라고 하며, 대표적인 예로는 국방을 들 수 있다. 그에 비해서 비감소성의 정도는 높지만 배제가 가능한 상품들을 **집합재**(colletive goods)라고 한다. 집합재는 때때로 정부에 의해서 공급되기도 하지만, 민간 기업들이 공급하는 경우도 있다. 순수 공공재들은 대개 정부가 공급하지만, 이윤을 추구하는 기업들이 공급에 따른 난점들을 해결하여 공급하는 예외적인 경우도 있다.

우리는 순수 공공재를 얼마나 공급할 것인지 결정하려는 정부의 경우를 먼저 살펴볼 것이다. 좀 더 구체적으로 공영 텔레비전 방송을 예로 들어보자. 논의를 단순화하기 위해서, 사회에는 오직 두 명의 소비자들 A와 B만 존재하며, 주어진 공공재 수준에 대해서 두 사람은 각자 서로 다른 가치를 매긴다고 하자. 그림 18.1에서, 수평축은 방송 프로그램의 양을 보여준다. AA'라고 표시한 곡선은 소비자 A가 그리고 BB'는 소비자 B가 방송 프로그램의 추가 한 단위에 대해서 지불할 의향이 있는 금액을 표시한다. 그러므로 방송 4단위에서, A는 추가적인 방송 한 단위에 $9/주를 지불할 의향이 있고, B는 $6/주만을 지불할 의향이 있을 것이다. 두 사람의 지불의사액곡선이 모두 우하향한다는 것은, 방송 프로그램을 많이 시청하고 있을수록 추가 단위에 대해서 가치를 덜 느낀다는 뜻이다.

순수 공공재를 공급하는 경우, 모든 소비자들은 동일한 양을 소비해야 한다. 그에 비해서 사적 재화를 거래하는 시장에서는 주어진 가격에서 소비자가 원하는 양만큼을 소비할 수 있다. 그러므로 사적 재화에 대한 시장수요곡선을 도출하려면, 단순히 개별수요곡선들을 수

순수 공공재
비감소성(비경합성)과 비배제성의 정도가 매우 높은 상품

집합재
배제가 가능하면서 비감소성(비경합성)의 정도가 매우 높은 상품

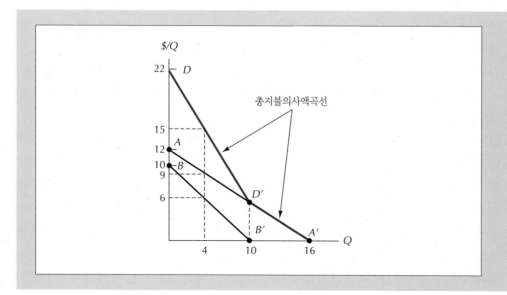

그림 18.1

공공재에 대한 총지불의사액곡선

AA'와 BB'는 소비자 A와 B가 각각 공공재를 한 단위 더 소비하고자 기꺼이 지불할 의향이 있는 금액을 보여준다. 총지불의사액곡선인 DD'A'은 개별 지불의사액곡선들 두 개를 종적으로 합한 것이다.

평으로 더해주기만 하면 된다. 하지만 공공재의 경우에는, 시장수요곡선에 해당하는 개념이 총지불의사액곡선이며, 이를 도출하려면 개별 지불의사액곡선들을 수평으로 더해주면 안 되고 수직으로 더해줘야 한다. 예를 들어, 그림 18.1의 $Q = 4$단위의 방송에서 A와 B는 추가적인 한 단위 방송에 대해서 도합 $9 + 6 = \$15$/주를 지불할 의향이 있다. $DD'A'$로 표시된 곡선은 두 소비자들의 지불의사액곡선들을 수직으로 더해준 것이다.

개념 확인 18.1

열 명의 동질적인 소비자들이 시민공원에서 열리는 연주회라는 공공재에 대해서 모두 똑같이 $P = 12 - \frac{1}{5}Q$라는 개별 지불의사액곡선을 보인다고 하자. 이때 P의 단위는 달러이고, Q의 단위는 분($分$)이다. 총지불의사액곡선을 그래프로 표시하라. 30분의 연주회를 즐기기 위해서 개별 소비자가 기꺼이 지불할 의향이 있는 최대 금액은 얼마인가?

결합생산과의 유사성

여기서 잠깐 공공재에 대한 총지불의사액곡선을 도출하는 과정과 닭과 같은 상품에 대한 수요곡선이 닭고기의 여러 부위들에 대한 수요곡선들로부터 도출되는 과정이 놀라울 정도로 비슷하다는 점을 살펴보기로 하자. 논의를 단순화하기 위해서 닭은 날개부위(wings)와 다리부위(drumsticks) 두 가지로만 나뉘어 팔린다고 가정하자. 두 부위에 대한 수요곡선은 그림 18.2에서 WW'과 DD'로 표시되어 있다. 닭 한 마리에서는 한 쌍의 날개와 한 쌍의 닭다리가 나오므로, 그림 18.2의 수평축은 총 닭다리 수량(쌍), 총 날개 수량(쌍), 그리고 닭의 총개체 수(마리)를 동시에 보여준다. 날개부위와 다리부위만으로 닭이 생산된다는 단순한 가정을 바탕으로, 우리는 닭 날개에 대한 수요곡선과 닭다리에 대한 수요곡선을 종적으로 합하여 그림 18.2에서 $CC'D'$로 표시된 닭에 대한 시장수요곡선을 얻을 수 있다.

그림 18.2에서 SS'로 표시된 곡선은 닭에 대한 공급곡선이다. 닭고기 산업이 경쟁적이라면, 닭에 대한 시장공급곡선은 개별 닭 공급자들의 한계비용곡선들을 횡적으로 합한 것이다. 여타 경쟁시장에서와 마찬가지로, 닭에 대한 시장 균형은 수요곡선과 공급곡선이 교차하는 지점에서 발생한다. 닭의 균형거래량은 Q^*가 될 것이고, 이 수량에 따라 Q^* 쌍의 날개부위와 Q^* 쌍의 다리부위가 결정될 것이다. 그리고 날개부위의 시장청산가격은 P_W^*, 다리부위의 시장청산가격은 P_D^*가 될 것이다. 두 가격들을 더하면 닭의 시장가격 P_C^*가 된다.

결합생산되는 상품들에 대한 시장 균형으로부터 우리는 몇 가지 중요한 사항을 알 수 있다. 첫째는 날개부위, 다리부위, 그리고 닭의 균형거래량들이 파레토 효율적이라는 점이다. Q^*에서 닭을 한 마리 더 생산하는 데 사회가 지불하는 비용은 P_C^*이고, 이는 닭의 부위들에 대해서 소비자들이 매기는 총가치와 정확하게 같다. Q^*가 아닌 수량에서는 교환을 통해 상호 이득을 얻을 가능성이 남아 있게 된다. 두 번째로 주목할 점은, 우리가 닭을 한 마리 더 키우는 데 드는 한계비용을 정확히 알고 있다 하더라도, 닭의 각 부위에 대한 가격이 비용 정보만으로 결정될 수 없다는 점이다. 닭 한 마리 전체의 비용을 각 부위에 따라 할당하는 데 있어서 과학적 근거따위는 존재하지 않는다. 날개부위와 다리부위가 각각의 가격에 따라 팔리는 것은 그 가격들에서만 부위별 시장이 청산되기 때문이다. 이는 개별 소비자가 어떤

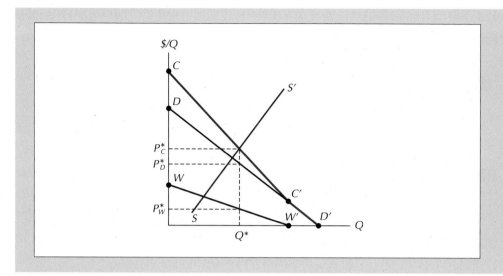

그림 18.2

결합생산되는 상품에 대한 시장 균형

DD'은 닭다리(쌍)에 대한 수요곡선이고, WW'은 닭 날개(쌍)에 대한 수요곡선이다. 닭의 두 부위에 대한 수요곡선들을 종적으로 더하면 닭에 대한 시장수요곡선인 $CC'D'$가 도출된다. 닭에 대한 균형가격과 균형거래량은 바로 이 시장수요곡선과 시장공급곡선이 교차하는 지점에서 결정된다.

공공재에 대해서 기꺼이 지불할 의향이 있는 금액과 그 공공재의 생산에 드는 한계비용 사이에는 아무런 관계가 없다는 점에 대해서도 정확한 비유가 될 것이다.

공공재의 최적 공급 수준

공영 텔레비전의 예로 다시 돌아가 보자. 총지불의사액곡선이 주어졌을 때, 방송의 최적량은 얼마일까? 이에 대한 답변은 닭에 대한 시장에서와 마찬가지 방식으로 결정된다. 그림 18.3에서 $DD'A'$로 표시된 곡선은 공영 텔레비전 방송에 대한 총지불의사액곡선이다. 그리고 MC로 표시된 곡선은 방송량의 함수로 표현한 텔레비전 방송의 한계비용을 의미한다. 이 두 곡선들이 교차하는 지점은 $Q^* = 4$로, 두 소비자 A와 B가 방송 한 단위를 더 소비하기 위해서 기꺼이 지불할 의향이 있는 금액은 그 한 단위를 생산하는 데 소요되는 비용인

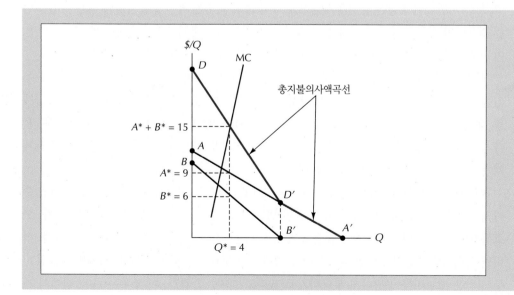

그림 18.3

공공재의 최적 공급 수준

공공재의 최적 수준은 $Q^* = 4$로, 이 수준에서 해당 공공재에 대한 총 한계지불의사액(aggregate marginal willingness to pay)은 한계비용과 정확히 일치한다.

$15/주와 정확하게 일치한다. 만약 총지불의사액과 한계비용이 같지 않다면, 사회는 방송의 양을 줄이거나 늘림으로써 더 높은 복지수준을 달성할 수 있을 것이다.

개념 확인 18.2

개념 확인 18.1에서 다룬 시나리오를 다시 사용하자. 그리고 연주회를 제공하는 한계비용이 MC = 2Q라고 가정하자. 이 연주회의 최적 시간을 계산하라.

공공재를 최적 수준으로 공급하기 위한 재원 마련

그림 18.3을 통해 공공재의 최적 수준이 Q^*라고 주장한 바에 대해 우리는 약간 수정을 가해야 한다. 그 주장은 Q^*의 총비용이 대중들이 기꺼이 지불할 의향이 있는 총금액을 넘지 않는다는 가정하에서만 참이다. 총지불의사액곡선 아래 면적을 Q^*까지 계산하면 Q^*에 대한 총지불의사액이 된다. 그리고 총비용은 한계비용곡선의 아래 면적을 Q^*까지 계산한 뒤, 고정비용을 더하면 얻을 수 있다. 총비용이 총지불의사액보다 작은 경우, Q^*는 공공재의 최적 수준이 된다. 생산 및 비용이론에서, 이윤을 극대화하는 기업은 MR = MC인 지점에서 생산한다는 것을 우리는 이미 공부하였다. 하지만 이때 기업의 총수입이 총비용을 (단기에서는 총가변비용을, 장기에서는 모든 비용을) 감당한다는 조건이 충족되어야 한다. 공공재의 최적 공급 수준을 결정하는 경우에도 이와 비슷한 조건이 충족되어야 한다고 생각하면 이해가 더 쉬울 것이다.

만약 정부가 Q^* 단위의 공공재를 생산해야 한다면, 그만큼 생산하기 위해 소요되는 총생산비용을 감당할 만큼 재원(財源)을 충분히 확보해야 한다. 예를 들어, 정부의 조세체계가 모든 시민들로부터 똑같은 금액을 징수하는 구조라고 가정하자. 그림 18.3의 예에서는 공공재에 대한 B의 지불의사액이 A의 지불의사액보다 적었다. 그렇다면 B는 Q^*만큼을 공급하는 데 필요한 총비용이 Q^*까지의 BB' 곡선 아래 면적의 두 배보다 적은 경우에 Q^*만큼의 공공재 공급에 대해서 찬성표를 던질 것이다. 예를 들어, 공공재 공급에 필요한 총비용이 100이고, 모든 시민들이 똑같은 금액을 세금으로 낸다고 하면, B는 자신의 총지불의사액이 50을 넘는 경우에만 공공재 공급 수준에 찬성할 것이다. 만약 B의 총지불의사액이 40에 불과하다면, 이 조건이 충족되지 않기 때문에 공공재 공급 프로젝트는 승인을 얻지 못하게 될 것이다.

하지만 이 공공재를 공급함으로써 모든 시민들이 얻는 편익의 합이 총비용 이상임을 우리는 잘 알고 있다. 공공재가 공급되지 않는 경우와 비교할 때, 두 소비자 A와 B는 공공재를 각자 Q^* 소비하고, 그 비용을 충당하기 위해 A가 B보다 더 많은 세금을 내는 경우, 둘 다 더 높은 효용을 얻을 수 있다. 그러므로 모든 시민들에게 동일한 금액을 징수하는 조세체계는 일반적으로 파레토 효율적이 될 수 없다.

이 상황은 부부의 각자 소득이 큰 차이를 보이는 경우와 비슷하다. 예를 들어, 아내인 주미의 연소득은 $200,000인 반면, 남편인 범준의 소득은 $30,000에 불과하다고 하자. 고소득자인 주미는 미혼이었다면 범준보다 훨씬 더 큰 집에 살고, 여행도 더 자주 다니며, 더 비싼 음식점에 가는 등, 일반적으로 더 풍족한 소비생활을 즐겼을 것이다. 하지만 부부로서 두 사람은 생활비를 공평하게 부담하기로 했다고 하자. 그 결과, 이 부부는 좁은 집에서 저렴하게 휴가를 즐기고, 되도록 외식을 줄이는 등, 소비수준에 여러 제약을 두게 된다. 주미 입장에서는 차라리 자신이 부부 공동 생활비의 50퍼센트 이상을 부담하여, 부부 합산소득에 걸맞은 소비 행태를 보이는 편이 더 낫게 느껴질 것이다.

사적 소비재들의 경우에서처럼, 공공재에 대한 지불의사액은 일반적으로 소득의 증가함수이다. 평균적으로 볼 때, 고소득층은 저소득층에 비해서 공공재에 더 높은 가치를 매긴다. 이는 고소득층의 선호가 저소득층과 달라서라기보다는, 더 소득이 많기 때문이다. 그러므로 저소득층에 대해서 고소득층과 비슷하게 중과세하는 조세체계는 고소득층이 공공재를 원하는 수준보다 더 적게 소비하는 결과를 초래한다. 고소득층은 그런 결과를 겪기보다는 차라리 세부담을 더 많이 짊어지는 조세체계를 기쁘게 받아들일 것이다. 저소득층이 공공재를 누리는 대가를 더 적게 지불하도록 하는 조세체계는 불공평한 것이 아니냐는 비판은 초점이 빗나간 것이다. 고소득층이 공공재를 공급하는 데 드는 비용을 더 많이 부담하는 것은 사실이지만, 그렇다고 해도 고소득층 입장에서는 여전히 매력적인 조건이라고 할 수 있다. 저소득층이 적지만 조금이라도 기여를 함으로써 고소득층 역시 공공재 공급 비용을 전적으로 지불해야 하는 경우보다 조금이라도 부담이 줄어들 것이기 때문이다.

18.3 공공재의 사적 공급

정부만이 사회에서 필요로 하는 공공재를 전적으로 공급하지는 않는다. 공공재들 중에서 상당수가 다양한 사적 경로들을 통해서 공급된다. 사람들이 공공재를 소비하지 못하도록 배제하는 것이 실효성이 없다면, 우리가 던질 질문은 강제로 조세를 부과하지 못하는 경우에 어떻게 공공재를 마련하는 데 필요한 재원을 마련할 수 있는지가 된다.

기부를 통한 재원 마련

공공재를 공급하기 위한 재원을 마련하는 한 가지 방법은 자발적인 기부를 통한 것이다. 사람들은 위대한 예술작품들을 박물관에 기증한다. 청취자들의 기부금으로 운영하는 라디오 방송사도 있고,[3] 동물 보호소와 난치병 연구 등에 돈을 쾌척하기도 한다. 후원하는 사업들이 다양한 것처럼 기부에 대한 동기도 매우 다양하다. 어떤 이들은 공동체에서 존경과 칭찬을 얻고자 자선활동에 참가한다.[4] 또 어떤 이들은 사회적으로 무시당하지 않기 위해서 자선활동에 참가할 수도 있다. 전자는 사회적 보상을 얻기 위해서이고 후자는 사회적 처벌을 피하기 위해서이지만, 결국 이런 동기들은 동전의 양면과도 같다. 사회적인 보상과 처벌이 유효한 경우, 대가를 지불하지 않고 공공재를 소비하지 못하도록 배제하는 데 있어서 기부는 매우 실질적인 방법이 된다.

그 밖에도 사람들은 자신들의 기여를 통해 공공재 공급이 가능해지거나 늘어나는 만큼 자신들도 그에 해당하는 편익을 얻기 때문에 기꺼이 기부에 참여할 수도 있다. 이러한 동기

---

3. [역주] 미국에는 시청자들의 기부금으로 운영하는 TV 방송사인 PBS나 라디오 방송사인 NPR 등이 있다. 이와 유사한 우리나라의 EBS TV와 라디오는 기부금이 아니라 국민 세금으로 (그리고 부가적인 광고수익으로) 운영한다.

4. 자선행사에 참가함으로써 사회적 편익을 얻기 위해서는, 자선활동이 공동체 구성원들에게 널리 알려져야 한다. 그래서 대부분의 자선활동기관들에서는 기부자들 명단을 발표한다.

는 특히 어느 한 사람의 실천이 공공재의 공급 규모에 상당히 큰 영향을 미칠 수 있는 상황에서 중요할 것이다. 예를 들어, 전원 지역의 짧은 비포장도로 끝부분에 거주하는 사람이라면 자비를 들여서라도 도로를 포장하고자 할 것이다. 그런데 같은 도로변에 사는 다른 이들이 십시일반으로 도로 포장을 위한 재원 마련에 참여한다면 그(녀)는 당연히 훨씬 좋을 것이다. 하지만 다른 사람들의 도움이 없더라도 그냥 비포장도로를 참고 사느니, 그(녀)는 차라리 자신이 돈을 지불하고 도로를 포장하는 것이 나을지도 모른다. 이와 마찬가지로 앞뜰에 꽃을 심는 사람은 이웃도 즐길 수 있는 공공재를 제공하는 셈이지만, 자기 스스로 꽃을 즐기는 편익이 비용을 초과하는 경우, 순전히 자신을 위해서 꽃을 심을 동기는 충분하다고 할 수 있다.

그러나 자기이익 동기만으로는 왜 사람들이 자신이 받는 편익에 특별한 영향을 주지도 않는데도 익명(匿名)으로 기부를 하는지를 충분히 설명하지 못한다. 시청자 기부로 운영하는 라디오 방송사들의 경우, 어느 한 사람의 기부금이 방송의 성격이나 질에 현격한 차이를 만들어내지 못할 것이다. 어느 한 사람이 돈을 내는지 여부와 무관하게, 그 방송사는 현재 운영방식을 그대로 유지하거나, 개선하거나, 그도 아니면 운영을 더 못할 것이기 때문이다.

무임승차

어떤 대의(大義, cause)에 자신은 기여하지 않으면서도 여전히 다른 사람들의 기여로부터 편익을 얻는 행위

바로 그런 경우에 순전히 자기이익만을 따지는 사람의 논리에 따르면, 다른 사람들이 돈을 낼 테니까 자신은 돈을 내지 않겠다는 **무임승차**(free riding)를 선택하는 편이 나을 것이다. 그럼에도 불구하고 수백만 명의 사람들이 매년 기꺼이 돈을 기부한다. 이들 대부분은 단순히 주는 것만으로, 공공선(公共善, common good)에 기여했다는 사실만으로도 만족감을 느낀다. 우리가 7장에서 이미 살펴보았듯이, 그런 종류의 사람이 된다는 것 자체로 물질적으로도 유리한 점이 있을지도 모른다.

그러나 공공재가 자발적 기여를 통해 공급되는 경우가 많다고 해서, 그렇게 공급되는 공공재의 수준이 최적임을 의미하지는 않는다. 세금을 통해서 공공재의 재원을 마련하는 경우, 동네 주민들은 기꺼이 충분한 수준의 세금을 납부할 의향이 있을지도 모른다. 그러나 세금을 징수하지 않는 경우에는, 실제로 건설되는 도로의 규모가 상당히 축소될 가능성이 높다. 이와 마찬가지로 공영 텔레비전 방송에 사회가 더 많은 돈을 투자하기를 많은 이들이 강력하게 희망할 수도 있다. 그러나 자발적 기부를 통해서는 세금으로 기꺼이 낼 의향이 있는 금액만큼 내지 않을지도 모른다.

부산물 판매

무임승차의 문제를 해결하려고 때때로 공공재 재원 마련을 위해 기발한 수단들이 사용되기도 한다. 공공재를 공급할 때 발생하는 주요 부산물(by-product)을 판매하는 것이 바로 그런 방법들 중 하나이다. 예를 들어, 상업방송의 경우에 방송사 운영을 위한 재원은 일반적으로 민간 기업들인 광고주들로부터 나온다. 이들은 방송 프로그램이 끌어 모은 시청자들에게 광고를 보낼 권리에 대해서 돈을 지불한다. 그렇다면 여기서 시청자는 방송이라는 상품의 부산물인 셈이다. 광고주들은 바로 이 시청자들에게 접근하기 위해서 많은 돈을 낼 의향이 있다. 하지만 다음에 소개하는 예에서처럼, 이런 방식의 공공재 재원 마련 시스템으로는 늘 방송자원의 최적 배분을 달성하지 못할 수도 있다.

특정 방송시간대에 방송사는 복면가왕과 무한도전을 놓고 어느 프로그램을 방영할지 고민 중이라고 하자. 복면가왕을 방영하는 경우에는 **20**퍼센트의 시청률을 기록할 것으로 예상되고, 무한도전은 **18**퍼센트의 시청률을 기록할 것으로 보인다. 복면가왕을 시청하는 사람들이 집합적으로 **100**억 원을 지불할 의향이 있는 반면, 무한도전을 시청하는 사람들은 집합적으로 **300**억 원을 지불할 의향이 있다고 가정하자. 그리고 해당 방송시간대의 광고주는 합성세제 회사라고 하자. 방송사에서는 어느 프로그램을 방영하겠는가? 어느 프로그램을 방영해야 사회적으로 최적일 것인가?

광고주는 자기 회사의 제품 광고를 얼마나 많은 사람들이 볼 것인지에 주로 관심이 있다. 그러므로 광고주는 더 많은 시청자들이 보는 복면가왕을 선택할 것이다. 무한도전을 즐기는 사람들이 집합적으로 더 많은 돈을 지불할 의향이 있다는 사실은 광고주에게 별로 중요하지 않다. 하지만 사회 전체적인 차원에서 최적의 결과를 결정할 때에는 지불의사액의 차이가 중요해진다. 무한도전을 선호하는 사람들은 복면가왕 시청자들에게 해당 방송시간대를 포기하도록 보상하고도 남는 금액을 지불할 용의가 있다. 하지만 무한도전 시청자들이 복면가왕 시청자들보다 합성세제를 더 많이 구매하지 않는 한, 방송사는 복면가왕을 방영할 것이다. 공공재를 공급하기 위한 재원을 마련하기 위해 광고를 비롯한 간접적인 장치들에 의존할 때 나타나는 어려움은 사회에 돌아가는 편익을 적절하게 반영하도록 보장할 수가 없다는 데 있다.

돈을 내지 않는 사람들을 배제시키는 새로운 방법의 개발

공공재를 공급하기 위한 재원을 사적으로 마련하는 또 다른 방법은 해당 공공재에 대한 대가를 지불하지 않는 사람들을 배제시킬 수 있는 저렴한 방법을 고안해 내는 것이다. 공중파 방송의 경우, 일단 전파가 송출된 다음에는 일반가정에서 방송을 시청하지 못하도록 막는 것이 불가능하다. 그러나 케이블 방송이 등장하면서, 돈을 내지 않는 경우 방송을 시청하지 못하도록 하는 것이 쉬워졌다. 특정 방송 프로그램에 대해 시청료를 받을 수 있게 되면, 어느 방송 프로그램이 가장 많은 시청자들을 끌어 모으는지에 따라 편성을 할 필요가 더 이상 없다. 복면가왕과 무한도전의 예를 다시 사용하면, 방송사는 대가를 지불하지 않는 시청자들을 배제할 수 있는 경우에 무한도전을 방영할 인센티브가 충분할 것이다. 방송사는 무한도전 시청자들이 보이는 더 많은 지불의사액을 방송사의 이익으로 바꿀 수 있는 실제적인 수단을 갖게 되는 셈이기 때문이다.[5]

그러나 유료 텔레비전 가입자의 시청 프로 수(數)에 따르는 요금 지급 방식(pay-per-view)이 대중이 가장 높은 가치를 두는 프로그램들이 방영되도록 한다는 측면에서 훨씬 효율적이기는 하지만, 또 다른 중요한 사안에서는 오히려 덜 효율적이라는 점을 잊지 말아야 한다. 각 가정에게 시청 여부에 따라 요금을 부과함으로써, 이런 요금책정 방식은 일부 가정들이 해당 프로그램을 보지 않도록 만든다. 하지만 이미 제작된 프로그램을 추가적인 가정이 시청하는 데 드는 사회적 한계비용(social marginal cost)은 정확히 0이므로, 이런 방식으로 시청자들을 배제

5. [역주] 무한도전의 김태호 PD가 최근 무한도전 에피소드를 업그레이드하여 극장에서 유료 상영하는 방안을 제시한 것이 이러한 예에 속할 것이다.

하는 것은 비효율적이다. 무료 시청으로 인해 어떤 프로그램을 방영해야 할지 고르는 과정에서 발생하는 비효율성과 요금을 따로 책정함으로써 잠재적인 시청자들을 배제하는 데 따르는 비효율성 중에서 어느 쪽이 더 중요한지는 어디까지나 실증적으로 결정해야 할 사안이다.

사적 계약

개인들 사이의 법적 계약을 통해서도 무임승차 문제와 관련된 어려움 중 일부를 극복할 수 있다. 예를 들어, 주택의 보수 유지라는 공공재를 생각해보자. 우리가 이웃과 어울려 사는 방식을 고려할 때, 여러분이 자기 주택을 잘 유지하고 주변을 깔끔하게 청소하는 경우 발생하는 편익에서 여러분의 이웃을 배제하는 것은 비현실적이다. 또한 이웃을 배제하는 것은 효율적이지도 못하다. 여러분이 자신의 주택을 잘 관리한다고 해서 이웃이 얻는 편익 때문에 여러분의 편익이 줄어드는 것이 아니기 때문이다. 그런 의미에서, 주택의 보수 유지는 순수 공공재의 정의에 잘 맞아들어 가며, 바로 그렇기 때문에 사적 개인들의 노력만으로는 과소 공급될 가능성이 높다.

우리가 16장에서 공부한 바에 따르면, 거래비용이 없는 경우에 여러분의 이웃은 여러분이 자신의 주택을 보수 유지하는 데 쓰는 지출에 보조금을 지불하고, 여러분도 이웃의 지출에 보조금을 지불할 수 있다. 적절한 수준에서 결정된다면, 이런 종류의 보조금을 통해 모든 주택 보유자들이 유지 보수에 지출하는 투자가 최적 수준이 되도록 할 수 있다. 그러나 일반적으로 이러한 보조금을 일일이 경우에 맞춰 협상하는 작업에는 너무나 큰 비용이 든다. 그래서 주택 보수 유지에 대한 투자 수준은 최적에 미치지 못하는 경우가 많다.

우리나라의 아파트나 연립주택 그리고 외국의 콘도미니엄이나 조합식 (공동) 아파트에 거주하는 사람들은 이 문제에 대한 효과적인 해법을 찾아냈다.[6] 아파트 거주자들로 구성된 주민모임에서는 거주자들이 매달 유지 보수를 위해 일정 금액의 관리비를 내도록 의무화하고 있다. 이때 관리비는 모든 계약당사자들이 의무적으로 내야 한다는 차원에서 일종의 세금이라고 볼 수 있다. 하지만 국가가 징수하는 세금과 다른 점이 있다면, 관리비는 훨씬 덜 강제적이라는 것이다. 관리비 수준보다 적은 돈을 보수 유지에 들이고 싶은 사람이라면 아파트와 같은 공동주택이 아닌 주거형태를 선택하면 되기 때문이다.

학군(school districts)에 따라 이와 비슷한 선택이 이웃들 간에 발생하기도 한다. 어떤 학군에서는 더 많은 세금을 징수하여 다른 학군에 비해서 지역 내 학교들에 더 많은 돈을 지출하기도 한다. 이에 맞춰 가정들은 거주지 선택을 한다. 취학연령대 자녀를 둔 가정들은 세금을 많이 내는 대신에 학교에 대한 투자가 많은 학군에 살고자 할 것이고, 미혼자와 은퇴자들은 그렇지 않은 학군을 고를 것이다.[7,8]

---

6. [역주] 우리나라에서는 콘도미니엄이 회원제로 운영되는 (때로는 사용료를 지불하면 이용할 수 있는) 리조트를 가리키지만, 외국에서는 오히려 우리나라의 아파트와 비슷한 개념이다.

7. 뒷부분에 등장하는 지역공공재에 관한 논의를 보기 바란다.

8. [역주] 우리나라는 『지방교육자치에 관한 법률』(약칭 교육자치법)[법률 제13335호, 2015.6.22., 일부개정]에 의거하여 광역자치단체별로 교육감을 두고 일반 광역자체단체와 별개로 교육재정을 집행하지만, 미국의 경우에는 학군 재산세(School District Income Tax)를 징수하여 해당 학군의 공립학교 운영에 사용한다. 그래서 재산세를 많이 내는 학군에서는 학군내 공립학교들에 많은 교육비를 배정할 수 있게 되어, 학군별로 교육수준에 큰 차이가 날 수 있다.

클럽재의 경제학

순수 공공재의 경우에는 추가로 한 사람이 더 해당 공공재를 소비한다고 해서 다른 사람들이 향유하는 공공재 수준이 줄어들지 않는다. 이를 다른 방식으로 표현하면, 공공재 추가 소비의 한계비용이 정확히 0이다. 그런데 사적으로 생산되는 상품들 중에서도 한계비용이 0은 아니지만 사용자가 늘어날수록 한계비용이 급격히 하락하는 상품들이 많이 있다. 수영장이 여기에 해당한다. 수영장이 수용할 수 있는 사용자 수는 수영장 넓이에 비례하지만, 수영장의 건설 유지 비용은 훨씬 느리게 늘어난다. 이러한 특성을 보이는 상품들과 비감소성 기준을 완벽하게 만족시키는 공공재들의 차이를 뚜렷하게 구별하기는 쉽지 않다. 사실 정도의 차이라고 보는 것이 낫다.

사적 재화의 생산능력을 확대하는 데 드는 한계비용이 평균비용에 비해서 상대적으로 더 낮으면, 소비자들은 해당 재화의 구매와 사용을 공유하려는 경제적 인센티브에 직면하게 된다. 수영장의 예를 다시 든다면, 스무 가구가 나눠 사용할 만한 크기의 수영장 비용을 한 가구가 부담하는 수준이 오직 한 가구만이 사용하는 수영장 비용에 비해서 훨씬 낮을 것이다. 실제로 단독 사용자가 계속 사용하지 않는 상품들이라면 여기에 모두 해당된다. 예를 들어, 대부분의 주택 소유자들은 사다리를 일 년에 고작 한두 번 사용하므로, 여러 가정에서 사다리를 공동구입하여 돌려가며 쓴다면 비용을 많이 절약할 수 있다.

그러나 공동사용에도 약점이 있는데, 우선 공동구매를 제안하고 실행에 옮길 누군가가 있어야 한다. 또한 사생활 보장에도 문제가 발생할 수 있고, 정작 자신이 쓰고 싶을 때 쓸 수 있는지도 확실치 않다는 문제가 있다. 이번 주 토요일에 사다리를 쓰고 싶은데, 다른 집에서 가져다 쓰고 있을 수도 있기 때문이다. 절약할 수 있는 비용을 생각하면 때때로 그 정도 불편함은 충분히 감수할 수도 있지만, 어떨 때는 그렇지 않을 수도 있다.

공동으로 소유하고 사용할 수 있는 기회를 통해서 소비자들은 표준적인 소비자 선택문제에서 약간 변형된 선택 문제에 직면하게 된다. 사적으로 소유한 수영장과 공동으로 사용하는 수영장 사이의 선택 문제를 다시 한 번 생각해보자. 사생활 보장 및 사용의 융통성을 0부터 1.0까지의 점수로 측정할 수 있다면, 수영장을 온전히 혼자 사용하는 상황에는 1.0의 점수를 줄 수 있을 것이다. 정반대의 경우는 수영장을 무한히 많은 이웃들과 함께 사용하는 것이고, 이 경우 사생활 보장 및 사용의 융통성 점수는 0이 될 것이다.

그림 18.4의 수평축은 사생활 보호 및 사용의 융통성 정도를 보여주고, 수직축은 그 밖의 모든 상품들에 대한 지출을 보여준다. 만약 이 소비자가 자기 자신만 사용 가능한 수영장을 $Y' - Y_0$의 비용을 들여 구입한다면, 사생활 보장 및 사용의 융통성 점수 1.0을 달성할 수 있다. 이와는 정반대로, 다른 모든 사람들과 공유하는 매우 붐비는 수영장은 0의 비용으로 이용이 가능하지만 점수도 0이 될 것이다. 적당한 수의 사용자들로 인해 적당히 붐비는 수영장은 그림 18.4에서 예산선 BB'상의 중간 어디쯤에 해당하는 점들로 표시할 수 있다. 이 소비자의 최선의 대안은 (F^*, Y^*)로, 바로 이 점에서 그(녀)의 예산선은 무차별곡선 (IC^*)과 접한다.

사생활 보호에 대한 수요가 소득이 늘어날수록 커진다는 현실적인 가정하에, 우리는 고소득층 소비자들이 저소득층 소비자들에 비해서 개인 수영장을 더 많이 구입할 것이라고 예

그림 18.4

사생활 보호와 비용 사이의 교환 상충관계

어떤 소비재의 사용자를 한 명 더 추가하는 데 들어가는 한계비용이 평균비용보다 적을 때, 소비자들은 그런 상품들을 공동으로 보유하고 사용하는 일종의 클럽에 가입함으로써 비용을 절약할 수 있다. 같은 선호를 보이는 회원들에게 최적인 클럽은 사생활 보호와 기타 모든 상품들 사이의 한계대체율이 추가적인 사생활 보호 비용과 정확히 일치하는 클럽이다.

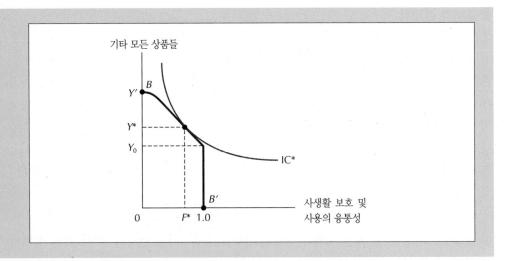

측할 수 있다. 그러나 초고소득층에 속하는 소비자들이라도 극도로 사치스러운 상품들의 경우에는 다른 이들과 공동으로 보유하고 사용하는 것이 유리할 수 있다. 예를 들어, 아무리 부유한 아마추어 비행기 조종사일지라도 전용 비행기를 일주일 중 대부분의 시간 동안 활주로에 모셔놓고 있는 것보다는, 다른 회원들과 비행기를 함께 사용하는 것이 나을 것이다.

18.4 공공선택

정부나 자선기관들이나 민간 클럽들 중 누가 공공재를 공급하는지와 상관없이, 어떤 유형의 공공재를 얼마나 공급해야 하는지에 대한 결정이 이루어져야 한다. 공급주체가 직면한 예산제약은 대개 명확하기에 큰 문제가 되지 않는다. 하지만 해당 집단의 회원들이 보이는 다양한 선호를 어떻게 단 하나의 목소리로 변환해야 하는지는 훨씬 더 어려운 문제이다.

다수결 투표

집단의 선호를 찾아내는 한 가지 방법은 다수결 투표이다. 이 기준에 의하면, 직접투표나 대의투표를 통해서 다수가 선호하는 공공사업을 채택하고 다른 사업들은 포기한다. 하지만 최근에는 다수결 투표를 이용하며 집단적 의사결정을 하는 경우에 여러 대안들 사이의 선호 순위에 비이행성(intransitivities) 문제가 발생할 수 있다는 데에 많은 관심이 쏠리고 있다. 이를 설명하기 위해 세 명의 회원으로 구성된 집단을 예로 들어보자. 가인, 남주, 다솜, 세 사람은 각자 신무기 개발, 의료 연구, 빈곤층 부조라는 세 개의 공공사업들에 대해서 명확한 선호 순위를 갖고 있다. 가인은 신무기 개발을 가장 선호하고, 그 다음으로 의료 연구를 선호하며, 빈곤층 부조를 가장 덜 선호한다. 남주는 의료 연구를 가장 선호하고, 빈곤층 부조를 그 다음으로 선호하며, 신무기 개발을 가장 덜 선호한다. 마지막으로 다솜은 빈곤층 부조를 가장 선호하고, 그 다음으로 신무기 개발을 선호하며, 의료 연구를 가장 덜 선호한다. 이러한 선호 순위들은 표 18.1에 요약 제시되어 있다.

선호 순위가 이렇게 주어져 있는 경우, 대안들 중에서 두 개씩 묶은 조합 세 가지를 차례

표 18.1

다수결 투표에서 비이행적 선택을 유발하는 선호 순위

	가인	남주	다솜
최선	신무기 개발	의료 연구	빈곤층 부조
차선	의료 연구	빈곤층 부조	신무기 개발
최악	빈곤층 부조	신무기 개발	의료 연구

다수결 투표에서, 신무기 개발은 의료 연구를 이기고, 의료 연구는 빈곤층 부조를 이긴다. 하지만 신무기 개발이 빈곤층 부조와 함께 투표에 붙여지는 경우, 빈곤층 부조가 이긴다. 개별 경제주체들의 선호 순위가 이행성을 충족시키더라도, 다수결 투표제를 통한 사회적 선호 순위 결정에서는 이행성에 위배되는 결과가 나타날 수 있다.

로 하나씩 투표에 붙일 때 어떤 결과가 나타나는지 살펴보자. 대안 두 개가 묶인 조합에서 하나를 선택해야 하는 경우, 유권자들은 당연히 둘 중에서 자신이 더 선호하는 쪽에 투표를 할 것이다. 신무기 개발과 의료 연구를 놓고 투표하는 경우, 신무기 개발은 가인과 다솜에게서 2표를 받아 남주에게서 1표를 얻는 데 그친 의료 연구를 누른다. 의료 연구와 빈곤층 부조를 놓고 투표하는 경우에는, 의료 연구가 가인과 남주로부터 2표를 받아 다솜에게서 1표를 얻은 빈곤층 부조를 이긴다. 그리고 마지막으로 의료 연구와 신무기 개발을 놓고 투표하는 경우, 의료 연구가 남주와 다솜으로부터 2표를 받아 가인에게서 1표를 얻는 데 그친 신무기 개발을 이긴다. 그 결과, 신무기 개발은 의료 연구를 이기고, 의료 연구는 빈곤층 부조를 이기며, 빈곤층 부조는 다시 신무기 개발을 이기는 이상한 결과가 발생하고 만다! 이러한 비이행성 문제는 개별 경제주체의 선호 순위에서는 일어나지 않는다고 가정했지만, 정책대안들을 쌍으로 묶어 둘 중 어느 쪽을 고를지 다수결 투표를 통해 연속적으로 결정하는 사회적인 선택의 경우에는 쉽게 발생할 수 있다.

의사진행 조작

다수결 투표에서 비이행성이 나타날 수 있다는 점 때문에 유권자들이 안건을 고려하는 순서 또는 의사 진행방식이 굉장히 중요해진다. 예를 들어, 가인이 투표 안건을 올리는 역할을 맡았다고 가정하자. 이 경우 가인은 자신이 가장 선호하는 신무기 개발 안건을 다른 두 사람이 신무기 개발보다 상대적으로 더 중요하게 여기는 빈곤층 부조 안건과 경합을 벌이지 못하도록 하는 데 최우선적인 목표를 둘 것이다. 그녀는 먼저 빈곤층 부조와 의료 연구를 놓고 투표를 하도록 만든 다음, 그 투표의 승자와 신무기 개발을 두고 투표가 이루어지도록 함으로써 자신의 목적을 관철시키고자 할 것이다. 빈곤층 부조와 의료 연구를 놓고 이루어지는 첫번째 투표에서는 의료 연구가 이길 것이지만, 신무기 개발과 의료 연구를 놓고 두 번째 투표를 벌이면 신무기 개발이 이길 것이기 때문이다. 투표 안건을 상정하는 권력을 교묘히 사용함으로써, 즉 의사진행 조작(agenda manipulation)을 통해서, 가인뿐만 아니라 남주나 다솜 역시 유사한 단계를 거친 끝에 의료 연구나 빈곤층 부조가 최종적으로 승리하도록 만들 수도 있었을 것이다.

중위투표자 정리

다수결 투표에서 두 개의 안건들을 묶어 투표에 붙일 때, 비이행적 선호 순위가 늘 발생하는 것은 아니다. 예를 들어, 안건들이 어떤 공공재의 서로 다른 공급량을 의미하고, 각 유권자가 자신에게 가장 최적인 공급량 수준과 얼마나 비슷한지에 따라 안건들에 대한 선호 순위를 결정한다고 하자. 이해를 돕기 위해서, 위에서 등장한 세 명의 유권자들이 국내총생산(GDP) 중 몇 퍼센트를 국방비로 지출할 것인지를 고려하고 있다고 가정하자. 그리고 그림 18.5에 제시된 것처럼, 가인은 50퍼센트, 남주는 6퍼센트, 다솜은 10퍼센트가 적절하다고 각자 생각하고 있다고 하자. 마지막으로 고려 중인 국방비 지출 비중은 5, 8, 11, 20, 40, 60퍼센트라고 하자.

여러 대안들 중에서 어떤 쌍을 먼저 상정하는지에 따라서 궁극적인 결과에 영향을 미칠 수 있을까? 이번에는 미칠 수 없다는 것이 정답이다. 대안들을 어떻게 쌍으로 묶는지와 상관없이 최종 승자는 늘 다솜이 될 것이다. 예를 들어, 5퍼센트와 8퍼센트를 놓고 다수결 투표를 실시한다고 하자. 가인과 다솜은 8퍼센트에 투표할 것이고, 남주는 5퍼센트에 투표할 것이다. 그 결과 다솜이 원하는 10퍼센트에 가장 근접한 8퍼센트가 최종 선택될 것이다. 만약 20퍼센트와 60퍼센트를 놓고 다수결 투표를 한다면, 남주와 다솜은 20퍼센트에 투표할 것이고 가인은 60퍼센트에 투표할 것이다. 그 결과 다솜의 선택이 다시 한 번 이기게 된다. 다솜이 가장 선호하는 결과가 다른 두 사람이 가장 선호하는 선택들 중간에 자리잡고 있기 때문에, 이 상황에서 그녀는 **중위투표자**(median voter)가 되고, 그녀의 투표는 항상 이기는 결과를 초래한다. 중위투표자 정리(*median voter theorem*)에 따르면, 각 투표자가 가장 이상적으로 여기는 결과에 다른 안건들이 얼마나 근접해 있는지에 따라 자신의 선호 순위를 매기는 경우, 다수결 투표 결과는 중위투표자가 가장 선호하는 대안이 선택되는 결과를 가져온다.

중위투표자
자신이 가장 선호하는 결과가 유권자들 절반이 가장 선호하는 결과 바로 위에 있는 유권자

개념 확인 18.3
국내총생산에서 국방비 지출이 차지하는 비중이 다시 한 번 5, 8, 11, 20, 40, 60퍼센트로 주어져 있다고 하자. 이때 유권자 가인이 가장 선호하는 국방비 지출 비중이 11퍼센트, 남주는 25퍼센트, 그리고 다솜은 40퍼센트인 경우, 어떤 결과가 선택될 것인가?

국방비 지출 비중의 예에서 비이행성이 나타나지 않도록 만드는 선호의 기술적인 (technical) 특성을 우리는 **단봉 선호**(single-peakedness)라고 부른다. GDP 대비 국방비 지출 비중에 대해서 단봉 선호를 보인다는 것은 가장 선호되는 결과가 단 하나뿐이며 그 밖의 다른 결과들은 선호 순위가 이보다 모두 아래라는 뜻이다. 단봉 선호를 보이는 경우, 10퍼센트 지출 비중을 가장 선호한다면서 그 다음으로 선호하는 순위에 20퍼센트가 아니라 30퍼센트를 두면 안 된다.

국방비 지출 비중과 같은 맥락에서는, 단봉 선호를 가정하는 것이 상당히 설득력 있다. 그러나 신무기 개발과 같은 예처럼 다른 맥락에서는 단봉 선호를 당연하게 받아들이기 어려

단봉 선호
가장 선호하는 결과가 단 하나로, 나머지 결과들은 가장 선호하는 결과로부터 멀어질수록 선호 순위가 점점 더 낮아지는 모습을 보이는 선호

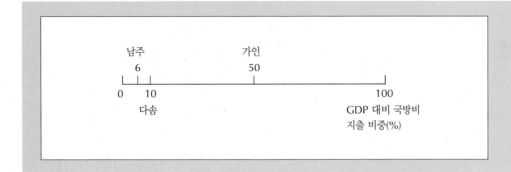

그림 18.5

중위투표자의 힘

남주는 6퍼센트, 다솜은 10퍼센트, 가인은 50퍼센트를 가장 선호한다면, 다솜이 중위투표자가 된다. 이 경우, 국방비 지출 비중에 대한 안건들의 조합을 어떻게 구성하여 투표에 붙이든 간에 다솜이 가장 선호하는 안건이 최종 선택된다.

울 수도 있다.[9] 현실에서는 다수결 투표 결과가 비이행적인 선호 순위를 만들어냄으로써, 안건을 상정하는 권력이 곧 최종 투표 결과를 결정하는 권력이 되는 경우가 발생하기도 한다.

비용-편익 분석

다수결 투표를 통해서 공공선택의 문제를 해결하는 경우에 발생하는 어려움은 단순히 비이행적인 선호 순위가 나타난다는 데 그치지 않는다. 이보다 더 심각한 문제는 서로 다른 유권자들이 보이는 선호의 강도(intensity)가 큰 차이를 보일 수 있다는 점이다. 예를 들어, 다음과 같은 두 가지 정책 대안들을 투표에 붙인다고 하자. (1) 공공건물 내 흡연을 허용한다. (2) 공공건물 내 흡연을 금지한다. 유권자의 51퍼센트가 첫 번째 대안을 선호하고 49퍼센트가 두 번째 대안을 선호한다면, 투표 결과는 공공건물 내 흡연을 허용한다로 나올 것이다. 그러나 흡연 금지를 선호하는 49퍼센트의 유권자들이 이 정책에 대해서 매우 강한 선호를 보이고 집합적으로는 연간 1억 달러를 기꺼이 지불할 의향이 있다고 하자. 그에 비해서 흡연 금지에 반대하는 51퍼센트의 유권자들은 금지에 대해서 그저 약간 반대하는 편이라고 하자. 공공건물 내 흡연을 금지하는 경우 단기적으로 여러모로 불편하기는 하겠지만, 결국 이들도 대부분 조만간 금연을 하거나 흡연량을 줄여야겠다고 생각하고 있기에, 공공건물 내 흡연을 금지한다는 조례(條例) 덕에 어쩌면 금연이나 흡연량을 줄이는 데 성공할 수도 있을 것으로 생각할 수도 있다. 그리고 흡연을 계속 허용하는 데 대해서 이들이 지불할 의향이 있는 최대 금액은 연간 1백만 달러에 불과하다고 하자. 이러한 경우에는 간단한 소득이전을 통해 과반수가 선택한 결과보다 흡연 금지 정책 대안을 파레토 우월하게 만들 수 있다. 흡연 금지론자들이 찬성론자들에게 연간 1천만 달러를 주면서 흡연 금지 조례에 동의하도록 한다면, 두 집단은 흡연이 허용되는 경우보다 흡연자들은 연간 9백만 달러만큼 더 높은 복지를 누리게 될 것이고 비흡연자들은 연간 9천만 달러만큼 더 높은 복지를 누리게 될 것이다.

비용-편익 분석(*cost-benefit analysis*)은 고려 중인 대안들 각각에 대해서 사람들이 얼마나 강하게 선호를 느끼는지를 명시적으로 고려하기 위해 고안된 분석방법으로, 과반수 투표에 대한 대안으로 사용될 수 있다. 선호의 강도를 측정하는 방법은 사람들이 여러 가지 대

---

9. [역주] 예를 들어, 최첨단 전투기 도입에 1조 원을 쓰지 않는다면, 5천억 원을 써봐야 전력 증강에 아무 도움이 되지 않으므로 차라리 0원을 쓰겠다는 식이 선호가 있을 수 있다.

표 18.2

세 가지 정책 대안들에 대한 지불의사액

	가인	남주	다솜	합계
신무기 개발	100	−25	45	120
의료 연구	35	90	40	165
빈곤층 부조	−20	60	95	135

> 비용−편익 분석을 통해 편익에서 비용을 차감한 잉여가 가장 큰 정책 대안이 선택된다. 만약 각 정책 대안의 비용이 100이라면, 신무기 개발의 잉여는 20이고, 의료 연구의 잉여는 65이며, 빈곤층 부조의 잉여는 35가 될 것이다. 그러므로 비용−편익 분석의 결과로 의료 연구가 채택될 것이다.

안들을 채택하기 위해서 기꺼이 지불하고자 하는 금액이 얼마인지를 추정하는 것이다. 공공 건물 내 금연 조례의 예에서 보았듯이, 비용−편익 분석을 거치면 금연 지지자들의 (금연 조치를 통과시키기 위한 지불의사액으로 측정된) 편익이 흡연 지지자들의 (금연 조치를 피하기 위한 지불의사액으로 측정된) 비용보다 훨씬 더 큰 것으로 나타나므로 즉각적으로 금연 정책에 유리한 결정을 내릴 수 있게 된다.

비용편익 분석을 사용할 때 얻을 수 있는 또 다른 이점은 다수결 투표하에서 자주 발생하는 비이행성 문제를 회피할 수 있다는 것이다. 다수결 투표를 통해 신무기 개발이 최종 선택되었던 결정이 비용편익 분석의 경우 어떻게 달라지는지 살펴보자. 표 18.2에는 가인, 남주, 다솜이 세 가지 대안들에 대해서 부여한 가상적인 평가치가 나타나 있다. 표에서 양의 숫자들은 각자가 자신이 좋아하는 정책을 채택하도록 하기 위해서 지불하겠다는 금액을 뜻한다. 그리고 음의 금액은 자신이 싫어하는 정책을 피하기 위해서 오히려 보상받아야겠다는 금액을 의미한다. 예를 들어, 첫 번째 세로줄을 보면 가인의 경우 신무기 개발이 채택되도록 하기 위해서 100을 지불할 의향이 있고, 의료 연구가 채택되도록 하기 위해서 35를 지불할 의향이 있지만, 빈곤층 부조를 피하기 위해서는 오히려 20을 받아야 한다고 나와 있다. 이때 여러 대안들에 대한 각 유권자의 선호 순위는 표 18.1과 표 18.2에서 똑같다는 점을 눈여겨보기 바란다.

논의를 간단하게 만들기 위해서, 각 정책 대안을 실행하는 데 소요되는 비용이 100이지만, 예산 부족으로 오직 하나의 정책 대안만이 채택되어 실행에 옮겨질 수 있다고 가정하자. 비용−편익 분석을 통해 어떤 정책 대안이 채택되겠는가? 총편익에서 비용을 차감한 잉여가 가장 큰 정책 대안이 채택될 것이다. 세 명의 유권자들이 각 정책 대안에 대해서 지불하려는 금액이 모든 관련 편익들을 정확하게 반영하고 있다고 가정하자. 그렇다면 각 정책 대안의 총편익은 모든 유권자의 지불의사액(또는 수령의사액)을 더하면 얻을 수 있다. 표 18.2의 마지막 세로줄에 이러한 합계가 제시되어 있으며, 가장 큰 합계치를 보이는 의료비 연구가 확실한 승자가 된다.

만약 가인이 다수결 투표에서 의사진행에 개입하였다면, 의료비 연구는 아예 채택되지도 못했을 것임을 잊지 말기 바란다. 가인은 의료 연구를 빈곤층 부조와 맞붙게 만들어 2대 1의 결과로 승리하게 만들었을 것이다. 그리고 두 번째 다수결 투표를 통해, 자신이 가장 선호하는 신무기 개발과 의료 연구를 맞붙게 만들어 최종적으로 신무기 개발이 승리하도록 만들었을 것이다. 다솜 역시 의사진행 조작을 통해 비슷한 방식으로 자신이 가장 선호하는 빈곤층 부조가 다수결 투표에서 최종 승자가 되도록 만들 수 있었다.

마지막으로 한 가지 더 기억해야 할 점은, 만약 의료 연구가 채택되지 않는다면, 의료 연구가 실행되도록 하는 파레토 우월한 정책 전환(switch)이 언제나 가능하다는 점이다. 예를 들어, 가인이 의사진행 조작을 통해 신무기 개발이 채택되도록 만들었다고 하자. 하지만 이는 남주에게 25의 손실을 가져온다. 이에 비해서 의료 연구가 채택되었더라면, 남주는 90의 편익을 얻어서 신무기 개발과 비교할 때 무려 115만큼의 복지 개선을 누렸을 것이다. 이 정도 개선이라면 남주는 신무기 개발을 의료 연구로 전환하는 데 따르는 가인과 다솜의 손실을 충분히 보상해주고도 남는다. 예를 들어, 남주가 가인에게 70을 주고 다솜에게 10을 주어 정책을 전환하도록 만든다고 하자. 이 경우 가인의 순편익은 105가 될 것이고 다솜의 순편익은 50이 될 것이므로, 모두 신무기 개발이 채택될 경우보다 5만큼 더 큰 편익을 누리게 된다. 물론 빈곤층 부조의 경우에도 이와 유사하게 파레토 우월한 정책 전환을 설계할 수 있다. 이를 통해서 우리는 비용-편익 분석을 통해 일반적으로 파레토 효율적인 결과에 도달할 수 있다는 점을 확인할 수 있다.

만약 비용-편익 분석이 파레토 기준을 만족시키는 데 비해서 다수결 투표는 (적어도 언제나) 만족시키지 못한다면, 왜 우리는 집합적인 의사결정을 할 때 대부분 다수결 투표 방법을 사용하는 것일까? 비용-편익 분석을 반대하는 사람들은, 지불의사액을 통해 편익의 크기를 측정하는 과정에서 저소득층이나 빈곤층의 이익을 충분히 반영하지 못할 수도 있다고 주장한다. 빈곤층이 특정 현안에 대해서 매우 강한 선호를 보인다고 해도, 비용-편익 분석을 거치면서 이들의 강한 선호가 그에 상응하는 높은 지불의사액으로 드러나지 않게 된다. 얼핏 생각하면 이는 매우 심각한 문제로 보이지만, 아래 예에서 명확하게 보여주듯이 사실 큰 문제가 아니다.

| **비용-편익 분석 대 다수결 규칙** | **예 18.2** |

부유층 R과 빈곤층 P, 두 사람만 있다고 가정하자. 그리고 R은 어떤 공공사업을 지지하고, P는 지지하지 않는다고 하자. 순전히 심리적인 차원에서 이들의 선호강도는 똑같다고 하자. 그러나 훨씬 더 부유한 R은 이 사업이 실행되도록 하는 데 100을 지불할 의사가 있는 반면에, P는 이 사업이 실행되지 않도록 하는 데 10을 지불할 의사가 있다고 하자. 해당 공공사업을 실행 여부를 결정할 때 각자가 결정 방법을 고를 수 있다면, R과 P는 비용-편익 분석과 다수결 투표 방식 중에서 각각 어떤 결정 방법을 선택하겠는가?

P의 경우 다수결 규칙을 선호할 것으로 보인다. 다수결 규칙을 통해, 자신이 선호하지 않는 사업에 대해서 거부권(veto power)을 행사할 수 있기 때문이다. 그러나 거부권이 주어지는 경우, P는 이 권리를 이용해 보상을 받을 것이다. 만약 R이 해당 공공사업의 가치를 100으로 평가하고 P는 이 사업을 막기 위해서 10을 지불할 의사가 있다면, 가장 효율적인 결과는 해당 공공사업을 진행하는 것이다. 만약 R이 P에게 보상금 $10 \leq X \leq 100$인 X를 준다면, 두 사람 모두 P가 거

부권을 행사하는 경우와 비교할 때 더 높은 복지를 누릴 수 있다. P의 입장에서 본다면, 해당 공 공사업으로 겪는 손실이 보상액보다 작기 때문이다. 비용－편익 분석을 통해 경제적 잉여가 가 장 큰 결과를 달성하게 된다는 점이야말로, 비용－편익 분석을 사용하는 것이 R과 P의 이익에 언제나 부합한다는 것을 뜻한다.

비용－편익 분석을 비판하는 이들도 필요한 보상이 실제로 이루어질 수만 있다면 파레 토 효율적인 결과를 달성할 수 있다는 점에 대해서는 때때로 동의한다. 그러나 대개의 경우 그러한 보상은 개별적으로 실행에 옮기는 것이 매우 어렵다고 주장한다. 그래서 비용－편익 분석에 기반을 두고 결정을 내리는 것이 불공평하다고 결론짓는다.

이러한 주장 역시 근거가 박약하다. 첫째, 대부분의 사회에서는 매년 공공재 공급과 공 공사업들에 대한 정책 결정이 수천 건씩 이루어진다. 개별 정책은 실행에 옮겨지는 경우 어 떤 이들에게는 편익을 주게 되겠지만 또 어떤 이들에게는 손실을 입힌다. 그리고 어떤 한 가 지 결정을 통해 발생하는 이러한 편익과 손실은 극도로 작아서, 빈곤층의 연간 소득의 1퍼 센트에도 미치지 못하는 경우가 대부분이다. 만약 공공사업들을 비용－편익 기준에 따라 결 정한다면, 채택된 사업을 통해 승자가 얻는 편익은 필연적으로 패자가 겪는 손실보다 클 것 이다. 소규모 사업들의 경우, 비용－편익 분석은 마치 여러분에게 절대적으로 유리하게 만 들어진 동전을 던지는 것과 같다. 동전을 한 번 던질 때마다 여러분은 이기거나 지겠지만, 이길 확률이 질 확률을 초과한다. 이득과 손실이 작고 개인들 사이에 무작위로 분포되어 있 다면, 그리고 동전 던지기를 수천 번 반복한다면, 결국 이는 여러분에게 매우 매력적인 도 박이 되는 셈이다. 6장에서 살펴 본 대수의 법칙에 의해서, 사실상 결국 모두가 승자가 되는 결과를 얻게 될 것이다.

그러나 개별 결과에서 발생하는 이득과 손실이 무작위적이지 않은 경우에는 어떻게 될 까? 오히려 빈곤층이 비용－편익 분석의 결과로 대개 패자 쪽에 서게 된다면 어떻게 될까? 빈곤층은 자신들이 선호하는 사업들을 경제적으로 뒷받침할 능력이 부족하기 때문에 높은 지불의사액 금액을 제시하기가 힘든 것은 사실이 아닌가! 하지만 개별 현안마다 빈곤층에 게 꼬박꼬박 보상을 하는 것이 현실적으로 가능하지 않다고 하더라도, 비용－편익 기준을 적용함으로써 모두가 더 나은 결과를 달성하는 것은 여전히 가능하다. 그 이유는 조세체계를 통해서 지속적인 방식으로 빈곤층에게 보상이 이루어지도록 할 수 있기 때문이다. 비용－편 익 기준 대신에 다수결 투표에 의존한다면 빈곤층은 자신들에 대한 편익이 비용을 초과하 는 사업들에 대해서도 거부권을 행사할 수 있게 되는 반면, 비용－편익 기준을 사용하면서 조세체계를 통해서 보상이 이루어지도록 한다면 모두가 선호하는 결과를 달성할 수 있을 것이다.

다수결 투표 방식이 유리한 점이 딱 한 가지 있다면 그것은 바로 단순성(simplicity)이라 고 할 수 있다. 서로 다른 개인들이 자신이 선호하는 대안들에 대해서 얼마나 지불할 의향이 있는지를 상세하게 조사하여 정보를 수집하는 작업보다 다수결 투표를 행하는 것이 훨씬 쉽 다. 사람들로 하여금 자신들의 가치측정을 정직하게 드러내도록 유도하는 장치들을 설계하는 데 있어서 경제학 분야에서는 지난 수십 년간 큰 진전을 이루어냈다. 하지만 이러한 장치들은 실행에 옮기기에 부담이 큰 형편이다. 그래서 여전히 투표를 통해서 자신들의 선호를 드러내도록 하는 것이 훨씬 쉽다. 물론 다수결 투표와 비용–편익 분석은 동일한 결과에 이르는 경우가 많다.

지역 공공재와 티부 모형

여러 대안적인 공공재들 사이에서 결정을 내릴 때 우리에게 완벽한 의사결정 수단이 있다고 해도, 현실에서는 희생을 감내하면서 타협을 할 수밖에 없는 경우가 많다. 모든 시민들에게 완전한 의료보험을 제공하는 것이야말로 사회의 책무라고 진지하게 믿는 사람들이 있는 반면에, 각자가 자신의 건강을 챙기는 것이 의무라고 진지하게 믿는 사람들도 있을 것이다. 현실에서 이러한 차이가 분명히 존재하므로, 그 결과 국가가 의료보험을 부분적으로 지원해주는 방식을 채택하는 식으로 타협을 하게 되고, 양쪽 모두 불만을 품게 된다.

지역 수준에서 공급되는 공공재의 경우, 미국의 경제학자 찰스 티부(Charles Tiebout) 교수는 사람들이 자신과 비슷한 선호를 보이는 사람들과 자유롭게 공동체를 형성할 수 있다면 적어도 이러한 타협들 중 일부는 피할 수 있다는 이론을 제시했다.[10] 높은 수준의 공공재를 선호하는 집단은, 그 수준의 공공재를 공급받기 위해서 기꺼이 높은 세율을 수용하는 사람들끼리 공동체를 형성할 수 있다. 이보다 낮은 수준의 공공재를 원하는 이들은 자신들만의 공동체를 이루어 낮은 세율로 세금을 낸다.

실제로 지방자치단체들은 공공재 공급 수준이 상당히 다르다. 하지만 아무리 그렇다고 해도 지역적 환경을 자신의 선호에 꼭 들어맞게 맞출 수 있다는 생각을 실천에 옮기는 것은 쉽지 않다. 예를 들어, 빈곤층에 대한 공적 부조와 관련된 현안을 생각해 보자. 어느 정도까지 빈곤층을 도와야 하는지에 대해서 사람들마다 의견이 다를 것이다. 그러나 높은 부조 수준을 지지하는 이들은 지자체 차원에서 실제로 관대한 수준의 부조 정책을 실행에 옮기는 경우 골치 아픈 경우에 봉착하는 경우가 많다. 이 정책을 보고 부조 수준이 낮은 다른 지자체에서 저소득층이 이주해 오는 경우가 많기 때문이다. 이들을 지원하기 위해서는 세율을 올려야 하고, 이로 인해 고소득층 납세자들이 공동체를 떠나면서 재정적인 어려움이 심화된다. 비슷한 선호를 지닌 유권자들이 지역 공동체를 형성할 수 있기에 분명 몇몇 분야에서 타협의 필요성이 완화되기는 하겠지만 그렇다고 완전히 없어지지는 않는 것이다.

지대추구 행위

현실에서는 공공선택의 결과로 발생하는 이득이 때때로 매우 크고 소수에게 집중되는 모습을 볼 수 있다. 공공선택의 결과로 발생하는 비용도 크지만, 대개의 경우 많은 이들에게 골고루 분산되는 경우가 많다. 이러한 상황에서 일반 시민들이 겪는 어려움은 명백하다. 공공사업의 잠재적인 수혜자들에게는 정부를 상대로 압력을 행사하여 자신들에게 유리한 사업이 실행되도록 만들 강력한 인센티브가 있는 반면에, 잠재적으로 손실을 입는 이들은 개별

10. Charles Tiebout, "The Pure Theory of Local Expenditure", *Journal of Political Economy*, October 1956: 416–424.

적인 손실의 크기가 크지 않으므로 결집하지 않게 될 가능성이 높기 때문이다. 그 결과, 편익이 비용을 넘어서지 않는데도 해당 공공사업이 실행되는 사태가 자주 발생한다.

편익이 비용을 초과하는 유사한 사업들의 경우에도 이와 관련된 어려움이 발생하는 것은 마찬가지이다. 해당 사업에서 큰 이득을 얻을 수 있기 때문에, 자신들이 바로 그 사업의 혜택을 얻을 가능성을 높이려고 개별 집단들이 막대한 돈을 기꺼이 지출하기 때문이다. 이렇게 이득을 좇는 행위를 **지대추구**(*rent seeking*)라고 부른다. 지대추구 행위로 인해 발생하는 중요한 문제점은 정부 사업들에서 발생하는 기대이익이 잠재적 수혜자들 사이의 경쟁으로 인해 낭비된다는 점이다.

예를 들어, 어떤 지자체 정부가 지역 케이블 TV 방송 사업권을 발부해야 한다고 하자. 정부에서 엄격하게 수익률 규제를 시행할 생각이 없는 한, 방송 사업권을 발부받기만 하면 상당한 독점 이윤을 얻을 수 있다. 어떤 신청자가 사업권을 발부받을 확률은 지방의회 의원들 로비에 사용한 돈의 액수의 증가함수이다. 사업권에 따라오는 기대 이익 때문에 사업 신청자들은 사업권을 따내기 위해서 치열한 로비 전쟁을 벌인다. 아래 예에서 볼 수 있듯이, 이러한 로비 전쟁으로 인해서 공공사업으로 얻을 수 있는 이득의 상당부분이 흩어져 사라지는 경향이 있다.

| 예 18.3 | 로비 전쟁 |

어떤 광역 지자체의 내년도 케이블 *TV* 방송 사업권을 따기 위해서 세 개의 기업들이 참가했다. 사업 운영의 연간 비용은 25이고, 케이블 *TV* 방송에 대한 수요곡선은 *P* = 50 − *Q*로 주어져 있다고 하자. 이때 *P*는 가입자당 연간 지불가격이고 *Q*는 가입자 수이다. 사업권은 정확히 1년간 유효하며, 사업권을 따낸 기업은 마음대로 가격을 책정할 수 있다. 광역 의회에서는 광역 의원들에게 가장 많은 로비 자금을 사용한 지원 기업에게 사업권을 주고자 한다. 지원 기업들이 담합을 할 수 없는 경우, 각 기업이 로비에 얼마나 지출할까?

사업권을 따낸 기업은 독점가격을 책정할 것이다. 이때 독점가격은 한계수입이 한계비용과 같아지는 수준에서의 생산량에 상응하는 가격이 된다. 케이블 방송의 한계수입은 MR = 50 − 2Q이고, 한계비용은 0으로 가정되어 있다. 그러므로 이윤극대화 생산량은 25가 되며, 이때 가격은 25가 된다. 총수입은 25 × 25 = 625로, 이윤은 625 − 25 = 600이 된다. 어느 한 지원 기업이 다른 기업들보다 로비에 더 많은 돈을 쓴다면, 사업권을 따낼 것이다. 만약 세 기업들이 모두 같은 금액을 로비에 지출한다면, 독점이윤 600을 얻을 가능성이 각각 1/3이므로, 기대이익은 200이 된다. 만약 로비스트들이 담합을 할 수 있다면, 모두가 똑같이 소액의 로비 자금만을 사용하기로 의견을 모을 수 있을 것이다. 그러나 구속력 있는 협정을 맺지 못한 상황에서, 각 기업은 경쟁자들보다 더 많은 돈을 쓰고자 하는 강한 유혹에 빠질 것이다. 만약 각 기업의 지출이 200에 이르면, 결국 각자의 기대이익은 0이 된다. 독점이윤 600을 세 기업이 200씩 나누어 지출하지만, 로비에 200을 쓰게 되기 때문이다. 이 지경에 이르면 더 이상 로비를 위해 돈을 지출하는 것은 어리석은 짓이 된다. 왜냐하면 200을 초과하는 지출은 결국 기대손실로 이어지기 때문이다. 하지만 경쟁자들이 200까지만 지출할 때에 어느 한 기업이 201을 지출한다면 승자로 등극하여 결국 600이라는 독점이윤을 얻을 수 있으므로 기대이익은 399가 된다. 이때 나머지 두 기업은 각각 200의 손실만을 떠안게 된다. 확실하게 200의 손실을 감수하느니, 패배자들은 차라리 201을 지출하는 것이 낫다는 결론에 이르게 될 것이다. 이러한 과정이 언제까지 계속되는지는 아무도 알 수 없다.[11] 한 가지 확실한 것은, 공공사업에서 얻을 수 있었던 이득의 전부나 일부가 흩어져 사라질 것이라는 점이다. 개별 기업의 입장에서 보면, 정부가 제공하는 편익을 따내기 위해 이런 식으로 로비를 하는 것이 철저하게 합리적이다. 그러나 사회 전체적인 차원에서 보면 이런 활동은 거의 완벽한 낭비에 불과하다. 효율적인 정부라면 이러한 지대추구를 억제하기 위해 로비 금액이 아니라 가격 책정을 바탕으로 사업자를 선택하는 것과 같은 모든 가능한 수단을 동원할 것이다.

18.5 소득분배

시장경제에서 소득을 얻는 주된 방식은 생산요소들을 판매하는 것이다. 극소수의 사람들만이 소득의 상당 부분을 주식, 채권, 기타 금융자산들로부터 얻는다. 대부분의 사람들은 자신의 노동을 판매하여 얻는 수입에 주로 의존한다.

물론 이런 식의 소득분배체계는 불완전한 것이 사실이다. 하지만 몇 가지 매력적인 특성도 가지고 있다. 첫째, 명확한 결과를 얻게 된다. 경쟁적 요소시장 이론에 따르면, 각 요소는 자신의 한계생산가치를 지불받으며, 장기 경쟁균형에서 이러한 지불액들을 모두 합하면 분배 가능한 총생산액과 정확히 일치한다.[12] 어떤 분배체계라도 가용한 생산물의 가치 이상으로 지불해 달라는 요구가 넘쳐날 가능성이 있다는 점을 고려할 때, 한계생산성에 따라 분배가 이루어진다는 점은 결코 무시할만한 특성이 아니다. 한계생산성에 따른 분배체계의 두 번째 매력은 진취성과 노력과 위험 감수에 대해서 보상을 해준다는 점이다. 우리가 더 열심히, 더 오래, 그리고 더 효과적으로 일할수록 우리는 더 많은 수입을 올린다. 그리고 만약 우리가 자본을 벤처에 투자하여 성공하는 경우, 상당한 배당을 얻을 수 있다.

한계생산성 체계에 대한 롤즈의 비판

그러나 한계생산성 체계에도 결함은 있다. 가장 흔한 비판은 한계생산성 체계로 인해 불평등이 심화되는 경우가 자주 발생한다는 것이다. 시장에서 높은 성과를 거두는 이들은 소비수준보다 훨씬 높은 수입을 얻는 반면, 높은 성과를 거두지 못하는 이들은 가장 기본적인 필요조차 충족시키지 못한다. 이러한 불평등이 순전히 노력의 차이에 의한 결과라면 받아들이기가 더 쉬울 것이다. 하지만 그렇지 않다. 노력을 기울여야 하는 거의 대부분의 분야에서

존 롤즈는 사람들이 "무지의 장막" 뒤에 놓여서 자신과 다른 이들의 재능과 능력을 알지 못하는 상황에 놓인 경우, 소득분배를 위한 공정한 규칙들이 선택될 것이라고 주장했다.

---

11. 다음과 같은 실험을 통해 적절한 증거를 얻을 수 있다. 1달러를 다음과 같은 규칙에 따라 경매에 응한다고 하자. 1달러짜리 지폐는 가장 높은 금액을 써낸 입찰자에게 돌아가고, 승리한 입찰자는 자신이 적어낸 입찰액을 경매인(競賣人)에게 지불해야 한다. 두 번째로 높은 금액을 써낸 입찰자는 한 푼도 받지 못하지만, 승리자와 마찬가지로 자신이 적어 낸 입찰액을 경매인에게 지불해야 한다. 이런 방식의 경매를 되풀이하여 실험해 보면, 입찰액이 서서히 50센트로 접근해 가고, 그 이후에는 변하지 않는 모습을 보인다. 그러다가 두 번째 입찰자가 50센트 이상을 적어내면, 입찰액은 빠르게 1달러에 이른다. 그러다 다시 한 번 1달러에서 입찰이 멈추고, 그 이후 두 번째 입찰자가 1달러 이상을 적어내면 다시 한 번 입찰액은 빠르게 상승한다. 최종 승리자의 우승 입찰액이 수 달러에 달하는 경우도 드물지 않다.

12. 장기 경쟁균형은 각 기업의 장기 평균비용곡선의 최저점에서 발생한다는 것을 떠올리기 바란다. 그 최저점에서 생산의 수익불변이 달성된다. 규모에 대한 수익불변의 성질을 수학적으로 표현하면 $F(K, L) = K\partial F/\partial K + L\partial F/\partial L$이며, 이는 각 생산요소에 한계생산의 가치만큼 지불하면 총생산액이 완전히 소진된다는 의미이다.

재능은 중요한 역할을 한다. 재능이 있는 경우 교육과 훈련을 통해서 이를 키우고 계발할 수 있지만, 애초에 재능이 있는지는 근본적으로 운에 달려 있다.

풍부한 재능조차도 성공을 보장하지는 않는다. 적절한 재능을 갖는 것도 필요하다. 야구공을 쳐서 꾸준히 130미터를 날려 보낼 수 있다면 연간 수백만 달러를 벌 수 있겠지만, 전국에서 가장 훌륭한 초등학교 4학년 선생님이 된다고 해서 큰돈을 벌기는 어렵다. 세계 최고의 핸드볼 선수가 된다고 해도 돈은 거의 벌지 못한다. 스타급 야구선수가 엄청난 수입을 올리는 이유는 분명히 더 열심히 노력하고 더 많은 재능을 가지고 있기 때문이지만, 사람들이 기꺼이 많은 돈을 지불할 의향이 있는 그 무엇인가를 매우 잘할 만큼 운이 좋기 때문이기도 하다.

지금은 고인이 된 하버드 대학교의 윤리철학자 존 롤즈(John Rawls)는 선택에 관한 미시경제이론에 뿌리를 둔 한계생산성 체계에 대해 윤리적 비판을 설득력 있게 제기했다. 그가 던진 질문은 "어떤 소득분배를 공명정대한 소득분배라고 할 수 있는가?"였다. 이 질문에 답변하기 위해, 그는 다음과 같은 사고 실험을 제안했다. 여러분과 외국의 다른 시민들이 소득분배의 규칙을 제정하는 회의에 참석했다고 하자. 이 회의는 "무지의 장막"(veil of ignorance) 뒤에서 열리기에, 참가자들은 자신과 다른 이들이 지닌 재능과 능력에 대해서 아무 것도 알지 못한다. 그 어떤 개인도 자신이 똑똑한지 우둔한지, 강한지 약한지, 빠른지 느린지 알지 못한다. 이는 곧 그 누구도 소득분배에서 어떤 특정 규칙이 자신에게 유리할지 모른다는 뜻이다. 롤즈는 이렇게 무지한 상태에서 사람들이 고르는 규칙들이야말로 진정 공명정대한 분배 규칙들일 것이라고 주장했다. 그리고 그런 규칙들이 공명정대하다면, 이를 바탕으로 수행되는 분배 역시 공명정대할 것이다.

무지의 장막 뒤편에서 사람들은 어떤 분배 규칙들을 선택할까? 분배해야 할 국민소득이 매년 고정된 액수라면, 대부분의 사람들은 모두에게 똑같은 몫을 나눠주는 규칙을 선택할 가능성이 높다. 그럴 가능성이 높은 이유는 대부분의 사람들이 극도로 위험을 기피하기 때문이라고 롤즈는 주장했다. 불평등한 분배를 통해 많은 수입을 얻을 수도 있지만 적은 수입을 얻게 될지도 모르므로, 대부분의 사람들은 동등한 분배를 선택함으로써 이러한 위험을 제거하는 쪽을 선호할 것이다.

그러나 분배할 소득의 총량이 매년 고정되어 있지 않다는 점에서 문제가 발생한다. 오히려 소득의 총량은 사람들이 얼마나 열심히 일하는지, 얼마나 진취적인지, 얼마나 위험을 감수하는지와 같은 요인에 따라 달라진다. 만약 국민소득을 똑같이 나눠받게 될 것임을 모두가 시작할 때부터 알고 있다면, 그 누가 더 열심히 일하고 더 많은 위험을 짊어지고자 하겠는가? 고된 노력과 위험 감수에 대한 보상이 없다면, 국민소득은 그러한 보상이 존재하는 경우와 비교할 때 엄청나게 작아질 것이다. 물론 노력과 위험 감수에 대한 물질적 보상이 꼭 불평등한 결과를 낳는 것은 아니다. 그러나 이러한 보상이 분배에 사용될 총생산량을 충분히 크게 증가시키는 한, 사람들이 어느 정도의 불평등함은 기꺼이 받아들일 것이라고 롤즈는 주장했다.

그렇다면 불평등이 얼마나 되어야 하는 것일까? 롤즈는 순전히 경쟁적인 요소시장에 의해 발생하는 수준보다는 불평등이 훨씬 덜해야 한다고 주장했다. 무지의 장막 뒤편에 있는 사람이라면 스스로 자신도 모르는 상황에서 불리한 지위에 있게 될지도 모른다고 두려워하는 것이 당연할 것이다. 그렇다면 가장 가난한 시민의 소득을 극대화하는 분배 규칙들을 선택하게 될 것이다. 이는 추가적인 불평등은 이를 통해서 각자 그리고 모든 시민들의 소득이 증가하는 효과를 거두는 경우에 한해서만 정당화될 수 있다고 여겨질 것이다. 하지만 롤즈의 비판자들은 그의 제안이 비현실적으로 까다롭다고 대응했다. 대부분의 사람들은 대다수 사람들의 소득을 증가시키는 경우에 대해서도 추가적인 불평등을 수용할 것이기 때문이다. 그러나 롤즈의 주장에서 근본적으로 중요한 점은, 무지의 장막 뒤편에 놓인 사람들이 한계생산성 체계하에서 우리가 경험하고 있는 소득분배 상태보다 훨씬 더 평등한 분배를 자아내는 분배 규칙들을 선택할 것이라는 점이다. 그리고 이러한 선택들이야말로 어떤 소득분배가 과연 공명정대한 소득분배인지를 규정하므로, 공정성을 달성하기 위해서 우리는 한계생산성 체계가 만들어 낸 불평등을 줄이기 위해 최소한 일정 정도의 노력을 반드시 기울여야 한다고 롤즈는 주장했다.

소득 재분배를 하는 현실적인 이유들

롤즈가 제시한 윤리적 주장은 매우 설득력이 있다. 그러나 불평등을 제한해야 할 근거에는 윤리적인 것 이외에도 매우 현실적인 근거들이 있다. 예를 들어, 모든 시민들에게 똑같은 세금을 부과하여 마련한 재원으로 공공재를 생산하는 경우, 일반적으로 비효율적인 수준의 공공재가 공급된다는 것을 우리는 이미 살펴보았다. 소득이 증가함에 따라 공공재에 대한 지불의사액이 증가하는 경향이 있으므로, 고소득층이 저소득층보다 세부담을 더 많이 짊어지도록 하는 조세체계를 고소득층이 오히려 철저하게 이기적인 이유에서 지지할 것이다. 그리고 바로 그러한 조세체계를 통해 마련된 재원으로 공공재들이 상이한 소득수준에 속하는 사람들 모두에게 평등하게 제공될수록, 불평등은 감소하게 될 것이다.

기업 내부에서 급여의 분배상황을 결정짓는 것과 유사한 요인들을 살펴보면 사회 전체적인 차원에서 소득을 재분배하는 것이 실질적으로 얼마나 중요한지를 가늠할 수 있다. 우리는 14장에서 기업 내부적으로 가장 생산성이 높은 노동자들이 대개 이들이 생산한 한계생산물의 가치보다 적은 급여를 받고, 가장 덜 생산적인 노동자들의 경우에는 이들이 생산한 한계생산물의 가치보다 많은 급여를 받는다는 점을 살펴본 바 있다. 어떤 노동자의 임금과 그(녀)가 생산해 낸 한계생산물 가치 사이의 차이는 그(녀)가 기업 내부에서 차지하고 있는 지위를 반영한 보상 격차(compensation differential)로 볼 수 있다. 낮은 지위에 있는 노동자들이 높은 지위에 있는 노동자들에 의해서 충분히 보상받는 경우에 한해서, 이질적인 노동자들이 한 기업 내에서 머물며 일을 할 것이기 때문이다.

기업 내부에서 작용하는 이러한 힘들은 사회 전체적인 수준에서도 그대로 나타난다. 사회에서 소득의 상층부를 차지하게 되면 당연히 유리한 점이 많다. 하지만 그런 지위는 다른 이들이 소득분배상 낮은 지위에 기꺼이 머물러 있는 경우에 한해서 존재할 수 있다. 구성원들 모두가 분수에 맞춰 성실히 사는 게 자신에게 유리한 일이라고 믿도록 하는 사회적 협약을 건조(建造)해 내는 것이야말로 사회가 매우 중요하게 여기는 일이다. 역사적 경험에 비추어 보건대, 전반적인 소득분배에서 낮은 지위를 차지하고 있다는 암묵적인 부담에 대해서 사람들에게 어떤 식으로든 충분한 보상을 하지 않고서는 사회 통합이란 불가능하다.

공평성과 효율성

우리는 불평등을 줄이려는 노력이 윤리적인 차원에서뿐만이 아니라 현실적인 차원에서도 충분히 정당화될 수 있다는 주장을 살펴보았다. 사실 이러한 두 가지 주장들이 섞인 채 많은 이들에게 충분한 공감을 사고 있기도 하다. 왜냐하면 그 어떤 현대 경제도 소득분배의 문제를 철저히 시장에만 맡겨 두지는 않기 때문이다. 평등에 대한 사회적 기준이나 원칙 (norms)에 근본적으로 동의하는 분위기가 매우 강한데다가, 공공정책에 관한 거의 모든 논쟁에서 형평성이 중요한 역할을 하고 있다.

경제학자들은 효율성과 관련된 문제들에 답을 내놓는 데 익숙하기 때문에, 많은 경제학자들은 형평성과 관련된 현안들을 논의하는 일조차 망설이는 경우가 많다. 그러나 거의 모든 정책 변화는 효율성만이 아니라 소득분배에도 영향을 미친다. 그리고 대부분의 사회에서는 공정성 기준을 통과하지 못하는 경우 아무리 효율적인 자원배분이라도 거부하는 경우가 많다는 것을 우리는 잘 알고 있다. 그러므로 경제학자들이 불평등에 관한 사회적 제약 내에서 일할 준비가 되어 있지 않은 한, 아무리 훌륭한 정책 권고를 내놓더라도 경제학자들의 주장에 귀를 기울일 사람은 거의 없을 것이다.

예를 들어, 중요한 상품들의 공급에 차질이 발생하는 경우, 경제학자들은 시장청산 수준으로 가격이 오르도록 내버려두라고 거의 언제나 망설이지 않고 권고한다. 그래야만 희소한 상품이 효율적으로 배분될 것임을 우리는 너무나 잘 알기 때문이다. 그러나 급격히 상승하는 가격 때문에 저소득층이나 빈곤층은 도저히 받아들이기 어려운 부담을 짊어지게 된다는 불만이 사회 전체적으로 제기된다. 그래서 상품이 부족한 상황에 닥쳤을 때 정부는 대개 자유시장의 길을 포기하고 그 대신 배급이나 선착순 구매와 같은 효율적이지 않은 분배 방식을 선택한다.

유감스럽게도 이러한 대응은 비효율적인 미봉책에 불과하고, 그 결과 부유층과 빈곤층 모두의 경제적 파이가 더 작아지는 아이러니에 빠지고 만다. 만약 효율적인 해법이 채택된다면, 분명히 모두가 더 큰 파이 조각을 받을 수 있다. 그러나 단지 효율적인 정책을 채택하는 것만으로 모두가 더 나은 복지를 누리도록 만들 수는 없다. 효율성 측면에서 얻은 이득 중 일부를 이용해서 정책 변화로 손실을 입은 이들에게 보상을 해 줄 필요가 있는 경우가 대부분이다. 그래서 효율성을 기반으로 어떤 정책을 권고할 때, 경제학자들은 사회적 제약에 부응할 수 있도록 분배 측면에서의 결과가 어떻게 바뀔 수 있는지 설명할 준비가 되어 있어야 한다.

여기서 우리는 이번 장을 처음 시작했던 지점으로 다시 돌아가게 된다. 뉴욕 주의 지역 전화회사들이 전화번호 문의 서비스에 요금을 부과할 수 있도록 허용해야 하는지를 놓고 벌어진 논쟁으로 우리는 이번 장을 시작했다. 공공 서비스 위원회가 요금을 받아야 한다고 제안하자 이로 인해 저소득층이 감당하기 어려운 곤란을 겪게 된다는 불만들이 쏟아져 나왔다. 위원회는 결국 전화번호 문의 서비스를 유료화함으로써 절약한 비용을 모든 전화 서비스 가입자들에게 월 30센트씩 되돌려 준다는 아이디어를 내놓음으로써 간신히 정책을 되살려 낼 수 있었다.

이러한 수정안이 어떻게 작동하는지 살펴보기로 하자. 그림 18.6에서, 수평축은 매달 전화번호 문의 서비스 통화 건수를 표시하고, 수직축은 다른 모든 상품들에 대한 지출을 표시한다. B_2로 표시한 수평선은 전화번호 문의 서비스에 대해서 아무런 요금을 부과하지 않는 경우에 월소득이 Y_0인 어떤 소비자의 예산제약선이다. B_1은 전화번호 문의 서비스에 대해서 10센트의 요금을 부과할 때의 같은 소비자의 예산선이다. 그리고 B_3는 전화번호 문의 서비스에 10센트의 통화료를 부과하면서 매달 30센트의 크레디트를 제공하는 경우의 예산선이다. 이들 예산선에 각각 대응하는 무차별곡선들은 I_1, I_2, I_3로 표시되어 있다. 무차별곡선들은 일반적인 형태이지만, 매달 특정 통화 건수가 넘어가게 되면 우상향하는 모습으로 바뀐다. 아무리 전화번호 문의 서비스가 무료라고 해도 무한대로 전화번호 문의를 하는 사람은 없다는 점을 반영하기 때문이다. 그림에서 보여주는 소비자의 경우, 전화번호 문의 서비스 통화에 요금을 부과하지 못할 때 매달 C_3만큼 통화한다. 이제 10센트의 요금을 부과하게 되면, C_1으로 전보다 통화 건수가 대폭 줄어든다. 10센트 요금 부과에 30센트의 크레디트 제공을 결합하면, 매달 C_2만큼 서비스를 이용하게 된다. 아무리 가난한 사람일지라도 30센트/월의 크레디트는 월소득에서 무시할 만큼 작은 비중을 차지한다고 보는 것이 매우 현실적인 가정이므로, C_2와 C_1은 거의 같을 것이다. 30센트의 크레디트는 전화번호 문의 서비스 통화 건수가 C_3에서 C_2로 감소하는 결과로 절약한 비용을 재원으로 이용하여 지급된다. 이렇게 통화 건수가 줄어들기 때문에 전화회사들은 안내원 수와 기기들을 줄일 수 있고, 그렇게 해서 여유가 생긴 자원을 좀 더 유용한 곳에 사용할 수 있다.

외계 행성의 사회과학자가 지구를 방문한다면, 전화번호 문의 서비스에 대해 지불하는 무시할 정도로 적은 금액이 부담스럽다며 불만이 쏟아진다고 해서 규제 위원회가 요금 부과를 포기할 수도 있었다는 사실을 도저히 믿기 힘들어 할 것이다. 그럼에도 불구하고 공공정책을 논의하는 자리에서 분배에 대한 우려는 엄청난 영향력을 발휘한다. 그러나 전화번호 문의 서비스에 요금을 지불하게 함으로써 절약한 비용이 겨우 월 30센트에 불과한 금액일지라도 이를 전화 사용자와 함께 나누도록 함으로써 암초에 부딪쳤던 정책 개편을 되살려낼 수 있었다는 점이 우리에게 주는 교훈은 결코 가볍지 않다.

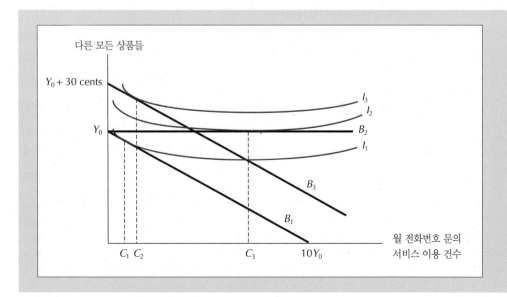

그림 18.6

전화번호 문의 서비스 이용에 대한 요금 부과

전화번호 문의 통화가 무료일 때, 소비자는 매달 C_3만큼의 전화번호 문의 서비스를 이용한다. 전화번호 문의 서비스 한 통화에 10센트의 요금을 부과하면 통화 건수는 상당히 줄어들기 때문에, 모든 고객들에게 매달 30센트씩 크레디트를 제공할 수 있다. 이러한 새로운 부과방식은 단순히 요금만 부과하는 원래 정책안보다 훨씬 더 효율적이며, 일반 고객들에게 더 많은 구매력을 안겨 준다.

휘발유나 천연가스와 같은 다른 여러 시장들에서는 비용에 따라 가격을 책정하는 경우 발생하는 분배 차원의 문제가 전화번호 문의 서비스의 경우에서보다 훨씬 더 크고 중요하다. 물론 이러한 경우에는 분배에 대한 논란이 훨씬 더 중요해진다. 비용을 반영한 가격 책정을 통해 얻는 효율성 차원에서의 이득이 훨씬 크기 때문에, 이러한 이득을 분배하는 문제에 대해서 충분한 주의를 기울이기만 한다면 효율성 개선을 달성하기 위해 정치적인 동의를 이끌어 낼 가능성이 훨씬 높아질 것이다.

소득 재분배를 하는 여러 가지 방법들

사회적으로 소득을 재분배하는 방법들 역시 경제학자들이 다른 정책이나 제도들을 분석할 때 사용하는 것과 동일한 방식으로 분석할 수 있다. 제대로 설계되지 못한 재분배 프로그램들 때문에 애당초 이들 사업들이 도모하고자 했던 효율성 차원에서의 이득에 너무나 쉽게 손실이 발생할 수 있다는 점에 우리는 주된 관심을 기울이고자 한다.

현재 운용 중인 복지 프로그램들

대학원 시절 은사 중 한 분인 에이브러햄 러너(Abraham P. Lerner) 교수는 저소득층이 직면한 주된 문제는 이들의 소득이 너무 적다는 것이라고 말한 적이 있다. 그가 보기에 해법은 놀라울 만큼 간단했다. 그들에게 돈을 주어야 한다는 것이다. 그러나 통상적인 복지 프로그램들은 이보다 훨씬 복잡하다. 우리는 구호 대상자용 식량 카드제(food stamps)와 월세 카드제(rent stamps)와 데이 케어(day care) 보조금과, 부양 아동이 있는 가정에 대한 생활 원조(aid to families with dependent children)와 기타 다양한 개별 프로그램들을 시행하고 있으며, 각 프로그램마다 자체적인 담당 행정부서가 존재한다.[13] 그 결과 저소득층이 1달러의 추가적인 소득을 얻도록 하는 데 대략 7달러의 비용이 들게 되었다.

이러한 비용이 매우 크기는 하지만, 그렇다고 높은 비용만이 효율성 차원에서 중대한 문제를 유발하는 유일한 요소는 아니다. 이보다 훨씬 더 큰 우려를 자아내는 것은 이들 복지 프로그램들이 근로의욕에 미치는 잠재적인 영향이다. 이 점을 살펴보기 위해서는 먼저 복지 프로그램들이 행정차원에서 어떻게 작동하는지에 대한 세부사항들을 설명할 필요가 있다. 각 프로그램에는 기준소득액(threshold income level)에 미치지 못하는 모든 사람들에게 자격이 주어지는 복지혜택 최대수준(full benefit level)이란 것이 있다. 일단 복지 수혜자가 그 기준소득액보다 더 높은 소득을 벌게 되면, 그(녀)가 받는 복지 혜택은 소득액이 1달러 늘어날 때마다 일정 비율로 줄어든다. 이 비율을 복지혜택 한계감소율(*marginal benefit reduction rate*)이라고 부른다. 그림 18.7에는 복지혜택 최대수준이 연간 $1,000이고 기준소득액이 연간 $4,000이며, 복지혜택 한계감소율이 50퍼센트인 복지 프로그램에서 소

---

13. [역주] 데이 케어는 미국에서 미취학 아동 고령자 신체장애자 등 각 집단에 대해 전문적 훈련을 받은 직원이 가족 대신 주간에만 돌보아 주는 복지 프로그램이다. 우리나라에서도 만 0~5세 영유아에 대한 보육료 지원, 만 0~12세의 미취학 장애아, 다문화가정 자녀, 농어업인 자녀에 대한 보육료 지원, 장애아동에 해당되는 취학아동 및 기준소득액 이하 가구(법정저소득층 포함)의 취학아동이 방과 후에 어린이집을 4시간 이상 이용하는 경우 방과후 보육료 지원 등, 이와 유사한 복지 프로그램들을 다양하게 운영하고 있다. 정확한 기준과 지원 금액 등에 대한 자세한 사항은 법제처 「찾기 쉬운 생활법령 정보」홈페이지의 "보육료 지원 대상 및 지원액"을 참조하기 바란다.

전형적인 복지 프로그램에서 소득이 증가할 때 복지혜택이 감소하는 모습

연소득이 $4,000 미만인 사람은 연간 $1,000의 복지혜택을 받는다. 하지만 소득이 $4,000를 초과하는 순간, $1를 추가로 벌어들일 때마다 복지혜택은 50센트씩 줄어든다. 연소득이 $6,000에 이르면, 복지혜택은 모두 사라진다.

득이 늘어남에 따라 복지혜택이 어떻게 변하는지가 제시되어 있다.

정말 심각한 문제는 수혜자가 동시에 여러 복지 프로그램들에 등록되어 있는 경우에 발생한다. 현 복지체계하에서는 그런 경우가 매우 흔하다. 예를 들어, 어떤 사람이 그림 18.7에 제시된 것과 같은 네 가지 복지 프로그램들에 등록되어 있다고 하자. 그(녀)의 소득이 일단 연간 $4,000 수준에 도달하면, 그 이후부터 벌어들이는 추가적인 소득 $1에 대해서 그(녀)는 복지혜택을 $2씩 상실하게 된다. 왜냐하면 네 개의 복지 프로그램들이 각각 50퍼센트의 한계감소율을 적용하여 50센트씩 복지혜택을 줄일 것이기 때문이다. 이러한 조건들이 온존한 상황에서 복지 수혜자들에게 노동을 더 하라는 말은 제대로 효과를 발휘하지 못할 것임을 누구나 알 수 있다. 노동공급 결정에 해로운 영향을 끼친다는 점이야말로 현 복지체계가 보이는 가장 심각한 비용이다.

역소득세제

밀턴 프리드먼의 계산에 따르면, 현 복지 프로그램들이 유발하는 비용으로 미국에서 빈곤층에 속하는 모든 남성, 여성, 그리고 어린이에게 연간 $8,000 이상을 줄 수 있다고 한다. 이러한 계산 결과와 근로의욕에 미치는 악영향에 대한 우려에서 프리드먼은 현 복지 프로그램들을 전면적으로 뒤집어엎어 **역소득세제**(逆所得稅; *NIT: negative income tax*) 또는 부(負)의 소득세제라는 단일 프로그램으로 바꾸는 근본적인 개혁을 해야 한다고 제안한 바 있다.

프리드먼이 내놓은 역소득세는 부유층이건 빈곤층이건 가리지 않고 모든 남성, 여성, 그리고 어린이에게 최소한의 생계를 충분히 보장할 만큼 큰 금액의 소득세액공제(income tax credit)를 제공하는 것이 핵심이다. 소득이 하나도 없는 사람은 이 소득세액공제를 현금으로 받게 된다. 근로소득(earned income)이 있는 사람들은 100퍼센트 미만의 세율로 소득세를 납부하도록 한다. 초기 세액공제와 소득세율이 결합되어 개인의 산출세액(tax liability)이 초기 세액공제액과 정확히 상쇄되는 손익분기점 소득 수준이 결정된다. 소득이 손익분기점 소득수준에 미치지 못하는 사람들은 정부로부터 복지혜택 순수령액(net payment)을 받는 반면, 초과하는 사람들은 순수령액이 마이너스(−)가 되는 만큼 세금으로 납부하게 된다.

그림 18.8에는 역소득세가 세율 50퍼센트에 연간 세액공제 $4,000인 경우 어떻게 작동하는지 제시되어 있다. 이때 손익분기점 연소득수준은 $8,000이 된다. 연간 $4,000 이상을 버는 사람들은 연 $2,000의 순수령액을 받게 되는 반면, 연간 $12,000 이상을 버는 사람들은 연 $2,000를 세금으로 납부하게 된다.

개념 확인 18.4

세액공제액이 $6,000이고 세율이 40퍼센트일 때의 손익분기점 소득수준을 계산하라. 연간 $4,000를 버는 노동자는 복지혜택 순수령액이 얼마가 되는가?

역소득세제는 현 소득세제와 거의 같은 방식으로 운영될 것이다. 그러므로 역소득세제의 가장 큰 장점은 현 복지 프로그램들의 중복된 관리행정으로 소요되는 막대한 비용을 없앨 수 있다는 점이다. 그러나 경제학자들이 역소득세제를 지지하는 주된 이유는 현 복지 프로그램들에 비해서 근로의욕에 나쁜 영향을 훨씬 덜 주기 때문이다. 역소득세제하에서는 빈곤층이 직면하는 한계세율이 절대로 100퍼센트를 넘지 않기 때문에, 사람들은 더 많이 일하는 경우 (복지혜택이 줄어들더라도) 세후소득을 더 많이 얻을 수 있게 된다.

역소득세제는 현 복지 프로그램들보다 근로의욕에 나쁜 영향을 덜 주겠지만, 여전히 심각한 문제가 남아 있다. 사람들이 빈곤에 처할 위험을 차단하는 수단으로 역소득세제만이 유일하게 사용되는 경우, 근로소득이 없는 사람들에 대한 지급액이 적어도 빈곤선 이상이 되어야 한다. 그리고 이 지급액으로 충분히 생활이 가능하다면, 많은 사람들이 결국 아예 일을 하지 않게 될 것이다. 이 문제가 얼마나 심각한 문제인지는 1970년대에 미국 연방정부에서 역소득세제를 실제로 실험한 결과 확증되었다. 역소득세제를 실험적으로 도입했을 때 나타난 노동참가율 하락의 폭이 애당초 역소득세제를 반대하던 사람들이 우려했던 것보다는 작았지만, 그럼에도 불구하고 그 하락폭은 무시할 수 없을 정도로 컸기 때문이다.

역소득세제를 악용하여 납세자의 돈으로 놀고먹는 사람들이 극소수에 불과하다고 해도, 이 제도를 반대하는 측에서는 그런 사람들을 기필코 찾아낼 것이고, 저녁 뉴스에 이들의 파렴치한 행위가 보도되는 순간 많은 시민들의 관심이 쏠리게 될 것이다. 복지혜택 수령자가 월요일 아침에 일은 하지 않고 기타를 연습하거나 배구를 하는 모습을 본다면, 진보주의자들이건 보수주의자들이건 가릴 것 없이 분노를 금하지 못할 것이다. 열심히 일하는 평범한 시민들이 그런 모습을 TV에서 보는 순간, 사지가 멀쩡한데도 일을 하지 않는 사람들이 먹고살기에 충분한 복지혜택을 주는 역소득세제는 정치적으로 더 이상 유지가 불가능해질 것이다.[14]

---

14. [역주] 미국에서는 1976년 공화당 소속 캘리포니아 주지사였던 로널드 레이건이 대통령 선거캠페인 과정에서 시카고에 사는 복지혜택 사기꾼 여성을 "복지혜택의 여왕"(Welfare Queen)이라고 조소하면서 전국적으로 복지제도의 맹점에 관한 논란이 크게 일어났다. 이후 40년이 흐른 지금까지도 이를 둘러싼 논란은 여전히 식지 않은 상태이다. 이와 관련된 최근 언론 기사들로는 'America demonizes its poor: Ronald Reagan, Sam Brownback and the myth of the "welfare queen".'(Salon.com, Sep. 8, 2015)과 'Ronald Reagan's "welfare queen" myth: How the Gripper kickstarted the war on the working poor.'(Salon.com, Sep. 28, 2015)를 참조하기 바란다.

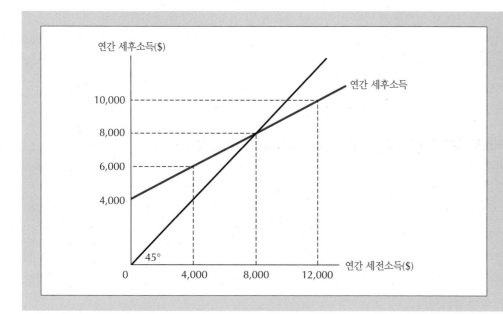

연간 세후소득($)

연간 세후소득

10,000

8,000

6,000

4,000

45°

0　　4,000　　8,000　　12,000　　연간 세전소득($)

그림 18.8

역소득세제

이 형태의 역소득세제는 연간 복지 혜택 지급액이 **$4,000**부터 시작한다. 소득이 전혀 없는 사람들은 이 금액을 전액 현금으로 받는다. 모든 근로소득에 대해서 세금이 부과되는데, 여기에서는 세율이 **50퍼센트**이므로 손익분기점 연간 소득수준은 **$8,000**이 된다. 이보다 적게 버는 사람들은 정부로부터 근로소득과 **$8,000**의 차이를 지급받고, 이보다 많이 버는 사람들은 차액을 세금으로 낸다.

취약계층을 위한 공공 일자리 제도

역소득세제처럼 취약계층을 위한 공공 일자리제(JOBS: jobs for the disadvantaged)에 대한 정책안들 역시 복지와의 전쟁 초기에 큰 관심을 불러 일으켰다.[15] 이들 정책안들은 자립할 수 있는 사람들에게 무료로 복지혜택을 제공하지 않는다는 측면에서 특히 주목을 받았다. 프로그램 지지자들의 표현에 따르면, 정부는 민간부문에서 제대로 된 일자리를 찾을 수 없었던 이들에게 "마지막으로 기댈 수 있는 고용주"의 역할, "괜찮은 임금에 질 좋은 고용"을 보장하는 역할을 수행할 수 있게 된다.

빈곤으로부터 빈곤층을 끌어올리는 유일한 체계로써의 공공 근로에 대한 아이디어는 여러 비판에 직면하였다. 가장 심각한 것은 공공부문에서 고용을 보장해주면 사람들이 떼를 지어 민간부분을 떠날 것이라는 비판이었다. 이 주장은 미숙련 노동자들은 비슷한 수준의 임금을 주는 민간부문의 일자리보다 정부가 제공하는 일자리를 훨씬 매력적으로 여긴다는 증거에 기반을 두고 있었다. 허접한 정부 일자리에 대한 취업 공고가 나면 수천 명의 지원자들이 몰려들었다. 대규모 고용 이동의 가능성을 염두에 두고, 정책당국은 민간부문의 임금에 비견할만한 임금 수준에서 정부부문의 일자리를 무한정 제공하는 것은 결코 허용될 수 없다는 결론을 내렸다.

공공 일자리 프로그램들에 대한 두 번째 비판은 취약계층을 위한 공공 일자리들이 없는 일도 만들어 주는 식(make-work)으로 불가피하게 변하지 않을까 하는 점이었다. 1930년 대 대공황 시기에 케인즈의 주장처럼 사람들에게 구덩이를 파게 한 뒤 다시 메우는 식의 노

---

15. [역주] 미국의 민주당 소속 대통령 린든 존슨(Lyndon B. Johnson)이 1964년 "빈곤과의 전쟁"을 선포하면서 구호 대상자용 식량 카드제와 같은 다양한 복지 프로그램들이 도입되었다. 그러나 1970년대 들어 스태그플레이션이 심화된데다 보수적인 공화당이 권력을 차지하면서 복지에 대한 사회 분위기가 바뀌기 시작하였고, 이러한 추세는 1990년대 전면적인 복지제도 개혁으로 이어져 복지와의 전쟁으로 변모하게 된다.

동자를 놀리지 않으려고 일을 시키는 불필요한 일자리가 양산될 것이라는 우려가 대두된 것이다. 이러한 비판은 특히 미국에서 상당한 반향을 불러일으켰는데, 미국에서는 모든 정부 일자리들이 없는 일도 만들어 주는 식의 일자리라는 인식이 팽배하기 때문이다. 취약계층을 위한 공공 일자리 제도에 대한 정책안들은 아무리 경제적으로 실현 가능하게 만들어진다고 해도, 이러한 사회 분위기나 인식만으로도 종료될 수 있다.

역소득세제와 취약계층을 위한 공공 일자리제도의 결합

하지만 몇 가지 간단한 변경을 통해, 빈곤을 해결하기 위한 유일한 무기로 개별 프로그램을 고려할 때 발생하는 여러 문제점들을 제거하는 식으로 JOBS와 NIT를 결합할 수 있다.

예를 들어, JOBS의 경우에는 정부가 민간 도급업체들로부터 입찰을 받아 미숙련 노동자들을 고용하게 하여 최저임금에 미치지 못하는 수준에서 다양한 업무들을 하도록 할 수 있다. (어떤 업무를 맡기는지에 대해서는 뒤에 상세히 설명하겠다.) 민간부문의 임금보다 훨씬 낮은 수준에서 임금을 주게 되면, 민간부문의 노동자들이 대규모로 떠날 걱정을 할 필요가 없어질 것이다.

경쟁적인 입찰과정을 거쳐 민간 도급업체들로 하여금 빈곤층에게 공공 일자리를 관리하게 한다면, 정부가 공공사업을 맡아 직접 시행할 때에 자주 발생하는 비효율적인 관리 문제도 줄일 수 있을 것이다. 11장에서 살펴본 바와 같이, 어떤 도시들은 민간 도급업체들을 통해 화재예방과 폐기물 처리 업무를 수행하게 한 결과, 질적인 하락을 겪지 않으면서도 비용을 절반 이하로 낮추는 데 성공하기도 했다. 만약 JOBS의 관리도 시장에서의 무자비한 비용절감 압력에 노출된다면, 성과가 더 효율적으로 개선되기를 기대할 수 있을 것이다.

관리가 잘 이루어질 경우, 다방면에 걸친 경험과 훈련이 부족한 사람들도 여러 가지 유용한 업무를 수행해 낼 수 있다는 것은 익히 알려져 있다. 공원에서 조경이나 시설유지 업무 등에 추가로 인력을 투입할 수 있다면 마다할 도시가 어디 있겠는가? 적절한 관리 감독을 통해, 미숙련 노동자들도 그러한 업무들을 충분히 해낼 수 있다. 그리고 미숙련 노동자라도 노인들과 장애인들을 특수 차량을 이용하여 이동시킬 수 있고, 시가지에 생긴 도로 패인 곳들의 수리를 맡을 수 있으며, 가로등 전구를 교체할 수도 있고, 표토 침식 방지 사업에 투여되어 묘목을 옮겨 심을 수도 있을 뿐만 아니라, 공공장소의 낙서를 지우고, 정부 청사들에 페인트를 칠하며, 신문지와 알루미늄과 유리병들을 재활용하는 업무도 맡을 수 있을 것이다.

이렇게 다양하면서도 꼭 수행되어야 할 사회적으로 유용한 일들은 여전히 많이 남아 있으며, 민간부문에서 일자리를 찾기에는 숙련도나 낮고 기술이 부족은 사람들도 이러한 업무들을 충분히 해낼 수 있다. 심지어 어린 아이를 둔 편부모들도 자신의 아이를 등록시킨 뒤 데이 케어 센터에서 직원으로 일할 수 있을 것이다.

정책 설계를 간단하게 바꾸는 것만으로도 전통적인 NIT에서 발생하는 주요 문제들을 해결할 수 있을 것이다. 무엇보다도 NIT의 최대지급액을 JOBS에서처럼 최저임금으로 전일제로 일하는 노동자들의 연간 급여액보다 낮게 책정하는 것이 우선되어야 한다. 최저임금 수준에 미치지 못하는 임금을 지급하는 경우, 사람들이 노동시장에서 이탈하여 납세자의 비용으로 살아가는 일이 불가능해질 것이다. 하지만 JOBS에서 얻는 수입을 (또는 민간부문

미숙련 노동자들도 여러 가지 유용한 업무를 훌륭하게 해낼 수 있다.

에서 얻는 수입을) NIT에서 지급하는 금액과 합친다면 빈곤선 위로 올라설 수 있을 것이다 (그림 18.9 참조). JOBS와 NIT를 단독으로 실행할 경우 묵과할 수 없는 부작용을 발생시키지 않고서는 이러한 목표를 달성할 수 없다. 하지만 두 프로그램을 결합하면 목표 달성이 가능해진다.[16]

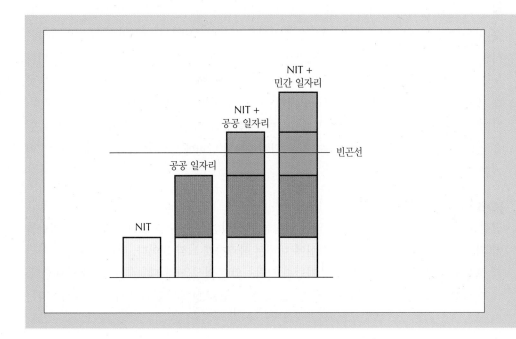

그림 18.9

NIT-JOBS 결합 프로그램에서의 소득원

무위도식이 불가능할 정도의 현금을 지급하는 NIT는 사람들이 노동시장에서 이탈하도록 부추기지 않을 것이다. 최저임금 수준 미만의 보수를 지급하는 JOBS의 공공 일자리는 민간부문 일자리에서 생산적으로 일하고 있는 노동자들을 유인해내지 않을 것이다. 하지만 NIT와 JOBS를 결합한 프로그램을 통해 얻는 총소득은 빈곤선 위로 사람들을 끌어올릴 수 있을 것이다. 그리고 공공 일자리에서 지급하는 저임금 때문에, 공공 일자리 참여자들은 민간부문의 일자리를 계속 탐색하고자 하는 강한 인센티브를 계속 유지할 것이다.

---

16. [역주] 우리나라에서도 "근로장려세제"(EITC: Earned Income Tax Credit)라는 이와 흡사한 제도를 2008년부터 시행하고 있다. 이에 대한 자세한 사항은 국회예산정책처, 『2015 조세의 이해와 쟁점: ②소득세』, 대한민국 국회, 2015의 p. 60 이하 부분을 참조하기 바란다.

결합 프로그램의 간접적 편익

JOBS-NIT 결합 프로그램이 돈이 적게 들지는 않을 것이다. 하지만 현 복지체계를 유지하기 위해 드는 금액을 생각하면 이는 큰 문제가 아닐 수도 있다. 현 복지 프로그램들은 복지 혜택에 들어가는 직접적인 비용에다가 근로의욕을 왜곡하는 부작용 이외에도 헤아릴 수 없을 만큼 막대한 간접비용을 유발하고 있다. 대개 이러한 간접비용은 빈곤층을 돕기 위해 고안된 여러 규제들 때문에 발생한다. 현 프로그램들은 근로의욕을 더욱 심하게 왜곡시키지 않으면서 추가 소득을 직접적으로 빈곤층에게 이전할 수 없기 때문에, 정책당국은 가격 인상으로부터 빈곤층을 보호하기 위해 민간 시장에 간섭하려는 압력에 항시적으로 노출되어 있다. 예를 들어, 2장에서 이미 논의한 것처럼 관료들은 1979년 석유파동이 발생했을 때 휘발유 가격이 오르지 못하도록 규제의 비잔티움 체계(Byzantine system)를 설계했다.[17] 그 당시 소비자들이 주유소 일대를 에워쌀 정도로 길게 줄이 늘어선 광경을 흔히 볼 수 있었고, 새치기 문제로 다툼을 벌이다 살해되거나 부상을 입은 이들도 여럿 발생했다.

우리가 운영하고 있는 현 복지 프로그램들 대신에 NIT와 JOBS를 결합한 프로그램을 도입했더라면, 정책당국은 1979년 석유파동 시기에 추가 소득을 빈곤층에게 직접 이전할 수 있었을 것이다. 그리하여 석유를 가장 현명하고 효율적인 방식으로, 즉 가격 체계를 통해 배분할 수 있었을 것이다.

석유파동기에 배급체계를 이용했던 것처럼, 여러 도시들에서는 빈곤층을 보호한다는 명목하에 여전히 월세 상한제를 시행하고 있다. 하지만 중급 미시경제학 강의를 수강한 학생이라면 누구나 쉽게 설명할 수 있듯이, 이러한 규제로 인해 빈곤층에게 돌아가는 혜택보다 훨씬 더 많은 금액이 낭비되고 있다. 저소득층을 위한 주거지는 시간이 흐르면서 사람이 살 수 없을 정도로 질이 낮아지고, 이러한 주거지들을 조합주택으로 바꾸려는 적절하지 않은 시도들로 인해 이득을 보는 사람들은 변호사들뿐이며, 아이들이 장성하여 부모의 집을 떠나 독립한 뒤에도 늙은 부모들은 불필요하게 넓은 아파트에서 거주하고, 거주할 곳을 찾지 못해 애태우는 세입자들은 아파트 관리인에게 뇌물을 바치면서 대기자 명단에 이름을 올린다. 하지만 JOBS와 NIT를 결합하여 시행한다면, 사람들의 소득을 직접적으로 증가시킬 수 있을 것이고, 그로 인해 월세 상한제와 같은 임시변통의 낭비에 불과한 정책들을 과감하게 폐기할 수 있을 것이다.

JOBS에 대한 비판

진심으로 빈곤층을 돕기를 원하는 많은 사람들은 공적인 도움을 얻는 대가로 가난한 사람들이 의무적으로 일을 해야 한다는 사실에 대해서 불쾌하게 느낄 것이다. 어떤 사람들은 이러한 정책을 강제 노역에 비유하면서, 가난한 사람들의 존엄성을 훼손하는 짓이기에 반대한다.

이러한 반대 의견들은 우리가 진정으로 고를 수 있는 정책 수단들이 매우 제한적이라는

---

17. [역주] 비잔티움 체계 또는 비잔티움 결함 감내 체계(Byzantine Fault tolerant system)는 어떤 시스템을 구성하는 부품이나 부분에 결함 또는 고장이 발생하여도 체계 전체가 완전히 정지하거나 붕괴되지 않고 전체적으로 또는 부분적으로 기능을 수행해 나갈 수 있도록 하는 체계를 의미한다.

사실을 인정하지 않기 때문에 생긴다. 이상적인 세계에서는, 진보주의자들과 보수주의자들 모두가 자기 자신을 돌볼 수 없는 이들에게 아무 조건 없이 관대한 도움을 제공하는 데 뜻을 같이 할 수도 있을 것이다. 그러나 우리가 살아가는 현실에서는, 자신을 돌볼 수 없는 사람들과 돌볼 수 있는 사람들을 구별해 내는 믿을만한 방법이 존재하지 않는다. 그런 상황에서 특정 집단에게는 복지혜택을 제공하면서 다른 집단에게는 혜택을 거부할 수가 없다. 그렇다고 **모두에게** 무조건적으로 관대한 도움을 줄 수 있는 것처럼 가장할 수도 없는 노릇이다. 그에 비해서 모두가 명백히 묻고 따져볼 수 있는 우리의 실질적인 대안은 (1) 현 복지체계에서 하는 것처럼 모두에게 매우 제한적이지만 무조건적인 도움을 제공하거나, (2) 유용한 업무를 해낸다는 조건하에 조금 더 넉넉한 도움을 제공하는 것이다.

대학생인 여러분은 절망적일 정도로 가난하지는 않을 것이다. 하지만 여러분이 매우 가난할 뿐만 아니라 불운하기까지 하다고 잠시 상상해보기 바란다. 사회 어딘가에는 상당한 임금을 지불하는 민간부문 일자리들이 있지만, 여러분은 너무도 불운하기에 그런 괜찮은 일자리를 영영 찾지 못할 것이라고 상상해보자. 중앙정부 청사에 근무하는 정책담당자들은 여러분을 어떻게 해야 하나 고민 중이라고 상상해보자. 기껏 할 수 있는 방안이라고는 방금 언급한 두 가지 대안들뿐임을 여러분도 알고 정책담당자들도 안다고 하자. 그렇다면 **여러분은** 어떤 대안을 선호하는가?

생활임금을 받는 대가로 사회에 유용한 업무를 수행해야 하는 두 번째 정책 대안을 여러분이 더 선호한다고 가정하자. 그렇게 하면 여러분의 자녀들이 벽과 문틀에서 석면과 납 가루가 날리지 않는 작은 집에서 살 수 있다는 결론을 얻었다고 하자. 또한 공공 일자리에서 일을 하다보면 여러분이 진정으로 원하는 고임금 일자리를 얻을 수 있는 기술을 습득할 수도 있다는 것을 알게 되었다고 하자. 마지막으로, 세상 사람들이 떠들어 대는 말과 달리, 사회적으로 유용한 업무를 하는 것이 결코 자신의 존엄성을 해치는 짓이라고 여기지 않는다고 하자. 그렇다면 만약 저 높은 곳에 있는 여러분의 소위 "친구들"이라는 사람들이 여러분이 고른 대안에 강경하게 반대 로비를 펼치면서 공공 일자리에서 일하는 것이 "여러분의 인간적인 존엄성을 낮추는 짓"이라고 떠든다면, 여러분은 어떤 기분이 들까?

진보주의자들과 보수주의자들에게 있어서, 효율성을 저해하지 않는 방식으로 소득을 재분배하는 것은 윤리적인 차원과 실제적인 차원에서 공통의 관심사이다. 우리가 현재 운영 중인 재분배 프로그램들은 대부분 너무 많은 비용이 소요되고 비효율적이다. 이 교재를 공부하면서 살펴본 다른 여러 중요한 정책 현안들과 마찬가지로, 우리는 미시경제학을 공부함으로써 복지 프로그램들을 어떻게 개혁할 수 있는지에 대해서도 많은 것들을 배울 수 있다.

▪ 요약 ▪

- 공공재는 사람들이 더 많이 소비하기 위해서 기꺼이 지불할 의향이 있는 돈의 금액으로 그 가치를 측정할 수 있다는 점에서 일반적인 사적 재화들과 성격이 같다. 그러나 사적 재화에 대한 시장수요곡선을 구할 때에는 (개별 소비자의 해당 상품에 대한 최대 지불의사액을 의미하는) 개별 수요곡선들을 수평적으로 더하면 되는 반면에, 공공재에 대한 시장수요곡선은 (개인들의 최대 지불의사액인) 개별 수요곡선들을 수직적으로 더하여 도출한다. 이러한 차이가 나타나는 것은, 공공재의 수요량이 모든 소비자들에 대해서 똑같기 때문이다. 그에 비해서 사적 재화의 경우에는 서로 다른 개별 소비자들이 시장에서 결정된 가격을 똑같은 지불하는 대신, 수요량을 개별적으로 결정한다. (학습목표 1, 2)

- 공공재에 대한 수요와 결합생산되는 사적 재화에 대한 수요 사이에는 유사점이 뚜렷하다. 닭 날개 한 쌍을 더 생산하면 닭다리 한 쌍도 추가로 생산된다. 공공재 소비량이 모든 소비자들에 대해서 똑같아야 하는 것처럼, 닭 날개의 소비량은 닭다리 소비량과 똑같아야 한다. 한 개인이 공공재의 특정 수량을 소비하기 위해서 지불 의향이 있는 가격이 다른 소비자의 지불의사액과 다른 것처럼, 닭다리 가격도 닭 날개 가격과 일반적으로 다르다. (학습목표 1, 2)

- 사적 재화의 경우와 마찬가지로 공공재의 공급곡선은 생산에 소요되는 한계비용이다. 공공재의 최적 수준은 공급곡선인 총지불의사액곡선이 공급곡선과 교차하는 수준에서 결정된다. 공공재를 최적 수준으로 공급하기 위해서는 개별 소비자들 사이에 서로 다른 납세액이 공공재에 대한 각자의 지불의사액과 정확히 일치해야 한다. 부유층이 공공재를 더 많이 수요한다면, 총조세부담에서 부유층이 더 많은 몫을 부담하는 조세체계를 부유층과 빈곤층 모두가 선호할 것이다. (학습목표 2)

- 어떤 상품이 공공재의 특성을 보인다는 사실만으로 그 상품을 반드시 정부가 공급해야 한다는 논리가 성립하는 것은 아니다. 정부가 거의 연루되지 않는, 무료 상업방송부터 고도로 체계화된 법적 계약에 이르기까지 독창적인 방식으로 공공재가 공급되는 경우도 많다. (학습목표 3)

- 사적 재화의 비가분성이 매우 강하거나 사적 재화를 생산할 때 규모의 경제가 존재하는 경우에도, 공공재와 관련하여 발생하는 문제들과 비슷한 문제들이 나타날 수 있다. 그러한 경우에는 클럽 회원들이 비용을 공동 부담하여 소비재를 구입하는 모습을 쉽게 찾아볼 수 있다. 이 경우 구입비용을 절약할 수 있기에 유리한 점도 있지만 해당 상품을 혼자서 사용할 수 없기에 불리한 점도 있어서, 교환상충관계가 발생한다. (학습목표 3)

- 다수결 투표를 통해 공공사업들 사이의 우선순위를 정하는 경우 때때로 비이행성 문제가 나타난다. 이 경우 대안들을 조합으로 묶어 서로 다른 조합들끼리 비교하는 순서를 정하는 힘이 최종결과를 결정하는 권력이 된다. 하지만 다수결 투표 방식을 사용하더라도 이러한 의사진행 조작이 효과를 발휘하지 못하는 특수한 경우가 있다. 개별 유권자가 단일 현안에 대한 모든 대안들을 자신이 가장 우선시하는 선택에서 얼마나 떨어져 있는지에 따라 선호 순위를 매기는 경우, 중위투표자가 가장 선호하는 대안이 최종선택으로 결정될 것이며, 이때 투표 순서는 아무런 영향을 미치지 못한다. 이 결과를 중위투표자 정리라고 부른다. (학습목표 4)

- 비용-편익 분석은 다수결 투표에 대한 간단하지만 매우 강력한 대안이다. 작은 규모의 결정들을 많이 내리는 경우에 적절히 적용할 경우, 거의 언제나 파레토 기준을 충족시킨다. (학습목표 4)

- 다양한 공공재들의 상대적인 매력에 관한 시민들의 선호를 정확히 파악하는 체계를 갖추고 있다 해도, 실제로 어떤 공공재를 생산해야 하는지 결정하는 것은 여전히 어려운 선택일 것이다. 왜냐하면 특정 집단이 강하게 선호하는 공공재 유형을 다른 집단에서 강하게 반대하는 경우가 자주 있기 때문이다. 만약 이질적인 유권자들이 단일 행정구역에서 공존하도록 강요당한다면, 아무도 만족시키지 못하는 고통스러운 타협만이 벌어질 것이다. 그러나 만약 유권자들이 상대적으로 동질적인 기호를 보이는 사람들끼리 모여 공동체를 형성할 수 있다면, 불필요하게 타협할 필요는 크게 줄어들 것이다. (학습목표 4)

- 공공 의사결정의 작동기제에 문제를 일으키는 요인 중 하나는 자기 이익을 추구하는 집단들이 자신들에게 유리한 결과가 나타나도록 영향력을 행사하려는 인센티브가 있다는 점

이다. 지대추구로 불리는 이 문제는 사회 복지에 점점 더 심각한 위협이 되고 있다. (학습목표 4)

- 시장경제에서 소득을 분배하는 주된 작동기제는 요소시장을 통한 방식이다. 사람들은 노동을 판매하고 그 대가로 노동의 한계생산물 가치에 해당하는 보수를 지급받는다. 그리고 이들은 이자를 받고 저축액을 자본시장에 공급하며, 이때 이자율은 자본의 한계생산과 연계되어 있다. 이러한 소득분배 방식에는 효율성 차원에서 몇 가지 바람직한 성질이 있다. 특히 노력과 기꺼이 위험을 감수하는 행동에 대해 보상이 주어진다. 그러나 존 롤즈와 같은 비판자들은 사람들이 치열한 경쟁으로 점철된 요소시장에서 나타나는 것처럼 극도로 불평등한 결과를 산출하는 사회에서 살겠다는 선택을 자발적으로는 절대로 하지 않을 것이라고 주장한다. (학습목표 5)

- 롤즈가 제시한 윤리적 주장 이외에도 소득을 재분배해야 하는 현실적인 이유가 최소한 두 가지 더 있다. 첫째, 부유층이 빈곤층과 똑같은 비중으로 세금을 내는 경우 공공재가 비효율적으로 과소공급될 것이므로, 부유층은 빈곤층에 비해서 총조세부담 중 더 많은 몫을 지불하는 것을 차라리 더 선호할 것이다. 둘째, 자발적인 차원에서 사회통합이 유지되기 위해서는 재분배가 필요하다. 그리고 이는 빈곤층보다 부유층의 이익에 훨씬 더 부합된다. (학습목표 5)

- 우리가 현재 운영하고 있는 복지 프로그램들은 비용이 많이 든다. 이는 관료적인 관리 운영에 문제가 있기 때문이기도 하지만, 근로의욕을 저해하는 동시에 공공정책이 민간시장에 미치는 간접적인 악영향들 때문이기도 하다. 소규모 역소득세제를 최저임금 미만을 지불하는 공공 일자리사업과 연계하는 경우, 현 복지 프로그램들이 유발하는 의도하지 않은 여러 부작용들을 없애면서 빈곤층에게 소득을 이전할 수 있다. (학습목표 5)

▪ 복습문제 ▪

1. 왜 공공재에 대한 총지불의사액곡선을 얻기 위해서는 개별 지불의사액곡선을 수평적으로 합하지 않고 수직적으로 합해야 하는가? (학습목표 1)

2. 결합생산되는 사적 재화가 공공재와 어떤 면에서 유사한가? (학습목표 1)

3. 부유층이 빈곤층과 조세부담을 동일하게 짊어지는 것에 반대할 가능성이 높은 이유는 무엇인가? (학습목표 5)

4. 생산에서 규모에 대한 수익 증가를 보이는 사적 재화는 어떤 면에서 공공재와 닮았는가? 그러한 상품들의 소비자가 직면하는 융통성과 비용 사이의 교환상충관계를 설명하라. (학습목표 4)

5. 다수결 투표는 어떻게 비이행적인 사회적 우선순위를 발생시키는가? (학습목표 4)

6. 지대추구 행위와 관련된 두 가지 비효율성을 설명하라. (학습목표 4)

7. 왜 역소득세제는 단독으로 재분배 문제를 해결할 수 없는가? (학습목표 5)

▪ 연습문제 ▪

1. 정부에서 어떤 공공재를 얼마나 공급해야 할지 결정하고자 한다. 두 명의 시민들이 각각 보이는 지불의사액곡선들이 아래 그림에 제시되어 있다. 공공재 생산에 드는 한계비용곡선은 MC = Q/2로, 이때 Q는 공공재의 수량이다. 이 공공재 생산에는 고정비용 10이 발생한다. (학습목표 2)

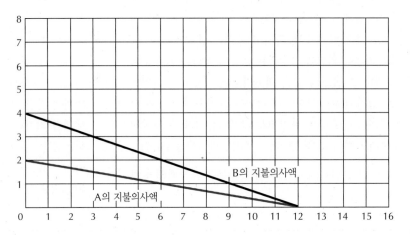

a. 공공재의 최적 공급 수준은 얼마인가?

b. 만약 공공재 공급을 위해 두 시민들에 대해서 똑같은 세금을 부과해야 한다면, 다수결 투표를 통해 그 방안이 통과될 것인가?

2. 1번 문제에서 묘사한 공공재가 최적 수준으로 공급된다는 가정하에, 개별 시민이 이 공공재를 사용할 때마다 정부에서는 요금을 얼마나 부과해야 하는가? (학습목표 2)

3. 열 명의 동일한 소비자들이 공공재인 지역 공원들에 대해 모두 동일한 지불의사액곡선 $P = 5 - \frac{1}{20}Q$를 보인다고 하자. 여기에서 P는 백 달러 단위로 측정되고, Q는 km²로 측정된다. 이때 총 지불의사액곡선을 그래프로 제시하라. 50 km² 면적의 공원들에 대해서, 개별 소비자가 지불할 의향이 있는 최대 금액은 얼마인가? (학습목표 2)

4. 3번 문제에서 묘사한 시나리오를 다시 생각해 보자. 하지만 이번에는 지역 공원들을 공급하는 데 소요되는 한계비용이 백 달러 단위로 측정되며 $MC = \frac{1}{2}Q$로 주어졌다고 하자. 지역 공원들의 최적 공급 수준을 계산하라. (학습목표 2)

5. 닭 날개(쌍)와 닭다리(쌍)는 결합생산되는 사적 재화들이다. 그런데 버팔로 윙(Buffalo wings)이라는 패스트푸드 메뉴가 선풍적인 인기를 끌면서, 닭 날개에 대한 수요가 폭발적으로 증가하였다. 이 현상이 닭다리의 균형가격과 균형거래량에 어떤 영향을 미치는지 설명하라. (학습목표 2)

6. 목재(lumber)와 톱밥(sawdust)은 결합생산물들이다. 아래 그림에 제시된 것처럼, 목재에 대한 수요함수는 D_L, 톱밥에 대한 수요함수는 D_S이다. 수량을 표시한 수평축의 단위는 나무가 몇 그루인지를 보여준다. 수요곡선상의 여러 점들은 주어진 나무 그루 수에 해당하는 목재 또는 톱밥에 대한 수요량을 뜻한다. (학습목표 2)

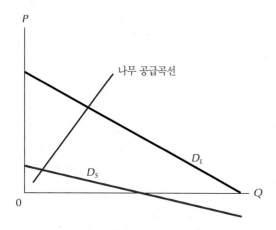

a. 톱밥에 대한 수요곡선(D_S)이 수평축 아래까지 그려져 있는 이유를 경제학적으로 설명하라.

b. 만약 나무에 대한 공급곡선이 그림에서처럼 제시되어 있다면, 톱밥과 목재의 균형가격과 균형거래량이 얼마인지 그림에 표시하라.

7. 시청자들의 후원으로 운영되는 텔레비전 방송사들은 시청자들이 내는 기부금액에 따라 다양한 "무료" 선물들을 제공하는 경우가 많다. 예를 들어, "$120를 기부하시는 분께는 뉴스 아워 (*News Hour*) 로고가 새겨진 머그컵 두 개를 드립니다."라는 식이다. 의사결정에서 틀짓기 (framing)가 심리적으로 어떤 역할을 하는지에 대해서 여러분이 알고 있는 바에 기초하여(8장 참조), 왜 이런 영업 행태를 통해 방송사들이 더 많은 기부금을 모을 수 있는지 설명하라. (학습목표 3)

8. 많은 대학교들에서 거액의 기부자 이름을 건물이나 단과대학에 붙이는 일이 많다. 예를 들어, 어스틴 소재 텍사스 대학교(University of Texas at Austin)의 레드 맥콤즈 경영대학원 (Red McCombs School of Business)은 자동차 판매상으로 거부가 된 맥콤즈의 기부 이후 붙은 이름이다. 하지만 대학교 건물의 일상적인 운영 관리에 사용되는 돈을 기부하면서 이름을 붙여달라는 사람은 거의 없다. 자선의 사회적 편익이 이러한 현상을 어떻게 설명할 수 있는가? (학습목표 3)

9. [참 또는 거짓] 대통령 선거에서 논의되는 안건들은 작은 마을의 시장 선거에서 오가는 안건들보다 훨씬 더 중요하기 때문에, 합리적 선택이론에 따르면 대통령 선거에 참여하는 유권자의 비율은 마을 시장 선거 참여율보다 훨씬 높을 것이라고 예측된다. 설명하라. (학습목표 4)

10. [참 또는 거짓] 박빙 구도인 대통령 선거의 투표율은 당선 가능성이 한쪽으로 일방적으로 기운 대통령 선거에서보다 훨씬 높게 나타난다는 사실은 유권자들이 합리적이라는 주장에 대한 명확한 증거가 된다. 설명하라. (학습목표 4)

11. 대학 2학년생들 20명, 3학년생들 20명, 4학년생들 20명으로 구성된 대학교 동아리에서는 차기 회장을 선출하려고 한다. 아라, 보미, 찬우 세 명이 후보로 나섰다. 각 학년 학생들은 다음과 같은 선호 순위를 보인다.

학년	최선	차선	삼선
4학년생	아라	보미	찬우
3학년생	보미	찬우	아라
2학년생	찬우	아라	보미

두 후보자들을 골라 예비선거에서 먼저 맞붙게 한 뒤, 예비선거의 승자를 세 번째 후보자와 다시 맞붙게 하는 것이 이 동아리의 전통적인 선거방식이다. 여러분이 2학년생이라면, 예비선거에서 어느 후보자 두 명을 서로 맞붙게 하겠는가? 여러분이 4학년생이라면? (학습목표 4)

12. 냉정한 심성을 지닌 수지는 빈곤층이 굶주리지 않을 만큼만 도와주는 것에 찬성하는 사람이다. 수지네 동네 사람들도 모두 수지와 같은 생각이라고 가정할 때, 수지가 마을마다 제각기 복지 지원수준을 정하도록 하는 정책제안에 반대할 수도 있는 이유는 무엇인가? (학습목표 4)

13. 현재 실업상태인 A. 스미스는 소득이 없는 사람들에게 매일 $10를 제공하는 4개의 복지 프로그램에 등록이 되어 있다. 각 프로그램에서는 복지 수혜자가 $1의 소득을 벌 때마다 복지 혜택을 50센트씩 줄인다. A. 스미스의 쌍둥이 형제인 B. 스미스는 복지 혜택을 매일 $40씩 지급하되 소득 $1에 대해서는 50퍼센트의 비율로 세금을 부과하는 역소득세제 정책 실험에 참여하고 있다. A. 스미스는 형제인 B. 스미스가 버는 임금과 똑같은 시간당 $4를 지급하는 일자리를 제공받았다고 하자. (학습목표 6)

a. 두 형제의 예산제약선들을 그래프로 표시하라.

b. A. 스미스가 형제인 B. 스미스보다 더 많은 현금 순소득과 복지혜택을 얻으려면 일을 몇 시간이나 해야 할까?

▪ 개념 확인 해답 ▪

18.1 개별 지불의사액곡선들을 수직으로 합산한 총지불의사액곡선은 $P = 120 - 2Q$가 될 것이다(그래프 참조). $Q = 30$에 대해서 개별 소비자는 $P = 12 - \frac{1}{5}Q = 12 - \frac{1}{5}(30) = \$6$을 지불할 의향이 있을 것이고, 이를 10명의 소비자들에 대해서 합산하면 총 $60가 된다. (학습목표 2)

18.2 연주회의 최적 공연시간을 알아내려면, 총지불의사액 $P = 120 - 2Q$를 한계비용 MC = $2Q$와 같게 놓으면 된다. 그 결과, $Q = 30$분을 얻을 수 있다. (학습목표 2)

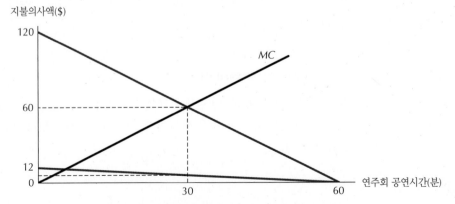

18.3 다시 한 번, 다솜이 중위투표자이다. 다솜이 가장 선호하는 비율에 가장 가까운 대안적인 비율은 20이다. 그러므로 20은 다른 어떤 대안들과 조합을 이루어 다수결 투표에 붙여지더라도 이길 것이다. (학습목표 4)

18.4 손익분기점 소득수준을 Y^*로 표시하자. Y^*를 계산하기 위해 $6,000 + (1 - 0.4)Y^* = Y^*$를 풀면, $Y^* = \$15,000$/년이 도출된다. 연간 $4,000를 버는 사람은 $(0.4)(\$4,000) = \$1,600$/년의 세금을 납부할 것이고, 연간 복지혜택 순수령액은 $\$6,000 - \$1,600 = \$4,400$가 된다. (학습목표 5)

찾아보기

영문

A

B

C

D

E

F